U0787223

天津市

河北区志

(1979—2010)

天津市河北区地方志编修委员会　编

方志出版社
Publishing House of Local Records

图书在版编目(CIP)数据

天津市河北区志. 1979—2010 / 天津市河北区地方志编修委员会编 .-- 北京 ：方志出版社 .2018 . 9
ISBN 978-7-5144-3335-7

Ⅰ. ①天… Ⅱ. ①天… Ⅲ. ①河北区—地方志—1979-2010 Ⅳ. ① K292.13
中国版本图书馆 CIP 数据核字(2018)第 227139 号

天津市河北区志(1979—2010)

编　　者：天津市河北区地方志编修委员会
责任编辑：黄　彦

出 版 人：冀祥德
出 版 者：方志出版社
地址　北京市朝阳区潘家园东里 9 号(国家方志馆 4 号)
邮编　100021
网址　http：//www.fzph.org
发　　行：方志出版社发行中心
电话(010) 67110500
经　　销：各地新华书店
印　　刷：天津午阳印刷有限公司

开　　本：889×1194　　1/16
印　　张：48
字　　数：1251 千
版　　次：2018 年 9 月第 1 版　　2018 年 9 月第 1 次印刷
印　　数：0001～4000 册

ISBN　978-7-5144-3335-7　　定价：580.00 元

· 版权所有　翻印必究 ·

津S【2003】024号

天津市河北区行政区划图

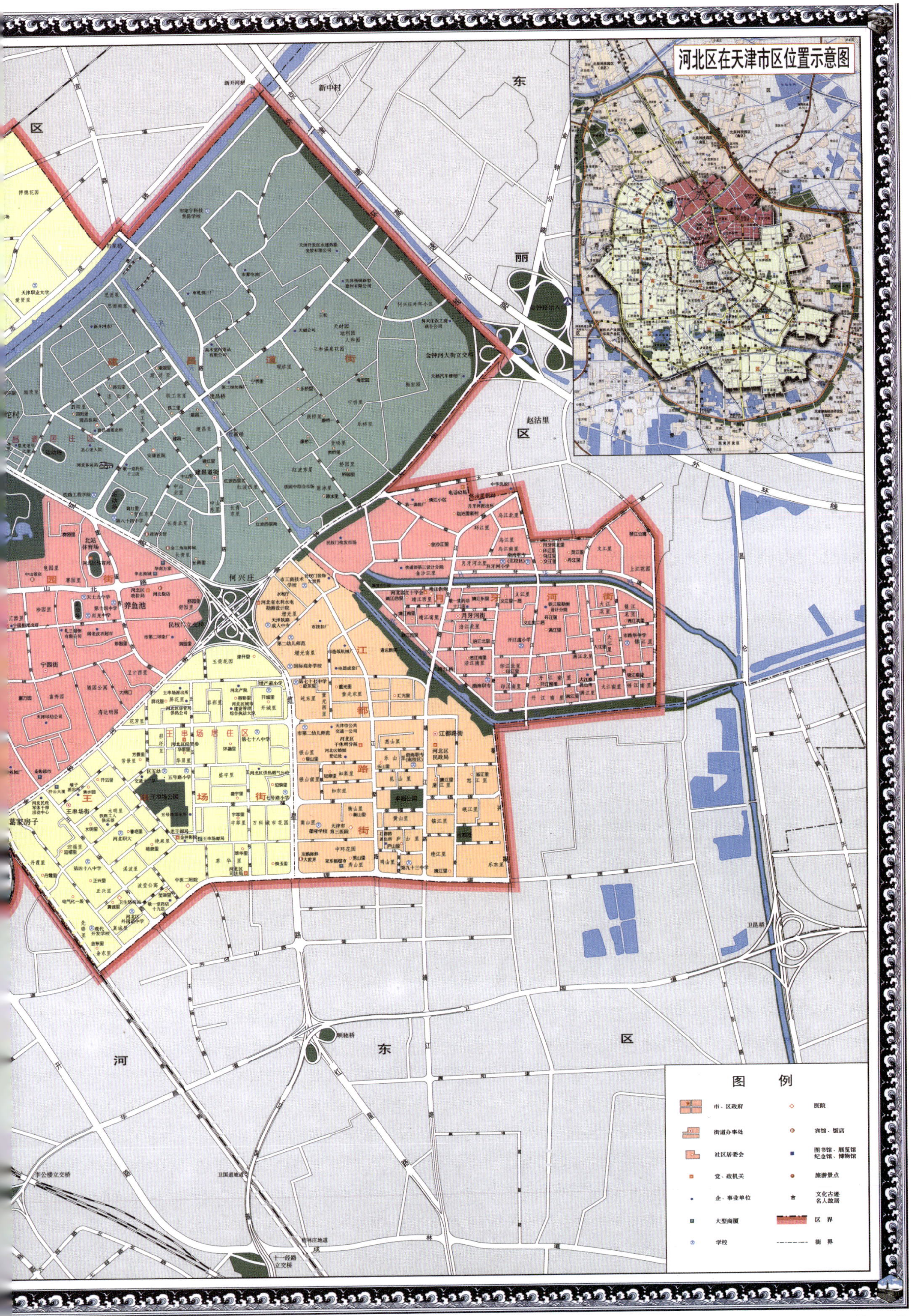
河北区在天津市区位置示意图
图　例
市、区政府
医院
街道办事处
宾馆、饭店
社区居委会
图书馆、展览馆
纪念馆、博物馆
党、政机关
旅游景点
企、事业单位
文化古迹
名人故居
大型商厦
区　界
学校
街　界
鸿顺里街
王串场街
江都路街
月牙河街
宁园街
东丽区
河东区
何兴庄
赵沽里
新中村
新开河桥
外环线
卫昆桥
葛家房子
十一经路立交桥
李公楼立交桥
卫国道地道
程林庄地道
金钟河大街立交桥
天津职业大学
北站体育场
养鱼池
万柳村大街

津S【2003】024号

天津市河北区交通图
N

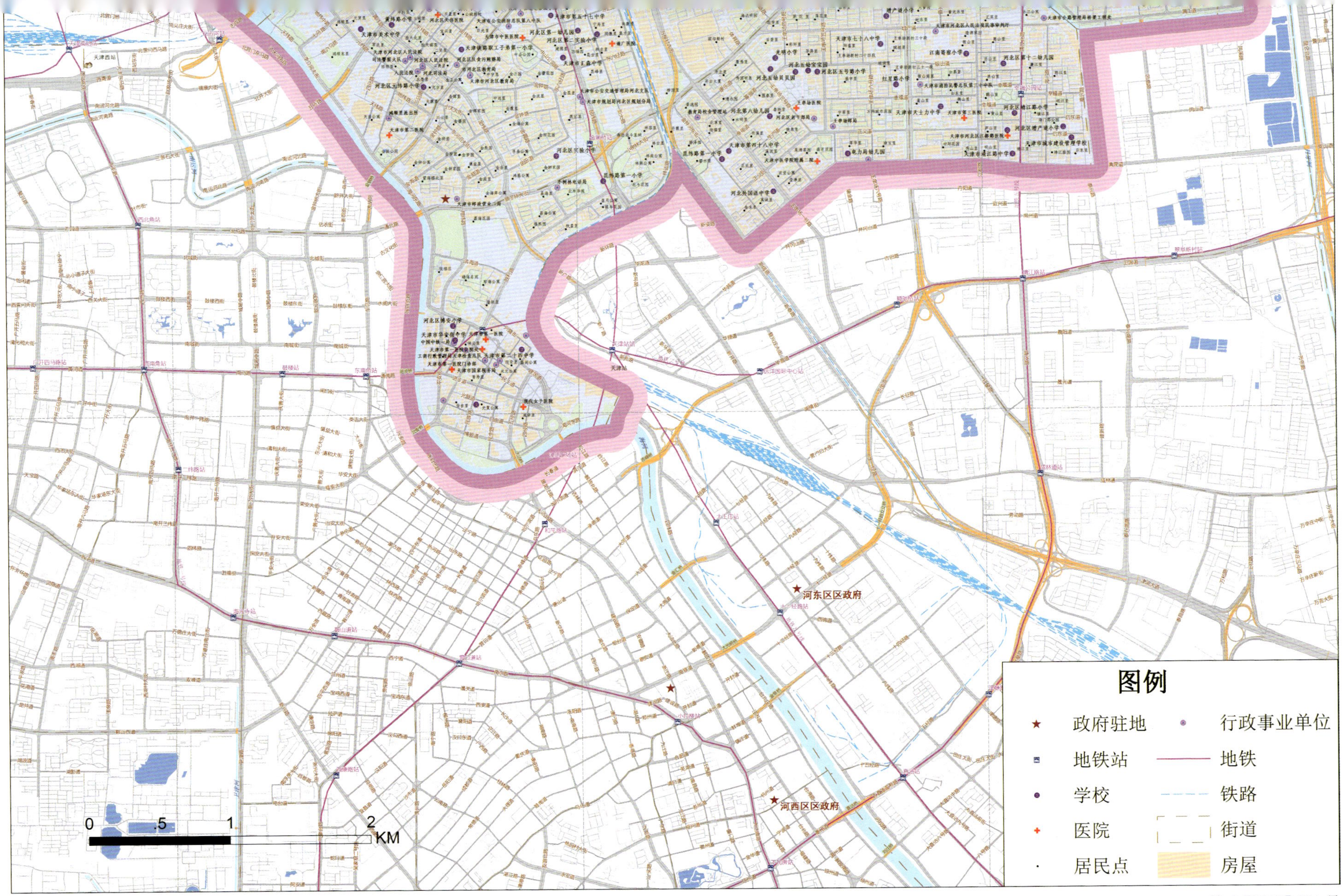
图例
政府驻地
行政事业单位
地铁站
地铁
学校
铁路
医院
街道
居民点
房屋
0
.5
1
2
KM
河东区区政府
河西区区政府
天津站
天津西站

津 S【2003】024 号

天津市河北区旅游图

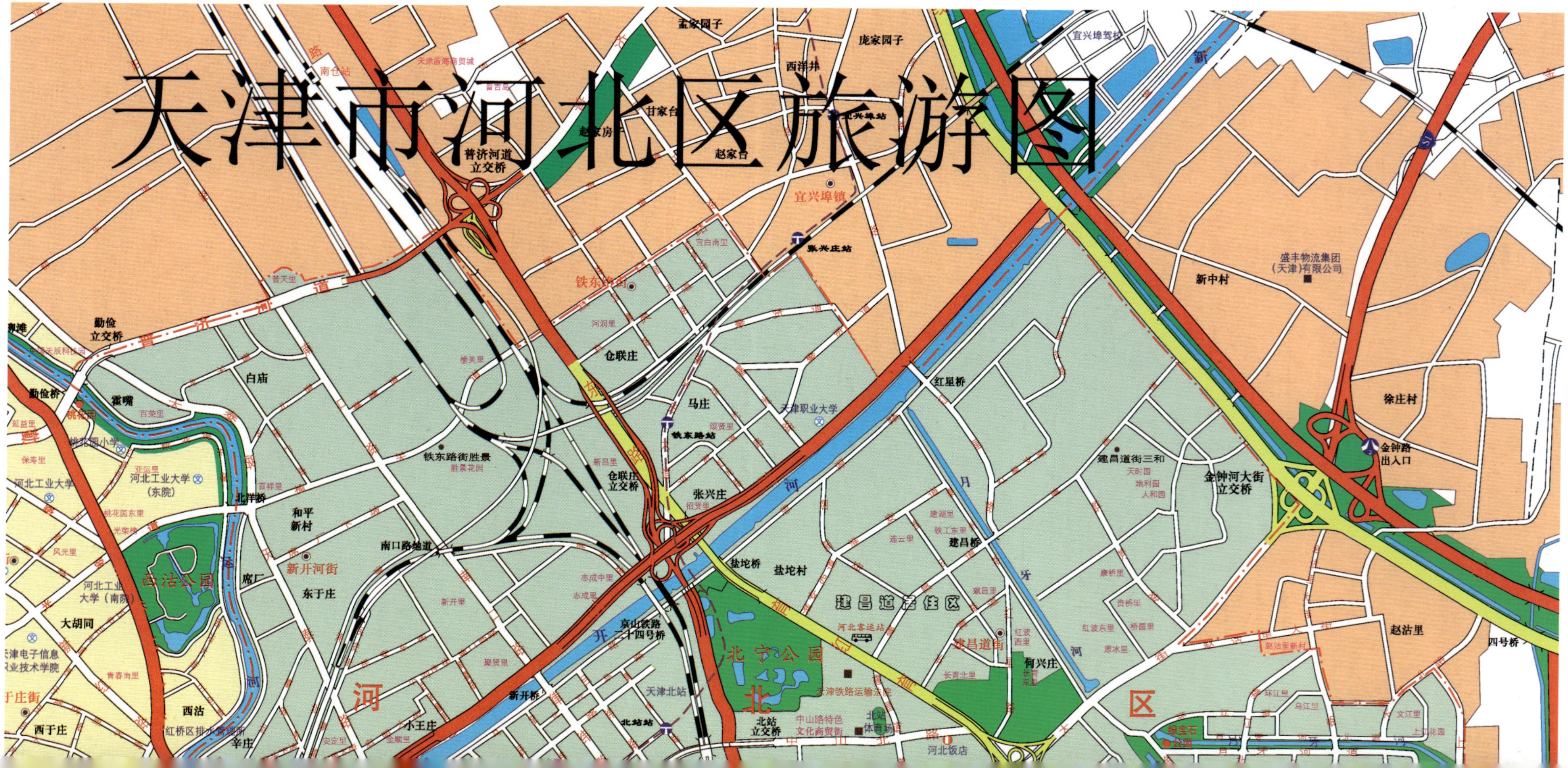

孟家园子
庞家园子
宜兴埠驾校
西洋井
甘家台
赵家房子
赵家台
普济河道
立交桥
宜兴埠镇
张兴庄站
铁东路街
仓联庄
马庄
铁东路站
天津职业大学
红星桥
新中村
盛丰物流集团
（天津）有限公司
徐庄村
金钟路
出入口
金钟河大街
立交桥
建昌道街三和
勤俭
立交桥
白庙
霍嘴
铁东路街胜景
仓联庄
立交桥
张兴庄
河北工业大学
（东院）
北洋桥
和平
新村
新开河街
南口路地道
东于庄
盐坨桥
盐坨村
建昌桥
建昌道居住区
河北客运站
建昌道街
何兴庄
赵沽里
四号桥
西沽公园
河北工业
大学（南院）
大胡同
席厂
京山铁路
二十四号桥
北宁公园
天津铁路运输法院
新开桥
天津北站
北站站
北站
立交桥
中山路特色
文化商贸街
北站
体育场
河北饭店
小王庄
西沽
辛庄
西于庄
河北区

天津西站
三条石街
三条石博物馆
永乐桥
大丰桥
三条石桥
第二医院
望海楼街
金钢桥
河北区政府
爱民桥
金钟桥
金华桥
长征医院
西北角站
大胡同街
狮子林桥
望海楼街
金钟河大街地道
小树林站
小树林
金狮立交桥
新开路地道
金纬立交桥
天津市卫生防病中心
第一中心医院东院
春华街
天津站后广场
天津市华顺自来水工程有限公司
新开路站
李公楼桥
天津站
解放桥
解放路站
大沽桥
金湾广场
北安桥
进步桥
金汤桥
新世界百货
远东百货
天津老城厢博物馆
西南角站
南市旅馆街
南市食品街
南开医院
二纬路站
葛家房子
王串场街
王串场居住区
江都路街
第三医院
天津中医药大学第二附属医院
常州道街
顺驰桥
红星路站
靖江路站
天津帝旺凯悦大酒店
天津市人民政府行政审批管理办公室
唐家口街卫国道
卫国道地道
向阳楼街
卫国道站
卫昆桥
武警指挥学院
中国天津SOS儿童村
上杭路街静暨里
月牙河公园
宁园街富方园
靖江桥
耳闸
赤峰桥
金福大酒店
和平八纺
百货大楼
南市街

津 S【2003】024 号

2010年，河北区鸟瞰（区委宣传部提供）

海河岸边风貌（区委宣传部提供）

天津站附近风貌（区委宣传部提供）

天津市河北区第一届编修委员会名单

（2013年1月至2017年4月）

名誉主任：孙宝华

主　　　任：苑广睿（2010年3月离任）　刘志强

副　主　任：杜　翔（2013年11月离任）　吕　毅（2016年7月离任）

李耀进　沈志勇　李　春　郑永盛　刘冬云　郑全喜

秘　书　长：王志刚

委　　　员：（以姓氏笔画为序）

王天虹　王全建　王庆国　王宝安　王振洪　田　恬　刘　彤

刘以昕　刘月明　刘俊强　刘颖霞　孙建桥　杨明远　李　蔓

李大庆　李文涛　李志雄　张　进　张　麟　张成起　张国晗

张丽强　佟士荣　吴　江　吴子媛　周　宏　周维治　岳　洪

柳　权　秦　陈　赵作林　赵家旺　聂满水　鹿　波　董　进

薛春起

办公室主任：李　康

天津市河北区第二届编修委员会名单

（2017年4月至2018年12月）

名誉主任：刘志强

主　　　任：李　新

副　主　任：金　强　刘冬云　徐恒秋　刘广生　杨秉魁　刘　彤　冯　澍

秘　书　长：李大庆

委　　　员：（以姓氏笔画为序）

于　涌　王　颖　王占清　王柯伟　刘　伟　刘月明　刘海力

孙育红　曲崇田　张　邑　张　健　张大全　张天华　张凤荣

张孝未　张国晗　张炳会　李　强　李　鏊　李文涛　李红云

李志雄　肖　标　肖玉亮　苏　宏　吴俊雅　罗　云　单连庆

周孜哲　周晋民　周维治　杨瑞明　陈慧英　郑　霞　程　珂

程　智　楼承斌　薛春起　魏林海

办公室主任：李　康（2017年8月离任）

《天津市河北区志（1979–2010）》编修人员

主　　修：王志刚

主　　编：李大庆

总　　纂：傅常欣

特约编辑：（以姓氏笔画为序）

王建基　左　鸥　边宝华　尼树远　宋世斌　宋秀兰　杨宝顺　张长来

张立民　屈靖良　彭英年

编　　辑：李　康　朱英华

校　　对：王建基　彭英年　傅常欣

天津市地方志编修委员会
区县志审定验收组名单

主　　审：关树锋

副 主 审：邹积浩

编　　审：杨宝红　韦　恬　余　辉

《天津市河北区志（1979–2010）》顾问

（以姓氏笔画为序）

王　杰　　天津大学大学文化与校史研究所所长、教授、硕士生导师

王天伟　　原天津市经济发展研究所所长

孙立群　　南开大学历史学院教授、博士生导师

李西源　　天津工艺美术职业学院原院长、教授

邱新立　　中国地方志指导小组办公室副主任、中国地方志学会副会长、研究员、博士生导师

何德骞　　天津师范大学外聘教授

南炳文　　南开大学历史学院教授、博士生导师

徐华鑫　　天津师范大学城市与环境科学学院教授、博士生导师

翟瑞麟　　天津市典当同业协会会长、中国人民大学外聘教授

序一

盛世修志，志载盛世。在举国上下喜迎改革开放40周年之际，一部皇皇百万余字的记述河北区改革开放32年自然、政治、经济、文化和社会发展变化的资料性文献——《天津市河北区志（1979—2010）》终成卷帙。这是我区政治生活中的一件大事，也是我区文化建设的一项重要成果，可喜可贺！

河北区位于世界文化遗产"中国大运河"南、北运河交汇处，濒临三岔河口（南北二运河汇为海河东入渤海之所），是天津城区的发祥地之一，也是天津市开发建设较早的老城区之一，一度为天津及河北省行政、经济和文化教育管理中心。改革开放以来，全区人民在区委、区政府的领导下，坚持解放思想、实事求是、与时俱进、求真务实，聚精会神搞建设，一心一意谋发展，全区经济建设、政治建设、文化建设、社会建设、生态文明建设和党的建设均取得巨大成就。1979—2010年是我区发生历史性变化的重要阶段，综合实力显著增强，城区面貌日新月异，居民生活质量快速提升，社会秩序保持和谐稳定。《天津市河北区志（1979—2010）》将这段历史全面、客观、系统地予以记述，充分发挥了志书存史、资治、教化功能，对于新时代我区全面深化改革扩大开放和推进经济社会高质量发展具有重要的现实意义和深远的历史意义。

编修地方志是中华民族的优秀文化传统。习近平总书记强调"要高度重视修史修志"，李克强总理指出"修志问道，以启未来"。2006年国务院《地方志工作条例》颁布实施后，地方志工作走上了依法治志的轨道。区委、区政府对修志工作十分重视，在继首轮区志编纂工作完成后，又适时进行了第二轮区志编纂工作，按照认识到位、领导到位、机构到位、编制到位、经费到位、设施到位、规划到位、工作到位的要求，认真组织实施。自2013年初工作启动至2018年秋志稿杀青，始终得到天津市地方志办公室的精心指导和专家学者们的鼎力相助，全区上下群策群力、共襄盛举，特别是一些退休的老同志亲力亲为、热情参与，为修志工作作出了积极贡献。

《天津市河北区志（1979—2010）》在编纂过程中，以马克思列宁主义、毛泽东思想、邓小平理论、“三个代表”重要思想、科学发展观、习近平新时代中国特色社会主义思想为指导，坚持辩证唯物主义和历史唯物主义世界观和方法论，坚定文化自信，秉持贯通视野，牢固树立精品意识和全面质量观，在遵循志书编纂原则、要求的基础上，注重从“创意河北”的实际出发，将分析研究区情特点与探索区志编纂规律和总结修志工作经验有机结合起来，并进行了有益尝试。如增补了首轮区志缺少的自然环境编，设立了意式风情区编。再如依区政府届次梳理编写施政要点，按社会保障内涵整合充实有关内容，为适应信息流通飞速发展、大数据日益显要的高科技时代，将志书表格作分散与集中相结合处理，特设“数据集览”部类。又如二轮区志编修伊始即明确了总体编纂思路：以篇目为立足点，做实框架资料；以年表为切入点，做实线索资料；以机构为突破点，做实基本资料；以行业为支撑点，做实重点资料；以人物为聚焦点，做实主体资料；以图表为着力点，做实典型资料；以掌故为着眼点，做实佐证资料；以出处为关节点，做实检索资料；以附录为关联点，做实后缀资料；以概述为归结点，做实鸟瞰资料。在区志总纂合成阶段又着力推进“五个转换”：围绕调整篇目，实现志稿编写由以现实社会分工为主向以科学分类为主转换；围绕审核资料，实现志稿编写由注重解决重复交叉问题向注重解决翔实准确问题转换；围绕优化图表，实现志稿编写由基本失衡向大体均衡转换；围绕改进写法，实现志稿编写由编年记述向纪事本末转换；围绕规范行文，实现志稿编写由多种语体向规定语体转换。这些颇富创意的思路和做法不但使得整部志书的记述内容与表述形式能够相得益彰，而且对未来的方志研究和修志实践可提供有价值的参考。

由于种种原因，这部志书疏讹之处在所难免，但是编纂者在短短几年中穷波讨源，焚膏继晷，编纂出这样一部鸿篇巨制，实属不易。在此，向他们的辛勤付出表示衷心的感谢！

河北区改革开放32年，和整个中国的发展历程一样，充满激情且成果喜人，历经坎坷且经验宝贵。鉴往知来，在经济全球化、文化多样化、社会信息化的今天，我们要站在历史的高度，努力增强历史思维能力，汲取历史智慧，把握历史规律，完成新时代赋予我们的使命，做新的历史创造者、记录者，为建设更加美好的家园而砥砺前行。

中共天津市河北区委书记　刘志强
天津市河北区人民政府区长　李　新
2018年9月20日

序二

志者，志不忘也，前事之不忘后事之师也。地方志之肇端，始乎先秦；郡县志之起源，约在两汉。一地一域，人物有推迁，风俗有沿革，地气有盛衰，民庶有聚散，而志书之记载亦随之而递变。来事可益，往事必不可刊。信今传后，彰往察来，此地方志记述之大凡，亦其自有载籍以来，学术事功靡不考镜于志之因，而志书编修藉以赓续不断传承数千年之由。

河北区是天津市六大中心城区之一，也是天津市开发建设较早的老城区之一。河北区地处海河水系扇柄处及南、北运河交汇处，是天津地区的“交通枢纽”，也是拱卫京畿的重要门户。特殊的地理区位，使其得风气之先，成就了河北区辉煌的过去以及灿烂辉煌的今天。从“晓日三岔口，连樯集万艘”的诗句，到“近代中国看天津，百年天津看河北”的赞誉，都折射出河北区历史文化的光辉。近代史上，这里曾一度成为天津及河北省政治、经济和文化教育管理中心，是天津近代金融和工业的摇篮，是洋务运动、清末新政的重地。中国近代史上许多重大历史事件，诸如戊戌变法、义和团运动、五四运动等均与河北区有着密切联系。这里还成为诞生新思潮、新文化、新艺术、新教育、新司法、新军事、新工业的地方，曾创造出数十项全国之最，同时也留下了意式风情区、望海楼、大悲禅院、觉悟社等众多的风貌建筑和文化遗存。孙中山、李大钊、周恩来、梁启超、李叔同、陈省身、曹禺等一大批革命先贤、文化名人，都曾在这里留下深深的足迹。

作为历史文化名区，新中国成立后特别是改革开放以来，河北区发生了翻天覆地的巨大变化。几十年间，河北区在艰难中起步、在奋斗中前进、在创新中开拓，坚持发展与调整并重、建设与开拓并举、开发与经营并行，党政建设不断加强，经济建设成效明显，社会事业突飞猛进，居民生活极大改善。如今，河北区人民秉持“创意河北”理念，正在围绕文化河北、生态城区、楼宇经济“三大功能定位”，大力发展升级版的“三个经济”——沿河经济、地铁经济、楼宇总部经济，实施升级版的“五大战略”——开发开放、创新驱动、文化兴区、环境保障、和谐共建，精心描绘天津中心城区开发开放的新引擎、商务商贸的新高地、创新创业的新热土和生态宜居的示范区这一美好蓝图，着力打造品质实力之城、创新活力之城、文化魅力之城、生态宜居之城、平安幸福之城，正以坚实的脚步向更高水平的小康社会迈进，继续创造历史辉煌。

盛世修志，志载盛世。为了全面、客观、系统地将河北区1979—2010年32年间的历史进程记录下来，讴歌时代，存史资鉴，河北区委、区政府于2013年启动了该区第二部社会主义新方志的编纂。河北区方志人弘扬工匠精神，树立精品意识，探索创新，历时五载而成百万余字的巨帙《天津市河北区志(1979—2010)》。该志分三大部分，首置综述、大事记，以包举大端；中设专志26编126章，以述自然、政治、经济、社会、文化、人物；末辑数据集览、附录、索引、编修始末，间以图表，以补其余。全志充分把握河北区的特点和优势，运用系统完整的史料，忠实地记录了河北区这块神奇土地上32年间的沧桑巨变，反映了河北区人民在改革开放精神指引下，奋进不息，建设经济强、百姓富、环境美、社会文明程度高、综合实力优的现代化核心城区的光辉历程。志书涵盖面较广，全面展示了河北区32年间经济、社会、文化等各领域的新成就、新事物、新风尚、新变化，条分缕析地记述了河北在建设“文化河北”“生态城区”“楼宇经济”等方面的做法和所取得的成就，以及河北区人在创新中传承、创新中转型、创新中发展的探索进取精神，还注重强化区情特色、彰显河北区个性，全景式反映河北区历史、河北区亮点、河北区力量、河北区辉煌和河北区发展，展示其独特的历史人文。为充分反映区情特色，该志升格设置了“意式风情区”编，对这张河北区乃至天津市的重要历史文化“名片”以及一些特色街区(区片)进行了浓墨重彩的记述；“人物编”中设觉悟社社员列传，为在五四运动时期诞生于此的这个青年学生进步团体中的重要代表人物如周恩来、邓颖超、郭隆真、郑季清等人立传，讴歌他们学习和传播马克思主义，追求真理，团结爱国力量，开展反帝反封建斗争，改造社会，为中华民族之崛起而不屈不挠战斗的精神。同时志书在表现手段、记述方法上努力探索，在形式与内容的契合上雕琢细摩，如将志书表格作分散与集中相结合处理，特设“数据集览”部类；在坚持“类为一志”前提下，合理运用宜横则横、宜纵则纵原则，如施政纪要、规划编制与执行、居民收入水平等；诸多章节设置“附”，增强延展性、扩大信息量；合理运用“互见法”；将志书实体——目编制主题索引；等等。全志内容丰富，资料翔实，特色鲜明，所记述的丰富翔实的区情资料，不仅对发展河北区域经济、满足社会需要、对外交流联谊有重要作用，而且编纂人员在框架设计、记述内容、表现手段等方面所做的富有创意的探索，对方志界深入开展这些理论问题的研究也大有裨益。

古人言：“为天下者，为之堂上。”非独天下，区县基层亦复如此。地方志之记载，纵贯古今，横陈百科，古今沿革在焉，风土人物在焉，民生利病在焉，不出户庭，即可藉之了解一地一域之地情，擘画治理之措置，故曰“为之堂上”。习近平同志曾说过：“要马上了解一个地方的重要情况，就要了解它的历史。了解历史的可靠的方法就是看志，这是我的一个习惯。过去，我无论走到哪里，第一件事就是要看地方志。这样做，可以较快地了解到一个地方的山川地貌、乡情民俗、名流商贾、桑麻农事，可以从中把握很多带有规律性的东西，可谓‘开卷有益’。”他强调，搞领导工作的，“以古为鉴”可达到“知己境地”，做出科学的决策；对于在一个地方生活工作的，也要树立地方自信心和地方自豪感。在这些方面，志书有其无可比拟的优越性。而在文化软实力越来越成为综合国力的重要因素，越来越成为民族凝聚力和创造力重要源泉的今天，作为中华传统文化的精华，延绵数千年的方志文化独树一帜，承载着传承中华文明、弘扬历史传统的重任，是中华民族延续文脉的重要载体，是中华文明屹立于世界文化之林的深厚底蕴和坚实根基。当前，国家发展正处于大变革时代，改革已经进入深水区，步入新常态，站在新起点。今天的发展，需要向历史学习，从历史中汲取营养，借鉴智慧。作为资政辅治之参考、堪存堪鉴之记述的地方志，理应以更加清晰的定位、更加积极的姿态、更加坚定的信心，在文化强国建设中发挥更加突出的作用。1979—2010

年是河北区经济社会快速发展的重要时期，是河北区历史上重要的32年。值此不断提升文化软实力，增强文化自信，大力推动文化改革发展、建设社会主义文化强国之际，《天津市河北区志（1979—2010）》的出版面世，必将为进一步推动地方经济社会发展，为科学决策、有效施政，为看成败、鉴得失、知兴替，提供源源不断的历史智慧。

邱新立

2018年9月26日

凡　例

一、本志以马克思列宁主义、毛泽东思想、邓小平理论、“三个代表”重要思想、科学发展观、习近平新时代中国特色社会主义思想为指导，坚持辩证唯物主义和历史唯物主义世界观和方法论，力求做到思想性、资料性、科学性和著述性的统一。

二、本志以2010年河北区行政区划为记述的空间范围，以1979—2010年断限为记述的时间范围（个别事物适当上溯）。

三、本志1979—1995年与前志重合部分，按取前志之精、补前志之缺、纠前志之误原则处理，约占全志篇幅的1/3。

四、本志总体结构分为三部分：首置综述、大事记；中设各专志；末辑数据集览、附录、索引、编修始末。全志一般分为编、章、节、目4个层次。

五、本志述、记、志、传、图、表、录诸体并用，以志为主。

六、本志总述与各编、章无题序共同构成述体序列。

七、本志大事记采用编年体。

八、本志各专志因事（按类）立编，凡26编126章，本纪事本末体记述各类事物发展变化，妥善处理科学分类与现实社会分工的关系，寓论断于序事。

九、本志人物传略收录对社会影响较大的本、客籍已故人物，以生年为序排列；遵循生不立传原则，对业绩卓著的本、客籍在世人物，或载入相关名表，或采用以事系人方法著录。

十、本志插图（含照片）除少量放置志首，其他均随文设置。

十一、本志表体由分散式随文表和集中式数据集览两部分构成。随文表（示意图）按编排号，用“×-×”表示，第一个“×”代表编序号，第二个“×”代表该表（示意图）在此编中的序号。表中“-”系指无具体数据可查或现有数据与该表数据不具备可比性。

十二、本志附录收录前志拾补、勘误和文献辑存；部分编、章的附录以“附”字作标识。

十三、本志采用规范的语体文、记述体，行文采用第三人称。

十四、本志纪年采用公元纪年，涉及其他历史纪年时括注公元纪年。

十五、本志文字、数字、标点符号、量和单位使用及行业分类等，一律从国家标准。

十六、本志人名不加称呼，必须说明身份时，姓名前冠职务或职称。地名以天津市地名行政管理部门公布的地名为准。各种组织、机构、会议等专有名称，首次出现时用全称，再次出现时用不易产生歧义的缩略语。

十七、本志记述重点为河北区区属事物，驻区单位的内容酌情收录。

十八、本志交叉记述的事物，采用互见法。

十九、本志资料主要来源于档案、著述、采访记录和承修单位提供的志稿。数据来自河北区统计局和有关部门。对有异议的资料按“疑则阙疑”原则诸说并存。除引文和重要史实采用文内注注明出处外，一般不注明出处。

目录
CONTENTS

第三编　人　口

第四编 中国共产党

第五编　人民代表大会

第六编　人民政府

第七编 人民政协

第八编　民主党派　人民团体

第九编 政 法

第十编　军　事

第十一编　城区建设

第十二编 环境保护与治理

第十三编　经济综合管理

第十四编　财　税

第十五编　工　业

第十六编　商业　服务业

第十七编 金融业

第十八编 科学技术

第十九编　教　育

第二十编 文 化

第二十一编 卫 生

第二十二编　体　育

第二十三编　人力资源管理

第二十四编　社会生活

第二十五编　意式风情区

第二十六编 人 物

附录

Contents

Part III Population

Part IV Communist Party of China

Part V People' s Congress

Part VI People' s Government

Part VII The Chinese People's Political Consultative Conference (CPPCC)

Part VIII Democratic Parties and People's Organizations

Part IX Politics and Law

Part X Military Affairs

Part XI Urban Construction

Part XII Environmental Protection and Governance

Part XIII Comprehensive Economic Management

Part XIV Finance and Taxation

Part XV Industry

Part XVI Commerce & Service Industry

Part XVII Financial Sector

Part XVIII Science and Technology

Part XIX Education

Part XX Culture

Part XXI Sanitation

Part XXII Sports

Part XXIII Human Resources Management

Part XXIV Social Life

Part XXV Italian-style Zone

Part XXVI Figures

Appendix

河北区志

（1979—2010）

综　述

ZONG SHU

河北区是天津市6个中心城区之一。截至2010年年底，全区行政区划面积29.62平方千米。东部与东丽区接壤；西部以海河、北运河为界，与和平、南开、红桥三区隔河相望；南部与河东区毗连；北部与北辰区相邻。辖10个街道办事处，101个居民委员会。常住人口78.85万人，其中少数民族37个、1.93万人。

河北区地处海河水系扇柄处和南、北运河交汇处，是拱卫京畿的重要门户。区内拥有天津站、天津北站2座火车站，乘京津城际列车半小时可达北京。天泰路周边3.22平方千米区域被纳入天津西站城市副中心建设规划。区内有距离中心城区最近的高速路出入口，到天津滨海国际机场和天津港分别仅需20分钟、40分钟车程，到雄安新区也只需60分钟车程。进入21世纪，随着天津轨道交通发展，河北区"交通枢纽"的地位日益凸显，已形成四通八达的立体交通网络。

流经河北区的河流有海河、新开河、北运河、月牙河、北塘排水河。进入21世纪，河北区着眼于保护生态环境和发挥生态特色，加强了水系景观改造和综合开发，注重发展生态环境，以及亲水宜居的商贸、旅游、休闲和服务类产业，利用水域资源不断改善生态环境，体现出建设亲水宜居城区的生态优势。特别是市容环境治理按照向产业延伸、向社区延伸、向民生延伸的思路，高标准地打造了大悲院地区、意式风情区、北宁公园等一批精品点位，高水平提升改造了一批道路、社区和公园，有力地带动了周边地区的整体开发，也极大地改善了居民生活环境。但由于河北区是老工业区，一些城市基础设施比较陈旧，生态环境保护仍任重而道远。

从"晓日三岔口，连樯集万艘"的诗句到"近代中国看天津，百年天津看河北"的赞誉，都折射出河北区历史文化的光辉。近代史上，这里曾一度成为天津及河北省政治、经济和文化教育管理中心，是天津近代金融和工业的摇篮，是洋务运动、清末新政的重地。中国近代史上许多重大历史事件，诸如戊戌变法、义和团运动、五四运动等均与河北区有着密切联系。这里还成为诞生新思潮、新文化、新艺术、新教育、新司法、新军事、新工业的地方，曾创造出"华夏第一屏"等数十项全国之最，同时也留下了意式风情区、望海楼、大悲禅院、觉悟社等众多的风貌建筑和文化遗存。孙中山、李大钊、周恩来、梁启超、李叔同、陈省身、曹禺等一大批历史名人，都在这里留下了深深的足迹。

天津解放后特别是改革开放后，在中国共产党的领导下，河北区发生了翻天覆地的变化，河北区人民书写了一页又一页崭新的历史，踏上建设富强民主文明和谐美丽新河北的征途。

32年间，河北区党政建设不断加强。区第四次至第九次党代表大会胜利召开，使得党的领导方式和执政方式更加适应社会发展。区委全面贯彻中共十一届三中全会以来党的路线、方针、政策和国家的法律法规，围绕全区政治建设、经济建设、文化建设、社会建设、生态文明建设和党的建设作出一系列重要民主决策，保证了全区经济社会健康发展。区第八届至第十五届人民代表大会召开，共听取审议各项工作报告518项，作出决议决定180项，办理代表议案、建议和意见1.2万余件，依法任免国家机关工作人员1529人次，区人大及其常委会依法履行对"一府两院"进行法律监督和工作监督等职能。1980年5月恢复区人民政府后，各届区政府共召开395次区长办公会议、534次常务会议，平均每年召开10次左右全体会议，研究决定重要事项，部署相关工作。政协河北区委员会历经第五届至第十二届，共召开常委会144次、全委会32次，充分发挥了政治协商、参政议政、民主监督的作用。各民主党派、工商联、群众团体及其他社会组织，积极参政议政、建言献策。基层群众民主自治得到加强。政法部门积极维护社会稳定，努力创造良好社会法治环境，保障改革开放和各项建设事业顺利推进。但党和政府的监督体系尚不健全，深化改革和反腐败斗争任务艰巨。

32年间，河北区经济建设成效明显。改革开放后，立足于老工业区，河北区始终坚持以经济建设为中心，不断完善发展思路。2002年，河北区实施"两团一线"开发战略，即以"意奥风情区"板块、大悲院凤凰商贸广场为"两团"，以海河东路和中山路为"一线"的文化旅游经济带，并以此为依托，建成面向全市、全国乃至世界的文化旅游基地。2003年，又提出"一年一变化，三年大变化，四年翻一番"

的工作目标，将原来经济指标“五年翻一番”调整为“四年翻一番”。2006年，制定并实施“四三二一”奋斗目标，即打造现代商贸服务区、生态建设示范区、文化旅游特色区和新型都市工业区四个区域特色；突出商贸天地、生态城区、文化河北三大功能定位；发展现代服务业、都市型工业两大主导产业；保持一种超常规发展态势。2010年，发展“三个经济”，实施“五大战略”的总体思路业已酝酿成熟。“三个经济”即沿河经济、地铁经济、高档楼宇经济；“五大战略”即开发带动战略、产业升级战略、政策吸引战略、环境保障战略、和谐共建战略。思路决定出路。正是在这些颇具前瞻性且符合河北区区情的正确思路引导下，河北区经济步入快速发展轨道。地区生产总值由1996年的11.38亿元增至2010年的128.32亿元；全部财政收入由1979年的4917.3万元增至2010年的30多亿元；区级财政收入由1996年的12746万元增至2010年的185677万元；社会消费品零售总额由1996年的69281万元增至2010年的105.2亿元；固定资产投资由1996年的21969万元增至2010年的87.23亿元。与此同时，产业结构得到有效调整，到2010年，全区创意产业快速发展，金融业创新能力提升，旅游业形成品牌特色，都市型工业不断升级，区域经济特色逐步形成。但经济总量偏小，产业结构仍需调整，发展质量亟待提升。

32年间，河北区城区面貌焕然一新。1978年9月邓小平对黄纬路重建工程进行视察后，河北区紧紧抓住震后重建、危陋平房改造、海河两岸综合开发等重大历史性机遇，以规划为引领，以项目建设为着力点，大力实施“沿岸带动、腹地跟进、纵深开发”战略，不断提高城市载体功能。1997年完成危改计划，共拆除危楼平房72.6万平方米，施工面积420.5万平方米，竣工面积308万平方米，还迁安置居民3.29万户。1998—2002年，以小关、小树林、小王庄“三小”地区为重点，实施后危改工程，共拆除危陋平房120万平方米，施工面积420万平方米，竣工面积315万平方米，还迁安置居民4.3万户。1993—2010年，全区拆除危陋房屋781.59万平方米，开工面积1531.77万平方米，竣工面积1300.17万平方米，还迁安置居民19.45万户。截至2010年，全区成片危陋平房基本不存。遵循《天津市城市总体规划》，河北区完成了总体城市设计，完善了控制性详细规划、修建性详细规划、保护性规划和重点地区规划等多项规划，逐步形成以海河东路、中山路、金钟河大街、八马路、天泰路、张兴庄等六大重点地区开发的格局。其中，2007—2010年在海河东路规划了30个载体项目，至2010年年底已建成白金湾等17个项目、105.78万平方米，海河经济发展带建设形成规模。在开发建设上，注重合理安排住宅建设和商贸设施建设。抓住18个地铁站点建设契机，规划了16个单体在10万平方米以上、总面积超过300万平方米的大型商业综合体项目，其中10个已进行开发建设。2005—2010年，全区建设定向安置房建筑面积174.51万平方米、2.15万套，累计投资约100亿元。在推进城市开发建设的同时，加大了城市管理力度，历史文化遗存得到妥善保护，环境污染得到有效治理，市容环境综合整治取得实效。2010年，全区绿化覆盖率为40%，国家AAAA级旅游景区有3个。但河北区城市建设中“重南轻北”（以新开河为界）现象及城乡接合部环境问题没有得到根本性解决，众多旧楼区需要改造，城市建设和管理水平有待提高。

32年间，河北区社会事业突飞猛进。河北区教育历经1978—1981年、1982—1989年、1990—2010年3个发展阶段。第一个阶段是以恢复教学秩序为主要特征的阶段。这一阶段随着高等院校恢复招生，教育逐渐步入正轨。第二阶段是以进行教学改革为主要特征的阶段。1982年，对中小学教师进行教材、教学能力考核。1984年，进行以“校长负责制”为基本内容的学校内部管理体制改革试点。1996年，贯彻《中华人民共和国义务教育法》，全面抓好中小学巩固率、合格率、优秀率、升学率。第三阶段是以提高办学水平为主要特征的阶段。各类学校从经验型向科研型过渡。到20世纪末，区内教育体系趋于完备，民族教育、特殊教育、成人教育、民办教育，以及中等职业教育、普通高等教育均得到发展。2000年，天津市第二中学成为全市第一所重建的示范高中学校。2002年，创建天津市城市职业学院。2003年，河北区成为天津市新课程改革试验区。2004年，初中、小学完成“双高普九”（高水平、高质量、普及九年义务教育）提升改造。2009年，启动义务教育阶段现代化学校建设工程。至

2010年，6所初中、14所小学经天津市专家组验收达标。全区有各类型幼儿园25所，在园幼儿8147人；小学25所，学生18959人；公办初中校16所(含完中校初中部9所)，学生7512人；公办高中校9所，学生12674人。在职教职员工5210人。拥有普通高等教育学校5所。科学技术在经济社会发展中起到举足轻重的作用。河北区长期坚持“科技兴区”发展战略，重视科普宣传和人才培养，大力扶植民营科技企业发展，不断提高区域经济中科技含量，积极促进高新技术产业化，创办了生产力促进中心、创意产业发展中心和天津市科学技术进修学院河北分院，兴建了一批科技园区，并制定了一系列科技兴区政策。1987—2010年，共举办14届科技周活动。2005—2010年，河北区连续6年通过天津市科技进步考核。2007年，区政府通过全国区县科技进步考核，2008年被评为市级科技进步考核优秀组织单位。河北区文化设施齐全，文化艺术团体众多，文化艺术活动多样。津源文化社区系列活动、文化纳凉系列活动、天津市社区文化艺术节丰富了群众文化生活，泥塑、烫画、刻瓷、陶艺、掐丝葫芦等传承了民族民间文化。文化市场和文化产业不断发展壮大，2010年，华津3526创业产业园等5家文化创意产业园实现税收贡献5212万元。区内有全国重点文物保护单位3个，不可移动文物100余处，市级非物质文化遗产4项。河北区卫生事业得到健康发展。1984年，开始推行卫生领导体制与经济管理改革，并加大卫生系统改革力度，加大投入增强公共卫生体系建设。2010年，全区有区属医疗机构14个，驻区医院6所，社会办医医疗单位17个，卫技人员2511人。天津市第一医院、第二医院被评定为二级甲等医院，区妇幼保健院被世界卫生组织国际评估团评为全国首批“爱婴医院”，区妇产科医院被天津市评为市级“爱婴医院”。居民健康水平稳步提高，人口平均寿命由1995年的76.57岁提高至2010年的78.9岁。河北区发展体育事业以构建并完善全民健身服务体系和培养体育后备人才为主旨，努力实现学校体育、群众体育、竞技体育和人才培养全面发展。自2004年起，每4年举办一届全民健身运动会，到2010年，全区基本形成区、街道、社区齐抓共管全民健身服务体育工作局面。全区培养等级运动员1721人，教练员15人，一级以上裁判员246人。但社会事业的发展还不平衡、不充分，满足不了人民日益增长的美好生活需要。

32年间，河北区居民生活极大改善。2010年，居民人均劳动报酬47579元，较1979年增长近94倍。居民消费水平不断提升。社会保障体系日益完善，社会保障标准不断提高，社会保障范围逐渐扩大。老年人、残疾人福利事业采取政府投入和社会参与方式，投入逐步加大。慈善救助、红十字会救助全面开展，江都路街道成立全市首家慈善帮扶救助中心。婚姻登记、收养登记等管理工作实现标准化和规范化。2010年，职工基本养老保险参保单位1892个，实际参保人数17.32万人，实际参保离退休职工人数17.02万人。参加基本医疗保险人数21.6万人。廉租房、经济适用房等住房保障政策得到全面贯彻。民族团结进步创建工作扎实开展，宗教政策得到落实，2007年，河北区民族宗教办公室被授予全国宗教工作先进集体称号。深入开展文明创建活动，新开河街道福音社区再就业服务中心和墙子派出所被评为全国文明单位，区环卫局“津门时传祥”服务中心、天津市第二中学和江都路街道如皋里社区被评为全国精神文明建设先进单位。2009年，中央政治局常委习近平对如皋里社区建设工作作出重要批示。坚持在全民中进行国防教育，深入开展拥军优属活动。广大青年踊跃参军，驻军和基干民兵加强现代化、正规化建设，大力推进拥政爱民，河北区成为“全国双拥模范城”。随着物质文化生活水平的不断提高，居民对民主、法治、公平、正义、安全、环境等有了更高期待，加强和创新社会管理势在必行。

作始也简，将毕也巨。如今，河北区正在围绕文化河北、生态城区、楼宇经济“三大功能定位”，大力发展升级版的“三个经济”(沿河经济、地铁经济、楼宇总部经济)和实施升级版的“五大战略”(开发开放、创新驱动、文化兴区、环境保障、和谐共建)，精心擘画天津中心城区开发开放的新引擎、商务商贸的新高地、创新创业的新热土和生态宜居的示范区这一壮美蓝图，着力打造品质实力之城、创新活力之城、文化魅力之城、生态宜居之城、平安幸福之城，努力为京津冀协同发展作出新贡献。

沽水长流，时光永续。河北区在世纪与世纪的交替里、历史与历史的更迭中走向新时代。

河北区志

（1979—2010）

大事记

DA SHI JI

美丽河北建设　　（区委宣传部提供）

1978年

9月20日　中共中央副主席、国务院副总理邓小平及全国人大常委会副委员长彭冲，在天津市委书记林乎加等陪同下，视察天津市震后重建重点工程——黄纬路居民住宅。当得知胜天里住宅楼每层高3.5米左右时，邓小平说："这么高有必要吗？我看是否可以降低每层的高度，整幢楼多盖一层，省点造价，多出点房子。"

1979年

2月5日　区委召开工作会议，传达中共十一届三中全会和市委工作会议精神，把全党工作的着重点转移到社会主义现代化建设上来。

3月28日　区"五七"干校改为中共河北区委党校。

4月1日　河北区劳动服务公司成立。该公司主要职能是教育和组织待业青年参加劳动服务工作。

4月12日　河北区妇幼保健院成立。

5月31日　区委印发《河北区揭、批、查运动总结》称："全区在'文化大革命'中受审查的干部1777人，除6人外已全部复查完毕；受审查职工3018人，已复查2680人；受审查居民7630人，已复查6893人；全区为62件冤假错案重新作出结论，进行公开平反；对被开除党籍的7人恢复了组织生活；对原科长以上干部职务安排不当的13人重新作了调整安排。"

6月14日　河北区副食公司第一合作商店"广开门路、增加人员、提高效率"的做法被《人民日报》报道，并配发评论员文章。

8月15日　河北区劳动局成立。该局由区知识青年上山下乡办公室与区综合计划局劳动科合并而成，负责劳动就业、劳动工资、劳动保护和知青管理等工作。1999年6月10日，更名为劳动和社会保障局。

9月5日　区委召开理论工作会议，部署在全区开展关于真理标准问题大讨论活动。

10月15日　河北区环境卫生局成立。

10月26日　河北区红十字会恢复建立。

11月20日　区委、区革委办公室信访组改为河北区人民来信来访办公室，直接受区委、区革委领导。

11月　河北区生产服务管理局成立。

是年　全区户籍人口524456人。全区财政总收入4917.3万元。

1980年

1月3日　河北区分房领导小组成立，组织推动统建宿舍分配工作。

3月1—3日　全区统一选举日，选举产生区第八届人大代表350人。

3月12日　市委第一书记陈伟达、书记张淮三到黄纬路街道参加植树活动。

3月20日　区人民政协恢复工作。

5月2—7日　河北区第八届人民代表大会第一次会议召开（至2010年共召开8届37次会议），出席代表338人。会议决定撤销区革命委员会，恢复区人民政府。会议选举产生18名区第八届人民代表大会常务委员会组成人员，其中主任1人、副主任4人；选举产生新一届区人民政府组成人员，其中区长1人、副区长5人。

5月2—8日　河北区第五届政协第一次会议召开(至2010年共召开8届32次会议)，出席委员252人。会议选举产生区政协新一届领导班子，其中主席1人、副主席8人。

5月14日　河北区高等学校、中等学校和技校招生委员会成立。

6月7日　区政府恢复设立人事室和文化科。

6月18日　第二中学、第十四中学、第二中心小学、新开小学、育婴里小学被评为市级重点校。

6月20日　共青团中央负责人考察小刘庄小学“新风尚小红花”活动。7月18日，团中央批准团市委《关于在青少年儿童中开展争戴新风尚小红花活动报告》，要求全国各地团委参照执行。

6月23日　区政府批复同意小关街道居民沈嘉孔关于申办私立小学——正光补习小学的报告，为“文化大革命”后河北区私人办学首例。

7月7日　区委决定成立区委人民武装委员会。

7月14日　区人大常委会和区政府建立党组。

7月14日　河北医院开诊。

8月18日　何兴庄街道青年综合商店出售小白虾，致518人中毒，经8所医院抢救全部脱险。

9月12日　全国人大常委会和中央军委有关负责人察看天津站人防地下工程。

9月23日　河北区城市建设指挥部成立。

10月15日　河北区计划委员会成立，区综合计划局撤销。

10月20日　河北区物价委员会成立。1984年11月，区物价委员会改称区物价局。

10月　区政府环境保护办公室成立。1997年，更名为区环境保护局。

是年　区有关部门为全区“文化大革命”期间非正常死亡的208人公开平反，恢复名誉；为100件“政治案”中的89件公开平反；为被抄家的17571户中的10382户发还查抄物资。

1981年

1月1日　市长胡启立对席厂小学校长被学生家长殴打一事作出批示：“教师的社会地位必须受到尊重与保护，此事一定要彻底查清，对肇事者要依法从严惩处。”28日，公安河北分局对该家长实施拘留。

1月　河北区司法局成立。

3月3日　团中央书记刘维明到区参加学雷锋做好事活动。

3月4日　区政府召开拆除临建动员大会，要求全区各单位和群众拆除临时建筑，坚决刹住私搭乱盖之风。11月30日，区委、区政府向市委、市政府报告完成拆除临建任务。

3月28日　河北区工商业联合会恢复建立。

5月4日　区政府增设八号路、建昌道2个街道办事处。

6月1日　区少儿图书馆建立，为天津市第一座区县级少儿图书馆。

8月　全区648名高中毕业生考入大学。二中考生李跃森为全市“文科状元”。

9月19日　市委第一书记陈伟达到天津站参加劳动。

10月9日　河北区市场管理委员会成立。

10月　国务院副总理谷牧到宝兴里察看受唐山大地震影响震损住宅重建情况。

12月10日　广场桥动工，翌年秋竣工，桥长102.9米、宽15米。

12月25日　区委、区人大、区政府印发《关于在新年春节供应中不走后门的规定》。翌年1月11日，市委办公厅批转此文供全市参阅。

是年　五十七中学陈兴凤与法政桥第二小学戚广学跻身“全国千名优秀体育教师”之列(评选活动

由《光明日报》《体育报》《文汇报》联合举办）。

是年　河北区承办市中小学田径运动会、市甲级足球预赛、市万米长跑比赛、市重点业余体校田径赛。

1982年

2月26日　河北区开展全民文明礼貌月活动动员大会召开。3月2日，市长胡启立到天津站参加“全民文明礼貌月”卫生日扫除劳动，同日，“中山路文明一条街”命名揭幕仪式在北站举行。4月12日，区委召开活动总结大会，并颁布《河北区市民公约》。

3月25日　区委党史资料征集领导小组成立。

4月1日　河北区交通管理委员会成立。

5月1日　中共中央总书记胡耀邦在天津市干部俱乐部，接见全国劳动模范、河北区蔬菜副食品公司售货员张士珍。

6月　在全国中小学勤工俭学工作会议上，红领巾纽扣厂和新大路中学校办厂被评为全国勤工俭学先进单位。

7月9日　大悲禅院、望海楼天主教堂、觉悟社旧址被市政府重新公布为市级文物保护单位。

7月20日　河北区第四届运动会在北站体育场举行。

8月3日　由414人组成的河北区引滦输水明渠工程团成立，至10月25日，完成引滦明渠1.69万立方米土方工程。11月5日，区委、区政府召开引滦工程明渠义务劳动总结表彰会。

8月10日　河北区基本建设委员会成立。

11月10日　区委召开河北区学习优秀共青团员、模范三好生王志梅动员大会。二中学生王志梅因胃癌去世，其短暂一生有许多奋发自强助人为乐事迹。

是年　引滦工程配套项目、天津市供水行业最大的环保工程——新开河水厂建成。

1983年

1月9日　天津市第一座垃圾无害化处理厂——河北区环卫局小淀垃圾处理场竣工并投入使用。

1月13日　区政府认定意国领事馆、意国工部局、奥匈帝国工部局、望海楼天主教堂、日寇大木部队行营、回力球场、公大七厂、公大七厂水塔、旧天津市政府、日寇大木部队1829医院、日寇“活血库”、日本兴亚铁工厂、择仁里、绥合里、日军坦克修造厂、山芷学校16处遗址，为帝国主义侵华罪行遗址。

1月　天津市税务局河北区分局成立。

2月25日　区房管局析为区房地产管理局和区房屋修建工程公司。

2月28日　河北区集体经济办公室成立。

3月1日　河北饭店建成开业。

3月5日　市长李瑞环等市领导到第二医院、天津站等单位参加优质服务活动。

3月30日　河北区个体劳动者协会成立。

3月　京津公路街道居民邹秀荣一家被评为全国“五好”家庭。

4月6日—5月10日　区委举办河北区反腐蚀教育展览。

6月16日　坐落在建昌道的天津市文物公司文物仓库失火，损失书画近2000件。

6月30日　以河北区居民阎某为首的44人重大流氓卖淫集团案件被破获。

7月12日　天津染化一厂发生化学原料三聚氯氰爆炸事故，造成环境污染，导致14人受到不同程度熏呛，送市职业病防治医院救治。

8月19日　河北区五讲四美三热爱委员会成立，1991年1月19日，更名为区精神文明建设活动指导委员会。

9月5日　河北区审计局成立。

9月27日　河北区严厉打击刑事犯罪活动公判大会在北站体育场召开，1.7万人参加。涉及17个重大刑事案件的31名犯罪嫌疑人，分别被判处无期徒刑和有期徒刑。

10月17日　区委要求区属各级党组织建立相应的纪律检查机构或设纪律检查员。

10月　河北区档案馆升格为区委、区政府直属机单位，由区委办公室直接管理。

11月11日　区委召开党代表会议，选举李瑞环等9人为出席中共天津市第四次代表大会正式代表。

12月22日　河北区委老干部局成立。

1984年

1月9日　区地震办公室撤销，其日常工作和仪器设备由区科委接管。

1月18日　区委整党工作领导小组成立。2月8日，第一批单位(32个支部，403名党员)开始整党工作，至10月24日结束。

1月　全区各党政机关开始实行德、能、勤、绩考核制度。

2月11日　团中央书记处书记李源潮带领8省、市团委书记考察区革命传统教育工作。

3月20日　天津市第一医院成功抢救1名心跳停止10分钟、呼吸停止25分钟的中毒性休克患者。

3月23日　天津警备区司令员吴震到区武装部检查工作。24日，天津警备区在河北区进行作战指挥演习。

4月9日　区政府公布首批6个文物保护单位：天津十五烈士纪念碑(中山公园)、女星社遗址(中山路达仁里3号)、中山公园革命纪念地(新建路)、梁启超在津故居和书斋——饮冰室(民族路38、40号)、金家窑清真寺(金家窑大街海潮寺胡同)、南皮张氏两烈女碑(中山公园)。

4月10日　全区统一选举日，选举产生区第九届人大代表340人。

4月18日　天津十五烈士纪念碑复建落成揭幕式在中山公园举行。1991年8月，被确定为天津市第二批文物保护单位。

5月9—12日　河北区第六届政协第一次会议召开，出席委员251人。会议选举产生区政协新一届领导班子，其中主席1人、副主席7人。

5月9—13日　河北区第九届人民代表大会第一次会议召开，出席代表340人。会议选举产生19名区第九届人民代表大会常务委员会组成人员，其中主任1人、副主任5人；选举产生新一届区人民政府组成人员，其中区长1人、副区长5人。

5月24　河北区修建服务公司在区内率先实施改革：公司正、副经理全部停薪留职，和工人一起实行浮动工资制，取消管理干部终身制，精简机构，实行固定工、合同工和雇佣民工相结合的组织形式。各级建立岗位责任制，责、权、利统一。

6月5日　经区政府报请市政府批准，授予在与抢劫杀人犯搏斗中英勇献身的玻璃器皿厂工人、共产党员王贵华革命烈士称号。

6月18日　区委建立政法委员会。

6月26日　望海楼修复工程开工，年底竣工。

7月21日　18个街道全部建立生产服务合作社，实现政企分家，这是新型集体经济管理制度重大改革。《天津日报》给予报道。

8月6日　觉悟社旧址陈列馆建立，9月16日正式对外开放。1985年，觉悟社旧址陈列馆更名为天津觉悟社纪念馆。1986年9月10日，邓颖超到天津觉悟社纪念馆参观访问。1988年，邓颖超为天津觉悟社纪念馆题写馆名。

8月7日　中共河北区纪律检查委员会成立。

8月20日　市长李瑞环到河北区考察，就搞好城市管理、搞活经济、增强经济实力提出要求。

8月25日　区学校管理体制改革试点工作启动。试点单位为三十五中学、育婴里小学、职工大学、第五幼儿园、中山路第二幼儿园、小树林第一幼儿园。

8月29日　河北区建设开发公司、河北区贸易公司成立。

9月15日　河北区首届民间花会调演在北站体育场举行。

9月25日　“河北区建国三十五周年社会主义建设成就展览”在中山路大型画廊揭幕。

9月26日　区委常委会决定干部管理权限下放，正处级及其以上干部由常委会管理，副处级干部由组织部管理。区委文教部、街道部、财贸部和区政府街道办公室、集体经济办公室撤销。

9月29日　在北宁公园利用人防工程建成地下青少年活动中心叠翠宫。10月1日，市长李瑞环到北宁公园参加区庆祝中华人民共和国成立35周年群众游园活动，并参观叠翠宫。

10月6日　河北区编制委员会成立。

10月11日　八号路街道办事处更名为江都路街道办事处，建昌路街道办事处更名为建昌道街道办事处。

10月31日　河北区老龄委员会成立。

11月7日　第一医院创办天津市肝病研究所。

11月9日　河北区与大连市沙河口区结为友好兄弟区签字仪式在大连举行。

11月26日　根据全市统一规划，河北区部分行政区划界线有所调整。

11月29日　区市容管理办公室改为区市容管理委员会，与区爱国卫生运动委员会合署办公。

12月22日　全国29个省、直辖市、自治区文化厅(局)长到区文化馆参观访问。

是年　世界卫生组织及有关国家、地区卫生官员到天津市“四病”防治调研基地京津医院考察。

1985年

1月5日　金钟电影院举行开业仪式。

1月18日　区委调查研究室成立。

1月29日　区政府决定改造谦益里、望海楼、振德里、尚家柴厂、陈家沟、操场下坡6处危陋平房，全区自此开始成片危陋平房改造工作。

1月　江都路街道管辖的双顺里、幸福里2个居委会和五号路街道管辖的17段、18段2个居委会，划归河东区常州道街道办事处管辖。

2月4日　区政府民政科改为区政府民政办公室。1988年3月，改为区民政局。

2月5日　区委决定第二期整党工作分两批进行，每期6个月。25日，区委成立第二期整党工作领导小组。

2月　河北区地名普查工作完成，该项工作始于1981年3月。

3月11日　市长李瑞环等市领导到江都路街道参加绿化义务劳动。

3月11日　区政府档案科成立，与区档案馆合署办公。

3月12日　东六街道渤海集体企业联合公司与香港嘉田公司合资经营的天津渤田机绣有限公司开

业，该公司是天津区街企业中第一家“三资”企业。

3月16日　市长李瑞环到小树林街道兴业里一条和中山路街道吕纬路二条2个居委会，考察“三级跳坑”房屋改造工程。

4月22日　河北区第一次归侨、侨眷代表大会召开。

5月1日　坐落在区内的海河游乐场竣工开放，市长李瑞环出席开放仪式并剪彩。

5月9日　贺龙元帅夫人薛明重返金家窑大街海潮寺胡同5号故居(20世纪30年代薛明曾在此从事地下革命工作)。

5月17日　全区1630间2281平方米的“三级跳坑”住房仅用60天改造完毕。《今晚报》予以报道。

6月27日　河北区经济协作办公室成立。

7月22—30日　全国柔道学习班在北站体育场柔道馆举办。

7月23日　靖江路街道办事处成立。

8月20日　江都路街道新建5个庭院式绿化小区竣工。

8月28日　天津第四日用化学厂氯磺酸液体泄漏，造成一起严重污染环境事故。

8月30日　西藏那曲地区100名小学毕业生到红光中学学习，自此该校创办了西藏学生班。

9月2日　日本九州青年友好之船访华团到黄纬路街道参观访问。

9月11—29日　河北区承办全国佩剑教练员、运动员训练班。

10月8日　区环卫局保洁员高春玲随城乡建设环境保护部环卫工人代表团赴日本参观访问。《天津日报》登载此消息。

11月5日　天津市中环线工程河北区指挥部成立。翌年7月2日，河北区中环线工程庆功表彰大会召开。

11月10日　全区基本实现马路柏油化。《今晚报》报道此消息。

12月20—22日　中共河北区第四次代表大会在区工人俱乐部召开，出席大会正式代表299人。会议听取并审议了第三届区委及区纪委工作报告，选举产生中共河北区第四届委员会和新一届区纪律检查委员会，区委委员24人、候补委员3人，区纪委委员15人。

是年　河北区震损房屋重建工作全部结束，建设开工17万平方米，竣工并交付使用11.3万平方米。

是年　在白庙工业区基建施工中，出土唐永徽二年(651年)刻制的弥勒佛石龛像1尊。

1986年

1月11日　市委书记倪志福考察驻区企业天津无线电厂。

3月16日　河北区人防地下指挥所竣工并交付使用。

3月18日　“三一八”烈士魏士毅女士纪念碑重建落成揭幕仪式在中山公园举行。该纪念碑于1984年10月在中山公园被发现，1991年8月，被确定为天津市第二批文物保护单位。

4月30日　区环卫局工人高春玲参加全市各界劳动人民代表欢庆“五一”活动，并与国家主席李先念、中共中央书记处书记郝建秀、全国政协副主席吕正操等合影留念。

5月2日　中共中央书记处书记郝建秀到市特等劳动模范、区环卫局工人刘笃刚家中慰问。

5月8日　区人民武装部改归地方建制，受区委和天津警备区双重领导。

5月29日　区首届少年先锋队员代表大会召开。市长李瑞环为少代会题词：“做德、智、体、美、劳全面发展的新一代。”

7月1日　东郊区大毕庄乡二道桥村划归建昌道街道办事处管辖。

9月　区内首个为孤寡老人服务的养老院——颐寿院在何兴庄街道建成。1994年，中央电视台《夕阳红》栏目组到该院采访并播出制作的采访节目。

10月6日　区卫生局代表在全国卫生改革汇报会上，作“我们是怎样加强家庭病床质量管理工作的”发言。会议期间，卫生部部长郭子恒及全国28个省（自治区、直辖市）卫生厅（局）长到黄纬路、中山路等卫生院参观。

10月11日　天津市外环线工程河北区指挥部成立。河北区承担796米长、5.28万立方米土方工程，于11月3日竣工，被评为优良工程。11月29日，区指挥部召开总结大会，143人受到表彰。

10月13日　中共河北区商业工作委员会和河北区商业委员会成立，区政府财贸办公室撤销。

12月20日　全区统一选举日，选举产生区第十届人大代表313人。

是年　河北区开始实行职工失业保险制度，首批参加保险单位319户、22435人。

1987年

1月9日　天津站铁路枢纽改造工程河北区指挥部成立。

1月22日　区首届百花迎春文化年会开幕。

2月2日　中共河北区街道工作委员会和区街道委员会成立。

2月26日—3月2日　区第七届政协第一次会议召开，出席委员263人。会议选举产生区政协新一届领导班子，其中主席1人、副主席7人。

2月27日—3月3日　区第十届人民代表大会第一次会议召开，出席代表313人。会议选举产生15名区第十届人民代表大会常务委员会组成人员，其中主任1人、副主任5人；选举产生新一届区人民政府组成人员，其中区长1人、副区长5人。

3月12日　世界银行流行病学专家叶雷到京津公路卫生院考察“四病”防治工作。

4月15日　天津铁路枢纽改造工程全线动工。1988年9月25日竣工，10月1日通车。邓小平为天津站题写站名。

4月20日　全国人大常委会副委员长班禅额尔德尼·确吉坚赞到津考察工作，接见红光中学西藏学生。

5月3日　天津市首届农民运动会在北站体育场开幕。

5月6日　卫生部部长陈敏章到京津公路卫生院检查“四病”防治调研基地工作。

5月19日　河北区残疾人体育代表团在市第二届伤残人运动会上，获男、女游泳团体和女子乒乓球团体3项冠军。12月30日，参加市残疾人运动会，获男、女团体总分第一。

5月30日　以区环境保护三级管理网为中心题材的环保纪实片《津门晚霞红》在天津电视台播放。1988年，该片在国家环保影视片评比中获一等奖。

7月8日　河北区平房改造办公室成立。

8月3日　河北区在全市率先设区长联络员。

8月8日　区政府召开对河北糕点厂用霉变京糕加工炒馅（3.5万千克）事件处理大会。

9月16日　河北区纪念觉悟社创建68周年座谈会召开，国务院参事、原觉悟社社员管易文参加。

9月25日　北京市宣武区、广州市越秀区、天津市河北区联合画展在区文化馆开幕。

9月26日　区首届文化艺术节在金钢公园开幕。

9月26日　因抢救溺水同学牺牲的七十九中学初中学生邱阿彬被市政府批准为革命烈士。

10月6日　区首届“科技周”在中山公园开幕。

10月　区政协编辑的《天津河北文史》第一辑刊印，至2010年刊印文史资料27辑、约450万字。

11月21日　市长李瑞环就新开河闸口北岸渔民村阻塞河道、环境脏乱需搬迁问题与市人大代表对话，责成河北区牵头解决。经研究决定，在北郊区宜白大道北侧选地4万平方米重建渔民村。翌年8月30日至9月3日，渔民乔迁新居。

12月19日　中共河北区委党史资料征集委员会成立，后编辑刊印《中共天津市河北区组织史资料》《河北区党史资料汇编》等。

是年　第二医院心脏内分泌研究室研究成果《尿C肽放免测定方法及临床应用的研究》《抗心律失常及其类似物人工合成的研究》获国家科研成果奖，填补了国内空白。

1988年

2月2日　河北区退休干部协会成立。

2月16日　市长李瑞环等到大天津食品店、新华理发厅、普乐摄影公司慰问职工，进行谈心服务。

2月25日　河北区监察局成立。

4月1日　区档案馆向社会开放首批档案资料。

4月3日　区首届青少年运动会在北站体育场举行。

4月13日　电子工业部部长江泽民到天津电子线缆公司(六〇九厂)考察。

4月　河北区老年人大学成立，后改称区老年大学。

5月17日　全国人大常委会副委员长班禅额尔德尼·确吉坚赞和阿沛·阿旺晋美到红光中学看望西藏学生。

5月24日　天津市总工会河北区办事处改为河北区工会。

5月30日　重建后的区少年宫举行启用仪式，市领导聂璧初、吴振、张再旺等出席。

6月23日　刘洪发烈士命名大会召开。刘洪发是区第二纸箱厂工人，在与流氓分子搏斗中牺牲。

6月27日　区首届科技市场开市。

6月28日　全国政协副主席杨成武在副市长钱其璈等陪同下，到红光中学调研。

7月21日　罕见特大暴雨致河北区降雨量121.2毫米。

8月4日　龙门大厦贸易总公司成立。9月12日，龙门大厦建成。26日，中国北方最大的商业服务中心——龙门大厦及市内最大的地下商场——晶龙商场开业。

9月25日　河北区青年艺术节开幕，5万余名共青团员参加。

10月1日　中共中央政治局委员、国务委员李铁映在市委书记、市长李瑞环等陪同下，出席新落成的天津站新客站通车典礼仪式。

10月4日　河北区计量管理局成立。1990年2月，区计量管理局更名为区技术监督局。

10月5日　建昌道思源里变电室起火，给200多户居民的家用电器造成损失，500多户居民生活受到影响。

10月8日　小于庄、堤前、兴业大街3所小学辅读班合并成立的区启智学校开学。

11月12日　中共中央政治局委员、全国人大常委会委员长万里，中央政治局候补委员、国务院台湾事务办公室主任丁关根，在市委书记、市长李瑞环等陪同下，视察天津站新客站。

11月17日　区委自9月初开始，在全区机关党员中开展百日新奉献活动，数千名党员为群众做好事上千件。《今晚报》给予报道。翌年3月29日，区委召开党员百日新奉献活动总结表彰大会。

12月3日　全国政协副主席吕正操到王串场街办企业欧美皮鞋厂调研。

12月3日　河北区中小学幼儿教师奖励基金会成立。已故五十七中学教师、归侨蔡秀细亲属遵照逝者遗愿为基金会捐赠其积蓄1万元，个体三轮户白方礼捐赠劳动所得5000元。

12月14日　河北区与江苏省滨海县结成友好区县。

12月28日　瑞士洛桑“认识中国社”参观团到红光中学西藏班参观。

是年　区文化馆与僧人合作，整理流散的佛乐曲目34首，编成《津沽梵音》，并由此成立天津佛乐团。1993年10月，天津佛乐团应英国五洲基金会荷兰分会等邀请，赴英、荷等国演出。

1989年

1月1日　全区实现垃圾清运密封化。

2月1日　河北区第四届百花迎春文艺年会在中山路风味食品一条街和中山公园开幕。

3月11日　区委作出《关于在全区党员中开展向蔡秀细同志学习的决定》。

3月14日　区政协常委、著名书画家慕凌飞在北京中国美术馆举办书画展，展出《百虎图》等98幅。

4月7日　新疆维吾尔族个体摊贩帕祖拉在广场桥下打捞被区综合执法队队员投入河中的火槽，溺水身亡。遵照市长李瑞环指示，区政府和新疆伊犁地区领导与死者家属共商善后事宜，12日，根据《关于帕祖拉在天津溺水死亡善后协议书》，事件得到妥善处理。

4月26日　大江路街道办事处成立。

4月27日　西藏自治区代表团到河北区参观。

5月10日　区委决定在全区党员中开展以“廉洁、团结、服务、高效”为内容的万名党员争标兵活动。到6月中旬，全区1.3万名党员义务为群众做好事4000余件，贡献工作日5000余个。7月1日，区委召开纪念“七一”万名党员争标兵事迹汇报会。8月20日，全区万余名党员放弃公休上街入户开展“奉献日”活动，将活动推向高潮。

5月13日　区政府研究室成立。

5月26日　区政府公布第二批文物保护单位7个：袁世凯宅邸（袁式旧宅）、汤玉麟宅邸、冯国璋旧居、金代石狮、李叔同故居、魏士毅女士纪念碑、意国领事馆。

6月3日　河北区第一次环保新闻发布会召开。

6月27日　全市环卫系统在小淀垃圾处理场（隶属河北区环卫局）召开垃圾处理现场会。翌年9月5日，该垃圾处理场建成投入使用，这是一座别具特色的庄园式垃圾处理场。该垃圾处理场于2005年关闭。

7月27日　区委、区政府对区内书刊音像市场进行“扫黄”。8月8日，全区“扫黄”成果展览开幕。

8月1日　河北区老干部活动中心举行落成典礼。

8月9日　内蒙古科右前旗赴津考察团到河北区考察访问，双方签订以发展边贸为主要内容的经济友好协议。

8月11日　区委即日起抽调76名党政干部充实到公、检、法、司，以及工商、物价、税务、监察等部门工作。

8月19日　黑龙江省佳木斯市考察团到河北区访问，双方签订经济合作协议。

8月　区委研究室编发《河北区十年改革成果汇编》。

9月8日　河北区残疾人联合会成立，并召开第一次代表大会。

10月24日　河北区首届区域经济合作洽谈会召开，成交商品物资额1750.63万元。

11月6日　河北区万名党员入户为居民送大白菜。《天津日报》予以报道。

12月8日　河北区第一期供热工程总结大会在机车车辆厂举行。作为全市用工厂锅炉增容改造向居民区供热试点工程，该厂实现利用余热为周边3200余户居民供热。

12月11—13日　中共河北区第五次代表大会在区少年宫召开，出席大会正式代表295人。会议听取并审议了第四届区委及区纪委工作报告，选举产生中共河北区第五届委员会和新一届区纪律检查委员会，区委委员21人、候补委员3人，区纪委委员11人。

12月20日　全区统一选举日，选举产生区第十一届人大代表313人。

12月22日　天津站新客站、龙门大厦工程获中国建筑协会联合会授予的“鲁班奖”。

12月25日　市长聂璧初等市领导到河北区检查冬季人民生活落实情况。

1990年

1月13日　河南省洛阳市与天津市河北区区域经济合作商谈会在河北区举行。

2月19日　河北区首批10名党政机关干部代职下基层，为期1年。

2月20日　河北区学雷锋基地建立10周年大会召开。3月6日，《天津日报》专题介绍河北区建立学雷锋基地情况。

2月26—3月2日　河北区第八届政协第一次会议召开，出席委员263人。会议选举产生区政协新一届领导班子，其中主席1人、副主席8人。

2月26—3月3日　河北区第十一届人民代表大会第一次会议召开，出席代表313人。会议选举产生19名区第十一届人民代表大会常务委员会组成人员，其中主任1人、副主任5人；选举产生新一届区人民政府组成人员，其中区长1人、副区长6人。

3月1日　天津武警二支队100平方米仓库起火，库顶烧塌，166万米纺织品被烧毁。

3月　《中共天津市河北区组织史资料(1949—1987)》编辑完成，翌年“七一”前刊行。

4月23日　公安河北分局破获一起市领导多次批示的特大盗窃纵火案。此信息被市委《每日要闻》登载。

5月9日　天津市确定一批历史遗址为中小学爱国主义教育基地，河北区有觉悟社旧址、意国领事馆、孙中山演讲地、望海楼、金汤桥。《天津日报》刊登此消息。

6月22日　河北区经济体制改革委员会成立。

7月31日　朝鲜红十字总会副会长李星镐考察河北区红十字会工作。

8月24日　区政府法制办公室成立。

8月29日　香港鸿江贸易公司董事长王新伟参加区教师节活动，被授予启智学校名誉校长。他为河北区教师、学生捐款2万元，为大悲禅院捐款28万元。

9月23日　保加利亚瓦尔纳市红十字代表团到河北区考察。

10月23日　弘一法师李叔同书法碑林落成揭幕，使本市纪念李叔同诞辰110周年活动达到高潮。全国人大常委张再旺、市政协主席刘晋峰为碑林揭幕。

10月25日　河北区与吉林市龙潭区签订建立友好区协议。

10月27日　中山路川云里高层住宅楼竣工，为市内最高住宅楼。

11月4日　靖江路街道杨文琴、张英明夫妇事迹被《今晚报》头版头条以《淑女嫁残男，恩爱金石开》为题作了报道。12月17日，其家庭被区委、区政府命名为文明模范家庭。

12月　河北区将20个街道办事处调并为16个。

是年　18个地、县到河北区建立工商企业、联合体20个。

1991年

1月11日　国务院总理李鹏及国务委员李贵鲜，在市委书记谭绍文等陪同下，到天津站新客站视察监控系统。

1月　第一医院胸外科成功完成门静脉高压上消化道出血行大膜包肺分流手术，为天津市首例。

2月14日　市长聂璧初到河北区考察，并慰问商业系统和环卫系统职工。

3月5日　市政府改善人民生活十项工作之一的大天津食品商厦改建工程动工。

3月20日　中国残联主席邓朴方到河北区看望残疾人张英明、陈卫。

3月24日　天津市第一个成片组网的防火防盗防爆全自动报警系统在河北区建成。《天津日报》对此作了报道。

3月　全国人大常委会法制工作委员会原副主任、法学家张友渔参观河北区档案馆并题词："尊重历史"。

4月23日　天津站站前广场发生爆炸案，致4名旅客受伤。

5月11—12日　区首次人才交流洽谈会召开，2715人次应聘。

5月18日　河北区被劳动部授予全国"七五"期间职业安全卫生监督工作先进单位称号。

5月26日　区首届月季花节开幕，主会场设在金钢公园。

5月　河北区人才交流中心成立。

6月3日　全国城市街道工作常委会会议在光复道街道召开，光复道街道和鸿顺里街道介绍经验。

6月23日　王串场21段600余户居民平房改造工程启动。

7月16日　蒙古红十字会代表团到王串场街道红十字会访问。

7月27日　中共中央总书记江泽民及中央书记处候补书记兼中央办公厅主任温家宝，在市委书记谭绍文、市长聂璧初等陪同下，视察天津站。

8月2日　天津社会主义青年团旧址、魏士毅女士纪念碑、天津十五烈士纪念碑、李叔同故居、梁启超"饮冰室"书斋、金代石狮、解放天津会师纪念地，被市政府公布为天津市第二批文物保护单位。

8月3日　区委、区政府作出《关于在全区区街工业开展学习"渤田精神"活动的决定》。渤田机绣有限公司自1985年投产后，在激烈的市场竞争中闯出一条立足、生存、发展的路子，形成了自己的企业精神。

8月27日　区档案馆获全国档案工作先进集体称号。

9月4—7日　河北区第三届文化艺术节暨友好地区商品交易会在区少年宫举办。全国16个省（市）200多家企业参加，交易成交额5000余万元。其间，河北区与甘肃省天水市等10个地区结为友好市区。

10月6日　58名研修生赴日学习汽车技术，为河北区首批选派的涉外劳务输出人员。翌年1月23日，日本大阪市世界友好株式会社社长冈本忠木到河北区，签订河北区向日本派遣研修生协议书。

10月16日　国家卫生城市检查团到小淀垃圾处理场检查，认为垃圾无害化处理工作达全国领先水平。

10月22日　市长聂璧初等市领导到北站地区调研体育设施建设情况。

10月29日　区政府档案办公室更名为区档案局。

11月8日　市编委同意建立河北区人民政府侨务办公室，规格为处级。

11月9日　天津市家庭伦理道德教育现场会在河北区召开。

12月1日　河北区被市政府命名为市容卫生先进区。

是年　河北区社会治安综合治理办公室成立，与区委政法委合署办公。

是年　河北区进行天津市地名综合管理改革试点工作。

1992年

1月　天津市内环建设开发公司成立。

2月15日　河北区房产交易所被建设部评为房地产市场管理全国先进水平达标单位。

2月29日　河北区被评为1991年度天津市拥军优属、拥政爱民先进区。

3月20日　河北区“四二一”型家庭养老院现场会召开，市政府有关领导出席。

3月27日　河北区被市政府评为绿化先进区。

4月25日　区人防办公室被评为全国人民防空先进单位。

4月　河北区天兴建设开发公司成立。

5月13日　区委、区政府决定组建区地方志编修委员会和区经济体制改革委员会。

6月16—19日　全国城市街道社区建设工作研讨会在光复道街道召开。

6月18日　由河北区承办的天津市中小学运动会在北站体育场举行。

7月　光复道街道被市政府命名为“街道之星”。

11月1日　河北区妇幼保健院获全国首批“爱婴医院”称号。

11月30日　觉悟社纪念馆被市政府命名为首批“天津市青少年教育基地”。

12月20日　全区统一选举日，选举产生区第十二届人大代表313人。

12月24—26日　中共河北区第六次代表大会在区少年宫召开。出席大会正式代表295人。会议听取审议第五届区委及区纪委工作报告，选举产生中共河北区第六届委员会和新一届区纪律检查委员会，区委委员25人、候补委员4人，区纪委委员11人。

12月27日　榆关道立交桥竣工通车，市长张立昌剪彩。

12月　区委召开六届一次全会，提出全区经济与社会发展的四大奋斗目标，确定加快建设现代化新河北的总体方向与总框架。

是年　河北区全民所有制单位实行干部聘任制。

1993年

1月14日　区委、区政府批转《关于在全区开展怎样实现大发展大讨论的安排意见》。4月27日，区委、区政府对大讨论活动进行总结。

1月14日　市长聂璧初察看天津站二期人防工程。

1月27日　河北区实施区街工业、房地产业、商业服务业和市场建设四大经济支柱发展战略。

2月1日　月牙河街道办事处筹备组成立。

2月22—27日　河北区第十二届人民代表大会第一次会议召开，出席代表313人。会议选举产生19名区第十二届人民代表大会常务委员会组成人员，其中主任1人、副主任5人；选举产生新一届区人民政府组成人员，其中区长1人、副区长6人。

2月22—27日　河北区第九届政协第一次会议召开，出席委员235人。会议选举产生区政协新一届领导班子，其中主席1人、副主席8人。

4月1日　内环线狮子林大街拓宽改造工程动迁任务完成，19天动迁居民1073户、公建单位54个。

4月24—25日　河北区1993年春季人才与智力交流洽谈会召开。

5月13日　区政府决定将直隶第一女子师范学校、扶轮中学原址列为区第三批文物保护单位。

5月22日　市政府同意将女星社遗址迁至三戒里42号院复原重建，并建立邓颖超纪念馆。

5月　区首届台属代表大会召开，250名代表参会，区台属联谊会成立。

7月30日　区平房改造会战动员大会召开，确定用5—7年对全区成片危陋平房进行改造。市长张立昌等出席。

7月　区委召开的六届三次全体会议作出《关于今后五年全区经济建设和各项事业大发展的决议》，

确定大发展的具体目标、任务、措施，形成较完整、系统的发展规划和发展思路。

8月5日　清康熙帝御书“孤云寺”匾额在白庙地区出土。

9月8日　河北区海外联谊会成立大会在大天津食品商厦举行，海内外各界人士100余人出席。

9月14日　市长张立昌考察北站立交桥、中山北路、内环线狮子林大街拓宽改造重点工程。

9月21日　市政府改善城乡人民生活20件实事之一的北站体育场改造工程竣工并投入使用。

9月23日　全国政协副主席朱光亚率全国政协科技委员会委员20余人参加河北区科技周活动。

9月27日　北站立交桥竣工通车，市长张立昌主持竣工通车剪彩仪式，中共中央政治局常委、全国政协主席李瑞环剪彩。

9月29日　河北区钢材交易市场开业。

9月　《河北区党史资料汇编（1919—1949）》刊印。

10月8日　由区房管局与总参兵种部嘉铭公司联合兴建的津都大厦工程举行奠基仪式。

10月16日　河北区新闻中心成立。1995年10月，区新闻中心进行调整，由河北报社、区有线电视台、区通讯报道站组成。

10月　河北区工会被全国总工会授予全国工会基层工作先进单位称号。

11月30日　坐落在建昌道地区的天津市温州城（以温州人为主的服装制售市场）建成开业。

12月27日　中共中央政治局委员、国务委员、国家体改委主任李铁映到北站粮店进行调研。

是年　河北区劳务市场成立。

是年　全市唯一的校办企业集团——天津市裕隆集团公司成立。

1994年

1月18日　昆纬路五经路危房改造工程全面开工。翌日，市长张立昌参加开工动员大会。

1月28日　市人大常委会主任聂璧初带领市人大代表考察王串场危漏平房改造工地。

1月　区委召开六届四次全体会议，提出“跳出河北看河北”，全区各方面工作要“找准坐标、学习先进、争创一流、勇攀高峰”，加速实现大发展。

2月4日　天津邓颖超纪念馆举行揭幕仪式，中共中央政治局原委员宋平、市委书记高德占、市长张立昌出席。

3月10日　中央电视台《夕阳红》栏目组到王串场街道“四二一”家庭养老院采访。

3—7月　区第七届运动会在北站体育场举行。

4月4日　区联合执法部门取缔小王庄大街“黑烟”批发市场。

4月28日　市政府批准将天津中心广场、转播一号台地块批租给香港嘉里集团和星源集团。

5月4日　觉悟社纪念馆和邓颖超纪念馆纪念活动基地命名仪式举行。

5月17日　中共中央政治局常委、全国人大常委会委员长乔石，在市委副书记李建国、市人大常委会主任聂璧初等陪同下，到天津市锻压机床总厂考察。

5月17日　全国人大常委会副委员长王光英为大亨时装公司题词：“奋力拼搏，再创辉煌。”

5月17日　河北区国家公务员培训中心揭幕仪式暨首期公务员公修课培训举行。

5月18日　河北区地方志工作会议召开，开始编修《河北区志》，2004年面世。

5月24日　国家主席杨尚昆在市长张立昌陪同下，视察天津市锻压机床总厂。

5月31日　金汤桥解放天津胜利会师纪念地和觉悟社纪念馆，被市委、市政府命名为天津市首批爱国主义教育基地。

6月23日　坐落在东河沿大街的天津市铝材厂发生特大爆炸，厂房被炸毁，死10人，伤57人。

7月30日　河北区有线电视工程开工。10月建成，望海楼小区试播成功。12月31日，有线电视一期工程竣工，全线开通。

8月　为适应分税制改革，市税务局河北分局分设河北区国家税务局和天津市地方税务局河北区分局。

9月16日　全区为宁夏、甘肃贫困地区募集棉衣被上百万件。

9月20日　市长张立昌到区察看危改工作和小树林立交桥(后定名金狮立交桥)施工工地。

9月22日　河北区被市委、市政府命名为拥军优属、拥政爱民模范区。

9月23日　全国政协副主席、全国科协主席朱光亚等参加河北区科技周活动。

9月　区有线电视中心成立。翌年10月，更名为河北区有线电视台。

10月8日　大悲禅院举行扩建奠基仪式。

10月29日　金狮立交桥举行通车典礼，市委书记高德占、市长张立昌等出席。

10月29日　天津中心广场检阅台被拆除(1959年"五一"节前建成)。

10月　红光中学被国务院命名为全国民族团结进步模范单位。

11月11日　河北区关心下一代工作委员会成立。

12月16日　区委机关报《河北报》创刊。翌年1月2日，河北报社成立。2004年3月12日，《河北报》停刊。

12月27日　市长张立昌等市领导出席榆关道立交桥竣工通车仪式。

是年　区残联成立由56人组成的残疾人"生命之光"艺术团，此为全市唯一的残疾人艺术团体。

是年　市人大常委会主任聂璧初出席北站体育场建场60周年纪念活动。

1995年

2月3日　市长张立昌到天津站扫道班给环卫工人拜年。

2月28日　河北区青年志愿者协会成立。

3月10日　天津市夜景灯光现场会在河北区召开。

3月13日　第一医院妇产科为一男性假两性畸形患者施行乙状结肠阴道人工成型手术成功，为全市首例。

3月28日　区委、区政府作出《关于表彰有突出贡献的知识分子和优秀知识分子的决定》，授予11人有突出贡献知识分子称号，对101人予以表彰。

4月13日　区少年宫向第43届世乒赛组委会捐赠《天津建筑少儿钢笔素描集》。

4月21日　由港商经营的天津永安百货商场在龙门大厦开业。

5月20日　区长张化纯率河北区代表团赴美国、加拿大招商引资，就13个合作项目达成意向协议。

5月21日　市委书记高德占参加河北区在金钢公园举行的助残活动。

6月27日　团市委在河北区召开天津市"星级服务"活动现场推动会。

9月14日　全国创建"青年文明号"现场观摩会在大亨时装公司召开。

9月28日　天津市爱国主义教育现场会在河北区召开。

9月28日　河北区环卫局小淀垃圾处理场和环卫二所工人顾月海，分别被建设部授予城市市容环境卫生先进单位、优秀城市美容师称号。

10月　区总工会被全国总工会授予全国工会基层工作先进单位称号(已连续3年获此荣誉)。

11月2日　河北区工业发展有限公司成立。

12月22日　区政府与北京嘉铭企业集团合作开发建设嘉海花园项目签约。

12月24日　市工业系统36家企业移交河北区。

12月　《天津市河北简史》印制发行。

12月　始建于1991年、坐落在中山北路73号的天津服装城建成，占地8万平方米，1996年4月6日开业，2010年实施拆迁。

1996年

1月13日　区政府获天津市1995年危陋房屋改造先进单位称号。

1月23日　区人事局被授予全国人事系统先进集体和天津市人事系统先进集体称号。

1月25日　河北区被市人事局评为天津市继续教育先进区。

1月　区科技贸易街建立，位于五马路(元纬路至律纬路)长1400米地段内。

2月13日　国家计委主任陈锦华、市委书记高德占察看幸福道农贸市场。

3月19日　河北区被评为天津市经济协作先进区。

3月28日　河北区举行人民武装部收归部队建制交接仪式。从4月1日起，区人武部受天津警备区和区委双重领导。

3月29日　市委书记高德占等在区委礼堂召开现场会，研究解决市属36个企业下放河北区的有关问题。

4月15日　国家教委在天津召开全国部分省市城镇流动人口适龄儿童少年就学问题研讨会，其间组织与会人员到红权小学参观调研。

4月21日　区政府获1995年天津市城市环境综合整治优秀集体称号。

5月12日　河北区人才市场成立。2000年撤销。

5月21日　河北区工业局成立。

5月29日　中华人民共和国原主席杨尚昆参观觉悟社纪念馆和邓颖超纪念馆。

6月6日　全国人大环保执法检查团到河北区检查城市生活垃圾处理工作。

6月12日　全国十省市文明家庭建设理论研讨会在河北区召开。

7月5日　市退路进厅工作现场会在河北区召开。

7月17日　河北区与内蒙古额尔古纳市缔结为友好市区。

7月24日　国家计生委有关领导到河北区考察流动人口计生管理等工作。

9月12日　金纬路拓宽改建工程竣工。27日，市长张立昌考察金纬路。

9月19日　张兴庄地区雨污水重点工程拆迁动员大会召开，拆迁涉及居民509户、公建单位57个，拆迁总面积3.5万平方米。

10月22日　江苏省南通市与河北区缔结为友好市区。

11月13日　河北区伊斯兰教协会成立。

11月26日　5月1日开工的金钢桥改建工程竣工通车，市长张立昌参加竣工通车仪式。

12月2—16日　区经贸代表团赴法国巴黎卢瓦那市进行友好访问，并与该市签订友好地区经济合作意向书。

是年　区军队离休退休干部休养所获全国安置工作先进单位称号。中山路街道容洁巷居委会主任赵涵秋被司法部授予全国模范人民调解员称号。

1997年

1月6日　河北区与北京国康集团举行联合开发鸿基恒业花园签字仪式，该项目涉及拆迁面积13万平方米。

2月28日　区城建工作会议召开，确定重点兴建北斗小区、望海小区、嘉海花园、鸿基恒业花园、志成小区。

3月11日　河北区精神文明建设委员会成立。

3月14日　按市机构改革政策，河北区83名干部办理提前退休手续。

4月18日　河北区与浙江省乐清市缔结为友好市区。

4月28日　河北区与山东省泰安市缔结为友好市区。

5月6日　区人事局发起的环渤海人才资源开发协作网成立大会在河北区举行。

5月20日　河北区学习李寿康推动素质教育大会召开，会上介绍了五十七中学教师李寿康教书育人先进事迹。

6月3日　河北区进行党政机构改革，部分机构规格和名称有所变动。

6月17日　王串场街道发展史馆揭幕仪式举行。

7月1日　河北区庆祝香港回归祖国盛大游园联欢活动在北宁公园举行。

7月28日　市长张立昌到幸福道农贸市场检查工作。

8月12日　区地方志办公室编辑刊印的《地方志编纂文集》《天津河北简史》，被评为天津市优秀志书。

8月29日　河北区与河北省深州市签订友好地区协议。

9月1—4日　甘肃省清水县代表团到河北区进行访问，双方就开展对口支援、帮扶开发及经济协作等进行交流洽谈，并签订友好区县协议。

9月20日　新开河街道福音社区就业服务中心建成，翌年1月7日开业。

10月2日　支教老人白方礼被中国个体劳动者协会评为全国职工职业道德十佳先进个人，《今晚报》对此进行了报道。

12月16—18日　中共河北区第七次代表大会在区少年宫召开，出席大会正式代表351人。会议听取审议第六届区委及区纪委工作报告，选举产生中共河北区第七届委员会和新一届区纪律检查委员会，区委委员28人、候补委员5人，区纪委委员13人。

12月20—22日　全区统一选举日，选举产生区第十三届人大代表243人。

1998年

1月18—21日　河北区第十届政协第一次会议召开，出席委员263人。会议选举产生区政协新一届领导班子，其中主席1人、副主席7人。

1月19—23日　河北区第十三届人民代表大会第一次会议召开，出席代表243人。会议选举产生27名区第十三届人民代表大会常务委员会组成人员，其中主任1人、副主任4人；选举产生新一届区人民政府组成人员，其中区长1人、副区长6人。

2月11—13日　市委书记、市长张立昌先后两次到新开河街道福音社区就业服务中心进行考察，要求认真总结经验，在全市推广。

2月14日　中共中央政治局常委、国务院副总理朱镕基，在市委书记、市长张立昌等陪同下，到新开河街道考察再就业工作。

2月17日　国家民委常务副主任陈虹到红光中学考察工作，并为该校题词："坚持标准，办出特色，全面提高素质。"

2月21日　小王庄大街道路拓宽工程拆迁动员大会召开。10月28日，该工程全线完工。1999年2月，新拓宽的小王庄大街和京津公路市区段被定名为天泰路。

3月　中共中央总书记、国家主席江泽民接见天津市中医医院院长张大宁。

4月9日　河北区在全市率先推行政务公开制度。

4月28日　区政府地震办公室恢复建立。

6月21日　国家体育总局局长伍绍祖考察王串场街道全民健身工程体育活动中心，并应邀题词："合家康乐"。

8月28日　区政府向17家1997年度个体私企纳税大户颁发12.1万元奖金。《天津日报》刊登此消息。

8月31日　区政府教育督导室成立。

9月21日　区蔬菜副食品公司副经理兼宏发商贸购物中心经理张存祥为维护企业利益被杀害在工作岗位上。后被追认为革命烈士、市级特等劳模。

9月24日　区政府民族宗教办公室被国家民委、市政府授予民族团结进步模范集体称号。

9月29日　市长李盛霖等到河北区察看市容环境。

10月9日　市政府有关领导到医院看望因清理摊群市场被不法分子捅伤的区工商局4名执法干部，并到抢救无效去世的唐仁阶家里慰问其家属子女。2000年6月2日，唐仁阶被批准为革命烈士。

11月9日　市长李盛霖等到河北区检查冬季人民生活情况。

12月4日　市重点道路货场大街拓宽工程开工。该路段东起新开路，西至建国道，全长1.5千米。1999年9月5日竣工通车，后定名胜利路。

12月9日　全市最大危改项目之一的嘉海花园首期工程开工。该项目占地24.67万平方米，建筑面积66.6万平方米。

12月17日　社会出资兴建的天津首家区级发展史馆——河北区发展史馆，在觉悟社建成并开馆（翌年闭馆）。

12月20日　河北区完成市委、市政府下达的5—7年危改拆迁任务。29日，市委书记张立昌考察河北区危改工作。

12月　区委党史研究室印制《中国共产党河北区党史大事记》。

是年　公安河北分局墙子派出所被人事部命名为人民满意的公务员集体。

是年　区委机关由建国道52号迁至狮子林大街284号。

1999年

1月11日　天津市首家优抚医院——河北区优抚医院在第一医院挂牌成立。

1月18日　市委书记张立昌、市长李盛霖慰问区内困难职工。

1月27日　区图书馆开始实行"天天开馆，无闭馆日"制度，成为市内首家无假日区级图书馆。

2月25日　区政府粮食管理办公室恢复建立。

3月15—16日　意大利伦巴第大区代表团就意式风情区建设事宜到河北区访问洽谈。

4月18—22日　在市商委组织的津门小吃大赛中，河北区明顺斋什锦烧饼获津门十大名小吃称号，王记麻花获一等奖，天北什大酥等8个品种获二等奖，上岗子面茶等7个品种获三等奖，区商委获最佳组织单位奖。

5月8日　区危改重点项目之一的"两小"（小关、小树林）地区工程开工。

5月18日　河北区经济服务中心对外办公。

5月22日　河北区4片3.5万户使用的煤制气转换为天然气。

6月7日　河北区粮油食品贸易公司成立，区粮食局撤销。

6月19日　市全民健身工程揭幕仪式暨首届健身路径运动会在铁东路街道体育活动基地举行。

7月16日　区委和市纪检委、市监狱管理局在区少年宫联合召开现身说纪说法警示教育大会。

7月17日　全区万余名干部职工深入16个街道118个居民区进行环境卫生清整，市委书记张立昌等市领导参加岷江路义务劳动。

7月19日　区级领导班子、领导干部“三讲”教育动员大会召开，该活动于9月28日结束。

7月30日　河北区法律援助中心成立。

8月13日　月牙河地区接管工作领导小组和月牙河街道办事处筹备小组成立。9月，月牙河地区由东丽区划归河北区，翌年1月24日，月牙河街道办事处建立。

8月25日　市委、市政府决定将天津站广场以北地区规划建设成意式风情区。

9月1日　红光中学91名藏族高中毕业生悉数被大学本科录取。《天津日报》作了报道。

9月25日　区第八届运动会开幕。

10月18日—11月30日　全区开展区级机关内设处室处级干部“三讲”教育。

10月26日　著名数学家陈省身铜像揭幕仪式在铁路一中举行。

11月3日　河北区专利管理办公室成立。

11月17日　区政府和天津市城东供电局承担的靖江路地区电网改造工程启动，将新建26个厢式变电站，架空线缆全部入地。

11月30日　天津市热化工作动员大会在河北区召开。市热化工程重点项目之一的建昌道片供热工程开工。翌年1月17日，建北热力发展有限公司成立。

12月10日　陈家沟清真寺建成并举行典礼仪式。

12月20日　全区干部、职工以各种方式庆祝澳门回归。

12月18—21日　代表天津市参赛的河北区天北餐饮公司，在第四届全国烹饪大赛(石家庄赛区)中获3枚热菜银牌、1枚中餐服务银牌、1枚面点铜牌。

12月19日　柬埔寨王国西哈努克市与区政府在天津国际大厦签订友好合作意向书。

2000年

1月12日　河北区首次被命名为全国双拥模范城，2007年12月再次被命名为全国双拥模范城。

1月21日　河北区被评为天津市1999年度个体私营经济工作先进区。

1月24日　宁园街道颐寿院6名老人因火灾窒息抢救无效死亡。

2月21日—4月28日　全区开展街、局领导班子、领导干部“三讲”教育，涉及33个单位、2名副区级领导、221名处级干部。

3月1日—4月2日　全区进行居委会换届工作。将原358个居委会调整为194个，居委会干部由原1384人缩减为934人。

3月3日　河北区政府与北京清华工业开发研究院签订合作协议，聘请院长戴猷元为河北区经济顾问。

4月1日　意大利米兰市前议长一行3人到意式风情区考察参观。

4月5日　全国人大常委会副委员长、全国妇联主席彭珮云听取区妇联关于社区维权工作的汇报。

4月　河北区首批169名机关干部到居民区党支部和居委会代职。

4月　河北区国防动员委员会成立，区人民防空委员会撤销。

5月9日　河北区街道管理体制改革动员大会召开。17个街道办事处撤并调整为10个街道办事处。

6月30日　河北区第一个私企党委——天津银座集团有限公司党委成立。

7月2日　全区开始综合治理道路环境秩序，全面实施“畅通工程”。

7月5日　河北区天主教爱国会成立。

7月6日　阔佬皮衣超市被国家工商行政管理总局、共青团中央、中国个体劳动者协会授予青年文明号称号。

7月15日　月牙河街道体育彩票健身广场建成。

7月　区委召开七届十次全会，通过《关于河北区城区功能定位和经济与社会发展战略的意见》。

8月8日　市委书记张立昌等察看二中高中示范校扩建工程。

8月8日　河北区城市管理综合执法大队成立，区城市建设管理监察中队撤销。

8月17日　区第五次全国人口普查动员大会召开。翌年4月普查工作完成。

8月18日　全区首个都市产业园区——红星私营经济园区成立，50家私营企业入驻。

8月28日　全市首所高中示范校——二中示范校工程竣工。

9月4日　河北区新闻大厦动工，翌年11月竣工。

9月18日　河北区科技型企业孵化器——弗兰德科技园建成。

9月28日　河北区危改纪念广场——阳光广场举行落成剪彩仪式。

9月29日　金纬立交桥竣工通车，市委书记张立昌、市长李盛霖等出席竣工典礼仪式。

10月1日　小关地区危改配套工程——金钟路拓宽改造动工。

10月　全区实施退路进厅工程，天江农贸等10个市场陆续建成开业。

11月2日　市长李盛霖等对大悲院地区开发工作进行现场调研。

11月8日　区人防办公室获全国人防工作先进单位称号。

11月14　铁东路街道被命名为全国城市体育先进街道。

11月20日　河北区代表天津市赴武汉参加全国首届体育健身路径示范表演赛，获3个项目第一名。

11月25日　意大利沙蒂集团总裁塔尼艾里和马里奥·张分别率团访问意式风情区，并达成合作意向。

12月　河北区区级人才库建成。

是年　河北区被评为全国献爱心功臣先进区。

2001年

3月19日　市委、市政府同意河北区成立处理邪教问题领导小组办公室，同时组建区政府防范和处理邪教问题办公室。

4月25日　天津市中小学布局调整现场会在外国语学校召开，决定将七十九中学划给该校。

4月27日　市委书记张立昌在区环卫局职工顾月海汇报信上作出批示，嗣后全市干部职工掀起向“津门时传祥”顾月海学习的高潮。

5月10日　全国最大环保型锅炉房——金泰供热中心开工建设，该供热中心位于天泰路与津浦铁路交会处。

5月　河北区反邪教协会成立。

6月2日　中共中央政治局常委、国务院副总理李岚清考察天津二中高中示范校建设工作。

6月12日　全国档案工作为党的建设服务座谈会在河北区召开。

6月18日　意大利罗马市华侨华人联合总会会长董志清到意式风情区考察，与河北区就共建意大利主流产品批发展示中心项目达成意向。

7月17—20日　以布鲁诺·格拉塞帝为团长的意大利中小企业协会代表团一行3人访问意式风情区，双方就有关事宜达成协议。

8月7日　中国科学院院士、梁启超之子梁思礼参观梁启超“饮冰室”，并提供历史资料。

8月7—12日　全国“希望杯”中学生乒乓球赛在第二中学举行。

8月21日　河北区运动员李想在第九届全运会武术套路比赛中获女子对练金牌。

8月29日　区政府天津站前广场地区管理办公室成立。

8月　天津市规模最大的社区体育公园——王串场体育公园工程开工，12月9日建成开放。国家体育总局副局长张发强题词：“体育公园化，公园体育化”。该公园被评为全国群众体育先进单位。

9月4—11日　河北区党政代表团赴河北省沧州市，山东省泰安市，江苏省盐城市、南通市和滨海县进行友好访问，并与沧州市结为友好市区。

9月21日　市长李盛霖察看天津站前地区设施维修改造工程。

10月11日　市长李盛霖察看河北区金泰供热工程、大悲院地区改造工程和意式风情区，指出河北区许多重点工程和重点工作值得总结经验在全市推广。

10月13—15日　河北区代表天津市参加全国健身路径赛，取得2项第一、2项第二、1项第三和2项第四成绩。

11月6日　市委、市政府批准《关于河北区党政机构改革方案》。

11月28—30日　意大利金翅膀经济文化发展有限公司到意式风情区考察，并举办中外企业合作洽谈会。

12月30日　河北区宽带网开通仪式在区新闻大厦举行。

是年　海河意式风情区工业园区建成，入驻企业60家。

是年　《天津市地名志·河北区卷》出版，收集地名2910条。

2002年

1月17日　市长李盛霖等到月牙河街道调研。

1月20日　市长李盛霖到河北区慰问困难职工。

1月23日　意大利工业家联合会中小企业协会主席布鲁诺一行3人访问意式风情区，与河北区就项目合作达成协议。

2月1日　金钟乐购生活购物中心开业。

2月11日　市长李盛霖到红光中学与藏族师生共度藏历水马年。

2月12日　市长李盛霖等到区环卫局掏粪工人顾月海家拜年，并向河北区环卫职工致以节日问候。

2月12日　天津市第二届健身大拜年、春节市民健身系列活动启动仪式在王串场体育公园举行。

2月28日　市委书记张立昌、市长李盛霖等市领导到月牙河改造工地参加义务劳动。

3月12日　天津市首家社区学院——河北社区学院成立。2004年2月，更名为天津河北职业学院。2005年5月，更名为天津城市职业学院。9月，以该院为龙头的天津职业教育集团成立。

4月20日　全区17个“星光老年之家”建成。

5月24日—6月7日　“中国天津·意大利风情节”在意式风情区举办。

7月23日　英国德昂集团有限公司、天津市旅游(控股)集团有限公司、河北区意式风情区建设发展促进会三方签订正式合同，成立天津天意城发展有限公司，全面启动意式风情区建设。

7月23日　河北区旅游管理办公室成立。

8月7日　天津海河意式风情区管理委员会成立。

8月12日　河北区科技园成立。

8月22日　市政府在区新闻大厦召开天津市实施“蓝天工程”现场会。

9月3日　市委书记张立昌、市长李盛霖等察看月牙河改造工程，慰问技术人员和干部群众代表。

9月17日　市委书记张立昌到月牙河街道于大娘义务职业介绍所和新开河街道福音社区就业服务中心考察。

9月　梁启超旧居、饮冰室书斋修复及纪念馆筹建工作完成。

10月9日　天津市梁启超研究会成立。

10月19日　河北区运动员在市第五届残疾人运动会上获26枚金牌。

10月20日　市长李盛霖到河北区嘉海供热站调研。

10月28—31日　全区统一选举日，选举产生区第十四届人大代表243人。

10月24日　市委书记张立昌到区环卫局慰问环卫系统职工。

10月31日　金家窑清真寺扩建落成庆典举行。

11月1—4日　中共河北区第八次代表大会在区新闻中心召开，出席大会正式代表350人。会议听取审议第七届区委及区纪委工作报告，选举产生中共河北区第八届委员会和新一届区纪律检查委员会，区委委员29人、候补委员6人，区纪委委员19人。

11月　区第八次党代会提出，要抓住海河经济综合开发这一难得历史机遇，推进“两团一线”开发战略实施。至2007年，“两团一线”开发项目基本建成。

12月8—11日　河北区第十一届政协第一次会议召开，出席委员265人。会议选举产生区政协新一届领导班子，其中主席1人、副主席8人。

12月9—12日　河北区第十四届人民代表大会第一次会议召开，出席代表243人。会议选举产生27名区第十四届人民代表大会常务委员会组成人员，其中主任1人、副主任5人；选举产生新一届区人民政府组成人员，其中区长1人、副区长7人。

12月17日　中共中央政治局委员、市委书记张立昌，市长李盛霖，到大悲院地区考察拆迁工程启动准备情况。

12月25日　大悲院慈航商业广场建设项目开工。

是年　区科技园A、B、C园及天动科技产业区建成。

是年　区图书馆被全国知识工程领导小组授予读者喜爱的图书馆称号。

2003年

1月1日　世纪联华超市中山路店开业。

1月2日　中共中央政治局委员、市委书记张立昌到大悲院慈航商业广场考察。

1月21日　国务院副总理钱其琛考察梁启超纪念馆。

2月12日　中共中央政治局委员、市委书记张立昌到靖江桥北塘排水河改造工程现场考察。

3月22日　孙中山孙女孙穗芳到河北区访问。

4月2日　市长戴相龙考察王串场街道真诚里社区和艳泉里社区。

4月18日　梁启超纪念馆开馆仪式举行，市、区有关领导，专家学者，梁启超亲属及全国各地为纪念馆无偿捐献的代表出席。

5月1日　区委、区政府召开紧急会议，传达学习中共中央总书记胡锦涛在天津市检查非典

(SARS)防治工作时的重要讲话精神，并就进一步做好全区防治工作进行部署。

5月6日 区领导张同庆等为第二医院赴武警医院抗击非典医疗队送行。

6月10日 中共中央政治局委员、市委书记张立昌到河北区察看海河综合开发情况。

6月18日 河北区职业介绍中心、劳动保障服务中心及社会劳动力档案馆建成。

7月5日 市文明办公室在区新闻中心召开“百万市民大清整活动”现场会。

7月7日 河北区抗击非典先进集体和先进个人表彰会召开，公安河北分局等3个单位和张美兰等35人分别被评为天津市抗击非典工作先进集体和先进个人。

7月14日 区人口计生委加强服务型机关建设做法被《中国人口报》报道。

7月16日 区第九届运动会开幕式在第二中学体育馆举行。

7月16日 市长戴相龙等市领导到区环卫局天津站环卫所慰问市容环卫系统干部职工。

7月28日 河北区经贸委与天津机车车辆厂联合建成天津海河意式风情区工业园津浦特区。

7月30日 区政府网站建成开通。

7月31日 区政府招商办公室与天津动力机厂联建的天津河北天动工业园开业。

7月 区委召开八届四次全会，提出“一年一变化，三年大变化，四年翻一番”工作目标，将原来经济指标“五年翻一番”调整为“四年翻一番”。2006年底，主要经济指标实现了“四年翻一番”。

8月15日 河北区及望海楼街道、江都路街道分别被评为天津市社区建设示范区和示范街。

9月1日 区税收征管实施属地化管理，对管辖范围作出相应调整，迁入企业415户、迁出200户。

9月12日 狮子林桥桥身被顶升1.27米，达到通航要求。

9月16日 天津市北部地区快速路建设工程志成路段开始动迁。

10月13—15日 纪念梁启超130周年诞辰“梁启超与近代中国社会文化国际学术研讨会”在远洋宾馆举行，市、区有关领导，以及来自美、法、德、日、韩等国和中国台湾、香港、大陆150余位专家学者出席。

10月15日 市人大常委会主任房凤友等市领导及部分全国人大代表，到河北区考察海河两岸综合开发改造工程和狮子林桥改造工程。

10月10—17日 区政府招商考察代表团赴柬埔寨王国进行招商活动。

10月18日 市长戴相龙等市领导到月牙河街道大江里社区考察旧楼综合整治工作。

10月20日 区政府被市政府评为第六届全国残疾人运动会优秀组织单位。

10月 金钟河大街道路拓宽工程(西起金钟河大街金沙江路口西140米处，东至外环线)完工。该工程于2002年12月开工。

是年 全区完成危陋房屋拆迁185万平方米，占全市拆迁量1/3，创河北区历年拆迁量最高纪录。

2004年

1月6日 天津市发展海河经济办公室与区政府、区房管局举行博爱道地区基础设施建设拆迁工作签字仪式。

2月2日 河北区生殖健康服务中心举行落成仪式。

2月9日 大悲禅院举行新方丈圣辉法师进院仪式。

2月25—27日 河北区组队参加天津市在香港举行的城建招商活动。

3月2日 河北区首次聘请招商大使签约仪式在北京罗马假日大酒店举行，相声表演艺术家冯巩、江和集团(香港)有限公司总裁李志仁接受聘书。

4月8日 意大利驻华大使孟凯蒂考察意式风情区。7月23日，孟凯蒂再次考察意式风情区，双方就9月举办两国建筑规划师论坛及12月举办意式风情区历史文化图片展等事宜进行磋商。

4月14日　北安桥桥身被顶升1.56米。

4月20日　河北区津鸿医院开诊。

4月29日　全区10个街道人大街道工作委员会成立。

4月　意大利总统钱皮访华期间，中、意两国签署文化合作协定，其中将意式风情区项目列为中、意合作重点项目。

5月11日　具有百年历史的金汤桥恢复原有平面旋转开启功能，此桥为全国唯一平转式开启钢桥。

5月14日　北京物美、绿天使物资回收、津工超市等9家连锁企业日前入驻河北区，新建社区网点57个。《城市快报》刊载此消息。

5月17日　区政府办公室督查室调整为区政府督查室，升格为副处级。

5月23日—12月15日　区首届全民健身运动会举行。

6月9日　天津市市区机关党建工作座谈会在河北区召开。

6月18日　于厂清真寺迁至海门路与幸福道交会处重建，翌年5月12日落成。

7月20日　市长戴相龙等市领导到河北区慰问一线环卫职工和综合执法队队员。

7月30日　全国社区卫生服务经验交流会代表团到北宁医院等社区卫生服务站考察健康教育情况。

8月16日　中共中央政治局委员、市委书记张立昌到河北区调研。

9月26日　区残疾人运动员王芳在第12届雅典残奥会田径女子比赛中，获100米、200米2块金牌，400米1块银牌，并打破2项世界纪录。

9月30日　金钢桥整修工程竣工。

10月12日　全国人大常委会原副委员长、全国妇联名誉主席彭珮云考察月牙河街道“家庭问题社会干预项目”工作情况。

10月18日　河北区社区服务中心开业。

10月19日　支教模范白方礼获中国消除贫困奖组委会颁发的“全国奋斗奖”提名奖。《天津日报》登载此消息。

10月29日—12月27日　河北区接收铁路系统11所中小学和幼儿园。

10月　全区区属商业企业产权制度改革基本完成。

12月17日　河北区街道法律援助工作站成立。

12月20日　区政协纪念天津建卫600周年书画展开幕暨《天津河北书画百家》一书首发式举行。

12月21日　金钟河大街立交桥通车。该桥亦称民权门立交桥。

12月29日　区政府侨务办公室被评为全国侨务系统先进单位。

12月　河北区创岗安置1.8万人，首次实现新增就业岗位总量大于新增下岗失业数量。

是年　天动科技园区建成。

是年　第二医院被中国医院协会评为全国首批“百姓放心示范医院”。

2005年

1月28日　河北区保持共产党员先进性教育活动动员大会在区新闻大厦召开。6月24日，区委对此项活动进行总结表彰。

2月2日　中共中央政治局常委、中央纪律检查委员会书记吴官正到新开河街道福嘉园社区视察再就业工作。

2月9日　由国家体育总局和市政府主办、市体育局和区政府承办的全国“健身大拜年”活动仪式在王串场体育公园举行。

3月4日　区党政专用电视、电话会议终端会场建成。

3月10日　河北区消费者维权法律服务站成立。

3月25日　河北区首批“爱心超市”开业仪式在建昌道街道举行。

3月29日　全区开展“廉风伴我行”活动，中央纪委副书记刘峰岩作出批示，《中国纪检监察报》以“廉政文化春意浓”为题作了报道。

3月　天津市地方税务局河北区分局更名为河北区地方税务局，同时加挂河北区地方税务局稽查局牌子。

4月20日　市编委同意建立河北区行政许可服务中心。12月15日，区行政许可服务中心试运行。中心服务大厅内设46个服务窗口，可一站式集中办理行政许可审批及服务事项136项。12月28日，区行政许可服务中心正式揭牌成立。

4月28日　五十七中学申办天津市示范校获批。

5月3日　全区开展党员进社区亮身份活动。《天津日报》以“党徽亮出来、先锋树起来”为题作了报道。

5月15日　河北区残疾人创业就业中心开业暨首届残疾人就业招聘大会召开。

6月12日　支教模范白方礼被评为全国关心下一代工作先进个人。9月23日，白方礼去世。24日，白方礼被中国关心下一代工作委员会和中央文明办联合授予全国关心下一代先进工作者称号。11月13日，白方礼纪念碑在天津憩园落成。

6月27日　河北区学术、技术拔尖人才和优秀人才命名表彰大会召开，对刘颖霞等10名拔尖人才和王丽雅等20名优秀人才进行命名表彰。

6月28日　河北区被授予天津市无障碍设施建设先进区称号。

8月1日　河北区教育中心建成，建筑面积1.7万平方米，为全市规模最大的区级教育中心。

8月15日　坐落在王串场体育公园的河北区国防教育园落成。

8月23日　全国首家和谐社区研究会——河北区和谐社区研究会成立大会召开。

8月24日　中共中央政治局委员、市委书记张立昌等领导，到河北区考察海河开发第一节点——凤凰商贸广场建设。

8月24日　设在区经济贸易委员会的安全生产监督管理局调整为区政府工作部门，规格为处级。

9月9日　河北区与市公安局联合举行国务院授予墙子派出所人民满意的派出所称号挂牌仪式。

9月12日　河北区承办的天津市首届社区文化艺术节在天津城市职业学院开幕。

9月28日　全市首家量贩连锁菜市场——津工超市菜市场河北一号店开业。

9月　为纪念抗日战争胜利60周年，区委老干部局与区委党史办公室共同编辑出版《抗战岁月》一书。

10月2日　中共中央总书记胡锦涛视察海河建设工程及袁氏宅邸(袁氏旧宅)、冯国璋旧居。

10月28日　区人民防空办公室获全国人防工作先进单位称号。

10月18日—11月2日　河北区代表团赴意大利罗马市参加“中国·天津意大利周”系列活动，并赴巴西伊图佩瓦市招商考察。

11月7日　区红十字会机关单独设置，规格为正处级。

11月15日　意大利环境和领土部与河北区达成协议，共同完成意式风情区可持续发展规划编制。

11月27日　跨海河连接河北区与和平区的大沽桥竣工通车。

12月6日　教育部专家组到天津城市职业学院进行职业教育实验区检查。

12月　区委召开八届十次全会，提出要做好海河开发这篇大文章，确保实现“四年翻一番”奋斗目标。

是年　新开河街道福音就业服务中心被评为全国文明单位，区环卫局“津门时传祥”服务中心被评为全国精神文明创建工作先进单位。

2006年

1月23日　市领导邢元敏、张俊芳到月牙河街道慰问困难群众。

2月2日　中共中央政治局常委、中央纪委书记吴官正到新开河街道福嘉园社区考察并入户慰问。

2月10日　光复道地区综合改造工程、中山北路宏业广场项目开工。《天津日报》作了专题报道。

2月20日　河北区第一次经济普查工作结束。普查结果显示：全区区域地区生产总值154.73亿元。其中，第二产业增加值38.07亿元，占总量24.6%；第三产业增加值116.67元，占总量75.4%。

4月1日　天津市首家全覆盖助困医疗指定医院在第二医院设立。

4月5日　江都路街道如皋里社区在全市率先进行居委会换届“海选”试点。

4月10—13日　区委副书记、区纪委书记张俊英在中央文明办、教育部、民政部和建设部召开的全国城市社区未成年人思想道德建设经验交流会上，作题为《创建社区青少年学校，实现未成年人教育“八个衔接”》的发言。

4月19日　河北区首次政府采购工作会召开。

4月19日　河北区唯一一所区级养老机构——老年公寓开业。

4月28日　全市首家慈善救助帮扶中心——江都路街道社区服务中心建立。

5月19日　区电子政务工程建设启动。

5月29日　全市首个部队后勤保障社会化基地在区内建成。该基地投资380万元，建筑面积2600平方米。

5月　梁启超纪念馆被国务院公布为全国重点文物保护单位。

7月3日　河北区职业教育集团成立。

7月21日　全国政协副主席董建华一行到河北区考察。

7月31日　河北区旧楼区整修工程第一批13片、30.66万平方米通过市验收。

8月3日　扩建中的大悲禅院出土10余件石佛石雕。《天津日报》刊载此消息。

8月30日　民政部部长李学举考察大江里社区建设工作。

9月6日　河北区电子政务网开通。

9月8日　坐落在区内的北方最大危险化学品交易市场——天津危险化学品交易市场开业。

9月10日　农工党河北区委员会被农工党中央授予全国社会服务工作先进集体称号。

9月16—17日　意大利总理普罗迪到意式风情区参观访问。

9月22日　凤凰商贸广场万象轻纺城开业。

9月　国家档案局原局长毛福民为区档案局题词：“丰富档案资源，建设档案馆舍，锻造档案人才。”

10月10日　河北区婚姻登记处被民政部评为全国婚姻登记规范化建设窗口单位。

11月8日　由孙中山孙女孙穗芳捐资、天津美术学院设计塑造的孙中山铜像在中山公园落成揭幕。

11月8日　天津市首家都市工业小区——天动科技园成立。

11月15—16日　全区统一选举日，选举产生区第十五届人大代表243人。

11月21日　市民族教育示范校红光中学举行新校区落成仪式。

12月5日　联合国人口基金总部官员安东尼奥·马丁·卡帕洛斯到河北区就流动人口问题进行采访。

12月5—8日　中共河北区第九次代表大会在区新闻中心召开，出席大会正式代表351人。会议听取审议第八届区委及区纪委工作报告，选举产生中共河北区第九届委员会和新一届区纪律检查委员会，区委委员38人、候补委员7人，区纪委委员25人。

12月13日　河北区粮食办公室被评为2006年度全国粮食流通监督检查工作先进单位。

12月25日　河北区社团管理办公室被民政部评为全国民间组织登记管理工作先进单位。

12月　区第九次党代会调整城区功能定位，即打造“现代商贸服务、文化旅游经济、新型都市工业、生态示范建设”四个区域特色，突出“商贸天地、生态城区、文化河北”三大功能定位，发展“现代服务业、都市型工业”两大主导产业。

2007年

1月6日　河北区检察院郝静获第三届全国十佳公诉人称号。

1月12日　河北区人事局被授予天津市人事系统十佳文明集体称号。

1月15日　河北区大悲院商贸旅游区管理委员会成立，规格为处级。

1月15日　河北区旅游局成立，规格为处级，原区旅游办公室撤销。

1月15—17日　河北区第十二届政协第一次会议召开，出席委员263人。会议选举产生区政协新一届领导班子，其中主席1人、副主席8人。

1月16—19日　河北区第十五届人民代表大会第一次会议召开，出席代表243人。会议选举产生27名区第十五届人民代表大会常务委员会组成人员，其中主任1人、副主任5人；选举产生新一届区人民政府组成人员，其中区长1人、副区长6人。

1月24日　区城市管理综合执法大队调整组建为城市管理综合执法局，规格为处级，由区市容委管理。

3月2日　区政府被评为市级城市绿化建设优秀组织单位。

3月25日　八马路地区房屋拆迁启动，拆迁建筑面积70万平方米，涉及居民上万户。

4月9日　河北区被评为天津市2006年专利申请工作先进区。

4月9日　区政府人防办公室被评为全国人民防空工程建设先进单位。

4月28日　市委书记张高丽到新开河街道福音再就业服务中心、万象轻纺城、意式风情区考察。

4月29日　河北区人防战备应急物资库工程开工。该库坐落在宜白路，建筑面积2.11万平方米，翌年9月28日竣工交付使用，是全市最大的人防战备应急物资库。

5月27日　区第十届运动会在第二中学开幕。

6月6日　天津危险化学品交易市场二期开业。该市场经营面积6800平方米，容纳商户200余户。

6月14日　河北区女性就业服务指导中心成立。

6月22日　区发展计划委员会改组为区发展和改革委员会，区经济体制改革办公室职能划入区发展和改革委员会。

7月24日　国务院残疾人工作委员会检查团到河北区检查创建全国残疾人工作示范城市工作。

7月29—30日　2007年全国中学生游泳锦标赛在第二中学举行。

7月30日　市委巡视组开始对河北区进行为期1个月的巡视。

8月3日　全国第四届中学生乒乓球锦标赛在第二中学开幕。

8月3日　区政府侨务办公室与区政府民族宗教事务办公室合并，组建区政府民族宗教侨务办公室。

8月15日　河北区促进民营经济发展服务中心成立。

8月31日　南口路东、东方化工厂和河北制药厂3处经济适用房建设项目开工。

9月12日　中山路地区被确定为全市现代化服务业20个聚集区之一，12个大型建设项目投资总额68亿元。《今晚报》刊发此消息。

9月19日　河北区分别与市科委、市教委、市知识产权局、天津美术学院等签署发展创意产业项目协议书。

9月27日　河北区与山东德州市德城区举行友好合作关系签约仪式。

10月9日　全国妇联副主席莫文秀到月牙河街道丹江里社区考察社区建设和维权工作载体——“半边天家园”。

10月15日　河北区承办的天津市首届社区教育成果展在天津城市职业学院举行。

10月18日　天津市首家由区红十字会承办的养老机构——河北区红十字博爱老人之家落成。

10月19日　区政府举办相声表演艺术家师胜杰受聘河北区创意产业形象大使仪式。

10月24日　赵沽里、育红路、和平新村、东于庄片拆迁工作启动。

10月　农工民主党河北区委与市第二医院联合开展“为河北区环卫职工医疗服务”活动，为近500名环卫农民工近体检，并捐赠近万元药品。

11月9日　中央电视台《文明中国》摄制组到区拍摄“艾欣”故事的专题片，化名“艾欣”的爱心人士通过汇款的方式，十年如一日帮扶困难残疾人张金福一家。

11月21日　河北区被评为全国残疾人工作示范城市先进区。

11月26日—12月5日　区委举办处级以上党政主要领导干部学习中共十七大精神专题读书班。

11月　河北区创意产业发展中心成立。

12月19日　全国人大常委会副委员长、全国妇联主席顾秀莲带队到河北区考察社区建设工作。

12月28日　天津市规划建设展览馆奠基开工仪式在河北区举行。

是年　天津隆顺榕中医药生产技艺被列入首批天津市市级非物质文化遗产名录。

2008年

1月8日　意式工业园A区、天动科技小区、意式工业园津浦特区、移山机械园、通广科教园5个都市工业园，通过市级认证挂牌。《天津日报》报道此消息。

2月13日　河北区在2007年全国区、县科技进步考核中首次通过考核。

2月13日　意大利驻中国大使谢飒参观考察意式风情区。

2月25日　区政府人防办公室被评为北京军区人防工作先进单位。

3月8日　易址重建的第一医院正式开诊。新院建筑面积2.5万平方米。

3月11日　天津市首位外来务工人员劳动模范、区环卫局保洁员徐文华和家属收到落户天津准迁证。徐文华是河北省景县人，在津当保洁员20年，因工作出色，2007年被评为天津市劳动模范。

3月17日　区政府金融服务办公室成立，与区经济贸易委员会合署办公。2010年2月，区金融办为独立机构，迁至榆关道388号。

3月24日　全国人大常委会副委员长、中国红十字会会长彭珮云一行考察河北区红十字会工作。

4月1日　河北区被命名为天津市和谐社区建设示范区，江都路、新开河2个街道和丹江里等7个社区分别被命名为天津市和谐社区建设示范街和示范社区。

4月10日　全国妇联党组书记黄晴宜等到月牙河街道丹江里社区考察“半边天家园”工作。

4月16日　河北区与南开大学签订经济战略发展合作伙伴关系框架协议。

4月　梁启超故居纪念馆通过国家AAA级旅游景区审核评定。

5月1日　河北区举行海河文化旅游系列活动启动仪式。

5月13日　区红十字会组队代表天津市参加中国红十字会举行的“红十字与奥运同行救护演练”，获一等奖。

5月31日　河北区与天津银行举行全面合作协议签约仪式。

5月　河北区城市建设投资有限公司成立。

6月25日　坐落在中山路的天津皇冠维多利亚国际大酒店开业。

6月30日　河北区与天津市国土房管局签署《河北区廉租住房属地化管理移交协议》。

7月6日　市委理论学习中心组成员，各区(县)委书记、区(县)长一行，实地查看大悲院文化商贸旅游区、天津通广科技园IT产业、华津3526创意工场。

7月17日　市人大常委会主任刘胜玉等考察大悲禅院扩建和李叔同故居重建工程。

7月22日　天津仲裁委员会河北区分会成立。

7月23日　中共中央政治局常委、全国政协主席贾庆林到河北区考察，并参观梁启超纪念馆和饮冰室。

7月29日　区政府办公室被评为市政府系统先进办公室。

7月30日　跨北运河连接河北区、红桥区的永乐桥建成通车。

7月　新开河街道福音社区再就业服务中心、公安河北分局墙子派出所被评为全国文明单位，天津二中、区环卫局“津门时传祥”服务中心、江都路街道如皋里社区被评为全国精神文明建设先进单位。

8月1日　依据6月30日市政府通过的《天津站地区综合管理规定》，天津站地区综合管理和监督工作移交河东区政府负责。

8月1日　河北区组织1.26万人平安志愿者参加奥运火炬传递活动。

8月10日　中国国民党主席吴伯雄率参访团参观大悲禅院。

8月17日　河北区聘请南开大学校长饶子和为经济发展高级顾问仪式暨专题报告会在区新闻中心举行。

9月1日　市委、市政府在河北区召开领导干部大接访工作现场交流会。

9月16日　中央政治局原常委、全国政协原主席李瑞环一行视察大悲院商贸旅游区。

9月18日　曹禺故居整修工程完工。《今晚报》第一版刊发此消息。

9月24—30日　河北区举行以爱国主义教育为主题的文化博览周活动。

9月25日　河北区举行金秋商旅节暨海河音乐啤酒节开幕式。

9月26日　河北区志愿服务协会成立。

9月29日　意式风情区整修基本完成，首届意式风情旅游节举行。

10月1日　中央政治局委员、市委书记张高丽到河北区考察并慰问节日期间在一线工作的职工。

10月15日　“2008基础教育创新与学校发展国际论坛”在河北区开幕。

10月26日　河北区被中国红十字总会和民政部授予全国社区红十字示范区称号。

11月2日　区文明办公室获全国未成年人思想道德建设工作先进单位称号，区人民检察院王晶瑄获全国未成年人思想道德建设先进工作者称号。

11月5日　市委书记张高丽等到河北区检查供热准备情况。

11月　区第十幼儿园、十四幼儿园、扶轮幼儿园通过验收，被认定为市示范幼儿园。

12月24日　越南共产党中央委员、全国妇联主席阮氏清和率越南妇女代表团到河北区考察妇女手工编织创业工作。

12月26日　李叔同纪念馆落成。

12月　区委召开九届八次全会，提出以开展深入学习实践科学发展观活动为动力，保增长渡难关上水平，大力推进结构调整和产业升级战略实施。

是年　河北区人民法院被全国妇联评为全国三八红旗先进集体。

2009年

1月20日　市人大常委会主任刘胜玉等市领导到江都路街道如皋里社区慰问困难群众。

1月23日　天津市规划展览馆正式对外开放。该馆坐落在博爱道30号，建筑面积1.5万平方米，布展面积1万平方米。

2月6日　天津市数字化城管工作现场推动会在河北区召开。

2月9日　台湾社区及生态保护参访团到河北区考察。

4月15日　觉悟社纪念馆被评为国家AA级旅游景区。

5月1日　河北区举办天津·意大利风情旅游节。

7月4日　中共中央政治局原常委、国家原副主席曾庆红一行考察大悲院商贸旅游区。

7月16日　市委理论学习中心组在河北区召开读书会暨现场交流推动会。

7月　意式风情旅游区通过审核评定，被评为国家AAA级旅游景区。

8月7日　河北区全民健身日暨2009年体育节开幕。

8月16日　台湾前"行政院长"、国民党原副主席郝柏村一行参观梁启超纪念馆。

8月21日　中共中央政治局委员、市委书记张高丽到河北区了解学习实践科学发展观活动第二批开展情况和第三批准备情况。

8月　"天津之眼"摩天轮被评为国家AAA级旅游景区。

9月17日　首届中国旅游服装大赛总决赛在意式风情区举行。

9月19日　2009年中国旅游产业节开幕晚会在意式风情区举行。

9月　堤头庆云高跷老会、金狮大轿老会、同乐花鼓老会被列入市级非物质文化遗产名录。

9月　河北区军队离休退休干部休养所获全国军休系统先进单位称号。

10月19日　中共中央政治局原常委、全国政协原主席李瑞环视察意式风情区。

10月26日　2009年天津市创意产业周暨"四市"（北京、上海、天津、重庆）创意产业联席会在河北区召开。

11月13日　中共中央原总书记江泽民参观考察大悲院商贸旅游区和意式风情区。

11月　河北区被教育部命名为全国社区教育实验区。

12月12—15日　区委书记、区长薛新立带队随市代表团赴香港进行招商推介活动。

12月14日　新天堂电影院在意式风情区开业。

12月18日　坐落在意式风情区的全球首家现货连续交易机构——天津渤海商品交易所对外运营。至翌年底，该所交易额突破2600亿元。

12月25日　中央政治局常委、中央书记处书记、国家副主席、中央党校校长习近平对江都路街道如皋里的社区建设工作作出重要批示（见第108页）。

12月26日　全市首届手工编织专项职业能力竞赛在河北区举行。

12月　大悲禅院通过国家旅游局AAAA级旅游景区评审验收。

是年　华津3526创意工场、天津北新文化创意基地和辰赫创意产业园正式建成。

是年　河北区获国家级计划生育优质服务先进单位、全国白内障无障碍区称号，区图书馆被评为国家一级公共图书馆，区老年大学被中国老龄教育学会评为全国老年教育先进集体。

2010年

1月12日　在津全国政协委员"情暖困难群众，奉献委员爱心"活动在河北区举行。

1月　河北区人事局与劳动和社会保障局合并组建人力资源和社会保障局。

1月　天津市食品药品监督管理局河北分局成立。

2月3日　河北区2009年上报市政府政务信息量化考核成绩蝉联全市18个区县第一名（2009年年初为首次）。

2月5日　牙买加总理布鲁斯·戈尔丁一行9人到天津市规划展览馆、意式风情区参观考察。

2月13日　中共中央政治局委员、市委书记张高丽到红光中学慰问全体西藏班师生并共度新春佳节。

2月23日　北京世纪天乐国际服装市场落户大悲院商贸旅游区。

3月31日　河北区创意产业发展中心被科技部确定为大学生科技创业见习基地试点单位。

5月11日　市政协主席邢元敏带队到律笛里社区和如皋里社区进行政协委员进社区活动调研。

5月13日　中共中央政治局常委、国务院总理温家宝视察意式风情区。

5月29日　天津市知青医疗康复关爱中心成立大会暨揭牌仪式在河北区举行。

5月29日　中共中央政治局常委、全国政协主席贾庆林视察意式风情区。

6月12日　河北区旅游协会成立大会暨第一次会员大会召开。

6月24日　天津市社会管理创新互学互助活动在河北区举行。

7月16日　市第二届外来务工人员艺术节在河北区开幕。

7月19日　河北区消防二级指挥中心暨应急救援支队成立。

7月　广播电视大学河北区分校被中央电大授予全国示范性基层电大称号。

8月10日　中共中央政治局委员、市委书记张高丽察看中山北路赛园里社区市容环境综合整治工作。

8月27日　河北区廉政文化宣传周开幕。

8月　天津市第十四中学开设新疆班，接收新疆和田地区学生。

9月2日　市委理论学习中心组读书会暨解难题促转变上水平活动现场交流推动会在河北区举行。

9月14日　2010年夏季达沃斯论坛文化晚宴在意式风情区举行。

9月18日　美国佛罗里达南海岸美食美酒节暨首届天津美酒美食节在意式风情区举行。

9月23日　天津市第六届少数民族运动会在河北区开幕。

9月　曹禺剧院建成开放。

10月18—19日　河北区举办纪念李叔同——弘一法师诞辰130周年系列活动。

10月28日　巴哈马国总理英格拉哈姆等11人参观意式风情区。

11月　民革河北区委员会经济支部被民革中央授予民革全国先进基层组织称号。

12月15日　天津市第一届临书大赛获奖作品展暨首届老年书法作品展在经纬艺术街区展览馆开幕。

12月　意式风情旅游区、"天津之眼"摩天轮通过国家旅游局AAAA级旅游景区专家组评审考核，河北区AAAA级旅游景区数量增至3家，位居全市第一。

是年　河北区残疾儿童肢体康复中心在第一医院建立。

是年　北站体育场进行拆迁，北宁公园进行提升改造。

是年　全区户籍人口631220人。全区区级财政收入18.57亿元。

河北区志

（1979—2010）

第一编

政　区

ZHENG QU

改革开放后，河北区行政区划多次变更，街道办事处机构设置及职能也不断变化。20世纪80年代，街道办事处配合市、区政府和有关部门重点安置返城知青就业，同时对居民生活问题诸如吃水难、行路难、排水难等进行有效治理。90年代，街道办事处面临社会发展和深化经济体制改革出现的新问题，被授予更大自主性和执法权，社区服务成为重要任务，街道经济得到发展。进入21世纪，街道办事处在做好区域经济、计划生育、市容卫生、市场管理、信访稳定等工作的同时，加大实施再就业工作力度，努力完善社会化扶贫助困机制。32年中，河北区还形成了一些有特色有影响的街区。

第一章　地理区位

河北区是天津市中心城区之一，地理坐标为北纬39°08′，东经117°10′，属于世界标准时区东八区。坐落在地球最早的原始陆地——华北古陆（太古宇古陆）之上，该古陆是河北区陆地之根、天津市陆地的奠基石。地处世界最典型的扇形水系的辐聚地——海河水系的扇柄处。这为河北区聚落兴起、城区形成、经济发展、社会进步，提供了得天独厚的条件。

河北区还位于世界文化遗产“中国大运河”南、北运河交汇处，区境北运河段、三岔口段是中国北方城区运河典型段落。还地处世界最大的陆地——亚欧大陆和世界最大的海洋——太平洋交接部位，独特的海陆位置造就了河北区属于世界最典型的东亚季风气候区和暖温带半湿润大陆性季风气候型。河北区古为京杭大运河及海河漕运水路交通运输枢纽，今有中国北方最大的陆路交通运输枢纽之一——现代化的天津火车站，为亚欧大陆丝绸之路经济带的桥头堡。区境距北京110千米。

第二章　边界勘定　建置沿革

20世纪80年代至21世纪初，河北区历经多次勘界，行政区划几经调整，2003年，全区行政区域面积为29.62平方千米。街道办事处由改革开放前的16个逐步调并，2000年为10个，迄2010年。

第一节　边界勘定

一、2001年前

1984年2月，天津市人民政府调整部分区划界线，河北区变更的界线为：河北区与东郊区的新开河至金钟河一段界线，东移至昆仑路；金钟河大街至岷江路一段界线，北移至月牙河与岷江路；北郊区与河北区的北运河至南口路一段界线，北移至普济河道；河东区与河北区的泰兴路至五号路一段界线，北移至真理道。

1995年，河北区行政区划为：东起新开河南岸双水渠，经金钟河大街，沿月牙河道、岷江路到泰兴路与东丽区接壤；北起北运河，沿普济河道、宜白路、铁路北环线、京津唐高压线抵新开河与北辰区相连接。全区行政区域面积27.86平方千米。

2000年5月，河北区行政区划为：东自月牙河与文江里小区东侧30米规划路交点起，沿30米规划路向北至文江里小区北道转向西南，至赵沽里大街转向北，至靖江路与赵沽里大街交口处，转向西沿中华乳胶厂南围墙，至电话62局东围墙，向北至电话62局北道向西至金钟河大街，沿金钟河大街向东北至外环线，沿外环线向西北至新开河桥为界与东丽区接壤。

二、2001年后

2001年12月，根据市政府《关于同意我市区县联合勘定的35条行政区域界线协议书的批复》文件，河北区行政区界与和平、河东、南开、东丽、北辰、红桥6个区界线确定。

河北、和平两区界线为：自天津市邮政局西进站路西侧石向南延伸线与海河中心线交会处（河北、和平、河东三区交会点）起，沿海河中心线自然走向，向西至荣吉大街中心线与海河中心线交会处（河北、和平、南开三区交会点）止。

河北、河东两区界线为：该界线自河北区、和平区、河东区三交点，该点位于天津市邮政局（原称邮政支局）西进站路西侧石延伸线与海河中心线交会点起，沿市邮政局市西进站路西侧石边线向北延长线至天津站列检所东南角折向西，沿京山铁路北侧向西偏西北方向延伸，再沿京山铁路自然走向至京山铁路与京山三线交会点。以该交会点为界线折点向东至京山三线路基东侧上坡线，再沿路基东侧上坡线向东南方向延伸与真理道南侧边线至铁路延长线为界线折点，再以此点沿真理道南侧石向东偏东北方向延伸至泰兴路（规划路）中心线（以临营西里西墙为准）形成交会点，从该点沿泰兴路中心线向北延伸至北塘排污河中心线，从该交会点沿北塘排污河中心线向东延伸至河北、河东、东丽三区交会点止。该点位于大毕庄排灌渠中心线延长线，北塘排污河中心线交会处。

河北、南开两区行政界线为：从河北、和平、南开三区交会点（荣吉大街中心线延长线向东与海河中心线交会点）起，沿海河中心线自然走向向北延伸至河北、南开、红桥三区交会点。

河北、东丽两区界线为：自河北、东丽、北辰三区边界线交会点（位于新开河中心线与外环线新开河桥西边线交点）起，沿外环线西边线向南偏东南行2.13千米至金钟河大街中心线；自月牙河与文江里小区东侧30米规划路交会点起，沿30米规划路东侧向北至文江里小区北道北侧转向西南，沿灵江里、丹江里北道路北侧向西至赵沽里大街转向北，沿赵沽里大街东侧向北至靖江路转向西，沿靖江路北侧向西至中华乳胶厂南围墙、顺延赵沽里新村住宅南墙山至电话62局东围墙转向北，沿电话62局东围墙向北至电话62局北道路北侧向西至金钟河大街道路中心线。沿月牙河南岸行2.02千米至月牙河与大毕庄排灌渠（拟建的上江路）中心线交会点；折向南沿大毕庄排灌渠（拟建的上江路）中心线南行0.41千米至北塘排污河中心线河北、河东、东丽三区边界线交会点（位于大毕庄排灌渠中心线与北塘排污河中心线交会点），全长6.72千米。月牙河街道办事处跨界管理区划属于东丽区的泉江里社区。东丽区泉江里社区边界走向为：自泉江里社区西侧上江路向北至大江路，沿大江路向东至泉江里社区东侧围墙，沿东侧围墙向南至上江路。

河北、北辰两区行政区域界线走向为：自新开河中心线与外环线新开河桥西侧桥栏交会点（河北、东丽、北辰三区交会点）起，沿新开河中心线向西南至红星桥东侧桥栏，沿红星桥东侧桥栏向北至志成道北侧边线，沿志成道北侧马路边线向西南至京津塘高压线中心线，沿京津塘高压线中心线向北至北环铁路南侧，沿北环铁路南侧向西至宜白南里东侧规划路中心线，沿宜白南里东侧规划路中心线向北至宜白路中心线，沿宜白路中心线向西至京山铁路，沿京山铁路向北至普济河桥北侧桥栏垂直线，沿普济河桥北侧桥栏垂直线向西至河北医院东侧围墙及延长线，沿河北医院东侧围墙及延长线、北侧围墙至朝阳路西侧边线，沿朝阳路西侧边线向南至普济河道北侧边线，沿普济河道北侧边线向西至勤俭桥北侧桥栏与北运河中心线交会点（河北、北辰、红桥三区交会点）。

河北、红桥两区行政区域界线走向为：北起勤俭桥北侧桥栏与北运河主航道中心线交会处（河北、红桥、北辰三区交会点）向南沿北运河、海河中心线延伸至狮子林桥中心点（河北、红桥、南开三区交会点）。

2003年年初公布了全区勘界成果，河北区行政区域面积为29.62平方千米，迄2010年。

第二节　建置沿革

一、1978—1999年

1978年5月1日，中共天津市委发布文件，撤销街道革命委员会名称，恢复街道办事处。河北区16个街道革命委员会悉数改为街道办事处，即光复道、粮店街、小关大街、金家窑、东六经路、新开河、京津公路、辛庄、何兴庄、王串场、五号路、墙子、鸿顺里、黄纬路、中山路、小树林街道办事处。1981年8月，增设建昌道街道办事处、八号路街道办事处。1984年，八号路街道办事处更名为江都路街道办事处。1985年8月，增设靖江路街道办事处。1989年4月，增设大江路街道办事处。1990年12月，增设铁东路街道办事处。至此，河北区人民政府下辖21个街道办事处。是年年底，21个街道办事处调并为16个，即光复道、小树林、小关大街、东六经路、鸿顺里、中山路、新开河、京津公路、铁东路、宁园、建昌路、墙子、王串场、江都路、靖江路、大江路街道办事处。1999年8月，成立月牙河街道办事处筹备组。

二、2000—2010年

2000年1月，建立月牙河街道办事处。5月，全区17个街道办事处调并为10个，即望海楼、光复道、鸿顺里、王串场、江都路、宁园、建昌道、新开河、铁东路、月牙河街道办事处，迄2010年。

第三章　街道　特色街区

改革开放后，河北区街道社区几经变化，至2010年全区10个街道共辖社区居委会101个，最多的街道辖14个，最少的辖6个。多年形成的特色街区主要包括中山公园地区、大悲院文化商贸旅游区、“三小”（小关、小树林、小王庄）地区和意式风情区（详见第二十五编）。街道社区和特色街区的巨变，成为河北区历史变迁的缩影。

第一节　街道

一、望海楼街道

该街道位于河北区西南部，是区委、区政府所在地。东由金钟河大街地道起向北沿京山铁路至北站地道与宁园街道为界，西由狮子林桥海河中线至金钢桥起与红桥区为界，南由狮子林桥起沿狮子林大街中线至金钟河大街地道与光复道街道为界，北由金钢桥起沿中山路中线至北站地道与鸿顺里街道为界，面积2.25平方千米。辖10个社区居委会，常住居民8.18万人。辖区内有机关、企事业单位、中小学等300多个，宗教活动场所3处。1990年，小关大街街道与金家窑街道合并为小关大街街道。2000年5月，小关大街街道与东六经路街道合并为望海楼街道，街道办事处办公地址在新大路62号。2010年，设19个职能部门，即街工委办公室、组织科、宣传科、纪律检查工作委员会、人民武装部、工会、团委、妇联、人大常委会街道工作委员会办公室、政协街道工作委员会办公室、行政办公室（财务审计科）、社区工作科、科教文卫事业科、社区管理综合治理办公室、城市管理科、经济发展科、劳动保障服务中心、统计办公室、社区事务服务中心。干部编制86人。其中，行政编53人，居委会事业编21人，劳动保障服务中心事业编10人，统计办公室事业编2人。处级领导2正6副。

1980年，街道企事业组更名为生产服务合作社联合社，负责管理街办企业，工作重点是安置返城知青就业，发展街道经济。1996年，小关大街街道成立津源工贸有限责任公司，东六经路街道成立渤海工贸有限责任公司。1998年，东六经路街道实现国内生产总值5983.7万元，税收35万元，进入市级集体经济20强街道行列。1999年，小关大街街道实现国内生产总值4840.17万元，税收50.35万元。2000年5月，街办企业调整为25家，职工239人。引进税源户19个，引进税金708万元。1997—2000年，累计税收1.02亿元。2003年6月，街道生产服务管理处并入经济办公室，经济工作向招商引资、协税、护税职能转变。至2010年，连续10年超额完成各项经济指标。2009年，引入台湾伊阳辰光扶困助学基金。2001年，建成250平方米心连心社区服务中心、劳动和社会保障服务中心、政务大厅。至2010年，劳动和社会保障服务中心共培训2955人，连续10年完成再就业任务。1990年，东六经路街道计生办主任丁淑敏被评为全国计划生育工作先进个人。2005年，该街道获市人口和计划生育工作先进单位称号。2000年，创建市级文明示范小区2个，昆宏里为市级文明小区标兵。2008—2010年连续举办3届社区文化艺术节。1978—1980年，拆除1976年地震时遗留的临建棚。1990年，兴建金家窑市场、十月市场。2002年11月，建起2000平方米、160个摊位和48间经营房屋的封闭式综合市场，即金蕾市场，2009年，转租给滨海乐氏公司经营。金田花园和春柳公寓属商品房小区，实施居民自治管理，居民物业费缴纳率99%。2010年12月，昆璞里成立社区党委，开展社区居委会、派出所、物业管理“三位一体”社区管理试点工作。街道办事处筹集14万元设立望海楼街道扶贫助困基金。

2010年望海楼街道社区居委会基本情况一览表

表1-1

名称	户数	户籍人口	自然小区
金辰园	2361	5879	金海岸、金谷里、金辰园、金辉家园、金碧园、金辉里
金狮家园	2670	6662	金狮家园、米兰金狮家园、鸿基公寓
金田花园	1973	5384	金田花园1~10号楼、金田花园11~14号楼(金田新花园)、金田公寓、昆宏里
金钟家园	1925	4977	川云里、金梦园、金钟公寓、金钟家园、金明里、福源公寓、蓬莱新里、北饮大楼、小铁道胡同5号、东河沿大街20号
昆璞里	2711	7797	昆璞里、昆石里、巨腾公寓、骏骥里、多禄里、东二经路3号院、东二经路13号、东二经路15号、东三经路4~62号(双号)、东二经路2~9号、涌泽里、涌泉里、长和里、寿和里、德和里、保和里、道和里、新大路1~109单号、民兴里、鹤林里、文和里
昆云里	2496	6801	庆记东里6~86号、东三经路1~23号、新大路111~129号、东四大楼1~2门、宁寿里1~25号2~28号、求安里11~95号32~62号、春安里1~35号2~36号、向康里1~57号2~58号、铁沿路1~9号、新大路143~169号、集才里1~8号楼、昆峰里1~2号楼、国兴里大楼、新大路171~183号、前三槐1~6号、三槐里1~18号、积业里1~6号、林茂里1~5号、昆云里1~8号楼
乾华园	1262	3433	乾华园、春柳公寓、新建路3号、建德里、金昆里、中山公园路1号、冈纬路平房片、东六经路平房片、佑安西里平房片
望海楼	2288	5435	望海楼北里、金泽里、金庭里、谦益里、一条胡同
振德里	1824	4812	振德里、孚泰公寓、孚泰公寓商品房、金海花园
金兆园	1897	5489	中山路129号、中山路131号、中宇里小区、金正公寓、新中宇里小区、土产楼、金兰园小区、金兆园小区、中山路159号

二、光复道街道

该街道位于河北区南部。东以京山铁路为界与王串场街道、河东区及天津站毗连，西由大沽桥起沿海河至狮子林桥与和平区、南开区为界，南以天津站、五经路与河东区、和平区接壤，北由狮子林桥起向东以狮子林大街为界至金钟河大街地道与望海楼街道相邻，面积1.95平方千米。辖区6个社区居委会，常住居民3.16万人。1990年，小树林街道与粮店街街道合并为小树林街道。2000年5月，小树林街道与光复道街道合并为光复道街道，街道办事处办公地址在荣昌后胡同6号，2004年3月，迁至胜利路娘娘庙前街25号。2010年，行政编制 58人、居委会事业编制20人，正处级领导2人、副处级领导5人，机关科室、群团组织、事业单位22个。

1979年，成立生产服务合作社联合社，1985年改为生产服务管理处，建立一批安置型工商企业。1980年10月，将街属北粮针织一厂、河北软管厂、进步道计量器商店等10家企业纳入区劳动局集体企业管理，职工纳入区劳动局集体企业人事工资序列管理。1989年，实行局、街、企业三级承包责任制。2003—2005年，完成企业改制、减员、分流及债权债务清算工作。一批企业转制、撤销。1979年，社区居委会兴办便民服务加工组、生产服务网点、托幼园所。1989年，街道办事处下达经济创收指标，至1997年，居办经济每年以30%以上速度递增。2002年，按照政企分开要求，便民服务站与居委会脱钩，转为个体或私营。2004年，街道成立经济办公室，引税护税、招商引资成为重点工作。2006年7月，所有居办经济完成证照撤销，停止经营服务。2008年，完成引税234万元、引资6500万元。2010年，完成引资指标108%、税收指标118%。1989年，街道办事处主任吕林山参加全国街道工作委员会会议，被推举为常委，并在会上就地区共建共管介绍经验。1991年，全国街道工作委员会常委会会议在该街道召开。1992年，全国城市街道社区建设工作研讨会在该街道召开。该街道曾被评为市级双拥模范集体、全国街道之星、全国民政工作全优街道。2009年，被评为全国计划生育优质服务先进单位，被国家体育总局评为全国群众体育先进单位。2010年，被团中央全国少工委授予中国少年儿童平安行动示范社区称号，北岸华庭社区被全国妇联、民政部等五部委授予全国学习型家庭示范区称号。2006年，该街道成为全区首个基本无违章建筑街道。林古里小区被评为市级旧楼改造示范小区。2010年，街道人民调解委员会被司法部命名为全国模范人民调解委员会。

2007年，全国妇联主席顾秀莲到北岸华庭社区考察　（光复道街道办事处提供）

1995—2010年光复道街道社区居委会设置情况一览表

表1-2

年 份	居 委 会 名 称	数量(个)
1995—1999（街划调整前）	小树林街道：昌海里、诚志里、林古里、林容里、大兰家、秋星里、望海南里、兴隆、隆新里、何庆里、联通、摩天、金狮、嘉海一、嘉海二。光复道街道：协丰里、福安街、自由道、庆安街、光复道、广场、建国道、大昌兴、项家胡同、寿安街、五经路、荆华里、平安街、二庆里、永安街、槐荫里、民主道、民权路	33
2000—2004	昌海里、诚志里、林古里、林容里、大兰家、秋星里、望海南里、兴隆、隆新里、联通、摩天、金狮、嘉海一、嘉海二、协丰里、福安街、自由道、庆安街、光复道、广场、建国道、大昌兴	22
2005	林古里、昌海里、隆新里、建国道、庆安街、秋星里	6
2006—2010	林古里、昌海里、爱琴海、建国道、庆安街、北岸华庭	6

三、鸿顺里街道

该街道位于河北区西南部。东至京山铁路，西至海河中线，南至中山路中线，北至新开河中线，面积2.58平方千米。辖元吉里、团结里、鸿顺里、二五四、三戒里、宝兴里、月纬路、日远里、律纬路、六马路、律笛里11个社区居委会，常住居民9.1万人。街道办事处驻宇纬路13号。辖区内有铁道部第三勘察设计院、联通河北分公司、天津出租汽车公司、天津美术学院、解放军第二五四医院等单位，以及大悲禅院、觉悟社旧址、李叔同书法碑林等文物场所。1978—1990年，区域内有黄纬路、鸿顺里、中山路3个街道。1990年，黄纬路街道与鸿顺里街道合并为鸿顺里街道。2000年5月，鸿顺里街道与中山路街道合并为鸿顺里街道。

中共十一届三中全会后，街道集体经济迅猛发展。1996年，完成到位引资额145万元，实现产值

5000万元、利润680余万元。兴业电器厂获天津市城市集体经济先进企业称号。2010年，完成留区税收358万元，引进外资39.5万美元，引进企业25家(注册资金5.1亿元)。团结里社区居委会连续12年被评为市级文明单位、连续10年获天津市军民共建最佳先进集体称号。2007年起，对日远里、律纬路、律笛里等社区居委会办公用房进行提升改造。2001年，完成200平方米的街道劳动保障服务中心大厅提升改造。2010年，安置失业人员2138人，新增养老保险570人，634人实现灵活就业，办理城镇医疗保险2427人。2003年，对旧楼区1147个楼栋进行改造，对大悲院文化市场投入40余万元进行规范化改造，制作售货亭50个、台案120个，地区环境得以改善。

改造前后的大悲院地区　（鸿顺里街道办事处提供）

四、王串场街道

该街道位于河北区东南隅。东至红星路，西至京山铁路三线，南至真理道，北至金钟河大街，面积2.14平方千米。辖14个社区居民委员会，常住居民10.61万人。辖区内有公安河北分局、内环建设开发公司等企事业单位，有河北区职工大学、七十八中学、昆一小学、启智学校及区第五幼儿园等13个教育机构，另有天津中医学院第二附属医院、王串场卫生院、河北区妇产科医院和区疾病卫生预防控制中心。1990年，王串场街道与五号路街道合并为王串场街道，街道办事处办公地址在五号路36号。2000年，王串场街道与墙子街道合并为王串场街道，街道办事处办公地址迁至清水园小区。2010年，设22个职能科室、群团组织，干部编制108人。

1979年，大批知青返城，街道发展"五七"生产和生活服务企业，安置待业青年就业747人。1981年，华兴服装厂、红星服装厂、红星五金厂310名职工纳入集体企业为双纳职工。1984年，有工业企业14家、商业企业15家。1996年，成立三叶工贸有限公司。1998年完成综合经济指标1300万元，跻身天津市街道经济15强行列，被列为市利税千万元街道和市经济工作先进街道，其中三叶摩托车厂和防火涂料厂被评为天津市城市集体经济小巨人企业。2000年，王串场街道与墙子街道合并后有工商企业31家。2003年，街办企业、市场与街道办事处脱钩，成立农贸市场管理、专业市场管理和企业经营3个有限责任公司，企业清产核资后，移交实体公司。1982年，街道进行"文化大革命"后首次居民委员会选举，建立17个居民委员会，取代职工家属

2003年4月2日，市长戴相龙(右一)考察真诚里、艳泉里社区(王串场街道办事处提供)

委员会。1990年，王串场街道与五号路街道合并为王串场街道，设居委会29个。1997年，居委会合并为11个。2000年，王串场街道与墙子街道合并为王串场街道，设居委会22个，2005年，居委会调整为14个，迄2010年。

1989年，街道成立社区服务领导小组，先后建立志愿者协会、红白理事会、助残扶贫小分队、青少年帮教小组、双拥小分队、治安巡逻小组等志愿组织。1997年，被评为天津市社区文化先进街道。1998年，被评为全国城市体育先进社区。真诚里社区居民王芳在多届全国残疾人运动会上获短跑冠军8次。2009年，建成180平方米集科学普及、健康娱乐、图书阅览、法律咨询、青少年心理辅导、半边天家园等多功能于一体的社区教育中心。2000年，成立"爱心超市"，由社会各界捐助物品向困难户发放。20世纪80年代，兴建革新道菜市场、五号路百货市场、三号路花鸟鱼虫市场、六号路市场和正义道集市。2003年，幸福道商业街管委会被市总工会授予天津市十五集体立功奖。2005年旧楼区改造后，各社区建立街道、居委会、物业公司三级小区管理机制，广泛参与创建绿色社区、生态城区建设。2002—2010年，创建市、区级安静社区和绿色社区6个。2010年，实施安全生产网格化管理，筹建王串场街道维稳中心和社区工作站。

部分年份王串场街道社区居委会设置情况一览表

表1-3

年份	居委会名称	数量(个)
1982	15段、16段、25段1、25段2、26段、27段、28段1、28段2、29段东、29段西、29段南、30段、老王串场、卫东里、重光里、水利厅、赵沽里	17
1991	14段1、14段2、14段3、15段、16段、19段1、19段2、20段、21段1、21段2、22段1、22段2、23段1、23段2、24段1、24段2、24段3、25段1、25段2、26段、27段、28段1、28段2、29段东、29段西、29段南、30段、31段1、31段2	29
1997	华屏里、屏花里、翠华里、焕玉里、宇翠里、盛宇里、环盛里、容彩里、津开里、开诚里、垣焕里	11
2000	华屏里、屏花里、翠华里、焕玉里、宇翠里、盛宇里、环盛里、容彩里、津开里、开诚里、垣焕里、莹津里、艳泉里、春艳里、水明里、开云里、芳景里、正兴里、真诚里、金东里、迎福里、丹霞里	22
2006—2010	迎福里、真诚里、艳泉里、水明里、秀茵明居、芳景里、屏花里、翠华里、焕玉里、宇翠里、盛宇里、环盛里、容彩里、开诚里	14

2010年王串场街道社区居委会基本情况一览表

表1-4

居委会名称	户数	常住人口	四至范围	所辖自然小区
迎福里	2658	7325	东至丰垣路，西至幸福道，南至一号路，北至金钟河大街	景逸园、迎福里、碧水里、碧泽园、丹霞里、土产楼、幸福人家
真诚里	3425	8813	东至一号路，西至真理道，南至新泰路，北至幸福道	汇仁云居、真诚里、正兴里、金东里、幸福道统建楼
艳泉里	2649	7225	东至三号路，西至真理道，南至一号路，北至生产道	波莹公寓、莹津里、艳泉里、溪波里、正义道14-18号楼、新波莹公寓
水明里	2689	7172	东至三号路，西至一号路，南至生产道，北至富强道	水明里(8-11号)、春艳里、明溪里、水明里、茵春里
秀茵明居	2712	7322	东至三号路，西至一号路，南至富强道，北至金钟河大街	开云大厦、景秀里、清水园、开云里、秀茵明居
芳景明居	2456	6308	东至五号路，西至三号路，南至富强道，北至金钟河大街	芳景明居、华屏里、彩环里、芳景里
屏花里	3139	9589	东至革新道煤店，西至金钟河大街与增产道交口，南至增产道，北至金钟河大街	屏花里、玉容花园、春厦里、花芳里
翠华里	2560	7500	东至六号路，西至二号路，南至真理道，北至正义道	森百花园、萃华里、泉清家园、中医楼
焕玉里	2640	5344	东至中环线，西至六号路，南至真理道，北至正义道	万科花园、焕玉公寓、焕玉里
宇翠里	2695	6538	东至六号路，西至五号路，南至正义道，北至幸福道	宇萃里
盛宇里	2804	8323	东至六号路，西至五号路，南至幸福道，北至富强道	盛宇里

续表1-4

居委会名称	户数	常住人口	四至范围	所辖自然小区
环盛里	4196	12231	东至红星路，南至六号路，西至幸福道，北至增产道	城垣里、环盛里、垣焕里
容彩里	2981	7098	东至糖业楼，西至五号路，南至增产道，北至革新道	容彩公寓、容彩里、糖业楼、团结里
开诚里	2547	5281	东至中环线，西至容彩公寓与玉容花园，南至增产道，北至金钟河大街	津开里、开诚里

五、宁园街道

1999年8月26日，中共河北区宁园街道第五次代表大会召开　（宁园街道办事处提供）

该街道位于河北区中部。东至育红路，西至京山铁路线，南至金钟河大街，北至新开河，面积2.36平方千米。2010年设6个居委会，户籍人口3.36万人。1978年，何兴庄革命委员会恢复为何兴庄街道办事处。1990年11月，何兴庄街道更名为宁园街道(因北宁公园而得名)，街道办事处驻中纺前街32号。

1981年，街属企业20家，2001年，剩14家。2003年，街属企业全部完成转制。2006年，成立招商办公室，主要承担招商引资、协税、护税任务。2010年，完成引税338.6万元，引进市外资金3.5亿元，引进外资30万美元，引进企业18家，其中注册资金在100万元以上的有7家。1995—1999年，社区进行居委会达标升级，组织志愿者队伍，开展系列服务活动。1999年，在汇园里组建全区首个有物业管理的小区居委会。2001年，开展文明示范社区居委会创建工作，志愿者队伍由400人增至600人。2003年，开展示范社区居委会创建工作。2007年，创建全国残疾人模范城市工作达标。2009年，进一步改善居委会办公条件，爱家、金泰花园等居委会办公用房得到落实，新建赛园里社区办公用房540平方米，对随园社区和富方园社区居委会进行提升改造。2010年，集中开展居委会主任培训工作。

1979—1990年，工作重点是对社会劳动力、待业青年进行登记管理，组织就业前技能培训，安排就业，为下乡知青办理子女回城，加强待业职工和职工待业保险管理。1983年8月，何兴庄街道劳动服务公司作为天津市唯一街道代表，参加在北京召开的全国发展集体和个体经济安置城镇青年就业先进表彰大会。是年，全街道进入稳定低生育水平时期。1983年，建成街道中心文化站。至2010年，各社区均成立文化活动室，组建12支文体队伍，有队员331人，基本形成公共文化服务体系。1991年，成立宁园街道地区联合体育协会。1995年，成立6个社区体育站和11支健身队。2010年，有体育活动场所23处、文体队伍11支。1991年8月，宁园街道成立全区第一家初级卫生保健中心站。2010年，该街道办事处和辖区内中山饭店、十四中学被评为天津市爱国卫生先进单位。

2010年宁园街道社区居委会基本情况一览表

表1-5

名称	面积(平方千米)	小区数(个)	户数(户)	常住人口(人)	流动人口(人)	党员人数	特色品牌	新增就业人数	新生儿人数	残疾人数	低保户数	发放救济金(万元)	非公企业(家)
富方园	0.18	4	2207	6400	72	276	廉政文化进社区	98	43	64	57	41	58
润园里	0.22	7	3414	8836	121	357	–	176	65	145	151	110	25
珍园里	0.45	5	2213	5818	65	202	社区文化	173	25	147	122	144	110

续表1-5

名称	面积（平方千米）	小区数（个）	户数（户）	常住人口（人）	流动人口（人）	党员人数	特色品牌	新增就业人数	新生儿人数	残疾人数	低保户数	发放救济金（万元）	非公企业（家）
汇园里	0.30	4	2974	8900	81	275	绿色环保	157	33	122	161	158	26
赛园里	0.30	6	2229	5820	80	328	双拥共建	75	24	113	89	72	6
爱家	0.50	5	3343	9630	335	229	市级科普	102	98	97	67	35	32

六、新开河街道

该街道位于河北区西北部。东由新开桥向北沿南口路至榆关道，沿榆关道向东至京山铁路线，再向北至普济河道立交桥拐弯处；西由新开河闸向北沿子牙河、北运河至勤俭桥；南由新开河闸向东沿新开河中心线至新开桥；北由勤俭桥向东沿普济河道至第一医院北小道，再由此向东至普济河立交桥拐弯处。面积4.52平方千米，辖12个社区居委会，常住居民10.04万人。1990年11月，辛庄街道并入，街道办事处办公地址在全顺里68号，同时将京山铁路以东地域划归新建铁东路街道。2000年5月，京津公路街道并入，街道办事处办公地址迁至席厂下坡14号，同时将自新开桥至榆关道以东地域划归铁东路街道。

2007年4月28日，市委书记张高丽到福音社区就业服务中心考察　（新开河街道办事处提供）

1979年，工业企业34家（京津公路街道6家，辛庄街道14家，新开河街道14家），1996年，工业企业29家（京津公路街10家，新开河街19家）。2000年，街属企业与街道脱离，经济工作以协税、护税、招商引资为主，迄2010年。1979年，设13个居委会，工作人员263人。1985年，设25个居委会，工作人员538人。1991年，设居委会25个，2000年调整为21个。1996—2001年，制定并实施社区建设五年规划，完善社区居委会政务公开等项制度。2000年，计划生育率为98.19%，获国家婚育新风进万家活动先进单位称号。2004年，成立40个社区青少年学校和中老年艺术团等社会团体。2007年，新增文化团队25支。是年5月，举办2万人参与的首届“福音杯”社区文化艺术节。2010年，举办首届群众趣味运动会暨残疾人运动会，其中“天下娃娃一家亲”活动被团中央评为优秀项目。1997年9月，新开河街道福音社区就业服务中心成立，为天津市首家服务本街、辐射全市的集社区就业、服务为一体的街级服务机构，先后获天津市劳动模范集体、天津市先进基层党组织、全国劳动和社会保障系统集体一等功等荣誉，并两次获全国文明单位称号。1998年2月，国务院副总理朱镕基视察福音再就业工作。2005年2月，中纪委书记吴官正到福嘉园社区视察再就业工作。2003年，开展清脏治乱活动，被命名为市环保模范社区。2005年，完成东联里和东明里旧楼区改造。2006年，开展爱国卫生运动和环境综合整治，拆除违建500余间。2007年，对东昌里和普济河道等4个主要路段进行清整，完成裕泰花园旧楼区整修。2010年，拆除违建3268处，治理雁门路、古北道污水外溢及席厂下坡乱摆乱卖等，《今晚报》《渤海早报》多次报道。2002年，投资330万元建南口路和杨桥综合市场。南口路市场占地8000平方米，有商业用房184间，摊位521个，为全区最大封闭市场。2007年，建成2000平方米乐都超市。2005年，完成生服处4家企业改制，安置300余名职工，解决退养改退组问题。2010年，建成1000平方米街道综治信访服务中心。

七、江都路街道

该街道位于河北区东南部。东至泰兴路，西至红星路，南至真理道，北至金钟河大街，面积1.95平方千米。至2010年12月，辖社区居委会7个，常住居民4.73万人。街道办事处驻靖江路9号，设职能科室、群团组织和事业单位21个，干部编制70人，实有69人。

2003年3月，江都路街道秀山里社区居委会换届选举大会召开　　（江都路街道办事处提供）

街道建立之初设企事业组，后改为生产服务管理处。20世纪80年代，组建联青餐厅、构件厂、自行车零件厂、大隆汽车修理厂、津江五金厂、第一标准件厂等企业。90年代，以科技兴街为主旨，引进各类专业人才21人，成立华海针织器材厂、科华电力电器设备厂、江都机械厂、河北针织服装厂等。1993年，党委书记孙本开大胆创新，以街道名义成立兴北信用社，3年吸揽存款2.31亿元、利润1088万元。1997年，与铁道部第十三工程局合资成立天津市春江房地产开发有限公司，实施平房改造工程，当年实现收入446万元、利润36.5万元。1995—1999年，江都路街道跻身市级区街经济20强。2000年，实行政企分开，推进企业脱钩转制，街道经济工作重点转向招商引资、协税、护税。

1981年，组建居民委员会4个，1990年，居委会增至24个。1999年，合并为12个，居委会干部实行公开招聘，竞争上岗。2005年，居委会调整为7个。2006年4月，如皋里社区首开全国居委会换届“海选”先河，社区居民参选率9.37%。2008年，该社区被评为全国基层低保规范建设典型单位、全国综合减灾示范社区。2009年，江都路街道被评为全国和谐社区建设示范街，如皋里社区被评为全国精神文明建设先进单位、全国和谐社区建设示范单位。是年，中央政治局常委习近平对如皋里的社区建设作出重要批示。2002年，建立扶贫解困救济金，为贫困居民捐款8万余元。2006年4月，成立天津市首家慈善帮扶救助中心。2004年，建成全市最大的劳动保障服务大厅，面积500平方米，投资近60万元。1982年，相继建设颐寿园、幸福公园、月季园。2010年，对江都路、真理道等进行整修、硬铺和绿化。2008年，实施“退路进厅”工程，由滨海乐氏集团出资，建成乐迪蔬菜市场，有摊位800余个、经营用房200间。

八、建昌道街道

该街道位于河北区东北部。东至外环线，西至育红路，南至金钟河大街，北至新开河，面积5.05平方千米。辖13个社区居委会，常住人口9.04万人。街道办事处办公地址在小红星路52号。界内有市戒毒所、区工商局、新开河水厂、天磁公司等523家企事业单位，有天津铁路工程学院、红光中学、2所小学、3所幼儿园等7个教育机构，以及建昌、安康、中山北路3所医院。街道办事处成立于1981年8月，时称建昌路街道办事处，辖区面积3.13平方千米，1984年，改称建昌道街道办事处。1986年6月，东郊区大毕庄镇二道桥地区划归建昌道街道管辖。1990年12月，经区划调整，面积增至5.05平方千米。2010年，街道办事处设职能科室、群团组织和事业单位21个，干部编制70人。

1981年，建昌路街道接收3家主要为残疾青年提供就业的免税企业，从此街办企业从无到有。1983年，成立生产服务合作社联合社。1986年，成立建昌工商企业公司，公司直接对外办公，洽谈经营业务，企业变安置型为经营型，按市场变化自行决策生产。1992年，建昌道街道制定《关于加快改

2010年6月17日，民政部副司长王金华（前排左二）率社区建设论坛代表团到建昌道街道社区综合服务中心调研，并主持天津市社区“一站式服务”座谈会

（建昌道街道办事处提供）

革开放、促进经济发展的若干意见》和《关于第三产业发展规划与实施意见》，街办企业步入快速发展阶段。1993年，街道获天津市发展城市集体经济突出贡献奖。1995年，街办企业发展至58家，与天津医科大学、天津大学等单位联合研发制造的中国第一台显微图像显示仪获国家专利。1995—1999年，街办企业经济产值从3136.13万元增至7400余万元。2000年，街办企业转制。2002年，街道经济工作转入以招商引资、协税、护税为主。1981年，全街道有5个居民委员会。2010年为13个。

1991年，建成700平方米街道文化活动中心。2010年，有书画社、京剧团、舞蹈队、晨练队等群众性文化团体30余个。1999年，被评为市级社区文化先进街道、社区体育先进街道。2010年，街道文化活动中心被评为市级优秀文化中心。2003年，街道被评为市级抗击非典先进集体。20世纪80年代初，因辖区地处城乡接合部，市容卫生问题突出，街道办事处广泛发动群众，拆除违建、清理河堤、填平沟壑、清除垃圾。1985—1986年，配合中环线工程，完成16个企事业单位271户居民拆迁任务。1988年1月，被评为市级基本无违章街道，1997—2010年，5次被评为市级爱国卫生先进单位。1984年，团区委与街道团委组织团员青年在建湖里种植404平方米“青年林”。1994年，长春电影制片厂拍摄泗阳道绿化街景作为电影资料片。1991—1993年，连续3年被评为市级环保先进单位，1994年被评为市级绿化先进单位，2010年被评为市第一次全国污染源普查工作先进集体。

1991年7月，建昌道街道对红安里（又名红卫新村）386户居民的462间平房（均为20世纪50年代市属企业建造）进行改造。成立街道平房改造指挥部，组织动迁、设计、资金、施工、绿化、回迁等工作。该工程于1992年8月竣工，建成建筑面积3.8万平方米住宅765套，11月居民回迁。建成街道办事处办公楼、文化活动中心等公建用房1800平方米，水、电、暖、煤气、道路等配套设施齐全。随后，又对建昌道一侧危陋平房进行改造，于1993年竣工，建筑面积3500平方米。至1994年，共建楼房701幢，修建支线道路15条，铺设楼间甬道和胡同里巷柏油路面67.3万平方米。作为全市首个承担危陋平房改造工程的街道，其危改经验在《中国城市街道工作》刊物上刊载。

部分年份建昌道街道社区居委会设置情况一览表

表1-6

年份	居委会名称	数量(个)
1981	盐坨、铁路37宿舍、工程、红卫、建昌里	5
1982	工程里、育红路、长青、红卫、建昌里一、建昌里二、盐坨东、盐坨西、37宿舍一、37宿舍二	10
1992	工程里、盐坨东、铁工东里、铁工西里、建红里、建昌里一、建昌里二、泗阳里、长青里、育红东里、建北里、建湖北、建湖南、连云里、红波西里北、红波西里南、建安里、思源里、原冰里、长青北里、长青南里、中山北里、中山东里	23
1997	工程里、盐坨东、铁工东里、建红里、建昌里一、建昌里二、泗阳里、长青里、育红东里、建北里、建湖北、建湖南、连云里、红波西里北、红波西里南、建安里、原冰里、长青北里、中山北里、中山东里	20
2000	建红里、中山里、泗阳里、铁工里、建北里、育红里、红波北、连云里、长青里、建昌一、建昌二、建湖里、红波南、盐坨东、原冰里	15
2005	建红里、中山里、泗阳里、铁工里、建北里、育红里、红波北、连云里、长青里、建昌一、建昌二、建湖里、红波南、盐坨东、原冰里、宁桥里、贵桥里、乐桥里、桥园里、三和小区、康桥里、福桥里	22

续表1-4

年份	居委会名称	数量(个)
2005	盐坨东、铁工里、育红里、建昌里、泗阳里、建湖里、中山里、乐桥里、桥园里、康桥里、三和、福桥里	12
2010	盐坨东、铁工里、育红里、建昌里、泗阳里、建湖里、中山里、乐桥里、桥园里、康桥里、三和、福桥里、梅宏园	13

九、月牙河街道

该街道位于河北区东部。东起北塘排水河向北沿上江路中线至月牙河，西至北塘排水河转弯处向北沿北塘排水河中心线至金钟河大街，南由上江路起向西沿北塘排水河至乌江路，北至金钟河大街向东延金钟河大街中心线至电话62局赵沽里分局北侧，面积1.77平方千米。辖13个社区居委会，常住居民8.4万人。界内有铁道部第三勘测设计分院等46个企事业单位，有教育和卫生单位10个。2000年1月，街道办事处成立，由大江路街道、靖江路街道和月牙河筹备组合并而成，办公地址在义江道36号。

2000—2006年，完成税收1729.2万元。2010年，完成引税334万元，引进外资240万美元、内资9000万元。打造丹江里商业圈，引进华润超市、小吉利鞋业等商业企业，改善笑石园早市，修建24间商铺，盘活文江里市场。2004年，大江里被命名为首批市级社区服务示范小区。2005年，社区居委会由24个调整为12个，改造扩建办公用房702平方米，100平方米以上居委会达80%。大江里社区被市政府评为绿色社区，锦江北里被评为市级五星级居委会。2007年，完成10个居委会办公用房改造。占居委会总数83%，其中500平方米以上居委会1个。2005年，建社区贫困母亲救助中心，为贫困母亲捐款880元。2000年，建文江里市场，安置下岗人员200人。2003年，为1821名下岗、失业职工提供就业机会，安置66名4050人员到社区劳动保障协管员岗位。2004年，完成400平方米服务大厅整修改建工程，为22个社区劳动保障服务工作站配备66名协管员。2010年，免费为贫困妇女查体，低偿为育龄妇女进行妇科检查8000余人次；对393名孕妇进行孕前检查和产后随访。建立社区“红十字”博爱超市，为扶贫助困搭建新平台。2000—2002年，围绕“双拆”“畅通工程”等活动，对居民区进行集中清整。义江里、丹江里和大江北里13个居民区实施绿化和硬铺装。2000年，街道与辖区单位共同开展创建安全单位、安全小区、无毒社区活动。2007年，配合迎北京奥运工作招募培训1500余名平安天津志愿者。创建平安楼栋(院)946个、平安门店51个、平安单位23个。巩固军、警、民三位一体治安巡逻防控格局。开展矛盾排查调处工作，调解成功率100%。2010年，在琴江公寓和义江里新建垃圾处理用房7个，完成旧楼区提升改造任务。道路、社区扫保按员定岗，扫保率100%。

十、铁东路街道

该街道位于河北区东北边缘。街道办事处成立于1990年12月1日，办公地址在宜白路华宜里58号。辖域自东由新开河起向北沿京津高压线至铁东路北环线，由此向西沿北环线至规划路，由北环线起向北沿规划路口至宜白路与北辰区为界；西由新开河起向北沿南口路中心线至榆关道与新开河街道为邻；南由新开河起向东沿新开河中心线至京津唐高压线与鸿顺里街道、宁园街道、建昌道街道相望；北由榆关道起向东沿榆关道中心线至宜白路与新开河街道、北辰区为界，面积4.16平方千米。辖9个社区居委会，常住人口7.37万人。2000年5月，京津公路、新开河街道部分区域并入铁东路街道。

街道建立后，成立企业家联谊会，为天津机辆轨道交通有限公司解决仓库安全、职工养老、土地产权问题，为天津灯塔涂料工业化销售有限公司解决企业闲置厂房问题。建立完善引税奖励政策，吸纳社会零散税源，在社区建立协税组织。1992年7月，北辰区渔民村划归铁东路街道，建立宜白北里居委会。2000年街划调整为10个居委会。2010年，新建2个居委会、扩建改造7个居委会用房，居委会办公用房全部达220平方米以上。开展“献爱心、结对帮困”活动，结成帮扶对子127个。2007年制定《关于建立困难群体帮扶长效机制实施意见》，推进扶贫助困制度化，建立残疾人扶助档案1012份。开办电脑、家政等就业技能培训班，每年召开再就业咨询会、自主创业指导会、工作交流会和现场招聘会，先后建成金城小区等社区服务街、商业街，增加就业岗位。2005年，创建公益公司和惠东劳务派遣中心，拓宽就业渠道。2006年，新建300平方米劳动保障服务大厅。1996年5月，市计生委在铁东路街道召开天津市城市计生协会工作观摩会。曙光路等3个社区成为区科学普及示范小区。开展千人科普格言创作活动，评选优秀作品印发给社区。联合天津职业大学20余名师生开展“光明行”活动，普及科学用眼、预防眼病知识。举办健康养生知识、急救护理、节能减排等科普知识讲座。1991年始，每年举办街道群众纳凉文艺晚会，利用企业闲置场地建街道文化中心戏曲茶座。1993年，街道文化站被文化部授予达标站称号。1999年6月，该街道作为市全民健身工程揭幕仪式暨“特利普杯”健身路径运动会主会场，国家体育总局副局长张发强、副市长孙海麟等到场。2000年，该街道被授予全国体育先进社区称号。扶持振宜里社区开展报刊收藏、篆刻、葫芦雕等草根文化活动。华宜里居民马骥良兄弟收藏西晋至现代各类壶具9870把，著名书法家刘炳森为其题名“万壶堂”。其中99把庆祝香港回归组壶和容积90公升巨壶，入世界吉尼斯纪录。振宜里居民王少柱是天津民间收藏专委会集报协会会长，整理46册1841页家庭档案，集藏各类报刊，2009年在鼓楼举办个人家庭收藏展。街道制定社区环境卫生长效管理机制，采取领导包片、干部包点和巡查、点评、督办相结合的方法，不断提高社区环卫质量。创建金水畔家园和博德花园2个区级绿色社区。2006年，华宜里社区围绕创建平安和谐社区，创建军、警、民联防巡逻防范模式，《天津日报》等媒体予以报道。2010年6月，市委常委、市政法委书记散襄军到华宜里考察。是年，在社区开通微博，拓展群众诉求渠道。

2010年社区居委会基本情况一览表

表1-7

居委会名称	面积(平方千米)	小区数(个)	户数(户)	总人口(人)	流动人口(人)	党员(人)	新增就业(人)	新生儿(人)	残疾人(人)	低保户(户)	发放救济金(万元)	非公企业(家)
华宜里	0.30	2	2851	8215	1313	381	183	38	175	183	131.69	45
振宜里	0.20	3	1898	6106	1177	288	202	19	147	268	181.94	8
胜景	1.20	6	5251	9225	1967	298	161	47	212	285	198.56	75
曙光路	1.13	6	3382	2985	1326	235	169	34	205	133	97.70	84
爱贤里	0.37	5	6312	12664	1952	284	232	52	183	256	195.51	35
志成中里	0.62	6	2535	7325	1482	390	172	10	198	132	88.02	58
繁华里	0.60	5	6655	10731	1581	295	262	40	109	198	142.72	10
宜清园	0.10	3	3837	6225	1381	124	159	26	108	49	25.90	13
慧景园	0.08	4	4273	5246	1879	32	76	39	59	2	1.02	25
合计	4.60	40	36994	73722	14058	2327	1616	305	1406	1506	1063.06	353

第二节　特色街区

一、中山公园地区

中山公园地区位于中山路中段东南侧。清光绪三十一年（1905年），在大经路（今中山路）原思源庄旧址扩建的一座公园，为近代中国第一个由中国人设计建造的公共园林，占地2万平方米。至清光绪三十三年（1907年）竣工，袁世凯为其定名劝业会场，也称劝业会公园，1912年改称天津公园，后又改称河北公园。1928年，为纪念孙中山于1912年8月24日于此作过演讲，更名为中山公园。1936年，改称天津第二公园。1937年，公园因驻日本侵略军而遭严重破坏。

中华人民共和国成立后，公园虽屡加修缮，但已不复早年容貌。1955年，复名中山公园。园内立有魏士毅女士纪念碑、天津十五烈士纪念碑、南皮张氏两烈女碑等。其中，建于1929年并于1984年复立于公园西侧的魏士毅女士纪念碑和建于1931年并于1984年复立于公园南侧的天津十五烈士纪念碑，于1991年8月2日被列为市文物保护单位。1996年11月，区政府为纪念孙中山诞辰130周年，在园内设《中山公园记》石碑，碑文记述孙中山完成南北统一大业及1912年莅津在该园演讲情况及演讲全文。2006年11月，为纪念孙中山诞辰140周年，孙中山孙女孙穗芳捐资、政协河北区委员会在园内立孙中山铜像和纪念碑，碑阴为《孙中山演讲词》。2009年，公园进行提升改造，建成由孙中山铜像和纪念碑、魏士毅女士纪念碑、天津十五烈士纪念碑等构成的爱国主义教育区，另建有下沉式中心广场区、健身运动区，以及具有历史文化特色的碑刻群。在体现中国园林文化的同时，融合西方园林风格，形成新颖别致的景观效果。

2009年整修后的中山美食街　　（区志办提供）

1982年，在中山路至中山公园门前建设天津饮食风味街，全长135米。1990年扩建，有经营网点40余个，建筑面积1800平方米，为经营特色小吃的食品一条街。2008—2010年，仿照清末建筑风格进行整修，并对门窗、牌匾进行统一设计，恢复原劝业会场牌楼，完善了环境设施及餐饮商业设施，实施了夜景灯光建设，完成51户商户业态定位，汇集五大类400余种精品小吃于此，定名中山美食街，成为独具特色的美食一条街。中山公园东南侧还建有大型菜市场。

二、大悲院文化商贸旅游区

大悲院文化商贸旅游区位于海河东岸，东至地纬路，西至李公祠大街，南至中山路，北至五马路，面积25.3万平方米。大悲院地区旧称窑洼，又称东沽。大悲禅院始建于清顺治十四至十八年（1657—1661年，一说始建于明代）。该地区积淀了较深厚的历史文化底蕴。今金钢公园和第二医院，为清光绪二十八年（1902年）设立的直隶总督衙门旧址。今天津美术学院，为建于清光绪三十二年（1906年）中国早期女子师范学校——北洋女子师范学堂旧址。中国近代第一个研究地理的学术团体——中国地学会于清宣统元年（1909年）在北洋女子师范学堂址成立。直隶高等工业学堂（初名北洋工艺学堂），于清光绪二十九年（1903年）初创于旧城贡院及草场庵，光绪三十四年（1908年）迁入河北窑洼（今天津市美术中学附近），为清末废除科举制后官办实业教育性质的新式学堂。李鸿章祠堂、安徽会馆及天津市区最早的水利设施——耳闸等均建在大悲禅院附近。中国历史上最后一位状元刘春霖的寓所“状元楼”，与大悲禅院相距不过300米。著名画家刘子久居住在大悲禅院与状元楼之间一小巷内。

1979年后，市政府拨款将“文化大革命”期间遭破坏的大悲禅院殿宇修葺一新。1983年，大悲禅院被列为汉族地区佛教全国重点寺院和市级文物保护单位。每逢佛教节日，寺内香烟缭绕，人流如潮，年接纳香客游人

2008年整修后的大悲禅院　　（区志办提供）

百万以上。2002年10月，大悲院地区开发被纳入天津市海河综合开发建设总体规划。2008年，该地区初步形成以现代服务业为主体，商贸、旅游、文化共同发展格局，4座大型商贸设施组成特色集群：一是凤凰商贸广场A座，即天津窗帘城，建筑面积3万平方米，商户300家，汇聚窗帘布艺、床上用品等高端名特优品牌。二是凤凰商贸广场B座，即天津世纪天乐商贸城，建筑面积7万平方米，商户400多户，经营服装批发、服装展示及进行商务办公。三是大悲院商业街，建筑面积3万平方米，经营宗教文化用品、美术文化用品、古玩字画、特色餐饮等。2008年，引进如家、宜必思、格林豪泰等知名酒店。四是海河假日酒店，建筑面积8万平方米，有26层416间客房，2008年开业后多次承接国内外大型会议，2010年承接夏季达沃斯会议接待任务。2005年，天津美术学院美术馆建成，建筑面积3.12万平方米，包括展览馆、图书馆、报告厅、创作工作室、文化超市和教学用房等6个主要功能区。其主体建筑由4幢多层裙房和1幢高层塔楼构成。屹立在永乐桥上的摩天轮被称为“天津之眼”，是世界上唯一建于桥上的摩天轮，也是天津市地标之一。2009年，大悲禅院被评为AAAA级旅游景区。

三、“三小”地区

“三小”地区系指小关、小树林、小王庄地区。

小关地区位于河北区南部，旧指金钟河（今金钟路）东南岸，小关大街一带。小关大街西北起自金钟路，经锦衣卫桥大街，南至狮子林大街，呈弓形，长870米。随着小关地域不断扩大，一般将金钟路南侧至中山路东侧称小关，今属望海楼街道辖区。小关的名称由来有两说：一说明代在该地设征收盐硝税关，名硝关，“硝”与“小”同音，演为小关。另一说因与设在北大关的钞关相对，钞关为大关，而此为小关。清乾隆四年（1739年）《天津县志》附图已标有小关之名。民国初年据官府统计当地有居民361户，已形成一条颇具规模街道。整个小关大街原无统称，1952年统称小关街。1953年（一说1958年）更名为小关大街。是年填平金钟河，修建下水道，居住环境有所改善。该地区危改始于20世纪80年代中期，先后建起谦益里、振德里、金谷里等楼房居民区。90年代初，建成金辉里、川云里等高层居民楼。1996年，市政府决定在小关地区大片危陋平房中拓建金纬路，动迁2310户居民和32个公建单位，当年建成一条北起中山路、南至胜利路的通衢大道。金纬路的拓建推进了危改进程，1997—1998年，分期动迁1.5万户14万平方米，沿金纬路两侧陆续建起金田花园、金波里、中远里、孚泰公寓、金辰园、金碧园、金明里等楼房居民区。辖区内有中国银行河北支行、中国人民保险公司、友谊新都市百货大厦、阳光广场、河北区教育局等，该地区逐步建成环境优美、生活方便、交通便捷的河北区核心地区。

小树林地区位于河北区南部，原指小树林大街一带。随着时间的推移，小树林范围不断扩大，一般泛指小树林大街、娘娘庙前街、陈家沟子大街及胜利路东北部，今属光复道街道辖区。清光绪年间，这里草盛林茂，故名小树林。昔日小树林北部紧靠金钟河南岸，水运发达，成为往来船只停泊码头，陆上亦随之变成集市，十分繁华，逐渐形成街巷。至民国初年，小树林地区开发建设已初具规模。1928年，国民政府当局将该地定名小树林大街。因该地人口稠密、街巷狭窄、危陋平房多，1995年区委、区政府将其确定为大规模拆迁和危陋平房改造重点地区。1997—1998

2010年，小树林地区　　（区委宣传部提供）

年，分期动迁31.94万平方米，涉及1.25万户，陆续建起林古里、林容里、盈月公寓、秋星里、昌海里、昌海公寓、盛海公寓等楼房居民区。1994—1999年，先后修建金狮立交桥，拓宽改造昆纬路、胜利路(原货场大街)、金钟河地道。至2010年，该地区居住环境、交通状况大为改观。辖区内有河北区教师进修学校、昆纬路第一小学、审计署京津冀特派员办事处、公安河北分局人口服务中心、天津银座集团、小树林清真寺等。

小王庄地区位于河北区西部，泛指民安街、津浦南路东南侧、天泰路(原小王庄大街)两侧一带。今属新开河街道办事处。昔为荒野洼地，清末始有人家。清宣统二年(1910年)后，有一绰号“鸭子王”的在此地(同昌里)建养鸭场，后逐渐有人在附近聚集居住，习称小王庄(含顾乡村、辛庄、堤头等村庄)。小王庄自1937年形成街道，1952年，正式定名小王庄大街。20世纪30年代至50年代初，小王庄一带(顾乡村附近)为处决犯人的刑场。1998年，该街实施拓宽改造，由宽9~12米拓为40米，并更名为天泰路，区委、区政府强力推进该地区实施大规模危陋平房改造。至2010年，该地区建有东悦里、东华里、芳草园、福嘉园、华泰园、天泰公寓等一批楼房居民区，以及易初莲花超市、蓬川饭店等商业设施，居民生活环境、交通环境得到极大改善。

河北区志

（1979—2010）

第二编

自然环境

ZI RAN HUAN JING

河北区古为退海之地，地处京杭大运河和铁路天津站水陆交通运输枢纽，距今4000—4500年成陆。流经河流有5条。地势低平，绝大部分在海拔4米以下。年平均气温12.3℃，年平均降水量562.1毫米，实际平均日照时数2661.4小时。地热资源丰富。地面组成物质以沙质黏土为主。优越的自然环境为河北区经济社会发展提供了良好条件。

第一章　地质　地貌

河北区在中国大地构造单元中，属于新华夏构造体系第二沉降带的华北沉降带，区境横跨新华夏构造体系的冀中坳陷和沧县隆起两个构造单元。两个构造单元决定着河北区地层的年代、类型和岩石分布。《中国地质年代表》《天津市区域地质志》《天津市基岩地质图》等资料显示，河北区分布着太古宇中太古界、元古宇中新元古界、古生界、中生界、新生界地层。河北区从地貌上看是一个被新生界深厚松散沉积地层覆盖的典型低平原区，但从地质构造上看情况却比地面复杂得多。区境坐落在新华夏向（东北—西南走向）的“沧县隆起”（古潜山顶部）及“冀中坳陷”（古构造盆地）之上，二者之间以新开河下面的“天津北断裂”为界，区境南界海河下面深埋着一条著名的“海河断裂”。区境地貌属于天津东南部海积冲积平原区。

第一节　地层

一、中太古界（距今36亿年—32亿年）

根据《国际地层年表》，河北区地下最古老的基底岩层为始于古太古界（Ar1）铷（Rb）锶（Sr）法放射性同位素测年距今36.7亿年，终于中太古界（Ar2）铷（Rb）锶（Sr）法放射性同位素测年距今32亿年，为“迁西群”角闪斜长片麻变质岩，由基性火山岩、中性火山岩及碎屑岩变质而成。是目前所知河北区乃至天津市最早的“陆核”。上覆地层为中、新元古界的河流相及海相沉积岩地层。其间缺失新太古界及古元古界地层，有一间隔16亿年的明显不整合面。

二、中、新元古界（距今18亿年—8.5亿年）

发生在古元古代（早元古代）末期的“吕梁运动”（欧洲称“哥德—卡累利运动”）经钾（K）氩（Ar）法放射性同位素测年为19.5亿年，结束了河北区乃至天津市所在的华北古陆的历史。河北区地下深处的中、新元古界各地层组的岩性分别是：常州沟组为砾岩、砂岩、石英岩，串岭沟组为页岩、砂质页岩，团山子组为白云岩、富钾泥岩，大红峪组为石英砂岩、白云岩、夹火山岩，高于庄组为泥晶白云岩、灰岩（长城系），杨庄组为红白相间泥晶白云岩，雾迷山组为燧石条带白云岩、叠层石灰岩，洪水庄组为页岩，铁岭组为叠层石灰岩，下马岭组为页岩、粉砂质页岩，长龙山组为砂质页岩、页岩，景儿峪组为泥晶白云岩、灰岩、砂岩、细砾岩（青白口系）。

三、古生界（距今5.43亿年—2.57亿年）

发生在距今约8亿年—9亿年前的新元古代末期的“蓟县地质构造运动”结束了河北区元古代的历史，使新元古界青白口系景儿峪组地层与其上的古生界寒武系之间大约有3亿年的不连续，呈不整合接触。河北区的古生代与其以前的中、新元古代相比，在古生物、古地理、沉积相、地壳运动等方面均有很大差异。

寒武系（距今约5.43亿年）：地质调查见于红星路以北地区，地层岩性主要是海洋环境沉积的厚层细粉晶灰岩、灰质白云岩、厚层鲕状灰岩、竹叶状灰岩、黄绿色页岩、紫褐色泥岩等。

奥陶系（距今约4.9亿年）：石油部门钻探见于红星路以南地区。地层岩性主要是灰色厚层、中厚层状灰岩夹少量砾屑灰岩、薄层黄绿色页岩、含燧石结核灰岩、白云岩、角砾状灰岩、角砾状白云岩等。

石炭系（距今约3.3亿年）：地矿部门调查见于中山路与新开河之间地带。地层岩性主要是海陆交互的页岩夹砂岩、煤层、石灰岩、灰色泥岩、粉砂岩，以及滨海湖沼相沉积的紫色含铁锰的泥岩、页岩、黄绿色砂岩等。

二叠系（距今约2.95亿年）：地质部门勘探见于中山路与新开河之间地带的石炭系地层之上。地层岩性主要是陆地环境沉积的砂岩、页岩、煤层构成的含煤地层，灰色泥岩、彩砂岩为主的夹煤岩层，以及近海平原河湖相沉积的灰绿、杏黄、紫红色粉砂质泥岩、页岩夹煤岩层等。

四、中生界（距今2.5亿年—9600万年）

发生于距今1.3亿年的中生代侏罗纪和白垩纪的“燕山地质构造运动”是“吕梁运动”之后最强烈的一次构造运动。“燕山运动”对天津市地质地貌的形成影响巨大，奠定了河北区所在的华北平原基底构造轮廓。中生代时期，河北区境“沧县隆起”为山脉，长期遭受风化、剥蚀、搬运作用，缺失中生界三叠系、侏罗系、白垩纪地层。而河北区所在的“冀中坳陷”为断陷盆地，沉积了三叠系、侏罗系、白垩系的堆积岩层。

五、新生界（距今6500万年—1万年）

受喜马拉雅运动和新构造运动影响，天津北部山地继承性上升，南部平原地区继承性沉降，堆积形成新生界第三系、第四系未固结松散地层。河北区所在的“沧县隆起”与“冀中坳陷”沉积岩层有所不同。

第三系（距今6500万年—530万年）包括下第三系和上第三系。河北区的“冀中坳陷”区接受沉积，形成下第三系；“沧县隆起”区为侵蚀环境，缺失下第三系地层。到上第三纪时，受新构造运动影响，“冀中坳陷”与“沧县隆起”整体强烈下沉，同时接受沉积。河北区地下普遍分布有上第三系。坳陷区内上第三系的地层厚度比隆起区内上第三系的地层厚度大。“沧县隆起”的上第三系和第四系的厚度约800~1100米，而“冀中坳陷”内上第三系和第四系的厚度约1400~2500米。

第四系（距今2600万年至今）分为更新统和全新统。北宁公园属第四系全新统“天津组”，为冲积、冲海积黏土、亚黏土、亚砂土与粉细砂互层，夹海相层。

第二节　地质构造

一、沧县隆起（河北区段）

西以“天津北断裂”与“冀中坳陷”为界，东以“沧东断裂”与“黄骅坳陷”为邻。“沧县隆起”主要由中、新元古界和古生界地层组成，中生界地层大多缺失，新生界沉积厚度为800~1100米，缺失下第三系。航磁资料解释其结晶基底为中、新元古界和花岗岩带。

二、冀中坳陷（河北区段）

位于新华夏构造体系华北沉降带的东北部，由中、新元古界和古生界，以及巨厚的中生界、新生界地层组成。航磁资料解释其结晶基底为太古宇迁西群和中、新元古界地层。

三、海河断裂

根据地矿部航空物探遥感中心资料确定的一条断裂，断裂沿海河下游—葛沽—河北区—青光一线，向西进入河北省境内。此断裂的走向沿海河干流为北西西向，经河北区后转为北西向。该断裂已断开地壳硅铅层太古宇和元古宇的结晶基底，切割深度大于7000米，并切割“沧县隆起”和“冀中坳陷”。

四、天津北断裂

“天津北断裂”系根据人工地震资料确定，位于杨柳青东—新开河—宜兴埠西一线。此断裂走向北至北东，倾向北西，断深一般大于7000米，河北区的太古宇和元古宇的结晶基底均被断开。此断裂在重力、航磁资料上均有反映，并控制了地层的分布，如处于断裂东西两侧的上第三系“明化镇组”底断距为59米，新生界底断距为304.5米，古生界顶断距为1089米，表明它是中生代“燕山构造运动”的产物。

第三节　成陆过程和地貌

一、成陆过程

河北区的陆地形成经历了漫长而又复杂的演变过程。在距今约30亿年前的太古宙晚期，河北区为京津冀古陆一部，该古陆保持了地球上长达14亿年的陆地环境，是天津市最古老的陆地之一。到距今约19.5亿年前，受“吕梁运动”的影响，河北区及京津冀广大地区在中、新元古宙时期（距今18亿年—8.5亿年），长期处于构造沉降阶段，海水侵入，河北区境成为华北古海洋的一部分，经历了长达10多亿年的海洋环境。海洋中藻类植物繁盛，海底沉积了厚层的碳酸盐类石灰岩、白云岩及硅酸盐类石英岩、燧石等，形成河北区境重要的基岩地质基底。

距今约8亿年，发生“蓟县运动”，受其影响，河北区所在的华北古海洋的海水退出，海底隆起变成陆地环境，并保持了2亿多年的时间。

到距今约6亿年的古生代寒武纪时期，由于世界洋面上升，河北区及京津冀地区又遭受海侵沦为浅海，并一直维持到距今4.6亿年的中奥陶世时期。海洋中沉积了一套“寒武系”至“中奥陶统”的海相碳酸盐类的石灰岩和白云岩地层。中奥陶世以后，河北区与天津平原地区一起又大面积整体抬升，海水退出。此后，直至新生代第四纪中更新世早期，河北区境都是陆地环境，未被海水淹没过。

到距今15万年第四纪中更新世后期，由于世界气候变暖，大陆冰盖和高山冰川融化，海平面上升，大量海水涌入渤海海峡，不仅充满渤海盆地形成了渤海，而且海水继续西侵，淹没了包括河北区在内的天津平原大部分地区。海水在河北区停留约13万年。距今约2万年的第四纪上更新世后期，全球气候变冷，进入新的冰期，地球上的水凝聚陆地，大陆冰川发育，覆盖了地球高纬度地区及众多山岳，洋面下降，渤海干涸，海水退至海面以下125米的地方，华北平原与朝鲜半岛连成一片，河北区境与天津平原又变成陆地环境。

到距今1万年第四纪全新世时期，全球气候又进入暖期，当时的年平均气温比现在年平均气温高出8℃左右，陆地冰川消融，海面又上升，渤海恢复海洋面貌，并侵入渤海西岸天津平原海拔8米以下的低平原地区，河北区与天津平原大部分地区一起再次沦为海洋环境。

大约从距今5500年起，世界气候又渐渐变冷，海面开始下降，渤海西岸的天津平原地区，自西向东先后海退成陆。河北区海退还陆的时间大致在距今4000—4500年，从此成为陆地环境，再未被海水淹没过。

二、地貌

河北区地貌在天津市地貌分区中，属于天津东南部海积冲积平原区。今日的地貌形态是在地质构造、海洋作用、河流作用及人为作用等多种因素共同作用下形成的，是中国乃至世界上最年轻的平原地貌之一。主要特点是地势低平，海拔均在5米以下，绝大部分地区在4米以下。地面坡度平缓，坡降为1/5000~1/10000，主要由低平地、洼地、微高地、人工堤及坑塘等地貌类型构成。区境地面组成物质以砂质黏土和黏土为主。因地势低平，排水不畅，地下水位较高，浅层地下水为咸水，土壤含盐量较高，有不同程度的盐渍化现象。

第二章　水文

河北区河流较多，水资源丰富。地下水主要包括松散地层中的孔隙水和基岩地层中的岩溶裂隙水两种类型。

第一节　地表水

一、河流

（一）**海河**　“海河”之名始于明朝末年，历史上曾有“界河”“逆河”“白河”“潞河”“沽河”等名称，是中国七大水系之一，华北地区最大的河流。海河干流从市中心区的河北区金钢桥以上南、北运河交汇处起至滨海新区塘沽大沽口，全长73.6千米，流域面积2066平方千米，河床宽100~300米。海河在河北区境段，自金钢桥以上南、北运河汇合处至解放桥以下海河游艇码头，岸线长约4千米，隔海河与红桥区、南开区、和平区相望。

新开河风景　（区志办提供）

（二）**新开河**　为宣泄北运河洪水的人工分洪河道，清光绪七年(1881年)开挖。西起北运河河北区段耳闸，流经河北区、北辰区，东至东丽区南孙庄入金钟河。长13.2千米，河底宽40~60米，堤距100~120米，水深2米，最大泄洪能力212立方米/秒。河北区境内的源头处建有节制闸、船闸，该闸名“耳闸”，有14个闸孔，闸门宽3米、高3.36米，闸底高程1.8米，设计水位5.5米。新开河河北区段岸线自耳闸至外环线，长约5.7千米。河上架有京哈、京沪、京津高铁等铁路桥，京津、新开、北洋、盐坨、红星等公路桥多座。2010年，新开河综合开发被提到议事日程。

耳闸掠影　（区委宣传部提供）

（三）**北运河**　发源于北京市昌平区居庸关附近山区，流经北京市昌平区、海淀区、顺义县、通州区及天津市武清区、北辰区，从河北区、红桥区、北辰区三区接合部的勤俭桥下进入河北区，至金钢桥附近的三岔河口与南运河汇流入海河。全长168千米，流域面积6166平方千米，年平均径流量1.63亿立方米。天津市境内长89.8千米，流域面积1564平方千米，河床宽65~80米，一般水深2米，最大泄洪能力225立方米/秒。北运河上游河段北京市昌平区沙河镇以下称温榆河，至通州区北关闸始称北运河。北运河系元代利用白河下游河道疏浚而成，古称“白河”“潞河”。北运河河北区段岸线自勤俭桥至南、北运河交汇处，长5.05千米，是河北区与红桥区的界河。

（四）月牙河 北起河北区建昌道街道红星桥附近新开河右岸红星泵站，经区境建昌道街道、月牙河街道，河东区常州道街道、鲁山道街道、向阳楼街道、东新街道、上杭路街道、中山门街道、富民路街道、二号桥街道至海河左岸吴嘴村原天津钢厂海河泵站。全长14.4千米，宽20~36米，正常水位2米，最大流量16立方米/秒。蓄水能力为46.7万立方米，属天津市二级河道。清雍正三年（1725年）开挖，引海河之水屯垦，俗称“老河”。清同治六年（1867年），三口通商大臣崇厚奉旨在贾家沽道创建天津机器局东局（习称东局子），为便于运输军需原料、设备，将河道拓宽加深。不久，李鸿章任直隶总督，又将河道疏浚拓宽，并在沿河两岸植树造林。从此河道舟楫往来，水运兴盛一时，成为大毕庄、南何庄沿岸各村船运通道和农田灌溉的重要水源。清光绪二十六年（1900年），八国联军入侵天津，水运渐衰，河道淤废。天津解放前夕，国民党驻军为巩固天津城防，恣意砍伐河道两岸树木，修碉堡、盖炮楼，林景风貌破坏无存。解放后天津市人民政府于1957年大搞河网化工程，对原河道进行疏浚拓宽，并将局部河道东移100米，裁弯取直，河道整体对东局子形成包围，呈月牙形，故定名月牙河。1958年春，东郊区与河东区联合协作，在河道两岸广植树木，建成10千米长的林荫河景。1972—1977年，对月牙河多次改造，修建排灌设备，成为农田灌溉和排涝功能兼备的河道。后因多年失修，河道污染日益严重，成为脏污不堪的“龙须沟”。2002年，市委、市政府将治理改造月牙河列为改善城乡人民生活的20项实事之一，历经两年分期分段施工治理，使古老的月牙河焕发出秀美丰姿。月牙河河北区段岸线自新开河至上江路，长4.6千米，沿河两岸建有绿宝石公园、月牙岛、馨园等园林景观。

（五）北塘排水河 位于天津市东北部，西起河北区赵沽里泵站，东至东丽区赤土镇永和村东入永定新河，最终在滨海新区北塘入渤海。全长32.7千米，宽50~60米，最大水深4米，最大流量81立方米/秒。流经河北区江都路街道、月牙河街道及河东区、东丽区。该河开挖于1959年，1976年疏浚拓宽。2003年实施改造，进行河道清淤、护砌河坡、沿线口门改造、桥梁改造等，是市重点工程。改造前该河称北塘排污河，改造后更名为北塘排水河。该河主要用于排泄天津市海河以北市区的污水、雨水及农田咸水。数十年来，一直是海河以北市政主要受纳、排泄水体。其运行情况直接影响着河北区、河东区及东丽区工业、农业及市民生活。2008年10月，天津市开始实施北塘排水河治理工程，对沿线所有污水口进行截污，经污水处理厂处理达标后方可排放入河，未经处理的污水不允许直接排进北塘排水河。两岸以植树为主，实施生态保护。在主要河段实施景观绿化，清淤治理产生的污泥移交西青区青凝侯淤泥卫生填埋场进行处理。北塘排水河清淤改造工程于2009年9月完成。河道治理后，对创建“水清、岸绿、天蓝”的美丽河北具有重要意义。北塘排水河河北区段岸线自赵沽里泵站至上江路，长2.45千米。

二、湖泊

北宁公园和曹家花园内均有人工湖。其中，北宁公园的湖泊水面17.98万平方米，占全园面积1/3以上，水面聚分得体，“九湖”“十渠”湖湖相连，以湖为依托创建了荷花揽胜、鱼跃鸢飞、蓬湖叠翠、曲水

北宁公园人工湖景色　（区志办提供）

瀛洲、静波观鱼、湖心亭等水胜。

第二节　地下水

一、水文地质区

河北区在天津市水文地质分区中，属冲积、海积平原，有咸水区。区境新生界松散地层厚度一般为1000~4000米，“沧县隆起”上薄，“冀中坳陷”中厚，其中第四系厚度在600米左右。大致在深度200米以上，以河流相沉积物为主，砂层稳定性较差，厚度和粒度变化均较大；200米以下，以湖相沉积物为主，砂层稳定性较好，厚度和粒度变化相对较小。由于成岩程度不同，前者较疏松，后者较紧密。地下水的补给主要是接受大气降水渗入，浅层淡水还接受河水补给。深层淡水有一定的越流补给，但数量很少，且上部有咸水体下移问题。

二、地下水类型

(一)**松散地层中的孔隙水**　主要赋存在新生界第三系、第四系砂层中，砂层是太行山东麓、燕山南麓各大河流及黄河的冲积物。由于河流摆动、冲刷、侵蚀、沉积作用，造成了复杂的地层结构和水文地质条件。

(二)**基岩地层中的岩溶裂隙水**　主要赋存在新生界第三系、第四系地层之下的中、新元古界“碳酸盐类岩溶裂隙含岩组”和古生界“寒武—奥陶系碳酸盐类岩溶裂隙含水岩组”之中的岩溶裂隙水。岩溶裂隙发育不均，其中，灰岩质纯岩溶裂隙发育较好，白云质灰岩和白云岩岩溶裂隙发育较差。奥陶系钻孔揭露溶洞直径一般为0.5米，大者可达4~11米，富水性强，钻孔自流量一般为200~400吨/时，大者可达500吨/时。

第三章　气候

河北区的气候属于中国暖温带半湿润大陆性季风气候型。最冷月均温与最热月均温年较差较大，无霜期较长，降水不能满足社会生产生活需要。日照与太阳辐射条件较好，风向呈季节性更替。

第一节　特征

一、季风显著

一年之内盛行风向受季风环流支配，随季节发生明显转换。冬季，受蒙古—西伯利亚高气压控制，盛行西北风，寒冷、多风、干燥；夏季，在北太平洋副热带高气压控制下，盛行东南风，高温、高湿、降水多；春、秋季为过渡季节，风向多变。季风显著不仅表现在盛行风向的季节变化上，还表现在最冷月平均气温比世界同纬度最冷月平均气温低，最热月平均气温比世界同纬度最热月平均气温高，气温年较差大。降水的季节变化大、年际变化大也是受季风深刻影响的结果。

二、四季分明

河北区地处地球的北半球中纬度，受地理纬度和季风的影响，气候四季分明。春季多风，雨水稀少；夏季炎热，降水集中；秋季天高，气爽宜人；冬季寒冷，干燥少雪。春季始于4月6日，终于5

月25日，共50天；夏季始于5月26日，终于9月5日，共103天；秋季始于9月6日，终于10月31日，共56天；冬季始于11月1日，终于4月5日，共156天。

三、降水集中

河北区属于中国半湿润气候区，多年平均降水量为562.1毫米。一年之内各季节降水分配不均，相差悬殊。夏季6、7、8三个月降水量最多，占全年降水量75%左右，其中7、8两个月占全年降水量65%以上；秋季9、10、11三个月降水量占全年降水量13%左右；冬季12、1、2三个月降水量占全年降水量2%；春季3、4、5三个月降水量占全年降水量10%左右。降水量不仅高度集中在夏季，而且还多集中在几场暴雨、大暴雨。一日最大降水量158.1毫米（1962年7月25日），一小时最大降水量92.9毫米（1960年7月6日4时52分至5时52分）。

四、雨热同季

河北区境夏季（6—8月）是全年的高温期，各月平均气温分别为24.2℃、26.4℃、25.6℃。同时又是夏季风盛行期，来自热带太平洋的东南季风带来丰富的暖湿气流，降水频频，雨量集中，形成区境高温与多雨期相伴出现、协调配合的“雨热同季”。

第二节　温度

一、气温

河北区年平均气温为12.3℃。夏季(6—8月)气温最高，各月气温均在24℃以上；春秋次之，春季与秋季气温大致相近；冬季（12、1、2月）气温最低，各月气温在–1.5℃以下。1—12月气温分别为–3.9℃、–1.5℃、5.1℃、13.5℃、20℃、24.2℃、26.4℃、25.6℃、20.8℃、13.8℃、5.2℃、–1.6℃。极端最高气温为39.7℃（1972年7月4日）。极端最低气温为–22.9℃（1966年2月22日）。无霜期一般始于每年4月14日左右，止于10月24日左右。结冰期一般始于12月中旬，止于翌年2月中旬。降雪期一般始于11月下旬，止于翌年3月中旬。最冷月为1月，最热月为7月，最冷月均温与最热月均温年较差为30.3℃。河北区日较差以5月最大，达11.6℃；4月次之，为11.3℃；7、8月最小，分别为8℃和7.8℃，全年平均日较差为9.6℃。

二、地温

土壤表面温度受大气影响较明显，年变化较气温剧烈。区境地表温度自11月至翌年1月，低于气温，其余各月均高于气温。年平均地表面温度为14℃，高于年平均气温1.7℃。地面平均温度全年最高月是7月，达29.4℃。1月最低，为–4.5℃。地中温度的年变化比较稳定，夏半年（4—9月），地温由表层向深层递减；冬半年（10—3月），地温是由地表向深层逐渐增加。5厘米层年平均地温为13.3℃，10厘米层年平均地温为13.4℃，20厘米层年平均地温为13.4℃，上下层之间地温相差仅0.1℃。地中温度在一年中最高和最低出现的时间随深度的增加而推延，5~20厘米层一年中以7月最高、1月最低，40~80厘米地温是8月最高、2月最低。土壤冻结期始于11月18日，止于3月9日，长112天，最大冻结深度69厘米。

第三节　降水与蒸发

一、降水量

河北区年平均降水量为562.1毫米，且年内各月降水量相差较大。1—12月各月降水量(毫米)分别为2.8、5.4、6.4、21.6、32.2、67.7、184.6、161.6、43、23、9.6、3.9。

二、降水保证率

河北区年降水量大于200毫米的保证率为100%，大于400毫米的保证率为90%，大于600毫米的保证率为37%，大于800毫米的保证率为9%，大于1000毫米的记录比较少见。

三、雨日与雨季

河北区一日内雨量达到0.1毫米以上的降雨日，多年平均为69天。雨日的季节分配很不均匀，夏季最多，达35天；秋季次之，为15天；春季较少，为13天；冬季最少，仅6天。河北区的雨季平均开始日为6月29日，平均结束日为8月21日。雨季降水平均400毫米以上，占全年降水量70%以上。

四、降水年际变化

受季风强弱的影响，河北区降水量的年际变化较大。最多雨年976.2毫米(1977年)，最少雨年269.5毫米(1968年)。

五、降水强度

河北区一日最大降水量为158.1毫米(1962年7月25日)，占全年降水量的28%；一月最大降水量达416.2毫米(1977年2月)，占全年降水量的74%；连续三日最大降水量为182.7毫米，连续五日最大降水量达154毫米，连续七日最大降水量达147.6毫米。由于降水量集中，降水强度大，因此暴雨过后产生径流较多，在排水不畅地区易引起局部地区沥涝。

六、相对湿度

河北区多年平均相对湿度为63%。区境的相对湿度以夏季最大，秋季次之，冬春季较小。因夏季常在暖湿气团控制之下，降水又多，空气中的水汽压经常处于饱和状态；而冬春季多风少雨，缺少水汽来源，故为全年最干燥的季节。1—12月各月平均相对湿度值分别为53%、56%、56%、53%、54%、64%、78%、78%、69%、66%、63%、59%。

七、蒸发势与干燥度

河北区年平均蒸发势为1117.1毫米，5月最大，为176. 2毫米；12月最小，为27.2毫米。1—12月各月蒸发势(毫米)分别为29.7、39.5、84.5、124.6、176.2、169.9、136.5、132.2、101.2、69.5、36.1、27.2。干燥度平均值为1.9。年内变化以冬春季较大，夏季较小，其中以7、8月的干燥度值最小，为0.7，其余各月均大于2，尤以3月最大，为12.1，易发生春旱。1—12月干燥度分别为9.0、6.0、12.1、5.3、5.9、2.7、0.7、0.7、2.5、2.8、3.4、6.8。

1981—2010年河北区年际降水量统计表

表2-1

年 份	降水量(毫米)	测试点	年 份	降水量(毫米)	测试点
1981	428.60	金沙江路	1991	751.70	金沙江路
1982	333.90	金沙江路	1992	233.20	金沙江路
1983	412.20	金沙江路	1993	274.90	金沙江路
1984	632.40	金沙江路	1994	795.70	金沙江路
1985	835.50	金沙江路	1995	543.30	金沙江路
1986	379.40	金沙江路	1996	432.90	金沙江路
1987	411.40	金沙江路	1997	227.90	宙纬路
1988	489.10	金沙江路	1998	552.50	宙纬路
1989	162.40	金沙江路	1999	264.60	宙纬路
1990	408.60	金沙江路	2000	280.20	宙纬路
2001	425.30	宙纬路	2006	211	宙纬路
2002	217.20	宙纬路	2007	175	宙纬路
2003	270.90	宙纬路	2008	308.10	宙纬路
2004	422	宙纬路	2009	460.40	宙纬路
2005	546.10	宙纬路	2010	257.30	宙纬路

第四节　日照与太阳辐射

一、日照

河北区一年中按晨光始至昏影终来说，白天最长时出现在6月22日夏至前后，为14小时56分钟；白天最短时出现在12月22日冬至前后，为9小时25分钟，二者相差5小时31分。全年总计理论可照时数应为4439小时。区境实际多年平均日照时数为2661.4小时，日照百分率为61%。全年日照时数在时间分布上有明显的季节变化，一年中以春季日照时数最多，春末夏初的5、6月达鼎盛时期，月日照时数分别为287. 6、275.6小时，进入夏季7、8月雨季后，因受云雨天气影响，日照时数相对减少，分别为246.6、243.2小时，冬季因昼短夜长，日照时间较少，12月为全年最小值，仅180.6小时。

二、太阳辐射

河北区的太阳高度角夏至日(6月22日)最大，为74°19'；冬至日(12月22日)最小，为27°45'，相差48°35'。理论上河北区的太阳辐射最高值应在6月底、7月初，太阳辐射最低值应在12月，而实际太阳辐射因受云量季节分布的影响，以5、6月份最强，冬季最弱。1—12月各月太阳辐射值(千卡/平方厘米)分别为6.2、7.5、11.3、12.8、16、15、12.7、12.2、11、8.9、6.1、5.4。

第五节　风

一、风向

区内风向有明显的季节更替现象。冬季气压梯度由蒙古—西伯利亚高气压中心，指向太平洋，区境风向以西北为主。夏季气压梯度由太平洋副高气压中心指向亚洲大陆内部，区境风向以东南风为主。春、秋两季是冬夏季风转换季节，风向多变，而以西南风为最多风向。

二、风速

区内年平均风速为3米/秒。最大风速出现在春季，最小风速出现在夏季。1—12月各月平均风速(米/秒)分别为3.0、3.1、3.4、3.9、3.6、3.1、2.5、2.2、2.5、2.7、2.8、2.8。

第四章　自然资源

河北区境拥有较为丰富的光热资源、地热资源和动植物资源。大量光热资源和地热资源有待开发利用，一些动植物资源亟待加强保护。

第一节　光热资源

一、光能资源

区境地处北半球中纬度地区，太阳高度角较大，全年晴天日数较多，因此日照时间长(年平均日照时数2613小时)，太阳辐射强(年平均太阳总辐射为4935兆焦耳/平方米)。

二、热量资源

区境日均温度稳定超过0℃日期始于3月2日，终于12月1日，全年276天，大于0℃的积温4722℃，可为境内乔灌草绿色植物提供热量保障。日均温度稳定超过5℃的日期始于3月19日，终于11月14日，持续期240天左右，≥5℃的积温4614℃。日均温稳定超过10℃的日期始于4月8日前后，终于10月27日前后，持续期204天左右，≥10℃的积温为4279℃。日均温稳定超过15℃的日期始于4月28日，终于10月8日，持续期165天，≥15℃的积温3713℃。

第二节　地热资源

一、地热状况

(一)**地热地质**　河北区地热田属于天津市区—王兰庄地热田的一部分。地质构造单元为沧县隆起的北段。东有白塘口西断裂，西有天津北断裂，南有海河断裂，为地热田提供热通道。热储地层分为上下两部分：下部为中新元古界、下古生界石灰岩、白云岩等基岩地层，储热条件良好；上部为新生界第三系微胶结河湖相地层，其中顶部为新生界第四系松散沉积物盖层。

(二)**地热梯度**　河北区所在的天津市区—王兰庄地热田，地热梯度等值线从边缘的3.5℃/100米至中心8.5℃/100米。若按3. 5℃/100米地热梯度等值线圈划，整个河北区都位于地热田上；若按5℃/100~6℃/100米地热梯度等值线圈划，河北区有半数以上的面积在地热田上。

(三)**地热储量**　河北区地热田内有两种类型地热水：一类是位于上部的新生界第三系碎屑岩孔隙热水，为低温—中低温水，顶板埋深390~420米；另一类是位于下部的中新元古界、古生界基岩岩溶裂隙热水，为中低温—中温热水，顶板埋深1000米。第三系孔隙热水，热储层埋藏浅，为经济型地热资源，计算总量为20.8889×1018焦耳。基岩岩溶裂隙热水，热储层埋藏较深，如计算深度至2000米，其经济型地热资源量为18.9195×1018焦耳，其中可回收利用的为2.7535×1018焦耳。河北区境地热分布面积大，地热梯度高，热储含水层埋藏浅，热水储量丰富，便于开采利用。

（四）水化学成分　河北区地热水化学类型大致分为两种：一种是浅层低温—中低温孔隙热水，埋藏深度在1000米之内，水温在30℃~63℃，硬度低，矿化度在1克/升以下，属HCO3-Na或HCO3-Cl-Na型淡水，水质好，是理想的天然低温软水水源。另一种是深层中低温—中温基岩岩溶裂隙热水，埋深在1000米以下，水温在58℃~96℃，水化类型为Cl-HCO3-Na型淡水，矿化度低，水质好，可直接用于城市取暖供热等。

二、地热利用

河北区自20世纪70年代开发利用地热资源迄2010年，地热水用于工业生产、医疗卫生、居民生活等方面，节省了常规能源，净化了区境环境，产生了可观的经济效益、社会效益和生态效益。

第三节　生物资源

一、植物资源

（一）人工植物

木本植物　裸子植物：银杏（白果树）GinKgo biloba Linn　油松　Pinus tabulaeformis 雪松　Cedrus deodara 云杉　Picea meyeri Rehd　冷杉　Abies nephrolepis　苏铁（铁树）Cycas revoluta Thunb　南洋杉　Araucaria cunninghamil sweet　侧柏　Platycladus orientalis　刺柏　Jumiperus formosana　圆柏　Sabina chinensis　铺地柏　Sabina procumbena　龙柏　Jnniperus chinensis　罗汉松　Podocarpas nacrophllus　被子植物：毛白杨　Populus tomentosa　银白杨　Populus alba　小叶杨　Populus simonii　青杨　Populus cathayana　加拿大杨　Populus canadensis　旱柳　Salix matsudana koidz　馒头柳　Salix umbraculifera Rehd　龙爪柳　Salix tortuosa Rehd 垂柳　Salix babylonica 枫杨（麻柳）Pterocarya stenoptera　核桃　Juglans regia　家榆　Ulmus pumila　春榆 Ulmus japonica　刺榆 Hemiptelea davidii　无花果 Ficus carica　橡皮树　Ficus elastica　家桑　Moros australis　小叶桑　Morus australis　构树　Broussonetia papyrifera　合欢　Albizia kalkora 紫荆　Cercis chinensis　皂荚　Gleditsia Sinensis 国槐　Sophora chinensis　紫花槐　Sophora Violacea Carr 龙爪槐　Sophora perdula Hort　五叶槐　Sophora oligophylla Franch　紫穗槐　Amorpha fruticosa 紫藤　Wisteria sinensis　藤萝　Wisteria Villosa Rehd 洋槐　Robinia pseudoacacia 锦鸡儿　Caragana sinica　珍珠梅　Sorbaria Kirilowii Maxim　白梨　Pyrus bretschneideni　杜梨　Pyrus betulifolia　西府海棠　Malus micromalus 苹果　Malus domestica Mill 多花蔷薇 Rosa multiflora 月季 Rosa Chinensis 玫瑰　Rosa rogosa 黄刺玫　Rosa xanthina 棣棠　Kerria japonica 红叶李 Pounus cerasitera Ehrh 杏 Prunus armenica 干枝梅 Prunus mume 桃 Prunus persica 白碧桃 Prunus albo-plena 红碧桃 Prunus rabra-plena 榆叶梅 Prunus triloba　日本樱花　Prunus yedoensis　牡丹 Paeonia suffruticosa 芍药　Paeonia lactiflora　细叶小檗　Berberis poiretii 日本小檗　Berberis thunbergii　玉兰 Magnolia denudata　广玉兰　Magnolia grandiflora Linn　含笑花　Michelia figo 蜡梅　Chimonanthus praecox　太平花　Philadelphus pekinensis 阴绣球　Hydrangea macrophylla 东北茶藨子　Ribes mandshuricum 小叶茶藨子 Ribes palckellum 海桐　Pittosporum tobira 悬铃木　Platanaus acerifolia　花椒　Zanthoxylum bungeanum Maxim　金橘　Fortunella margarita　香园　Citrus Wilsonii 柑橘　Citrus reticulata Blanco　臭椿　ailanthus altissima　香椿　Toona Roem　米兰　Aglaia odorata　黄杨　Buxus sinica 雀舌黄杨　Buxus bodinieri Levi　火炬树　Rhus typhina 黄栌　Cotinus coggygria scop　大叶黄杨（冬青卫矛）Buxus megistoph yllal evl　白杜（明开夜合）Euonymus bungeanus　元宝槭　Acer truncatum Bge　色木槭　Acer mono Maxim　栾树　Koelreuteria paniculata 文冠果 Xanthoceras sorbifolia　枣　Ziziphusjujuba　酸枣　Ziziphus jujuba Var.spinosa　葡萄　Vitis viaifera　地锦（爬山虎）Parthenocissus tricuspidata Planch　五叶爬山虎　parthenocissus quinquefolia　吊灯花　Hibiscus schizopetalus

朱槿 Hibiscus rosea-sinensis 梧桐 Firmiana simplex 茶花 Camellia japonica 紫薇(痒痒树)Lagerstroemia indica 石榴 Punica granatum 千瓣红 Var.planiflora Hayne Getr. 千瓣白 Var. multiplex Sweet hort. 倒挂金钟 Fuchsia hybrida 夜来香 Oenothera biennis 柽柳 Tamarix chinensis 黄花夹竹桃 Thevetia peruviana 夹竹桃 Nerium indicum 长青花 Catharanthus roseus 小叶白蜡树 Fraxinus bungeana 白蜡树 Fraxinus chinensis 大叶白蜡树 Fraxinus rhynchophylla Hee 雪柳 Fontanesia fortunei 连翘 Forsythia saspensa 金钟花 Forsythia viridissima 红丁香 Syringa villosa 毛叶丁香 Syringa pubescens 紫丁香 Syringa oblata 白丁香 Var. affinis lingdelsh 北京丁香 Syringa pekinensis Rupr 暴马丁香 Syring areficulata var. mandshurica 桂花 Osmanthus fragrans 小叶女贞 Ligustrum guihoui 女贞 Ligustrum lucidum 水蜡树 Ligustrum obtusifolium 茉莉花 Jasminum sambas 素馨花 Jasminum officinale 迎春花 Jasminum nuditlorum 柿树 Diospyros kaki 黑枣 Diospyros lotus 杜鹃 Rhododendron simsii 五色梅(马缨丹)Lantana camara 紫珠 Callicarpa dichotoma 海州常山 Clerodendrum trichotomum 忍冬 Lonicera japonica 蓝果忍冬 Lonicera caerulea 刚毛忍冬 Lonicera hispida 金银木 Lonicera maackii 凌霄 Campsis grandiflora 梓树 Catalpa ovata 硬骨凌霄 Tecomaria Capensis Spach 黄金树 Catalpa speciosa 泡桐 Paulownia tomentosa 兰考泡桐 Paulownia elongate 楸叶泡桐(无籽泡桐)Paulownia catalpifolia 大果泡桐 Paulownia fortunei 枸杞 Lycium chinense 夜丁香 Cestrum noeturnum 棕竹 Rhapis excelsa 蒲葵 Livistona chinensis 棕榈 Trachycarpus fortunei 佛竹 Bambusa ventricosa 斑竹 Phyllostachys bambusoides Sieh 紫竹 Phyllostachys nigra 花竹 Phyllostachys nidularia 淡竹 Phyllostachys glauca

草本植物 仙客来 Cyclamen persicum Mill 藏报春 Primula sinensis 报春花 Primula malacoides 四季樱草 Primula obconica 豹皮花 Stapclia pulchella 橙红茑萝 Quamoclit coccinea 槭叶茑萝 Quamoclit sloteri 羽叶茑萝 Quamoclit pennata 福绿考 Phlox drummondii 天蓝绣球 Phlox paniculata 一串红 Salvia splenden 朱唇 Salvia coccinea 一串蓝 Salvia farinacea 五彩苏 Coleus scutellariodes 薄荷 Metha haplocalyx 朝天椒 Var.conoides lrish 荷包花 Calceolaria crenatiflora 爆竹花 Russelia equisetiformis 草本象牙花 Pentstemon harbatus 大岩桐 Sinnigia speciosa 珊瑚花 Cyrtanthera carnea 虾衣草 Calliaspidia guttata 栀子 Gardenia jasminoides 葫芦 Lagenaria siceraria 苦瓜 Momordica charantia 丝瓜 Luffa cylindrica 棱角丝瓜 Luffa acutanguta 雏菊 Bellis perennis 江西蜡 Callistephus chinensis 百日菊 Zinnia elegans 蜡菊 Helichrysum bracteatum 毛叶蜡菊 Helichrysum bellidiodes 向日葵 Helianthus annuus 金光菊 Rudbeckia laciniata 菊芋 Helianthus tuberosus 金钮扣 Spilanthes acmella 剑叶金鸡菊 Coreopsis lanceolata 大丽花 Dahlia pinnata 黄秋英 Cosmos sulphureus 万寿菊 Tagetes erecta 秋菊 Dendranthema morifolium 瓜叶菊 Cineraria cruenta 金盏菊 Calendula officinalis 扶郎花 Gerbera jamesonli 龟背竹 Monstera deliciosa 广东万年青 Aglaonema modestum 马蹄莲 Zantedeschia aethiopica 魔芋 Amorphophallus rivieri 吊竹梅 Zebrina pendula 紫万年青 Rhoeo discolor 天门冬 Asparagus densiflorus 文竹 Asparagus setaceus 假叶树 Ruscus aculeata 蜘蛛抱蛋 Aspidistra elatior 玉簪 Hosta plantaginea 紫萼 Hosta ventricosa 万年青 Rohdea japonica 虎尾兰 Sansevieria trifasciata 丝兰 Yucca smalliana 凤尾兰 Yucca gloriosa 吊兰 Chlorophytum comosum 金边吊兰 Var. variegatum Hort 萱草 Hemerocallis fulva 吉祥草 Reineckia carnea 山麦冬 Liriope spicata 朱蕉 Cordyline fruticosa 郁金香 Tulipa gesneriana 卷丹 Lilium Lancifolium 麝香百合 Lilium longiflorum 芦荟 Aloe rera var. Chinensis 虎眼万年青 Ornithogalum caudatum 水仙 Narcissus tazetta var. Chinensis 朱顶红 Hippeastrum rutilum 韭菜莲 Zephyranthes grandiflora 文殊兰 Crinum asiaticum var. sinicum. 君子兰 Clivia miniata 晚香玉 Polianthes tuberosa 龙舌兰 Agave americana 德国鸢尾 lris germanica 鸢尾 lris tectorum 矮紫苞鸢尾 lris ruthenica 马蔺 lris lactea var.chinensis 香雪兰 Freesia refracta 唐菖蒲 Gladiolus gandavensis 鹤望兰 Strelitazia reginae 大花美人蕉 Canna generalis 印度美人蕉 Canna indiea 蕙兰 Cymbidium faberi 春兰 Cymbidium goeringii 石

斛 Dendrobium nobile 虎头兰 Cymbidium grandiflorum 建兰 Cymbidium ensifolium 蜈蚣草 Naphrolepis auriculata 竹节蓼 Homalocladium platycladum 鸡冠花 Celosia cristata 繁穗苋 Amaranthus paniculatus 尾穗苋 Amaranthus caudatus 三色苋 Amaranthus tricolor 五色草 Alternanthera bettzickiana 火球花 Gomphrena globosa 紫茉莉 Mirabilis jalapa 叶子花 Bougainvillea glabra 露花 Mesembryanthemum cordifolium 龙须海棠 Mesembryanthemum spectabile 土人参 Talinum paniculatum 五彩石竹 Dianthus barbatus 香石竹 Dianthus caryophyllus 荷花 Nelumbo nucifera 睡莲 Nymphaea tetragona 红睡莲 Nymphaea alba 黄睡莲 Nymphaea Mexicana 大花飞燕草 Delphinium grandiflorum 飞燕草 Consolida ajacia 华北楼斗菜 Aquilegia yabeana 南天竹 Nandina domestica 十大功劳 Mahonia fortunei 醉蝶花 Cleome spinosa 二月蓝 Orychophragmus violaceus 紫罗兰 Matthiola incana 伽蓝菜 Kalanchoe laciniata 落地生根 Bryophyllum pinnatum 荷花掌 Aeonium arboretum 翠花掌 Aeonium spathulatum 金钱掌 Sedum sieboldii 景天 Sedum erythrostictum 石莲花 Echeveria glauca 八宝掌 Echeveria secunda 黄花酢浆草 Oxalis pes-caprae 大花酢浆草 Oxalis bowiei 多花酢浆草 Oxalis martiana 盾叶天竺葵 Pelargonium peltatum 香叶天竺葵 Pelargonium graveolens 马蹄纹天竺葵 Pelergonium zonale 天竺葵 Pelergonium hortorum 麝香天竺葵 Pelergonium domesticum 旱金莲 Tropacolum majus 变叶木 Codiaeum variegatum 霸王鞭 Euphorbia antiguorum 虎刺 Euphorbia milii 一品红 Euphorbia pulcherrima 猩猩草 Euphorbia heterophylla 银边翠 Euphorbia marginata 凤仙花 Impatiens belsamina 玻璃翠 Impatiens sultanii Hook 锦葵 Malva verticillata 蜀葵 Althaea rosea 黄蜀葵 Abelmoschus manihot 秋葵 Abelmoschus esculentus 金丝桃 Hypericum chinense 三色堇 Viola tricolor 香堇菜 Viola odorata 秋海棠 Begonia evansiana 玻璃秋海棠 Begonia tuberhybrida 四季海棠 Begonia semperflorens 斑叶秋海棠 Begonia argenteo-guttata 蟹爪兰 Schlumbergera truncata 昙花 Epiphyllum oxypetalum 令箭荷花 Nopalxochia ackermannii 三棱箭 Hylocereus undatus 鼠尾鞭 Aporocactus flagelliformis 鹿角柱 Echinocereus pentalophus 仙人鞭 Myctocereus Serpentinus Rritt 山影鞭 Cereus pitajaya 仙人球 Mammillaria Haw

（二）野生植物

蕨类植物 问荆 Equisetum arvense 节节草 Equisetum ramosissimum 四叶苹 Marsilea quadrifolia 槐叶萍 Salvinia natans 满江红 Azolla imbricata

被子植物 葎草（拉拉秧）Humulus scandens 墙草 Parietaria micrantha 竹节蓼 Homalocladium platyeladum 两栖蓼 Polygonum amphibium 萹蓄 Polygonum aviculare 红蓼 Polygonum orientale 丛枝蓼 Polygonum caespitosum 水蓼 Polygonum hydropiper 酸模叶蓼 Polygonum lapathifolium 柳叶刺蓼 Polygonum bungeanum 长戟叶蓼 Polygonum maackianum 西伯利亚蓼 Polygonum sibiricum 翼蓼 Pteroxygonum giraldii 毛脉酸模 Rumex gmelinii 巴天酸模 Rumex patientia 皱叶酸模 Rumex crispus 齿果酸模 Rumex dentatus 长刺酸模 Rumex maritimus 盐生酸模 Rumex marshallianus 滨藜 Atriplex patens 轴藜 Axyris amaranthoides 地肤 Kochia scoparia 刺穗藜 Chenopodium aristatum 菊叶秀藜 Chenopodium foetidum 灰绿藜 Chenopodium glaucum 市藜 Chenopodium serotinum 灰菜 Chenopodium album 反枝苋 Amaranthus retroflexus 野苋 Amaranthus lividus 绿苋 Amamanthus viridis 马齿苋 Portulaca oleracea 拟漆姑草 Spergularia salina 沼繁缕 Stallaria palustris 鹅肠菜 Malachium aquaticum 漆姑草 Sagina japonica 王不留行 Vacceria segetalis 毛柄水毛茛 Batrachium bungei 长叶水毛茛 Batrachium kauffmanii 独行菜 Lepetalum apetalum 遏蓝菜 Thlaspi arvense 荠菜 Capsella bursa-pastoris 风花菜 Rorippa globosa 离子草 Chorispora tenella 扯根菜 Penthorum chinense 龙牙菜 Agrimonia pilosa 委陵菜 Potontilla chinensis 翻白草 Potontilla discolor 紫苜蓿 Medicago sativa 天蓝苜蓿 Medicago lupulina 野苜蓿 Medicago falcata 草木犀 Melilotus suaveolens 毛细柄黄耆 Astragalus capillipes 野大豆 Glycine soja 酢浆草 Oxalis corniculata 铁苋菜 Acalypha australis 地锦草 Euphorbia humifusa 乳浆大戟 Euphorbia esula 猫眼草 Euphorbia lunulata 苘麻 Abutilon theophrasti 野西瓜苗 Hibiscus trionum 双花黄堇菜 Viola biflora 鸡腿堇菜 Viola acuminata 球果堇菜 Viola collina 斑叶堇菜 Viola variegata 紫花地丁 Viola yedoensis 早开堇菜 Viola prionatha 水苋菜 Ammannia baccifera 沼生柳叶菜 Epilobium palustre 柳叶菜 Epilobium hirsutum 罗布麻 Apocynum venetum 萝藦 Metaplexis japonica 地梢瓜 Cynanchum thesioides 白首乌 Cynanchum bungei 鹅绒藤 Cynanchum chinensis 羊角子草 Cynanchum cathayense 牛皮消 Cynanchum auriculutum 圆叶牵牛 Pharbitis purpurea 喇叭花 Pharbitis nil. 田旋花 Convolvus arvensis 裂叶牵牛 Pharbitis hederacea 藤长苗 Calystegia pellita 菟丝子 Cuscuta chinensis 篱打碗花 Calystcgia hederacea 金灯藤 Cuscuta japonica 斑种草 Bothriospermum chinense 狭苞斑种草 Bothriospermum kusnezowii 附地菜 Trigonotis peduncularis 湿地勿忘草 Myosotis caespitosa 毛水苏 Stachys baicalensis 龙葵 Solanum nigrum 青杞 Solanum septemlobum 酸浆 Physalis alkekengi 曼陀罗 Datura stramonium 地黄 Rehmannia glutinosa 母草 Lindernia procumbens 水苦荬 Veronica undulata 狸藻 Utricularia vulgaris 小车前 Plantago depressa 大车前 Plantago major 车前 Plantago asiatica 茜草 Rubia cordifolia 猪殃殃 Galium aparine 四叶葎 Galium bungei 黄花龙芽 Patrinia scabiosaefolia 糙叶败酱 Patrinia scabra 异叶败酱 Patrinia heterophylla 栝楼 Trichosanthes kirilowii 合子草 Actinostemma lobatum 泽兰 Eupatorium lindleyanum 女菀 Turezaninowia fastigiata 三褶脉紫菀 Aster ageratoides 碱菀 Tripolium valgare 旋复花 Inula japonica 苍耳 Xanthium sibiricum 鳢肠 Eclipta prostrate 鬼针草 Bidens bipinnata 大籽蒿 Artemisia sieversiana 猪毛蒿 Artemisia scoparia 黄花蒿 Artemisia annua 羽叶千里光 Senecio arganensis 刺儿菜 Cirsium setosum 细叶鸦葱 Scarzonera albicaulis 蒲公英 Taraxacum asiaticum 苣荬菜 Sonchus brachyotus 苦苣菜 Sonchus oleraceus 苦荬菜 Ixeris sonchifolia 苦菜 Ixeris chinensis 泽泻 Alisma plantago-aquatica 白萍 Hydrocharis dubia 黑藻 Hydrilla verticillata 苦草 Vallisneria asiatica 早熟禾 Poa annua 白顶早熟禾 Poa acroleaca 星星草 Puccinellia tenuiflora 硷茅 Puccinellia distans 画眉草 Eragrostis pilosa 芦苇 Phragmites australis 牛筋草 Eleusine indica 虎尾草 Chlonis virgata 长芒棒头草 Polypogon monspeliensis 看麦娘 Alopecurus aequalis 稗 Echinochloa crusgallii 马唐 Digitaris sanguinalis 长芒稗 Echinochloa crusgallii var.caudata 无芒稗 Echinochloa crusgallii var. mitis 家稗 Echinochloa crusgallii var. frumentacea 金狗尾草 Setaria glauca 狼尾草 Pennisetum alopecuroides 荻 Miscanthus sacchariflorus 荩草 Arthraxon hispidus 藨草 Scirpus triqueter 水葱 Scirpus tabernaemontani 荆三棱 Scirpus yagara 牛毛毡 Eleocharis yokoscensis 针蔺 Eleocharis valleculosa 球柱草 Bulbostylis barbata 香附子 Cyperus rotundus 球穗莎草 Cyperus glomeratus 黄颖莎草 Cyperus microlria 水莎草 Juncellus serotinus 扁杆苔草 Carex planiculmis 沼苔草 Carex limosa 鸭跖草 Commelina communia 火柴头 Commelina benghalensis 鸭舌草 Monochoria vaginalia 小灯芯草 Juncus bufonius 细灯芯草 Juncus gracillimus

二、动物资源

（一）**鸟类** 雀鹰 Accipiter nisus Linnaeus 普通鹰 Buteo buteo Linnaeus 红脚隼 Faleo vespertinus Linnaeus 燕鸻 Glareola maldivarum Forstar 金眶鸻 Charadrius dubius scopoli 斑鸠 Streptopelia orientalis 鸽子 Columba rupestris Pallas 大杜鹃 Cuculus cauerus Linnaeus 四声杜鹃 Cuculus micropterus Gould 鹰鹃 Cuculus sparverioides Vigors 红角鸮 Otus scops Linnaeus 雕鸮 Bubo Bubo Linnaeus 领角鸮 Otus bakkamoena Pennant 北鸺鹠 Glaucidium passerinum Linnaeus 长耳鸮 Asio otus Linnaeus 楼燕 Apus apus Linnaeus 戴胜 Upupa epops Linnaeus 绿啄木鸟 Picus canus Gmelin 斑啄木鸟 Dendrocopos major Linnaeus 白背啄木鸟 Dendrocopus leucotos bechsteiu 小星头啄木鸟 Dendrocopos kizuki 家燕 Hirundo rustica Linnaeus 金腰燕 Hirundo daurica Linnaeus 白鹡鸰 Motacilla alba Linnaeus 黄腹灰鹡鸰 Motacilla cinerea Tunstall 太平鸟 Bombycilla garrulus Linnaeus 红尾伯劳 Lanius crsitatus Linnaeus 灰伯劳 Lanius excubitor Eversmann 黑枕黄鹂 Oriolus chinensis Linnaeus 黑卷尾 Dicrurus macrocercus vieillot 发冠卷尾 Dicrurus hottentottus Linnaeus 喜鹊 Pica pica Linnaeus 灰喜鹊 Cyanopica cyana Dallas 红嘴山鸦 Pyrrhocorax pyrrhocorax 大嘴乌鸦 Conrvus macrorhyrnchus Wagler 红尾歌鸲 Luscinia sibilans 红喉歌鸲 Luscinia calliope 金翅 Carduelis sinica 麻雀 Passer montanus saturatus 黄雀 Carduelis spinus 蓝喉歌鸲 Luscinia svecica 红肋蓝尾鸲 Tarsiger cyanurus 山噪鹛 Garrulax davidi 棕头鸦雀 Paradoxorais webbian 黑头蜡嘴雀 Eophona personata magnirostris 长尾雀 Uragus sibiricus 黄喉鹀 Emberiza elegans Temminck 灰头鹀 Emberiza spodocephala pallas 三道眉草鹀 Emberiza cioides Brandi 铁爪鹀 Calcarius lapponidus 白鹭 Egretta garzetta Linnaeus 牛背鹭 Bubulcus ibis Linnaeus 池鹭 Ardeola bacchus 大白鹭 Egretta alba 暗绿绣眼鸟 Zosterops japonica

（二）鱼类　鲤鱼 Cyprinus carpio 鲫鱼 Carassius auratus 鲢鱼 Hypophthalmichthys molitrix 鳙鱼（胖头）Aristichthys mobilis 黄钻 Elopichthys bambusa 翘嘴红鲌（噘嘴鲢子）Erythroculter ilishaeformis 草鱼（厚子）Ctenopharyngodon idellus 麦穗鱼 Pseudorasbora parua 棒花鱼 Abbottina rivularis 逆鱼 Acanthobrama simony 白条 Hemiculter leucisculus 河鲶鱼 Silurus asotus 乌鳢（黑鱼）Ophicephalus argus 黄颡鱼（嘎鱼）Pseudobagrus fuluidraco 泥鳅 Misgurnus anguillicaudatus 黄鳝 Fluta alba

（三）两栖类　沼蛙 Rana limmocharis 青蛙 Rana nigromaculata 金钱蛙 Rana plancyi 北方狭口蛙 Kaloula borealis 花背蟾蜍 Bufa raddei 中华蟾蜍 Bufa gargarizans

（四）爬行类　甲鱼 Trionys sinensis 北滑蜥 Leilopisnia septentrinalis 华北壁虎 Gekko swinnonis

（五）哺乳类　黄鼬 Mustela sibirica 刺猬 Erinaceus europaeus 蝙蝠 Pipistrellus abramus 褐家鼠 Rattus norvegicus

（六）昆虫类　蝎子 Buthus martensi 蜈蚣 Scolopendra 蜘蛛 Aramea ventricosa 蜻蜓 Aeschna melananictera 螳螂 Paratenodera sinensis 马蜂 Vespa mandarinia 红蚂蚁 Tetramoriumsp 蝉 Nephotettix bipuncatus cincticeps 蟋蟀 Gryllulus chinensis 七星瓢虫 Coccinella septempunctata

（七）节肢动物　青虾 Macrobrachium nipponense 草虾 Caridina denticulata sinensis 毛虾 Acetes chinensis 白虾 Exopalaemon carinicauda

（八）软体动物　蜗牛 Fruticicola ravida 蚂蟥 Whitmania pigra 蚯蚓 Pheretima

第五章　自然灾害

河北区灾害性天气主要有旱涝、暴雨、大风、霜冻、冰雹、寒潮等，地质性灾害主要有地震和地面沉降。

第一节　气象灾害

一、旱涝

天津解放前，河北区旱涝灾害频仍，旱涝年的总和多于正常年。1917年9—10月、1939年8—10月，海河流域上游连降暴雨，几大支流山洪暴发，洪水汇集直逼天津市区，区境几全部被淹，一些街道水深1.5米左右。1954年8月、1963年8月，华北地区普降大暴雨，南运河、子牙河、大清河洪水冲向天津市并波及河北区，水位超过1939年。1963年12月后，随着海河的治理，境内再未发生大水灾情。

二、暴雨

河北区年平均暴雨日为2天，最多年为6个暴雨日，一日最大暴雨量达158.1毫米。1977年夏，天津市区出现历史上少见的多次大暴雨。7、8两月降雨量达565毫米，超过了天津市区多年平均的全年总降水量。由于雨量集中，强度大，致使区内出现7次大面积积水，许多工厂企业被迫停产。

三、大风

大风在河北区一年四季均有发生，全年日数一般都在30天以上。大风日多出现在每年春季3、4月，其次是冬季12、1月。瞬时最大风速达20米／秒~30米／秒，相当于9~10级大风。夏季的大风常伴有雷阵雨和冰雹。

四、冰雹

冰雹天气一般范围不大、时间不长，但来势猛，破坏性很大。河北区境从4—10月均可发生冰雹天气，尤其6月最易降雹，几乎每年都有一两次重冰雹天气出现。

五、寒潮

河北区一般每年出现2次寒潮天气，且多发生在每年的晚秋和初春，最早在10月上旬，最晚在4月下旬。强寒潮最长可持续5~6天，较弱的寒潮一般只维持1天。寒潮到来时，气温骤降7℃~8℃。

第二节　地质灾害

一、地震

天津市从公元294年到1976年的1600多年中，共发生5级以上地震18次，3~5级地震89次。清光绪二十六年（1900年）至1976年，4级以上地震共发生4次，其中对河北区造成明显震损的有3次。1967年3月27日，河北省河间、大城县发生6.3级地震，1976年7月28日，河北省唐山市发生7.8级强烈地震，1976年11月15日，天津市宁河县发生6.9级地震，均造成区境地表多处破坏。

二、地面沉降

1959—1984年，天津市区年均沉降量大于2000毫米的有5个沉降漏斗中心，其中白庙、北站2个沉降中心位于河北区境。市政府决定在市区400平方千米范围内严禁打新井，大力压缩地下水开采量，并要求在沉降漏斗中心区打回灌井，进行人工回灌地下水。河北区协同市水利部门采取相关措施，使境内地下水质明显好转，并使地下水制冷效益增加。

河北区志

（1979—2010）

第三编

人　口

RENKOU

REN KOU

改革开放后，河北区人口过快增长的状况逐步得到有效控制，人口素质不断提高，为经济社会发展创造了良好人口环境。全区户籍人口2010年比1979年增长20.36%；2010年人口自然增长率-2.59‰，比1979年减少5.79个百分点。20世纪70年代，全区广泛推行国家倡导的"晚稀少"（晚生、生育要有间隔、少生）和"最好一个、最多两个"政策，1979年人口出生率9.1‰，比生育高峰1957年的45.23‰下降36.13个百分点。80年代，计划生育确立为基本国策，宣传服务工作不断强化，人口生产由高出生、低死亡、高增长向低出生、低死亡、低增长的现代人口类型过渡。90年代，人口和计划生育工作实行区域化管理，1993年全区开始进入人口负增长阶段，1999年人口自然增长率-2.23‰。进入21世纪，针对人户分离人员、流动人口不断增多等情况，由"户籍管理"逐步转变为"现居住地管理"新模式，并逐步建立依法治理、宣传教育、科学管理、综合服务、统筹协调相结合的人口和计划生育工作新机制，步入稳定低生育水平、统筹解决人口问题、促进人的全面发展新阶段。2009年，河北区获国家级计划生育优质服务先进单位称号。

第一章　人口规模

1979—1989年，全区人口一直为50多万人，1990年突破60万人，2010年为63万余人。1990年全区人口平均密度21884人/平方千米，2010年为21952人/平方千米。人口分布不均衡状况逐步改善（参见数据集览第三十表）。

第一节　人口总量

一、户籍人口

河北区户籍人口1979年524456人，2010年631220人。32年间增加106764人，增长20.36%。

（单位：人）

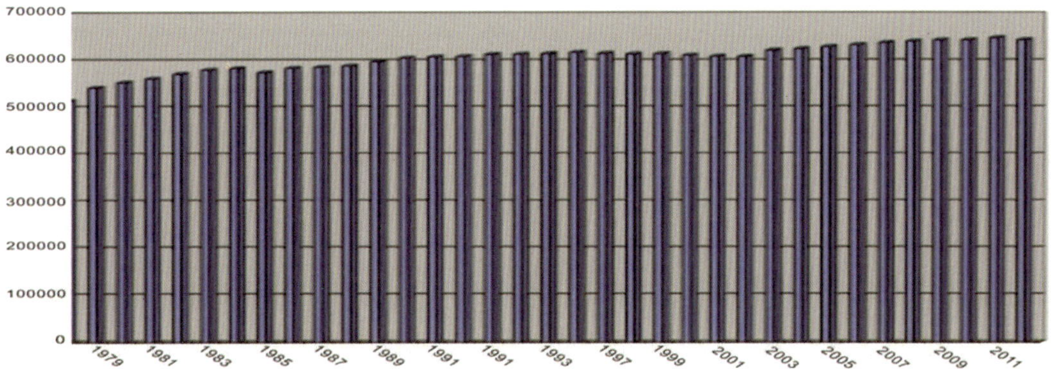

图3-1　1979—2010年河北区人口规模示意图

二、人口普查

1982年第三次人口普查为574953人，比1964年增加23255人，这一时期人口自然增长率逐年下降。1990年第四次人口普查为609704人，比1982年增加34751人，处于稳定增长阶段。1995年人口抽样调查为616099人，连续3年实现人口负增长。2000年第五次人口普查为645582人，比1990年增加35878人，连续8年实现人口负增长。2010年第六次人口普查为788451人，比2000年增加142869人，处于增长阶段。

河北区人口普查数据一览表

表3-1

序次	日期	户数	总数（人）	男（人）	女（人）
三普	1982.7.1	150923	574953	290050	284903
四普	1990.7.1	187297	609704	308874	300830
五普	2000.11.1	216390	645582	326321	319261
六普	2010.11.1	264411	788451	420238	368213

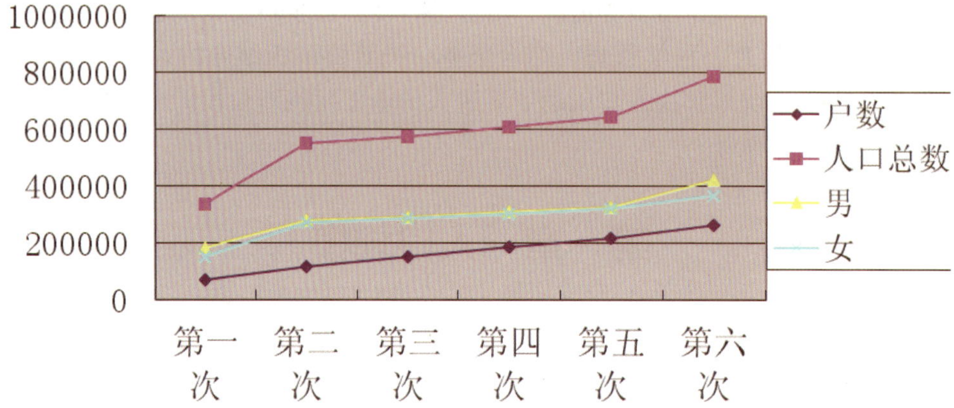

图3-2　河北区历次人口普查示意图

第二节　人口分布

境内人口分布不均衡状况主要表现为：西南部稠密，东北部呈递减状逐步稀疏。

1990年，全区人口平均密度21884人/平方千米，仅次于和平、红桥两区，居天津市6个中心城区第3位。密度最大的小关街63288人/平方千米，高于全区平均密度2倍多；密度最小的京津公路街5440人/平方千米，为全区平均密度1/3。由于改造危陋平房、兴建大型公建和绿地、城郊接合部新建成片居民小区等原因，人口逐步向中心地域周边扩散，使中心地域人口密度下降，边缘地区人口密度增加。1995年，全区人口平均密度19252人/平方千米，2010年为21952人/平方千米，分布不均衡情形有所改变。

1995年河北区人口分布统计表

表3-2

类别 街道名称	人口数量（人）			土地面积（平方千米）	人口密度（人/平方千米）
	合计	男	女		
宁园街道	26311	13395	12916	2.31	11390
小关大街道	54470	27267	27203	1.08	50435
东六街道	31441	16404	15037	0.97	32413
光复道街道	31907	15838	16069	1.08	29544
王串场街道	53407	26833	26574	1.12	47685
铁东路街道	33873	17291	16582	1.96	17282
江都路街道	42904	21410	21494	1.95	22002
鸿顺里街道	54013	26754	27259	1.44	37509
靖江路街道	21893	10996	10897	0.64	34208
大江路街道	15700	7896	7804	0.59	26610
京津公路街道	18143	9511	8632	3.77	4812

续表3-2

街道名称＼类别	人口数量（人）			土地面积（平方千米）	人口密度（人/平方千米）
	合计	男	女		
中山路街道	39252	20195	19057	1.14	34432
建昌道街道	48928	25248	23680	5.05	9689
墙子街道	38350	19176	19174	1.14	33640
新开河街道	57969	29369	28600	2.65	21875
小树林街道	47511	24107	23404	0.97	48980

第二章　人口变动

1979—2010年，全区人口自然增长率呈下降趋势。其中，1979年为3.21‰，2010年为 -3.52‰。20世纪80年代至90年代初，全区净增人口较多，2008—2010年人口出现负增长（参见数据集览第二十九表）。

第一节　自然变动

20世纪70年代，随着计划生育工作加强，人口出生率大幅下降，死亡率保持稳定状态，处于低出生—低死亡—低增长的过程。50—60年代高出生时期的人口到70—80年代进入结婚生育高峰，人口自然增长率明显上升。90年代，人口出生率和人口自然增长率大幅下降，到1993年已分别降至5.76‰和 -0.8‰，1993—2006年人口自然增长率为负值。2000年人口出生率为3.69‰，2010年为6.04‰，人口出生处于增长阶段，原因是80年代高出生率时期出生的人口进入婚育期，人口出生出现反弹。

1979—2010年河北区人口规模和人口变动统计表

表3-3　　单位：人

年份	年末人口	出生		死亡		自然增长	
		人数	出生率‰	人数	死亡率‰	净增	自然增长率‰
1979	524456	4941	9.10	3201	5.90	1723	3.21
1980	554365	6763	12.30	3412	6.15	3351	6.04
1981	562565	8745	15.54	3463	6.17	5282	9.39
1982	572846	11479	20.04	3529	5.69	8220	14.40
1983	581155	12147	20.09	3504	6.03	8643	14.89
1984	589626	10932	18.70	3281	5.63	7651	13.09
1985	575908	8879	15.42	3616	6.28	5263	9.14
1986	585359	8681	14.83	3468	5.93	5213	8.91
1987	587216	8847	15.07	3607	6.16	5240	8.92
1988	589853	7842	13.29	3583	6.07	3583	7.22
1989	598948	7586	12.67	3731	6.28	3855	6.48
1990	606715	5986	9.87	3917	6.46	2069	3.43
1991	609157	3917	6.43	3825	6.29	92	0.16
1992	610038	4443	7.28	4171	6.83	272	0.43
1993	614263	3546	5.76	4038	6.56	−492	−0.80
1994	614774	3192	5.19	3944	6.50	−852	−1.33
1995	616077	2864	4.65	3790	6.15	−826	−1.50
1996	618049	2614	4.22	4207	6.08	−1593	−1.86
1997	617736	2465	3.99	5412	8.76	−2947	−4.80
1998	615923	2606	4.23	5072	8.23	−2466	−4

续表3-3

年份	年末人口	出生		死亡		自然增长	
		人数	出生率‰	人数	死亡率‰	净增	自然增长率‰
1999	615458	2264	3.68	3638	5.91	−1364	−2.23
2000	611075	2264	3.69	3888	6.33	−1624	−2.64
2001	609971	2051	3.35	4377	7.16	−2286	−3.81
2002	609878	2158	3.54	3922	6.43	−1764	−2.89
2003	612821	1846	2.96	3419	5.49	−1573	−2.53
2004	617743	2199	3.51	4129	6.59	−1930	−3.08
2005	630599	2710	4.30	4009	6.36	−1699	−2.06
2006	634427	2763	4.35	3461	5.45	−698	−1.10
2007	635296	3563	5.61	3380	5.32	183	0.29
2008	634357	3547	5.59	3121	4.92	426	0.67
2009	633992	3798	5.99	3363	5.30	435	0.69
2010	631220	3810	6.04	6031	5.55	−221	−3.52

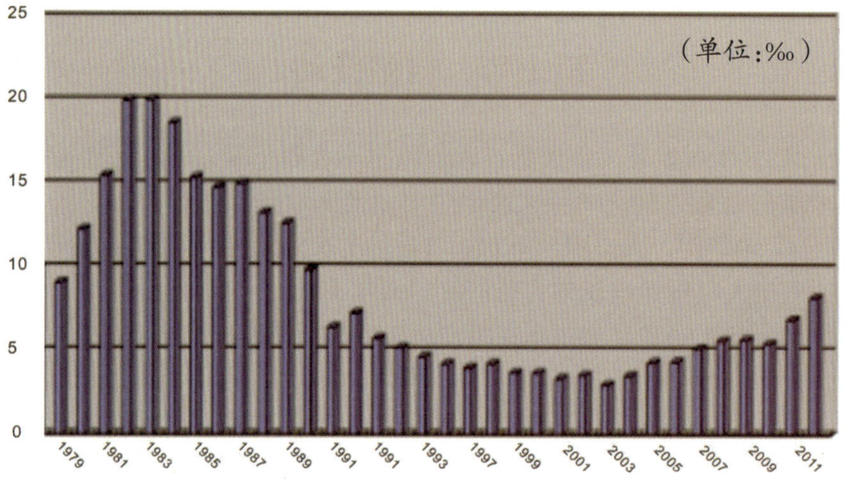

图3-3 1979—2010年河北区人口出生率示意图

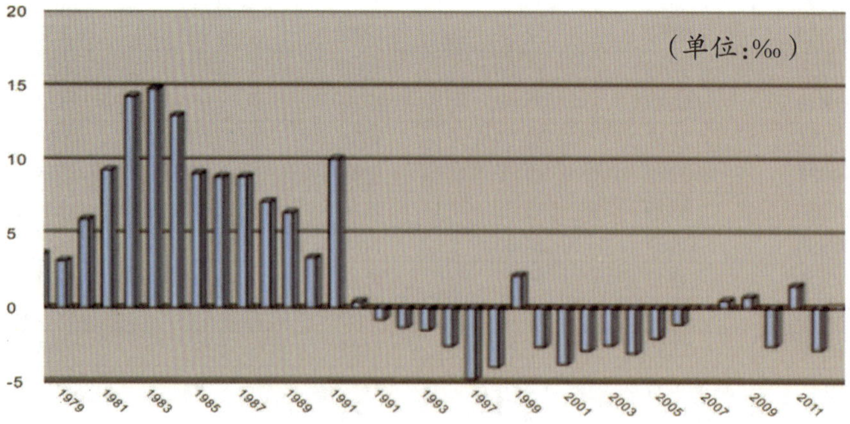

图3-4 1979—2010年河北区人口自然增长率示意图

第二节 迁移变动

1971—1980年，河北区人口处于相对稳定低水平增加状态，迁入92538人，迁出45545人，净增46993人。其中，1978年、1979年因落实政策，大量知识分子和干部返城，大批知青选调、病退、顶替返城，两年迁入48967人，净增38985人。1981年以后，为适应经济建设需要，一批科技干部及其他劳动人口迁入。1981—1991年，迁入70725人，迁出40929人，净增29796人。1992—1995年，人口迁移主要以市区间迁移为主，外省市人口迁入控制较严。其间，迁入9159人，迁出8014人，净增1145人。

1996—2005年，随着经济社会发展和城市化规模扩大，迁入人口多于迁出人员，2005年净增926人，比1996年净增206人多720人。2008—2010年，由于旧城区改造和企业外移，迁出人口逐渐多于迁入人口，呈负增长趋势。

1979—2010年河北区户籍人口迁移变动统计表

表3-4 单位：人

年份	迁入	迁出	净增
1979	32338	6539	25799
1980	13722	4343	9379
1981	5439	3617	1822
1982	6299	4403	1896
1983	5341	3651	1690
1984	5949	3642	3207
1985	6476	3637	2839
1986	6994	2543	4451
1987	5883	2884	2999
1988	5241	2599	2642
1989	7346	7032	314
1990	9426	3696	5730
1991	6331	3225	3106
1992	2015	1884	131
1993	2521	1812	709
1994	1909	1611	298
1995	2714	2707	7
1996	2821	2615	206
1997	2436	2382	54
1998	3018	2862	156
1999	2785	2608	177
2000	3115	3012	103
2001	2908	2789	119
2002	2230	2085	145
2003	3615	2849	766
2004	3858	3573	285
2005	5802	4876	926
2006	10118	9985	133
2007	28535	27851	84
2008	18941	20306	-1365
2009	21613	22413	-800
2010	27091	27643	-552

第三章 人口构成

区内历年人口性别比大多保持在103~107。60岁及其以上人口，1990年为75377人，2010年为134958人，老龄化增速较快。少数民族人口逐步增多，人口素质不断提高。3人户家庭居多(参见数据集览第二十八表)。

第一节　性别构成与年龄构成

一、性别构成

1979—2010年，有约3/5年份的性别比基本保持在合理范围(102~107)之内。其中1980年、1992年、1997年、2003年性别比分别为111.7、111.8、113.7、112.3，比值稍大。

1979—2010年河北区出生人口性别比统计表

表3-5

年份	出生(人)		性别比
	男	女	
1979	2578	2363	109
1980	3569	3194	111.70
1981	4596	4206	109.30
1982	5934	5473	108.40
1983	6194	5879	105.40
1984	5625	5309	105.90
1985	4746	4537	104.60
1986	4743	4426	107.20
1987	4508	4355	103.50
1988	4254	3905	108.90
1989	3818	3602	105.90
1990	3018	2968	101.70
1991	2042	1881	108.60
1992	2342	2094	111.80
1993	1848	1699	108.80
1994	1648	1546	106.60
1995	1464	1400	104.60
1996	1332	1282	103.90
1997	1311	1153	113.70
1998	1339	1267	105.70
1999	1166	1098	106.20
2000	1185	1076	101.30
2001	–	–	–
2002	1132	1026	103.30
2003	1003	893	112.30
2004	1129	1066	105.10
2005	1322	1312	100.80
2006	1399	1364	102.60
2007	1700	1585	107.30
2008	1860	1741	106.80
2009	1908	1742	109.50
2010	1989	1837	108.30

二、年龄构成

20世纪80—90年代，由于河北区50—60年代出生人口处于婚育期间，0~14岁年龄组人口平稳增长，在1990年和1995年分别占总人口19.5%和18.44%。

15~34岁年龄组人口，由于20世纪60年代大量出生的人口成长为青壮年，加上下乡知青返城，该年龄组人口形成增长较快的"波峰"，1982年达255377人，占总人口44.42%。之后有所回落，1990年217814人，2000年186848人，分别占总人口35.72%、28.94%。2010年又逢"波峰"，增至260784人，占总人口33.07%。

35~59岁年龄组人口呈阶梯式增长。1990年197065人，占总人口32.32%；1995年251414人，占总人口39.36%；2000年282330人，占总人口43.73%；2010年338721人，占总人口42.96%。

60岁及其以上年龄组人口逐年增多，主要因为人口寿命延长，逐步进入老龄化社会。1990年75377人，占总人口12.36%；1995年94416人，占总人口14.78%；2000年98321人，占总人口15.22%；2010年134958人，占总人口17.12%，其中百岁以上老人31人，比1995年增25人。

第3~6次人口普查河北区人口年龄构成统计表

表3-6　　　　　　　　　　　　　　　　　　　　　　　　　　　　单位：人

年龄组＼年份		1982（三普）	1990（四普）	2000（五普）	2010（六普）
人口总数		574953	609704	645577	788451
0~14岁	合计	97509	119448	78078	47988
	%	16.96	19.59	12.09	6.08
	男	49884	61232	39971	25171
	%	51.16	51.26	51.20	52.45
	女	47625	58216	38107	22817
	%	48.84	48.74	48.80	47.54
15~34岁	合计	255377	217814	186848	260784
	%	44.42	35.72	28.94	33.07
	男	129484	112384	97624	151267
	%	50.70	51.60	52.25	58.00
	女	125893	105430	89224	109517
	%	49.30	48.40	47.75	42.00
35~59岁	合计	169755	197065	282330	338721
	%	29.50	32.32	43.73	42.96
	男	84548	98078	143434	179800
	%	49.81	49.80	50.80	53.08
	女	85207	98987	138896	158921
	%	50.19	50.20	49.20	49.92
60~79岁	合计	48981	70152	89897	113881
	%	8.52	11.50	13.92	14.44
	男	24584	35065	31141	54516
	%	50.19	49.98	34.64	47.87
	女	24397	35087	58756	59365
	%	49.81	50.02	65.36	52.13
80~99岁	合计	3331	5221	8408	21046
	%	0.58	0.86	1.30	2.66
	男	1226	2115	3585	9472
	%	36.81	40.51	42.60	45.00
	女	2105	3106	4823	11574
	%	63.19	59.49	57.40	55.00

续表3-6

年龄组＼年份		1982(三普)	1990(四普)	2000(五普)	2010(六普)
100岁以上(含100岁)	合计	-	4	16	31
	%	-	0.00065	0.002	0.02
	男	-	-	5	12
	%	-	-	31.25	38.71
	女	-	4	11	19
	%	-	100	68.75	61.29

第二节　民族构成与职业构成

一、民族构成

20世纪80年代后，全区少数民族及其人口呈逐步增加趋势。1982年有19个少数民族13179人，占总人口2.51%；1990年有21个少数民族15299人，占总人口2.52%；1992年有23个少数民族15960人，占总人口2.62%；2000年有22个少数民族18485人，占总人口3.02%；2010年有21个少数民族19302人，占总人口3.06%。少数民族人口最多的是回族，2000年13672人，占少数民族总人口73.83%。2010年13636人，占70.44%。藏族1964年仅4人，1985年因红光中学开始招收藏族学生逐步增多，2000年增至743人，2010年785人。满族增长较快，2010年3147人，占少数民族16.25%，比1995年上升6个百分点。其他少数民族多则几十人、少则一二人(参见第二十四编第五章第二节)。

河北区人口普查少数民族人口统计表(一)

表3-7　　单位：人

第四次人口普查(1990年)		
民族	人口	占少数民族人口%
回族	12761	83.40
满族	1563	10.22
藏族	422	2.76
蒙古族	314	2.05
朝鲜族	77	0.50
壮族	77	0.50
达斡尔族	14	0.09
锡伯族	11	0.01
土家族	14	0.09
侗族	7	0.05
苗族	4	0.03
瑶族	5	0.03
彝族	3	0.02
布依族	3	0.02
俄罗斯族	1	0.01
水族	3	0.02
白族	3	0.02
维吾尔族	14	0.09
傈僳族	1	0.01
畲族	1	0.01
赫哲族	1	0.01

河北区人口普查少数民族人口统计表（二）

表3-8　　单位：人

民族	人口抽样调查（1995年）		第五次人口普查（2000年）		第六次人口普查（2010年）	
	人口	占少数民族人口%	人口	占少数民族人口%	人口	占少数民族人口%
回族	13047	81.25	13672	73.83	13636	70.44
满族	1627	10.19	2420	13.06	3147	16.25
藏族	652	4.09	743	4.01	785	4.05
蒙古族	358	2.41	846	4.56	908	4.69
朝鲜族	97	0.61	318	1.91	329	1.69
壮族	67	0.42	103	0.55	118	0.60
黎族	31	0.19	2	0.10	10	0.05
达斡尔族	19	0.12	29	0.15	33	0.17
锡伯族	12	0.08	25	0.13	27	0.13
土家族	10	0.06	92	0.49	120	0.61
侗族	8	0.05	14	0.075	25	0.13
苗族	7	0.04	47	0.25	71	0.37
瑶族	5	0.03	19	0.11	20	0.10
彝族	3	0.02	50	0.27	15	0.07
布依族	3	0.02	27	0.14	6	0.03
俄罗斯族	3	0.02	1	0.005	7	0.03
水族	3	0.02	3	0.016	–	–
白族	2	0.01	4	0.02	5	0.03
维吾尔族	1	0.006	61	0.32	30	0.15
土族	1	0.006	6	0.03	3	0.02
鄂温克族	1	0.006	1	0.005	–	–
高山族	1	0.006	2	0.01	1	0.01
傣族	1	0.06	–	–	6	0.03

二、职业构成

1979年，全区区属全民所有制职工31870人。其中，建设系统2851人，商业饮食服务业12841人，公用事业1220人，文化卫生12826人，机关团体2132人。区属集体所有制32554人。其中，工业14100人，建筑业5557人，运输业47人，商业饮食服务业9740人，公用事业1219人，文教卫生1566人，管理部门325人。1990年，全区在业总人数为346892人。其中，男191892人，女155000人。各类专业技术人员61980人。其中，男27041人，女34939人。国家机关党群组织、企事业单位负责人17851人。其中，男13823人，女4028人。办事人员和有关人员20413人。其中，男13301人，女7112人。商业工业人员26938人。其中，男13891人，女13047人。服务性工作人员31161人。其中，男14194人，女16967人。农林牧副渔劳动者350人。其中，男233人，女117人。生产工人、运输工人和有关人员187296人。其中，男108987人，女78309人。其他劳动者903人。第一产业1109人，占0.32%；第二产业222812人，占64.23%；第三产业122991人，占35.54%。在社会主义计划经济向市场经济过渡中，小型企业放开搞活或关停并转，下岗待业人数由1990年的10527人增至1995年的29233人，占从业人数的比率从3.04%增至8.54%。随着产业结构的调整，从事第三产业人员逐步增加。1995年与1990年相比，房地产业、公用事业、社会福利事业、综合技术服务业、金融保险业，以及“三资”企业、私营企业有了较大发展，从事第三产业人员增加了3.45%。进入21世纪，从事第三产业人口快速增加。2000年，全区从事商业服务业人口5823人，占从业人口24.1%；2010年为10743人，占从业人口38.05%，比2000年增加4920人，提高13.95个百分点。

1995年在业人员职业构成统计表

表3-9　　单位：人

行业门类	在业人员	其中		占在业人口总数百分比
		男	女	
农林牧渔业	297	222	75	0.09
制造业	182999	105316	77683	58.45
电力煤气及水的生产和供应业	6352	4523	1829	2.03
建筑业	10628	8651	1977	3.39
地质勘查及水利管理业	197	148	49	0.06
交通运输、储蓄及邮电通信业	13100	9096	4004	4.18
批发、零售贸易及餐饮业	33985	16189	17796	10.85
金融保险业	2670	1434	1236	0.85
房地产业	3162	2074	1088	1.01
社会服务业	15324	9269	6055	4.89
卫生体育及社会福利业	11271	3930	7341	3.60
教育文化艺术及广播电影电视业	14409	5536	8873	4.60
科学研究及综合技术服务业	4177	3164	1013	1.33
国家机关政党及社会团体	10258	7959	2299	3.28
其他行业	4276	2793	1483	1.37
合 计	313105	180304	132801	–

2000年和2010年常住人口职业构成统计表

表3-10　　单位：人

行业门类	2000				2010			
	在业人员	其中		占专业人口总数百分比	在业人员	其中		占专业人口总数百分比
		男	女			男	女	
国家机关、党群组织、企业和事业单位负责人	1015	743	272	4.20	1002	707	295	3.54
专业技术人员	4424	1724	2700	18.30	5927	2957	2970	20.99
办事人员和有关人员	3480	2395	1085	14.40	3092	2016	1076	10.95
商业、服务人员	5823	3103	2720	24.10	10743	5945	4798	38.05
农业牧渔水利业生产人员	58	47	11	0.24	107	75	32	0.37
生产运输设备操作人员及有关人员	9343	6101	3242	38.60	7193	5386	1807	25.48
不便分类的其他从业人员	2	1	1	0.008	164	127	37	0.58
合 计	24145	14114	10031	–	28228	17213	11015	–

第三节　人口素质

一、文化素质

20世纪60—70年代，河北区按国家要求普及中等教育。至1982年，全区6岁以上人口535310人。其中，初中204996人，占总人口38.29%，比1964年上升21个百分点；高中126189人，占总人口23.57%，比1964年上升17个百分点。

随着成人高等教育和普通高等教育的发展，河北区大专及其以上文化程度人口，从1982年的19451人增加到1995年的56081人，从占总人口3.63%增至9.2%，增长近两倍。

2000年和2010年，高中以上文化程度分别占6岁以上人口总数的46.42%、53.68%，其中大专及其以上文化程度2010年为12.76%。文盲半文盲逐年下降，2010年与1964年27.99%相比下降26个百分点。

部分年份河北区6岁以上人口文化程度构成统计表

表3-11　　　　　　　　　　　　　　　　　　　　　　　　　　　　单位：人

年份	6岁以上	大专以上	占6岁以上人口%	高中	占6岁以上人口%	初中	占6岁以上人口%	小学	占6岁以上人口%	文盲半文盲	占6岁以上人口%
1982	535310	19451	3.63	126189	23.57	204996	38.29	125596	23.46	59078	11.04
1990	558432	39555	7.08	156615	28.05	187038	33.49	121724	21.80	53500	9.58
1995	609378	56081	9.20	174200	28.59	212658	34.90	123235	20.22	43204	7.09
2000	634583	81005	12.76	213603	33.66	213418	33.63	95661	15.03	30896	4.80
2010	767154	164873	25.98	247020	32.19	265562	34.61	75219	9.80	14480	1.88

二、身体素质

（一）第一次国民体质监测

2000年7月，成立河北区国民体质监测站，并对350名干部、工人、居民、青少年、幼儿等分4个组别进行首次体质监测。

（二）第二次国民体质监测

2005年6—7月，开展第二次国民体质监测。监测分4个年龄段和3个组别，包括体力和非体力两部分，有个人身体形态、技能、素质等24项，问卷调查44项。经过输入电脑综合评估，受测人员都有一份身体素质情况评估表及一份如何健身的运动处方。

2005年河北区国民体质监测情况一览表

表3-12

时间	监测地点	年龄组别	监测人群	人数
6. 14—28	区政府	20~59	成年非体力	640
6. 20—22	河北区一幼	3~6	幼儿	280
6. 27—28	河北区体育局	60~69	老年人	140
7. 2—6	天津纺织机械厂	20~59	成年单体力	640

（三）第三次国民体质监测

2010年4月，开展第三次国民体质监测工作，建立4个测试站，共测试幼儿280人，老年人140人，成年组体力部分560人，成年组非体力部分560人。监测结果表明，国民体质总体水平有所提高，女性体质水平持续呈增长趋势，成年人、老年人超重与肥胖率持续增长。

第四章　婚姻　家庭

第一节　婚姻状况

1973—1980年，计划生育工作逐步加强，国家由提倡“晚稀少”过渡到提倡“晚晚少”（晚婚、晚育、少生），全区晚婚率年均97.8%，出生率的快速提升得到一定遏制。1973—1980年，一胎率从85.1%提升到90.59%，计划生育率从85.1%提升到99.07%。随着计划生育工作不断深入，晚婚晚育、计划生育风尚逐步形成。1989—2010年，全区计划生育率年均99.68%。

离婚率的提高，致使再婚率和再婚生育率也随之升高。1980—1990年全区准予离婚1398例，其中，再婚后申请政策内生育415例，占准予离婚总数29.69%。20世纪90年代以后，离婚现象急剧增多，1991年199例，2001年954例，2010年2087例，其中再婚分别为958例、942例、1818例。20年间，离婚例数增长10.48倍，再婚例数增长1.9倍。

1990—2010年，每年审批政策内再婚生育最少为124例，致使这一阶段的独生子女领证率、一胎率、计划生育率均有所下降。

1980—2010年河北区婚姻登记统计表

表3-13

年份	准予登记(对)	初婚(人)	再婚(人)	复婚(对)	准予离婚(对)
1980	9355	18442	268	36	44
1981	17119	33878	360	73	36
1982	11443	22482	404	26	53
1983	11201	21945	457	43	95
1984	10109	19686	532	23	83
1985	8320	16180	460	23	107
1986	9577	18530	624	19	87
1987	8337	16025	649	24	133
1988	6898	13057	739	36	146
1989	5666	10517	815	53	182
1990	4925	9646	204	8	233
1991	4838	8718	958	39	199
1992	4347	7757	937	33	281
1993	4310	7704	916	44	310
1994	3659	6524	794	34	330
1995	3445	6028	862	46	391
1996	3622	6262	982	84	1033
1997	3440	6035	845	58	1113
1998	3169	5490	848	104	1228
1999	3064	5187	941	48	1184
2000	3197	5352	1042	66	1070
2001	3137	5332	942	56	954
2002	3012	5039	985	63	868
2003	3642	6452	832	30	1127
2004	4515	7703	1327	–	1277
2005	3441	5336	1346	–	1277
2006	5770	9428	2112	–	1509
2007	4470	7152	1788	–	1707
2008	5720	9724	1716	–	1710
2009	6907	11952	1862	–	2075
2010	4784	7750	1818	–	2087

第二节　家庭人口规模

1980年，全区187279户。其中，1人户22950户，2人户33051户，3人户70811户，4人户32663户，5人户14591户，6人户6806户，7人户3403户，8人户1756户，9人户730户，10人以上户514户。特别是1993—2006年，出生率下降，死亡率上升，人口为负增长，两代3口之家增多，2000年为105678户，2010年为99540户，分别占总家庭户数的50.03%、39.79%。

2000年和2010年河北区家庭人口规模统计表

表3-14　　单位：户

类别＼年份	2000		2010	
	总 数	占总数%	总 数	占总数%
家庭户总数	211243	100	250192	100
1人户	21043	9.96	37327	14.92
2人户	44111	20.88	71354	28.52
3人户	105678	50.03	99540	39.79
4人户	24582	11.64	22809	9.12
5人户	11357	5.38	12080	4.83
6人户	2776	1.31	1559	0.62
7人户	1031	0.49	499	0.20
8人户	416	0.20	178	0.07
9人户	149	0.07	46	0.02
10人及其以上户	100	0.05	121	0.05

第五章　计划生育

河北区计划生育工作始于20世纪50年代中期。1979—2010年，全区坚持推动人口与经济社会资源环境协调发展，坚持依法推进人口问题综合治理，坚持以宣传教育为手段促进政策指导与群众自愿、社会制度与利益导向、科学管理与优质服务相结合，计划生育这一基本国策得到有效落实。1981—2010年，全区计划生育率平均保持99%以上。

第一节　机构设置

一、区政府职能机构

1979年底，区计划生育办公室从区卫生局析出，纳入政府机构序列（处级单位），行政编8人。1987年8月，区计生办公室改为区计划生育委员会，配备行政编14人、事业编4人，设秘书科、基层管理科。1988年4月，增设避孕药具管理站（科级事业单位），事业编4人。1990年，增设政策法规科。1992年，筹建区计划生育宣传服务站，增加节育技术职能，配备专职妇科医务人员。2001年11月，该站正式定编为区计生委所属科级事业单位。11月6日，区计生委更名为区人口和计划生育委员会，下设办公室、宣传科、基层管理科、政策法规科、避孕药具管理站和计划生育宣传服务站。2004年，区人口计生委成立科学技术科。基层管理科取消，其职能纳入政策法规科。区计划生育宣传服务站加挂区生殖健康服务中心牌子。2004年2月，位于地纬路19~1号、投资190万元、建筑面积464平方米的区生殖健康服务中心落成，增设专家门诊、悄悄话咨询门诊、男科门诊等，与河南信阳、浙江温州地区合作，为这些地区在津流动人口育龄妇女提供生殖健康服务，进行体检和孕检等。2010年8月，迁至四马路81号。2010年10月，区生殖健康服务中心更名为区人口和计划生育服务分中心。区人口计生委设办公室、发展规划和信息科、流动人口管理和法规科、宣传和科技科，行政编11名，其中主任1人、副主任2人、工勤事业编1人。办公地点在区政府。

二、基层职能组织

1984年，全区各街道、局、公司有34名计生专兼职干部，隶属各单位的居民科或办公室。1987年，全区351个居委会设专职计划生育主任。至此形成区、街、居三级计生管理队伍。1989年3月，21个街道相继成立计划生育办公室(科级)，设专职干部。1990年21个街道调并为16个，2000年又调并为10个，街道计生办公室始终保留。1995年底，全区计生工作人员430人。其中，区计生委18人，16个街道38人，局、公司23人，居委会351人。2009年，全区街道计生工作人员40人，平均年龄44岁，大专以上学历占85%。

第二节　宣传教育

一、人口与婚育知识教育

1980年9月25日，中共中央、国务院发出《关于控制我国人口增长问题致全体共产党员、共青团员的公开信》后，全区组织学习贯彻。1981年3月，区委宣传部、区计生办公室联合制定《关于加强计划生育宣传工作几点意见》，采取多种形式搞好宣传。90年代，全区开办家长学校、新婚学校、孕妇学校、人口学校，做到统一教材，专人讲课。各社区建立计生教育活动室，区婚姻登记处设计生咨询站，提供政策宣传和避孕指导。1991年开展“河北区独生子女教育‘十佳’家庭评选活动”。进入21世纪，开展生殖健康进社区、独生子女教育观摩、家庭健康惠民行动、生育关怀行动等活动。2010年，开展关爱女孩宣教活动，区有线电视台制作播出“扩大叶酸发放”等公益广告。

二、婚育新风进万家活动

1998年，中央宣传部、国家计生委联合发起开展“婚育新风进万家”活动，河北区迅速行动。1999年，区文明办、区计生委等部门向市民家庭发出树立新婚育观念的公开信，组织开展婚育知识答卷，为各居委会配置入户宣传包，区有线电视台开办婚育文化之窗专栏。各级党校、家长学校、孕妇学校、流动人口学校开设婚育知识课程。2002年以后，开展新生育文化园区创建活动，实施全民生殖健康教育工程，组织独生子女教育观摩，启动关怀育龄群众生殖健康项目。2009年8月，举办情暖千万家——河北区人口计生系统纪念中华人民共和国成立60周年文艺演出，宣传人口计生事业成就。到2010年，这项活动仍在推进中。

三、与国际组织合作宣教项目

1994年，区计生协会“性科学知识教育项目”作为国际计生联亚太地区援助项目获2.2万元资助。1995年，区计生协会“预防性病、艾滋病教育项目”获国际计生联合会1.2万元资助。2002年，开展由中国计生协会和美国适宜卫生技术组织联办的青春健康教育国际合作项目活动，涉及全区33所中学、10个街道、3个局、1个公司，参加性与生殖健康生活技能培训的青少年7600人，培训内容有价值观念、青春健康、远离毒品等9项。

第三节　管理与服务

一、基础管理

20世纪70—80年代，河北区实施“单位负责、条条保证、以块为主、条块配合”的计划生育管理机制，区、街计生部门负责辖区户籍人口中育龄人群计生管理，承担驻区单位计生工作指导、检查、监督和服务。80年代中后期，随着危改大规模展开，各街道与被拆迁户育龄妇女签订计划生育协议书。

2002年，推进以现居住地为主的管理体制，建立“属地管理、单位负责、居民自治、社区服务”新机制。2003年后，每年95%以上辖区单位与街、居签订《社区计划生育区域化管理服务协议书》。2004年，探索“以房(以住房为依托)管人、加强现居住地管理”新做法。2006年，河北区在全市率先创建四级管理网络图，在解决管理盲区、人户分离、流动人口等重点难点上取得突破。2010年，全区101个居委会全部施行四级管理网络图管理。四级管理网络图：一级图为辖区示意图，二级图为楼门院子结构图，三级图为卡片索引图，四级图为育龄妇女信息图。

1993年3月24日，河北区计划生育工作会议召开　　（区档案馆提供）

1997年，16个街道计生办公室配备计算机。2002年，区与市人口计生系统联网，育龄妇女信息全部输入计算机管理。2003年，按照市统一要求实施基层统计报表微机管理，开展省际流入人口统计和跨省市流动人口信息交换工作。2010年，为10个街道计生办公室、101个居委会购置电脑，做到专网专用。

1979—2010年河北区计划生育指标统计表

表3-15

年 份	晚婚率 %	一胎率 %	独生子女领证率 %	计生率 %	出生率‰	人口自然增长率‰
1979	92.08	75.15	86.39	95.24	9.10	3.30
1980	98.59	90.59	97.37	99.07	12.30	6.04
1981	87.38	97.14	98.85	98.39	15.54	9.39
1982	88.12	98.66	99.77	99.41	20.04	14.48
1983	85.63	99.40	99.94	99.89	20.09	14.89
1984	81.88	99.47	99.91	99.91	18.70	0.65
1985	76.27	98.92	99.95	99.89	15.42	9.07
1986	81.17	98.67	99.98	99.80	14.83	9.40
1987	78.95	98.59	99.98	99.77	15.07	8.40
1988	79.30	98.21	99.98	99.70	13.29	7.24
1989	75.54	97.81	99.97	99.82	12.66	6.48
1990	68.84	97.33	99.97	99.82	9.87	3.43
1991	68.39	96.91	99.98	99.82	6.43	0.16
1992	68.53	97.07	75.93	99.95	7.28	0.43
1993	75.68	96.05	74.65	99.83	5.76	-0.80
1994	77.49	95.90	72.20	99.91	5.19	-1.21
1995	91.38	96.05	71.31	99.90	4.65	-1.50
1996	84.04	95.29	68.67	99.66	4.22	-2.58
1997	85.32	95.94	63.18	99.72	3.99	-4.8
1998	84.24	95.21	59.19	99.62	4.23	-4.00
1999	84.85	95.14	56.70	99.60	3.68	-2.23
2000	84.18	94.61	51.05	99.42	3.68	-2.65
2001	87.14	95.22	49.23	99.71	3.35	-3.81
2002	-	96.20	49.32	99.77	3.54	-2.89
2003	-	95.75	42.00	99.60	2.96	-2.53

续表3-15

年份	晚婚率%	一胎率%	独生子女领证率%	计生率%	出生率‰	人口自然增长率‰
2004	–	94.75	33.00	98.80	3.51	-3.08
2005	–	92.47	33.71	99.48	4.30	-2.06
2006	–	96.46	35.17	99.75	4.35	-1.10
2007	–	95.68	34.00	99.85	5.14	0.01
2008	–	94.79	36.35	99.78	5.61	0.52
2009	–	95.21	33.80	99.75	5.67	0.01
2010	–	94.20	42.77	99.74	5.93	-2.59

二、人口预测与计划

1974年，区计生办公室协同区计划委员会制定全区人口发展计划。1981年始，市政府下达人口计划管理指标，是年河北区人口出生率控制在9.5‰以内。1985年，执行市政府“七五”“八五”控制人口承包计划。自1991年起，每年3月初进行人口预测，编制下一年度人口出生计划。

1991—2000年河北区人口预测数据统计表

表3-16

年份	人口规模			初婚数（对）	出生一孩数（人）	一孩率%	出生总数（人）	出生率		死亡率‰	自然增长		计划生育率%
	年底总人口数	比上年（+-）人	比上年（+-）%					出生率‰	比上年（+-）		自增率‰	比上年（+-）	
1991	609029	2314	0.38	5086	4787	97.0	4935	8.12	−1.81	6.04	2.08	−1.35	99.50
1992	610276	1247	0.20	4745	4884	97.0	503.5	8.26	0.14	6.05	2.21	0.13	99.50
1993	611615	1339	0.22	4458	4617	96.0	4809	7.87	−0.39	6.05	1.82	−0.39	99.50
1994	612720	1105	0.18	4219	4372	96.0	4554	7.44	−0.43	6.05	1.39	−0.43	99.50
1995	613552	832	0.14	3980	4172	95.0	4392	7.16	−0.28	6.07	1.09	−0.3	99.50
1996	614212	660	0.11	3757	3934	95.0	4141	6.75	−0.41	6.08	0.67	−0.42	99.50
1997	614599	387	0.06	3674	3723	94.0	3961	6.45	−0.3	6.11	0.34	−0.33	99.50
1998	614792	193	0.03	3462	3594	94.0	3823	6.22	−0.23	6.13	0.09	−0.25	99.50
1999	614834	42	0.007	3333	3413	93.0	3670	5.97	−0.25	6.15	0.18	−0.27	99.50
2000	614705	129	0.02	3267	3280	93.0	3527	5.74	−0.23	6.18	0.44	−0.22	99.50

三、目标管理

1988年始，实行人口和计划生育工作目标管理责任制，区政府与市政府签订3年为一周期的责任书，并将市政府下达的人口与计划生育指标分解到区属各单位。街与居、单位与基层，层层签订责任书，至2010年，河北区均完成市政府下达的各项指标。1988—1996年，全区人口出生率、一孩率、多孩率、合格居委会、统计误差率、计划生育率6项指标全部达标。1997—2006年，完成市政府下达的人口计划生育优秀档次考核指标，人口出生率在5‰以下，计划生育率在99%以上，人口自然增长率保持负增长。1996年后，目标管理由侧重人口指标考核向侧重经常性工作考核转变。河北区4次修订街道、局、公司计生工作考核标准。2007—2010年，人口出生率、符合政策生育率均达到考核要求。

四、流动人口计划生育管理

20世纪80年代后，外省市到区里的流动人口逐年增多。1986年全区暂住人口发证率67%。1996年，制定《河北区流动人口计划生育管理制度》。1998年，推行流动人口“一站式”管理，将暂住证、就业证、婚育证一并办理。流动人口持证率，2000年7%，2001年50%，2002年60%，2004年70%。2004

2006年12月5日，联合国人口基金总部官员安东尼奥·马丁·卡帕洛斯(左)到河北区进行流动人口计划生育工作座谈、采访
（区计生委提供）

2007年4月24日，医务人员为流动人口进行生殖健康知识讲座　（区计生委提供）

年，区人口计生委将流动人口纳入常住人口管理服务范畴。2007年，以“关怀关爱、促进和谐”为主题，慰问流动人口家庭427户，开展流动人口维权服务月活动，免费或低偿查体836人，为529名流动人口提供生育和生活帮助。推荐1名辖区东方之珠娱乐超市外来务工人员，参加了国家计生委组织的会议。2008年，举办河北区流动人口家庭趣味运动会。汶川特大地震发生后组织为家乡受灾严重的流动人口捐款6910元。2008—2010年，为5.8万人次流动人口提供健康服务，向1063户流动人口特困家庭发放7万元慰问品。2009年，对流动人口全额报销上取环、结扎、人流、引产4项手术费用。2010年，区人口计生委设立流动人口管理科。

五、综合服务

20世纪80—90年代，开展以“三生”(生产、生育、生活)为主要内容的服务活动。1989—1994年，区计生委与保险机构联合开办少儿保险，参保单位95个、42119户、44523份，投保7.5亿元。1075个家庭因孩子意外伤害获经济补偿19万元。2010年，由市“幸福工程”基金会和区人口计生委为计生困难家庭大学生发放助学金，为考取一本的大学生每人资助5000元及物品。1980—1988年，审批计划内二孩996例。1991年制定《河北区实施天津市计划生育条例细则》。1998年4月，实行计划生育政务公开制度。2010年，完善区计生系统《行政执法岗位职责》《行政执法职责投诉制度》《行政执法人员违法行政责任追究制度》。

2005年，区生殖健康服务中心工作人员为育龄妇女检查身体　（区计生委提供）

1992年筹建区计划生育宣传服务站。1998年，建立区、街道、社区三级计划生育宣传技术服务网络，为实施“三大工程”(避孕节育知情选择、出生缺陷干预、生殖道感染干预)提供技术支撑。1998—2010年，为45万人次育龄妇女提供服务。2004年区生殖健康服务中心建成后，开展计生门诊、妇科检查、悄悄话咨询和男科门诊等服务。2009年，扩大高危计划妊娠育龄妇女增补叶酸覆盖面，将无业、流动人口中上述人员也纳入其中。

20世纪80—90年代，普及优生优育科学知识。让育龄人群接受婚前、婚后、孕期、妇幼保健等知识指导。1980年区，对每例因第一个孩子病残申请二胎的夫妇，帮助其分析孩子致残原因，实行一对一优生指导。1980—1994年，在818例因首胎病残而生育的第二胎中，未发现病残。1984年开始进行婚前检查工作，开展优生指导，出生缺陷呈下降趋势。因第一个孩子病残申请生育第二个子女的，

1985年89例，1994年11例，2002—2010年每年10例以下。1991年4月，全市第一个孕妇夜校在王串场街道成立。1992—1994年，10611对新婚初孕夫妇接受培训教育。2004—2010年，对11618名孕妇进行优生“四毒”(方形虫、风疹病毒、巨细胞病毒、单纯疱疹病毒)筛查。2010年，计划妊娠育龄妇女增补叶酸实现全覆盖。

1990年，区计生委在宁园举办宣传咨询活动（区计生委提供）

2005年4月，区人口计生委、区红十字会、区民政局联合启动“贫困母亲健康救助”活动，免费为独生子女家庭中贫困母亲(单亲、残疾、重病、享受最低生活保障等)提供服务。筹资3万元为1050名贫困母亲进行健康检查、医治。4月28日，中共中央政治局委员、市委书记张立昌在市委《督查专报》第90期刊登的《河北区“三个代表”又出新招，近期为上千名贫困母亲提供救助》一文上批示：“这是很好关心困难群体的方法。”自2008年10月始，为独生子女死亡、伤残家庭提供特别扶助。2008年为1427人发放特别扶助款297万元，2009年为1747人发放340万元，2010年为1868人发放389万元，在全市起到示范作用。

河北区志

（1979—2010）

第四编

中国共产党

ZHONG GUO GONG CHAN DANG

中国共产党天津市河北区委员会全面贯彻中共十一届三中全会以来的路线、方针、政策，以经济建设为中心，对全区社会主义物质文明和精神文明建设，作出了一系列重要决策并认真推动实施。20世纪90年代中后期，特别是进入21世纪后，区委坚持大力发展社会主义市场经济，注重突出区域特色，切实加强城市建设和管理，优先保障和改善民生，全面提升党的建设水平，先后提出了“一年一变化、三年大变化、四年翻一番”“突出三大功能定位、打造四个区域特色”“推动五个升级、实现四个转变”等奋斗目标和发展思路，扎实开展了“三讲”“实践‘三个代表’重要思想”“深入贯彻落实科学发展观”和“上水平”系列活动，全区的经济建设、政治建设、文化建设、社会建设、生态文明建设和党的建设都取得显著成效。

1979年，全区有区属党委(组)37个，总支7个，支部561个，党员7588人。2010年，有区属党委(组)67个，总支120个，支部1134个，党员37944人。

第一章　党员与党代表大会

1979—2010年，河北区发展新党员数量较多，尤其进入21世纪，全区女党员和少数民族党员所占比例逐步加大，学历不断提高，行业分布更加广泛。其间，共召开区党代会6次，选举区党代表1941人次。

第一节　党员

一、党员发展

1980年，全区有党员8005人；1991年，全区党员14855人；1996年，全区党员19802人；2001年，全区党员26688人；2006年，全区党员33835人；2010年，全区党员37944人，是1980年的4.74倍。

二、党员结构

(一)性别、年龄、民族及学历构成

1980年，全区有女党员2872人，占党员总数35.9%；少数民族党员135人，占总数1.7%；35岁及其以下年龄党员1509人，占总数18.9%；小学及其以下文化程度党员3437人，占总数42.9%；大专及其以上文化人数较少，共1129名，占党员总数14.1%。1985年，36~55岁党员4925人，占党员总数44.8%。1989年，女党员4989人，占党员总数36.5%。1991年，高中文化党员人数3463人，占党员总数23.3%，大专及其以上党员2582人，占党员总数的17.3%。1996年，全区女党员7465人，占党员总数37.7%；少数民族党员435人，占总数2.2%；45岁及其以下3977人，占总数20.1%。进入21世纪，25岁以下的青年党员不断增加，由2001年的290人增至2005年的2108人；女党员和大专及其以上文化程度党员逐年增加，少数民族党员占党员总数2.3%。2010年，女党员15707人，占党员总数41.4%；少数民族党员906人，占总数2.4%；45岁及其以下5705人，占总数的15%；35岁及其以下2808人，占总数的7.4%；大专及其以上文化党员14388人，占党员总数37.9%。

(二)行业构成

1980年，全区党员中党政机关、人民团体党员占党员总数22%，其次为宣传、文教、体育、卫生行业，占党员总数13%。1989年，党政机关、社会团体、教育、文艺和广播电视行业党员为34%，其次为商业、公共饮食业、物资供销和仓储业，占8.5%。按职业划分，行政机关党员占比最大，为1993人，占14.6%，其次为专业技术人员1793人，占党员总数13.1%。2010年，党员中在岗职工7558人。其中，公有制经济单位6763人，非公有制经济单位795人，学生39人，离退休人员26281人，其他4066人。

第二节　党代表大会

一、第四至第六次代表大会

第四次代表大会于1985年12月20—22日在区工人俱乐部召开。出席大会正式代表299人。区委书记刘凤山代表中共河北区第三届委员会作题为《团结奋进，坚持改革，推进两个文明建设》的报告，区纪委书记郭勇代表中共河北区纪律检查委员会作题为《全党动手，以极大的决心和魄力端正党风》的报告。大会选举产生中共河北区第四届委员会委员24人、候补委员3人，中共河北区纪律检查委员会委员15人。

中共河北区第四次代表大会主会场
（区档案馆提供）

第五次代表大会于1989年12月11—13日在区少年宫召开，出席大会正式代表295人。区委副书记李载道代表中共河北区第四届委员会作题为《团结起来，艰苦奋斗，满怀信心地把我区各项事业继续推向前进》的报告，区纪委书记田志广代表中共河北区纪律检查委员会作《中共河北区纪律检查委员会向中共河北区第五次代表大会的工作报告》。大会选举产生中共河北区第五届委员会委员21人、候补委员3人，中共河北区纪律检查委员会委员11人。

中共河北区第五次代表大会主会场
（区档案馆提供）

第六次代表大会于1992年12月24—26日在区少年宫召开，出席大会正式代表295人。区委书记李载道代表中共河北区第五届委员会作题为《全面贯彻党的十四大精神，夺取我区经济建设和社会发展的新胜利》的报告，区纪委书记田志广代表中共河北区纪律检查委员会作《中共河北区纪律检查委员会向中共河北区第六次代表大会的工作报告》。区委组织部向大会提交《关于党费收缴、使用和管理情况的报告》。大会选举产生中共河北区第六届委员会委员25人、候补委员4人，中共河北区纪检委委员11人。

中共河北区第六次代表大会主会场
（区委党史研究室提供）

二、第七次代表大会

大会于1997年12月16—18日在区少年宫召开。出席大会正式代表351人。其中，男243人，占69.2%；女108人，占30.8%。50岁以上142人，占40.5%；50岁以下（含50岁）209人，占59.5%。汉族340人，占96.9%；少数民族11人，占3.1%。大专以上（含大专）文化程度249人，占70.9%；大专以下文

中共河北区第七次代表大会主会场
（区委党史研究室提供）

化程度102人，占29.1%。代表身份：领导干部246人，占70%；专业技术人员49人，占14%；劳动模范和先进人物39人，占11.1%；街道企事业单位及居民党员12人，占3.5%；离退休党员5人，占1.4%。列席代表159人。特别邀请38名原区级中共领导干部和民主党派、人民团体负责人出席。区委副书记张化纯（主持区委全面工作）代表中共河北区第六届委员会作题为《高举邓小平理论伟大旗帜，把河北区改革开放和现代化建设事业全面推向二十一世纪》的报告。中共河北区纪律检查委员会向大会提交《中共天津市河北区纪律检查委员会向中共天津市河北区第七次代表大会的工作报告》。大会选举产生中共河北区第七届委员会委员28人、候补委员5人，中共河北区纪检委委员13人。

三、第八次代表大会

中共河北区第八次代表大会主会场
（区委党史研究室提供）

大会于2002年11月1—4日在区新闻中心召开。出席大会正式代表350人。其中，男234人，占66.9%；女116人，占33.1%。50岁以上134人，占38.3%；50岁以下（含50岁）216人，占61.7%。汉族336人，占96%；少数民族14人，占4%。大专以上（含大专）文化程度306人，占87.4%；大专以下文化程度44人，占12.6%。代表身份：领导干部240人，占68.6%；专业技术人员68人，占19.4%；劳动模范和先进人物37人，占10.6%；离退休干部5人，占1.4%；列席151人；邀请18人。区委书记李德崇代表中共河北区第七届委员会作题为《认真实践“三个代表”重要思想，为建设现代化新城区而努力奋斗》的报告。区纪委向大会提交《中共河北区纪律检查委员会向中共河北区第八次代表大会的工作报告》。大会选举产生中共河北区第八届委员会委员29人、候补委员6人，中共河北区纪检委委员19人。

四、第九次代表大会

中共河北区第九次代表大会主会场
（区委党史研究室提供）

大会于2006年12月5—8日在区新闻中心召开。出席大会正式代表351人。其中，男211人，占60.1%；女140人，占39.9%。50岁以上136人，占38.7%；50岁以下（含50岁）215人，占61.3%。汉族336人，占95.7%；少数民族15人，占4.3%。大专以上（含大专）文化程度328人，占93.4%；大专以下文化程度23人，占6.6%。代表组成：各级领导干部231人，占65.8%；专业技术人员65人，占18.5%；劳动模范和先进人物47人，占13.4%；解放军代表2人，占0.6%；离退休干部6人，占1.7%。列席162人。特别邀请区人大常委会党外副主任、区政府党外副区长及各民主党派负责人等16人。区委书记张同庆代表中共河北区第八届委员会作题为《全面落实科学发展观，为建设跨越发展的和谐河北而努力奋斗》的报告。中共河北区纪律检查委员会向大会提交《中共河北区纪律检查委员会向中共河北区第九次代表大会的工作报告》。大会选举产生中共河北区第九届委员会委员38人、候补委员7人，中共河北区纪律检查委员会委员25人。

第二章　中共河北区委员会

“文化大革命”中，河北区党政工作实行“一元化”领导。1970年年底召开的中共河北区第三次代表大会，选举产生了中共河北区第三届委员会，其工作机构与区革命委员会工作机构合署办公。1980年5月，区委、区政府分署办公。1985年年底组成的区委第四届委员会至2006年年底组成的区委第九届委员会，共召开全体会议84次。中共十一届三中全会后，区委以经济建设为中心，制定了一系列重要决策。

第一节　机构设置

1979年3月，区“五七”干校撤销，区委党校恢复。6月，成立区纪检委筹备组，增设人民来信来访办公室。1980年5月，区人民政府恢复，区委、区政府分署办公。区委设办公室、组织部、宣传部、统战部、街道部、文教组、财贸组、区委机关党总支。人民来信来访办公室改为区委、区政府办事机构。1981年6月，文教组、财贸组撤销，文教部、财贸部成立。1983年10月，区委档案馆由隶属区委办公室升格为区委、区政府直属机构。12月，区临时纪律检查委员会、区老干部局成立。1984年6月，区政法工作委员会成立。7月，区纪律检查委员会成立。9月，文教部、财贸部、街道工作部撤销。1985年1月，区委调查研究工作室成立。1986年10月，区商业工作委员会成立。1987年2月，区街道工作委员会成立。9月，区城市建设工作委员会成立。12月，区党史资料征集委员会成立。1988年4月，区档案馆由区委编制序列转为区政府编制序列。1989年8月，区委调查研究工作室改称区委研究室。1990年8月，区委机关党总支撤销，区委直属机关党委成立。1991年1月，区五讲四美三热爱活动委员会更名为区精神文明建设活动指导委员会，下设办公室。7月，区社会治安综合治理委员会办公室成立。1992年1月，区委台湾工作办公室成立，同时为区政府台湾事务办公室。9月，区保密工作委员会办公室成立。1993年10月，集区通讯报道站、区有线电视台、河北报社为一体的区新闻中心成立，为区委、区政府办事机构，合署办公，列入区委编制序列。

1997年11月，区委保留办公室、研究室、组织部、宣传部、统战部、政法委员会(政法委员会机关与社会治安综合治理委员会办公室合署办公)。区委台湾工作办公室(区政府台湾事务办公室与区委统战部合署办公)。区委老干部局由区委组织部管理，区委保密委员会办公室(保密局)由区委办管理，区文明办由区委宣传部管理。区委党史资料征集委员会改为党史研究室(事业单位)，由区委组织部管理。2001年3月，区委处理邪教问题领导小组办公室(处级)成立，与区政府防范和处理邪教问题办公室合署办公，由区委办管理。2003年7月，区委办公室督查科调整为区委督查室(副处级)，为区委办内设机构。11月，区委直属机关委员会改为区委机关工作委员会。2005年4月，区委处理邪教问题领导小组更名为区委防范和处理邪教问题领导小组，其办公室相应更名。2007年11月，区委防范和处理邪教问题领导小组办公室由区委办变更由区委政法委管理。2009年8月，成立区委机要局(副处级)、区国家密码管理局(副处级)，为一个机构挂两个牌子，由区委办管理。2010年1月，区机构编制委员会办公室改为单独设置，为区机构编制委员会的常设办事机构，既是区委工作机构，也是区政府工作机构，列入区委工作机构序列。

区委机关办公地址1972年8月至1998年3月在建国道52号，1998年3月迁至狮子林大街284号。

区委办公室作为区委的综合办事机构，1985年内设机构有秘书科、行政科，1996年设秘书科、综合科、信息科、督查室、机关行政事务管理科。2010年组织结构：内设机构有秘书科、综合科、会务接待科、信息科、行政科、财务科、督查室(副处级)，在区委办公室管理下的区委职能部门有研究室(正处级)、保密局(正处级)、机要局(副处级)。

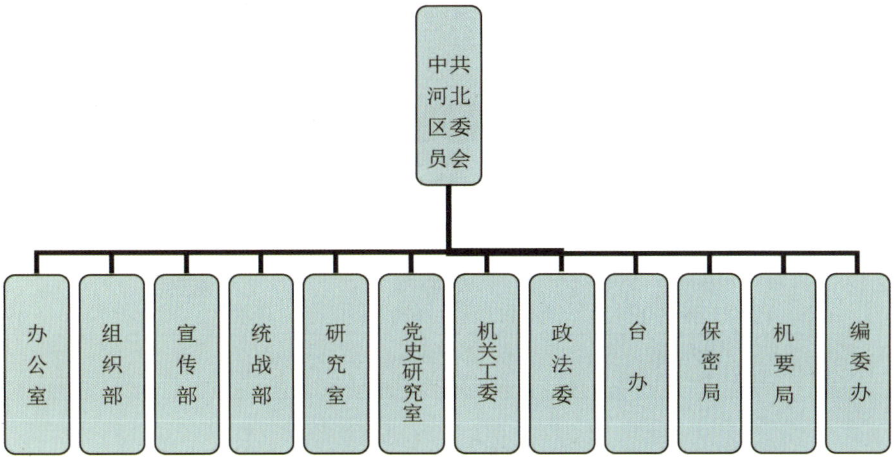

图 4-1　2010 年中共河北区委员会工作机构图示

第二节　领导名表

中共河北区第三届委员会（1970.11—1985.12）

表 4-1

书记	副书记	常委			
卫振铎 1970.12—1983.6	余百川 1970.12—1971.7	卫振铎 1970.12—1983.6	余百川 1970.12—1971.7	董健中 1970.12—1983.6	王洪志 1970.12—1973.2
	董健中 1970.12—1983.6	孙　志（孙自修） 1970.12—1974.4	谢振英 1970.12—1974.5	栗振福 1970.12—1979.6	吕　勇 1970.12—1979.4
	王存山 1970.12—1981.6	王富盛 1970.12—1972.12	董淑云（女） 1970.12—1971.9	梁希璞 1972.1—1973.1	刘春文 1972.3—1983.6
	王锡珍 1973.5—1981.10	苏　明 1973.5—1977.12	徐彦明 1974.5—1979.4	朱良成 1974.5—1983.6	张玉江 1974.5—1979.5
	冯玉凤（女） 1974.5—1979.4	荆树明 1974.5—1980.1	侯岐山 1975.5—1983.6	田金水 1979.4任命，未到职	郭炳辉 1979.4—1983.6
	周硕福 1979.5—1983.6	刘凤山 1980.4—1983.6	–	–	–
刘凤山 1983.6—1985.12	侯岐山 1983.6—1985.12	刘凤山 1983.6—1985.12	侯岐山 1983.6—1985.12	马玉森 1983.6—1985.12	–
	马玉森 1983.6—1985.12	荆树明 1983.6—1985.12	田宝巨 1983.6—1985.12	杨武进 1983.6—1985.12	–
	李载道 1985.5—1985.12	李载道 1983.6—1985.12	周硕福 1983.6—1983.8	朱忠发 1983.8—1985.12	–

中共河北区第四届委员会（1985.12—1989.12）

表 4-2

书记	副书记	常委		
李载道 1985.12—1989.12	侯岐山 1985.12—1987.7	李载道 1985.12—1989.12	侯岐山 1985.12—1987.7	马玉森 1985.12—1989.12
	马玉森 1985.12—1989.12	田宝巨 1985.12—1989.12	荆树明 1985.12—1987.3	朱忠发 1985.12—1989.12
	田宝巨 1985.12—1989.12	马文举 1985.12—1989.12	边仁权 1985.12—1989.3	刘佃奇 1986.9—1989.12
	励家珩 1987.2—1989.12	励家珩 1987.2—1989.12	曹世明 1988.1—1989.12	–

中共河北区第五届委员会(1989.12—1992.12)

表4-3

书记	副书记	常委		
李载道 1989.12—1992.12	励家珩 1989.12—1991.1	李载道 1989.12—1992.12	励家珩 1989.12—1991.1	马玉森 1989.12—1992.12
	马玉森 1989.12—1992.12	朱忠发 1989.12—1992.12	史晓成 1991.1—1992.12	马文举 1989.12—1992.12
	朱忠发 1989.12—1992.12	刘佃奇 1989.12—1992.12	关宏民 1989.12—1992.12	张林元 1989.12—1992.12
	史晓成 1991.1—1992.12	张松鹤 1989.12—1992.12	–	–

中共河北区第六届委员会(1992.12—1997.12)

表4-4

书 记	副书记	常 委			
史晓成 1992.12—1997.10	张化纯 1992.12—1997.12 (1997.10—1997.12主持全面工作)	史晓成 1992.12—1997.10	张化纯 1992.12—1997.12	朱忠发 1992.12—1997.12	马文举 1992.12—1997.12
	朱忠发 1992.12—1996.1	刘佃奇 1989.12—1997.1	张林元 1992.12—1997.12	张松鹤 1992.12—1997.12	佟宝生 1992.12—1997.12
	马文举 1992.12—1997.12	刘玉珠(女) 1992.12—1997.12	李德崇 1997.12	崔玉华 1994.1—1997.12	赵明义 —1997.12
	–	房先良 1996.8—1997.12	吴中澄 1997.8—1997.12	–	–

中共河北区第七届委员会(1997.12—2002.12)

表4-5

书记	副 书 记	常 委				
张化纯 1997.12— 2001.12	马文举 1997.12— 1999.12	李德崇 1997.12— 2001.12	张化纯 1997.12— 2001.12	马文举 1997.12— 1999.12	李德崇 1997.12— 2002.12	张同庆 1999.12— 2002.12
李德崇 2001.12— 2002.12	张林元 1997.12— 2000.12	张同庆 1999.12— 2002.12	张林元 1997.12— 2000.12	吴中澄 1997.12— 2002.12	边仁权 1997.12— 2002.12	张俊英(女) 1997.12— 2002.12
	吴中澄 2000.12— 2002.12	边仁权 2002.3—2002.12	佟宝生 1997.12— 2000.12	张松鹤 1997.12— 2000.12	赵明义 1997.12— 2002.12	房先良 1997.12—2002.8
李德崇 2001.12— 2002.12	张俊英(女) 2002.3—2002.12	–	赵铁敏 1998.2~2000.12	赵洪莉(女) 1997.12— 1998.10	薛新立 2002.5—2002.12	刘民选 2000.6—2002.12
	–	–	孙晓军 2000.12— 2002.12	郑永盛 2001.12— 2002.12	郑 军 2002.8—2002.12	–

中共河北区第八届委员会(2002.12—2006.12)

表4-6

书记	副书记	常委		
张同庆 2002.12—2006.12	边仁权 2002.12—2006.3	张同庆 2002.12—2006.12	边仁权 2002.12—2006.3	薛新立 2002.12—2006.12

续表4-6

书记	副书记	常委		
张同庆 2002.12—2006.12	薛新立 2006.6—2006.12	吴中澄 2002.12—2006.12	张俊英(女) 2002.12—2006.12	刘民选(回) 2002.12—2006.12
	吴中澄 2002.12—2006.12	赵明义 2002.12—2006.5	邢　伟 2006.6—2006.12	孙晓军 2002.12—2006.12
	张俊英(女) 2002.12—2006.12	郑永盛 2002.12—2006.12	郑　军 2002.12—2006.12	吴秀宏(女) 2002.12—2006.8
	刘民选(回) 2002.12—2006.12	周秀生 2003.4—2006.12	-	-

中共河北区第九届委员会(2006.12—)

表4-7

书记	副书记	常委		
张同庆 2006.12—2009.12	薛新立 2006.12—2009.12	张同庆 2006.12—2009.12	薛新立 2006.12—	孙宝华 2010.5—
薛新立 2009.12—	孙宝华 2010.5—	刘民选(回) 2006.12—2007.11	孙晓军 2006.12—	邢　伟 2006.12—
	刘民选(回) 2006.12—2007.11	郑永盛 2006.12—	周秀生 2006.12—	郑　军 2006.12—2009.11
	孙晓军 2009.1—	崔志勇 2006.12—	王秀文(回、女) 2009.1—	田金萍(女) 2006.12—
	-	李耀进 2006.12—	蒋银军 2009.11—	-

第三节　重要会议

一、区委全委会议

中共十一届三中全会后，全区各级党组织经过调整和整顿，逐步恢复。1983年6月，根据党中央和中共天津市委关于机构改革的要求，区委领导班子作出调整。1985年12月，区委召开中共河北区第四次代表大会，选举产生区委领导机构。区委第四届委员会全体会议共召开12次。区委第五届委员会全体会议共召开11次。区委第六届委员会全体会议共召开12次。

区委第七届委员会召开19次全体会议。1998年2月，区委召开七届二次全会，明确今后五年实施经济社会发展跨世纪工程的重要性、目标、任务及需要解决的重点问题。1999年1月，召开七届五次全会，决定在全区开展“谈形势、论创新、促发展”教育活动。7月，召开七届六次全会，通过《中共河北区委、河北区人民政府关于加快发展区域经济的若干意见》。9月，召开七届七次全会，通过《中共河北区委关于加强和改进思想政治工作的若干意见》。2000年7月，召开七届十次全会，通过《关于河北区城区功能定位和经济与社会发展战略的意见》。12月，召开七届十一次全会，审议通过《中共河北区委关于制定国民经济和社会发展第十个五年计划的建议》。2002年1月，召开七届十四次全会，提出要继续坚持全面上水平的工作基调和跨越式发展的工作思路。

区委第八届委员会召开13次全体会议。2003年7月，区委召开八届四次全体会议，提出“一年一变化，三年大变化，四年翻一番”奋斗目标。12月，召开八届五次全体会议，提出“以区域经济为核心，以税源建设为重点”工作思路。2004年9月，召开八届七次全会，通过大力加强党的执政能力建设的决议。12月，召开八届八次全会，提出要全面实现“三年大变化”的阶段性目标。2005年12月，召开八届十次全体会议，提出要做好海河开发这篇大文章，确保实现“四年翻一番”奋斗目标，审议通过

《中共河北区委关于制定国民经济和社会发展第十一五年规划的建议》。2006年9月，召开八届十二次全会，通过《关于召开中国共产党天津市河北区第九次代表大会的决议》。

区委第九届委员会召开17次全体会议。2006年12月，区委召开九届二次全体会议，提出要按照区九次党代会确定的“商贸天地、生态城区、文化河北”三大功能定位，打造“现代商贸服务、文化旅游经济、新型都市工业、生态示范建设”四个区域特色的总体要求。2007年12月，召开九届六次全体会议，提出以做大总量、提升水平、富民强区的工作目标。2008年12月，召开九届八次全体会议，提出以开展深入学习实践科学发展观活动为动力，保增长渡难关上水平，大力推进结构调整和产业升级战略。2009年10月，召开九届十次全体会议，审议通过《中共河北区委关于贯彻党的十七届四中全会和市委九届六次全会精神进一步加强和改进新形势下党的建设工作的实施意见》，提出发挥全委会对重大问题的决策作用，健全和规范区委常委会向全委会定期报告工作并接受监督制度。12月，召开九届十一次全会，提出按照“创意河北”的功能定位，做大经济总量，推动“五个升级”（重点地区开发升级取得新突破，新兴产业发展升级形成新优势，城区品位建设升级打造新亮点，改善民生工作升级收到新成效，社会和谐稳定升级得到新加强）。2010年11月，召开九届十三次全体会议，审议通过《中共河北区委关于制定河北区国民经济和社会发展第十二个五年规划的建议》。12月，召开九届十四次全体会议，提出按照市委开展“调结构增活力上水平”活动的要求，进一步完善“五个升级”、实现“四个转变”的思路。

二、区委常委会议

1981年3月，区委常委会在学习《关于党内政治生活的若干准则》和新党章的基础上，制定《学习〈准则〉，改进作风的五项规定》，要求区委常委认真学习马克思列宁主义、毛泽东思想和中共十一届三中全会以来的路线、方针、政策，进一步解放思想，认真肃清“左”的思想影响，进一步加强自身的思想政治建设和作风建设。1988年5月，按照党政分工的原则，为划清党政职能，实现决策民主化、科学化、规范化，切实履行区委对全区工作实行政治领导的职责，制定《中共河北区委常委会议事规则（试行）》，确定区委的主要职责与领导方法，区委常委会议事范围、决策程序和实施等。进一步理顺区委与区人大、区政府、区政协的关系，健全集体领导制度和民主集中制，转变领导方式。1993年3月，制定区委常委会《关于加强自身建设的若干规定》，在认真看书学习、增强贯彻党的基本路线的自觉性，提高领导经济建设的能力，坚持民主集中制，密切联系群众、改进工作作风，廉洁奉公5个方面提出具体措施。12月，制定《关于建立健全区委、区政府领导班子成员廉洁自律保证监督机制的若干规定》，进一步加强区委领导班子成员廉政建设和作风建设。

1996年8月，制定《中共河北区委常务委员会关于加强民主集中制建设的若干规定》，从决策机制、健全集体领导和个人分工负责制、加强党内监督等方面作出具体规定。1998年1月，制定《中共河北区第七届委员会常委会关于进一步加强民主集中制建设的意见》《关于进一步加强区委领导班子理论学习的决定》《中共河北区委常务委员会关于进一步加强自身党风廉政建设的规定》，从民主集中制、理论学习、廉政建设3个方面加强自身建设。9月，制定《关于保守区委常委会议秘密的规定》。1999年10月，制定《中共河北区委常委会书记办公会议事规则（试行）》，对常委会和书记会的议事范围、议事原则、议事程序及决策实施等作出更加明确规定。2002年11月，制定《中共河北区第八届委员会关于进一步加强自身建设的若干规定》，修订书记办公会和常委会议事规则，涉及加强理论学习、提高领导经济工作能力、常委会工作制度、调查研究、清正廉洁5个方面17项规定。2004年3月，制定《中共河北区委常委会关于进一步加强自身思想政治建设的意见》。7月，制定《中共河北区委全体会议、常委会议、书记办公会议议事规则》《中共河北区委重要情况通报和报告制度》《中共河北区委重大决策征求意见制度》，对于经济发展、规划建设、社会管理和公共服务及专业性较强的决策事项，实行公示、听证制度。2007年3月，制定《中共河北区委常委会关于进一步加强自身建设的若干规定》《中共河北区委常委会工作规则》，从工作原则、职责范围、议事决策、决策实施、酝酿沟通、报告工作6个方面明确常委会工作机制。2009年7月，制定《中共河北区委常委会关于以科学发展观为指导加强自身建设提高执政水平的意见》，进一步完善区委常委会议事规则和决策程序，推进重大问题决策和重要干部任免票决制。10月，制定《中共河北区委关于贯彻党的十七届四中全会和市委九届六次全会精神进一步加强和改进新形势下党的建设工作的实施意见》，规定区委常委会每半年听取一次区人大、区政府、区政协党组的工作汇报，研究提出加强改进工作的意见。

第三章　决策纪略

按照中央和市委的总体部署和要求，中共河北区委结合区情实际，在改革开放和现代化建设的不同阶段分别作出战略性、引领性、指导性重要决策，为推动全区经济社会发展提供重要政治保障。

第一节　综合决策

一、工作重点转移

1979年2月，区委召开工作会议，贯彻中共十一届三中全会精神，把全党工作重点转移到社会主义现代化建设上来。会议认为，建设不能靠政治运动解决，如果再不把工作重点转移到经济建设上来，就会有亡党亡国的危险。搞好工作重点转移，还要从思想上、组织上、作风上解决一些不适应的问题。比如在思想上，存在着不敢冲破一些禁区、禁令，缺乏勇于实践、敢于创新的精神；在组织上，存在着部分领导班子不齐不力现象；在作风上，存在着吃喝享乐至上，艰苦奋斗不足的问题等。要搞好工作重点转移，必须解决上述问题。全区这一时期的工作重点是：贯彻落实党的方针政策，平反冤假错案；恢复"文化大革命"中遭破坏的各级组织和社会秩序；清除震灾影响；安排群众生活；发展集体经济。此后，区委通过多种形式对党员干部进行培训教育，加强党员干部对中共十一届三中全会精神的理解认识，在一定程度上解决了在工作重点转移上的思想、组织、作风、机构、机制等方面的问题，逐步实现了全区工作重点的转移。

二、确立城区功能定位

2000年，区委以中央对天津的定位为方向，制定《关于河北区城区功能定位和经济与社会发展战略的意见》，提出河北区城区功能定位为："一个基地，两个区"，即到2010年，把河北区建设成为以人文景观、历史遗迹、风貌建筑和宗教文化为特色，服务全市，面向全国的文化旅游基地；以铁路天津站、天津北站等重要交通枢纽为依托，周边相关产业发达，商贸设施齐全，服务功能完善，具有较强竞争力的现代化商贸区；建筑风格各异，环境优美，教育、文化先进，基础设施完善的居民生活区，使河北区和全市一样成为国内率先实现现代化的城区之一。

2006年，根据滨海新区开发开放发展战略和天津城市功能新的定位，区第九次党代会调整了城区功能定位，提出实施"四三二一"奋斗目标，即打造现代商贸服务、文化旅游经济、新型都市工业、生态示范建设四个区域特色，突出商贸天地、生态城区、文化河北三大功能定位，发展现代服务业、都市型工业两大主导产业，实行超常规发展战略，努力把河北区建设成为区域特色鲜明，后发优势强劲，经济快速发展，社会和谐进步，群众生活提高的社会主义新城区。

2009年，根据市委、市政府意见，区委、区政府又将河北区功能定位为"创意河北"。即将河北区建设成为天津市创意产业聚集区、文化休闲旅游基地和市区北部商务商贸聚集地。重点发展以产品、工程、动漫设计和会展策划为主的创意产业，以电子商务、现代物流和商业特色街为主的商贸服务业，以机电研发、电子通信、精密仪器制造为主的新型都市工业，以历史文化、风貌建筑为依托的旅游业。

三、实施“两团一线”战略

2002年，区第八次党代会提出，要抓住海河经济综合开发这一难得历史机遇，充分挖掘历史文化资源，推进“两团一线”开发战略，形成有整体优势、有精品项目、有较强产业关联度的旅游业布局，使河北区成为有影响力的文化旅游区域。“两团一线”，即以“意奥风情”板块、大悲院凤凰商贸广场为“两团”，以海河东路和中山路为“一线”的文化旅游经济带，并以此为依托，建成面向全市、全国乃至世界的文化旅游基地。2001年始，大悲院地区一期工程天纬路、慈航路和1.7万平方米的商贸设施启动，从此拉开海河综合开发帷幕。之后，大悲院地区二、三、四期工程相继动工。是年，完成梁启超饮冰室腾迁工作，用3个月时间对梁启超旧居、饮冰室3000平方米建筑进行翻盖，进而揭开了意式风情区建设的序幕。此后几年中，对意式风情区38栋风貌建筑进行原汁原味修复，建成风情区步行街、海河音乐广场等，推进招商引企，形成具有意大利风情特色的商贸旅游区、休闲娱乐区、综合商住区。陆续完成扩建大悲院，建设大悲院商贸城、凤凰商贸广场、大悲院前广场、永乐桥及“天津之眼”摩天轮等项目。同时完成医院路、海河东路改造，李叔同故居、袁氏宅邸、奥国领事馆等重建。至2007年，“两团一线”开发项目基本建成并相继对外开放，辐射带动了全区经济社会发展。

四、实施跨越发展战略

进入21世纪，面对河北区经济总量不高、实力相对薄弱的状况，区委提出，必须解放思想，更新观念，发挥后发优势，突破制约因素，实行超越战略，推进跨越发展。2003年，围绕市委提出的“三步走”战略和“树立新标准，实现新突破，展现新面貌”的要求，河北区上调了经济指标。国内生产总值由增长17%调整为20%；留区税收由增长15%调整为16%，按18%组织落实；社会消费品零售总额增长19%；利用外资额增长40%。并提出6项重要举措，即在招大商引大资上下功夫，突出发展服务业，放手发展个体私营经济，深化企业改革，大力发展工业园区，推动城市建设管理和社会事业发展再上新水平。7月，在区委八届四次全会上提出“一年一变化，三年大变化，四年翻一番”的工作目标，将原来经济指标“五年翻一番”调整为“四年翻一番”。经过全区上下聚精会神搞建设，一心一意谋发展，到2006年年底，区属口径生产总值完成52.1亿元，是2002年的2.31倍，年均递增22.7%；区级财政收入完成5.68亿元，比2002年纯增约3亿元，年均递增20.54%；内联引资到位额26.5亿元，外资到位额3370万美元，是2002年的4.7倍和5.52倍。主要经济指标实现了“四年翻一番”工作目标。

2006年，区第九次党代会在提出实施“四三二一”奋斗目标的同时，还提出到2010年，全区地区生产生产总值年均递增20%，四年翻一番；留区财政收入年均递增18%，五年突破13亿元的奋斗目标。为实现这一目标，全区上下创新思路，奋力拼搏，使全区经济发展进入一个新的上升期，2009年，财政收入完成13.43亿元，实现三年翻一番，提前两年完成了任务。2010年，地区生产总值完成128.32亿元，是2006年的2.45倍，年均增22.52%；财政收入完成18.57亿元，是2006年的3.25倍，年均增长20.82%。均实现了跨越发展。是年，区委提出发展沿河、地铁、高档楼宇“三个经济”，实施开发带动、产业升级、政策吸引、环境保障、和谐共建“五大战略”，延续提升了跨越发展的思路。

第二节　专项决策

一、实施危改工程

改善居民住房条件，一直是区委决策的重中之重。

1976年7月，受唐山大地震的影响，全区81900间、281万平方米房屋倒塌或损坏，受灾人口5万多人。区委、区政府将修复重建震损房屋作为重点工作，制定“零散与成片相结合，试点与推广相结合”的修复重建思路，至1980年，修复50085间，拆除临建3480间。1981起，在三戒里等6个重点片重建4394间，修复公房6298间、私房21000间，至1985年初，震损重建工作全部结束。1985年，河北区在八马路、吕纬路小区进行试点，开始实施“三级跳坑”住宅改造工程。“三级跳坑”住宅，系指屋内地面比院子低，院子比胡同低，胡同比马路低的住宅。至1988年，全区改造“三级跳坑”住宅4572间，建筑面积6.91万平方米；新建和翻盖住宅总面积13.36万平方米。1997年，河北区实施平房改造，先后对王串场14段及七一二厂平房进行了改造。

1993年，为落实市委、市政府作出用5—7年基本完成成片危陋房屋改造的重大决策，区委、区政府确定用5—7年，分三个阶段对全区成片危陋房屋进行改造：第一阶段用两年半左右改造小关、小树林地区，第二阶段用两年左右改造小王庄及八马路地区，第三阶段用两年把全区余下的成片危陋房屋改造完毕。1993年起，平均每年拆除危陋房屋30万平方米，施工200万平方米。危改之初，市委、市政府下达河北区危改任务26片，119.79万平方米。到1998年，全区完成危改拆迁122.12万平方米，还迁安置居民3.96万户，在最短时限内完成任务。

1999年，区委提出做好“后危改”工作思路，发扬危改精神，继续实施鸿基花园、万松花园、陈家沟片、王串场24段、天津二中高中示范校、金纬立交桥、建昌道供热工程等项目。至2000年，全区拆除危陋房屋140万平方米，5万多户、20多万人迁入新居。21世纪初，以“三小”地区为代表的大面积成片危陋平房已不复存在，危改被城市房屋征收取代。

二、推进产业结构调整

改革开放后，为改变作为老工业区的产业单一落后状况，河北区大力推进产业结构调整。“八五”时期，为贯彻党中央、国务院《关于加快发展第三产业的决定》，区委提出了以社会化、产业化为方向，加快第三产业发展的意见，确定到“八五”末，第三产业增长速度、就业人员要高于第二产业，产值收入达到20亿元以上。重点放在4个方面：房地产业，商业饮食服务业、仓储服务业，信息业、咨询业和技术服务业，教育、科研、卫生事业。“十五”时期，确立产业结构调整的重点是大力发展商业贸易、饮食服务、旅游观光、文化娱乐、房地产开发、信息中介社区服务等传统和新兴的第三产业，以科技为先导发展都市型工业。“十一五”时期，将结构调整作为全区发展的主线和战略任务，积极推进服务业、文化旅游业、都市型工业发展。2009年，结合“创意河北”的功能定位，区委九届十一次全会提出，要提高创意产业发展水平，加快文化旅游业发展步伐，提升金融业发展档次，推进楼宇经济开发培育工作，壮大新型都市工业规模。到2010年，河北区创意产业快速发展，金融业创新提升，旅游业形成品牌特色，都市型工业不断升级，区域经济特色逐步形成。产业结构的优化升级，对全区经济发展起到重要推动作用。

三、推进企业产权制度改革

随着市场经济的建立，区属国有、集体企业体制机制不适应性越来越突出，效益低下，亏损负债严重，制约了全区经济社会的发展。2004年，面对严峻形势，区委按照中央和市委精神，本着“不求所有，但求所存”出发点，确立“以党的十六届三中全会精神为指针，以产权制度改革为核心，以吸引民营资本和社会资本进入为突破点，全面推进商业企业股份制改制，实现投资主体多元化，加快建立现代企业制度，使各类中小企业真正成为更具活力的市场竞争主体”的指导思想，成立区企业产权改革领导小组，制定实施意见，提出妥善安置职工、确保改革稳定实施、焕发企业活力三项原则，规范了企业改制步骤和程序。

大天津糖酒食品公司、龙门大厦实现整体改制退出国有；区服务公司吸收社会法人参股实现投资主体多元化；区副食公司下辖的宏发商贸公司整建制划给北京物美集团公司，实行托管经营；区粮贸公司、天北餐饮公司、创元工贸公司、万龙商贸公司等通过职工入股等方式转化为股份制。至2004年，10个商业公司产权制度改革基本完成。其中，7个实行整体转制，2个随项目运作，1个随市公司进行转制。通过改制，利用市财政资金和金融机构政策支持，核销了总计9.81亿元沉积债务，解除了历史包袱；为企业拿回一批“房产证”“土地证”，盘活了20.44万平方米场地资源；吸纳了近4亿元社会资本，为企业注入了活力；近万名职工得到较妥善安置，保持了企业和社会稳定，实现了与市场接轨。

2005年，按照“产权清晰、权责明确、政企分开、管理科学”的现代企业制度要求，通过实施6家整体改制、16家拆迁、6家出售、1家破产4种形式，区属29家工业企业改制基本完成。翌年，对接收市下放的36家工业企业改制基本完成，解决了15亿元沉积债务，1.9万名职工得到安置。

第四章　组织工作

中共十一届三中全会后，全区党组织工作有效开展，通过坚持开展各项专题学习教育活动，各级党组织战斗堡垒作用和广大党员先锋模范作用增强，干部选用与管理工作、基层党建与管理工作和老干部工作日趋规范。

第一节　机构设置

1979年，区委组织部设组织科、干部科、青年干部科。1983年12月，成立老干部局，归口组织部。1993年4月，干部科更名为干部一科，青年干部科更名为干部二科。1995年3月，设秘书科。1997年3月，组织部设5个科室：干部一科、干部二科、组织科、秘书科、办公室。核定编制26名，其中部长1人、副部长2~3人。2002年2月，党政机关机构改革，组织部内设机构不变，行政编制由26人调整为25人。2007年4月，设干部监督科，编制自行调剂。2009年8月，干部监督科更名为干部监督室，设主任1人。

第二节　学习教育

一、真理标准问题大讨论

1979年3月，全区党员干部开展“实践是检验真理的唯一标准”大讨论，批判“两个凡是”错误思想，端正了思想路线，把思想统一到中共十一届三中全会决议上来，为工作重点转移到经济建设上来打下思想基础。1981年6月以后，组织党员干部学习《关于建国以来党的若干历史问题的决议》，广大党员干部澄清了在全面否定“文化大革命”以及评价毛泽东和毛泽东思想等重大问题上的模糊认识，坚定了拥护党的领导、坚持社会主义道路的信念。

二、全面整党

1982年9月中共十二大提出全面整党任务后，区委按照《中共中央关于整党的决定》，明确了全区整党任务：统一思想，整顿作风，加强纪律，纯洁队伍。全区有687个单位、10921名党员参加整党，按照要求从机关到基层，自上而下，分期分批进行。1984年1月，成立区委整党工作领导小组。至1987年上半年，全区分3期完成整党任务。这次整党增强了党员的党性观念，发挥了党支部的战斗堡垒作用，体现了党员的先锋模范作用，促进了安定团结，纯洁了党的组织。

三、清除精神污染

1983年11月，针对当时理论界、文艺界存在精神污染问题，区委制定实施《贯彻中央36号文件精神，解决精神污染问题的意见》，广泛发动群众清除资产阶级思想影响，清理在社会上流传的黄色录像、录音、书刊、小报等淫秽物品。

四、反对资产阶级自由化

1987年3月，针对思想理论界出现的一股鼓吹资产阶级自由化的思潮，区委印发《关于坚持四项基本原则，反对资产阶级自由化的意见》，教育党员干部坚持四项基本原则，全面正确理解中共十一届三中全会以来的路线、方针、政策，在思想、政治和行动上同党中央保持高度一致，旗帜鲜明地反对资产阶级自由化。

五、战斗力工程

为大力加强基层党组织建设，河北区于1995年实施战斗力工程。1996年4月，区委书记史晓成就实施该工程接受天津电视台专访。8月，区委召开基层党组织实施战斗力工程研讨会。10月，区委召开河北区实施战斗力工程工作推动会。1998年2月，区委召开战斗力工程总结表彰大会，全区有724个基层党组织达到标准，占全区基层组织80%以上。

六、三讲教育

按照中央和市委统一部署，开展以“讲学习、讲政治、讲正气”为主要内容的党性党风教育活动。1999年7月至2001年6月，分5批在区级领导班子和领导干部，区五大机关处级领导班子和处级干部（区五大机关部门60个，处级干部126人，教育单位27个），街道、局处级领导班子和处级干部，14个独立处级事业单位（6所医院、8所学校）领导班子和领导干部，区属企业领导班子及成员中进行。通过教育活动，初步解决各级领导班子和领导干部在党性党风方面存在的突出问题，2000年5月始，全区分批次开展“回头看”活动。

七、学习贯彻“三个代表”重要思想

2000年，河北区先后召开会议推动“三个代表”重要思想的学习贯彻。区委召开七届九次全体（扩大）会议，通过《中共河北区委关于深入学习贯彻江泽民同志“三个代表”重要思想的决定》，要求全区各级党组织和广大党员把学习好、贯彻好、落实好“三个代表”重要思想作为当前的头等大事，推动各项工作上水平。区政府机关党委召开“表扬先进暨贯彻‘三个代表’重要思想，促进经济发展誓师大会”。区委召开纪念中国共产党成立79周年大会，要求全区各级党组织和广大党员以“三个代表”重要思想为指导，全面加强党的自身建设，推动全区经济社会发展。

八、先进性教育

2005年，按照中央和市委统一部署，全区38个基层党委、129个党总支、940个支部、28809名党员开展以实践“三个代表”重要思想为主要内容的保持共产党员先进性教育活动，围绕“提高党员素质、加强基层组织、服务人民群众、促进各项工作”要求，认真解决党员和党组织存在的实际问题和制约全区加快发展的重大问题。区党政机关和部分事业单位5000余名党员参加第一批（1—6月）教育活动；企事业单位、街道社区、教育卫生系统所属基层单位及社会团体等参加第二批（7—12月）教育活动。集中教育结束后，各单位用2~3个月巩固和扩大整改成果。

九、践行科学发展观

2009年3月，按照中央和市委的统一部署，在全区分批开展深入学习实践科学发展观活动。第一批于2009年3—8月基本完成，第二批于2009年9月至2010年2月基本完成。确定了“解放思想增活力、科学发展增实力、加快建设新河北”的活动载体，把学习实践活动同“保增长渡难关上水平”活动相结合，深入开展“为企业办实事、为群众解难题”活动，解决了一批影响和制约科学发展的突出问题，为群众办实事2603件。2009年12月25日，中央政治局常委、中央书记处书记、国家副主席、中央党校校长习近平在中央学习实践活动领导小组办公室简报（968期）上批示：“天津市河北区如皋里社区在学习实践活动中以打造家园型、花园型、服务型社区为着力点，完善居民自治，改善社区环境，服务党员群众，给城市社区建设注入了新的理念，建议给予关注，跟踪研究，总结推广好的经验。”

第三节　干部选用与管理

一、选拔任用

1991年，健全干部代职制度，选调18名中青年干部到区机关和基层单位代理处级领导职务。对44名处级干部进行岗位交流。1992年，印发《河北区处级后备干部工作制度（试行）》，进一步明确处级后备干部的资格、条件、推荐程序。1994年，调整经济部门领导班子72个，占处级领导班子总数60%；调整处级干部185人，占处级干部总数45.9%。16个街道分管经济、科技副主任基本配齐。1995年调整处级班子70个、处级干部146人，提职87人，其中党政正职21人。给妇女权益相关部门配齐女干部，在全市率先为监察、司法部门配齐党外干部。1998年，民主推荐区级党政后备干部22人，形成100名处级后备干部人才库。根据商业企业转制试点单位实际，制定《关于原区管（处级）企业转制后领导人员管理权限的暂行意见》，增强了企业用人的主动权。1999年，民主推荐一批40岁以下、有高学历和专业知识的干部充实到区后备人才库。2000年，在街划调整中，52名副处级干部经竞争上岗任用48人。在全区党政机关公开招考副处级干部10人，充实到街道第一线。推荐区级党政副职后备干部18人，处级正职后备人选126人、副职后备人选243人。2001年，对7个商业企业领导班子进行重组调整，共调整36人。2002年，面向全区公开招考9个副处级职位，10名干部被录用。2005年，调整领导班子36个，选拔任用处级干部51人。其中，面向全区公开选拔任用处级干部6人，平均年龄33.8岁，为全市公开选拔副处级领导中年龄最低。2009年，制定《河北区关于对提任处级领导干部拟任人选进行无记名投票表决的实施办法（试行）》。在教育系统正处级校长选任工作中，实行民主推荐提名后二次推荐选拔机制。2010年，在全区竞争上岗选拔副处级领导干部工作中实行差额票决，选任6名干部。在参加全市公开选拔处级领导干部统一联考中选拔10人。其中，区外干部3人，平均年龄34.4岁，硕士研究生及其以上学历6人（含在读博士生2人）。选派年轻干部到基层一线挂职锻炼。

二、考察评议

1982年，对全区67个领导班子、219名领导成员及准备进班子的中青年干部进行考察。对5个部门领导班子进行调整充实。1988年，对全区24个街道、局、公司的93名领导干部进行民主评议，参评干部群众1400多人。1994年，对104个处级班子、367名处级干部进行民主评议，评出优秀班子16个，优秀处级干部55人。1996年，开展争做人民好公仆活动。2002年，开展评选“好书记、好局长、好主任、好经理”活动。2006年，对3名不胜任的处级干部给予免、降职处分，对测评不称职干部进行诫勉谈话。2007年，实施处级班子和领导干部年度经济社会发展目标责任制考核制度，对出现问题的3名领导干部进行诫勉交流。

三、监督管理

区委组织部干部监督科成立后，采取培训、竞赛、征文、宣讲等形式，不断加大对四项监督制度和两项法规等选人用人政策法规的学习宣传力度。编印《干部选拔任用和监督管理工作文件汇编》，建立“干部选拔任用政策法规知识测试题库”，定期对全区组织干部进行测试。2008年6月，召开干部监督工作会议，通过职数审核、方案审批、履职报批和列席基层党委（党组）两次讨论决定干部任免会议，加强对科级干部选拔任用工作全过程监督。通过严格监督，避免21起违规用人问题发生，此项工作被评为全市干部监督10项特色工作之一。

第四节　基层党建与党员管理

一、基层党组织建设

1979年，大批企业职工退休后组织关系转到居住地，因此居委会党支部发展较快。1986年全区有党委（组）30个，总支12个，支部786个。1995年，全区有党委（组）42个，总支22个，支部918个。2003—2007年，开展创建以强组织、强班子、强队伍，在改革发展稳定中创先进、当先锋、争示范为主要内容的“强基创先”工程活动。2008年，开展创建先进党组织和党建工作示范点活动。2009年，以社区党组织换届为契机，在8个试点社区探索实施“公推直选”。在全市社区党组织创建活动评比验收中，如皋里社区党组织被评为市级示范社区党组织，丹江里等5个社区党组织被评为市级先进社区党组织。全区有2个社区达到市级示范社区党组织标准。2010年，创建区级先进党组织119个和党建工作示范点27个。

二、党员管理

1991年，围绕纪念中国共产党成立70周年，开展争先创优活动和“忆传统，作贡献，做新时期合格共产党员”教育。1994年结合评议领导班子开展民主党员活动，全区13545名党员参加评议，参评率86%，评出优秀党员1191人，合格党员12339人，处理有问题党员5人。1996—1998年，实施“战斗力工程”，912个支部和14848名党员参加。2000—2001年，在区有线台开播《河北党建》专栏。2002年开展“奉献社区，服务群众”主题实践活动，444个基层党组织、6749名在职党员参加，395个单位党组织与社区党组织建立共建关系，开展共建活动596次，在职党员参与社区活动2534人次。2007年，开展“走在时代前列，争做时代先锋”主题实践活动，表彰10个干事创业先进基层党组织标兵和20名干事创业优秀共产党员标兵。2009年，在全市率先实现党组织党员信息库网络化管理，并在2009年度全国组织系统信息库建设专题培训班上作发言。

第五节 老干部工作

一、机构设置

1983年12月，区委老干部局成立，工作对象主要是1949年9月30日以前参加革命工作并办理离休手续的老干部和正处级及其以上退休干部。2002年2月，老干部局归区委组织部管理，下设办公室、待遇管理科、活动指导科，编制11人(9个行政编、2个工勤事业编)；局老干部活动中心为全额拨款科级事业单位，编制11人。1995年，101名正处级及其以上退休干部纳入区老干部局，与离休干部一同管理。2010年，全区有离休干部、正处级及其以上退休干部单位60个。其中，离休干部单位41个，离休干部302人。离休干部中包括行政单位89人、事业单位158人、企业单位55人。正处级及其以上退休干部381人，其中正司局级8人、副司局级29人、正处级344人。1995—2010年，离休干部去世293人，正处级及其以上退休干部去世45人。2010年，有离退休干部党支部28个。

二、待遇落实

区委老干部局成立后，落实老干部政治待遇和生活待遇。在政治待遇上，每年春节前召开区老干部迎新春联欢会，区委书记在会上向老干部通报区情。每两年召开1次区老干部工作总结表彰大会。每年春节前，老干部“三支队伍”(支部书记队伍、理论组队伍、宣传员队伍)召开总结大会。2008年5月，成立区委老干部党校。每年举办培训班2次，培训100多人次。在生活待遇上，落实老干部“三项机制”(离休费保障机制、医药费保障机制、财政支持机制)，每年春节前，区领导带队慰问离退休区职老领导。每年为离退休干部进行体检。组织离退休干部外出健康疗养和参观考察。截至2010年，共为105位老干部拍金婚照。坚持“冬送温暖、夏送凉爽”走访慰问。为80岁以上老干部祝寿，在老干部79周岁和89周岁时区主要领导上门祝寿。

三、发挥作用

1987年5月，组织12名老干部建立老干部工作推动组，反映老干部的情况和要求，协调有关部门解决问题。1994年11月，成立区老干部关心下一代工作委员会，利用“五老”(老干部、老教师、老模范、老战士、老专家)优势为关心培养青少年做好工作。2002年8月，组建老干部宣传员队伍，将党的方针政策及时传达给老干部。2003年3月，成立老干部理论学习组，每月10日为学习日。2005年7月，白方礼被评为全国关心下一代工作先进个人。2010年3月，成立老干部党政工作咨询委员会。

四、文体活动

1989年8月，区老干部活动中心设在王串场公园，建筑面积2400平方米，设有会议室、健身室、书画室、阅览室、浴室、门球场等，建立门球队、台球队、象棋队等。每年举办庆“三八”九九重阳节老干部联谊、趣味运动会、书画笔会、台球赛、文艺演出等活动。2002年成立老干部局合唱团，2007年参加市第三届老年文化艺术节获银奖。2008年，本着在原单位隶属和供养关系不变、工作部门服务管理职责不变、各项待遇不变、本人自愿的原则，老干部改由社区进行服务管理。在区少儿图书馆建立老干部象棋队活动阵地，在鸿顺里街道二五四社区建立书画活动站等。2008—2010年，区委老干部局2次被评为市老干部工作先进集体，区老干部活动中心被评为市老干部活动中心(室、站)建设先进单位、市老干部体育活动先进集体，如皋里社区、丹江里社区、福嘉园社区、艳泉里社区先后获市社区离退休干部服务单位先进单位称号。

第五章　宣传工作

中共十一届三中全会后，河北区宣传部门围绕党的中心工作，结合本区实际组织开展多种形式的宣传活动，形势教育、党员教育和理论教育均取得实效。

第一节　机构设置

1974年10月，恢复宣传部工作。1980年5月，宣传部设办公室及报道、党教、理论、宣传等科室，在编18人。2002年2月，区党政机关机构改革，区委宣传部机关行政编制14人，其中部长1人、副部长2人；设秘书、宣传、理论教育、党员教育4个科。

第二节　宣传教育

一、形势教育

1979—1981年，组织干部群众学习中共十一届三中全会精神，结合全区实际开展实践是检验真理标准问题的大讨论。开展法制宣传教育活动，组织21场辅导报告会，1.5万人参加。1982—1985年，组织121人的宣讲团到基层宣讲中共十二大报告116场，4万多干部职工听讲。开展爱国主义和共产主义思想教育及廉政建设教育。1984—1986年，在广大群众尤其是青少年中开展利用乡土教材进行爱祖国、爱家乡教育。1986—1987年，开展全区改革成果宣传，区委宣传部与区工会联合举办“坚持改革，献身四化”巡回报告会28场，与会2万多人。进行坚持四项基本原则、反对资产阶级自由化，以及增产节约、增收节支、艰苦奋斗、勤俭建国教育。1988—1990年，开展党在社会主义初级阶段基本路线教育、以治理整顿和深化改革为内容的形势教育。1991年，开展“八五立功夺金牌”活动和“颂祖国、赞家乡”主题征文活动。1993年，开展“想实招、渡难关、保过半、促发展”宣传教育活动，以及“寻求新经济增长点，加速实现大发展”大讨论。1994年，开展“六学三比”（学理论、学文化、学科学、学技术、学业务、学外语和比学习、比本领、比贡献）竞赛活动。开展以指标上台阶、工作上水平、单位上名次为内容的创优争先竞赛活动。1995年，全区首批确定12个爱国主义教育基地，市委宣传部在河北区召开爱国主义教育现场会。召开区领导“学习孔繁森，做人民公仆”专题民主生活会和学习孔繁森事迹座谈会，组织劳模宣讲团开展学先进宣讲周活动。1998—2002年，围绕迎接新世纪、庆祝港澳回归、中国共产党成立80周年、中华人民共和国成立50周年、欢庆元旦和春节等，开展“爱党、爱国、爱社会主义”主题教育活动和“弘扬危改精神，加快河北发展”建言献策活动；举办爱国主义教育活动月活动周、读书节、电影节、知识竞赛、歌咏比赛、河北区“八五”成果展，组队参加市庆祝中国共产党成立80周年歌咏比赛获一等奖。开展唯物主义和无神论教育。学习宣传身边先进典型，如再就业明星王春美、优秀园丁李寿康、双拥模范王贵武、百姓贴心人李向阳等。2001年，宣传“津门时传祥”区环卫局职工顾月海。2002年，宣传爱民模范董士俊、李越，抓思想政治工作、促企业改革发展的党委书记陈正，以及金泰热力中心、意式工业园区、新闻大厦、宏发超市、龙马购物广场、王串场体育公园等先进集体。宣传模范纳税人。2003年，开展“弘扬危改精神，加快河北发展”大讨论，举办“我看家乡新变化”群众摄影大赛。2007年，举办“全国十佳公诉人”区检察院郝静事迹报告会。宣传报道一批干事创业争一流先进典型。2008年，召开公安消防河北支队一中队冰河救人事迹报告会和赴四川灾区抗震救灾人员先进事迹报告会，举办3场“纪念改革开放三十周年，感动你我他”先进事迹报告会，建立河北区先进典型素材库。2009年，开展“保增长渡难关上水平”宣传活动。白方礼当选100位中华人民共和国成立以来感动中国人物并获海河骄子称号，张士珍、顾月海、曹禺获海河骄子称号。2010年，举办干事创业攻坚克难专题报告会。

二、党员教育

中共十一届三中全会后，在全区党员中开展学习三中全会精神和真理标准问题大讨论，组织学习《关于建国以来党的若干历史问题的决议》。开展端正思想路线教育，轮训6466人，占党员总数78%。1983—1987年，组织学习《中共中央关于整党的决定》，开展端正党风教育，组建优秀党员报告团，召开端正党风报告会。1988—1989年，进行坚持“一个中心，两个基本点”党的基本路线教育。开展纪念“七一”万名党员争标兵和“为党旗增辉，向国旗献礼”奉献日活动。开展向蔡秀细学习和评“十佳党员”活动。1990年开展做“四个模范”（胸怀理想扎实工作模范、奋发进取无私奉献模范、遵纪守法勇于斗争模范、艰苦创业公正廉洁模范）党员达标竞赛。1991年开展营造“先锋林”党员实践教育活动，50多个单位1300多名党员参加义务劳动。1995年开展学习孔繁森、做人民公仆和共产党员人生观演讲活动。1998—2002年，对26所基层党校215名专兼职教员进行系统培训。举办党员轮训班12期、新党员培训班15期。制定《党员社区生活守则》《河北区基层党校管理办法》等。1998年区教育局党校获市优秀基层党校称号，2002年新开河街道工委党校获市示范基层党校称号。2002—2006年，结合党的先进性教育，开展“千名书记讲党课”活动，听讲党员和入党积极分子10万人次。开展“践行‘三个代表’我为河北区大变化作贡献”等主题实践活动。2007年，开展“千名书记讲党课、千堂党课进社区”“坚持科学发展，在建设和谐河北中当先锋作表率”等党性实践活动。中宣部《党建》和《学习与思考》刊物，分别于2008年和2010年刊登河北区讲党课经验。2010年，开展“学先进，创佳绩，立足本岗作贡献”党性实践活动。

三、理论教育

1979年，组织学习《十一届三中全会决议》，开展真理标准问题的大讨论，举办7期领导干部学习班培训460人。1990年，各街道、局、公司及区级机关建立干部理论学习档案。1991年，围绕河北区经济工作，举办领导干部经济理论学习班，学习党史、党建理论和社会主义商品经济理论。1997—2002年，组织学习邓小平理论、“三个代表”重要思想。2002年7月，中共中央政治局委员、市委书记张立昌在市委《督查专报》刊发的《河北区组织区级领导集中学习〈大力加强领导干部党性修养〉》一文后批示：“新班子，好学风。”开展邓小平理论“进课堂、进社区、进家庭”活动。2003—2006年，举办党政主要领导干部“牢记‘两个务必’，加强执政能力”专题研讨班。举办8期处级领导干部学习贯彻“三个代表”重要思想轮训班。举办树立科学发展观、提高执政能力建设等内容报告会。2003年始，在各级中心组中开展“精读一本书、精讲一堂课、精写一篇文章”的“三个一”活动。2005年，制定《加强处级党委中心组理论学习监督和考核的实施办法》。2007年，举办处级主要领导干部“用好上升期 推进新跨越”专题研讨班。2008年，召开全区“解放思想、干事创业、科学发展”动员大会。2010年，印发《关于开展学习型党组织创建活动的安排意见》。市学习型党组织创建活动简报以《河北区福嘉园社区以文化引领拓展学习型党组织创建活动》为题，介绍福嘉园社区创建活动经验。

第六章　纪检监察

区纪检监察部门成立后，按照标本兼治、综合治理、惩防并举、注重预防的方针，履职尽责，维护了党纪国法。1979—2010年，共查处党员干部违纪违法案件518件，给予党纪政纪处分297人，党风廉政建设面临的形势十分严峻。

第一节　机构设置

1979年7月，中共河北区纪律检查委员会筹备组成立。1983年12月，中共河北区临时纪律检查委员会成立。1984年7月，中共河北区纪律检查委员会成立。1985年12月，中共河北区第四次代表大会选举产生中共河北区纪律检查委员会领导机构。1987年12月和1992年12月，先后召开的中共河北区第五次、六次代表大会选举产生中共河北区第五届、六届纪律检查委员会。1993年6月，区纪委与区监察局（1988年3月成立）合署办公。1997年12月、2002年11月、2006年12月，先后召开的中共河北区第七、八、九次代表大会选举产生中共河北区第七、八、九届纪律检查委员会。合署前区纪委设办公室、教育室、纪律检查室、审理室，另有挂靠单位廉政办公室。合署后设8个室：办公室、信访室（包括举报中心）、教育室、调研室、案件审理室、纪检监察室、执法监察室、党风廉政建设室。2002年2月，区纪委、区监察局调整为8个室：办公室、信访室（区维护廉政举报中心）、教育室、调研室、党风廉政建设室（廉洁自律办）、纪检监察室、案件审理室、执法监察室（纠风办），迄2010年。

1979—2010年河北区纪委书记名表

表4-8

时　间	机构名称	书　记
1979.7.21—1983.12.27	中共河北区纪律检查委员会筹备组	王锡珍（兼组长）1979.7—1981.10
1983.12—1984.7	中共河北区临时纪律检查委员	郭勇 1983.12—1984.7
1984.7—1985.12	中共河北区纪律检查委员会	郭勇 1984.7—1985.12
1985.12—1989.12（第四届纪委）	中共河北区纪律检查委员会	郭勇 1985.12—1987.7 田志广 1987.7—1989.12
1989.12—1992.12（第五届纪委）	中共河北区纪律检查委员会	田志广 1989.12—1992.12
1992.12—1997.12（第六届纪委）	中共河北区纪律检查委员会	何象庭 1992.12—997.9 吴中澄 1997.9—1997.12
1997.12—2002.11（第七届纪委）	中共河北区纪律检查委员会	吴中澄 1997.12—2002.4 张俊英 2002.4—2002.11
2002.11—2006.12（第八届纪委）	中共河北区纪律检查委员会	张俊英（女）2002.11—2006.12
2006.12—（第九届纪委）	中共河北区纪律检查委员会	田金萍（女）2006.12—

第二节　案件查处

1979—1985年，区纪检部门先后抓了在招工中走后门、分房建房中以权谋私、滥发奖金实物、用公款请客送礼等严重不正之风。全区查处党员违纪案件231件，给予党纪处分91人，其中开除党籍10人。1986—1989年，查处贪污受贿、非法经营、观看淫秽录像、参与赌博及严重官僚主义失职错误等违纪案件。全区立案查处党员违纪案件65件（经济违纪27件，生活腐化堕落16件，其他违纪22件），给予党纪处分45人（开除党籍9人，留党察看11人，严重警告和警告25人），其中处级及其以上9人、科级及其以下24人。1990—1992年，重点查办干扰破坏经济建设等违纪案件。查处党员违纪案件52件（经济违纪36件，生活腐化堕落11件，其他违纪5件），给予党纪处分38人（开除党籍7人，留党察看5人，严重警告和警告26人），其中处级及其以上3人、科级及其以下32人。

1993—1997年，重点查办党政领导机关、行政执法机关、司法机关、经济管理部门违纪案件。查处党员违纪案件78件，给予党纪政纪处分36人（开除党籍15人，留党察看4人，严重警告7人，警告7人；开除公职7人，行政撤职2人，行政记过3人；免予处分2人），其中处级及其以上案件29件、科级及其以下案件21件。1998—2002年，重点查办党政领导机关、行政执法机关、司法机关、经济管理部门和处级及其以上干部案件。共查结案件35件，给予党纪政纪处分33人，其中处级及其以上7人、科级及其以下18人，挽回经济损失170余万元。2003—2006年，重点查办违反政治纪律案件和贪污、受贿、挪用公款案件，以及企业重组、改制、破产中国有资产严重流失等案件。立案查处违纪违法案件32件，给予党纪政纪处分27人，其中开除党籍19人、留党察看1人、严重警告2人、警告4人、行政处分1人。2007—2010年，重点查办党员领导干部滥用职权、贪污贿赂、失职渎职的案件，利用人事权、司法权、行政审批权、行政执法权谋取私利的案件，严重违反津贴补贴有关规定的案件。立案查处违纪违法案件25件，给予党纪政纪处分27人，其中开除党籍14人、留党察看1人、严重警告4人、警告4人，行政处分4人。

第三节　党风廉政建设与监督

一、党风廉政建设

1979年区纪委筹备组成立后，开展维护党规党纪教育。1984年区纪委成立后，通过查处典型案件进行党风、党纪、党性教育。

1998年年初，全区推行党风廉政建设责任制，制定《关于推行党风廉政建设责任制工作实施意见》。3月，召开河北区党风廉政建设责任制签状大会，各级党政领导逐级签订责任状。4月，河北区被市纪委定为市党风廉政建设责任制试点单位。1999年5月，调整充实党风廉政建设责任制领导小组。2000年4月，制定《河北区关于党风廉政建设责任追究实施细则》。全区424名副处级及其以上领导干部签订党风廉政建设责任状。2005年区委下发文件，把党风廉政建设和反腐败工作纳入全区总体工作。在全区党员干部中开展以贯彻落实《建立健全教育、制度、监督并重的惩治和预防腐败体系实施纲要》为主线、以倡导廉政文化为内容、以“廉风伴我行”主题系列教育活动。2008年，区委制定《关于进一步落实党风廉政建设责任制的意见》，至2010年，各单位党风廉政建设责任制得到普遍加强。

二、党风廉政监督

1983年起，制定并实施每年抓一次各级党组织党风对照检查制度。各单位党组织召开生活会，就党风党纪方面存在的问题，开展批评与自我批评，明确努力方向。1988年6月，修订区委、区政府《关于加强廉政建设的十条规定》。1990—1992年，成立由区纪委、区监察局、区审计局和区内离休老同志、民主党派及职工代表参加的党风廉政监督组织，制定《河北区党风廉政监督组织规则》，形成监督网络。1999年，建立区领导干部任期经济责任审计联席会制度，建立领导干部廉政档案并实现微机管理。2003—2006年，以“权、钱、人”为重点，加大监督力度，做到关口前移、超前防范。建立纪委与组织部沟通机制，根据廉政档案、信访举报、调查核实等情况，对261名拟提拔领导干部进行廉政鉴定，防止“带病上岗”。2007—2010年，制定《关于进一步加强领导干部廉洁从政的规定》，对166人次新任职干部进行廉政谈话，350余名副处级以上领导干部进行廉政承诺。制定《关于完善处级领导班子“三重一大”集体决策制度的实施意见》，制定诫勉谈话办法，坚持领导干部述职述廉制度。对8个单位进行廉政工作巡视。

第四节　政务公开与纠风工作

一、政务公开

1996年，在国有企业中实行企务公开、民主管理工作。1998年，制定《关于实行政务公开制度的实施意见》，1999年，对全区50余个单位政务公开制度的落实、行政执法单位依法履行职责等情况进行督促检查，并把政务公开、民主监督工作延伸到居委会、卫生院和学校。2002年，各行政机关、事业单位办事公开分类目录编制工作基本完成，公开的内容、形式逐步规范。2006年，39个行政部门政务事项实现网上公开。2007年，行政机关和司法部门全部实现网上政务公开，制定《河北区政府信息公开规定》等5项配套制度。

二、纠风工作

1990年，成立区纠风办公室，加强重点部门、重点单位文明窗口行风建设，开展以企业评议执法管理部门、群众评议执法干部为主要内容的民主评议行风工作。在行政执法部门和窗口单位推行社会服务承诺制。1993—1997年，全面清理国家有关部委和市政府宣布取消的收费项目，取消32项自定的不合理收费项目。1998—2002年，坚持标本兼治、纠建并举方针，抓住群众反映强烈的热点问题，纠正乱收费、乱罚款、乱摊派不正之风。落实中央关于政法机关不经商精神，政法机关与所办企业彻底脱钩。狠刹发放使用各种代币购物券（卡）的不正之风。2003—2010年，全面推行义务教育阶段“一费制”，纠正医药购销和医疗服务中的不正之风，开通网上投诉热线，开展治理商业贿赂专项工作。

第七章　统战工作

区委成立后即设立统战部。中共十届三中全会后，全区爱国统一战线得到巩固和发展。2010年，河北区被确定为全市统一战线成员单位、树立和践行社会主义核心价值体系试点单位。

第一节　机构设置

1974年10月，统战部恢复建立，为区委、区革委办事机构。1980年5月，统战部由区委、区革委的办事机构改为区委办事机构，编制15人，其中含区政协人员3人。1986年，区委统战部设一科、二科2个科室。一科负责联系民主党派、工商联、党外知识分子、民族、宗教和个体劳动协会的工作；二科负责落实统战政策、对台、侨务、起义投诚人员、对外联络等工作，编制10人。2002年，河北区党政机关机构改革，统战部设秘书科、党派团体科、干部联络科。行政编制7人。2010年，为理顺民主党派专职干部的管理体制，将原由区政协代管5人、区工商联代管2人计7名民主党派专干编制列入区委统战部。

第二节　统战宣教和落实政策

一、宣传教育

1985年，成立河北区统战理论研究小组。1987年，成立区统战理论研究会。1992年，建立基层统战理论研究小组29个，成员209人，至1995年征集研究报告和论文442篇。2006年，建立统战理论研究课题负责制。2007—2010年，征集论文152篇。1993年5月，建立区社会主义学校。至1995年举办培训班7期，培训350人。组织40余名民主党派负责人和专职干部参加中央社会主义学院的统战理论培训班。2005年，举办多党合作专题培训班。2010年，河北区被市委统战部确定为统一战线成员树立和践行社会主义核心价值体系试点单位，组织民主党派、无党派人士、少数民族人士、宗教界人士、新的社会阶层人士、港澳台和海外代表人士开展2个月集中学习，中央统战部核心刊物介绍河北区经验。2004年8月，在全区非公有制人士中评出10名“社会主义事业优秀建设者”，马成喜、李士英、阎山林、苏建民、霍汉祥5名非公经济人士被授予天津市优秀民营企业家称号。

二、落实统战政策

1984年，对226名“三员一代”(政协委员、民主党派委员、工商联委员、人大代表)中非中共人士进行调查，其中为139人落实政策问题(结论清档、查抄财物、私产房被压缩、拖欠工资等)228件，至1986年全部落实。1999年，为16名原国民党起义、投诚人员重新颁发证明书，历史结论不当的得到纠正，开除公职的得到恢复，生活困难的给予补助，遗留问题全部解决。1996年，对12名特赦人员再次提高生活费标准。2004年始，每年对区教育系统2名“两航”起义人员发放生活补贴。

第三节　统战合作

一、合作共事

1987年，河北区在市统战工作会议上介绍坚持和完善党领导的多党合作制度、发挥民主党派参政议政作用的经验。1987—1991年，区委、区政府召开协商会、政策咨询会59次，政协委员及党外各界人士提出意见建议7038条。1991年，区委制定加强政治协商、民主监督一系列工作制度。1993年，区委批转统战部《关于进一步开展中共领导干部与党外干部谈心交友活动的意见》《关于做好党外后备干部选拔、培养工作的意见》《河北区选配党外人士担任政府及司法机关领导职务工作五年(1994—1998年)规划》，制定区委组织部、统战部、区政府人事室党外干部工作联谊会制度和区委组织部、统战部关于党外干部实职安排工作程序。1998年，推荐1名民建副主委担任全国政协委员。推荐50名党外人士担任区人大代表，其中民主党派成员25名。1996—2003年，逐步建立20余个合作共事制度。2004年，在市内六区率先举办社区统战工作研讨会。2005年，制定《关于加强政治协商制度建设的若干规定》等4个文件。2007年，制定《关于进一步加强统一战线工作的意见》《2007—2010年河北区统一战线干部教育培训计划》等。2008年，制定《河北区区域统战工作协调会简章》。每年区“两会”期间，各民主党派和无党派人士中的人大代表、政协委员所提交的议案、提案均在100件以上。

二、党外人士人才培养任用

1980—1993年，非中共人士担任区级领导39人(区人大常委会副主任9人、副区长5人，区政协副主席25人)，区人大代表267人，市人大代表78人，区政协委员436人，区政协常委70人。1996—2002年，9名党外人士在各部门单位任处级领导，12人任副处级领导。2003年，制定《党外干部工作五年规划》，确定60名党外后备干部名单，向市委统战部“十百千”工程推荐56名优秀党外干部，举办30人参加的党外青年干部培训班。2004年，建立党外干部人才库，确定26名党外干部为重点培养对象。建立66名职称在副高级及其以上党外人才库档案，成立党外青年干部联谊会。2010年，向市委统战部推荐32人为“党外代表人士六百工程”候选人。

第四节　民主党派工作

一、基层组织建设

1998年，民主党派开展基层组织“达标”活动，到2000年实现“达标”支部40个，市委统战部在河北区召开现场会推广此经验。1997—2010年，举办民主党派新成员和申请人培训班14期。2001年，各民主党派整理出组织建立以来、特别是1980年组织恢复以来的文书档案363册。在全市民主党派区级组织中率先完成建档工作。2010年，开展中共基层组织和民主党派基层组织共建活动，21个中共基层组织、33个民主党派基层组织（占民主党派基层组织51%）参加。

二、服务经济

1984年12月，召开各民主党派、各界人士为“四化”作贡献经验交流会。1989—1991年，在区民建、区工商联建议下，成立津北、中北等城市信用社，为区街企业提供贷款4.65亿元，实现利润708万元，上缴税款425万元；完成咨询项目400多项，实现经济效益1000多万元；兴办各类学校7所。1991—1995，年各民主党派、工商联和有关人民团体以经济建设为中心，连续开展“四个一”（搞一个调研，献一个计策，办一件实事，出一个成果）活动，搞调研168项，提建议1260条，办实事480件，创成果207个，引进项目、设备、资金计3672万元。1996年，组织各民主党派、工商联、侨联50余名专家，组成10个调研组，深入市下放到区17家企业，协助开拓市场、改进产品、加强现代化管理。1999年，组织民主党派到区街企业调研，帮助解决六大类31个科技难题。帮助江都路街供热站电网改造，每年节省开支16.6万元。为再就业人员培训4500人次。2003年，围绕为河北区大变化建言献策活动提出意见建议17条。2005年，召开民主党派、工商联负责人及有关专家参加的座谈会，对河北区“十一五”规划提出意见建议12项。2007年，与区政协、各民主党派共同推举54名专家学者作为区政府顾问的后备人选，邀请6名专家学者参与区文化旅游经济发展问题的论证，并与区政协共同举办河北区发展文化旅游经济论证会。围绕区经济发展50个重点项目，发动统战组织成员开展“一委一计”“一党一策”活动。2008年，选择区重点工程作为各民主党派联系服务点。2009年，走访企业230多家，协调解决问题30多个，介绍5个境外组织到区考察，提出建议1600多条，完成调研报告23篇。2010年，为制订区“十二五”规划提出意见建议10多条，形成65人的驻区单位党外人才后备队伍。发动统一战线组织成员为贵州毕节地区捐款57.4万元。

第八章　对台工作

改革开放后，河北区不断加大对台宣传和服务台胞台属的工作力度，交流往来日趋频繁，对台经济贸易日趋扩大。

第一节　机构设置

1979—1991年，全区对台宣传和联络工作分别由区委宣传部、统战部主管。1992年1月，区委台湾工作办公室（处级）成立，加挂区政府台湾事务办公室牌子。

第二节　宣传教育

一、区内宣传

1984—1986年，组织对台干部和有关人士参加培训和参观活动，举办台情报告会。1988年，通过党课教育宣传中共对台方针政策。1992年8月，以接待台胞探亲、发展两岸经贸关系为内容，举办对台干部培训班。1993年9月，组织对台干部学习《台湾问题与中国统一》白皮书专题培训班。1996年12月，对二十四中学、新开中学、渤海职校3所涉台教育试点校的领导和教师进行培训。1999年，在党校开设涉台教育课。区教委将11月定为涉台教育月。1999年，组织台胞、台属等批判李登辉鼓吹的“两国论”。2002年，市台办向全市印发《河北区台办、区教育局在全区教育系统针对中小学生特点开展涉台教育》简报。2006年，围绕反对“台独”开展对台方针政策宣传教育。2007年，制定实施《河北区关于开展涉台宣传教育活动的实施意见》。2009年，接待台湾TVBS电视台、台湾年代电视台到意式风情区、梁启超旧居等地拍摄电视片。2010年，推举台商、台胞、台属代表为区委办特聘信息员。区台办协助区委统战部建立台湾知名人士人才库。

二、对台宣传

1987年后，随着台胞来大陆探亲、旅游、经商人数增加，发动台属及涉台单位做好台胞接待工作。1989年春夏之交北京政治风波后，针对台胞中的种种疑惑，在台胞、台属中开展“三个一”(给海外亲人写一封信，打一次电话，寄一张照片)活动。1995年，协助市台办完成对台宣传电视专题片《海河潮》到河北区采访拍摄工作。2001年，协助台湾中视卫星传播有限公司拍摄海河东岸及意式风情区电视片，扩大河北区乃至天津市在台湾的影响。2002年，多次接待采访梁启超旧居、大悲禅院、李叔同书法碑林的台湾媒体，宣传河北区投资环境和对台工作方针政策。2006年6月，接待台湾东森电视台录制意风区节目。2009年，利用区北新文化传媒有限公司赴台考察之机，宣传区发展优势和招商项目。

第三节　对台经贸与交流

一、对台经贸

1990年，开展吸引台资工作，以有在台经商亲友的台属为重点，进行走访动员。1991年，提出“台属提线索、企业做文章、台办当红娘、共唱一台戏”的工作思路。接待台湾食品机械加工研究所一行到区考察洽谈。1992年，召开引资信息发布会，引台资1300万元。1993年，召开兴办台企经验交流会，接待台湾连锁店协会理事30余人考察洽谈。1994年，制定吸引台资的措施，实现协议引资额730万元，为台商投资的津裕电业有限公司争取贷款50万元。1995年，全区有台资企业10余家，引台资3000余万美元。1997年，完成10家台资企业认定工作，12名台胞领取台胞优惠证。2001年，促成台湾顶新集团与天津万松房地产公司合作投资1.2亿元，在金钟河大街建设乐购超市(今华润万家超市)。2002—2003年，引荐宏之伟艺术形象设计、长兴化学、三左机电等近十家台企落户河北区。2006年4月，接待台湾连锁加盟促进会理事长王国安考察房地产开发项目。借助上海台湾连锁加盟产业推介会，促成格林豪泰酒店到区内落户。2007年，聘请全国台企联监事长、市台企协会名誉会长丁鲲华为招商大使。2008年，接待台湾安全产业发展协会成员，大成、永和餐饮商户等到区考察，协助区内两岸咖啡做好宣传推介。2009年，全区有台资企业22家，注册资金269.5万美元。接待台湾房地产考察团3个，协助北新文化传媒赴台考察并与台湾动画协会签订动漫开发意向书。接待台湾中华两岸连锁经营协会商务考察团。2010年，接待市台企协会会长韩家宸一行，助推宏业达集团打造台湾特色楼宇经济。协助津裕电业向股份有限公司改制。

二、交流往来

1984年后，组织台胞台属赴北京、西安等地游览参观。1985年，制定接待台胞办法，建立台胞、台属活动之家。举办中秋怀念台湾亲友“月是故乡明”书画展览。1992年9月，举办台湾艺术大师黄君璧在大陆传人黄耘石画展。1993年5月，召开区首届台属代表大会，代表参会250名，成立区台属联谊会，推荐选举第一届理事会成员。1994年，在教育、卫生系统建立台属联谊分会12个。1995年，接待台北市幼稚教育考察团18人考察。1999年，接待台湾花莲师范学校访问团。协同区政协海外联谊会、侨联开展批判李登辉、迎接澳门回归等活动。2000—2004年，借助李叔同纪念活动，参与组织一系列与台湾方面学术交流活动。2001年4月，接待台湾中视卫星传播有限公司参观意式风情区。月牙河街道在全区率先成立街道台属联谊会。2002年，组织区内相关人士赴台考察，接待台湾文化考察团到大悲院地区、意式风情区考察。接待台湾《人权论坛》主编周幼非等到访者。2003年，组织区校办系统和部分台谊会理事组团赴台考察。纪念梁启超诞辰130周年之际，会同有关单位举办梁启超学术研讨会，接待台湾专家学者10余名，推动海峡两岸对梁启超的研究。2004年，以天津建卫600周年为契机，发表有关研讨两岸妈祖文化的文章。2005年，促成区实验小学与台湾台北县新和国小结为联谊学校，天津二中、十四中师生赴台进行文教交流，台湾海山中学到天津二中进行参访交流，两校结为友好学校。2008年，接待台湾文化产业协会等团组。2009年，先后接待国民党原副主席郝柏村、台湾海基会前会长辜振甫夫人、台湾中华妇女联合总会主任委员辜严倬云等。促成台湾动画协会与北新文化传媒集团公司进行交流。2010年4月，协助区人大代表社区考察团赴台考察。接待台湾“立法院”商务访问团、台湾鸿海集团总裁郭台铭、中国国民党荣誉主席吴伯雄等到意式风情区考察。促成天津十四中与台北县醒吾中学结为友好校。区委书记薛新立率团赴台考察，与台湾新竹市建立对口交流关系。

第四节 服务工作

1979—1984年，为21户台胞、台属落实政策，平反冤假错案2件，退还被占私产住房10户，清退查抄物资9户，落实户口和工作问题1户。1983年，区政协增加了台胞台属界别。1984年，区第六届政协有1名台胞任副主席、2名台属分任副主席和常委；区第九届人大有1名台属任区人大常委会副主任。1986年，区政府为4户台胞、台属解决住房等问题。1987—1998年，帮助解决台胞台属子女就学、住房、拆迁、遗产继承等200多件。2004年，建立处理涉台突发事件工作机制，妥善处理台企统泰食品厂下岗职工群体访事件。2007年，推荐7名台胞台属当选区第十二届政协委员，2名台商、5名台属当选特聘委员。10月，召开处理涉台突发公共事件（台商投诉）协调联席会议，制定涉台突发公共事件应急预案，成立区涉台突发公共事件办公室，妥善处理北京大旺食品有限公司天津分公司等涉台纠纷。2008年，走访台企台商，协调解决津裕电业资金拆借、上岛咖啡员工培训等问题。区台办协同区安监局对台企进行安全教育和检查。2009年，组织召开台企会议暨服务台商第一次季谈会，制定服务台企10项措施。为宝岛眼镜、津裕电业等协调解决店外广告牌等问题。台湾发生风灾后，组织台办工作人员为台湾风灾捐款。1998—2010年，先后对青少年涉台教育、台资企业、对台经贸等进行调研，撰写调研报告10余篇。

第九章 保密工作

河北区保密局成立后，贯彻“积极防范、突出重点、依法管理”的方针，《中华人民共和国保守国家秘密法》的有关规定得到有效落实。

第一节 机构设置

1991年4月，河北区保密局成立，与区委办为一个机构挂两个牌子。1992—2010年，区委常委、区委办公室主任兼任区委保密委员会主任。

第二节 主要工作

一、保密宣传

每年以报告会、培训班、图片展、警示片等形式开展《中华人民共和国保守国家秘密法》宣传教育周活动。1992年，制定下发《河北区“二五”规划期间开展保密法制教育的安排意见》。1995年，抓好保密法制宣传教育考核验收。1997—2001年，落实《河北区“三五”保密法制宣传教育规划》，全区95%的人接受普及保密法制宣传教育。2005年4—5月，以问卷调查方式检查验收“四五”普法工作。2010年6月，对“五五”普法工作进行检查验收。

二、保密检查

1991年，制定《保密工作检查考核标准》。1992—1998年，保密检查重点是新闻出版保密规定执行情况、党政机关计算机和现代化办公设备及通信设备保密技术情况、《中华人民共和国保守国家秘密法》及其配套法规执行情况等。1999年，对中央及市委、区委下发有关处理邪教组织密件管理情况进行重点抽查。2001—2005年，开展保密大检查，制定百分考核方案，划分22条评分标准。2002年，全区76个单位分7个小组，进行自查、互查和抽查。2006年，从责任制落实情况，要害部门、部位保密管理情况，涉密人员教育管理情况，涉密载体保密管理情况，计算机信息系统保密管理情况，以及开展保密宣传教育情况等方面进行检查。2007年，对物回单位、造纸厂、旧货市场进行拉网式检查，对出售的非涉密文件全部没收，对出售非涉密废文件单位严肃处理。2008年，对区委办等重点单位涉密计算机进行检查。组织五大机关及重点单位对涉密载体管理情况进行统一清理。2010年，对区级机关等10个单位涉密机、政务网、互联网、工作单机进行检查，严禁个人以任何形式私存国家秘密载体。

1992—1994年，开设防止空中无线电信号泄密接收工作。1995年举办世乒赛期间，对空中信号进行监测。2000年，对区印刷、复印国家秘密载体定点单位进行审核。2003—2009年，每年6月区保密局会同公安河北分局、区教育局在高、中考期间对相关保密管理落实情况进行检查。2004年，全区76个处级单位的党政主要领导、重点涉密人员重新签订重点涉密保密岗位责任书。2010年，2次对区考试中心保密管理工作进行检查，完成清理取缔涉密文件资料非法交易工作。

第十章 调研工作

区委调研机构设立后，立足区情，围绕区委、区政府中心工作开展调研，大量成果成为区委决策依据。1994—2010年，共组织开展9届优秀调研成果评选。

第一节 机构设置

1985年1月，区委调查研究工作室成立，1989年8月，更名为区委研究室。

第二节 调研成果

1985年，创办《调查研究》《信息参考》刊物，撰写《关于当前街道工作问题的调查报告》等。1987年，创办《区街工作研究》，撰写《对街办企业承包经营形式改革情况的调查》《关于国营小型零售商业租赁经营情况抽样调查报告》等。1988年，制定关于改革街道集体经济管理体制、实行政企分开的试行方案。1989年，对黄纬路、鸿顺里等街道进行调研，撰写《关于街道集体企业推行承包经营的调查》。对河北区城建等5个系统政工干部队伍状况进行调研，撰写报告。1990—1991年，完成调研课题46个，其中17篇被《天津情况》《调研工作通讯》《求知》等市级刊物和《中国街道工作》《伦理学》等全国性刊物采用。1991年，起草《河北区国民经济和社会发展第八个五年计划纲要（草案）》。1992年，撰写《河北区科技兴区四年发展计划纲要》，完成调研课题14个。1993年，组织“努力实现大发展有奖建议征询”活动，编印《努力实现大发展优秀调研成果汇编》。1995年，撰写关于区街经济运行情况分析材料，对街道集体企业法人代表队伍状态、社会经济协调发展、奖励机制等情况进行调研。

1996—1997年，起草《区委、区政府关于卫生改革与发展的若干意见》，完成关于区街经济调整、人才资源开发、股份制合作等调研报告。1998年，起草《区委、区政府关于深化企业改革的若干意见》《个体私营经济发展规划》。1999年，起草《区委、区政府关于加快发展区域经济的若干意见》。2000年，撰写《河北区功能定位和经济社会发展战略的研究》，起草《河北区委关于制定经济和社会发展第十个五年计划的建议》《河北区经济和社会发展第十个五年计划》。2001年，完成《区街集体企业结构调整情况的调查与思考》《搞好园区建设是实现区域经济跨越式发展的重要举措》调研报告。2002年，起草《区委关于加强经济工作领导的若干意见》。2003年，完成《民间资本注入我区运营情况分析》《关于市整体划转到河北区36户工业企业改革的几个问题》等调研报告。撰写《河北区一手抓非典防治，一手抓经济建设》调研报告。2004年，完成《掀起新一轮对外开放高潮，实现我区招商引资工作的新突破》《国家宏观调控对我区的影响及对策》等调研专题。2005年，围绕实施全市“三步走”战略和全区“一年一变化、三年大变化、四年翻一番”目标开展调研，完成《河北区功能定位和发展战略的几个问题》《关于河北城区定性问题的思考》等调研报告。2007年，围绕区第九次党代会提出“三大功能定位”和“四个区域特色”目标开展调研。组织上海、北京、天津专家学者对河北区产业发展进行调研论证。完成《把握机遇、迎接挑战，加快我区都市工业发展》《发挥后发优势，进一步加快我区楼宇经济发展》等调研课题。2008年，会同有关部门主办河北区第二届经济发展论坛。2010年，围绕重点地区开发建设、空间布局、公共形象、重点项目等多个课题开展调研。

第三节　评选活动

1994年，组织开展河北区第一次优秀调研成果评选，47篇获奖。其中《河北区街道集体企业试行股份合作制的调查》在市委研究室主办的《对策与研究》上发表。1995—2004年，每两年组织一次河北区优秀调研成果评选，5次共评选出获奖成果293篇。2008年，组织开展第七、八次河北区2005—2008年优秀调研论文评选，评选出优秀成果一等奖各10名，二等奖各20名、三等奖各30名。2010年，组织开展第九次优秀调研成果评选，征集146篇，获奖60篇。

第十一章　党校工作

1979年，区委党校恢复建立后，积极开展教育培训，1989—2010年，共举办各类培训班近300期，参加培训2万余人。区委党校还积极推进教学改革和人事制度改革，办学水平不断提高。

第一节　机构设置

中共河北区委党校建于1958年7月。1979年4月，撤销“文化大革命”中成立的五七干校，恢复区委党校，设组教组、教研组和办公室。1985年，设办公室、教研室、组教科和图书资料室。校址由王串场19段迁至张兴庄大道51号。1990年，增设基层党校工作科。1991年，增设行政科，组教科更名为教务科。1996年，基层党校工作科更名为理论研究室。2004年，迁入乌江南里渤海职专北院。2009年，迁至昆山道2号。

第二节　教育培训

1979—1982年，党校以"解放思想，开动脑筋，实事求是，团结一致向前看""全党的工作重心转移到经济建设上来""学习毛选五卷"等为主题，先后举办党员领导干部学习班、宣传理论干部学习班、基层党员干部学习班等30期，参加学习3600人次。将"开展真理标准大讨论"纳入教学重点。1983年，实行讲授政治理论与学习文化、专业知识并举，将语文、写作、历史、地理、法律、思想政治概论、领导科学等课程纳入教学体系。与有关单位联合办学，至1988年先后举办党政干部大专班、电大班、中专班、干部进修班、政工干部培训班等，参加学习5329人次，其中895名党政干部取得学历证书。1989年，把建设有中国特色社会主义理论、市场经济知识、企业管理和现代科技知识纳入教学。20世纪90年代，特别是中共十四大以后，以党的基本理论和基本路线为指针，以学习邓小平建设有中国特色社会主义理论和中共十四大文件为主要内容，适应党建和经济建设需要，开展针对性和实用性较强的培训工作。1989—1995年，举办培训班100多期，参加学习近万人。1996—2010年，举办培训班186期，培训12486人次，其中取得学历证书1631人。走出校门协助基层单位讲课，听课2万余人次。2008年，开办迎"两会"、迎奥运维稳培训班。

第三节　教学改革与人事制度改革

一、教学改革

中共十四届四中全会后，把"理论基础、世界眼光、战略思维、党性修养"教育同提高执政能力结合起来，将邓小平理论、"三个代表"重要思想、科学发展观作为教学中心内容。区第九次党代会后，以强化党性锻炼和提高执政能力为重点，开设"当代世界哲学思潮""世界经济""世界科技""WTO知识经济""执政能力建设"等60多个新专题讲座。教学方法由灌输式转变为启发性，由素质培训转化为素质和能力并重培训。尝试研讨式、演讲式、体验式、情景模拟式、案例式、能力演练和学员论坛7种新教学方法，在中青班管理上建立百分制考核制度。2009年，首次尝试在处级领导干部培训班中开展分类别、分层次集中培训与专题培训相结合、公共课程与专题课程相结合的培训方式。1995—2010年，撰写论文359篇，其中发表或获各级奖项227篇。

二、人事制度改革

2004年，学校与12人签订长期聘用合同。2名中层干部走上校领导岗位，5名青年干部通过公开竞聘任中层干部职务，平均年龄由52岁降到40岁。2007年，确定党校为区委直属事业单位，事业编制34人，其中常务副校长1人、副校长2人、正副科长12人。

第五编

人民代表大会

REN MIN DAI BIAO DA HUI

河北区人民代表大会自1980年5月至2010年12月，历经8届（第八届至第十五届），其中第八、十四届任期4年，第九、十、十一届任期3年，第十二、十三、十五届任期5年。31年中，区人大及其常委会依法履行监督、任免、对重大事项决议等职能，通过听取和审议工作报告、组织视察及执法检查，开展对区"一府两院"的法律监督和工作监督，对河北区经济社会发展发挥了重要作用。

第一章　人大代表

区第八届至第十五届人大常委会的代表选举工作，是在市各届选举委员会的指导和区人大常委会的领导下进行的。选举委员会下设办公室。办公室内设秘书组、组织组、宣传组、选举事务组和资格审查组，负责日常选举事务。选举工作分为户口核实、选区划分与选民登记、提名推荐与确定代表候选人、投票选举4个阶段。

第一节　第八至第十二届代表选举与构成

1979年12月17日，经河北区革命委员会第38次常委会会议研究决定，成立选举委员会，主持区第八届人大代表选举工作。选举工作自1979年12月27日始，1980年3月15日结束。1980年3月1—3日为全区统一选举日，参选率98.8%。选举产生区第八届人大代表350人。其中，大专及其以上文化程度66人，占总数18.8%；妇女代表88人，占总数25.1%；党员代表231人，占总数66%；民主党派代表19人，占总数5.4%，群众代表100人，占总数28.5%；工人代表124人，占总数35.4%。

区第九届人大代表选举工作自1983年12月中旬始，1984年4月下旬结束。1984年4月10日为全区统一选举日，参选率98.6%。选举产生区第九届人大代表340人。其中，大专及其以上文化程度97人，占总数28.5%；新代表223人，占总数65.6%；妇女代表89人，占总数26.2%；中共党员代表212人，占总数62.3%；民主党派代表42人，占总数12.3%；群众代表128人，占总数37.7%。工人代表99人，占总数29%；干部代表64人，占总数18.8%；知识分子72人，占总数21.1%；军人、台胞、归侨、宗教界等代表105人，占总数30.8%。

区第十届人大代表选举工作自1986年10月始，1987年1月上旬结束。1986年12月20日为全区统一选举日，参选率96.03%。选举产生区第十届人大代表313人。其中，大专及其以上文化程度108人，占总数34.5%；新代表173人，占总数55.3%；妇女代表101人，占总数32.3%；中共党员代表194人，占总数62%；各民主党派代表16人，占总数5.1%；群众代表102人，占总数32.5%；工人代表101人，占总数 32.3%；干部代表66人，占总数21%；知识分子代表73人，占总数 23%。

区第十一届人大代表选举工作自1989年9月1日始，1990年1月上旬结束。1989年12月20日为全区统一选举日，参选率96.04%。选举产生区第十一届人大代表313人。其中，大专及其以上文化程度129人，占总数41.2%；妇女代表80人，占总数25.5%；中共党员代表223人，占总数71.2%；民主党派代表26人，占总数8.3%；群众代表64人，占总数20.4%；工人代表123人，占总数39.2%；干部代表60人，占总数19.1%；知识分子代表69人，占总数22%。

区第十二届人大代表选举工作自1992年9月下旬始，至1993年1月15日结束。1992年12月20日为全区统一选举日，参选率96.3%。选举产生区第十二届人大代表313人。其中，大专及其以上文化程度170人，占总数54.3%；新代表177人，占总数56.6%；妇女代表71人，占总数的22.7%；中共党员代表222人，占总数70.9%；民主党派代表27人，占总数8.7%；群众代表64人，占总数的20.4%；工人代表125人，占总数39.9%；干部代表68人，占总数21.7%；知识分子代表64人，占总数20.4%；宗教界、归侨、台胞、农民等各占一定比率。

第二节　第十三届代表选举与构成

区第十三届人大代表选举工作自1997年9月10日始，1998年1月15日结束。1997年12月20—22日为全区统一选举日，参选率91.88%。选举产生区第十三届人大代表243人。其中，大专及其以上文化程度169人，占总数69.5%；新代表156人，占总数64.2%；妇女代表52人，占总数20.58%；中共党员代表196人，占总数77.36%；各民主党派代表26人，占总数22.64%；群众代表19人，占总数7.8%。首次专设非公有制组织代表17人，占总数7%；其他方面均有一定数量的代表。

第三节　第十四届代表选举与构成

区第十四届人大代表选举工作自2002年8月8日始，2002年11月10日结束。2002年10月28—31日为全区统一选举日，参选率94%。选举产生区第十四届人大代表243人。其中，大专及其以上学历212人，占总数87.2%；新代表172人，占总数70.7%；妇女代表48人，占总数20%；中共党员代表201人，占总数82.7%；各民主党派代表23人，占总数9.4%；群众代表19人，占总数7.84%；非公有制组织代表17人，占总数7%。此外也有其他方面代表。

第四节　第十五届代表选举与构成

区第十五届人大代表选举工作自2006年8月17日始，2006年11月30日结束。2006年11月15—16日为全区统一选举日，参选率92.68%。选举产生区第十五届人大代表243人。其中，大专及其以上文化程度232人，占总数95.4%；新代表116人，占总数47.73%；妇女代表38人，占总数15.63%；中共党员代表190人，占总数78.18%；民主党派代表19人，占总数7.81%；党政机关、人民团体的领导干部63人，占总数25.9%；工人、农民及企事业单位干部129人，占总数53%；专业技术人员43人，占总数17.7%；其他8人，占总数3.4%。

第二章　代表大会会议

区第八至第十五届人民代表大会，共召开37次会议，听取审议各项工作报告518项，作出决议决定180项。

第一节　第八至第十二届人民代表大会会议

河北区第八届人民代表大会第一次会议于1980年5月2—7日召开。应出席代表350人，实到338人，列席人员42人。会议听取审议区革委会主任董健中作的《天津市河北区革命委员会工作报告》，区人民法院院长李定坤作的《河北区人民法院工作报告》，区人民检察院代理检察长王毅作的《河北区人民检察院工作报告》。会议选举产生18名区第八届人民代表大会常务委员会组成人员、区长和5名副区长、区人民法院院长、区人民检察院检察长，选出河北

1980年5月3日，河北区第八届人民代表大会第一次会议召开　（区志办提供）

区出席市第九届人民代表大会代表90人，通过了大会各项决议。1981年4月24日、1982年4月22日、1983年3月1日、1983年7月15日，分别召开第二、三、四、五次会议。

区第九届人民代表大会第一次会议于1984年5月9—13日召开。出席代表340人。会议听取和审议区长侯岐山作的《河北区人民政府工作报告》，区人大常委会主任朱良成作的《河北区人大常委会工作报告》，区法院院长李定坤作的《河北区人民法院工作报告》，区检察院检察长王振山作的《河北区人民检察院工作报告》，并作出相应决议。会议选举产生19名常委会组成人员、区长和4名副区长、区人民法院院长、区人民检察院检察长。1985年3月13日、1986年3月20日，分别召开第二、三次会议。

1984年5月9日，河北区第九届人民代表大会第一次会议召开　（区志办提供）

区第十届人民代表大会第一次会议于1987年2月27日至3月3日召开。出席代表313人。会议听取和审议区长侯岐山作的《河北区人民政府工作报告》，区财政局负责人作的《河北区1986年财政预算执行情况的报告》，区人大常委会主任朱良成作的《河北区人大常委会工作报告》，区人民法院院长曹瑞兴作的《河北区人民法院工作报告》，区人民检察院检察长刘宝琛作的《河北区人民检察院工作报告》，并作出相应决议。会议选举产生了15名常委会组成人员、区长和4名副区长、区人民法院院长、区人民检察院检察长。1988年3月1日、1989年3月7日，分别召开第二、三次会议。

1987年2月27日，河北区第十届代表大会第一次会议召开　（区志办提供）

河北区第十一届人民代表大会第一次会议于1990年2月26日至3月3日召开。出席代表313人。会议听取和审议了区长励家珩作的《河北区人民政府工作报告》，审查和批准了《河北区1989年财政预算执行情况和1990年财政预算（草案）的报告》，听取和审议了区人大常委会主任侯岐山作的《河北区人大常委会工作报告》，区人民法院院长陈永德作的《河北区人民法院工作报告》，区人民检察院检察长孙宝兴作的《河北区人民检察院工作报告》，并作出相应决议。会议选举产生了19名常委会组成人员、区长和6名副区长、区人民法院院长、区人民检察院检察长。1991年3月5日、1992年2月27日，分别召开第二、三次会议。

1990年2月26日，河北区第十一届人民代表大会第一次会议召开　（区志办提供）

河北区第十二届人民代表大会第一次会议于1993年2月22—27日召开。出席代表313人。会议听取和审议区长史晓成作的《河北区人民政府工作报

1993年2月22日，河北区第十二届人民代表大会第一次会议召开　（区志办提供）

告》、区财政局负责人作的《河北区1992年财政预算执行情况和1993年财政预算(草案)的报告》、区人大常委会主任刘世泽作的《河北区人大常委会工作报告》、区人民法院院长陈永德作的《河北区人民法院工作报告》、区人民检察院检察长于明月作的《河北区人民检察院工作报告》,并作出相应决议。选举产生19名常委会组成人员、区长和6名副区长、区人民法院院长、区人民检察院检察长。1993年4月28日、1994年2月22日、1995年2月22日、1996年2月28日、1997年1月25日,分别召开第二、三、四、五、六次会议。

第二节 第十三届人民代表大会会议

河北区第十三届人民代表大会第一次会议于1998年1月19日召开。出席代表243人。会议听取和审议区长张化纯作的《河北区人民政府工作报告》、区财政局负责人作的《河北区1997年财政预算执行情况和1998年财政预算(草案)的报告》、区人大常委会副主任何象庭作的《河北区人大常委会工作报告》、区人民法院院长张曲保作的《河北区人民法院工作报告》、区人民检察院检察长崔贺队作的《河北区人民检察院工作报告》,并作出相应决议。选举产生27名常委会组成人员、区长和6名副区长、区人民法院院长、区人民检察院检察长。1998年3月30日,召开第二次会议,选举产生区出席市第十三届人民代表大会代表66名。1999年1月26日,召开第三次会议,听取和审议区人大常委会和"一府两院"工作报告及财政预算报告,作出相应决议。2000年1月17日,召开第四次会议,接受李德崇辞去河北区第十三届人大常委会主任职务的请求,补选张化纯为区人大常委会主任(兼任)。马文举因工作调动辞去区长职务,补选李德崇为区长。增补马德香、张泉友为区十三届人大常委会委员。2001年1月4日,召开第五次会议,审议通过《天津市河北区国民经济和社会发展第十个五年计划纲要(草案)》,听取区人民政府《关于编制天津市河北区国民经济和社会发展第十个五年计划纲要(草案)的说明》。大会接受王继祥辞去区第十三届人大常委会副主任职务的请求,补选佟宝生、张松鹤为区第十三届人大常委会副主任。2002年1月22日,召开第六次会议,接受李德崇辞去区长职务的请求,补选张同庆为区长。

1998年1月19日,河北区第十三届人民代表大会第一次会议召开 (区人大办提供)

第三节 第十四届人民代表大会会议

河北区第十四届人民代表大会第一次会议于2002年12月9日召开。出席代表243人。会议听取审议区长张同庆作的《河北区人民政府工作报告》,区财政局负责人作的《河北区2002年财政预算执行情况和2003年财政预算草案的报告》,区人大常委会主任张化纯作的《河北区人大常委会工作报告》,区法院院长张曲保作的《河北区人民法院工作报告》和区人民检察院检察长崔贺队作的《河北区人民检察院工作报告》,并作出相应决议。选举产生

2002年12月9日,河北区第十四届人民代表大会第一次会议召开 (区人大办提供)

27名常委会组成人员、区人民政府区长和6名副区长、区人民法院院长、区人民检察院检察长。选举产生了区出席市第十四届人民代表大会代表66人。2004年1月5日，召开第二次会议，听取了区人民政府关于《河北区"三步走"发展实施方案（草案）报告》说明，通报《河北区人大常委会关于表彰2003年度代表联络组和优秀人大代表的决定》。2005年1月19日，召开第三次会议，通报《河北区人大常委会关于表彰2004年度先进代表联络组、十佳人大代表、优秀人大代表的决定》。2006年1月5日，召开第四次会议，审查和批准《河北区国民经济和社会发展第十一个五年规划纲要（草案）》，大会补选李国华为河北区第十四届人大常委会副主任，李津辉为河北区人民法院院长，王玉良为河北区人民检察院检察长。2006年6月26日，召开第五次会议，接受边仁权辞去区长职务的请求，补选薛新立为区长。

第四节　第十五届人民代表大会会议

河北区第十五届人民代表大会第一次会议于2007年1月16日召开。出席代表243人。会议听取和审议区长薛新立作的《河北区人民政府工作报告》、区财政局负责人作的《关于河北区2006年财政预算执行情况和2007年财政预算（草案）的报告》、区人大常委会主任李德崇作的《河北区人大常委会工作报告》、区人民法院院长李津辉作的《河北区人民法院工作报告》和区人民检察院检察长王玉良作的《河北区人民检察院工作报告》，并作出相应决议。会议选举产生27名常委会组成人员、区长和6名副区长、区人民法院院长、区人民检察院检察长。2007年11月27日，召开第二次会议，选举产生区出席市第十五届人民代表大会代表64人。2008年1月7日、2009年1月6日，分别召开第三、四次会议，听取和审议区人大常委会和"一府两院"工作报告及财政预算工作报告，并作出相应决议。2010年1月26日，召开第五次会议，补选郝树龙为河北区人民法院院长，杨家森为河北区第十五届人大常委会委员。2010年6月8日，召开第六次会议，接受薛新立辞去区长职务的请求，补选孙宝华为区长。

2010年1月27日，河北区第十五届人民代表大会第五次会议召开　　（区人大办提供）

1980—2010年河北区历届人民代表大会会议情况一览表

表5-1

年份	届次	会次	代表数	当选市代表		听取审议各项工作报告（项）	决议决定（项）	议案（件）	意见建议（件）	来信来访（件次）	备注
				届次	人数						
1980	八	5	350	九	90	19	19		3573	675	1980年5月，区八届人大一次会议选举市九届人大代表90人；1983年3月，区八届人大四次会议选举市十届人大代表90人
				十	90						
1984	九	3	340			13	10	39	2151	964	
1987	十	3	313	十一	71	16	18	4	2465	844	1988年3月5日，区十届人大二次会议选举产生市十一届人大代表71人
1990	十一	3	313			17	17	41	2074	678	
1993	十二	6	313	十二	71	75	15		769	797	1993年4月29日，区十二届人大二次会议选举产生市十二届人大代表71人

续表5-1

年份	届次	会次	代表数	当选市代表		听取审议各项工作报告(项)	决议决定(项)	议案(件)	意见建议(件)	来信来访(件次)	备注
				届次	人数						
1998	十三	6	243	十三	66	162	62	5	602	859	1998年3月31日，区十三届人大二次会议选举市十三届人大代表66人
2002	十四	5	243	十四	66	132	12	3	493	1013	2002年12月11日，区十四届人民代表大会第一次会议选举市十四届人大代表66人
2007	十五	6	243	十五	64	84	27		364	1556	2007年11月29日，区十五届人大二次会议选举市十五届人大代表64人；2009年11月25日，区十五届人大常委会第21次会议李晶生辞去市人大代表职务；2010年1月6日，区十五届人大常委会第22次会议，补选张宁为市人大代表

第三章　常务委员会

1980年5月，区第八届人民代表大会第一次会议始设常务委员会，任期与区人民代表大会每届任期相同。区人大常委会召开会议233次，召开主任会议1027次，听取和审议各类工作事项938项，作出决议决定141项。

第一节　机构设置

随着形势发展和工作需要，人大常委会内部机构不断调整变化，各部门工作职能趋向更加明确和细化，特别是第十四届人大常委会在各街道设立人大工作委员会，体现了人大工作向基层的延伸。

区第八届人大常委会下设办公室，办公室设秘书、行政、代表联络、调研4个组。区人大常委会编制20人，2010年有主任1人，驻会副主任4人，办公室主任1人，办公室副主任1人，干部15人，工勤人员6人。原办公地址在建国道14号，2007年7月迁至进步道94号。

河北区第八届人大常委会机构设置一览表

表5-2

<table>
<tr><td rowspan="16">第八届
人大常委会</td><td rowspan="16">办 公 室</td><td rowspan="6">秘书组</td><td rowspan="6">工作职责</td><td>会　务</td></tr>
<tr><td>收　发</td></tr>
<tr><td>档　案</td></tr>
<tr><td>印章管理</td></tr>
<tr><td>人事任免</td></tr>
<tr><td>文　印</td></tr>
<tr><td rowspan="3">行政组</td><td rowspan="3">工作职责</td><td>财务管理</td></tr>
<tr><td>行政事务</td></tr>
<tr><td>职工生活</td></tr>
<tr><td rowspan="2">代表联络组</td><td rowspan="2">工作职责</td><td>代表联络</td></tr>
<tr><td>提案信访</td></tr>
<tr><td rowspan="5">调研组</td><td rowspan="5">工作职责</td><td>政　法</td></tr>
<tr><td>财　经</td></tr>
<tr><td>城　建</td></tr>
<tr><td>文教卫生</td></tr>
<tr><td>民政民族</td></tr>
</table>

第九届人大常委会设政法、城建管理、财政经济、文教卫生4个工作委员会。人大常委会副主任兼任各工作委员会主任，各工作委员会日常工作由调研组负责。区人大常委会办公室由原4个组改为4个科。

第十届人大常委会办公室撤调研科，设调研室(处级)。

第十一届人大常委会将政法工作委员会更名为内务司法工作委员会。

第十二届人大常委会重新组建财政经济、内务司法、城市建设管理、教科文卫4个工作委员会。1994年7月，撤销代表联络科，设研究室和代表联络室2个处级机构。研究室下设研究一科和研究二科。代表联络室设代表联络科和议案信访科。1997年8月，区人大常委会机关设办公室、研究室、代表联络室3个处级机构。办公室设秘书科、行政科、人事老干部科。研究室设一科、二科。代表联络室设代表联络科、议案信访科。

第十三届人大常委会设办公室、代表联络室、内务司法室、财政经济室、城建环保室、科教文卫室6个处级机构。撤销研究室。办公室行政编制14人，工勤事业编制5人。

第十四届人大常委会在全区10个街道设区人大常委会街道工作委员会，作为区人大常委会在街道的派出机构。工作委员会主任由街道党工委书记兼任，工作委员会副主任由街道办事处主任兼任。工作委员会下设办公室(科级)。

第十五届人大常委会区人大代表联络室内增设市人大代表联络科并增编1人，承担市人大代表联系原选区单位和履行职责的组织服务工作。其机构设置承袭区第十四届人大常委会机构设置。

河北区第十五届人大常委会机构设置一览表

表5-3

第十五届人大常委会	办公室	秘书科
		行政科
		人事老干部科
	代表联络室	市人大代表联络科
	内务司法工作室	
	财政经济工作室	
	城建环保工作室	
	科教文卫工作室	
	各街道人大工作委员会	

第二节　领导名表

表5-4

届　次	职　务	姓　名	任职时间
第八届人大常委会 1980.5—1984.5	主　任	董健中	1980.5—1983.7
		朱良成	1983.7—1984.5
	副主任	王存山	1980.5—1981.6
		王　毅	1980.5—1983.7
		乐锦煌	1980.5—1984.5
		刘春文	1980.5—1984.5
第九届人大常委会 1984.5—1987.3	主　任	朱良成	1984.5—1987.3
	副主任	李贵书	1984.5—1987.3
		刘春文	1984.5—1987.3
		刘　璋	1984.5—1987.3
		乐锦煌	1984.5—1987.3
		刘兆英	1984.5—1987.3

续表5-4

届 次	职 务	姓 名	任职时间
第十届人大常委会 1987.3—1990.3	主 任	侯岐山	1987.3—1990.3
	副主任	刘世泽	1987.3—1990.3
		郭 勇	1987.3—1990.3
		冯延祥	1987.3—1990.3
		陈振勋	1987.3—1990.3
		张伯兰(女)	1987.3—1990.3
第十一届人大常委会 1990.3—1993.2	主 任	刘世泽	1990.3—1993.3
	副主任	宋恒裕	1990.3—1993.2
		冯延祥	1990.3—1993.2
		陈振勋	1990.3—1993.2
		姜守规	1990.3—1993.2
		李体有	1990.3—1993.2
区第十二届人大常委会 1993.2—1998.1	主 任	冯延祥	1993.3—1996.2
		史晓成	1996.2—1998.1
	副主任	李智深	1993.2—1996.2
		李体有	1993.2—1996.2
		刘兆英	1993.2—1998.1
		周德孝	1993.2—1998.1
		张吉兴	1993.2—1998.1
		何象庭	1996.2—1998.1
		娄 良	1996.2—1998.1
第十三届人大常委会 1998.1—2002.12	主 任	李德崇	1998.1—2000.1
		张化纯	2000.1—2002.12
	副主任	刘玉珠(女)	1998.1—2002.3
		王继祥	1998.1—2001.1
		娄 良	1998.1—2002.12
		梁启民	1998.1—2002.12
		佟宝生	2001.2—2002.12
		张松鹤	2001.2—2002.12
第十四届人大常委会 2002.12—2007.1	主 任	李德崇	2002.12—2007.1
	副主任	佟宝生	2002.12—2007.1
		娄 良	2002.12—2006.1
		王灵生	2002.12—2007.1
		马德香(女)	2002.12—2007.1
		李国华	2006.1—2007.1
		李 懋	2002.12—2007.1
第十五届人大常委会 2007.1—	主 任	吴中澄	2007.1—
	副主任	王灵生	2007.1—
		王 立	2007.1—
		李国华	2007.1—
		刘俊英	2007.1—
		李 懋	2007.1—

说明：1983年7月，区第八届人民代表大会第五次会议通过董健中辞去八届人大常委会主任职务、王毅辞去副主任职务的请求，选举朱良成为八届人大常委会主任。1996年2月，区十二届人民代表大会第五次会议选举史晓成为十二届人大常委会主任。2000年1月，区十三届人民代表大会第四次会议通过李德崇辞去十三届人大常委会主任职务的请求，选举其为区人民政府区长，选举张化纯为区十三届人大常委会主任

第三节　主任会议

区人大常委会根据1982年12月第五届全国人民代表大会第五次会议通过的有关规定，于1983年1月，由区人大常委会主任和副主任组成主任会议，负责处理常委会重要日常工作。区第八届人大常委会召开主任会议42次，区第九届召开39次，区第十届召开84次，区第十一届召开78次，区第十二届召开184次，区第十三届召开235次，区第十四届召开 194次，区第十五届人大常委会召开主任会议171次。

第四节　主要工作

1980—2010年，区人大常委会听取和审议区经济、政治、教育、科技、文化、卫生、民政、民族和社会管理等工作的重大事项938项，作出重要决议决定141项。在区人民代表大会闭会期间，区人大常委会依法任命干部1112人次，免去职务374人次，撤销职务2人，接受辞职12人；决定代理区人民政府区长3人，代理区人民法院院长1人，补选市人民代表大会代表11人。

一、第八至第十二届人大常委会

区人大常委会学习宣传宪法，保障法律实施，举办报告会、宣讲会、座谈会近两千次；抓好执法情况督查；听取审议“一府两院”工作报告，讨论决定重大事项；任免国家工作人员；充分发挥代表作用，组织代表以参政议政、为民服务为内容的调研、视察、建言献策活动；督促对议案、意见、建议的办理，妥善处理信访问题。

二、第十三届人大常委会

召开区人大常委会会议40次，主任会议233次。坚持抓大事、议大事，把重点工作、重点工程、重要项目列为主要议题。听取和审议议题180项，作出决定和决议25项，提出审议意见和决议221条。依法任命干部159人次，免职90人次。到相关部门召开专题主任会议，开展对执法部门的监督评议，加强对普法和依法治理工作的监督检查。召开学习座谈会、新老代表学习交流会、形势报告会，提高代表思想水平，组织代表向选民汇报执行职务情况，在代表中开展“创先争优”“为区域经济发展献计出力”等活动。办理代理议案、建议、批评和意见607件。受理信访案件859件。

三、第十四届人大常委会

召开区人大常委会会议30次、主任会议229次。听取和审议议题168项，提出审议意见和建议148条。依法任命国家机关工作人员172人次，免职46人次，首次任命人民陪审员30人。加强对司法、行政执法部门的监督，促进依法行政和公正司法；开展工作监督，保障重点项目重点工作顺利进行。对11个部门13名领导干部进行述职评议。发挥代表主体作用，建言献策364件，为群众办实事1840件；办复议案、批评和建议496件，受理信访案件1013件。推进街道、社区人大工作的开展，全区建立98个人大社区工作站；开展人大宣传、监督、服务工作进社区活动。

四、第十五届人大常委会

召开区人大常委会会议29次，主任会议171次。听取和审议议题117项。对区“十一五”规划实施和“十二五”规划编制、财政预决算、经济运行和社会发展、重点项目等议题进行审议。依法任命国家机关工作人员135人次，免职78人次。任命新一届区法院人民陪审员40人次。接待群众来访1177人次，受理来信475件。组织代表培训87期、920人次；组织代表深入基层197人次，帮助解决问题167件；99名代表被29个单位聘为监督员；办理议案、建议、意见419件。

2010年8月，市人大代表开展为北宁建设者送温暖活动　（区志办提供）

1980—2010年区人大常委会召开会议情况一览表

表5-5

任期	人大常委会			行使监督职权								
	届次	会次	组成人员数	听取审议各项工作事项（项）	决议决定（项）	干部任免					代表资格	
						任命（人次）	免职（人次）	撤职（人）	决定代理		补选	罢免
									区长（人）	法院院长（人）	市代表（人）	区代表（人）
1980.5—1984.5	八	34	18	80	15	99	21	–	–	–	1	–
1984.5—1987.2	九	20	19	59	10	60	5	–	–	–	–	–
1987.2—1990.3	十	23	15	89	14	139	30	–	–	–	–	–
1990.3—1993.2	十一	21	19	79	11	86	24	–	1	–	–	–
1993.2—1998.2	十二	36	19	166	23	96	30	–	–	–	–	–
1998.2—2003.2	十三	40	27	180	25	159	90	1	1	–	–	–
2003.2—2007.2	十四	30	27	168	26	172	46	–	1	–	4	–
2007.2—2010.12	十五	29	27	117	17	135	78	1	–	1	3	–

第六编

人民政府

REN MIN ZHENG FU

1980年恢复河北区人民政府后，历届区政府认真贯彻执行党的路线、方针、政策和国家的法律法规，坚持改革开放，推进经济社会建设，从本区实际出发，制定和实施切实可行的工作目标、思路和举措，不断完善政府职能，提高行政效能，组织全区人民锐意进取、攻坚克难，全区经济实力有了较大增长，社会事业有了较快发展，城区面貌有了较大改变，群众生活有了较大改善，河北区站在了新的历史起点上。由于一段时间区政府主要领导调整更换过于频繁，也影响了施政的连续性和稳定性。

第一章 政府机构

1980—2010年，区人民政府历经2次机构改革。1980年区政府职能部门有15个，1997年调整的为17个、2001年调整的为13个（不含派出机构）。区第八届人民政府至第十五届人民政府，共选举产生11位区长。

第一节 机构设置

区政府办公大楼 （区委宣传部提供）

1979年，区革命委员会设办公室、人事室、计划生育办、知青办、战备办、劳动科、建设科、民政组、财贸组、文教组、生产组。办公地址在狮子林大街284号。1980年5月，第八届河北区人民政府成立，设办公室、人事室、文化科、民政科、计划生育办、人防办、环保办、财贸办、计划委员会、城市建设委、物价委、科委、体育运动委员会、机关党总支，信访办为区委、区政府工作机构。1981年6月，增设街道办公室、财政贸易办公室。1983年3月，增设集体经济办公室。1984年10月，撤销街道办公室、集体经济办公室。1985年2月，民政科改称民政办公室；6月，增设经济协作办公室。1986年4月，文化科更名为文化办公室；10月，撤销财贸办公室，成立商业委员会。1987年2月，增设街道委员会；8月，计划生育办公室更名为计划生育委员会。1988年3月，民政办公室改设为民政局；4月，区编制委员会明确为独立机构，编委办公室纳入区政府序列。1989年5月，成立研究室。1990年2月，编委办公室升格为处级单位；4月，文化办公室改设为文化局；10月成立经济体制改革委员会、法制办公室。1991年11月，成立侨务办公室。1992年5月，成立地方志编修委员会办公室。1995年，区政府设办公室、研究室、人事室、信访办公室、法制办公室、统计办公室、经济协作办公室、外经贸办公室、侨务办公室、人民防空办公室、环境保护办公室、地方志编修委员会办公室、机关党委13个职能部门。

1997年，根据《河北区党政机构改革方案》，区政府保留办公室、研究室、经济体制改革委员会、商业委员会、街道委员会、计划生育委员会、体育运动委员会、法制办公室、人民防空办公室、经济协作办公室、信访办公室、机构编制委员会办公室、侨务办公室、人事室（加挂人事局牌子），环境保护办公室更名为环境保护局；组建民族宗教事务办公室（副处级）；组建地震办公室（副处级），由人民防空办公室管理。1999年3月，成立粮食管理办公室。

2001年，进行机构改革。保留办公室、人事局、研究室、法制办公室、信访办公室；编委办公室是机构编制委员会的常设机构，是区委、区政府的工作机构，列入区委机构序列，与人事局合署办公；计划生育委员会更名为人口和计划生育委员会；体育运动委员会更名为体育局；经济体制改革委员会更名为经济体制改革办公室，与研究室合署办公；撤销经济贸易委员会、商业委员会，组建经济贸易委员会；粮食管理办公室更名为粮食办公室；在经济贸易委员会加挂粮食办公室牌子；撤销经济协作办公室，组建招商办公室，在招商办公室加挂区域经济服务办公室的牌子；撤销街道委员会，在政府办公室加挂街道工作办公室牌子。2007年6月，发展计划委员会改组为发展和改革委员会，不再保留经济体制改革办公室，其职能划入区发展和改革委员会；8月，侨务办公室与民族宗教事务办公室合并，组建民族宗教侨务办公室；9月，法制办加挂行政复议办公室牌子。2010年1月，人事局与劳动和社会保障局合并组建人力资源和社会保障局，加挂公务员局牌子，机构编制委员会办公室改为单独设置；组建合作交流办公室，挂招商局牌子；民族宗教侨务办公室更名为民族宗教事务办公室，挂侨务办公室牌子。区物价局和区粮食办公室职能划入区发改委(参见第二十编第二章第二节)。

截至2010年年底，区政府设工作部门28个、部门管理机构2个、派出机构3个，另有街道办事处10个(详见第二十三编第二章第一节)。

区政府办公室作为区人民政府的综合办事机构，1997年设秘书科、政务科、综合材料信息科、提案查办科(提案办公室)、机关事物管理科、区志办，在编52人。2010年6月，成立信息化管理科、街道科。2010年年底在编58人。

第二节 领导名表

表6-1

届次	时间	区长	副区长	顾问
第八届人民政府	(1980.5—1984.5)	刘凤山(1980.5—1983.7) 侯岐山(1983.7—1984.5)	朱良成(1980.5—1983.7) 陈振勋(1980.5—1984.5) 赵滴土(1980.5—1983.7) 郭炳辉(1980.5—1983.7) 荆树明(1980.5—1984.5) 刘世泽(1983.7—1984.5) 刘金生(1983.7—1984.5) 孙湘竹(女，1983.7—1984.5)	李　明(女，1980.5—1983.5) 李　毅(1980.5—1983.3) 王洪志(1981.3—1983.3) 王金生(1980.5—1980.7)
第九届人民政府	1984.5—1987.3	侯岐山(1984.5—1987.3)	荆树明(1984.5—1987.3) 刘世泽(1984.5—1987.3) 孙湘竹(女，1984.5—1987.3) 刘金生(1984.5—1987.3) 陈振勋(1984.5—1987.3)	–
第十届人民政府	1987.3—1990.2	励家珩(1987.3—1990.2)	宋恒裕(1987.3—1990.2) 刘金生(1984.3—1990.2) 孙湘竹(女，1987—1988.12) 马文举(1987.3—1990.2) 刘兆英(1987.3—1990.2) 李智深(1989.5—1990.2)	–
第十一届人民政府	1990.2—1993.2	励家珩(1990.2—1991.2) 史晓成(1991.3—1993.2)	马文举(1990.2—1993.2) 李智深(1990.2—1993.2) 刘兆英(1990.2—1993.2) 张化纯(1990.2—1993.2) 曹世明(1990.2—1993.2) 佟宝生(1990.2—1993.2)	–
第十二届人民政府	1993.2—1998.1	张化纯(1993.2—1998.1)	李德崇(1993.2—1998.1) 佟宝生(1993.2—1998.1) 曹世明(1993.2—1996.2) 王继祥(1993.2—1998.1) 边仁权(1993.2—1998.1) 梁启民(1993.2—1998.1) 张俊英(女，1995.9—1998.1)	–

续表6-1

届次	时间	区长	副区长	顾问
第十三届人民政府	1998.1—2002.12	马文举（1998.1—1999.12） 李德崇（2000.1—2002.1） 张同庆（2002.1—2002.12）	佟宝生（1998.1—2000.12） 边仁权（1998.1—2002.12） 张俊英（女，1998.1—2002.4） 姚玉璠（1998.1—2002.12） 王灵生（1998.1—2002.12） 张树元（1998.1—2000.10） 吴秀宏（2000.12—2002.12） 于连会（2001.7—2002.12） 张同庆（2002.1—2002.1） 赵玉良（满族，2002.4—2002.12）	–
第十四届人民政府	2002.12—2007.1	边仁权（2002.12—2006.3） 薛新立（2006.6—2007.1）	薛新立（2002.12—2006.6） 吴秀宏（女，2002.12—2006.8） 于连会（2002.12—2007.1） 赵玉良（满族，2002.12—2007.1） 崔志勇（2002.12—2007.1） 王　立（2002.12—2007.1） 姚玉璠（2002.12—2003.6） 王秀文（女，回族，2006.8—2007.1） 吴　挺（2006.11—2007.1）	–
第十五届人民政府	2007.1—	薛新立（2007.1—2010.5） 孙宝华（2010.6—）	孙晓军（2007.1—2009.1） 崔志勇（2007.1—） 于连会（2007.1—） 王秀文（女，回族，2007.1—） 吴　挺（2007.1—） 杜　翔（2007.1—） 李承毅（2010.6—）	–

第二章　会议制度

1980年恢复区政府后，共召开政府全体成员会议80次，区政府常务会议534次，区长办公会议427次，讨论议决重大事项。

第一节　人民政府全体成员会议

由区长、副区长和区政府各委、办、局主要负责人组成。每年至少召开2次。主要内容是讨论政府工作报告，通过为民办实事方案，听取办理议案、建议和提案报告，以及通报区政府重要工作或重大事件。其中，第十一届区政府全体会议召开9次，第十二届11次，第十三届10次，第十四届9次，第十五届11次。

第二节　人民政府常务会议

由区长、副区长、武装部长组成，区政府有关人员列席，区长主持。不定期召开，主要研究决定区政府重要事项。第八届区政府常务会议召开75次，第九届79次，第十届90次，第十一届16次，第十二届75次，第十三届81次，第十四届58次，第十五届60次。

第三节　区长办公会议

由区长、副区长、武装部长组成，有关部门主要负责人参加，区政府有关人员列席，区长主持。

会议不定期召开，主要研究决定区政府专项工作。第八届至第十届区政府称为区长碰头会。第八届政府区长碰头会议召开21次，第九届34次，第十届17次。第十一届政府区长办公会议召开94次，第十二届95次，第十三届94次，第十四届40次，第十五届32次。

第三章　施政纪要

1980年区人民政府恢复后，历届区政府聚精会神搞建设，一心一意谋发展，推动全区经济社会实现又好又快发展。

第一节　第八至第十一届人民政府

一、第八届人民政府

贯彻执行中共十一届三中全会以来的路线、方针、政策，坚持四项基本原则，拨乱反正，消除“左”的思想影响，实行工作重点转移。以地震后恢复重建为重点，投资4507万元，对9个住宅震损片进行规划重建，新建住宅18.5万平方米，公建配套5.6万平方米，修复震损、危漏房屋1.73万间。拓宽金钟河大街等7条道路。新建公厕115座，居民“磕灰筒”（马桶）基本消灭。财政总收入2.35亿元，支出8600万元。1983年，社会商品销售总额3亿万元，比1979年增长42.3%。新建扩建农贸市场4处，截至1983年年底成交额3800万元。新建小型商业网点285个。新兴集体企业500多个，从业2.1万人。1983年，实施集体经济改革，街办集体企业总收入7500万元，利润884万元。安排6.3万名待业青年就业。新建扩建医院、卫生院5所，增床位近600张。新建中学3所、小学4所，新建扩建托幼园所183处，增收婴幼儿5900名。开展五讲四美三热爱活动。

二、第九届人民政府

贯彻执行中共十一届三中全会以来的路线方针政策和国家的法律法规，以经济建设为中心，两个文明一起抓。承接中环线、外环线和普及煤气化3项重点工程。新建改建居民住宅53.8万平方米，完成震灾重建任务。新建宜白路、中山北里和民权门住宅区。改造“三级跳坑”住宅13.18万平方米。5000多户居民迁入新居。抢修危陋房屋3000余间。整修道路25条，新辟绿地5.2万平方米。完成自来水入户5.15万户。新建和改造公厕580余座，新建集装箱垃圾转运站11座。推进小型企业“改、转、租”改革。社会商品零售总额3年增长66.2%。财政总收入3.22亿元，年均增21.5%。区街集体企业实行经济责任承包制。3年集体经济产值（收入）翻一番，利润增长62.1%。安置就业2.79万人。修缮中、小学校15所，新建金钟影院和北站体育场健身房等文体设施，恢复觉悟社等革命遗址和保护文物古迹。深入开展五讲四美三热爱活动，宣传落实《市民守则》。

三、第十届人民政府

以经济建设为中心，坚持四项基本原则，坚持改革开放，坚持“一切为了人民，一切依靠人民”的基本思路。对区街集体企业实行三级承包责任制，1989年，区街集体经济完成产值（收入）4.33亿元，比1986年增长94.2%；实现利润3727万元，比1986年增长80.8%。全区1989年财政收入1.36亿元，比1986年增长10.97%；社会商品零售总额5.96亿元，比1986年增长56.2%。完成天津站、内环线建设动迁856户，拆除房屋近4万平方米。重建渔民新村。开工建设80万平方米，竣工59万平方米。兴建教师宿舍，设立教育奖励基金。安置就业8000余名。进行社会保险统筹，开展业务技术职称评定。

四、第十一届人民政府

贯彻执行党的基本路线，以经济建设为中心，深化改革，扩大开放，稳定大局。确立“一切工作围绕经济转，一切经济工作为着效益干”工作思路。1992年，完成产值（收入）12.88亿元，实现利润6238.3万元，比1989年分别增长25.1%和13.3%。大力发展第三产业，新建大亨高级时装商场和大天津食品商厦，改造十月美食街，扩建农贸市场7个。组建房地产开发公司15个。316个居委会办起便民服务业。兴办“三资”企业31个，引进外资9639万元，出口创汇699万元。龙门大厦进行股份制改组。连续组织3届“津源之春”文艺会演，新建区少儿图书馆。初中在校学生巩固率居全市各区县之首。完成2.35万户民用煤气点火任务，实现住宅供热52万平方米。完成街道行政区划调整。

第十一届人民政府第九次全体成员会议（区档案馆提供）

第二节　第十二届人民政府

以邓小平建设有中国特色社会主义理论和党的基本路线为指导，正确处理改革、发展、稳定的关系。1997年，全区实现总收入45.89亿元，利润2.48亿元，分别比1992年增长2.56倍和2.82倍。国内生产总值14.62亿元，比1994年增长1.17倍。财政收入1.46亿元，比1992年增长1.63倍。区街集体经济1997年完成产值收入17.5亿元，利润1.6亿元，分别比1992年增长2.18倍和2.2倍。在全市率先承接市属企业。新建天津服装城等13个专业批发市场，改造平安街等一批农贸、摊群市场。1997年年底，全区个体工商户1.53万户，注册资金1.22亿元，比1992年分别增长4.4倍和5.8倍。一批工商企业实行股份合作制。组建亨丰集团公司。建立10个连锁总部。19.5万名职工实行劳动合同制。养老、失业保险覆盖全区企业。内联引资到位13.64亿元；引进“三资”企业122家，直接利用外资5469万美元。拆除危陋平房72.55万平方米，施工420万平方米，竣工308万平方米，还迁居民3.3万户，全区人均居住面积8.4平方米。建成万科中心大厦等商贸设施。拓宽金纬路，建成北站等5座立交桥。新建12座大中型供热站，新增供热面积415.8平方米，集中热化率由1992年的零发展到51.8%。开展创建中山路文明形象一条街活动。推行垃圾袋装化管理，大气质量达到国家二级标准。制定实施《河北区精神文明建设规划》。安置下岗职工4万多名。每年确定并实施改善人民生活十件实事。

1993年3月15日，召开河北区人民政府联席会议（区档案馆提供）

第三节　第十三届人民政府

以邓小平理论和“三个代表”重要思想为指导，确定“以发展区域经济为中心，以税源建设为重点”思路，推进“区街经济”向“区域经济”转变。2002年，全区实现国内生产总值29.82亿元，比1997年增长1倍，年均递增15.3%。社会消费品零售总额完成55.5亿元。财政收入2.67亿元，比1997年纯增1.21

亿元，年均递增12.94%。建成全市最大的超市（乐购）等一批服务设施，建成意式风情区工业园区。2002年，个体工商户8473户、私营企业2038家、私企集团3家，注册资金总额比1997年增长1.6倍。非公经济纳税额留区部分为5500万元，占全区税收25%，比1997年增长3.02倍，年均递增38%。投资9000万元新建各类市场41个，经营面积20万平方米，5年成交额48亿元，年均递增18%。34个工业企业实行联营、股份合作制等改革，商业企业实行政企分开。5年引内资到位额24.12亿元，引外资到位额3157万美元，“三资”企业160家。拆除危陋平房120万平方米，施工420万平方米，竣工315万平方米，还迁安置4.3万户。拓宽改造金钟河大街、天泰路等十几条道路，新建金狮立交桥。集中热化率95%。推进“两团一线”建设。清除占路市场58个。新建绿宝石公园等一批公园和绿化广场。组织开展“爱津城、爱河北”和“万名公仆进万家”活动。民营科技企业18家，留区税额1018万元。在全市率先建成高中示范校天津二中，建设教师住宅14.3万平方米。建成区发展史馆和梁启超纪念馆。王串场体育公园和月牙河健身广场落成。安置就业6.7万人次。河北区获全国双拥模范城称号。

第十三届人民政府第一次全体（扩大）会议
（区档案馆提供）

1999年9月8日，区政府与汇森房地产公司合作建设天津二中高中示范校项目签字仪式
（区档案馆提供）

第四节　第十四届人民政府

以“三个代表”重要思想为指导，全面落实科学发展观，“三年大变化，四年翻一番”目标按期兑现，“两团一线”发展构想基本实现。2006年，全区实现区属口径地区生产总值52.1亿元、社会消费品零售总额56.2亿元，分别比2002年增长131%和121%。完成区级财政收入5.69亿元，比2002年增长112%。累计注册个体工商户2562户、私营企业1657家，新增注册资本30.2亿元。在全市率先实施区属企业产权制度改革，盘活12.3亿元不良资产，安置职工2.96万人。4年内联引资到位额684.4亿元，外资到位额5078万美元。4年开工119.3万平方米，竣工57.3平方米，拆除危陋房屋358万平方米，竣工229.1万平方米，安置居民近6万户。新建和改造桥梁15座、道路49条。整修旧楼区184个、景观道路12条。新增供热312万平方米，供热率97%。建成区教育中心、五十七中示范校一期和红光中学民族示范校。承办天津市首届社区文化艺术节。参加全国第六届残运会，在全市各区县中总分、金牌数第一。河北区运动员在雅典第12届残奥会获金牌2枚，破

2004年，河北区召开现进行政办公室工作总结表彰大会
（区档案馆提供）

世界纪录2项。承办全国首届健身大拜年活动启动仪式。安置就业8.1万人。发放低保金1.08亿元。为2.5万名困难群众提供优惠医疗服务。社区居委会整合为98个。

第五节　第十五届人民政府

贯彻落实科学发展观，实施“四三二一”奋斗目标。实现地区生产总值153亿元，年均增长23.7%，提前两年完成“十一五”规划确的目标；区级财政收入24.14亿元，实现5年翻两番，年均增长23.7%；直接利用外资1.64亿美元，引内资103亿元。固定资产投资416亿元，社会消费品零售总额年均增长20%。推出重点项目6批233个，实现投资541.61亿元。建设意式风情区、经纬艺术街区等特色旅游街区。确定“一带两轴四区”的总体城区设计。形成六大重点地区开发格局。实施房屋征收345万平方米，出让土地20宗。开工679万平方米，竣工386万平方米。整修旧楼区40万平方米。绿化覆盖率39%。在全市率先完成“三类”困难企业退市，1.29万名职工得到妥善安置。在全市率先开展基层社会管理机制创新试点，10个街道建立综治信访服务中心和行政服务中心。建成第十四中学、育婴里小学新校区，完成第一医院迁址新建。新增就业14.5万人。建成保障性住房148万平方米。河北区被评为国家级计划生育优质服务先进区、全国科普示范城区、全国和谐社区建设示范区、全国双拥模范城。

第四章　改革工作

自1993年起，按照区委、区政府提出的改革工作重点，研究拟制全区经济体制改革总体方案，提出各项改革任务基本思路和落实措施并付诸实际操作，举办河北区经济体制改革研讨会、商业改革研讨会等，推动区属企业、党政机关机构改革，区有关部门结合各自职责制定对企业改革的支帮促措施。

第一节　机构设置

1990年10月，河北区经济体制改革委员会成立，行政编制4人，与区政府研究室合署办公，主要负责统筹协调全区经济体制改革工作，研究制定全区经济体制改革有关政策、措施及落实方案，指导有关部门组织实施各项改革工作，协助抓好全区各项改革试点。区体改委主任史文华不遗余力地推动工作落实。1992年12月，成立区经济体制改革研究会，会员单位54个。2007年6月，区经济体制改革委员会撤销，其工作职能划归区发展计划委员会。

第二节　改革举要

一、商业企业改革

1991年，研究制定商业企业改制方案。1993年，区商业小型企业实行国有民营改革。1994年，区属66个中型企业实行股份合作制。其中，商委系统5个，经委系统61个。1995年，部分区商业企业实行连锁经营改革。1997年，区连锁商业进一步规范管理，实行“四统一”（统一采购、统一配送、统一核算、统一管理）；打破行业、系统、所有制界限，创办跨地区连锁公司。饮食、副食、糖业等企业组建6个连锁公司、50家连锁店、3个自选市场。1998年，全区1115家企业实行各种形式改革，占企业总数85%以上，其中改为有限责任公司54家、股份合作制18家、国（公）有民营236家、承包租赁

670家、连锁经营45家，出售92家。1999年，区商业系统与财政部门制定小型企业出售和转让实施办法，出售微亏小企业51家，在妥善安排职工的同时，购置新商业网点，装修改造一批骨干企业。利用停产整顿政策，为中山实业公司注入资金83万元，60多名下岗职工得到妥善安置，经济效益有所好转。5家连锁公司的30个连锁店、9家超市成为全区商业骨干企业。当年出版的《天津市商业企业改革成果》一书中，河北区5项改革成果入选。2000年，民营企业支戈雷蒙服饰有限公司兼并区服务公司所属新中国洗染总公司的9家洗染店和创元工贸有限公司所属的建华服装厂，实现了不同所有制企业之间的兼并与重组。2000年，为搞活小企业，通过市拍卖公司竞价出售小企业20家。

二、街道生服处转轨

1991年，研究制定并试点实施街道生服处企业二轮承包改制方案。1993年，街道生服处集体企业实行股份合作制改革。1997年，推动街道生服处政企分开、转轨变型，在进行全面清产核资、明晰产权的基础上，实行控股、参股等经营管理方式，逐步向现代企业制度转变。王串场街道组建以拳头产品三叶摩托车为核心的跨行业跨地区企业集团。江都路街道组建以街道工商实业总公司为龙头的股份(合作)制企业集团。1999年，江都路街道新天地有限公司建立权力、决策和监督机构，形成相互制约、相互促进的运行机制，实行全员劳动合同制和干部聘任制，以及经营目标责任制与奖励挂钩的激励机制。基本做到政企分开，公司不再作为街道办事处的下属机构，办事处也不再承担对公司的无限责任和法律义务，使企业真正成为市场主体。

三、现代企业制度试点

1995年，对已列入天津市106家重点企业的川鲁饭店、大亨商场、江都路百货商场、物资公司4家企业进行现代企业制度试点 。1996年，富路通商贸有限公司和大亨时装有限公司依据《中华人民共和国公司法》，在完善董事会建设、发挥职工主人翁作用等方面取得进展。是年，大天津糖酒公司被列入市级试点企业，1997年年初正式挂牌按新机制运行。试点企业进行资产清查、资产评估、产权界定，摸清家底。企业与分支机构、全资子公司、控股和参股公司之间的产权纽带关系得到强化，政企不分状况有所改善，企业经营自主权得到基本保障。1997年，大亨时装有限公司不断完善现代企业制度，完成企业兼并，组建亨丰集团。1998年，区第一家私企集团——德亿达集团成立。

四、区工业总公司改革

1996年，按照市政府要求，河北区接收市7个工业局中24个工业公司的36家集体企业，并成立区工业总公司负责管理，对36家企业推行“企业责任承包制”“企业厂长奖励机制”“股份(股金)合作制”等多项改革措施。确定了以拳头产品为龙头、以资产为纽带、以企业发展为目标的思路，深化企业改革，进行资产重组，先后成立耐酸泵总厂、联德机电总厂、电器成套总厂、暖风机总厂和新华橡胶有限责任公司5个总厂，经过兼并收购，重新组合，盘活资产6000多万元、土地150多亩。耐酸泵总厂对于长期经营不善的玩具二厂 等6家小型企业，进行公开拍卖，盘活不良资产，收回资金180万元。印刷八厂实施企业经营者个人出资买断经营权，个人资本和集体资本混合运营，扭亏为盈。各总厂在发展拳头产品的同时，开展多种经营。耐酸泵总厂成立天耐房地产责任有限公司，盘活土地70余亩，进行房地产开发。

五、区商业公司改制

1997年，区五金公司成立较为规范的有限责任公司。1998年，作为区商业行政性公司首批改革试点单位，区修配公司于9月注册为天津创元工贸有限公司，万华餐饮总公司于10月注册为天津天北饮食有限公司，完成了由行政性公司向新公司、新体制的转变，为深化小企业改革创造了条件。1999年，创元公司推出4项优惠政策，放开放活小企业，有40多名职工购买11家小企业，自主经营管理企业，与公司解除了劳动关系。该公司于5月制定《小型企业承包租赁经营暂行办法》，使这项改革有章可循，调动了职工承租积极性。万龙商贸总公司采取先放飞小型企业，再进行公司制改造的方法，出售转让小门店20多个。在此基础上，将公司剩余资产和骨干企业组建为股份合作公司，达到转制目的。2004年，根据市政府有关文件精神，区经贸委对10个商业公司进行产权制度改革。对各公司改制方案进行严格审核，把规范改制摆到首位，以保证企业改制和产权交易规范进行，保证职工切身利益不受损害，保持企业和社会稳定。

六、党政机关机构改革

1997年，按照市委、市政府的要求，研究制定河北区党政机构改革“三定”(定职能、定机构、定编制)方案，并予以实施。2001年12月，根据市委、市政府《关于印发〈河北区党政机构改革方案〉的通知》，着重解决政事职责不分、机构重叠、职能交叉、人员较多等问题，参照1997年“三定”方案，对全区50多个单位工作职能进行了认真研究、调整，制定“三定”方案并全面实施。

七、建立国有、集体资产监管运营体系

1998年，在全市率先建立国有资产、集体资产2个管理委员会及其运营机构。1999年，区国资委先后出台《河北区国有资产管理委员会议事规则》《河北区行政事业单位国有资产使用、处置管理办法》等政策措施，实行资产代表报告制度和企业资产保值增值考核制度，使国有资产的管理、监督和运营步入系列化、规范化、程序化的轨道。区集体资产管理委员会制定《区集体资产管理办法》，建立和完善二级管理机构，为全面实施对集体资产的管理、监督和运营铺平了道路。

八、行政审批制度改革

按照市体改办对区、县审批制度改革的工作要求，2001年制定下发《河北区政府审批制度改革实施方案》《河北区行政审批事项清理方案》。全区具有行政审批职能的27个行政单位，对承担的213项审批(审批、核准、备案)事项进行清理。取消审批、核准事项64项，保留149项，核准改备案13项，精简34.3%。区纪委、区监察局加强对各单位行政审批事项的后续监督管理，严格落实政务公开办事制度，强化行政审批的法律责任和社会监督。

九、住房制度改革

自1999年6月30日起，河北区推行第二次深化住房制度改革，全区范围内机关、团体、企事业单位一律停止住房实物分配，实行新房新制度、老房老办法，逐步实行住房分配货币化，继续推进现有公有住房改革，培育规范住房交易市场。完善已购公有住房和经济适用住房入市制度。2006年，河北区全面推进住房货币分配工作，为区级机关和全额事业单位中1999年6月30日以后新参加工作人员建立补充住房公积金制度，缴存比例按上年度职工月均工资总额的30%确定，资金来源于区财政预算。是年，离休干部建档工作全部完成。2007年，陆续向离休干部发放住房补贴。

第五章　政务工作

1980年区人民政府恢复后，各有关行政管理部门围绕区委、区政府中心工作，积极发挥职能作用，政务工作专业化、制度化、规范化水平逐步提高。

第一节　行政监察

一、机构设置

1988年3月，河北区行政监察局成立，设办公室、信访科、审理科、监察科(行政监察举报中心)。1990年，设区纠风办公室(挂靠在区监察局)。1993年，区监察局与区纪检委合署办公。

二、监督检查

1988年7月，开展涉外经济合同清查工作，清理整顿党政机关开办的公司。是年始，每年开展一次税收大检查，检查领导干部设立“小金库”、挪用公款供亲属上学、超标装修住房等。对机关和事业单位工作人员违法违纪行为进行处理。1989年，对区联合执法队个别人员在清理无照经营烤羊肉串摊贩时简单粗暴、造成严重后果事件，及时调查作出处理。1990年3月，对天津站、天津北站两个执法办公室乱罚没、乱收费、截留坐支罚没款等违法违纪问题进行核查处理。

三、廉政建设

1989年，各部门、各单位均设1名行政领导分管监察工作，较大单位设监察科，60个单位有专兼职监察员。1990年，聘请人大代表、政协委员及各界代表近2000人为社会监督员，初步形成上下结合、专兼结合的监察工作网络。1989年，制定一系列廉政规章制度，对全区行政机关、企事业单位进行半年、全年和不定期检查。1990年，区纠风办公室成立。1991—1992年，清理废止不合理规章制度131项，修改完善897项，新建755项。立案查处案件30件，处理违纪人员10人。1988年受理办结举报信访64件，1989年受理举报188件，涉及200余人，其中处级及其以上干部25人。1988—1993年受理违纪案件196件，其中立案8件、给予行政处分4人。

第二节　侨务工作

一、机构设置

1979年，河北区侨务工作由区革委会民政组负责。1982年3月，侨务工作划归区政府办秘书科。1983年12月，区政府办成立民族宗教侨务科。1991年11月，成立侨务办公室(正处级)。2007年8月，区民族宗教事务办公室与区侨办合并，成立河北区民族宗教侨务办公室(正处级)。2010年1月，设立区政府民族宗教事务办公室，加挂区政府侨务办公室牌子。2005年，区侨办获全国侨办系统先进单位称号。2006年，区侨办获全国侨办系统信访工作先进集体称号。2010年，区侨办副主任彭英年被评为全国侨办系统先进个人，归侨、三实世纪律师事务所主任童新政被评为全国归侨侨眷先进个人。

随着河北区改革开放不断深入，20世纪80年代后期，河北区归国华侨联合会成立，会同区政府侨务办公室开展工作。

二、主要工作

(一)归侨侨眷基本情况　河北区早期归侨大多是在中华人民共和国成立前后从印度尼西亚、马来西亚、新加坡、柬埔寨、越南、老挝、朝鲜等国家回到祖国的。河北区归侨、侨眷、外籍华人眷属，分布在全区教育、卫生、文化、科技、工业、商业等各个领域，他们具有热爱祖国、热爱家乡的光荣传统，具有较高的文化素质和较强的工作能力，得到社会广泛重视，在全区经济社会的发展中发挥了积极作用。

1979年河北区街道归侨原侨居地分布情况统计表

表6-2　　　　　　　　　　　　　　　　　　　　　　　　单位：人

单位名称	户数	人数	侨居地											
			越南	印尼	马来西亚	泰国	日本	英国	美国	新加坡	朝鲜	老挝	缅甸	柬埔寨
鸿顺里街道	5	6	1	4	–	1	–	–	–	–	–	–	–	–
黄纬路街道	8	8	1	–	–	2	1	–	–	–	2	1	1	–
京津公路街道	3	4	–	1	–	–	1	–	–	–	–	–	2	–
中山路街道	20	25	–	7	5	1	–	2	1	–	7	–	1	1
辛庄街道	–	–	–	–	–	–	–	–	–	–	–	–	–	–
新开河街道	–	–	–	–	–	–	–	–	–	–	–	–	–	–
小树林街道	–	–	–	–	–	–	–	–	–	–	–	–	–	–
小关街道	5	6	–	1	3	1	–	–	–	–	1	–	–	–
东六经路街道	2	2	–	1	1	–	–	–	–	–	–	–	–	–
光复道街道	18	32	–	14	1	1	16	–	–	–	–	–	–	–
粮店街道	–	–	–	–	–	–	–	–	–	–	–	–	–	–
金家窑街道	–	–	–	–	–	–	–	–	–	–	–	–	–	–
王串场街道	37	55	9	23	6	6	2	–	–	5	1	–	3	–
墙子街道	25	34	1	13	2	2	11	–	–	4	–	–	1	–
五号路街道	–	–	–	–	–	–	–	–	–	–	–	–	–	–
何兴庄街道	10	12	2	6	–	1	–	–	–	–	3	–	–	–
总　计	133	184	14	70	18	15	31	2	1	9	14	1	8	1

2010年河北区归侨原侨居地分布情况统计表

表6-3

侨居国	户 数	侨居国	户 数	侨居国	户 数	侨居国	户 数
泰国	2	韩国	1	朝鲜	2	越南	2
马来西亚	3	柬埔寨	1	–	–	–	–
印尼	23	缅甸	1	–	–	–	–
日本	1	新加坡	2	–	–	–	–
合 计	38						

1979年河北区区属系统归侨分布情况统计表

表6-4　　　　　　　　　　　　　　　　　　　　　　　　单位：人

所属系统	合 计	侨居地						
		泰国	马来西亚	印度尼西亚	日本	缅甸	爪哇	新加坡
教　育	32	2	3	23	–	2	1	1
卫　生	4	–	–	2	2	–	–	–
城　建	2	–	–	–	2	–	–	–
财　贸	1	–	–	1	–	–	–	–
总　计	39	2	3	26	4	2	1	1

2010年河北区区属系统归侨分布情况统计表

表6-5 单位：人

所属系统	人数	侨居国分布情况									
		泰国	马来西亚	印度尼西亚	日本	越南	新加坡	柬埔寨	朝鲜	缅甸	韩国
教育	30	2	2	19	1	1	2	1	-	1	1
卫生	4	-	1	2	-	1	-	-	-	-	-
街道	1	-	-	-	-	-	-	-	1	-	-
文化	2	-	-	1	-	-	-	-	1	-	-
机关	2	-	-	1	-	-	-	-	-	1	-
总计	39	2	3	23	1	2	2	1	2	2	1

（二）侨情调查 1996年，根据市侨办统一部署，对全区移居国外的新移民及其眷属进行普查登记显示：1979年后近400人移居国外，分布于26个国家和地区，其中留学生占70%。2003年7月侨情调查显示：归侨47人、侨眷5000余人。归侨中中共党员14人，民主党派7人；人大代表1人，政协委员2人。侨眷中中共党员约1100人，民主党派50余人。1979年后的新华侨、华人978人，主要分布在美国、德国、日本、加拿大、澳大利亚等国家。2004年，完成“侨务工作数据库”设计制作，对区内46名归侨及其国内外亲属资料，2749名侨眷、新华人、华侨及其亲属情况实行数据库管理。建立区政府、街道、居委会侨务工作“三级网络”，明确工作职责，落实分管领导，建立侨务专兼职工作人员三级联络方式。2005年7月，按照市侨办要求，对全区43名归侨进行收入、住房、退休补助等情况调查，为市政府制定相关决策提供依据。

（三）服务工作 2003年，开展为归侨侨眷送温暖活动，区侨办走访慰问孤老、困难归侨侨眷20多人次，解决生活和工作中的实际困难7件。2004年，协调解决归侨侨眷房屋拆迁、子女升转学、归国定居等问题11件，为3户孤老、双下岗和特困归侨侨眷协助解决拆迁困难补助2.6万元；为30多名归侨免费体检。2005年，受理归侨侨眷来信、来访15件，协调解决退休生活补助1件，协调办理拆迁补偿2户。2006年，办理信访案件20件，解决拆迁、上学、经营等问题8件。2007年，为2户困难归侨、侨眷协调办理了拆迁补偿事宜，受理信访案件9件。2008年，受理信访案件11件，帮助1家侨资企业通过司法诉讼程序，保护了合法权益。2009年，为38名老归侨人员提高社会补助，由每月50元增至100元。2010年，帮助加拿大籍一位华人解决房屋产权纠纷问题。是年，在王串场街道秀茵明居社区、鸿顺里街道二五四社区设立“侨法宣传角”的基础上，在望海楼街中远里社区设立第3个由国务院侨办命名的“侨法宣传角”，配备书籍、桌椅、电脑等设施，建立借阅登记活动等制度。

（四）侨资企业 2003年，全区侨资企业有30多家。区侨办推荐2家企业参加全国侨资企业500强评选。帮助侨资企业圣吉华（天津）服装服饰有限公司解决拆迁易址问题。2004年，引进容众实业有限公司到河北区投资商业项目，注册资金500余万元，建筑面积近3000平方米。2005年，全区区属侨资企业39家。2007年，走访区属侨资侨属企业30余家，帮助协调解决销售困难等问题。推荐5家企业为天津市侨商会理事单位、17家企业为会员单位。2008年，对完美化妆品有限公司天津分公司、天津三实世纪律师事务所、南华鞋业有限公司等侨资企业进行走访调研，帮助解决经济运行中的问题和困难。促成天津喜时来酒业有限公司与区属台资企业上岛咖啡集团联合营销。协助德国侨民在津筹办德中文化交流中心。帮助北京中欧国际旅行社有限公司在津筹建分支机构。2009年，完美化妆品有限公司天津分公司被评为全国百名优秀侨资企业。

第三节　行政督查

一、机构设置

1999年12月，成立区政府办公室为民服务专线办公室，加挂督查科牌子。2003年3月，成立区政府办公室督查室，与为民服务专线办公室分离，2004年5月，升格为河北区人民政府督查室(副处级)。

二、主要工作

督查室成立后，至2010年组织较大规模督查活动400余次，办理市政府下达督办事项50余件，编发《督查报告》500余期，区领导批示50余次。涉及市政府专项督查、区长办公会有关事项、重点项目、经济社会发展考核指标、旧楼区居住功能提升改造、地块拆迁、科技小巨人企业、亿元楼宇、亮点工程、改善人民生活10项工作、安全生产等项内容。为更好地推进和掌握项目进度，按照项目的类别和轻重缓急，采取联合督查、专项督查、定期督查等形式，每年对重点项目中民生事业类项目进行督查，对泵站建设、道桥建设、新建公厕建设中存在问题进行梳理，提出合理化建议。如督查促进大中华橡胶厂的拆除，加快十四中新校舍的建设；督查促进鸿顺里街道违章占道市场的拆除，确保市容街貌的清整美化；与区委督查室联合，每周一次对全区经济社会发展考核指标的实施进度进行督查，及时为区领导提供第一手资料，推动指标完成；与区安监局共同开展安全生产专项督查活动，配合安委会对安全生产先进单位进行实地考评，督促整改安全隐患问题，确保安全工作落实；与多个部门组成联合督查服务组，对多项工作开展督查，推动开展。区政府督查室连续多年被市政府评为政务督查工作先进单位。

第四节　法制工作

一、机构设置

1990年8月，成立河北区人民政府法制办公室(正处级)，负责全区行政法制工作规划和组织实施，承办行政复议案件，受区长委托代理区政府参加行政诉讼应诉，对全区行政执法单位监督检查。下设行政执法监督检查科、行政复议应诉科和综合科，行政编制7人。1993年5月，成立河北区法律服务中心(正科级)，系自收自支事业单位。

二、主要工作

(一)**依法行政**　1990年后，为落实《中华人民共和国行政诉讼法》《中华人民共和国行政复议法》，成立以区长为组长的区依法行政工作领导小组，将依法行政与经济发展工作同部署、同落实、同考核。每年在区政府常务会议、区长办公会议会前半小时组织学法2次，举办处级以上领导干部专题法制讲座2次。1997—2005年，实行政府常年法律顾问制度，制定《河北区人民政府重大事项行政决策程序规则》《河北区人民政府重大事项决策和决策执行过错责任追究办法》，逐步完善公众参与、专家论证、法律审核和集体研究决定的行政决策机制。建立规范性文件审查报备制度，对区政府及其部门制定的规范性文件进行合法性审核及备案审查110件，清理1990年以前政府规范性文件146件、1990—2010年规范性文件2.3万件，废止或修改90件。承办市政府交办的法律行政法规草案征求意见150件。1998—2010年，对房管局等40个行政执法单位五大项依法行政目标考核内容细化分解，采取内部考核、外部评议和人大、政协监督相结合的方式考评，考核结果纳入区委组织部年度对领导班子考核总评。

(二)**执法监督** 1995—2010年，确认全区行政执法主体40个。其中，法定行政机关36个，法律、法规授权组织2个，依法受委托行使行政执法权的组织1个，集中行使行政执法权的组织1个；具体行政执法职权2722项。1997年，建立全区行政执法人员培训考核与资格管理制度，每2年组织1次执法证年检培训考试，对新任执法人员进行公共法律知识培训。至2010年，全区行政执法单位(市直单位除外)有715人持证上岗。1998年，建立《河北区人民政府法制监督制度》《河北区行政执法过错和错案责任追究制度》，开展行政执法监督检查，受理行政执法投诉，调查重大行政违法案件，做好重大行政处罚备案审核。对行政处罚案件、行政许可案件进行抽查。截至2010年，检查38个单位，390个案卷，行政执法案卷质量普遍提高，行政执法行为不断规范。1990—2010年，受理对拆迁裁决不服提起行政复议等各类案件448件，受区长委托，办理行政应诉案件163件，结案率100%。参与小关和小树林地区危改、金钟河大街景观工程建设、北宁公园提升改造等工程，依据《城市房屋拆迁管理条例》，实行科室、部门、区分管领导三级审核，1995—2010年，审核强拆违章410件，审核行政强拆房屋1029件，强制执行347件。

(三)**执法服务** 1998年、2000年、2002年，先后开展全区执法部门教育整顿活动。2003—2010年，开展“优化发展环境，执法岗位大家评”“执法服务月”等活动。1994—2002年，每3年进行1次执法服务“双十佳”(十佳集体、十佳干部)评选表彰。出台《河北区优化区域经济发展环境的实施意见》《河北区控制对企业进行经济检查的实施细则》，建立与企业联系制度，走访服务重点税源单位105家。区法律服务中心为区政府和企事业单位提供法律服务。举办法律讲座36期，完成津都大厦、中山商厦等案件代理和协调服务工作。1997年4月，成立天津仲裁委员会河北接待室，2008年7月更名为天津仲裁委员会河北分会，截至2010年仲裁解决经济纠纷25件。1996—2010年，举办5届区政府法制工作理论研讨会，编印《区政府法制工作研讨论文集》，刊登论文240篇，其中69篇论文在市有关刊物刊登。1998年，编辑《经济活动常用法条》《民事活动常用法条》，由全国人大常委会原副委员长雷洁琼题写书名，天津社会科学院出版。编发《河北区政府法制学习·研究·参考》内部刊物26期近百万字。

第五节 信访工作

一、机构设置

1979年11月，区信访办公室(正处级)成立。行政编制9人，其中主任1人、副主任1人、正科级(秘书)1人。1997年3月，区信访办同时挂区委信访办牌子，内设秘书科、接待科。2010年6月，增设督查协调科、网络信件办理科。2007年始，区信访办主任兼任区政府办副主任。

二、主要工作

(一)**建章立制** 1979年10月，建立区党政领导轮流接待群众来访制度，对涉及面广、政策性强的问题，安排有关部门和单位领导共同接待。1981年10月，确定每周四为领导接待日。1987年8月，在区建委、区房管局及各街道等信访问题突出的单位，聘请22位负责人担任联络员，代表区长接待和处理群众来信来访。1990年，设立区长电子邮箱、区长热线电话，建立区领导阅批群众来信制度。全区建立三级信访网络，设专职信访干部21人，兼职158人，实行信访目标管理百分制考核。1992年，各街道、局、公司建立领导接待群众来访、阅批群众来信、例会研究工作、重点案件查办等制度。1999年7月，建立区各级党政领导干部信访工作责任制，进一步明确全区各级党政主要领导对本地区、本系统、本单位信访工作负总责；确定一名领导分管信访工作；信访工作纳入全区工作目标管理责任制中统一考核；每周四定为全区“信访日”。2004年9月，建立区信访联席会议工作制度，定期与不定期相结合召开会议，对全区信访形势进行分析，制定措施，排查化解矛盾纠纷。2005年12月，制定《河北区群体性上访应急预案》。自2008年10月起，各街道陆续成立信访科，其他责任单位各设2名信访工作专职人员。

（二）**受理事项**　1985—1995年，区信访办共办理来信来访1.52万件（次）。1993年，开始解决街道企业退养改退组人员上访事宜，采取办理低保、救助或补贴等多种帮扶措施，2010年，根据市政府有关文件为其办理退休手续。1996年，市属36个困难企业下放到河北区，在改制中引发矛盾较多，其职工到市、区集体访增多，经过向市有关部门争取政策支持，36个困难企业下岗职工得到妥善安置，拖欠的工资、退休金、医疗费、煤火费等陆续补发。至2010年，其上访问题基本解决。2007年4月，实行领导包案制度。区委、区政府领导包案27件，结案17件(其中3件为市属单位案件并均转出)，占总量63%；2008年，包案107件，结案57件，占53.3%；2009年包案36件，结案11件，占30.6%。2008年7月，开展区党政领导大接访活动。区级领导接访152次，接待群众418人次，接访案件358件，结案200件，占55.9%。2010年，先后协调解决联宜里小区和月云公寓不通煤气、上海爱家和北斗星城遮光、中山公园路市场商贩安置、拖欠农民工工资等问题。

第六节　为民服务热线

一、机构设置

1993年7月，区政府办秘书科负责为民服务热线电话受理工作。1999年12月，区政府办增设督查科，兼为民服务专线办公室（正科级）。2006年9月，由专线办兼管应急日常工作。

二、主要工作

（一）**为民服务专线**　负责接听、分析和解决群众反映的热点难点问题。建立承办、督办制度。坚持跟踪督办，检查落实。对基层网络单位工作人员进行指导、培训，安排基层单位专线人员到区专线办实习，提高能力。针对群众反映比较集中的环境卫生、房屋维修管理等问题，实施现场办公，先后协同区排水、房管、城管、街道等为民服务网络单位深入现场，督办解决各类问题。年均受理群众热线电话3000余件、市政府转办事项200余件、新闻单位批评意见300余件，办结率95%以上。2005年3月，针对居民反映强烈的鸿顺东里污水外溢、艳益里雨季积水等问题，区专线办与区市政园林局、区房管局、市政工程、市排水三所等单位多次召开现场协调会，最终将问题解决，受益群众1600余户。2000年2月，市长李盛霖到区政府专线办进行考察和慰问。是年，开展河北区为民服务专线工作竞赛“双十优”（十优单位、十优个人）评选活动，年底区政府召开会议表彰。

（二）**公仆接待日**　2007年，按照市政府统一要求，每月第一周星期二为“公仆接待日”，由一位区长和32个职能单位负责人现场受理群众电话。年均受理问题300余件，全部办结。年均受理市长专线反映问题200余件，落实率100%。

（三）**应急工作**　2006年，按照市政府部署，制定《河北区突发公共事件总体应急预案》，编修汇总29个专项应急预案，对应急指挥、应急响应、

1996年3月，河北区召开“公仆进万家”办实事解难题情况发布会　　（区档案馆提供）

各级各部门职责分工、组建应急抢险队伍、储备救灾物资、设立应急避难场所，抓好应急指挥平台建设等环节，均制定制度和措施。组织区安全、公安、消防、人防、红十字会等部门开展各类应急培训30余次2000余人。通过电视、互联网、刊物、宣传画等手段宣传应急工作法律法规，加强应急知识宣传教育，提高居民避险和自救意识。每年配合市应急办组织防震应急演练宣传活动。

（四）关注媒体反映 1999年始，对《天津日报》《今晚报》刊发的有关河北区的批评性报道，督促相关责任部门分析研究、整改回复，至2010年年均165件，落实率100%。2007年9月，《今晚报》刊登市民反映博爱道与自由道交口处沿街路面有破损严重问题，经区市政局调查该路未纳入市政设施管理范围，为保障市民出行，经区专线办协调，区市政局对该路进行义务修复。

2009年始，受理北方网《政民零距离》栏目反映的问题。建立答复数据库，缩短答复时间，提高工作效率，年均受理问题2000余件，回复率100%，网民满意率97%以上。2010年11月，宝坻区一香客在北方网发帖求助，反映被大悲院地区不法商户骗取1000元香火钱。区专线办立即联系大悲院管委会，帮其挽回损失。

第七节 行政许可服务

一、机构设置

2005年12月，正式对外运行，河北区行政许可服务中心（正处级），加挂区行政审批管理办公室牌子，为区政府派出机构，履行有关行政审批和行政许可服务事项的组织、协调、监督、管理职能。设综合科、管理科。行政编制8人，工勤编制1人。位于昆纬路39号，建筑面积1800平方米。一楼为对外办公大厅，设46个服务窗口，有19个行政职能部门，可一站式办理各项行政许可审批及服务事项136项。区监察局在中心派驻监察室，受理行政许可投诉。同时设银行、会计师事务所、印章刻制等服务窗口，为企业提供服务。

河北区行政许可服务中心办公楼

（区志办提供）

二、主要工作

（一）行政审批制度改革 2007年，区行政许可服务中心有16个审批部门的79项审批实现提速，效率提高45.8%。2009年，各部门整体审批时限压缩35%。只要材料备齐、符合法定形式，可当场办结。32个部门207个事项审批时限，由总计2692天压缩为1340天，平均压缩50%。推出33项当场办结事项。完成市政府审批提速30%的目标任务。取消行政审批事项10项，调整合并55项同类审批事项为16项，减少20.5%。2010年，22个部门151个事项办理时间由1048天减至698.5天，14个部门推出66个立等办结事项。进驻部门进行内部审批职能整合，形成一站式审批运行机制。2008年，组织涉及联审的部门和事项进驻中心集中办理，对市场准入等涉及前置审批和各部门审批的事项，实行并联和并行审批。设立联合审批服务窗口，加强对重点项目审批的指导和服务。2009年2月，企业设立联合审批正式启动运行。7月，按照市统一要求，将企业设立联合审批时限压缩到5—8个工作日，按照“一窗受理、并行办理、依次审批、限时办结”“一窗统一接件、一表统一登记、部门并行办理、依次审批办结、分别发放证照”的模式，企业取得“一照一章两证”并由17个工作日压缩到4个工作日。2010年，压缩到3个工作日内。2006年，建立进驻部门联席会制度，对重点项目和外资项目开通“绿色通道”，采取特事特办、跟踪督办、预约咨询服务、现场服务和协助办理等形式，审批时限压缩50%。2009年，将投资备案类项目和投资核准类项目审批时限分别控制在25天和31天内，确保投资项目审批全程时限不超过140个自然日。2010年6月，建昌道街道综合服务中心成立，各有关部门分别选派人员进驻窗口，现场办理审批业务和服务事项，提升了服务基层、服务企业、服务群众的能力。

（二）**优化服务**　区行政许可服务中心成立后，实行全天在线审批、工作时间现场审批、非工作时间预约审批制度。加强与招商引资部门联系，提前对接，主动了解招商和项目信息，提供咨询服务、现场服务，帮助解决问题。对涉及多部门审批的事项，中心牵头召开行政审批联席会，加强协调，解决问题。采取特事特办、跟踪督办、领办协办等形式，为重点项目、重点企业开辟绿色通道，提供快捷服务。跟踪后续项目，延伸服务。坚持以人为本，提供饮用水、休息座椅、雨伞、擦鞋机、电子读报栏等设施。建立意式风情区中央商务区行政服务中心，与区行政许可服务中心联网，工商、税务、质监等部门进驻办公。公开办事指南、审批流程、优惠政策和服务措施，对到意式风情区投资注册的企业，现场启动联合审批程序，当场核发营业执照、税务登记证、组织机构代码证等，实现行政审批服务“零距离”。

第八节　信息化建设

一、机构设置

2001年3月，河北区信息化工作领导小组成立。2002年2月，区政府信息化办公室（副处级）成立，隶属区科委。2003年12月，区电子政务信息与网络中心（科级）成立，为区信息化办公室下属全额拨款事业单位。2010年，区信息化办公室划归区政府办公室，区政府办公室主任兼任区信息化办公室主任。2006年，区信息化办公室被评为“十五”天津市信息化和信息产业先进集体，区政府门户网站被评为“十五”期间天津市信息化优秀项目。

三、主要工作

（一）**基础网络建设**　2001年，制定并实施《河北区信息化建设“十五”计划》。2002年4月，区委、区政府批转下发《河北区电子政务实施方案》。2003年，区信息化办公室制定《河北区信息化工程建设管理办法》，进一步规范全区信息化工程建设，加强监管，确保工程质量和投资效益。2006年，制定并实施《河北区信息化建设“十一五”计划》。2003年，设计并实施“区政府通信网络升级改造工程”。建成区政府电话虚拟专网。2003—2005年，组织推动区委、办、局电子政务建设，至2005年年底，有16个部门建成局域网，实现内部办公网上流转和信息共享。2006年，铺设覆盖全区的光纤网络，建成区电子政务专网。通过光纤连接全区各单位96个，做到全区各机关之间互联互通，初步实现公文网上传输和处理，改变了传统公文收发、办理模式。对网络设备进行升级改造，安装防火墙，并为机关提供互联网接入服务。制定《河北区党政机关互联网接入暂行规定》《河北区党政机关办公自动化系统（OA）使用规定（试行）》《河北区电子政务内网保密管理规定》《关于在政务网OA自动化办公条件下进一步加强纸质文件归档工作的实施意见》等配套规章制度，规范全区电子政务网络的使用和管理。

（二）**市电子政务专网区内节点建设**　2004年，组织实施市电子政务专网河北区汇聚节点工程建设，实现了区政府与市委、市政府连通，与市直属各部门连通。建成区委会议电视终端会场。2006年，对上通过市电子政务专网与市级机关及市各有关部门连接，对下通过光纤接入区级机关及区各委、办、局，保障各专业条口的公文传递、信息交换和资源共享。2006年，实现区委组织部等单位与市级主管部门的专网连接。2007—2010年，完成区与市应急平台通信链路光纤接入，以及区委办、区纪检委、区人事局专网接入工作。

（三）**政府门户网站建设** 2003年7月，区政府网站正式开通。2004年，建成区政府网站英文版和中文繁体版，制定《河北区政府网站管理办法》。2005年，区信息化办公室为区政府50余个部门制作网页。为区环保局等单位建二级网站，提供虚拟主机服务、互动式办公。2006年9月，区信息化办公室与区新闻中心共同成立网站编辑部，对区政府网站进行全新改版。2007年，区政府门户网站开辟区“两会”、招商引资大会、落实20项民心工程、贯彻中共十七大精神等专题板块。建成48个街、委、办、局的二级网站。开办“政风行风网上评议系统”“纪检监察信访举报系统”“平安建设百日大家谈”等互动栏目。2008年，开办“河北区支援四川汶川地震灾区”“解放思想、干事创业、科学发展”“干事创业先进党组织标兵与优秀共产党员标兵网上投票评选”等栏目。开展街、委、办、局二级网站的测评与考核。2010年，进行“河北区两会”“河北区2010年改善人民生活十项实事”“解难题促转变上水平”“深入学习实践科学发展观”“唱魅力河北、颂美好家园”等专题报道。

（四）**信息化项目申报** 2006年，组织完成河北区电子政务网络平台项目的方案设计和专家论证，并被列入市信息化重点发展项目。2008年，申报市信息化项目“河北区社区服务信息化工程”并获批准。2009年，进行市软件产业发展专项资金项目申报工作，2个项目获批资金40万元。2010年，有2个项目获批资金110万元。

河北区志

（1979—2010）

第七编

人民政协

RENMIN ZHENGXIE

政协河北区委员会，自1979年恢复工作至2010年，历经第五届至第十二届，大致经过承担“三大任务”（议大事、促改革、办实事，1979—1992年）、立足和谐发展（1993—2002年）、促进科学发展（2003—2010年）3个发展阶段。其间在中共河北区委的领导下，根据中国共产党同各民主党派和无党派民主人士“长期共存、互相监督、肝胆相照、荣辱与共”的方针，对全区各项工作和群众生活的重要问题进行政治协商，并通过建议和批评发挥参政议政、民主监督的作用，在有利于坚持和改善共产党的领导、有利于更广泛地联系和团结各阶层群众的政协工作中发挥了重要作用。

第一章 政协委员

政协天津市河北区委员会，由中共河北区委、区各民主党派、无党派人士、人民团体、各少数民族和各界的代表以及特别邀请的人士组成，设若干界别。每届区政协的参加单位、委员名额和人选及界别设置，经上届政协主席会议审议同意后，由常务委员会协商决定。区政协委员由中共党员和各民主党派、无党派人士、各人民团体、各少数民族、各界别代表及特别邀请的人士担任，由区委及区委统战部与各民主党派、人民团体、有关单位协商提名，由上届政协常务委员会协商决定。

第一节 第五至第九届委员

1979年10月，根据中共天津市委文件，经区委研究决定，开始恢复政协组织。第五届政协第一次会议（1980年5月）参会委员252人。第六届政协第一次会议（1984年5月）参会委员251人。第七届政协第一次会议（1987年2月）参会委员263人。第八届政协第一次会议（1990年2月）参会委员261人。第九届政协第一次会议（1993年2月）参会委员235人。

河北区政协第八届委员会第一次会议
（区档案馆提供）

河北区政协第九届委员会第一次会议
（区档案馆提供）

第二节 第十届委员

第十届政协第一次会议（1998年1月）参会委员263人。其中，中共党员90人，占委员总数34.2%；党外人士173人，占65.8%（其中民主党派成员72人，占27.4%）；妇女委员85人，占32.4%；少数民族委员14人，占5.3%。常务委员47人。其中，党外人士31人，占常委总数66%。

河北区政协第十届委员会第一次会议
（区档案馆提供）

第三节　第十一届委员

第十一届政协第一次会议(2002年12月)参会委员254人。其中，中共党员101人，占总数39.7%；党外人士153人，占60.3%(其中民主党派成员82人，占32.3%)；妇女委员76人，占29.9%；少数民族委员9人，占3.5%；大专及其以上文化程度209人，占82.3%；高级及其以上职称72人，占28.3%；连任105人，占41.3%。常务委员46人。其中，党外人士30人，占常委总数65.2%(其中民主党派成员18人，占常委总数39.1%)。

第四节　第十二届委员

第十二届政协第一次会议(2007年1月)参会委员265人。其中，中共党员110人，占委员总数41.5%；党外人士155人，占58.5%(其中民主党派成员92人，占34.7%)；妇女委员82人，占30.9%；少数民族委员9人，占3.4%；大专及其以上文化程度243人，占91.7%；高级及其以上职称76人，占28.5%；连任155人，占58.5%。常务委员45。其中，党外人士29人，占常委总数64.5%(其中民主党派成员18人，占常委总数40%)。

第二章　常务委员会

1979年区政协恢复工作后，常务委员会内设机构和工作机构逐步完善。至2010年，内设机构有办公室、专门委员办公室、研究室和委员联络室；工作机构设8个专门委员会。区第九届政协之前，主席、副主席一般任期为3年，之后为4年。

第一节　内设机构

区政协从第五届(1980年5月)始设专职副主席和秘书长，主席由区委1名副书记兼任。自第六届始主席为专职。区政协第五届机关设专职秘书、干事各1人；第六届始设办公室(处级)，下设秘书科、联络科、宣传科。1987年4月，联络科、宣传科合并为宣传联络科，另建行政科。1990年2月宣传联络科改为专门委员会办公室。1993年4月，行政科改为行政办公室，与专门委员会办公室同为科级，不再隶属办公室。撤销秘书科，其业务划归办公室。1995年4月，专门委员会办公室升格为处级。1996年12月，办公室内设秘书科、行政科，专门委员会办公室内设一科、二科。2002年2月，增设研究室(处级)。2006年3月，增设委员联络室(处级)。2008年6月，办公室增设人事老干部科。2010年，机关工作人员22人(行政编)。办公地点在建国道14号(1998年以前在建国道23号)。

第二节　专门委员会

区政协专门委员会(工作组)是区政协常务委员会和主席会议领导下的工作机构。第五届设学习委员会和文教、科技、医药卫生、侨务、民族宗教、工商6个工作组。第六届设学习委员会和文教、科技、中学、小学、法制、联谊、卫生、民族宗教、工商、妇女、侨务11个工作组。第七届设学习、提案、文史书画联谊3个委员会，以及科技、城建、医药卫生、经济咨询、教育、法制、祖国统一联谊、民族宗教、妇女9个工作组。第八届设学习、经济技术、城市建设、教育卫生、提案、祖国统一联谊、文史书画、民族宗教社会法制8个委员会。第九届设学习、提案、经济技术、城市建设、医药卫生、教育体育、社会法制、海内外联谊、民族宗教、文史资料文化艺术10个委员会。第十届设学习、提案、经济科技、城市建设、医药卫生、教育文化体育、社会法制、港澳台侨、民族宗教、文史资料书画艺术、街道11个委员会。第十一、十二届设立学习、提案、经济科技、城市建设管理、教育卫生体育、文史资料文化艺术、社会法制、港澳台侨8个委员会。

第三节　领导名表

表7-1

届　次	职　务	姓　名	党派界别	任　期	说　明
	主席	王锡珍	中共	1980.5—1981.10	
	副主席	李贵书	中共	1980.5—1984.5	
		李介民	中共	1980.5—1984.5	
		赵年稔	中共	1980.5—1984.5	
		韩康玲（女）	医务界	1980.5—1984.5	
第五届 1980.5—1984.5	副主席	齐　健	中共	1980.5—1984.5	驻会
		白熙琰	民建	1980.5—1984.5	
		白秀璞	医务界	1980.5—1984.5	驻会
		郑广荣	民盟	1980.5—1984.5	
		郜寿彭	科技界	1980.5—1984.5	
第六届 1984.5—1987.2	主席	郭炳辉	中共	1984.5—1987.2	驻会
	副主席	宋萌芳	中共	1984.5—1987.2	驻会
		韩康玲（女）	医务界	1984.5—1987.2	
		白熙琰	民建	1984.5—1987.2	
		郑广荣	民盟	1984.5—1987.2	
		郜寿彭	科技界	1984.5—1987.2	
		张华山	台盟	1984.5—1987.2	
		李星域	九三学社	1984.5—1987.2	
第七届 1987.2—1990.2	主席	李贵书	中共	1987.2—1990.2	驻会
	副主席	宋萌芳	中共	1987.2—1990.2	驻会
		赵仲田	中共	1987.2—1990.2	驻会
		白熙琰	民建	1987.2—1990.2	
		郑广荣	民盟	1987.2—1990.2	
		郜寿彭	科技界	1987.2—1990.2	
		李星域	九三学社	1987.2—1990.2	
		岳哲安	民革	1987.2—1990.2	驻会
第八届 1990.2—1993.2	主席	田宝巨	中共	1990.2—1993.2	驻会
	副主席	赵仲田	中共	1990.2—1993.2	驻会
		杨武进	中共	1990.2—1993.2	驻会
		孙玉明	中共	1990.2—1993.2	驻会
		白熙琰	民建	1990.2—1993.2	
		郑广荣	民盟	1990.2—1993.2	
		张伯兰	民革	1990.2—1993.2	
		宋乃义	九三学社	1990.2—1993.2	
		周红莲（女）	侨联界	1990.2—1993.2	
第九届 1993.2—1998.1	主席	田宝巨	中共	1993.2—1996.2	驻会
		朱忠发	中共	1996.2—1998.1	驻会补选
	副主席	臧本学	中共	1993.2—1996.2	
		夏贵忠	中共	1993.2—1996.2	驻会
		高昌树	中共	1993.2—1998.1	
		刘佃奇	中共	1997.2—1998.1	驻会补选

续表7-1

届次	职务	姓名	党派界别	任期	说明
第九届 1993.2—1998.1	副主席	张伯兰	民革	1993.2—1998.1	
		宋乃义	九三学社	1993.2—1998.1	
		周红莲(女)	侨联界	1993.2—1998.1	
		陈振勋	民进	1993.2—1998.1	
		谢卓岩	工商联	1993.2—1998.1	驻会
	顾问	孙玉明	中共	1993.2—1994.12	驻会
第十届 1998.1—2002.12	主席	朱忠发	中共	1998.1—2001.1	驻会
		张林元	中共	2001.1—2002.10	驻会补选
	副主席	高昌树	中共	1998.1—2002.12	
		刘佃奇	中共	1998.1—2002.12	驻会
		赵铁敏	中共	2001.1—2002.12	驻会
		韩克昌	中共	1998.1—2002.3	驻会补选
		孙志全	中共	2002.1—2002.12	
		宋乃义	九三学社	1998.1—2001.1	
第十届 1998.1—2002.12	副主席	周红莲(女)	侨联界	1998.1—2002.12	补选
		张吉兴	民进	1998.1—2002.12	
		单锡忠	民建	1998.1—2002.12	
		冯幸耘(女)	民革	2001.1—2002.12	驻会补选
第十一届 2002.12—2007.1	主席	张林元	中共	2002.12—2007.1	驻会
	副主席	赵铁敏	中共	2002.12—2007.1	
		颜雅芬(女)	中共	2002.12—2007.1	
		冯幸耘(女)	民革	2002.12—2007.1	驻会
		郑全喜	中共	2002.12—2007.1	驻会
		马丽娣(女)	民盟	2002.12— 2007.1	
		李兰兰(女)	致公	2002.12—2007.1	
		刘艳明	民建	2002.12—2007.1	
		刘文伟	农工	2002.12— 2007.1	
	顾问	孙志全	中共	2002.12—2003.10	驻会
		张吉兴	民进	2002.12—2003.6	驻会
第十二届 2007.1—	主席	张俊英(女)	中共	2007.1—	驻会
	副主席	赵玉良	中共	2007.1—	驻会
		颜雅芬(女)	中共	2007.1—2010.11	驻会
		冯幸耘(女)	民革	2007.1—	驻会
		郑全喜	中共	2007.1—	驻会
		孙本开	中共	2009.1—2010.11	驻会补选
		马丽娣(女)	民盟	2007.1—	
		李兰兰(女)	致公	2007.1—2009.1	
		刘艳明	民建	2007.1—	
		刘文伟	农工	2007.1—	
	顾问	张林元	中共	2007.1—2010.6	驻会
		赵铁敏	中共	2007.1—2007.8	驻会

第三章 重要会议

全体委员会议一般每年召开1次。常务委员会议和主席会议一般每季度召开1次。2010年始，区政协邀请各街道政协委员联络站站长和群众代表列席政协全体参议和常委会议。

第一节　全体委员会议

一、第五至第八届政协全委会

1980年5月至1984年2月，分别在区工人俱乐部、第一工人文化宫召开第五届政协全委会4次。1984年5月至1987年2月，在区工人俱乐部召开第六届政协全委会3次。1987年2月至1990年2月，在区工人俱乐部召开第七届政协全委会3次。1990年2月至1993年2月，在区少年宫召开第八届政协全委会3次。

二、第九届政协全委会

1993年2月至1998年1月，在区少年宫召开全委会5次。第一次全委会于1993年2月22—27日召开。出席委员235人，列席178人。主要任务是进一步学习邓小平理论，为全区经济建设和各项事业发展献计出力。第二次全委会于1994年2月22—26日召开。主要讨论区政协、区人代会报告。第三次全委会于1995年2月12—17日召开。主要任务是为实现河北区跨入市区先进行列的奋斗目标献计献策。第四次全委会于1996年2月27日—3月2日召开。主要任务是就全区经济和社会发展“九五”计划和2010年远景规划及实现河北区跨入市区先进行列的奋斗目标等问题进行协商，提出意见和建议。第五次全委会于1997年1月24—27日召开。主要任务是围绕1997年河北区实现跨入市区先进行列的目标，并取得决定性胜利的问题进行协商，提出意见和建议。

三、第十届政协全委会

1998年1月至2002年12月，在区少年宫和民主剧场召开全体会5次。第一次全委会于1998年1月18—23日召开。出席委员234人，列席140人。会议总结九届政协工作经验，协商确定本届政协总体工作思路和目标，并就全区经济、政治、文化等问题进行协商，提出意见和建议。第二次全委会于1999年1月25—28日召开。会议就实现河北区跨世纪工程奋斗目标问题进行协商，提出意见和建议。第三次全委会于2000年1月15—18日召开。会议围绕巩固和发展“三讲”教育成果、实现河北区跨世纪工程奋斗目标、推动各项工作全面上水平等问题进行协商，提出意见和建议。第四次全委会于2001年1月4—7日召开。会议围绕改善企业发展外部环境、加强师德教育、加快医疗卫生改革等问题进行协商，提出意见和建议。第五次全委会于2002年1月21—23日召开。会议围绕全区中心工作和实现跨越式发展等问题进行协商，提出意见和建议。

四、第十一届政协全委会

2002年12月至2007年1月，在区新闻会议中心召开全委会4次。第一次全委会于2002年12月8—11日召开。出席委员265人，列席140人。会议总结第十届政协工作经验，确定本届政协总体工作思路和目标，就全区经济、政治、文化等重要问题进行协商，提出意见和建议。第二次全委会于2004年1月4—6日召开。会议围绕河北区“三步走”发展战略等重要问题进行协商，提出意见和建议。第三次全委会于2005年1月18—20日召开。会议围绕河北区经济、政治、文化等重要问题进行协商，提出意见和建议。第四次全委会于2006年1月5—7日召开。会议围绕河北区发展等重要问题进行协商，提出意见和建议。

五、第十二届政协全委会

2007年1月至2010年12月，在区新闻会议中心、区教师进修学校召开全委会5次。第一次全委会于2007年1月15—17日召开。出席委员263人，列席140人。会议总结第十一届政协工作经验，确定本届政协总体工作思路和目标，并就全区经济、政治、文化等重要问题进行协商，提出意见和建议。第二次全委会于2008年1月6—8日召开。会议围绕发展区域经济、建设创新型城区、加快民营经济发展、保障和改善民生、完善社会保障体系等重要问题进行协商，提出意见和建议。第三次全委会于2009年1月6—8日召开。会议围绕大悲院地区配套建设、商贸建设、北宁公园建设改造、文化场馆设施建设、旅游事业发展等重要问题进行协商，提出意见和建议。第四次全委会于2009年1月20日召开。会议补选孙本开为副主席。第五次全委会于2010年1月26—28日召开。会议围绕促进发展方式转变、加强自主创新能力、服务和改善民生、加快社会事业建设、促进社会和谐稳定等重要问题进行协商，提出意见和建议。

第二节　常委会议

一、第五至第八届政协常委会

第五届政协常委会召开12次，分别就工作组设置、学习政协章程、总结政协工作等问题进行研究。第六届政协常委会召开17次，分别就中华人民共和国成立35周年庆祝活动、卫生防疫、卫生工作改革等问题进行协商，提出意见和建议。第七届政协常委会召开16次，分别就城市建设改造、中环线建设、计划生育、治理整顿、增产节约、增收节支、财政工作等问题进行协商，提出意见和建议。第八届政协常委会召开17次，分别就全区经济社会发展、增产节约、增收节支、区划和街划调整、外向型经济发展等问题进行协商，提出意见和建议。

二、第九届政协常委会

召开23次，分别就全区经济发展整体思路、解决中小学入学“双高峰”、稳定市场和平抑物价、危房改造、配套工程建设、科贸街建设、退路进厅、人文景观保护开发利用、市移交企业的发展、加强思想道德和文化建设、推行股份合作制、扶持驻区企业发展“三产”等问题进行协商，提出意见和建议。

三、第十届政协常委会

召开21次，围绕全区中心工作和群众普遍关心的热点难点问题，分别就培育新经济增长点、加快区域经济发展、增加财政收入、深化教育体制改革、提高教育质量、推动医疗卫生体制改革、加强城市建设管理、加强社区建设、搞好民主法治建设和精神文明建设等问题进行协商，提出意见和建议。

四、第十一届政协常委会

召开 19 次，围绕综合开发海河沿岸发展商业服务业、发展非公经济、加快文化产业发展等问题进行协商，提出意见和建议。

五、第十二届政协常委会

召开19次。围绕全区经济运行、社会事业发展、提案工作、文化河北功能定位、加强环境保护、改善民生、城市建设规划、发展文化创意产业、促进旅游经济、民营经济发展、加大扶持中小企业力度、编制好河北区“十二五”规划等问题进行协商，提出意见和建议。

第三节　主席会议

第五至第九届区政协主席会以研究常委会议题为主，第十届始增加议政性主席会。

第十届政协主席会召开30次，其中议政性主席会11次。分别就加强城市建设和管理、清脏治乱工作、推动医疗卫生体制改革、党风廉政建设、行政执法工作、河北区功能定位及社会发展战略、实施科教兴区战略、商业工作改革与发展、增加财政收入、民政和残疾人事业、深化教育体制改革提高教育质量、加强精神文明建设、农贸市场建设、大悲院地区开发建设等方面的问题进行协商，提出意见和建议。

第十一届政协主席会召开22次，其中议政性主席会 6次。分别就防控非典工作、大悲院地区开发建设、优化经济环境、教育卫生发展等方面的问题进行协商，提出意见和建议。

第十二届政协主席会召开23次，其中议政性主席会7次。分别就提案工作、社区建设、中山路综合改造、城市建设、廉政建设、改善民生、维护社会稳定、精神文明建设、全区机构改革、提升市民文明素质、促进发展方式转变、推动区域经济发展等方面的问题进行协商，提出意见和建议。

第四章　履行职能

河北区政协各届委员会通过举行全体会议、常务委员会议、专题协商会议、专门委员会专题座谈会，以及召开各党派、无党派爱国人士、人民团体、少数民族人士和各界爱国人士代表参加的协商座谈会等进行专题协商，通过举办或应邀参加各种情况通报会、意见听取会、听证会等，对事关国家、市、区的政治建设、经济建设、文化建设、社会建设、生态文明建设的重要问题进行协商讨论，并通过多种形式进行民主监督、参政议政。

第一节　政治协商

第五届政协就有关国家和地方的大事，以及统一战线内部事务，进行了广泛深入协商和讨论。1982年，就修改国家宪法和政协章程，组织7次座谈，提出意见建议报送给市政协和有关部门。第六届政协组织有关专家委员参加全区开发建设研讨会和三年发展规划可行性论证会。发挥各工作组的职能作用，开展不同类型和内容的协商活动近百次。第七届政协坚持开好例会协商。1987年，围绕平房改造工作提出适当开发廉价商品房，平房改造要发挥国家、企业和个人三者积极性等建议。1988年，围绕“双增双节”工作，委员们提出了发展外向型经济、加强物价管理、开拓市场、增加税收等31条建议。第八届政协对全区经济建设和社会发展“八五”计划进行协商讨论。1990年，针对当时市场疲软提出“振奋精神、协调一致、促销挖潜、克服困难和繁荣、建设中山路商业一条街”的建议。针对房地产开发、土地转让的热点问题，提出加强宣传，清除群众对转让土地是“租借地”的误解。第九届政协就区街工业、市移交企业、商业服务业和个体私营经济的发展、城市建设和管理、社会事业发展、反腐倡廉、纠正行业不正之风和民主与法制建设等问题进行讨论协商。

第十届政协围绕区“十五”计划、城区功能定位和社会事业发展战略、科教兴区战略、大规模危改结束后的城市建设与管理等问题进行协商。围绕深化教育体制改革，加快医疗卫生事业的改革与发展，意式风情区和梁启超饮冰室、李叔同故居的修复保护和利用，加快大悲院地区文化旅游事业发展及周边环境改造，加强精神文明建设等提出意见和建议。其中，关于开发改造大悲院的建议以市政协名义报送市政府。

第十一届政协举办“滨海新区开发开放与河北区经济发展”专题论坛，就抢抓滨海新区开发开放重大机遇、加快推进区域经济发展问题，提出了系统的参政意见。围绕大力发展新兴服务业、推进非公有制经济发展、加快海河沿岸和大悲院地区综合开发改造等38个问题进行协商；就个体私营经济发展、优化发展环境等问题，与有关部门进行70余次对口协商。

第十二届政协围绕编制“十二五”规划、实施“三大功能”定位、完善城区发展规划、转变经济发展方式等问题提出意见和建议。利用市政协召开专题协商会议的有利契机，分别就新开河开发建设、解决中小企业融资、加快文化产业发展等涉及需要市里协调解决的问题，积极呼吁并提出建议。其中，关于新开河开发改造的建议，被列入天津市“十二五”规划，市委书记张高丽给予批示 。2007年，围绕将意式风情区打造成天津著名文化旅游精品、振兴河北区旅游经济、整合全区文化资源、强化体制机制创新等问题开展了历时半年的调查研究工作，形成11篇调研报告。2008年，着眼金融危机影响下全区发展的重要问题开展调查研究，形成9篇调研报告、23条协商意见。其中，《关于办好小额贷款公司，为中小企业服务的建议》在市政协常委会上作了重点发言。2010年，围绕编制河北区“十二五”规划，就“十二五”期间文化产业发展、建设生态宜居城区、平安社区建设等问题，召开常委会议进行专题协商，形成50多条协商意见，以正式文件形式报送区委、区政府，其中推进创意产业规模化发展、加快文化产业发展等30多条建议被采纳。

第二节　民主监督

一、检查监督

自1980年5月召开政协河北区委员会第五届第一次会议始，将检查监督作为民主监督的重要工作。这一时期检查监督主要围绕拨乱反正、平反冤假错案、为政协委员落实政策、推动各项统战政策落实和实现全区工作重心转移等重点工作而进行。主要有：检查工读学校，就青少年健康成长提出改善家庭教育和净化社会风气的意见；检查第二医院、河北医院等，就改善医院管理和提高医护水平提出改进意见；检查七一二厂、大中华橡胶厂和区人防工程，提出合理引进技术和利用现有设备等意见建议。第六届政协按照界别组织委员开展检查活动，对市场物价、食品卫生、煤气工程、市政建设、民族宗教政策落实情况等进行20多次检查，参加委员300多人次，提出意见建议100多条。第七、八届政协组织委员检查102次，主要围绕经济发展、城市建设、社会治安、文化教育、群众生活及环境保护等问题 ，如组织对房地产开发、土地转让等问题进行检查。对区属企业资金紧张、库存量大的问题，进行检查，提出选择适宜地点开办廉价商品市场的建议。 第九届政协组织检查80余次。在对重要法律、法规和条例的执行、党风廉政建设、重点工程建设、市场和物价、安全生产、危陋平房改造、再就业工程、流动人口管理及人民群众生活等情况进行检查，提出意见建议，对有关部门改进工作起到促进作用。

第十届政协检查重点：围绕全区跨越式发展总目标，开展关于加快区属商业、工业的改革与发展、调整工业产品结构、发挥街道在发展区域经济中的作用、加强城市管理等问题的检查；围绕社会事业发展，开展关于加快教育卫生事业的改革和发展，意式风情区和梁启超饮冰室、李叔同故居的修复、保护和利用，加快大悲院地区文化、旅游事业发展及周边环境改造，加强精神文明建设，搞好社会治安综合治理、提高全区文化品位等问题的检查；围绕改善群众生活，开展加强社区建设、保障居民最低生活、妥善处理民族宗教等问题的检查。

自第十一届政协始，检查活动拓展到4个方面：围绕促进区域经济和社会事业协调发展，就搞好基础教育布局、规划发展社区卫生服务、落实中小学招生政策、提高社区医疗服务水平、加强教育卫生专业队伍建设、食品卫生安全等问题进行检查；围绕促进区域经济和文化事业协调发展，就发展文化产业、挖掘历史人文资料、保护风貌建筑等问题进行检查；围绕促进区域经济和城市环境建设协调发展，就环境保护、环境监管、城市绿化、旧楼区改造、市容环境综合整治、创建卫生城区等问题进行检查；围绕和谐社区建设、发展社区文化、完善社区服务等问题进行检查。

十二届政协检查重点：就加强社会管理、办好人民满意的教育、提高社区医疗服务水平、完善社会保障制度、加强保障性住房建设等问题进行调研，形成调研报告133篇；就加强物业管理、维护食品安全、发展养老事业、建设平安社区、推进全民健身等问题，开展对口联系，提出意见建议71条。其中，《发挥社区居委会在社会管理中的作用》一文在《人民政协报》上刊发，多项调研成果在市政协会议上发言并获奖。

二、提案工作

自1981年起，政协提案工作开始恢复，其中第五届政协四次会议收到委员提案189件。其中，工业、交通、城市建设方面66件，文教、卫生、科技方面54件，财贸方面的26件，统战工作方面5件，其他方面38件。第六届政协收到委员提案723件。其中，工业、交通、城建方面148件，文教、卫生、科技方面217件，财贸方面的86件，政法、劳动、人事方面124件，统战方面29件，其他方面34件。闭会期间收到85件。第七届政协收到委员提案1308件，含会议期间收到1161件，其中，工业、交通、城市建设方面278件，文化教育、卫生、科技方面386件，财政贸易方面134件，政法劳动人事方面263件，统战工作方面63件，其他方面37件。闭会期间收到147件。为加强提案办理工作，成立提案工作委员会，驻会副主席任主任；制定《河北区政协提案工作简则》《提案工作人员守则》等制度；印制“委员提案评议表”，随同提案答复送到委员手中，进行追踪评议。第八届政协收到委员提案1598件。第九届政协收到提案1632件，立案1494件，其中，经济建设方面620件，科教文卫方面538件，人事福利、统战及其他方面336件，转来信处理138件。修改《河北区政协提案工作条例》《关于民主党派和参加人民政协的人民团体提案工作简则》《河北区政协提案审查实施细则》。1993年始建立评选表彰优秀提案和提案承办先进单位制度。本届评出优秀提案114件、优秀集体提案9件、提案承办先进单位30个。

第十届政协收到提案992件，立案819件，占提案总数82.6%。其中，经济科技方面193件，城市建设管理方面277件，社会方面140件，民主法制、统战及其他方面209件。评出优秀提案64件，承办提案先进单位14个。修订《提案工作条例》，完善提案跟踪落实、与有关部门对口联系、区政协领导领办重点提案、加强提案委员会自身建设等制度；通过培训提高委员写好提案能力；加强提案工作理论研究，4篇论文被编入《天津政协提案工作研讨文集》。

第十一届政协收到提案855件，立案748件，占提案总数87.5%。其中，经济、科技方面170件，城市建设管理方面280件，社会事业发展方面133件，社区建设和人民生活方面117件，党的建设、民主法制、政协自身建设方面48件。100件转作来信处理或通过驻区全国和市政协委员，向全国政协和市政协反映或提出提案。评出优秀提案43件，承办提案工作先进单位19个。

第十二届政协收到提案955件，立案896件，立案率93.8%。其中，推动科技兴区方面277件，保障民生方面199件，加强城区建设管理方面226件，促进社会和谐方面169件，政协自身建设方面25件。办复率100%。修订《河北区政协提案工作条例》《河北区政协提案审查实施细则》，制定《关于重点提案的产生办法》《优秀提案的评选办法》等制度。

三、社会监督员

1990年始，区政协从委员中选派社会监督员，推荐到党政部门特别是执法单位。第八届政协选派48人，第九届选派70人，第十届选派110人，第十一届选派122人，第十二届选派124人。1998年，区十届政协制定《关于社会监督员工作的试行办法》，2001年制定《区政协社会监督员工作守则》，开展持证监督，每年对监督员进行评议考核。2003年，区政协召开社会监督员工作座谈会，百余名监督员和17个聘请单位发言，交流工作体会。区政协被评为市政协特邀监督员工作先进单位。在2005年保持共产党员先进性教育活动和2009年学习实践科学发展观活动中，监督员对各单位教育实践活动全程参与，进行评议。在公务员考试、公开招聘党政领导干部工作中进行民主监督。

第三节 参政议政

一、专题调研

区政协选准切入点，明确主题，组织有专长的委员开展调研，提出意见建议，促进党政部门决策民主化和科学化。第六届政协，组织工商、科技界委员深入各街道，在调研基础上提出关于巩固和发展街办企事业的8条意见。工商界委员根据群众吃早点难问题，撰写《关于我区早点供应及发展饮食行业的建议》调研报告。教育界委员写出《关于我区实施义务教育法的建议》调研报告。第七届政协，对区街集体经济经营管理、商业系统租赁承包、天津站地区综合开发和整体配套、女职工在工厂实行优化组合后的处境等10多项内容进行调查，提出建议50多条。1989年6月，主席会议根据委员提案，组织部分委员对回民小学进行视察，向区政府提出《关于把回民小学建成我区具有民族特色的学校》的建议案，受到市、区领导重视。第八届政协，会同民主党派、人民团体及有关单位，开展关于深化改革、促进区街企业发展、加快科技兴区、公费医疗制度改革、完善初级卫生保健网络、提高大天津食品商厦综合效益、建昌道平房改造、办好启智学校等问题的调研论证。1992年，在委员中开展“为加快改革开放和经济建设步伐搞一次调研，提一条建议，办一件实事，交一位净友，出一项成果”的“五个一”活动，搞调研15项，提建议94条，办实事170件。第九届政协，围绕全区经济建设、社会事业及群众生活等内容，开展调研40余次，撰写报告30余篇，其中得到市、区领导批示并进入决策的20余篇。《关于房地产开发前景预测和危陋平房改造的情况》《关于认真解决中小学生入学“双高峰”问题》等调研报告，得到市、区领导和有关部门的重视。开展关于社会事业设施建设的专题调研，为制定区“九五”计划及2010年远景规划提供依据。

第十届政协，围绕跨越式发展总目标，开展关于调整工业产品结构、加快区属工商业改革与发展、发挥街道在发展区域经济中的作用。加强城市管理等方面调研50多项。

第十一届政协，根据提高城市载体功能的新要求，在完善城区功能定位、加强基础设施建设、建设节约型社会等方面进行调研，提出多项调研报告、意见和建议。

第十二届政协，就加强社会管理、办好人民满意的教育、提高社区医疗服务水平、完善社会保障制度、加强保障性住房建设等问题进行调研，形成调研报告100余篇。其中，《关于社区卫生服务工作中的几个亟待解决问题的调查与建议》《关于建立和完善我市养老体系的建议》等调研成果在市政协会议上发言并获奖。以制定河北区旅游业发展规划、发展文化旅游产业为专题深入调研，形成调研报告8篇，为全区旅游经济发展提供重要参考。

二、反映社情民意

区政协恢复工作后，加强反映社情民意工作，设立专门机构，多年坚持开展“夏季人民生活问题”等社情民意报送活动，为市、区领导机关把握形势、正确决策提供重要依据，其中关于纪念活动应隆重简朴、电话局乱收费、供热收费不合理等信息得到市领导批示。第六届政协开始编发《委员见闻录》，1994年创办《委员见闻与建议》，至2000年编发88期。主要有冬煤夏储、取缔狗市、治理乱摆乱卖、加强社会办医和个体医管理、制止虚假广告、新建居民区交付使用前应达到文明小区硬件建设标准、降低出租车起步价、管好领导干部“八小时之外”、加强对各区弹药库的管理等意见和建议。第九届政协制定实施《关于加强信息和反映社情民意工作的意见》，依靠委员了解群众的意见和要求，初步形成反映社情民意的网络。创办《委员见闻与建议》专刊46期，其中20余期得到市、区领导批示。第十一届政协组织报送关于搞好“十一五”规划编制等信息200余条。第十二届政协反映社情民意1300多条。

三、主题活动

1979年恢复政协组织后，区政协结合工作实际，围绕社会经济发展、改善群众生活等方面开展了富有政协特色的主题参政议政活动。

区十一届政协组织以“百名政协委员扶助百户残困家庭”为主题的活动，帮助残疾人困难家庭解决诸多问题。全国助残日期间，组织发动政协委员向残困家庭捐赠款物3万余元，组织委员中法律、医务工作者，为残疾群体提供法律、医疗义务服务。2003年，举行抗击非典书画义展义卖活动，市政协副主席曹秀荣等各界人士50余人参加，萧朗、孙克纲等90余名知名书画家捐赠精品佳作，举办“滨海新区开发开放与河北区经济发展”专题论坛，就抢抓滨海新区开发开放重大机遇、推进区域经济发展提出参政意见。在区有线电视台录制播出《政协委员论坛》专题节目，为参政议政搭建平台。论坛以繁荣社区文化、建设文化河北、发展河北区文化旅游业、委员话奥运、委员话物价、委员话住房等为主题，至2010年共播出16期。2006年把服务群众作为构建和谐社区核心内容，发动委员帮助230余名下岗失业人员实现就业。

区十二届政协组织委员中书画爱好者举行献爱心助残书画笔会，将20余幅作品及2万元现金捐献给区启智学校。积极参与招商引资，开展“走访委员、开发资源、服务经济、促进发展”主题活动，组织委员参加全区招商引资大会和意式风情区招商洽谈大会。70余名从事经济工作的政协委员，就发展创意产业和循环经济、加快重点项目建设等问题提出意见和建议。帮助铁三院实业公司、飞鸿科技公司、龙福宫养老院等20余个单位解决经营管理中难点问题，《人民政协报》进行了报道。2008年汶川特大地震期间，组织委员开展“情系灾区、爱心奉送”书画善款捐赠活动，捐书画作品30余件，捐款340余万元。2009年，开展“服务企业保增长，齐心协力渡难关”主题活动，全体主席集中视察6个委员企业，帮助解决实际困难；分管副主席带领各专委会负责人走访36个委员企业，搞好服务；区政协召开不同类型委员企业对接协调会，采取委员帮委员、互帮互助形式“抱团过冬”，进行“支、帮、促”。协助企业解决问题30多个。举办3期以“资源共享、合作共赢”为主题的“委员沙龙”活动，协调区政府有关部门为委员企业解决问题20多个。引导委员企业自救互助，相互提供信息30多条，达成合作意向5个。2010年5月，市政协社法委和区政协在丹江里社区开展“向群众学习、向基层学习、为人民服务、为基层服务”主题活动。

四、委员进社区

1994年，区政协在各街道建立政协委员学习小组，对政协委员进社区工作进行初步探索。2002年建立街道办事处与驻街政协委员联席会制度，实现政协工作向社区延伸。2007年，采取按界别自愿报名的方法，在各街道建立政协委员联络站，首批80名委员分成10个组，对口10个街道办事处，参加进社区试点工作。7月，区政协在光复道街道举行“关注民生，服务社区，构建和谐，促进发展”委员进社区主题活动启动仪式。

2008年，200余名委员深入社区履职。3月，举办委员进社区动员培训会。委员们先后帮助望海楼街道解决驻区企业无处落脚难题，为王串场街道翠华里社区改善办公用房，为月牙河街道丹江里社区居委会安装安全监控器，为江都路街道衡山里社区活动室购置电视柜和办公用品，并支援经费4000元。区政协领导带领102名委员，分别深入所联系的街道及社区，听取111名群众代表的意见和建议，收集意见210个，当场办结6个，以提案形式向市政协反映8个。2009年，开展“爱心助困、情暖学子”委员奉献活动，至2010年，231名政协委员为百名困难家庭学子捐款5.73万元。举办委员进社区成果展示活动，市政协主席邢元敏及各区县政协领导观看成果展示。在5个街道开展“访社区群众，架和谐桥梁”市、区政协委员倾听民意座谈会活动。

2010年3月，区政协就委员进社区活动提出“围绕中心更加紧密，活动方式更加多样，活动效果更加突出，组织工作更加成熟”新要求。4月，区政协召开提升市民文明素质专题调研活动部署会，参加活动的委员140余人，形成调研报告14篇，提出建议211条。5月，市政协主席邢元敏到鸿顺里街道律笛里社区和江都路街道如皋里社区调研，对河北区委员进社区活动给予肯定。市政协副主席俞海潮带领市、区政协委员到月牙河街道丹江里社区开展调研。

第四节　文史工作

一、编辑资料

1984年6月，区政协成立文史资料征集小组。1987年，区政协成立《天津河北文史》编辑委员会。出版第一辑《天津河北文史》。至2010年，出版文史资料27辑，近450万字。主要记述河北区历史变化、重大事件、革命运动、风土民情、人物迹行、名胜古迹等，诸多亲历、亲见、亲闻的“三亲”资料弥足珍贵。2000—2005年，编撰出版《梁启超与饮冰室》《意式风情街》等。编印《天津河北书画百家》，择要介绍中华人民共和国成立以来在河北区工作、居住过的120多位书画界人士的生平与业绩。2006—2010年，围绕文化河北功能定位，编撰出版《天津大悲禅院》《天津河北区人物录》《天津河北区人文历史集萃》《天津乡贤李叔同》《曹禺与天津》《造币总厂》等，促进了河北区文化旅游事业发展。

二、研讨交流

第十届政协至第十二届政协，多次与有关单位联合举办研讨活动。2003年10月，与南开大学、今晚报社联合主办《纪念梁启超诞辰130周年——梁启超与近代中国社会文化国际学术研讨会》，此为专题研讨梁启超的天津市首次国际学术会议。市委常委、宣传部部长肖怀远，市政协副主席陆锡蕾，市人大常委会原副主任、梁启超研究会名誉会长王鸿江出席会议开幕式，中国内地、台湾、香港和美、法、德、日、韩等国150余位专家学者及梁氏亲属出席。2004年9月，与市文联、市残疾人福利基金会、市美协、市书协和区残联等联合举办哈佩诗书画艺术研讨会。第十二届政协与区委统战部联合举办河北区文化旅游经济论证会。2003年3月，接待孙中山孙女孙穗芳参观考察。11月，接待以全国政协文史资料委员会副主任刘济民为组长的全国政协考察组。2004年9月，接待全国政协名人故居研讨会与会人员。1988年3月，区政协书画联谊会成立。1996年7月，津沽书画会成立。1995年始，先后举办纪念中国人民抗日战争和世界反法西斯战争胜利50周年书画笔会、纪念新中国暨人民政协成立50周年书画展、廉政警句书法笔会、抗击非典书画义展义卖等活动。2003年8月，与海外书画艺术联谊会、澳中经济文化促进会在北京联合举办“胜SARS爱中华当代名家书画展”。

河北区志

（1979—2010）

第八编

民主党派　人民团体

MIN ZHU DANG PAI　REN MIN TUAN TI

1979年，区内8个民主党派和工会、共产主义青年团、妇女联合会、科学技术协会、归国华侨联合会、青年联合会、工商业联合会、残疾人联合会区级组织陆续开始恢复活动，至2010年，各民主党派和人民团体，积极参政议政，建言献策，为河北区经济社会发展发挥了重要作用。

第一章　民主党派

中共十一届三中全会前，区内即建有民革、民盟、民建、民进区级组织；中共十一届三中全会后，农工党、致公党、九三学社、台盟区级组织相继建立。各民主党派充分发挥了参政议政、民主监督、政治协商职能作用。

第一节　民革河北区委员会

一、组织建设

1979年1月，建立中国国民党革命委员会天津市河北区支部，有党员10人。1995年10月，建立民革河北区工作委员会，下设2个支部，有党员46人。1998年3月，建立民革河北区委员会，下设5个支部，有党员65人。2006年始民革组织在河北区逐步扩大，至2010年年底，支部7个，党员121人。办公地址在建国道14号。

二、主要活动

（一）**自身建设**　民革区支部、区工委注重党员发展质量和基层组织建设。1998年，民革区委会制发《关于加强基层支部建设的决议》《关于加强制度化建设的通知》，派成员到中央社会主义学院参加培训。1999年11月，主委冯幸耘代表民革河北区委出席民革中央召开的表彰大会，并作大会发言。2006年，调整成立经济、企业、卫生、教育、文艺、综合一、综合二7个支部。2000年7月，市委统战部、民革市委会到河北区召开现场会，向全市推广民革河北区基层组织活动和档案工作经验。2010年，全区民革党员大部分为大学及其以上学历，中、高级职称。民革区经济支部被民革中央授予民革全国先进基层组织称号。

（二）**参政议政**　区民革坚持“长期共存、互相监督、肝胆相照、荣辱与共”方针，对政府施政及人民生活等重要问题进行政治协商，民主监督。先后有13人次当选区人大代表，其中2人当选市人大代表、2人当选区人大常委会委员、1人任区人大常委会副主任。先后有32人次当选区政协委员，其中2人当选全国政协委员、3人当选市政协委员、6人当选区政协常委、7人任区政协副主席和副秘书长。2005—2010年，组织调研活动近百次，提交调研报告143件、集体提案32件、个人提案30余件。内容涉及祖国统一、经济建设、海外联谊等，其中《把海河游乐场改建为天津文化广场的建议》等9篇提案和调研报告，被市、区政府及有关部门采纳。2008—2009年，46人次被评为市、区级各项工作先进个人。

（三）**服务社会**　1985年，兴办民革津沽分校。民革党员广泛开展联谊引资活动，并在1991年后热情参与区委统战部组织的提一条建议、办一件实事、搞一项调研、出一个成果“四个一”活动。1997年后，民革党员积极参与社区的扶贫助学、助残、敬老等活动。年均入户慰问70余户，安排就业392人次，长期资助贫困学生30人，建立弱势群体法律援助中心和社区老年活动组织。2004年，20多人参与民革天津市委会及美国商会主办的“爱心牵手”捐助活动。2009年汶川特大地震后，全区民革党员募捐12万余元，其中刘建伟7.5万元、许丽丽2万元；捐除臭剂50吨；民革党员、市第二批赴汶川医疗队专家王永青在灾区实施手术80余例，获民革全国抗震救灾先进个人称号。

第二节　民盟河北区委员会

一、组织建设

1979年，中国民主同盟在河北区恢复活动，重新登记盟员36人。1980年春，建立民盟河北区工作委员会。1987年4月，民盟河北区第一次全体盟员大会选举产生民盟河北区第一届委员会，由7人组成，有盟员64人。1996年5月，有盟员137人。2001年8月，有盟员198人。2010年年底，有盟员249人，大多数为中学教师，设14个支部，2个小组。大学本科及其以上学历占总数66.6%，高级职称占88.3%，盟员平均年龄54.6岁。办公地址在建国道14号。

二、主要活动

（一）**自身建设**　新盟员第一课一般安排学习盟章、民盟与中国共产党几十年来合作共事历史。民盟区委经常组织盟员学习统一战线理论和各项方针政策。2001—2010年，民盟区委组织51次集体学习。民盟区委会各级负责人和积极分子每年参加各类学习班、培训班和研讨班，不断提高自身政治思想水平，做到与中国共产党思想上同心同德，目标上同心同向，行动上同心同行。民盟区委会在发展组织时遵循“发展与巩固相结合，有计划地稳步发展”原则，注意吸收政治素质好、业务能力及参政能力强并有一定代表性的人士入盟。对后备干部采取个性化培养，在民盟区委会和各基层组织两个层面对后备干部实行分类建档、分级管理和定期沟通。

（二）**参政议政**　1979—1995年，盟员当选市人大代表3人、区人大代表7人，区人大常委会委员1人。1979—2010年，18人任区政协委员，其中1人任副区长、1人任区政协副主席、6人任区政协常委。1992—2010年，盟员提交集体提案35件、个人提案398件。1989年后，4人在区政府有关部门任副处级及其以上领导职务，75人受聘任区政府人民信息员、区监察局特邀监察员，以及区法院、区检察院、区环保局、区环卫局、区房管局等部门社会监督员。

（三）**服务社会**　1984年创办民盟区光明学校，至1995年培训学员2000余人。1988年成立河北区振北社会服务部，开展技术咨询与服务活动。2008年后，为四川省汶川、青海省玉树震区募捐1.6万多元，为贵州省毕节旱区捐款1.95万元。

第三节　民建河北区委员会

一、组织建设

1978年，中国民主建国会在河北区恢复活动，成立临时工作领导小组。1981年3月，成立民建河北区第二届工作委员会。1987年6月，召开民建河北区第一次会员代表大会，选举产生民建河北区第一届委员会，有会员166人。2010年，有基层支部8个，会员356人，平均年龄53.64岁。办公地址在翔纬路171号。

二、主要活动

（一）**自身建设**　改革开放后，民建河北区组织从思想建设上开展“坚定不移跟党走，尽心竭力为四化”教育活动，进行会章、会史和中国共产党优良传统及中共统战理论等教育活动，增强会员坚持中国共产党领导，坚持走中国特色社会主义道路和坚定与中共同心同德、合作共事的政治信念。1986—2010年，发展中青年会员240人。民建第三支部被评为民建全国先进集体，民建第二、第三支部连续2年被评为市级先进支部。

（二）**参政议政**　1987—2010年，会员当选市人大代表12人次、区人大代表56人次，6人任区人大常委会委员，2人任区人大常委会副主任；98人次任区政协委员，12人次任区政协常委，5人任区政协副主席。36人被聘为区财政局等部门特约监督员。历届区人大、区政协会议上，围绕国家大政方针和群众关心的热点问题，开展调研，建言献策，至2010年，共提出议案和提案420件。其中，28件被评为优秀议案和提案，58人被评为参政议政先进个人。

（三）**服务社会**　20世纪80年代始，每年举办天津职业大学毕业生供需见面洽谈会，有200余家企业参加招聘，300余名学生签约就业。发挥会员优势，每年对100名下岗职工、农民工进行职业技能培训。每年为社区贫困群众及残疾人送去慰问金和节日礼品。为贵州省毕节地区、甘肃省清水县、四川省汶川县捐款290多万元。区委会领导每年春节前开展为老会员送温暖活动。2007年，承办“现代企业管理（天津）论坛”，700多人参加。22位会员联络海外亲友44人，引进项目3项。

第四节　民进河北区委员会

一、组织建设

1979年4月，中国民主促进会河北区工作委员会恢复工作。1987年6月，成立民进河北区委员会。办公地址在建国道14号。

1979—2010年代表大会组织情况统计表

表8-1

年　份	会　次	会员总数（人）	在职人员（人）	女会员（人）	支部（个）	区委会委员（人）
1979	工委	73	50	29	8	4
1984	工委	115	66	36	14	4
1987	第一次代表大会	142	99	56	18	7
1990	第二次代表大会	176	–	71	21	9
1993	第三次代表大会	182	101	77	24	10
1996	第四次代表大会	201	105	88	25	9
2001	第五次代表大会	233	130	131	20	9
2006	第六次代表大会	270	128	163	16	9
2010	第七次代表大会	306	134	185	16	9

二、主要活动

（一）**自身建设**　第一届区委会重点组织会员学习中共十一届三中全会、十二大及各全会精神，增强为“四化”建设服务的热情和干劲。扩大民建组织的影响力，8年发展会员80多人。第二届区委会发展会员37人，培养一批中青年干部，实现新老交替；民进第二中学等4个支部获市级先进集体称号。第三届区委会发展会员13人。会员王曼丽、李嘉迪获市“三八红旗手”称号。在天津市统一战线纪念抗日战争胜利50周年研讨会上作《周恩来与抗日民族统一战线》发言。在市委统战部等单位组织的“丹心谱”征文活动中，介绍河北区会员为百姓解难事迹的文章《冬天里的一把火》入选。在民进市委会工作研讨会上以“自身建设、参政议政、社会服务三者互为依赖”为题介绍经验。京津中学、二十四中学支部创先达标的做法在市委统战部现场会上作介绍。《当前民主党派自身建设的着眼点和误区浅谈》一文在市民主党派自身建设理论与实践研讨会上获一等奖，《民主党派基层组织思想政治工作商榷》一文在市第二届民主党派自身建设理论与实践研讨会中获二等奖。第六届区委会发展会员39人。在民进中央开展的“双先”活动中，5个支部被评为市级先进基层组织，10名会员被评为先进个人。2010年，民进区委会被评为民进市委会捐书助教心系灾区先进集体。《发挥人民政协优势促进各种社会关系和谐》一文被全国人民政协《中国政协理论与实践汇编》采用，《政府统战意识与社会组织作为在改革开放中实现共赢》一文被民政部《社团管理研究》刊物采用，《探索专委会与界别的关系及其作用》一文被《天津政协》刊物采用。

（二）**参政议政**　1988—1990年，会员中有市、区人大代表4人，市、区政协委员14人。提出关于教育改革思路、清除黄色刊物等方面建议百余条，其中《防止急功近利、降低租费》《关于政府有关部门收缴民办学校发展基金不妥》等建议被区政府采纳。1991—2001年，有市、区人大代表17人，市、区政协委员41人。提建议249件，搞调研29项，办实事289件，出成果46项。2002—2010年，有市、区人大代表4人，市、区政协委员26人。2010年，在区政协会议上获信息和反映社情民意先进集体称号。

（三）**服务社会**　1983—1985年，区委会与有关部门联合举办幼教师资培训班50班次，近2000人参加。1986年5月，创办民进务实幼儿园，解决儿童入园难问题。1991年，创办民进河北区务实学校，开设中小学生文化知识兴趣班。1993年，创办天津市跃德环保工程科技开发公司（后变更为务实电子器材公司）、兴北经济技术服务社，开展“多媒体”教学试验，在新开中学进行中小学教学改革。1994年，创办天津市务实中学。2004年，区委会会员在义捐活动中向甘肃贫困地区捐书500多部。2008年，为汶川震区捐款3.28万元，捐赠少儿读物1575册。2010年，为贵州省毕节地区同心水窖工程捐款1.18万元。

第五节　农工党河北区委员会

一、组织建设

1979年，全区有中国农工民主党党员15人，分布在8个单位，尚未正式建立区级组织。1981年7月，成立中国农工民主党河北区支部，有党员10人，分布在8个单位。1989年11月，成立总支部委员会，有党员42人，分布在19个单位。设4个支部。1992年11月，成立农工党河北区工作委员会。1995年6月，有党员63人。2001年7月，成立农工党河北区委员会，设5个支部，有党员116人。2005年，有党员130人，平均年龄57.5岁。其中，医药卫生界101人，占总数78%。2010年，设1个支部和4个支委会，党员153人，分布在43个单位。其中，医药卫生界78.6%，在职党员42.7%，平均年龄53.1岁；大专及其以上学历89%，副高级以上职称46.5%。办公地址在建国道14号。

二、主要活动

（一）**自身建设**　农工党区委会建立后，多次组织党员参加农工市委会、区委统战部举办的培训班、读书班、新党员及入党申请人学习班。2000年，组织党员参加“学习邓小平理论、加强民主党派自身建设与实践”研讨会。2007年，区委会和科技综合支部、中医二附院支部联合召开“学习中共十七大精神报告会”，邀请十七大代表顾月海作报告。2010年，成立农工党区委开展社会主义核心价值体系学习教育活动领导小组，组织学习《社会主义核心价值体系理论知识概要》。

（二）**参政议政**　1981—2010年，18人次任市、区人大代表和政协委员。其中，市人大代表2人，区人大代表8人，含区人大常委会委员2人；市政协委员3人，区政协委员18人，含区政协常委4人。

农工党员中人大代表和政协委员在历届市、区人大、政协会议上，提出《关于尽快制定天津市新技术产业园区管理条例》等建议150余件。1990年，区总支部和第一医院支部被区委、区政府评为“参政议政、献计出力”先进集体。区委会成立课题组，深入社区开展调研活动。撰写《关于华津创意产业园项目的调研报告》。区委会与区经贸委签订加强合作协议，为企业提供技术支持和法律咨询服务。

（三）**服务社会**　发挥医药卫生界党员优势，把义诊作为经常性活动，开展服务社会奉献爱心活动。1993年，创办河北区前进质量技术开发部，协助23家企业提高技术和管理水平。1994年，开办河北区前进学校。1998年，为南方水灾地区捐献3000元、衣被350件。区委副主委、第二医院副院长甄骥率领医疗队为非典病人治疗，为汶川震区募集款物折合2.35万元。2010年4月，到王串场街道开展送医送药进社区活动。在“请人民走进政协，让政协走进人民”活动中，捐赠价值8000元药品，10位医学专家为近200名居民义诊。

第六节　致公党河北区委员会

一、组织建设

中国致公党河北区支部成立于1987年2月，有党员19人，均为归侨和侨眷。1995年，有党员28人。1996年11月，成立致公党河北区工作委员会，为致公党天津市委派出机构。2002年5月，致公党河北区委员会成立。至2005年年底，有党员54人，支部3个。2009年，致公党河北区委会有党员85人，支部4个。2010年，有党员96人，支部6个。办公地址在建国道14号。

二、主要活动

（一）**自身建设**　针对党员单位和住地分散、集中活动有一定困难等特殊情况，探索家访式组织活动形式，得到致公党天津市委会的肯定。2005年，区委会组织委员被评为全国优秀基层组织工作者，区委会主委被授予全国优秀党员称号。2006年，由3个支部调整为科技、教育、企业和退休4个支部。至2009年发展新党员11人，其中硕士2人、博士1人、高工3人。2010年，第一支部与河北省水利水电勘测设计院党委签署协议结成对子，2010年，第一支部被致公党中央授予树立和践行社会主义核心价值体系推进基层组织建设先进集体称号。

（二）**参政议政**　1987—2009年，致公党河北区委会党员中有市、区人大代表4人，市、区政协委员9人。2010年，全区致公党员中有市人大代表2人，区人大代表1人；有市政协委员1人，区政协委员12名；多人被市、区政府有关部门聘为特约监察员和监督员。提出《关于海河综合开发利用的建议》《关于在我区实施“走出去战略”大力发展下岗职工就业的建议》等多项建议。致公党河北区委会被天津市委授予2002年参政议政先进单位称号。

（三）**服务社会**　2004—2010年，致公党河北区委会利用智力优势服务社会。律师、医学专家深入社区举办专题讲座。在抗击非典时，组织党员捐款8000元，组织绘画义卖活动，募集价值2000元消毒药品赠给建昌道街道泗阳里居委会。2008年汶川特大地震后，用1个月时间为灾区募集36.26万元款物。2009年，又为震区学校捐款7700元，为贵州省毕节同心水窖工程募捐1.28万元。发挥成员有广泛海外关系优势，1987—1995年，引进外资折合人民币60万元，并引进凯乐喜饼屋和宁河养殖场等项目。1996—2010年，引进外资折合人民币60万元。1991—1995年，致公党河北区支部4次被致公党中央、致公党天津市委授予先进党支部或先进集体称号，5名致公党党员被全国侨联等部门授予先进个人等称号。

第七节　九三学社河北区委员会

一、组织建设

1989年6月，九三学社河北区工作委员会成立，有社员110人。1992年9月，成立九三学社河北区第一届委员会，有社员123人。2006年6月，有社员206人。至2010年，有社员226人。办公地址在建国道14号。

二、主要活动

（一）**自身建设**　1993年始，社区委举办的各种类型的学习班50多次，学员近1000人次。开展基层支社与所在单位党委或党支部共建活动，第一医院等6个支社分别与所在单位签订共建活动协议书，定期开展共建活动。2005—2008年，第一医院支社、第二医院支社、中医二附院支社被评为社市委级先进基层组织。2005—2010年，社区委5次被区委、区政府评为信息和反映社情民意工作先进单位。2010年，在第22届科技周活动中，社区委被九三学社中央授予优秀组织奖。

（二）**参政议政**　至2006年，九三学社任市人大代表2人，区人大代表2人（含区人大常委会委员1人）；市政协委员1人，区政协委员10人（含区政协常委4人）；九三学社天津市第十届委员会委员2人；处级职务14人。3名社员任7个单位监督员。通过人大、政协等参政议政渠道及调研等活动，对国家大政方针和区内各项建设事业提出积极的意见和建议。撰写《搞好布局规划，促进学制改革》等16篇调研报告。每年向市人大、市政协、区人大、区政协提交议案、提案20多件，向市政协和九三学社市委提交调研文章10余件。建立了二级信息网络的信息员制度，提交群众反映问题的信息百余件。

（三）**服务社会**　社区委重视科教兴区战略，积极发挥自身优势为经济建设服务。1993年10月，成立河北区友联科技开发咨询部，开展科技咨询活动，至1995年完成咨询项目10余项。1994年6月，成立九三学社河北区科技进修学校，免费为下岗职工开展各类培训1000余人。多次组织社员深入江都路街道和望海楼街道，为居民举办义诊咨询，同时开展法律、科技、服务咨询。1998年长江流域特大洪涝灾害，2008年南方地区罕见低温灾害、汶川特大地震等自然灾害发生时，累计捐款10多万元。2003年在抗击非典斗争中，有3名社员在发热门诊岗位日夜值班工作，筹集3000元捐赠给非典疫情防控重点单位光复道街道。先后为贵州省坪上乡、甘肃省贫困地区、贵州省毕节地区同心水窖工程等捐款3万元，捐衣物、文具500余件。向江都路街道社区居委会捐赠计算机15台。捐赠给蓟县东二营中学计算机37台。

第八节　台盟河北区支部委员会

一、组织建设

1989年，台盟河北区支部成立，盟员有5人。1991年，成立台盟河北支部第一届委员会。2001年，成立台盟河北支部第二届委员会，由3人组成，有盟员12人。2006年，成立台盟河北支部第三届委员会，由7人组成，有盟员12人。其中，市政协委员1人，区政协常委1人，区政协委员3人，台盟天津市委员会委员2人。2010年，台盟河北区支部委员会由12人组成。其中，市政协委员1人，区政协委员2人。

二、主要活动

（一）**自身建设**　台盟河北区支部开展联谊、文艺演出、考察调研等活动，每年向盟员汇报支部一年来工作开展情况，介绍新的一年工作目标。邀请天津社会主义学院教授、区委统战部领导等为盟员讲课。召开领导班子民主生活会，分析成绩、查找问题，开展批评与自我批评，提出整改措施和努力方向。各支部开展与所在单位党委或党支部共建活动。

（二）**参政议政**　台盟河北区支部重视调研提案工作，撰写调研成果，其中一部分被收录到由区政协出版的《诤言》一书中。每年至少向区政协提交集体提案1件，提交信息百余件，多条信息被市政协社情民意专报刊载。多次获河北区信息和反映社情民意工作先进单位、先进个人称号。3名盟员分别担任区政府、区建委、区教育局社会监督员。

（三）**服务社会**　在1998年长江流域特大洪涝灾害、2003年抗击非典斗争中，盟员坚持日夜工作在医疗岗位上。积极为2008年南方地区低温灾害、汶川特大地震等灾区捐款捐物。关注贫困地区，为贵州省毕节地区同心水窖工程等捐款捐物。为蓟县孙各庄满族乡请专家帮助制定产业规划。深入社区，开展“同在一方热土，共建美好家园”活动。盟员张华山三赴日本进行讲学，并邀请日本专家到区内医院进行学术交流。盟员张永品在日本攻读博士学位期间，促成日本藤田卫生保健大学与天津医学院结为友好院校。

第二章　人民团体

1979年，区工会、团区委、区妇联、区科协、区工商联恢复建立，嗣后又先后建立区残联、区青联、区侨联（参见第六编第五章第二节侨务工作）。这些人民团体在河北区政治生活中占有重要地位，在改革开放的进程中发挥了重要作用。

第一节　工会

一、组织建设

1979年3月，河北区工会名称恢复为天津市总工会河北区办事处，内设宣传科、生产科、办公室。1988年7月，河北区工会第二次会员代表大会在区工人俱乐部召开。天津市总工会河北区办事处复称天津市河北区工会，内设经济工作部、职工权益部、组织部、宣教部、办公室。1993年5月，河北区工会第三次会员代表大会在区少年宫召开，选举产生河北区工会第三届委员会。1995年，有基层工会436个，会员3.78万人。1998年11月，河北区工会第四次会员代表大会召开，选举产生河北区工会第四届委员会。1999年9月，内设机构为组织宣传部、经济事业部、职工权益部、基层工作部和办公室（内设女职工委员会和退休职工管理委员会）。2002年3月，更名为河北区总工会，内设办公室、组织宣传部、基层工作部、职工权益部、经济事业部。2004年4月，区总工会第五次会员代表大会在正达酒店召开，选举产生河北区总工会第五届委员会。2006年6月，设办公室、财务部、民管部、职工权益部和组宣部。2009年10月，河北区总工会第六次会员代表大会在区新闻中心召开，选举产生区总工会第六届委员会和经费审查委员会。2010年，有会员4万余人。办公地址在宙纬路11号。

二、主要工作

（一）**自身建设**　1985—1997年，区工会制定《关于在深化改革中进一步加强企业民主管理工作的意见》《加强区街集体企业民主管理工作的意见》等文件。各级工会组织建立职工代表大会制度，全区有职工代表3407人，培训职工代表5500人次。1991年5月，在全国总工会建设职工之家经验交流会上，区工会介绍经验。1995年9月，在全国总工会民营企业工会工作会议上介绍经验。1993—1995年，区工会连续被全国总工会授予全国工会基层工作先进单位称号。1997年7月，区总工会获全国工会经济工作先进单位称号。2008年7月，区总工会负责人作为天津市唯一代表出席全国创建劳动和谐企业工作经验交流会议并介绍经验。2004年，建立职工培训基地639个，培训21507人次。2005年培训21282人。2010年8月，区总工会率先在市内六区建立职工素质教育基地。区房管局、区市政园林局、汇森房地产有限公司被授予天津市实施职工素质工程先进单位称号。2010年8月，区总工会与市工会管理干部学院、天津大学网络教育学院联合开展职工学历教育，首期毕业62人。

（二）**建言献策**　1979年后，区工会妥善解决23起重大劳动争议案。建立职工物价监督检查站，进行物价检查和市场调研，接待职工来信来访1500余件。1986—2002年，全区各级工会开展"为国家分忧，为政府作劲，为企业解难"大讨论，为区域经济发展献计献策，提出合理化建议约11万件，其中采纳约5万件，创经济效益9315万元。2003—2010年，全区职工提出合理化建议4693件，采纳实施1820件，创经济效益840万元。2010年，区总工会继续推进"集体协商"工作，维护职工合法权益，贯彻落实《天津市企业工资集体协商条例》，在扩大协商参与面、增加协商透明度、提高协商满意率等6个方面加大力度，市人大常委会副主任、市总工会主席邢明军给予肯定并作出批示。全区建立集体协商制度企业1916家，签订工资集体协议的企业868家，覆盖职工2.93万人。

（三）**开展活动**　1986—2010年，全区各级工会开展多种形式劳动竞赛，区街工业系统开展"创新品、创优质、创效益"的创最佳岗位竞赛，城建系统开展创优质工程十大窗口文明服务竞赛，教育系统开展新老教师结对子争双优竞赛等。2002年，区总工会组织参加全国总工会举办的全国公民道德知识竞赛，被授予优秀组织奖。开展以争创一流服务、一流业绩、一流成果为主要内容的劳动竞赛826项次，创效益1537万元；完成技术攻关项目275项，创效益1489万元；开发新产品、新项目214项，创效益1079万元。1985—2010年，河北区评选全国劳动模范、"全国五一劳动奖章"46人，市级特等劳动模范70人，市级劳动模范、先进生产工作者452人次，其中徐文华为"十一五"期间天津市最具影响力劳动模范。2008年，全区210名劳动模范向汶川震区捐献款物计375.46万元。1989—2010年，区工会组织集资兴建8000平方米的廉价商品房，解决部分职工住房困难问题；元旦、春节期间，开展"进万家门，知万家情，解万家难，暖万家心"的送温暖活动；成立特困群体再就业援助中心，开展下岗职工技术、就业政策等培训21期，培训职工600余人次，安置下岗职工2740人次；成立河北区困难职工帮扶中心，建立全区三级帮扶网络；建立"爱心助困基地"，完成10个街道总工会帮扶站建立工作。32年间，全区各级工会组织走访慰问困难职工10万人次，发放款物近1000万元；发放金秋助学款100万元，近3000名困难职工子女受益。1954年建成的区工人俱乐部于1988年改称河北区工会工人俱乐部，多次组织集体舞比赛、文艺演出、摄影展览等活动。2010年4月，区总工会、区职工艺术团在阳光广场为玉树震区举行赈灾义演，募款近万元。

第二节　共产主义青年团

一、组织建设

1979年，全区团员15842人，设团委28个，团总支43个，团支部966个。1990年，增设统战部。1994年，青工部、街道部分别调整为基层工作部、文化工作部。办公地址在建国道14号。2001年，团区委行政编制12人，其中书记1人、副书记2人。设办公室、组织部、宣传部、权益部、基层部和统战部。2007年10月，团区委迁至金钟路16号。2010年，团员15111人，设团委26个，团总支17个，团支部521个，团工委10个。

1980—2010年河北区团代会情况统计表

表8-2　　单位：人

时间	届次	代表	列席代表	选举结果					备注
				委员	候补委员	常委	书记	副书记	
1980.4	第四次	476	81	32	–	7	1	1	–
1984.1	第五次	500	117	31	8	9	1	1	–
1987.1	第六次	503	116	41	–	10	1	2	特邀代表18人
1991.1	第七次	308	94	30	8	10	1	2	–
1994.1	第八次	301	88	31	8	11	1	3	–
2001.4	第九次	200	189	25	11	10	1	2	–
2004.4	第十次	230	222	33	15	11	1	2	–
2007.11	第十一次	200	187	27	13	9	1	2	选举出席市第十二次团代会11人
2010.11	第十二次	200	186	27	13	9	1	3	–

二、主要工作

（一）**自身建设**　1989—1995年，全区有186名团员加入中国共产党，26名青年被命名为全国或全市新长征突击手，26名青年被团区委授予“河北青年”或“优秀团干部”称号。团区委从抓基础建设入手，加强制度建设、注重发展低龄青年入团，改变团员队伍年龄结构的不合理状况。团区委相继被共青团中央评为2004年度全国社区青年文化节活动优秀组织奖和全国“千校百万”培训工作先进集体。

（二）**服务青少年**　2007年，团区委在金钟家园社区举行“河北区大学生志愿服务社区计划”启动仪式。此后组织开展“迎奥运、展风采”“啄木鸟在行动”“当一天交通协管员”等系列青年志愿服务活动。进入21世纪，团区委启动“新世纪，读书伴我成长”主题活动，切实加强青少年思想教育。2001年5月，团区委成立权益部，区人民法院被团中央和最高人民法院命名为全国法院系统优秀“青少年维权岗”单位。2004年，制订《河北区加强未成年人特困群体思想道德教育的工作规划》。2006年，全面开展未成年人零犯罪社区创建工作，加强重点人群的服务和管理。2009年，承办天津市优秀“青少年维权岗”社区创建工作现场推动会。制定下发《河北区12355青少年健康成长指导中心工作制度（试行）》，开通河北区“12355”手机服务热线，处理多起青少年权益案件。2010年，承办“天津市青少年自护教育‘护蕾’行动”启动仪式，《天津日报》专版报道全区开展“护蕾”行动情况；启动新开河街道“天下娃娃一家亲”暨河北区共青团关爱农民工子女志愿服务行动。以纪念中国共产党成立90周年和五四运动92周年为契机，深化“我与祖国共奋进”主题实践活动。按照团市委工作部署，深入推进青年思想分类引导工作，“我展我风采”系列教育活动等4个案例入选《天津市思想引导案例集》。

（三）**学雷锋活动**　1980年，勤俭中学成立学雷锋小分队，并在天津北站建立全区第一个学雷锋基地。至1984年，全区相继建立824个学雷锋基地、1361支学雷锋服务小分队。1989年11月4日，《天津青年报》对河北区团组织10多年开展学雷锋基地活动情况进行报道。1990年，团区委被团中央授予全国学雷锋先进单位。2000年，以学雷锋、讲奉献为切入点，组织全区广大团员青年和青年志愿者开展送温暖、献爱心活动。2001年，组织千余名团员青年开展“保护母亲河”义务劳动，七十八中学青年志愿者服务队获天津市十大杰出青年志愿者服务集体称号。2003年，为纪念老一辈无产阶级革命家为雷锋题词40周年，开展河北区万名青年志愿者学雷锋践行日活动。2006年，以“做创卫先锋，为青春添彩”大型志愿者宣传活动为引领，在街道社区开展“携手同做志愿者，共创国家卫生区”活动。2008年，结合“同在一方热土，共建美好家园”活动，组织全区团员青年开展了卫生清整、文明礼仪、环保宣传、区情展示等活动。2008年，汶川特大地震后，团区委发动广大团员青年捐款捐物折合人民币30余万元，资助灾区孤儿7名。2010年，开展志愿者集中义务清雪活动，天津卫视、天津广播电台给予报道。

第三节　妇女联合会

一、组织建设

1979年，区妇联设办事组、组宣组、妇幼组，编制9人。2002—2010年，设办公室、宣传科、维护妇女权益科、儿童工作科，行政编制10人。办公地址在金钟路16号。1980—2009年，河北区召开7次妇女代表大会。1980年4月，召开区第五届妇女代表大会。1984年3月，召开区第六届妇女代表大会。1987年5月，召开区第七届妇女代表大会。1992年7月，召开区第八届妇女代表大会。1998年5月，召开区第九次妇女代表大会。2004年3月，召开区第十次妇女代表大会。2009年10月，召开区第十一次妇女代表大会。

二、主要工作

（一）**自身建设**　1981年，有街道妇联组织18个。1985年，有街道妇联组织19个。2000年5月，调整为10个街道妇联组织。2009年，全区10个街道妇联进行改选换届工作。1996年，制定《河北区妇女发展规划（1996—2000）》《河北区儿童发展规划（1996—2000）》。2001年，制定《河北区妇女发展规划（2000—2010）》《河北区儿童发展规划（2001—2010）》。

（二）**服务社会**　1992—2010年，区妇联多次举办《中华人民共和国妇女权益保障法》等法律知识的培训、宣传咨询、知识竞赛等活动。在全市率先成立河北区特殊婚姻教育学校，区人民法院法官对妇女工作者进行有关法律规定及政策辅导。1999年，在全市率先成立河北区妇联妇女法律、心理咨询服务中心，聘请专家为广大妇女提供法律、心理义务咨询和帮助。2001年，创立半边天家园，2006年在全市社区推广。2007年，成立河北区巾帼维权救助中心，2010年，与有关部门实行信访救助联动制度。1998—2010年，开展“万户文明家庭扶老助孤大行动”“文明家庭扶老助孤，扶贫助困活动周”“巾帼服务进万家，真情奉献在社区”等活动，走访慰问困难母亲千余人，发放慰问款物计50余万元。2010年，为青海玉树震区和贵州同心水窖工程募捐4.8万元。区妇联与区总工会等联合举办多场下岗职工招聘洽谈会，安置下岗失业妇女241人。1999年后，评选各级“三八红旗手“（巾帼建功标兵）436人，三八红旗集体（巾帼文明示范岗）102个。其中，福音社区就业服务中心被授予全国巾帼文明岗，区人民检察院郝静被授予全国巾帼建功标兵，河北区妇联被授予全国妇联系统信访工作先进集体，月牙河街道半边天家园、区市容委迎奥运民心工程指挥部、区教育局工会被评为全国巾帼文明岗。区妇联与区有线电视台共同拍摄专题片《众心共育栋梁才》《父母是孩子独立的老师》等。2004年，利用201所家长学校和主妇学堂，邀请专家学者、优秀母亲讲授育子经验40余场，受益2万多人。与宁河区妇联联合开展“城乡家庭手拉手，求知路上一起走”活

2007年10月9日，全国妇联副主席莫文秀（左一）向月牙河街道丹江里社区居委会赠送图书　（区妇联提供）

动，为宁河县1000户家庭捐书3000余册。2010年，为4名考入重点大学的困难学生争取助学金8万元。1987—2010年区妇联8次获全国妇联系统先进集体称号，21次获市妇联系统先进集体称号。

第四节　科学技术协会

一、组织建设

1978年2月，恢复河北区科学技术协会，与区科委合署办公，有事业编制8人，科协领导1人（副处级）。1985年2月纳入群众团体管理。1979年4月，召开区科协第二次代表大会，出席大会正式代表484人，列席代表180人，选举产生区科协第二届委员会委员43人。2004年11月，召开区科协第三次代表大会，出席大会正式代表137人，列席代表20人，选举产生区科协第三届委员会委员60人、常委28人。区科协第三届委员会第一次全体会议选举产生主席1人、副主席10人。2009年12月，召开区科协第四次代表大会，出席大会正式代表138人，列席代表20人，选举产生区科协第四届委员会委员70人、常委30人。区科协第四届委员会第一次全体会议选举产生主席1人、副主席8人。

1990年街划调整，全区16个街道办事处陆续建立科协。2000年街划调整，16个街道调整为10个，街道科协也相应调整为10个。截至2010年，区内有6个专业学会、协会：区青少年科技辅导员协会、区医学会、区图书馆学会、区环境科学学会、区反邪教协会、区工厂科技工作研究会。

二、主要工作

区科协恢复建立后，组织开展学术交流、科普宣传、科技咨询等活动，发挥了政府与科技工作者之间、科技工作者与社会公众之间、科技系统与各地各领域各行业人员之间的桥梁作用（详见第十八编科学技术）。

第五节　青年联合会

区首届青联委员会于1990年6月在区少年宫召开，有委员84人。第二届青联委员会于1994年7月召开，有委员97人，组建经济管理、综合管理、科学文化、社会发展和团结统一促进5个委员会。第三届委员会第一次会议于2002年5月召开，组建经济管理、科技教育、文化新闻、团结统一、社会法制5个委员会。第三届委员会第二次会议于2005年11月召开。20世纪90年代，举办了河北区青年迎亚运便民服务市场活动，在区政协礼堂举办全区各界青年庆“五一”、迎“五四”卡拉OK联欢活动，与团区委在区少年宫联合举办河北区各界青年庆祝建团70周年青春风采演展会等活动。进入21世纪，区青联举办“十大杰出青年评选”“架起青春桥梁，迎中秋、庆国庆联欢”“共享阳光，爱心传递”等活动。2010年9月，召开纪念河北区青年联合会成立20周年座谈会。12月，区青联与天津美术学院团委举办“支援南涧（云南省南涧县），托起希望”大型义卖活动，青联委员捐资2000元。

第六节　工商业联合会

一、组织建设

1981年4月1日，区工商联正式恢复活动。1990年，有干部职工11人，机构设党支部和办公室。1992年后相继成立党组，增设会员科。2002年，有行政编制11人，工勤事业编制1人，内设办公室、会员科和经济联络科。2003年，增拨行政编1人，增设会员企业党委办公室。1995年11月，河北区商会成立，与区工商联合署办公。1999年12月，成立河北区工商联（商会）红星工厂分会，为区工商联第一家基层商会。2007年12月，成立河北区工商联纺织服装商会。2008年12月，成立河北区工商联餐饮业商会。2010年，区工商联办公地址在翔纬路171号。1982—2006年，河北区工商联召开6次会员代表大会。

1982—1992年河北区工商联会员代表大会情况一览表

表8-3

单位：人

届次	时间	代表人数	列席人数	选举结果			会议地点	备注
				主任委员	常务委员	执行委员		
第五届	1982.10	169	24	1	15	38	市第一工人文化宫	—
第六届	1989.5	130	15	1	17	37	区少年宫	特邀代表7人
第七届	1992.12	120	—	1	15	29	区委礼堂	—

1997—2006年河北区工商联会员代表大会情况一览表

表8-4

单位：人

届次	时间	代表人数	列席人数	选举结果				会议地点	备注
				会长	副会长	常务委员	执行委员		
第八届	1997.4	101	—	1	7	17	38	区委礼堂	聘请名誉会长1人，名誉副会长2人，顾问1人
第九届	2001.11	99	30	1	9	19	41	远洋饭店	聘请顾问31人
第十届	2006.8	101	—	1	12	25	43	正达酒店	聘请顾问42人

二、主要活动

（一）**自身建设** 区工商联积极探索在会员企业中开展非公党建工作，2003年4月，在全市工商联系统第一个成立了会员企业党委。结合非公有制经济的特点，会员企业党委采取独立组建、联合组建、挂靠组建、选派党建工作指导员等形式在会员企业中组建基层党组织，不断提高基层党组织和党建工作的覆盖面。截至2010年年底，单独建立党组织51个，其中党委2个、党总支2个、党支部47个；建立联合党支部11个；共有党员231人。举办党建工作成果巡回展览，拍摄民营企业“喜迎十七大，岗位作奉献”《战斗在我区重点项目中的民营企业党组织、党员风采录》专题系列片，举办纪念建党87周年爱河北、迎奥运、红歌献给党演唱会等丰富多彩的活动，1996年，区工商联举办第一届非公经济代表人士培训班，邀请专家学者讲授邓小平关于发展非公有制经济的理论、进行企业管理的讲座。1996—2010年，共举办非公经济代表人士培训班15次，内容包括时事解读、经济形势研判分析、政策宣讲等。

（二）**参政议政** 1981—1993年，在区政协的5届委员会中，区工商联成员中担任政协副主席职务的2人，担任政协常委职务的83人。在区人大的5届会议中，32人当选为人大代表，当选人大常委会副主任和副区长职务的各1人，担任人大常委会职务的5人，还有12人被选为天津市第八届至第十二届人民代表大会代表。1994—2010年，区政协的4届委员会中，区工商联成员中担任政协副主席职务的2人，担任政协委员职务的93人。在区人大的4届会议中，51人当选为人大代表。

1995—2010年，历届区工商联人大代表、政协委员提出提案、议案、社情民意500余件，多数意见和建议被采纳。1996—2010年，区工商联开展“访会员、抓落实、搞服务、解难题”调研服务月活动，积极调研企业、了解企业需求，及时收集、整理和反映非公经济人士的意愿和要求，为企业协调解决问题上千个，撰写调研报告63篇。

（三）**服务社会**　1981—1991年，区工商联兴办集体企业9家，从业人员1800余人，其中安置待业青年1526人。1992—2010年，全区非公经济人士在扶贫、支教、支农、帮残、助孤、赈灾等公益事业中捐款累计6717万余元，认购国库券11.44万元。2008年，汇森房地产开发集团有限公司被评为全国工商联抗震救灾先进集体，福光投资集团有限公司董事长张雪岩被评为全国工商联抗震救灾先进个人。1985年8月，区工商联与区经济协作办公室联合成立经济技术咨询服务公司，至1987年接待区街经济单位135个，受理200项咨询项目，取得效益的有45项、价值1048万元。1995年，区工商联成立法律顾问室，为会员提供法律咨询，引导企业依法经营，维护企业合法权益，1995—2003年，法律顾问室为企业提供法律咨询百余次。2004年，成立法律委员会，继续发挥为企业咨询、维权的作用，并与公安河北分局联合召开服务经济、预防犯罪咨询服务会。2007年，与区监察局联合成立河北区促进民营经济发展服务中心，加强对企业的法律维权服务。多次与公安河北分局、区法院等部门开展咨询会、座谈会等活动。组织会员企业参加国内外各类经贸活动，与异地商会建立联谊关系。多渠道拓宽民间融资渠道，1995—2010年为企业融资1.58亿元。1996年，区工商联成立会员资金互助会，入资会员单位23个，入资61.5万元，1996—2008年，会员资金互助会共为会员单位提供周转资金3000余万元。1982年开始，区民建、区工商联与区劳动局、区职工中专联合办学，开设10多个专业，聘请“两会”中工商管理人员，负责对全区街道企业职工和待业青年培训。截至2010年年底，组织1000余人次参加培训。1981年，安置待业青年300余人。1995—2010年，安置下岗职工近2000人。2003年，区工商联在全市率先成立会员企业党委。2008年，区工商联被评为全国工商联系统先进单位。

第七节　残疾人联合会

一、组织沿革

河北区残疾人联合会成立于1989年9月，为副处级单位，有事业编7人，由区民政局代管。1996年，升格为正处级单位，设办公室、综合科、劳动就业服务所，编制增至11人。2002年2月，区残联与区民政局分设，隶属区政府直接领导。2004年12月，区残联增设维权科、残疾人福利事业服务中心，编制为18人。全区各街道办事处和5个残疾人较集中的福利企业，分别建立基层残联组织。2010年，全区有残疾人1.57万人。区残联办公地址在金钟路116号。

二、残疾人代表大会

1989年9月，召开河北区残疾人第一次代表大会，出席代表179人。1993年5月，召开河北区残疾人第二次代表大会，正式代表200人，列席代表30人。1998年6月，召开河北区残疾人第三次代表大会，代表215人。2003年3月，召开河北区残疾人第四次代表大会，代表170人。2007年11月，召开河北区残疾人第五次代表大会，代表161人。

三、主要工作

（一）**自身建设**　1997年年底，全区各街道办事处配备残疾人工作专职干部1人，各街道残联配备残疾人专职联络员（不在编制）1人。各街道建立残疾人服务站、志愿者助残联络站，各居委会成立残疾人工作领导小组。2002年11月，区残联在军供站召开肢残人协会、聋人协会成立大会，200多名残疾人代表参加。2004年，相继成立盲人协会、智力残疾人及亲友协会、精神残疾人及亲友协会。2005年，先后两次召开残工委成员单位、各街道办事处（扩大）会议，印发《河北区创建全国残疾人工作示范城市的实施方案》和《补充实施意见》并签订各部门各单位责任状。区残联被评为达标先进区，王串场街道、月牙河街道被评为市残疾人工作示范单位。2007年，建立“三大工程、四大体系”，即阳光工程、温暖工程、无忧工程和社区残疾人康复体系、社区残疾人生活服务体系、社区残疾人文化教育体系、社区残疾人就业服务体系。2009年1月，区残联举办社区残疾人专职委员招聘大会，236名残疾人应聘。2010年，投入30.2万元用于建立和完善服务和管理网络。区残联与区民政局、区劳动局、区财政局共同出台《关于将基层残疾人工作全面纳入社区工作管理的意见》，以新型模式开展基层残疾人工作，全市推广河北区此项工作。

（二）**服务社会** 1990年后，区残联拓宽就业渠道，扩大在福利企业安置途径。120家福利企业连同其他企业先后安置2160名残疾人，占有劳动能力残疾人81%，162名残疾人从事个体经营。1995—2009年，区政府及社会各界投资59万元，在鸿顺里大楼建120平方米残疾人康复中心；在各街道设残疾人康复站，配备康复器材，建立康复档案，指定专人指导康复训练。第一医院开设弱智儿童康复门诊及进行白内障复明治疗，第二医院开设小儿麻痹后遗症矫形专科。以第三医院为依托建白内障复明中心，以建昌医院为依托建肢残人矫治中心，以安康医院为依托建精神病防治康复中心，以第一聋哑学校为依托建聋儿检测语言训练康复中心，以区启智学校为依托建智力残疾人训练康复中心，区、街道、社区居委会建立三级康复指导站网络，使有康复需求的残疾人能就近得到康复训练与服务。2009年，投资10万元，在区五幼创办“金摇篮”残疾儿童早期教育康复指导中心，17名残疾儿童得到康复教育训练。同年，河北区获全国白内障无障碍区和天津市社区残疾人康复示范区称号。2010年，在第一医院建立全市首家区级残疾儿童肢体康复中心，10名残疾儿童接受治疗和训练。开展残疾人特殊教育，251名弱智儿童到区启智学校就学，634名轻度智力残疾儿童在普通学校随班就读。对残疾学生发放助学金，受助学生176人。开办三期残疾人动漫制作培训班，培训111名残疾人。1996—2010年，实行地税代征就业保障金1077.88万元。区委、区政府在每年元旦、春节和助残日期间都开展对贫困残疾人慰问活动，发放生活用品，为困难重度肢体残疾人发放轮椅和其他辅具，为视力残疾人办理免费乘坐市内公交车卡。

2007年7月24日，中残联理事长吕世明(中)到月牙河街道检查指导创建残疾人示范城市工作并与残疾人自强模范孙立山亲切交谈

（区残联提供）

（三）**文化体育活动** 区残联与区有线电视台于1998年开播《残疾人风采》栏目，2006年改为《心手相连情牵梦》，2010年改为《春天的事业》。1994年，成立由56人组成的残疾人“生命之光”艺术团，是全市唯一的由残疾人组成的艺术团体，多次参加全国性文艺比赛，并多次受到党和国家领导人接见。1999—2010年，每年举办一两次大型文艺活动和残疾人文艺联欢会。建昌道街道康桥里社区被列为全国残疾人文化进社区试点。1994年，区残疾人体育协会成立。第四游泳池建有全市唯一的残疾人游泳训练中心，区聋哑学校建有残疾人田径训练场。残疾人王芳(女)、车冕在雅典第十二届残奥会上分获女子田径2金1银和男子2银1铜奖牌，在天津市残疾人运动会上，河北区奖牌总数位居榜首。市残联将区启智学校、月牙河街道丹江里社区、宁园街道爱家社区列为天津市残疾人特奥示范社区，丹江里社区还被列为天津市残疾人群众体育全民健身社区示范点。

河北区志

（1979—2010）

第九编

政　法

ZHENG FA

1979—2010年，河北区贯彻“严打”方针，依法打击严重危害社会治安、经济秩序等刑事犯罪活动，从重从快打击杀人、放火、抢劫、贪污、贿赂和诈骗等犯罪。多次开展专项斗争，成功侦破一批大案要案，有力地打击了各类刑事、经济等犯罪行为。依法取缔邪教组织，净化社会环境。深入基层群众，调处矛盾纠纷，全力维护社会秩序稳定。1986年始，开展“一五”至“五五”普法工作，深入宣传党和国家方针政策、法律法规。建立公证、律师、基层调解、法律援助等组织，健全区、街、居三级对刑满释放和解除劳动教养人员的帮教机构，司法行政基础工作得到加强，为维护社会稳定和推动改革开放，营造了良好法治环境。

第一章 政法委工作

河北区委政法委作为党委的重要职能部门和司法机关的上级领导部门，自20世纪80年代初成立后，在指导督促政法部门贯彻执行党和国家方针政策、协调各部门落实社会治安综合治理各项措施等方面做了大量工作，维护了社会和谐稳定（社会治安综合治理情况见第二十四编第六章）。

第一节 机构设置

1982年8月，成立中共河北区委政法委员会筹备组。1984年6月，区委政法委正式成立，主任由区委副书记、区长兼任，下设办公室。1987年6月，区委政法委主任改称区委政法委书记，并设副书记、专职副书记。1991年，成立区社会治安综合治理办公室，与区委政法委合署办公。1997年，区委政法委设办公室、组宣科、业务科；区综治办设综合科、基层指导科。其中，专职副书记（处级）2人，区综治办专职副主任1人。2002年，区委政法委设办公室、组宣科、执法督察科，编制14人。2010年，区委政法委（含综治办、防范办）编制19人。办公地址在建国道52号。

第二节 主要工作

一、维护稳定

1983年始，贯彻“从重从快”严厉打击刑事犯罪方针，每年集中统一组织开展“严打”斗争。推进社会治安综合治理工作，各街道设专职副主任（选派干警代职），居委会建立工作推动小组，形成综治三级组织网络。1989年后，区委、区政府每年召开区政法工作会议，街道、局、公司、驻区大中型企事业单位负责人向区委、区政府递交社会治安综治目标责任书。1990—1993年，根据中央“一切着眼于稳定”“稳定压倒一切”指示精神，组织开展反盗窃、夏季治安整治、收缴凶器等专项斗争。1995年，区政法信息工作在全市各区县名列第二。1996年，组织“严打”斗争，破获一批大案要案。1997—2003年，开展隐蔽战线斗争，严密防范和依法打击各种敌对势力渗透破坏及邪教活动。美国“9·11”事件后，加强反恐防暴工作，构建“打防控”（打击、防止、控制恐怖暴力活动）一体化工作网络。在全市率先成立保洁治安联防大队，建立社区警务室168个，在易发案社区和部位增设巡逻点位15处。2004—2007年，区委政法委提出做好“四个防范”（严密防范大规模群体性事件和群体性进京上访、严密防范邪教组织捣乱破坏活动、严密防范恐怖暴力事件发生、严密防范各种影响社会稳定的突出事件）。排查化解涉法涉诉疑难缠访案件20件。2008年2月，为确保全国“两会”顺利召开及奥运会、达沃斯论坛成功举行，成立区维稳反恐工作领导小组，建立领导层、协调层、工作层3个工作体系和党政领导分级包案制度，154个重点案件由各级领导包案，排查各类重点控制对象205人。2010年，成立区级维稳机构，由1名区委政法委副书记专门负责，配备专职人员和装备，制定维稳方案。是年5月，为落实全国《关于开展中小学、幼儿园安全大检查的紧急通知》的电视电话会议精神，区委主要领导带队到中小学和幼儿园检查安保工作。

二、服务经济

1987—1990年，区委政法委提出树立打击、保护、调解、服务“四位一体”新理念，促进市场经济体制建立完善。1992年，举办区政法机关为经济建设服务成果汇报展示会。1993年，召开政法工作为区街经济服务座谈会、为国营大中型企业保驾护航座谈会。1994年6月，与区普法办联合举办120人参加的企业业余法律顾问培训班。1995年7月，召开经济法律知识讲座暨咨询服务大会，举办企业实用法律法规培训班。1996年，制定下发《政法系统搞活36家企业10项服务措施》。2002年7月，为经济部门举办3次法律知识讲座和法律咨询服务。2003年5月，区委政法委和政法各部门领导到4个拆迁工地提供法律服务。2009年2月，制定政法系统10项服务措施并向企业公布。

三、执法督查

1988年3月8日，区委政法委组成联合考察组，对全区43名管制、缓刑、剥夺政治权利、假释、监外执行“五种犯罪”人员社会监督情况进行考察，未出现失控脱管现象。1993年10月，区委政法委加大对羁押案件督查力度，对在押一年以上的12起34名罪犯依法确定清理方案。1998年7月、2001年4月，区政法各有关部门对174名社会服刑犯进行逐人谈话教育。2005年，出台《疑难案件协调工作实施办法》《刑事案件管辖问题若干规定》《关于加强政法队伍管理的若干规定》等，促进执法监督工作规范化、制度化。2006年，建立五大执法工作制度体系（执法责任体系、执法质量体系和效率考评体系、执法监督体系、执法工作信息化建设体系、教育培训长效机制建设体系）。2007年，开展执法检查和个案监督工作，解决重大疑难案件4件。2008年，对社会服刑人员监管进行检查，对区法院2007年判决社会服刑人员进行案卷检查。2009年，对重复上访、越级上访、进京非正常上访人员的重大疑难案件，派专人督办，集中清理执行积案，对有财产可执行的664件执行案件全部执行完毕。2010年，推进执法业绩档案建设，加强执法作风建设，推进审判公开、检务公开、警务公开制度落实。

第二章　公安

改革开放后，公安部门在维护社会治安秩序，保护公民的人身安全、人身自由和合法财产，保护公共财产，预防、制止和惩治违法犯罪活动等方面忠于职守，保障了改革开放和社会主义现代化建设顺利进行。

第一节　机构设置

1979年，公安河北分局内设办公室、政办室、行政科、政保科、治安科、户政科、通讯科、预审科、刑警队、看守所，辖黄纬路、光复道、小关、粮店街、金家窑、王串场、墙子、五号路、中山路、小树林、京津公路、新开河、鸿顺里、辛庄、东六经路、何兴庄16个派出所，有干警1204人，其中局长1人、副局长5人。1995年5月，内设办公室、政办室、行政科、监察室、内保科、政保科、治安科、户政科、法制科、通信科、企管科、预审科、经侦科、刑警队、防暴队和看守所，辖黄纬路、光复道、小关、粮店街、金家窑、王串场、墙子、五号路、中山路、小树林、京津公路、铁东路、新开河、鸿顺里、辛庄、建昌道、江都路、靖江路、大江路、宁园、东二经路21个派出所，干警

1226人，其中局长1人、政委1人、副局长4人。局址在日纬路4号。1997年，在普济河道立交桥附近建成区看守所和刑侦综合楼，占地7700.9平方米，建筑面积8112.5平方米。2000年2月，设立天津站地区治安派出所。11月，内设信访科。2007年8月，公安河北分局人身伤情鉴定分中心成立。2008年8月，天津站地区综合管理职能划归河东区，天津站治安派出所亦划归公安河东分局。2010年，公安河北分局设指挥室、政治处、户政科、国保支队、警务督察队、内保科、考评科、预审支队、后勤保障科、法制办公室、治安科、信访科、经济案件侦查支队、警卫科、网监支队、禁毒支队、机要通讯科、纪律检查委员会、拘留所、巡警（特警）支队、刑侦支队，辖光复道、鸿顺里、江都路、中山路、大江路、月牙河、铁东路、墙子、望海楼、建昌道、粮店街、新开河、宁园13个派出所。民警1219人，其中局长1人、政委1人、副局长4人，研究生学历17人（硕士12人）、大学本科学历549人（全日制大学本科114人）、大学专科学历549人。局址在金钟河大街208号。

1980年，河北区防火委员会重新成立，在公安河北分局设防火科。1984年5月，防火科划归天津市公安消防总队管辖，属武警序列。1991年，区防火委成员调整，主任由区长兼任，另设2名副主任和13名委员，下设办公室负责日常防火工作。1997年10月，分局消防科与消防支队合并称天津市公安消防局河北支队，又称天津市公安局河北分局消防处（正团级）。设司令部、政治处、后勤处、防火处和消防一中队、八中队、三十中队，负责河北区及东丽区、北辰区部分辖区灭火救援工作。2000年5月，在天津服装城地区成立消防第三十九中队。2008年1月，一中队改称建昌道中队，八中队改称中山路中队，三十中队改称幸福道中队，三十九中队改称北宁中队。2010年7月，区二级消防指挥中心建成并投入使用。地址在王串场重光路9号。

1979年4月，河北区交通管理工作由市公安局治安四处负责。1982年8月，建立交通河北区队，内设交管组、车管组和队部，下辖十中队、十一中队、十二中队、十三中队，隶属于市公安局治安四处。1988年10月，建立天津站中队，隶属河北区队。1990年4月，河北区队改称河北支队；1992年11月，更名为天津市公安局交通警察总队河北支队；1993年，改为市公安交通管理局河北支队。1997年11月，河北支队所属十中队、十一中队、十二中队、十三中队、天津站中队，依次更名为中山路大队、光复道大队、王串场大队、新开河大队、天津站大队。2003年2月，河北支队升格为正处级单位。2008年8月，天津站大队整建制划归河东支队。至2010年12月，河北支队设综合室、秩序管理科、交通安全监督管理科、事故处理科、中山路大队、光复道大队、王串场大队和新开河大队。共有干警249人，其中支队长1人、政委1人、副支队长2人，研究生学历8人、本科学历90人、专科学历136人。

第二节 案件侦查

一、刑事案件侦查

自1983年秋，开展为期3年的严打斗争。1983年7月至1984年5月为严打第一战役，破获各类刑事案件306起，抓获各类犯罪嫌疑人854人。1984年9月至1985年年底、1986年4月至1986年底相继进行第二和第三战役，分别破获刑事案件492件和301件，分别抓获各类犯罪嫌疑人492人和368人。

1996—2010年，8类案件侦破率在80%以上，其中杀人、绑架、劫持恶性刑事案件破案率在85%以上。2010年1月，在市公安局配合下，破获流窜于河北、河东、河西、西青等区以爬阳台为手段，交叉结伙实施犯罪的入室盗窃团伙，抓获以阿某某为首的28名盗窃犯罪嫌疑人，破获盗窃案件40余起，涉案30万余元。

二、经济案件侦查

1989年，公安河北分局成立打击经济犯罪办公室。至2010年，破获各类经济违法犯罪案件3018件，其中特大案件365件，抓获涉嫌经济违法犯罪嫌疑人774人，挽回经济损失3.13亿元。2000年，破获重大经济犯罪案件4件，抓获涉案在逃的重大经济犯罪嫌疑人4人，追缴涉案赃款500余万元。是年10月，将作案后潜逃至甘肃省兰州市的永昌超市董事长、重大经济犯罪嫌疑人何某抓获归案，为破获轰动全市的永昌非法集资案作出贡献。

1989—1995年公安河北分局审理经济犯罪案件统计表

表9-1 单位：件

年份	全部案件		其中重特大案件		追回款项(万元)
	立案	结案	立案	结案	
1989	31	23	12	9	18.30
1990	49	40	21	12	128.60
1991	42	30	19	-	265
1992	91	78	63	51	501.50
1993	134	121	41	29	1845
1994	77	60	34	17	10818
1995	74	235	23	20	964.50

1996—2010年公安河北分局审理经济犯罪案件统计表

表9-2 单位：件

年份	全部案件		其中重特大案件		挽回经济财产损失(万元)	查处犯罪分子(人)
	立案	结案	立案	结案		
1996	79	73	5	4	802.90	11
1997	93	90	7	6	1008.20	14
1998	98	89	6	5	985.70	19
1999	102	98	7	7	1058.60	28
2000	292	276	18	17	2921.80	184
2001	290	285	11	9	3788	44
2002	219	195	8	7	1308	38
2003	92	90	4	4	2445.91	21
2004	59	44	6	5	2798.70	30
2005	37	35	3	3	867	18
2006	80	63	2	1	773	20
2007	389	373	16	15	4240	51
2008	31	30	2	2	422	33
2009	42	39	4	4	598.60	21
2010	279	262	16	14	1617.80	44

三、专项行动

（一）**打黑除恶** 2000—2001年和2006—2008年严厉打击黑恶势力，破获涉黑团伙17个，抓获违法犯罪嫌疑人96名，破获杀人、抢劫、绑架、强奸等严重刑事犯罪案件63件。2004年，破获长期盘踞在河北区福乐门酒店的流氓恶势力团伙，抓获犯罪嫌疑人41人，破获故意伤害、抢劫等刑事案件41件。

（二）**打击盗窃抢劫** 1989年，开展反盗窃专项行动。破获盗窃等刑事案件115件，其中重大案件95件，收缴赃款及赃物折合人民币17.52万元，抓获违法犯罪嫌疑人249人。1990年3—4月，开展以侦破重大盗窃、特别是盗窃纵火案件为主攻方向专项斗争。破获盗窃等刑事案件1302件，其中重特大案件188件，破获犯罪团伙149个，抓获犯罪嫌疑人207人，收缴赃款及赃物折合人民币60余万元。1996—1997年，抓获违法犯罪嫌疑人112人，破获违法犯罪团伙11个，涉及成员41人，破获各类违法犯罪案件115件，抓获负案外逃违法犯罪嫌疑人18人。2001年，侦破“6·24”建设银行抢劫案、“5·7”爆炸杀人案、“4·3”宁园街道昊驰俱乐部持枪抢劫伤害案等恶性案件，抓获124名犯罪嫌疑人。2007年，将“打击两盗、两抢”专项行动与“命案侦破”相结合，侦破“9·9”绑架、抢劫杀人碎尸案，抓获3名犯罪嫌疑人。2009年，以“0901打击两抢两盗百日行动”为中心，相继开展“社会治安整治行动”“打击盗窃机动车专项行动”“打击盗窃自行车违法犯罪专项行动”，破获盗窃、抢劫犯罪团伙11个，涉及成员58人，为群众挽回经济损失64万余元。

（三）**追逃行动** 1979—2010年，抓获负案外逃的各类违法犯罪嫌疑人3562人，其中，公安部网上通缉的重大案件外逃刑事犯罪嫌疑人7人，河北、安徽、沈阳等省市公安机关网上通缉外逃刑事犯罪嫌疑人443人，市公安局督办抓捕的外逃犯罪嫌疑人87人。2002年1月，中山路派出所将公安部督办、流窜全国数省市杀人抢劫作案多起的外逃犯罪嫌疑人王某抓获。

（四）**命案侦破** 1985年10月，侦破李某一家被杀案。2001年，破获“3·11”月牙河抢劫杀害女出租车司机案、“8·8”强奸杀害女大学生案、“9·25”铁东路杀人案。1993年，命案破案率100%；2004年，杀人案件破案率84.6%；2006年，杀人案件破案率89%；2009年，杀人案件破案率91%；2010年，杀人案件破案率100%。

1979—2010年公安河北分局刑事案件立破案统计表

表9-3　　单位：件

年份	立案	破案	其中重大案件	
			立案	破案
1979	537	430	-	-
1980	470	382	40	39
1981	500	408	39	37
1982	425	355	40	37
1983	711	498	80	79
1984	428	348	39	38
1985	401	327	-	-
1986	396	317	44	43
1987	384	313	44	41
1988	390	317	55	51
1989	509	422	115	110
1990	522	434	128	123
1991	521	474	139	137
1992	1116	753	238	185
1993	1257	1061	308	274
1994	1061	897	296	272
1995	928	882	248	231
1996	881	806	248	236
1997	809	741	250	241
1998	955	783	332	309
1999	1015	899	380	349
2000	3732	2598	261	211
2001	3898	3244	157	124
2002	3684	1443	361	291
2003	3580	1542	155	123

续表9-3

年份	立案	破案	其中重大案件	
			立案	破案
2004	3705	1649	115	111
2005	6035	1529	288	250
2006	6023	2526	435	360
2007	4875	2344	316	287
2008	5221	2287	462	423
2009	6389	2541	355	266
2010	6511	2247	303	228

说明：由于公安部刑事案件立案标准的变化，2000年后刑事案件立案数量有大幅增加

第三节　治安管理

一、维护公共秩序

公安河北分局担负维护区内火车站、长途汽车站、公园、娱乐场所等群众聚集地的公共秩序。1980年8月，天津站派出所抓获由内蒙古窜逃至天津的盗窃枪支犯罪集团犯罪嫌疑人3人。1987年，公安河北分局在对天津站、北站专项治理中查获各类违法犯罪嫌疑人717人。1988年8月，天津市站区公安分局成立，2000年撤销。2000年2月，组建天津站治安派出所。2008年8月天津站地区综合管理职能划归河东区后，治安派出所整建制划归公安河东分局。天津站治安派出所在9年间，抓获负案在逃违法犯罪嫌疑人79人，破获盗窃、抢劫案件41件，破获卖淫嫖娼和出售淫秽物品案件167件，提请批准逮捕犯罪嫌疑人17人，治安处罚各类违法人员68人。2003年4月，抓获网上通缉的锦州市杀人外逃嫌疑人吕某并移交辽宁警方。

二、缉枪治爆

1982—2010年，收缴各类枪支4347支。其中制式枪支554支（包括改制前企业武装部或保卫部门所合法持有的枪支），子弹1.18万发，雷管488枚，导火索150余米，以及砍刀、匕首等管制刀具9000余把。2000年，抓获以犯罪嫌疑人王某为首的6人贩枪犯罪集团，缴获仿制“五四”式手枪2支、子弹20余发。2001年，侦破“3·16”和“4·3”等涉枪犯罪案件，抓获以犯罪嫌疑人宋某为首的制贩枪犯罪集团，缴获仿制“五四”式手枪3支，子弹16发。

2010年11月，公安河北分局防暴支队民警进行反恐演练　　（公安河北分局提供）

三、扫黄打非

（一）**查处卖淫嫖娼违法犯罪**　1986—2010年，破获卖淫嫖娼违法犯罪案件1676件。其中，涉及组织容留妇女卖淫刑事案件18件，查处卖淫嫖娼违法人员3488人，治安拘留1806人，收容教养1682人，提请批准逮捕劳教39人，捣毁卖淫嫖娼窝点23个。2002年，开展“捣淫窝、扫黄点”专项行动，查处卖淫嫖娼违法犯罪案件66件，捣毁淫秽窝点5个，抓获涉嫌卖淫嫖娼违法犯罪嫌疑人90人。2010年，开展集中整治“洗头房”“洗脚房”“打击组织、强迫妇女从事卖淫违法犯罪活动”等专项行动。查处卖淫嫖娼违法犯罪案件89件，捣毁卖淫嫖娼违法犯罪活动窝点2个，查获卖淫嫖娼违法犯罪人员228人，其中

劳动教养13人、收容教养67人，依法取缔无证经营并涉嫌卖淫嫖娼的“洗头房”“洗脚房”100余家。

1986—2010年公安河北分局打击卖淫嫖娼违法犯罪统计表

表9-4

年份	破获案件(件)		查处违法犯罪嫌疑人(人)			摧毁窝点(个)
	刑事	治安	治安拘留	收教	逮捕劳教	
1986	–	17	21	–	–	–
1987	–	25	27	–	–	–
1988	–	31	36	–	–	–
1989	–	28	29	–	–	–
1990	1	38	26	–	1	1
1991	–	45	41	–	–	–
1992	–	42	38	47	–	–
1993	1	49	39	56	2	2
1994	–	47	52	61	–	–
1995	–	54	61	70	–	–
1996	–	79	69	83	–	–
1997	1	82	75	86	1	1
1998	–	76	65	86	–	–
1999	–	81	67	90	–	–
2000	–	122	92	102	–	–
2001	–	110	105	96	1	2
2002	2	66	90	70	1	5
2003	–	98	125	103	–	–
2004	–	101	118	119	2	2
2005	–	58	68	72	1	1
2006	5	86	72	71	5	–
2007	5	86	85	202	6	3
2008	–	99	199	131	4	2
2009	2	47	58	60	3	2
2010	1	89	148	67	13	2

（二）**查处涉黄和非法出版物**　1988—2010年，加大文化市场管理力度，收缴淫秽光盘（录像带）6.36万件、淫秽书刊和非法出版物8.18万册、淫秽图片10.67万张。提请批准逮捕和劳教89人，治安拘留805人，破获涉黄违法犯罪团伙57个。2004年，捣毁王串场地区家族型制作贩卖淫秽光盘黑窝点，抓获犯罪嫌疑人5人。2010年，查处“制黄、贩黄”案件28件，捣毁制黄黑窝点1个，劳动教养6人，治安拘留17人。

1988—2010年公安河北分局查处传播淫秽物品违法犯罪统计表

表9-5

年份	收缴淫秽物品数量(件)			查处违法犯罪嫌疑人(人)		破获团伙(个)
	书刊	图片	光盘(磁带)	逮捕劳教	治安拘留	
1988	1451	1369	430	12	23	4
1989	1054	1367	890	16	19	14
1990	1471	1508	214	2	17	–
1991	892	1411	185	–	16	–
1992	–	–	–	–	–	–
1993	1687	1471	152	3	14	6
1994	897	1768	108	2	41	1
1995	1082	–	408	–	28	–

续表9-5

年份	收缴淫秽物品数量(件)			查处违法犯罪嫌疑人(人)		破获团伙(个)
	书刊	图片	光盘(磁带)	逮捕劳教	治安拘留	
1996	1368	1763	1108	–	19	1
1997	–	–	–	–	–	–
1998	1759	1921	1879	–	8	–
1999	–	–	–	–	–	–
2000	1553	2918	9085	17	59	7
2001	5500	4500	10133	4	68	3
2002	1288	18017	179	2	–	7
2003	2000	4000	2371	3	72	3
2004	10858	13800	15000	2	41	–
2005	10000	15000	7531	8	81	7
2006	11212	10000	11006	6	85	2
2007	1085	1982	4633	2	71	–
2008	12151	11000	3859	7	79	1
2009	11000	11068	1834	1	47	–
2010	2982	1799	1606	2	17	1

四、打击涉毒违法犯罪

1991—2010年，破获涉毒违法犯罪案件561件。其中，刑事案件45件，收缴毒品海洛因14173克、冰毒5975克、摇头丸1000余粒，其他合成类新型毒品13255克；破获贩毒犯罪团伙36个，抓获涉毒违法犯罪嫌疑人1397人，其中提请批准逮捕劳教258人，收缴用于贩毒的枪支33支、子弹数百发、汽车1部，收缴毒资100余万元。2004年，公安河北分局会同市公安局刑侦局，破获涉毒犯罪嫌疑人金某等跨省市贩卖、运输毒品案，破获以涉毒犯罪嫌疑人孙某为首的家族型贩毒集团。会同广州市公安局捣毁隐藏在广州市的新型合成类毒品地下加工窝点1处。2010年，破获公安部督办的“2·26”“11·4”跨省市运输贩卖毒品案、市公安局督办的涉毒大案3件，收缴毒品5114克。

1991—2010年公安河北分局查处涉毒违法犯罪统计表

表9-6

年份	破获涉毒案件(件)		缴获毒品(克)		查处涉毒违法犯罪嫌疑人(人)		破获涉毒违犯罪团伙(个)
	刑事	治安	海洛因	其他	逮捕劳教	治安拘留	
1991	–	–	–	–	–	–	–
1993	–	–	–	–	–	–	–
1994	–	12	31	41	–	19	1
1995	1	–	24	17	4	6	1
1996	–	3	11	–	--	11	–
1997	1	–	38	–	1	–	–
1998	–	21	71	99	–	70	2
1999	3	42	213	–	5	38	2
2000	1	41	58	271	3	128	3
2001	4	7	79	162	6	61	2
2002	6	37	368	4131	37	162	4
2003	1	14	22	–	2	17	–
2004	7	18	920	601	32	39	3
2005	5	28	5151	163	14	21	7
2006	3	95	2288	2145	4	61	1
2007	4	22	1081	923	5	38	2

续表9-6

年份	破获涉毒案件(件)		缴获毒品(克)		查处涉毒违法犯罪嫌疑人(人)		破获涉毒违犯罪团伙(个)
	刑事	治安	海洛因	其他	逮捕劳教	治安拘留	
2008	3	28	2758	2196	3	41	2
2009	2	68	533	3801	68	64	2
2010	4	71	486	4628	71	111	3

五、特种行业管理

1996年，公安河北分局健全旅店、物资回收、文娱场所等特种行业管理各项规章制度，特种行业的刑事案件和治安案件发案大幅下降。1998年，依法取缔63家无证经营的文体和休闲娱乐场所。2007年，通过全区旅店联网登记报警抓获网上逃犯14人。2009—2010年，加大对旅店、洗浴、印章、汽修、娱乐、网吧、印刷等特种行业治安检查力度，破获盗窃团伙1个，刑事拘留犯罪嫌疑人3人，破获刑事案件11件。

六、危险品管理

2008年，为确保北京奥运会安全，对全区16家涉及危险品、爆炸品单位反复进行安全检查，敦促其签订安全防范责任书。对查出的38个存在不安全问题或隐患的单位，提出整改要求。2009—2010年，对区内生产、储存、经销易燃易爆化工产品单位加强管理，严格执行实名制购买制度，破获涉及危险品爆炸品违法犯罪案件57件，依法提请批准逮捕犯罪嫌疑人32人，治安拘留35人。

第四节 治安防范

一、110报警服务系统

1992年5月，公安河北分局建立防暴支队，负责受理群众110报警电话。1994年1月，组建110指挥中心。1998年，实行以110指挥中心为龙头，街头徒步巡警、机动车巡警、流动派出所和属地派出所相配合的“四位一体、动静结合”快速接处警模式。化解各类矛盾纠纷2784件，处置突发事件12件。2004年，110接警中约70%为群众求助事宜。2008年，结合北京奥运会安保工作，完成“指巡一体化”建设。2010年，通过110快速反应，抓获违法犯罪嫌疑人29人。

二、治安巡逻

（一）**警防工作** 2006年，公安河北分局组建指挥室巡控科，专职负责督促检查巡逻工作落实情况。抓获骑摩托车抢夺、抢劫犯罪嫌疑人26人，破获犯罪团伙8个，破获抢夺案件200余件，收缴被抢物品折合人民币21万余元。自2010年4月30日起，每天出动190余名民警，在中小学和幼儿园上下学时间实行一岗双警定点执勤，抓获涉嫌“两抢”违法犯罪嫌疑人5人。依法取缔学校周边非法经营“黑网吧”3家。破获外地爬阳台入室盗窃团伙2个，抓获违法犯罪嫌疑人50人，破获入室盗窃案件200余件。

2005年9月2日，公安河北分局防暴支队新巡逻车首发仪式 （公安河北分局提供）

（二）**治安联防** 1982年，11个公安派出所组建治安联防队，担负辖区治安巡逻、堵卡、社会治安工作。1997年，全区组建群众巡逻队360支、1700余人。2004年，组建500余人的河北区社会治安服务总队，即辅警。2006年，培训专职保安员1000余人、专职民防人员280余人；全区98个社区治保会建立群众巡逻队1206支、6000余人。2010年，全区有群众巡逻队1211支、6000余人。

（三）**"三张网"建设** 2003—2010年，在社会治安防范工作中加强警防网、民防网和技防网"三张网"建设，科学调配公安河北分局警力与驻区武警相互配合，发挥警防在治安防范工作的主力军作用；与区环卫局合作，组建有1300余人的河北区环卫职工治安巡逻队；推广使用110自动报警服务系统。2007年，通过与驻区武警巡逻力量联动，在群众巡逻力量的配合下先后破获以杨某、邢某为首的2个"两抢"犯罪团伙，抓获抢劫、抢夺犯罪嫌疑人9人，缴获赃物若干及赃款3万余元。

三、科技防范

2007年，在全区重点部位、易发案地区安装120处视频监控探头，146个金融网点安装摄像监控装置。建立公安河北分局和各派出所的二级监控指挥平台。2008年，在110报警指挥中心设立视频监控主机房，实现视频系统分散处理、集中控制、信息共享，全区宾馆、旅店均实行联网登记。2010年，全区安装安全视频探头2549个。

四、社区防范

2000年，全区新建安全小区31个，推行治安联防保安负责制。2003年，在社区推广安装电控防盗门、防撬锁及防护栏。1979—2010年，公安派出所恢复、新建存车处（棚）367个，预防和减少非机动车被撬盗案件发生。2000—2010年，非机动车管理所在换发分合式防盗牌工作中，破获非机动车被盗及其他违法案件638件，抓获违法犯罪嫌疑人428人，收缴被盗非机动车428辆。

第五节　法制建设

一、制定规章

2000年，公安河北分局成立执法责任制工作领导小组。制定《执法责任制实施办法》。2001年，制定《关于涉案财物管理实施细则》。2002年，制定《关于严格治安（行政）案件办案程序的通知》《内部执法监督工作方案》。2003年，制定《受理治安调解案件有关问题的规定》《关于规范接处警工作的规定（试行）》《关于依法妥善处置群体性堵路、堵门案件有关问题的规定（试行）》。2005年，制定《关于进一步规范执法行为的若干规定》。2007年，制定《关于规范变更刑事强制措施的通知》《关于严格办理上网追逃犯罪嫌疑人有关问题的若干规定》《办理行政案件移送有关问题的规定》。2008年，制定《关于执法民警旁听诉讼案件庭审规定（试行）》《关于执行〈治安管理处罚法〉有关问题的解释》。2010年，制定《关于执法规范化建设活动实施方案》。

二、行政复议和诉讼应诉

2001年，市公安局受理的行政复议案件中涉及公安河北分局15件，其中当事人主动撤回2件、维持原裁决9件、因行政罚款额度过高变更裁决4件。在法院审理的行政诉讼案件中涉及公安河北分局5件，全部维持原裁决。2004年，涉及公安河北分局行政复议案件11件，当事人主动撤回3件，维持原裁决8件；公安河北分局查处侵害民警执法权益案件13件，依法查处涉案人员16人，其中刑事拘留1人、劳动教养1人、行政拘留11人。2007年，公安河北分局查处侵害民警执法权益案件9件，将12名殴打、辱骂、诬陷民警的违法当事人依法予以行政处罚。

第六节　消防管理

一、消防装备

1979年后，消防人员装备不断更新换代，提高了防护性能。由简易灭火车辆，升级为集作战、防护、通信、照明、举高、破拆等于一体的综合车辆编程，提高了灭火和抢险救灾能力。1983年，消防队员装备钢板胶靴；1986年，装备防毒衣；1989年，配备空气呼吸器；1990年，装备玻璃钢头盔。2006年，配备新型灭火战斗服、消防头盔、空气呼吸器、报警器等。1979年，配备C215型火场照明车，1990年为大型水罐消防车，2001年为50M云梯消防车，2004年为水罐消防车，2006年为解放泡沫车，2009年为压缩空气泡沫车。

二、监督检查

1979年，根据国家建筑规范要求，对各单位新的建筑防火设施进行审核，并对河北区影剧院、礼堂、俱乐部和文艺团体排练场等进行防火检查。1985年，对区内10层及其以上建筑进行专项检查，整改一批防火工作不到位的企事业单位。2005年，区内有消防重点单位381个，检查953个次，查出各类火灾隐患1712件，下发各类法律文书1790份，督改隐患1712件，查处信访案件67件，审批项目56个，验收项目24个。2006年，开展冬防工作和春防战役，对易燃易爆危险化学品和重大火灾隐患等开展专项整治。检查单位971个次，下发法律文书1125份，督改火灾隐患1025件；对16个单位、27名个人罚款16.2万元。2009年，消防河北支队开展“津门风暴”行动，对高层楼房、地下建筑、公众聚集场所使用易燃可燃材料装修进行专项整治。完成各大节日及敏感时期消防保卫任务。2010年，消防河北支队组织区公安、安监、建设等部门，开展30余次消防安全联合检查，检查单位967个，下发法律文书564份，督改火灾隐患1296件；处罚37个单位、罚款32.1万元；对35个单位实施“三停”措施，行政拘留2人；审批项目272个，提出各类合理化意见和建议142条。

三、防火宣传

1980年，在全区发行《天津消防》刊物5800多份。1986年10月，在北站设立消防科普宣传站，进行咨询服务，散发宣传材料，放映消防录像片。1991年，举办第一届119消防宣传日活动。

2009年8月25日，消防官兵为学生讲解消防知识　（公安河北分局提供）

1996—2002年，分别对企业法人代表、电工、电气焊工、油漆工、仓库保管员等特殊工种人员，娱乐场所，易燃易爆化学危险品生产、使用、储存、经营、运输等岗位操作人员1.9万余人，进行消防专业知识培训，核发“消防培训合格证”。2000—2002年，在区有线电视台创办《河北消防》节目，设火情通报、消防动态、社区消防、企业消防等板块，每月播出4次，共播26期104次。2001年11月，区消防安全教育基地在三十中队落成。2003年，一中队、八中队、三十中队、三十九中队全部建立消防安全教育基地，每月9日、19日向社会开放。各基地每年接待参观群众数千人。2004—2005年，在全区开展消防宣传进机关、单位、学校、社区的“四进”活动。2006—2010年，区有线电视台制作32个节目，对消防安全知识和自救逃生技能进行讲解和演示。在消防宣传活动中，发放各类消防知识宣传资料8万余份，在长途汽车客运站和火车站发放“消防安全知识锦囊”5万余份，在居民密集居住区发放《致居民群众的一封信》2万余份。利用流动宣传车，每周六到社区、企事业单位进行消防宣传。将消防监督检查与消防宣传结合起来，开展宣讲活动87次，4200余人受到教育。以第十六届119消防日宣传活动为契机，发动各个部门设置消防宣传站点。

2010年6月28日，消防人员扑灭天津中环花鸟鱼虫市场火灾　（公安河北分局提供）

四、应急与外援

1979—2010年，消防河北支队在区内扑灭火灾2503起。完成多次前往外省市灭火和抢险救灾任务。1987年5月6日，黑龙江省大兴安岭地区发生特大森林火灾，30名官兵跟随市消防总队赶赴现场参加灭火。2008年5月12日，四川省汶川地区发生特大地震灾害，20名官兵跟随市总队赶赴灾区抢险救灾，连续奋战8昼夜，疏散被困群众27人，抢救物资1.2万元，为灾区群众捐款9000余元。市公安局授予河北消防支队支援抗震救灾先进党组织奖牌。

1979—2010年河北区火灾火警统计表

表9-7

年份	火灾(起)	财物损失(万元)	死亡(人)	受伤(人)	火警(起)
1979	14	172.90	1	6	29
1980	13	0.90	2	5	27
1981	13	4.70	–	8	75
1982	4	1.60	–	–	61
1983	6	1	1	–	–
1984	8	2.50	1	11	–
1985	17	1.90	3	5	–
1986	9	2	–	–	–
1987	10	67.20	–	–	–
1988	16	78.50	–	–	–
1989	6	73.10	–	–	–
1991	84	–	3	4	–
1992	86	1.80	1	3	–
1993	42	17	3	5	–
1994	127	8	–	–	–
1995	95	5.40	2	1	–
1996	126	7.60	–	–	–
1997	142	7.80	–	–	–
1998	158	4.50	–	–	–
1999	167	4.60	–	–	–
2000	359	32.90	2	2	654
2001	312	23.30	2	1	677
2002	249	11.40	8	4	895

续表9-7

年 份	火灾(起)	财物损失(万元)	死 亡(人)	受伤(人)	火 警(起)
2003	166	9.10	7	4	986
2004	135	25.30	2	2	1296
2005	165	38.60	2	4	1857
2006	91	40.30	2	2	1676
2007	91	16.30	2	1	1103
2008	49	10.40	4	1	1229
2009	37	2.90	–	1	1287
2010	20	2.10	–	–	1643

说明：1996—1999年数据为估算

第七节　交通管理

一、交通勤务与秩序管理

（一）**勤务管理**　1978—1979年，在红星路等12处建立昼夜交通检查站，执行市区白天禁止拖拉机、畜力车和无通行证的货运机动车行驶规定。1984年，改变执勤方式，交通警察走出岗亭，平峰时沿路段巡查，高峰时在路口疏导。部分辅警由日勤岗改为游动岗，衔接两岗之间控制不到的路段。开展夜间巡回检查，路面控制范围由48%增至84%。1990年，河北支队及所属中队均配置交通巡查车。1995年，增设摩托巡查车，设交警执勤岗位47处，加强交通管理和疏导工作。1999年，逐步拆除岗台，交警的管理模式从岗台向路口、路段延伸，管理重点转向纠正行车、停车违章，变静态指挥为动态管理。2000年6月，区内各交警执勤岗台全部撤除。确定民权门等12个路口为“严格管理示范路口”，将全区60%以上的道路纳入勤务管控范围。2004年6月，将勤务形式调整为固定管理勤务、专项治理勤务、巡查控制勤务、特殊应急勤务4种。2010年，全区形成网格化、全覆盖、及时处置突发事故的交通管理格局。

2006年，区委书记张同庆慰问交警
（公安河北分局提供）

（二）**秩序整顿**　1986年，开展治理骑自行车带人、无证驾驶机动车、机动车超速超载、乱抢乱超为重点的交通秩序整顿活动，主要干线违章现象由整顿前的6.3%下降到4.3%，主要路口违章现象由整顿前的12.6%下降到6.2%，交通事故死亡人数同比下降22.6%。1994年9月1日起，对非机动车违章人，采取持旗参加半小时义务执勤方法维护交通秩序，使非机动车抢红灯等违章现象锐减，路口通行能力提高4.4%。1995年，开展整顿机动车不按规定停车、不按规定车道行驶，随意调头、停车、超载，到路口不按规定顺序停车，机动车无牌无证行驶，驾驶员驾车吸烟、打电话等严重交通违法行为的专项治理活动，对百余名违章驾驶员依法给予处罚。2000年，按照市公安局要求，开展环境、交通秩序整治活动，有效遏制三轮机动车、人力车的违章行为。2008年，开展“迎奥运、整秩序、讲文明、树新风”活动，全员上路执勤纠正交通违法行为，路面见警率和纠违率提高。以奥运火炬传递路线和中外宾客入住酒店周边道路为重点，反复进行整顿，为奥运创造了良好交通秩序。2010年，组织开展酒后驾驶专项整治等行动。

(三)**道路停车管理** 1994年，对道路违章停车进行清理整顿，静态交通秩序好转。2007年，对意式风情区、大悲院等重点地区停车秩序进行治理整顿，规范停车场范围，取缔非法停车场，减少对道路通行带来的影响。2010年4月，联华公司接收河北区停车场经营权，在各停车场安装停车收费标准公示牌和停车引导标志牌，重新施划停车泊位。

(四)**交通违法处理** 1996年，将直接收缴机动车驾驶员的违章罚款，改由农业银行代为收缴。1999年，对累计交通违章超过12分的机动车驾驶员，实行交通法规和交通安全教育培训。2001年，实施摄录像方法纠正、处罚机动车违章行为。2004—2010年，采取邮寄挂号信形式，通知、督促违法驾驶人缴纳罚款或参加交通安全法规考试。民警执勤时使用无线联网、信息查询、现场执法、指挥调度等功能于一体的警用POS机。

二、道路交通流量调控

1979—1980年，根据交通流量，对21条道路机动车走向进行调整。1982年7月，对单行路的时间和禁行的车类进行调整，时速提高33%，正点率提高20%~30%。1984年6月1日起，7–8时禁止货运机动车在区内通行。1994年7月1日起，对部分道路禁止二轮、侧三轮摩托车和轻便摩托车及助力车通行。1995年6月，2吨以上(含2吨)货运汽车白天限制通行的范围调整为普济河道至铁东路和育红路通行。2006年7月，禁止“津C”牌证和外地牌照摩托车在外环线以内道路通行。2007年5月1日起，禁止“津A”牌照摩托车在外环线以内道路通行，迄2010年。

三、交通违章、事故处理

1991年，河北支队建立交通事故分析例会制度，每个月分析1次辖区交通安全形势、交通事故，提出针对性防范意见和建议。2004年5月，河北支队成立事故处理科。2008年7月，河北支队成立交通事故快速处理中心。2010年6月，河北支队与区人民法院建立集法律咨询、诉前调解和审判等功能于一体的交通事故巡回法庭。

1986—2010年河北区交通事故统计表

表9-8

年份	事故(件)	死亡(人)	受伤(人)	经济损失(万元)
1986	248	28	204	6.10
1987	244	21	210	3.90
1988	177	14	148	2.70
1989	206	7	174	4.60
1990	254	9	207	9.60
1991	144	15	166	15.30
1992	121	18	205	14.80
1993	120	20	117	11.60
1994	131	10	129	19
1995	118	13	119	16.10
1996—2002	18689	126	–	–
2003	318	120	1446	109.40
2004	4941	13	194	214.20
2005	5219	12	613	79.40
2006	4962	10	799	334.60
2007	5441	10	–	523.60
2008	3810	17	–	279.90

续表9-8

年 份	事故(件)	死亡(人)	受伤(人)	经济损失(万元)
2009	2841	9	-	211.60
2010	1906	7	43	207.60

四、交通安全宣传

2009年夏，交警对酒后驾驶机动车违法行为进行查处 （公安河北分局提供）

1982年，河北支队利用机动车流动宣传交通法规。1991年起，每年1月进行冬季交通安全大检查，对专业运输、长途客车、重点单位的机动车进行抽检，对驾驶人进行宣传教育。2006年起，对交通事故、交通违法超出控制指数的单位实行下达限期整改通知书、挂黄牌警告等措施。每逢年底，组建有关单位负责人参加的检查小组，对全区各单位落实《交通安全责任制》情况进行检查。重要节假日期间，组织警力对长途客运、旅游等单位进行检查。至2010年，先后建立区交通安全委员会、街道及各单位内部交通安全组织，实现交通安全工作全覆盖。1998—2010年，每3年在全区中学生中举办1次交通安全演讲比赛、在全区小学生中举办1次交通安全有奖征文活动。

附：

北京铁路公安局天津公安处 主要职能为铁路公安保卫。成立于1949年1月，2010年在职干警、员工1000余人。地址在律纬路10号。

第三章 检察

河北区人民检察院作为法律监督机关，自1978年12月恢复建立后，依法独立行使检察权，在刑事检察、经济检察、渎职侵权检察、监所检察、民事行政检察、控告申诉检察及职务犯罪预防等方面做了大量艰苦细致工作。

第一节 机构设置

河北区人民检察院 （区志办提供）

1978年12月，河北区人民检察院恢复建立，设批捕组、起诉组、经济法纪组和办公室，在编干部16人，其中检察长1人、副检察长1人。1980年10月，设立检察委员会。1988年8月，建立河北区人民检察院举报中心，受理人民群众举报。至1995年，设批捕科、起诉科、经济检察科、法纪检察科、监所检察科、控告申诉科(附设举报中心)、民事行政监督检察科、办公室、政工科、研究室、监察科，在编干部129人，其中检察长1人、副检察长3人。1997年12月，设办公室、政工科、审查批捕科、审查起诉科、反贪污贿赂科、法纪科、监所检察科、民事行政检察科、控告申诉检察科、检察技术科、研究室、监察科、行政科、法警队，在编干部149人。1998年8月，成立河北区人民检察院反贪污贿赂局。2000年7月，设立区检察委员会办公室。2002年2月，设办公室、研究室、监察科、行政科、技术科、监所检察科、民事行政检察科、控告申诉检察科、反贪污贿赂局、渎职侵权检察科、研究室、侦查监督科、公诉科、法警队，在编干部134人。2004年4月，成立区检察院人民监督员制度试点工作领导小组，设人民监督员办公室。2006年5月，渎职侵权检察科更名为区反渎职侵权局。2010年年底，设侦查监督科、公诉科、未成年人刑事检察科、监所检察科、控告申诉检察科、反贪局、反渎职侵权局、民事行政检察科、政治处、办公室、研究室、监察科、行政科、技术科、法警队，在编干部133人，其中检察长1人、副检察长4人、检察委员会专职委员1人；研究生学历15人、大学本科92人、大专学历26人。2004年5月，侦查技术楼竣工并使用。院址在五马路78号增1号。

第二节　刑事检察

一、批捕与侦查监督

1979年1月，区人民检察院正式开展审查批捕工作。至1982年，批准逮捕杀人、放火、抢劫等严重破坏社会治安秩序的“六类”严重刑事案犯262人，并向区人民法院提起公诉。1983—1986年，对公安机关报捕案件，从认定事实和适用法律上进行重点审查，自行补查证据655份，通过审查追捕漏犯33人，追诉28人，对不构成犯罪或构成犯罪没有逮捕必要的211人作出不捕决定。1990—1992年，开展“反盗窃”“整顿夏季社会治安”专项治理活动。对重大恶性刑事案件，提前介入公安机关侦查、预审活动61次。加强侦查监督，向公安机关提出纠正违法建议20件次。1991—1994年，开展“反盗窃”和打击“盗公”等专项斗争，批准逮捕盗窃犯罪分子596人。1995年，区人民检察院与公安河北分局、区人民法院协作，开展春秋季“严打”战役和“扫黄”“禁毒”等专项斗争。受理公安机关提请逮捕的刑事案件379件554人，批准逮捕333件457人。受理公安机关移送审查起诉各类刑事案件311件435人，向区人民法院提起公诉226件309人。2010年，重点打击非法经营、信用卡诈骗、销售假冒注册商标的商品等破坏市场经济秩序犯罪。严格贯彻宽严相济的刑事司法政策，开展对侦查机关刑拘后变更强制措施的专项监督活动。

1979—2010年河北区人民检察院批捕案件情况统计表

表9-9

年份	受理		批准逮捕		不捕		立案监督		追捕	
	件	人	件	人	件	人	件	人	件	人
1979	–	222	–	183	–	17	–	–	–	–
1980	–	264	–	225	–	16	–	–	–	6
1981	–	310	–	280	–	32	–	–	–	–
1982	–	229	–	210	–	18	–	–	–	–
1983	–	681	–	552	–	38	–	–	–	33
1984	–	614	–	484	–	102	–	–	–	
1985	–	226	–	163	–	39	–	–	–	
1986	–	260	–	204	–	23	–	–	–	
1987	–	273	–	232	–	29	–	–	–	–
1988	–	282	–	213	–	37	–	–	–	–
1989	–	343	–	318	–	7	–	–	–	–
1990	379	573	318	482	12	17	–	–	–	–

续表9-9

年份	受理		批准逮捕		不捕		立案监督		追捕	
	件	人	件	人	件	人	件	人	件	人
1991	255	338	254	–	25	–	–	–	–	3
1992	366	610	330	–	97	–	–	–	–	–
1993	378	625	305	–	34	–	–	–	–	–
1994	563	900	446	–	49	–	–	–	–	10
1995	619	426	484	–	90	–	–	–	–	5
1996	515	835	401	–	61	–	–	–	–	15
1997	319	481	363	–	42	–	–	–	–	–
1998	517	778	404	–	74	–	–	–	–	–
1999	433	617	393	537	28	56	8	–	–	–
2000	428	675	364	540	27	73	10	10	–	–
2001	432	696	392	611	32	76	5	5	–	–
2002	366	563	347	540	11	19	3	4	–	–
2003	287	414	254	361	22	30	7	8	–	–
2004	266	393	245	357	21	43	3	3	2	2
2005	210	317	182	272	26	43	3	3	1	1
2006	351	506	311	435	32	56	–	–	7	10
2007	415	662	406	640	9	22	12	12	6	7
2008	387	624	376	605	6	15	3	3	1	3
2009	334	502	320	478	14	24	3	3	7	8
2010	276	428	264	411	11	16	2	2	12	15

二、公诉与审判监督

1979年1月，区人民检察院开展审查起诉工作。1981年5月，贯彻中央政法委员会召开的北京、天津、上海、广州、武汉五大城市治安工作座谈会精神，依法从重从快惩处严重破坏社会治安秩序的“六类”犯罪分子。至1982年，向区人民法院提起公诉226人，对区人民法院审判程序和量刑不当的提出抗诉9件、改判6件；向公安机关提出纠正违法建议9次。1988—1992年，加大打击严重刑事犯罪活动的力度，配合区人民法院召开审判大会6次、召开“反盗窃”处理大会3次。受教育群众1万余人。1996年，严格把住审查起诉质量关，全年退回公安机关作其他处理154人，建议撤案31件71人，改变罪名23件38人。2000—2002年，试行主诉检察官办案责任制，简化刑事案件审理，在审查起诉中下达《提供法庭证据意见书》87份；对279件案件适用普通程序简易审理，提高了工作效率。2006—2009年，建立轻微刑事案件快审机制，制定《简易程序案件诉讼监督实施规定》，对136件案件适用了简易程序和普通程序简化审理。建立刑事诉讼当事人和解制度，对9起轻微刑事案件，依法引导双方当事人进行刑事和解。2010年，区人民检察院与区人民法院会签《关于检察长列席审判委员会会议的工作细则》，完善轻微刑事案件快速审理、刑事和解、量刑建议工作机制。

1979—2010年河北区人民检察院审查起诉情况统计表

表9-10

年份	受理		起诉		不诉		免诉		追诉		抗诉	
	件	人	件	人	件	人	件	人	件	人	件	人
1979	162	224	144	205	1	1	6	7	–	–	–	–
1980	171	243	153	210	–	–	–	–	–	–	–	–
1981	240	366	229	354	2	3	13	21	–	–	9	–
1982	150	273	147	235	1	1	4	7	–	–		–

续表9-10

年份	受理		起诉		不诉		免诉		追诉		抗诉	
	件	人	件	人	件	人	件	人	件	人	件	人
1983	205	366	191	309	1	2	3	7	–	8	–	–
1984	416	790	290	477	16	38	14	38			–	–
1985	182	288	150	277	1	1	7	11			–	–
1986	131	216	120	154	1	1	5	16			–	–
1987	159	279	142	219	–	3	11	22	–	–	–	–
1988	184	270	152	177	–	–	14	30	–	–	–	–
1989	232	429	213	334	1	1	13	37	–	–	–	–
1990	455	717	288	455	1	1	126	167	–	–	–	–
1991	410	571	246	371	–	–	52	187	–	–	–	–
1992	334	561	252	391	–	–	61	83	–	–	–	–
1993	327	610	268	490	–	–	30	39	–	–	–	–
1994	530	841	391	585	–	–	74	108	–	–	–	–
1995	412	563	340	471	–	–	121	72	–	–	–	–
1996	443	682	364	542	–	–	60	81	–	–	–	–
1997	312	535	241	354	8	18	–	–	–	–	–	–
1998	404	630	362	540	–	–	–	–	–	1	–	–
1999	390	572	355	515	–	–	–	–	–	–	–	–
2000	398	661	352	560	4	5	–	–	–	–	–	–
2001	407	643	386	604	5	8	–	–	–	–	–	–
2002	376	652	331	538	1	3	–	–	–	2	–	–
2003	315	494	281	459	8	14	–	–	1	1	–	–
2004	275	446	228	339	4	8	–	–	0	2	–	–
2005	239	393	191	279	6	9	–	–	–	–	–	–
2006	308	474	298	431	4	8	–	–	1	4	–	1
2007	419	716	392	675	7	13	–	–	1	1	–	–
2008	455	743	395	654	7	11	–	–	1	1	–	–
2009	447	646	418	606	13	15	–	–	–	–	–	–
2010	468	619	447	561	5	15	–	–	7	7	–	–

三、未成年人刑事检察

1996年，区人民检察院成立未成年人犯罪案件承办和审理组。1996—1999年，组建青少年法制教育讲师团，深入学校开展法制宣传教育活动，受教育师生上千人次。2000年，坚持“教育为主，惩罚为辅”原则，对7名犯罪情节轻微的未成年犯罪嫌疑人作出不批准逮捕决定。在看守所设立未成年犯罪嫌疑人单独关押的监室，对在押的37名未成年犯罪嫌疑人进行专项调查及谈心教育。2005—2006年，实行未成年人刑事案件专人承办制度，采用相对不起诉与社会跟踪帮教相结合的方式，建立学校、家庭、社会、司法机关相互配合的青少年违法犯罪预防网络。2007年，建立未成年犯罪嫌疑人档案库，推行未成年人犯罪预警机制。2008年，设立未成年人刑事检察科，建立全市首个社区青少年法制维权基地。采取专家辅导、法律讲座、品行指导等多种教育方式，帮助罪错青少年正确认识错罪行为，矫正人生航标。区人民检察院被共青团中央、中央综治委、最高人民检察院授予全国优秀青少年维权岗称号。2009年，制定《未成年人刑事检察科办案流程》《诉前考察执行细则》等制度。开辟社区法制教育和诉前考察、社区矫正工作专门平台。邀请南开大学心理健康学教授对未成年犯罪嫌疑人进行品行指导。2010年，制定《未成年人刑事案件不起诉执行办法》《严厉打击侵害学前儿童及师生安全刑事犯罪活动十项措施》，向全区广大师生及家长发放编印的《自我保护手册》。对不起诉的8名未成年人和5名已经考上大学的被帮教人，进行两次“召回教育”。是年，团中央维权工作调研会在津召开，区人民检察院作为全市优秀青少年维权岗代表介绍经验。

第三节　经济检察与渎职侵权检察

一、经济监察

1980年，区人民检察院建立经济检察科。1981年，组织干警深入全区777个单位开展调研，从中发现一批重要线索，受理案件15件，立案侦查4件，为国家追缴赃款赃物折合人民币25万余元。1987年10月，建立驻区税务局检察室。查处抗税案1件，缉缴税款30余万元。1988年，建立举报中心，全年受理人民群众举报各类经济犯罪案件或材料119件。1989年8—10月，受理群众举报213件，同比增113%；立案侦查案件90件100人，同比增66.7%；55名违法犯罪人员到区人民检察院投案自首。1990年6—10月，开展打击以索贿为重点的专项斗争。召开全区性惩治贪污贿赂犯罪政策兑现大会6次，297名违法犯罪人员到区人民检察院投案自首，其中犯罪金额在万元以上的3人、县处级干部5人。1991—1993年，开展打击偷税、抗税、假冒注册商标和生产假冒伪劣产品的犯罪活动，挽回经济损失480余万元。1994—1995年，开展打击偷税、抗税和伪造、倒卖、盗窃、虚开、代办增值税专用发票（投机倒把）犯罪活动，查处假冒市第一调料厂蒜蓉辣酱、假冒市第四日用化学厂金鸡鞋油、假冒日本松下M33录像机等案件。缴获增值税专用发票70余本，挽回经济损失1445余万元。1996—2000年，立案侦查大要案32件。查处发生在国有亏损企业的犯罪案件8件8人。2001—2003年，立案侦查大要案62件，占立案总数78.6%。其中，涉案金额在5万元以上的18件，100万元以上的4件；5人主动投案自首，占职务犯罪追逃总数14.7%。2004—2005年，侦破天津某设计院张某涉嫌贪污1000余万元特大案件，抓获负案在逃犯罪嫌疑人4名。2006—2007年，立案侦查职务犯罪大要案29件，首次侦破数额达150万元的单位受贿案。2008年，立案查处援藏干部张某某受贿案，被评为市检察系统"十佳精品案件"。2009—2010年，立案查处贪污贿赂等职务犯罪大要案23件。在查办职务犯罪中，慎重开展侦查活动，慎重使用侦查手段，慎重采取强制措施，依法保护企业的生产经营秩序。

1980—2010年河北区人民检察院查办贪污贿赂犯罪案件统计表

表9-11

年份	立案侦查		侦查终结										挽回损失
			起诉		不诉		免诉		撤案		移送		
	件	人	件	人	件	人	件	人	件	人	件	人	万元
1980	4	–	–	–	–	–	–	–	–	–	–	–	–
1981	10	10	4	4	–	–	1	1	–	–	–	–	–
1982	6	6	9	9	–	–	1	1	–	–	–	–	6
1983	21	21	8	8	–	–	12	14	1	1	–	–	3.40
1984	11	11	4	4	–	–	3	3	3	3	–	–	1.40
1985	36	43	22	25	–	–	12	12	–	–	–	–	15.10
1986	71	–	25	36	–	–	5	4	–	–	–	–	85.30
1987	56	–	15	17	–	–	25	26	1	1	–	–	10.50
1988	94	–	15	15	–	–	–	–	–	–	–	–	9.20
1989	100	–	15	18	–	–	27	31	–	–	–	–	18.10
1990	210	–	41	45	–	–	138	145	16	16	–	–	211.10
1991	65	–	–	18	–	–	–	46	–	12	–	–	200
1992	35	–	–	14	–	–	–	23	–	7	–	–	120
1993	32	–	–	16	–	–	–	11	–	7	–	–	57.42
1994	77	–	–	44	–	–	–	24	–	10	–	–	187.47

续表9-11

年份	立案侦查		侦查终结										挽回损失
			起诉		不诉		免诉		撤案		移送		
	件	人	件	人	件	人	件	人	件	人	件	人	万元
1995	72	–	–	44	–	–	–	19	–	–	–	–	218.26
1996	40	–	–	29	–	–	–	2	–	4	–	–	312.45
1997	26	–	–	21	–	–	–	–	–	–	–	–	165.18
1998	9	–	–	8	–	–	–	–	–	2	–	–	39.77
1999	26	26	–	20	–	–	–	–	–	–	–	–	400
2000	19	19	–	19	–	–	–	–	–	2	–	2	90
2001	34	36	–	26	–	–	–	–	–	–	–	–	500
2002	23	23	17	17	–	–	–	–	–	–	4	4	269
2003	23	25	15	18	2	2	–	–	–	–	6	7	630
2004	21	22	21	22	–	–	–	–	–	–	1	1	1100
2005	22	22	16	16	–	–	–	–	–	–	–	–	65
2006	21	23	14	15	–	–	–	–	3	3	–	–	100
2007	15	25	16	23	–	–	–	–	2	2	–	–	112.52
2008	13	25	15	29	1	2	–	–	4	8	1	1	170
2009	15	16	16	19	1	2	–	–	–	–	2	2	207
2010	15	24	15	24	–	–	–	–	1	1	1	1	300

二、渎职侵权检察

1979年年底，区人民检察院设法纪检察组。1980年11月，设法纪检察科。在区属17个公司、16个街道、87个中型企业进行调查研究，发现和纠正渎职、侵犯公民民主权利等违法乱纪和违反政策案件9起。1983年，法纪检察科与经济检察科合并。1990年，开展查处侵权和渎职犯罪立案标准的宣传活动。组织干警深入企事业单位进行法制教育，提高法纪检察工作的透明度。1993—1995年，加强与公安、法院、劳动、安技等有关部门的横向联系，建立和完善法纪案件的发案通知、报告、移送传递等制度。1996—1997年，以查办徇私舞弊、玩忽职守、重大责任事故、非法拘禁和刑讯逼供5类案件为重点，立案查处公安河北分局某派出所民警非法拘禁案。2000年8月，法纪科更名为渎职侵权检察科。2006年5月，成立区反渎职侵权局。至2007年，立案侦查渎职侵权等职务犯罪案件5件9人。2008—2009年，开展为期一年半的查办危害能源资源和生态环境渎职犯罪专项工作。与区安监局、区消防支队等建立工作协商配合机制。制定《河北区反渎职侵权局与刑检部门加强工作联系协作的规定》。2010年，邀请人大代表、政协委员视察工作，加强《渎职侵权犯罪案件立案标准》宣传，开展工程建设领域突出问题专项治理，建立渎职侵权案件线索审查评估机制。

1985—2010年河北区人民检察院查办渎职侵权犯罪案件统计表

表9-12

年份	立案侦查		侦查终结							
			起诉		免诉		撤案		移送	
	件	人	件	人	件	人	件	人	件	人
1985	–	–	–	–	1	2	–	–	–	–
1986	2	2	–	–	–	–	–	–	–	–
1987	6	–	6	6	–	–	1	1	–	–
1988	11	–	2	3	8	9	–	–	–	–
1989	12	–	3	5	6	7	–	–	–	–
1990	12	–	7	8	5	6	–	–	–	–
1991	11	–	–	2	–	13	–	–	–	–

续表9-12

年份	立案侦查		侦查终结							
			起诉		免诉		撤案		移送	
	件	人	件	人	件	人	件	人	件	人
1992	3	–	–	–	–	–	–	–	–	–
1993	8	–	–	1	–	4	–	–	–	–
1994	12	–	–	6	–	6	–	6	–	–
1995	20	–	–	9	–	4	–	2	–	–
1996	4	–	–	1	–	2	–	4	–	–
1997	3	–	–	–	–	2	–	–	–	–
1998	–	–	–	–	–	–	–	–	–	–
1999	–	–	–	–	–	–	–	–	–	–
2000	4	4	1	1	–	–	–	–	–	–
2001	2	2	–	–	–	–	–	–	1	1
2002	6	6	9	9	–	–	–	–	1	1
2003	2	2	1	1	–	–	1	1	–	–
2004	4	4	2	2	–	–	–	–	–	–
2005	3	5	1	3	–	–	–	–	–	–
2006	3	5	–	–	–	–	–	–	–	–
2007	1	3	1	3	–	–	–	–	2	2
2008	3	4	3	4	–	–	1	2	–	–
2009	3	3	3	3	–	–	–	–	–	–
2010	–	–	–	–	–	–	–	–	–	–

第四节　监所检察与民事行政检察

一、监所检察

1983年，区人民检察院设立监所检察科。1984年，在打击严重刑事犯罪活动中，加强对公安看守所的检察监督。对缓刑、假释、暂予监外执行、剥夺政治权利、管制5种罪犯及其认罪服法、接受改造等方面开始实施监督。1986年，协同公安机关开展“清监防患”大检查，对“两劳”人员的申诉案件进行复查，审结4件。1988年，开展失足青少年的教育挽救工作，先后与100多名在押青少年人犯进行谈心，与其家属和所在单位开展联合帮教活动。1989年8月后，会同公安机关和人民法院在在押犯中召开3次坦白检举大会，收到揭发犯罪材料500余件。1994年，在公安河北分局看守所设立驻所检察室。开展谈心帮教和“坦检”活动，收到案犯坦白检举材料900余件。1995年，对看守所在收押人犯和安全防范方面进行监督检查，获犯罪线索721件。1996—1997年，区人民检察院与公安河北分局、区人民法院联合制定《社会服刑犯监督管理规定》。1998年，在看守所召开坦检大会5次，对在押人员进行帮教3000余人次。2001—2002年，集中清理和纠正超期羁押问题。对3名监外执行犯重新收监。驻所检察室在全市率先开通动态监督网络管理系统。2004年，制定《驻所检察室防止和纠正超期羁押的工作办法》。加强驻所检察室的网络和动态监督管理，安装硬盘录像系统。是年12月，派驻河北区看守所的检察室，被最高人民检察院评为国家一级规范化检察室。2005—2006年，与公安河北分局及看守所建立联席会议制度。审查执行机关呈报留所服刑犯32人，审查减刑35人、暂予监外执行犯14人。对辖区列管的监外服刑罪犯进行全面核查3次。立案侦查司法工作人员职务犯罪案件2件2人。2008年，建立羁押情况通报制度，实现检察诉讼环节羁押期限信息共享机制。建立“一查二对三见面”的监外执行监督机制，下所检察160余次，对监外服刑罪犯集中进行法制教育14次。2009年，与看守所制定《监外执行罪犯和其他被监管对象工作规范》，建立外区县人民法院审判在本区执行和外区县看守所、监狱批准在本区执行罪犯名册。2010年，建立羁押期限检察网络监督制度，向看守所提出预警提示115人次，发出《犯罪嫌疑人羁押期限即将届满提示函》45份。完成入所检察784人次、出所检察850人次、交付执行检察239人次。

1990—2010年河北区人民检察院监所检察工作统计表

表9-13

<table>
<tr><th>年份</th><th>纠正违法(件)</th><th>检察建议(件)</th><th>考察社会服刑犯(人)</th></tr>
<tr><td>1990</td><td colspan="2" rowspan="4">25</td><td>-</td></tr>
<tr><td>1991</td><td>139</td></tr>
<tr><td>1992</td><td>217</td></tr>
<tr><td>1993</td><td>344</td></tr>
<tr><td>1994</td><td colspan="2">30</td><td>184</td></tr>
<tr><td>1995</td><td colspan="2">10</td><td>164</td></tr>
<tr><td>1996</td><td>-</td><td>-</td><td>321</td></tr>
<tr><td>1997</td><td>-</td><td>-</td><td>147</td></tr>
<tr><td>1998</td><td>1</td><td>1</td><td>266</td></tr>
<tr><td>1999</td><td>7</td><td>3</td><td>300</td></tr>
<tr><td>2000</td><td>7</td><td>-</td><td>300</td></tr>
<tr><td>2001</td><td>7</td><td>3</td><td>300</td></tr>
<tr><td>2002</td><td>5</td><td>6</td><td>140</td></tr>
<tr><td>2003</td><td>9</td><td>5</td><td>118</td></tr>
<tr><td>2004</td><td>6</td><td>3</td><td>147</td></tr>
<tr><td>2005</td><td>2</td><td>3</td><td>149</td></tr>
<tr><td>2006</td><td>2</td><td>1</td><td>178</td></tr>
<tr><td>2007</td><td>1</td><td>1</td><td>204</td></tr>
<tr><td>2008</td><td>5</td><td>4</td><td>246</td></tr>
<tr><td>2009</td><td>-</td><td>2</td><td>287</td></tr>
<tr><td>2010</td><td>10</td><td>1</td><td>333</td></tr>
</table>

二、民事行政检察

1989年，设民事、行政监督监察试点小组。1990年，区人民检察院设立民事、行政监督检察科。1992年，接待当事人咨询15人次，开展民事法律宣传活动8次，受益群众130人次。1994—1995年，开展民行法律咨询4次，走访区人民法院各法庭30余次，旁听法院审理民行案件10人次，参加区人大评议法院民事审判案件41件，接待群众咨询130余人次，向区人民法院提出纠正违法建议10件。1999年，针对法院判决、裁定中存在的问题，提出检察建议3件，维护了当事人合法权益。2001年，向法院提出检察建议4件，法院均改判。2005年，接待不服法院判决、裁定申诉的当事人150余人次，对不具备立案条件的申诉，做好当事人服判息诉思想工作。2008—2010年，加大对涉及劳动争议、侵权纠纷、补贴救助等案件的监督力度，加强对弱势群体司法保护。

1994—2010年河北区人民检察院办理民事行政案件统计表

表9-14　　单位：件

<table>
<tr><th>年 份</th><th>受 理</th><th>立 案</th><th>建议提请抗诉</th><th>提请抗诉</th><th>改 判</th></tr>
<tr><td>1994—1995</td><td>6</td><td>-</td><td>-</td><td>-</td><td>-</td></tr>
<tr><td>1996</td><td>4</td><td>-</td><td>-</td><td>-</td><td>-</td></tr>
<tr><td>1997</td><td rowspan="2">19</td><td>-</td><td>-</td><td>-</td><td>-</td></tr>
<tr><td>1998</td><td>-</td><td>-</td><td>-</td><td>-</td></tr>
<tr><td>1999</td><td>25</td><td>8</td><td>3</td><td>2</td><td>-</td></tr>
</table>

续表9-14

年 份	受 理	立 案	建议提请抗诉	提请抗诉	改 判
2000	50	20	6	10	-
2001	47	20	12	8	-
2002	73	54	42	12	1
2003	21	7	5	2	17
2004	28	18	4	5	7
2005	22	12	2	12	5
2006	39	17	2	9	6
2007	50	39	-	44	11
2008	26	12	1	8	
2009	24	14	4	10	3
2010	30	13	5	2	

第五节　控告申诉检察与职务犯罪预防

一、申诉检察

1979—1981年，区人民检察院工作重点是复查和纠正“文化大革命”及其以前遗留的冤假错案。1982年，群众检举控告经济领域违法犯罪问题，提供线索32件。1983年，对“文化大革命”前的12年中，检察院决定免予起诉的50件案件进行复查，维持原决定49件，撤销原免诉决定1件。1984—1986年，自行查办、答复群众来信来访339件，占总数62.7%。1988年8月1日，区人民检察院设立经济罪案举报接待室，1993年，该举报接待室改称河北区人民检察院举报中心。至1995年，受理群众举报违法犯罪线索2545件，立案侦查经济犯罪案件363件，其中大要案152件，挽回经济损失1200余万元。1996年，制定每周四和每月16日检察长接待日制度。2000—2001年，制定《举报、申诉、赔偿案件流程规范》，检察长接待群众来访53次，对57件61人的有关问题作出批示。2005—2007年，开展处理涉检信访问题专项活动。对不服检察机关处理决定的上访案件，开展排查工作。2009年，制定处置突发、重大、疑难信访事件工作预案。成立稳控领导小组，建立24小时开门服务、“12309”电话举报、网上举报制度。对于重大复杂的信访积案，实行领导包案制度。妥善解决1起涉及房屋产权纠纷的缠访缠诉案件。2010年，先后在建昌道等7个街道建立社区检察工作室。制定《河北区人民检察院社区检察工作室实施意见》等13项工作制度，聘请25名社区检察联络员，设置检察服务信箱，印制宣传手册和工作联系卡片，公布QQ号码和热线电话。开展检察长接待活动7次、“检察开放日”活动2次、专题法律宣传活动9次。

1981—2010年河北区人民检察院控告申诉检察工作统计表

表9-15

年 份	来 信(件)	来 访(人)	本院查办(件)	分流查办(件)	申诉复查(件)
1981	121	205	-	-	-
1982	114	175	-	-	-
1983	19	38	-	-	-
1984	66	97	-	-	-
1985	70	48	-	-	-
1986	84	90	-	-	-
1987	75	83	-	-	-
1988	198	105	-	-	-

续表9-15

年份	来信（件）	来访（人）	本院查办（件）	分流查办（件）	申诉复查（件）
1989	522	101	–	–	–
1990	355	54	–	–	–
1991	138	25	–	–	–
1992	155	32	–	–	–
1993	186	47	–	–	–
1994	285	87	–	–	–
1995	318	84	–	–	–
1996	341	69	–	–	–
1997	223	63	–	–	–
1998	222	62	–	–	–
1999	281	249	49	13	
2000	351	228	74	73	
2001	145	129	95	63	
2002	170	5	159	23	48
2003	94	6	83	12	–
2004	100	2	95	6	4
2005	107	2	98	11	1
2006	126	6	107	25	1
2007	114	7	101	21	6
2008	90	4	76	18	5
2009	109	2	93	18	1
2010	37	53	83	13	3

二、职务犯罪预防

1999年4月，区人民检察院成立反贪局预防科。2000年，开展个案预防、专项预防、重点预防工作。向有关单位提出口头和书面检察建议30件。与一轻总公司、中新药业集团、纺织局等国有企业共建预防网络。2001年，召开全区有关单位参加的查处和预防渎职侵权职务犯罪座谈会，两次深入河北区金泰供热中心施工现场进行法制宣传，在中山路设立百米预防犯罪宣传栏。2002年，到区税务局、区工商局、区卫生局、农业银行等部门以案说法，组织金融、医药系统员工，开展预防职务犯罪知识竞赛，2000余人参加。2003—2004年，制定《为经济建设服务的十五点做法》。组建预防职务犯罪宣讲团，在区党校开设预防职务犯罪课程。2006年，与区医疗卫生、教育系统和电力系统建立加强廉政建设和预防职务犯罪工作联系制度，建立检察机关行贿犯罪档案查询系统。2007年，与驻区电力系统共同开展“干净用权、干净干事、共创和谐”为主题的预防职务犯罪活动。组织驻区企业干部到天津监狱，接受警示教育。2008年，深入地铁三号线工程、十四中学改扩建工程等施工现场，与承建单位签订专项预防工作方案。会同纪检监察、民政、财政、审计等部门，加强抗震救灾及灾后重建中的预防职务犯罪工作。以制发《检察建议书》形式，向相关企业单位提出预防对策和整改意见。2009年，深入城建、教育、卫生、铁路系统召开廉政报告会10次。

2010年，到中远散货运输有限公司、天津电力物流管理中心、天津电力监理公司等单位，开展廉政风险防控工程创建活动。以市女子监狱为廉政教育基地，组织电力系统干部职工召开警示教育现场会5次，组织预防宣讲活动40次。

附：

天津铁路运输检察院 成立于1953年10月，1957年8月撤销，1981年12月恢复重建。1982年5月开始办案。内设政治处、办公室、民事行政检察部、公诉部、侦查监督部、检察管理监督部、检务保障部、监察室。地址在宿纬路2号。

第四章 人民法院

河北区人民法院作为审判机关，依法对刑事、民商事和行政案件进行审理并作出裁决，通过审判活动，惩治犯罪分子，解决大量矛盾纠纷，维护了社会稳定。

第一节 机构设置

河北区人民法院 （区志办提供）

1979年，区人民法院恢复审判委员会建制，由院长1人、副院长4人、各庭庭长6人组成，下设刑事审判庭、民事审判庭，民庭内部设执行组。1982年，成立经济审判庭。1986年，成立告诉申诉审判庭。1995年，设审判委员会、党委办、监察室、调研室、信访办、行政办、人事科、刑庭、民庭、经济庭、告申庭、执行庭；王串场法庭、新开河法庭、小树林法庭、建昌道法庭。全院在编干部179人，其中院长1人、副院长4人、审判员63人、助理审判员45人、法警12人；法律本科45人、法律专科130人。2010年，设审判委员会、刑庭、民一庭、民二庭、民三庭、民四庭、行政庭、审判监督庭、立案一庭、立案二庭、执行庭和政治处、办公室、研究室、监察室、法警大队。在编干部225人，其中院长1人、副院长4人、审判员86人、助理审判员62人、书记员34人、法警24人；硕士研究生12人、法律本科195人。院址在黄纬路17号（2003年2月，购买天津外贸职业学校进行改建，12月迁入）。

第二节 刑事审判

一、刑事犯罪案件

1981年，贯彻中央政法委提出的“严打”方针，依法从重从快打击杀人、放火、抢劫、盗窃等严重扰乱社会秩序犯罪，审结杀人、放火等7类重大刑事犯罪案81件135人。1992年，开展打击卖淫嫖娼、贩卖毒品等专项斗争，审结12件18人。1994年，刑事犯罪案件数量上升，审结540件663人。1998—2002年，审结抢劫、暴力团伙犯罪案221件757人。2004—2010年，审结妨害社会管理秩序犯罪案499件，其中聚众斗殴案182件、寻衅滋事案74件、涉毒案170件；审结侵犯公民财产权利犯罪案921件，其中盗窃案467件、抢劫案259件、抢夺案40件。其中，2007年重点打击团伙“两抢一盗”犯罪，审结14名被告人盗窃机动车案54件，价值130万元；10名被告人抢劫案54件，价值110万元。

1983—1995年河北区人民法院审理刑事案件统计表

表9-16　　单位：件

年份＼类别	杀人	强奸	抢劫	流氓	盗窃	其他
1983	2	46	46	65	86	119
1984	4	39	38	107	125	89
1985	1	40	11	23	62	112
1986	1	10	6	30	68	111
1987	3	18	17	16	75	143
1988	2	25	12	18	77	142
1989	6	21	19	12	130	125
1990	3	37	32	15	133	132
1991	1	45	20	16	129	198
1992	7	42	35	21	168	145
1993	6	46	25	28	166	184
1994	6	52	33	–	199	260
1995	–	28	22	–	169	287

1996—2010年河北区人民法院审理刑事案件统计表

表9-17　　单位：件

年份＼类别	抢劫	盗窃	交通肇事	毒品	聚众斗殴	寻衅滋事	其他
1996	20	152	1	1	6	14	351
1997	11	142	4	2	7	12	149
1998	14	132	6	2	8	13	260
1999	10	88	7	3	8	18	323
2000	16	98	5	2	6	17	334
2001	25	98	6	2	7	17	330
2002	35	86	8	3	10	14	205
2003	38	82	7	2	5	13	200
2004	31	78	9	6	8	10	61
2005	29	51	13	5	6	7	144
2006	44	80	17	9	25	10	146
2007	53	85	10	49	42	14	200
2008	47	84	16	34	36	7	178
2009	45	76	11	35	37	12	170
2010	44	66	19	43	28	13	140

二、未成年人犯罪案件

20世纪90年代始，在审理未成年人犯罪案件中坚持“教育、感化、挽救”原则。1994年，审理未成年人犯罪案25件45人，对其中初次犯罪人员依法适用缓刑，并配合学校、街道、公安派出所及犯人家长进行延伸教育。2007—2010年，审结未成年犯罪案173件368人，其中判处缓刑190人、免除刑罚3人。区人民法院高度重视未成年人合法权益保护，经常深入大中专学校，特别是职业学校进行普法宣传教育。2002年，区人民法院刑庭被团中央评为全国优秀青少年维权岗。2003年，被中宣部、全国人大常委会内务司法委员会、团中央、教育部和司法部评为第四届全国未成年人保护工作先进集体。2004年，王光乃被最高人民法院、团中央等11部委评为全国优秀青少年维权岗创建活动先进个人，2006年5月1日出席在北京举行的时代英模杰出创新人才座谈会。

1992—2010年河北区人民法院审理未成年人犯罪案件统计表

表9-18　　单位：件

年份\类别	犯罪人数	刑事处分人数	抢劫	盗窃	聚众斗殴	故意伤害	强奸
1992	34	33	7	16	2	1	5
1993	16	16	4	8	–	–	4
1994	26	26	2	13	2	2	7
1995	32	30	6	18	2	2	4
1996	33	28	6	14	8	3	2
1997	32	27	8	15	6	1	2
1998	31	21	6	15	8	1	1
1999	36	30	8	22	5	1	–
2000	29	22	5	14	7	3	–
2001	35	24	16	11	6	1	1
2002	42	32	15	18	5	2	2
2003	38	30	14	18	3	3	–
2004	41	34	15	15	6	5	–
2005	47	35	18	13	9	6	1
2006	42	33	15	12	6	5	2
2007	43	34	18	10	12	1	2
2008	40	31	12	15	18	5	–
2009	53	41	19	11	18	4	1
2010	37	29	12	12	11	2	–

三、经济犯罪案件

1982年，区人民法院成立经济审判庭。1983—1985年，审结经济犯罪案101件162人，为国家挽回损失14.95万元。1990年，开展反贪污贿赂专项斗争，受理检察机关起诉经济犯罪案102件，审结72件153人。1995年，审结经济犯罪案111件，其中诈骗案53件、贪污案33件、受贿案25件，挽回经济损失79.15万元。1998—2002年，判处贪污、挪用公款等经济犯罪244人。2010年，审结经济犯罪案39件，其中诈骗案32件、贪污案4件、受贿案3件，挽回损失57.12万元。

1983—2010年河北区人民法院审理经济犯罪案件统计表

表9-19　　单位：件

年份\类别	诈骗	贪污	受贿	犯罪非法金额（万元）	挽回经济损失（万元）
1983	7	6	4	–	–
1984	12	8	2	6.94	4.95
1985	17	10	9	11.58	5.87
1986	34	19	12	17.87	17.87
1987	25	19	12	68.85	65.85
1988	13	18	11	14.56	14.56
1989	18	19	12	35.77	35.77
1990	36	15	17	22.03	22.03
1991	26	16	26	41.52	41.52
1992	21	10	10	49.11	49.11
1993	28	23	2	35.61	35.61
1994	52	19	19	97.18	69.70
1995	53	33	25	122.83	79.15

续表9-19

年份＼类别	诈骗	贪污	受贿	犯罪非法金额(万元)	挽回经济损失(万元)
1996	62	24	21	68.12	52.78
1997	62	22	25	74.23	65.28
1998	65	24	18	55.22	40.58
1999	55	18	13	65.32	40.89
2000	57	13	15	78.54	68.21
2001	47	10	8	91.24	77.62
2002	46	8	7	85.24	70.52
2003	35	8	7	77.56	61.07
2004	42	6	7	72.51	65.10
2005	12	7	3	73.02	62.78
2006	25	5	4	62.10	50.23
2007	22	3	3	65.17	49.12
2008	34	4	5	68.56	53.83
2009	28	4	4	65.35	53.01
2010	32	4	3	63.17	57.12

第三节　民商事审判

一、离婚纠纷案件

1980年，新《中华人民共和国婚姻法》实施后，离婚纠纷案件逐年增加，20世纪80年代末至90年代初呈现高潮。1988—1990年，受理离婚纠纷案件2876件，占3年民事案件总量51.43%。1991—1995年，离婚纠纷案件年均900件以上。1996—2010年，自行协议离婚较多，年均400~500件。1996年，区人民法院成立保护妇女合法权益合议庭，聘请各街道办事处妇联主任为陪审员，参与婚姻家庭、抚养赡养和继承等案件的审理。2007年、2008年区人民法院保护妇女合法权益合议庭被全国妇联评为全国三八红旗先进集体。

二、物权纠纷案件

1985—2000年，审理房屋纠纷案件5522件。2004年11月，区人民法院召开120多户业主诉嘉海公司商品房买卖合同质量纠纷听证会，市高、中级人民法院领导前来调研，为公正审判此类案件探索经验。由于依法审理房屋确权、商品房买卖等案件力度加大，至2010年，房屋纠纷案件数量逐年递减。2002—2007年，供热温度不达标和物业欠费纠纷案件19166件，占民事案件总量47%，至2010年，此类案件数量始终处于高位。

三、保护弱势群体

1995年，区人民法院设立保护消费者合法权益合议庭。是年张某等15人起诉某电器经营部录像机假冒产品案，得到退货赔偿。2001年，区人民法院成立老年人权益保护合议庭，专门审理涉及老年人赡养等案件。2005年，区人民法院民庭被全国老年工作委员会评为全国老龄工作先进单位。2005年，为375名农民工追索报酬119万元。2007年，为250人讨回工资100多万元。2005年，民事审判适用简易程序处理纠纷5611件，占民事诉讼案件总量82.5%。2010年，民事案件调解率58%。

1979—2000年河北区人民法院审理民事案件统计表

表9-20 单位：件

年份＼类别	离婚	房屋	借贷	继承	赔偿	其他
1979	238	269	13	44	52	133
1980	327	352	9	57	96	227
1981	408	307	9	68	130	251
1982	548	391	3	95	80	299
1983	537	325	11	85	26	138
1984	592	305	8	82	50	226
1985	503	197	2	39	76	174
1986	612	210	29	48	108	211
1987	726	324	56	56	123	250
1988	991	368	59	56	135	358
1989	884	323	52	46	114	288
1990	1001	357	83	39	133	305
1991	978	299	61	67	174	323
1992	960	307	117	49	171	271
1993	929	378	131	39	150	176
1994	940	370	178	35	164	221
1995	1027	340	275	22	164	436
1996	865	353	275	32	174	1461
1997	784	362	251	42	162	1058
1998	777	348	264	42	159	2362
1999	765	324	245	50	142	6009
2000	678	362	261	56	162	3515

2001—2010年河北区人民法院审理民事案件统计表

表9-21 单位：件

年份＼类别	离婚	买卖	租赁	交通事故	物业	供热	劳动
2001	542	382	352	22	320	1040	112
2002	511	326	380	32	240	1324	152
2003	452	342	421	40	212	1340	130
2004	346	349	530	57	477	1553	97
2005	411	398	481	107	413	1778	107
2006	464	358	322	89	534	780	149
2007	448	573	108	165	1119	386	140
2008	520	631	475	190	1245	367	107
2009	536	458	411	194	1306	394	116
2010	481	463	382	256	1196	321	125

四、商事审判

1982年，区人民法院设立经济审判庭，负责审理企业之间、企业与个体工商户之间经济纠纷案件。1983—1995年，受理经济纠纷案3533件，诉讼标的1.76亿元。其中，购销合同案2352件，加工承揽合同案372件，建筑工程承包合同案137件，其余为借款合同案、财产租赁合同案、联营合同案等。随着市场经济的发展，出现新类型经济案件，如居间合同案、股票纠纷案、全民所有制企业破产案等。1993年，区人民法院成立经济纠纷调解中心，为企业提供法律宣传、咨询等服务。1995年，针对金融机构收贷困难，召开驻区银行和信用社负责人参加的金融系统清贷座谈会，清贷640.85万元。1995—2010年，受理国有企业破产案102件。

1983—2010年河北区人民法院审理商事案件统计表

表9-22 单位：件

类别 年份	买卖	承揽合同	建设工程	借款	租赁	其他
1983	11	4	2	1	1	3
1984	20	12	13	1	2	14
1985	45	10	7	2	3	13
1986	82	12	11	2	10	14
1987	97	17	9	2	11	21
1988	192	32	13	3	13	13
1989	251	50	9	3	11	40
1990	173	28	11	5	19	18
1991	204	42	8	8	20	33
1992	242	37	8	8	18	9
1993	266	38	10	11	22	8
1994	379	42	11	12	38	53
1995	390	48	25	25	35	157
1996	320	42	21	53	35	316
1997	350	56	31	62	34	294
1998	295	32	20	72	29	198
1999	411	51	25	102	52	344
2000	335	41	24	92	36	90
2001	321	35	18	115	42	121
2002	284	31	15	168	32	80
2003	292	41	12	253	34	115
2004	85	12	22	54	20	257
2005	78	8	12	99	12	353
2006	92	11	20	110	20	341
2007	94	22	10	107	20	228
2008	80	15	21	121	27	406
2009	94	16	18	81	20	247
2010	93	13	15	89	23	153

第四节　行政审判

一、一般行政纠纷案件

1979—1985年，行政纠纷主要由行政主管部门处理。1986年，在民庭设立行政案件审判组处理行政纠纷。1988年，区人民法院成立行政庭，负责审判行政诉讼案件。其时公民通过行政诉讼维护权利的行为还比较少，每年受理行政诉讼案件仅有几件。

1989年，《中华人民共和国行政诉讼法》颁布，受理行政诉讼案件逐年增加，1991年13件，1993年24件。2000年后，当事人不服公安交管部门、工商行政管理机关、劳动保障主管部门行政处罚决定的诉讼案件增多，2006年201件，2007年334件。2007年国务院颁布《中华人民共和国政府信息公开条例》后，当事人起诉要求政府机关公开信息案件出现。区人民法院通过审理行政诉讼案件，规范了行政机关的行政执法行为，保护了当事人的合法权利，行政诉讼案件数量明显回落，2008—2010年，年均百余件。

二、房屋征收纠纷案件

2002年，在月牙河改造、迎宾道拓宽、大悲院周边改造的拆迁诉讼中，区人民法院对866件房屋征收非诉行政执行案件进行合法性审查。2004年，在大悲院、意式风情区、快速路拆迁片提供法律咨询，协商安置居民415户。2003—2007年，对5699件房屋征收非诉行政执行案件进行合法性审查，4494户居民自动搬离现场。2009年，为保障地铁3号线、中山路和示范校工程建设，审查房屋征收非诉行政裁决1448件。2010年，对1431件房屋征收非诉行政案件进行合法性审查。

2000—2010年河北区人民法院审理行政诉讼案件统计表

表9-23 单位：件

年份 \ 类别	拆 迁	社会保障	工商登记	房屋登记	治 安	其 他
2000	–	–	1	–	1	3
2001	–	2	–	–	1	5
2002	–	2	2	2	3	7
2003	–	1	1	2	2	6
2004	10	1	1	2	2	13
2005	61	1	1	4	2	5
2006	185	5	1	1	1	8
2007	300	0	1	2	3	28
2008	120	1	3	7	3	9
2009	43	8	4	11	3	46
2010	97	2	12	7	9	10

第五节 案件执行

1986年前，执行工作实行审执合一。1987年9月，区人民法院设立执行庭。1988—1995年，受理执行案件3961件。1998年，区人民法院邀请人大代表、特邀监督员到执行现场监督，案件执结率96.8%。2004年，永昌超市案执行终结，受偿率30%。执行庭被最高人民法院评为全国法院执行工作先进集体，并获记集体一等功。2009年，清理积案664件，其中重点案件458件。2010年，执结案件2568件，执结标的9000余万元；区人民法院被中央政法委、最高人民法院评为全国集中清理执行积案活动先进集体。

第六节 申诉复查 诉讼接待 审判监督

一、申诉复查

1979年，区人民法院专门组成复查班子，对1966年后的557件反革命案件和各类刑事案件进行复查，纠正错案162件。1980年，复查193件，撤销61件，改判21件；对“文化大革命”期间100件政治性案件进行复查，宣判无罪89件、给予减刑等改判8件；对18件因刘少奇冤案株连的案件全部平反。1981年、1986年、1987年分别对大批案件进行复查，对1000多件错判的反革命案件和政治性案件全部平反。

二、诉讼接待

2007年，建立每周四院长接待日制度。全年院长接访、批示信访案件237件，办复率95%。2008年10月，区人民法院设立诉讼服务中心，为群众提供诉讼引导、立案审查、诉前调解、司法救助、案件查询、判后答疑、法律咨询及信访接待“一站式”服务。2010年，区人民法院在王串场街道、建昌道街道和月牙河街道综治信访服务中心，设立诉讼服务站和巡回法庭，派法官定期到社区开展服务，6个月咨询1830人次，化解纠纷97件。

2005年，区人民法院巡回法庭在审理案件
（区法院提供）

三、审判监督

1999年，开展裁判文书评比活动，对超审限案件严格管理。2003—2006年，评查案卷1.61万宗，评查法律文书1.23万篇，甄别二审发回重审、改判案件173件，再审改判24件。2003年，区人民法院聘请12名区人大代表和8名区政协委员为执法监督员。2007年，区人民法院制定《检察长列席审判委员会工作细则》，发改案件同比下降22.5%。2005年10月，人民陪审员正式参加审判活动。2007—2010年，人民陪审员参审案件2346件。

1979—2010年河北区人民法院收结案件统计表

表9-24　　单位：件

年份＼类别	刑事		民事		经济		行政		执行		再审		全院	
	收	结	收	结	收	结	收	结	收	结	收	结	收	结
1979	–	–	–	605	–	–	–	–	–	–	–	–	–	–
1980	–	–	–	1156	–	–	–	–	–	–	–	–	–	–
1981	287	293	1236	1182	–	–	–	–	–	–	113	156	–	–
1982	241	231	1416	1381	3	3	–	–	–	–	111	138	–	–
1983	372	359	1122	1305	22	21	–	–	–	–	79	105	–	–
1984	448	444	1263	1230	62	61	–	–	–	–	74	70	–	–
1985	235	249	991	959	80	79	–	–	–	–	69	85	–	–
1986	234	226	1218	1219	131	132	–	–	–	–	87	98	–	–
1987	256	272	1535	1560	157	158	–	–	293	285	242	236	–	–
1988	266	276	1967	1938	266	265	6	6	427	387	62	73	2994	2945
1989	310	313	1707	1771	354	353	2	2	411	412	43	42	2827	2893
1990	393	352	1918	1894	254	252	6	4	352	366	49	52	3035	2920
1991	348	346	1902	1861	386	376	13	12	449	453	44	35	3223	3137
1992	446	445	1875	1844	407	398	14	7	442	389	35	42	3385	3188
1993	483	484	1803	1869	478	440	24	21	695	645	22	20	3689	3463
1994	562	564	1908	1945	582	571	8	7	505	474	9	7	3794	3643
1995	518	520	2064	2036	720	749	11	11	658	632	28	29	4065	3995
1996	545	545	3160	3136	787	773	11	9	985	972	20	14	5603	5509
1997	328	327	2662	2654	827	884	12	12	1072	1046	23	21	4817	5057
1998	435	435	3962	3954	646	632	16	15	1609	1557	22	23	6729	6798
1999	457	457	7535	7481	985	978	20	19	2474	2415	24	21	11568	10986
2000	479	478	5034	4981	618	590	18	18	2423	2397	23	22	9296	8757
2001	485	486	8752	8743	652	641	24	23	3341	3330	18	17	13814	13171
2002	361	363	10539	10515	610	594	26	25	3524	3498	19	17	12890	13270

续表9-24

年份＼类别	刑事		民事		经济		行政		执行		再审		全院	
	收	结	收	结	收	结	收	结	收	结	收	结	收	结
2003	347	347	7867	7877	741	731	79	76	3214	3196	20	21	12562	12074
2004	203	272	4760	4751	450	448	29	31	2990	2891	1	1	8432	8524
2005	255	237	7073	7052	562	560	79	75	5117	5121	9	9	13089	13214
2006	339	297	5245	5521	594	597	210	200	6491	6510	10	10	12879	13210
2007	450	404	5831	5791	481	480	1558	1557	5588	5547	1		13916	13518
2008	402	402	6301	6280	670	670	2389	2387	5353	5120	2	2	15115	15021
2009	386	387	5263	5220	476	475	1889	1879	5011	5001	1	1	12975	12401
2010	353	345	5354	5643	386	385	1603	1601	2676	2668	3	3	10375	11010

附：

天津铁路运输法院 成立于1953年10月16日，为天津铁路系统专门法院，是中国最早在铁路系统设立的审判机关，1957年9月撤销。1980年9月，恢复重建，并于1982年5月办案。机构设置为办公室、刑事审判庭、经济审判庭，编制44人，2003年4月，设办公室、刑事审判庭、执行庭、立案庭、审判监督庭、法警大队、民事审判庭、研究室、政治处，编制47人。院址在育红路2号。

第五章 司法行政

河北区司法局成立后，贯彻落实国家和天津市司法行为方面的法律、法规、规章。1985—2010年，深入开展“一五”至“五五”普法教育，全面推进公证、调解、律师、法律援助等工作。

第一节 机构设置

1981年1月，河北区司法局成立。设办公室、法制宣传科、基层工作管理科、法律顾问处。1995年，干部54人，其中局长1人、副局长3人；法律本科7人，法律大专38人。2010年，设政治处、办公室、政策法规研究室、财务审计科、法律服务工作管理科、基层工作科、社会教育工作管理科、法制宣传科、公证处、法律援助中心、148专线法律服务所11个内部机构和10个街道司法所。全局干部61人，其中，局长1人、副局长3人，法律研究生2人、法律本科21人、法律大专10人。办公地址在黄纬路11号。

第二节 普法

一、“一五”普法

实施《河北区第一个五年（1985—1990年）普法规划》，重点普及《中华人民共和国宪法》《中华人民共和国刑法》《中华人民共和国民法通则》等。全区机关、企事业单位均参加法律知识学习，近万名共青团员和青年参加百题竞赛活动，13.6万余人参加《中华人民共和国刑法》《中华人民共和国刑事诉讼法》考试，201名处级干部考试合格领取结业证。1988年，重点开展企业干部职工普法活动。学习《中华人民共和国全民所有制工业企业法》《中华人民共和国经济合同法》《中华人民共和国环境保护法》等。全区有市级普法先进单位17个，先进个人37人。

二、“二五”普法

实施《河北区第二个五年(1991—1995年)普法规划》，学习《中华人民共和国行政诉讼法》《中华人民共和国治安管理处罚条例》《关于惩治走私、制作、贩卖、传播淫秽物品的犯罪分子的决定》《天津市民守则》等。1993年，举办企业法律顾问培训班，讲授解决企业经济纠纷主要问题、反不正当竞争、保护消费者合法权益等知识。1994年，河北区参加天津市处级干部法律知识竞赛，获第三名。成立河北区政法干警讲师团，在全区中学开展法制教育工作。

三、“三五”普法

实施《河北区第三个五年(1996—2000年)普法规划》，建立全区领导干部4项学法制度，即各级中心组学法制度、区人大常委会对任命的领导干部进行法律知识考试制度、区委党校团校开设法制课制度、企业管理干部学法制度。编撰5本学习教材，即《中央领导依法治国论述选编》《外来务工人员常用法律法规选编》《河北区领导干部依法治区论文选》《经济活动常用法条选》《民事活动常用法条选》。创办《河北区普法依法治理信息》刊物，共22期、信息400余条，被市普法办公室刊物采用信息近百条。区有线电视台开办法制园地栏目，报道普法工作亮点和经验。《河北报》开办《举案说法》《庭审实录》《法律新书架》等专栏，发表普法文章50多篇、4万余字。1997年，成立区依法治理讲师团，建立区普法信息网络，举办法制讲座70余场次，受益干部群众2万多人次。区普法办公室被评为1997年度天津市普法工作先进单位。

四、“四五”普法

实施《河北区第四个五年(2001—2005年)普法规划》，围绕海河综合开发，开展依法拆迁的法律宣传，组织公证员、律师等深入工地宣传服务。2001年，区普法办公室被评为天津市普法先进单位，1人评为全国、3人评为全市普法工作先进个人。2002年，在全区开展“四个一”(每个社区设一个法制宣传栏，配一套法律图书，建一支法制宣传教育志愿者队伍，市民学校每季度上一堂法制课)活动。区司法局在38个示范社区建立法律服务岗。区司法局、工商河北分局、区消费者协会共建河北区消费者维权法律服务站。2003年抗击非典期间，区依法治区领导小组办公室下发《关于加强防治非典型肺炎法制宣传教育工作的通知》，发放防治非典和《中华人民共和国传染病防治法》等宣传资料1500余份。加强中小学法制教育工作，每个学校聘请公、检、法、司等部门法律工作者任负责法制的副校长，开展形式多样的法制宣教活动。2003年2月17日，江都路街道秀山里社区居民12人参加中央电视台《相约夕阳红》节目，展示社区依法治理成果。江都路街道秀山里、望海楼街道中远里、月牙河街道丹江里社区被评为天津市法律进社区先进单位。

五、“五五”普法

实施《河北区第五个五年(2006—2010年)普法规划》，2007年5月，河北区召开法律进社区工作推动会，启动百名律师进社区活动。98个社区建立律师法律服务岗，每岗指派1名专职律师负责宣传、咨询等服务。律师事务所与各街道办事处定点挂钩，签订法律服务合作协议，建立长期法律服务关系。2007年、2008年，开展两次保护知识产权宣传周活动；2008年、2009年，开展防范和打击非法集资专项法制宣传活动；2007—2009年，开展以民族法律知识为主要内容的宣传活动。2009年3月，举办法律进社区工作推动会暨社区法制副主任聘任仪式，8名律师被聘为社区兼职法制副主任。2010年4月，开展“解难题促转变上水平”法律服务进园区、进企业活动，帮助企业解决在生产、经营等方面存在的问题。河北区百名律师进社区活动的经验在天津市法律进社区工作推动会上进行交流，并在全国普法办公室刊物《普法依法治理通讯》上发表。

第三节 公证 调解 律师

一、公证

1982年，河北区公证处成立，有公证员3人。1995年为14人，其中法律本科2人、法律专科11人。2010年，有公证员12人，其中研究生1人、法律本科11人。1983年，开办继承、析产、赠予、收养关系和借款合同、购销合同、承包经营、联合经营等公证事项。是年办理5万余户6万余间私产房屋换证公证，出具民事公证书1102件。1984年，开办产销、买卖、劳务、拆迁、联营、赔偿等项经济公证业务，发展公证联络员30人。1986年，为38名孤寡老人办理避免故去后财产继承纠纷公证。办理建筑工程承包、征地、招标、联营、工程技术协作等新项目的公证。1990—1991年，为台胞和大陆亲属之间的往来办理确认亲属关系，以及动产与不动产方面公证。1991年后，公证事项由民事方面向经济方面转变，并筹备开办涉外公证业务。公证事项达14大类100余种。1992年，为光复道地区、王串场十六段、二十一段、月纬路片的2757户居民与有关部门办理借款、拆迁、分房等公证。1997年，在全市率先开办公产房屋承租权转让和变更业务及涉外公证。1998年，建立每周五主任接待日制度，并将公证出证时间由30天缩短为15天。2003年，配合区政府拆除违章建筑、平房改造、海河综合开发工作，参加大悲院地区和小树林景观工程、奥国领事馆旧址整修及10个街道拆违工作，有400人次到现场进行公证。2007年，办理廉租房选房摇号公证4件，参与司法强迁滞留户43次、行政强迁27次。2010年，为北宁公园等重点工程的拆迁整治和市容环境综合整治“大干300天”活动提供公证支持。

1982—2010年河北区司法局公证情况统计表

表9-25　　单位：件

年 份	民事	经济	涉外
1982—1985	3947	246	0
1986—1990	4835	2850	0
1991—1995	8092	25100	0
1996—2000	6971	28083	1598
2001—2005	10236	29278	6485
2006—2010	11505	902	5843

二、调解

1981年，全区有兼职司法助理员18人，调解委员会197个，调解主任和委员793人，建立司法助理员会议制度，1年调解各类民间纠纷2165件。1982年，全区288个工厂企业建立调解组织。1987年，街道系统建立调解委员会314个，并建立基层调解工作档案。1990年，全区调解组织388个、调解人员1.37万人，调解各类矛盾纠纷951件，防止15起凶杀和自杀案件发生。1992年，制定《河北区合格调解委员会标准》，开展创建达标活动，全区16个街道197个调解委员会达标。1993—1995年，加强对企业调解工作的组织和指导，及时疏导、化解企业因经济效益不佳或关停并转引发的各类矛盾纠纷3320件。1995年全区基层调解人员（包括企业调解员）万余人。中山路街道容洁巷居委会主任赵涵秋被司法部于1996年授予全国模范人民调解员称号，2005年授予突出贡献人民调解员称号。2003年，召开河北区人民调解工作会议，制定《河北区人民调解工作程序》。2008年，开展“创和谐、迎奥运”

和创建"四无"(无民间纠纷激化引发的自杀、无民转刑、无群体性械斗、无集体性上访)社区活动，调解矛盾纠纷1055件。2010年，成立以区委副书记、区委政法委书记为主任，区相关部门主要领导为成员的河北区调解工作指导委员会，区法院、区司法局、交警河北支队成立河北区交通事故人民调解工作室。区法院、区司法局、区房管局和相关街道建立化解物业管理纠纷联动机制。司法部授予光复道街道人民调解委员会全国模范人民调解委员会称号，授予望海楼街道昆璞里社区调解员李长祥全国模范人民调解员称号。2010年，全区有司法助理员23人，调解委员会111个，调解员8784人。

1981—2010年河北区司法局调解工作统计表

表9-26

年　份	调解总数(件)	调解成功(件)	调解成功率(%)
1981—1985	10945	10558	96.50
1986—1990	5918	5568	94.10
1991—1995	7427	7058	95
1996—2000	4749	4651	98
2001—2005	3826	3776	98.70
2006—2010	4124	4047	98.10

三、律师

(一)**业务活动**　1984年，30家企业聘请河北区律师担任常年法律顾问。1989年，聘请法律顾问单位有75个。1990年，律师事务所受区政府委托，参与治理区政府经济工作中的债权债务，提供行政工作法律咨询。1991年，聘请法律顾问单位有115家。律师通过信函、申办公证、诉讼、仲裁等方式，为企业追回欠款1000余万元。市司法局在河北区召开天津市律师清欠工作现场会，河北区9名法律顾问介绍经验。1992年，律师主动参与企业的各项经济活动，帮助百余家企业制定《经济合同管理制度》等50余个规章制度。1995年，有118家大、中型企业聘请法律顾问。1996年，办理非诉讼法律事务1056件，为1995年5倍。2004年，击水律师事务所建立三农法律服务部，办理侵害农民土地承包权和加重农民负担等案件。2006年，源海律师事务所成立侨联法律服务中心，为侨胞合法权益的维护提供帮助。区司法局成立河北区军人法律服务中心，为驻区部队和河北区籍军人提供法律服务。2007年，开展百名律师进社区活动，在社区建立律师法律服务岗。2008—2010年，组织驻区律师深入总参测绘大队等部队，开展送法进军营活动。

(二)**管理工作**　1984年7月，按照"全额管理，差额补助，三定考核，超额提成"原则，对法律顾问处管理模式进行改革，打破吃"大锅饭"局面。1987年，法律顾问处废除工资制，实行业务承包责任制。是年5月，成立以专职律师为骨干、以兼职律师为基础、吸收行政人员参加的河北区第二律师事务所。1994年，合作律师事务所发展到7个。2000年，选派律师参加涉及电子商务、海事海商、金融保险等有关知识的研讨会和业务培训，为加入世贸之后律师业务发展做准备。2004年，全区有律师事务所11个，执业律师98人；法律服务所10个，法律工作者64人。4个律师事务所建立党支部，1个律师事务所成立工会。2007年，1名律师当选区党代表，3名律师当选区人大代表，8名律师为区政协委员，5名律师为区政协特聘委员。2009年，有律师事务所19个，律师156人。2010年4月，在辰赫创意产业园举行河北区"解难题促转变上水平"法律服务进园区、进企业活动。9月3日，召开区律师工作会议，对10个律师事务所、25名优秀律师进行表彰。

1981—2010年河北区司法局律师业务统计表

表9-28 单位：件

年 份	办案总数	民事案件	经济案件	刑事案件	行政案件	代书	咨询人数
1981—1985	1708	583	82	1043	0	4438	19575
1986—1990	3278	1987	316	975	0	4028	8421
1991—1995	3019	1748	305	966	0	2922	7637
1996—2000	4136	2149	907	1061	19	2290	7598
2001—2005	4915	3074	1015	744	82	1822	5674
2006—2010	9928	6135	2048	1615	130	1987	21510

第四节　法律援助与安置帮教

一、法律援助

2002年，河北区司法局成立法律援助科，开通“148”法律服务热线，为当事人提供方便快捷的法律咨询服务。2004年，建立河北区法律援助中心，筹建10个街道法律援助工作站，成立由律师、法律工作者等组成的法律援助志愿者队伍。2005年，办理法律援助案件56件，代书56件，接待法律咨询298人次。击水律师事务所和区残联建立法律援助工作站。2006年，区工会、区妇联和团区委建立法律援助工作站，与天允律师事务所联合成立市农民工法律援助中心。2007年，区法律援助中心制作《法律援助联办单》，发放到全区各社区，使困难群众不出社区就可以享受法律援助，全年承办法律援助案件140件，其中，刑事案件91件、民事案件49件；接待法律咨询300余人次，代写法律文书80余份。2008年，在区有线电视台制作播放《迎奥运促和谐 法律援助在行动》专题片。2009年4月27日，以“预防未成年人违法犯罪”为主题，在路华中学开展法律知识讲座活动。2010年，区法律援助中心制定实施《落实法律援助民心工程项目实施方案》，成立督促检查领导小组。在10个街道司法所，以及击水、天章、新越、昂特律师事务所建立法律援助工作站，依托101个社区居委会设立法律援助联系点。对农民工、未成年人、老年人、残疾人等特殊群体实行绿色通道制度，推行电话申请、上门受理的服务方式，方便群众办理法律援助。

2004—2010年河北区司法局法律援助案件统计表

表9-29 单位：件

年 份	办理法律援助案件			代书	解答咨询
	总数	民事案件	刑事案件		
2004	30	22	8	20	200
2005	56	40	16	56	298
2006	129	97	32	80	300
2007	140	49	91	80	300
2008	131	87	44	80	326
2009	137	100	37	80	456
2010	129	97	32	85	548

二、安置帮教

1995年，区司法局协助有关部门做好刑释解教人员帮教和过渡性安置工作，促成全市第一个职业介绍所——利民职业介绍所成立。1998年，成立河北区刑满释放解除劳教人员安置帮教工作领导小组，办公室设在区司法局。建立区、街、居三级帮教组织机构，全区有16个帮教工作站，525个帮教小组，1608名帮教工作人员，对3年内698名刑释解教人员进行帮教，帮教率100%，安置率94.5%。2003年，制定《街道安置帮教工作目标及考核细则》。2003年11月19日，区领导带队到天津市李港监狱，对河北区72名服刑人员进行帮教活动。2004年，加强对流动人口和人户分离人员跟踪排查，协调有关部门做好刑释解教人员就业安置和困难救助工作。对全区737名刑释解教人员全部落实了帮教措施，重新犯罪率明显下降。2009年，各司法所积极与公安派出所配合，做好社区矫正基础数据采集分析工作，建立社区矫正工作台账。8月，在月牙河街道召开河北区社区矫正工作推动会。截至2010年，共接收社区矫正人员357人。

第十编

军　事

JUN SHI

中共十一届三中全会后，河北区人民武装部全面贯彻落实《中华人民共和国兵役法》，深入开展国防教育，探索科技练兵，狠抓民兵业务培训和预备役队伍建设。驻区部队按计划落实年度训练日工作，并举行不同规模的战役战术、后勤保障等军事训练，提高了部队适应现代化战争的能力。1979—2010年，圆满完成征兵任务。河北区人民防空办公室围绕服务经济建设大局，从单一的防空建设转变为防空防灾、平战兼容的一体化建设，利用人防工事开办地下旅馆，与宝坻区、蓟县人防办进行城乡经济技术交流，探索落实人口疏散计划新方法，完善人防资料和加强数据库建设。加强防震减灾组织领导、宣传普及等工作，在“三防”知识课中增加防震减灾、应急防护内容，开展以防空、防震为背景的综合演练，建立“防空、防震”一体化的专业队伍。

第一章　军事组织

河北区于1977年成立人民武装部后，不断加强基层人民武装组织建设。1996年全区设基层人民武装部72个，进入21世纪调整为42个。1997年，成立区国防动员委员会。2010年，境内驻军团级及其以上单位13个。

第一节　机构设置

1977年4月，河北区人民武装部成立，同时撤销区民兵指挥部。1986年5月，根据中央军委指示，中国人民解放军天津市河北区人民武装部改为地方建制，更名为天津市河北区人民武装部，受中共河北区委和天津警备区双重领导。1995年，全区有街道人民武装部16个，区属局、公司人民武装部13个，驻区厂矿企业人民武装部160个。1996年4月，区人武部收归军队建制，改称中国人民解放军天津市河北区人民武装部，受天津警备区和中共河北区委、区政府双重领导，是河北区委的军事部门和区政府的兵役机关，辖基层人民武装部72个。1997年，河北区国防动员委员会建立，为国防动员工作的议事协调机构。2001年，基层人民武装部调整为42个。其中，区属局、公司11个，街道10个，驻区大中型企业21个。

第二节　驻军

1979年后，境内驻军逐渐增多，截至2010年，有驻军团级及其以上单位13个，其中有中国人民解放军57652部队，北京军区后勤物资供应站，中国人民解放军第二五四医院，天津警备区第一、六、八干休所，武警一支队、二支队，消防河北支队等。1966年3月，中国人民解放军57652部队由河北省保定市迁至天津市。是年，中央军委主席邓小平签署命令，授予该部队英雄测绘大队称号。北京军区后勤部天津物资供应站建于1966年8月，隶属北京军区后勤部第8分部。主要承担责任区驻军团以上单位的基本建设、营房维修、军事训练、农副业生产等物资保障工作。中国人民解放军第二五四医院建于1949年，原为华北军区天津陆军总医院、第一军医大学临床学院，是集医疗、科研、教学和保健为一体的大型综合性三级甲等数字化医院。武警一支队，全称为中国人民武装警察部队天津总队第一支队，1986年11月进驻天津，主要承担天津市监狱劳改人员的武装看押任务。武警二支队，原中国人民解放军天津警备区独立师步兵第三团，1969年3月调防天津，1983年4月改编为中国人民武装警察部队天津总队第二支队，主要担负天津市委、市政府、市人大常委会机关，以及部队首长驻地、机场、桥梁等重要目标的警卫、守护任务。消防河北支队成立于1997年10月。原为天津市消防总队第四支队，下设4个消防中队、站，负责河北区及东丽区、北辰区部分辖区的灭火救援工作。

第二章　兵役

境内兵役制度1998年12月之前按《中华人民共和国兵役法》实施，之后按《中华人民共和国兵役法修正案(草案)》实施。

第一节　兵员征集

一、义务兵

1978年3月，河北区实行全国统一的义务兵与志愿兵相结合的制度。1985年，入伍体检增加肝功能化验，政审工作由原来看重社会关系改为主要看个人表现，接兵工作由部队接兵改为地方送兵或个人到指定部队报到。1986年10月起，凡从机关、企业、事业单位入伍的职工，服役期间仍算原单位在册职工，计算工龄，原工资照发，享受其在单位同类人员晋级、房屋分配及家属劳动保险或福利待遇，退伍后原则上仍回单位复工复职。原为学生或待业青年入伍者，区人民政府发给其家属每月30元优待金。对义务兵家庭的经济补贴标准，逐年有所提高。1979—2010年，河北区均保质保量完成征兵任务。

2007年12月1日，入伍新兵在河北区国防教育园学习国防知识　（区人武部提供）

二、志愿兵

1988年9月23日后，河北区按照国务院、中央军委颁布的《中国人民解放军现役士兵服役条例》贯彻执行，自2009年12月1日起，驻军进行士官制度改革。自2010年8月1日起，贯彻执行修订后的《中国人民解放军现役士兵服役条例》。

第二节　预备役

1979—2010年，全区对士兵预备役实行严格的登记制度。1991年，对转业人员进行预备役登记。对1988年9月1日以后，被授予中国人民解放军军官军衔的转业干部和武警部队的转业警官，进行服预备役登记。1996—2005年，全区军官预备役人员分布在30个单位。2006—2010年，全区转业人员均进行了预备役登记。

第三章　民兵

1979年后，河北区不断加强民兵组织建设、政治建设和民兵训练，夯实群众武装基础。

第一节　组织建设和政治教育

一、组织建设

1979—2010年，河北区不断加强民兵组织建设。根据上级要求和河北区特点，采取兵员充足集中编、划分地域合并编、依托行业联合编、属地管理归口编的方法，拓宽编兵渠道，由过去基干民兵集中编在大中型企业，扩大到专业对口的民营和新型集体企业。一些专业性强的分队，如炮兵、地空导弹、汽车运输分队，则采取跨单位、跨行业联合编组的做法。

二、政治教育

1989年，成立区国防教育领导小组。在加强对民兵国防教育的同时，坚持把国防教育纳入各级领导职责和干部培训内容，纳入职工教育计划和中小学教育课程。1990—1995年，全区举办6届国防教育宣传周活动。每年征兵期间，组织大型国防宣传咨询日活动。先后举办国防知识竞赛、书法美术摄影展、文艺演出等活动60余场次。1998—1999年，在基层专职人民武装干部和民兵中，开展“艰苦奋斗、爱岗敬业”“严守革命气节、永葆我军本色”“尊重科学，反对迷信，严守政治纪律”等教育活动，基干民兵受教育面达85%。2007—2010年，学习中共中央总书记胡锦涛“6·25”讲话和“8·1”讲话，组织全区民兵加强政治学习，提高政治素质。

第二节　民兵训练

1981—1986年，加强高炮、地炮、高机、通信、工兵专业分队训练。由天津警备区和区人武部组织民兵干部训练，每年1期。基层民兵连、排长训练由区人武部负责。1996—2004年，按《民兵军事训练大纲》严格施训，建立健全训练教案、档案、备课、试讲、示范、考勤、考核、奖惩等规章制度。2005年，围绕城市防空作战和反恐维稳课题，深化使命课题的训练，完善天津纺织机械厂、区房管局、区综合执法大队民兵应急连集结拉动方(预)案。天津轧钢三厂开展民兵训练和指挥人员培训。各街道办事处进行民兵训练和指挥人员培训。2007年，警备区、区人武部和各基层人武部共组织民兵训练957人，完成训练日140个，落实训练1120小时，完成率80%。2008年，在北京奥运会期间出动民兵327人担任火炬传递警戒任务。2009—2010年，组织民兵进行队列、射击、投弹、刺杀、爆破、兵器技术等训练，及格率96%以上。

2003年4月26日，区委常委、人武部政委郑军陪同天津警备区政治部主任霍然在天津华津制药厂检查指导民兵工作
（区人武部提供）

2005年，河北区民兵高炮分队进行军事训练
（区人武部提供）

第四章　人民防空

1979年后，河北区认真做好人民防空工作，保护人民的生命财产安全，保障社会主义现代化建设顺利进行。2008年，河北区在宜白路地区建成华北地区最大的人防战备应急物资库，有效发挥了平战结合作用。

第一节　机构设置

一、区级人防组织

1979年，设河北区革命委员会战备办公室，1980年，改称区政府人民防空办公室。1982年3月，组建河北区人民防空委员会，设区人防办公室。1995年，设指挥科、工程科、财务科、平战结合管理科和通信站等，工作人员28人。1996年，区人防办参与承担地震应急、防震减灾工作。是年11月，重建河北区地震办公室，规格副处级，由区人防办管理。2000年4月，河北区人民防空委员会撤销，成立河北区国防动员委员会。2002年1月，加挂河北区人民政府民防办公室、河北区人民政府地震办公室牌子。2010年，设秘书科、指挥科、工程管理科、防震减灾科、财务物资管理科、通信站，工作人员24人，其中主任1人、副主任3人。

河北区人防办领导班子研究工作
（区志办提供）

二、街道人防组织

1979年，按市政府下达的干部编制规定充实调整街道人民防空办公室。1985年，撤销街道人防办，其工作移交街道办公室负责。2000年，10个街道人防工作划归街道人武部负责，迄2010年。

三、群众防空组织

1980年后，河北区陆续建立抢修、救护、防化、消防、治安、通信、运输7支群众防空队伍，按专业编制对口训练。1984年，为133名群众防空排以上干部颁发任命书。1987年和1990年两次进行整编。1997—1999年，贯彻实施《中华人民共和国人民防空法》，修订防空袭预案和7支群众防空组织编制，各街道平时不组建专业队伍，战时可组织救护、消防、抢修、治安4种专业队伍。2000年，组建7支地震应急专业队伍(与人防应急同为一支队伍)，队伍建设纳入区国防动员委员会职责内容，由区人武部按照民兵应急分队组织训练。2003年，防空防震应急专业队纳入民兵编制，统一整组、统一训练。2010年6月，在区教师进修学校操场举行河北区人民防空防震专业队拉动点验暨授旗仪式，全区抢险抢修、医疗救护、防化防疫、通信联络、交通运输、消防及治安7支专业队400余人参加。

第二节　人防工程

一、工程建设

1979年，河北区投资征用北郊区宜白路地区土地，建设区人防材料场。1988—1990年，在天津站前广场建设一期、二期人防地下平战两用工程。2000年5月，在区人防材料场启动人防培训中心项目工程，其中地下一层、地上三层，2002年1月竣工。2005年8月，在区人防材料场启动区人防战备应急物资库项目工程，其中地下一层，地上二层，局部地上三层，2008年9月28日竣工，为华北地区最大的人防战备应急物资库。

二、工程管理

1979年9月，区人防办组建人防工事维护队，负责全区人防工程维修和改造。1986年3月，撤销人防工事维护队，嗣后从有关单位抽调技术人员和雇佣工承担人防工程维管任务。1992年，在黄纬路地下旅馆、10号干线进行试点，探索各类工程维管经验。1994—1996年，开展一、二类工事维管达标活动。1999年，对金钢公园等3个工事进行加固改造。2003年，对24个早期人防工程和44个专项工程有关数据、图表等资料输入微机管理。2004—2010年，加大人防工程维护管理力度，对渗漏、断裂地段及时进行加固维修。

三、工程利用

1980年3月，利用地下工程开办光复道、王串场地下旅馆。1981—1985年，墙子街、何兴庄、京津公路、黄纬路、新开河地下旅馆相继开业。1984年9月，北宁公园利用假山下人防工程建成叠翠宫。10月1日，市长李瑞环一行到叠翠宫考察。1998年，在区人防材料场开办北通颐寿院，6年接收老人280人次。2002年2月，区人防培训中心租赁给华润超市有限公司。2004—2007年，对全区早期人防工事和房产进行排查修缮，盘活人防资产8处。2008年，区人防战备应急物资库租赁给人人乐超市。

2007—2010年河北区人防工程完好率和使用率统计表

表10-1

年份	工程完好率	工程使用率
2007	90.4%	52.74%
2008	90%	-
2009	93. 1%	57. 24%
2010	90%	50%

第三节　人防指挥

一、指挥所

1983年6月，在狮子林大街284号建区人防指挥所，分四级、五级两个防护单元，1986年竣工使用。2009年1月，在人口疏散对口地域的蓟县购置楼房1套，建成区人防后方指挥所，平时为区人防办培训中心，战时恢复人防后方指挥所功能。

二、指挥软件

1983年6月，完成区防空袭预案、图表、文书、资料的拟制。1989年，按市人防办要求，对预案、资料、图表、保障计划和指挥所维护管理等正规化建设项目标准逐一落实。1992年，制定《河北区局部战争条件下防空袭预案》。1996年，在辖区进行地理信息资料数据调查、采集（拍摄），汇集整理界内交通枢纽、通信网络、医疗卫生等10个项目和70余个数据资料。1998年，开通使用人防指挥自动化网络数据库。2000年，按照北京军区关于人防指挥基础建设要素标准，重新修订各类防空袭预（方）

案。2002—2004年，制定区人防指挥自动化建设工作计划，完成总参第61研究所研制人防指挥自动化系统的建设工作。2007年，制定区应急行动方案和修订防空袭预案、保障计划，制成8个系列的应用课件，其中"办公自动化成果应用展"在市人防系统获一等奖。2008年，制定河北区应急能力检验演练计划，编写"指挥所人员就位战备等级转换"演练脚本。2010年，会同河东、河西两区共同组织城市人民防空应急行动指挥网上演练。

三、人口疏散

1974年，制定《河北区临战人口疏散计划》。1989年、1991年、1994年与对口县共同研究调整计划。1988年5月，市人防办召开会议，总结推广河北区与宝坻县、蓟县开展城乡经济技术挂钩、落实人口疏散计划的经验。1997年3月，区政府将城市人口疏散地域建设工作列入议事日程，纳入各职能部门(单位)岗位目标。2000年9月，修订《河北区人口预期疏散方案》，制定《河北区留城人员紧急隐蔽方案》。12月，区政府成立河北区人口疏散工作指挥领导小组，18个相关部门为成员单位。2003年12月，在区政府大会议室举行河北区人口疏散隐蔽、首长机关携带通信工具室内研究性演习，区委书记及区人口疏散领导小组成员参加演习，市人防办领导观摩指导。2006年7月，结合"攻坚—2006"指挥演习，组织望海楼街道人口疏散演练，北京军区、天津警备区领导考察。2009年，开展人口疏散地域普查工作，摸清情况，修订人口疏散方案。2010年7月，建昌道街道结合地震应急工作，组织康桥里社区居民开展紧急避险疏散演练，检验人口疏散方案成效。

第四节　人防通信

一、通信网

1979年，区人防通信班配有100门供电式交换机，1987年6月改换200门纵横式总机，实现区五大机关并网通信联络。1990年，安装45门电话会议机。1998年，购置800兆固定台和手持台，实现应急通信联网。2000年，区人防办与驻区市电话六分局联合制定应急通信保障方案，明确各方职责。2003年11月，撤销人防通信电话交换机，区五大机关通信并入天津通信公司电话虚拟网。2006年7月，天津人防网站河北人防网页改为河北人防网站。2009—2010年，完成新型短波数字电台安装调试并投入使用，有线、无线会议机和视频会议系统健全。

二、通信警报

1979年，陆续定点设立电动警报器，组成电动和手摇警报通信网。至1995年，全区设电动警报器16台。2001年，完成全市通信警报信号演习任务，终端设备完好率100%。2002年，增设11台电动警报器，对原有的电动警报器升级改造，28台电动警报器实现统控，全区防空警报音响覆盖率85%。2003年，设立警报中间站，新增6台电动警报器，全区警报音响覆盖率95%。9月，在王串场街道召开区防空防灾警报试鸣专业技术培训会，全区34个防空警报设点单位的维管人员和各街道人武部部长40余人参加。2004年，新装警报器6台，全区警报音响覆盖率98%。2006年，完成河北区警报器位置电子标图。2008年，完成天津市哀悼汶川特大地震遇难同胞警报鸣放和国防教育日警报鸣放任务。2010年，全区警报器38台，警报音响覆盖率98%，重要目标地区警报音响覆盖率100%，警报器统控率100%。

第五节 防震减灾

一、机构设置

1975年2月，组建河北区地震工作领导小组。5月，成立区地震办公室，由区人委建设科、区科委负责。1984年1月，撤销区地震办公室。1996年11月，重建区地震办公室。1997年，成立区防震减灾领导小组，区长为组长，分管副区长、区人武部部长为副组长，相关委、办、局和各街道办事处主要负责人为成员。2002年1月，区人防办加挂区政府地震办牌子。2010年6月，区地震办为副处级挂牌机构，区人防办1名副主任兼任地震办主任。增设防震减灾科，行政编制2人。

二、主要工作

1979—1983年，全区防震减灾主要任务是消除1976年唐山大地震波及区内的痕迹，开始恢复重建工作。1980年，全区修复震损公产房屋100.35万平方米、企业产房屋3083平方米，分别占震损房屋总数77.7%和41%。1996年重新成立区地震办公室后，制定《河北区破坏性地震应急预案》，并完成《河北区抗震救灾指挥部编成及行动方案》等15个相关保障计划。1997年，制定《河北区指挥部成员就位方案》《河北区强有感地震应急预案》。1998年，制定《人员密集场所地震应急疏导方案》。1999年3—10月，根据市人防办关于确定防震重点目标，确保分级和制定抢险抢修应急方案工作部署，对35个单位走访调查，归类、汇总94个重点目标。其中，一类（生命线工程类）有城市供电、供水、供气、交通、通信等7个单位，42个重点目标；二类（易发次生灾害类）有11个单位，25个重点目标；三类（救灾保障类）有17个单位，27个重点目标。按市应急办标准，确定一类二级21个，三级8个；二类二级15个，三级11个；三类二级6个，三级13个。2000年，制定《河北区地震灾情速报预案》。2002年4月，对全区建设工程抗震设防情况进行调查摸底。2008年，系统归纳地震应急行动运作程序，把临震应急主要工作、抗震救灾应急指挥部应急行动和指挥程序表格化。2010年，完成全区总人口、少数民族人口、区内桥梁、国民经济、重点目标等基础数据收集并录入微机和上报市地震局工作。

三、基础建设

（一）**地震应急指挥中心** 1999年，利用区人防办会议室建成区地上应急指挥中心。2004年，完善地震应急指挥系统及相关数据库，提高地上和地下指挥系统功能转换。2009年10月，进行地下指挥所土建装修和信息化系统升级改造，撤销地上应急指挥中心。

（二）**地震应急网络** 2003年1月，按市地震局部署，在全区新建10个固定强震烈度速报台，上报台址勘选点位有区政府、北宁公园、二五四医院、文江里社区等。2004年，建立完善地震应急速报联络网，由10个街道延伸至233个居委会。2008年，更新完善地震速报网，建立群测群防队伍，开通“12322”专线电话。2010年，完善群测群防网络，明确信息报送要求和途径。

第六节 防空防震教育及演练

一、宣传教育

1982年，区人防办与区教育局联合举办普及“三防”（防核武器、防化学武器、防生物武器）常识师资培训班，41名教师参加。1984年，在全市举办的“三防”知识智力竞赛活动中，河北区获第一名。1987年9月，全区中学开设“三防”知识课，建立由区人防办、区教育局分管领导组成的河北区“三防”

教育领导小组。1990年，市人防办、市教育局联合在河北区召开全市“三防”知识教育工作座谈会，河北区介绍经验。1997年9月，为宣传贯彻《中华人民共和国人民防空法》，向学校发放“防震减灾明白纸”5.6万份。2000年，区人防办与区教委共同举办人民防空形势报告会，全区中学校长及“三防”课教师80余人聆听北京防化学院教授的报告。2002年，开展防空防灾一体化教育进社区、进工厂活动。在轧三制钢有限公司、纺织机械厂利用广播、厂报宣传防震减灾知识；在望海楼社区向300余人发放《地震来了怎么办》宣传手册。开展领导干部防震减灾法规知识答卷活动。2003年，举办防震减灾知识进社区居委会主任培训班，全区10个街道人武部部长、宣传科科长和15个防震减灾知识进社区试点居委会主任等参加；召开10个街道人武部部长等有关人员参加的河北区防震减灾宣传工作会议，部署全区开展社区防震减灾宣传周系列活动。2005年，区人防办与区委党校联合举办人民防空形势教育报告会，全区处级领导干部参加；在王串场体育公园建成河北区人民防空教育基地。2006年，在区人防网站开辟人防宣传动态、人防法律法规、人防教材、教案教育课件等栏目。组织完成人防教育课件制作和初级中学人防教育电子教材、电子课件、教案，并制成光盘发至全区各初级中学。2008年汶川特大地震后，组织第五十三中学200多名师生在遇震疏导、自救互救、逃生技巧等方面进行演练。2010年，利用全区850个户外电子屏播放人防宣传教育内容；区委党校将区人防指挥所作为实践教育基地，设立“三防”课程。

2010年，河北区人防办获全国人民防空先进单位（区志办提供）

2010年5月，河北区人防抢险救灾专业队集结演练（区人防办提供）

二、应急演练

1980—2010年，区人防办（地震办）多次在学校、医院、社区及人员密集场所，以不同类型和形式，以防空防震应急为背景，以指挥部成员到位、救援队伍集结、组织指挥、救援程序运作为主要内容进行综合演练。

1998—2010年河北区防震减灾应急演练一览表

表10-2

年份	类型	背景	对象	效果
1998	人员密集场所	在民主剧场演练发生地震时如何疏导观众	全区13个人员密集场所主要负责人	应对能力得到提高
2002	演练进学校	华安街中学参加天津市中学生地震科普知识冬令营	华安街中学30名团员	防震意识和应对能力得到提高
2006	演练进党校	区委党校与区人防办、地震办联合组织以渤海发生地震为虚拟背景的应对演练	党校学员	提高了参加演练人员的应对能力
2008	纪念汶川特大地震防震应急演练	第五十三中学组织师生开展应急演练，完善各类预案；宣传地震知识、避震常识、自救互救常识和逃生技巧；模拟避震；护理护送伤员	师生200多人	学生自救互救常识、逃生技巧、伤员包扎和运送等能力普遍提高

续表10-2

年份	类型	背景	对象	效果
2008	创建地震知识教育示范校	第二十四中学成立防震减灾科普活动领导小组，制定活动计划和应急避震紧急疏散预案。组织师生开展应急疏散和防护演练	全校师生	通过市地震局考评组验收，该校达到《天津市防震减灾科普示范校建设标准》要求
2009	纪念汶川特大地震防震应急演练	红光中学以避震避险为主要内容进行授课，学生进行使用防护器材，戴制式防毒面具、简易防毒口罩，对伤员包扎、固定、搬运等科目演练	藏族学生1000人	学生避震避险技能普遍提高
2010	演练进党校	中青班学员开设地震应急演练课，按照室内应急组织指挥演练	学员42人	学员提高了分析判断能力、驾驭决策能力、应急处置能力、组织协调能力、语言表达能力

第五章　双拥工作

1979—2010年，河北区坚持开展双拥工作，2000年和2007年两次获全国双拥模范城称号。

第一节　拥军优属

每逢“八一”、春节等重大节日，全区开展拥军活动。社会各界到军营和医院慰问部队战士和伤病人员，与战士联欢；请战斗英雄、功臣到企事业单位作报告。1979年，河北区对优抚对象重新普查，平反了一批冤假错案。1983年，全区拥军优属工作融入军民共建及精神文明建设工作之中，创立共建文明居委会87个，解决驻区军人家属就业57人。1987年，为90户烈军属和460名义务兵发放优待金。各街道临时补助有困难的义务兵家属60户，为6户烈军属解决住房问题。各街道普遍建立军烈属之家。1994年，河北区设立双拥基金，为28户优抚对象减免平房改造集资款40余万元。各街道及大型企业建立基层优抚基金，作为财政拨款的补充，为享受国家定期补助的烈属每人每月增加20元。1995—2010年，河北区向优抚对象6869人次发放抚恤金2147.3万元。

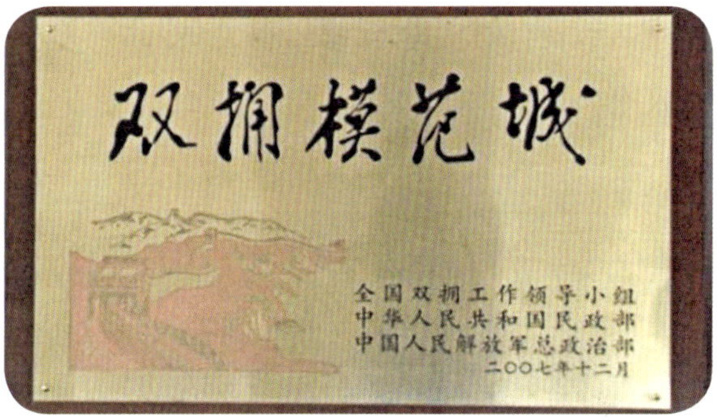

2007年12月，河北区再获全国双拥模范城称号　（区民政局提供）

2005年，河北区投入109.4万元在王串场公园建立国防教育园，占地面积2600平方米，建筑面积350平方米，园内展厅分8个部分，通过文字、图片、兵器等展示国防军事力量，区委命名其为爱国主义教育基地，免费向群众开放，至2010年，参观人数6万余人次。是年，投资30多万元对国防教育园重新布展。1995—2010年，全区投入资金573.5万元用于双拥工作，与驻区部队共建文明城区。2007年12月，河北区继2000年1月之后再次获全国双拥模范城称号。

2005年，河北区国防教育园落成仪式　（区民政局提供）

第二节　拥政爱民

1985—1986年，驻区57652部队3次为天津机场信标台进行大地测量。1988—1994年，先后为市SOS儿童村、天津财经学院等212个单位测绘地形图、地籍图等500多幅。1985年，驻区武警天津总队二支队支援中环线建设，派兵参加劳动380人次。2003年，区人武部在月牙河改造中，组织民兵6万人次，完成15.5万平方米绿化工程，植树2万余株，铺设雨水管道2800米，铺设市政道路6.7千米。发动全区近万名民兵、专武干部争当预防非典宣传员、社区卫生消毒员、维护社会稳定治安员。2004年8月，组织600余名民兵预备役，参加海河改造工程建设劳动，拆除房屋100多间，拆除围墙300多米，清理垃圾1200余吨。2003—2006年，武警三支队二中队与铁东路街道、月牙河派出所签订军警民联防协议，二中队协助公安部门破获特大案件6件、普通案件百余件，抓获犯罪分子300余人。2006年，中国人民解放军二五四医院出资15万元，为地方特困家庭、军人家属及孤老伤残户发放医疗优惠卡2500张，免收医药费3万多元。武警二支队六中队开展“双认亲”活动，与新开河街道5户孤寡老人建立帮扶关系。消防支队官兵与地方家庭困难的15名学生建立“帮扶对子”。区人武部组织驻区部队600人组成志愿者队伍，参加“创卫”工作。2006—2009年，驻区部队为困难群众捐款27余万元，物品2000多件。1996—2010年，驻区部队为河北区义务植树4万余株，帮助学校军训学生10万余人次，为驻地群众义务体检4200人次，与102户残疾人、28户贫困户结对子，捐赠助残金98.6万元。在海河清淤、危陋房改造、外环线绿化、道路畅通、环境清整、防汛抢险等急难险重任务中，累计出动4.4万余人次，1300多车次。

第三节　军民共建

1983—1993年，驻区57652部队与黄纬路街道团结里居委会、中山路小学、天津北站、河北区少年宫等建立共建关系，参加助民劳动1万余人次，出动车辆5000多台次，组织学生军训5000多人次，派出校外辅导员100余人，捐款100余万元。1996—2005年，消防河北支队开展培训消防员和宣传消防知识等活动，义务为轧钢三厂培训员工100人；节假日在各大商场、超市等公共场所进行消防知识宣传，发放宣传资料3000多份、防火知识小册子100多本。驻区部队为区有线电视台和河北针织服装公司民兵连军训，为区民政局、养老院、昆一小学、少年宫等单位义务出车50多台次。2007—2010年，驻区部队和广大民兵参与全区“同在一方热土、共建美好家园”“创建卫生区”“构建平安河北”等活动，累计出动2000余人次，车辆40余台次，清除垃圾40余吨、小广告上千处，捐款20余万元。专武干部和民兵骨干与贫困户结成帮扶对子20余对。

第十一编

城区建设

CHENG QU JIAN SHE

中共十一届三中全会后，河北区城市建设以震后重建为契机，以综合分区规划为龙头，以平房改造和旧楼区改造为基础，以市政建设为依托，以项目建设为抓手，开始新的创业历程。20世纪80年代至90年代初，先后完成15个街坊重建和8个居住区建设任务。1993年，按照市委、市政府作出的"力争用5—7年的时间基本完成危陋平房改造任务"的决策部署，实施危改工程，至1997年，拆除危陋平房72.6万平方米，施工420.5万平方米，竣工308万平方米，还迁居民3.29万户，实现了危改目标。1998—2002年，以小关、小树林、小王庄"三小"地区为重点，在全市率先实施"后危改"工程，拆除危陋平房120万平方米，施工420万平方米，竣工315万平方米，安置居民4.3万户。2003—2006年，以"两团一线"为主线，实施"沿岸带动、腹地跟进、纵深开发"战略，商贸设施、公建设施和住宅竣工面积创新高，海河综合开发彰显成效，形成独具特色的经济带、文化带和景观带。盘活中山商厦等7座烂尾楼，形成新的经济增长点。2007—2010年，在海河沿线规划30个载体项目，至2010年，建成白金湾等17个项目、105.78万平方米，海河经济发展带建设形成规模。抢抓地铁18个站区建设契机，规划了16个单体在10万平方米以上、总面积超过300万平方米的大型商业综合体，其中10个正在进行开发和建设。确定"一带两轴四区"的总体城市设计，形成以海河东路、中山路、金钟河大街、八马路、天泰路、张兴庄等六大重点地区开发格局。

第一章　城区规划

20世纪80年代中期河北区规划管理机构建立后，城区规划编制与管理得到逐步加强，城区规划的引领作用得到有效发挥。

第一节　机构设置

1985年1月组建河北区规划管理处，为市规划设计管理局派出单位，设规划管理科、建设管理科、综合科。1987年3月，更名为河北区规划土地管理处，增设地政科和土地管理所。1989年，增设监察科，强化对违法占地、违法建设的监察管理。1995年，设5科1所。1998年，规划管理科和建设管理科合并为规划建设管理科。2000年，监察科划归区城市管理综合执法大队。同年，设证后管理和监察科。2005年，河北区规划土地管理处更名为河北区规划处，地证管理科、土地市场管理科划归新组建的市国土资源分局。2008年9月30日，区规划处更名为市规划局河北区规划分局，设办公室、综合业务科（地名管理科）、规划管理科、建设用地科、建设管理科（市政工程科）、执法监察科（信访办公室），行政编24人，工勤2人，迄2010年。办公地点在昆纬路98号。

第二节　分区规划

1976年唐山大地震后，城市规划工作重点转向抗震救灾与重新组织编修总体规划工作。1987年5月至1988年5月，制定分区规划，编制《天津市分区规划图集（河北区）》和《天津市河北区分区规划说明》。河北区综合分区由河北行政区全部和外环线内东郊区部分地区组成，内有新开河北、京山线东、京山线西、铁东路和卫国道5个分区。东北部以外环线为界，西接海河、北运河，南到和平区、河东区，辖19个街道，314个居委会。河北行政区占地27.63平方千米，综合分区规划用地64.42平方千米，59.12万人，规划人口69万人。

2001版河北区分区规划把全区分为03~1、03~2两个分区。03~1分区是河北区的行政、文化中心，北起北运河，沿普济河道与北辰区相邻；西至京山铁路；东、南至海河与和平区、南开区、红桥区毗连。该分区规划形成“三区”“一线”“五中心”的布局体系。“三区”：小王庄、鸿顺里、小关居住区。“一线”：海河风景线。“五中心”：文化娱乐中心、中山路市级商业中心、天津站商业中心、嘉海花园商贸中心、北站地区商业中心。03-2分区东起新开河南岸双水渠与东丽区接壤；西以京山铁路为界；南起海河，沿京山铁路线、铁路货运专用线、真理道至泰兴路，与河东区毗连；北至宜白路、铁路北环线、京津塘高压线抵新开河，与北辰区相邻。该分区形成“二点”“一线”“六片”。“二点”：北站外体育中心，金钟河大街以南、红星路以东地区级公建中心。“一线”：以金钟河大街为发展轴，通过京津塘高速公路与北京、廊坊，以及环渤海地区的辽东半岛和山东半岛相连。“六片”：张兴庄、建昌道、北站外、王串场、真理道、大江路居住区。

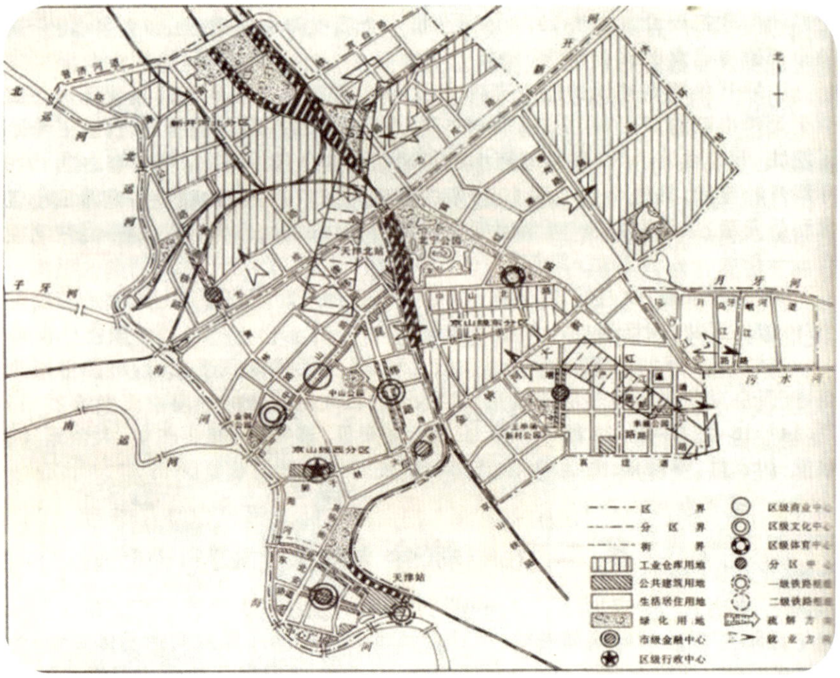
2001年版河北区分区规划示意图

《天津市城市总体规划（1996—2010年）》中的河北区规划：以中山路为市级商业中心，王串场、北站为地区级商业中心，北站外和白庙工业区为城市可持续发展用地，望海楼教堂和觉悟社旧址等为国家和市级文物保护单位保护范围和建设控制地带。一宫地区纳入城市风貌保护区，其作为优秀近代建筑保护区，应保持或恢复原有历史风貌。

《天津市城市总体规划（2005—2020年）》中，海河历史文化风貌保护区在河北区的行政区划是指五经路、博爱道、海河东路、兴隆街、海河东路东段200米、中山路、天纬路、三马路、元纬路、五马路等围合的范围。重点保护海河沿岸近代优秀建筑群，中心城区重点建设海河两岸地区，提升城市商业、金融等功能。一宫花园历史文化保护区是指由兴隆街、胜利路、建国道、海河东路、博爱道、五经路围合的范围。

2008年，清华大学城市设计团队编制完成《天津市河北区总体城市设计》（见附录）。

第三节　专项规划

一、控制性详细规划

2001年中心城区控制性详细规划修编前，由建设单位委托市城市规划设计研究院编制河北区昆纬路以东和白庙等地区控制性详细规划。区规划处结合小树林、小关和东六经路地区改造，编制该地区控制性详细规划方案。2005年，对2001年控制性详细规划修编成果进行修编，2008年再次进行完善。至2010年年底，在八马路和天泰路地区城市设计的基础上，完成05~01、05~02、05~10控规单元的深化工作。至此，完成了全部22个单元的控规修编工作。

二、修建性详细规划

1997年前，由河北区规划处编制一部分修建性详细规划，包括1991年机车车辆厂马庄宿舍、红安里、王串场十六段和二十五段、光复道槐荫里规划片及辰纬路规划片。1992年，设计椿寿里片、王串场十三段、仁寿里、元纬路52号、货场大街礼宾胡同、厚德里片、日纬路修业东里、元纬路鸿顺里、调纬路、王串场四一七段、王串场二十三段、寿安里和宜安里片规划方案。1993年，设计王串场十三段二期、大信里规划图和金钟路南、日纬路永年里、治仁西里、十字街西小区、王串场二十段、安康住宅、泰吉里片、幸福村、大悲院、靖江路赵沽里新村、王串场新一段、卫星二段、王串场一段、昆纬路以东片、王串场二十六段规划。1995年，设计唐家胡同、中山北33号、货场大街新货场胡同片、中山路永安里片、昆纬路二中北片东五经路街坊、新大路庆记东里片、新建路三号、铝材厂片、小于庄片、小树林金钟河大街南片规划。1996年，设计完成昆仑工业小区、艳益北里片、志成道12号片住宅详规和东于庄住宅规划。1998年，成立规划建设管理科，原规划管理科编制修建性详细规划职能取消。

三、重点地区规划

（一）**八马路地区**　2009年，由市城市规划设计研究院愿景设计策划公司和中建国际（深圳）设计顾问有限公司负责编制。规划范围为东接外环线，西到北运河，南至五马路、建昌道，北邻新开河，面积208.8万平方米。根据该地区北邻新开河和东西向狭长的特点，采用“一带二核两区”布局结构。“一带”即依托新开河的都市生态发展带，构筑一条贯穿全区的公共休闲带。“两核”指片区西部的都市创意商娱中心和东部的精品商务中心。“两区”指片区西部的滨水生态居住区和东部的国际化生态人文社区。在对八马路地区城市设计的提升过程中，把规划地铁5号线由月牙河西侧调至东侧的群芳路，使该线穿过八马路地区东片，实现地铁对该区域的拉动作用。

（二）**金钟河大街地区**　2009年，由市城市规划设计研究院规划研究二所、法国达思建筑设计咨询（上海）有限公司和法国夏邦杰建筑设计有限公司编制。规划范围东至外环东路，西至育红路，南至靖江北路，北至杜鹃道，面积146.9万平方米。产业规划定位为现代化陆路物流港与高档商务楼宇经济，功能定位含商业、办公、娱乐、居住等综合功能的区域增长极，形象定位为天津市东北门户，展现城市形象的亮丽窗口。规划特色是以绿色为骨架，构建市民公共交流的绿化空间。金钟河大街两侧设计20米绿化带强化门户景观效果，并向纵深商业内街渗透，与金钟河大街景观轴融为一体，构筑该地区发展骨架，成为市民公共交流绿色平台。

（三）**中山路地区**　2009年，由市城市规划设计研究院景观设计所和美国海波建筑设计事务所负责规划编制。占地面积373.85万平方米，规划范围东到育红路，西至子牙河与海河，南到金海道、金钟路、金霞路、东六经路、东二经路、中纺前街、水产前街，北与八马路地区相衔接。发展战略是在文脉保护、文化复兴的同时，将文化作为产业的核心推动力，形成具有文化内涵的现代服务业产业集群，促进旧有产业再种植和新兴产业的嫁接植入。发展定位为中心城区东北部的商业服务中心和公共活动中心复合型的商业、商务、文化、居住城区。沿中山路形成西、中、东三段不同风格板块，分为6个功能区，即大悲院传统文化旅游商贸区、现代文化艺术创意产业区、二马路北洋文化商业街区、中山公园文化旅游服务区、现代商业服务区、现代文体休闲商业商务区。

（四）**其他地区**　市政府于2008年8月批准河北区土地平衡试点实施方案。该项目坐落在中山路和金钟河大街，面积29.23万平方米，规划总建筑面积91.97万平方米，有金钟河大街一号地、中山路公安河北分局原址等7个地块。完善《天泰路地区城市设计》，该项目是天津西站城市副中心的重要组成部分，东起南口路，西至北运河，南起新开河，北至普济河道，规划用地365.88公顷。2009年，深化完善北宁公园及周边地区城市设计，进行新开河两岸、金钟河大街南侧城市设计的前期准备工作。2010年，将张兴庄产业园提升到“十二五”时期重大发展战略，该项目占地119.88万平方米，由区规划分局进行规划编制工作。

四、保护性规划

按照《大津市城市总体规划》要求，自2010年起开展中心城区历史文化街区保护规划编制现状调查工作，对一宫花园历史文化街区保护、海河历史文化街区保护规划成果进行梳理，完成一宫花园街区保护地图的绘制和出版。开始进行工业遗产和大运河沿岸保护规划前期普查。

附：

铁道第三勘察设计院（简称铁三院） 该院建于1953年，是一个以铁路、公路、城市轨道交通勘察设计为主的跨行业大型科技型企业，具有国家工程勘察综合类甲级资质和铁路、公路、市政公用、通信工程等工程设计甲级资质，是中国勘察设计事业中的一支中坚力量。铁三院持有工程咨询、工程勘察、工程设计、工程监理和工程总承包等资质证书，拥有国家经贸委授予的对外经营权，1997年月12月通过国际权威认证机构英国LLOYD公司ISO9001质量管理体系认证。院址在中山路10号。

第四节　规划管理

一、建设工程规划管理

1976年后，规划建筑管理业务划归区城建局建管科。1981年8月，为实施重建震损住宅三年规划，按市建设指挥部规定，凡建筑面积在300平方米以下位于非重点地区的民用建筑，由区城建局办理规划审批和发照手续。建筑面积在1万平方米以下的震损重建住宅统由区审批。1985年，河北区规划管理处成立。1988年，重新划定区重点控制区。1993年5月，区重点控制区进行调整。2003年，天泰路—黄纬路—金纬路以西由海河规划处进行规划管理。2008年，区规划局负责按市局审定的总平面设计方案和建设工程设计方案，核发管界内的“建设工程规划许可证”。建设管理科负责建设工程规划管理。1985—2010年，累计核发“建设工程规划许可证”1700件，建筑面积1020.66万平方米。

二、基础设施规划管理

2008年，由区规划分局建设管理科负责市局事权调整后的市政工程管理业务，核发市政“建设工程规划许可证”5件。2009年，核发“建设工程规划许可证”31件，核发市政工程规划设计要求、规划项目2件，审定市政工程规划设计方案、规划项目12件，核发市政工程规划设计要求、建设项目10件，审定市政工程规划设计方案、建设项目10件。2010年，核发市政工程规划设计方案、规划项目11件，市政工程规划设计方案、建设项目9件，“建设工程规划许可证”24件。

三、证后管理

2000年前，建设工程规划定位查验和规划验收由建设管理科负责，2000年后由新组建的证后管理和监察科负责。2008年，建设工程规划验线31件，建筑面积68万平方米；建设工程规划验收25件，建筑面积66.93万平方米。2009年，建设工程规划验线20件，建筑面积47.97万平方米；建设工程规划验收30件，建筑面积76.43万平方米。2010年，重点加强建筑外檐和市政工程项目的证后管理工作，将2008—2010年核发“建设工程规划许可证”的60项市政项目纳入证后管理。核发《建设工程规划验线合格通知书》10件、《市政工程规划验线合格通知书》1件、“建设工程规划验收合格证”28件。

第五节　土地管理和地名管理

一、土地管理

2008年前，建设用地规划管理由市规划局建设用地管理处负责，2008年后，改由河北区规划分局负责。2008年，核发《选址意见书》5件、《规划条件》2件、《规划设计要求》1件、“建设用地规划许可证”3件，用地面积1.81万平方米。2009年，对中山路、八马路、金钟河大街、天泰路和北宁公园等重点地区进行规划策划。在日纬路东地块、制线厂地块和三德元地块挂牌出让的基础上，提前介入中山路地区土地平衡试点项目铁一小地块和十月影院地块的前期策划。在将金钟河大街地区城建成果纳入土地细分导则的基础上，组织金钟河大街前期规划策划。结合八马路地区重点规划编制，进行律纬路两侧地块、聚氨酯厂地块等项目前期策划，为市保障住房建设投资有限公司核发天泰路地区堤头片，以及新大路、国印新村片储备用地《选址意见书》、“建设用地规划许可证”。为铁东路地块办复《规划条件》。协调市规划院等单位解决北站北货场铁路职工住宅建设项目的规划道路定线等问题，为建设单位核发《选址意见书》。为列入2009年河北区改善人民生活十项工作之一的建昌道、月牙河街道社区卫生服务中心扩建项目办复规划行政审批手续。为汽车配件七厂、南口路盛和家园二期等定向安置用房建设项目办理规划行政审批手续。当年核定建设用地31件，核发《选址意见书》12件、《规划设计要求》通知书3件、“建设用地规划许可证”20件，总用地面积102.06万平方米，可用地面积69.75万平方米。2010年，为金钟河大街、八马路、中山路、天泰路等重点地区完成拆迁并具备出让条件的地块，核发金钟河大街一、三、五号地等地块《规划条件》，核发东方化工厂二期、西沽货场铁路职工住宅项目《选址意见书》。组织第一调料厂原址、赵沽里淹泡片等地块规划策划工作。提前介入重点定向还迁房隆达新苑项目规划策划。为地铁5、6号线站点办理施工范围内规划手续。完成地铁5、6号线还迁房项目选址和方案预审工作。全年核定建设用地23件，核发《选址意见书》18件、《规划条件》8件、“建设用地规划许可证”24件，可用地面积54.92万平方米，总用地面积87.79万平方米。

二、地名管理

1981年3月至1985年2月，完成全区地名普查，基本查清1966条地名的沿革、含义、形成特点及相关的重要史实，其中有行政区域名称321条、街道名称205条、里巷（胡同）名称1021条、居民区名称204条、区片名称11条、历史地名7条，其他具有地名意义的建筑物、游览地、纪念地等名称197条。1986年印制《河北区地名志》《河北区地名录》。1988年11月至1989年6月，完成补查地名121条，更新地名资料1737条，绘制标准成果图21幅。为改变区域地名错设、漏设、名牌不符、书写不规范等状况，1991年河北区进行天津市地名综合管理改革试点工作，通过建章立制，使楼牌、栋牌和街巷门牌实现建设、命名、设标同步。1991—1994年，在78个新建、改建小区增补、更新标志楼牌1298块、门牌3407块、里巷牌12块、道路牌8块、邮编牌近百块。1992年4月，《河北区标准地名图》修订版面世。2001年《天津市地名志·河北区卷》出版，收集地名2910条。2009年2月，地名行政管理工作由区建委移交给区规划分局。

第二章　开发建设

20世纪90年代，河北区城市建设步伐加快，开发建设项目多集中在新开河以南特别是“两团一线”

地区。1993—2010年，全区建设上百个配套设施齐全的楼房住宅小区，建筑面积780万平方米。1996年后加大了商贸设施建设比重，至2010年，兴建各类商贸设施建筑面积400余万平方米。进入21世纪后，新开河以北地区得到充分开发。

第一节　机构设置

1980年9月，河北区城市建设指挥部成立，翌年更名为河北区基本建设委员会。1987年，更名为河北区城市建设委员会，为区政府职能部门。同时成立中共河北区委城市建设工作委员会，实行两个机构一套编制。先后设城建管理科、规划计划科、施工管理科、财务科、办公室、规划设计室、地名办公室、节水办公室、住宅配套办公室、建设工程质量监督站和建筑管理站。1991年后，增设外经科、拆迁管理办公室、市政工程配套办公室。1995年，在编人员84人，其中中高级专业技术人员22人。2002年1月，区城市建设委员会更名为区建设和管理委员会，取消城建工委机构设置，设办公室、财务科、规划计划科、节约用水办公室、住宅建设配套管理办公室、城建管理科、市政工程配套管理办公室、广场地区供热中心，机关行政编制24人，其中主任1人、副主任3人，迄2010年。地址在昆纬路39号。

第二节　旧区改造

一、危陋平房改造

河北区平房改造工作始于1987年。是年7月，成立河北区平房改造办公室。区建委组织区平改办、区房管局、区建设开发公司、区房地产开发公司等单位，以及其他产权单位和建设开发部门，对全区危陋平房改造进行研究部署。改造中把新区开发与旧区改造结合起来，把住宅建设与公建商贸设施建设结合起来，并以中山路、光复道、昆纬路、王串场等地区为重点，有序推进。至1995年，平房改造和危陋房屋改造144片，规划总建筑面积407.81万平方米，其中住宅面积296.66万平方米、公建面积111.15万平方米。1996年，王串场地区、昆纬路一侧危改基本完成，小关、小树林地区危改开始。金纬路的拓宽使2000多户被拆迁居民得到安置。启动嘉海花园项目，使全区最大危改项目——粮店街北片危改一期工程得以实施。全区拆除危陋房屋19.68万平方米，施工176万平方米，竣工60万平方米，还迁居民6068户。1998年，组织小树林、小关、小王庄地区危改大会战。拆除危陋平房59.04万平方米，施工166.5万平方米，竣工60.24万平方米，还迁居民6907户。全区累计拆除危陋平房122.12万平方米，超额完成市下达危改任务。2002年，整修平房4530间、8.4万平方米。1987—2002年，拆迁危陋房屋745.62万平方米，还迁居民15.55万户，施工面积1341.27万平方米，竣工面积1110万平方米，其中商贸设施和公建设施约占35%。

1999年建成的河北区危改广场
（区志办提供）

1993—2010年河北区拆迁、开工、竣工、还迁情况统计表

表11-1

年 份	拆迁面积（万平方米）	开工面积（万平方米）	竣工面积（万平方米）	还迁户数（万户）
1993	0	155	60	1.70
1994	20.70	220	70	1.10
1995	15.27	200.54	60.50	1.10
1996	19.68	176	60	0.60
1997	16.90	173.60	57.60	0.50
1998	59.04	166.50	60.23	0.70
1999	18.99	215.30	56.17	1.00
2000	9.34	194.11	59.25	1.30
2001	22.50	181.70	89.60	1.10
2002	10	141.80	49.70	0.20
2003	185	190	70	3.40
2004	60	249.20	94.20	1.80
2005	60	301	89.70	1.00
2006	52.60	260	80	0.80
2007	138	254.16	72.72	1
2008	18.70	289	70	0.54
2009	51.60	320	90	1.10
2010	23.27	342.10	110.50	0.51
合 计	781.59	1531.77	1300.17	19.45

二、“两团一线”工程

2003年，河北区把海河东岸作为开发建设和经济社会发展重中之重，建设以意式风情区、奥式商务区为一团，以大悲院商贸区为另一团，以海河东路为一线的“两团一线”工程，形成海河东岸兼容中西文化、彰显地域优势的经济带、文化带、景观带，建成海河音乐广场、天津美院展览馆、梁启超饮冰室，以及学校、幼儿园、社区卫生服务中心、社区居委会等公共服务设施67.07万平方米。至2010年，意式风情区被打造成为集旅游、商贸、休闲、娱乐和文博为一体的综合性多功能的街区，成为河北区重要的经济增长点和天津市的名片。大悲院商业圈内包括聚源商业广场、凤凰商业城、大悲院商业街、地纬路书画街等商贸设施，还有大悲院古寺、金钢公园和镶嵌着百米漕运图石壁的海河亲水平台。建成高120米的永乐桥（曾称慈海桥）上的观光摩天轮“天津之眼”，成为海河源头的标志性建筑。

奥式商务区　（区志办提供）

友谊新都市商厦　（区志办提供）

悦榕庄酒店(左)和白金湾商贸设施 (区志办提供)

摩天轮和海河假日酒店 (区志办提供)

河北区两团一线重点建设项目一览表

表11-2 单位:万平方米

序号	项目名称	项目性质	投资单位	建筑面积	其中			开竣工年份	投资(亿元)	备注
					商贸设施类	住宅类	公建(含地下)			
1	摩天轮	市政	海河公司	–	–	–	–	2009竣	–	–
2	聚源商业广场(摩天轮配套公建)	商业	海晟公司	4.76	4.76	0	0	2012—2013	3	–
3	河滨花园(耳闸)	住宅	仁恒集团	46.14	0.65	30.53	14.96	2008—2014	45	–
4	育婴里小学(仁恒校区)	学校	仁恒集团	1.33	0	0	1.33	2009—2010	1	–
5	大悲院	宗教文化	大悲院	1.70	0	0	1.70	2006—2008	1.50	–
6	大悲院商贸街	商业	博远房地产	3.30	3.30	0	0	2004—2008	2.64	–
7	凤凰商贸广场	商业	现代集团	4	4	0	0	2005—2007	4	–
8	海河假日酒店	酒店	现代集团	5.43	5.43	0	0	2005—2007	6.52	四星酒店
9	天津美院展览馆	教育	天津美院	3	0	0	3	2004—2005	2.40	–
10	望海大厦	商业/写字楼	海晟公司	2	2	0	0	2008—2011	1.20	–
11	津源大厦	商业/写字楼	海晟公司	2.42	2.42	0	0	2010—2013	3.80	–
12	嘉海一期	商业	泰达建设集团	36.30	18.02	7.10	11	2012—2014	53.33	五星酒店
13	嘉海二期	住宅/教育	泰达建设集团	36.15	3.15	20.70	12.30	2011—2014	49.26	–
14	李叔同故居	文化	市文化局	0.08	0	0	0.08	2007—2008	0.30	–
15	白金湾(新文化中心)	商业酒店	市安居总公司	10.81	9.66	0	1.15	2005—2011	10	酒店和酒店式公寓
16	瑞海名苑(海河大道)	商业住宅	乐康万隆	37	5	32	0	2006—2010	29.60	–
17	和融广场	高档酒店/写字楼/商业	中原置业	34.60	15.5	10	9.10	2013—2015	25	四星酒店
18	奥式商务区(一期)	商务楼	天厦公司	1.90	1.90	0	0	2004—2005	2.60	–
19	官邸3号(奥式·商务区二期)	商务楼	广厦融胜	4.87	4.87	0	0	2007—2011	3.68	–
20	百丽大厦	公寓/商业	惠利昌房地产	2	0	2	0	2005—2006	2	–
21	金湾大厦	公寓/商业	天门置业	7.20	2	5.20	0	2006—2008	5.76	–
22	君临大厦	商业酒店公寓	泰瑞集团	18.60	5	13.60	0	2006—2009	10	–
23	电力大厦	公建	市电力公司	5.21	0	0	5.21	2002—2005	7	–
24	远洋大厦二期	写字楼	中远散货	10.22	10.22	0	0	2010—2015	14.50	–

续表11-2

序号	项目名称	项目性质	投资单位	建筑面积	其中			开竣工年份	投资（亿元）	备注
					商贸设施类	住宅类	公建（含地下）			
25	大沽桥	市政	海河公司	–	–	–	–	2006竣	–	–
26	会展中心	公建	海创公司	0.80	0	0	0.80	2007—2008	1	–
27	茂业大厦	商业 / 写字楼	星源茂业	12.31	12.31	0	0	2007—2012	6.16	–
28	枢纽管理中心	办公楼	市城投	9.20	0	0	9.20	2009—2014	3.50	–
29	解放桥电力综合楼	商业 / 电力	三源电力公司	1.54	0	0	1.54	2008—2011	1.54	–
30	意式风情区	商业	海创公司	14.21	14.21	0	0	2005—2008	14.21	–
合 计				317.08	124.40	121.13	71.37	--	310.50	–

第三节 住宅建设

一、商品房建设

（一）**金钟河大街地区** 20世纪50年代，政府和企业在王串场地区投资建设横排平房式工人新村，解决了当时工人群众住房问题。改革开放后，金钟河大街地区住宅建设力度加大。清水园、春厦里、秀茵明居、水明里、茵春里、明溪里、环盛里、垣焕里、焕玉公寓等新楼区相继建成。富方园小区竣工于1998年，由天津市汇森房地产开发有限公司投资建设，建筑面积3.28万平方米，房屋420套。社区居委会、社区服务中心、物业管理等非经营性公建齐全，绿地林木按标准建设。开云大厦、汇仁云居一期和爱家星河花园，是金钟河大街地区住宅由多层向高层变化、由满足居住需求向享受宜居环境转变的标志性项目。爱家星河花园是由上海爱家集团投资建设的设计理念超前、建设标准先进的高档住宅楼区，以“钻石、星光、美丽泉”三大创意点进行建筑规划及景观设计，建筑面积14万平方米，停车位500个，由19%的低密度建筑、40% 景观绿化率、6个主题花园、3座水景广场，以及坡地大草坪、人车分流等独特的

富方园 （区志办提供）

爱家星河花园 （区志办提供）

玉荣花园 （区志办提供）

建筑设计组成，2007年竣工。至2010年，该地区共建成51个楼房小区。

（二）"三小"地区

小关、小树林、小王庄原有道路、水电、排污等基础设施落后，三级跳坑、百年以上的危陋平房比比皆是。1996—2010年，基本完成"三小"地区拆迁，新建居民楼小区48个。其中，北岸华庭小区位于狮子林大街与昆纬路交口处，由天津顺驰北岸置地有限公司投资建设，建筑面积1.6万平方米，1002户，2005年竣工。楼体外檐立面呈欧式圆弧状，格局高低错落，配以法式风格的园林景观和58%的超高绿化。北斗星城小区位于小树林大街，由天津泰达集团投资建设，为钢筋混凝土、板塔结合的高层建筑，建筑面积20万平方米。楼区外配建3.4万平方米的以"七星伴月"为主题全开放式北斗街景公园，公园以月亮广场为核心，设置天枢、天璇、天玑、天权、玉衡、开阳、摇光等北斗七星命名的7座亭子，按星座走向用一条蜿蜒曲折的旱溪（以玻璃材料模拟溪流的景观）将七星亭和月亮广场巧妙相连。另有2120米长的LED灯带和650平方米的白色钢化玻璃装点。

北岸华庭　（区志办提供）

北斗星城　（区志办提供）

福嘉园　（区志办提供）

小王庄地区的福嘉园楼区，2003年竣工，由天津福佑置业有限公司投资建设，总建筑面积17.7万平方米，是小王庄地区规模最大的住宅楼区。楼区内中心花园、绿地道路秀美整洁，物业管理、居委会等配套齐全。

（三）张兴庄地区　至2010年共建有16个楼房小区。其中，北明新苑为廉租房小区，宜清花园为经济用适房小区。

（四）中山路地区　至2010年共建有19个住宅小区。其中，乾华园是高档住宅区之一，位于中山路与昆纬路交口处，由天津市井田置业公司投资建设，2005年竣工，建筑面积8.4万平方米。周边有医院、学校、超市、邮局、银行等完善配套设施。有40%以上的车位拥有率、3000平方米的"屋顶花园"。

（五）南口路地区　该地区原是老工业区，随着经济结构调整，传统企业退出，至2010年共兴建12个楼房小区。其中，泰

荣泽大厦　（区志办提供）

来家园部分是经济适用房，盛泰家园和盛和嘉园是经济适用房小区。荣泽大厦坐落在南口路与榆关道交口处，由两栋高层建筑组成，配有裙楼底商，建筑面积1万平方米，由天津远筑置业发展有限公司投资建设，2008年竣工。

二、定向安置房建设

2005年始，河北区为解决拆迁安置问题，采取“依靠社会力量、广泛筹集资金”的方法，建设拆迁定向安置用房，至2010年累计投资约100亿元，建筑面积174.51万平方米、住房2.15万套，全部投入使用。

第四节　商贸设施建设

1996年后，河北区为增加经济发展载体，将商贸设施建设与城市建设、危陋平房改造紧密结合，建设包括中山路、金纬路、狮子林大街、大悲院、意式风情区、海河东路等地区具有沿河经济特色和地域文化特色的商贸圈。累计新建商贸设施建筑面积402.39万平方米。2005年，区委、区政府作出振兴中山路的决策，投资68亿元开发改造中山路，将这条百年老街打造成集商贸商务、文化创意、餐饮娱乐、旅游观光等功能为一体的新型特色文化商贸街。经过开发改造，诸多老店面貌焕然一新，达仁堂药店、造币厂遗址仿旧重建，五星级假日酒店耸立在海河北岸，中山路再现繁华。金纬路是小关地区危房改造中新开拓的一条路。1996年后，区政府把金纬路打造成一条商贸街，两侧商铺林立，成为区内又一繁华地段。2004年，以经营高档商品为特色的友谊新都市商厦落户狮子林大街，其与附近的金海马家具城、国美电器、九福酒店、农行河北区支行等形成组团，带动了狮子林大街商业繁荣。

第五节　建筑管理

一、建筑企业管理

河北区建筑企业管理站自1987年成立后，完善电子化交易平台，建立标后评议和责任追究制度，严格查处围标、串标等违法违规行为，从发布招标公告、招标文件、界定评标方式，直至有形市场公开、评标程序均实行双人逐级审核，以保证开评标及备案监督工作的公平公证，推动建筑市场工作规范化、制度化。突出执法监管重点，对项目管理班子配置、承分包管理、农民工管理开展重点检查和专项检查，建立建筑市场信用信息档案，确保项目全覆盖。2005年，为解决农民工工资拖欠问题，区建管站成立清欠办公室，建立档案监控清欠制度，按建筑业农民工工资支付规定要求，严格执行“月支付，季结算”制度。受理农民工投诉案件55件，涉及农民工2600余人，追讨工资870余万元。

二、建筑质量管理

河北区建设工程质量监督站成立于1987年，有专业技术人员7人，其中高级工程师3人、工程师4人。按照“确保质量安全，建设优质精品工程”的要求，以“不出事、出好活、管得对、抓得好”为目标，将治理质量通病与工法创新、质量创优紧密结合，做到面上管住、点上抓牢、点面结合，确保质量。截至2010年，河北区建筑项目获天津市建设工程各类奖项91项。

三、建筑安全管理

河北区建筑安全管理站2003年成立。为提高建筑工地工人安全防护意识，区建委每年会同区安监局对区属施工工地和三级企业建筑工进行安全培训，至2010年，培训7000余人次。每年“安全生产月”

组织建筑工人进行不同形式的宣传活动。坚持“以人为本”和“绿色施工”理念，加强对施工现场安全生产的监管和服务，至2010年，拥有市、区级安全文明工地118个。

第六节 建设开发企业选介

一、河北区建设开发公司

该公司建于1984年7月，隶属于河北区人民政府。设3科1室。1985年政企分设，成为独立核算、具有法人资格的经济实体。负责旧城区改造、商品房出售、集资联建、拆迁安置及各种代办工程。1996年，设5科1站1所，下辖6个子公司。当年拆迁2.75万平方米，开工19.36万平方米，竣工6.28万平方米，还迁114户，售房款1194万元，实现利税916万元，跻身天津市房地产开发20强之列。1996—2005年，参与全区危房改造，进行拆迁安置、工程配套、商品房出售和房屋修缮收费工作。自行投资近6亿元，建成海韵家园等6个住宅小区，完成相关的办公、商业用房和配套设施建设，建设面积17万平方米。引进资金3.5亿元，合作建设13万平方米。引进远洋集团、万隆集团投资15.5亿元，自建住房22万平方米。2005—2010年，以拆迁安置、房屋修缮与收费、房屋经营与管理为主营业务。1996—2010年，拆除国印新村片等25片，面积91万平方米。销售商品房5.74万平方米、公产房屋4万平方米。2010年，设党办、行政办、财务科、工程科、动迁科、经营科、审计科、房管所，下辖公司2个。地址在翔纬路169号。

二、天津市内环建设开发公司

该公司成立于1992年1月，为全民所有制企业，主管部门为河北区人民政府。设办公室、工程科、安置经营科、生产办公室，职工16人。主要经营房地产开发、商品房销售、自有房屋租赁及房屋征收等。承担狮子林大街、志成道快速路等8条道路拓宽及开通金纬路等重点工程动迁任务。在市政工程上承担金钢桥等7处排水工程和金狮立交桥景观工程、聋哑学校改扩建工程、京津城际铁路河北区段工程建设。在旧城区改造中承担大悲院一期等9片动迁任务。1992—2010年，完成近59万平方米危改拆迁任务。2008年，完成市重点工程东纵快速路河北区段等动迁任务，涉及被拆迁户5000余户，面积13万多平方米。自行开发建设经济适用房康桥里小区14万平方米。合作开发建设北斗、三和及文江里小区10万余平方米。2004年，收购大天津食品商厦，引进宁波老板娘集团投资，建立老板娘（天津）大酒店。2010年9月，投资文化产业，成立天津鸿德书画艺术发展有限公司。2010年5月，龙鑫公司并入内环公司，设办公室、动迁科、安置经营科、财务科、工程科、信访科、工程前期科、拆迁工程科8个科室，职工86人。地址在新大路62号。

三、河北区天兴建设开发公司

该公司成立于1992年4月，为国有企业，前身为区平房改造办公室，2001年1月确定为处级中型企业，注册资本3000万元，干部职工29人。设综合办、动迁科、财务科、房管所、行政科，下属公司3个。经营范围包括拆迁服务、房地产开发及商品房（经济适用房）销售、企业产房屋维修管理及物业管理。完成2个经济适用房建设项目：敬贤里三期为3座24层点式高层，建筑面积3.2万平方米、432套，2010年竣工；兰景园建设住宅9.73万平方米，公建1300平方米，其中4座34层点式高层、5座多层住宅，共1340套，2008年1月开工，2010年竣工。地址在爱贤道295号（2007年9月前在日纬路1号）。

四、河北区房屋建筑工程公司

该公司为国有建筑二级资质总承包施工企业，1983年成立，有职工246人、退休职工1044人，其中专技管理人员77人，拥有资产7.7亿元，设21个科室、7个施工队和7个厂、公司。具有承担相应资质的各类工业、民用及公建施工能力，并有装饰、钢结构、机械施工、物业管理、房地产开发等专项资质。至2010年，承建工程40余项，完成建筑面积262.98万平方米。其中，华苑绮华里项目获市首批住宅示范工程称号，康岳大厦获市级首批新技术应用示范工程称号，十四中示范校、金水畔住宅工程、盛和家园获天津市建筑结构“海河杯”奖项及市级文明工地称号。地址在宇纬路3号。

五、河北城市建设投资有限公司

该公司为2008年5月成立的国有独资企业，注册资金1.3亿元。主要承担全区土地平衡试点项目，散片危陋平房项目整理、出让和招商工作，并通过市场化运作，为全区重点项目搭建投融资平台。至2010年年底，实现土地出让15宗，占地面积14.49万平方米，总规划建筑面积167.4万平方米，总出让金79.8亿元，实现留区财政收入5.7亿元，其中土地契税2.4亿元、非税收入3.3亿元。地址在民生路米兰公寓。

六、天津市英俊房地产开发有限公司

该公司成立于1997年2月，注册资金1000万元。经营范围为房地产开发、商品房销售服务、劳务服务。地址在翔纬路169号。

七、天津华祥房地产开发公司

该公司成立于2000年12月，注册资金1000万元。主要经营房地产开发、商品房销售、房屋信息咨询（不含中介）、工程技术咨询，以及为企业与家庭提供劳务、为园林绿化工程提供服务。地址在日纬路日光里8门1楼。

第三章　房地产管理

1976年区房管局成立后，全区房地产行政管理、产权、产籍管理、房地产市场管理和物业管理逐渐步入规范化轨道。1999年7月住房制度改革实施后，公房核减租金、廉租住房实物配租与租房补贴等工作跃上新台阶。

第一节　机构设置

河北区房地产管理局成立于1976年，兼有行政、事业、企业性质，既是区政府职能部门，又是公房经营管理的事业单位，还是主管房屋修建的企业。设9科1室、10个房管站、4个管理站（所），职工4165人。1980年2月，在新辟居住区成立江都路房管站和建昌道房管站。1982年1月，集中各房管站的大修力量组建第六、第七2个施工队。4月，设产权地政科。7月，区私房管理所改为区房地产交易

河北区房地产管理局办公楼（区志办提供）

所。1983年2月，由该局分离出新组建的区房屋修建工程公司。1995年，区房地产管理局设15个科室，有32个企事业基层单位，职工1717人。2010年，设科室29个，基层单位19个(房管站11个、公房管理所1个、房地产开发公司3个、工程队1个、房屋经营修缮服务实体3个)，地址在金纬路金正公寓3号。

第二节　房地产行政管理

一、房屋行政执法

1996年，区房管局成立房地产行政执法监察科，人员4人。2002年4月，区房地产管理监察执法队成立，8月，与区综合执法大队联合，以封堵中环线18处私开门面房为突破口，对金纬路、一号路、金钟河大街等主干道路282个门面房进行住宅楼首层拆窗改门和外墙增门治理。

二、房屋安全普查

1985年，经普查全区各类房屋建筑面积693.58万平方米。其中，直管公产房屋建筑面积30.36万平方米，全民单位自管产房屋建筑面积503.29万平方米，集体单位自管产房屋建筑面积46.67万平方米，私产房屋建筑面积93.52万平方米，军产房屋建筑面积19.13万平方米，其他产房屋建筑面积6126平方米。1995年，全区私产房屋建筑面积74.88万平方米，其中楼房1.21万平方米。按照市政府要求，2009年8月至2010年3月进行房屋普查工作。截至2009年6月，全区有各类既有房屋1.14万幢、26.32万户、2372.7万平方米。使用安全或基本安全的房屋1.05万幢、25.33万户、2288.8万平方米，分别占全区房屋总量的91.3%、96.2%、96.5%；不同程度存在安全隐患的房屋958幢、9900户、83.9万平方米，分别占8.7%、3.8%、3.5%。

三、历史风貌建筑保护

2005年8月31日天津市公布第一批历史风貌建筑，含河北区19幢，其中，天纬路38~40号大悲禅院等5幢为特殊保护类，民主道40号汤玉麟旧居等10幢为重点保护类，民主道12号等4幢为一般保护类。2006年2月17日公布第二批，含河北区2幢，分别是三戒里4号觉悟社和三戒里49号女星社。2008年1月25日公布第三批，含河北区23幢，其中民主道23号曹禺故居等6幢为重点保护类、进步道80~82号程克旧居等17幢为一般保护类。2009年4月3日公布第四批，河北区有21幢，其中建国道66号刘髯公旧居等10幢为重点保护类、民主道33~35号张廷谔旧居等11幢为一般保护类。至2009年，全区有65幢市级历史风貌建筑，分为名人旧居、军政界要人寓所和名建筑三大类。

第三节　产权产籍管理

一、清查换证

1983年2月，区清查换证办公室成立。自1983年第二季度至1989年年底，私产房屋登记收件4万余件，发证4.2万余件。至1988年，全区单位自有房产清查登记3800件，并均换发新证。1986年7月至1989年年底，清查民用公房4万余件，亦全部完成换证。1984—1986年，开展公用公房清查换证工作，换发新证260件。其中，直管公用公房23件，保管自修公用公房207件，市级公用公房30件，应发证完成100%。

二、土地使用权管理登记

1982年，区房管局成立地政科。2002年11月，住宅用地管理发证工作由市规划国土资源管理局移交区房地产管理局办理。2006年4月，开始进行所辖区域土地使用费征收工作。自2006年1月1日起，对已办理房屋所有权初始登记和国有使用权初始设定登记的住宅，实行房、地统一登记，两证合一，核发房地产权属证书。

三、产权登记

1998年，区房地产工作实行微机管理。2000年，实现房屋产权产籍管理系统在同一网络平台办理登记业务。作为全市试点，完成“数字房管”建设任务。2006年1月，启动国有土地上房地统一登记工作。2010年，完成各类房屋登记2.3万余件，房屋登记面积204万平方米。

第四节　房地产市场管理

一、房地产综合交易市场和新建商品房市场

1998年9月，区房管局投资820万元建设区房地产有形市场。该市场是集产权产籍管理、房地产业务、商品房销售、房屋置换互换、租赁评估、银行贷款、中介咨询为一体的多功能专业市场，实现房产交易、抵押、评估、办证、信贷“一条龙、一站式”服务模式，成为全区房产交易中心、房产信息发布中心和房地产政策法规宣传中心，至2010年多次举办春秋季房交会等活动。

2004年，房管部门对商品房监管由销售延伸到项目建设。2010年，为遏制房价上涨，对开发企业加强监管。定期到新建商品房销售现场检查商品房的资讯及其公示情况，将开发商档案转到区局，加强项目管理。至年底，19宗经营性用地进入监管程序。

2010年河北区经营性地块项目一览表

表11-3

受让方名称	项目名称	地点	出让合同约定建筑规模（万平方米）			出让合同约定土地面积（万平方米）		
			总面积	住宅	非住宅	总面积	住宅	非住宅
天津汇森房地产开发有限公司	富贾花园	中山北路北侧	3.37	0.00	3.37	10.05	0.00	10.05
天津海申传奇置业有限公司	乐活坊	增产道与靖江路交口处	1.22	1.22	0.00	2.93	2.93	0.00
天津茂业置业有限公司	茂业大厦	海河东路与四经路交口处	0.92	0.00	0.92	10.00	0.00	10.00
天津仁恒海河开发有限公司	仁恒滨河水岸	元纬路－五马路－海河东路－新开路围合处	12.43	12.43	0.00	23.46	23.46	0.00
天津市安居建设发展总公司	新文化中心	海河东路36~34号	3.31	0.00	3.31	8.08	0.00	8.08
天津市春江房地产开发有限公司	靖江鑫园	真理道	1.15	1.15	0.00	3.63	3.63	0.00
天津市大久房地产建设开发公司	祥和二期	金钟河大街增光路口处	0.72	0.00	0.72	7.18	0.00	7.18
天津市海晟投资有限公司	望海大厦	中山路－医院路－望海楼教堂公园－居民住宅围合处	1.54	0.00	1.54	10.00	0.00	10.00
天津市汇森房地产开发有限公司	富水一方	建昌道小红星路	6.64	6.64	0.00	9.97	9.97	0.00
天津市金阁置业有限公司	正莹里	王串场一号路与正义道交口处	0.72	0.44	0.28	1.80	1.10	0.70
天津泰达建设集团格调津海地产开发有限公司	－	狮子林大街南侧、金纬路西侧	10.31	10.31	0.00	25.17	22.39	2.76

续表11-3

受让方名称	项目名称	地 点	出让合同约定建筑规模（万平方米）			出让合同约定土地面积（万平方米）		
			总面积	住宅	非住宅	总面积	住宅	非住宅
天津泰达建设集团格调中天房地产开发有限公司	嘉海一期	海河东路	6.20	6.20	0.00	23.66	23.66	0.00
天津天保米兰置业投资有限公司	希尔顿酒店	平安街－自由道－海河东路－进步道围合处	1.73	0.00	1.73	5.60	0.00	5.60
天津赢超房地产开发有限公司	宁静家园	铁东路东侧4号地	4.83	4.83	0.00	16.92	16.92	0.00
天津赢超房地产开发有限公司	宁静家园	铁东路东侧3号地	0.98	0.98	0.00	1.47	1.47	0.00
中铁房地产集团（天津）置业有限公司	诗景颂苑	金钟河大街北侧五号地B街坊	2.51	2.51	0	12.36	12.36	0
中铁房地产集团（天津）置业有限公司	诗景颂苑	金钟河大街北侧1号地C街坊	6.01	6.01	0	19.73	19.73	0
中铁房地产集团（天津）置业有限公司	诗景颂苑	金钟河大街北侧五号地C街坊	1.28	1.28	0	2.84	2.84	0
天津远洋大厦有限公司	远洋大厦二期	民生路与博爱道交口处	0.61	0.00	0.61	5.56	0.00	5.56

二、二手房市场和房地产租赁备案管理

2003年，房产、工商等部门对区内130家房地产中介企业进行专项清理、整治，查出违法违规经营“黑中介”84家，给予限期整改或取缔的行政处罚。2005年，开展规范房地产市场秩序检查和房地产经纪机构检查换证工作，加大对二手房市场监管力度，全面实行代收代付资金监管，杜绝中介机构代收房款的现象，保证二手房交易安全。截至2010年，56个房地产经纪机构已备案。

2001年，进行第一次大规模房屋租赁市场专项治理，重点清查各类房产租赁不办理登记和公房私租等违规行为。截至2002年9月，对全区151家厂房出租情况进行摸底调查并登记造册。2005—2010年，租赁备案工作进入信息化办公阶段。

第五节 房屋和物业管理

一、公房经营管理

（一）**公有房屋租金调整** 根据住房制度“实行多住房、多负担，促进消费结构调整，抑制不合理的住房需求”的改革原则，公有住宅房屋实行分步提高租金，其中公有非住宅房屋于2002年6月1日进行调租。全区非住宅公产约700万户、4700万间，建筑面积16.30万平方米，调组后增幅120.72%。

历次公产住宅调租情况统计表

表11-4

项目＼年月		1996.4	1997.6	2001.4	2002.7	2010.4
建筑面积（万平方米）		292.24	282.34	256.88	270.44	287.96
计租面积（万平方米）		224.88	215.41	190.39	204.66	213.25
月租	调整前（万元）	187.39	214.93	207.33	275.10	312.76
	调整后（万元）	224.04	262.15	267.45	311.89	352.64
户数（户）		73722	70771	66719	65567	63849
分值（元）		0.00833	0.01083	0.014	0.0161	0.0185
单位分数		120	120	100	100	100
调租比例（%）		119.56	121.97	129.00	113.37	115.21

（二）**公有住房出售**　按照全市规定的公有住房出售政策落实公有住房出售工作。1996—2010年，全区公有住房出售40.6万平方米。

二、公房修缮管理

（一）**公房修缮**　2003—2007年，区房管局实施整片、整栋大面积楼房老化电线更换工程。对20世纪50—60年代以后建造的楼房全部进行老化电线改造，增加防漏电设施，保障居民安全用电，共更换257万米。2006年，对王串场盛宇里5、6、7号楼进行原拆原建。经过5个多月施工，143户居民搬入新居。

（二）**平改坡**　2007—2010年，对既有房屋实施平面屋顶改造为坡屋顶工程，以提高多层楼房屋面的保温隔热和防水能力，既节约能源，又改善居民的居住条件。改造完成22条景观道路两侧143幢，投影面积10.55万平方米。

三、公用公房和单位自管产管理

区属行政机关、公安部门、司法部门、街道办事处等使用的公房，由区公用公房管理所直接管理。区属教育、文化、卫生、体育等部门下属的中小学、幼儿园、影剧院、医院、卫生院、体育场等，由使用单位保管自修。2010年，全区公用公房177处，建筑面积54万平方米。其中，直管公用公房65处，建筑面积7万平方米；保管自修公用公房112处，建筑面积47万平方米。自管房产单位90个，自有住宅4.1万户、建筑面积200万平方米，自有非住宅建筑面积323万平方米。

五、物业行业管理

（一）**概况**　1996年5月，区物业管理领导小组成立。2003年12月，区房管局成立物业管理中心，承担物业管理办公室部分职能，与物业管理办公室合署办公。物业管理企业由1996年的10余家、管理面积60余万平方米，发展到2010年的81家、管理面积1100余万平方米。其中，一级企业2家，二级企业6家，三级企业51家，三级暂定企业22家，三级暂缓核定企业1家。2004年，区政府在《河北区物业管理企业退出应急管理暂行办法的通知》中，明确在物业企业退出项目过程中各部门职责，至2010年，各有关部门严格执行此规定。

（二）**旧楼区管理**　2003年，对旧有住宅小区综合环境及其附属设施进行综合整修，整修后旧楼区由房管局物业办组织相关单位接管。2006年，出台《河北区旧楼区实施管理意见》。2007年5月，组建河北区华尚环境治理服务队，其性质为公益性再就业公司，开始正式对河北区旧楼区实施管理。管理补贴资金由区建委、区市容委、区劳动保障局、区房管局、区民政局共同筹集。至2010年，全区有旧楼区262个，建筑面积950万平方米。

（三）**维修资金管理**　按照市政府要求，区物业办负责对1996—2003年出售的住宅进行公共设施维修基金追缴工作，至2010年年底，追缴2200余万元。2005—2010年，维修资金使用300余万元，受益业主5000余户。2010年，全区使用应急解危资金14.5万元，为2216户业主解决了房屋危急维修问题。

第四章　市政建设

2010年，全区有道路200余条，桥梁20余座，排水、防汛设施较为完备。

第一节 机构设置

1978年，区城市建设管理局成立，1997年改称区市政园林管理局。2010年，区市政园林管理局改称区市政管理局，由区市容园林委管理，业务上受市市政公路管理局、市防汛抗旱指挥部指导。设科室9个，行政编制27人，工勤事业编制3人，辖道路、排水、占路3个管理所。办公地址在宙纬路9号。

第二节 道路与桥梁

一、道路

1979—1985年，以居民区土路及交通要道为重点，进行道路新建、改建和整修。修建真理道、榆关道、津浦北路、金钟路等高级路面，碎石路、砖路、炉灰路改建为沥青油路。断头路、卡口路基本消除，土路提级基本完成，实现全区道路柏油化。列入市政府1996年改善人民生活10件实事的金纬路拓建工程于1996年3月开工，9月竣工通车。该路北起中山路，南与狮子林大街交叉，至货场大街以南82米处，全长1358米，宽40米。1996年，全区道路185条，总长158.63千米，总面积192万平方米。

1996—2010年河北区维修道路统计表

表11-5

年份	维修道路(条)	维修面积(万平方米)
1996	98	6.59
1997	103	6.31
1998	101	7.50
1999	106	7.93
2000	113	10.40
2001	106	10.42
2002	209	6.75
2003	126	6.75
2004	8	12.80
2005	–	11.04
2006	–	20.97
2007	125	7.36
2008	103	8.43
2009	133	10.81
2010	13（区管道路）	17.38

二、桥梁

1981年，修建金钢便桥和三条石便桥，1982年，修建广场桥。1985年后，为配合中环线建设，在新开河新建盐坨桥、辛庄桥，改建勤俭桥。在普济河道上跨京山铁路建天津市最高立交桥。1993年，建北站跨铁路立交桥及穿越铁路地道。1994年，建金狮立交桥及天津市最长的穿越铁路地道的榆关道立交桥。1995年，建勤俭立交桥，再次拓宽改

金钢桥 （区委宣传部提供）

建勤俭桥。至1996年，区内有跨河桥梁17座，其中钢桥3座、钢筋混凝土桥14座；有立体交叉桥涵及铁路钢桥11座。2010年，全区跨河桥梁24座，其中界内桥梁10座、跨界桥梁14座。

河北区界内桥梁一览表

表11-6

序号	桥梁名称	河系	桥长（米）	桥宽（米）	结构		建成年份
					上部	下部	
1	京津桥	新开河	101.64	12.66	混凝土T型连续梁	重力式墩打入桩	1950
2	新开桥	新开河	114.86	24.00	预应力单悬臂T型梁	钢筋混凝土打入桩承台	1965
3	盐坨桥	新开河	172.76	40.50	空心板梁T型梁	灌注桩	1986
4	红星桥	新开河	118.40	12.20	空心板梁T型梁	灌注桩	1968
5	建昌桥	北月牙河	27.50	10.00	混凝土板梁	灌注桩	1970
6	红波桥	北月牙河	25.00	4.00	混凝土板梁	灌注桩	1969
7	靖江桥	北塘排水河	50.00	24.50	混凝土板梁	灌注桩	1984
8	岷江桥	月牙河	26.90	–	–	–	–
9	靖江北桥	月牙河	32.78	–	–	–	–
10	金月桥	北塘排水河	31.76	–	–	–	–

河北区跨界桥梁一览表

表11-7

序号	桥梁名称	河系	桥长（米）	桥宽（米）	结构		建成年份	改建年份
					上部	下部		
1	金钢桥	海河	848.00	–	–	–		–
	下层桥	海河	85.58	18.50	单箱单室钢与混凝土组合连续箱	钢筋混凝土沉箱桥墩钢筋混凝土低桩承台		–
	上层桥	海河	151.027	18.50	三跨中层式无推力钢管混凝土拱	200灌注桩35×35压入桩预应力混凝土箱梁		–
2	狮子林桥	海河	97.60	39.80	预应力单悬臂箱型梁	灌注桩承台实体墩	1954	1974年改建 1994年拓宽
3	金汤桥	海河	76.40	10.03	中承式钢桁架	实体墩	1906	1970年抬高加固
4	北安桥	海河	97.60	24.60	预应力单悬臂箱型梁	灌注桩承台实体墩	1939	1946重建 1973改建
5	广场桥	海河	102.94	15.60	预应力单悬臂箱型梁	灌注桩承台实体墩	1982	–
6	解放桥	海河	97.64	12.29	下承式钢桁架	混凝土墩沉箱基础	1927	–
7	三条石便桥	子牙河	88.19	5.85	定型钢桁梁	灌注桩	1982	–
8	勤俭桥	北运河	71.10	58.28	T型简支梁	混凝土墩台灌注桩	1966	1985年扩建 1995年拓建
9	北洋桥	北运河	63.00	10.00	T型简支梁	混凝土打入桩承台	1940	1951年改建
10	辛庄桥	北运河	75.74	10.50	预应力空心板桩	灌注桩	1986	–
11	大沽桥	海河	243.00	32.00	–	–	2004	–
12	通南桥（进步桥）	海河	180.00	35.00	锚式衔吊组合	–	2007	–
13	满江桥	月牙河	40.66	–	–	–		–
14	永乐桥	子牙河	330	–	–	–	2008	–

三、立交桥涵

（一）**普济河道立交桥**　位于河北区西北部，东南连铁东路，西南接普济河道，为1986年配合中环线建设修建的跨京山铁路和铁路南仓编组站的大型立交桥。长1306米，宽18米，最高点18米，是天津市最高立交桥。1989年又续建宜白大道一段立交桥，长100米，17.75米，荷载20吨。

(二)**北站立交桥** 位于河北区中部，东接中山北路，西连中山路，跨越京山、津浦铁路，1993年建成。长646米，宽16.5米，荷载20吨。

普济河道立交桥 (区志办提供)

北站立交桥 (区志办提供)

(三)**金狮立交桥** 位于河北区东南部，东连金钟河大街，西至狮子林大街，南接新开路地道，北通昆纬路。为双层式立交桥。1994年10月建成。长1312.59米，宽8~16米，荷载20吨。

金狮立交桥 (区委宣传部提供)

(四)**勤俭立交桥** 位于中环线和京津公路交会处，沿中环线跨京津公路，东北接普及河道，西南连勤俭道。1995年3月开工，1995年9月竣工。桥梁主体长235.6米，宽17.6米。

(五)**榆关道立交桥** 为国家重点工程京九铁路配套项目，也是天津市1994年改善人民生活20件实事之一。东起铁东路，西至京津公路，长1245米，由5座涵洞箱体构成的地道桥组成，穿越京山、津浦等14股铁路线，是本市下穿式立交桥最长的一座。

勤俭立交桥 (区志办提供)

(六)**子牙河特大桥** 位于河北区西北部，跨河北、红桥两区，与小王庄大街、杨桥大街和北营门外大街3条道路立体交叉，全长1334.3米。该桥原系5座单线钢梁桥，津浦铁路改建复线时将其拆除，桥位移至上游百米处重建。1976年动工，1979年竣工，为一座多跨、不同孔径、不同结构、不同基础的复线钢筋混凝土大桥。

(七)**京山铁路二十四号桥** 位于河北区中偏北部，横跨新开河。清光绪二十二年(1896年)，始建为单线京奉铁路桥。1942年，改建为下承钢板梁复线铁路桥，长125.72米，宽8.5米(含两侧各宽1米的人行道)，净高3.5米，下部基础为V形钢筋混凝土桥台，全桥8孔。其中，两端各2孔，跨度9.7米；

中间4孔，跨度19米。

（八）民权门立交桥　又称金钟河大街立交桥，位于中环线红星路与金钟河大街相交处，为四层互通式立交桥，全长1587.6米。2004年建成。第一层为桥下辅路，第二层为金钟河大街东北至西南方向主线桥，第三层为金钟河大街左转中环线定向匝道桥，第四层为中环线西北至东南方向主线桥，并连续跨越中山北路、金钟河大街两路口。

民权门立交桥　（区委宣传部提供）

（九）金纬立交桥　位于金纬路和胜利路交口，2000年建成通车，双向4车道，长482米，宽17米，引路长192米。

（十）志成道立交桥　位于北横东纵连接线上，东西长4727米，东起子牙河大桥，横穿中环线，终结外环线。南北长1060米，南起北宁公园，跨越新开河，北接铁东路高架桥。桥梁总长7233米，其中A线3410米、B线809米、C线1089米、匝道线9条共长2111米。道路全长9456米，其中主线2960米、辅路4755米、支路1741米。2009年建成。

志成道立交桥　（区志办提供）

（十一）金钟河大街地道　位于河北区南部，1954年建成，为钢筋混凝土墩台结构，净空5米，双孔，可通行各种车辆。上方为京山铁路26号桥，建于清光绪二十二年（1896年），时为单线。日伪时期改建为不等跨度的复线桥，由两孔上层及下层板梁组成，全长70.8米。

（十二）北站地道　位于河北区中部，东接中山北路，西连中山路。北侧地道始建于清光绪二十二年（1896），长65.5米，双孔，宽10.20米，限高2.5米，为钢筋混凝土结构。1993年修建北站立交桥时，在南侧新建一条地道，洞体长83米，宽10.8米，限高2.61米。

（十三）南口路地道　位于河北区北部。建于1967年，为混凝土箱型结构，双孔。洞体长41.67米，宽24米，以下穿越津浦铁路。

（十四）仓联庄地道　位于铁东路中段，原为铁路北环线3孔铁路桥，桥下净空高度2.5米。1986年中环线工程中改建为钢筋混凝土结构地道桥。地道净空高度4.5~5米，长309米，快车道12米×2，慢车道6米×2，人行道6米×2，总面积1.46万平方米。

第三节　排水

一、设施建设

改革开放后，全区先后有堤头大街、小王庄大街、白庙工业区、张兴庄、中山路以北、金钟河大街、万柳村、中纺前街、王串场居住区、新货场、建昌道居住区、新开河工业区、江都路居住区、民权门居住区等片排水设施得到彻底改造。至1996年年底，境内有排水干管378.15千米，里巷支管274.58千米，建排水泵站30座，排水能力80.576立方米/秒。

河北区排水泵站一览表

表11-8

序号	排水性质	泵站名称	修建年份	排水能力(立方米/秒)	排水出路	备注
1	合流	东六经路	1953	1.45	赵沽里泵站	
2	合流	小树林	1953	3	赵沽里泵站	
3	雨水	金钟路地道	1954	0.445	金钟河大街干管	
4	雨水	七马路	1955	2.40	子牙河	
5	雨水	育婴里	1957	2.40	新开河	
6	污水	南口路	1958	2.288	赵沽里泵站	
7	合流	新货场	1958	2.617	赵沽里泵站	
8	合流	赵沽里	1958	11.16	北塘排水河	
9	雨水	北站	1964	1.09	金钟河大街干管	1993年重建
10	雨水	古北道	1966	2.70	北运河	
11	雨水	志成道地道	1967	0.101	新开河	
12	雨水	南口路	1967	0.645	赵沽里泵站	
13	合流	民权门	1968	10.70	北塘排水河	
14	雨水	红星桥	1970	10	新开河	
15	污水	增产道	1981	0.914	北塘排水河	
16	污水	建昌道	1981	0.44	赵沽里泵站	
17	雨水	杨桥街	1981	2.40	新开河	
18	雨水	增产道	1982	7.34	北塘排水河	
19	雨水	泰兴路	1982	3.798	新开河	
20	污水	靖江路	1985	0.34	北塘排水河	
21	污水	盐坨桥	1986	1.106	赵沽里泵站	
22	雨水	金沙江路	1986	3.860	北塘排水河	
23	雨水	仓联庄地道	1986	0.606	新开河	
24	雨水	盐坨桥	1986	3.86	新开河	
25	雨水	榆关道地道	1987	1.315	南口路雨水泵站	1995年重建
26	污水	建昌道	1988	0.375	赵沽里泵站	
27	污水	粮店街	1990	0.414	新货场泵站	
28	污水	张兴庄	1990	0.30	新开河污水泵站	
29	污水	丹江东路	1991	0.112	北塘排水河	
30	雨水	狮子林桥	1991	2.40	海河	

二、养护管理

1979年1月，区排水管理队成立，1984年改称区排水管理所，负责管径等于或小于40厘米里巷支管排水养护。市排水管理处排水三所负责排水干管的养护管理。泵站由市泵站管理所负责。1981年9月，区排水管理所加大管理力度，设专职管理员10余人，并向320个居委会聘请排水设施义务管理员，分片负责，杜绝人为损坏，违章占压得到控制。1984年，区排水管理所对里巷、楼群排水设施进行全面清查核实，以里巷为单位，设立设施管理台账，为周期养护管理提供依据，这种普查每年进行1次，迄2010年。

1996—2009年河北区维修排水设施统计表

表11-9

年 份	维修里巷排水管(米)	维修其他排水设施(万米)
1996	265	26.55
1997	298	60.11
1998	174	27.75

续表11-9

年 份	维修里巷排水管(米)	维修其他排水设施(万米)
1999	285	28
2000	295	56.70
2001	1487	25.02
2002	314	63.14
2003	337	63.38
2004	-	-
2005	144.50	34.68
2006	-	-
2007	503	53.24
2008	419	75.60
2009	2275	86.25

三、设施代养

1985年以前，由于城区面积不断扩大，形成以公产房屋为主、企业产房屋占有一定比例和千余条里巷及楼房的化粪井以内管道无专业人员养护现象，污水外溢时有发生。1985年，市城乡建设委员会实施代管养措施，即公产房屋由各区排水管理所代养。1987年，区政府转发区城建局规定：区内排水系统实行统一监管，无论何种产权均由区城建局进行监督、检查、协调、指导，必要时实行强制性措施。对区内公产、企业产及军产住宅(不含单位院内)下水道实行登记注册，经检查合格后，发给使用证。不合格设施限期整修。对无能力养护单位，可向区排水所申请委托代养。自管自养单位与区城建局签订立保手续，使污水外溢得到全面控制。1996年，区排水所代养公产房屋下水管道638条、78.67千米，代养389个单位企业产房屋管道77.89千米。企业自管立保单位50个，自养下水管道83.15千米。

第四节　防汛

一、工程建设

境内汛期主要泄洪河道有海河(主泄洪河道)、北运河、新开河(分泄洪河道)。海河河北区段全部建成下部为木板桩或混凝土板桩、砌石墙，上部为砌砖或浆砌片石坡。1996年上半年，实施海河护岸应急工程，配合海河公园重建，海河市区两岸修建装饰性、实用性兼具的河岸防水墙。北运河其护岸从普济河道(勤俭桥)至北运河汇流，全长3017米，分段修建浆砌石片，砌石墙2111.3米。新开河从耳闸至金钟河，长16千米，原为堤头引河，疏浚断面标准为260立方米/秒。

二、积水点改造

河北区排水设施经过40多年的建设，至1990年基本实现排水管网化。由于地势的高洼不平，早期管网建设不配套，排水能力低，大雨积水排不出，汛期降水量超过30毫米/小时，低洼地区积水即达30~100厘米，积水点20多处，给群众生活、生产带来不便。经多方筹资，1978—1987年在卫星新村、白庙村、银山里、张兴庄大道共铺设雨污水合流管道5279米，雨水管1294米，积水现象得以缓解。1989—1994年，铺设雨污水合流管道11637.6米，雨水管4095米，解决积水点9处，排水能力由每小时降水量30毫米有积水，提高到每小时降水量50毫米未有积水，退水时间加快，减少了淹泡时间。1992年杨桥大街管道改造后，汛期降水量72毫米/小时，该地区积水比往年退水缩短约10个小时，居民家中无一淹泡。

三、养护管理

1988年，拆除新开河内岸上“渔民村”（长期以来一些渔民结束船居生活，到堤岸定居形成的居住群落）居民203户、299.5间房屋。1989年，新开河进行防洪清障工作，迁移砍伐河坡内树木905株。区内河道护岸、堤埝、防水墙、闸门等防洪、排涝设施，由市排管处排水管理所定期检查、定期维修管理，基本达到“堤成型、岸成线”要求，河岸乱占乱压现象基本杜绝。

第五章　公共设施

改革开放后，河北区公共设施得到逐步完善，尤其是2001年兴建的金泰供热中心，供热面积占全区1/5，系全国最大的环保型锅炉供热设施。

第一节　供水与照明

一、管网建设

1978年，河北区先后对王串场地区、光复道地区供水管网进行调整改造，使供水压力明显提高。同时对不成片的供水低压点，逐年进行管网调整。在扩大供水范围的同时，逐年对供水管网进行更新改造，增大输水管口径，提高水压，特别是兴建新开河水厂后，区内水压明显上升。1982—1984年，河北区分期分片实施自来水龙头进院或入户工程，至1985年入户率近100%。至1996年，全区供水管网51.44万米，装水表2.27万具。2008—2010年，实施自来水抄表到户工程，完成水表安装21.55万户、25.36万具。2009—2010年，完成45片116处二次供水设施改造，受益居民3.41万人。

二、新开河水厂

1982年，作为引滦入津工程配套项目，在界内新开河畔的淮安道兴建天津市最大水厂（占地24.91万平方米）——新开河水厂，其配水、混合反应、沉淀、过滤、加药、清水、泵房、电站等设施，全部采用美、日等发达国家先进技术和设备，规模为日产水100万吨。一期工程于1986年6月完成，日产水能力50万吨。二期工程于1995年完成。水厂有大口径出水干管5条，总长度46.88千米，供水面积100平方千米，时为国内一流现代化水厂之一，结束了河北区无产水设施的历史。

三、路灯

20世纪70年代，在天津中心广场首次采用地下电缆供电。1978年在中心广场路灯工程改造中，将球形灯改为多头组合的玉兰花型灯具，既美化环境，又提高亮度。1987年，研制成功并投入使用模拟日照程序自动开关，使路灯启闭与日出日落同步。1988年，配合天津站铁路枢纽建设，采用先进的高杆组合灯具，装灯308盏、主高杆组合灯3套。1990年，将125瓦汞灯用于中心广场路灯安装，每根灯杆加装2盏250瓦高压钠灯投光灯，既节约能源、提高了照明度，又为景观增色。2007年，实施“路灯光明行”工程，经过两年努力，为10个街道近150个居民小区补建路灯126片、768盏，总投资467万元，其中河北区投资230万元。

第二节　燃气

一、工程建设

河北区燃气供应由20世纪70年代起步，开始仅供应少量液化气罐。1985年，市政府提出3年（1985—1987年）实现全市民用燃气化，河北区组织上千人施工队伍，从江都路街道、光复道街道开始，先后攻克旧城区人口稠密、地形房型复杂等施工难题，1987年实现了3年气化工程目标：铺设低压管道和庭院管线600余千米，建调压站34座、服务站11个和1750平方米的二层河北煤气营业所办公楼1座。后逐步将工程成果进行移交，由市公用局煤气总公司组建煤气河北营业所，负责验收、点火、安全、收费、维修等日常管理工作。90年代，燃气开始由福利型向商品化经营型转轨。1991年，燃气发展工程资金采取由相关单位、集体和居民共同承担的方式，筹集1307万元，完成1.69万户内装管道任务。1992年，集资601万元，建设煤气调压站2座，铺设中、低压和庭院管道11千米，分批通气28片，使1.03万户居民用上煤气。当年工程建设排全市首位。1993年后，随着危改进程，河北区采取在新建住宅预装燃气管道和设施，其费用纳入建房成本，待分配或销售住房时统一收费的办法，以保证燃气事业与住宅建设同步发展。对液化石油气供应体制进行改革，在供应平价气的同时发展议价气，一些民营液化气经营单位，以高于平价气3倍的价格供应急需者。1996年，全区有20.05万户用上燃气。其中，使用平价液化石油气罐的4.53万户，使用议价液化石油气罐的490户，使用管道天然气的2.02万户，使用管道煤制气的13.45万户。

二、经营管理

1994年以前，河北区液化气管理所为液化气管理与经营机构。1994年，河北区设营业所和服务站。后天津市改为按燃气品种分设供应公司。市燃气总公司在河北区设营业所，市液化气集团公司在河北区设4个服务站，市天然气总公司在河北区设怒江里和光复道2个服务站。按照《天津市燃气管理条例》，各燃气经营管理部门实行法制化、规范化管理。定时定点检测燃气压力、气质等，为用户提供全天候、多方位维修服务，对经营燃气灶、气表和零配件及换气罐等业务制定规范要求，公之于众，以利于监督执行。1995年，天然气的经营管理由河北区营业所移交给河东区营业所。

第三节　供热

一、机构设置

1992年8月，组建河北区供热燃气公司，与区供热指挥部合署办公，是区政府实施供热工程建设，从事供热事业管理的常设机构。1994年8月，更名为区供热办公室，为区政府职能部门，内设9科2室，职工130人。2010年，有直属供热站11个。地址在富强道11号。

二、工程建设

（一）**依靠社会发展供热**　1989年，区供热部门与天津机车车辆厂合作，利用其锅炉余热在志成道13号院建换热站1座，发展供热面积2万平方米。1995年，利用3处工厂锅炉剩余热负荷，发展住宅供热22.7万平方米。黄纬路、三马路13个公建单位以2台大功率锅炉替换17台小锅炉，使周围单位和住宅17万平方米受益。至1995年年底，全区新建大型锅炉房15座，热源规模328吨/时，可供热216.7万平方米。

（二）**集中供热**　1992年，建设供热规模30万平方米的长青北里供热站。1995年，全区完成住宅供热面积444.15万平方米，热化率40.85%。2001年，供热面积突破1000万平方米。2002年，热化面积1220.41万平方米，集中热化面积1112.19万平方米，热化率94.24%，集中热化率85.88%，2万平方米以上老住宅100%实现供热。1998年，对第十一供热站进行大规模改造，供热主管道横穿真理道至河东区，实现了供热跨区经营。2000年，建成大型集中供热锅炉房建昌道供热站、嘉海供热站。2001年5月，于天津动力机厂院内兴建金泰供热中心，该中心占地5万平方米，投资7亿元，总装机容量480吨，规划供热面积500万平方米。安装全自动化节能环保型锅炉，煤尘污染和二氧化硫排放指标控制在2.5%以下，取代原有48座中、小型供热站，解决了小王庄、鸿顺里、黄纬路、中山路、东六经路等地区20万户居民冬季采暖问题，供热面积占全区1/5，受益居民占全区1/3。2002年，在王串场一号路兴建金霞供热站，填补了区内供热规划最后空白点。大力兴建环保型大型锅炉房，推行中小型燃煤小锅炉并网。至2010年，并网小锅炉房183座、51台，并网面积631.96万平方米。全区供热面积1567.29万平方米，热化率100%，以大锅炉房为基本热源的区域性集中供热体系基本形成。

（三）**更新完善** 2004年，全区新铺设一次管网3400米，二次管网1.8万余米。2006年投资900余万元，将第八供热站15吨锅炉改扩为40吨锅炉，在金泰、嘉海、六站和八站新建换热站4座，铺设一次管网3000米，二次管网5000米。对金钟河大街、月牙河两岸10余条供热外管网进行改造，为新开河水厂、渤海职专等小锅炉房实施并网工程，并网面积13万平方米。2010年，开拓外区供热经营市场，在津南区星耀五洲住宅项目建设4×70兆瓦大型锅炉房1座，供热600万平方米。2010年，全区有大型燃煤锅炉房26座，大型燃煤锅炉锅炉81台，供热管网1199.34千米。

2007年，金泰供热中心举行高效脱硫改造工程开工仪式（区供热办提供）

三、供热管理

1997年后，各站先后采用变频调速技术。1998年，各站先后改造鼓引风冷却水二次循环使用，每个供热期平均节水1500吨左右。2004年编辑《安全生产制度汇编》，建立事故应急处理预案，保证锅炉安全稳定运行。2007—2009年，对24台锅炉进行脱硫除尘改造，减少锅炉污染物排放。自1994年起，河北区在新建项目工程造价中预收供热费，为供热由福利化转向商品化奠定了基础。2008年，将居民供热价格调整为建筑面积每平方米25元。

第四节 铁路运输

天津铁路分局隶属铁道部北京铁路局，管辖线路分布在天津市、北京市、河北省和山东省境内。拥有5条干线、10条支线、25条联络线。分局固定资产原值123.65亿元。线路总延展长度4067.82千米。其中，正线延展长度2307.98千米；营业线路总长1334.3千米。设有车站135个。其中，特等站2个，一等站12个，二等站1个，三等站20个，四等站82个，站管非营业站2个。另有线路所8个，旅客乘降所14个。有电气集中的车站120个，有电气集中道岔4725组。地址在中山路5号。2010年，天津铁路客运量完成2654.44万人，货运量完成7596.99万吨。

第六章　市容管理

1979年后，河北区市容管理得到不断加强，尤其是天津站地区、大悲院地区和意式风情区（详见第二十五编）等重点地区市容环境日新月异，天津站获国家卫生先进单位称号。

第一节　机构设置

1981年6月，将1976年组建的河北区"三整顿"办公室改称河北区整顿市容办公室，工作人员11人。1985年1月，在区整顿市容办公室的基础上，组建区市容管理委员会。内设占道科、管理科、市容科和办公室。1987年5月，区市容管理委员会与区五讲四美三热爱活动办公室、区爱国卫生运动委员会办公室合并为区市容卫生管理委员会，内设办公室、五讲四美三热爱办公室、爱卫会办公室、市容环境管理科、街道整修科，撤销占道管理科。1988年，成立区街道综合整修办公室、东站地区管理办公室、北站地区管理办公室和区综合治理联合执法队，均挂靠在区市容卫生管理委员会。1990年，区五讲四美三热爱办公室更名为区建设精神文明指导委员会办公室，划归区委宣传部。1991年，区市容卫生管理委员会增设市容监察科，原市容管理科更名为环境卫生科。1995年，区市容卫生管理委员会组建区道路综合治理联合执法队，编制60人，由区市容卫生管委会道路综合治理办公室调动指挥。原区城管监察中队的联合执法队撤销。1997年8月，区市容卫生管委会内部机构调整为办公室、环境卫生科、综合协调科、街景管理科。10月，区市容卫生管理委员会改为区市容管理委员会。将区爱卫委办公室和区市场管理办公室职能，并入区市容委员会。内设办公室、环境秩序协调科、环境卫生指导科、街景立面管理科、爱国卫生管理科、市场建设管理科。行政编制15人，工勤事业编制1人。2010年6月，区市容委、区市政园林管理局合并为区市容和园林管理委员会，并增加负责全区城市管理考核职责。设12个科室：办公室、环境秩序协调科、环境卫生指导科、街容管理科、爱国卫生管理科、财务审计科、园林建设养护科、绿化办公室、城市管理数字化和考核监督科、组织人事科、规划工程科、安全技术保卫科。机关行政人员31人，工勤编2人，事业编368人。办公地址在翔纬路金庭里7号楼。

1979—1984年，区爱国卫生运动委员会办公室与区环卫局合署办会。1980年，区爱卫办定编为区政府工作机构。1984年，区爱卫办与区市容委合署办公。1987年，区爱国卫生运动委员会与区市容管理委员会合并为区市容卫生管理委员会，对外继续使用河北区爱卫办名称，对内是区市容卫生委的职能科。1996年，区爱卫办规格为副处级。2010年，区爱卫办行政编制2人。

第二节　爱国卫生运动

一、爱国卫生义务劳动

1979年始，每年组织全区开展爱国卫生义务劳动。1990年、1992年、1995年和1999年在全国城市卫生检查中，组织机关干部、部队官兵、群众利用公休日，开展环境卫生大清整，清理城乡接合部无主垃圾，包括清除"渔民村"近十年堆积的500多吨垃圾山。发动组织中小学生清除残标、捡拾垃圾、擦拭护栏。2005年，组织万名党员进社区义务开展"除四害"活动，在386个社区投放鼠药、消毒灭蚊蝇，到10万户居民家调查蟑情。2006年9月，组织义务劳动，对社区重点单位内下水井及外环境投放灭蟑药。2007年7月，市、区领导带领机关干部、青年学生、驻区官兵、劳动模范、社区志愿者参加月牙河畔清整活动。2010年，为巩固市级卫生区成果，多次组织干部群众义务清理社区，小区环境明显改善。

二、爱国卫生月活动

1989年，按照全国爱卫会部署，河北区开展首届爱国卫生月活动，约22万人次参加，自此每年4月全区开展爱国卫生月活动。2000年后，爱国卫生月活动围绕实施天津市《爱国卫生管理条例》《除四害管理办法》，宣传除害灭病知识。2005年，在爱国卫生月活动中发放病媒防治材料和灭鼠药，进行义诊咨询，开展“爱国卫生人人参与，健康生活人人享有”万人签字活动。各街道设分会场开展社会宣传。2008—2010年，爱国卫生月活动以巩固市级卫生区成果为重点。各职能部门通过多种形式宣传卫生知识，增强群众环保环卫意识和公共道德素质，采取会战和专项整治等方法，集中整脏治乱，清理率80%。

三、病媒生物防控

在防病灭病工作中，将病媒生物防治工作列为重点。抓疫情、抓预防、建立健全群众性疫情报告网和疫情报告制度，有效控制传染病蔓延。1980年3月，为消除甲肝传染源，区爱卫会会同公安、工商、防病等部门，对区内市场摊点出售的近1.5万千克毛蚶进行处理。1989—1995年，根据《天津市犬类管理办法》，区爱卫办会同公安、环卫、工商等部门，在全区开展大规模灭犬活动，清理非法狗市，有效控制了狂犬病发生。同时组织群众开展经常性的灭鼠防鼠灭蟑防蟑活动，特别是对饮食、副食、食品加工厂等重点单位和重点行业，进行经常性督促检查。1985年，区政府拨款50万元用于灭鼠，投药106吨。经市爱卫办抽样考核，灭鼠率99.49%。1994—1995年，光复道街道连续出现6例出血热病人，区爱卫会及时组织力量，发动全街道居民投放药品，开展大规模灭鼠活动，使出血热病得到有效控制。至2010年，全区蟑螂密度、鼠密度始终控制在国家规定范围之内。1988—2010年，河北区多次被命名为全市无鼠害区、灭蟑达标区、灭鼠工作先进区。

第三节　创建卫生区与数字化管理

一、创建卫生区

1990年，在全国爱卫会组织的首次全国城市卫生检查中，河北区垃圾处理场垃圾无害化处理各项指标达到或超过建设部标准，处于全国领先水平，天津站获国家卫生先进单位称号。1990年、1992年和1995年在迎接国家卫生城市检查中，发动全区16个街道群众，在净化环境、消灭死角、清除脏源、治理市场等方面开展创建达标街道活动，16个街道均达标。河北区被市命名为市容卫生达标区，中山北里、靖江东里被评为市级文明小区。在1992年全国城市卫生检查中，天津站、光复道地区等8个受检单位获满分。在1995年全国城市卫生检查中，河北区22个点、43条路线受检项目全部达标。2007年5月，河北区被评为市级卫生区。2009年10月，通过市级卫生区复验。

二、数字化管理

2008年，按照天津市实施数字化城市管理工作部署，筹集100万元建成240平方米的数字化城市管理系统平台。建立街道管理网格10个，社区管理网格98个。拥有移动车载视频监控设备10部、视频监控点位223处，其中自有数字城管监控点位40处、资源共享(公安技防网)监控点位183处。完成与市级平台和各街道办事处、13个职能部门次级平台终端连接，实现信息更新与区级平台建设同步进行。对公共设施、道路交通、市容环境、园林绿化、房屋土地、其他设施六大城市管理部件和市容环卫、宣传管理、建工管理、突发事件、街面秩序五大城市管理事项进行精确定位，实施全区全覆盖高效能管理。成立河北区城市管理监督指挥中心，负责每月数字化城管考评和日常管理工作。

第四节　重点地区管理

一、天津站地区

根据市政府关于“天津站地区实施属地管理”的指示，站前广场地区于2001年8月由天津站地区管理办公室交由河北区政府统一管理，并于当月组建了天津站前广场地区管理办公室(简称站前办)，下设站区环境秩序管理科、综合科。区车管、公安、交管部门选派的3名科级干部成为站前地区治安交通管理办公室工作人员，主要对站区环境容貌、道路交通、出租客运、公交场站和社会治安秩序实施综合治理监督。2008年8月，依据市政府《天津站地区综合管理规定》，天津站前广场、站后广场综合管理统一移交河东区政府负责。2009年1月，天津站前广场地区管理办公室更名为天津北站地区管理办公室。2010年6月，区政府决定其负责天津北站及中山路、中山北路地区综合管理工作。

二、大悲院地区

2007年2月，大悲院商贸旅游区管理委员会成立，依法对大悲院商贸区实施综合行政管理和协调服务。大悲院商贸旅游区东至地纬路，西至海河沿岸，南至中山路，北至五马路，面积25.27万平方米。2008年，实施大悲院“三区一园”(商贸区、文化旅游区、管理示范区和文化创意产业园)建设和环境综合整治工程，利用20天时间完成清拆违章等工作任务；取缔元纬路占路市场，恢复元纬路、地纬路机动车辆通行能力；协调电力、电话、网通等部门对主要道路网线全部实施铺设入地，改造了该地区“五横四纵”道路，在天纬路铺设花岗岩石材2.2万平方米，种植名贵树种163株，铺设绿地2000平方米，三马路、四马路、东箭道等铺设柏油2.5万平方米。经过300天奋战治理，大悲院地区整体环境得到明显提升，市容环境整洁，商贸设施聚集。2009年10月，大悲禅院被评为国家AAAA级旅游景区。2010年，实施新一轮地区环境巩固提高计划，拆除三马路机动车和非机动车停车场。

第五节　综合执法

一、机构设置

1983年10月，成立区城市建设管理监察中队，1988年3月，监察中队与公安、工商、市政等执法部门组成区联合执法队，隶属于区监察中队。2000年8月，成立区城市管理综合执法大队，为正处级单位，定编249人，下设2科1室、7个中队。2008年1月，在区综合执法大队基础上组建区城市管理综合执法局，编制320人，设行政办公室、执法督查科(指挥中心)、法制科、组织人事科(党委办公室)、一大队、二大队、三大队、四大队、五大队、直属大队、天津站直属大队、特勤大队。

二、主要工作

区综合执法局成立后，注重抓好政治理论教育、理想信念教育、职业道德教育、作风纪律教育，强化依法行政理念、执法为民理念、以人为本理念，培养大局意识、法律意识、责任意识、服务意识。深入开展综合执法依据、规律、手段、保障措施和执法艺术研究，努力破解工作难题。提高执法人员的办案能力、处罚执行能力、化解矛盾能力和处置突发事件能力。完善考评监督机制，加大奖惩力度，实行奖罚并举。同时，围绕市、区中心工作，与有关部门协调配合发挥行政执法保障作用，在抗击非典、清脏治乱、预防控制禽流感、创建环保模范城、配合街道开展社区建设等工作中付出艰辛努力。

河北区志
（1979—2010）

第十二编

环境保护与治理

HUAN JING BAO HU YU ZHI LI

20世纪80—90年代，河北区作为老旧城区，传统工业企业较多，环境质量较差。随着城市建设的不断发展，特别是一个时期以来的“大拆迁”“大建设”现象及重建设、轻管理倾向，使环境污染问题日益凸显。进入21世纪，为创造整洁优美安静健康的生活环境，区环境保护机构和市容管理部门，探索行之有效的城市环境保护与治理方法，消除污点、打造亮点。2008—2010年，围绕“抓市容促繁荣”的工作思路，强力推进“三个延伸、一个加强”（向产业延伸、向社区延伸、向民生延伸，加强城市管理力度），通过对意式风情区、大悲院商业街等区域周边环境整治，助推商旅服务业发展；加大对创意产业聚集区、都市产业园区等周边环境整治力度，助推创意产业、总部经济发展；通过对各社区的环境整治和加大城乡接合部的整治力度，实现全面提升居住环境；通过对20余座公园的新建和提升，加大医院、学校周边环境、道路秩序的整治力度，让老百姓分享市容整治的成果。与此同时，认真贯彻落实《天津市城市管理规定》，不断完善城市管理考核机制，实现精确、高效、协同管理的数字化城市管理模式，提高了城市管理的精细化、市场化、示范化和现代化水平。

第一章　环境保护

1979年区环境保护机构设立后，不断加强环境保护与治理工作，尤其是进入21世纪后，全区环境污染治理和环境监测水平大幅提升。

第一节　机构设置

1979年4月，筹建区环保监测站，开展对大气、地面水等常规监测。1980年10月，区政府环境保护办公室成立，行政编9人。12月，区环保监测站（科级）成立，事业编19人。1985年3月，区环保办设监督管理科、污染防治科、监理收费科。1988年11月，区环保办设环保技术咨询服务站（科级），编制7人。1997年，区政府环境保护办公室更名为区环境保护局，受区政府和市环保局双重领导。2010年，区环保局设办公室、污染防治科、环境影响评价科、辐射应急科、法制科、宣传教育科。行政编18人，工勤编2人。办公地址在日纬路46号。

第二节　环境管理

一、基础工作

1979年4月，在区环保监测站筹建阶段，开展大气与地表水常规监测、环保法规宣传、“三废”污染普查、调整改造电镀行业、消烟除尘和污染大户的治理，以及处理严重扰民的污染事故等。1980年区政府环境保护办公室成立后，工作转向对重点污染源的治理改造。以天津站、北站、海河东岸、中山路为重点地区，围歼“两大害”（黑烟、噪声）；加强对水源保护与工业废水治理，确保海河沿岸工厂不向海河排放污水；对污染严重企业有计划地进行调整。对严重危害群众健康的排放有毒有害废气、粉尘、恶臭污染的企业，及时进行处理；新建、改建、扩建项目实行“三同时”（防治污染措施与该项目同时设计、同时施工、同时投产）制度，实施“预防为主，防治结合”“谁污染，谁治理”“强化环境管理”三大举措。1984年8月，在各街道办事处设立专（兼）职环保员，将环保工作纳入街道工作职责中，在全区299个居委会设立环保监督员，形成区、街、居三级环境管理体系。1987年7月，区监测站获国家环保局授予的“六五”时期全国优秀环境监测站称号。此后，环保投入逐年增加。

二、主要措施

1989年，制定环境影响评价、排污收费、环保目标责任制、城市环境综合整治定量考核、排污申报登记与排污许可证、污染集中控制、污染限制治理等7项制度。至1995年，经过7年综合整治，区域大气质量、声环境质量达到国家标准。此后，通过企业搬迁、超标污染源限期治理、推行燃煤设备改燃、治理白色污染等措施，达到污染物排放总量控制目标，在全市城市综合整治定量考核中连续多年保持先进位次。2000年，启动蓝天工程，是年10月建成1.04平方千米的狮子林大街基本无燃煤示范区，获全国排污申报登记先进集体称号。2001年，完成2吨/时以下小型燃煤设备改燃清洁能源1325台，创造了环境管理工作10项服务经验，并在全市环保系统推广。

2008年1月，河北区发放首批“排污许可证”，环境管理由单一浓度控制向浓度控制与总量控制两者并存方式转变。3月，区环保局成为国家环保总局信息直报点。7月、金泰供热中心高效脱硫改造工程竣工。8月，北京奥运会期间河北区空气环境质量二级以上天数100%。2009年2月，区环保局与天津钢管集团股份有限公司签订《关于异地治理有偿转让二氧化硫排放总量指标的协议》，河北区首次将多年通过治理减排的200吨二氧化硫排放量有偿转让。2010年9月，被列入“十一五”海河流域规划的市第四中心医院污水改造项目投入运行。

第三节　环境污染治理

一、污染源登记核定

1995年，进行全面排污申报登记，确定区内重点工业污染源企业89个，一般污染源企业330个。随着天津市工业东移，许多工业企业外迁，重点工业污染源企业逐年减少。

2004—2010年河北区污染源申报登记核定情况统计表

表12-1　　单位：户

年份	污染源申报登记	重点污染源企业	一般污染源企业
2004	187	19	87
2005	293	19	87
2006	302	18	77
2007	274	20	123
2008	426	15	125
2009	438	14	124
2010	364	13	118

二、大气污染治理

煤烟型污染是河北区大气污染主要来源。1981年前，主要开展污染源调查、宣传防治法规政策、下达限期治理通知等工作。1982年开始征收烟尘超标排污费，以促进锅炉、窑炉的消烟除尘改造任务完成。1984年，茶炉更新改造列入烟尘治理日程。1985年，区内开始联片供热工作。1987年，城市煤气化率88%。至1988年年底，全区4种4085台燃烧设备的治理率99.1%。19个街道基本建成烟尘控制区。1989—1996年，城市热化率由6%提高到46%，民用型煤普及率由30%提高到65%。1991年，河北区作为全国16个“排放大气许可证”工作试点之一，对全区76个重点烟尘排放单位实行许可制度，1994年11月通过国家环保局烟尘排放验收。2001年，以蓝天工程为重点，对1325台2吨/时以下燃煤设备实行“改燃并网”，提前1年建成无燃煤区。2006年，投资1120余万元，对15台10吨/时以下小型燃煤锅炉完成拆除并网。2008年，对金泰供热中心5台总计320蒸吨/时燃煤锅炉实施高效脱硫技术改造。“十一五”时期，全区大气污染物排放呈下降趋势。烟尘排放量由最高2006年的1629.65吨降至2010年的1530.02吨，二氧化硫排放量由2006年的3259.13吨降至2010年的2726.88吨。生活烟尘排放量持续保持在9吨，二氧化硫排放量由2006年的25吨下降到2010年的21吨。2007—2010年，严格执行市锅炉排放地方标准，在燃煤量增加的情况下，烟尘、二氧化硫排放量得到有效控制。

2006年，区环保局领导带队检查施工扬尘情况（区志办提供）

三、工业废水污染治理

1982年以前，工业废水治理主要包括调查调整电镀、热处理、制革行业，治理氰化物、铬化物废水，以及保护海河饮用水源、禁止向海河排放工业废水等工作。至1986年，全区电镀点由33个减至22个。印染废水治理是河北区工业废水治理的重点。20世纪70年代，天津市首套生物转盘处理印染废水设备在天津第二印染厂启用。1984—1986年，全区8所一、二级医院全部安装污水处理设施。1996年，对73个工业废水排放超标单位，分三期下达限期治理与排放总量控制目标；对已达标的178个排污单位，下达化学需氧量再削减5%的排放指标。2005年，加强排污口规范化整治，确保污水稳定达标排放。2006年，在普林公司等3个单位开展COD在线监测试点，更新污水处理等治理设备38台(套)。2010年，市第四中心医院污水处理设施改造项目完工。“十一五”时期，全区大部分污染物排放量明显下降，其中石油类降53.4%、挥发酚和铅各降100%。2010年，新鲜用水量405.53万吨，重复用水量5836.21万吨，重复用水率93.5%。与“十一五”初期相比，工业化学需氧量排放量呈下降趋势，工业氨氮排放量有所上升。“十一五”末期，全区拥有工业废水处理设备21套，大部分工业废水实现达标排放。全区生活污水排放量大于工业废水排放量，生活污水污染物排放量大于工业废水污染物排放量。

四、噪声污染治理

对河北区影响较大的交通噪声源有京山铁路及其迂回线、津浦铁路北线、区内19条道路交通干线。每年有处于居民区的建筑工地60~80个，其中有些工期达数年之久，建筑施工噪声一般都超过限值。社会噪声主要来自商业街、马路餐饮业、马路加工业等小机械噪声。1987年，开展环境噪声治理，在各街区创建噪声控制小区。1991年，将创建噪声控制区提升为创建噪声达标区，并将其列入城市环境综合整治定量考核项目，重点抓建筑施工噪声及社会噪声管理，将其列为区政府为民办实事内容。2003年始，开展创建安静居住小区活动。2007年，全区建成市级安静居住小区18个。2010年，建成市级安静居住小区24个。

2006年，区环境监察支队夜间检查建筑工地（区志办提供）

第四节　环境监测

一、监测设备

1983年，市、区投资21万元增购监测装备。1995年6月，通过市环保局和市技术监督局联合组织的计量认证考核。“十一五”时期投资近300万元，更新原子吸收光谱仪、气相色谱仪、原子荧光光谱仪、液相色谱仪等大中型分析仪器设备，购置烟气流速监测仪、自动烟尘测试仪、一级声级计等，2010年，有监测仪器设备百余台(套)，应急监测仪器23台(套)。

二、监测成果

区环保监测站在开展环境空气和废气、水(含大气降水)和废水、土壤、噪声振动、室内空气五大类101个污染因子环境质量监测的基础上，增加了信访、应急、建设项目环保验收及各类委托监测项目，2008年达到国家二级环境监测站标准。2009年，在新标准计量认证复评审验收工作中，实验室、现场检查、实际操作考核、体系文件、管理文件、监测报告审核等项目获全市第一名。

2001—2010年河北区环境保护重点考核指标完成情况统计表

表12-2

指标完成情况 年份	大气总悬浮颗粒物均值(毫克/立方米)	二氧化硫年日均值(克/立方米)	区域环境噪声均值(分贝)	烟尘控制区覆盖率(%)	噪声达标区覆盖率(%)	工业废水处理设施处理率(%)	生活垃圾无害化处理率(%)	化学需氧量排放量(吨/年)	二氧化硫排放量(吨/年)
2001	0.284	0.058	54.30	100	100	100	100	-	-
2002	0.262	0.042	56	100	100	100	51.50	-	-
2003	0.243	0.044	55	100	93.40	100	52	-	-
2004	0.113	0.071	54.90	100	100	100	80	-	-
2005	0.238	0.087	54.90	100	100	100	100	-	-
2006	0.116	0.066	55	100	100	100	100	-	-
2007	0.084	0.050	55	100	100	100	100	-	-
2008	0.050	0.057	55	100	100	100	100	-	-
2009	0.097	0.042	55	100	100	100	100	-	-
2010	0.086	0.050	54.70	100	100	100	100	71	2980

第二章　市容环境综合整治

20世纪80年代始，河北区持续开展以清脏治乱和街景楼区整修为主要内容的市容环境综合整治工作，到2010年，全区市容环境面貌发生了根本性变化。

第一节　清脏治乱

一、脏乱环境治理

1981年，按照边建设、边改造、边整治方针，推进市容环境整治工作。1987年，开展全面清理垃圾渣土、门前堆物、运输撒漏、施工污染等活动。1988—1990年，以迎亚运会为契机，加大整治脏乱、治理乱堆物料和乱倒垃圾的力度。1996年，实施创建以“四个一百”(一百个工地、一百条道路、一百个市场、一百个停车场）达标工程为龙头的道路环境秩序综合治理，拆除违法建筑930间、违章棚亭352个。创建示范达标居委会101个、达标工地17个、达标道路15条、达标农贸摊群市场17个、达标停车场（处）17个，其中达标道路、达标停车场（处）评比获全市第一名，综合评定名列全市前茅。1999—2002年，拆除“双违”36万平方米。2003年以抗击非典为契机，开展以“清脏”为重点、以“楼道革命”为突破口的万民环境大清整活动，清理183个旧楼区7744个楼道，清整垃圾渣土1.86万吨；完成市重点工程北塘排污河综合治理任务，拆除“双违”582间6000余平方米，清运垃圾杂土300余吨；以海河开发为契机，对沿河金钢公园、五马路、平安街地区道路两侧建筑立面及周边环境进行综合整治，拆除违法建筑114间1549平方米，实施绿化1.21万平方米，整修楼房32幢，粉刷面积8.29万平方米。

二、环境秩序综合治理

（一）**畅通工程**　1999—2001年，对全区100多条干支道路进行清整，清理马路餐桌和乱摆乱卖摊点2万多个，纠正里空外卖、市场外溢6413次，治理违章占路加工点3724次，清除占路堆物1896处。

（二）**建厅退路**　1990—2001年，重点实施“建厅退路”工程，建成市场26个，撤销占路市场48个，使一批道路恢复交通功能。2002年，投资3.2亿元，新建顶好装饰城、超凡装饰城、红星路综合市场、淮安道市场、志诚里综合市场、中山北路装饰城、西货场超市、大悲院商贸城、刘庄综合市场、建昌道综合市场计10个市场，总建筑面积9万平方米，摊位1800余个。幸福道市场等5个占路市场予以规范。2009年，在中山公园外建成占地5500平方米、摊位600余个、房屋150余间的望海楼社区中山路菜市场，将原中山公园路等8条道路的占路摊贩容纳其中，安排众多下岗职工再就业，居民购物和交通环境得到改善。

（三）**治理城乡接合部**　1999—2001年，按照市政府部署，集中力量对桥园里、月牙河、宜白路、金钟河放射线4个城乡接合部地区进行综合治理。其中，桥园里地区拆除违法、违章建筑2137间，投入2000多万元，完善道路、绿化、市场、居委会等配套设施，使该地区脏乱差现象得到彻底改变。在月牙河地区奋战20天，拆除“双违”3248间，清运垃圾杂土3万余吨，实现了“双违”一间不剩、乱堆乱放一处没有、占路摊贩一个不存、占路市场一个不见、黄土见天一处不留的“五个一”目标。2004年，对宜白路、志成路、张兴庄地区进行综合整治，拆除“双违”800余间，清理占路加工、乱堆乱放900余处，清运垃圾杂土5000余吨。2004—2005年，彻底清理宜白路、金钟河大街等入市口地区的脏乱环境。加强对外来人口维护环境秩序的管理。

图12-1　河北区菜市场位置示意图

三、铁路沿线综合治理

区内铁路长16.4千米，长期以来沿线乱圈乱占、私搭乱盖、垃圾遍地，脏乱现象严重。2004年，对区内的京山、津浦、北环等4条铁路线两侧32米范围内实施综合治理，拆除“双违”4863间，清运垃圾渣土1.5万余吨，绿化14万平方米，植树4794棵。整修楼房70栋、16.5万平方米，整修新建围墙2400延米。2006年，对区内西沽支线、115粮库线等11条铁路专用线进行综合治理，拆除“双违”2.05万平方米、公建2.5万平方米、民建1.3万平方米，使铁路专用线周边环境得以改善。2007—2009年，对京津城际铁路沿线进行综合整治，拆除“双违”2.05万平方米、公建2.47万平方米、民建1.32万平方米，整修楼房209幢67万平方米；实施106幢楼房平改坡工程；设置5000平方米广告遮挡；对沿线绿化进行提升。对京山、津浦铁路沿线11.4千米实施清整，完成23万平方米绿化任务。

四、专项综合整治

按照市委、市政府部署，2008—2010年连续开展以“同在一方热土，共建美好家园”为主题的“大干150天”“奋战300天”市容环境综合整治活动。对122条道路实行综合整治，整治面积858万平方米，新建绿地170万平方米。对66片240万平方米旧楼区实施整修，对102个社区247个小区进行综合整治，实现了对区内社区全覆盖。新建和提升北宁等7个公园，占全区公园总数的2/3。整修道路86条、里巷道路158片，计212万平方米。铺筑排水管道88千米。完成海河沿线重要地区及景观沿线建设105栋楼房夜景灯光提升。新建改造垃圾转运站12座、公厕42座。建成五号路等6个大型综合菜市场，取缔数十个占路市场，为奥运会、夏季达沃斯论坛等重大活动提供了区域环境保障。形成了大悲院、意式风情区、中山路、北宁公园等一批亮点地区。

2009年，本着“恢复历史原貌，提升与保护并举”的原则，对中山路地区的造币总厂、中山公园、中山美食街、北站等地区，按照民国时期的建筑风格进行修复，还原百年历史建筑风貌，形成了景观

意式风情区一角　　（区志办提供）

大悲院商贸区局部　　（区志办提供）

修葺一新的中山公园　　（区志办提供）

整修后的北宁公园　　（区志办提供）

效应。2010年，用25天完成北宁公园内5万平方米拆违，中央政治局委员、市委书记张高丽作出批示：“河北区工作做得好，谢谢！”通过实施建筑改造、园林景观绿化、西大湖改造等工程，使百年历史名园面貌一新，北宁公园成为国家AAAA级旅游景区。

第二节　街景楼区整修

一、平房整修

（一）**“三级跳坑”住宅改造**　1985年年初，市政府决定对“三级跳坑”进行改造，河北区成立“三级跳坑”住宅改造办公室。全区有“三级跳坑”住宅4572间，建筑面积6.91万平方米。此类房屋房龄较长，墙体碱蚀，建筑密集，环境脏乱，私产多、违建多，伙山伙墙相互牵连。河北区采用两种改造办法，即零星分散的进行原地长高翻建，成片集中的进行规划重建。2月11日，在八马路、吕纬路两条胡同进行试点，仅用8天时间完成16户、19间原地长高的平房翻建。3月17日，《今晚报》头版刊登题为“从‘三级跳坑’跳出来——河北区1250户居民喜迁新居”的报道。5月10日完成零星“三级跳坑”住宅翻建房屋1876间、2.63万平方米。至1988年，完成改造“三级跳坑”住宅4572间、建筑面积6.91万平方米，新建翻建住宅13.36万平方米，其中住宅13.14万平方米、公建0.22万平方米（危陋平房改造见第十一编第二章第二节）。

（二）**围墙拆建**　1988年，在意式风情区新建围墙9399米。2002年，在月牙河两岸、金沙江路、小红星路等综合整修中，整修围墙1.67万米，新建围墙549米。2003年，对北塘排污河、中山路等进行整修时，新建围墙2216米。在迎北京奥运会、对旧楼区进行整修期间，建围墙700米。

二、旧楼区整修

2003—2010年，改造整修旧楼区253个、633.37万平方米，拆除违法建筑1.82万间、29.16万平方米，封堵私开门脸4066个，完成道路铺装、整修423.28万米，新铺和修种绿地52万平方米，楼体外墙粉刷333.67万平方米，楼道粉刷215.35万平方米，安装楼道灯6000余盏，管线入地3.65万米，建便民服务设施1800平方米，安装体育器械590件（套），清运渣土9274立方米，新建示范小区9个。为使此项民心工程长期惠及群众，区政府每年投入资金200万元，成立由300名4050人员组成的社会公益性组织，为旧楼区提供清扫保洁等基本服务。

三、户外广告治理

2006年，完成党政机关等单位楼顶、墙体广告拆除任务，拆除5处14块1922平方米户外广告。2007年，拆除违章设置及不符合政令要求的户外广告129块8510平方米。2008年，为配合天津站地区重点工程建设，拆除涉及天津站主楼等61户商家的107块、6050平方米的广告、牌匾。2009年，拆除中山路、育红路等35条道路违法设置楼顶广告、楼体单体字、标志111处176块。2008年始，对电子显示屏户外广告牌（匾）加强设置管理。

阳光广场景观灯光　　（区志办提供）

四、景观灯光建设

1993年，完成中山路、海河东路、意式风情区和大悲院地区灯光夜景建设任务。1997—2003年，完成香格里拉绿地灯光建设和高层建筑15幢和多层建筑22幢的灯光建设。至2003年，新安装霓虹灯灯箱牌匾3456处，新建灯光广告782处。2004年，新装灯光62处，初步形成全区“日”字形灯光网络。

第三章　环境卫生管理

1979年区环卫局成立后，环卫工作水平不断提升。进入21世纪，全区道路保洁、公厕管理、粪便处理、垃圾处理及环卫监察工作提升到新水平，创建国家卫生城市工作得到有力推进。

第一节　机构设置

1979年10月，河北区环境卫生局成立，设4科1室，辖专业队7个、垃圾处理场1个。1983年3月，更名为区环境卫生管理局，设科室12个，环卫管理队1个。1989年12月，建环卫设备维修队。1991年3月，机扫队与维修队合并，更名为环卫机械设备制造维修队。1996年，设职能科室16个，临时科室2个，下辖环卫管理所5个、天津站区环境卫生监察管理所，以及汽车队、机械设备制造维修队、环境卫生监察直属队、垃圾处理场、仓库等。1999年4月，重新组建区环卫监察队，面向全局招聘环卫监察人员78人，实施环境卫生监管、工程渣土管理、推动垃圾袋装化等。9月，撤销机扫机修队。2001年，以市委书记张立昌为环卫二所掏粪工顾月海题词“津门时传祥”为契机，成立津门时传祥服务中心，为社会提供清掏、清扫、保洁等有偿服务。2008年，各环卫所移交给各街道办事处管理。2010年，局机关设党办(纪检)、组干科、宣传科、工会、行政办、人事科、财务科、审计科、业务科、基建科、武保科、改革发展研究室13个科室，辖8个基层单位。办公地址在辰纬路17号。

河北区环卫在职职工人数统计表

表12-3　　单位：人

年份	职工	年份	职工
1979	1014	1997	1479
1981	1434	1998	1464
1982	1438	1999	1422
1983	1470	2000	1363
1984	1502	2001	1541
1985	1488	2002	1231
1986	1576	2003	1191
1987	1523	2004	1160
1988	1548	2005	1091
1989	1550	2006	1060
1990	1547	2007	1029
1993	1353	2008	991
1995	1464	2009	936
1996	1498	2010	863

第二节　环卫设施

一、车辆

2008年，新型废弃物专用车投入使用
（区志办提供）

1979年区环卫局成立后，由市环卫局下拨车辆。1986年，推行集装箱式垃圾运输。1997年后，推行生活垃圾挤压运输，至2005年，挤压式垃圾运输车全部替代集装箱式垃圾运输车。1979年，有环卫车辆58辆，其中卡车46辆、吸粪车9辆、扫道车3辆。2010年，有环卫车辆142辆。

1981—1996年河北区环卫车辆统计表

表12-4　　单位：辆

年份	车辆总数	其中										
		卡车	吸粪车	吸尘车	洒水车	密封车	铲车	叉车	推土车	油车	扫道车	多功能移动车
1981	81	52	10	2	–	6	1	–	–	–	10	–
1982	78	50	10	–	–	6	–	–	–	–	12	–
1983	103	64	10	7	2	6	2	3	–	–	9	–
1984	130	78	16	7	2	4	4	–	–	–	9	–
1985	131	74	18	7	3	9	4	4	1	1	9	1
1986	143	79	18	7	5	13	5	4	1	1	9	1
1987	118	69	13	7	5	13	5	3	2	1	–	1
1988	128	79	13	7	7	9	6	3	2	1	–	1
1989	136	84	13	7	7	7	11	3	2	1	–	1
1990	128	82	11	8	7	4	12	–	2	1	–	1
1991	126	80	11	8	7	4	13	–	2	1	–	–
1992	117	76	10	6	7	3	12	–	2	1	–	–
1993	100	67	10	6	4	–	11	–		1	–	1
1994	81	54	8	1	5	–	10	–	2	1	–	–
1995	103	76	10	2	5	–	7	–	2	1	–	–
1996	104	76	10	2	4	–	7	–	2	2	1	–

1997—2005年河北区环卫车辆统计表

表12-5　　单位：辆

年份	车辆总数	其中															
		垃圾车					扫道车	吸尘车	吸粪车	洒水车	铲车	推土车	油车	消毒车	卡车	其他	非生产用车
		小计	集装箱	密封车	挤压车	多功能车											
1997	114	59	59	–	–	–	1	2	10	2	6	2	1	–	3	3	25
1998	118	60	58	–	2	–	4	2	7	3	7	2	1	–	3	13	16
1999	129	64	60	–	4	–	4	2	7	3	7	2	1	–	3	18	18
2000	133	65	60	–	5	–	2	2	8	4	9	2	1	–	4	9	27
2001	133	65	60	–	5	–	2	2	8	4	8	2	–	–	4	32	6
2002	138	65	60	5	–	–	2	2	7	5	7	2	–	–	20	28	–
2003	106	58	54	5	–	–	2	1	7	5	7	2	–	–	23	–	–
2004	163	–	35	35	–	–	6	3	8	5	–	1	–	–	25	32	13

续表12-5

年份	车辆总数	其中															
		垃圾车					扫道车	吸尘车	吸粪车	洒水车	铲车	推土车	油车	消毒车	卡车	其他	非生产用车
		小计	集装箱	密封车	挤压车	多功能车											
2005	110	38	6	32	–	–	6	–	8	5	–	1	–	–	28	7	17

2006—2010年河北区环卫车辆统计表

表12-6　　单位：辆

年份	车辆总数	其中															
		垃圾车					机扫车	吸粪车	洒水车	高压冲洗车	洗地车	推土机	装载机	盐粉撒布机	卡车	执法巡查车	其他专用车
		小计	集装箱	压缩车	自卸车	其他											
2006	111	44	6	32	6	–	6	7	5	3	3	1	4	–	23	17	1
2007	157	60	6	32	6	16	20	9	10	7	–	–	5	–	27	–	19
2008	137	56	7	30	1	18	20	9	8	7	–	–	5	1	14	17	–
2009	130	55	9	30	–	16	20	9	7	7	–	–	5	1	15	11	–
2010	142	65	13	36	–	16	20	8	7	7	–	–	6	–	16	13	–

二、垃圾转运站

1979年，建大型提箱式垃圾转运站10座。1987年，平均每个街道办事处建垃圾转运站1.5座，每座服务半径1000米，服务人口约3万人。1991年，有集装箱垃圾转运站28座，垃圾密封转运率100%。2008年，新建转运站5座。2010年，改造中山北路、靖江路垃圾转运站。

1996—2009年河北区垃圾转运站情况统计表

表12-7

年份	转运站(座)	占地面积(平方米)	建筑面积(平方米)	坑位(个)	实际转运量(吨)
1996	25	5050	5814	40	223227
1997	26	5442	6029	41	239172
1998	27	5610	6279	42	252800
1999	27	5610	6279	42	264240
2000	27	5456	6063	42	269770
2001	27	5456	6063	42	269770
2002	27	5456	6352	42	240000
2003	27	5456	6352	42	247558
2004	23	4949.62	5535.07	17	262128
2005	23	4654.45	4878.81	7	–
2006	22	4472.05	4643.69	6	140797.86
2007	21	4214.90	4432	6	142391.40
2008	20	5140.37	4747.70	0	140743
2009	19	5013.47	4607.76	0	148985

第三节　道路保洁

一、清扫

1979年，清扫道路95条194万平方米。市环卫局下拨小型吸扫车2部，中型吸扫车8部，吸尘汽车6部，以人工清扫为主。1996年，清扫道路201条407万平方米。2010年，清扫道路293条608万平方米，其中快速路、桥梁涵洞机扫率100%。

二、清融雪

20世纪80年代始，采用机械扫雪、喷洒盐水融雪等手段防止路面结冰。1984年，建融盐罐1座，每次可溶盐水4吨。1988年，又建融盐罐4座，每座每次可融盐水10吨。2001年，新建容积40立方米溶盐池1座，并制作融盐搅拌机、融雪布盐机各1台。随着道路面积不断增加，2007年改扩建融盐池，融盐能力达420立方米，并采用水循环方式融盐，提高清融雪能力。2009年，投资20万元对融盐池再次进行改造，进一步提高清融雪能力。

三、保洁队

1985年，环卫工作实行"三级保洁、三级管理"：区环卫局负责全区主干路及部分一般道路清扫保洁和垃圾清运；街道民办保洁队负责街内支路清扫保洁及沿街单位、居民垃圾收运；居委会建立民办保洁组，负责本居民区胡同里巷清扫保洁及各户垃圾收运。2000年，区环卫局接管街道保洁队，将保洁队纳入扫道所管理，成立14个环卫分所，推行环卫管理与作业专业化、一体化。2001—2006年，逐步实现垃圾容积封闭化。2001年，保洁队发放统一服装，制作统一上岗标志，进行技能培训，整修保洁队员住所，安装取暖、纳凉设施。2006年，为全体保洁队员缴纳工伤保险。2007年，为农民工保洁队员缴纳工伤和医疗保险，在第二医院设立环卫职工医疗服务站，为农民工医疗、体检提供方便。2008年，10个保洁队重新移交给相对应的街道办事处，形成齐抓共管格局。

第四节　公厕管理与粪便处理

一、公厕管理

1980—1982年，新建公厕37座。1983年，新建公厕58座，缓解群众如厕难问题，并清除了最后一批历史遗留的"蹓灰桶"（马桶）。1986年，经过改造水冲式厕所有105座，占全部厕所32%；沟式厕所有172座，占52%；有掏坑旱厕53座，占16%。社会各单位旱厕改成水冲式的有393座，占全部厕所64%。1988年，接管农建厕、改造危陋厕。1990年，按创建国家卫生城市标准整修改造公厕。2003年，完成131座旱厕改造任务，使旱厕彻底消失。在公厕建设改造中注重以人为本，增加无障碍设施，并追求外观美观，与街景融为一体。2008年，结合"迎奥运"和落实20项民心工程，新建公厕18座，改造18座，均达建设部颁布二类以上标准，提升了公厕整体硬件水平。2009年年初，在全区取消环卫公厕收费。

1996—2010年河北区环卫公厕情况统计表

表12-8　　　　单位：座

年份	总数	其中					
		一类	二类	三类	四类	旱厕	移动厕
1996	319	11	66	18	49	175	-
1997	316	11	66	18	48	173	-
1998	298	11	61	18	43	165	-
1999	274	12	58	16	40	148	-
2000	258	13	59	18	37	131	-

续表12-8

年份	总数	其中					
		一类	二类	三类	四类	旱厕	移动厕
2001	248	14	57	16	35	126	–
2002	241	12	56	14	35	122	2
2003	200	9	100	85	1	3	2
2004	173	5	88	78	–	–	2
2005	161	5	84	70	–	–	2
2006	159	–	1	4	152	–	2
2007	151	1	7	3	138	–	2
2008	148	1	34	2	106	–	5
2009	150	1	35	2	102	–	10
2010	146	1	35	2	98	–	10

二、粪便处理

1979年，直运农村的稀粪占清除总数75%。1985年后，随着化肥的普遍使用和旱厕改为水冲厕，直运农村粪便大幅下降，厕所粪便直接放流比重逐渐增加，1989年，由下水道排放粪便占54.6%。1990年，推行无害化处理方式。1992年，取消混合堆肥，粪便不再运往垃圾处理场。随着公厕级别不断提升，逐步实现粪便无害化处理。

第五节　垃圾处理

一、垃圾清运

1979年，全区清运垃圾10.44万吨，其中44%人口产生的垃圾由农民代运。1980—1982年，陆续由区环卫局清运。1983年，13座垃圾转运站负责收运全区垃圾69.3%，其余由密封车(桶)、大垃圾箱、叉车等转运。1996年，18条主干道沿街93%单位及其他有关地区、部门实行垃圾袋装。2003年，67个物业小区、15个旧楼区实行垃圾袋装挤压直运。2000年，全区清运垃圾30万吨，成为32年间清运垃圾最多的年份。2003年，成立非典监控区及非典定点医院垃圾清运突击队，改制2部密闭运输车，实行专人专车、密封消毒运输、专门处理。组织4次环卫“大清整战役”，对300多个点位进行彻底清理。2007年，按照市市容环境委的要求，在全区54条主干道沿街3342个企事业单位、个体工商户推行生活垃圾袋装化，袋装率95%以上。2010年，全区清运垃圾14.34吨，比1979年增长37.36%。

二、生活废弃物处理

1980—1987年，垃圾收集、运输逐步实现机械化、密封化。而垃圾肥受到农村冷落，直运农村大幅减少。1987年，处理场堆存垃圾30多万吨。为解决垃圾堆存问题，1989年，区环卫局研制成功移动式滚筒垃圾筛选机，提高工效17倍。此项技术获专利和市科技进步三等奖、区科技进步一等奖，全国30多个省市和地区采用此项垃圾处理工艺。1991年，小淀垃圾处理场生活垃圾无害化处理项目被建设部评为全国城市环境综合整治优秀项目，连续5年代表天津市接受全国卫生城区检查团对垃圾处理项目检查。1990年起，小淀垃圾处理场连续3届被评为市特等劳模集体。2000年起，市政府修建多个大型垃圾处理场，对全市生活垃圾统一处理，河北区生活垃圾运往东丽区徐庄子垃圾中转站。2005年，小淀垃圾处理场关闭。

第六节　环卫监察

一、重点地区监察

1985年，制定天津站、北站、建国道、中山路门前卫生标准，在商店门前设专兼职环卫监督员，有力地维护了这些地区环境卫生。1986年，区环卫局发动社会力量对赵沽里、宜白路、月牙河、桥园里等地区实施大清理，在仓联庄建垃圾转运站1座，使城乡接合部脏乱状况得到改善。1996年，区环境卫生监察直属队成立，与区综合执法局联合实行全天候巡查，对运输洒漏进行治理和处罚。大力推行运输车辆苫盖，以防止洒漏、飘飞，有效控制运输洒漏污染源。1997年，在桥园里地区建垃圾转运站1座，多次组织专项清整，使这一地区脏乱差的面貌大有改观。1999年，在月牙河地区成立环卫三所，连续几年对积存的垃圾污物进行清整，并建立长效环境卫生管理机制，维护了月牙河地区的环境卫生。

二、重点行业监察

1995年，为促使各商业单位门前环境卫生整洁，区环卫局与全区一、二类道路上的千余个商业门店签订门前卫生责任书。1999年，区环卫局对211条道路两侧各单位门前卫生责任制落实情况进行检查。至2010年，区环卫局与全区主干道路两侧企事业单位全部签订门前卫生责任书，保证临街单位门前环境卫生保持良好状态。

三、建筑工地和渣土监察

1981年，区环卫局、区房管局印发《关于加强土木工程现场管理和文明施工的联合通知》。1993年，为落实市政府颁布的《天津市建筑垃圾工程渣土管理规定》，区环卫局成立渣土管理组，负责全区施工工地、房渣土管理，深入工地宣传环卫法规，加大检查管理力度。2005年5月，区市容和环境卫生行政主管部门负责颁发“工程渣土排放许可证”。至2010年，颁发“工程渣土排放许可证”220个。

第四章　园林绿化

河北区园林绿化有着良好的基础。特别是改造开放后，随着城市建设和市容管理工作的快速发展，全区绿化率、绿化覆盖率也在不断提升。

第一节　机构设置

1979年，在16个街道设城建管理员。1982年5月，区城建局设区绿化委员会办公室。1984年，区园林队改为区城市建设管理局园林绿化管理所。1987年，区园林绿化管理所分为公园管理所和绿化管理所，成立区园林市政建设服务公司。1989年，撤销市政管理科，成立市政园林监理队。1991年，区占路收费管理所成立，区市政园林监理队撤销。1997年6月，园林绿化行政执法监察支队河北中队成立，编制35人。2000年，注销企业编制的天津市双翼城建发展中心，组建事业编制的天津市双翼城建发展中心。2006年，该中心更名为区市政园林建设服务所。5月，市园林局将天津站站前绿地和海河喷泉广场绿地等及其养护职工44人，一并下放到河北区，组建为区市政园林管理局绿化管理四所。2010年，区园林绿化职能与区市容管理部门合并为区市容园林委。

第二节　公园

一、概况

历史上河北区公园建设在天津首屈一指。1982—1995年，幸福公园、月秀园、森林公园、志成公园、绿宝石公园、新河春色园、沽水棠林园、笑石园相继建成开放。1996年，靖江东里建成0.7万平方米新月公园。2008年，建成3.3万平方米北斗公园。2010年，全区有公园20余座。

二、公园选介

（一）**中山公园**　位于中山公园路，占地2万平方米，是天津市第一个由中国人自己设计建造的公共园林。清光绪三十三年（1907年）建成，初名劝业会场，1912更名为天津公园，后又改称河北公园。1928年，为纪念孙中山曾于园内巡查和发表演说改为现名。1996年，区政府在园内建立孙中山纪念碑。2006年又立孙中山铜像。2009年进行提升改造，园内划分为下沉式广场区、欧陆风情区等区域。有乔木300余株，灌木500余株，地被及宿根花卉600余平方米，草坪1.3万余平方米。园内存有十五烈士纪念碑、魏士毅女士纪念碑、南皮张氏两烈女碑。

中山公园　（区志办提供）

（二）**北宁公园**　位于天津北站东侧。前身系清光绪三十二年（1906年）周学熙创办的种植园，翌年，开湖建园名曰“鉴水轩”。1932年9月，修建为公园，取诸葛亮“宁静致远”之语，命名为“宁园”。因园名暗含“北宁铁路公园”之意，故后人也常称北宁公园。天津解放后历经多次整修。2010年，对北宁公园进行提升改造。改造后，园内水系与新开河连通。改建20座风格各异桥梁，并以天津近代名人命名。保留、续建仿古景观建筑25栋、3.3万平方米，修复亭子18座、长廊2000米，突出了亭台楼榭特色。采用燕山天然石材新置假山、奇石，体现了北方园林粗犷豪放韵味。新建提升绿化面积22万平方米，移植百年老松等树木。湖中栽种荷花、菖蒲等，突出了自然生态。通过提升改造，再现宁静致远风貌。

北宁公园　（区志办提供）

金钢公园　（区志办提供）

附：

北宁公园景点选介

李公亭　清光绪三十一年(1905年)建，原为天津李文忠公祠堂(也称李公祠、李鸿章庙)内的六角亭。徽派风格建筑，颇具江南神韵。后由原址迁至北宁公园西部湖心岛。

储香宫　清光绪三十二年(1906年)开辟种植园时建。地处公园中心，后取名“致远楼”。建筑二层，四面环水。相传曾拟建为慈禧太后莅津行宫。原北宁铁路管理局图书馆设此。1936年曾为中共地下党员秘密接头地点。

秀兰轩　清光绪三十二年(1906年)开辟种植园时建。三面环水，造型秀美，格调清雅。轩榭四面皆为玻璃格窗，碧波画船尽收视野之内，为品茗休憩、诗画雅集佳处。轩名隐含典故，清慈禧太后早年入宫时，获封兰贵人，居储秀宫，故名。

宏观楼　1931年建，公园辟建时主要景点之一。楼名突出宏伟壮观的建筑特征，主体具有中国传统风格，细部融入西式建筑元素，古朴典雅，雄浑肃穆。1933年起，北宁路局国剧社(后改为宁友国剧社)在此排演，票友云集，极一时之盛。现匾额由书法家启功书写。

大雅堂　1931年建，公园辟建时主要景观之一。位于北宁公园中心地带。为园内中式古典建筑代表作之一。“大雅”为《诗经》之组成都分，含风格雅正、气度宏达之意。以此为堂名，隐含“登大雅之堂”的深意。

鸽子楼　20世纪30年代初建，原为养鸽放鸽之处，造型独特，拔出流俗。上下两部分材质不同，风格迥异，反差明显。上部形似八角形转经筒，每面12小阁，犹如佛龛，别具特色。

钓鱼台　20世纪30年代初建，公园辟建时主要景观之一。枕水临风，灵巧别致，极具诗情画意。匾额由书画大师刘海粟于1984年题写。

待月楼　20世纪30年代初建，公园辟建时主要景观之一，取意于唐代诗人元稹诗作：“待月西厢下，迎风户半开。拂墙花影动，疑是玉人来。”楼高两层，画梁飞檐，探入湖中。原有月季园、海棠园环绕楼旁。玉人花影，待月临风，诗情画意，引人遐思。

怡然堂　20世纪30年代初建，公园辟建时主要景观之一，朱梁画栋。华贵雍容，为传统建筑风格。堂名含流连胜景、怡然自得之意。

志千堂　20世纪30年代初建，公园辟建时主要景观之一。为传统建筑风格，中间为正房，三面游廊环绕，形成园林院落。堂名取自曹操名作《步出夏门行》：“老骥伏枥，志在千里；烈士暮年，壮心不已。”

畅观楼　1981年建，位于北宁公园东大湖。为传统建筑风格的大型水榭，端庄恢宏。建筑面积1600平方米，临湖两层建筑由42根钢筋水泥柱支撑，故有“水上宫殿”之誉。室内三面为玻璃格窗，四周湖光山色可尽收眼底。

致远塔　1990年建，高74.4米。宁静致远，塔名与园名呼应，相得益彰。塔为九层楼阁，八角平面，有双向旋梯及电梯通塔顶。塔内镶嵌瓷板釉彩画和青石浮雕壁画共122幅，异彩纷呈。2010年修缮，塔刹敷贴金箔，辉煌夺目，耸立巍峨。

乐观堂　2010年建，斗拱飞檐，翻卷起伏，承辽宋建筑古风。设计匠心独运，外观雅趣盎然，呈现乐观豁达、昂然向上的韵味。匾额由书法家田蕴章书写。

日晷　2010年建。日晷又称日规，中国古代利用日影测时的仪器，由晷盘和晷针组成。晷盘即平行于赤道面、倾斜安放的带刻度的圆盘，晷针即从晷盘中央垂直穿过、指向南北极方向的金属针。针影随太阳运转而移动，指向晷盘不同刻度，即可表示相应时刻。

叠翠山　仿桂林山水景观，原为临湖堆砌之水泥浇筑物，体积5万立方米。2010年自燕山取石，由园林叠山大师韩建伟主持再造。北方峰峦粗犷豪迈之风与江南群山秀美灵动之气兼具。山石重叠参差，造型逼真；众水潺湲而下，气势豪逸。水石相搏，动静相生，有声有色，极富生趣。

（三）**金钢公园** 位于中山路南端西侧金钢桥畔，初称河北新公园。始建于1949年11月，1953年12月落成开放。1996年金钢桥拆旧建新，为纪念此桥变迁，市道桥处在园内建碑并制微缩旧桥模型于碑上。1998年，投资180万元进行整体改造。建成灯光音乐喷泉，整修凉亭，修建花坛花钵，营造月季景观，新建改造草坪2000平方米，公园绿化率63%，硬铺装4000平方米。2000年，实现拆违、围墙透绿。2009年，再次提升改造，新栽植物云杉、金枝槐、柿树、日本樱花、马褂木、五角枫等常绿木600株，乔、灌木4000株，花卉7060株。完善主景区、健身运动广场、假山喷泉和文化长廊四大区域设施。

（四）**王串场公园** 位于王串场五号路。2001年，为落实《全民健身计划纲要》，由区体育局与区市政园林局实施绿色健身工程，筹集300余万元，争取公益金300万元，将该园改建为天津市第一个群众体育健身主题公园。分为文化教育区、游览休息区、儿童活动区、体育活动区，建有网球场、篮球场、门球场、鹅卵石路、生命步道、棋牌区、儿童综合器械区、室外乒乓球活动区、羽毛球活动区、乒乓球馆、美式健身厅、体能测试室、轮滑场和攀岩墙等。

王串场公园　　（区志办提供）

第三节　环境绿化

一、小区绿化

1982年，黄纬路军民里、团结里列入全市26片庭院绿化试点。此后，区内每年兴建庭院绿化小区34.45万平方米。2000年，溪波里、二五四医院等24个居住区建成“黄土不见天”小区，施工26万平方米。其中，新建和提升绿地16.8万平方米，新建、整修甬路和硬铺装9.2万平方米，做到绿化和硬化有机结合。2004年，对德丰花园、胜景花园、华迪园、观澜园、天安小区、嘉海花园二期、津开里7片新建小区实施绿化配套工程，绿化面积4.8万平方米。2005年，对月梦园、天时园、博德花园、靖江雅园等4个新建小区进行绿化配套2.3万平方米。对21个旧楼区进行“黄土不见天”综合改造，整修48.8万平方米，新建绿地5.4万平方米，充实绿地8.7万平方米，硬铺装34.7万平方米。2007年，坚持“建精品，出亮点”原则，先后完成春和景明、海韵小区等15.2万平方米绿化配套。配合旧楼改造，完成皓园里、艳益里等8个小区绿化改造6万平方米。2010年，完成49个社区77个小区的绿化提升改造，使社区环境发生巨大变化。

二、行道树与街景绿化

（一）**行道树** 1986年起，全区植树每年递增数万株，植树重点从种植行道树转向河流、铁路沿线拓荒营造乔木林。1996年，树木蓄积量132万株，其中乔木29万株。行道树选用抗盐碱、耐淹泡、抗病虫害的市树绒毛白蜡，占总量75%。1999—2000年，在黄纬路、天泰路、天纬路选栽合欢、悬铃木

（法国梧桐）。2002年，配合意式风情区建设，对民族路、博爱道等更新改植，达到一路一种树、步移景异景观效果。

（二）**街景绿化**　1980年年初，从主要干道入手，建成街景绿地38.34万平方米。1999年对两年以上闲置土地实行临时绿化2万平方米。2000年，位于博爱道西端建筑预留地改建为1.3万平方米广场绿地。建成位于中山路、金纬路交口处5000平方米阳光广场，围绕"筑巢"主题雕塑，铺装广场地面及路面2500平方米，栽植树木及草坪2300平方米，形成集灯光、水景、雕塑、绿化于一体的开放式街头绿地广场。2001年，在京山铁路沿线张兴庄拆违地带，建成1.85万平方米大型绿地，改善铁路沿线居民生活环境。2004年，实施世纪钟维修工程，将世纪钟抬高8米。2005年，承建的5项绿化工程获市城市绿化建设优良工程奖。2006年，完成意式风情区9000平方米绿化任务。2008年，承担狮子林大街等9条迎奥运道路综合整治提升改造工程和北塘排水河、月牙河两个二级河道提升改造工程，新建绿地1.8万平方米，提升改造78万平方米。2010年，在市容环境综合整治中承担44条道路绿化提升改造任务，新建绿地4.1万平方米，提升改造绿地82.4万平方米，铺设草坪17.73万平方米。

三、阳台绿化和立交桥绿化

（一）**阳台绿化**　1986年后，居民阳台绿化平均每年3万户以上。择仁里和望海楼北里阳台摆花呈现"空中花园"景致，多次被评为垂直绿化、阳台绿化先进区。

（二）**立交桥绿化**　1994年11月，在新建的金狮立交桥下兴建模纹绿地。2001年，在该桥周边拓绿地3.9万平方米，保留原有大树，筑花坛、置草坪，铺装休闲小广场，形成优美绿化景观。2004年，配合民权门立交桥建设，承担以"绿韵"为主题的桥下绿化工程，历时2个月施工10.96万平方米。2007年，对金狮立交桥等4座立交桥进行桥下和桥墩绿化改造。

四、全民义务植树

1981年开展全民义务植树运动后，植树266.74万株，新建绿地556.1万平方米。截至2010年，全区绿化率25.6%，绿化覆盖率40%。

第四节　养护管理

1979—1989年，绿化养护管理以专业管理为主，保证园林植物安全防寒越冬，树木修剪有形，绿地干净整洁，做好病虫害防治、合理施肥等工作。1990年始，陆续将部分绿地和小游园下放街道管理，形成专群结合的运行机制，至1995年，下放绿地21.7万平方米，占专业绿地总量24.8%。1995—2004年，对世界性检疫害虫美国白蛾进行重点治理，有效遏制其传播。2004—2010年，美国白蛾呈轻发态势，危害树木的六星黑点豹蠹蛾虫害也同时发生。通过对31条主干道树木进行修剪，注射线虫、敌敌畏、硝化灰进行封堵等多措并举，至2010年，虫害得到有效控制，保持"有虫不成灾"局面。

1981—2010年河北区园林绿化养护管理情况统计表

表12-9

年份	管理人员(人)	养管面积(万平方米)	新建绿化面积(万平方米)	植树(万株)	绿化覆盖率(%)
1981	-	70	-	-	5.50
1982	-	68.40	-	-	-
1983	-	74.20	9.97	24.01	-
1984	-	77	4.91	13.64	-
1985	-	78.30	6.36	2.31	-

续表12-9

年份	管理人员（人）	养管面积（万平方米）	新建绿化面积（万平方米）	植树（万株）	绿化覆盖率（%）
1986	–	84.60	6.39	12.24	–
1987	442	87.10	2.83	8.90	11.80
1988	445	91.50	3.61	11.30	13.50
1989	451	99.41	5.31	12.07	14.70
1990	505	105.30	2.23	11.40	15.80
1991	523	102.80	5.26	21.01	16.90
1992	545	108.60	7.13	13.16	17.70
1993	541	117.30	8.53	15.20	21.40
1994	541	126.50	9.15	11.90	22
1995	534	109.40	14.99	11.80	22.80
1996	531	98.60	12.32	6.63	23.10
1997	543	104.80	34.10	40	23.40
1998	543	158.10	12.76	5.02	23.80
1999	511	296.40	22.18	5.19	24.30
2000	505	281.80	21.28	6.26	28.10
2001	501	303.70	23.20	4.20	29.10
2002	479	–	35.80	4.90	30.20
2003	493	216.60	61	4.47	33.50
2004	486	262.50	43.20	6.30	35
2005	468	319	55.50	3.02	35.50
2006	443	364.90	51.88	3.02	36.20
2007	415	356.20	41.30	2.98	37.50
2008	403	384.10	20	2	38
2009	382	434.60	30.10	1	38.80
2010	345	451.90	33	1	40

河北区志

（1979—2010）

第十三编

经济综合管理

JING JI ZONG HE GUAN LI

1979—2010年，河北区以经济建设为中心的指导思想引领发展，以改革开放的基本方针保障发展，以自主创新的战略举措促进发展，将经济管理从传统的直接管理向间接管理模式过渡，从单纯管理职能向管理与服务并重方向转化，逐步将经济管理工作纳入市场化、制度化、法制化发展轨道。区发展改革委员会作为区域内社会与经济综合管理部门，研究经济形势发展，组织实施全区国民经济和社会发展中长期规划和年度计划，统筹指导和综合协调经济体制改革，指导行业产业结构调整，推进可持续发展战略，实行对全区国民经济和社会发展的规划性、导向性、服务性和监控性管理。

第一章　经济发展与改革

随着深化改革、扩大开放，河北区计划管理体制发生了较大变革，指令性计划逐步转向指导性计划，短期发展计划被中长期发展规划取代。经济体制改革带动了经济结构调整，经济社会指标的制定与执行、重点项目与固定资产的投资促进了经济发展。

第一节　机构设置

1976年，河北区综合计划局更名为河北区计划局，设计划统计科、市容检查科、劳资科、行政办公室。办公地址在狮子林大街284号。1980年10月，区计划局更名为区计划委员会。1991年4月，区计委增设区外经外贸办公室。1993年12月，区外经外贸办公室升格为对外经济贸易委员会，与区计委一个机构挂两个牌子。1995年，区计委设办公室、综合经济科、固定资产投资科、物价计划科、招商信息科、外资管理科、外企管理科，工作人员25人。办公地址在元纬路求是里18号。1997年6月，统计办公室升格为区统计局，与区计委脱离。2002年6月，区计划委员会更名为区发展计划委员会。同月，区对外经济贸易委员会由区发改委转到区招商办，人员4人。2010年6月，区发展计划委员会、区物价局、区粮食办公室合并，成立河北区发展和改革委员会，设办公室、组织人事科、法制科、财务科、服务业发展科、经济体制改革科、发展规划科、投资管理科、经济综合管理科、国民经济动员办公室（对外挂河北区国民经济动员办公室牌子）、粮食管理科、价格监测科、收费管理科、价格信息科、物价检查一科、物价检查二科、物价检查三科、物价检查四科。工作人员53人。办公地址分别在狮子林大街284号、黄纬路13号、元纬路求是里18号。

第二节　规划编制与执行

一、“六五”至“八五”时期（1981—1995年）

《河北区国民经济和社会发展第六个五年计划(1981—1985年)》主要任务和指标：建成街道文化站8个；扩建和改造中学5所、小学2所，新建小学1所，基本解决小学二部制问题；新建、改扩建第一医院、河北产科医院、真理道卫生院、王串场卫生院等12所（卫生院）医院。增加商业服务网点基建投资，拟每年投入200万元，每年网点新建30~35个。执行情况：1985年，区街集体经济的总产值（收入）和年利润分别完成13809万元和1381万元，同比增长38.7%和38.5%。

《河北区国民经济和社会发展第七个五年计划(1986—1990年)》主要任务和指标：到“七五”末，区街集体经济完成产值和利润实现翻一番；集中力量改造“三级跳坑”居民住宅。执行情况：1989年，区街集体经济完成产值（收入）4.33亿元，比1986年增长94.2%，实现利润3727万元，比1986年增长80.8%，提前1年实现比1985年产值、利润翻一番。1990年，区街经济产值（收入）完成10.59亿元、利润5379万元。外向型经济从无到有，合资企业发展到3家，引外资156万元。实现本区产品出口。全区有个体经营者4680户，纳税2228.3万元。

《河北区国民经济和社会发展第八个五年计划（1991—1995年）》主要任务和指标：“八五”末，区街经济产值（收入）和利润分别为188838万元和9880万元，各增78.8%和83.7%。外向型经济收入实现3000万元（人民币），利润300万元（人民币）。新建房屋130万平方米，全区人均居住面积7.2平方米。执行情况：1995年，全区增加值8.7亿元，比1994年增长30%。区街经济总收入28.4亿元，比1990年增长168.8%；利润1.54亿元，比1990年增长185%，提前1年实现翻一番目标。

二、《河北区国民经济和社会发展第九个五年计划（1996—2000年）》

（一）主要任务和指标 经济目标分两步实现。第一步，1996—1997年，继续保持增加值年递增30%、区街经济总收入年递增28%、利润年递增37%、财政收入年递增10%~15%。到1997年年末，实现增加值14.7亿元、总收入46.5亿元、利润2.9亿元，基本实现经济总量跨入市区先进行列的目标。第二步，1998—2000年，提升经济发展质量，保持适当增长速度，增加值年递增25%，总收入年递增20%，利润年递增25%，到“九五”末，实现增加值28.7亿元、总收入80.4亿元、利润5.6亿元。

（二）执行情况 2000年，实现国内生产总值22.13亿元，与1995年相比，增长152%；区街经济总收入77.7亿元，增长179%；利润4.3亿元，增长261%；零售额10.27亿元，增长31%；财政收入2.04亿元，增长100%。

三、《河北区国民经济和社会发展第十个五年计划（2001—2005年）》

（一）主要任务和指标 全区经济生产总值年递增16%，财政收入年递增8%，社会消费品零售总额年递增15%；到2005年，完成国内生产总值46亿元，财政收入3亿元，社会消费品零售总额20亿元。

（二）执行情况 2005年，地区生产总值实现53.1亿元，与比2000年相比，增长139%；区级财政收入4.8亿元，增长135%；社会消费品零售总额97.2亿元（因统计口径变化不可同比）。5年中，引内资完成109.6亿元，与“九五”相比，增长386.2%；到位引资额73.2亿元，增长427.8%；引外资合同额2.23亿美元，增长347.8%；到位外资额4844.7万美元，增长27.2%；固定资产投资额（社会项目部分）8.2亿元；安置就业7.7万人次；城市住宅建设拆迁341.1万平方米、竣工412.1万平方米、安置居民6.48万户，分别比“九五”时期增长176.8%、40.1%和76.2%；个体工商户和私企分别为6700户和3654家。

四、《河北区国民经济和社会发展第十一个五年规划（2006—2010年）》

（一）主要任务和指标 实现地区生产总值年均增15%，留区财政收入10亿元，此两项指标实现翻一番；居民收入年均增长10%以上；引内资到位额、引外资到位额分别为38亿元和2600万美元；固定资产投资额（社会项目部分）6亿元；人均居住建筑面积33平方米；安排就业8万人次，城市登记失业率控制在4%以内。

（二）执行情况 2010年，实现生产总值122.09亿元，年均增23.7%；区级财政收入18.57亿元，为2005年的3.74倍，年均增长30%。5年内，引内资到位额294亿元，年均增长54%；引外资到位额5.13亿美元，年均增长48.3%；社会固定资产投资316亿元。财政收入（留区部分）提前两年完成目标。

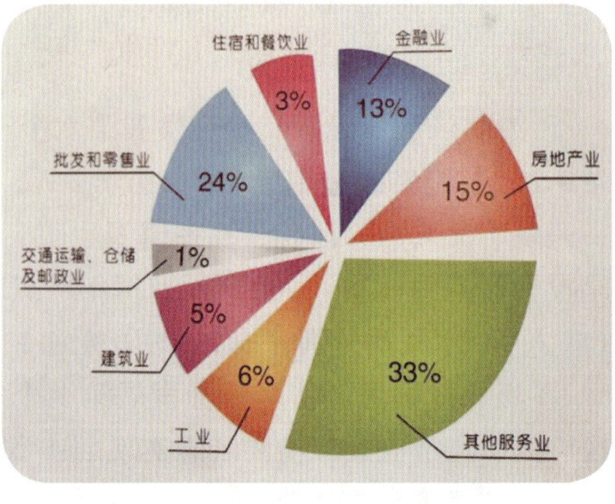

2010年河北区地区生产总值结构图 （区志办提供）

第三节　经济体制改革

一、开始启动阶段（1979—1985年）

1980年，以供应服务业为中心，进行企业改革试点。1983年，实施集体经济改革，主要实行以承包为中心的，国家、集体、个人三者利益相结合的，职工福利和劳动成果相联系的经营责任制。有计划、有步骤地实行政企分设。进行国营商业调整改革和商业经营体制改革。1984年，实行集体经济政企分开，简政放权，扩大企业自主权。1985年，以增强企业活力为经济体制改革重点，以自愿结合、互利互惠为原则，形成多种形式经济联合体。

二、全面展开阶段（1986—2000年）

1986—1990年，深化企业内部改革，推行各种经营承包责任制。在商业体制改革中，对零售企业实行改、转、租等形式。调整街道行政区划，规范街道办事处职责，增强社会稳定和社会保障机制。1991—1995年，以建立现代企业制度为目标，推行经营承包、租赁承包、国有民营等经营形式，4家企业列为市现代企业制度改革试点，80家企业实行股份合作制，92%的企业实行全员劳动合同制。调整完善所有制结构，形成以公有制为主体的多种经济成分共同发展格局。1996—2000年，制定并实施《河北区深化企业改革的若干意见》，逐步推行以企业改制、资产重组、资本运营等多种形式改革。调整所有制结构和企业组织机构，组建企业集团、有限责任公司，进行股份合作制改造、行政性公司转轨，实行政企分开，推进企业兼并、出售、国有民营、租赁承包，奠定建设现代企业制度基础。涌现出德亿达集团、阔佬皮衣、南洋饭店、民权门装饰大世界等一批规模效益型企业。

三、深入推进阶段（2001—2010年）

2001—2005年，实行行政管理体制改革和工商企业改革，建立服务型政府和市场经济体制。促进非公有制经济发展，加强区域经济联合与合作，扩大对外开放，形成多领域、全方位开放新局面。2006—2010年，以产权制度改革为中心，吸收民营资本和社会资本进入市场，推进商业企业股份制改造，实现投资主体多元化。加快中小企业结构调整步伐。建立经济社会发展指标考核机制和项目督查机制。深化行政审批制度改革，建立投资项目联合审批和企业联合审批机制。推进部门预算、国库集中支付制度和政府采购制度改革。创建政府投资融资平台和城市管理数字化平台。完善和落实扶持民营企业政策措施，在全市率先完成对困难企业改制。

第四节　经济结构调整

一、起步阶段（1979—1991年）

1979—1991年，区经济结构调整主要是发展集体经济和个体私营经济，以科技为先导，调整产品结构；淘汰高耗能、高耗材和重复生产的一般加工产品，腾出场地以保证拳头产品和骨干企业，帮助依靠科技进步开发企业新产品。截至1990年，市级评比中河北区有14种产品获奖。新建合资企业2家。

二、发展阶段（1992—2000年）

1992—1995年，加快产业结构调整步伐，开发新产品、新项目1071个，新增利润2289万元。10家区直属企业实现利润7295万元。实施《河北区第三产业发展计划》，国合商业发挥主渠道作用，个体、私营经济得到快速发展，私营企业发展到613家、个体工商户1.2万余户。实施《河北区科技兴区四年发展计划纲要》，工业企业中科技进步因素占29%，创办科技先导型企业25家。1996—2000年，进行产业结构、产品结构和所有制结构调整，第二、第三产业结构趋于合理，5年开发新产品、新项目479个，新增利润2873万元。

三、深化阶段(2001—2010年)

2001年，推进经济组织结构、产业结构、产品结构调整，优化发展环境，促进“外引内联”。外向型经济保持强劲发展势头，引进外资协议额1617万美元，到位额609万美元；内联引资协议额8.92亿元，到位额4.72亿元。2003年，加快发展服务业和非公经济，促进消费结构调整。世纪联华超市河北区分店开业，建成顶好装饰城等专业批发市场10个，引进友谊新都市百货、小南国酒楼、龙门大厦图书城等名企名店。培育都市型工业，建成工业园津浦特区、天动科技园区。非公有制经济快速发展，新注册个体工商户2446户、私营企业639家，注册资金在100万元以上企业222家，占注册私营企业总数10%。年纳税额超100万元以上企业20家，实现税收(留区部分)75101万元，同比增长26.4%。2008年，产业结构优化明显。都市工业形成特色品牌。建成通广科技园等6个市级都市工业园区，总数为中心城区第一。全年税收留区额3000万元，同比增长44.5%。服务业增加值占地区生产总值84%。确立创意产业先发地位，建成华津3526创意工场、天津北新文化创意基地、艺华轮创意工场和辰赫创意产业园，引进一批从事动漫制作、工业设计、电信增值服务的企业。旅游产业起步效应明显，全年游客到访130万人次，旅游业收入3亿元。2010年，调整经济战略结构和产业升级发展主攻方向，海河经济发展带形成规模，发展高端服务业聚集区，完成白金湾等21个、125万平方米建设项目，推进茂业大厦、远洋二期等项目进展。加快楼宇经济发展，2座楼宇税收超亿元。新型都市工业优化升级，启动张兴庄产业园区规划建设，建成8个市级都市工业园。认定科技型中小企业898家。建设意式风情区、海河大道、金纬路—狮子林大街3个层级金融聚集区，各类金融机构入驻58家。2009年天津渤海商品交易所落户运营后，至是年底交易额突破2600亿元，授权服务机构达118家。文化休闲旅游业快速发展，开辟海河景观、欧陆风情、宗教民俗等多条旅游线路，建设意式风情区等特色商旅街区，意式风情区被评为中国特色商业街，旅游产业链初步形成，有国家A级旅游景区6处。

第五节　经济社会指标制定与执行

一、指标制定

1996—2006年，按照全市统一规定，区政府制定下发每年主要经济指标。1996—1998年7项，1999—2001年6项，2002—2003年7项，2005年和2006年均为9项。2007年下发经济社会发展考核指标33项，2008年37项，2009年38项，2010年38项。

二、执行监测

1999—2006年，区发改委建立定期深入基层调研制度、经济运行综合分析制度、定期公布计划执行情况制度。及时公开公布经济运行情况的资料数据，撰写《河北区经济运行情况探析》《河北区社会经济发展状况和今后五年的展望》《河北区外向型经济发展现状与对策》《关于调整部分经济考核指标的意见和依据》等调研报告。2007年，区领导定期了解、把握经济运行和每项经济指标动态情况，及时作出决策。各责任部门抓好责任和指标的落实。区政府办公室定期协调、督办、反馈，进行运行监测。区发改委进行综合分析、查找问题、提出咨询意见和建议、定期公布指标进度及市内六区单项指标排位情况。

三、指标完成情况

1996—2010年，河北区各项经济社会发展考核指标均告完成（详见数据集览第一表、第二表）。

第六节　项目投资管理

一、重点项目投资

（一）**投资规划**　2007年年初，全区安排第一批经济类、社会事业类、城市建设类重点项目45个和地块整理类项目5个。2008年，安排第二批重点项目35个，充实调整区项目库内容。2009年上半年，安排第三批重点项目36个，总投资77.3亿元。2009年第4季度，安排第四批重点项目30个，总投资100亿元，具有投资体量大、现代服务业类和创意类较多的特点。2010年，安排第五批重点项目20个，总投资142.74亿元。其中城市建设项目8个、现代服务业项目5个、都市工业项目4个、社会建设项目3个。至2010年，共有重点项目5批，总建筑面积1494万平方米，总投资额1076.73亿元，共六大类。其中，现代服务业类62个，投资205.56亿元；都市工业类26个，投资32.58亿元；城市建设类50个，投资785.64亿元；城管社会事业类45个，投资35.93亿元；民营经济类10个，投资11.29亿元；招商引资类6个，投资5.73亿元。现代服务业类和城市建设类居多，有112个，总投资990亿元。

（二）**监督与管理**　2007年，第一批重点项目由区发改委与区委、区政府两个督查室负责跟踪督查，协调服务，及时向区委、区政府汇报进度，推动项目运行。2008年，将项目分为完成或基本完成、在建进展顺利、处于前期准备阶段、尚未启动或存在问题4种情况，定期督查。2009年，建立健全项目监管制度，定期分析研究进展情况制度、项目跟踪服务制度和定期汇报、公布制度等。2010年，完善重点项目包保责任制，对重点项目建设情况实行月报表、季督查、年考核。

（三）**完成情况**　2008年年底，全区85个重点项目113个子项目，完成或基本完成51个，占45%。2009年底，前三批121个重点项目149个子项目，完成或基本完成60个，占40.3%；在建顺利66个，占44.3%；正在前期准备的12个，占8%。2010年年底，前四批项目完成或基本完成的82项，占总项目45.8%。其中，现代服务业类24 项，城市建设类5项，都市工业类 13 项，社会建设类27项，民营经济类 8 项，招商引资类5项。投资266.41亿元，建筑面积584.58万平方米。

二、固定资产投资

1996—2002年，全区完成固定资产投资（不含50万元以下、社会项目部分）项目90个，计划投资额61148万元，实际完成投资55689万元、完成计划91.07%。

1996—2002年河北区固定资产投资完成情况统计表

表13-1　　单位：万元

年份	项目个数	计划投资	实际完成投资
1996	14	3216	3216
1997	16	2357	2444
1998	17	2857	2986
1999	10	1575	1575
2000	15	14740	13490
2001	8	23577	15914
2002	10	12826	16064
合计	90	61148	55689

2005年，区政府下达固定资产投资任务2亿元，完成2.08亿元，完成计划104%。2008年，完成固定资产投资68.7亿元，完成计划118.45%，同比增长10%。2010年，投资项目115个，完成固定资产投资100.5亿元，同比增长25%，位居中心城区前列。80%以上项目投资集中在海河沿线及辐射区域，以房地产项目为主，房地产项目37个，投资62.2亿元。非房地产项目（包括基础设施类、产业类、社会事业类等）78个，投资38.3亿元。受宏观调控影响，房地产项目投资额及对整体投资贡献率分别降低2.7%和15%。非房地产项目投资增势强劲，增长88%，其中基础设施项目增长110%。政府投资类项目48个，投资额24.3亿元，比重分别为41.7%和24.2%，主要投向公共基础设施和科教文卫等社会事业领域。非政府投资进一步加大，增长近10%，67个项目投资67.2亿元，比重分别为58.3%和75.8%，主要投向房地产、商贸、金融、技术升级改造等领域。

第二章　统计

区统计部门对全区经济和社会发展状况进行统计调查与分析，全面反映区国民经济和社会发展的水平、规模、结构、速度、比重和效益，预测经济和社会发展趋势。

第一节　机构设置

1976年，河北区计划局设计划统计科。1989年，计划统计科升格为区政府统计办公室。1995年，区统计办设综合统计科和经济统计科，工作人员13人，办公地址在求是里18号。1997年6月，区统计办公室与区计委脱离，成立河北区统计局，设办公室、经济统计科、综合统计科、法规检查科，工作人员11人。2003年9月，区统计局普查中心成立，核定参照公务员管理事业编制7人。2008年2月，增设服务业统计科。2010年，设办公室、第二产业统计科、第三产业统计科、服务业统计科、综合统计科、法规检查科。工作人员15人。办公地址在宇纬路1号。

第二节　制度建设

1991—1994年，先后建立完善规模以上工业、社会服务业、交通运输仓储邮电业、资质以上建筑业，以及劳动工资、能源购进消费与库存、社会科技环境等范围内的统计月报、季报、年报制度；建立完善规模以下工业、社会服务业定期抽样调查制度。1995年，建立外商和港澳台商到区直接投资统计季报制度。2000年，实行工业企业能源购进消费与库存统计季报、半年报、年报制度。对统计上的批发零售贸易、餐饮业规模划分重新调整，即原大中型企业定为限额以上企业，小型企业定为限额以下企业，依此建立限额以上批发零售贸易、餐饮业的统计月报、年报制度。2004年，将外省市驻区单位纳入在地统计范围。2008年，建立街道统计工作考核制度和管理机制。2010年，实行《创意产业统计制度》和《区街社会消费品零售额核算管理制度》。

第三节　统计调查

一、经济普查

（一）**第一次经济普查**　全国第一次经济普查登记时点定为2004年12月31日，时期资料定为2004年度。河北区普查结果显示：法人单位4441个，产业活动单位1393个，个体经营户14365户。行政区域内生产总值154.73亿元。其中，第二产业增加值38.07亿元，占总量24.6%；第三产业增加值116.67亿元，占总量75.4%（人口普查见第三编人口）。

2004年河北区单位数与个体经营户数统计表

表13-2

类别＼数量		单位数(个)	占比重(%)
法人单位	企业法人	3620	81.51
	事业法人	277	6.24
	机关单位	106	2.39
	社会团体法人	73	1.64
	民办非企业法人	115	2.59
	其他法人	250	5.63
	合计	4441	100
产业活动单位	第二产业	121	8.69
	第三产业	1272	91.31
	合计	1393	100
个体经营户	第二产业	448	3.12
	第三产业	13917	96.88
	合计	14365	100

2004年河北区各行业增加值统计表

表13-3

产业行业		增加值(亿元)	占GDP比重(%)
第二产业	工业	34.68	22.41
	建筑业	3.39	2.19
	合计	38.07	24.60
第三产业	交通运输、仓储和邮政业	76.30	49.31
	批发和零售业	4.13	2.67
	住宿和餐饮业	3.26	2.11
	金融业	4.10	2.65
	房地产业	6.67	4.31
	其他服务业	22.20	14.35
	合计	116.66	75.40
总　计		154.73	100

（二）**第二次经济普查**　全国第二次经济普查登记时点为2008年12月31日，时期资料定为2008年度。河北区普查结果显示：法人单位6330个，产业活动单位996个，个体户35209户。行政区域内生产总值275.06亿元。其中，第二产业增加值53.6亿元，占总量19.49%；第三产业增加值221.46亿元，占总量80.51%（参见数据集览第八至二十二表）。

2008年河北区单位数与个体经营户数统计表

表13-4

项　目		单位数(个)	占比重(%)
法人单位	企业法人	5433	85.83
	事业法人	267	4.22
	机关单位	70	1.11
	社会团体法人	90	1.42
	民办非企业法人	145	2.29

续表13-4

项目		单位数(个)	占比重(%)
	其他法人	325	5.13
	合计	6330	100
产业活动单位	第二产业	104	10.44
	第三产业	892	89.56
	合计	996	100
个体经营户	第二产业	834	2.37
	第三产业	34374	97.63
	合计	35209	100

2008年河北区各行业增加值占GDP比重统计表

表13-5

项目		增加值(亿元)	占GDP比重(%)
第二产业	工业	47.72	17.35
	建筑业	5.88	2.14
	合计	53.60	19.49
第三产业	交通运输、仓储和邮政业	116	42.17
	批发和零售业	20.08	7.30
	住宿和餐饮业	7	2.54
	金融业	12.62	4.59
	房地产业	10.76	3.91
	其他服务业	55	20
	合计	221.46	80.51
总计		275.06	100

二、统计专项调查

1996—2002年，先后实施抽样调查和专项调查51次。主要有第三产业调查、国有企业改制调查，以及城镇劳动力、投入产出、家庭旅游、城市老年人、个体私营餐饮、贸易批发业等。

2004年，进行统计抽样调查与统计专项调查，主要有粮食流通领域供需平衡专项调查、限额以下工业及服务业抽样调查、贸易业及餐饮业样本单位调查、人口变动情况抽样调查、劳动力跟踪调查、社会安全感综合问卷调查和河北区住户基本情况，以及科教兴区和有关妇女儿童等统计专项调查等。2009年，进行社会治安综合治理群众满意度调查、侨资企业调查、交通能源消费调查、劳动力和人口状况调查、留学回国从业人员基本情况调查、街道社区统计工作基层基础情况调查等。

2010年，进行组织工作群众满意度调查、大干300天城市综合治理群众满意度调查、全国第二次R&D资源清查、劳动力调查、规模以下工业和限额以下服务业抽样调查、道路能源调查，以及城市住户抽样调查等。

2010年河北区城市住户抽样调查基本情况统计表

表13-6

项目	计量单位	附加单位	合计	项目	计量单位	附加单位	合计
调查户数	户	-	180	-	-	-	-
可支配收入	元	人	22963	(4)个体或私营企业主	人	户	-
人口就业情况	-	-	-	(5)个体或私营企业人数	人	户	0.08
一、家庭人口人数	人	户	2.96	(6)离退休再就业人数	人	户	0.16
(一)有收入者人数	人	户	2.38	(7)其他就业人数	人	户	0.11

续表13-6

项　目	计量单位	附加单位	合 计	项　目	计量单位	附加单位	合 计
1. 就业人口数	人	户	1.50	2. 离退休人数	人	户	0.13
（1）国有经济单位	人	户	0.72	3. 其他有收入者人数	人	户	0.82
（2）集体经济单位	人	户	0.04	（二）无收入者人数	人	户	0.06
（3）其他经济类型	人	户	0.26	二、期末家庭人口数	人	户	0.58

2010年河北区城市住户现金收支情况统计表

表13-7

项　目	计量单位	附加单位	合 计	项　目	计量单位	附加单位	合 计
一、期初手存现金	元	人	1043	三、出售财物收入	元	人	405
二、家庭总收入	元	人	25474	四、借贷收入	元	人	6630
（一）工资性收入	元	人	15345	1. 提取储蓄存款	元	人	-
1. 工资及补贴收入	元	人	15302	2. 借入款	元	人	-
2. 其他劳动收入	元	人	43	五、家庭总支出	元	人	21940
（二）经营性收入	元	人	764	消费支出	元	人	14529
（三）财产性收入	元	人	187	其中服务性消费支出	元	人	3732
（四）转移性收入	元	人	9178	六、借贷支出	元	人	6892
其中养老金或离退休金	元	人	6813	七、期末手存现金	元	人	4628

2010年河北区城市住户消费支出情况统计表

表13-8

项　目	计量单位	附加单位	合 计	项　目	计量单位	附加单位	合 计
食品	元	人	5564	医疗保健	元	人	1184
衣着	元	人	1324	交通和通信	元	人	1716
居住	元	人	1428	教育文化娱乐服务	元	人	1757
家庭设备用品及服务	元	人	976	其他商品和服务	元	人	579

第四节　统计执法

1996—2010年，统计执法检查40余次，检查单位500余个次，查处各类统计违法违规案件近200起，其中给予行政处罚5起、警告处分4起、责令限期整改89起、通报批评10起。2010年，区统计局向各街道授权行使统计执法检查权限，形成区、街统计执法联动格局。组织全区658个单位按照自查、重点抽查和检查处理3个阶段，开展统计执法大检查。对机关事业、规模以上工业、有资质建筑业、规模以上社会服务业的41个单位进行重点抽查，及时纠正虚报瞒报的违法行为。

2010年，区政府开展评选活动，授予世纪联华超市等10个单位统计数据质量信得过十佳单位称号。

第五节　统计服务

一、资料编辑

1976—2010年，每年编辑出版《天津市河北区基本情况资料汇编》，后改为《天津市河北区社会经济统计资料汇编》（实为河北区最早的专业年鉴），共35部。2004年，《汇编》增加“河北区国民经济和社会发展统计公报”内容。2006年，编辑出版《河北区统计信息》。2010年，《汇编》更名为《天津市河北区经济社会发展统计年鉴》，内容包括区街经济、财政、经济监督、劳动工资、专项调查、城市建设与管理、人口与计划生育、文化与体育、教育与科技、卫生、街道与民政、社会团体、法制建设、市区经济社会发展和其他15部分。

1979年，《天津市河北区基本情况资料汇编》（区志办提供）

二、信息发布

2004年始，通过区政务网、区有线电视台，定期公布全区经济社会发展的统计数据信息，包括全区主要经济指标运行情况，重点工业、建筑业、服务业、商业等企业监测情况，全区重点项目进展情况，科技型中小企业发展情况等。2010年，刊发《统计调研与分析》56期，出版《河北区经济社会发展资料汇编》，按月发布《河北区统计信息》《市内六区交换资料》。

三、分析与调研

1996年，编辑出版《河北区主要经济指标完成情况》，提供全面、翔实的数据和资料，对区经济运行进行综合评估分析，提出预测预警意见。1996—2002年，对国内生产总值等8项主要经济工作考核指标进行统计和公布。2004年，撰写《2003年河北区经济运行情况简要分析》《2003年河北区居民家庭生活调查简析》等调研文章12篇，上报信息35篇。2009年，上报统计信息350多篇，其中316篇信息被市局及区委、区政府采用。2010年，编制《河北区统计局“十二五”发展规划》，对主要经济目标及未来区域经济发展走势进行预测。

第三章　工商行政管理

区工商行政管理部门依法维护社会主义经济秩序，组织监督检查市场竞争行为，促进生产发展和商品流通。

第一节　机构设置

1978年7月，恢复河北区工商行政管理局，设办公室、一科、二科、行政科，以及天津站和北站市场管理所，工作人员46人。办公地址在民主道38号。1979年8月，增设合同科，1982年11月更名为经济合同科。同月增设商标广告科。1983年10月，增设个体经济科。1984年，区经济合同仲裁委员会成立，1995年9月撤销，仲裁工作转市仲裁委员会受理。1990年7月，区消费者协会成立，2001年转为法人社团组织。1988年12月，个体经济科更名为个体私营经济登记管理科。1993年2月，增设外商投资企业登记管理科。1995年，设11个科室、11个工商所和1个市场检查中队，工作人员317人。1997年，区商标广告协会成立。1999年8月，区工商局改为天津市工商行政管理局河北分局，设13个科室，8个工商所、6个市场所，1个检查中队。2002年，设26个部门：2室、11科、1个信息中心、1个市场检查中队、2个协会、9个工商所。2004年，增设消费者权益保护科，建立“12315”指挥中心。2008年年底，办公地址迁至泗阳路30号。2010年，设科室13个、工商所7个，以及区信息中心、区经济检查执法局、区个体私营企业协会、区消费者协会，工作人员257人。

第二节　工商企业登记管理

一、企业注册登记

1978年，对区域内企业实行注册登记管理。1980年1月，对零售商业、饮食业、服务业、修理业936户普查登记，核发营业执照916户。5—12月，区工商局与区计划局、区生产服务管理局等联合组成区工业普查领导小组，对街道兴办的工业企业进行普查登记，有工业企业213家，从业13572人，注册资金564万元。1981年7—9月核发执照时统计，有工业企业490家，从业人员156314人，注册资金11.72亿元。2010年，完成联合审批680家企业，注册资金8.5亿元和9900万美元（参见数据集览第七表）。

二、个体户及民营企业管理

1984年8月，实行《个体工商业登记管理和统计工作办法》，规范对个体、私营企业登记与管理。1989年6月，制定《个体经济专管工作试行办法》，工商所设专管员，负责对民营经济"四包一清"（包登记初审、包宣传教育、包管理收费、包调查研究，个体户底数清）。实施扶植民营经济发展8条优惠办法。1995年，全区有执照个体户1.29万户，比1992年增加两倍多。随着有的个体工商户发展为民营企业，个体工商户数量减少。2002年，有注册个体工商户8851户，从业人员1.13万人，注册资金2.4亿元。2008年，有注册个体工商户9611户。2010年，有注册个体工商户10731户，注册资金3.67亿元，比2009年分别增长8.53%和11.69%。

四、外资企业管理

1992年，对区内注册资金在500万美元以下的外商独资企业、中外合资经营企业、中外合作经营企业开业、变更、注销登记进行初审。至1995年，注册登记涉外企业152家，注册资金11131万美元，其中外商独资企业54家、合资企业85家、合作经营企业13家。2002年，有外资企业130家，注册资金2亿美元。2010年，有外资企业255家，注册资金3.84亿美元。

第三节　市场管理

一、市场主体监管

1996年，重点清理无地址、无资金、无机构的"三无"企业和"空壳"公司。1998年，应年检企业6827户，实检企业6632户，年检率97%。1999年，内资企业年检率85%，外资企业年检率97%，民营企业年检率71%，个体工商户验照率72%，市场年检率100%。2000年，对35家违法违章企业给予行政处罚，罚款8.6万元；注（吊）销54家"三无"企业和11家查无下落的外资企业营业执照。2004年，应检内资企业3274家，实检2576家，年检率78.7%；民营企业2740家，实检2132家，年检率77.8%；外资企业113家，实检97家，年检率86%。2009年，为5102家企业和3869户个体工商户进行年检和验照，年检率78.8%，

2007年8月20日，工商河北分局工作人员检查酒店客房登记　（工商河北分局提供）

其中上网检查率47.68%。外商企业年检182家，上网检查率100%。2010年，推行网络注册年检，工商局各所深入辖区街道，现场指导企业年检验照。实检企业5233家，年检率88.95%；个体验照4342户，验照率65.46%。其中，网上年检3324户，年检率65.76%。

二、市场经营行为监管

1979年后，市场监督管理主要是取缔无照经营、乱摆乱卖、私搭乱盖棚亭、欺行霸市、缺斤少两、出售假冒伪劣商品等违法行为。1984—1991年，重点打击倒卖国家计划物资和紧俏耐用消费品。1986年，区工商局与区公安、物价、卫生、市容、文化等部门配合，对市场进行4次大清理整顿活动。对天津站、北站、中山路等地段重点检查，查处违法违章案件3206件，罚款7665元，没收非法出版物3700册、销毁不洁食品1600公斤。1988年，整顿市场秩序，查处违法违章案件1610件，罚款7.64万元。1991年，对农贸市场个体摊贩评定优、良、中、差等级，实行固定摊位信誉等级升级制。1993年，整治志成道木材市场消防安全，压缩木材储量272立方米，解决18个消防栓紧急灭火水源问题。1993—1995年，查处走私进口空调器、汽车、旧摩托车67起。开展打假活动，查处假烟、假酒、假香皂、假冒进口彩电等案件37起。1996年，开展创建文明市场、争当信得过摊位活动。创建国家级文明市场1个、市级文明市场2个、区级信得过先进市场2个，评选信得过摊位168个。1999年，开办金钟家具城、太阳神装饰城、江都路五金文体小商品市场。2003年，检查海门路市场30户猪肉经营者，查扣非法肉类190公斤。检查10个市场35个"毒鼠强"经销点。查处违法广告案件12件、商标侵权案件2件、罚没款5万余元。2008年，对食品、药品行业侵犯奥运商标专用权行为加大执法力度，查处数起商标假冒侵权案件。2010年，在全区7个工商所建立75个网格，执行网格化管理职责、工作标准和考核办法。对2444户无照经营户下达《整改通知书》，取缔191户，规范办照113户，立案查处124户。对全区60条道路临街开窗无照经营的774户下达《整改通知书》，整改率100%。对三聚氰胺乳粉、"地沟油"、散装食品、食品添加剂等系列食品进行专项整治12次。查处施恩（广州）婴幼儿营养品有限公司商业贿赂案件，被市工商局评为全市10个典型案件之一。

1981—1995年河北区经济案件检查统计表

表13-9　　单位：件

年份	案件总数	倒卖生产资料	倒卖生活资料	倒卖证券	其他	罚没款(万元)
1981	84	7	-	38	39	10
1982	100	18	-	60	22	15.77
1983	51	5	7	13	26	11.71
1984	79	-	6	64	9	4.59
1985	64	29	8	10	17	51.75
1986	40	16	6	5	13	43.57
1987	22	7	5	2	8	18.12
1988	40	14	16	2	8	25.19
1989	64	28	15	4	17	75.64
1990	37	19	11	-	7	72.50
1991	36	20	7	-	9	53.93
1992	24	1	21	-	2	20.23
1993	16	-	13	-	3	31.76
1994	61	2	55	-	4	69.20
1995	52	-	39	-	13	43

1996—2010年河北区经济案件检查统计表

表13-10　　单位：件

年份	案件总数	商标广告	产品质量	无照经营	其他	罚没款(万元)
1996	21	4	7	3	7	-
1997	14	3	5	-	6	-
1998	23	4	2	3	14	-
1999	4	-	-	2	2	-
2000	18	7	-	3	8	-
2001	146	28	13	40	65	-
2002	210	35	21	32	122	-
2003	261	62	45	31	123	-
2004	249	59	51	62	77	252.60
2005	293	78	49	63	103	185.35
2006	183	41	32	51	59	131.91
2007	145	32	17	36	60	35.08
2008	98	22	35	17	24	36.09
2009	64	14	20	21	9	29.82
2010	108	5	40	38	25	22.09

第四节　商标广告管理

一、商标注册

1986年，全区有注册商标企业221家，注册商标418件。1993年4月，商标注册初审改由市商标事务所办理。2002年，有注册商标企业679家，注册商标1191件，其中天津市著名商标8件。2005年，有著名商标企业11家，著名商标14件。2010年，认定著名商标企业19家，著名商标25件，其中新认定著名商标5件、延续认定著名商标6件。

二、商标管理

1986年，验证注册商标418件，确认合格商标321件，纠正处理问题商标97件。查处商标违法3起。1988年，查处商标违法案件4起，没收假酒208瓶。1991年，组织64家企业101种产品参加市优产品评比。1995年，组织对22家商标定点印刷企业、非定点印刷企业的印刷管理、印刷档案情况进行检查，对2家3起违法案件罚款7542元。2002年，全区有商品商标注册企业679家、注册商标1191件，其中市著名商标8件。2003年，查处商标侵权案2件，罚没款5万余元。2006年，对全区各大商场、超市、百货店经营的3287件商标标志情况检查，查处商标违法16件，罚款5.5万元。2009年，到8家大中型企业现场指导，提供商标注册、认定和延续认定等服务。

2010年3月18日，工商河北分局召开自主创新与知识产权战略专题报告会
（工商河北分局提供）

三、广告管理

1988年，检查49家广告经营单位广告费收支情况，对2家企业存在的问题给予处理。1990年，实行广告宣传认可证制度，有120多家企业办理广告宣传认可证。1994年，废除广告宣传认可证制度。对《天津造纸》等3种期刊广告内容实行报送审查和监测制度。1995年，实施户外广告监督管理，纠正不符合《中华人民共和国广告法》广告62块。1996年，对93个广告经营单位年检，年检率87%。1999年，组织广告经营单位换发“广告经营许可证”89个，换证率100%；开展对印刷品广告和性保健品广告专项治理。2002年，开展对药品、保健品流通领域虚假违法广告专项治理，立案查处28件。2003年，检查药店63家、保健品店2家、性保健品店22家、医疗单位18个、房地产售房处2个，收缴违法违规广告印刷品3.2万份、非法性保健品宣传招牌12块。全年查处违法广告案件12件。2008年，开展以迎奥运为主题户外广告检查活动，纠正违章广告案件15件，查处违法广告案件4件。2010年，检查重点区域72处，检查各类经营主体2758户，纠正违章违法行为45件。

第五节　经济合同管理

1981年，开始实行经济合同鉴证。1981—1995年，鉴证各类经济合同2166份，合同金额总计为1.39亿元，合同履约率100%。1985—1995年，开展“重合同、守信誉”评审活动。区经济合同仲裁委员会自成立至1995年8月撤销，受理仲裁案件174件，其中调解成功138件、仲裁裁决36件。1996年，实行企业动产抵押管理登记。1996—2002年，办理合同鉴证1065份，合同金额3195万元；检查委托合同2.07万份，金额48.5亿元。办理前置抵押登记296件，抵押金额18.13亿元，协助企业贷款11.25亿元。调解合同纠纷案21件，挽回企业经济损失380万元。2003年，受理经济合同纠纷10起，争议金额36万元；组织监管拍卖24场次，成交1612件，拍卖金额3098万元。2004年，检查合同1400份，天津建筑机械厂等3家企业获国家级“守合同、重信用”单位称号。

第六节　维护消费者权益

1990年7月至1994年11月，成立街区消费者保护协会8个和监督站19个。1995年，受理消费者投诉1500余件。1996—2002年，发放宣传保护消费者材料5万份，接待咨询52.23万人次，受理投诉5322件，挽回消费者经济损失238万元。2006年，受理“12315”网上申诉、举报案件417件，挽回经济损失15.5万元。区消协及相关部门接待咨询7000多人次，受理投诉158件，挽回经济损失18万元。2008年，受理“12315”指挥中心举报824件，区消协受理投诉882件，挽回经济损失31.28万元。2009年，在7个社区设立“12315”联络站或消费者投诉站示范站。2010年，检查经营法人单位537户次。“12315”指挥中心与辖区17家企业直通互动，化解消费争议13件。受理举报562件，挽回经济损失45万元。

第四章　物价

河北区物价部门遵循经济市场规律，推进价格体制改革，逐步形成价格决策、执行、调控和监督检查完整规范的管理体系。

第一节　机构设置

1980年10月，恢复建立河北区物价委员会，与区工商局合署办公，编制9人。1984年10月，区物价委员会更名为区物价局，设办公室、物价检查科、物价管理科和3个物价检查所，工作人员37人，办公地址在三戒里43号。1988年10月，办公地址迁至黄纬路13号，工作人员52人。1992年6月，区价格事务所成立，与区价格信息咨询服务中心一个机构挂两个牌子。2000年12月，更名为价格认证中心。2010年6月，区物价局职责并入区发展与改革委员会。办公地址未变。

第二节　价格管理

一、收费监管

1988年，价格管理内容是审定价管理，汇总上报物价指数和有关统计资料，管理行政事业收费，制定辖区及系统内外物价管理的定价办法和规定，编写传递物价综合信息。1996年、1999年、2001年3次换发“收费许可证”。2000年后，对行政事业性单位和经营性服务收费进行年度审验。2001年，取消民政、计生、劳动等部门13项行政事业性收费，将12个部门26项行政事业性收费转为服务性收费。审定新开业餐饮、旅店企业户级14户，核发经营性收费许可证32个。2005年，清理行政性、事业性、经营性收费113项，取消14项，合并、降低、调整10项收费标准。实行收费公示制度，强化社会监督。2006年，编辑《天津市河北区收费目录》，在区有线电视台向社会公布收费项目和标准。2009年，组织区物价、教育、监察等部门对义务教育政策落实等情况进行专项检查。规范10个街道保洁服务所收费，对14个社区物业服务费标准办理审批、备案。区物价局被评为全国收费统计工作先进集体和天津市收费统计工作先进集体。2010年，对全区18个部门（单位）进行收费审验。审验行政事业性“收费许可证”79个，审验经营服务性“收费审验证”106个。

2006—2010年河北区收费项目年审统计表

表13-11

项目／年份	行政事业性收费			经营服务性收费		
	审验收费许可证（个）	收费项目（项）	收费总金额（亿元）	审验收费登记（审核）证（个）	收费项目（项）	收费总金额（万元）
2006	132	37	2.19	–	–	719.20
2007	108	28	2.34	–	–	–
2008	87	29	1.79	125	11	9685.16
2009	79	23	1.86	106	18	8988.60
2010	67	22	2.01	113	19	12354.50

二、物价检查

1979年，物价监管实行主管部门统一管理。1980年恢复区物价委员会后，直接对市场物价进行监查。1980—1994年，查处违法案件6189起。其中，万元以上大案149起，给予经济制裁7013.27万元，退还消费者4.88万元。组建职工物价监督站，聘请区人大代表、政协委员为物价监督员共同参加物价检查。1996—2002年，开展对教育、卫生、税务、公安、电信、金融等系统或行业价格检查，查处价格违法案件510多起，经济制裁1610万余元。32个单位被评为市级物价计量信得过单位。2005年，制定《河北区物价局执法服务措施》《河北区物价局促进个体私营经济发展的服务措施》。2006年，实行职工物价义务检查员兼社会价格监督员制度，组建社会监督网络，对经济适用房、铁路客票代理收费、教育、卫生及出租车收费等进行检查。2008年，对13个社区医疗点进行医药价格检查。依法规范铁路客票代售服务收费行为，对42个价格违法企业进行处罚。将大中型超市和农贸市场作为巡查重点，实行价格巡查责任制。区物价检查所被国家发改委授予全国首批规范化物价检查所称号。2010年，重点对质量监督检验检疫系统收费和居民生活必需品价格等进行检查，继续实行价格服务承诺制度，畅通价格举报绿色通道。

1996—2010年河北区物价检查统计表

表13-12

项目 年份	参加检查人员（人次）	检查单位（户次）	查处违法案件（件）	经济制裁金额（万元）	退还消费者（万元）
1996	8986	9581	219	657.73	580.47
1998	7580	–	25	49.50	–
1999	8120	7090	43	409.26	374.18
2000	7730	6880	–	184.75	130.89
2002	–	–	34	167.30	137.33
2003	–	–	35	363.79	324.61
2004	3790	1978	29	153.87	118.66
2005	3383	2173	13	197.03	162.62
2006	3816	2005	35	205.82	173.23
2007	3690	3453	60	205.41	182.85
2008	6828	6318	54	36.23	16.39
2009	3638	4034	38	40.82	0.79
2010	4170	2625	48	42.61	0.43

第三节　价格认证与监测

一、价格认证

1992年，区价格事务所开始接受司法机关、行政执法部门、工商企事业单位和个人委托，对罚没物资、赔偿物品价格作出评估。建立价格信息网络，收集全国价格行情，向企业提供物价信息，指导企业提高经营效益。1995年，创办《天津价格信息》《河北价格信息》刊物，发布企业商品供求信息。1996—2002年，评估交通事故致损车（物）5010辆（件），估值1013万元。对2350件涉案物品价格价值认证1360万元。拓宽价格认证范围，建立与银行、拍卖行、律师事务所、财产清算事务所等专业机构业务关系，7年受理委托评估认证7451件，价值2373万元。2005年，建立健全价格认证制度11项，完成价格认证401件，评估总值827万元。区价格认证中心被国家发改委授予全国先进价格认证中心称号。2006年，接受委托对建设银行河北支行办公大楼进行价值评估，对河北运输场长途客运价格、龙门大厦和万象轻纺城物业收费标准进行认证。办理继承、赠与公证房屋价格鉴证80件，鉴证价值13913万元。2010年，实行监证主办责任制，对鉴证认证结论执行三级审核工作制度和绩效考核管理。鉴证认证415件，估值357万元。开展价格诚信单位创建活动。

二、价格监测

1996年起，与市物价局价格监测中心联网，按月编发《河北价格信息》期刊，传至区机关部门、区属和驻区企业。区内设23个价格监测点，组建以市轧钢三厂等7家企业为骨干的信息网络，对160余种商品每日进行价格监测。1999年，区物价局被市物价局授予价格监测先进单位称号。2010年，加强生活日用品及其他重要商品价格监测，对5个大型超市和农贸市场、农副产品批发市场实行全天候监测。

第五章　质量技术监督

河北区质量技术监督部门对全区实施计量检查和质量监管，进行标准化管理。1995年，河北区被列为全国58个消灭无标生产试点区（县）之一。至2010年，区质量技术监督工作推动了质量兴区建设。

第一节　机构设置

1988年10月，河北区计量管理局成立，设办公室和业务科，行政编制10人。1989年1月，对外办公。业务范围由单项计量管理发展为计量、质量、标准化3项管理。2月，区计量检定所成立。1990年2月，区计量管理局更名为区技术监督局，设办公室、计量管理科、计量监督科、计量检定所、产品质量检验所、质量监督科、标准化科。1991年11月，区产品质量监督检验所成立。1992年10月，区政府生产许可证办公室成立。1997年8月，核定行政编20人，工勤事业编2人。2000年12月，区技术监督局更名为区质量技术监督局。2001年12月，区劳动和社会保障局压力容器特种设备安全监察监督职能划归区质监局，设锅炉压力容器安全监察科。2007年1月，设食品安全监管科。至2010年，设办公室、计量管理科、计量监督科、计量检定所、产品质量检验所、质量监督科、标准化科、锅炉压力容器安全监察科、食品安全监管科。行政编28人，工勤编3人、工作人员26人，办公地址在南口路22号增8号。

第二节　计量监管

一、计量检定

1989年2月，区计量检定所建立社会公用标准，开展计量检定。1991年3月，对车速里程表进行检定。1994年5月，确定乌江路市场为淘汰杆秤试点单位，在农贸摊群市场开展计量信得过活动。1995年3月，农贸市场全部取缔杆秤。1996—2000年，检定计量器具81433台（件）。2001—2005年，检定计量器具32559台（件）。2006—2010年检定计量器具23517台（件），检定覆盖率100%。

二、计量监督检查

1989年，对区属1003个单位和4700多户个体户26029台（件）计量器具进行调查登记，对27处农贸摊群市场计量器具进行检查。1990年，对区属11个商业系统7884台（件）计量器具立账建卡。组织检查48次，抽查20次，参检人员1300多人次，检查摊位近万个，检查计量器具7935台（件），罚没0.67万元。1991—1993年，检查个体户285户，商店179个，企事业单位489个，计量器具销售单位6个，卫生系统单位22个，集贸市场157个次，出租车计价器52台，计算器具15304台（件）。处罚777起，罚款3.43万元，没收计量器具240台（件）。1994—1995年，检查工业企业77家，商业企业171家，农贸市场67个，罚款8万元。1996年9月，区计量检定管理协作网建立。2002年8月，为各集贸市场统一配备公平秤。2004年3月，对靖江医院、米兰超市等17个“物价、计量信得过单位”复查，16个达标。2010年8月，对区域内加油站实施计量专项检查。

第三节　质量监管

一、产品质量检查

1992年，对19个家具经销单位189批次商品进行检查，合格率92.6%。对龙门大厦等7家企业经销15种小食品、饮料进行检查，合格率13.3%。区技监局责令其限期整改并给予处罚。9月，龙门大厦将自行查出的250种、价值10万元假冒伪劣商品全部销毁。1992年10月，区政府生产许可证办公室成立。1990—1995年，处理行政处罚案件105件，处罚30.38万元。2003年，开展质量兴区活动。2006年，对区内QS获证单位和企业进行检查。对建设工地使用安全网进行检查，对12个使用无证、假冒伪劣安全网建设工地进行查处。对10个使用无证生产建筑幕墙的施工单位依规查处。在CCC强制安全认证专项检查中，对经营MP3、音响、功放、计算机、低压配电柜、美发器具等企业进行规范，查处生产和销售无CCC认证产品企业。2009年，开展家具和室内装饰装修材料专项整治；对食品、家电下乡产品、化工产品、纺织服装、防控甲型HINI流感疫情物资等产品进行定期监查，办理案件47件，处理投诉12起。2010年，实施51项专项检查和整治活动，办理行政案件16件，罚款4.32万元。

二、产品质量检验

1992年，对服装生产企业产品进行检验，合格率91%；对家具生产企业产品进行检验，合格率89%。1995年，对服装厂产品出具检验报告34份；对家具展销中心家具出具检验报告133份。1998年3月，区技监局被市质监局确定为全市定期监督检验试点单位。2003年抗击非典期间，查出天士力大药房出售过氧乙酸消毒液为严重不合格产品，区质监局当场扣押，并按有关法律规定予以处理。2008年，将全区23家获CCC生产许可证企业巡查情况录入TCS系统。质检所重点监查食品企业29家，出具产品检验报告57份；对52家食品企业产品进行抽样检验。

第四节　标准化　产品标准　机构代码

一、标准化管理

1990年后，标准化工作发展较快，对标准实施加大了监察力度。1995年，河北区被列为全国58个消灭无标生产试点区（县）之一，全区启动消灭无标生产试点工作。1996年6月，区消灭无标生产试点工作通过国家技术监督局达标验收。2003年7月，首次对工业企业产品执行标准审验，审验企业53家，合格企业24家，合格率45.28%。2004年6月，拟定《粉丝中聚乙烯醇缩醛的测定方法》地方标准。2006年，对全区食品生产加工企业执行标准清理整顿并进行审核。审验企业44家，办理执行标准登记65家。2008年，修订29家产品企业标准，为66家企业执行标准进行登记和审验，为5家制造计量器具企业进行考核发证。

二、产品标准登记

1990年6月，实行企业产品标准登记备案制度。区属生产制造企业275家，其中执行国际标准仅有光华塑料厂1家（产品是超薄型防雨衣，标准代号BS3546・3-01）、执行国家标准的42家、执行行业标准的65个家、执行企业标准的167家。1995—2000年，企业产品标准备案248件；2001—2005年有324件；2006—2009年有101件。2010年有187件。

三、组织机构代码管理

1990年4月，河北区单位编码工作领导小组成立。培训组织机构代码工作人员433人。全区53个系统2013个单位填报代码草表，审核组织机构代码统计表11916张。1991年6月，区单位编码工作通过市编码办公室验收。1992年11月，实施河北区代码赋码。1993年4月，正式颁发区机关、企事业、社团单位全国统一的单位代码证书。至1995年年底，为7409个单位颁发单位代码证书。1997年8月，区编码办公室成立。2001年2月，开展2001年度组织机构代码年检。2006年，办理组织机构代码登记951户，换证781户，变更611户，年检3520户。2009年，办理组织结机构代码证2001个、年检4770个、扫描电子档案2201户。

第五节　特种设备和食品安全监管

一、特种设备安全监管

2001年12月，区质监局设锅炉压力容器安全监察科。2002年8月，全面清查区内企事业单位特种设备安装使用管理情况，查出使用特种设备未登记单位63个、违规锅炉35台、压力容器4台、特种设备138台。2003年2月，对区内67家浴池的运行锅炉69台进行安全大检查。2005年2月，市中生乳胶有限公司发生一起人员电梯坠井事故，依法对企业给予经济处罚，责成企业对相关责任人给予行政处分和经济处罚。是年，对特种设备施行动态监管，检查单位287个，特种设备820台，下发安全监管意见通知书32份。对已录入数据库的4000余套设备数据资料重新整理。办理特种设备安装审批132台，注册登记199台，修理改造登记14台，换证291台。2009年，举办特种设备管理、操作人员培训班13期，835人取得上岗资格证。2010年，开展全区特种设备安全大检查，检查单位130个、设备242台，下发整改通知书78份。

二、食品安全监管

1990年，区质监、工商、物价、防病等部门和部分人大代表、政协委员40余人，对龙门大厦和中山路的23个食品经销单位进行检查，查出20种食品标签不合格。1992年7月，对23家企业的32种产品、价值33万多元的包装食品进行检查，包装标签全部合格的仅有大华食品厂等3家，占被检查单位的13%。1996年12月，区技监局食品检验项目通过验收。2000年10月，区质监执法人员与公安河北分局民警联合行动，捣毁民权门批发市场内窝点4个，扣押假酒30余种3000多箱。2004年3月，执法人员在一企业的闲置楼房查获一批假货商品近1吨，将造假设备和假货商品一并查封。2006年，实施《河北区食品生产加工企业质量安全分级制度》《河北区食品生产加工企业巡查回访工作制度》，聘请35名食品质量安全监督员和协管员，建立质监网络，加强定期监督检验。是年进行产品定期监督检验企业124家，检查产品158批次，合格136批次，合格率87.3%。2007年1月，区质监局增设食品安全监管科。2010年9月，市质监局领导对河北区乳制品及含乳食品专项整治进行督查。

第六章　审计监督

区审计管理部门行使经济监督执法权，以构建审计免疫系统与完善经济监管体系和政府廉政建设体系为中心，保障财经法规和财政财务制度的贯彻与执行，建立审计信息网络，实现全面、准确、快捷、翔实的审计信息反馈体系，为全区经济正常运行发挥宏观监督防范作用。

第一节　机构设置

1983年9月，河北区审计局成立。办公地址在三戒里。1987年5月，迁至狮子林大街284号。1984年3月，设办公室、工业审计科、商业审计科、行政事业审计科，工作人员18人。1988—1991年，增设综合科、基建审计科、人事教育科。1991年，工作人员58人。1997年，增设内部审计指导科，成立河北区内部审计协会。2002年2月，综合科更名为法制科，工业审计科和商业审计科合并为工商企业审计科，增设财政审计科、经济责任审计科。2007年2月，基本建设审计科更名为固定资产投资审计科。2010年，设办公室、人事教育科、法制科、经济责任审计科、财政审计科、工商企业审计科、行政事业审计科、固定资产投资审计科、内部审计指导科，工作人员35人。10月，办公地址迁至榆关道388号。

第二节　国家审计

一、企业审计

（一）**工商企业审计**　1984年，对驻区大集体工业企业86家进行财务审计，对商贸和粮食行业财务进行试审。1986年，市审计局将驻区中小型国企104家划归为区审计对象。1984—1993年，完成工业企业审计180家。1984—1995年，完成商贸企业审计289家，查出违纪金额1768.84万元，上缴363.79万元。1984—1985年，查处市属工业企业4家，查出违纪金额64.16万元，上缴55.21万元。1990年，查处36家，查出违纪金额701万元，上缴249万元。1993年，将中小型全民所有制企业和市属大集体企业划转为市审计局审计对象。2001年，对江都路百货商场私设“小金库”60万元给予处罚。对联德机电制造总厂存在企业资产负债不实、偷漏税问题严重、违规开设银行账户、现金管理失控等问题给予纠正和处罚。19964—2002年，围绕国有企业改革，对196家企业进行审计，查出违纪金额3.91亿元，上缴入库636万元。

（二）**房地产开发企业审计**　1991年，对4家区属房地产开发企业进行开工前试审，发现2个项目存在私设小金库、收取工程款不入账、贪污2729.72元、挪用公款5341.62元等问题，依法没收全部违纪金额，并将贪污案件移交区人民检察院。1993—1995年，对10个区属建设单位在建项目和项目开工前进行审计，对区建设开发公司和区平改办实现利润真实性进行审计，作出区建设开发公司调增利润284.3万元和区平改办补交个人收入调节税2156元的决定。1999年，对区图书馆楼体扩建项目实施基建预决算审计。2000年，对红光中学、天津二中教学楼基建项目竣工决算审计。2002年，对小王庄供热工程项目一期投资1亿元的收支情况实施审计。2005年，针对河北社区学院新建项目中的财务问题，以及教育系统建设项目审批手续不齐备、招标活动不规范等提出整改建议。2006年，在对五十七中改扩建工程项目审计中，首次运用计算机工程造价软件辅助审计工作，对发现的问题进行综合分析并提出整改建议。

（三）**经济责任审计**　1986年，对10家实行承包经营和厂长（经理）离任的企业进行经济责任审计。1987年，对达仁堂制药厂在进行承包经营中存在的问题提出审计建议，促进该厂及时纠正。1990年，对区属11个商业公司第一轮承包合同到期进行经济责任审计。1991年，在对区属企业财务审计中，发现12类49个问题、违纪金额73.2万元，上缴入库10万元，提出审计建议39条。1992—1995年，在全区开展承包经营责任审计。对万华餐饮经营总公司、区副食公司、区粮食局、区修配公司、区五金公司离任经理进行审计。1995年，对区服务公司和区糖业公司经济承包结果进行兑现审计。

二、行政事业单位审计

1984年，对部分行政机关、事业单位和社会团体进行财务试审。1987年，对区属一级预算行政事业单位审计，实行延伸至下属二级核算单位进行追踪审计。1989年，对56个一级预算单位的延伸审计，查出违纪金额6.78万元。1990年，对56个一级预算单位定期审计，延伸到7个二级核算单位，查出违纪金额15.56万元。1991年，定期审计重点由预算资金扩大到部分单位预算外资金。在1984—1995年行政事业审计中，对60个单位进行711轮次审计，查出违纪金额603.87万元，上缴47.43万元。1996—2002年，审计128个单位，查出违纪金额4986万元，上缴133万元。自2003年，审计重点转为财政审计、经济责任审计及专项审计调查等，以国有企业、行政事业单位为对象的审计项目逐渐淡出。

三、固定资产投资审计与金融审计

（一）**基本建设项目审计**　1992年，对区煤气工程指挥部、区配套办公室建设项目专项资金进行审计，查出违纪金额218.90万元。1993—1995年，开展对10个区属建设单位在建项目的调查和3个开工前项目的审计，通过审计对项目资金进行有效监督。2010年，对区属各建设开发公司资产负债净资产进行审计，审计资金11.76亿元。配合区纪检委对工程建设领域突出问题进行审计，涉及29个建设项目，审计资金12.04亿元。对2008年以来排查出的各类问题进行动态跟踪。制定《河北区政府投资基本建设项目资金监管暂行办法》。

（二）**建筑安装、房地产开发企业审计**　19914—1995年，对区建设开发公司等8家企业及下属27个单位进行审计，查出违纪金额271.23万元。1992年，针对区建设开发、房地产开发中存在审计挤占工程成本、工程结算不及时、漏缴税金严重、内控制度不健全等问题，提出11条审计整改建议。1995年，对宁园街道所属房屋开发公司收取集资费情况进行审计，为制定区内使用平房改造集资政策提供依据。1996—2010年，审计房地产、金融企业32个，查出违纪、违规及管理不规范金额5504.8万元。

（三）**金融审计**　1992年，经市审计局授权，对中国银行河北支行财务进行审计，查出违纪金额49万元。1994年，对市人民保险公司财务收支情况进行审计，查出违纪金额196万元。1995年，对建设银行河北支行进行资产、负债、损益审计。1996年，对中国农业银行河北支行进行审计，发现违规贷款1292万元、盘盈固定资产39万元挂账、接受违规凭证入账34.7万元、违规拆借资金900万元、代办手续费收入14.3万元漏缴营业税等问题。2010年，按市审计局要求，对区政府融资平台公司运作情况进行审计，对河北区城市建设投资有限公司进行审计。

四、财政预算执行审计

1996—2002年，实施同级财政预算执行及其他财政收支情况审计，延伸审计企事业单位74户，纠正违规金额14937万元，提出审计意见建议41条，提交报告、信息68篇。2003年，对区财政局等9个主管预算单位审计预算内、外资金6.7亿元；对隐瞒预算外收入、固定资产管理薄弱、虚报冒领民政资金、漏缴税金等问题进行披露和反映。2005年，完成对本级预算执行情况及其他财政收支情况审计，涉及被审计单位9个，审计预算资金4.8亿元。对财力不足、单位预算外资金核算不够规范、教育系统基础薄弱和部分单位挤占挪用专项资金等问题提出审计意见。2007年，对区财政收入构成、税源建设、政府采购制度执行，以及预算外资金规模和管理使用等情况进行审计，审计预算内、外资金9.37亿元，发现管理不规范资金3.99亿元。2009年，审计10个部门及29个下属部门及单位，审计资金15.66亿元，发现管理不规范金额1.34亿元，查处违规资金190.2万元，提出审计意见建议23条。2010年，审计8个政府部门，延伸审计46个下属部门单位。以预算编制与管理、专项资金管理使用为重点，将社区公共卫生服务建设专项资金纳入审计内容，尝试开展绩效审计。查处违规金额26万元。1996—2010年，对440个部门和单位实施审计，查出违纪、违规金额8.16亿元。

五、领导经济责任审计

1997年，受区委组织部委托，区审计局对区管党政领导干部和国有企业领导人员进行任期经济责任审计。2000年11月，首次召开由区委组织部牵头，区纪检、人事、审计部门参加的领导干部任期经济责任审计联席会。会议确定领导干部经济责任审计执行“将离任审计和任中审计相结合，以任中审计为主”的原则；将领导任期经济责任审计纳入年度全区审计工作计划并组织实施。2000年，在全区推行领导经济责任审计。2001年9月，由区纪检、监察、组织、人事、审计5个部门联合建立区经济责任审计联席会议制度，联席会议办公室设在区审计局。2003年6月，对18名企业领导干部进行经济责任审计，查处漏缴税金、账外资产等违纪金额4550余万元；对7名相关人员审计结果进行公示。2004年，制定《河北区经济责任审计公示制度》，对22名企业领导进行经济责任审计，查处漏缴税金、账外资产等5469余万元。2007年，审计18户，查出管理不规范资金1.32亿元，提出审计意见建议34条。2010年，对19个单位的领导干部进行经济责任审计，查出管理及核算不规范资金1.59亿元。1997—2010年，对219个单位进行经济责任审计，查处违规违纪金额6亿元，提出审计意见建议98条。

六、专项审计和调查审计

1984年，区审计局对5个校办工厂进行审计，发现有财务管理混乱、挤占办学经费等问题，按规定进行了处理，并与区教育局联办校办工厂会计培训班，指导其建制建账，加强财务管理。1987年，对120个单位进行财务物价税收大检查，查出违纪金额585万元、上缴134万元。1990年，开展对教育系统预算外资金审计，查出违纪金额23.97万元。1985—1995年，对商贸和粮食行业开展32个项目专题审计，有271个单位被查处，查出违纪金额1106.88万元，上缴431.93万元。1995年，对宁园街道房屋开发公司收取集资改造费进行审计，为全区使用平改集资费制定政策提供参考。2005年，对中心广场地块土地出让金使用情况、街道系统非工资性支出情况等5项计40户开展审计，调查金额2.38亿元，查出违规金额1031万元。2008年，对26个部门和单位资金管理使用效益情况进行审计。对支援汶川抗震救灾款物情况及特殊党费收缴管理情况实施审计。全区接收捐款捐物计1295.56万元、党员“特殊党费”216.95万元，未发现重大违法违规问题。2009年，查处6个单位“小金库”违纪金额300余万元。对区教育、卫生、街道等12个部门和单位拆迁补偿金管理使用情况进行审计，查出不规范金额2.32亿元，查出9个教育单位管理不规范金额81万元。2010年，配合区纪检委对29项工程建设项目进行审计。1996—2010年，开展专项审计和财务大检查113项，涉及单位1911个，查出违纪和不规范金额5.81亿元，上缴入库134万元。

1984—2010年河北区审计工作统计表

表13-13

年份	审计单位（个）	查处违纪金额（万元）	上缴入库（万元）
1984	68	50.40	7.92
1985	12	132.23	75
1986	29	556	97
1987	87	1085	101
1988	114	586	268
1989	277	1405	231
1990	141	918	180
1991	145	322	72

续表13-13

年份	审计单位(个)	查处违纪金额(万元)	上缴入库(万元)
1992	99	485	11.90
1993	262	81	127
1994	164	558	110
1995	88	2019	168
1996	170	2720	342
1997	241	3995	372
1998	55	3463	36
1999	106	11386	82
2000	69	40183	148
2001	51	19334	134
2002	46	3494	245
2003	41	8598	300
2004	134	28194	0
2005	69	16215	0
2006	36	45446	0
2007	28	86565	0
2008	50	58189	0
2009	63	42072.50	0
2010	23	18114	0

第三节　内部审计

一、概况

1987年，区属部分企事业单位开始组建内部审计机构，先后开展财务收支、经济效益、经济承包兑现、经济责任、专项资金、内控制度方面审计或调查审计。1995年，区内审机构对3659个单位进行审计，查出违纪金额340万元，移交司法机关处理6人。1997年9月，区内部审计协会成立，有会员单位42个。2003年，有内审机构178个，专兼职内审人员220人，区内部审计协会有集体会员38个，个人会员145人。2010年，有内审机构178个，专兼职内审人员204人。内审协会有集体会员47个，个人会员204人。

二、财务收支审计

1988年，区教育局内审142个单位，覆盖率96%，查出违纪金额16.70万元。1989年，区商业系统内审153个单位，查出违纪金额66万元。1991年，区糖业公司对本公司1988年以来制定的回扣管理办法执行情况进行内审，将公司商品回扣增加差价收入和其他回扣收入47.50万元全部入账，维护了财经纪律。2003年，全区完成内审457项，其中财务收支审计155项，查处、纠正3项违纪856万元，提出建议并被采纳188条。2006年，全区完成内审项目178个，查处并纠正违纪金额205万元，提出建议并被采纳120条。

三、经济责任审计

1992年，区属内审机构普遍开展离任经济责任审计。区教育局将校长离任审计作为一项制度，对10所学校11位校长进行离任审计，查证债权债务44.1万元中31.2万元为离任校长任期内债务。区教育局的做法被市教育局在全市进行推广。2009年，全区内审48项，提出审计建议90余条。区教育、卫生、房管系统等将内审制度化，不仅实行离任审计，而且做到经济责任审计经常化，区教育系统对各校领导实行一次审3年、3年审一轮的审计制度。

四、经济效益审计

区卫生局、区文化局、区供热公司、区内环建设开发公司等部门企业，将经济效益审计列为重要工作。区卫生局内审机构每年对所属14所医院年度指标完成情况进行审计，推动医院提高服务质量和经济效益，强化管理工作。妇产科医院、妇幼保健院、第一医院等单位内审机构参与医疗设备购置前论证及购置后效益跟踪审计。1996—2010年，各系统完成内审4852家，纠正违纪金额7064.02万元，提出建议并被采纳2238条。组织开展审计培训1370人次。

第四节　社会审计

一、概况

1990年7月，河北审计事务所成立，在组织和业务上受区审计局指导和监督。以接受法人委托的方式面对社会提供审计服务，承办财务查证、鉴定、验证、年检、资产评估等中介服务，20名工作人员由在职干部和退休人员组成。办公地址在增产道重光东里25号。1990—1992年，建立和完善审计事务所章程(试行)和14项工作制度。1994年，更名为天津津北审计事务所。1996年，更名为天津津北会计师事务所。2000年1月，津北会计师事务所与区审计局脱钩。2003年1月，该所迁至南开区鞍山西道科研西路2号。

二、委托审计

1990—1995年，承接司法部门、上级主管部门及工商企业、行政事业单位的委托，查证和经济案件鉴定657件。如1994年受区红十字会委托，对靖江医院全部资产及产权归属问题进行审计，查明原院长造成国有资产流失72.5万元，为法庭审理该案件提供重要依据。1992—1994年，承接资产评估项目4个，评估资产3560万元。

三、年检验资和财税咨询

1990—1995年，为3159个单位验证注册资金，核减注册资金12.55亿元。对不具备定额注册资金企业提出不予注册意见。1990年，开展财税与审计咨询项目12项，1995年，开展审计咨询顾问项目270项，与718家单位建立专项、短期或常年咨询服务合同关系，为企业提供改进各类管理的意见或建议。组织顾问单位财会人员进行业务培训。1996—1998年，完成审计查证业务249项、审计咨询业务733户次，验资年检业务2936户。

附:

审计署京津冀特派员办事处　该办事处于1991年进驻河北区。审计范围：北京市、天津市、河北省。职责：审计中央国有企业、中央国有资本占控股地位或主导地位的企业的资产、负债和损益；审计中央金融机构、中央国有资本占控股地位或主导地位的金融机构驻地方分支机构的资产、负债和损益；审计省级人民政府管理和其他单位受国务院及其部门委托管理的社会保障基金、社会捐赠资金及其他有关基金、资金的财务收支；审计国际组织和外国政府援助、贷款项目的财务收支；对国家财经法律、法规、规章、政策和宏观调控措施执行情况、财政预算管理或国有资产管理使用等与国家财政收支有关的特定事项进行专项审计调查。地址在狮子林大街69号。

第七章　安全生产监督管理

河北区安全生产监督管理部门负责指导、协调和监督全区安全生产行为，为全区经济和社会的发展保驾护航。2002—2010年，进行安全管理与特殊工种培训1.77万人次。2010年，各街道均设安监科。

第一节　机构设置

1996—2001年，河北区安全生产监督管理由区劳动和社会保障局所属职业安全卫生监督管理科负责。2002年1月，河北区安全生产监督管理局成立，与区经贸委合署办公，与区安全生产委员会办公室人员统一使用，挂两个牌子，内设综合办公室、监察科、管理科，编制8人。2003年，增设监督监察管理科。2009年，设办公室、综合监督管理科、综合协调科、危险品监督管理科、中小企业科。2010年，有工作人员15人。办公地址在狮子林大街284号。

第二节　安全管理

一、安全生产责任制

1996年，制定《河北区安全生产奖惩办法》，对签订安全责任书企业主管部门进行考核。有53家企业实行安全生产风险抵押制度，79%企业缴纳安全生产风险抵金。1997年，全区52个处级单位签订安全生产目标责任书，缴纳安全生产风险抵押金8.2万元。1998年，区安委会增补区工商局、区工业局、区环卫局和交警河北支队为委员单位，组建新的安委会办公室，负责全区安全生产管理。由区工会、消防河北支队、交警河北支队、区劳动局及有关委、局组成考核小组负责对安全责任签状单位考核。2002年，制定河北区安全生产联席会议制度。2008—2010年，逐步建立完善安全生产责任追究机制、安全管理运行协调机制和安全生产专项整治机制，实行监管部门联席会议制度、安全生产重大问题协调协商制度、联合办公制度等。1997年，向区政府递交安全生产责任状的单位有52个，2010年有28家。2009年，每家企业缴纳安全生产风险金由2000元调为1万元。

二、安全教育与培训

1996—2010年，举办安全生产管理人员和特殊工种作业人员培训班，提高企业安全管理水平和职工安全操作技能，确保安全生产。

1996—2001年河北区安全管理与特殊工种培训统计表

表13-14　　单位：人次

年份	管理人员	合格	电工	合格	电气焊工	合格	起重工电梯工	合格
1996	760	760	588	562	2394（复试2029）	2270	255	240
1997	246	246	3453（复试2791）	3223	240	234	1388（电梯工122）	1369
1998	286	286	706	699	1664（复试1231）	1657	91	91

续表13-15

年份	管理人员	合格	电工	合格	电气焊工	合格	起重工电梯工	合格
1999	300	300	670	661	439	430	863	858
2000	224	224	2247（复试1898）	2236	309	309	218	218
2001	73	73	649	640	1068（复试767）	1056	251	251

2002—2010年河北区安全管理与特殊工种培训统计表

表13-15　　单位：人次

年份	应急培训	管理人员	电工	焊工	制冷工	烟花爆竹管理人员	合计
2002	-	330	863	364	76	-	1641
2003	-	294	856	387	48	-	1585
2004	-	320	956	421	59	-	1756
2005	-	389	1042	352	66	-	1849
2006	-	488	986	372	38	114	1998
2007	-	566	994	368	80	114	2122
2008	-	670	672	391	79	114	1926
2009	124	665	643	356	76	230	2094
2010	116	934	1032	267	98	240	2687

三、安全监管

1996年，实行建筑企业安全资格分级认证制度，198家企业200多名企管人员参加培训。申报认证89家，其中55家符合验收条件，25家取得市级安全资格证书。是年，组织大型安全检查活动10次，检查企业单位397家，查出安全隐患468项，制发执法处理文书109份，处罚1.1万元。1997年，对550家企事业单位危险源进行普查，查出危险源1200处。对27家企业的64处重大安全隐患提出整改方案。1998年，对859台特种设备持证进行专项检查。2002年，对危险化学品、人员聚集场所、房屋租赁、违章建筑及小锅炉等进行安全治理整顿。检查2200余个单位、1000余辆客运汽车、1580台锅炉及特种设备，查出安全隐患800余项。封停违规网吧2家，拆除违法锅炉25台，排除重大险情2处，清缴爆炸危险品近2公斤。2003—2005年，重点检查非公有制企业安全规范与管理。2005年，检查驻区企业218家次，发现安全隐患336项，下达执法文书313份，其中隐患整改指令书182份。2008年，在政务网公布安全生产行政执法各项法律文件，聘请、接收区人大代表、政协委员和社会监督员对安全生产进行检查监督。检查驻区企业218家次，发现隐患336项，下达执法文书313份，其中隐患整改指令书182份。对1855个消防栓、10处天然气源、13处人造水源进行普查和整治，解决圈占、埋压消防栓问题13件。对32个建筑工地生产与消防安全检查，查出事故隐患107项，下达执法文书18份。2010年，10个街道设安监科，配备安全生产执法持证人员33人（包括街道执法人员），形成区、街道、社区三级安全生产管理网络。对地铁3号线施工隐患和月云公寓电梯隐患等实施治理，对贝龙热力有限公司拆迁伤亡事故、古北道加油站非法经营危险品等重大违法案件依法查处。对11299家企业（单位）进行安全检查，查出安全隐患8768项，限期整改8549项，整改率97.2%。是年，安全生产控制指标完成情况位列全市区县第2名。连续18年未发生重大伤亡事故。

第八章　国有资产管理

河北区国有资产管理委员会对全区国有资产进行监督管理，助推国有企业改革。为加大对清产核资、行政事业单位国有资产和区属企业国有资产管理的力度，2010年，组织开展国有资产普查。

第一节　机构设置

1991年，区财政局设国有资产管理科，负责全区国有企业、行政事业单位国有资产的登记与管理。2010年2月，河北区国有资产管理委员会（国资局）成立，独立承担对国有资产监督管理职能，设办公室、资产管理科、投资管理科，行政编制8人、工勤事业编制1人。办公地址在宇纬路1号。是年，河北区国有资产经营投资管理有限责任公司成立。

第二节　资产管理

一、清产核资

1991年，在全区开展国有企业和行政事业单位国有资产清查登记。清查前账面额1620.4万元。清查后价值比清查前增加1238.2万元，增长7.6%。1994—1995年，对区属国有企业和实行企业化管理事业单位进行清产核资。1994年，核查299家企业资产总额64566万元。其中，流动资产47470万元，占全部资产73.5%；固定资产15127万元，占全部资产23.4%；其他资产和长期投资1969万元，占全部资产3.1%。对主要固定资产价值重估，全区企业固定资产原值增长61.21%，净值增幅49.8%；重估增减净值629万元，其中土地类增值144万元、房屋建筑类增值302万元、其他增值183万元。核实全区国有企业和企业化管理的事业单位的国家资本金为12742万元。1995年，对1994年清产核资单位土地清查估价入账；对各项数据按1994年清产核资基础衔接调整，形成全国统一时点资产负债总表。其清查估价入账的土地面积11.42万平方米，评估价值9687万元。1999年，对各街道行政区划调整进行清产核资。对各街道办事处及所属单位清产核资结果进行汇总。独立核算的71个单位清查核实3741万元，比清查前增加305万元，增长8.9%。2000年，17家国有区属企业建立国有资产档案289卷。国有企业135家，资产185572万元，负债144716万元，所有者权益40856万元；集体企业247家，资产54185万元，负债44330万元，所有者权益9855万元；行政事业单位207个，资产53511万元，负债21210万元，净资产32301万元。2001年，对全区拍卖的商业网点进行清查，盘活闲置资产，避免国有资产流失。对区经济服务中心资产进行接收和调拨。2002年，行政事业单位清产核资。对区机构改革撤并6个单位的国有资产进行清查与交接。区行政企事业单位300个，资产总额205022万元，负债132481万元，国有资产总额72541万元。国营企业107家，资产总额139452万元，负债99947万元，国有资产39505万元，负债率71.4%；行政事业单位193个，资产总额65570万元，负债32534万元，净资产33036万元，负债率46.1%。2005年，完成47家国有企业户数清理、资产清查、损溢认定、编制报表、资金核实与纠正；清算收回改制企业剩余净资产；审核对河北饭店、区物资公司、区外贸公司企业改制资产评估结果，调整评估资产账项。2007年，按《河北区国有企业清产核资重大资产损失专项审查》办法，相关企业于6月底完成自查。对资产损失30万元以上的单位实施重点审查。2010年3月，行政事业单位资产总额21.6亿元，负债总额7.38亿元，净资产（所有者权益）14.21亿元。区属国有企业资产总额49.06亿元，负债总额36.18亿元，净资产（所有者权益）12.88亿元。全区国有资产总额70.66亿元，负债总额43.57亿元，净资产（所有者权益）27.1亿元。4月，召开河北区国有资产普查工作动员大会，组织国有资产普查，核清区行政事业单位资产总量、分布结构及区属国有企业资产总量和质量状况、债务风险和盈利能力状况。

二、行政事业单位国有资产管理

1997年，制定《河北区行政事业单位国有资产使用、处置管理办法》并组织实施。2006年，对区行政事业单位房屋出租情况调查清理，纠正在房屋出租收益、入账、纳税和收支两条线核算管理上存在的问题。审批行政事业单位资产报废、报损、转让和无偿调拨等资产使用和处置。对区供热办、粮贸公司部分资产转让审核备案。2007年，清查全区209个行政事业单位资产，对部分单位资产使用、处置、管理上的问题进行纠正。2008年，制定《河北区行政事业单位国有资产配置、使用、处置管理办法》，规定行政事业单位在资产配置、使用、处置，以及收益上缴、主管部门的审批权限等方面，执行对区属行政事业单位国有资产使用、处置审核批复程序。2010年，对行政事业单位不动产和有证类房屋核实建档。

三、区属企业国有资产管理

(一)**产权登记** 1991年9月，对占有、使用国有资产的全民所有制企业(包括实行企业化管理的事业单位)282家进行登记，资产总额33247万元，注册资金5906.1万元，实有资本金7728.7万元，国有资金81065.5万元，实现利润2351.8万元。

1992—1994年河北区国有资产产权登记统计表

表13-16　　单位：亿元

年份	利润	资产总额	国有资产总额	国有资本金	实有资金	注册资金
1992	0.42	5.42	1.36	1.31	1.34	1.12
1993	0.25	5.44	1.30	1.16	1.16	1.36
1994	0.39	7.90	1.85	1.41	1.45	1.30

1997年，制定《河北区国有资产收益收缴管理暂行办法》。1999年，出台《河北区国有资产管理委员会议事规则》《河北区国有资产产权代表报告制度》，强化对国有资产使用管理规范及保值增值。2007年，对2006年度企业产权登记进行年度检查。2010年，制定《河北区企业国有资产监督管理暂行办法》，对区属国企国有资产监督管理机构、业绩考核、收益上缴及法律责任作出规定。区属国有企业产权登记41家，国有参股企业产权登记1家。

(二)**资产评估** 1993年，立项评估4项(包括中外合资、兼并联营和其他形式)，资产原值109.5万元，净值79.4万元；评估值215.8万元，评估增值136.4万元，增幅172%。1995年，首次对国企国有资产保值增值指标考核。1997年，制定《河北区国有资产收益收缴管理暂行办法》。全区集体企业清产核资。2003年，下发《企业转制国有资产管理相关问题告知书》。对大天津食品公司等单位企业转制提出实施方案和意见，参与公司资产评估。2004年，审核10家国有商业公司和近百个基层单位资产评估报告，审核企业改革方案有关资产调整。2009年，上报市国资委对区属国企国有资产保值增值结果的确认和预测；审核10家销售企业家电以旧换新补贴资金，确保补贴资金无误。2010年，加强对全区国有资产运营的动态监控，制定《河北区企业国有资产监督管理暂行办法》，对区属企业业绩考核、收益上缴及法律责任等作出规定。对区城建系统二级公司进行集中整顿。完成对行政事业单位、国企资产普查，区属国有企业53家，资产19.67亿元，负债15.8亿元，所有者权益(净资产)3.87亿元，主营业务收入4.81亿元，净利润5593万元。

第九章　经济合作与交流

河北区政府合作交流办公室负责组织、推动、协调跨地区经济合作交流，促进招商引资，发展区内楼宇经济。2010年，国内招商引资到位额74.92亿元，直接利用外资到位额1.08亿美元，“三资”企业有74家。

第一节　机构设置

1985年5月，河北区经济协作办公室成立，与区集体经济办公室合署办公。1987年5月，区生产服务管理局物资站转由区经协办管理。1988年3月，河北区经济协作公司成立，为区经协办经济实体。1989年7月，区物资站由集体所有制企业变更为全民所有制，移交区计划委员会。1991年4月，区外经外贸办公室成立，隶属区计委。1993年12月，区外经外贸办公室升格为区对外经济贸易委员会，与区计委一个机构挂两个牌子，设办公室、外资管理科、外企管理科和招商信息科。1995年7月，区经济协作办业务一科、业务二科分别更名为联络科、业务科。2002年，区经济协作办更名为区招商办公室，加挂河北区区域经济服务办公室牌子。2010年，区招商办公室更名为区合作交流办公室，加挂区招商局牌子，编制11人，设综合科、楼宇科、招商科和服务科。办公地址在狮子林大街284号。

第二节　楼宇经济

2006年，区楼宇经济实现留区税收8640万元，比2009年增长31.2%，完成全年任务的105%，2010年，区内有运营的商务商住楼宇39座，建筑面积70.2万平方米，入驻企业3122家。重点楼宇分布在“一团两线”。“一团”为意式风情区，有国银大厦、远洋大厦、白金湾大厦等，主要吸引金融服务、文化旅游、货运代理、总部经济等业态。“两线”：一是狮子林—金钟河大街沿线，有泰鸿大厦、金海岸大厦、新闻大厦、绿领产业园等，接纳商务办公、创意产业、低碳产业、化工产业、商贸服务等业态；二是中山路沿线，有万科大厦、金正大厦、中汇大厦、井田大厦、鼎盛大厦等，主要接纳房地产、休闲娱乐、文化教育、商务商贸等企业。

重点楼宇包括：以洋楼经济为特色的意式商务区，位于光复道区域，规划面积1.55平方千米，由13栋历经百年的意大利风格洋楼及4栋现代建筑组成，是国家AAAA级旅游景区，集餐饮、娱乐、休闲、旅游、文化、商务办公等为一体，有华润医药、渤海商交所、人寿财险天津公司、华电重工等一批高端企业入驻，注册资本74亿元。以专许专营为特色的楼宇——危险化学品交易市场，位于新大路189号，内设五大专业市场和1个电子交易平台，有来自美国、韩国和中国台湾、香港、广东、福建、北京及天津近600家知名化工企业进驻，是中国北方化工商品交易第一平台，具有集中交易、链接产销、安全储存、规范配送、政策咨询、企业策划、媒体推介、法律支持、信息传动、融资的“十大服务”功能。以文化创意为特色的楼宇——新闻大厦，位于昆纬路88号，其与天津滨海高新技术转移中心、天津市工业设计协会、天津市软件协会、天津工业大学等合作，将人才优势和科研优势转化为产业优势和经济优势，成为以电子商务、广告营销、动漫设计等多种业态为主的创意型企业中心。以经销台湾名品为特色的楼宇——鼎盛大厦，位于中山北路，是与市台办合作开发的华北地区第一个台湾名品展示中心和企业集中办公的综合性商务楼宇，设有名品展卖中心和商务中心，建筑面积7.78万平方米。其主营台湾名优商品，批发零售兼具，吸引台湾企业近百家，成为台湾名优商品在大陆北方市场集散地。以环保低碳为特色、以打造天津市节能生产力促进中心为目标的楼宇——绿领低碳产业园，位于万柳村大街56号，园区面积2.5万平方米，分为产业示范、交易展示、孵化研究开发3个功能区，提供多功能会展、商务洽谈、企业办公、专家咨询、综合会议等配套服务，入驻有环保领域的认证咨询、研发设计、会展策划、营销流通等企业。

第三节 招商引资

一、招商政策

1996—1998年，定期召开会议研究制定全区招商引资优惠政策。1999—2000年，先后出台《关于鼓励外地来河北区投资兴业的试行办法》《关于发展区域经济优惠政策的暂行规定》等。2004年，编制《河北区招商引资重点项目册》，介绍区情、重点项目和优惠政策，涉及意式风情区、凤凰城商业中心、大悲院商贸街等10余处。召开全区招商资源发布会，推介招商信息。出台《关于对招商引资中介人的奖励政策》《关于对入驻楼宇企业服务的七条措施》《河北区新引进企业重点保护服务规定》等，为友谊新都市百货等13家企业颁发"重点单位保护服务证书"，建立区领导与驻区企业家联谊会制度，举办首届河北区招商引资服务月活动。2008年，拟制《河北区招商引资规划》，由城市载体建设招商、产业布局招商、政策引导招商等6部分内容组成。编制《招商工作》专刊，刊载招商信息和招商政策等。

二、招商活动

2007年4月17日，河北区召开招商引资大会（区志办提供）

1991年以前，主要依靠国外及港澳台客商到区洽谈投资项目，6家入驻的合资、独资企业外资到位额64万美元。1992年，区领导先后组团赴中国香港地区和日本考察招商。是年全区协议引资4088万美元，其中引外资1413万美元，到位495万美元。与台湾企业合资的津裕电业有限公司成立，双方投资119万美元，各占50%，成为区内最大合资企业。1993年，区领导组团赴韩国和中国香港地区考察招商。"三资"企业突破50家，引外资到位额559万美元。8月23日，由20多家企业组成的河北区外商投资企业协会成立。1994年，河北区代表团赴中国香港地区及泰国，与香港永安百货有限公司和泰国金实有限公司洽谈，决定筹建永安商场。10月，在川鲁饭店召开全区招商引资大会，与来自美国、德国、法国、韩国等十几个国家和中国香港地区客商达成多项协议意向并签订经济合同。会议期间成立河北区招商引资联谊会。全年协议引资5162万美元，到位933万美元，其中外资94万美元。1995年5月，区政府主要领导率团赴美国，推介15个项目。9月，组团赴厦门参加福建投资贸易洽谈会。至1995年年底，全区累计协议引资额14149万美元，其中外资7386万美元；注册资本7647万美元，其中外资4403万美元；到位3895万美元，其中外资2764万美元。1997年1月，召开河北区扩大对内开放工作会议，制发《河北区人民政府关于加强外地驻津办事机构管理的暂行办法》《河北区人民政府关于加强外地来区投资经营单位的管理办法》。与浙江省乐清市、山东省泰安市、河北省深州市和甘肃省清水县签订友好地区协作协议。1998年3月，召开驻区外埠单位工作座谈会，增强与会单位与河北区的联系。

1996—2002年河北区招商引资情况统计表

表13-17　　单位：亿元

年 份	计划协议额	实际完成	完成计划 %	计划到位额	实际完成	完成计划 %
1996	7	9.20	131	3.10	3.78	122
1997	8.10	9.88	122	4.43	4.96	112
1998	8.60	9.59	111.40	4.72	5.16	109.30
1999	8.50	8.76	103.10	4.66	4.72	101.30
2000	8.50	8.98	105.60	4.66	4.86	104.30
2001	8.50	8.92	104.90	4.66	4.720	101.30
2002	8.50	10.15	119.36	4.66	5.64	120.95

2003年，引进顺驰集团、万隆集团、现代集团、津东集团、爱家集团、泰达集团等几十家企业到区投资。内联引资协议额27.63亿元，完成计划181.9%，同比增长172%；到位额19.63亿元，完成计划196.3%。引外资协议额3519.2万美元，完成计划171%，同比增长120%；到位额840万美元，完成计划100%，同比增长38%。2004年，海河沿岸重点项目凤凰商贸广场、奥式商务办公区、意式风情区、博远商城等立项。赴香港、广州、深圳、上海等地，引进数十家名企名店。内联引资协议额30亿元，完成全年计划166.67%；到位额21亿元，占全年计划175%；完成引进外资协议额6739.8万美元，占全年计划107.14%，外资到位额1049万美元，占全年计划100%。政府系统各单位新引进企业109户，完成年计划109%。2006年。引进金钟家具装饰城、首府酒楼、金百万烤鸭店、万丽九福大酒店、狗不理餐饮公司、中华炖品、宝轩渔府等名店20余家。万松大酒店引进全聚德集团签订协议，国美电器、津温商贸城进驻中山国际广场签约。引进海河假日、法国宜必思商务酒店、美国格林豪泰商务酒店等。2007年，正式启动意式风情区、奥式商务区招商，意大利CIS集团与海河公司就23栋建筑达成租赁协议。区领导率团赴长江三角洲地区开展招商推介活动。8月，试开通河北区招商网。全年引内资到位60亿元，为计划的190%；利用外资6689万美元，为计划的114.6%，两项均创历史新高。2008年，举办招商引资商务周和招商引资大会，签约项目19个，协议额155.5亿元。全年引内资到位额60.2亿元，同比增长30%，总量和增幅位居中心城区前列。利用外资8710万美元。2010年，引内资到位额93.93亿元，完成计划100.3%，同比增长25%，首次位居中心城区第一。

三、“三资”企业

1985年3月，东六经路街道渤海集体企业联合公司与香港嘉田公司合资成立渤田机绣有限公司，投资30万元，各占50%，系全市最早与港商合资区街企业之一，承制出口装饰品绣花加工。1986年，渤田公司收支平衡。1989年10月，投资方增至3家，投资额增至190万元，实现利润72万元，利税突破百万元，人均创利居全区区街企业之首。1991年，全区“三资”企业6家。1992年，与港商合资企业天昌电子有限公司产值800万元，利润150万元。1994年，与台商合资企业津裕电业有限公司产值3800多万元，利润800万元。1995年，全区“三资”企业78家，其中合资25家、独资51家、合作2家，涉电子、机械、印刷和房地产等十几个行业。实现产值3.4亿元，利润1051.8万元，缴税8625万元，外汇收入折合人民币7218.5万元。2003年，“三资”企业66家。2010年，全区“三资”企业74家，实现协议外资额1.21亿美元，完成计划120.49%，同比增长18.04%，高于全市平均水平7.51个百分点。

1996—2002年河北区"三资"企业注册及外资利用情况统计表

表13-18

年份	注册(家)	累计注册(家)	引资协议额(万美元)	引资到位额(万美元)
1996	13	13	1031	960
1997	7	20	1026	921
1998	6	26	869	696
1999	6	32	1045	621
2000	7	39	1015	621
2001	9	48	1617	609
2002	14	62	1650	610
合计	62	240	8253	5038

第四节　经济协作

一、协作网络

1985年始，河北区先后同全国44个地、市、县结成友好合作关系，并同新疆农垦兵团第六师、黑龙江农垦总局、核工业理化研究所、天津大学机械系4个单位签署长期合作协议。1988年，区政府组织16批294人次的经济代表团出访11个省(市)所属21个地、市(县)，同时接待来自国内18个省(市)所属37个地、市(县)77批795人次代表团到访。1990年起，与俄罗斯斯维尔德洛夫市尚内御斯特区、柬埔寨王国西哈努克市、巴西共和国ITUPEVA市、韩国仁川市等4个国外地区，以及河南省洛阳市、吉林市龙潭区等27个国内地区，建立友好合作关系。每年召开1次友好地区经协办主任联谊会，建立同中央和外省市39个驻津机构协作网、区属企业同驻区企业合作关系网。

二、协作活动

1989—1991年，秉持"政府搭台、经济唱戏"原则，加强横向联合协作，分别组团参加洛阳牡丹花节、武汉首义节等外省市经贸洽谈会。达成经济技术合作项目258个，商品物资交易额10869万元，带动一批联合协作企业建立。1990年1月，河南省洛阳市代表团到河北区考察访问，在商品物资、技术协作、外贸出口方面与区内22家企业达成合作项目17个，商品物资成交额997万元。9月，举办河北区第三届文化艺术节暨友好地区商品交易会，16个省、市、自治区的27个地、市、县代表团参会。4天会议洽谈合作项目220项，商品物资成交总额8957万元，友好地区在津开设特色商品窗口16处，与9个地区签订友好合作协议。1991年，引进浙江省温州市投资8000万元，在中山北路兴建天津服装城，占地8万平方米。1995年，组团出访河北省徐水县，江苏省盐城、江阴、张家港市，推介王串场街道三叶牌摩托车、江都路街道复合化肥生产线、大江路街道水箱控制器等。1989—1995年，达成经济技术合作项目1079个，经贸合同成交额4.21亿元。其中，协进产品额1.61亿元，销售产品额2.69亿元，引进资金16.5亿元。1996—2002年，先后与江苏、内蒙古等地区56个市、县建立友好协作关系。2009年，召开外省市驻津办专题招商推介会，推介河北区20余个招商项目，26个驻津办负责人参会。1997年，与甘肃省清水县结成对口友好帮扶关系，组团互访，实施多项帮扶项目。2010年，两次组团赴甘肃省清水县深化对口帮扶工作，落实协助编制县城规划等项目。

第五节　对外及对港澳台经济贸易

2008年6月15日，河北区召开加快开放型经济发展服务月活动部署会　　（区志办提供）

1996—2002年，出台并完善吸引外商投资、促进外向型经济发展政策措施，参加天津市春季商品交易会及北京、厦门招商会，组织企业到美国、意大利等国家和中国香港地区进行商品展出和贸易洽谈活动。接待美国、英国及中国香港、澳门、台湾地区等官方和民间贸易团体56批80余人；派遣出访贸易团（队）33批100余人。2003年，审批通过8家内资企业自营进出口权和3家内资企业外贸流通经营权。区"三资"企业产值2.83亿元、出口交货额1180万美元、纳税1420万元。2005年，开展外商投资企业服务月活动和"三资"企业安全生产大检查。1995—2005年，天津高木室内用品有限公司连年被中国外商投资企业协会等评为全国外商投资双优企业，连年被市政府授予天津最佳外商投资企业称号。2009年，对外出口总额1.48亿美元，外资企业年检69家。2010年，有进出口权企业359家。其中有出口业绩的企业82家。全区外贸出口额2.27亿美元，完成年计划的123%。

河北区志

（1979—2010）

第十四编

财　税

CAI SHUI

中共十一届三中全会后，河北区经济发展呈现增长速度加快、效益向好的态势。区财税部门充分利用这一有利时机，调整财税政策，扩大税源建设，将经济优势和政策调节有机结合，实现财政收入稳定增长。坚持大力组织收入与严格控制财政支出并重，财政分配开始向公共支出倾斜，调整支出结构，加强支出管理。围绕公共财政建立健全政府预算体制，科学编制财政预算，细化预算编制内容，规范预算管理方式，全面推行国库支付和政府采购制度，提高财政分配效率，促进财政收支平衡，努力保证政权建设、科教文卫、社会保障和基础设施等公共供给。根据经济发展和宏观调节方针，全面加强税收征管，健全现代税收征管体系，使体制激励机制和区域优惠政策发挥积极作用。通过推进机制建设、整合信息资源、组织专项检查、强化房地产税收管理等措施，实现税收向主体税种集中、向新产业集中、向新园区集中。在改革开放32年中，河北区财税工作健康发展，为全区经济社会发展作出巨大贡献。

第一章　财政

1979年，区财政收入为4917.3万元，1995年为1.79亿元，2008年突破10亿元，2010年为18.57亿元。1995—2010年，区财政收入年均增长16.9%。

第一节　机构设置

1958年9月，河北区财政局成立。1983年，办公地址在自由道60号，1988年迁至狮子林大街284号。1992年，区财政局所属天津永信会计师事务所成立。1999年12月，该事务所与区财政局脱钩。1995年，局设办公室、预算管理科、预算外管理科（含资金管理所）、行政事业财务管理科、企事业财务管理科、国有资产管理科、国库券推销办公室、会计事务管理科、财务税收物价大检查办公室。编制51人。1998年3月，区国有资产管理局成立，与区财政局一个机构挂两个牌子，设综合管理科、企业管理科。编制7人。2010年2月，区国有资产管理局升格更名为河北区国有资产监督管理委员会。2001年8月，区中小企业信用担保中心成立。12月，区资产管理公司成立。2000年3月，天津市中华会计函授学校河北分校（科级事业单位）成立，2003年9月更名为区会计服务中心。2002年7月，区预算单位财务核算中心成立。2003年2月，区国债推销办公室（国债服务部）撤销。2004年8月，设河北区政府采购中心。12月，区政府采购办公室成立。2005年7月，人事教育科调整为契税征收管理科，11月，契税征收管理科更名为税源建设管理科。2006年9月，设社会保障科。2007年2月，设国库管理科；8月，企业财务管理科更名为国有资产管理科；社会保障科更名为社会保障企业财务管理科。2010年10月，区财政集中支付中心成立，事业编制5人。2010年，局设办公室、人事教育科、预算管理科、国库管理科、行政事业财务管理科、社会保障科、企业财务管理科、综合科、会计事务管理科、政府采购管理科、财政监督科11个科室。编制41人，工勤事业编1人。

第二节　财政收入

1979年，区财政收入4917.3万元。1984年，完成财政收入8064.76万元，比上年增收1549万元，增长23.9%。1995年，财政收入1.79亿元，税收分成1.02亿元。1997年，受亚洲金融危机影响，各项经济指标增缓。区财政收入2.29亿元。其中，上划中央级收入7582万元，地方级收入1.47亿元。2000年，区实现总收入3.05亿元。其中，上划中央两税收入8888万元，同比增长7.8%；地方级一般预算收入2.14亿元，同比增长19.2%；基金收入142万元，同比下降20.5%。2005年，区一般预算收入11.59亿元。其中，上划中央收入4.51亿元，市级分享收入2.1亿元。区级财政收入4.97亿元。其中，区分享收入2.94亿元，区固定收入完成2.03亿元，基金收入46万元。2008年，区财政收入10.67亿元。在2010年"十一五"规划收官之年，区财政收入18.57亿元，比上年增加5.14亿元，增长38.3%，超过"十五"时期总和。其中，税收收入13.81亿元，增26.2%，非税收入4.76亿元，增长91.1%。1979—2010年，区财政收入年均增长12.5%（参见数据集览第三表）。

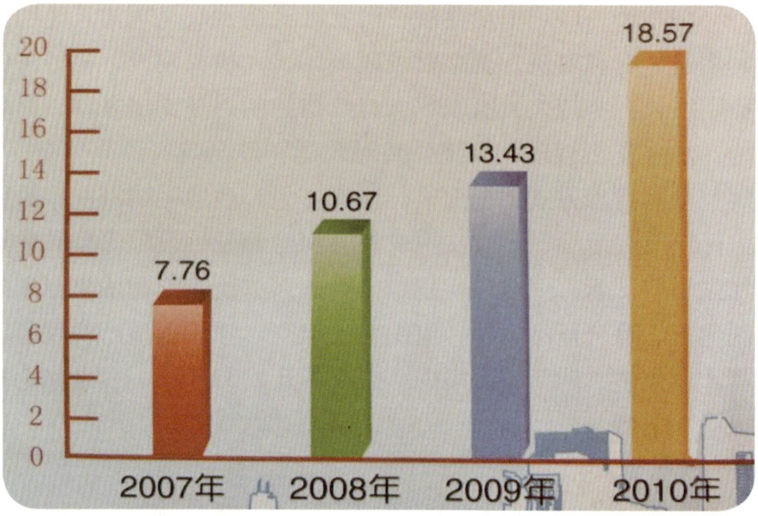

河北区区级财政收入比较示意图（亿元）（区志办提供）

第三节　财政支出

1979—1985年，区财政支出范围和规模较小，以优先保证人员吃饭、保证机关运转和适度安排资金用于事业支出为主。1983年，用于教育系统房屋维修、地震修复项目支出250万元。1985年，用于文化、卫生、科技方向投资237万元，占区财政投资总额57%。1986—1990年，财政支出范围与规模逐渐扩大，教育、文化、卫生支出大幅增加，其中教育居首。1986年，教育经费预算比上年增长31.81%。1990年，市级专项拨款151万元，用于第一医院、区文化馆、中小幼和第四游泳池的设备购置。20世纪90年代，国家工资制度改革，刚性支出幅度增加。1993年，文教事业费类支出8031万元，同比增长37.6%。其中，包括为有西藏班的红光中学建设礼堂和实验楼，配置计算机和实验室设备。1995年，继续维护"保吃饭、保重点、保出台政策兑现"原则，行政事业单位继续实行经费自给或部分自给。财政支出主要有工交商事业费类、城市维护费类、文教卫类、科学事业费类、工商管理事业费类、抚恤救济类、行政管理费类、公检法支出类等，其中文教卫类比重较大。对街道系统实行"核定基数，收支挂钩，支出按月拨款，年终考核，少收定额减拨，超收按档奖励"的支出办法。对行政事业单位实行经费自给或部分自给。调整压缩支出比例，节省支出1411万元。2000—2002年，确保天津二中高中示范校建设资金投入，保证十四中、红光中学改造及区卫生系统设备更新，支出2000万元完成梁启超旧居改造。投入100万元用于区经济服务大厅建设。2004—2005年，支出财政资金1480多万元，落实区4050人员社会保障补贴、公益性岗位补助。投入2900万用于教育、文化、体育、卫生、重点项目建设等项目。投入2000万元解决医改前拖欠积压药费报销问题。为财政供给人员调资和住房公积金等项目投入2700万元，设立名师名医及人才奖励基金支出250万元。支付资金用于公安河北分局指挥中心大楼和区行政许可服务中心的建设。2008年，坚持"谋发展、重民生、构和谐"原则，投入教育4700万元，同比增长30.6%。为加快卫生资源布局调整，投入社区卫生基础建设1600万元，同比增长98.8%。2010年，教育事业支出8.49亿元，同比增加15731万元，增长22.7%。用于旧楼区整修和市容环境综合整治增加投入7200万元。社会保障和就业支出2.56亿元，同比增加2589万元，增长11.2%。增加城镇低保户居民支出794万元，增加居委会建设和调标649万元。1979—2010年，财政支出年均增长8.5%，其中1995—2010年年均增长19.18%（参见数据集览第四表）。

第四节 财政管理

一、管理体制

（一）**街级财政** 1979年，区财政对区街基层财政继续实行财政预算管理体制。1986年，对各街道、区属企业实行一级预算管理财政。1987年始，区财政逐步建立健全预算决算管理办法、预算外资金管理办法、自筹资金管理办法、行政事业企业财务管理办法及财务检查等规章制度。1993年，实行“收支两条线”。1996年，街道系统实行“核定基数，收支挂钩，支出按月拨款，年终考核，少收定额减拨，超收按档奖励”支出管理办法。2003年，实施区属分税制财政管理体制，调动了属地经济发展与抓税收的积极性。

（二）**园区财政** 2003年始，意式风情区和各产业园区实行独立财政管理体制，制定一系列财政鼓励政策，促进了经济园区发展。

二、财政预算管理

1977年，区财政预算管理由“条块结合、条条为主”改为“条块结合、块块为主”。1990年，将“适当增加重点投入，压缩一般支出，调整支出结构”作为预算编制原则，除人员工资经费外的各类支出均按上年预算缩减5%。1992年，实行“以抓支出为主转向以抓收入为主，预算内外资金一齐抓”管理模式。1995年，实行“量入为出，保证重点，支持发展，压缩一般，不打赤字”原则。1996—2002年，严格预算管理，以“综合预算，以收定支，不留缺口，自求平衡”为原则，实现收支平衡。其间，区财政局下发《关于加强财政支出预算和拨款管理规定》，规范全区60个一级预算单位的预算编制。2006年6月，印发《关于做好政府收支分类改革工作的通知》，通过对区级预算单位收支分类改革业务培训，完成政府收支分类预算的执行数据衔接与转换。2010年，全区预算单位实行部门预算计算机软件管理，有70个预算单位实现财政预算编制的精细化管理。

2002年7月，河北区预算单位财务核算中心揭牌仪式 （区财政局提供）

三、行政事业财务管理

1989年，全区行政事业单位改变按预算拨款、按编制定额报销等财务管理制度，实行全额管理、差额管理、自收自支管理预算管理办法。1991年，全区实行公费医疗经费超支部分改由财政部门、医疗单位、享受单位、享受个人四方按比例负担。1998年，全区行政事业单位建立预算约束机制，执行新预算会计制度，实行预算内外资金综合预算，对专项资金实行事前调研和事后反馈管理办法，提高资金使用

2010年，区长孙宝华（左二）听取区财政工作汇报 （区财政局提供）

效率。1999年，对会议费、邮电费、差旅费、业务费实行定额包干、超支自补办法，控制公用经费支出。2000年，按照“综合预算、以收定支、不留缺口、自求平衡”的原则，执行综合预算指标与预算拨款程序的管理规定。按预算内外支出的综合指标，实行双重制约，严格控制经费支出“大手笔”、乱支出的问题。2003年，区委、区政府分设财务核算中心，统一规范核算方法，增强财政资金使用透明度，强化财政监督。行政单位离退休人员退休费统一改由银行代发、国库支付。3月，制发《关于财政预算内、外资金支出管理的规定》，确定并规范了对大宗财政支出项目的审批权限。2004年10月，规范文化体育系统预算单位级次，行政机关开始实行财政统发工资。是年，接收坐落区内铁路教育系统的中小学、幼儿园等11个单位1495人并改由区财政供养管理。

2006年6月，对1999年6月30日后入职的新职工按照《天津市人民政府关于进一步推动住房制度改革工作的通知》等文件实行补充住房公积金制度。2007年，区级行政单位(包括参照公务员法管理单位)职工工资和离退休(职)费开始实行财政统一发放。2010年6月，印发《河北区行政机关办公设备和办公家具配置价格标准(试行)》和《关于加强街道社区国有资产管理的有关规定》，加强对国有资产监管。

四、预算外资金管理

1985年8月，区财政局增设预算外管理科，对区属行政事业单位预算外资金实施管理。1987年，制定并实施《行政事业单位预算外资金实行财政专户储存管理》办法。1989年，制定并实施《关于加强预算外资金管理暂行办法》。1990年，确定预算外资金专户储存的原则、办法、奖励政策和保证措施，对预算外资金实行“专户储存、计划管理、财政审批、银行监督”全方位管理。随着区预算外资金来源逐年增多，财政专户储存资金量快速增长。1987年，纳入预算外资金管理有90万元，到1991年其中最高月份有1313万元。1990年7月，区财政资金管理所成立，与预算外资金管理科合署办公。资金管理所将预算外资金专户储存的沉淀资金和拆借资金，组织投放到区属企事业中。拆借400万元支持危陋平房改造。向区建设开发公司、区街企业放贷年均1000万元以上。1990—2000年，每年向商贸系统投放资金占全部投放额50%以上。1994年，作出对预算外资金必须实行财政专户储存和收支两条线管理的规定，每月预算外资金财政专户余额均为2600万元以上。1995年年底，利用预算外资金储存专户余额1490万元，筹措4350万元及融通6193万元支持区街企业发展。1997年4月，全区预算外资金专户向财政收支两条线管理过渡，财政专户由分散在6家银行集中到1家银行统管。1999年3月，对全区预算外资金管理情况进行清查。年终撤销私设账户39户，划归纳入财政专户管理270户，涉及资金1.22亿元。2000年，在对违纪款的处理中，执行罚缴分离，在执法部门和行政事业单位预算外资金纳入财政专户管理上，建成“一个行、一条网、一个账户、一本账”的预算外资金管控体系。2002年，全区308个行政事业单位2.6亿元预算外资金纳入专户管理，年终结存4032万元。2004年3—6月，对全区行政事业性收费、罚款情况检查清理，先后完成自查、重点检查、审核清理和立章建制的各项任务。2006年6月，将各单位预算外资金和部分专项资金纳入支付管理范围，加大财政资金集中支付监控力度。2007年3月，区财政“收支两条线”核算转由国库科统一负责。2009年，制定《河北区财政票据管理办法》，对全区行政事业单位及使用统一收据的215个单位的收据进行清缴销毁。2008—2010年，强化非税收入项目管理，监督执收部门严格收费项目和收费标准，保证应收尽收和全额上缴财政专户。2010年，纳入区财政专户管理的行政事业单位由2002年的308户减至233户。区预算外管理资金由1996年2563万元增至2010年的5.55亿元。财政专户管理资金累计53.5亿元，年均3.82亿元。结存资金由289万元增至2.03亿元，累计27.25亿元，年均1.95亿元。利用预算外沉淀资金，为区属重点税源户、重点工程提供资金支持，1996—2010年，累计投入6.81亿元，年均占用预算外资金4863万元。

五、国库资金管理与社会保障资金管理

（一）**国库资金管理**　2007年2月，国库管理推行财政国库支付改革，建立行政单位财政统一发放工资管理体系。2008年，实行国库管理改革制度和管理办法。区一级预算单位实行工资统发，建立以国库单一账户体系为基础、以国库集中收付为主要形式的资金缴拨财政国库管理制度。2009年，区财政集中支付中心成立。2010年，确定中国银行河北支行为国库集中支付代理银行，区财政局、区物价局为首批国库集中支付改革试点单位。

（二）**社会保障资金管理**　2006年6月，落实1999年6月30日以后参加工作的新职工补充住房公积金制度。制定公务员医疗补助实行区内统筹或专户管理方案。对市属下放区的企业按照新审核标准重新认定困难企业38家，为实施整体退市政策提供依据。10月，实行财政对低保资金国库统一支付，解决重度残疾人看病难、看病贵和生活困难问题。2007年，市、区财政投入资金607.7万元，为18个达标卫生服务项目给予205万元购置设备奖励。2008年，为落实市精工异型轴承厂、大亨时装有限公司等企业退市方案，支付市级补贴资金223.8万元，用于职工安置费和补偿金。为41家退市企业职工安置支付市级补贴资金2653.58万元。至2008年年底，企业退市进入区托管中心职工5560人，解决职工内债4535万元（含历年拖欠职工工资1200多万元）和职工经济补偿金1173万元，清欠各种保险费2076万元。是年，完成区内三类企业退市工作任务。2009年，市、区两级财政投入资金1444万元（其中区财政866.4万元），18个卫生服务项目达标考核获全市总分第一名。为解决群众看病难、看病贵投入500万元，实现全区10个社区服务中心药品零差率销售。按政策将区内未参加社会基本养老保险的重度残疾人，纳入城乡居民基本养老和老年人生活补助范围。2010年10月，公共卫生与基层医疗卫生事业单位执行绩效工资制度。为支持区公共卫生医疗中心大厦建设投资1500万元。市、区财政为区公共卫生达标、建设社区卫生医疗站和添置医疗设备投资577.6万元。

六、企业财务管理与会计事务管理

（一）**企业财务管理**　1988年4月，区财政局设企业财务管理科。1989年，亦即在实施经济承包责任制的第一年，对区百货公司等6家企业实行“核定基数，确保上交、歉收自补”；对龙门大厦贸易总公司实行“确保还贷，超收多还，余利多留”承包办法。1994年，制定对经济部门税收考核奖励政策。1995年，企业上缴利润与企业贷款挂钩，对上缴利润多的企业实行随借随贷和低息贷款优惠。将企业上缴利润集中归入区属国有企业发展基金，作为企业流动资金的补充来源。1997年，制定《关于占用国有资金的企业缴纳占用费的暂行规定》，收取龙门大厦、富路通有限公司国有资金占用费，并按《河北区国有资产保值增值考核奖惩的试行办法》作为试点。1999年，区粮食企业下放完成财务交接工作，设立粮食风险基金专户。启动区国有商业企业财务会计电算化工作。2003年，对108家国有企业2002年产权登记年检及保值增值成果进行确认。2004年，对区属10家国有商业企业和近百个基层单位资产评估报告及改制方案进行审核。2005年，完成47家国有企业清产核资，对河北饭店、区物资公司、区外贸公司企业改制资产评估结果进行审核与调整。2010年，市财政发放中小企业发展专项资金，用于支付区环保局环保专项资金、区发展改革委员会特色产业发展资金、福莱特产业项目补助资金。

（二）**会计事务管理**　1992年年底，区财政局设会计事务管理科。1996年，区商业系统初步实现财会电算化。组织会计工作秩序整顿，培训1500名财会人员，700多家企业进行自查整顿。1997—1999年，推动会计基础工作规范化达标工作。举办财会、档案法和会计人员后续教育培训班4期，对区教育、园林系统30个单位会计基础工作规范化进行验收。对3600多名会计人员进行会计法、会计基础工作规范化及税法知识培训。1999—2003年，对区教育、卫生、市政等系统80多个单位“会计基础工作规范化”达标进行考核。参加《中华人民共和国会计法》培训的财会人员1.1万人次，参加会计

后续教育1.5万人次，组织1500人参加全国《中华人民共和国会计法》知识大赛。2004年，在全市率先开办中级会计电算化培训班，培训6期180人，合格率97%。2006年，评选市级优秀会计工作者1人、区级杰出会计人员10人。2010年，举办“新会计法和新企业会计准则”培训12期，参加培训人员4100余人。

七、财政信用担保管理与政府采购管理

（一）**财政信用担保管理** 2001年，区政府清理财政周转金工作领导小组、区中小企业信用担保中心成立，主要为区重点税源户、重点工程等提供资金支持和信用担保。至2002年提供担保2200万元。2003年，清收欠款383.5万元。1998—2002年，清理收回财政周转金5155万元。2004年，为博闻物流有限公司等企业提供贷款担保5220万元。2005年，为中小企业贷款提供贷款担保1.04亿元。2006年，为实现区科技发展基金建设目标，向科技企业提供贷款担保6000余万元。2008年，为汇森房地产有限公司等提供贷款担保，为德润喷绘等小企业小额贷款提供担保。2009年，制定《河北区中小企业信用担保中心基本工作程序》，采取减免50%担保费等措施，减轻企业负担。2010年，为汇森房地产等单位提供担保贷款，其中为北宁公园提升改造项目提供资金担保数千万元。

（二）**政府采购管理** 2002年，政府采购管理机构成立，制发《河北区实行政府采购制度实施细则》。2004年8月，区政府采购中心成立。12月，区政府采购办公室成立。首次将区公务车辆保险采用公开招标定点采购，保险费由财政国库统一支付。对行政事业单位计算机配备、微机网络施工、区教育局校舍维修等项目，试用邀请招标和协助招标方式。是年，政府采购额1300多万元，一般设备类和车辆保险类经费支出节约率分别为12.5%和40%。2005年，建立完善区政府采购领导小组、区政府采购办公室、区政府采购中心三级管理组织体系。加大事业发展资金投入，拓宽政府采购范围与规模，由单一办公设备采购，拓展到汽车、工程、服务、网络信息化等采购领域。区机关615辆公务用车保险实行政府采购，2家保险公司中标。由此，区公务车辆保险费与集中供热纳入政府采购和国库支付，节省300万元。2006年4月，召开首次区政府采购工作会议。2007年7月，制发《河北区财政局政府采购工作管理制度》等文件，实行政府采购联络员制度。2009年4月，建立区政府采购监督员推荐和政府采购监督员库机制，实施对政府采购的各个环节动态管理，对大宗项目采购和零散商品协议供货予以规范，扩大了政府采购规模。2010年，确定协议供货自主采购限额由2万元提高到3万元，3家以上供应商参与网上竞价为有效竞价。承担市中心城区2010年度协议供应商定点供应招标任务。

2007年，举办政府采购政策法规培训讲座
（区财政局提供）

八、财政监管

（一）**财务税收物价大检查** 1989年，区财务税收物价大检查领导小组及其办公室成立。1989—1995年，企业自查违纪应入库2180万元，重点检查违纪应入库8895万元，合计11075万元。1995年，区财政等部门组成135个检查组，对3757户进行检查，查补应入库1847万元。自查“小金库”147.4万元，重点检查“小金库”违纪罚没入库136.6万元。1998年重点检查24户，违纪罚没入库104.3万元。1999

年6月，区财务税收物价大检查办公室撤销，由区财政局设财政监督科行使财政监督职能。监督检查43户，查出违纪金额785.4万元，查处罚没33.3万元。2000—2002年，年监督检查分别为28户、18户、20户，年罚没入库分别为32.9万元、15.7万元和29.1万元。2003年，重点对专项基金、财政收支、专项资金和《中华人民共和国会计法》执行情况实施财政督查。检查行政和企事业单位32户，下发整改通知书32件，行政处罚通知书10件，行政罚款4.2万元，为被检查单位追回资金50.7万元。2004—2005年，对46个被检查单位提出建议112条。2006年，开展财政专项资金和“收支两条线”会计质量的监督检查，提出整改建议，规范会计秩序。2009年，对区卫生局社区网络建设项目资金概算、资金安全和政府采购等情况进行绩效评价。2010年，在区党政机关和事业单位开展清理“小金库”专项治理，对以国有或国有控股企业和社会团体为主要对象的私设“小金库”进行专项治理。组成联合检查组，对区红十字会等18个单位私设“小金库”进行查处。按市局部署对中皓和永信两家会计事务所会计信息质量进行专项检查。

2009年6月，河北区“小金库”专项治理工作会议召开　　（区财政局提供）

（二）**控制社会集团购买力**　20世纪80年代后期，河北区控制社会集团购买力办公室成立。对专控商品实行“专控审批，监督检查”。1992年，社控商品由13种调到32种。1995年，调到8种。1995年年初，区政府小汽车管理办公室工作移交区财政局会计事务管理科，负责区行政和事业单位（处级及其以上单位）小汽车定编、审批管理。1996年，社会集团专控商品从5种缩减至小汽车和移动电话2种。至2002年，社控审批小汽车150辆，金额1100万元。

九、国债

1996年，区国债服务部发行国债1300万元，兑付国债本息3379万元。1997年，发行国债1636万元，兑付国债本息1589万元。1998年，发行国债2000万元，兑付国债本息925万元。1999年，国债发行转由专业银行及金融机构承接，国债服务部仅负责兑付到期国债工作。至2002年，兑付国债本息4599万元。2003年2月，河北区国债服务部撤销。

第五节　税源建设

一、建立税收目标责任制

1996年，开展重点税源户调研，为企业提供资金与政策支持。完善税利双重考核，实施奖罚机制。1997年，制定区财政周转金管理暂行办法，促使融资额同比增长25%。重点扶持大天津商场、大亨时装商场、区属房地产开发公司和接收市属企业等利税大户。1998年，将税收指标纳入全区目标责任制措施，实行一票否决制。通过“请进来、走出去”的渠道扩大税源。强化税收征管、稽查和清欠税款工作，严控减免税审批，保证税收尽收足额入库。1999年，成立区税源建设办公室和经济服务中心，为企业搞好一条龙服务。全年新增税收2100万元。2000年年初，实行税源建设“谁主管、谁负责”领导责任制。是年招商引资企业新增75家，税收增加3600万元。2001年，确立“以发展区域经济为中心，以税源建设为重点”工作思路，新增税源企业90家，增加税收4300万元。2002年，新增125家，增税6100万元。2003年，制定《关于发展区域经济优惠政策的暂行规定》，减少对企业收费和检查。是年，纳入财政预算管理的罚没收入和行政事业性收费同比减少1287万元，下降35.6%。对税收大户、重点税源户、承担税收任务的企业和主管部门，以及为招商引企、招商引资作出突出贡献的中介人，给予更优厚的奖励政策。

2005年，河北区税源建设领导小组召开会议（区财政局提供）

二、建立税源建设区域管理新模式

2004年，建立由区政府部门和街道领导参加的税源领导小组，构建街道护税、协税网络为主体的税源建设新模式。建立区领导与驻区企业联系制度。2005年，实行按街道区域落实税收目标责任制，由保户变为保数（由保障税收户数考核变为保障税收数额考核）。建立以街道、区科委、区经贸委保基数，区建委、区招商办保增长，征收部门总负责的税源建设管理模式。2006—2007年，确立新的区域税源建设模式，加大奖励力度，印发《河北区关于对招商引资中介人实行奖励的暂行办法》《关于印发河北区对发展区域经济作出贡献各类企业奖励办法》。2008年，实施区税收目标责任制，对主要经济指标进行考核。2009—2010年，协调市财政局和税源企业，按政策做好税收支出的各项审批和兑现工作，调动了企业纳税积极性。

第二章　税务

1983年年初，河北区财政和税务机构分设。1994年8月实行分税制改革后，分别成立国税局和地税局。1995年，国税税收3.2亿元，地税营业税税收3355万元。2010年，国税税收7.67亿元，地税营业税税收3.78亿元。

第一节　国家税务

一、机构设置

1979年8月，撤销区财政局革命委员会，河北区财政局成立，统管全区税务税收工作。1983年1月，财政和税务机构分设，天津市税务局河北分局成立。1990年，税务河北分局在办公经费、税收业务、人员编制、机构设置等方面受天津市税务局管理。办公地址在自由道60号。1994年8月，全国实行分税制。河北区国家税务局成立，设8个科室、10个业务所，编制339人。1995年3月，增设行政科、教育科、工会；增设3个稽查所分别负责10个税务所税务稽查工作。1997年4月，河北区国税局、地税局于原址（自由道68号）合建办公楼，1998年竣工。该楼办公面积8500平方米，其中国税局5000平方米，国税、地税共用380平方米纳税申报服务大厅。2002年8月，国税局稽查综合科、稽查审理科合并为稽查综合审理科，稽查一至四所整合为稽查一科、二科、三科；撤销光复道税务所和京津公路税务所。2010年，设职能科室10个：办公室、政策法规科、税政科、收入核算科、纳税评估科、征收管理科、进出口税收管理科、财务管理科、人事教育科、监察室。直属机构6个：稽查局综合科、检查一科、检查二科、检查三科、案件审理科、案件执行科。派出机构7个：第一税务所、第二税务所、第三税务所、第四税务所、江都路税务所、鸿顺里税务所、新开河税务所。事业单位2个：信息中心、机关服务中心。工作人员277人。

二、国税征管

1994年，实行分税制改革，税务系统按国家税务局和地方税务局两个系统分设。区国税局主要负责增值税、消费税、营业税、个人所得税征管。按照新税制对增值税一般纳税人认定。1998年，办税大厅正式运行。受理申报2000余户次，申报率95%。1999年，承接中央驻津企业所得税征收，开征国有企业所得税；开征利息税，与金融机构建立代扣代缴关系。2002年，实行辖区税源分级归类管理，逐级确定重点税源户。对个体税源管理，建立与街道办事处、市场主办单位委托代征关系。是年个体税源收入首次突破千万元大关。2003年1月1日，实行新的市对区县分税制管理体制。9月始，实行属地管理征管模式，全区迁出企业200家，迁入企业415家。2006年，实行辖区企业信用等级分类管理，对个体税源税收票证进行检查。加强进出口税收管理。办理退（免）税696户次。2008年，推行网上申报工作，2661家企业签订网上申报协议。2010年，结合纳税评估，完成“中药、西药饮片”制造行业模型搭建工作。在税源分类化管理中，重点税源按户管理，一般税源按行业管理。调整各税源管理所征管范围，重点税源企业由第二税务所管理，一般税源企业由第三、四税务所管理，小规模纳税人及个体工商户由属地税务所管理。

三、国税收入

1994年9—12月，国税税收3.08亿元，区级收入2609万元。1997年，国税税收3.51亿元。2009年税收6.69亿元，其中留区税收1.62亿元。2010年税收7.67亿元。2006—2010年，全区强化经济发展和税收征管，国税收入稳定增长，5年税收30.66亿元，年均增13.9％（参见数据集览第五表）。

四、国税管理

（一）**税务登记**　全区税务登记于1982年9月1日始，由纳税单位和个人自行申报，税务机关审批。1990年，办理企业法人税务登记换证。1996年，进行税务登记检查，全区纳税人统一换发新税务登记证，纳税信息采用国标识别码计算机管理。2003年，税收征管实施属地化管理。管辖范围作出相应调整，划入企业415家、划出200家。2006年，对辖区一般纳税人和小规模纳税人企业及个体工商户重新确认，统一换发税务登记证。2008年1月，国税与地税两局联合办理纳税登记证，简化办税程序，定期与工商、海关等部门交换信息，提高信息共享程度，实现税源纵深控管。2010年，全区税务登记在册纳税人4580户，其中企业3512家、个体工商户1068户。

（二）**申报征收管理**　1994年，以自行纳税申报为主，对一般纳税人、小规模纳税人采取查账征收方式，对个体工商户采取核定征收方式。1996年，在税务局设征收纳税服务厅，撤销专管员管户制度。1998年，推行电子申报，通过银行划卡联网征收纳税。2003年，一般纳税人集中到纳税服务厅进行纳税申报打印缴税凭证，到银行划拨缴纳税款。推行“一窗式”服务，在同一窗口完成增值税专用发票认证、报税和纳税申报。2006年5月，实行上门申报，IC卡申报、电话申报、数据电文申报等多种纳税方式。2008年，2661家企业开通网上申报功能。2010年2月，实施增值税防伪税控系统开票信息远程报送管理，实现计算机“金税工程”系统管理。

（三）**发票管理**　1982年，财税分设后，税务机关设专门机构管理企业发货票。1991年后，建立发票档案和台账，实行发票以旧换新制度。1994年，推进税制改革，制定《以票管税工作规程》，开展发票稽核和交叉核查，对倒卖发票、虚开发票的涉税案件给予从重查处。1999年，将使用限额10万元增值税专用发票企业，纳入防伪税控系统管理。2006年，对增值税一般纳税人企业使用的防伪税控开票系统升级，实现一台微机同时开具增值税专用发票和普通发票。2008年，规范开具红字增值税专用发票的管理。2010年，实行小规模纳税人使用机打普通发票，缩减手写发票使用范围。

(四)减免退税管理 1994年，国家财政体制改革，将原属国税管辖的减免权限转由中央机关集中管理。1995年，国家税务总局部署打击出口骗税行动，国税局全面核查，对外资企业来料加工的出口产品严格审核，遏止出口骗税案件发生。2010年，局服务大厅设减免退税“绿色通道”。年内办理出口退税1.55亿元、福利退税274.09万元、政策性减免788.5万元。落实新的福利企业税收优惠政策。

五、国税稽查

1994年，区国税局制定和完善《稽查档案管理制度》《稽查人员职责》《查补税款入库制度》等。稽查重点为专用发票稽核和税收大检查。1995年，按征稽两条线要求，增设3个稽查所，增加稽查人员。2002年，开展金税工程发票协查，对加油站、证券、金融企业开展专项检查。2003年，实行对重大涉税案件集体审批复查制度和稽查工作报告制度。2006年，查处各类案件498件，查补税收及滞罚收入2306万元。2009年，发现或查处案件348件，查补、滞罚税收收入2792万元。2010年，执行新《税务稽查工作规程》，从重点行业专项检查入手，加强对涉票违法行为的重点打击。稽查386户，查补入库2567万元。

六、税法宣传与纳税服务

1994年，在税制改革与税收宣传中，公开专线电话解答涉税咨询。举办新税制实务培训班、增值税临时一般纳税人和小规模纳税人培训班。1996年，举办新申报办法业务培训。1994—1997年，组织税法培训，开展经常性宣传活动。1999年，创办期刊《税务之窗》。2001年，组织企业法人代表及财务人员参加的《中华人民共和国税收征收管理法》培训班12期。2002年，区国税局与区有线电视台联合举办税收宣传讲座。培训5000多人，编发《税务之窗》3万多份。2003年，开通税法咨询热线，在全区评选依法纳税先进单位9个和协税护税先进单位10个。2004—2006年，区国税局与区教育局共同举办小学生税收知识竞赛。2008年，《中国税务报》报道税法进校园和税法知识培训活动。2009年，区办税服务大厅提高服务质量的做法，在《天津日报》、天津卫视《天津新闻》和区有线电视台报道。2010年，在国税门户网站上发布涉税公告186条。行风评议满意率99.73%，《中国税务报》给予报道。

七、信息化建设

1994年8月，“金税工程”一期计算机稽核系统、发票协查系统上线运行。1997年，“金税工程”二期的计算机防伪税控开票系统运行，推广计算机开具增值税专用发票(百万元版)。1998年9月，办税大厅启用中国税务信息管理系统(简称CTAIS)在网上运行。2000年，“金税工程”防伪税控认证系统试运行。2002年，CTAIS1.05系统运行。2003年1月13日，《中国税务报》以“河北区国税局CTAIS成功上线”为题作了报道。2003年3月，推广“金税工程”防伪税控系统，全区1904家增值税一般纳税人(含临时)企业中有1792户使用。2006年，市局部署的CTAIS2.0系统上线运行。2006年11月，完成一般纳税人使用的防伪税控开票系统1988台次“一机多票”升级任务。2010年2月，拓展网上办理渠道，优化报税服务，实现增值税防伪税控开票信息系统远程报送与管理。

第二节　地方税务

一、机构设置

2010年，河北区地方税务局办公大楼
（区志办提供）

1994年8月，天津市地方税务局河北区分局成立，位于自由道68号。设办公室、党办、人事教育科、税收管理科、监察科、计会科、税务一至五所。在编152人。1995年10月，成立稽查所、工会。在编169人。1997年，党办、工会并入人事科，稽查所更名为稽查科，税务一至五所更名为稽查一至五所。在编189人。1997年4月，局机关大楼原址重建，办公地点临时设在兴隆街2号，1998年8月迁回原址。1998年9月，接管国税局个体税收征管任务，增设4个个体税务所，在编229人。2001年4月，税收管理所更名为税收管理一所，增设税收管理二所、信息技术科。在编232人。2002年11月，组建税收管理三所、稽查六所、稽查七所。人事科更名为人事教育科。在编225人。2005年3月，更名为天津市河北区地方税务局，加挂天津市河北区地方税务局稽查局牌子。2010年，设办公室、人事教育科、税收管理科、监察科、计会科、信息技术科、纳税评估科、征收所、管理一至八所、稽查科、稽查一至三所，在编235人。

二、税制改革

1994年8月，国、地税机构分设。2004年，按照新分税制，契税征收由市财政局转由区财政局负责。区财政局组建契税征管机构，核查契证、贴费凭证1.1万份，审核免税、退税365份，办理合规退税73份。完成契税征收收入6654.5万元，同比增加1839.5万元，增长38.2%。2005年，契税收入7719万元。其中房屋契税6303万元、土地契税1416万元。审核企业改制房屋所有权证更名免税申请7件。审批个人退房申请292件。办理占道拆迁退税的初审登记1200多户。为539户被拆迁户办理退税63万元。为河北区400多户被拆迁户开具去外区购房的证明函。2006年5月1日起，区财政局契税征管工作划转区地税局，并委托区房管土地部门代征。是年，完成契税收入入库9665万元。2010年，征收税种为营业税、企业所得税、个人所得税、城市维护建设税、教育费附加、车船税、房产税、城镇土地使用税、契税、印花税、土地增值税。

三、税务登记与管理

1994年建局初期，制发《关于税务登记有关管理规定》，实行税收征管专管员管户制，即一员进厂、各税统管。全区营业税纳税户有2000余户。1996年9—11月，核发税务登记证5075户。2006年8—11月，核发税务登记证7000多户。1998年制定《关于个体工商户税收政策及征收管理办法》。取消专管员制度，企业到各征收所自行申报纳税，构成征收、管理、稽查相互分离、相互制约、有机配合的纳税征管新体系。2003年，区地税局制定《税收征管档案管理办法》，至2008年，按照统一标准建税收档案的有6241户，建档率90%以上。2004年，实行税收属地征管体制。建立税收管理员制度，遵循属地管理原则按专人、分片、分行业设税收管理员，承办税源监控、日常检查和纳税服务等。2006年，实行个人所得税全员全额申报管理办法和个人所得税自行申报办法。2007年，实行分税制。成立房地产企业管理所，将各所分散管理的房地产企业集中到管理四所统一管理。2008年，实行国、地税联合办理税务登记，实现“一方受理，联合审批，信息共享，一证两章”。区地税局首次为每位依法纳税人开具完税证明。2010年，各管理所负责的建筑安装缴税业务，集中到管理一所登记管理。审批拆迁退契税工作由区房管局转归区地税局纳税服务厅办理。

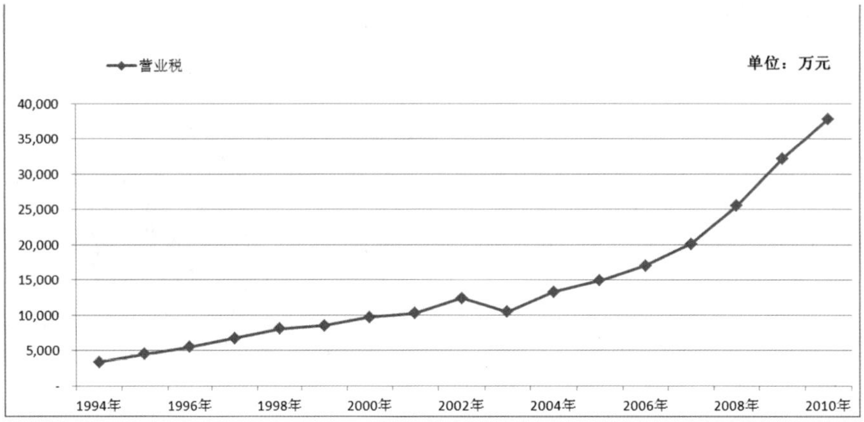

图14-1　1994—2010年河北区地税局营业税入库情况示意图

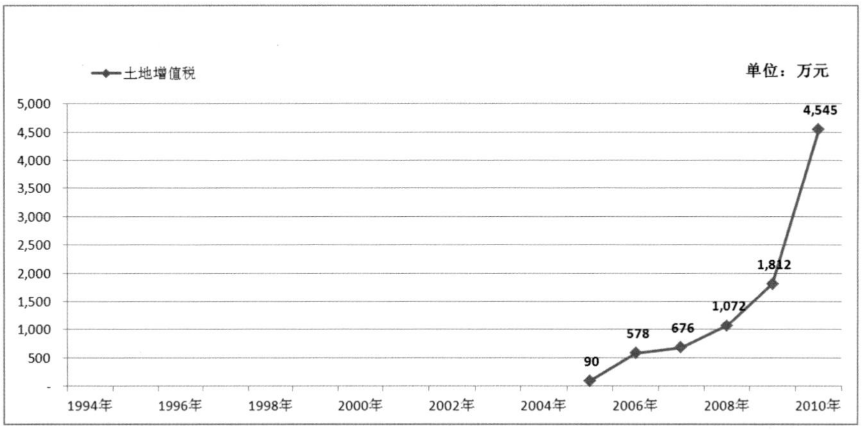

图14-2　2005—2010年河北区地税局土地增值税入库情况示意图

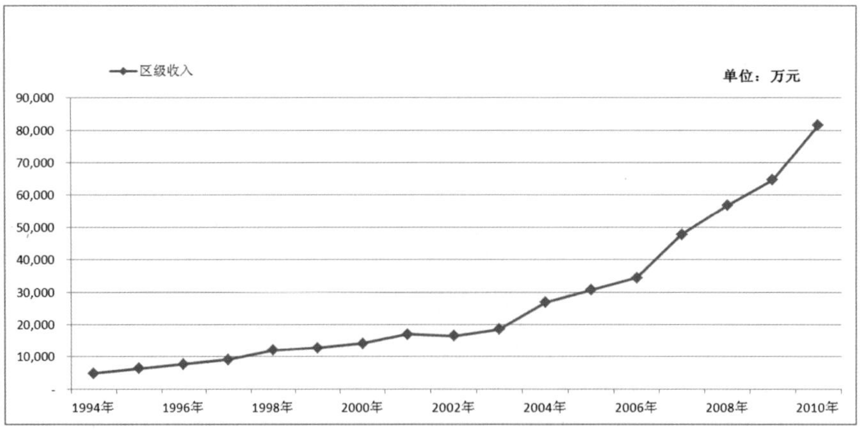

图14-3　1994—2010年河北区地税局区级税收入库示意图

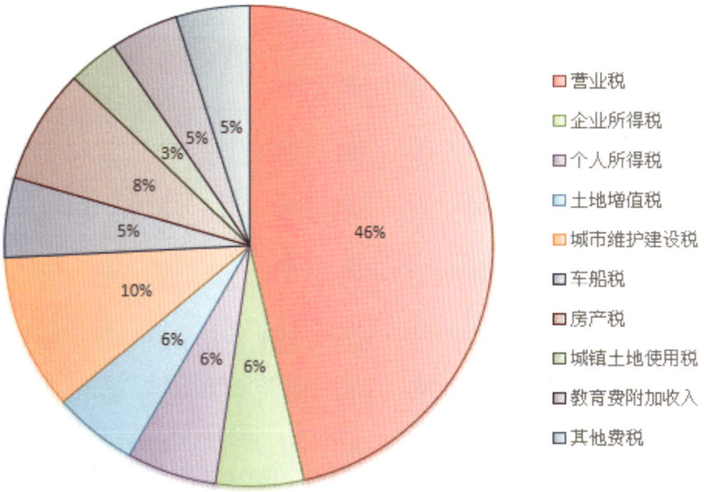

图 14-4　2010年河北区地税分税种收入构成示意图

四、地税收入

1994—2003年，区级收入平稳增长。2003年，实施财政体制改革，税收收入明显增长。自2003年起，营业税作为区级收入支撑税种与区级税收同步快速增长。2009年起，伴随城市拆迁改造全面铺开，土地增值税收入大幅增长。至2010年，区地税收入形成以房地产为重点行业的多点支撑的格局（参见数据集览第六表）。

五、地税稽查

1995年10月，地税河北分局成立稽查所。1997年8月，更名为稽查科，实行征管与稽查职能分离和以集中检查为主的做法。1995—2000年，制定《税务稽查工作操作规程》《稽查案件审理规范》《税务稽查管理办法》等文件，实施征收、管理、稽查职能三分离，强化选案、稽查、审理、执行4个环节的管理。2002年，成立稽查六所、七所。2004年，将查处大案要案和整顿规范税收秩序列为税务稽查重点。2005年，稽查案件输入“津税系统—稽查模块”软件管理。2007年，实行税务稽查复查制度和税务执法过错责任追究制度。2009年，坚持以查促收、以查促管重点稽查。2010年，组织税收和规范税收秩序，严厉打击涉及发票违法犯罪活动。

1995—2010年河北区地税稽查收入统计表

表14-1　　　　单位：万元

年 份	检查户数	查补税款额
1995	659	617
1996	1555	1349.60
1997	195	460.10
1998	1519	2534
1999	1420	3547.70
2000	2121	3946.80
2001	1300	3807
2002	1141	4413.30
2003	1051	2038
2004	440	2188
2005	503	4075
2006	822	644

续表14-1

年份	检查户数	查补税款额
2007	247	448
2008	137	994
2009	312	1916
2010	308	2455

六、信息化建设

1998年，将纳税人基本信息录入微机，初步实现微机管理。2001年，实现地税系统内部网上公文处理自动化，45家企业实行网上纳税申报。2005年5月，建立财税城域宽带网，津税系统上线运行，与市地税局实现网络链接。8月，局机关启用视频会议系统。2007年，建成以申报纳税和优化服务为基础，以计算机网络为依托，集中征收、重点稽查、强化管理的网络管理体系。税收管理员利用信息平台，完成对日常业务处理。2010年，在使用计算机系统进行地税征收基础上，实现利用征管数据促进纳税申报、清理逾期未办证户，完善税收管理。

河北区志

（1979—2010）

第十五编

工　业

GONG YE

改革开放后，河北区区街工业企业主要包括生产服务管理处企业、劳动服务公司企业、民政服务企业、校办企业、区经委直属企业。1999年，采取放飞、联合、留住、出售、破产等形式，推进企业改革。1998年，开始鼓励非公有制企业兼并收购公有制企业。2005年，工业企业体制机制改革基本完成。1996年年初，市属36个企业下放移交河北区管理，2005年改制工作完成，至2009年悉数退市。随着天津工业东移战略的实施，驻区国有工业企业大量外迁，原有白庙、新开河、北站外3个工业区逐步被天津晨赫创意产业园、华津3526创意工场、意式工业园区等新兴产业园区取代。“三资”工业企业和民营工业企业异军突起。2010年，“三资”企业发展到74家，民营企业注册1.5万余家。

第一章　区属工业企业

改革开放后，区政府为发展经济和安置待业青年，动员各方力量大力兴办集体企业，至1995年，区街工业企业有400余家。1998年后，区街工业企业逐渐萎缩。1996年初，河北区接收市属下放的36家中小工业企业。2009年，这些企业全部退市。

第一节　机构设置

一、河北区商务委员会

1979年，河北区生产服务管理局成立，负责区属工业的管理，办公地址在元纬路125号。1990年，迁至天纬路8号。1991年，河北区经济委员会成立，与区生产服务管理局一个机构挂两个牌子。1997年，撤销区生产服务管理局，其职能由区经委承担。1996年5月21日，河北区工业局成立，主要负责对市下放移交企业的管理。2000年，区工业局撤销，其所属企业及职工划归区经委管理。2001年，撤销区经济委员会、商业委员会，组建河北区经济贸易委员会，主管区属国有、集体、股份制和个体私营经济工作。2007年，区经贸委迁至增产道华屏里56号。2010年，更名为河北区商务委员会，挂区中小企业发展促进局牌子。将粮食管理工作职责划归区发展和改革委员会，区招商办公室对外贸易管理职责划入区商务委员会。设办公室、组织人事科、安监科（企业发展科）、综合科、财务（审计）科、服务业管理科、商业管理科、外贸外资科、工业管理科、民营经济科、工业园管理科、退出企业职工托管中心12个部门，编制42人。

二、相关管理部门

1979年，各街道成立生产服务合作社管理街属企业，1985年，更名为生产服务管理处。街道经济按不同类型分别由街道的生产服务管理处、劳动服务公司、居民科负责。1980年，区劳动局成立劳动服务公司。负责区从业人员就业安置。1981年，各中小学校校办工厂由区教育局生产教育科管理。1982年，成立河北区校办工业公司负责全区校办企业。1991年，更名为区校办企业公司。1992年，区校办企业公司与区教育局直属企业天津裕隆经济技术开发总公司合并，1993年，组建天津裕隆集团公司。1984年，区民政局设区街福利生产办公室，负责管理原由区民政局民政科兼管的全区民政福利企业。1988年，区民政局区街福利生产办公室改称为河北区民政福利公司，负责管理全区民政福利企业。

第二节　区街工业企业

1979年后，区属企业逐步发展为5部分（街道生服处企业、街道劳服公司企业、民政服务企业、校办企业、区经委直属企业)，至1995年，全区有各街道生产服务管理处企业397家，各街道劳动服务公司企业121家，民政福利企业99家，校办企业269家，区经委直属企业25家。区街企业各项经济指标创历史最高水平，产值16.38亿元，利润1.19亿元，缴税1998.4万元。1989—1991年、1992—1994年、1995—1997年经历3轮承包期。企业经济承包责任制引进风险机制，明确责权利关系，打破“铁饭碗”，调动了企业积极性，使企业逐步成为独立核算、自主经营、自负盈亏、面向市场的经营实体。按照“抓大放小”的思路，对一些小型企业采取出租、拍卖、兼并重组等形式，组建跨所有制、跨行业的企业集团或总厂，实现生产要素合理流动和最佳配置，促进企业向规模经营和集约经营发展。1995年，全区区街企业有922家(工业企业约占一半)，实行股份合作制企业70家。1996年，区街企业完成产值12.8亿元，实现利润1.1亿元。1998年，河北区首家私企集团得亿达集团成立，部分非公有制企业兼并收购区属公有制企业。1999年，区属企业改革进一步深化，采取放飞、联合、留住、出售、破产等形式，促进企业搞活，解决企业深层次问题和矛盾。2002年，区直属工业企业完成产值2.12亿元、上缴税金478.7万元，“三资”企业完成产值2.76亿元、上缴税金1884万元，街道经济税收3137.75万元(含工业税收)，民政福利企业利税1003万元(利润和税金未分别显示)。至2005年，区属工业企业基本完成所有制改革。

第三节　市移交工业企业

1992年，河北区为配合市政府“抓大放小”、搞好全市工业调整的部署，本着顾全大局、负重分担的精神，与市调整工业办公室多次协商接收1978年由河北区上交的28家集体企业，其中机械局5个、电子仪表局2家、一轻局1家、二轻局13家、化工局2家、纺织局1家、服装联合总公司4家。据1991年年底统计，上述28家企业职工总数16113人，其中在职11110人、退休5003人。固定资产原值8329万元，净值5312万元。占地20.75万平方米，建筑面积13.48万平方米，当年产值12114万元，税金微乎其微。其中，亏损企业17家，亏损额970万元。债务负担堪重，28家企业负银行贷款5223万元，应付款4074万元，加上贷款利息及拖欠主管局、公司费用，债务1亿余元，且拖欠职工工资、福利、医药费多年，影响职工生活，职工情绪不稳定。这些企业存在若干不稳定因素，包括资产评估含水分、内外债负担重、退养职工工资福利无保证、业务难以开展、贷款担保无着、领导班子较弱等。对此，河北区在市有关部门政策支持下，对年亏损40万元及其以上企业，银行采取挂账挂息的办法，延期至1995年。对亏损40万元以下企业，其职工社会统筹免交或缓交1年等。同时对上述企业平稳过渡、转换机制、扶持项目、职工生活等做了详尽措施安排，力争3年使亏损企业转亏为盈，逐步走上正常运转轨道。1995年11月16日，市政府作出《关于将坐落在河北区的部分市属中小企业改由河北区管理的批复》。1995年12月24日，市机械工业管理局等单位分别与区政府签定“交接协议”，暖风机厂等市工业系统中小企业移交河北区管理，其中机械局13家、电子仪表局2家、一轻局2家、二轻局12家、化工局3家、纺织局2家、服装公司2家。至此，河北区接收市下放企业共有36家。1996年3月，河北区就36家企业安置问题召开联席会，要求全区各相关部门对36家企业开展“支、帮、促”活动，提出了“一年打基础、二年巩固提高、三年大发展”的工作思路。5月，市政府办公厅就36家企业下放后的有关问题提出解决意见，包括解决企业800万元流动资金货款，困难企业困难职工补助资金，电料二厂、电缆二分厂、电力电容器厂、研磨工具厂4家企业623名退休职工退休费，下岗困难企业职工和在岗困难企业职工生活费，以及企业停产整顿期间指标问题等。同月，河北区工业局成立，专门负责36家企业的管理工作。9月，河北区制定《关于扶持工业局所属企业加快发展的若干意见》，出台16项优惠政策，实施期限暂定两年。同时开展为36家企业融资、引进项目等一系列帮扶工作。不干胶厂和机械链条厂实行停产整顿一年，享受相关优惠政策。1996年年底，36家企业实现减亏200余万元，较接收前减亏20%。2005年，36家企业全部完成改制，15亿元历史债务得以解决，1.9万名职工得到安置。2009年，36家企业全部退市，分流安置职工13819人，包括在册职工13705人、离休12人、1962年精简人员102人。12569名在册职工进入托管中心。

1995年天津市移交河北区企业基本情况一览表

表15-1　　单位：万元

序号	所属局公司	企业名称	企业性质	主要产品	产值		利润		税金		资产		银行贷款		债权	债务	人数		面积(平方米)		地址
					1993年	1994年	1993年	1994年	1993年	1994年	原值	净值	固资	流资			在职	退休	占地	建筑	
1	市机电总公司	天津市暖风机厂	集体	通风暖风机	1590	1368	204	13.80	263.50	8.20	619.40	402.20	40	330	259	291	436	56	10893	6667	白庙南口支路5号
2	市机电总公司	天津市电器成套厂	集体	小型控制屏低压电器件	1345	970	39	1.30	129	4.50	840.10	349.50	50	154	549	629	865	384	28683	18515	革新道17号
3	市机电总公司	天津市第二起重电器厂	集体	起重电器	727	621	104.70	43.80	97.10	19.70	294.70	186.50	108	20	510	340	310	121	12000	6100	泗阳道22号
4	市机电总公司	天津市第六电器开关厂	集体	开关熔断器	813	706	5.20	−63.50	63.80	1.40	341.60	170.30	50	476	385	330	471	184	16127	9376	张兴庄北路5号
5	市机电总公司	天津市红光高压阀厂	集体	高压阀等	320	248	6.70	−3.20	30.40	−1.40	163.50	53.10	–	32	117.60	158.90	283	45	4362	2465	狮子林大街119号
6	市机电总公司	天津市油石厂	集体	油石	256	300	8	−15.30	21.07	32.71	142.70	45.70	15	62.80	130.50	308	306	134	4450	3554	南六马路30号
7	市机电总公司	天津市螺帽五厂	集体	车用电子锁	196	132	12.50	1.10	0	5.20	111.90	63.50	0	0	107	61.50	218	70	1659	900	*红桥区金华园大街
8	市机电总公司	天津市煤矿工具厂	集体	煤矿钻头	410	360	−9.10	−16	25	24.60	357.60	221.50	205	134	180	197	287	75	5166	3701	元纬路七马路33号
9	市机电总公司	天津市切割机械厂	集体	切割机	245	245	18	0	26.60	25.90	214	136	0	0	4	45	337	57	6768	3625	淮安西道2号
10	市机电总公司	天津市机械链条厂	集体	链条	516.90	284	16.40	−77	16.60	0	263	115	0	83	50.20	86	353	74	27000	5100	昆纬路81号
11	市机电总公司	天津市耐酸泵厂	集体	化工泵	2442	2480	403	108	247	179	1018	589	168	300	1773	1499	839	222	26933	15459	京津公路60号
12	市机电总公司	天津市电缆总厂二分厂	集体	绝缘材料	81	39	−58.30	−58.70	10.60	0.20	149.50	91.30	0	43	95	400	276	95	4899	4448	调纬路21号
13	市机电总公司	天津市开口销厂	集体	开口销	226	160	2	0.80	37.20	29	129	57.50	0	0	158.70	123	229	79	1887	2152	昆纬路东七纬路10号
14	市纺织局	天津市床单四厂	集体	床单	275.90	12.50	−71.20	−57.90	7.90	0.15	176	82	–	108.50	185	421	476	283	10760	6232	张兴庄60号
15	市纺织局	天津市床单六厂	集体	床单类	266	550	−189	−93.80	0.14	5.90	793	592	1320	831	492	2811	783	343	19916	10145	张兴庄北道3号
16	市服装公司	天津市华时衬衫厂	集体	服装	175	35	−128	−69	6	2	1329	1222	1102.80	309.50	−85.60	112.10	529	429	1712	7020	元纬路南六马路22号
17	市服装公司	天津市服装三十六厂	集体	服装	218	267	−36	−17	10	4	99	20	14.60	214	−10	1.20	180	204	700	681	王串场24段3排172号

续表15-1

序号	所属局公司	企业名称	企业性质	主要产品	产值		利润		税金		资产		银行贷款		债权	债务	人数		面积(平方米)		地址
					1993年	1994年	1993年	1994年	1993年	1994年	原值	净值	固资	流资			在职	退休	占地	建筑	
18	市一轻总公司	天津市尼龙笔厂	集体	尼龙笔彩水	222	296	1.20	0.50	8	10	167	56	80	71.50	157	173	166	163	2817	5790	中纺前街28号
19	市一轻总公司	天津市第三日用化学厂	集体	冷香洗发膏	713	100	−196	−263	74	27.50	332	138	299	907	336	2020	571	241	7237	5763	金钟河后街3号
20	市化工局	天津市橡胶制品十一厂	集体	胶底	5	–	−15	0.20	–	–	136	46	45	165	70	74	299	86	4568	2910	小王庄津浦北路
21	市化工局	天津市新华橡胶厂	集体	密封条	1036	900	−49	–	88	4.40	404	94	72	80	419	523	473	203	3735	4064	宇纬路65号
22	市化工局	天津市橡胶制品四厂	集体	胶条	22	74	−193	−16	9	1.80	1	1	35	307	138	418	507	185	3001	5236	元纬路四马路36号
23	市二轻局	天津市研磨工具厂	集体	砂纸	86	46	−70.60	−79	10.30	3.10	259.60	172.10	209	255	309.10	464	259	203	7415	3932	金钟路东街36号
24	市二轻局	天津市不干胶商标印刷厂	集体	标签	167	168	0	−2.80	30.40	45.40	122.10	82.60	71.80	267	422.20	338.80	253	131	3930	1941	王串场14段2排110号
25	市二轻局	天津市电料二厂	集体	胶木、电料	0	0	−65.50	−19.90	0	0	97.70	59.40	0	265.50	376.30	265.50	464	166	2325	2284	天纬路26号
26	市二轻局	天津市宇翔起重工具厂	集体	铁滑车	280	365.30	11.50	0	24	16.70	61.50	26.80	0	338.70	463.30	338.70	200	130	2543	1676	王串场一号路14号
27	市二轻局	天津市童车厂	集体	童车	0	0	−8.90	−16.40	0.30	−0.40	183.30	84.10	69.50	134.10	361.80	203.60	169	140	0	0	增光道3号
28	市二轻局	天津市灯具二厂	集体	灯具	1.40	0	−125.30	−136	0.40	0.20	120.30	50	167.30	577.70	456.40	745	485	355	6893	3783	金钟河东街72号
29	市二轻局	天津市第二玩具厂	集体	电焊机	265	133	−7.30	−3.10	0	−0.30	50.50	30.50	9.50	97.20	368.30	106.70	52	40	2512	2076	金钟河大街86号
30	市二轻局	天津市第四玩具厂	集体	玩具	31	42	−18.90	−25.60	0.20	−0.80	45.80	22.70	146.30	297.90	443.30	444.20	145	53	168	152	五马路45号
31	市二轻局	天津市匙链厂	全民	匙链	52	31	−11.10	−24.70	0.70	2.90	31.40	16.90	9.50	193.20	210.80	202.70	178	58	1730	1108	五马路51号
32	市二轻局	天津市童鞋厂	集体	童鞋	49	20	−21.90	−9	0.10	0.40	86	37.40	78.20	102.70	164.90	180.90	277	277	3260	2500	娘娘庙前街53号
33	市二轻局	天津市复合材料制品厂	集体	纸制品	186	76	0	0	19.20	−1.20	387.90	309.60	281	242.50	609.30	523.50	202	109	2300	1600	吕纬路108号
34	市二轻局	天津市金属配件厂	集体	定时器	72	225	0	−53.60	0.60	0.40	203.10	70.40	53.60	519.30	632.10	572.90	328	223	8700	3900	虹光路39号

续表15-1

序号	所属局公司	企业名称	企业性质	主要产品	产值		利润		税金		资产		银行贷款		债权	债务	人数		面积（平方米）		地址
					1993年	1994年	1993年	1994年	1993年	1994年	原值	净值	回资	流资			在职	退休	占地	建筑	
35	市电仪总公司	天津市电子电力电容器厂	集体	电容器	257	47	−0.16	−0.10	−	4.20	661.80	235.80	−	564	−	614	454	138	11623	8139	张兴庄大街
36	市电仪总公司	天津市电子变压器厂	集体	变压器	273	247	0	−22.20	−	−	350	292	−	269	40	116	431	291	4780	396	金钟河大街
总计					13820.20	11547.80	−442.06	−973.30	1257.11	455.36	10743	6222.40	4700.10	8752.10	10878.20	16138.20	13091	6047	263452	163390	

第二章 驻区工业企业

1979年，河北区在全市11个工业区中占有3个。进入21世纪，3个工业区逐渐被新兴产业园区取代。注册民营工业企业由1990年的4家，发展到2010年的15294家。“三资”企业由1985年的1家，发展到2010年的74家。

第一节 概况

一、国有工业企业

1979年，在天津市11个工业区中，河北区拥有白庙、新开河和北站外3个工业区。区内工业企业基本为国有企业，一部分是天津解放前成立的老企业，解放后由国家接收，如天津动力机厂、天津国营印染厂、天津纺织机械厂等。一部分是新建企业，如红旗自行车厂、河北制药厂、玻璃器皿厂、电磁线厂等。3个工业区中，白庙工业区占地270.09万平方米，工业用地201.1万平方米，企业70家。新开河工业区占地294.71万平方米，工业用地112.89万平方米，企业29家。北站外工业区占地106.03万平方米，工业用地72.83万平方米，企业26家。工业区中配套设施有职工宿舍、体育场、影剧院、商店、医院、公园、托儿所、幼儿园、学校等，有些条件比较好的在企业内设花园、体育场地、保健站、食堂、托儿所等生活设施。此外，区内其他地域还有第一毛纺厂、七一二厂、天津制鞋厂、第六印刷厂、天津市软管厂、天津市果脯厂等。改革开放后，随着天津工业东移战略的实施，驻区国有工业企业大量外迁，3个工业区逐步被新兴产业园区取代。

二、民营工业企业

改革开放后，国家相继出台鼓励民营经济发展的方针政策，为民营企业发展提供了良好环境。1990年，河北区有4家私营企业注册开业，具有代表性的育宏印刷有限公司，注册资金200万元，职工85人。1992年，全区私营企业发展到78家，注册资金1173万元，当年纳税1364万元(含个体工商户及其他零散税源)，占全区财政收入25%。私营企业生产经营规模不断壮大，成为区域经济新的增长点。1993年，河北区召开个体私营经济工作会议，提出要加快个体和私营经济发展，提升私企规模和水平，发展一批私企大户，重点培育一批科技型、外向型私营企业，私企数量要以年30%比率递增，到1997年，全区私企要有500家，缴税要达到4000万元以上。1996年，河北区私营企业有622家，出现阔佬皮业有限公司等知名企业。34家私企获市明星企业称号。1997年，以房地产业为主体的银座房地产公司拓展经营领域，涉及化工、轻工、建材、机械等业态，成立银座集团有限公司。固定资产4.2亿元，年销售收入10亿元以上。1998年，河北区坚持把个体私营经济作为新的经济增长点来抓，企业发展环境进一步优化，私企增至925家，注册资金2.37亿元。同年，德意达集团有限公司完成组建。《天津市河北区第二次经济普查资料汇编》显示，2008年，全区私企营业收入50万元以下的1326家，50万元~100万元的481家，100万元~500万元的1163家，500万元~1000万元的197家，1000万元~5000万元的12家，5000万元~1亿元的17家，1亿元以上的13家，总计3209家。同年，留区税收1.8亿元。现代集团、福光集团等12家企业进入天津市2006年度百强企业行列，数量居全市各区县首位。2009年，新注册民营企业790家，民营企业注册资金64亿元，留区税收2.2亿元。2010年，民营企业呈现数量与质量同步发展态势，注册15294家，注册资金74.92亿元，留区税收2.79亿元。民营经济遂成为区域经济重要支撑。

三、三资工业企业

1985年，由东六街道渤海集体企业联合公司与香港嘉田公司合资经营的渤田机绣有限公司开业，投资30万元人民币，双方各占50%。成为河北区第一家“三资”企业。1991年，河北区“三资”企业增至6家，注册资金64万美元。1995年，全区“三资”企业有78家。《天津市河北区第二次经济普查公报（第一号）》载：1996—2008年，全区“三资”企业132家（港澳台商投资企业55家，外商投资企业77家）；其中工业企业52家（港澳台商投资企业22家，外商投资企业30家）。2008年，“三资”企业纳税1632万元。其中，港澳台企业914万元，外资企业718万元。2010年，全区有“三资”企业74家。其中，生产加工型企业29家，商业服务业32家，建筑房地产业13家。全区合同外资额12049万美元，完成全年计划120.49%，同比增18.04%，高于全市平均水平7.51个百分点，在市内六区位列第一；实际利用外资1.36亿美元，同比增25.9%，高于全市平均水平5.62个百分点，在市内六区位列第二。

第二节　企业选介

一、天津机辆轨道交通装备有限责任公司

天津机辆轨道交通装备有限责任公司是中国北车股份有限公司的全资子公司，位于南口路22号。始建于清宣统元年（1909年），由清政府借款，德国人承建并代管。中华人民共和国成立后，历经60年的发展和5次较大规模技术改造和厂区扩建，占地36万平方米，建筑面积17万平方米，逐步建起较完整生产体系，具备完善的数控加工、精密铸造、精密锻造、热处理等工艺手段，拥有先进的工艺制作、现代化检测、计算机应用等科技能力。主要产品为增压器、调速器、制动机、缓冲器、弹簧、活塞环、电机、滤油器、减振器等九大系列，是研发生产中国铁路机车车辆配件的重要基地。

二、天津通信广播集团

天津通信广播集团有限公司始建于1936年，位于新大路185号，是具有几十年发展历史的综合性电子工业企业，国家一级企业，旗下控股参股企业19家，2006年被评为中国电子百强企业。集团致力于开发通信、数字视听、网络及多媒体等高科技领域产品，广泛应用于铁路、消防、矿山、环保、公共安全、航海航空等领域，为铁路通信设备定点制造单位。数字电视机顶盒等产品服务于广大消费者，与多家大型跨国企业建有良好的合作伙伴关系。多次获国家科技进步奖及国优、部优、市优产品称号。

三、天津建筑机械厂

天津建筑机械厂始建于20世纪40年代末，1958年制造出全国第一台履带式推土机，是国内率先实现销售推土机超万台的企业，为国家铲运机械重点骨干企业，隶属于国务院国资委直属的新兴铸管集团有限公司。工厂位于南口路，员工1144人，占地10.9万平方米，资产1.57亿元，主要生产设备927台，高精稀设备61台，在山西省建有大型铸锻加工基地。产品有7个系列40多个品种的履带式推土机、两种吨位等级的液压挖掘机，产能在国内同业中处于前三位。工厂于1998年通过ISO9001质量体系认证，2001年通过ISO9001-2000质量体系认证，2004年获国家级“守合同、重信用”单位，2005年获中国企业改革全国示范单位称号。该厂拥有日本红外线可控气体氛围保护渗碳热处理生产线、美国格里森淬火压床、德国纬塞西圆柱齿轮磨床及国产数显卧式镗床等先进设备。

四、天津华津制药有限公司

天津华津制药有限公司建于1938年，位于水产前街28号，是中国最早现代化制药企业之一。2005年移至市经济开发区，以生产化学制剂为主，拥有世界一流的进口生产线、国际先进水平的检验中心、规范的质量保证管理体系、高于药典的内控标准，主要生产经营大容量注射剂、片剂、胶囊剂、粉针剂，致力于神经精神科产品开发及推广。1987年后，与法国、瑞士等国家药厂合作生产的多系列药品在全国享有盛誉。

五、天津市银博印刷技术发展有限公司

天津市银博印刷技术发展有限公司为全资私企，成立于2001年2月，坐落于海河意式风情区工业园内，占地3000多平方米，员工100多人，企业净资产近3000万元。2003年完成产值2000多万元，上缴税金近200万元。公司引进一系列国外先进设备，确保以高质量的印刷效果服务于社会。2001年被评为市级模范纳税企业，2002年获天津市科技进步二等奖，2003年被市科委认定为高科技企业。

第三章　工业园区

第一节　概况

20世纪80年代，天津市实施工业东移战略，进行布局调整和结构调整。河北区抓住这一机遇，进行都市工业化升级，按照“一园一品牌，一园一特色”工作思路，盘活资源，对老企业整合改造，以“高新、高端、高质”为目标，建立功能完善、特色独具、绿色发展的产业园区。1994年，河北区扶持一些重点街道，以特色业态为重点推动区域工业发展。新开河街道作为工业企业示范小区，起到示范作用。2000年，河北区以原红星打字机厂厂址为基础，成立第一个都市产业园区——红星私营经济园区，50家私营企业入驻，成为河北区工业园区化发展雏形。2001年，定位于与外商合作，区经贸委利用一批位于张兴庄的老厂区，牵头组织相关部门，建成海河意式风情区工业园区，60家意大利等国和中国港台地区企业入驻。这是河北区第一个主导统筹、规范管理的工业园区。2004年，建成工业园津浦特区和天动科技园区。2007年，意式风情区工业园等5个工业园被认定为市级工业园。2008年，河北区有通广科技园等市级工业园6个，数量列天津市中心城区第一。同年，编制完成《河北区都市工业发展规划(2007—2010)》，规划加大高新技术对传统产业的改造力度，重点发展创意产业、机械与精密仪器研发制造、生物工程技术研发、食品加工制造、广告包装印刷等。不断提升都市型工业水平，建成一批都市型工业园区。2009年，建成华津3526创意工场、天津北新文化创意基地和辰赫创意产业园。引进一批动漫制作、工业设计、电信增值、彩色打印、电子通信等较为前沿的企业。河北区都市工业园在全市形成较大影响。2010年，河北区有8个市级、5个区级都市工业园，规模、数量居中心城区前列，中央电视台少儿频道节目制作基地、万秋艺苑文化创意有限公司等一批高水平文化创意项目落户园区。北新C6创意基地和辰赫创意产业园被评为市级创意产业园，北新文化传媒集团获中国创意产业领军企业奖。河北区还成功承办天津市创意产业周暨四直辖市首届创意产业联席会。

第二节　园区选介

一、纺机都市广场

纺机都市广场坐落在万柳村大街56号，由原纺织机械厂整合而成。占地10.4万平方米，建筑面积11.28万平方米。园区定位为科技研发、服务业产业。引进商务办公、科技研发、生产性服务业、创意产业等业态。园区交通便利，辐射中心城区，以功能完善的纺织工业机械制造研发基础和便利的交通优势，为入驻企业打造良好的发展平台。

纺织都市广场　　（区商务委提供）

二、辰赫创意产业园

辰赫创意产业园是天津市首家新媒体产业园，由天津内燃机磁电机厂的5座老厂房改建而成，改造后的应用空间为典型LOFT形式，建筑外延主色调采用工业灰与樱红色相结合，代表着对工业文明的传承和对新经济的赞美。其定位是建成以互联网产业带动下的新媒体产业为主，从事研发设计和文化创意的专业化园区。产业园位于辰纬路1号，占地0.7万平方米，建筑面积1.01万平方米，是经天津市经信委认定的市级都市工业小区、市级中小企业创业基地、市级科技孵化器，是天津市5家市级创意产业园之一。

辰赫创意产业园　　（区商务委提供）

三、天动科技产业园

天动科技产业园位于南口西路4号，占地18.22万平方米，建筑面积12.3万平方米，定位是建设以机械装备制造为主的科技型工业园区。园区产权单位和运营管理企业均为天津动力机厂，工业基础扎实，配套设施完善。曾生产出中国第一台中马力4146型号高速发动机，并在世博会上参展。园区紧邻快速路志成道和区级主干道南口路，与地铁规划6号线相邻，交通便捷通畅。入驻企业39家。是市经信委认定的市级都市工业小区。

天动科技园区　　（区商务委提供）

四、意式工业园区

意式工业园区占地2.05万平方米，建筑面积1.2万平方米。坐落在张兴庄大道86号。园区定位为印刷、轻工电子产业。重点吸纳高技术、高附加值、低消耗、低污染行业企业入驻，定位于建成中

意式工业园区　　（区商务委提供）

小企业创业基地。

五、意式津浦产业园

意式津浦产业园产权单位是天津机辆轨道交通装备有限公司，位于南口路1号，东至京山铁路，西至南口路，南至志成道，北至榆关道，占地50万平方米，建筑面积18.06万平方米。园区定位于以精密制造为主的加工工业园。园区环境优雅，历史悠久，其中德式厂房和塔楼可追溯至清宣统元年（1909年）。该园区是天津市经信委认定的市级都市工业小区。其坐落在张兴庄都市产业园、西站城市副中心的辐射中心，区域发展潜能大。园区内入驻有天津机辆轨道交通装备有限公司等老企业。

津浦产业园　　（区商务委提供）

六、移山工程机械产业园

移山工程机械产业园的基本定位是以工程机械制造、研发为主的工业园区。园区位于南口路28号，东至天津机床锻件厂，西至南口路，南至榆关道，北至喜峰道，占地10.9万平方米，建筑面积5万平方米。移山机械产业园工业基础扎实，中国第一台拖拉机即由其前身六四四三厂制造。该园区于2007年8月27日被天津市经信委认定为市级都市工业小区。在河北区整体规划的“一带两轴四区八点”中，该园区处于南口路产业综合服务发展区和南口路都市产业生态岛节点，发展前景良好。园区周边分布着居民小区、商务区和工业区，天津市第一医院与其相邻，配套设施完善。园区紧邻市区两级主干道普济河道、榆关道和南口路，其中南口路经多次整修改造，道路条件良好。园区毗邻地铁规划四号线，出行便捷。园区产权单位和运营管理企业均为天津建筑机械厂，有入驻企业2家。该园区将建设开发以商品住宅为主的地产项目，有9万平方米用于开发星级酒店、高端商业设施和以创意产业为主的写字楼、酒店式公寓等。

移山工程机械园　　（区商务委提供）

七、通广科技产业园

通广科技产业园隶属于天津通广集团，地处新大路185号，占地6.6万平方米，建筑面积10.4万平方米。天津通广集团前身为七一二厂，始建于1936年，是具有70余年发展历史的综合性电子工业企业，也是中国第一台电视机——北京牌电视的诞生地。通广产业园定位于以通信产品和视听产品的制造、研发、销售为主的专业化园区。园区运营商通广集团注重产业链的延伸，以科技为先导，以信息为纽带，以电子、通信、IT研发制造业为支撑，引

通广科技园区　　（区商务委提供）

入具有良好市场前景和创新能力的高科技团队，打造天津中心城区通信、电子、高科技孵化基地和具有较强比较优势和聚集效益的科技工业园区。通广集团2006年被评为中国电子百强企业，是经天津市经信委认定的市级都市工业小区。园区毗邻铁路天津北站、天津站两个交通枢纽。园区入驻企业10家，园内基础设施完善，能满足不同类型、不同规模企业生产生活需要。园区内及周边配套有娱乐和生活设施，且毗邻河北区行政许可中心大厅，方便企业的经营管理活动。园区配有高端的研发试验设备，是中小企业初创的首选。园区发展方向主要是电子、信息、通信和其他高科技产业，2010年拥有各类先进仪器1000余台（套）。

八、天津3526创意产业园

天津3526创意产业园（工场）被一些北京的客商称为“天津798”，园内抽象铁艺装饰和壁画涂鸦，极具现代韵律。其主要定位是工业研发设计和创意产业的专业化园区。产业园位于水产前街28号，占地面积5.6万平方米、建筑面积2.9万平方米。其产权及运营单位均为天津华津制药厂。产业园是天津市信委认定的市级都市工业小区，也是市级工业设计技术服务平台，为河北区重点打造的亿元楼宇之一，具有充足的政策和资金支持。至2010年，该园区入驻企业283家。

天津3526创意工场　　（区委宣传部提供）

九、天时力医药产业园

天时力医药产业园位于金钟河东街72号，是河北区首个大型医药产业的园区。其产权单位华润（天津）医药有限公司是河北区园区龙头企业和税收大户之一。天时力医药产业园的定位是以医药、物流项目为主的专业化园区。园区占地3000平方米，建筑面积2400平方米，是河北区经贸委认定的区级都市工业小区。园区入驻企业2家。其中天津天时力医药有限公司成立于2003年8月，是一家融合销售、批发及调拨的大型医药商业公司，主要经营化学药制剂、抗生素、生化药品、生物制品、中成药、中药饮片、化学原料药、诊断药品、一二类麻药等，有员工260人。2010年，实现销售额26亿元，资产总额10亿元，在天津市医药商业行业中位列前茅。

天时力医药产业园　　（区商务委提供）

十、36号老厂坊创意产业园

36号老厂坊创意产业园位于元纬路四马路36号（原市第四橡胶厂），占地4500平方米，建筑面积3988平方米。市第四橡胶厂建于1972年，占地面积4500平方米，主体建筑为3层，建筑面积3987.94平

36号老厂坊创意产业园　　（区商务委提供）

方米。厂内建筑保存完好，大小空间组合丰富，工业空间个性鲜明。随着时代的变迁，该厂迁至他处。为保留该厂宝贵的工业遗产，充分利用闲置厂房，发展与其周边环境相和谐的新型都市文化，天津市福莱特装饰设计工程有限公司于2009年获得橡胶四厂房屋和土地的所有权，用于打造36号老厂坊创意产业园。该创意产业园的定位为以建筑设计、广告设 计等总部经济为主的专业化园区。

附：

2000年区内99家工业骨干企业一览表

表15-2

企业名称	地 址	开业年份	职工人数	主要产品
天津高木室内用品有限公司	红星支路2号	1993	33	被褥
大湖(天津)新鲜食品果汁有限公司	河北区棉琳车队	1993	146	水果原汁
河北区河北针织服装厂	幸福道2号	1992	105	睡衣
天津津裕电业有限公司	南口路12号	1992	143	汽车限束
天津市阔佬皮业有限公司	水产前街30号	1996	102	皮革衣制造
天津市太平洋铁欧机电工司	红星路18号	1977	40	建筑装饰制品 机械制品
天津市耐酸泵总厂	京津公路60号	1958	382	工业泵
天津市暖风机厂	南口支路5号	1958	301	暖风机
天津市世纪机械技术开发公司	五马路35-2号	1986	27	钢管
天津市春源线材制品有限公司	万柳村10号	1995	20	金属制品
天津施特林化学工业有限公司	宇纬路三戒里7-206	1998	25	氧化铁
景浩工贸有限公司	席厂下坡14号	1996	60	钢丝绳镀锌
天津市十月针织厂	日纬路日光里	1982	82	棉毛衫裤 汗衫背心
天津市电气成套总厂	重光路6号	1959	704	高压开关板 低压开关板
天津致新化工有限公司	张兴庄大道60号	1996	35	化工原料 测试仪 电镀设备
思兰宝旅游用品公司	杨桥大街12号	1997	15	睡袋
天津爱特木业制品有限公司	五马路160号	1996	51	展柜 字台 床头柜
天津科赛尔电子有限公司	金钟河东街54号	1993	76	电子元件 变压器
天津市不干胶商标印刷厂	华屏里56号	1958	240	不干胶商标印刷 丝网印刷 胶印印刷
天津市第六电器开关厂	中山北路5号	1956	86	铁壳开关
天津市开口销厂	货场大街娘娘庙前街49号	1958	66	标准紧固件
天津市联德机电制造总厂	民权门增光道2号	1956	983	主令控制器 控制器 联动器
天津市新华橡胶厂	宇纬路17号	1956	467	汽车密封胶条 全胶管 植条 印刷
裕隆集团公司印务广告中心	志成道堤坡23号	1996	22	印刷
天津市泉鹏金属加工厂	榆关道15号	1999	18	金属制品加工
天津市博瑞科油脂化工有限公司	古北道2号	1996	8	润滑油
天津市捷创力仪器有限公司	沿宁路35号	1992	20	脚架 全站仪 测距仪维修 防火涂料
天津市防火涂料厂	幸福道6号	1987	35	防火涂料
天津草原服装有限公司	红星路28号	1994	30	皮衣
天津市北方电缆厂	宜白路8号	1998	35	电线电缆
天津市文达稀贵试剂借化工厂	津浦北路201号	1998	30	化学试剂
天津市津兴糖酒食品公司糕点食品厂	增产道7号	1996	46	糕点 乳制品 糖果
天津浅田机械有限公司	重光路6号	1996	19	搅拌机
天津市信达有色金属公司	津浦北路201号	1993	25	铝材
天津洋松制衣有限公司	正义道万科园C座1101	1996	5	衬衣
天津市翔云津港净化设备厂	养鱼池路14号	1997	48	剪板机
天津悦城彩色印刷有限公司	赵沽里	1998	20	印刷
天津美联汽车制动器有限公司	张兴庄大道52号	1996	19	离合器 制动蹄
天津天昌电子机械有公司	建昌道39号	1992	22	超声波清洗机
天津市健祥辐条厂	张兴庄大道77号	1998	22	自行车辐条

续表15-2

企业名称	地 址	开业年份	职工人数	主要产品
天津市电力公司	进步道29号	1906	10781	发电 供电
天津六0九电缆有限公司	京津公路63号	1943	1903	安装电缆 射频电缆 光缆
天津市轧三制钢有限公司	水产前街26号	1956	1474	线材 小型材 复合板
天津天士力集团有限公司	黄纬路60号	2000	1400	复方丹参滴丸 养血清脑冲剂 柴胡滴丸
天津通信广播集团有限公司	新大路185号	1936	2027	通信机 黑白电视机
天津宏大纺织机械有限公司	万柳村大街56号	1999	970	粗纱机系列产品
中国人民解放军第三五二六工厂	水产前街28号	1938	942	小针剂 大针剂 片剂
天津机车车辆机械厂	南口东路1号	1912	4464	各型缓冲器 各型增压器
天津动力机厂	南口西路4号	1935	1884	柴油机
天津三星康宁有限公司	建昌道54号	1992	400	电磁转换器
中国人民解放军第六四四三工厂	南口路28号	1952	1555	推土机制造
天津橡胶机械股份有限公司	革新道5号	1995	728	工业加工
天津普林电路有限公司	海门路3号增1号	1988	453	电路板
天津市利民调料酿造集团有限公司	民权门外赵沽里大街	1998	691	蒜蓉辣酱 番茄酱 醋精
天津通宝乐器有限公司	南口支路6号	1987	165	口琴
奇伟日用化学(天津)有限公司	江都路1号	1994	342	金鸡鞋油系列
天津南华制鞋有限公司	冈纬路18号	1996	821	皮鞋
天津市钢绞线厂	小王庄杨桥大街86号	1958	716	镀锌钢绞线 镀锌钢丝
天津市锻压机床总厂	月纬路70号	1940	1682	液压机
天津市中药制药厂	榆关道雁门路3号	1957	714	片剂 银翘解毒片 泻白糖浆 藿香正气水
天津华利达生物工程有限公司	中山路4号	1992	220	安福隆干扰素注射剂
天津市玻璃器皿厂	白庙工业区京津公路	1960	793	玻璃器皿 包装瓶
天津安网研电缆有限公司	宜白路家具八厂旁	1993	81	程控电缆
天津市飞天纺织装饰品有限公司	狮子林大街盐官厅西胡同5号	1998	74	加工 出口
天津汽车锻造有限公司	榆关道16号	1956	774	锻件
天津市天泰染织有限公司	淮安西道4号	1978	55	色织布
ACI(天津)模具有限公司	南口支路4号	1995	209	模具和铸件
天津南华工具(集团)有限公司	民主道大昌兴1号楼	1994	1350	铁滑车 钳子 扳手
天津津福汽车塑料件有限公司	金钟河大街民权门外	1993	243	汽车方向盘 夏利轿车挡泥板 转向管柱上下罩
天津鼓风机总厂	古北道1号	1915	524	罗茨鼓风机
天津纺织机械厂	万柳村大街56号	1946	1524	纺机配件
天津市兆安变压器厂	东河沿大街88号	1998	96	配电变压器制造
天津三环纺织印染集团公司	中纺前街21号	1917	349	纯棉印染布 涤棉印染布 纯化纤印染布
天津汤浅蓄电池有限公司	红星支路6号	1994	157	摩托车用蓄电池
天津太河制药有限公司	雁门路1号	1994	801	维生素B2 平阳素粉针
天津市乳胶厂	三马路240号	1951	707	避孕套 输血胶管 家用手套
天津市海伦铝业有限公司	建昌道50号	1997	118	铝板带材
天津市蓄电池厂	红星支路6号	1937	505	启动型蓄电池 搬用车型蓄电池 固定型蓄电池
天津市天旭布业有限公司	万柳村大街1号	1998	2	棉布
天津市自动化仪表十厂	王串场重光路1号	1958	453	煤气表 节流装置
天津市天锴锻造厂	万柳村大街56号	1997	295	锻件制造
天津市机床电器总厂	小王庄大街永平里前19号	1999	432	电磁离合器
天津市换热装备总厂	中山北路40号	1964	382	板式换热器 紧固件
天津市金属制品实验厂	中纺前街78号	1964	968	弹簧钢丝 预应力钢丝
天津内燃机磁电机有限公司	辰纬路1号	1965	336	冷却风扇带电机总成 冷凝器风扇总成 磁电机
天津万维电器有限公司	新大路185号	2000	180	空调器
天津市交通器材厂	红星支路1号	1958	771	汽车喇叭 组合开关 操纵机构
天津市造纸机械厂	王串场重光路12号	1969	387	造纸机

续表15-2

企业名称	地 址	开业年份	职工人数	主要产品
天津市达康电器公司	江都路增光道9号	1993	34	食品加工机
南华集团（天津）服装有限公司	红星路41号	1993	751	服装
天津市天磁有限公司	建昌道54号	1956	855	饮水机 净水器 磁化杯
天津国华塑胶有限公司	建昌道长青北路	1995	34	夏利前后保险杠 夏利仪表板总成
天津市第二染纱厂	京津公路65号	1964	101	色织布 染纱加工
天津诺迪亚可编程控有限公司	新开路225号	1994	66	可编程序控制器
天津世韩有限公司	建昌道54号	1998	88	冷热饮水机
天津市电焊机总厂	榆关道1号	1956	272	电焊机
天津电子线缆有限公司铜材厂	宜白路家具八厂旁	1992	50	无氧铜杆
天津市东方化工厂	古北道4号	1964	322	过氧化氯 工业过硫酸钾
天津南华力生体育用品有限公司	昆纬路116号	1996	401	运动球类

河北区志

（1979—2010）

第十六编

商业　服务业

SHANG YE　FU WU YE

改革开放后，河北区多种所有制商业得到发展，市场日趋活跃。至1990年年底，全区有商业服务业企业4818家，从业人员2.33万人。其中，国有和集体商业服务业1166户、1.92万人，个体商业服务业3652户、4123人。营业总收入9.22亿元（国有、集体商业为8.88亿元，占总收入96.3%；个体商业为3364万元，占总收入3.7%）。1993年后，施行企业经营机制改革，对大中型企业实行经营承包责任制，对小型零售商业实行“改”（改为国家所有集体经营）、“转”（转为集体所有制）、“租”（租赁经营）改革，并推行经营、价格、用工、分配“四放开”的配套改革。是年，全区实行国有民营小型企业234家。其中，国有30家、集体204家，职工1162人。抽回流动资金165万元。1995年，加快连锁经营的步伐，共发展连锁经营店51家。至此各商业公司全部完成由经营管理型向经营服务型转变。1996年，商业服务业增至1.17万户，从业人员3.41万人。其中，国有、集体商业服务业1602户、2.11万人，个体商业服务业1.01万户、1.31万人。营业总收入19.97亿元，私营商业服务业429户，从业人员3718人，营业收入1.81亿元。形成了以公有制为主体多种经济成分并存的多元化的商业结构。先后兴建了十月美食街、龙门大厦、大亨时装公司等大中型商业设施，扩建改造了川鲁饭店、大天津食品商厦、宏发商贸购物中心。社会各界兴办第三产业，建起了酒楼和饭店等。2005年，区内市场体系和秩序不断完善，私营和个体批发零售业、住宿餐饮业、社会服务业有6146户，从业人员2万余人，营业收入59.98亿元。随着区内多个商业中心的建立，各农贸及专业市场的兴建和改造，多种经营成分商业竞相发展。截至2010年，全区有商业服务业5196户，注册资金70.37亿元，年营业收入818.77亿元，从业人员10.46万人。5000平方米以上的大型商业设施34处，面积57万平方米。小型连锁超市、便利店、专卖店376家，面积6.31万平方米。批发零售业法人企业2591家，住宿饮食企业426家，经营面积21.37万平方米，从业人员1.56万人。私营和个体批发零售业、住宿餐饮业、社会服务业有7000余户，从业人员近3万人，营业收入73.92亿元。

第一章　区属商业服务业

改革开放后，尤其中共十二届三中全会作出《中共中央关于经济体制改革的决定》后，河北区大力推进商业经营体制改革，对商业零售企业进行“改、转、租”“放权让利”等改革尝试。2003年，区属商业服务业10个公司加快改革和整体转制的步伐，相继全部转为民营企业。

第一节　机构设置

1979年，区革命委员会下设的生活服务组负责全区商业服务工作。1970年10月，生活服务组改为财贸组。1980年5月，撤销区革命委员会，恢复区人民政府，党政分设，财贸组转为区委工作机构。1981年6月，财贸组改称财贸部（1984年9月撤销），同时，区政府设立财政贸易办公室（1986年10月撤销）。1986年10月，建立河北区委商业工作委员会和河北区商业委员会，为两个机构一套编制，实行统一领导，列入政府序列。区商工委、商委设办公室、组织科、宣传科、市场供应服务科、商业体制改革科和网点建设办公室。1988年7月，商业体制改革科改为企业管理科，市场供应服务科改为市场管理科，9月增设监察科。1993年，增设服务管理科，宣传科和组织科合并为组宣科。1995年，在册人员24人，办公地址在狮子林大街284号。随着各商业公司陆续转制改革，商委职能不断弱化，2001年11月，区经济委员会和区商业委员会撤销，组建河北区经济贸易委员会，迄2010年。

第二节　体制机制改革

一、租赁承包改革

1983年4月，河北区商业工作会议提出，抓好商业体制改革，放宽政策，搞活市场。此后，全区商业企业逐步改变吃“大锅饭”局面，对一些零售企业进行“改、转、租”等尝试性体改。1986年，全区在小型零售企业推行租赁制，在中型以上企业和国营小型商业推行承包责任制，由集体租赁(承包)，发展到个人租赁(承包)、一店租赁(承包)等多种形式。改变只负赢不负亏的做法，增强租赁(承包)者责任感和危机感。全区实行租赁的门市部319户，占全区商店总数47.5%。1988年，全区商业系统推行厂长(经理)负责制，通过扩大企业经营自主权、加强企业内部管理、转变经营方式等措施，增强企业活力、提高经济效益、活跃全区市场。1988年9月，龙门大厦先后试行股份合作制、连锁经营、出售小企业股权，以及企业兼并、组建集团等改革，但收效甚微。全区各商业公司多为国有行政性管理公司，机构臃肿，亏损严重，资产管理混乱，体制机制明显不适应市场经济发展，前期多项改革未能从根本上解决商业萎缩、亏损和负债问题。截至2003年，区商业企业负债12亿多元，拖欠职工工资、保险800万元，71.4%职工下岗。

二、所有制改革

2004年，区政府批转区经贸委等7部门拟定的《河北区商业企业改革工作实施意见》，启动商业企业产权制度改革。第一批进行整体转制的是粮贸公司、服务公司、万隆公司。第二批是天北餐饮公司、副食公司和创元公司，其他公司陆续进行。10月，区属商业企业产权制度改革基本完成。7个公司实行整体转制，2个随项目运作，1个随市公司进行转制。其中，服务公司吸收社会法人参股，实现投资主体多元化；副食宏发商贸公司连锁企业与北京物美集团实现合作经营；粮贸公司、天北餐饮公司、创元工贸公司、万龙商贸公司通过职工出资入股，施行企业股份制运营等，实现了国有资本整体退出。至此，区属商业公司全部实现投资主体多元化，与市场接轨。

第三节　局　公司

一、区粮食局

1973年1月，河北区粮食局恢复成立，加挂区政府粮食办公室牌子。办公地址在昆纬路东二经路31号。1993年粮油购销放开后，开展多种经营，并继续发挥国营粮食主渠道作用，负责居民粮食关系变迁转移等工作。1995年，设11个科室，辖13个基层粮油管理站，干部职工1245人。1998年12月，区粮食局撤销，成立以华昌餐饮公司、华腾粮贸公司、美露食品有限公司、河北区军粮供应站等5个实体性公司为主体的河北粮油食品贸易总公司。2004年3月，河北粮油食品贸易总公司转为民营企业。

二、区属公司

(一)**区蔬菜副食品公司**　1973年1月，区蔬菜副食品公司恢复成立。1978年后，凭证凭票商品逐步取消，市场商品逐渐丰富，多种经济成分并存，市场竞争激烈。公司充分发挥国营主渠道作用，积极开拓经营，参与市场竞争。1992年，公司实施企业内部经营机制改革，对小型门市部实行集体租赁经营，至1993年，有44个小型门店和独立核算门市部实行集体租赁经营和国有民营。1995年，公司设7个科室，辖11个基层店(厂、站)，干部职工2158人。办公地址在三马路三阳里1号。2003年，公司加快产权制度改革，所属宏发商贸公司整建制划给北京物美集团公司。2004年9月，区蔬菜副食品公司实现国有资本整体退出。

（二）区糖果糕点公司　1973年1月，河北区糖果糕点公司成立。改革开放后，公司由经营管理型向经营服务型转变，积极参与市场竞争，深化企业改革，发挥国营企业优势，扩大企业自主权，广开货源渠道，大力组织货源，丰富市场，满足群众需求。1995年，公司设党委办公室、行政办公室、财计科，下辖津兴糖酒食品公司、北海糖酒食品公司、北糖茶叶公司、天神贸易公司、河北食品厂、新星娱乐总会，有干部职工773人。公司地址在小树林大街祥发胡同19号。2001年3月，为进一步适应改革及市场经济的发展，区糖果糕点公司并入区蔬菜副食品公司，区糖果糕点公司名称撤销。

（三）区百货公司　1973年1月，撤销区百货修配公司，将五金、医药、修配、委托业划出，恢复建立河北区百货公司，受市公司和区政府领导。改革开放后，公司由经营管理型向经营服务型转变，扩大企业自主权，广开货源渠道，促进销售，为国民经济建设服务。1995年，公司设秘书科、行政科、业务科、财务科、劳资科、组织宣传科、保卫科，下辖9个基层商店，有干部职工1298人，公司地址在中山路198号。2005年，区百货公司实现国有资本整体退出。

（四）区五金交电公司　1973年1月，区百货修配公司撤销，其中五金等业务重新整合，成立河北区五金交电总店，受市五金交电公司和区政府领导。1984年4月，改为河北区五金交电公司。1995年，公司设人事业务科、财会科、集体科、经理办公室、经营开发科，全系统有干部职工442人。公司地址在江都路22号。公司在社会主义计划经济时期组织货源、搞好凭证凭票商品供应、执行供应政策和物价政策等方面发挥了应有作用。1996年，在经营体制改革中，公司组建彩华荧光灯经销有限责任公司。开发科独立组建了实体公司，兼并建昌五金交电商店，肩负区公司系统内配送中心的职能等。是年公司并入龙门大厦。

（五）区土产日用杂品公司　1972年12月，恢复成立河北区土产杂品总店，由市土产日用杂品公司和区政府领导。1991年改为区土产日用杂品公司。1995年，公司设党委办公室、经理办公室、劳动人事科、财务审计科、经营管理科，干部职工327人。公司地址在兴隆街80号。在计划经济时期，公司担负着人民生活必需品的烟筒、炉子等凭证凭票供应任务。2001年4月，根据区委、区政府工作要求，区修配公司与区土产公司合并，重组为区创元公司。

（六）市煤业建筑器材河北公司　1973年1月，撤销粮煤公司，建立河北区煤建公司。1979年后，市煤建公司批准放开经营计划外煤炭，除民用煤外，其他用煤逐步实行市场价格。1992年7月，河北区煤建公司更名为天津市煤业建筑器材河北公司，隶属市公司和区政府双重领导。1995年，公司设办公室、业务科、财会科、劳资科、安全科、基建科、集体企业管理科、组织科、宣传科、监察科，下辖9个基层商店、3个建材商店及北站陶瓷公司，干部职工951人。公司地址在新大路东六经路40号。区政府节煤办公室与其合署办公，负责全区生活用煤的计划管理、供应销售及用煤关系的转移工作。1996年，随着集中供热事业发展，煤制气快速普及，加之实施“蓝天工程”，控制燃煤使用，煤炭经营呈萎缩状态。1999年，煤炭市场全面放开，基层单位实行承包、租赁经营。2001年，14个基层商店撤并为4个。2002年，形成以民用煤，工商业燃料用品为主的多种经营新格局，企业实现扭亏增盈。2007年3月，煤建河北公司归属于天津市天物集团管理。

（七）天北餐饮有限公司　1972年12月，建立河北区饮食公司。1993年12月，区饮食公司撤销，成立天津市万华餐饮经营总公司。1995年，公司设党委办公室、行政办公室、财务部、经营开发部、人事保卫部、烹饪开发公司，下辖8个基层店，干部职工2463人。公司地址在三马路三阳里1号。1998年，公司对资产进行重组，撤销总公司和分公司，改制为国有资产控股，国有、集体混合参股的公司制企业，即天津市天北餐饮有限公司，实现了行政管理型向经营管理型的初步转换。2004年，商业企业产权制度改革启动，经区政府批准，天北餐饮公司实现企业股份制运营，国有资本整体退出。

（八）**区服务公司** 1973年1月，建立河北区服务公司。1995年，公司设党委办公室、经理办公室、财计科、业务科、人保科，下辖8个基层店，干部职工1216人。公司地址在建国道庆安街步云里1号楼。改革开放后，公司有理发、照相、浴池、旅店4个总店和仙人渡大酒店、裕华园浴馆2个直属企业。2002年，在册职工340名，网点21个，营业用房1.28万平方米，资产总额812万元。1996—2002年，营业收入5987万元，纳税299万元。2004年5月，区服务公司转制为有限责任公司。

（九）**区修配公司** 1973年1月，建立河北区修配公司。改革开放后，公司先后建立经营服务部(旅店)、万象经营部、广惠工贸有限公司3个经济实体，由单纯管理型逐步向经营管理型转变。1990年11月，大亨时装公司筹建。1995年，公司设办公室、业务科、财务科、审计科、劳资科、宣传科、纪检委、组织科，下辖11个基层单位，干部职工1261人。公司地址在金家窑大街礼拜寺胡同1号。是年大亨公司与修配公司脱离隶属关系，成为独立的区属商业公司。2001年，区修配公司与区土产日用杂品公司合并，成立河北区创元公司。

（十）**万龙商业贸易总公司** 1993年6月，原副食公司所属集体企业“联合公司”独立组成天津市华容商业贸易总公司，由区商委直接管理。12月，更名为天津市万龙商业贸易总公司，设办公室、劳资科、财务科、人事科、业务科，干部职工961人。公司地址在江都路25号。2004年，公司实行产权制度改革，职工出资入股实现股份制运营，原企业资本整体退出。

（十一）**龙门大厦有限公司** 1988年，龙门大厦竣工，建筑面积5.3万平方米，是集餐饮服务、金融、联运、旅游、住宿服务于一体的大型商业设施。是年龙门大厦管委会和龙门大厦贸易总公司成立，9月正式对外营业。公司下设基层企业15家，干部职工424人。1992年，龙门大厦贸易总公司和大厦内企业实行股份制改组，正式成立龙门大厦有限公司。2004年，随区属商业转制改革，国有资本整体退出。

1995—2002年河北区商委系统利润情况统计表

表16-1　　　　单位：万元

年份	完成	同比(%)	纳税
1995	3050.70	+38.60	833.90
1996	4270	+40	907
1997	4901	+14.80	913.10
1998	7075.40	+44.40	-
1999	8853.80	+25.10	-
2000	11054.30	+24.90	-
2001	9825.10	-11.10	-
2002	5159	-47.50	-

第二章　驻区商业服务业

中共十一届三中全会后，河北区经营环境、经营设施不断完善，一大批多种经营形式的商业企业纷纷入驻，繁荣了市场、改善了人民群众的生活。

第一节　概况

1995年，全区驻区商业服务业有2744户。2010年，住宿业、餐饮业、居民服务业营业额20.04亿元。其中大型酒店(1000平方米以上)41家，包括友谊新都市百货、海河假日酒店、皇冠维多利亚国际大酒店、格兰云天大酒店、凯德大酒店、远洋宾馆、津利华中山饭店、金天地酒楼、蜀风楼饭庄、宴宾楼饭店等，全区住宿与餐饮法人企业286家。区内居民服务和其他服务业以规模较小、布局分散，行业齐全为特点，有美容美发、洗染、家政、职业介绍、婚庆服务、洗浴保健、摄像等，注册资金3500余万元。驻区商业服务业对于促进全区经济繁荣、方便居民生活发挥了重要作用。

第二节 企业选介

一、友谊新都市百货

友谊新都市百货建于2003年3月，是天津友谊高端百货群连锁店，坐落在狮子林大街200号，建筑面积2.91万平方米，地下二层、地上五层。一楼主要经营金银饰品、进口名表等。二楼女服商场经营数十个国内外知名品牌和时尚配饰，开辟了羊绒专区和女人屋以满足顾客多方面购买需求。三楼男服商场经营男式正装、商务休闲装、运动休闲装。四楼家品商场经营国内外现代家居用品等。地下一层经营运动服饰装备等，地下二层为大型停车场。

友谊新都市百货　　　　（区志办提供）

二、一商世纪联华购物广场有限公司

一商世纪联华购物广场有限公司建于2002年12月，坐落在中山路61号，建筑面积2.11万平方米。主要经营预包装食品、散装食品、乳制品（含婴幼儿配方乳粉）、食用农产品；蔬菜、水果、水产品、肉类制品；日用百货、五金、交电、化工、纺织品、服装、鞋帽、装饰装修材料、建筑材料、工艺美术品、鲜花、渔具、日用杂品等。

世纪联华购物广场　　　　（区志办提供）

三、劝业家乐福超市有限公司

劝业家乐福超市有限公司建于2003年6月，坐落在真理道28号增18号，建筑面积9200平方米。主要经营预包装食品、散装食品、乳制品，批发兼零售；日用杂品、针纺织品、百货、五金、交电、家用电器、通信设备；食用农产品、蔬菜、水果、水产品、肉类制品等。

家乐福超市　　　　（区志办提供）

四、世纪天乐商贸城

世纪天乐商贸城建于2010年9月，坐落在大悲院商业街凤凰商贸广场B座，由北京世纪天乐国际服装市场有限公司投资8.6亿元建设，占地1万余平方米，建筑面积7.2万平方米，拥有1000余家商铺。主要经营外贸服装服饰、韩国服装服饰、时尚品牌男女装、窗帘、服装面料等。

世纪天乐商贸城　　　　　（区志办提供）

海河假日酒店　　　　　（区委宣传部提供）

五、海河假日酒店

海河假日酒店建于2008年，坐落在海河东路凤凰商贸广场旁，毗邻"天津之眼"摩天轮、大悲禅院、三岔河口等著名景点，交通便捷。建筑面积8万平方米。酒店楼高26层，23~26层为行政楼层，提供24小时商务和礼宾服务，专属行政酒廊提供免费自助早餐。有5个多功能会议厅和1个可容纳460位宾客的宴会厅，现代化设施一应俱全，是商务洽谈、商务聚会、主题晚宴的理想场所。

六、皇冠维多利亚国际大酒店

皇冠维多利亚国际大酒店建于2008年6月，坐落在中山路66号，是一座五星级酒店。邻近天津北站和地铁3号线，共23层，居高临下视野开阔。酒店拥有精心设计的各种客房355间，设备齐全，舒适温馨，凸显个性化需求的服务风范。内部装潢既具现代感又富有高贵典雅气息。

皇冠维多利亚国际大酒店　（区志办提供）

格兰云天大酒店　　　　　（区志办提供）

七、格兰云天大酒店

格兰云天大酒店建于2007年5月，坐落在金钟河大街229号，是一座按四星级标准打造的商务酒店。拥有豪华客房150余间，包括标准间、超大床房、行政套房和豪华套房。客房宽敞明亮、典雅大方。每间客房均采用智能电子感应门锁、配有迷你冰箱、私人保险箱、有线电视、中西式自助早餐，客房全部免费上网。多功能厅、豪华贵宾厅等多规格会议场所可满足会议需求。餐厅和酒吧提供地道的中西佳肴，在购物中心可享受周到的服务。酒店娱乐中心项目有棋牌室、健身房、台球室、乒乓球室、美容美发、足疗等设施。

八、凯德大酒店

凯德大酒店建于1996年，坐落在自由道15号，依傍海河意式风情区，毗邻天津站，与市中心“金街”、古文化街、解放路金融街隔河相望，地理位置优越，商务气氛浓厚，是集住宿、餐饮、会议、康乐于一体的涉外四星级商务型酒店。装修精致雅典，拥有各式客房195套，中餐厅、西餐厅及豪华雅间12间，大小会议室8个，风格迥异，融豪华与古朴、典雅与辉煌为一体。酒店配备大堂酒店、商务中心、礼品商场、康体娱乐设施，为客户提供安全、舒适、优雅的环境。

凯德大酒店 （区志办提供）

九、远洋宾馆

远洋宾馆建于1998年，坐落在远洋广场6号，与天津站、意式风情区、津湾广场、和平路商业街、滨江道等毗邻。酒店拥有各类河景客房、套房126间。房间面积均28平方米以上，全部房间免费提供有线及WIFI无线网络。酒店配备各类多媒体高级会议设施，可同时接待（10~350人）不同规模的会议活动。有龙海阁中餐厅、爱琴海西餐厅、风味餐厅等，倾力打造正宗的美食盛宴。酒店首层设有大堂酒店、商务打印区、ATM机、大堂吧等设施。

远洋宾馆 （区志办提供）

十、津利华中山饭店

津利华中山饭店1988年8月开业，坐落在中山北路27号，隶属北京军区生产经营管理部天津企业局，注册资金667万元，员工120人。有客房124间、床位324张。客房配有空调、电视、电话、卫生间等设施。有容纳100余人的大会议室2个，容纳30多人的小会议室2个，大中型餐厅各1个，雅间10间，可同时供300人就餐。并备有120平方米的商业大厅和可容纳100余人娱乐活动的歌舞厅。

津利华中山饭店 （区志办提供）

十一、东方之珠（河北店）

东方之珠（河北店）坐落在狮子林大街200号友谊新都市百货旁，以绿色健康时尚的娱乐理念赢得消费者青睐，被誉为“老百姓的KTV”。其幽雅的环境、高档音响系统、全男生的服务、低价位的消费标准得到广大消费者的认可。

东方之珠KTV娱乐超市 （区志办提供）

第三章　商业街区

全区商业服务设施主要分布在区内中南部地区，围绕“两线一河”，即狮子林大街—金钟河大街一线、中山路—中山北路一线、海河向周边区域扩展，形成商业街、社区商业服务中心等多种商业街区。先后建有5个商业街。社区商业中心是为社区居民提供的综合性商业服务集聚区，具有网络化、便利化特点，以满足居民日常生活需求为定位，根据不同社区的人群构成、购买水平及消费特点，配置业态品种。按照社区商业中心的统一建设标准，服务半径为1千米左右，服务人口2万人以上，沿街店铺相连的长度200米以上，业态品种有10余种，包括早点快餐、便利店、中小型超市、菜市场、美容美发店、维修店(点)、药店、银行、邮局、书籍音像店、照相冲扩店、家庭服务和物资回收站(车)等。至2010年，全区规划打造了9个社区商业中心。

第一节　商业街

一、意式风情区商业街

2008年正式建成并接待游客。该商业街由天津市海河投资发展有限公司投资20亿元打造，总建筑面积40万平方米。经营业态为高端餐饮、精品百货、酒吧娱乐、创意精品、西洋艺术和文化旅游等。一、二期共启动招商面积4万平方米，截至2010年，引进商户32户，其中知名餐饮商户16户、文化项目商户8户、精品零售商户7户、金融服务商户1户。

二、大悲院商业街

2002年12月开始建设，2010年3月建成。该商业街以大悲禅院为核心，以大悲禅院周边诸多商贸设施为载体，建设文化商贸区、中高端综合商贸服务区、现代服务业功能区3个特色区域，形成集购物、休闲、餐饮、住宿、文化交流于一体的大型综合性商业街。2010年，进驻开业商铺百余家，招商进度完成90%以上。津菜典藏、沽上嘉诚典当行、二九八茶社、津食文化园、惠明书画、烛光阁等均开业经营。世纪天乐商贸城坐落在凤凰商贸广场B座。

三、中山路商业街

2007年开始建设。中山路(含中山北路)商业街重点建设5个特色区：旅游商品专卖区、特色商品精品区、综合商贸服务区、休闲娱乐服务区、体育用品专卖区。2010年，初步建成，是区内主要商业街之一。

四、榆关道商业街

2008年8月开始建设。该商业街具备两大特色，在榆关道北侧和南侧形成不同商业定位。一是“特”，北侧为水运名苑特色餐饮一条街。二是“专”，南侧为电动车一条街。至2010年，开业的临街企业有20多家，另有北京、山西、四川、重庆、云南、台湾等地餐饮企业18家，以满足各消费层级顾客的消费需求。电动车一条街有营销企业40余家，经销全国600余个品种的电动车，是天津市电动车销售的集散地。

五、中山美食街

1982年始建，2008年进行整修，2010年竣工，南抵中山公园正门，北至中山路。该美食街主要经营诸如十月炸糕、津门十大酥等多种津味名特小吃，同时，在保持传统小吃的基础上，开发引进一批外地有特色的小吃，形成了全市知名的专特优精品小吃一条街。

第二节 社区商业中心

一、金纬路社区商业中心

坐落于望海楼街道，南起狮子林大街，北至中山路，辐射金辰园、金兆园和振德里3个居民社区，服务居民6562户、2.32万人。该中心的建设带动了周边经济发展，2008年，其所在的望海楼街道批发零售、住宿餐饮、文化娱乐及租赁服务业营业收入63.61亿元，利润11.05亿元。

二、王串场街道社区商业中心

共有3个社区商业中心。其一为一号路社区商业中心，东至迎福里，西至水明里，南至幸福道，北至金钟河大街，辐射秀茵明居、迎福里和水明里3个社区，服务居民8989户、2.24万人。其二为增产道社区商业中心，东起红星路，西至金钟河大街，辐射屏花里、华屏里、容彩里、环盛里、开诚里5个社区，服务居民1.39万户、4.81万人。其三为幸福道社区商业中心，东起红星路，西至五号路，辐射盛宇里、焕玉里、宇萃里、萃华里4个社区，服务居民7736户、2.61万人。3个商业中心的建成带动了王串场地区商业发展，2008年，王串场街道商业批发零售、住宿餐饮、文化娱乐及租赁服务业等营业收入55.98亿元，利润3.4亿元。

三、养鱼池路社区商业中心

坐落于宁园街道，南起金钟河大街，北至中山北路，辐射润园里、随园里、舒园里、珍园里4个社区，服务居民8283户、2.12万人。该中心形成规模后促进了周边地区的商贸发展，2008年，宁园街道批发零售及住宿餐饮业营业收入18.01亿元，利润0.59亿元。

四、金狮温泉社区商业中心

坐落于光复道街道，东起昆纬路，西至金纬路，辐射昌海里、北岸华庭、爱琴海、林古里、林客里4个社区，服务居民1.03万户、2.95万人。该中心建成后逐步完善、改造提升各种服务业态，带动了街域经济发展，2008年，光复道街道批发零售及住宿餐饮业营业收入104.69亿元，利润1.81亿元。

五、月牙河街道社区商业中心

共有两个社区商业中心。其一为靖江路社区商业中心，南起金沙江路，北至月牙河道，辐射涪江北里、靖江东里、靖江西里、金沙江里4个社区，居民1.05万户、2.99万人。其二为开江道社区商业中心，东起大江路，西至乌江路，辐射开江南里、满江里、大江里3个社区，服务居民7707户、2.12万人。建成后促进了街域商贸发展，2008年，月牙河街道批发零售、住宿餐饮和居民服务等营业收入5.47亿元，利润6600万元。

六、榆关道社区商业中心

坐落于新开河街道，东起南口路，西至雁门路，辐射东锦里、东海花园、宝祥园、泰来里4个社区，服务居民1.14万户、3.22万人。中心形成后推动街道商贸经济迅速发展，2008年，新开河街道商业批发零售业、住宿餐饮业和居民服务业等营业收入8.94亿元，利润8190万元。

七、江都路社区商业中心

坐落于江都路街道，南起正义道，北至增产道，辐射衡山里、乐山里和靖江里3个社区，服务居民5872户、2.21万人。按照设定标准，逐步完善、优化和引进各种服务业态，使得该街道商贸经济迅速发展，2008年，江都路街道商业批发零售、住宿餐饮和居民服务等营业收入17.06亿元，利润3.73亿元。

八、宜白路社区商业中心

坐落于铁东路街道，南起宜爽路，北至宜白路，辐射华宜里、振宜里和繁华里3个社区，服务居民8170户、2.36万人。该中心的建成带动了周边经济发展，2008年，铁东路街道批发零售、住宿餐饮、文化娱乐及租赁服务营业收入3.83亿元，利润6670万元。

九、桥园里社区商业中心

坐落于建昌道街道，东至群芳路，西至阜新路，南至金钟河大街，北至红梅路，辐射福桥里、桥园里、乐桥里、康桥里4个社区，服务居民9129户、2.53万人。建成后促进了建昌道街道商贸发展，2008年，建昌道街道商业批发零售业、住宿餐饮业和居民服务业等营业收入44.2亿元，利润5477万元。

第四章　市场

中共十一届三中全会后，全区各类市场发展迅速，至1987年有摊群市场15个，自然聚集摊点32处。1992年后，各类专业市场相继建立。1995年，区内各类市场有40余个(其中较大的有26个)。1996年，创建国家级文明市场1个，市级文明市场2个，区级“信得过”先进市场2个，“信得过”摊位168个。1997年，4个占路市场退路进厅，退出路面5800平方米。2000年，区工商局所属4个市场向相关部门移交。2002年后，加大对市场建设和整治力度，对民权门综合批发市场等10余个市场进行重点整治，取缔了一些占路市场。至2010年，全区先后建成14个规范化、标准化农贸市场。

第一节　综合市场

一、老菜道菜市场

建于1986年10月，主办方为天津市蔬菜公司。市场北至翔纬路，南至金钢桥，西至中山路，东至翔纬路，占地8000平方米。设摊位115个。主要

老菜道菜市场　　　　（区志办提供）

中山路菜市场　　　　（区志办提供）

经营果蔬、粮油、禽蛋、肉类、水产品、副食调料、日用杂品等。

二、中山路菜市场

建于2009年7月，主办单位为天津滨海乐氏公司。市场东至昆纬路，西至新建路，南至中山公园路，北至东四经路，占地6000平方米。设摊位274个。

三、金蕾菜市场

建于2009年8月，主办单位为天津滨海乐氏公司。市场东至东六经路，西至中山公园路，南至金钟路，北至中山公园路，占地2400平方米。设摊位273个。

四、幸福道商业街

建于1979年，主办单位为王串场街道办事处。市场东至王串场公园，西至王串场一号路，南至生产道，北至富强道，占地1万平方米。设摊位359个。

幸福道商业街　　　（区志办提供）

五、五号路菜市场

建于2008年1月，主办单位为天津滨海乐氏公司。市场东至环盛里，西至王串场五号路，南至富强道，北至增产道，占地7200平方米。设摊位218个。

五号路菜市场　　　（区志办提供）

六、鸿顺里五马路菜市场

建于2004年6月，主办单位为天津滨海乐氏公司。市场位于五马路与宇纬路交口处，占地3600平方米。设摊位218个。

七、南口路菜市场

2009年6月在原南口路市场基础上改建而成，主办单位为新开河街道办事处。市场东至南口支路，西至席厂下坡，南至南口支路，北至东海花园，占地6000平方米。设摊位289个。

南口路菜市场　　　（区志办提供）

八、宜洁路菜市场

建于2006年，主办单位为河北区宜景菜市场。市场东至宜洁路，西至中宜里南区，南至宜景公园，北至中宜里，占地2000平方米。设摊位100个。

九、桥园里菜市场

建于2006年，主办单位为天津康桥综合市场。市场东至桥园路，西至中铁国际城，南至原冰里12号楼旁，北至福桥里2号楼旁。占地6000平方米，设摊位208个。

桥园里菜市场　　　（区志办提供）

连云路菜市场　　（区志办提供）

海门路菜市场　　（区志办提供）

十、连云路菜市场

建于2006年，由个人投资、街道城管科代管，位于连云路。占地3000平方米，设摊位120个。

十一、海门路菜市场

建于2008年1月，主办单位为天津市滨海乐氏公司。市场东至泰兴公寓，西至靖江路，南至海门路，北至靖江桥，占地2万平方米，设摊位998个。

乌江路菜市场　　（区志办提供）

十二、乌江路菜市场

建于2008年10月，主办单位为天津市滨海乐氏公司。占地面积2万平方米，设摊位998个。

第二节　专业市场

一、民权门装饰大世界

该市场是区内最大的装修建材市场，始建于1996年，至2010年形成一定规模，位于金沙江路与金钟河大街交口处金沙江路20号。该市场经营的装修建材品种比较齐全，主要以瓷砖、灯具、五金类为主，因地理位置等原因，价格较其他市场有竞争力。

二、天津市温州城

天津市温州城坐落在育红路9号。1991年，由原属东丽区村民集体出资兴建，主要由数百家温州商户承租经营。是以服装、鞋帽、裘皮制品制作及销售为主的批发零售市场。开业后一直以低廉的价位、新潮的款式受到消费者欢迎。

20世纪90年代初的天津市温州城　　（区志办提供）

三、天津危险化学品交易市场

该市场建立于2006年8月，坐落于新大路189号，是经市政府批准、市安监局监管的专营危险化学品市场，吸引了来自韩国及中国港台地区、江苏、浙江、广东、福建、北京、辽宁、山东、安徽、河北等国家和地区上千家化工生产经营企业入驻，其中有许多知名企业。市场各项服务配套设置较为完善，有安装到户的网络终端、智能化商务网络管理系统、24小时电子监控系统，实时信息LED屏播报等，具有集中交易、链接产销、安全服务、规范配送、政策咨询、企业策划、媒体推介、法律支持、信息传动、融资服务十大功能。市场拥有高级安全工程师、高级化工工程师、高级经济师等危险化学品专业管理人才，兼有天津市危险化学品流通协会管理职能，具有较强的影响力。主要经营丙烯酸甲酯、苯乙烯、环氧氯丙烷、化工环氧乙烷、石化乙二醇、石化苯酐、苯胺、醋酸丁酯、丙烯酸甲酯等。

天津危险化学品交易市场　（区志办提供）

附：

2000年区内78家商业骨干企业一览表

表16-2

企业名称	地 址	开业年份	职工人数	经营项目
天津市大天津糖酒食品公司	中山路182号	1992	324	零售兼批发
天津市河北区宏达商贸公司	任贤里35号	1956	332	批发兼零售 代购代销 副食品
天津市龙门大厦有限公司	建国道1号	1992	450	批发 零售
天津万笑有限公司	中山路290号	1997	412	饭店
天津市天北餐饮有限公司	三马路三阳里1号	1998	407	正餐
天津市河北区物资公司	张兴庄堤坡大街9号	1968	57	黑色金属材料批发
天津津台北大圆碗有限公司	中山北路16号	1993	120	快餐
天津市凯达服务公司	宿纬路4号	1994	310	劳务服务 日用塑料杂品制品 地质勘查建筑装饰
天津市海纳商贸发展中心	大江路满江里增1号	1999	10	金属材料
天津市河北区京津公路蔬菜副食品基层店	新大路60号	1956	367	副食品
天津市河北区副食批发公司第三采购站	金纬路金谷里8号	1993	34	批发兼零售 酒
天津市美坤商贸有限公司	晋寿里7号	2000	35	百货
天津市河北区糖业公司靖江桥食品店	靖江西里	1986	60	糕点(零售服务)烟 酒
天津市纵横兴工贸有限公司	一号路正兴里61号	1995	15	商品 物资
天津市河北区百货公司中山路百货商店	中山路198号	1956	78	百货
天津市永一胶粘制品经营部	月纬路34号	1998	9	化工材料批发
天津市河北区糖果糕点公司津兴食品商店	幸福道21号	1986	48	糕点(零售兼批发)烟 酒
天津市兴联食品配送中心	增产道7号	1996	3	食品配送
天津市升华汽车配件总汇	张兴庄大道1号	1995	13	商业
天津市龙海化工实业公司	北安道87号	1987	10	化工 五金 电工器材
金天地科工贸有限责任公司	三马路59号	1996	91	批发兼零售
天津市东华工贸企业总公司	货场大街荣昌后胡同6号	1991	41	装饰材料
天津市津银纸业有限公司	小王庄浦北路201号	1998	15	文化用品 眼镜批发
天津市宏海物资商业公司	正义道61号	1993	15	物资供销
天津市河北区糖业公司真理道食品店	真理道靖江楼	1995	25	糕点(零售批发)烟 酒
天津市河北区华懋工贸有限责任公司	货场大街荣昌后胡同6号	1996	12	液压件等
天津市强林工贸有限责任公司	荣昌后胡同6号	1995	8	物资商品零售
天津市国虹家电经营部	新大路208号	1994	7	五金销售

续表16-2

企业名称	地 址	开业年份	职工人数	经营项目
天津市河北区万源商业贸易中心	建昌道连云里13号	1981	52	零售兼批发
天津市全立科工贸有限公司	志成道13号大院	1995	14	五金交电
天津市河北区中原书店	海河东路40号	1997	10	图书
天津市河北区新开桥纸张经营部	律纬路北六马路60号	1988	10	批发兼零售
天津市立达油脂化工有限公司	铁东路65号	1997	19	批发兼零售
河北区土产公司星火土产商店	货场大街294号	1956	30	日用杂品零售
天津市康源化工橡胶物资责任有限公司	海河东路42号	1997	10	批兼零五金交化
天津市普润酿酒原料有限公司	五马路73号	1999	10	粮油零售
天津市河北区王串场蔬菜副食品基层商店	王串场五号路20号	1956	308	批发兼零售
河北区粮贸总公司	昆纬路聚财里30号	1993	25	粮油批发
天津市城区企业供销公司	地纬路19号增1号	1988	15	金属材料
天津市华腾粮油贸易公司	小关街金辉里11-13号	1956	205	粮油零售
天津市腾鑫物资贸易公司	月纬路21号	1987	5	物资供销
天津市河北区建联副食品经营部	建昌道49号	1982	9	食用油批发
河北区王串场粮油管理站	王串场五号路9号	1960	115	粮油零售
天津市河北糖酒食品批发公司北海食品店	王串场增产道28号	1993	48	糕点
天津市彩华莹灯经销有限公司	三马路月皓里69号	1995	11	五金交电化工
天津市伯特利皮具有限责任公司	金纬路金谷里9号楼	2000	20	皮革制品
天津市优利达现代办公设备销售中心	江都路31号	1994	6	百货 化工
天津市隆铁热电能源物资站	常关局二条7号	1994	5	煤制品
天津市河北区飞跃自行车商场	中山路142号	1978	21	五金交电(零兼批)
天津市通广信地家电销售公司	东六经路昆云里	1994	6	五金零售 代购代销 修理服务加工
天津市正泰实业总公司	进步道21号	1993	460	商业物资购销
天津市科技进出口公司	寿安街23号	1984	19	商品及技术进出业务 来料加工及“三来一补”
天津天士力医药有限公司	黄纬路60号	1999	650	药品批零售 中药材批零售 医疗器械批零售
天津宏棉股份有限公司	自由道5号	1999	411	棉麻
天津开发区中电达通工贸有限公司	北安道24号	1997	51	电视
天津华麟行国际贸易有限公司	金钟路81号	1996	10	国贸 加工
天津市浩物机电汽车贸易有限公司	真理道54号	2000	60	汽车
天津益商化工贸易股份合作公司	五经路9号	1999	454	化工
天津永安百货有限公司	建国道1号	1994	560	百货零售
天津市医药集团有限公司销售分公司	海河东路37号	1987	236	西药制剂 中药饮片 中成药
天津市糖业食品第三批发公司	东河沿大街1号	1952	195	食糖 烟酒 食品
天津港保税区光大贸易开发公司	宿纬路2号	1992	7	金属材料 化工产品
天津市浩英工贸有限责任公司	建昌道65号	2000	11	木材
天津市医药工业销售公司天津经济技术	海河东路37号	1993	57	西药制剂 中药饮片 中成药
天津市电子仪表工业物资供应总公司	自由道大昌兴胡同29号	1986	104	物资批发
天津中药集团河北公司	中山路津源里1号	1956	128	中药材 中成药 西药
天津中药集团河北公司北站药店	中山路择仁里2号	1956	264	中药材 中成药 西药
中国医药天津采购供应站北方药品公司	昆纬路55号	1994	20	中西药批发
天津市五金机械公司	新大路189号	1994	267	五金电料 机电产品
天津动力机厂销售总公司	南口西路4号	1994	133	机电产品
天津经济技术开发区医药有限公司	海河东路37号	1996	22	中成药 西药制剂 化学原料药
天津纺织机械厂配件经销公司	万柳村大街56号	1993	73	纺织机械设备及配件
大昌洋行(天津)有限公司	中山路鸿顺里街290号	1996	239	国际贸易
天津铁路分局路达物货供销公司	中山路二马路70号	1992	46	金属材料批发业
天津市电子仪表有限公司	东河沿大街	1998	22	机械电子设备
天津市农垦实业公司	东五经路50号	1992	11	钢材批发
天津市新兴技术公司	寿安街23号	1985	8	技术开发 转让 中介服务
天津市新华书店河北区店	中山路140号	1989	61	图书

第五章　旅游业

河北区域内名人寓所文化、异域风貌建筑文化、宗教文化、红色文化等资源十分丰富。改革开放后，为了利用以上资源推动区域经济发展，区委、区政府积极推动旅游事业发展，进行旅游设施建设，开发旅游景点，搞好旅游服务。

第一节　机构设置

2003年3月，河北区旅游管理办公室成立，设在区文化局，行政编制2人。2007年7月，河北区旅游局成立，设旅游管理科、旅游开发科，行政编制4人。2010年3月，区文化局和区旅游局合并，成立河北区文化和旅游局（参见第二十编第一章第一节）。

第二节　旅游服务单位

一、星级酒店

截至2010年，河北区有国有星级酒店4家，其中三星级酒店2家、四星级酒店2家。

河北区星级酒店一览表

表16-3

项目 序号	单位名称	星 级	评 级 年 份	地 址
1	天津远洋宾馆	三	1999	远洋广场5号
2	天津正达酒店	三	2002	万柳村大街6号
3	天津假日酒店	四	2000	中山路288号
4	天津凯德大酒店	四	2005	自由道15号

二、旅行社

截至2010年年底，河北区有旅行社18家，其中国内旅行社17家、国际旅行社1家。

河北区旅行社一览表

表16-4

项目 序号	单位名称	地 址	企业性质
1	天津市天福旅游开发公司	革新道69号	国内社
2	天津天龙国际旅行社有限公司	龙门大厦A区1号	国内社
3	天津市大地国际旅行社有限公司	狮子林大街52号	国内社
4	天津市金地国际旅行社有限公司	建国道迎安里1~2~301	国内社
5	天津市普华国际旅行社有限公司	龙门大厦A区1号	国内社
6	天津长江旅行社	普济河道101号	国内社
7	天津光亚旅行社有限公司	靖江路9号	国内社
8	天津市公交旅行社有限公司	辰纬路48号	国内社
9	天津市恒通国际旅行社有限公司	靖江路9号	国内社
10	天津世纪国际旅行社	狮子林大街290号	国内社
11	天津市祥时国际旅行社有限公司	金纬路兴联小区8号楼06号底商	国内社

续表16-4

序号 \ 项目	单位名称	地　址	企业性质
12	天津北旅国际旅行社有限公司	五马路海韵家园底商23~5	国内社
13	天津市万向国际旅行社有限公司	靖江路9号	国内社
14	天津市中富国际旅行社有限公司	民族路44号	国内社
15	天津市源易通旅行社有限公司	自由道7号	国内社
16	天津中宇国际旅行社有限公司	金辉里6~1312~1315	国内社
17	天津海诚国际旅行社有限责任公司	辰纬路1号辰赫产业园C座116-3	国内社
18	天津市仙姿国际旅行社有限公司	民族路与博爱道交口西南侧君临大厦1号~361	国际社

第三节　旅游景区与线路

一、国家级旅游景区

2008年4月，梁启超故居纪念馆被评为国家AAA级旅游景区。2009年4月，觉悟社被评为国家AA级旅游景区。7月，海河意式风情区被评为国家AAA级旅游景区。8月，“天津之眼”摩天轮被评为国家AAA级旅游景区。12月，大悲禅院通过国家旅游局AAAA级景区评审。

2010年12月，海河意式风情区、“天津之眼”摩天轮通过国家旅游局AAAA级景区评审，全区AAAA级旅游景区达3家，数量居全市各区县第一。2010年，全区有国家旅游级景区5家，其中AA级旅游景区1家、AAA级旅游景区1家、AAAA级旅游景区3家。

河北区A级旅游景区一览表

表16-5

序号 \ 项目	名称	地　址	级别	核准机关	核准时间
1	觉悟社纪念馆	三马路三戒里49号	AA	区文化和旅游局	2009.4.15
2	梁启超纪念馆	民族路12号、16号	AAA	市旅游局	2008.4.29
3	大悲禅院	天纬路40号	AAAA	国家旅游局	2009.12.28
4	海河意式风情区	光复道39号	AAAA	国家旅游局	2010.12.20
5	“天津之眼”摩天轮	五马路与李公祠大街交口	AAAA	国家旅游局	2010.12.20

二、旅游线路

2010年，以特色文化旅游资源为依托，整合推出4条精品旅游线路：一是以大悲禅院、望海楼教堂等为依托的宗教文化游线路；二是以梁启超旧居、曹禺故居等为依托的名人名居游线路；三是以觉悟社纪念馆、金汤桥解放广场等为依托的红色记忆游线路；四是以3个海河码头(天津站码头、意式风情区码头、大悲院码头)为平台、以海河两岸优美景观为依托的海河新貌游线路。

大悲禅院　　(区志办及提供)

(一)线路一景点选介

大悲禅院　坐落在海河岸边天纬路40号，是天津地区保存完好、规模最大的一所佛教寺院，也是全国汉族地区重点佛教寺院之一。大悲禅院因供奉观世音菩萨而得名，是天津现存历史最为悠久的佛门十方丛林寺院。该寺始建于明末清初，兴于清康熙八年（1669年），盛时占地3.73万平方米。后因历史变迁，仅存西院。1942年天津佛教界邀请近代高僧天台宗44世祖倓虚大师到津主修扩建全寺，历时5年于寺东侧建成天王殿、大雄宝殿、大悲殿和配殿等建筑群，连同园林8000余平方米。“文化大革命”期间寺内被洗劫一空，破坏严重。1980年，为落实中共宗教政策，开始修复工作，并重塑全堂佛像。1983年经国务院批准为全国重点开放寺院，1986年正式对外开放。年平均接待10万人次。2008年，实施大悲院“三区一园”（商贸区、文化旅游区、管理示范区和文化创意产业园）建设和环境综合整治工程，大悲院地区整体环境得到明显提升，市容环境整洁，商贸设施聚集。2009年被评为国家AAAA级旅游景区。

望海楼教堂　位于海河东岸狮子林大街292号，也称圣母得胜堂。清同治八年（1869年）由法国天主教会建造，次年6月在天津教案中被群众烧毁。清光绪二十三年（1897年）用清政府赔款在废墟原址重建。清光绪二十六年（1900年）在义和团运动中再次被焚毁。现存望海楼为光绪二十九年（1903年）用“庚子赔款”按原形制重建。建筑坐北面南，青砖木结构，长47米，宽15米，高22米，正面有3个塔楼，呈笔架形。教堂内部并列两排立柱，为三通廊式，无隔间与隔层。内窗券作尖顶拱形。窗面由五彩玻璃组成几何图案，地面砌瓷质花砖，装饰华丽。1976年因地震严重损坏。1983年修缮。1988年公布为全国重点文物保护单位。

望海楼教堂　　（区志办提供）

（二）线路二景点选介

梁启超纪念馆　位于民族路12号、16号，由梁启超旧居和饮冰室书斋两部分组成，为意式洋房，占地3614.17平方米。旧居建于1914年，建筑面积1019.8平方米，砖木结构，石砌台阶，下有地下室，上有阁楼，上下水及暖气、卫生设备齐全。一、二层各有房9间，由互通门扉分为东西两部分。东部由梁启超专用，楼下是过厅、小书房、客厅和起居室，楼上是书斋、图书资料室和浴室。西部楼下有餐厅、男眷住室和客房，楼上由女眷居住。饮冰室书斋建于1924年，位于旧居西侧，由意大利著名建筑师白罗尼欧设计，梁启超亲自监督建成。该楼建筑面积949.5平方米，砖木结构。楼正面有三连拱门洞，中间立有圆石柱，两侧为石台阶，当中有蓄水池，池中雕一石兽，口中常年流水不断。楼上正面凹进，设大露台。一楼正中是藻井大厅，屋顶是拱形。围绕大厅有5间房，4间相通，分别是书斋、报刊、图书资料室、游艺室，另1间为小客厅。二楼正方形铁艺回廊形成共享空间，西角为大厅，东南角是卧室、外文书资料室和豪华餐室。书斋下有地下室。两楼前为花园式院落，院中立梁启超铜像，高2.38米，重400多公斤。1991年8月，旧居和书斋被市政府列为天津市文物保护单位。2000年12月，梁启超旧居、饮冰室书斋启动修复，并筹建梁启超纪念馆。2001年4月，长期居住在此的居民全部腾迁，区文物管理所随即迁入。2002年，市政府斥资1800多万元，对旧居和书斋完成修复。10月，梁启超纪念馆开馆。2003年4月18日，对外开

梁启超纪念馆　　（区志办提供）

放。2006年5月，被国务院公布为全国重点文物保护单位。至2010年，接待海内外游客近20万人。

曹禺故居纪念馆 位于民主道23、25号，占地1100平方米，纪念馆面积约600平方米，在曹禺旧居基础上修复建成。前楼为曹禺生平展览，分为14个板块，展示大量照片、手稿、书籍等实物和文字。后楼是曹禺青少年时期家庭环境的恢复性陈设。故居建于清宣统二年(1910年)，为前后两座二层意式风格灰色洋房，总建筑面积827平方米。每座楼有房8间，楼上楼下各4间，有木质楼梯。沿街前楼坐南朝北，其二层有阳台，可观赏、纳凉；沿前楼西墙往里是后楼，坐东朝西，有门楼1座，两侧砖砌壁柱，二楼西侧筑有阳台。1985年，曹禺在故居前留影。天津解放后故居为百姓杂居。2004年，区政府公布为不可移动文物。2007年，腾迁修复。2010年1月，对旧居进行修缮，同时纪念馆筹建布展。5月1日，试开馆。9月22日，正式开馆，曹禺剧院同时启用。

曹禺故居纪念馆 (区委宣传部提供)

曹禺剧院 (区委宣传部提供)

李叔同故居纪念馆 位于海河东路与滨海道交口处，占地4000平方米，分为园林和故居两部分。园林部分占地2600平方米，建有纪念亭、太湖石假山和人工湖等；故居部分占地1400平方米，建筑面积872平方米，按李叔同在此生活时建筑原貌复建，由4组院落48间房屋组成，呈“田”字形布局。最大限度复原了当时李家的生活起居场景，如桐达钱庄、起居室、洋书房、中书房、佛堂、意园等。故居房屋辟为展厅，陈列有《李叔同生平业绩展》，李叔同不同时期照片、图片、书法、信札等文物复制品及纪念书刊340余件，家具、生活用品等160余件。室外展区展示牌匾、楹联、书法、篆刻作品。该馆由李叔同故居易址重建，李叔同故居始建于1882年，位于粮店后街60号。1991年，故居被列为市文物保护单位。因故居年久失修、地面下沉，2002年，市政府有关部门批准立项对故居进行修复。2003年，工程因故搁置。2007年12月31日，因规划用地原因，在故居原址北偏东约100米处，复建工程重新启动，2008年12月26日建成。至2010年，年均接待海内外观众3万人次。

李叔同故居纪念馆 (区志办提供)

（三）线路三景点选介

天津觉悟社纪念馆　　（区委宣传部提供）

天津觉悟社纪念馆　原为觉悟社旧址，建于1919年，位于宙纬路三戒里49号，由7间平房组成，青砖瓦顶，占地175.69平方米。1982年7月9日，被市政府定为市文物保护单位。1984年9月，成立觉悟社旧址陈列馆。1985年，经中宣部批准，更名为天津觉悟社纪念馆，占地324平方米。是年，在馆北侧新建花园，名觉悟园，占地672平方米。1986年9月，全国政协主席邓颖超视察纪念馆，并题写馆名。1988年，邓颖超再次题写馆名。1990年，觉悟园改建为李叔同书法碑林。1992年11月30日，纪念馆被市政府命名为首批天津市青少年教育基地之一。1994年5月，被确立为首批天津市爱国主义教育基地。1996年5月29日，中华人民共和国原主席杨尚昆到觉悟社纪念馆考察。1999年5月2日，为纪念五四运动80周年，天津市各界青年代表举行以"先辈嘱托永不忘、五四精神代代传"为主题的火炬接力长跑活动，采集火种仪式在觉悟社纪念馆举行。2004年4月，纪念馆对未成年人实行免费参观制度。2009年，被评定为国家AA级旅游景区。

金汤桥　　（区志办提供）

金汤桥　位于建国道西端与水阁大街之间的海河上。桥名金汤是取"固若金汤"之意。桥长76.4米，宽10.5米，桥面802.2平方米。是天津市现存最早建造的大型铁桥之一。清光绪二十八年（1902年）由直隶总督李鸿章主持修建。1949年1月15日，在解放天津的战役中，东西对进的解放军在金汤桥会师，因此金汤桥又成为象征天津解放的标志性建筑。1994年6月，天津市委、市政府将其列为爱国主义教育基地。2003年，在海河开发改造中，对金汤桥在恢复设计原貌的基础上进行加固整修，恢复原有的开启功能，提高了通航标准。整修后的金汤桥成为集观光旅游和纪念天津解放于一体的步行桥。在不失原汁原味的钢桥基础上，辅以声、光、电及水景，金汤桥焕然一新，成为海河上亮丽的一景。

（四）线路四景点选介

摩天轮　2008年，"天津之眼"摩天轮落成，为天津市新地标建筑。其为世界上第一座跨河建设、桥轮合一的摩天轮，兼具观光和交通功用。摩天轮高120米，轮外挂装48个透明座舱，每舱可乘8人，舱内舒适宽敞，有空调调节温度，可同时供384人观光，约28分钟旋转一周。座舱到达最高处时，乘客能看到方圆数十千米景致，海河风貌尽收眼底。"天津之眼"地处海河三岔河口黄金地段，是天津传统文化和民俗文化最集中的区域。周边有大悲禅院、望海楼教堂、古文化街、意式风情区、奥式商贸区等重要商贸旅游资源，也是海河水上游船观光线的起点。

"天津之眼"摩天轮　　（区志办提供）

天石舫　　（区志办提供）

天石舫码头　位于海河东侧李公祠大街与七马路交口处。是海河最后一个渡口遗址——北开渡口所在地，上游连接北运河，是当年朱棣“津渡”之地，在此建石舫的寓意即在于此。天石舫建于2008年，为仿明代石舫，长50米、高20米、宽16米，全部由汉白玉石材精雕细刻而成，比北京颐和园石舫规模还要大，成为海河东岸景观之一。

第四节　旅游宣传与监管

一、旅游宣传与推介

2007年，区政府举办意大利风情旅游节、大悲院文化旅游节、海河文化旅游节等系列品牌活动，初步形成三大旅游品牌，即意奥风情品牌、大悲院宗教文化品牌和海河休闲娱乐品牌。是年“十一”黄金周期间，区旅游局与市海河办等部门在意式风情区组织了“美丽音符·异国情怀”广场音乐演艺活动、金秋河北意奥风情旅游景观绘画写生大赛、马可波罗广场喷泉开放、金汤桥开启表演、海河游船观光游览等活动，吸引3万余人参加。2008年“五一”节，与市旅游局共同主办海河文化旅游系列活动，并举办端午节龙舟大赛及水上表演、劳动者津城新貌游等活动。同年“十一”黄金周期间，组织了海河音乐广场啤酒节、意大利风情旅游节、海河秋韵——大悲院文化旅游节等系列活动，参加活动游客20余万人次。开通河北区旅游网，网站首页以大悲禅院、摩天轮等景观为主要内容，按文化历史、旅游资源、食住行游购娱等内容设置功能板块。首批研发四大类50余种旅游纪念品，在“十一”期间推向市场。在天津市首届旅游纪念品大赛中，《精卫填海》系列获二等奖。2009年4月，与张家口市宣化区旅游局共同举办“畅游魅力海河、品味文化河北”主题旅游观光活动。5月，与市旅游局在狄奥酒吧街共同举办“体验民风——欢度端午佳节”旅游活动，100多名来自美国、法国、南非、日本、韩国等国家的在津留学生和众多社区居民参加活动。现场举办端午民俗知识讲座、包粽子比赛、歌舞表演等趣味性、互动性活动。9月，在国家旅游局、市政府共同举办的首届(2009)中国旅游产业节中，河北区承办了开幕式晚会、首届中国旅游服装大赛两项主要活动。2010年5月，在大悲院商业街举办第三届天津大悲院文化旅游庙会。9月，区文化旅游局与区旅游发展促进会在意式风情区共同举办迎金秋旅游宣传推介周活动，发放旅游宣传册1万余册，现场咨询2000余人，天津电视台、河北有线电视台、《今晚报》、北方网等多家媒体予以报道。

二、旅游市场监管

2008年，区旅游局召开专题会议，成立河北区星级饭店评审委员会、景区评定委员会，加强旅游市场监管，净化旅游消费环境。是年，出动检查人员180余人次，检查旅行社72家次。2009年，出动检查人员270余人次，检查旅行社90余家次。2010年，出动检查人员350余人次，检查旅行社120余家次。截至2010年年底，处理旅游投诉3起。

河北区志

（1979—2010）

第十七编

金融业

JIN RONG YE

随着国家金融体制改革的深入，各专业银行在区内先后建立机构，形成以各专业银行为主体、多种金融机构并存的格局。典当行业再度兴起，成为居民、企业融资渠道的补充，结束了金融机构单一化局面。落户区内的天津渤海商品交易所，成为全国首家最大的和最具影响力的股份制现货商品交易市场，显现出强大的市场发展潜力。随着各种新型金融机构的入驻落户，全区基本形成以银行、保险、证券、信托、期货、基金、典当、保理、财务公司为主体的多层次、多元化、开放型金融机构体系，在促进金融改革、社会多元化融资方面发挥着重大作用。

第一章　综合管理

2008年，区政府成立金融服务办公室，不断推进和完善金融聚集区建设。2010年，3个金融集聚区共入驻金融机构59个。

第一节　机构设置

2008年3月，区政府金融服务办公室成立。2010年，区金融办设综合业务科、融资服务科和金融项目科，编制8名，办公地址由狮子林大街284号迁至榆关道388号。

第二节　主要工作

一、金融聚集区建设

区金融办服务驻区各金融机构。2008年提出计划构建3个金融聚集区（海河大道金融区、金纬路和狮子林大街金融区、进步道金融区）。海河大道金融区2009年有8个金融机构入驻，2010年有10个。金纬路和狮子林大街金融区2010年入驻金融机构40个。2009年，首家全国总部型金融机构——天津渤海商品交易所股份有限公司在进步道金融区落户。至2010年年底，驻区金融机构共有71个，同比增加25个，增幅54.3%。其中，银行类金融机构32个，增加5个，增幅18.5%；保险及保险辅助类金融机构9个，增加1个，增幅12.5%；证券期货类金融机构6个，增加2个，增幅50%；典当类7个，增加5个，增幅250%；投资担保类金融机构2个，增加1个，增幅100%；其他类金融机构15个，增加11个，增幅275%。新增小额贷款公司、基金管理公司、融资租赁公司、融资担保公司等金融业态。

2010年金融聚集区入驻金融机构情况统计表

表17-1

名　称	入驻机构（个）	建筑面积（平方米）	投资额（亿元）	税 收（万元）
海河大道金融区	10	8545	1.02	1871.40
金纬路和狮子林大街金融区	40	16448	1.89	11209.40
进步道金融区	9	20094	1.46	5312.30
合　计	59	45087	4.37	18393.10

二、金融税收

2010年，市、区两级金融机构完成留区税收7060万元。其中，市级金融机构37个，留区税收（营业税）5560万元，含银行32个，留区税收（营业税）5255.7万元，同比增长15.7%；保险公司5个，留区税收（营业税）304.3万元，同比增长16.3%。区级金融机构10个，实现税收1428.6万元，同比增长119%，完成计划179.4%。新增驻区金融企业留区税收72.1万元。

三、金融服务

2008年，区金融办开设“金融之窗”网站，为政、银、企对接搭建桥梁。2009年1月，“金融之窗”网站改版升级为区政府政务网二级网站，可登录网站查阅信息。通过这个平台为驻区企业解决融资6240万元，协助达成融资意向6.7亿元。编辑栏目7期，介绍金融机构、优势企业、银行金融理财产品、金融创产融资方案、企业融资需求信息、金融政策法规、金融知识等，重点介绍金融聚集区项目建设及招商资源。通过发布金融业动态信息及各类会议报道，为政、银、企之间沟通交流与合作服务。2009年6月，在天津举办的第三届中国企业国际融资洽谈会上，组织区属6家企业与50个基金投资机构进行沟通对接。

第二章 银行

20世纪80年代中期以后，国有银行数量快速增长，非国有银行也不断涌现。这些银行在促进区域经济发展、进行企业融资和推动产业升级等方面发挥了重要作用。

第一节 国有银行

一、中国工商银行天津河北支行

（一）**机构沿革** 1985年1月，中国人民银行河北区办事处更名为中国工商银行河北区办事处。1992年12月，更名为中国工商银行天津河北支行。2006年，更名为中国工商银行股份有限公司天津河北支行（工商银行河北支行）。1995年，工商银行天津河北支行设办公室等18个部门，辖中山路等7个分理处及36个储蓄所。职工1189人。2010年，设行长室、综合管理部、业务运营部、市场营销部、信贷风险管理部，辖中山路支行等7个营业网点，职工230人。地址在滨海道69号。

工商银行河北支行　（区志办提供）

（二）**经营活动** 1985年1月，中国人民银行区级机构改为工商银行天津市分行的下属单位，实行“统一计划、两级管理、实贷实存、差额控制”资金管理原则，信贷资金营运与管理由供给型向经营型转化。1988年8月，物价急速上涨，市场出现“抢购风”，资金供求矛盾加剧。工商银行河北区办事处采取严控贷款规模、保证资金来源、强化管理、确保提款等手段，为平息挤兑风潮、稳定市场发挥作用，在全区设18个宣传站，组织储蓄存款宣传活动。受此影响，全年储蓄存款增幅同比降17.12%。1989年，实行主任负责制。落实储蓄便民10项措施和服务6条标准，扭转储蓄存款下滑局面。年末全区储蓄存款余额6.9亿元，同比增长1.98亿元。是年10月，开始办理个人外币储蓄存款业务。20世纪80年代末，针对企业“三角债”现象，采取“龙头点贷、龙身滚动、龙尾收回”办法，解脱企业清理拖欠困境，投放大额启动资金解决症结问题。1990—1995年，开展工资代发业务。代发单位305个，代发额3566万元。1991年，为支持大亨时装公司开业，贷款320万元。是年开始办理外币存款业务。1992年，对天津市第一家合资企业力生制药厂放宽资金管理限制，促进了产品出口，使产值与利润分别增30%和26%。为华北最大食品商厦——大天津食品商厦网点改造，发放贷款1000多万元。1993年，为53家企业办理美元、日元、港币存贷款和国际结算业务。1993年，将轧钢三厂等5家企业定为增盈重点，将恒源毛纺厂等10家企业定为扭亏重点。支持大中型商业企业网点改造，提高效益。1994年，工商银行向国有商业银行转型。贯彻“保重点、限一般、抓效果、守信用”的信贷指导思想。配合铁道部第三勘测设计院进行企业整顿，实现资金账户统一管理。1995年，29个储蓄所使用计算机办理业务，9个储蓄所安装自动取款机。全市工商银行储蓄所计算机联网，实现通存通兑。1995年年末，外币储蓄存款余额250万美元。1996年，为王串场百货商场、电气成套总厂等大中型企业提供流动贷款500多万元。1997年，累计投放各类贷款3.37亿元。工商河北支行进驻区税务局纳税大厅，为400多家企业开立纳税专户代理收缴税款。1999年，投放贷款14.3亿元，其中为轧钢三厂、天磁公司等企业放贷3.35亿元。2001年，对房屋贷款实行倾斜政策，为区内房地产企业发放贷款11.5亿元。年末，房屋贷款余额2.57亿元。2004年，放贷3700余万元，支持重点纳税企业进行技术创新和固定资产改造。2007年，开始营销资金安全的理财产品。2009年，将业务发展转向中小企业小规模贷款。对跨境结算企业试行人民币结算业务，为企业争取更大盈利。2010年，经济领域内显现货币流通过剩现象，为维护金融市场稳定，推行多种个人储蓄品种，发展个人金融业务，并加大对企业资金支持，简化贷款流程。

二、农业银行天津河北支行

（一）**机构沿革**　1993年11月，中国农业银行天津河北支行成立，位于二马路39号。设业务科、会计科、办公室，以及1个营业部、3个分理处、1个储蓄所，工作人员56人。1995年年末，有9个分理处、9个储蓄所，工作人员125人。2002年，支行迁至鸿基公寓，迄2010年。

农业银行河北支行
（区志办提供）

（二）**经营活动**　随着区内“三资”企业和国际贸易企业快速发展，1995年起办理美元、日元、港币存款和国际结算业务，扩大业务资金来源。信用卡发行由1993年114张增加到1995年518张，存款余额由13万元增至112万元。1996年6月，成立稽核领导小组。开展贷款“清收整顿”，收回资金2324万元。1998年3月，中山路分理处开办代售火车票业务和对院校收费代收业务。部分网点增加居民购电代售业务。实施客户经理制度。吸揽一批优秀信贷客户，大幅提高资产质量，年内超额完成外币业务、代理保险业务、信用卡发售和特约商户发展的任务。率先在全市开办代收寻呼费和手机话费业务。1999年，金融存贷利率下调，采取组织活期存款、减少利息支出摆脱困境。实行“一支笔”严格支出项目审批。加大收息力度，实现票据再贴现业务3000多万元，增收40多万元。增加金融机构往来收入1200多万元。2001年，与证券公司、电子信息学院等大客户确立合作关系，形成机关事业、科教文卫、房地产业、商业物流、公用事业、信息传媒、仓储运输、高新技术八大领域客户群，实现即期及远期的发展规模效应。2003年，在抗击非典中，承兑汇票营销创利丰厚，为业绩发展新亮点。成立“反洗钱”工作领导小组，构建完善的“反洗钱”组织体系。2004年，开办下岗人员小额担保贷款业务，建立防范小额贷款风险制度。加强与医药、教育界和政府机关等客户的合作，吸纳天津烟厂等企事业单位为客户，完成对睿鹏、领先医药等客户存量效益挖潜。制定《河北支行社区银行工作实施细则》，推动社区银行创建工作。组织“走进校园”“走进社区”宣传活动，将金融理财产品送到居民身边。2005年，承办为境外投资企业提供对外担保等业务。2006年，形成金融大项目储备，包括津秦铁路、天保酒店、金耀科技园、苏司兰风力发电、海河假日酒店物业等，并将津秦铁路项目列为重点。2010年，营业网点实行营销标准流程导入，建立以精细化服务为核心的作业流程，提高网点工作效率。实现全年无刑事案件和责任性安全事故，网点安防设施合格率100%。

三、中国银行天津河北支行

中国银行天津河北支行　（区志办提供）

（一）机构沿革　1988年9月，中国银行天津河北办事处成立，位于金纬路158号。1990年1月，更名为中国银行天津河北支行，设办公室、信贷科、会计科、存汇科和4个储蓄所。工作人员40人。1993年7月，迁至金纬路金辉里1号楼，增设人保科、稽核科。1994年8月始，相继成立律纬路、东于庄、货场大街、王串场4个分理处。1995年有储蓄网点18个，工作人员 190多人，平均年龄24岁。2004年8月，中国银行天津河北支行更名为中国银行股份有限公司天津河北支行。2005年4月，中国银行红桥支行8个营业网点并入河北支行。2010年5月，迁至金纬路158号，设公司业务部、个人金融部、个人信贷部、计划财会部、监察部、综合管理部、营业部，下辖23个经营支行，员工350人。

（二）经营活动　1988年，开办保值储蓄、耐用消费品储蓄和长城卡业务。1989年，存款余额3500万元。新建储蓄网点 3个，吸揽存款1139万元。1990年，存款增加2000万元，个人外币存款增加165万美元。1995年，储蓄网点实现75%电脑通存通兑，储蓄存款1.6亿元，个人外币存款增加330万美元。1988年9月，信贷投向重点为出口创汇企业。先后对二轻系统服装行业、梦乡软体家具有限公司、津澳有限公司给予贷款支持。1990年，实行“存贷挂钩，借差管理，计划亮底，分级审批”信贷管理制度。支持出口产品生产和“三资”企业发展，投放流动资金贷款1.01亿元，焕发了企业生机。清欠企业贷款2000万元。1991年，为大亨时装公司开业筹措资金320万元。1992年，对贷款企业实行“三查”，即贷前调查，贷时审查，贷后检查。发放贷款1.2亿元，支持49个企业生产经营，其中贷款新开户28个。1997年，在全市率先拓展票据业务。9月，市中国人民银行指定中行河北支行为天津市中国银行系统唯一的贴现金融服务窗口。2001年，配合海河两岸综合开发及危房改造，承担个人住房按揭贷款试点任务。2003年，开办公积金贷款业务新品种。2005—2006年，商业发票贴现业务成为解决应收账款融资方式。为“盈通物资”关联的瑞升国际集团续作远期议付信用证，签订福费庭业务合同，拓展国际金融结算的业务空间。2009年7月20日，中国银行建国道支行开业，为意式风情区及其周边企业提供金融服务。

建设银行天津河北支行　（区志办提供）

四、中国建设银行天津河北支行

1988年4月，中国人民建设银行天津河北支行成立。主要经办原建设银行第四支行业务和电力、铁路、二轻3个系统，以及河北区、北郊区基本建设拨款和贷款业务。办公地址在日纬路44号，设科室10个，有员工76人。1992年9月，将涉及原北郊区银行业务转至新成立的建设银行北辰支行。1995年9月，建行河北支行迁至海河东路25号。设科室16个，辖全功能营业所4个、办事处1个和储蓄所（柜台）15个，员工262人。2005年10月，中国建设银行天津市河北支行更名为中国建设银行股份有限公司天津市河北支行。2007年，迁至平安街68号，有员工450余人。2009年，服务重点项目，对铁路第三设计院为京沪高速铁路、京津城际铁路、京秦客运专线投标工程免费提供保函业务服务。成立建设银行天津站办事处，专门支持天津铁路枢纽改造工程，协助调剂储备款1100万元，解决工程后期设备及安装用款。为弥补资金不足，发行邮政债券1000万元。为天津铁道职业技术学院等院校提供上门收取学费服务。安装POS机和提供现金管理系统及网上银行电子银行的服务，解决院校发放奖学金、工资及收取学费问题。校区开设电子银行，服务学生日常取款和校园卡消费。开展房地产金融配套业务。1991年9月，开设与住房制度改革相适应的房改金融配套业务和经营性房地产金融业务。至1995年年底，共发放政策性居民住宅贷款6304万元，单位购建房贷款4827万元，为购房单位发售住房租赁债券187.43万元。1992—1995年，向29家房地产企业发放贷款5.75亿元，支持建商品房153.63万平方米，在27个商业楼盘现场办理贷款业务，为2.7万户10多万居民购房服务。为区内近800个单位办理网上缴存业务，为二手房款收支提供全部业务。

交通银行通逸支行　　　　（区志办提供）

五、交通银行支行

1994—2002年，交通银行股份有限公司先后在河北区成立通逸支行、海河支行、河北支行、北站外支行、金钟支行和金纬路支行6个支行。

河北区境内交通银行股份有限公司支行一览表

表17-2

名称	成立日期	地　址	员工(人)	资产规模(亿元)
通逸支行	1994.7.13	中山路160号增1号	16	11.75
海河支行	1995.3.14	翔纬路307号、309号、311号	18	9.97
河北支行	1996.2.10	狮子林大街121号	25	37.92
北站外支行	1996.2.15	中山北路31号1号楼1~2层东侧部分用房	14	6.22
金钟支行	1996.11.20	金钟河大街芳景明居4~4商18、19号底商	15	5.27
金纬路支行	2002.5.23	金纬路兴联小区8号楼013~016号底商	–	–

六、中国邮政储蓄银行天津河北支行

1986年3月，河北区邮政储汇局成立。2007年11月，中国邮政储蓄银行天津分行河北区支行成立，办公地址在养鱼池路92~100号，下设8个网点，工作人员128人。1987年5月12日，代办保险业务。1988年1月，办理房屋有奖储蓄奖券。1989年1月28日，开办销售国库券业务。1991年7月，开办邮政国际汇兑业务和贴花有奖储蓄。1996年5月，开

邮政储蓄银行河北支行　（区志办提供）

办活期储蓄异地通存通取业务。1999年，开办代发养老金业务，以及代理凭证式国债发行、兑付业务。2000年7月，开办电子汇兑和国际汇款业务。提供公众电子汇兑业务，结束了纸质汇票传递的历史。2008年1月，开办个人理财业务试点，对外销售第一款人民币理财产品——创富1号。狮子林大街支行业务品种为结算业务，使邮储银行向全功能银行迈出重要一步。2008年，邮储银行河北支行开立公司账户75户，存款余额3025万元。2009年，开办公司级网上银行业务。开立公司级账户119户，存款余额6706万元。2010年3月，邮储银行河北支行开办票据直贴和现金管理业务。年末，公司级业务余额7788.58万元。产品覆盖资产、负债和中间业务三大领域。下辖网点27个，其中自营网点8个、代理网点19个，有员工128人。

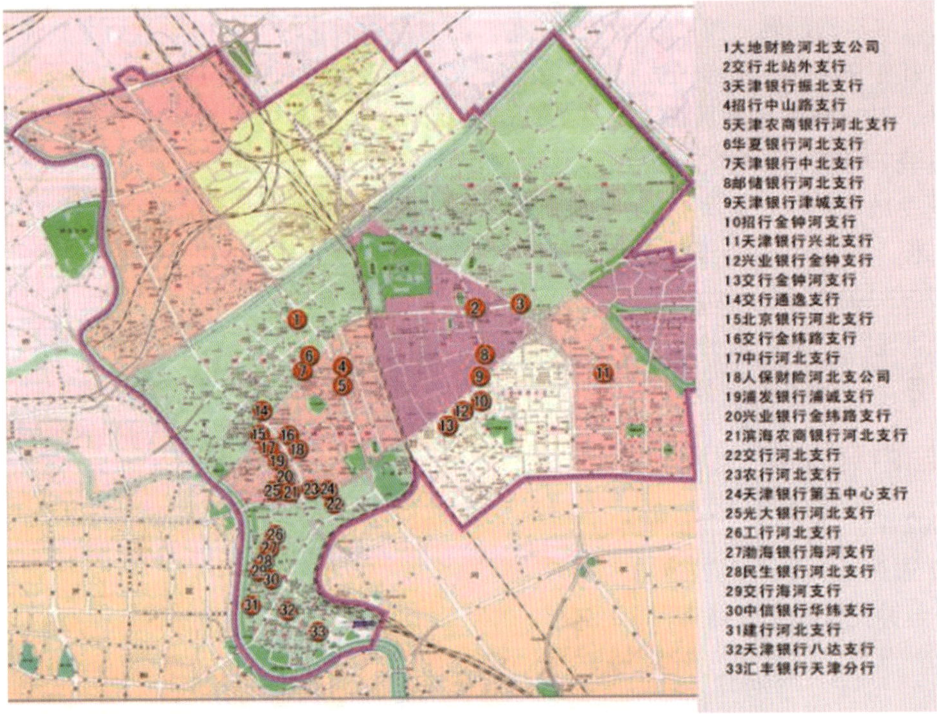

图17—1　河北区传统金融机构分布图

第二节　非国有银行

一、天津银行

天津银行在河北区先后成立第五中心支行营业部、中北支行、振北支行、兴北支行、八达支行、津城支行及第五中心支行（辖区行）。天津银行第五中心支行营业部前身为津北城市信用社。该信用社由银行退休人员和8名青年员工于1987年5月成立，地址在建国道14号。2010年5月，更名为天津银行股份有限公司第五中心支行营业部，员工45人，隶属第五中心支行管辖。2010年年末，存款余额4.79亿元，其中对公存款1.57亿元、储蓄存款3.22亿元；贷款余额3亿元，其中个人贷款发放额2.27亿元、公司类贷款发放额7356万元。天津银行中北支行前身为中北城市信用社。该信用社于1988年3月成立，位于中山路择仁里大楼，员工26人。河北区生产服务管理局是主管部门，也是最大股东单位。其他股东有华中文化服务经营部等13个企事业单位。2007年，更名为天津银行股份有限公司中北支行。2010年年底，迁至中山路宇阳公寓，员工49人。天津银行振北支行前身为振北城市信用社。该信用社于1991年9月成立，由区生产服务管理局牵头，多家企业和少数员工入股组建，地址在王串场五号路金钟影院底商，职工72人。2007年4月，更名为天津银行股份有限公司振北支行。年末各项存款余额20.1亿元，其中储蓄存款2.1亿元，对公存款18亿元。2010年，各项存款额22亿元，贷款额14.6亿元，储蓄总额4.1亿元。天津银行兴北支行前身为天津兴北城市信用社。该信用社于1993年1月成立，地址在江都路15号，由江都路街道生产服务管理处组建，股东由江都路街生产服务处、工商银行等13家企事业单位和部分个人组成。注册金额200万元。员工54人。2007年，更名为天津银行兴北支行，是承揽个人金融业务的特色行，隶属于天津银行第五中心支行，有职工36人，地址在民权门居民区。天津银行股份有限公司第五中心支行于2010年5月成立，位于狮子林大街210号（原津北支行所在地），内设一级部门5个和二级部门2个，负责对区内第五中心支行营业部、中北支行、振北支行、兴北支行、八达支行、津城支行6个支行，以及北辰区北辰支行、和平区华丰支行、河西区天马支行、宝坻区宝坻支行进行管理。

二、招商银行

招商银行天津分行于2000年6月成立，在河北区设2个支行。2001年4月，中山路支行成立，位于中山路102号，内设业务拓展部、营业部、办公室。其向天津电力、渤海化工集团等单位进行综合授信，先后推出电子银行、信用卡、住房贷款等多种金融服务，具有外汇业务经营权。拥有天士力、王朝酒业等一批优质客户。柜台业务量位居分行第一。“一卡通”售卡近4万张，位居分行内第三。2006年，招商银行、国家开发银行、天纺投资控股有限公司三方合作签订“框架协议”，开招行与国家开发银行合作先河。2009年，发放个贷3.4亿元，位列分行第二。自营存款余额突破17亿元。2010年，完成对仁恒发展公司的“滨河水岸”项目贷款、天津美术学院教学楼修缮项目贷款，为天海同步器有限公司增加贷款授信，以及对公对私贷款、信用卡、财务顾问费收入等主要指标均突破历史最高水平。是年12月，迁址至昆纬路29号。金钟河支行于2006年6月成立。位于金钟河大街芳景名居底商。2010年5月，迁至金钟河大街爱家星河底商。在对公业务方面，适应天津滨海新区建设发展和金融体制改革有关先行先试政策调整转型，涵盖负债、资产、中间业务及理财顾问等金融服务。

招商银行中山路支行
（区志办提供）

三、上海浦东发展银行浦诚支行

浦诚支行于2001年8月成立，系全功能综合营业网点，位于金纬路178号。2005年，实现存款15.61亿元，贷款7.16亿元。2006年8月，开展信托资金托管业务，拓展8个大型信托项目，开启支行公金业务新模式。2007年，公金团队与授信企业、仓储企业及监管部门、分行质押管理部门共同协作承办动产质押，扩大支行业务品种。2008年承接代发工资企业80家，全年代发金额12.83亿元。2010年，有员工28人。年底存款余额48亿元，其中个人存款8.8亿元。有代发企业百余家，代发金额超12亿元，代发客户占支行个人客户1/3。

四、天津农村商业银行河北支行

2006年11月，天津农村合作银行浙兴支行成立，位于李公祠大街B座31~37号。2008年7月，迁至昆纬路29号增1、增2号。同月，天纬路分理处成立。2010年6月，更名为天津农村商业银行股份有限公司河北支行。2010年，新增对公发放贷款30笔10.6亿元，年末贷款余额18.1亿元，中间业务收入150万元。

五、兴业银行金纬路支行

2007年5月，兴业银行股份有限公司天津金纬路支行成立，位于金纬路182号，职工50人。主要服务于滨海新区、天津港及天津市重大招商引资项目。2007—2010年，相继开展兴业财智星、现金管理等8类对公业务。为天津房信集团河北区子公司提供资金22亿元，最高存款额达50亿元。先后开发随兴游、兴业通、外汇理财、人民币理财增值服务、个人存款、个人贷款、兴业卡服务等零售业务，建立信用卡、个人住房贷款、POS机等专业团队。先后成立榆关道、北岸华庭、幸福道、北宁湾、大江路等社区银行。

六、民生银行河北支行

2008年11月，中国民生银行股份有限公司天津河北支行成立，位于翔纬路瑞海名苑底商，小微金融和小区金融系支行特色业务。有职工25人。

七、渤海银行海河支行

2009年10月，渤海银行海河支行进驻河北区海河大道。为首家总部设在天津的全国性股份制商业银行。2010年，开发公司客户总数上百家，其中包括天津百强企业及国资委直属的驻津企业。

八、天津滨海农村商业银行金港支行

2009年10月，天津滨海农商银行金港支行成立，位于金纬路296号。隶属滨海农商银行城区县事业部二部，员工25人。以服务地方、服务"三农"和服务小微型企业为宗旨，面向农户、个体经营户、民营企业、中小企业和城镇居民服务。保持"三农"贷款占资产组合30%、中小企业贷款占资产组合60%的组合结构。

九、华夏银行河北支行

2009年12月，华夏银行河北支行成立，位于中山路106号。坚持服务经济实体，打造为中小企业金融服务品牌。

十、北京银行河北支行

2010年5月，北京银行河北支行成立，位于金纬路，系北京银行在河北区设立的第一个分支机构。

第三章　其他金融业

河北区境内除银行外，还有商业保险、证券、期货、典当等金融业态，尤其是2009年天津渤海商品交易所的成立，使得金融产业链进一步丰富。

第一节　商业保险

一、中国人民财产保险河北区支公司

1980年3月，中国人民保险公司天津市河北区支公司在中国人民银行天津市河北区办事处恢复办

理国内保险业务，员工11人。1981年，随着业务发展，增至24人。1983年3月，天津站西沽货运站建立铁路货物运输保险代办点，有员工33人。1984年6月，中国人民保险公司天津市河北区公司成立，位于河北省驻津百货采购供应站招待所，受中国人民保险公司天津市公司领导。1988年，迁入中山饭店(中山北路27号)，有员工70人。1999年，迁入金纬路人保大楼，设经理室、综合部门(出单中心、办公室和财务部)和6个业务部门(直销业务一部、二部、三部，中介业务一部、二部，营销业务部)，员工36人。2003年，更名为中国人民财产保险股份有限公司天津市河北区支公司。1980年3月，人保天津分公司首先在河北区恢复企业财产保险业务及国内(区内)保险业务。是年，保险金额8.3亿元，保险费收入177万元。1982年企业财产保险费收入316万元，各类赔款支出300万元。其中为天津外贸地毯分公司火灾赔款271.3万元。1983年1月，试办铁路货物运输保险，保险业务收入6.6万元。是年，为点火线圈厂支付火灾保险赔款63.29万元，为化工进出口公司天津分公司支付火灾事故保险赔款78.49万元。1980—1995年，全区540家企业参加企业财产保险，受理理赔案上万起，支付保险赔款9568万元。1981—1995年，办理货物运输保险，收入保险费3000万元，理赔200起，支付保险赔款240万元。1986—1995年，开办个人保险险种57笔，100万人次参加各种人身保险，保险费收入4000万元，赔付8万多人次，支付理赔金额2895万元。1996年，实行财险、寿险分业经营，区人保公司承保财产险、责任险、意外险和货运险等，不再经营人身险及各种人寿保险。1996—2010年，累计支付各类赔款近5亿元。2010年，实现税收461.6万元。

二、中国大地保险津北支公司

2006年11月，大地财险津北支公司成立，位于律纬路中汇大厦。2009年，开拓大型企业及事业单位公车业务，探索家用车发展新模式，摆脱依赖传统代理业务被动局面，实现在银行抵押财产险、货运险、工程险、公共设施责任险等领域新突破。2010年，为集团客户职工用车提供保险、免费安检等赠值类服务。拓展与车商客户联系渠道，与4S店合作发展扩大汽车后服务项目，增加企财险、建工险、意外险等。至2010年，累计完成保费收入9800万元，缴纳各项税金550万元。

三、北京中达信保险公估有限公司天津分公司

2009年，北京中达信公估公司天津分公司成立，位于金纬路金海岸公寓，系从事保险辅助服务行业的金融机构。该分公司与多家保险公司合作，为天津市市政公路、地铁等部门进行事故出险理赔，对工业企业开展安全生产和风险控制培训及承保后的理赔工作。

第二节　证券

2002年，中国民族证券有限责任公司天津三马路证券营业部成立，为该公司在津唯一分支机构，位于三马路89号。营业部为广大投资者提供A股、B股、基金、权证、国债等多种投资服务，以及电话委托、自助委托、驻留委托、网上委托、手机委托等服务。由金牌分析师和行业研究员组成的专家团队的“专家在线”咨询，为投资者提供专业、有效、及时的指导。2009年，组织以“保护投资者利益”为主题的服务活动，开展日常短期服务。是年7月，完成留区税收44.8万元，位居驻区5家证券公司营业部首位，占全市证券业税收47.4%。2010年，证券交易开户2300余人。

第三节　期货

2009年10月，冠通期货经纪有限公司天津营业部成立，为冠通公司在全国10家营业部之一，位于

中山路万科中心大厦，是入驻河北区首家期货业营业部。主要经营商品期货经纪、金融期货经纪，交易品种包括金属、能源、农产品三大类21种商品。该营业部的入驻，填补了区内期货经纪发展的空白。

第四节　典当

一、发展述略

1991年6月，天津市典当服务行成立，位于寿安街9号，注册资金30万元。1993年更名为天津市典当服务总行。1994年迁至建国道25号。1991—1995年，天津典当服务行和天津市典当服务总行先后在河北区设立经营总部，在和平区、河西区、红桥区、南开区、塘沽区开办5个分支机构。1997年更名为天津市恺丰典当行。1995年该行典当额300万元，2000年4000万元，2005年1.23亿元，2010年2.86亿元。恺丰典当行2009年通过ISO9110国际质量管理标准模式认证，被中国商业联合会授予AA+等级信用企业称号，获天津市“十五”立功先进集体称号、天津市五一劳动奖章。

1995年，河北区开办典当行1家，注册资金500万元。2000年，有恺丰典当行和瑞通典当行，共注册资金1100万元，典当放款9000万元。2005年，典当放款1.23亿元。2010年，有典当行8家，注册资本9200万元，典当放款4.75亿元。是年，典当企业股本注册资金总额7650万元。其中，国有资本500万元，占6.56%；民营资本4375万元，占57.18%；个人资本2774万元，占36.26%。

部分年份河北区典当企业注册情况一览表

表17-3

年份	企业数量(个)	企业名称	注册资金(万元)	地点
1991	1	恺丰典当行	30	寿安街9号
1996	2	恺丰典当行	1100	建国道25号
		瑞通典当行		金纬路明华苑底商B座4~1门
2008	3	恺丰典当行	2600	建国道25号
		瑞通典当行		金纬路明华苑底商B座4~1门
		泉盛典当行		东五经路19号
2009	7	恺丰典当行	3100	建国道25号;
		瑞通典当行		金纬路明华苑底商B座4~1门
		泉盛典当行		东五经路19号
		隆意达典当分支行		中山路择仁里30栋
2010	8	恺丰典当行	8650	建国道25号
		瑞通典当行		金纬路明华苑底商B座4~1门
		泉盛典当行		东五经路19号
		隆意达典当分支行		中山路择仁里30号
		同方典当分支行		昆纬路44号
		融源典当行		金钟河大街573号
		沽上嘉诚典当行		三马路298号
		中金典当行		天纬路32号

二、业务经营

1991—2010年，河北区典当业完成由传统型向现代型的转化，初步显现现代典当行业的经营特征。1991年后，典当经营范围以个人服装、家用电器、摩托车等民用物品为主。2000年后，逐步转变为以贵金属饰品、高档电子产品、企业大宗库存为主，房产抵押业务也开始涉及。2005年后，以房地产抵押业务为主要经营对象。2010年前后，企业股权、仓单质押、银行票据等财产权利质押突显上升趋势，房产抵押典当成为独具特色的经营品种，典当金额大幅上扬。

1992年，全国政协委员、著名学者史树青，国家经济体制改革委员会副主任洪虎到恺丰典当行考察并题词，肯定恺丰创办典当行民品的经营业绩。

1996—2010年河北区典当行典当总额统计表

表17-4　　　　单位：万元

年　份	典当总额	年　份	典当总额
1996	300	2004	11000
1997	500	2005	12300
1998	1500	2006	17091
1999	2000	2007	17200
2000	4000	2008	20172
2001	5000	2009	22050
2002	9400	2010	47500
2003	12000		

三、天津市典当同业协会

1995年，天津市典当同业协会由恺丰典当行等6家典当行发起成立，地址在建国道25号。是全国首家省级典当行业协会。1996—2010年，天津市典当同业协会代表行业发挥自律和协调作用，先后参加《中华人民共和国物权法》修改意见会，参与《典当行管理办法》《典当管理办法》条款修改。协助各级政府解决汇众典当行在汇通房产集资案中资金周转问题，提高了典当协会的公信力、凝聚力，企业入会率100%。2006年，天津市典当同业协会获市发改委授予的天津市先进行业协会称号。

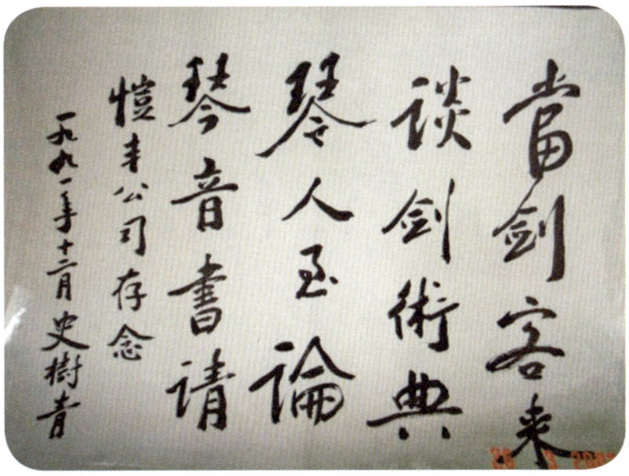

全国政协委员、著名学者史树青为恺丰典当行题词　（恺丰典当行提供）

荷兰国际广播电台记者采访天津市典当同业协会会长、恺丰典当行经理翟瑞林（右）　（恺丰典当行提供）

第五节　天津渤海商品交易所

2008年，市政府落实滨海新区金融创新先行先试政策，决定组建与天津北方经济中心地位相匹配的商品交易所。2009年，市政府办公厅同意组建天津渤海商品交易所，成立筹备工作小组。是年9月16日，天津渤海商品交易所成立，地址在进步道48号、50号。阎东升任渤海商品交易所董事长。12月18日，渤商所对外运营，首批交易品种原油、焦炭正式在渤商所挂牌销售。渤商所以全球首创的现货连续交易制度、连续交易和竞价交易方式服务实体经济，交易时间与世界主要金融市场交易时间同步，是国内第一家股份制、全面与国际接轨的综合类商品交易所。上市品种涵盖生活资料、生产资料、竞买产品、国际产品四大板块，构建覆盖全国的市场服务、资金结算、仓储物流、价格发布四大网络。新华社、中央电视台、人民网等权威媒体与渤商所建立长期战略合作关系，中央电视台《第一财经》栏目适时播报渤商所现货商品价格指数，实现了“价通天下”。2010年，渤商所上市原油、焦炭、热轧卷板、螺纹钢（西部）、动力煤五大品种，至年底，交易额逾2600亿元。渤商所日益成为具有国际影响力的商品交易中心和定价中心，其营业网点发展到数百家。渤商所的成立是天津市金融改革创新的重要成果。

天津渤海商品交易所　　（区志办提供）

河北区志

（1979—2010）

第十八编

科学技术

KE XUE JI SHU

中共十一届三中全会后，河北区恢复建立了区科委，逐步健全管理机构，大力开展科普宣传、进行全社会的技术培训、加强对青少年科技活动的领导、兴办民营科技机构，科技队伍逐步壮大，科技咨询收效显著，科技成果不断涌现。1992年，实施“科技兴区”发展战略，筹建高新技术产业园区和科工贸一条街，支持和鼓励集体、民办科研机构建立和发展，积极引进区街企业适用的专利技术，继续抓紧抓实人才的培养和引进。1996年，实施“科教兴区”发展战略，进一步提高区街经济中科技含量，加速科技成果转化，注重科技人才培养，普及科技知识，提高全区人民科技素质。2001年，加快实施“科教兴区”发展战略，建立以科技进步促进经济发展的运行机制和体制，发展壮大一批在区内外具有较大影响的科技企业，培育出一批有较高科技含量和市场竞争力的新产品，加快科技园区建设，并不断优化区域科技创新体系。2006年，充分发挥市场机制对资源优化配置的作用和政府宏观调控职能，广泛吸纳整合科技与人才资源，完善科技创新机制和体制，推动科技进步，促进科技与经济的紧密结合，实现经济社会的全面、协调、可持续发展。大力扶持民营科技企业发展，形成具有本地区特色的产业结构群，积极促进高新技术产业化，在集中力量抓好重点项目的基础上，大力扶持中小型科技企业和高新技术企业，积极参加国际市场竞争，按照市场运行规律和现代企业制度进行重组和联合，壮大企业规模，加速高新技术产业规模化和国际化。2005—2010年，河北区连续6年通过天津市科技进步考核。2007年，区政府通过全国区县科技进步考核，2008年，被评为天津市科技进步考核优秀组织单位。

第一章　组织机构

1978年2月，恢复建立河北区科学技术委员会，与河北区科学技术协会合署办公。10月，恢复建立天津市科学技术进修学院河北分院。1996年，成立河北区科技贸易街管理办公室（河北区生产力促进中心前身）。2007年11月，成立河北区创意产业发展中心。

第一节　行政管理机构

1978年2月，河北区科学技术委员会恢复建立，设办公室、基层组、青少年科普组、天津市科学技术进修学院河北分院，办公地址在狮子林大街114号。10月，迁至五马路81号。1983年，设办公室、基层学会组、青少年科普组、科技咨询服务部、进修分院。1986年，增设科技管理基层科。1996年，增设科普青少年科、科技培训科、科技开发咨询中心。1997年，增设基层工作科，科普青少年科更名为科普工作科，撤销科技培训科、科技开发咨询中心。1999年11月，河北区专利管理办公室成立，与科技管理科合署办公。2001年5月，河北区反邪教协会成立，主要工作由区科委科普工作科负责。2002年4月，基层工作科撤销。2007年7月，区科委加挂河北区知识产权局牌子，增设知识产权管理科和区知识产权举报投诉中心，区专利管理办公室撤销。2010年，设办公室、科教兴区管理科、科技管理科（行政审批科）、知识产权管理科、科普工作科、科技工作研究室。行政编制7人，其中主任1人、副主任2人。

第二节　科技单位

一、河北区生产力促进中心

1996年1月，河北区科技贸易街成立，地址在五马路的元纬路至律纬路长1400米地段内。科贸街管理办公室设在区科委，办公室主任由区科委主任兼任，隶属区政府领导，业务受天津新技术产业园区管委会领导。2010年8月，河北区科技贸易街管理办公室更名为河北区生产力促进中心。2001年，注册区科贸街企业162家，注册资金9950万元，技工贸总收入7500万元，纳税300万元。2004年，注册民营科技企业392家，技工贸总收入12.1亿元，缴税5074.5万元。2009年，注册科技园企业180余家，注册资金1.07亿元，纳税1.7亿元，留区税收5728万元。

二、河北区创意产业发展中心

2007年11月，河北区创意产业发展中心成立，为区科委管理的科级事业单位。2007—2008年，承担市科技计划项目——天津市创意产业基地规划方案研究；2007—2009年，承担市科技支撑计划重大项目——工业设计关键技术开发及应用；2008年5月，编制完成并实施《河北区创意产业发展规划(2008—2011)》。2009年，第十六届津洽会期间，举办河北区创意产业资源推介会等活动。承办"2009天津创意产业展示周"活动、工业品外观创意设计大赛、青少年动漫设计大赛等。引进万秋艺苑文化创意项目入驻博远创意天地，引进天津中俄文化艺术交流中心项目入驻意式风情区。2010年，承建市中小企业公共技术服务机构补助资金项目——工业设计技术服务平台，并获得由中国工业设计协会、天津市工业设计协会联合颁发的2010年度最具设计创新能力奖。

三、天津市科学技术进修学院河北分院

1978年10月，恢复建立天津市科学技术进修学院河北分院。主要面向社会、全区党政机关干部及企事业单位在职职工、专业技术人员开展岗位培训、专业技能培训、文化知识继续教育等，设外语类、理工类、文科类、计算机应用等专业。以提高和进修为主，并根据社会需要举办各种补习班、辅导班、晋级考试班等。1978—1995年，开设专业班230个、学员1.29万人，各类培训班17个、学员2000多人。1993年和1994年，河北区连续两年被市委组织部、市人事局、市科委评为继续教育先进区。1995—2002年，重点开展对中小学生计算机应用能力培训。2004年，与区统计局联合举办统计人员上岗培训班、统计人员继续教育培训班、"四五"普法期间统计普法函授班。此后科技培训中止。

第三节　科技园区

一、概况

2002年8月，成立由区委宣传部、区政府办等14个单位组成的河北区科技园领导小组。下设办公室，办公地址设在区科委。是年相继创建河北区科技园A、B、C园及河北区天动科技产业区，为民营科技企业从孵化到发展创建平台。按照"创意河北"功能定位，在建立科技企业孵化器基础上，至2010年，建成绿领低碳创意产业园、辰赫创意产业园、北新创意产业园、华津3526创意产业园等载体，主要涉及创意设计、生物医药、数字通信、电子信息、互联网等产业。

二、北新创意产业园

成立于2008年，坐落在区新闻大厦，建筑面积2.4万平方米。北新创意产业园为天津市劳动和社会保障局就业和见习基地、青年创意实训基地、市文化局文化产业示范基地挂牌单位。园区依托大型尖端专业设备共同服务、多功能综合管理服务、创意创业企业孵化、大学生创业实训及就业见习四大公共服务平台，吸引北新动画、TJTV天天购物、化育培训、CCTV移动传媒等42家创意企业入驻，从事影视传媒、动漫、网络教育、广告、律师、会计事务所等现代服务业，为天津创意产业发展重要

园区之一。

三、绿岭低碳产业园

成立于2010年，原为天津纺织机械厂，位于万柳村大街56号，占地7万平方米，以低碳产品与技术展示和体验中心、采购与交易平台及研发中心为基本定位，吸引和聚集节能减排环保领域的认证咨询、研发设计、会展策划、营销流通等行业企业，带动绿色产业链快速培育和发展，是河北区新型支柱科技产业园区之一。

四、华津3526创意产业园

成立于2008年6月，主导产业包括文化创意（动漫、网络、美术、影视等）、工业设计、产品研发、人才培训等，是一个偏重商务型的创意产业园区（参见第十五编工业）。

五、辰赫创意产业园

成立于2008年7月，原为天津内燃机磁电机厂。以互联网产业带动下的新媒体产业为基本定位，以孵化互联网产业、电子商务产业为主业，为小微企业孵化成长创造条件（参见第十五编工业）。

六、红赫电子商务产业园

成立于2010年6月，位于平安街81号。园区一期建筑面积2650平方米，二期1.5万平方米。红赫对驻园企业实行一对一创业导师辅导制，设立红赫天使投资基金，建立云计算红赫数据中心，为天津滨海职业学院实训基地。

第二章　规划与政策

1979—2010年，为加快科技体制改革和经济发展步伐，区委、区政府制定一系列科技兴区规划和政策，推动了河北区科学技术事业健康发展。

第一节　规划编制

1987年，区科委制定《河北区科学技术进步和发展三年（1987—1989年）规划》。1992年，区委、区政府制定《河北区“科技兴区”四年（1992—1995年）发展计划纲要》。

1996年1月，区委、区政府制定《河北区科教兴区五年（1996—2000）规划纲要》。主要任务：到2000年，科技进步对经济增长的贡献率由29%增至50%；调整产业产品结构，每年开发具有一定规模的科技产品30项，年交易额5000万元以上；科贸街年创产值1亿元；企业主要产品逐步采用ISO9000标准，健全质量保证体系；全区中高级专业技术人员数量比1995年翻一番，每年按照国家厂长、经理培训标准培训20%；全区80%处级及其以上领导干部达到大专以上文化程度，职工持证上岗；全区45岁以下干部达到计算机应用初级水平，80%以上骨干企业应用计算机管理；烟尘、废气、废水、固体废物、噪声治理达标率90%以上；抓好科技知识学习和培训工作，科普覆盖率95%；争取市科协支持，每年完成3~5项重大科技攻关项目。

2001年2月，区委、区政府制定《河北区科教兴区五年（2001—2005）计划纲要》。主要任务：到2005年，每年开发具有科技含量的新产品30项，培育市级新产品20项，力争培育1项国家级新产品，争取5~8个项目获市科学技术奖，组织实施1~2项重大科技成果产业化项目，技术市场年交易额实现

1.5亿元；全区工业增加值、工业产品销售收入、工业资金利税总额比2000年有较大幅度增长，工业企业全年用于新产品试制、技术开发、技术改造的投资不得低于总支出3%，培育科技先导型的街道、公司1~2个，高新技术产品创利税占工业产品利税总额30%以上，一批企业通过ISO系列国际标准及相关行业国际标准认证；全区民营科技企业300家，年技工贸总收入4亿元，年利税超4000万元；搞好弗兰德科技园建设，入驻企业总数50家；加强河北科贸街建设，到2005年注册企业300家，年技工贸收入超1亿元；搞好网络信息建设；采用现代科学技术，提高城区环境质量；大力普及科学技术知识，提高全区人民科学文化素质。

2005年8月，区科委制定《河北区科学技术发展“十一五”（2006—2010年）计划》。主要任务：完善科技创新体系建设，推进河北区科技产业区（科技城）建设，建成光机电一体化科技产业孵化器，建立河北区生产力促进中心，规划建设河北区科技产业孵化基地；完善教育科普设施建设，筹建科研中心，中山公园文化广场建100米以上科普长廊，各街道分别建设200平方米的社区科普中心、各社区建20~50米科普画廊和50平方米以上科普活动站。

2008年5月，区科委制定《河北区2008—2011年创意产业发展规划》。主要任务：构建产业体系，优先发展设计服务、咨询策划、电信服务、动漫产业、创意培训、文化旅游六大重点领域；加快载体建设，打造“四园三区三基地”（3526艺术创意产业园、“艺华轮”创意产业园、C6创意产业园、辰赫创意产业园，张兴庄创意产业示范区、美术馆艺术品展示交易区、八马路创意产业消费体验区，创意人才培养基地、设计研发创新基地、创意产业培育基地）。强化辐射功能，带动三大工程（都市工业创意提升工程、现代商业创意示范工程、文化旅游创意带动工程）协调快速发展。至2011年，培育和引进国内外各类品牌授权商30家、著名商标5个，新增专利、版权等自主知识产权500项，引进各行业领军人才50人、创意团队100个、从业人员5000人，带动新增就业10万人，聚集创意企业300家。

2010年4月，区科委制定《河北区“十二五”（2011—2015年）科技发展规划》。主要任务：到2015年，科技工作对经济增长贡献率为40%；高新技术企业50家；每年重点培育、申报具有自主知识产权科技项目20项，力争引进产学研合作项目10项；平均每年申请专利800项，推广和转化科研成果50项，申报市级技术研发中心、实验室6个；建成科技企业孵化器6个、科技公共服务平台及科技信息管理平台4个；科技服务业增加值力争达1.55亿元，年均增长18%以上；力争科技投入占当年财政支出1.5%左右，力争工业企业研究开发投入经费占全区产品销售收入比重为全市平均水平；拥有专业技术人才1.5万人。

第二节　政策制定

为实施科技兴区战略，引导和推动企业科技进步和提高技术创新能力，区委、区政府于1998—2010年陆续制定并实施一系列科技政策。

1998—2010年河北区制发科技类文件一览表

表18-1

序号	文件标题	发文单位	发文日期
1	河北区科技进步型企业标准及实施办法	区政府	1998.9.9
2	河北区促进民营科技企业发展实施办法	区政府	1998.9.09
3	河北区新产品开发立项审核的暂行规定	区政府	1998.9.9
4	河北区加强知识产权管理和保护促进技术创新的实施办法	区科委	2000.10.30
5	河北区科学技术奖励办法	区政府	2001.2.19
6	河北区科技发展计划资金管理办法	区政府	2007.3.19

续表18-1

序号	文件标题	发文单位	发文日期
7	天津市河北区高新技术成果转化资金管理办法	区政府	2007.3.19
8	关于成立河北区创意产业领导小组的通知	区政府	2007.5.25
9	关于进一步加强知识产权工作的意见	区政府	2008.11.28
10	关于加快河北区科技服务业发展的试行办法	区政府	2008.11.28
11	关于调整河北区创意产业领导小组的通知	区政府	2009.9.2
12	河北区鼓励自主创新奖励办法	区科委	2009.9.21
13	河北区鼓励企业申报技术先进型服务企业的奖励办法	区科委	2009.11.19
14	河北区关于加快科技型中小企业发展的若干意见	区委、区政府	2010.10.21
15	河北区加快科技型中小企业发展知识产权促进行动实施方案	区知识产权局	2010.10.22
16	关于进一步加快河北区创意产业发展的意见	区政府	2010.11.18

第三节 主要成果

1988年，河北区环卫局研制开发的移动式滚筒垃圾筛选机获天津市科技进步三等奖。1990年，区妇产医院论文《母婴同室按需哺乳对提高母乳喂养率和母婴身心健康的探讨》被列为国家级科研成果。区卫生防病站研制的卫生防病业务信息系统电脑软件，获卫生部科研成果三等奖。至1991年，先后有68个单位、457名科技人员、115项科技项目获奖，其中32项达国内先进水平。1986年，驻区企业天津电子线缆公司研制的分米波彩电馈线，获国家科技进步二等奖；1994年，研制的小型网状电缆获电子部科技进步一等奖。

1996—2000年，每年开发新产品50余项。1998—2000年，电子信息、生物医药、精细化工、机电一体化等高新技术10个项目被列入市新产品试制计划，达到国内领先，销售收入近2000万元。其间获市科技进步三等奖3项，市级科技成果登记34项，有民营科技企业170家。1999年，技工贸总收入近2.2亿元，实现利税2253万元，留区税额614万元，技术合同年交易额7000万元。河北科贸街注册企业174家，年技工贸总收入6500万元，上缴税金240万元。创建河北区弗兰德科技园。在全区工业企业推行科技进步型企业标准，被评为河北区科技进步型企业4家，高新技术产品产值占总产值30%以上。2000年，各类专业技术人员1万余人，占职工总数33%。建立河北区各系列高层人才数据库和河北区各系列优秀中青年拔尖人才数据库。3家企业通过ISO系列国际标准认证，全区计量器具强检率95%以上。青少年科技活动多次在全国、全市科技竞赛中获好成绩。举办处级干部科技报告会6次，进修分院举办科技管理和专业技术培训班15期，7个居民小区被评为天津市科普示范小区，10个家庭被评为天津市科普文明家庭。在中山路建成科普长廊。

2001—2005年，每年开发新产品30~50项。被评为国家级新产品4项，其中1项列入国家重点新产品。创建河北区科技园A、B、C园及河北天动科技产业区，初步形成"三园一区"发展格局。2005年，民营科技企业438家，技工贸总收入51.49亿元，上缴税金8854万元，6项产品获国家级重点新产品称号，18项获天津市重点新产品称号，6项成果获天津市科技成果登记证书，中科塑业公司获中国民营科技企业促进会创新奖。2003年，河北区获中国民营科技企业促进会颁发的民营科技促进奖、天津市技术市场工作先进单位称号，区科委主任吕勋获第五届全国优秀民营科技促进奖。8家企业列入市百强企业，8名经理、厂长获市百名优秀企业家称号。完成技术合同登记1622份，实现技术交易额7.86亿元；获市级科技成果登记111项，专利授权量901件。共组织科技周科普活动5385项，260万人次参加。组建5780人的科普志愿者队伍，推动青少年科普活动开展。举办数万群众参加科普知识讲座和报告会。2003年非典期间，区环境科学学会对全区医院医疗废水和废弃物进行严格监控，围绕"依靠科学、战胜非典"主题开展第17届科技周活动。

2006—2010年，完成科技成果登记160项，组织实施市级科技计划项目85项、国家级科技计划项目18项，累计获资金支持4253万元。获市级科技进步奖项目21个，2家企业成立市级技术研发中心，1家企业建立国家级科技发展平台。建成绿领低碳创意产业园等科技载体。2006—2008年，受理专利申请1883件、专利授权904件、实施专利567件，完成技术合同成交额15亿元。2008年，区科技投入2068万元，比2006年增长135%。开展科技周、全国科普日等宣传活动，河北区连续5年被评为天津市科技周活动先进集体，16个社区被命名为精品科普示范社区，20所学校被命名为社区科普学校，20户家庭被评为市科学文明家庭。申报市重点科普项目4项，获资金支持75万元；申报市科普活动3项，获资金支持11万元。

第三章　科技活动

改革开放后，河北区科技活动日趋活跃，每年举办科技周活动，2003年开始举办科普日和社区主题科普活动月活动。1999—2010年，全区实施专利886项，创汇5000余万美元。

第一节　科普活动

一、宣传教育

1979年，举办迎全国科学技术大会科学教育电影宣传周活动，在机关、学校、街道放映科技电影、录像，举办科技图书展览等科普活动。1981年，在天津站、北站及中山路地区开展生产资料科普宣传和商业科普一条街活动。1984年，商业系统341个商店、门市部参加科普活动，请专家、教授作科普报告和技术讲座，科普展牌、橱窗等多个宣传项目被市政府评为优秀宣传项目。进入21世纪，围绕《中华人民共和国科学技术普及法》面向未成年人、城镇劳动人口、领导干部和公务员、社区居民四类人群开展4项基础工程工作，即科学教育与培训基础工程、科普资源开发与共享工程、大众传媒科技传播能力建设工程、科普基础设施工程。2001年5月，在全市各区县率先成立河北区反邪教协会，开展揭批邪教组织的斗争，组织3000余名群众参加全国“反对邪教、保障人权”百万公众签名活动，76封控诉邪教组织罪行的书信转呈给第58届世界人权大会。举办数万名群众参加各类科普知识讲座和报告会。2003年抗击非典期间，广大医学会会员奋战在抗击非典第一线，环境科学学会监测学组对全区医院的医疗废水和废弃物进行严格监控，有效阻断SARS病毒传播途径。区科协组织所属团体，开展科学预防非典知识普及活动。及时调整科技周活动主题和内容，

2006年，区领导参加科技宣传活动（区科委提供）

2007年3月21日，河北区召开科技工作会议（区科委提供）

2009年12月23日，河北区召开科学技术学会第四次大表大会　　（区科委提供）

围绕“依靠科学、战胜非典”主题组织第17届科技周活动。面向全区居民举办《预防非典型肺炎》视盘展播，组织预防非典网络知识竞赛。科普讲师团赴各街道作巡回讲座，发放防治非典科普资料、挂图。2006年《全民科学素质行动计划纲要（2006—2010—2020）》颁布实施后，成立由副区长任组长的河北区全民科学素质工作领导小组，有计划有重点地开展落实工作。2004—2010年，全区举办科普报告会218场，2.37万人次参加；咨询服务532次；举办各类培训162场，1.14万人次参加；举办科普知识竞赛80场，1.28万人次参加。

二、科技周

河北区开展科技周活动始于1978年2月，组织科技报告会、放映科技电影、进行参观等。1987年始，天津市每年统一组织1次科技周活动。河北区按照全市统一部署，组织发动全区各单位、驻区有关单位，先后在中山路、黄纬路、医院路、天津站广场、金钢公园等处集中展示科技成果，普及科学知识。其间，召开表彰科技人员会议，组织各类科普展览、影视展播、现场会、学术报告会、研讨会、培训班、知识竞赛、技术比武，开放实验室和生产线，进行咨询服务、文艺展演、编印科技成果论文集等。1987—2010年科技周期间，举办全区性重点活动239项，区委、区政府连续多年被评为市科技周先进组织单位。

三、全国科普日和社区主题科普活动月

科普日和社区主题科普活动月活动自2003年开始举办。科普日定为每年9月第三个公休日（2003年、2004年为6月）。2005年9月，河北区在江都路街道通达新苑社区承办“全国科普日——节约资源社区行”活动。是年河北区被评为天津市全国科普日活动先进集体。2003—2010年，全区举办科普日活动150项。社区主题科普活动月为每年9月，以全国科普日活动为主要内容在全区社区开展，旨在提升社区居民科学素质。2003—2010年，全区举办社区主题科普活动月活动468项。

四、青少年科技活动

2000年后，组织各学校开发编写科学课程教材和校本教材，第二中学、汇森中学、求真中学、光明小学、兴华小学、红权小学都有自编的科学技术课校本教材，教材包括《少年电世界》《模型制作》《无线电竞赛》《电脑e站乐园》《我爱创造》《小学生交通体验》《手绘艺术》《航空模型基本知识》《网页制作直通车》《电脑动画直通车》《航天科技实践与探究》《发明与知识产权》等。渤海职专教师参与编写的《科学技术》教材在全市中职学校推广使用。2010年，全区各学校有科技兴趣小组、社团40个，每年参加活动1600人次。建设科学教室30个、科普画廊80米，各校全年安排科技课时120节。

第二节　专利工作

一、宣传培训

利用“4·26”世界知识产权日、知识产权宣传周、中国专利周及科技周等大型活动，在全区组织

开展知识产权知识培训和宣传。1999年5月，围绕《中华人民共和国专利法》对全区科级及其以上干部进行培训，2001年起，结合4月26日世界知识产权日开展宣传活动，举办区专利信息发布会、加入WTO与中国知识产权保护专题讲座；为贯彻新修订的《中华人民共和国专利法》，对处级及其以上干部进行培训；区领导发表纪念世界知识产权日电视讲话，组织上街宣传专利知识，开展“知识产权进社区”宣传活动。2009年，在天津美院、天津城市职业学院等高校开展“知识产权进校园”活动，先后培训800余人。2010年，区科委与天津市知识产权服务中心联合举办系列培训，对企业和高校师生、中小学科技辅导员等培训8次、500余人。

二、专利调查与专利实施

1999年始，区知识产权局坚持开展专利调查与专利实施统计工作，努力为推进创新型城市建设提供重要参考依据。

1999—2010年河北区专利调查及专利实施情况统计表

表18-2

年份	专利调查（项）	专利实施（项）	新增产值（万元）	新增利润（万元）	创 汇（万美元）
1999	–	3	94	22	–
2000	–	6	165	56.50	–
2001	–	9	220	53.60	–
2002	–	10	363	55.70	–
2003	–	37	7347	734	37
2004	–	23	3434.81	352.65	4.80
2005	–	44	7022.80	1012.85	26.90
2006	–	157	28752.54	3767.37	96.80
2007	–	165	29778	4665.27	41.90
2008	78	245	31111	5834	–
2009	15	161	38374.62	3481.34	10.70
2010	69	26	167772.73	11294.98	4953.52
合计	162	886	314435.50	31330.26	5171.62

三、专利资助

河北区知识产权局每年对专利的申请、维持等相关工作进行资助。2004—2010年，资助专利总额25.73万元。

2004—2010年河北区专利资助情况统计表

表18-3

年 份	专利（项）	发明专利（项）	资助专利总额（万元）
2004	64	10	1.30
2005	61	27	4
2006	74	29	2.58
2007	161	40	5.40
2008	166	67	6.71
2009	101	34	1.51
2010	230	74	4.23
合 计	857	281	25.73

河北区志

（1979—2010）

第十九编

教　育

JIAO YU

1978—2010年，河北区教育发展经历了3个阶段。一是以恢复教学秩序为主阶段(1978—1981年)。随着高等院校恢复招生，教育步入正轨，进行3次集中调整，整顿教师队伍，加强教学管理，贯彻学生守则，促进校风校纪建设。二是以教学改革为主阶段(1982—1989年)。1982年，对中小学教师进行教材、教学能力考核，推进教育教学改革。1984年，进行以校长负责制为基本内容的学校内部管理体制改革试点，将教材结构、教学方法创新作为改革突破口。1986年，贯彻《中华人民共和国义务教育法》，全面抓好中小学“四率”(巩固率、合格率、优秀率、升学率)。小学入学率100%，巩固率、合格率均为98%。初中巩固率为96%。三是以提高办学水平为主阶段(1990—2010年)。加大改革力度，不断提高教育质量，努力创办特色学校。教育教学研究由经验型向科研型过渡。到20世纪末，区内教育体系趋于完备。民族教育、特殊教育、成人教育、民办教育，以及中等职业教育、普通高等教育均得到发展，教学环境和办学条件不断改善。2000年，天津市第二中学完成重建，成为市内第一个重建的示范高中。2002年，创建天津城市职业学院。2003年，河北区成为天津市新课程改革试验区，在小学启动新课程改革，随后进行初、高中的新课程改革。2004年，初中、小学完成“双高普九”(高水平、高质量，普及九年义务教育)提升改造。2009年，实施义务教育阶段现代化学校建设工程。至2010年，6所初中校和14所小学经天津市专家组验收达标(参见数据集览第二十三、二十四表)。

第一章　教育行政管理

改革开放后，河北区教育经费投入逐年提高。2010年，预算内教育经费拨款增长高于财政经常性增长1.77%，办学条件得到极大改善，依法治教得到有效落实。

第一节　机构设置

1978年，河北区教育局复名，设科室12个。1981年，教育局党委改为党组，1984年，教育局党组改为党委，增设党委办公室。1996年，建立局属事业单位——河北区学校卫生保健所。1997年，区教育局更名为区教育委员会，增设法制办公室(政策法规科)、监察科(纪检委)，至此，设科室21个。2002年，区教育委员会更名为区教育局，撤销培训科、法制办公室和老干部科，其职能分别并入人事科、行政办公室和组干科。2005年，校办公司更名为校办产业服务中心。2010年，撤销监察科，设党委办公室、行政办公室、教育督导室(区政府教育督导室)、中学教育科、小学教育科、学前教育科、职工教育科、德育科、体育卫生科、人事科、财务科、基建科、审计科、招生办公室、保卫科(武装部)、组干科、宣传科等17个科室，直属事业单位4个(教育技术装备管理站、校办产业服务中心、学校卫生保健所、校舍管理站)。局机关及直属事业单位工作人员127人，其中行政编制50人。办公地址在中山路205号。

第二节　经费管理

一、经费投入

1979—1999年，新建、改建学校，增置现代化教学设备，提高人员经费，教育经费需求大幅度上升。1987—1997年，校办企业补充教育经费3000余万元。2000年，区教育经费投入1.18亿元，其中人员经费1.13亿元、公用经费462.5万元。区教育经费支出1.82亿元(1978年814万元，1988年2621万元，1998年1.67亿元，2008年3.94亿元)，其中人员经费1.4亿元、公用经费4124万元。不足部分主要通过组织预算外收入补充。2000年，预算外收入8402.2万元。

2000年后，各校逐步停止举办各种补习班、辅导班，对外租借校舍现象得到清理。2010年，学生平均预算内公用经费支出为小学736元、初中1019元、高中995元。区预算内教育经费拨款8.36亿元，预算外收入1.09亿元，预算内教育经费拨款增长高于财政经常性增长1.77%。教育经费支出9.97亿元，其中人员经费7.7亿元、公用经费2.28亿元。

二、勤工俭学与社会支教

(一)**校办企业** 区内勤工俭学肇始于1958年。1980—1990年，校办企业最多时364家，其中工业203家、商业161家。1991年，组建河北区校办企业公司。1992年，校办公司与台湾台裕电业有限公司合资创办津裕电业有限公司。1993年，组建全市唯一的校办企业集团——天津市裕隆集团公司。1998年后，随着经济的发展，教育经费逐步得到保障，国家取消对校办企业的扶植政策，校办企业亦由为补充教育经费不足转向为教育教学的管理与服务。

(二)**社会支教** 1980—1989年，实行厂校挂钩，对口支援，以实物、劳务支援学校，或协助学校办厂办店。自1990年起，支教多以捐款形式进行。1994年9月，河北区社会各界支教协会成立，涌现出市水利局和退休工人白芳礼等先进单位与个人。1991—1995年，全区社会支教1921.3万元。

第三节　办学条件

一、校舍与场地

1980年，区教育局基建科成立。1979—1983年，落地大修校舍1.71万平方米，一般维修16.05万平方米。1986年，投资389万元新建红光中学西藏学生教学实验楼、宿舍楼和风雨操场。1988年，区少年宫重建工程竣工。1986—1990年，维修校舍59.78万平方米，危房仅剩2%。1991—1995年，投入1300万元改造维修危陋校舍。投资及筹款614万元，修缮美化中小学、幼儿园81所。1980—1995年，接收新拓居民区配套中小幼校舍22所，占地15.98万平方米，建筑面积6.49万平方米。1996—2000年，通过撤并部分学校和整合教育用地，新(扩)建学校13所，其中中学7所(含城市职业学院)、小学4所、幼儿园2所。投入400万元对72所国办中小学、幼儿园55万平方米校舍进行维修。2001—2005年，在全市率先完成第二中学高中示范校建设，配合危改完成对河北实验小学、昆一小学、河北一幼的配套建设，启动天津城市职业学院建设。2004年，开展“双高普九”校舍达标，对20世纪50年代校舍进行大规模整修。接收铁路所属中小学、幼儿园11所5.4万平方米校舍。2000—2008年，共新建学校7所。2006—2010年，以高中示范校为标准，改扩建十四中学、五十七中学、红光中学及进行天津城市职业学院后期建设，建设面积9.67万平方米。2008年，开展义务教育现代化学校创建，投入7000万元，对40所义务教育学校进行修缮。2010年，启动校舍抗震加固工程，对37所学校435幢教学楼、图书馆抗震裂度进行安全鉴定，对不达标的15幢3.23万平方米校舍加固。15所国办幼儿园进行市示范幼儿园、一级幼儿园达标创建，投入2000万元，整修校舍5.5万平方米。

1980—2010年河北区中小幼校舍新建重建情况统计表

表19-1

时间	新建						重建	
	中学		小学		幼儿园		投资（万元）	建筑面积（平方米）
	数量（所）	建筑面积（平方米）	数量（所）	建筑面积（平方米）	数量（所）	建筑面积（平方米）		
1980—1985	3	14724.14	4	10368.97	5	7096.75	769.53	182996
1986—1990	1	6400	3	11934.02	3	4465.17	1045.20	614864
1991—1995	1	4859	1	3450	1	1648.60	1300	（修缮美化）
1996—2000	2	18500	2	9403	–	–	400	550000
2001—2005	2	72124	2	22566	2	4524	1100	603000
2006—2010	3	96647	–	–	–	–	5000	720000

说明：1980—2010年新建校舍中学建筑面积213254.14平方米、小学57721.99平方米、幼儿园17734.52平方米

部分年份河北区中小幼校舍面积变化情况统计表

表19-2　　单位：万平方米

年份	中学		小学		幼儿园	
	建筑面积	占地面积	建筑面积	占地面积	建筑面积	占地面积
1980	1.87	54.19	7.53	20.46	0.82	1.72
1985	23.72	55.95	13.58	25.31	1.89	3.09
1990	23	54.16	16.53	30.65	1.76	3.40
1995	24.49	54.24	16.70	30.50	2.12	3.84
2000	29.46	58.60	14.96	26.76	2.25	4.11
2005	21.72	44.35	10.46	19.84	2.51	4.48
2010	25.29	45.94	12.93	24.84	4.19	7.49

二、教学设备

1978年后，着手解决教学设备匮乏问题。1983年，筹资8.1万元为部分小学装修食堂增添设备，更新课桌椅。1986年，购置费在教育经费中单独列支。1986—1990年，部分中小学装备电化教室和语音教室。1992年，区教育局成立教学设备站。1992—1994年，安排设备购置费599.27万元，其中电教设备费393.26万元。1995年，全区中小学有电化教室17间，语音教室44间，计算机房34间，投影仪224台，微型计算机958台。1996—1999年，投入1446万元，为中小学装备语言学习系统、电教设备、教学仪器、音体美器材、学生课桌椅等，其中1997年、1998年为薄弱校"解困"投入73.5万元。2000年8月，投入800余万元，为第二中学装备新课桌椅、实验室设备、图书馆设备及教师办公桌椅，新建三网合一（闭路教学系统、数字校园网、智能广播系统）网络系统、信息技术教室、语言教室、多媒体教室等功能教室，2001—2004年，投入1016万元，新建和更新中小学信息技术教室57间，新增计算机2400余台。2002年，在大宗教学装备采购中实行政府采购。2003—2010年，投入5318万元，提升改造中小学信息技术教室、实验室、图书馆等，补充体艺器材，建设一批多媒体教室和校园网。其中，2008年9月，投入890万元，完成十四中学高中示范校建设；2009—2010年，投入1540万元，实施天津市义务教育现代化学校建设。

三、教育信息化

1980年后，APPLE机及中华学习机等计算机进入学校。部分高中装备计算机教室，开设计算机

选修课程。一些初中和小学有少量配备用于第二课堂活动。1990年后，PC机开始装备学校，高中全部开设计算机课，部分初中和小学装备专用计算机教室。1999年，区教师进修学校和一号路中学装备第一批多媒体教学系统，计算机辅助教学得到发展。1.2万名中小学生参加天津市第三届青少年计算机应用能力大赛，105名学生进入竞赛，获团体总分第四名。区教师进修学校被确定为市中小学教师计算机应用技能考核基地。2000年，计算机课程改为信息技术课程，小学五年级开设该课。部分小学尚未装备计算机教室，已装备的学校机型老旧，影响信息技术课普及。第二中学装备全区第一个校园网。2001年，为中小学新建或更新信息技术专用教室。2002年，开设信息技术课的小学占全区小学77%，56%的小学开展计算机课外活动。市教委在红星路小学召开普及信息技术教育现场会。区教育局建立信息中心，为市教育科研网二级节点单位。是年9月，建成河北区教育网，红光中学等12所学校入网。12月，区教育局建立官方网站。2003年，区教师教研信息网、音乐及美术专科教研网站相继建立。初中七年级全部开设信息技术必修课，小学五年级信息技术课正式纳入课程表。2004年，全区装备高标准信息技术教室57间。是年年底，以市教育办公邮箱为依托建立教育电子邮箱办公系统，成为区教育办公主要信息渠道。2005年始，区内学校逐渐实现光纤联网，一些学校开始建立自己的网络平台或网站，信息技术与各学科教学进行整合，多媒体课件广泛应用。 2007年，全区中小学装备多媒体教学系统。2008—2010年，中小学全部实现光纤接入，计算机达到小学每12人1台，中学每10人1台，中小学全部建成校园网。

第四节　依法治教与教育交流

一、贯彻义务教育法

1986年，中小学招生制度进行改革：小学实行就近入学，不举行入学考试，入学率100%，巩固率、合格率均为98%；初中巩固率96%。兴业大街小学、小于庄小学、堤头前街小学开设弱智儿童辅读班。1988年，在辅读班基础上成立河北区启智学校，保证区内7~9岁不能在普通小学学习的智障儿童完成义务教育。1990年后，基础教育重点向素质教育转变。1992年，召开区小学“创设乐学情境，实施和谐教育”研讨会。1994年，召开区办学特色与素质教育研讨会。1995年，成立素质教育课题研究组，实现区内各类轻度残疾儿童到普校随班就读，中度以上智力残疾儿童由启智学校招收入学，保证残疾儿童入学率在95%以上。1996年，河北区获天津市特殊教育落实“八五”先进区称号。1995—1999年，15所小学通过市义务教育示范校验收。1999年，招收外来务工子女入学。2002年，区内小学划分11个学区，每个学区指定1所学校招收流动人口子女入学。2003年，30所小学开始小班化教学实验。2006年，基础教育学校向均衡化发展，撤销4所依托公办校的民办公助学校，全部实行划片入学。2007年，小学取消择校生，公办义务教育学校全部实行免收学杂费。区内建立小学均衡发展3个合作学区。2009年，实施天津市义务教育现代化学校建设工程，区内基础教育学校全部按标准进行设施提升和改造。2010年，6所初中、14所小学通过达标验收。

二、校长负责制

1985年，实行校长负责制试验。第一批试点校为区职工大学、三十五中学、育婴里小学、五幼、小树林一幼和中山路二幼6个单位。1994年5月，全面实行校长负责制、全员岗位聘任制、岗位目标责任制。1995年，完成中小学校管理体制改革。学校成为具有法人地位的办学实体。1996年11月，中、小、幼校(园)长，实行聘任制。2003年，建立学校“一把手”年终测评考核奖优罚劣激励机制。2008年，区教育局研究制了公办学校校级干部交流机制。

三、教育督导

1989年，区教育局增设督导室（1998年更名为区政府教育督导室），负责区内中小学、幼儿园及业余学校的综合评估和专项督导。1991年，制订《河北区中小学办学水平和质量综合评估方案（试行）》，对基层单位进行年度综合评估。1992年，对中小学德育工作进行督导。1996年，在全市率先建立见习督学制度。1997年，修订评估方案，增加对基层学校（幼儿园）每3—5年一轮的办学水平综合督导评估。对全区中小学新课程计划落实情况进行专项督导。2000年，开展学校安全工作专项督导。完成天津市“三A”学校评选。2003年，完成天津市“双高普九”达标评估验收。2004年，开展教师师德专项督导。完成天津市中小学校规范校建设评估验收。2006年，开展“体育艺术2+1项目”专项督导。2007年，开展初中新课程改革试验专项督导。将督学责任区制度与随机督导相结合，建立教育督导员制度。2008年，接受天津市对区落实国家学生体质健康工作的专项督导。2009年，启动天津市义务教育现代化学校达标建设，至2010年，有6所中学和14所小学完成评估验收，达到天津市现代化学校建设标准。2010年，进入第四轮次办学（园）水平综合评估。

四、教育交流

20世纪80年代中期，河北区承担西藏对口地区少数民族学生教育任务，后又扩展到新疆。1996年，区教育局发起组织北京市崇文区、天津市河北区、上海市黄浦区三地教育论坛，后每年1届，研讨促进教育改革和发展的热点问题。1999年，重庆市渝中区加入，即成为京津沪渝四市区教育论坛。1997年，新开中学语文教师王永伟赴西藏昌都地区中学支教，任期2年。1999—2008年，选派4批教师分赴新疆喀什地区叶城县和疏附县任教，每批3年。自2001年始，区教育局每年选派一二名中小学校长到美国、加拿大进修。2009年12月，与北辰区教育局签订教育交流合作协议。2010年3月，甘肃清水县教育体育局到区考察，第二中学、汇森中学、昆一小学、实验小学，分别与清水县第六中学、山门镇中学、山门镇中心小学、远门乡中心小学结成对口帮扶学校。9月，与新疆乌鲁木齐市新市区教育局结成友好合作关系。全区所有中小学都有了区外的交流对口学校。2000年，第二中学成立国际部，接待国外访问团体数十批，多次组织学校师生赴境外学访、考察。2001年7月，招收日本、韩国及中国香港和台湾地区学生，其中国外优秀生可进入中国学生班级。2008年10月，第二中学主办“2008基础教育创新与学校发展国际论坛”，有泰国、韩国、美国、澳大利亚、日本、英国及中国台湾地区16个学校和组织参加。2010年，区教育局与美国纽约州西圣尼卡学区签订友好交流协议。

第二章　基础教育

改革开放后，河北区学前教育和普通中小学教育得到长足发展。2010年，全区有各类幼儿园25所、公办小学24所、公办初中校16所、公办高中校9所。

第一节　学前教育

一、园所建设

1978年，学前教育形成国办幼儿园、企业办托幼园所、街办集体园所和家庭托儿户共存局面。1980年后，随着人口出生率上升，幼儿入园入托需求量剧增。1981年，各类幼儿园招收幼儿9000余人，其中国办园有2000个床位。河北区建成国办园八幼、九幼、十幼、十一幼。至1989年，建成国办园十二幼、十三幼、十四幼。企事业单位自办托幼园所规模扩大，小学办起学前班，缓解了供需矛盾。1990年，国办园十五幼、十六幼建成，少年宫艺术幼儿园开班。1991年，五幼扩建新楼竣工，为区内设施最完备、最先进的幼儿园。区卫生局在黄纬路、王串场建2所保育院。1995年，有托幼儿园225所，收托幼儿1.66万人，教职工2623人。其中，国办园16所，收托幼儿3534人，教职工579人；集体园34所，收托幼儿2128人。厂矿企业园50所，收托幼儿4904人；机关事业园5所，收托幼儿341人；部队办园1所，收托幼儿806人；妇联办家托47所，收托幼儿577人；其他4所，收托幼儿128人；学前班68个，有幼儿4138人、教职工370人。河北五幼被市教委和市卫生局认定为天津市首批一级一类幼儿园。1997年，区政府托幼办撤销，职能并入区教育局幼教科，改称学前教育科。全区托幼园119所(含学前班)，其中国办园17所、集体园19所、五七集体园6所、企事业单位办园17所、家托个体园10所、学前班45所、共招收幼儿10274人，学前3年入园率87.26%。1998年，十四幼儿园、铁路一幼被认定为天津市第二批一级一类幼儿园。1999年，为解决流动人口子女就近入园，十三幼成立江南寄宿幼儿园，成为区内首家无假日幼儿园。2002年，区教育局、区卫生局认定首批区级示范幼儿园8所。一幼、二幼、五幼、十四幼、扶轮幼和电力局幼为市一级幼儿园。34所学前班全部通过市级达标验收。启动市示范幼儿园建设工程，四幼并入五幼，为托幼一体化幼儿园。各街道依托幼儿园建立社区早教基地，创办家长学校。2003年，全区基本形成以一幼“世纪宝贝”、五幼“金摇篮”为轴心，各社区亲子乐园、玩具图书馆等为基地，覆盖全区的早期教育指导与服务网络。2006年，撤销23所小学学前班，800余名学前儿童重返幼儿园。2004—2008年，一幼、五幼、十幼、十四幼、扶轮幼被认定为市级示范幼儿园。2005—2010年，建成小太阳幼儿园、育才实验幼儿园、欧文希浦幼儿园和华夏未来北岸华庭幼稚园4所民办幼儿园。至2010年年底，全区有幼儿园25所，其中国办园16所、集体园2所、企事业办园3所、民办园4所，在园幼儿8147人，幼儿入园率89.9%。有市级示范园5所、市一级园11所。

二、集体幼儿园

1975年，34所托幼园所划归区教育局管理，统称集体幼儿园。20世纪90年代，集体幼儿园生源锐减。1992年，4所集体幼儿园联合小树林一幼创办振北实业公司，转型为经济实体。2000年，拆除25所集体幼儿园园舍，将11所集体幼儿园职工安置到振北公司。2010年，区教育局成立集体幼儿园管理委员会，负责管理一所集体幼儿园(五号路一幼)、安置撤并在岗人员、管理退休人员等事宜，机构设在振北公司。

三、幼儿保教

1981年，国办幼儿园实行园长负责制。1984年，制定幼儿园标准，每年进行分类评估。1985年后，进行“三三三学具”(三种颜色、三种形状、三种质量)实验、主题教育研究和小幼衔接的探讨。1989年，各幼儿园铺沙地，修水池，开辟种植园、饲养园，有条件的还建游泳池，创设良好幼儿教育环境，选用多功能可变性标准玩具，便于幼儿活动。1990年，建立保健制度，设专职保健医师，定期查体预防疾病。为幼儿科学配膳，确保户外活动时间。为每个幼儿制定发展水平报告册，每学期末进行家长问卷调查。1994年，6所国办园和1所集体园被评为一类园，五幼被评为《幼儿园工作规程》示范园。1998年，制定河北区幼儿园保教质量综合评估标准，每年进行登记注册审核，每学年进行保教质量综合评估。2000年，4名教师参加市幼儿教师教改与实践演讲活动，获一等奖3个、二等奖1个。2005年，在天津市贯彻《幼儿园教育指导纲要》阶段经验交流会上，区教育局作《以纲要精神为指导，积极探索社区早期教育发展新格局》发言，一幼等5所园作专题经验介绍。2007年，制定《河北区以园为本教研制度建设实施方案》。2008年，承办天津市以园为本教研制度建设分会场论坛。2010年，逐渐形成“一园一特色、全区多品牌”格局。

四、幼儿园选介

（一）**第一幼儿园**　前身为市立第三幼儿园，1956年，更名为河北区第一幼儿园。20世纪80年代，该园音乐教学具有特色，在全市有较大影响。2000年，承担多项市级研究课题。2001年，接收金狮温泉公寓小区配套幼儿园，创建金狮园区。2003年，成立"世纪宝贝"社区早期教育资源中心，主编市素质教育丛书之一《在操作中学习，在活动中发展》。2005年，被评为市示范幼儿园。2009年，成为市基础教育"十一五"规划教育科研基地。2010年，二十四中学华安街校区划归该园创办意奥园区。至此，一幼总占地1.13万平方米，建筑面积0.69万平方米；有教学班30个，在园幼儿957人，教职工125人。其中，专任教师63人，包括中学高级教师5人、区级名师1人、区级学科带头人5人。被命名为市健康教育基地、教科研基地、园长培训工程实践基地。

（二）**第五幼儿园**　1975年建园，位于王串场富强道，原为区教工幼儿园，1979年改现名。1995年，被命名为市一级一类园。2002年，四幼并入。2004年，被评为市首批示范幼儿园。2005年，获天津市劳动模范集体称号。2008年，六十九中校址划入。该园总占地1.28万平方米，建筑面积0.82万平方米，分为宝宝教学楼、贝贝教学楼、中心教学楼、金摇篮早期教育资源培训中心、早期特殊教育活动中心五部分，为区内现代化设施最为完备的幼儿园之一。2009年，建立金摇篮早期特殊教育指导中心。2010年，有教学班36个，在园幼儿1200余人，教职员工180余人。

（三）**扶轮幼儿园**　1950年建园，位于北宁公园内，原名天津铁路分局第一幼儿园。1975年，开展幼小衔接实验教学，园内儿童可直接升入小学二年级。1996—2001年，被评为市首批一级一类幼儿园、北京铁路局标准化幼儿园、天津市"九五"建功立业先进集体，获市"九五"推动学前教育事业发展先进集体、市绿色幼儿园等称号。2002年，天津铁路分局对该园改造重建。2004年，划归河北区教育局管理，更名为河北区扶轮幼儿园。2008年，被评为市示范幼儿园。2010年，幼儿园占地1.39万平方米，建筑面积0.61万平方米，在园幼儿568人，教职工76人。

第二节　普通中小学教育

一、教育教学

（一）**德育**　1980年，贯彻《学生守则》，整顿校风、校纪，各校普遍抓后进生教育。1981年，开展"三热爱""五讲四美"文明礼貌教育，组织学生进行社会调查，贯彻《学生一日生活准则》，抓好学生日常行为训练，在中学进行法制教育。1983年，小学开设思想品德课。翌年，初中3个年级分别开设《青少年修养》《社会发展简史》《法律常识》课，高中开设《辩证唯物主义常识》《政治经济学常识》课。1989年，推广学习铁路一中、五十七中学利用校史进行爱国主义和革命传统教育经验。

1990年，为纪念鸦片战争150周年，各校开展史情教育，被天津电视台录制成《祖国在我心中》电视专题片。在市教育局举办的鸦片战争知识竞赛中，区中学代表队获团体奖第二名。《今晚报》发表河北区中小学生"学习雷锋12年如一日"报道。1994年，在中小学开展中华民族传统美德教育活动。1995年，市、区两级政府授予增产道小学关心孤老残幼贫先进单位称号。1995年，121所中小学成为市级实施规范达标校。1997年，增产道小学"做盲人的眼睛"助残小队被中国残联和全国少工委命名为手拉手红领巾助残小队。2006年，下发《关于加强河北区中小学社会实践管理的意见》。2009年，50%的学校建立学生网站或德育主页、电子阅览室或"校园绿色网吧"。扶轮中学校史馆和解放军总参第一测绘大队队史馆被确定为青年党校基地，新华网以《天津青年党校教育基地落户"名门"》为题作报道。截至2010年，青年党校举办培训班40期，培训学员5500余人，发展学生党员176人，其中红光中学藏族学生55人。

（二）**教学改革** 1979年，学校教育工作转向以教学为中心，全面推广“精讲多练、讲练结合、课前预习、课上消化、课后巩固复习”的教与学相结合经验。1982年，小学学制恢复六年制，二部制学校仅剩5所。1984年，小学每节课由45分钟改为40分钟。1985年，教学改革由经验型走向科研型，五十七中学语文教学序列研究等教学研究成绩突出。1987年，普遍建立教师教学档案和学生学习档案。1990年，教学改革重点向素质教育转变。1992年，区教育局召开“创设乐学情境，实施和谐教育”研讨会。1994年，召开办学特色与素质教育研讨会。1995年，成立小学素质教育课题研究组，开展素质教育与办学特色的研究与实践，全区小学建立6个教研片协作组。1996年，提出加强学生写字、英语、作文和计算机4种能力培养，写字教学形成全区性教学特色。全区初中巩固率97.99%，毕业合格率99.79%。1998年，市教育局在渤海职专召开天津市中学劳动技术教育工作现场会，区教育局介绍经验。2001年，第二中学研究性学习经验在全区高中推广。小学推进小班化教学实验。2003年，启动基础教育新一轮课程改革，小中学进入课改实验。2006年，制定《河北区中小学课堂教学评价标准》《高效教学评价标准》《河北区中小学课堂教学成效评价表》。小学完成新课程改革第一个三年课改实验。2008—2010年，初中和小学全面贯彻市义务教育现代化学校标准，高效课堂教学研究在全区得到落实。

（三）**新课程改革** 2003年，河北区被批准为省市级实验区。区教育局成立课改领导小组和课改办公室，制定实验范围、内容、目标、措施及培训方案，组织学校干部和教师开展一系列培训活动。同年秋季，首先在小学一、三年级开始学科实验新课程。2003—2005年，连续组织3届实践新课程理念优秀课认定活动，促进课堂教学适应新课程要求。2005年秋季，新课程改革在中学启动。11月，全国新课程课堂教学与教师专业成长研讨会在河北区召开，区“案例＋分析＋研究”教研模式得到与会者认同。2006年，召开小学课程改革总结会，表彰38个先进单位和71名先进个人。下发《关于实施河北区小学第二个三年课程改革方案的几点意见》。是年秋季，启动普通高中新课程改革。2007年，市教委在河北区召开深化课程改革实施高效课堂教学现场会。2008年，对15所高中学校新课程改革三年情况进行专项评估监测。2010年，召开河北区普通高中新课程实验工作总结推动现场会，展示校本课程开发与研究、高效课堂探索与实践、校本教研实践与研究3个主题课改成果。为及时总结第二个三年新课程改革的经验，召开小学“校本课程资源开发与实施”专题总结展示会。在第二中学举办天津市普通高中课程改革总结推动大会——校本课程建设专场。

（四）**卫生** 1980年，区教育系统红十字会正式恢复。区内中小学对学生进行寄生虫、龋齿、肝炎、砂眼、近视等5种常见病的防治，开展视力保护宣传活动，建立学生健康卡片。1985年，区教育局、区卫生局组成学生体质健康调研检测队，对7~18岁中小学生健康27项指标进行检测。三十中学等7所学校代表天津市参加全国青少年健康检测调研。1987年，开展争做爱牙好少年活动，小学普及刷牙操。第二中学代表队获市红十字会四大技术急救比赛中学组第一名。1988年，二十四中学和光复道等7所小学开展非传染性“四病”（高血压、脑卒中、脑瘤、冠心病）早期防治的健康教育。芬兰慢性病防治组织4名专家到二十四中学参观，并作“吸烟危害健康”报告。1990年，为保护视力健康，将所有教室横装灯管改为垂直黑板排向。1992年，中小学生常见病的防治由5种改为6种（增加营养不良）。1993年，世界卫生组织（WHO）16个国家代表到河北区听取关于学生卫生保健工作汇报。1996年，小学、幼儿园开展牙齿保健大行动系列活动。二十四中学、建国道小学被批准为天津市卫生Ⅶ项目示范单位。4名学生被批准为红十字会特困助学金首批救助对象，后扩大到每年救助100名特困生。1997—1999年，实施三轮全国学校青春期健康教育计划。1999年，中国营养促进会授予昆一小学中国学生营养工作好单位称号。2000年，38所学校被命名为市级红十字会标准校。2003年非典期间，区教育局第一时间启动预案。针对学校食堂卫生安全和学校卫生防疫下发文件，开展专项培训，对异常情况及时处理。联合区食品卫生监督所对中小学、幼儿园进行食品卫生安全大检查。2004年，对学校、幼儿园实行食堂卫生监督量化分级管理制度。2006年，学校、幼儿园取消C级食堂。2007年，河北区学校红十字工作委员会成立。每年为初一学生免费接种乙肝疫苗。2007—2008年，实施每周0.5课时健康教育，含教育部部署的预防毒品与艾滋病教育。2009年，开展甲型H1N1流感防控，全系统未发生传染病疫情。2010年，国际红十字会亚太地区委员会在河北区培训师资，在初中一年级开设《国际人道主义法》课程，红光中学、四十八中学作为窗口单位对外展示交流（体育见第二十二编）。

（五）**艺术教育**　1980年，新开小学合唱团、水梯子小学少年京剧团、六十九中学脸谱绘画和刺绣编织、九十三中学乐器演奏等课外活动兴起。1992年，各中小学举办"我爱社会主义祖国"艺术节，学生创作书画、工艺品3万余件，摄影作品2000余幅，演出文艺节目百余场。1993年，区少年宫艺术学校儿童赴汉城，与韩国儿童在青瓦台总统府花园进行素描艺术交流。1995年，河北中学、九十三中学、水梯子小学被市教育局命名为天津市艺术教育特色校。1996年，河北区中小学小天鹅艺术团成立，设10个分团。1998年，红光中学、新开中学、铁路第一中学、渤海职专、聋哑学校、开江道小学、红星路小学、铁路第一小学、育婴里小学、昆一小学被市教育局命名为第二批艺术教育特色校。2001年，开展河北区首批小学毕业年级艺术特长生认定工作，认定项目有声乐、器乐、舞蹈、书法和绘画。2002年，区教育局为华安街中学音乐教师袁静华举办"袁静华合唱艺术成果展示"活动。区少年宫、美术中学、九十三中被评为市学校艺术教育工作先进单位。市振兴京剧艺术基金会和区教育局共同举办京剧艺术进课堂展示活动。2003年，举办区少年宫教师艺术成果展，展出书法、美术、摄影、篆刻、音乐创作等180多幅作品。2007年2月，红光中学合唱团首次参加全国第二届中小学生文艺展演获金奖。鲁凤芬、李丽丽、曹克成被市教委授予学校艺术教育突出贡献奖。红光中学、天士力中学、二十四中学、外大附校、育婴里小学、开江道小学的学生合唱团进入天津市合唱示范专场比赛，全区参赛队伍数量居全市首位，获一等奖2个、二等奖3个。2010年2月，红光中学"邦吉美多"合唱团代表天津赴上海参加全国第三届学校文艺展演获金奖。

（六）**教育科研**　1979年，区教学研究室成立，负责中小学教育教学研究工作。1985年，区教育科学研究室成立。1986—1995年，制发《河北区教育科学重点研究项目管理条例（试行）》《河北区教育科研论文评审奖励制度（试行）》等，举办5届教育论文评选活动，征集论文1976篇。各校干部教师在市级及其以上报刊发表教育教学研究文章1255篇，出版专著162本。育婴里小学在北京师范大学冯忠良教授指导下，承担国家教委"八五"科研规划重点项目"结构—定向教学的实验研究"，课题成果通过国家专家组验收。市教育科学研究院与红星路小学联合举办8省市《学校、家庭、社会三结合教育的研究》研讨会，其市级课题"学校、家庭、社会三位一体化的实验研究"成果《小学家长学校教材》一书，由市教育局推荐全市使用。启智学校承办全国14省市弱智儿童康复训练、职业劳动系列教育研讨会，该校主编的《弱智学校的教育与教学》一书获天津市新版书二等奖。1997年，召开首届河北区教育系统教育科研年会，征集论文1972篇，获奖论文编为《创造性教学学科亚模式研究论文集》等8部文集。1999年，召开第二届河北区教育系统教育科研年会，征集论文2882篇，汇编《年级德育目标与实施途径的研究》等5部专辑。"九五"期间，第二中学等14所中小学参与国家教委重点项目"学习指导与素质同步发展的实践研究"课题的实验研究。在全国非智力因素研究会首届年会暨学生非智力因素与素质教育研讨会上，河北区报送论文40篇，其中获一等奖2篇、二等奖8篇、三等奖16篇。基础教育"九五"重点科研课题《学科心理学实验研究》通过专家组课题鉴定，并出版《学会学习》等系列专著。"十五"期间，以创新教育为主题，下发《创新教育目标规划》《河北区创新教育课题研究的实施方案》等，组织开展各级课题申报评审立项工作。2000年始，每年组织1届河北区百节创新教育优秀课评比。河北区承担中国教育学会课题2项、市教育学会课题6项、市规划办课题11项，全部结题。编辑的《创新教育成果集》获市第三届基础教育教学成果二等奖。研究成果《网络德育的理论与实践研究》获首届中国教育学会优秀教育科研成果二等奖。启智学校承担的全国教育科学"十五"规划重点课题《智障生社区生活适应性能力培养的问题研究》结题。渤海职专教师袁旭获全国第十届中学生运动会科报论文二等奖。"十一五"期间，以引领新课程改革为重点，制定《河北区教育科学"十一五"规划》，举办教育科研方法高级研修班暨"十一五"规划课题指南发布会。2006年，开展"十一五"科研课题申报，获中国教育学会课题4项、市教育学会课题18项、市教育科学规划课题16项、市教育科学学会课题3项，全部结题。区进修学校承担的《新课程背景下区域性校本教研的实践与探索—"案例＋分析＋研究"校本教研模式》研究成果，获天津市第四届基础教育教学成果二等奖。区教育局体卫科承担的《体育校本课程开发的理论与实践研究》获天津市教育科学研究院A级鉴定。区教育局承担的课题《班集体管理与学生创新能力的培养》获全国班集体建设优秀科研成果一等奖。五十七中学特级教师及树楠出版专著和参编书籍20余部，发表语文教学文章200余篇。2010年，区教科室获天津市教育科研管理先进单位称号。

二、小学

1978年，全区教育工作重点转到提高教学质量上来。1980年，第二中心、新开、育婴里小学被定为市级重点小学。1981年，中山路等4所中学恢复为小学。在新辟住宅区兴建靖江路等一批小学。1984年，区教育局制定《小学合格校验收标准》。1989年，面临小学入学高峰，采取压缩非教室用房、新建教学用房、向中学借用教室等措施。1992年，小学在校生60839人，二部制班级占3.1%，低于全市此项的平均数。1996年起，小学生源逐年减少，适逢大规模危改和城区建设，许多旧城区小学被拆除，全区开始进行小学重新布局调整。2001年，实验小学在新建小区竣工。2005年，昆一小学北岸华庭校区建成。2004年，区教育局接收企业办学的铁一小、铁五小、铁六小、铁七小4所小学（2005年分别更名为扶轮小学、光明小学、大江路小学、新程小学）为公办小学。至2010年，撤并小学51所。全区有公办小学23所，特教学校1所（公办），民办小学1所，学生18959人（其中民办小学254人）。

1996—2010年河北区公办小学撤并情况一览表

表19-3

年份	裁撤学校	备注
1996	小关二	–
1997	革新道	–
1998	博爱道 粮店街 东五 真理道	博爱道、庆安街小学合并为博安小学
1999	兴业大街 小关一 水梯子 一中心 回民 中纺前街	–
2000	盐坨	–
2001	小刘庄 觉悟 富强道 中山路	觉悟小学原为西箭道小学
2002	宙纬路 陈家沟	–
2003	一号路 狮子林二 十字街 堤头后街 金星里 天纬路 建国道 光复道 正义道 七号路 小树林 江都路	一号路、幸福道小学合并为金钟小学
2004	新曙光 小王庄 东于庄 新大路 启东道	–
2005	元纬路 博安 建昌道 二中心	–
2006	志成道、法政桥一小 鸿顺里	–
2007	昆纬路二小	法二、昆二小学合并为第二实验小学
2008	金钟	–
2009	堤头前街 狮子林一小	–
2010	生产道	–

2010年河北区小学基本情况一览表

表19-4

校 名	创建年份	学生(人)	校 址	校 名	创建年份	学生(人)	校 址
育婴里小学	1952	1755	育婴路47号	连云路小学	1981	940	灌云里1号
河北区第二实验小学	1964	368	新大路169号	红权小学	1967	298	银山里2号
三十中学附属小学	1963	368	张兴庄二段	增产道小学	1959	749	增产道24号
兴华小学	1988	1009	宜洁路1号	红星路小学	1983	793	红星路106号
靖江路小学	1981	368	幸福道15号	开江道小学	1988	666	开江道与乌江路交口处
金沙江路小学	1986	539	金沙江路184号	月牙河小学	1995	677	月牙河小区
五号路小学	1987	589	王串场五号路	实验小学	2001	1728	金田道1号
昆一小学	1908	1922	东三经路64号	扶轮小学	1918	759	宇纬路4号
天泰小学	1964	705	席场下坡2号	光明小学	1952	1217	富强道40号
新开小学	1942	792	月纬路21号	新程小学	1986	596	铁工西里22号
黄纬路小学	1904	569	五马路36号	大江路小学	1962	420	大江路大江北里1号
宁园小学	1952	823	中纺前街36号	启智学校	1985	55	庆安街32号

说明：不含民办学校

三、初中

1980年后，为调整教育结构与布局，一号路等13所中学撤掉高中，其中部分中学办起中等职业技术学校。中学取消二部制。1993年，民办天河中学、通华中学成立，分别租赁河北职大教室和靖江路中学教室，两校有学生4个班203人。1994年，初中毕业生巩固率96%，居全市第一。1995年，三十九中学迁至宜白路荣强里新教学楼；一0一中学迁至宙纬路五十七中原校址。是年，有公办初中校35所（含10所完中校初中部），社会力量办学9所，学生27918人。1997年，初中校布局调整，一0一、八十一、昆纬路中学等校被撤并。各校致力于应试教育向素质教育理念转变，确立全面提高学生素质的观念。四十八中、十中等通过市“双高普九”验收。2003年，二十六、六十九、华安街、靖江路、新大路、第十中学等校撤并。2010年，有公办初中校16所（含完中校初中部9所），学生7512人。

2010年河北区初中学校基本情况一览表

表19-5

校 名	创建年份	学生(人)	校 址	校 名	创建年份	学生(人)	校 址
二中	1947	94	昆纬路109号	七十七中	1969	511	王串场革新道9号
十四中	1952	87	水产前街45号	七十八中	1958	789	增产道23号
二十四中	1932	739	民权路1号	九十三中	1960	341	真理道22号
三十中	1926	301	宜康路荣强里47号	扶轮中学	1918	643	吕纬路93号
三十五中	1950	725	天泰路治安胡同	红光中学	1949	225	建昌道24号
四十八中	1955	599	王串场一号路42号	美术中学	1961	212	元纬路50号
五十三中	1955	315	宿纬路23号	新开中学	1958	923	日纬路44号
五十七中	1939	590	昆纬路38号	一号路中学	1966	418	王串场一号路南头

说明：不含民办学校

四、高中

1980年，高中恢复3年制，一号路、新大路中学等13所中学先后撤掉高中。1987年，普通高中与职业技术学校在校生比率为1:1.8。1995年，中山金融职专迁至原三十九中学校址，五十七中学迁至李公祠大街原中山金融职专校址。是年，区内完中校10所，有高中学生4492人。1997年，红光中学被定为市级重点中学。第二中学、十四中学改为高中校。2000年1月，第二中学在全市率先启动示范性高中校建设，8月新校舍建成。2001年6月，国务院副总理李岚清视察第二中学。2003年，第二中学被命名为市首批示范高中。五十七、十四中学随后相继完成示范校工程。2003年，十中、三十中学撤销并入其他校。铁路第一中学划归地方，次年更名为扶轮中学。2009年，十四、五十七中学恢复招收外地高中生，招生计划均为两个班90人。2010年，十四中学承接教育援疆任务，招收首届新疆和田地区学生两个班80人。是年，区内有公办高中学校9所，学生7505人。

2010年河北区高中学校基本情况一览表

表19-6

校名	创建年份	学生(人)	校址	校名	创建年份	学生(人)	校址
二中	1947	1273	昆纬路109号	七十八中	1958	718	增产道23号
十四中	1952	1340	水产前街45号	扶轮中学	1918	989	吕纬路93号
二十四中	1932	543	民权路1号	红光中学	1949	544	建昌道24号
三十五中	1950	421	天泰路治安胡同	美术中学	1961	366	元纬路50号
五十七中	1939	1311	昆纬路38号	–	–	–	–

说明：不含民办学校

五、民办教育

(一)**民办公助学校** 1995年，第二中学与天磁公司合办天慈中学，十四中学与天士力集团合办天使力中学(后改为天士力中学)。相继创建以昆一小学为依托的昆实小学，以育婴里小学为依托的育英小学，以新开小学为依托的日新小学，以美术中学为依托的美术中学附属小学，以及专为解决外地流动人口子女入学的江南寄宿小学。1996年，五十七中学与建工集团合办双建中学，美术中学创建华狮美术中学，七十八中学、二十四中学、三十五中学相继创建双环中学、天成中学和移山中学，还有坐落在区内的外院附中创办的语言学校、天津第二幼儿师范创办的博文中学等。1997年，市政府规范民办公助学校办学，提出“四独立”(校舍、资金、领导、管理)要求，以解决“校中校”问题，遂结合学校布局调整，将原昆纬路中学和原东五经路小学等校舍作为民办公助学校独立校舍。2006年后，市教委大力推进教育均衡发展，解决“择校热”难题，民办公助学校逐步削减，双环、天成、移山等中学及民办公助小学停止招生，华狮美术学校等恢复公办性质。

河北区中小学体制改革校基本情况一览表

表19-7

校名	创建年份	依托学校	坐落地点	撤销年份
天成中学	1996	二十四中学	民权路1号	2009
移山中学	1996	三十五中学	志成道治安胡同10号	2009
双环中学	1996	七十八中学	增产道23号	2009
双建中学	1996	五十七中学	宙纬路46号	2011
河北区外国语中学	1998	一号路中学	王串场一号路南头	2009
华狮美术学校	1996	美术中学	东河沿大街14号	2009
语言学校	1995	外院附中	南口路11号	2010
正华学校	2000	铁三院子弟学校	幸福道27号	2009
博文中学	1995	二幼师	增产道17号	2006
日新小学	1995	新开小学	月纬路21号	2011
昆实小学	1995	昆一小学	新大路169号	2011
育婴小学	1995	育婴里小学	育婴路47号	2011
江南寄宿小学	1994	红权小学	民权门28段	2011
美术中学附属小学	1996	美术中学	东河沿大街14号	2002

（二）**民办学校**

1995年后，初中面临生源高峰，在国家政策倡导下，一些民主党派、企事业单位、社会团体和个人相继办起民办学校，缓解了生源压力。2000年后，随着生源减少以及对学校管理的逐步规范，一些不适应需求的学校逐步削减。求真高级中学、汇森中学、河北区中心小学等保持着较高的教育质量，成为优质民办教育资源。

河北区民办中小学校基本情况一览表

表19-8

校名	创建年份	主办方	坐落地点	撤销年份
汇森中学	1995	汇森房地产开发有限公司	昆纬路46号	
天士力中学	1995	天士力广告有限公司	水产前街16号	
求真高级中学	1998	河北区教育学会	王串场六号路7号	
万盛高级中学	1999	民盟天津市委员会香港万盛集团	华龙道和平村	
路华中学	1993	天津市教育学会、北京铁路局天津职工培训基地、京利达物资商贸有限公司	沧江道2号	
美术学院美术高中	1994	王宝响	月纬路47号	
新纪元中学	1995	杨振明	建昌道41号	
中心小学	2006	河北区建设开发公司	二马路23号	
津北中学	1994	张长俊	富强道40号	2007
务实中学	1994	张克淳	增光道13号	2007

（三）**民办培训机构**

1985年，全区仅有九三学社创办的民办培训机构——天津市河北科技进修学校，主要满足社会上对文化补习需求。1990年，民办培训机构开始增加，以计算机技术和外语课程为主。1995年，国办学校培训机构出现，主要有中小学校外体育、计算机、外语、书法等课程。2000年，天津市少儿书法学校成立，位于宇纬路4号。2004年，更名为天津市少儿书法教育中心。至2010年，该教育中心培训学生近2万人次，培训教师近700人。有书法教师（多数为退休）20多人。2005年起，区内学校培训机构逐渐减少。2010年，全区有44个民办培训机构，设计算机、英语、葡萄牙语、日语、韩语、软硬笔书法、美术、剪纸、钢琴、舞蹈等专业。

六、学校选介

（一）**育婴里小学**　1952年建校，始为三区第九小学，后二区、三区合并，更名为第三十七小学。1956年，更名为育婴里小学。2010年，有3个校区，分别位于育婴路47号、天泰路696号、曙光路6号。1980年，被定为市重点小学。1985年，被定为天津市体制改革试点校，实行校长负责制和教师聘任、综合评估、结构工资等制度。1989年年底，邀请北师大心理系冯忠良教授指导教育改革，以“结构—定向”理论为指导，先后进行课程设置、课堂结构、教学方法、考试方法改革。2007年，教师胡建玲被评为全国模范教师、全国教育系统巾帼建功标兵，2009年，作为全国教师代表受邀赴北京观看国庆检阅。2010年，有教学班50个，学生2079人，教职工161人。有市、区级学科带头人21人，中学高级教师19人。学校以一切为了孩子为办学宗旨，以

育婴里小学　（区志办提供）

团结、求实、主动、创新为校风，以团结、勤奋、勇敢、向上为校训，坚持“科研兴校，持续发展”办学思路，突出“科研为先导，全面落实素质教育”办学特色。“十一五”时期，先后承担全国、市、区级11项重点课题，成为市级优秀科研单位、义务教育示范校、“三A”学校、“五一”劳动奖章先进集体和天津市首批现代化学校。

昆纬路第一小学　　（区志办提供）

（二）昆纬路第一小学　清光绪三十四年（1908年）建校，原名三区十一保国民小学；1958年改现名。1985年，学校迁至东三经路64号，确定“夯实基础，强化管理，学有所长，全面发展”的办学思路。1992年，成为首批天津市教科院创造教育科研实践基地。1995年，被定为市义务教育示范校，同年参加“构建中国特色小学生创造教育素质体系”课题研究，被评为市教改先进校。百余名教师参与或承担国家、市、区级数十项课题研究，50多名教师被评为市级科研先进个人，形成科研兴校办学特色。2004年、2005年、2008年，先后将新大路小学、二中心小学、金钟小学并入昆一小学金钟校区。2005年，新建北岸华庭校区。在新课程改革背景下，学校确立让每个学生在昆一都得到最好发展的办学理念，强调尊重学生个性差异，坚持培养学生全面发展的育人宗旨。1979—2010年，多名学生被评为津门童星，学校先后被评为市“九五”立功先进集体、市科技活动示范学校、全国推进素质教育先进学校，2009年通过市义务教育现代化学校达标验收。2010年，在校生2426人，教职工183人。其中，特级教师2人，中学高级教师9人，市、区学科带头人30余人，17名教师获研究生学历，80%以上教师为本科学历。有3个校区，分别坐落于东三经路64号、昆纬路158号、金钟河东街7号。

河北区实验小学　　（区志办提供）

（三）实验小学　2001年建校。2002年，被市教委批准为双语实验校。2003年，光复道小学并入，称实验小学光复道校区。2004年，作为天津市学校的唯一代表，接受教育部语言文字工作检查，被命名为国家级语言文字示范校。同年，学生参加“爱果士”杯英语课本剧比赛，获全国第一名，并受邀到法国学访。2005年，与台北县新和国小签订共建联盟协议书，开展两岸文化、教育交流。2009年，通过市首批义务教育现代化学校验收，同年，狮子林小学并入，称实验小学狮子林校区。学校以让学生成功、让学生快乐为办学理念，以让每个孩子快乐地度过金色童年为办学宗旨，促进学生身心全面健康发展。2010年，有教学班54个，学生1684人，教职工154人，其中中学高级教师10人、小学高级教师121人。有3个校区，分别坐落于金田道1号、狮子林大街290号、民族路38号。

（四）红星路小学　1983年，在原何兴庄中学校址建校，2003年，迁至红星路106号。1984—1990年，以“三结合（学校、家庭、社会）教育”经验而闻名。1990年后，形成书法育人特色。学校书法教育师资雄厚，名人辈出，涌现出吴百川、张桓、曹桂敏、宋增华、徐莉、阎金、张春艳等一批书法教育名人，教师中具备书法教育能力的占80%。1992年，主办8省市“三结合教育”理论研讨会。1994年，11岁学生李丹书法作品在中国国际文学艺术博览会上被评为一级作品。1995年，学校被市书法教育研究会命名为书法状元校。1996年，承办全国写字教学研讨会，被确定为写字教学实验基地，编有《硬笔书法》等5部校本教材和多部师生书法作品书籍。1997年，被评为天津市三A学校。1998年，校长随天津市文化教育交流团出访日本。2001年，被评为市素质教育示范学校。2004年，成立天津市硬笔书法协会红星路小学分会，吸纳学生会员近300名。2007年，举办传承书法20年庆典活动，书法家庞中华莅临。学校被定为天津市汉文化推广基地、天津市硬笔书协写字教学实践基地。2009年，通过市首批现代化学校建设达标验收。2010年，举办首届天津与台湾少儿书法教育论坛。2010年，在校学生793人，教职工83人。

河北区红星路小学　　（区志办提供）

（五）红权小学　建于1967年，位于红星路与金钟河大街交口处。1997年，与革新道小学合并，并迁到原革新道小学校址。2003年，迁至原江都路小学校址。1994年，为解决外地流动人口子女入学问题，在红权小学的基础上创办公办民助全日制寄宿学校——江南寄宿小学，生源来自全国18个省、市、自治区，学校秉承江南是孩子们健康成长的家园办学理念，本着对每一个学生负责，一个也不能少的宗旨，让每个学生享受平等教育。《光明日报》等媒体报道该校解决流动人口子女教育问题经验。该校先后被评为全国巾帼文明岗、市级"九五"立功先进单位、市级"三八"红旗集体、市级劳动模范集体。校长李凤珍被评为全国优秀教育工作者。2003年，学校研发校本课程《地域风情》，对学生进行热爱家乡的教育，获河北区课改优秀成果奖。2007年，市文联、市出版局、区委、区政府、今晚传媒集团联合举办呼唤真情奉献爱心——为江南寄宿小学捐建图书馆活动，市文联、天津新蕾出版社向学校捐赠1.5万余册图书。2009年，江南寄宿小学取消民办体制，恢复为红权小学，通过市首批义务教育现代化学校建设达标验收。2010年，在校生419人，12个教学班，54名教职工，其中小学高级教师36人、中学高级教师2人。校址位于银山里2号。

河北区红权小学　　（区志办提供）

（六）天津市第二中学　1947年建校，原名介寿中学，校址在昆纬路133号。1951年，与天津四中（原名觉民中学）合并，定名天津市立二中。1980年，定为市级重点中学。1997年，昆纬路中学并入。2000年，学校成立国际部，先后与国内外10余所学校建立友好关系，多次接待国外访问团体，多次组织师生到国外交流。2001年，在全市率先完成高中示范校硬件建设，2003年，定为市首批示范高中校。2004年，新大路中学并入。2010年，在校学生1365人，教职工264人，其中专任教师218人。学校占地5.1万平方米，建筑面积3.2万平方米。图书馆藏书8万余册。改革开放以后，秉承"学生为本，高效开放，尊重个性，全面发展"办学理念，坚持课堂教学为素质教育主阵地，开展以学生为主体的教学模式研究和实践，建立切实可行的运行机制和课堂教学评价标准，教育教学质量位于同类校前列。学校长期坚持开展艺术节、读书节、体育节、科技节等活动，有20余个学生社团，促进学

天津市第二中学　　（区志办提供）

生全面健康发展。先后获全国精神文明建设先进单位、全国绿色学校、全国和谐校园先进学校、全国教科研先进单位等40余项国家、省、市级的奖励和称号。

(七)天津市第十四中学 1952年建校，校址位于水产前街45号。改革开放后，经过长期教学实践，形成好学深思，独立思考的学风和“三先三后一总结”(先预习后听课、先复习后做作业、先思考后提问题和及时归纳总结)教学方法，创造开门观摩的教研模式，语文周活动在全市有较大影响。1980年，被定为市级重点中学。科技教育为学校传统特色。1980—1990年，学校成立无线电、生物、微生物等兴趣小组，组织学生开展各类科技实践活动，多种作品在历次科技展览大赛中获奖。1994年，学校建立天津市第一个中学业余电台，培养一批无线电爱好者，与60多个国家300多个电台实现通联。科普宣传、科技主题班会、科学月、科技周等成为学校传统活动。学校多次获天津市青少年科技活动先进学校称号。1997年，八十一中学并入。2003年，被批准为市第二批示范高中校。2004年，被命名为天津市科学教育实验基地。2006年，原红光中学校址划入。2007年，正华中学并入，并在十四中学、八十一中学和红光中学的原校址上进行重建。2008年8月，新校区建成，占地6.98万平方米，拥有国家标准的理化生实验室及各类专用教室、图书馆、功能厅等，多媒体教学设备实现全覆盖。2010年8月，建立接收新疆和田地区学生的新疆班。2010年，在校生2400人，教职员工269人。其中，专任教师243人，特级教师2人，区级名师3人。

天津市第十四中学　　（区志办提供）

(八)天津市第五十七中学 1939年建校，初名天津市立女二中。1979年，更为现名。校址在宙纬路46号。1990年，确立勤奋、求实、团结、创新校训。1993年，被定为市重点中学，迁至李公祠大街东箭道16号原金融职专校址。2003年7月，迁至昆纬路38号原三十中学校址。2005年7月，第十中学并入。被认定为市示范完中校。2009年，被认定为国家级篮球传统学校。学校以创办成就教育为特色，以厚德、博学、和谐、卓越为新校训，坚持打造优秀教师队伍，引领学生走向成功办学理念。通过实施师德建设、教师发展、名师培养、干部培训四大工程，提升教师队伍综合素养，拥有未来教育家奠基工程学员、特级教师等优秀师资。通过课程改革，努力营造“课内轻松愉快，课外多姿多彩”教育氛围，中学生网站、家长学校、青年党校、心理疏导、篮球、击剑等特色活动得到学生、家长及社会的较高评价。2010年，教职工273人，初中学生982人，高中学生1244人。

天津市第五十七中学　　（区志办提供）

(九)天津市扶轮中学 1918年建校，初名天津扶轮公学。1922年，更名为交通部扶轮第一中学校，旋即改为交通部部立天津扶轮中学校。1963年，改称天津铁路一中。1984年，被北京铁路局认定为“三优文明校”。1997年，被确定为市重点中学。2004年，划归区教育局管理后恢复现名。学校重新确立办规范化、高质量、有特色学校办学理念，突出文体特色，构建校园文化。2009年，通过市现代化学校达标验收。1990—2010年，每年举办艺术节、体育节、图书节等，篮球、田径活动走在全区前列。学校有多功能教室、体育馆、图书馆、校史陈列馆、天文馆等设施，校史馆被天津市、铁道部命名为爱国主义教育基地。学校标志性建筑石楼，由中国“建筑泰斗”庄俊设计，建校初期建成，被认定为天津市历史风貌建筑、河北区文物保护单位。拥有顾宝埏、董秋芳、杨绍萱等一批著名教育家，培养出以陈省身为代表的一批海内外知名学子。2010年，学校教职工169人，在校生1632人，其中初中643人、高中989人。

天津市扶轮中学　　（扶轮中学提供）

（十）天津市美术中学　前身为1961年重建的河北中学。1985年，学校开设高中美术实验班。1989年，更名为河北美术高中。1995年，更为现名，同年被命名为市艺术教育特色校。1996年，建立美术中学附属小学、华狮美术学校、实用美术职专，形成以高中为主体，多层次、多体制的办学模式。2002年，被评为市学校艺术教育工作先进单位。2010年，确立为完全中学。学校现址是中国早期著名艺术先驱者李叔同归国任教的第一所学堂——直隶高等工业学堂所在地，建有校史馆和“叔同国画工作室”。学校建筑面积2万多平方米，教学设施齐备，设立沙画、扎染、陶艺、摄影等美术实践工作室和300平方米的美术展厅。初中部通过市义务教育现代化学校验收。坚持立足全面育人，确立个性发展的办学理念和规范＋特色培养目标，践行艺术特色教育，探索实行级部制、画室制、走班选课等美术教学模式，涌现出美术特级教师冯武庆、全国优秀班主任秦屹、天津市十佳青年画家齐彦等优秀教师。1995—2010年，为高等院校输送5000多名美术专业学生。2010年，学校任课教师104人，在校生578人。

天津市美术中学　　（区志办提供）

（十一）天津外国语大学附属外国语学校　1964年，天津市外国语学校成立，设中学部和小学部，在市内六区推荐的小学三年级和六年级毕业生中择优录取120人。设英语专业，在天津第一中学和天津幼儿师范学校校址教学。之后不久校址迁至南口路11号。1978年，划归天津外国语学院，更名为天津外国语学院附属外国语学校。2001年，七十九中学整建制划入。2010年，更名为天津外国语大学附属外国语学校。学校为天津市直属重点中学、全国外国语学校副理事长校。占地5.33万平方米，建筑面积5万余平方米。设初中部、高中部、国际部（AP国际课程中心、韩国留学生部）。设英、日、德、法、西5种外语课，并开设多种校本课程。秉承融中西文化，育国际英才办学理念，坚持开放式教育办学特色，为国家培养众多优秀人才，包括百余名驻外工作人员，其中驻外大使18人。学校每年保送到清华、北大等高校逾百人，被世界名校录取的学生逐年增多，参加各类竞赛屡创佳绩。2010年，有教学班45个，学生1829人，教职工237人。

天津外国语大学附属外国语学校
（区志办提供）

第三章　特殊教育和民族教育

河北区的特殊教育由天津聋人学校、河北区启智学校和天津市贫困智力残疾儿童抢救性康复项目定点康复机构——“金摇篮”早期特殊教育指导中心构成。民族教育包括红光中学西藏学生班和十四中学新疆学生班。

第一节　特殊教育

一、天津市聋人学校

1962年，天津市聋哑学校迁入王串场新校舍，为全国规模最大的聋哑学校。“文化大革命”期间学校停课。1977年，学校恢复正常教学秩序。1981年，开办3个年级6个教学班的职业教育班，设金工、木工、缝纫等专业。至1984年，区内8~12岁聋哑儿童已实现普及教育。1990年，由联合国儿童基金会资助，在校内筹建特殊教育师资培训中心，先后举办干部、教师培训班19期，培训山西、海南等十几个省、市、自治区学员700多人次。1995年，2650平方米的特教综合楼建成，有电教、计算机、心理测试、资料印制等4个中心。学校创建天津市康华职业学校，招收普通初中毕业生，设有计算机应用、办公自动化、电子家电技术3个专业，探索“聋健合一”教育模式。1999年6月，康华职业学校更名为红星涉外职业学校，招生130人。1998年，开办天津市聋人高级中学，聋人高中预科1年，学制3年。学生毕业参加全国特殊教育统一高考，对口升入天津理工大学聋人工学院、长春大学聋人美术专业、北京联合大学聋人教育学院等高等院校的专科或本科深造。至2010年，高中生毕业率100%，122名毕业生升入大学。1999年3月，天津聋校心理咨询室启用。2001年8月，学校成立教科研室，与联合国儿童基金会社区康复技术支持项目办公室合作开展近10年的聋幼儿双语教学试验，引进国际先进耳聋教育理念，为重度和极重度耳聋学生探索新的教育康复途径和方法，其成果在国内推广。研究课题“运用双语双文化提高听觉障碍儿童教育质量的研究与实验”，被列为教育部基础教育司“十五”特殊教育重点科研课题。2005年1月，市长戴相龙为学校题词：“向市聋哑学校师生员工问好”。是年，双语实验研究成果获市第三届基础教育成果二等奖。2006年，市第二幼儿师范学校校址划入，在原址新建1.4万平方米校舍。建设规模为教学班62个，在校生800人，学前聋儿康复班8个，九年义务教育班36个，高中班18个。扩建后学校占地4.1万平方米。是年，与市第二、第三聋哑学校合并重组为新的天津市聋哑学校。2009年4月，更名为天津市聋人学校。

天津市聋人学校　　（区志办提供）

二、河北区启智学校

1983年，兴业大街小学设弱智儿童辅读班，初招学生12人，多为周围小学中智力低下学生。1985年，正式向社会招生。1986年，在小于庄小学、堤前小学设辅读班，学制初定8年达到初小水平。1988年，在原有3个辅读班基础上成立河北区启智学校，校址在小王庄安定里。学制9年，1~6年级为文化知识学段，7~9年级为职业教育学段。招生对象为区内7~9岁因智力障碍不能在普通学校学习或经过在普通学校,1年随班学习尚不能适应者，每班12~15人。2000年后，招生对象为中重度智力落后儿童，每班8~12人。发挥体育教学传统优势，将“特奥”运动作为补偿学生缺陷、开发学生潜能重要手段。设乒乓球、硬地滚球等校本课程，开展每日“特奥”大课间活动，成立乒乓球、羽毛球、篮球、田径、游泳等特奥训练队。2005年，学校被命名为天津市特奥田径训练基地。至2010年，多次组织学生参加国内外特奥运动比赛，夺得金牌52枚、银牌38枚、铜牌50枚，2名教师获全国特奥工作先进个人、2名学生获全国优秀特奥运动员称号。2005年9月，学校迁至庆安街原博安小学校址。设手工、金工2专业，对完成九年义务教育毕业生进行职业培训。2007年，设生活语文、生活数学、生活适应、劳动技能、唱游与律动、绘画与手工、运动与保健7门课程，以及信息技术、康复训练、乒乓球3门选修课。2009年12月，承办天津市特殊教育学校职业教育研讨会。2010年4月起，选派优秀教师为不能到校的20名重度残疾少儿上门送教。2010年，有教学班9个，学生97人(送教入户20人)，教职工29人，其中专任教师24人。

河北区启智学校部分师生　（区志办提供）

三、学前特教中心

2009年，区教育局、区残联依托五幼成立早期特殊亲子教育机构——“金摇篮”早期特殊教育指导中心，为河北区进行0~6岁残疾儿童早期康复、开展教育活动指导中心。设半日班和个训班，20余名智力和语言发育迟缓的幼儿接受康复训练与教育指导。2010年2月，学前特教中心被批准为市贫困智力残疾儿童抢救性康复项目定点康复机构。

第二节　民族教育

一、红光中学西藏学生班

1985年,市政府决定由红光中学创办西藏学生班。8月11日，西藏那曲地区100名小学毕业生到红光中学就读。1989年，开设西藏学生高中班，成为全国3个同类型学校之一。在校西藏学生按天津市初、高中学制要求完成学业,并用天津试卷参加考试，毕业后分别升入中专、高中、大学。1995年，该校西藏学生高考成绩为全国高中西藏班之首，洛桑顿珠获西藏学生高考理科状元。至2010年，培养26届3981名毕业生，其中初中毕业生1982人、高中毕业生1999人。1994年10月，红光中学被国务院命名为全国民族团结进步模范单位，被市政府命名为民族教育先进集体。1997年9月，被定为市级重点中学。2005年、2006年连续获得内地西藏班天津地区文科高考状元。2006年，红光中学迁入建昌道24号新校区，占地3.61万平方米，建筑面积3.32万平方米。2010年藏历新年时，中共中央政治局委员、天津市委书记张高丽到校探望师生，共度佳节。

天津市红光中学　（区志办提供）

1989—2010年红光中学西藏班升学情况统计表

表19-9　　单位：人

年份	初中			高中		
	毕业生	考入高中	考入中专	毕业生	考入内地大学	考入西藏地区大学
1989	47	13	34	–	–	–
1990	88	16	72	–	–	–
1991	73	14	58	–	–	–
1992	78	17	49	–	–	–
1993	70	19	49	93	82	10
1994	94	12	76	90	71	19
1995	107	19	85	90	86	4
1996	84	15	65	89	48	23
1997	78	15	59	89	81	4
1998	121	35	80	95	93	2
1999	81	18	57	91	90	1
2000	46	5	36	90	90	0
2001	137	40	61	100	100	0
2002	77	29	47	133	132	1
2003	99	97	2	130	130	0
2004	95	68	25	124	117	7
2005	100	66	24	133	129	4
2006	102	73	8	134	127	7
2007	103	76	2	127	102	18
2008	102	74	7	112	110	2
2009	97	52	–	128	128	0
2010	103	92	–	151	151	0

二、十四中学新疆学生班

2010年，根据天津市教委《关于天津和田高中班等项目实施意见》，天津市第十四中学开始招收新疆学生，共招收80人。生源主要来自新疆策勒县、于田县和民丰县的九年级毕业生。学制4年，其中预科1年、高中3年，学生学习期满后回新疆维吾尔自治区和田地区参加高考。

三、民族团结教育

2004年，区内在新七年级开设《民族政策常识》课，每周1课时，藉以培养青少年的民族团结意识。2006年11月，天慈中学教师在市教委召开的全市民族团结教育现场会上做民族团结教育课说课展示。2009年，制订《河北区落实〈学校民族团结教育指导纲要(试行)〉实施方案》，明确实施方法和途径，建议各校把此项工作和校本课程结合起来。2010年，成立河北区学校民族团结教育工作领导小组，全面部署、整体推进学校民族团结教育工作，各校成立由校长担任组长的民族团结教育工作领导小组，落实民族团结教育工作。

第四章　中等职业技术教育

1979年，河北区有中等专业学校3所，1995年有4所，至2010年有3所升格为高职学院，1所撤销。1995年有中等职业学校10所，至2010年或并入职业学院或停办。技工学校也曾有10多所，至2010年已不存。

第一节　中等专业学校

1979年，区内中等专业学校有天津工艺美术学校、天津外语学校（后改为天津外国语大学附属外国语学校）、天津铁路工程学校、天津外贸学校。1981年，天津外贸学校由黄纬路迁到王串场革新道，1995年，更名为天津国际贸易商务学校。1982年，天津第二幼儿师范学校在增产道建立。1994年，天津铁路工程学校被国家教委认定为国家级重点中等专业学校。1995年，有中等专业学校4所，学生5754人。2000—2010年，天津国际商务学校、天津铁路工程学校和天津工艺美术学校均升格为职业学院，天津第二幼儿师范学校撤销。

河北区辖区内中等专业学校基本情况一览表

表19-10

校名	创建年份	主办单位	坐落地点	备注
天津国际商务学校	1960	市外贸局	革新道10号，后迁至河西区珠江道	2001年4月升格为高职学院
天津铁路工程学校	1962	天津铁路分局	建昌道21号	2004年12月升格为铁道职业技术学院
天津工艺美术学校	1962	市文化局	革新道10号	2004年升格为高职学院
天津市第二幼儿师范学校	1982	市教育局	增产道17号	2006年撤销

第二节　中等职业学校

1980年，一号路中学与家电公司联办家用电器职校，真理道中学与第二机械局联办机械职校、与市标准计量管理局联办标准计量职校，八十四中学与对外经济技术服务公司合办航海学校。1983年，区教育局与市卫生局联办中医中药职校，设在新大路中学，后迁至志成道中学。此外还自办设在京津中学内的工业财会职校、设在九十三中学内的幼儿教育职校、设在靖江路中学内的财会职校。1984年，七十六中学与一机局联办石化通用机械职校，三十九中学与市教育局联办政治师范学校。1985年，王串场中学等学校开办初级职业学校，招收当年初中未升学的毕业生579人，学习1年就业。1986年，三十三中学与中国工商银行天津分行联办金融职业学校，昆纬路中学与机床厂联办机床制造职校。1988年，真理道中学校内的机械与计量职校改为渤海职校，迁往乌江路中学内的河北区职业技术教育中心。1991年，在新建的泰兴路中学开办初级职业班，招收区内初中毕业未能升学学生。1992年，七十六中学内的机械职校改为商业职校。1993年，三十中学与市家电研究所联办电器职校。八十四中学内航海学校撤销，与化工局联办化工职校，更名为河北职校。1995年，原设于三十三中学的金融职校迁至三十九中学，更名为中山涉外金融职业专科学校。是年年底，区内有职业学校10所，在校学生5058人。1995年以后，中等职业学校进入撤并调整期。2000年，河北商校并入河北社区学院。2001年，京津职专并入中山涉外金融职专。2003年，河北职专并入中山涉外金融职专。2010年，区内中等职业学校有的并入职业学院，有的陆续撤销停办。

河北区辖区内中等职业学校基本情况一览表

表19-11

校名	创建年份	主办单位	坐落地点	撤销年份
电气中等职校	1993	区教育局、市家电研究所	昆纬路38号	2003
实用美术职专（现代艺术职专）	1996	区教育局	元纬路50号	2010
中医中药职专（志成职专）	1983	区教育局、市卫生局	南口路6号	2004

续表19-11

校名	创建年份	主办单位	坐落地点	撤销年份
渤海职专	1988	区教育局、市二机局、市计量管理局	民权门乌江路	-
中山涉外金融职专	1986	区教育局、中国工商银行天津分行	张兴庄大道57号	2004
京津职校	1983	区教育局	天泰路183号	2001
河北商业职校	1992	区教育局	王串场正义道	2000
天津政治师范学校	1984	市教育局、区教育局	张兴庄大道57号	1993
河北职校	1993	区教育局、市化工局	育红路	2003
广告艺术职专	1994	第二幼儿师范学校	增产道17号	2004

第三节　技工学校

1978年，天津制鞋厂技工学校成立。1980年后，部分企业招收初中毕业生，办起技工学校。锻压机床厂职工大学改为技工学校，招生140人。位于东于庄的自行车工业公司职工大学办起自行车工厂技工学校，招生60人。位于元纬路南六马路的天津电器工业公司职工大学办起天津电器技工学校，设电器制造、模具钳工和制冷3个专业。1986年，中国人民解放军六四四三厂技校招收89名学生，设车工、钳工和电工3个专业。位于昆山道的天津有色金属工业公司技工学校招收钳工、压力加工专业学生。河北区房产公司技工学校招收木工班学生46人。1995年，区内部分技工学校开始承担区内高中、初中分流学生，经过技术教育进入企业成为技术工人。是年区内有技工学校16所。1995年后，社会学历层次普遍提高，加之区内企业改制、外迁、倒闭，以及企业招工用工形式的改变，技工学校逐渐退出，有的随企业撤销，有的经过调整合并升格为高层次学校。至2010年，区内不再有技工学校。

第五章　成人教育与普通高等教育

改革开放后，河北区成人教育体系渐趋完备。20世纪90年代后，随着职工受教育水平的提高，成人初、中等教育和中等专业教育逐渐退出历史舞台，成人高等教育出现繁荣景象。天津美术学院等5所普通高等院校坐落在境内。

第一节　成人教育

一、成人学历与非学历教育

（一）初、中等教育　1978年7月，河北区5所业余中学恢复，开设高中预备班25个，高中理科班25个、文科班8个。1979年，第六、七业余中学成立。1981年，全区业余中学更名为职工中学。有学员5548人，占应完成文化补课人数44.32%。1982年，第九职工中学成立。全区职工中学有学员1万余人。1985年，7528人完成文化补课任务，占应补人数60.13%。是年，9所职工中学合并为5所。自此职工中学生源呈下降趋势。1990年，全区基本完成初、中等教育文化补课任务，职工中学有的撤销、有的并入中等专业教育学校。

（二）中等专业教育　1979年，全国职工教育工作会议提出对职工进行全员培训，把提高青年工人的文化、技术水平作为职工教育的重点。1981年，区职工学校学生13534人，其中各类技术班学员7986人。厂办校全部以专业技术培训为主。1985年5月，区职工中等专业学校成立，设行政管理、公共关系、商业会计、工业统计、经营销售等专业，主要招收在职职工，学制2年，授予中专学历证书或专业结业证书。1986年，有成人中专校10所，设20个专业。1987年，职工教育坚持以岗位培训为重点，本着“干什么学什么、缺什么补什么”的原则，开展以短期、业余为主的各种形式岗位培训。1991年，参加岗位培训3443人，其中参加资格学习的462人、技术等级培训的407人、适应性培训的2574人，参加中等专业学习的331人。进入20世纪90年代后，随着区内经济环境和企业的变化，成人中等专业教育逐渐萎缩，学校有的撤销、有的升格为职业大学。

（三）**高等教育**　1979年，天津广播电视大学在河北区建立工作站。1981年，开展高等教育自学考试工作。1983年，市教卫委批准，河北职大为教育改革试点校。1986年，有成人高校12所，56个专业，在校生5477人。1991年，区电大工作站和河北职大合并。1992年，全区参加高等教育自学考试的2000多人，4000多科次，开设179个考场。报考业余大学参加成人高考统考的3000多人，开设116个考场。成人高考自学考试试卷开始由计算机进行考务管理。1995年，经过调整，区内成人高校数量减为5所，学员7819人。1999年，电大进行金融开放本科试点的办学模式改革，通过验证招收本科及专科学员。翌年被天津电大确定为现代远程开放教育首批试点工作站。2003年4月26日，经市教委、市电大检查验收，电大河北工作站改建为电大河北分校，在校生1222人。2005—2007年，电大河北分校开放教育本、专科在校生有近2000人。2010年7月，电大河北分校被中央电大授予全国示范性基层电大称号，成为天津市首批5所示范校之一。2010年，成人高考自学考试新生2349人，全年报考36197科次，毕业872人，开设312个考场。

二、社区教育

1988年4月，河北区老年人大学成立，隶属天津市老年人大学第八分校，学制有2年、1年及短训班。设书法、绘画、太极拳等课程，学员180人。2000年3月，社区老年学校新世纪老年大学成立。2001年8月，新世纪老年大学与区老年人大学合并，称河北区老年大学，纳入社区学院管理，在河北区社团管理机关进行注册。2002年，区老年大学并入城市职业学院，开设专业32个，建立枫韵艺术团，下设京剧团、舞蹈队、合唱团、民乐队、模特队等。2006年8月，河北区社区教育工作委员会成立，设社区教育办公室，地址在城市职业学院，确定社区教育为城市职业学院的重要职能之一。9月，区老龄委、区老年大学联合成立钟声教育学院。10月，河北区申报天津市社区教育实验区并通过验收。10个街道、3个社区居委会建立市民学校。2007年，有市民学校学员2114人。10月，河北区承办天津市首届社区教育成果展。城市职业学院投资18万元，在月牙河街道丹江里社区建成全区首个数字化学习社区典型应用示范中心。2008年5月，区老龄教育促进会成立，隶属于区老龄委。区委宣传部、区老年大学、《天津老年时报》联合开办新闻写作讲座15期，培训1900余人次。举办河北区老年大学20周年校庆成果展，新华网给予报道。2009年11月，教育部命名河北区为全国社区教育实验区，为全国98个社区教育实验区之一。区教育系统选派70名教师到街道、社区市民学校工作。江都路街道衡山里社区老年学校校长段清安被评为天津市感动社区教育人物；区老年大学枫韵艺术团被评为天津市感动社区教育先进集体；区老年大学被中国老龄教育学会评为全国老年教育先进集体，校长杨学俊被评为全国老年教育先进个人。城市职业学院投入经费建成建昌道街道康桥里社区服务中心图书馆、第十幼儿园社区早教中心。2010年，河北区社区教育网站和3个社区援建项目落成，王串场街道社区学校成为全市首家具有独立校舍的社区学校。《社区青少年“成长快车”素质教育研究》项目在中国成人教育学会社区教育专业委员会立项。是年区老年大学有学员2800余人，设4个教学区、30个专业、110个教学班，有56名教师、3个研究会、4个艺术团。社区教育学院设11个系。全区有社区学校60余所，学员5000余人。区老年大学被评为天津市老年教育先进学校。

第二节 普通高等教育

一、天津美术学院

其前身为清光绪三十二年(1906年)建立的北洋女子师范学堂。1980年2月，建成天津美术学院，校址在天纬路2号。1984年，招收硕士研究生。1986年，面向全国招生。2010年，学院占地6.89万平方米，建筑面积16.62万平方米。设2个硕士点并有艺术硕士授予权，有艺术设计学、美术学、设计艺术、工业设计、绘画、雕塑、动画7个本科专业，有造型艺术学院、设计艺术学院、现代艺术学院、中国画系、美术史论系、社会科学教学部、继续教育部7个教学单位，拥有国家级特色专业2个、国家级实验教学示范中心1个、天津市重点建设学科2个。有硕士研究生、本科生、留学生等在校生4000余人。有专任教师246人。其中，具有硕士及其以上学位的124人，教授、副教授108人，具有国家级突出贡献专家和享受国务院政府特殊津贴人员22人。有孙奇峰、秦征、张世范、何家英、霍春阳等一批享誉海内外的美术教育家和知名学者。聘请20多位美、法、德、日等国及国内著名学者为兼职教授。图书馆藏书26.36万册，电子图书9858GB。馆藏书画原作1602件、书法篆刻原作327件，其中国家级44件。文物有494件，其中列入国家级文物的21件。

天津美术学院 (区志办提供)

二、天津工艺美术职业学院

其前身为1959年成立的天津工艺美术学院，院址在地纬路。1961年，调整为天津市工艺美术设计院。1962年，该院增设天津工艺美术学校。1984年，又增设天津职工工艺美术学院。2002年，天津工艺美术学校和天津职工工艺美术学院并入新成立的天津文化艺术职工学院。2004年12月，天津工艺美术学校和天津职工工艺美术学院又脱离天津文化艺术职工学院，新组成天津工艺美术职业学院，与天津市工艺美术设计院同时迁到区内革新道10号，占地7.33万平方米。学院坚持“以服务为宗旨，以就业为导向，走产学结合发展道路”办学理念，致力于培养面向生产、建设、服务和管理第一线需要的高技能艺术设计人才。建校50年来汇集一批工艺美术教育和专业设计人才，建有一支以著名专家、教授为学科带头人的高素质教师队伍，培养了大批工艺美术人才，许多毕业生蜚声工艺美术设计界，设计2008年北京奥运会标志“中国印”的郭春宁堪为代表。2010年，开设14个专业，面向全国招生。学制3年。院址在建昌道41号。

天津工艺美术职业学院 (区志办提供)

天津工艺美术职业学院院徽 (李西源提供)

三、天津铁道职业技术学院

其前身为天津铁路工程学校和天津铁路分局职工培训中心。2004年9月，移交给天津市，隶属市人力资源和社会保障局。12月，升格并改称为天津铁道职业技术学院，2005年5月，通过教育部备案并招生。学院伴随中国铁路事业发展，紧密依托并服务于铁路行业，在专业与产业对接、课程内容与职业标准对接、教学过程与工作过程对接、学历证书与职业资格对接、企业文化与校园文化对接等方面进行探索实践，形成以轨道交通类专业为主干专业、实施半军事化管理、具有深厚铁路文化底蕴的办学特色。学院占地43.23万平方米，建筑面积13.53万平方米，有校内实训室(场)57个，实践教学场所(含共建)建筑面积3.48万平方米。设铁道工程系、铁道运输系、铁道动力系、铁道电信系、铁道建筑系、基础课部6个教学单位，有高速铁道技术、城市轨道交通工程技术等22个专业方向。2010年，院址在建昌道21号，有专任教师279人，具有硕士及其以上学位160人，高级职称125人，中级职称102人，“双师型”教师(具有文化课和专业课教学能力)114人，全日制在校生6000余人。学院系中国职业教育学会轨道交通专业委员会常务副主任兼秘书长单位、铁道部高速铁路技术培训基地、铁路机车司机培训考试基地、坦赞铁路高级技术人员培训基地、建设行业技能型紧缺人才培养培训基地、北京铁路局和中铁六局职工培训基地。建有铁路特有工种职业技能鉴定站和国家职业技能鉴定所，可鉴定铁路系统38个特有工种和45个通用工种。每年培训职工5000余人、职业技能鉴定4000余人。学院还开展铁路复转军人学历教育，有2000余人获学历证书。

天津铁道职业技术学院　　（区志办提供）

四、天津职业大学

其始建于1978年，原为南开大学第二分校、天津大学化工分校，1983年改建为天津职业大学，为市属院校，学制3年，是全国百所示范性高等职业院校之一，也是天津市建立最早和规模最大的综合性高职院校。下设7个学院、3个直属系和2个教学部，共有53个专业。2010年，有学生1万余人，教职工685人。原校址在志诚道7号，2002年，大部分院系迁至北辰区洛河道2号。

五、天津城市职业学院

天津城市职业学院是以河北区职工大学为龙头，与区职工中专、王串场中学等整合而成。2002年3月，称河北社区学院。2004年2月，更名为河北职业学院，占地10.36万平方米，建筑面积6.19万平方米。2005年5月，更名为天津城市职业学院。主校区在河东区真理道27号，另设幸福道和乌江路2个校区。2005年9月，天津城市职业学院职业教育集团成立，该集团以天津城市职业学院为龙头，其他5区(和平、南开、河西、河东、红桥)社区学院为分院。此举为中国职业教育发展史上的创新，是天津职业教育的一大亮点。2006年4

天津城市职业学院　　（区志办提供）

月，中山志成职专、现代艺术职专并入，创建以天津城市职业学院为龙头的天津市河北区职业教育集团。2010年，有学生7328人，其中高职学生4395人，5年制学生（中职阶段）358人，成人学生802人，电大及奥鹏（中央广播电视大学和电大在线远程教育技术有限公司共同组建“奥鹏远程教育中心”）学生1773人。

第六章　教师

1980—1990年，全面开展教师在职进修和培训，提升学历水平，狠抓教材、教学基本功的考核和培训。80年代中期开始进行教师职称评定和资格认定。1991—2000年，由于老教师大批退休和学生入学出现高峰，造成师资不足。全区向社会招聘教师，重视青年教师素质提高，保证学校开齐门类、开足课时。2001—2010年，教育改革发展促使教师队伍更加专业化、规范化，骨干队伍不断壮大，教师社会地位显著提高。2010年，区属中小幼及其他单位在职教职员工5510人。其中，中学2312人，小学2099人，幼儿园635人，高职院校300人，其他单位164人（参见数据集览第二十五表）。

第一节　队伍结构

1979年始，为确保中小学教师队伍质量，组织教师在职培训和进修。1979—1983年，进行3次教师队伍调整，教师队伍结构趋于合理。1982年，落实《天津市中、小学教师守则》，制定河北区《教师思想行为的基本要求》。1982—1983年，举办两次中小学教师教学能力考核，小学531人、合格率79%，中学1355人、合格率61%。1988年，首次进行中小幼教师职称评定，评定聘任1714人，其中副教授及其相当者202人、讲师及其相当者1347人、初级专业职称165人。1992年，第二次评定中小幼教师专业职称，受聘2169人。1993年，民办中学建立，教师多聘用离退人员。1994年，全区小学教师基本达到中师以上学历水平，中学教师基本达到大专以上学历水平。1994年，第三次评定中小幼教师专业职称，受聘1420人。1995年，向社会招聘教师48人。1996年12月，全区中小学教师参加市教育学院命题的“心理健康教育基础知识”考试。2003年，区教育局对离岗休养和内退的条件与待遇作出具体规定。办理离岗休养476人、内退33人；对合并校办理内退转离岗休养192人、内退18人。2004年，对定编、定岗定责、竞争上岗及未聘人员安置办法作出具体规定。办理内退452人、离岗待退110人。通过内部分流，缓解了超编压力。年底，接收铁路系统11所中小幼877名在职人员和618名离退休人员。2001—2010年，招聘新教师1025人。2010年，组织中小幼任课教师参加教师专业知识考核。全区中小学教师中研究生学历96人、大学本科学历2674人、大学专科学历1325人，大专以上学历占96%。区属中小幼教职工5046人。其中，中学2312人，师生比率1:9.9；小学2099人，师生比率1:11.6；幼儿园635人，师生比例1:12.4。

部分年份教职员工基本情况统计表

表19-12　　单位：人

年份	教职员总数	中学		小学		幼儿园
		教职员	其中专任教师	教职员	其中专任教师	教职工
1982	9110	4800	3306	3255	2512	1055
1988	8387	3870	2754	3333	2586	1184
1993	8411	3509	2115	3842	2966	1060
1995	9160	4010	2517	4165	2850	985
1998	7553	3751	2296	3294	2479	508

续表 19-12

年份	教职员总数	中学		小学		幼儿园
		教职员	其中专任教师	教职员	其中专任教师	教职工
2003	6139	3146	1919	2545	1827	448
2007	5892	2808	1796	2431	1627	653
2010	5046	2312	1636	2099	1490	635

第二节　师德建设

改革开放后，河北区师德建设不断推进。1979—1988年，举办各种教育理论学习班、培训班。1989年，举办两代教师同堂话师德座谈会，34个两代从教家庭和青年教师代表180人参加。1992年，在青年教师中开展“学雷锋，爱心献给千百个孩子”活动。举行青年教师“学师德、讲师德”演讲比赛。1994年9月，区教育局召开高尚师德回报社会活动动员大会，号召青年教师围绕“敬业、爱生、务本、奉献”，创师德、教学双优胜。1996年，以转变教育思想为重点，开展高尚师德回报社会活动。1997年，开展“文明年级组、文明学科组”和“师德先进单位”创建活动。2004年，对高尚师德回报社会活动开展10周年进行总结，制作河北区师德建设10年成果专题片《果实》，编辑出版《心灵的震撼——高尚师德——例专集选》。1997年4月30日，《天津日报》报道五十七中学教师李寿康模范事迹。区委、区政府召开学习李寿康、推进素质教育大会。李寿康被评为全国模范教师和全国教育系统巾帼建功标兵。2000年，在全区中小学生中进行师德师风抽样问卷调查。2003年非典时期，在全区教职员工中开展“我和白衣战士比奉献”教育活动。2005年，区教育局制定《关于以科学的教育理念为先导进一步加强师德建设的意见》，引导教师树立科学教育理念。开展青年教师师德新理念论坛演讲活动。编辑《师德修养感悟》专辑。2006年5月，召开区教育系统师德新理念演讲汇报暨加强师德建设推动会。区教育局工会被评为全国师德建设先进集体。2008年，开展“争做学生爱戴、家长信赖、社会满意人民教师”实践活动。至2010年，区教育系统有1814人获国家和市、区级师德先进个人的奖励，46人被评为国家级优秀教师、劳动模范、”三八红旗手“，39名教师被授予特级教师称号。

第三节　继续教育

1979年，区教师进修学校开办教师电视大专班7个，中师班6个，中小学教材短训班24个。开设小学外语、语文、算术脱产班，参加进修教师1900余人。中学教师未及大专水平的有70%参加学习，小学教师未及中师水平的有50%参加进修。至1984年，取得大专证书的604人，取得中专证书的315人。1981年，区教育局成立师资培训科。1982年，举办小学校领导干部培训班，脱产半年学习教育理论和各科教材教学法。各小学教师以“自学为主，讲座为辅”的方式，3年完成教育理论全员培训。1985年始，对中小学学历未达标教师进行学历培训。1982—1988年，各任课教师分6次进行教材考核，中学有994人参加考试，合格率98.9%。小学有253人参加考试，合格率99.3%。1990年，开展教师书写基本功训练活动，区教育局制定教师书写技术达标考核办法。1992—1994年，对40岁以下中青年教师进行书写技术统一考核3次。组织中小幼专任教师分批参加继续教育培训。1994年，工勤人员参加技术等级岗位培训和考核。2002年，组织中小幼教师参加培训和考核。至2004年，有4449人取得高级合格证书。2008年，全区中小学100名优秀班主任参加教育部举办的为期50天的远程培训，全体学员取得结业证书。

第四节　骨干教师培养

1981年区教育局成立师资培训科后，重视教师培训，特别是骨干教师培养。至1995年，全区培训教师4846人。2000年3月，区内8名教师被市教育局推荐参加国家级骨干校长培训班和国家级骨干教师培训班学习。2001年，制定《河北区教育系统加强培养青年教师的工作意见》，各学校成立培养青年教师工作领导小组。2006年，开展评选名教师活动，至2010年，有29人次被评为河北区名教师，其中中学15人次，小学9人次，幼儿园4人次。区教育局为名教师、特级教师建立“名师工作室”，并制定对名特教师在教育科研、培养青年教师、指导教育教学等方面管理规定。2008年，12名教师参加天津市未来教育家奠基工程集中培训。1995—2010年。在中小学教师中认定学科带头人1555人，其中中学938人、小学561人、幼儿教育56人。

第五节　待遇

1979年，教职工普调1级工资，有重大贡献者晋升2级。1985年，国家机关与事业单位工资制度进行改革，中小幼教师实行教龄津贴。1988年，对中小幼教师进行职称评定，实行教师职务聘任制。1991年9月，河北区中小幼教师奖励基金会成立。2009年1月，义务教育学校实施绩效工资制度。1986—1995年，新建教工宿舍5.98万平方米，解决1564户教师住房问题。1995—1998年，由市、区投入专项资金，采取联建、自建或向社会购买等形式，新建教工宿舍14.3万平方米，解决3000余户教师住房问题。1999年，停止福利分房，改为缴存个人住房公积金解决住房问题，对1999年6月30日之前参加工作的教职工实行住房货币补贴。至2010年，有多名教师走上区级及其以上领导岗位。

河北区志

（1979—2010）

第二十编

文　化

WEN HUA

1979—2010年，区委、区政府逐年加大对文化市场管理力度，文物与非物质文化遗产管理日渐科学。区文化馆、区图书馆等文化场所相继复馆，并进行改扩建和新建，硬件设施逐步改善，日常管理更加规范有序。文化艺术社团不断涌现，具备了较高的创作水准。社区文艺活动、民间艺术创作均日益活跃和丰富。文化市场和文化产业发展壮大。2010年，华津3526创意产业园等5家文化创意产业园实现税收5212万元。档案和史志工作扎实推进。区有线电视制作节目质量显著提高，区政务网开通后受到广泛关注。

第一章　文化事业管理

1980年，恢复建立区政府文化管理机构。1984年，建立区文物管理所。1988年，成立区文化市场管理委员会。2010年，区文化局和区旅游局合并为河北区文化和旅游局。

第一节　机构设置

1979年，区委宣传部文化组负责全区文化管理工作。1980年，恢复河北区政府文化科。1986年，改称区政府文化办公室，设群众文化科、社会文化管理科，工作人员11人。1990年4月，河北区文化局成立，区文化办公室撤销，设党委办公室、行政办公室、基层工作科、文化市场管理科（含新闻出版科）、组织宣传科，工作人员15人。2007年7月，河北区旅游局成立，设旅游管理科、旅游开发科，行政编制4人。2010年3月，区文化局和区旅游局合并为河北区文化和旅游局，加挂河北区扫黄打非办公室牌子，设党委办公室、行政办公室、社会文化科、文化市场管理科（行政审批科）、文化旅游开发科、旅游管理科6个科室，工作人员17人，办公地址在狮子林大街284号。12月，河北区文化市场行政执法大队成立，规格为副处级，设综合科、执法科。

第二节　综合管理

一、文化娱乐市场管理

1988年6月，河北区文化市场管理委员会成立。1989—1990年，出动3572人次实施清理检查19次，查缴违禁书刊3872册、内容不健康及伪劣录音带和录像带1279盘，取缔无照经营摊点15个。1989—1992年，对营业性文化娱乐场所和书报刊、音像制品商店（摊点）进行分类分级规范管理。1992年3月，建立河北区文化市场兼职稽查队。1992年8月，成立河北区文化市场管理所。1992—1994年，收缴非法出版物6458册、非法音像制品3639盘。1999年，对文化娱乐场所和图书音像市场进行重点清理，查获非法出版物2万余册、非法音像制品3000余盘。2001年，对小红星路等重点地区和娱乐行业进行10余次集中清

2010年，区文化市场行政执法大队对东方之珠KTV进行检查　（区文化旅游局提供）

整，依法查封无证、违法经营"黑网吧" 20多家，取缔非法电子游戏厅50多家，收缴非法光盘1万余张、盗版图书上千册。对全区网吧企业审批工作开始进行。2007年，联合区工商局出动20车次、100余人次，对全区各学校200米以内网吧、台球厅等多次检查，处理制造和贩卖盗版光盘的6家，收缴光盘30余万张，取缔黑网吧12家，收缴电脑120多台。2009年5月，全面运行河北区网吧监管平台系统。深入开展文化市场集中整治行动，出动18人次，检查27家。9月，对重点地区9个音像制品零售网点进行专项检查。对5家无证经营游戏场所要求立即停业。2010年5月，排查、查处点歌系统中违法卡拉OK曲目。6月1日，对29家娱乐场所进行检查，其中21家娱乐场所存在违法问题。是年，负责对游艺娱乐场所审批工作，审批258家，其中网吧55家。年检264家。

二、文物管理

1982年和1987年，两次成立区文物普查领导小组，对全区文物状况进行全面调查。1984年，建立区文物管理所，负责区内文物管理工作。2002年《中华人民共和国文物保护法》重新修订后，核实区内各级文物保护单位和文物资源，加大保护力度。2003年，配合海河开发重点项目建设，区文物管理所对李公祠遗址进行保护性发掘，出土李鸿章"圣谕碑""功德碑"等石刻文物15件。2004年，通过区政府门户网站及多家媒体将区内38处不可移动文物向社会公示。2008年3月，成立区非物质文化遗产领导工作组，组织开展非遗普查工作。至2010年，全区有市级非物质文化遗产4项，区级非物质文化遗产10项。

第二章　文化场所

河北区文化场所有文化馆、展览馆等。影剧院有多个，至2010年仅存影院3个(含一宫)。

第一节　文化馆和图书馆

一、文化馆站

1978年1月，恢复河北区文化馆。1982年，区文化馆新楼竣工，位于黄纬路，占地1059.23平方米，建筑面积2200平方米，有工作人员87人，位于黄纬路15号，属公益性全额事业单位。1992年，建立区文化馆管委会。2010年，设馆长室、办公室、文艺部、美术摄影部、非遗保护部5个部门，建筑面积3368平方米，其中剧场、排练房200平方米，有职工37人。多次承办节庆文化活动，推进群众文化工作。1984年12月，29个省、直辖市、自治区文化厅(局)长到区文化馆访问，观摩文艺演出，参观画展。1996—2003年，承办全区"津源春华"文化系列活动、消夏纳凉系列活动、京剧票友大赛及其他各种活动。2004年，举办庆祝天津建卫600周年广场舞比赛。2005年春节期间，组织区首届优秀文艺节目展演。2008年，区文化馆舞蹈队赴北京进行"迎奥运"

2011年，举办"晚晴追韵"李叔同音乐作品欣赏会
(区文化旅游局提供)

演出。2010年，举办画展、书法展等展览会3次，举办国画、声乐、舞蹈等训练班10次，组织音乐会、文艺会演、歌唱比赛、文化艺术节等活动36次。1984年，获市级文明服务单位称号。1988年，被评为全国以文补文先进单位。1995年，获市开拓老年教育事业先进集体称号。

1978年，全区建文化站（室）110个。1980年8月，王串场街道中心文化站建立，占地300平方米。1988年，各街道基本建有中心文化站，总建筑面积2889平方米，管理人员134人。1996年，有街道文化站16个，总建筑面积5104平方米，工作人员97人。2008年，有街道文化站10个，总建筑面积1698平方米，台球桌13张，彩电4台，图书2.1万册，工作人员22人。1984年，全区文化站举办展览会8个，组织故事会、专场文艺演出216场次，举办训练班41期，结业2010人。至1987年，参加文化站活动140余万人次。20世纪90年代，各站组织有偿服务，以文补文，主要提供图书借阅、电影放映、电子游戏等。1993年，新开河、铁东路、鸿顺里、靖江路4个街道文化站被文化部评为国家级达标文化站。1996—2010年，各街道文化站组织文化纳凉等多种文娱活动，提供图书借阅、电视展播、台球等服务。

1990—2010年河北区文化馆活动情况统计表

表20-1

年份	展览会(场)	训练班(个)	结业(人)	文娱活动(个)
1990	11	83	11080	56
1991	10	20	400	45
1992	5	84	1008	65
1993	5	59	673	40
1994	7	31	120	236
1995	7	24	160	247
1996	3	6	14	91
1997	3	12	36	156
1998	5	4	20	142
1999	5	4	22	150
2000	11	24	42	56
2001	2	27	138	29
2002	10	-	-	26
2003	5	4	60	35
2004	3	26	4000	12
2005	3	4	300	18
2006	3	150	130	50
2007	3	13	160	20
2008	2	16	349	22
2009	3	10	200	36
2010	5	20	450	20

二、图书馆站

1978年1月，恢复河北区图书馆。1983年，该馆新楼建成，占地近700平方米，建筑面积1416平方米，位于黄纬路三马路139号，5月1日开馆。1998年9月，馆舍接第4层。1999年1月始，实行“天天开馆，无闭馆日”制度，成为市内首家无假日区级图书馆，每周开放69小时，超过文化部规定时间标准。2000年4月，电子阅览室成立，图书馆与部分职工共同出资12万元，以股份制形式组建有19台电脑的多媒体机房。2010年，馆舍面积2111平方米，工作人员24人。设外借部、阅览部、信息部、培训部、辅导部、采编部、技术部、保障部、办公室。电子阅览室有电脑32台。是年，区图书馆被评为市级科技创新活动先进集体。2001年，被文化部授予读者喜爱的图书馆称号。2002年，被全国知识工程领导小组授予读者喜爱的图书馆称号。2004年，被评为国家二级公共图书馆。2009年，被评为国家一级公共图书馆。

1997年10月，签订文化部图书自动化集成系统技术推广协议。1998年，启用ILAS系统，逐步实现办公自动化。2004年7月，系统更新为ILASII，包括采访、编目、流通、书目检索等子系统，编目工作完全实现自动化管理，馆藏中文文献书目100%数字化。2007年完成《中图法》第4版使用本的制定。缩短文献加工处理周期，报纸当天上架，期刊到馆2个工作日内上架，新书到馆15个工作日内上架。

藏书管理以收藏中文普及型、综合型书刊为主，外文图书收藏学习语言文字工具书和通俗读物。1979年，图书总藏量29.71万册。1983—1990年，每年经费20%~40%购买新书1.2~1.6万册。1995年，图书总藏量18.33万册。2010年，图书总藏量29.73万册。其中，中文普通图书23.09万册，中文期刊6.5万册，报纸53种。视听文献1438种，主要含电影及随书配盘电子文件等。

1979年，区图书馆接待读者7.88万人次，借阅图书11.71万册次。1983年，由于需求增加，最多时每天发放借书证500个，开放时间由每周42小时增至63小时。1986年，创办振兴博览社、读书社，设无证借书处。1988年10月，与靖江路街道文化站合办靖江图书馆。1990年5月，设少儿阅览室。1983—1991年，持借书证读者年均13万人，日均1150人次，每年接待32万人次，流通图书38万册次。1995年，持证读者减至9065人，接待读者16.47万人次，流通图书19.48万册次。进行“外借部新书推荐”服务，每月以板报形式推荐图书10余册。1996年，外借部接待读者5.37万人，流通图书6万册、期刊1.22万册。2002年，新领借阅证读者同比增加31%。2006—2009年，提供网络参考咨询服务，信息人员平均每天在线10小时，累计回复网上咨询1.18万条，基本做到有问必答。2008年，外借部发放图书证2400个，接待读者6.33万人，平均每个读者年借阅26册次。是年3月1—7日，为纪念毛泽东发表“向雷锋同志学习”题词45周年，设立学习雷锋图书专架。2010年，发放借书证2821个，接待读者12.1万人次，接待自学读者1.73万人，接待报刊阅览读者1.08万人，阅览报刊3.24万册，年外借图书9.8万册次，年外借率32.98%。开展新书推荐活动10期，推荐书籍120种。提供网络咨询上万项，利用CNKI等特色数据库为在线读者提供论文检索73条。

区少儿图书馆接待小读者参观学习
（区文化旅游局提供）

2008年3月，建立区级文化信息资源共享中心，以及10个街级分中心、98个基层服务点，逐步建成文化信息资源共享网络体系。共享中心获市公共图书馆系统网站建设与服务优秀奖，网站被评为市公共图书馆系统2008年度优秀网站。2009年，共享中心获网上联合参考咨询服务先进奖，在“文化共享杯”天津地区选拔赛中获团体优秀奖、市公共图书馆优秀网站奖。

2001年，望海楼等10个街道首批建立10个图书借阅站。2002年，全区有基层图书馆（室）30个，馆舍面积3719.45平方米，工作人员73人。藏书111万册，期刊2573种。流通外借5.57万人次，19.75万册次；流通阅览24.97万人次，16.83万册次。2008年11月，天津市首家由知名企业、政府文化服务机构和社区共建的太平洋人寿保险天津分公司河北区图书馆福嘉园社区图书馆揭牌。2010年年底，区图书馆街道社区分馆有98个。

1996—2010年河北区图书馆藏书量统计表

表20-2

年份	总藏量(万册)	图书(万册)	期刊(万册)	视听文献(种)
1996	24.37	18.49	5.87	0
1997	24.54	18.64	2.90	0
1998	25.03	19.01	5.99	278
1999	25.56	19.51	6.01	278
2000	26.06	19.73	6.26	688
2001	26.24	19.86	6.29	813
2002	26.67	20.24	6.33	1050
2003	26.98	20.49	6.37	1140
2004	27.93	21.32	6.47	1416
2005	28.14	21.53	6.47	1422
2006	28.36	21.73	6.48	1428
2007	28.54	21.90	6.49	1434
2008	28.71	22.07	6.50	1438
2009	29.23	22.58	6.50	1438
2010	29.73	23.09	6.50	1438

三、区少儿图书馆

1980年春，区图书馆在刘庄后街原民生书场建立少儿图书站。1981年6月1日，建立天津市第一所区县级少儿图书馆——河北区少儿图书馆，设采编、借阅、辅导、行政4个组，工作人员8人。1983年6月迁至小关大街5号临2号二层楼房（区图书馆旧址），建筑面积336平方米，设借书处、阅览室、活动室、书库，工作人员11人。1989年，馆址因危改拆除，图书借阅、业务活动和书库分别在区图书馆、区少年宫和宜白路小学开展工作。1992年6月1日，新馆舍在小关大街金辉里34号建成开放，建筑面积892平方米，有150平方米院落。设馆长室、办公室、采编部、借阅部、辅导部，有工作人员14人。设开架借阅处、报刊阅览室、连环画阅览室、资料阅览室、综合活动室、智力玩具陈列室，座席200个。1999年，增设“三辰影库”、光盘阅览室。2002年1月9日，建成全市首家少儿图书馆电子多媒体阅览室，24小时开放，注册会员数近1800人。1985—2000年，连续5次被评为市文明图书馆，1992年，被授予全国红领巾读书读报奖章活动先进集体称号，1994年，被文化部命名为全国文明图书馆，1998年，被评为国家二级少年儿童图书馆。2010年，设馆长室、办公室、采编部、借阅部、辅导部、多媒体阅览室，工作人员13人。被评为国家三级图书馆。

1981年建馆初，有图书1.41万册。其中，中文字书1.25万册，连环画、低幼读物1619册，报纸12种，期刊75种。1988年，藏书7.07万册。1986—1989年，每年补充新书四五千册。1994年，藏书7.46万册。1999年，三辰影院对外开放，购置光盘3500张。2005年，接受市少儿图书馆捐赠图书1000册，2006年成立幼儿园图书分馆，市少儿图书馆提供图书2000册。2010年，藏书6.95万册，报纸7种，杂志32种421份，市少儿图书馆赠书4000册。

1995年，发放借书证4200个，借阅人数12.7万人，接待外借读者5万余人次，外借图书6.11万册次。1996—2010年，发放借书证11.41万个，图书流通22.82万人次、45.64万册次。2010年，发放借书证820个，接待外借读者1.63万人次，外借图书3.18万册次。

2001年，与团区委合办区世纪少年读书俱乐部，俱乐部会员为学校推荐的80名优秀学生，每年补充更替。举办阅读知识讲座、读书报告会、故事会等，每年评选1次优秀小读者。至2010年，近1万人次参加活动，评选优秀小读者350人。

第二节　影剧院

一、概况

1977年2月，区影剧院革命委员会更名为区电影管理站，办公地址在冈纬路3号。1979年，有十月影院、京津影院、解放桥影院、民主剧场、区电影队、区工人俱乐部、区文化馆7个单位，职工276人，演(映)出1.28万场次，观众1035.6万人次。1981年5月，为区公司级单位，设办公室、业务科、多种经营科，工作人员8人。1985—1995年，加挂区文化经营服务公司牌子。1996年，有十月影院、民主剧场和金钟影院3家，职工104人，演映6125场次，观众57万人次。由于多种媒体快速发展，影剧院业务受到冲击。2010年，十月影院有职工26人，演映1143场次，观众5530余人次。天津市第一工人文化宫和北宁影院坐落在境内。2009年12月，意式风情区内天堂电影院建成(参见第二十五编意式风情区)。2010年9月，曹禺剧院建成开放。

二、影剧院简介

(一)**十月影院**　1954年建成。位于中山路129号。1979年，工作人员39人，放映机2台，坐席1018个，演映2537场次，观众249.7万人次，票房价值49.5万元。1987年7月，改造为多功能电影院，形成集超宽银幕电影厅、超豪华微型电影厅、录像厅为一体的影视中心。1991年，十月影院在重点题材献礼影片展映活动中，放映《开天辟地》《大决战》等影片304场、观众28.5万人次，上座率85%以上，创票房29.2万元，为全市第一名。获天津唯一全国放映重点题材献礼片先进单位称号。1995年，评为天津市劳动模范集体，后影院效益逐年下降。2010年，有放映机8台，电影坐席916个，录像坐席80个。

十月影院　　(区志办提供)

(二)**天津市第一工人文化宫**　坐落在民族路47号，是天津市大型职工文化娱乐活动中心，隶属市总工会。其前身是1934年意大利商人富马加里修建的回力球场。天津解放后，改为市工人文化俱乐部。1950年，市长黄敬为俱乐部题词："战斗式工作，文化式休息"。1953年，更名现称。全宫占地1.44万平方米，建筑面积1.33万平方米。主楼为"摩登式"四层大厦，其中一楼是设坐席2400个的大型影剧场，1994年，一楼大剧场改造成为多功能娱乐厅，名一宫娱乐城。至2010年，经营范围为文化艺术。

天津市第一工人文化宫　　(区志办提供)

(三)**北宁影院**　北宁影院建于1971年。其前身为二七影院，1979年10月改为现称。院址在北宁公园内，隶属天津铁路分局。建筑面积3960平

北宁影院　　(区志办提供)

方米，设坐席1250个。20世纪90年代后，实行一业为主、多种经营，开设录像厅、台球厅、咖啡厅、小卖部等。进入21世纪，成为二人转演出场所。

（四）曹禺剧院　2010年9月建成开放，为可容纳150人的小剧场。位于民主道25号曹禺故居纪念馆旁。

附：

民主影剧院

民主影剧院　　（区志办提供）

始建于清光绪十六年（1890年），时称东天仙茶园、东天仙舞台，坐落在河北7区大马路121号（今建国道95号），是天津最早建立的戏园之一。民国初年，梅兰芳在此演出《樊江关》《卸碑亭》《一缕麻》等剧目。1931年重建，更名为东方大戏院，1936年（一说1939年）又更名为天宝戏院。1953年改称民主剧场。20世纪50—60年代，尚长春、李少春、鲜灵霞等京剧、评剧名家经常在此演出。1979年，工作人员34人，放映机2台，坐席1061个，演映1975场次，观众201万人次，票房价值39.4万元。1987年，民主剧场改建为豪华影院。1990年，改建装修，更名为民主影剧院。20世纪80年代，阜新京剧团演出《锁麟囊》《孔雀东南飞》，廊坊评剧团演出《打金枝》《对花枪》等传统京、评剧，上座率100%。1991年后，建起豪华电影小厅、录像厅等，成为特级首轮影剧院。1996年后，影剧院效益逐年下降。2001年，有工作人员27人，放映机2个，坐席650个，演映26场次，观众3236人次。2002年后，受多种文化娱乐形式的影响，影剧院停止经营。

金钟影院

1985年，金钟影院建成，位于王串场五号路38号，职工23人，放映机2台，坐席824个，演映1449场次，观众62万人次，票房收入19万元。1996年，职工33人，演映1471场次，观众17万人次，票房收入53万元。2008年，演映1422场次，观众2.57万人次，票房价值5.1万元。2009年，影院停业撤销。

第三节　纪念馆　展览馆　博物馆

1984年建成觉悟社纪念馆，2002年建成梁启超纪念馆，2008年建成李叔同纪念馆，2010年建成曹禺故居纪念馆（详见第十六编商业服务业）。

天津市规划展览馆　　（区志办提供）

天津市规划展览馆于2009年1月建成开放。位于博爱道30号，地上建筑面积1.5万平方米，布展面积1万平方米。展览馆共4层，一至三层为展示区，分为16个展区。其中，第一层设历史展区、总体规划展区、交通规划展区、中心城区规划模型展区、公示区，第二层设滨海新区规划展区、海河规划展区、名城保护规划展区、旅游规划展区、海河之旅影厅，第三层设住房、公共设施展区、生态规划展区、环境整治展区、重点地区规划展区、区县展区、城市映像影厅、公众互动参与区等，第四层为办公区。该馆在采用展板、模型等传统展示模式基础上，大量使用高科技手段，用激光成像、发光地图、电子翻书、多通道投影等现代声光电技术进行展示，全面展示天津的过去、现在和未来。截至2010年4月，累计接待参观群众109.27万人次，讲解1.23万余场。

天津电力科技博物馆于2008年10月建成开放。位于进步道29号，占地6000平方米，建筑面积近3000平方米。该博物馆是国内首家融科技馆与博物馆于一体的电力专业展馆；设7个展馆，有各种展品1200余件，为全国科普教育基地和天津市青少年校外活动基地。

2005年，在天纬路4号，建成天津美术学院美术馆，是天津规模最大的美术教育和美术专业展览机构（参见第一编第三章第二节）。

天津电力科技博物馆　　（区志办提供）

天津美术学院美术馆　　（区委宣传部提供）

第三章　文化艺术团体

河北区主要文艺团队有3个，主要文化社团有4个。这些文化艺术团体以弘扬主旋律为己任，为丰富群众文化生活，开展了形式多样的活动。

第一节　文艺团队选介

一、区文化馆东方明珠模特队

1996年成立，成员主要有离退休干部、教师、工人等30余人。每周六在区文化馆举行活动。2006年，参加在大连举办的28个省市“枫叶正红”模特大赛，“中华彩绘”“津门五少”两个节目均获金奖。2007年，参加由中央电视台举办的“红叶风采”模特大赛，摘得表演金奖及创作组织奖。2007—2008年，部分演员参加中国中老年艺术团多次赴新加坡、马来西亚、英国等国家和中国香港、台湾等地区进行交流。2009年1月，参加由中央电视台举办“中国健康万里行”大型文艺晚会演出。2010年5月，参加上海世博会天津周巡游展演活动。

二、枫韵合唱团

2004年3月成立，成员主要有离退休干部职工等声乐爱好者80余人。指挥及钢琴伴奏人员均毕业于天津市音乐学院。该团为中国合唱协会会员单位、天津市音协合唱协会会员单位。多次参加国家级、市级大型文化活动。2006年，参加第八届中国老年合唱节获银奖。2007年，参加第九届中国老年合唱节获金奖。2010年，获天津市首届合唱艺术大赛金奖。

2010年，枫韵合唱团参加天津市首届合唱艺术大赛获金奖　　（区志办提供）

附：枫韵之歌

走过了冬春夏，经历了雨雪风，秋来枫韵美，霜重枫韵浓。枫韵是层林的尽染，枫韵是万山的披红，枫韵是丹叶的舞步，枫韵是金秋的和声。啊！枫韵最美，啊！枫韵最浓！融汇了千重色，聚集了万般情，秋来枫韵美，霜重枫韵浓。枫韵是岁月的凝结，枫韵是收获的厚重，枫韵是不落的余晖，枫韵是未烬的赤诚。啊！枫韵最美，啊！枫韵最浓！

三、区教工舞蹈团

2008年成立，主要由幼儿园教师组成。创编民族舞《新洗衣歌》《草原欢歌》、现代舞《追寻》《激情水鼓》等，多次代表河北区参加市级文艺演出。2008年，舞蹈《草原欢歌》获天津市广场舞一等奖。2010年，有团员28人，舞蹈《新洗衣歌》获天津市广场舞一等奖。

第二节　文化社团选介

一、区图书馆学会

1981年4月成立，主要负责图书馆工作培训，组织图书管理工作课题研究、学术研讨及业务协作等。1995年，有会员215人。1996年6月，获市图书馆学会颁发的服务成果奖。2005年5月，举办“发挥图书馆教育作用”论文写作知识讲座，全区图书馆工作人员60余人参加。2010年，有会员98人，组织天津市“书香满津城，悦读惠万家”读书展示活动及“社科讲坛”公益讲座，开展馆员专业知识培训、继续教育等活动。5篇会员论文在市级及其以上学术研讨会上发表。

二、李叔同——弘一大师研究会

1992年5月成立，是全国首家从事李叔同——弘一大师研究的社会团体，由天津日报社和中共河北区委倡议发起，有专家学者及有关方面人士50多人参加，聘请赵朴初、曹禺、冯骥才等为名誉会长，有理事15人。宗旨为宣传李叔同生平业绩，弘扬民族文化，促进文化事业繁荣。编印会刊《李叔同研究》。2010年1月，天津市李叔同——弘一大师研究会理事会暨2010年年会召开，50余人参加，举办纪念李叔同诞辰130周年暨“晚晴追韵”李叔同——弘一大师音乐作品欣赏会及学术研讨活动。

三、区档案学会

1993年11月成立，1999年因故注销，2001年9月恢复。组织开展学术研讨活动，进行论文征集，先后编印《河北区档案学会首届年会获奖论文集》《河北区档案利用效果事例选编》《档案话题百家谈》等。2010年，有会员单位104个，会员235人。

四、区档案学会民间收藏专业委员会

2008年9月成立，有会员97人。11月，举办纪念改革开放30周年民间收藏品巡回展，有2000余件“老物件”参展。2009年4月，举办“活跃企业文化 丰富民间收藏”联谊会，展示钱币、首日封、票证、门券、老唱片等藏品。2010年，有会员141人，与区政协文史资料文化艺术委员会、区档案馆联合编辑出版《民间收藏》，刊载70位民间收藏者藏品。

第四章　文艺创作和文艺活动

改革开放后，河北区文学艺术创作繁盛，群众文化活跃，展示了文化河北的深厚历史积淀和旺盛的创新力。

第一节　文艺创作

一、文学创作

1979年，区文化馆组建区群众文学艺术创作社。出版刊物《广场》，作家王昌定、阿凤等37人为其撰稿。张秋铧创作的报告文学《飞转的车轮》获天津市“文化杯”奖，被《天津日报》转载；李云冲创作的儿歌《不动脑筋别发言》被改编成动画片在中央电视台播出；郑荣臣创作的中国第一部盲文长篇小说《琵琶情》出版并获奖。1986年，区文化馆与市音乐家协会等合办《歌词月报》。1989年5月，为抢救和挖掘区民间文学作品，编辑出版《河北区民间文学选》，搜集整理民间故事105篇、民间歌谣113首和民间谚语2522条。秦岭先后发表长篇小说、小说集、随笔集、电影剧本等，其中中篇小说《绣花鞋垫》被收入《2003年中国最新小说排行集》《2003年中国最佳校园小说》，长篇小说《皇粮钟》入选2008年度中国作协重点作品扶持项目，被改编为电影、电视剧、戏曲等。短篇小说《一头说话的骡子》，被收录于《2010年中国短篇小说选》《2010年度中国短篇小说评析版》。区委、区政府机关报《河北报》副刊发表许多群众文学作品。

二、艺术创作

1983—1987年，区文化馆文艺团队创作16个节目参加市第四届群众舞蹈比赛。1987—1991年，区文化馆组织创作话剧9部、小品15部、电视剧3部。1992年，开展“颂河北”曲艺创作活动并举办专场演出。1994年，获市级奖项戏剧6部、小品4部、舞蹈6个，获全国奖项摄影作品3个。1998年，区环卫局创作京东大鼓《雷锋式的好青年》。2004年，区文化馆创作对未成年人进行思想道德教育小品《呼唤真情》《明天月更圆》等。2007年，区文化馆创作编排幼儿器乐合奏《青春舞曲》《樱桃树下》。杨一革为武警二支队创编并导演舞蹈《夜袭》《红扇起舞》和搏击操《花拳绣腿》。2009年，创作小品《书包》，参加“天穆杯”全国首届“新农村、新文化、新风貌”小品大赛获二等奖。

第二节　群众文化

1980—1995年，全区职工文化活动广泛开展，中小学校园文化活动丰富多彩，合家欢文化博览月、群众歌咏大会、重大节日文艺活动、家庭楹联大赛等专题文艺活动持续开展，基本满足了群众文化需求。1986—1989年，每年举行春节百花迎春文化年会，主要有游艺联欢、评书茶座、花灯观赏、

书画表演、杂技表演、花会演出、小品、戏曲等，参与观众30余万人次。1987—1995年，每两年举办1届河北区文化艺术节，组织鼓号队、花束队、舞蹈队、戏曲彩车、民间花会等行会表演，举办会演等活动，参与各类活动群众15万余人。

一、津源文化系列活动

1988—1995年，举办津源之秋艺术博览周、津源秋韵民俗博览月、津源春华等多场文化系列活动，主要开展赏月诗会、书画笔会、音乐戏剧演出、民族舞蹈表演、民间花会表演、民间武术表演、综合文艺演出等活动，参与观众10余万人。1996年2月，举办“津源春华”文化系列活动，以企业文化为主题，组织书画笔会、新年寄语、卡拉OK戏曲演唱等“文化沙龙”，以及游戏比赛、灯谜竞猜、书画表演、楹联创作、工艺制作、驻区企业文艺调演等。1998年1月，“津源春华”主题是“贯彻落实十五大精神，进一步推动社会主义精神文明建设”，组织歌颂中共十五大、歌颂河北两个文明建设成果文艺演出和展示活动，全区各系统、各街道组织文艺联欢、双拥慰问演出、游戏灯谜、工艺制作、书画楹联展览等活动23场(项)，以及自娱自乐文化活动29场(项)。

二、文化纳凉系列活动

1989年7月，举办首次文化纳凉晚会，组织展览、演出、比赛等36项152场活动，参与群众21万余人。1996年7月，文化纳凉活动在红星路小学开幕，组织开展在文化站、文化娱乐场所、公园、广场、楼群空地搭台演出，以及书画展览、科普咨询等活动，历时1个多月，演出48场，观众3万余人。1997年7月，文化纳凉活动在鸿顺里街道(国际商务学校)开幕，惠及观众4.5万人，其中区业余曲艺魔术团演出10场。2000年6月，河北区中国人寿保险之夜消夏文化纳凉活动在建昌道街道桥园里小区开幕，10个街道相继举行，参演人员近千人次，观众近2万人次。2003年7月，10个街道均举办消夏纳凉演出，观众3万余人次。2006年7月，消夏纳凉文化活动结合纪念红军长征胜利70周年暨第八届中国(天津)老年合唱节天津市选拔赛，创建国家卫生区、文化进社区文艺专场晚会举办，在世纪联华广场连续演出4天，近2万人观看。

三、天津市社区文化艺术节

2005年9月，由河北区承办天津市首届社区文化艺术节开幕式在天津城市职业学院举行，3500多人参加。各区代表队表演节目，马季、刘伟和邓玉华到场演出。艺术节历时1个月，举办美术、书法、摄影、音乐、舞蹈、戏剧、小品、曲艺、广场舞等专场比赛；举办天津市社区文化建设理论研讨会

2007年5月2日，天津市第二届社区文化艺术节在意式风情区开幕

（文化旅游局提供）

1987年9月18日，河北区首届文化艺术节舞蹈比赛专场，建国道小学表演《金圈舞》

（区档案馆提供）

等。2007年5—7月，河北区承办天津市第二届社区文化艺术节，主题是“繁荣先进文化，共享文化成果，丰富市民生活，构建和谐社区”。其间，举办海河欢舞系列演出、社区美术书法摄影展、社区文化建设理论研讨会、优秀节目进社区展演等活动20余项，10万余人次观看演出。2009年4—9月，河北区承办天津市第三届社区文化艺术节，主题是“共享文化成果，共建和谐社区”。4月30日，开幕式在大悲院商贸街举行。其间，举办民间工艺品展览、艺术工作者赴基层演出、文化知识大讲堂、社区艺术团优秀节目选拔赛、社区文化建设理论征文等活动。

四、读书系列活动

1979—1995年，区图书馆、区少儿图书馆等联合组织各项读书活动，丰富群众尤其是青少年的文化生活。1996年，组织35所小学近2万名小学生参加天津市做跨世纪新人读书征文、演讲比赛，报市级征文5篇。1997年，开展“知我香港、爱我中华”读书、读报征文、演讲比赛，24所中学1000多名中学生参加，8人演讲获市级奖励。开展“迎香港回归，读百科知识”为主题的评选忠实读者活动，发出试卷1200份，评选出忠实读者10人。1999年，组织参加天津市中小学生“三辰影库杯”爱祖国、爱澳门读书系列活动，30多所学校2000余名学生参加。2001年，开展颂歌献给亲爱的党系列读书竞赛活动，100多个单位3000多人参加。2002年，区图书馆先后承办以“共建美好家园，使地球充满绿色、充满活动、充满生机”为主题的征文绘画读书活动，22所学校200余名学生参加，推荐图书76种100多册，72名选手获奖，其中42名选手获市级奖励。2004年，组织参加纪念天津建卫600周年，开展“我心目中的天津”为主题的读书征文、朗诵比赛活动，20所中学近3000名学生参加，30人参加市级决赛。2008年，开展以“弘扬奥运精神，传播奥运文化”为主题的奥运图书展览活动，宣传与奥运相关图书100余册，3500人参观。2010年，开展中学生“倡导绿色环境，共建生态文明”读书知识竞赛活动，29人参加市级决赛。举办“我和爷爷奶奶同读一本书”活动，58位老人和6所小学58名学生结为读书“对子”。

五、其他群众文化活动

2010年，第三届天津大悲院文化旅游庙会现场
（文化旅游局提供）

1996年10月，在区文化馆举办纪念红军长征胜利60周年书画展，参展作品80幅，观众3000余人。1997年6月，河北区迎香港回归书画展在区文化馆开展，124名书画家和业余爱好者作品参展，其中有孙其峰、萧朗、慕凌飞、溥佐、李鹤年、史如源等名家作品。11月，在河北区有线电视台举办8个业余京剧团的节目调演。2000年8—9月，河北区街道之秋“摩天杯”社区文艺大赛举行，有声乐、舞蹈、京剧等18个节目进入决赛。2004年3—5月，为庆祝天津建卫600周年，举办广场舞大赛，19支代表队参赛，8支队伍进入决赛。2006年5月，组织全区10个街道京剧票友基层选拔赛，10人获河北区首届十佳京剧票友称号，并被推荐参加全国“和平杯”京剧票友邀请赛。7月21日至8月27日，承办天津市社区优秀文艺节目展演，每周五至周日晚上在嘉华国际商业中心外广场举行，演出10场，数百名演员参演，近3万人次观看。11月，开展“春和景明”河北区巨变摄影大赛作品征集活动，征集作品660幅。2008年3—7月，区图书馆免费放映电影《集结号》，计22场，观众643人。2010年1—2月，举办京剧现代戏演唱比赛，100余名京剧爱好者报名参加，15名选手进入决赛。区图书馆为广

大读者免费放映电影17场，观众500人。2010年5月，举办第三届天津大悲院文化旅游庙会，进行各类民间民俗表演20余项，接待游客8万人次。

第三节　书画艺术和民间文化

一、书画活动

20世纪80年代中期，区政协书画联谊会、津沽书画会等书画组织先后成立。以天津美术学院、天津工艺美院、天津美术中学为依托的专业院校，以汇森中学、红星路小学为代表的书法特色学校，为推动全区书画艺术活动开展提供了师资和书画人才。街道社区相继成立一批群众书画组织，涌现出一批书画爱好者，丰富了群众文化生活。2000年，区纪委在全市率先开展廉政警句书法征集活动。2006年2月，新开河街道福嘉园社区举办以廉政为主题书画展览，中共中央政治局常委、中纪委书记吴官正观展。在一些重大纪念、庆祝、公益慈善等活动期间如庆香港回归、迎北京奥运会、为汶川震区捐款等，相继举办书画笔会、展览、表演等。以天津美术学院的孙其峰、何家英、霍春阳，以及龚望、余明善、宁书纶等为代表的书画家作品代表了改革开放后区内书画界的最高成就，产生了一批有影响的书画作品和著述，如孙其峰的《春江水暖》《俏不争春》、何家英的《秋暝》《米脂的婆姨》、霍春阳的《林间》《松梅香远》、龚望的《龚望书法集》《龚望隶书楹联集》、宁书纶的《行书圣教序书写教材》《碑帖集联选编》等。这些活动和成就为丰富群众文化生活、推进文化河北建设发挥了重要作用。

二、书画作品选介

2003年后，河北区档案馆进行书画艺术名家档案资料征集工作，共征集到75名书画家102幅书画作品。

夏明远画作（区档案馆馆藏）

夏明远生于1912年，安徽怀宁人，国画家、中国美术家协会会员、天津美术学院教授、中国民主同盟盟员、天津文史馆馆员。20世纪30年代毕业于上海美术专科学校。曾任中国美术家协会天津分会会员，兼任中国北方书画研究会副会长、中国三峡画院名誉校长。师从刘海粟、黄宾虹、潘天寿，工山水，工写兼长，画作清新朴拙，尤善画柳，曾于汉口、西安、天津等地举办过7次个人画展，多次参加国内外联展。传略、肖像和代表作分别编入《两岸美术观摩集》《中国当代国画家辞典》《中国美术书法界名人名作博览》《世界美术集》《世界美术家传》（华人卷）等书籍。天津人民美术出版社出版了《夏明远画集》。作品《皖南云山》被南京艺术学院收藏，《黄山烟云图》被中国历史博物馆所收藏，《江都春晓》等6幅作品被安徽省博物馆收藏。1994年被菲律宾有关部门授予国际文化交流荣誉金奖。1997年《黄陵庙》获国务院三峡工程建设委员会移民开发局、中国美术家协会展览部、中国三峡画院授予特别荣誉金奖。1999年《青龙涧一角》获中国美术家协会、中国诗书画研究院中华人民共和国成立50周年诗书画大展优秀奖。河北区档案馆收藏有《渔港春晓》等3幅作品。

孙其峰原名奇峰，曾用名琪峰，别署双槐楼主、求异存同斋主。1920年1月生于山东省招远县。1947年毕业于国立北平艺术专科学校中国画科。擅山水、花鸟、书法、篆刻，兼通画史、画论，曾任

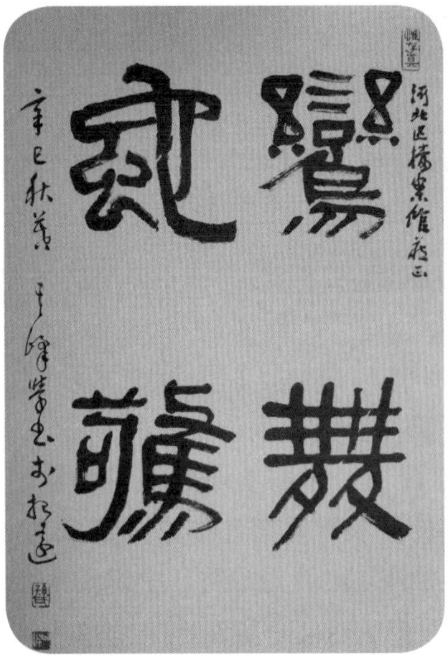

孙其峰书法作品
（区档案馆馆藏）

天津美术学院副院长、天津市美术家协会副主席、中国美术家协会理事、中国书法家协会理事等职，为天津美术学院终身教授，享受国务院政府特殊津贴。其书画作品多次参加国内一些大型展览，并在日本、美国、西德、法国、新加坡等国家和中国香港等地区展出。是当代著名画家和美术教育家。自幼酷爱书画、诗文、戏曲等传统艺术，并随舅父王友石习画，1944年考入北平艺专后，师从徐悲鸿、黄宾虹、汪慎生、李苦禅习花鸟、山水，并师从罗戢、寿石工、金禹民学书法和篆刻。1949年后入天津河北师范学院美术系（美术系独立建院后遂为天津美术学院）担任艺术概论、中国美术史、中国山水画、中国花鸟画、书法课程的教学工作，1983年3月作为中国美术家代表团副团长出访日本，参加国际艺术交流活动。1956年后在北京、天津、南京、沈阳、济南等地多次举办个人展或联展。1982年与霍春阳合作的《山花烂漫》入选法国巴黎沙龙画展，并被印为该画展海报和说明书的封面。代表作《春江水暖》《俏不争春》《秋江》《好鸟鸣春》《雪鹰图》《雪垂银梢》《蜀江泊舟》等多次在国内外展出并在报刊上发表。绘画、书法、篆刻均能活用传统，参酌造化，融会百家，自成一格。且精研理法、长于著述，有《孙其峰画集》《花鸟画谱》《孔雀画谱》《中国画技法》《花鸟画构图手稿》《孙其峰教学手稿》等多种画册、著作行世。2013年1月，孙其峰获第二届中国美术奖·终身成就奖。河北区档案馆收藏有《竹》等2幅作品。

张牧石书法作品
（区档案馆馆藏）

张牧石生于1928年，天津人，一代津门雅士、诗人、书法篆刻家、金石书画鉴定家。字介盦、又字扬斋，号邱圆，别署月楼外史、麋翁、眉翁。原名洪涛，谱名德彝，室名茧梦庐。因学篆刻崇黄牧甫，师从寿石工，改名牧石，字介庵。历任中国书法家协会会员兼顾问、中华诗词学会常务理事、天津诗词社副社长、天津文史馆馆员、海河印社副社长、天津师范大学和天津海运学院客座教授、中国书画报社编审等。张牧石少年时居住在河北区粮店后街。在晚清举人王新铭和津门大教育家冯璞门下学诗习字，筑下坚实的国学基础。后拜识当时有“执北方词坛牛耳”之誉的寿石工，学习诗词篆刻。在与津门鉴赏名士巢章甫的交往中，于书画鉴赏之道深有所悟。中学时就读于德国教会学校（旧址为今天津外国语学院），后考入天津法商大学。20世纪50年代中期，被天津第一工人文化宫所聘，主讲古典文学。20世纪60年末由天津十六中调到天津二中任教，曾下放到东郊区大毕庄。张牧石初习汉印，后在寿石工指点下转工黄牧甫之黟山派。早期作品精严、华丽，用刀爽利、劲健，篆法于大气中含有黟山派的巧与俏。60岁后的作品形成个人风貌，极富雄浑、壮美。75岁后的创作进入了一种从心所欲境界，不拘于法度，而法度自存其中，苍茫朴茂，不拘一格。一生刻印万方。“文化大革命”后，张牧石应茂林书法学院、东方艺术学院、天津业余书画学院所聘，讲授古文、诗词、文字学、篆刻等，培养人才众多。著有《篆刻经纬》《张牧石印谱》《张牧石诗词集》等《茧梦庐丛书》8种。河北区档案馆收藏其作品1幅。

李克玉生于1929年。号蓝生。20世纪50年代师从贾化清学习书法，师从沈义、李昆祥学习素描及宣传画，后又师从张其翼、溥佐、孙其峰、姜毅然诸名家学习国画，常年临池不辍、勤于耕耘，以擅长画鹰而享誉画坛。1992年在中国台湾参加“两岸书画名家展”“四海同心书画展”，2006年在加拿大举办个人书画展。其作品入选中国翰园碑林，镌刻成碑。中国画《群英图》入选《中国跨世纪精品集》，书法成就被收入《当代民间名人大辞典》《当代书画篆刻名人大辞典》。著名书画家程十发为李克玉的《鹰击图》题词：“苍劲恬然，凝重朴实。”他在画鹰的同时还涉猎山水、花鸟、人物等诸多题材。李克玉长居河北区，为天津市书协会员、天津市美协会员、天津老年书画研究会副会长、瑞江书画院院长。河北区档案馆收藏有《大殿鸿图》等5幅作品。

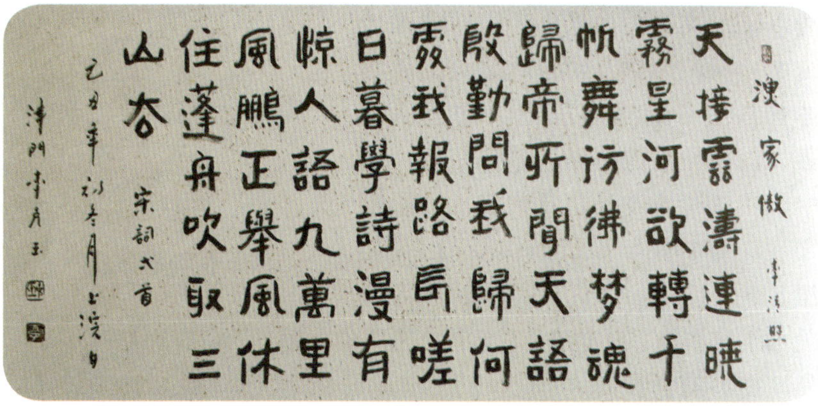

李克玉书法作品　　（区档案馆馆藏）

王振德生于1941年，天津美术学院教授、天津市文史馆馆员、中国美术家协会会员、天津美学学会副会长。其幼承家学，少年时代随蒙师惠夷之赴北京叩拜齐白石、陈半丁诸大师。自青年时代起，先后师从李智超、孙其峰、萧朗、王颂余诸前辈，并广泛向京、津、沪等地名家求教。20世纪90年代首倡“中国学人书画”并深入研究，逐步形成自家书画风格。其擅长写意花鸟画及美术史论，是中国当代学人画的倡导者与实践者。书法师承王云章、王颂余等人，广涉碑简经帖，兼擅行书与篆书，自成温雅敦厚之格。书画创作多次在全国性展览获奖，并有80余幅作品被收入天津市文史研究馆编印的《王振德书画集》中，同时有《齐白石谈艺录》《中国画款题常识》《孙克纲山水画法析览》《盛懋》《华夏艺术五千年·壁画卷》《中国画论通要》《历代钟馗画研究》等10余种学术专著出版。担任国家重点科研项目《齐白石全集·诗文卷》主编和北京大学重点科研项目《中国历代美学文库·画论典籍》主编。天津市第二、三届和第六届哲学社会科学优秀成果专著奖获得者。1994年在英国剑桥名人传录年会上，获对人类文化有杰出贡献证书。1996年被评为天津市优秀教师，同年出席全国优秀教师代表大会。1999年被中国文联、中国美协等单位评为“百杰画家”。其传略载入《中国社会科学家大辞典》《中国文艺家传集》《当代书画篆刻家辞典》及美国、英国、日本、印度等国名人录20余部。著有《王振德艺文集》8卷。河北区档案馆收藏有《唐人五牛图》等4幅作品。

王振德画作（区档案馆馆藏）

霍春阳1946年生于河北省清苑县。1969年在天津美术学院毕业后留校任教。其20世纪70年代中期崭露头角，擅长写意花鸟画。80年代后进入创作丰收期，并确立了在当代中国画坛的地位，作品多次入选全国美术大展并获奖。其创作的大量作品被人民大会堂、中国美术馆、毛主席纪念堂、钓鱼台国宾馆、中央电视台等单位及国外博物馆收藏，多次出国进行艺术交流，出版个人画集多种。他秉承元、明、清以来的文人画传统，经过对中国传统文化深刻领悟及对自然之美的悉心体味，潜心追求虚静空灵的艺术境界，以净化人的心灵为创作宗旨，是中国传统写意花鸟最具代表性的画家之一。自1976年以巨幅作品《山花烂漫》声名远播后，其一直执教于天津美术学院国画系。他在《双清图》题跋中写道：“兴来磨就三长墨，写得芭蕉和梅花。骨骼纵然清瘦甚，品高终不染尘埃。”

霍春阳画作　　（区志办提供）

何家英1957年生于天津。1977年考入天津美术学院绘画系学习中国画，1980年毕业后留校任教。曾任第九、第十、第十一届全国政协委员，任中国美协副主席、中国艺术研究院博士生导师、当代工笔画协会副会长、天津美术学院何家英工笔画研究所所长、天津画院名誉院长、天津美术馆名誉馆长等职。获国家“有突出贡献的中青年专家”、中国文联“德艺双馨文艺工作者”、中宣部“四个一批”文艺人才等荣誉。擅长当代工笔人物画创作。代表作品有《山地》《十九秋》《米脂的婆姨》《酸葡萄》《魂系马嵬》《秋冥》《舞之憩》《杨开慧》等。

何家英画作　　（区志办提供）

二、民间文化

（一）**泥塑**　王串场街道的朱氏泥塑始创于清末民初，至2010年已传至三代。其主要艺术特点是把堆塑、绘画和雕刻手法相结合，以塑人物为主、兼顾动物及景观。作品外形古朴、轮廓清晰、形象鲜活。2006年，朱氏泥塑第三代传承人朱增利应邀赴北京秀水街进行泥塑创作。其作品《拿破仑——人马合一》《联合国秘书长安南》，分获天津市首届、二届民间艺术展优秀奖。

（二）**烫画**　1993年，建昌道街道居民刘卫东开始葫芦烫画研究。其葫芦烫画作品笔法娴熟，将葫芦天然之美和人工之美相融合，笔墨意蕴自成风格，在津门独树一帜。2006年9月，其作品《百子戏》在第三届中华（天津）民间艺术精品博览会获银奖。2008年10月，作品《罗汉图》获天

刘卫东创作的葫芦烫画《百子戏》　　（区志办提供）

朱增利创作的科菲安南泥塑像　　（朱增利提供）

津市首届民间艺术展银奖。2010年10月，作品《山水》在第二届天津民间艺术展中获银奖。1998年，王书凯开始创作葫芦烫画，经过苦心钻研，掌握彩绘葫芦画、刀刻葫芦画、木板烫画、木板彩绘烫画技巧，其葫芦烫画《老寿星》在天津首届民间艺术展上获优秀奖。2005年，王晓亮开始创作葫芦烫画，其作品形态逼真、栩栩如生、古朴典雅，其葫芦烫画《毛泽东头像》在庆祝中华人民共和国成立60周年——天津市葫芦艺术精品展上获优秀奖。

（三）**刻瓷**　1987年，望海楼街道居民陈起平开始学习刻瓷艺术，多年来潜心专研刻瓷技法，在传承传统基础上融入现代绘画手法，形成清新淡雅风格。2006年，《周恩来总理》《周恩来和邓颖超》两件刻瓷作品，被天津市周邓纪念馆收藏。作品《秋韵》在第三届全国刻瓷艺术创新评比活动中获二等奖。2008年，作品《多难兴邦》《秋趣》在第四届全国刻瓷艺术作品大赛中分获银、铜奖。

陈起平创作的刻瓷《多难兴邦》　（陈起平提供）

（四）**陶艺**　包志宽从事陶艺创作30余年。20世纪90年代，其在地纬路10号成立包志宽陶艺工作室，采取传统手工制陶技法，以天然朽木为体裁，使用多种自制工具，反复捏练、雕型，以实现虫咬、风化等自然效果，形成创意朴实、取法自然、古朴典雅的艺术风格。其制作的树桩型紫砂壶成为北派紫砂的代表作品。2002年，其作品《鱼瓶》获中国（天津）首届工艺美术百花奖金奖，被中国历史博物馆收藏。

（五）**掐丝葫芦**　毕业于天津美院的张文鹏，经过多年研制，开发出掐丝工艺葫芦并获国家专利。其作品美观典雅，具有立体感、艺术感和观赏性，作品种类繁多、大小各异，代表作有福禄寿喜、千手观音、如来佛祖、十八罗汉等，最高的1米，最矮的15厘米。2008年参加天津首届民间文化艺术节获优秀奖。

（六）**收藏**　2008年9月，区档案学会民间收藏协会成立，会员100余名。名誉会长、门票收藏者陆熙成于20世纪80年代开始集门票，已收集10多个专题门票数万枚，创办刊物《天津门券》，后改为《天津旅游文化收藏》。奇石收藏者邢德本收藏有火山石、陨石、风凌石、巴林石等几十种，收藏的木化玉雕刻《八仙人物》获2008年度天津首届工艺美术百花奖金奖。区民间收藏协会副会长李子健，收藏明清家具200余件，设4个展室，撰写专著《浅谈明清家具》。马氏兄弟（马骥良、马骥武）收藏历代瓷壶1万余件。2010年9月，章用秀被评为天津十大藏书家之一，其藏书3.8万余册，出版专著70余部、2000多万字。

第五章　文化产业

改革开放后，河北区文化产业逐步发展，特别是进入21世纪，文化创意产业形成一定的规模，2010年，文化创意类企业产值突破10亿元。

第一节　文化市场

1985年，歌舞、录像、台球、电子游艺等娱乐项目进入区内文化市场，书店、书摊相继出现。1995年，有歌舞厅53家、录像厅25家、电子游艺厅48家、台球厅23家、老年麻将室26家。2002年，有网吧50家。2010年，有歌舞厅29家、网吧55家、音像店16家、图书零售店32家、复印企业61家、印刷厂65家。

第二节　产业发展

一、生产经营文化产品行业

1979年，全区电影戏剧演出1.28万场次，营业收入198万元。1982 年，文化企业收入6万元。电影戏剧演出放映1.06万场次，营业收入150万元。1984年，文化娱乐用品类零售额1312万元。文化企业收入10万元。文化用品商店1家，从业人员9人，营业收入19万元。1990年，电影戏剧演出放映9449场次，营业收入238.6万元。1996年，电影戏剧演出放映6125场次，营业收入241万元。2004年，有印刷业和记录媒介复制企业132家，从业人员2180人，营业收入1.13亿元；文化体育用品及器材批发收入1.57亿元，零售收入2840万元。工艺美术品制造企业收入3365万元。2010年，有新闻出版企业1家，从业人员57人，营业收入616.2万元。有广播电视电影音像业企业1家，营业收入57.8万元。

二、文化服务行业

1990年，全区展览会、文艺训练班、文艺演出、娱乐游戏等文化服务收入70万元。1996年，文化服务收入122万元。2004年，有文化艺术企业23家，从业396人，营业收入240万元；娱乐业企业50家，从业444人，营业收入186万元。2008年，文化艺术企业15个，从业204人，营业收入456万元；娱乐业62家，主要是室内娱乐、休闲健身娱及其他，从业479人，营业收入2420万元。2010年，文化艺术企业1家，从业43人，营业收入601万元；娱乐业企业1家，从业98人，营业收入1029.5万元。

三、文化附加值行业

1979年，文化附加值行业以旅店为主，有旅店21家，从业420人。1982年，旅店20家，从业558人。1991年，旅店15家，从业572人。2004年，建筑装饰企业146家，从业4129人，营业收入1.94亿元；旅游饭店营业收入1.23亿元，旅行社营业收入2638万元。2007年后，影视、动漫、网络、电子商务、展览策划、广告装潢和产品设计等文化创意产业发展较快，形成华津3526创意产业园、辰赫创意产业园、北新C6动漫创意产业基地、中汇创意公社等平台。2008年，文化创意企业44家，从业1070人，产值1.19亿元；建筑装饰企业173家，从业1339人，营业收入2.21亿元。全区旅游业经济发展稳中有升。旅行社13家，营业收入7969万元；旅游饭店4家，营业收入1.08亿元。2010年，文化创意类企业178家，从业1312人，产值10.27亿元，税收5212万元；建筑装饰业营业收入21.93万元；住宿业营业收入1.11亿元，其中星级企业营业收入8195万元。

第六章　文物与非物质文化遗产

改革开放后，区内文物得到有效保护。至2010年，全区有国家级文保单位2处、市级12 处、区级5 处，市级非物质文化遗产4项、区级10项。

第一节　文物保护

1982年、1987年，对全区文物状况进行调查。1982年7月，觉悟社旧址、望海楼教堂和大悲禅院被定为天津市重点文物保护单位。1988年1月，望海楼教堂被公布为全国重点文物保护单位(第三批)。1991年8月，天津社会主义青年团旧址、梁启超饮冰室书斋、解放天津会师纪念地、李叔同故居、金代石狮、十七烈士纪念碑、魏士毅女士纪念碑，被定为市级重点文物保护单位。1994年，女星社旧址被定为市级重点文物保护单位。1995年，全区有纪念馆2所，文物保护单位20处（国家级1处、市级10处、区级9处），文物说明牌6处。其中，被定为市、区级爱国主义教育基地12处。

2002年，对区内文物保护单位和文物资源重新核实。2003年，对李公祠遗址进行保护性发掘，出土李鸿章“圣谕碑”“功德碑”等石刻文物15件。2004年，将区内38处不可移动文物向社会公示。2006年5月，京杭大运河、梁启超旧居被定为全国重点文物保护单位（第六批），其中，北运河河北区段是京杭大运河组成部分。2009年，河北区大运河保护和申遗工作领导小组成立。

解放天津会师纪念地——金汤桥　（区文管所提供）

河北区境内文物保护单位一览表

表20-3

全国重点文物保护单位	
名　称	地　址
梁启超旧居	民族路12、16号
望海楼教堂	狮子林大街292号
天津市文物保护单位	
名　称	地　址
觉悟社旧址	宙纬路三戒里49号
女性社旧址	宙纬路三戒里48号
汤玉麟旧宅	民主道38号
大悲院	天纬路40号
魏士毅女士纪念碑	中山公园内西南侧
天津十五烈士纪念碑	中山公园内东南侧
直隶第一女子师范学校旧址	天纬路4号
意国领事馆旧址	建国道14号
解放天津会师纪念地	建国道西端
李叔同故居	滨海道与海河东路交口处
金代石狮	中山北路1号北宁公园内
袁氏旧宅	海河东路39号
河北区文物保护单位	
名　称	地　址
金家窑清真寺	金海道金钟公寓小区内
南皮张氏两烈女碑	中山公园内南侧
中山公园	中山公园路3号
扶轮中学旧址	吕纬路93号
冯国璋旧居	民主道52—56号

第二节　非物质文化遗产

一、市级非物质文化遗产

（一）**隆顺榕中医药生产技艺**　天津隆顺榕药局（后称隆顺榕成记药庄）由卞楚芳于清道光十三年（1833年）始创，原址在北门外针市街49号，后迁至白庙工业区。隆顺榕药局成立之初，因其中成药品选料真、配料细、疗效好，特别是其秉承“济世寿人，泽及四方”的经营理念，很快就确立“卫药”在中国的魁首地位，成为中国近代最早形成中成药规模生产的大型企业之一。“卫药”是一个具有独特理念和丰富实践的中药流派，有别于以同仁堂为代表的“中庸平和”的京药，是天津唯一的本地医药品牌。其建有颇为完整的中药材标本库。嗣后企业名称几经变换，2003年，恢复老字号天津隆顺榕制药厂。2004年，隆顺榕现代中药产业园在天津经济技术开发区建成并投入使用。2007年，天津隆顺榕中药生产技艺列入天津市、河北区首批非物质文化遗产项目名录。

（二）**堤头庆云高跷老会**　始于清顺治十年（1653年），原名堤头盛兴京秧歌老会，位于堤头村清善堂公所内。该会属于文高跷范畴，扮相身段借鉴京剧模式，表演剧目多以水泊梁山好汉为题材，以“忠、孝、仁、义，渔、樵、耕、读”为内容，由16名演员组成核心人物，锣鼓节奏别具一格，伴有曲牌唱段。其高跷腿子做工考究，雕刻精美，适合文高跷表演。出全会时150余人，伴有道具茶炊子、六角盒、衣饰箱、圆笼等，后有一人持伞盖，左右有门旗、高照、软对、硬对、灯牌等随会行走。高跷队伍由引锣和令旗指挥，踩锣鼓点儿引队前行，督旗紧跟其后，场面宏大壮观，因长期在天津活动，故具有浓郁的天津民俗和传统文化特征。1984年复会后，参加“引滦入津”竣工典礼、天津龙门大厦开业典礼、中环线和外环线建成通车典礼、亚运会“迎接圣火”仪式、天津首届妈祖文化艺术节、历届“妈祖皇会”踩街等活动。获北京首届“龙潭杯”花会大赛一等奖。2009年，被列入天津市非物质文化遗产项目名录。

堤头庆云高跷老会表演　　　　（区文化旅游局提供）

（三）**金狮大轿老会**　创立于清乾隆年间，由东于庄村李氏家族立会，会址位于东于庄13号。出会踩街表演内容主要有花会和传统民俗婚礼。花会有迎亲、抢亲、搭救、拜堂及乡下妈妈探亲家等内容，用河北秧歌配合表演，演员按京剧扮相，角色有媒婆、小姐、丫鬟、公子、家丁、济公等10人，乐队7人随队而行，乐器有唢呐、笙、鼓、钹、铙、铛铛等。传统民俗婚礼有晾轿、设摆、童子转轿、迎娶嫁妆、迈马鞍、跨火盆、拜天地，入洞房等内容。銮驾仪仗队伍由会锣、子孙灯、彩谱、大锣、门旗、软硬对、迎喜大旗、高照、喜字牌、伞扇、督旗、嫁妆挑、样箱、样盒等组成。道具有大轿（高3.5米，宽1.4米），由轿顶、轿檐、轿衣、轿圈、轿杠组成，选上等硬楸木为原料，以浮雕透雕等手法，雕刻狮子滚绣球、龙凤呈祥等造型。抬轿艺人随着乐队敲出的锣鼓点节奏，步伐轻盈，起伏有序，身姿优美，构成喜气洋洋、浩浩荡荡迎亲场面。2009年，被列入天津市非物质文化遗产项目名录。

（四）**同乐花鼓老会**　始于清咸丰年间，会址位于东于庄崇善堂公所。据该会老艺人回忆，早年有安徽凤阳艺人至天津以唱花鼓为生，后经当地李、王、费、周等富绅倡导，发动居民筹资组建，逐步形成同乐花鼓老会。出会时演员扮相身段借鉴戏剧表演形式，以梁山好汉扮作花鼓艺人混进大名府搭救卢俊义故事为表演内容。出全会时可达百余人，队伍分前、中、后场3部分。前场包括执事仪仗队及各种器具。中场由“南嘲子”和飞钹组成，曲牌为遮鼓十番、南嘲子三十六番等。后场由8名男孩分别扮为李逵、燕青、石迁、石秀、孙二娘，扈三娘、解珍、解宝，各自手持霸王鞭、太平鼓、小锣、挎鼓等，边唱边舞，逼真细腻，生动活泼。男孩扮相俊美、童音嘹亮高亢，能够演唱各种唱段。自1984年起，该会参加引滦入津竣工典礼、庆祝香港回归等大型活动。并进京参加“龙潭杯”“地坛杯”等花会大赛。该会是天津唯一表演凤阳花鼓的民间花会。2009年，被列入天津市非物质文化遗产项目名录。

同乐花鼓老会表演　　（区文化旅游局提供）

二、区级非物质文化遗产

2010年，区级非物质文化遗产有10项：工艺毛猴制作技艺、京剧艺术人偶制作技艺、行云手长仕门武术、霍氏迷踪艺武术、泥人王彩塑、中华武士会（形意拳武术）、津派花鸟玉雕、内画鼻烟壶、谦斋通督正脊医学技艺、朱氏泥塑。

第三节　纪念碑和纪念塑像

一、魏士毅女士纪念碑

位于中山公园内西南侧，为市级文物保护单位。1929年3月，平、津各界在中山公园立碑纪念天津籍学生魏士毅。碑文曰：“魏士毅女士，河北省天津人，邑绅魏哲生先生长女，年二十有三，肄业燕京大学。本科二年级时，以八国干涉大沽口事，国人奋起力争，至国务院请愿，女士激于正义，竟以身殉，实民国十五年三月十八日也。学校既为追悼建碑。十八年北平市政府複奉明令，于其生地立此贞珢，表彰遗烈，并恤其家！”1937年天津沦陷后，此碑下落不明。1984年在地下挖掘出土。1986年在纪念“三一八”60周年之际，市政府将魏士毅女士纪念碑重新竖立在中山公园。

魏士毅女士纪念碑
（区志办提供）

二、天津十五烈士纪念碑

天津十五烈士纪念碑位于中山公园内西南侧，铭刻着大革命时期牺牲的15位英烈事迹，是天津唯一一座反映第一次国内革命战争历史的纪念碑。1931年，天津各界人士为纪念他们，在中山公园立碑公祈。此碑“文化大革命”中被遗弃，埋入地下。1984年市政府复立此碑，在为天津十五烈士纪念碑旁，又立天津十七烈士纪念碑。1991年列为市级文物保护单位。

天津十七烈士纪念碑
(区志办提供)

附：十五烈士事迹

1927年4月18日清晨，军阀张作霖与蒋介石在上海发动的“四一二”反革命大屠杀遥相呼应，下令将共青团天津地委组织部部长、国民党天津市党部常委江震寰和邬集中、王纯善、马增玉、许凤山、徐建中、孙宝山、王鹤洲、孙一山、倪家志、王建文、马自芳、王益三、赵玉良、韩玉亭等15位革命志士以所谓“组织党部，宣传赤化，阴谋暴动”的罪名押赴刑场(今南市食品街)枪杀。他们中有共产党员，也有国民党员。在开赴刑场途中，他们高呼革命口号，宣传反帝反封建的革命主张。他们牺牲时，高呼“打倒帝国主义！”“打倒军阀！”“国民革命万岁！”“中国共产党万岁！”将年轻的生命奉献给了中国人民的解放事业。

碑文中除记述十五位烈士之外，另将1930年死于新军阀混战的张志全、王弢楼2人补入，成为十七烈士。

三、北宁公园革命烈士纪念碑

北宁公园革命烈士纪念碑于1949年为纪念解放天津英勇牺牲的革命烈士而建，郭沫若题写碑文，1977年重建。位于北宁公园叠翠山上，是社会各界祭扫英烈、进行爱国主义教育的重要场所。

宁园革命烈士纪念碑
(区志办提供)

四、孙中山铜像和纪念碑

1996年，为纪念孙中山诞辰130周年，河北区人民政府在中山公园中部建立孙中山塑像和纪念碑，碑阳为《中山公园记》，记录公园的历史沿革；碑阴为《孙中山讲演辞》，记录孙中山1912年8月24日在公园的演说。2006年11月8日，一座崭新的孙中山全身铜像在1100多平方米的花坛上矗立，为孙中山的孙女、美籍华人孙穗芳博士捐建。该铜像展现1912年孙中山在中山公园前身河北公园演讲时的风采。铜像高2.2米、重2吨，安装在2.3米高的基座上。

孙中山塑像　(区志办提供)

附一:《中山公园记》

中山公园历史悠久。清初江南布政使张霖，建问津园于三岔河口之金钟河畔。园内风光旖旎，亭甲一郡。名流雅集，诗歌酬唱，盛极一时。张氏衰落，园遂废圮。乾隆之世，张霖玄孙虎拜，官居内阁中书，克绍箕裘，于此起思源庄，翰墨风流，亦尽幽雅。

清末，迭次丧权，国事日非。遂兴洋务、行新政。辛丑，督署迁津，随之建站修路，劝工兴学，于兹办劝业会场，立咨议局，设藩臬公所，起图书馆、造币厂，兴劝工陈列所、教育用品所，兼办国货展览会。旋改河北公园，复称天津公园，为津门公共园林之首创。园前临大经路，迎门假山前，菩萨持瓶，喷水成溪。馆阁林立，错落有致。

一九一二年八月廿四日，孙中山过津，莅园讲演，号召南北统一。一九一五年周恩来在此反对"廿一条"，慷慨陈词，群情激愤。迨至五四运动，各界人士多赴园中集会。一九二八年天津设市，为纪念孙中山在公园讲演，改称中山公园。复办学校，创美术馆，成为文化艺术名区。园内立：十五烈士纪念碑、魏士毅女士纪念碑、南皮双烈女碑，供后人追念。"七七"事变，天津沦陷，日寇圈为营地，园艺精华，悉遭破坏。抗战胜利，路改中山，路园对照，名实始副。

中华人民共和国成立，重建花园，始焕然一新，辟为教育基地。盛世鸿图，俯仰古今，爰为之记。

附二:《孙中山演讲词》

近吾国颇有南北界之说，其实非南北之界线，实新旧之界线。南方人不知共和政体为何物者尚所在皆是，盖因其无新知识。故一家之中父新而子旧，子新而父旧，新旧之分家庭中尚不能免。惟望吾到会同胞随时随处用力开通，由一家及一乡、一县、一省、一国，于数年中各使人人皆知共和之良美。至美洲十数国无不共和者，以该洲草昧之地，经白种人创造，其事较易。吾国数千年之专制，一旦变为共和，其诸多障碍，固属意中事。此后仍须造成共和及赞成共和诸君子竭力维持。

五、南皮张氏两烈女碑

位于中山公园内东南角凉亭内，石碑上斑驳印记，鉴证其经历之沧桑。石碑落款"徐世昌撰文，华世奎书丹，张寿篆额"。碑文记载的是发生在民国初年震惊全国的天津七大奇案之一——"双烈女"案。双烈女张立、张春祖籍南皮，在乱世天津，面对强权与黑恶势力，宁死不屈，服毒自尽，引起社会广泛关注与义愤。当时有人据实编演成现代戏，上演于天津各大剧场，颇受欢迎。烈女在家乡南皮葬后，族人在南皮文庙东侧建"双烈女祠"并立碑记其事。其后碑移至天津中山公园。历经几十年风雨，几被圮遗。1984年全国第一次文物普查后，石碑被重新发现，并建亭子将其树立保护。

附:《南皮张氏两烈女碑文》

碑阳

两烈女南皮张氏故相国文达公之族别居偏坡营祖治安常徙武清为子绍庭纳妇金氏生两烈女绍庭来天津以贸易折阅债车为庸自食其力妻金率两烈女以碱业佐之绍庭素迂呐一日丧其车主人索直急力不能赏夫妇相与泣有戴富有者故无赖布党羽四方诱致良家子女居其牟利侦知绍庭有女遣常与往来王宝山伪为慰问者垂间与言曰徒泣无益有两女得一聘金可赏也因为媒以次烈女许字戴富有长子书约时宣统二年庚戌也癸丑三月绍庭率戴妻马来言吾不忍漠视戚党孤寡茕茕无依邀往同居金初以其意善也携子女同往戴既得女欲去其母遣马俞以再嫁金久主戴刁知所为窃不然之及闻再嫁言恚且恨悔默计前事为人绐亟图别居明年僦屋西门外千福寺口将移居戴竟留长烈女不遣金数数来迎其女语交口马值前批其颊叱众殴之邻比闻其家诟谇号咷白之警察事直长烈女从其母归戴遂以金悔婚讼诸地方审判厅谓金以两女许其两子厅判以有约者为信戴遂毁前约更造伪约二一约长烈女字己长子一约次烈女字己次子以其党王宝山为之证上控高等厅厅判两烈女俱归戴有其狱此所据曰媒有证婚有书金想戴所为不善曰此一事彼一事有相涉也判既定

碑阴

益肆无顾急遣王宝山来订婚期迎娶曰不从无幸金方张皇无措两烈女已潜置毒物同母寝熟吞之翌日毒发俱死实维丙辰三月十七日长烈女名立姑死年十七次烈女名春姑死年十四余编几辅烈女传常约取其事载入贞烈门中用传不朽乡入复伐

属余为文揭之通衢余既据事略叙还视前传加详已乃系其后曰甚矣人死之难也当必死之时又值不可不死之事或乃隐忍求全希图徼幸卒至身败名裂已变不免于死或卒与死会一瞑无复顾虑死一也以视从容就义如两烈女者岂可同日语哉闻次烈女毒发时渴甚求水长烈女呼谓之曰妹吾与汝求死饮水则毒解不死吾今正待汝偕行也乌乎可哀也已昔当怪吾古时礼教修明男正位乎外女正位乎内化行俗美上下同风而诗书所载节烈之事及不若后时之盛今而知其盛乃正未俗衰有以激之成也未俗既日益浇漓士大夫且不免从与俱靡而妇女之节烈乃以激而愈出此古圣人赞易所以独有取于坤之无成代终而今日有心世道之君子所急欲表扬而维护者也两烈女葬天津西门外贞烈墓之次并附著焉

天津徐世昌撰文
天津华世奎书丹
天津张寿篆额
岁在上章君滩秋九月廿一日立石

六、三岔河口浮雕墙

位于天津三岔河口海河源头左岸，长100.6米，高3.2米，画面上《潞河督运图》和文字《三岔河口记》各占一半。雕刻主要为河中官船、商船、货船、渔船等穿梭往来，两岸衙署、店铺、寺庙、民宅、粮仓错落有致，景物逼真细腻，人物栩栩如生，其中各种人物789人，各式船舶64条。整个浮雕选取石材340片，面积260平方米。每一块石材均经严格处理，具防碱、防腐、防污等保护功能。浮雕基础由打入地下的54根9米长的灌注桩支撑，墙体为钢筋混凝土结构。

《潞河督运图》浮雕　（区志办提供）

附:《三岔河口记》

三岔河口者，天津要地之一也。其地处天津旧城之东北，本指南北二运河汇为海河东入渤海之所。形为三岐，故称三岔，而后所指渐有扩大，遂成其近旁地区之泛称。南北运河汇合处之具体位置，前后亦变易，其初乃在今狮子林桥附近。公元一九一八年顺直水利委员会将河道裁弯取直，方使之移至今金刚

三岔河口记　（区志办提供）

桥上游。工程前，南北运河于此弯曲环绕，两河之间呈马蹄之形。工程既毕，北运河、海河成一直流河道，马蹄形地块因与海河以东广大地域连成一片。望海楼天主堂原处马蹄形地域之中，南运河之阳，至是亦随之由南运河之阳变为西临海河矣。此次工程之举也，正当望海楼天主堂之附近，故有“天主堂裁弯工程”之名也。

一点绾三河，形胜名区拥水运交通便捷之势，津邑骄通衢，三岔河口实斯城河海要冲之心。天津名称中之“天津”二字，意为天子之渡口也，系明成组朱棣称帝后之所赐。为纪念其于靖难之后中由斯渡河，进兵沧州，南下争夺皇位之举也。然天津之所以能於是时成为天子之渡口者，乃因其地本天然适于作为津渡之所也。天津地处华北平原与渤海相接之处，东临浩渺之渤海，西有广袤之平原，太行山雄踞于平原西端，山之东诸水多半逶迤流注天津，途中渐次汇流，形如扇面，加之有隋代修凿南北大运河为代表之历代人工修整，最终而成南北运河交汇为海河之局。出三岔河口通海贯河之胜。水运之便利，乃天津地区得以孕育出繁华都会之基础条件也。

天津之河海要冲条件为繁华都会之出现显著发挥催生作用者，实肇于金元建都北京之时也。公元一一二五年至一一二六年，兴起于东北之金朝先后灭辽朝与北宋，辖区南达淮河流域，一一五三年迁都燕京(今北京)，改称中都。公元一二七一年兴起于漠北草原之蒙古正式定国号为大元，翌年建都于大都(今北京)。一二七六年灭南宋，统一全国。天津地区由是而重要性陡然大增矣。作为畿南交通要地，其于军事方面加强力量以屏藩京城，实属必要需，此其一也。魏晋以降，中国经济重心渐次南移，及至有宋，江南地区已赫然成举国首要财赋之区。京城众多之官僚与驻军，无不仰仗主要来自江南经由天津北运之粮食及诸货，以资维持生计，此其二也。因之天津地区于金代有军事据点直沽寨之置，于元代有海津镇之设。当金之时，为提高漕运能力，又有改造永济旧渠之举，是使漕运不再经霸州信安北上涿郡，而后改由静海独流至柳口(今杨柳青)，再东折趋三岔口，入笥沟(即潞水，今北运河)，北达中都(今北京)。天津由之遂成漕运之中转枢纽矣。当元之时，因新开会通河岸狭水浅，致大运河运量过少，不敷需要，又有大兴海运之事，是使江南粮饷以海运直达天津，而后转用内河船只经北运河入京，年运量高者竟达三百余万石矣。元代诗人之所谓“晚日三岔口，连樯集万艘”“东吴转海输粳稻，一夕潮来集万船”，皆为元代天津地区漕运之繁忙景象纪实也。护航女神天妃于元代落户天津，大直沽与三岔河口西南不远先后为之建庙两座者，亦应其时众多舡师水手祈福求顺之需而起也。漕运之发达带动社会之发展。元代，天津商业始活跃矣。时人诗称：“一日粮船到直沽，吴罂越布满街衢。”聚落亦显繁荣矣。明人追述：“元统四海，东南贡赋集刘家港，由海道上直沽，达燕都，舟车攸会，聚落始繁”。三岔河口系天津得地理形势便利之核心部位也，天津因此便利而繁兴之中，三岔河口自当先得其利。时亦然也，元代天津凡建天妃官两处，其一即座落其旁，此非明证哉？由是观之，三岔河口者，天津萌生长育之根也。退而言之，以其根之一哉。

“靖难”成功，朱棣登基于南京。鉴于天津为形胜之地，即于此地二年之内连设天津、天津左、天津右凡三军卫，且下令筑城(时在永乐二年，公元一四零四年)，是即位于南运河之阴，海河之西，与三岔河口近在咫尺之天津老城也。不久，朱棣复迁都城于北京。而后北京连续为明清两代首都者近五百年。朱棣之上述举措影响甚巨，非惟俾天津顿成军事重镇，抑且为其开启速成繁华都会之进程矣。朱棣之时，大运河大行修整，河槽以安全、经济之相对优势，彻底取代海漕。有明一代经由天津运往北京之南来粮漕岁约四百万石。入清以后，河漕继行，直至十九世纪上半叶，河槽始渐为海漕所代。然天津乃为海漕终点。且以北至京，仍赖河槽。天津之漕运中转枢纽地位毫无变化。所异者惟由河槽所经变为海、漕河槽转接咽喉而已，其漕运盛况之不再已至光绪之末矣。明清两代漕运之兴盛，再次推动天津社会之发展。漕运之重，俾朝廷视大运河畅通为要务，是使天津于数百年中稳保南北交通要冲之地位矣。往来于京城南方之达官举子需经于斯，南北货物交流须经于斯，由东北泛海而来售往京城华北之米豆亦须经于斯。由之天津成为诸方货物集散之中心，甚而洋货亦见于其市场矣。鸦片战前天津诗人崔旭之竹枝词描述其状云:“百宝都从海舶来,玻璃大镜比门排,和兰项伏西番锦,怪怪奇奇洋货街。”天津本地产品亦得顺利销往外地,其自然资源之开发利用,因之空前方便矣。其尤为引人注目者,盐业也。天津滨海,产盐自为其应有之事。明清两代,其盐业在往代初步发展之基上,更上层楼。明初已有“万灶沿河而居”之记载,后复渐成长芦盐之运、销、管理中心,以盐业起家致富者在在而有,诸如张霖、金玉冈、安尚义、查日轧诸人,皆其著名者也。康熙时卢纲公所之出现,更为盐商势力强大,盐业发达之显证。伴随经济之发展,居民数量亦扶摇直上,士、农、工、商之人,自各地纷至沓来,因成五方杂居之局。明代人口未见确切统计,至有清道光时,城厢区之人口总数已有十九万之记录矣。康熙时人薛柱斗称:“(天津)名虽为卫,实则即一大都会所莫能过也。”此语非虚,至明末清初之时,天津确确乎已成为渤海之滨一繁华都会也。清世祖顺治九年(公元一六五二年),天津三卫合为一卫。清世宗雍正三年(公元一七二五年),改天津卫为天津州,同年升为直隶州,寻又升为府,附郭设天津县,此外辖青县、沧州等。所辖凡一州六县。管理机构如斯之变动升格也,一者与其时城市性质由军事城堡转为政治、经济之中心相配,再者亦与繁华都会之形成互应哉。明清两代天津都会形成之中,三岔河口依然得居风气之先。明初所建天津城与三岔河口近在咫尺,由明初至清中叶,天津之商业中心均在城之东、北,更与三岔河口相互贴近。三岔河口为天津萌生长育之根者,于斯再显矣。

公元一八六零年商埠既开,天津渐蒙殖民地半殖民地之羞辱,而人民将之建成华北首位近代工商业大城市已。二十世纪末改革开放既行,天津人民更以现代化国际港口大城市为标的,拼搏开拓,建设桑梓,取凯歌猛进、成就辉煌之硕果。如斯种种,其因诚非一端,而天津之河海要冲优势亦不可不谓其中之一哉,顷中共中央政治局委员、中共天津市委书记张立昌主持之中共天津市委八届三次全会,定天津三步走经济发展战略大计,列海河经济为实现大计五大举措之首,欲海河跻身世界名河之列。此其为某,实中肯綮,大得民心。三岔河口随海河经济之开发,其地理优势亦必将更显神威哉。

三岔河口以北不远,由十方丛林一座,名曰大悲禅院,其大雄宝殿之佛祖巨像,庄严慈祥,近拂三岔口,远眺海河入海之处,闻、阅天津数百年纷纭沧桑。吾等面对三岔河口,倘以如下四事请教于佛祖:河海要冲为天津优势之首乎?三岔河口系天津萌生长育之根乎?天津人民建桑梓为现代化国际港口大城市之标的可得实现乎?俾海河跻身世界名河之愿望必将满足乎?佛祖将何以复之哉,吾将见其笑颜颔首也。

南炳文　撰文
李德海　谨书
公元二零零四年五月

七、大悲院记碑

《大悲院记》刻碑原立大悲禅院院内,后不存,碑文被收入清乾隆四年(1739年)修订的《天津县志》中。1981年在大悲祥院大雄宝殿前重立此碑。

附:《大悲院记》

孔子殁,百氏之学兴,其最盛者,杨朱、墨翟。治墨氏之学者,至分为三,其师说之不传,岂非孟氏辟之也与!浮屠之言近乎墨者也。墨之教:摩顶放踵利天下为之;而独于治丧也,以薄为其道。为浮屠者术主乎慈,其始,去父母昆弟,捐妻子而不顾,讵非忍哉!昔孔子不遇于时,驰驱四方,若微生亩、接舆、荷蒉之徒交讪其后,而曰:吾非斯人之徒与而谁与!痛哉其言也。盖吾观于佛,独善彼所称观世音菩萨者,推其愿所至,欲尽斯人而登之善,其去孔氏之旨不远。而大悲菩萨者,彼所谓观世音之化身也。其手目之数多至八万四千,目必有所运,手必有所执,俾匠人一一肖之,佛氏之教

大悲院记碑　　　（区志办提供）

则然。禅人世高，结茅天津之衢，夏以水，冬以茗果施往来之人。而予友曹君实司武备兹土，捐俸钱，继之程工庀材，筑室三楹，题曰“大悲禅院”，而请记于予。嗟夫！举斯世之人，其可恻然悲者众矣，惟泯于无所睹闻则已。试游目而观其迷途陷溺，目不能周，手不能援者何限，此菩萨之所以大悲名也，而况圣人之心哉！曹君勇而好文，驭兵以严而养民也惠，殆所谓可使治赋者也。夫浮屠之言儒者疾之，以其无预于世，天下饥溺而不思所以救也。世高用其师之说，独以大悲菩萨自托，则岂尽无意于斯人者哉！宜曹君之乐其人而信其道也。

康熙八年
朱彝尊

八、天津大悲禅院沿革记碑

《天津大悲院沿革记》刻碑位于大悲禅院大雄宝殿前。

天津大悲禅院沿革记碑
（区志办提供）

附:《天津大悲禅院沿革记》

津门古刹大悲禅院，位城北西窑洼，其始建年代，文献无稽。清顺治、康熙间，天津守备使曹斌捐俸筑寺，学者秀水朱氏彝尊过津，应请为撰《大悲院记》，叙其规模，室仅三楹，尚属草创，距今殆三百余年矣。初祖世高，以儒生皈依佛门，立意以大悲济民，为禅院奠传世之基。高师与津门文士诗文唱和，频有交流，于是儒佛二家，相融相通，赋大悲以新意；香火称盛，为诸方所崇仰。康熙八年，重加修葺，事载县志。其后谱牒散佚，世系断续。1940年，倓虚法师来津弘法，与津门居士多所谋划，醵金拓建庙宇，复兴院事，自1942年迄1947年竣工，禅院规模，大致底定。其间于1945年住持等慈法师偕津门居士自京迎玄奘顶骨来院供奉。1950年始惠文法师主持院事，兴建纪念堂以阐扬玄奘、弘一二祖大德。中经深山法师，旋由宝菡法师继任，乃与天津佛教协会共相擘画，重谋兴复扩建。世纪重开，宝菡法师以年事日高，乃委其事于智如法师。智如法师少年向道，复勇于任事，秉承宝菡法师意旨，奔走僧俗，筹募经费，鸠工庀材，不遗余力。近年建成大雄宝殿，宏伟辉煌，肃穆庄严。继之应配殿庑，亦先后落成；故物遗存，复善加移建；两得其宜，众庶欢欣。伏维大悲之名，于今世亦启迪多多。佛家曰大悲心者，乃欲拔一切众生苦者也。若有力者能关心民间疾苦，时怀若己饥己溺之心，亦大悲之心也。众生苟能耳闻大悲之名，心仪大悲菩萨之德，进而激发大悲之心，喜见人间生佛，则大悲禅院不啻津门之灵山也。行见津河映照，佛光焜耀。朝诵夕呗，僧众得佛祖遗泽滋润；顶礼膜拜，信者蒙上苍庇佑厚福。浙东下士，寄籍沽上，敬作碑记，叙其沿革。至祈世世僧俗众生，备加护持，则大悲声名，远被海宇四方；德音世传，永为丛林胜地；慈航普度，更为津民增无边福祉焉。

二零零三年冬月
来新夏

九、李叔同书法碑林

位于宙纬路三马路与四马路之间，碑林系古典园林式建筑，镌刻着李叔同中晚期书法作品74件，以及众多著名书法家咏怀之作。碑林门楼为红檐灰瓦，朱漆大门上方是赵朴初题写黑底描金匾额“李叔同书法碑林”。进门为一幽静院落，宽近20米，长近30米，院正中为一湾水塘，水塘上横跨一汉白玉石拱桥。越过小桥为一段长廊，绿柱红檐。正对院门为弘一法师铜塑像。塑像后墙有贺敬之题词：“魂魄化成精卫鸟，血花溅作红心草。看从今，一担好河山，英雄造”。石碑刻有李叔同书写的许多警世之语。如“毋以小嫌疏至戚，毋以新怨忘旧恩”“不近人情举足尽是危机，不体物情一生俱成梦境”“在事者当置身利害之外，建言者当设身利害之中”等。

李叔同书法碑林　（区志办提供）

第八章　档案　史志

改革开放后，河北区加强了基础文化建设，至2010年，区档案馆馆藏档案153个全宗17.64万卷。1987年启动党史资料征集工作，1992年启动修志工作，2003年启动地方年鉴编辑工作。

第一节　档案工作

一、机构设置

1977年12月，河北区档案馆恢复建立，办公地址在建国道52号。1991年10月，成立区档案局，设办公室、监督指导科和档案管理科，与档案馆合署办公。1993年，区档案馆晋升天津市一级先进档案馆。2007年，迁至金钟路16号。2010年，局(馆)建筑面积1344平方米，其中库房448平方米。设办公室、业务指导法制监督科、档案管理科、目录信息科，编制20人，在职人员17人。2006年9月，国家档案局原局长毛福民为区档案局题词：“丰富档案资源，建设档案馆舍，锻造档案人才。”1991年3月，全国人大常委会法工委原副主任、法学家张友渔考察区档案馆并题词：“尊重历史。”8月，区档案馆获全国档案工作先进集体称号。

二、档案馆藏

1977年，接收文书档案1.69万卷。1984年，组织第一次大规模档案接收，接收档案53个全宗5.65万卷。1992年，馆藏档案112个全宗8.64万卷，增加会计、人口普查、婚姻、死亡干部、查抄、诉讼等档案。1993年，接收声像档案44盒。1999年，接收档案资料61个全宗5.27万余卷。2002年，征集44位书画名家档案资料555件(册)。2006年，征集已故书画篆刻艺术家李骆公音像资料和珍贵印谱100多件册。至2010年，接收撤并单位档案和专项档案近3万卷(册)，馆藏档案153个全宗17.64万卷，含22个门类；有磁盘、光盘178张，照片1.45万张，书籍报刊2.45万册。

三、档案管理

1984年，“文化大革命”中转移到市档案局的档案全部运回区档案馆。1992年后，对超过保管期限、失去历史价值的档案，经鉴定分3批销毁2766卷。1995年，全区档案达标升级单位34个。1998年，区档案局增加办公用房，增添密集架等设施，对已破损和字迹褪变档案，进行抢救、复制和保护。2001年，创建档案目录信息中心，开始数字化管理。2003年，因馆库卷满，查抄档案、城建档案暂借天津二中档案室存放。2010年，全区立档单位57个，有综合档案室57个，档案34.47万余卷、44.42万余件。制定《河北区机关文书立卷归档试行办法》《河北区街道系统案卷目录》等20余个规范性工作意见。完成馆藏婚姻档案、知青档案和二、三区部分重要档案56万页全文数字化加工工作，保存基层单位档案室上交目录信息56万多条、图像数据33GB。

四、编研利用

1979年起，全区档案编研逐步规范发展。1983年后，编写《中共河北区委员会组织沿革（1949—1983）》《河北区解放以来行政区划沿革》《河北区抗震救灾纪实》等资料10余种，举办《鉴往知来创辉煌》等大型图片展览。1991年，举办档案编研成果展评会，展出编研成果387件。1997年，组织47个单位358册编研成果参加区档案学术研讨暨编研成果会展。2002年，组织46个单位138件特色成果进行展评。2010年，组织32个单位92件成果参加区档案特色编研成果展评会。1988年4月，区档案馆正式依法向社会开放第一批档案9500多卷。至1995年，接待近万人次，提供档案资料6.67万余卷（册）次。2006年，举办河北区档案利用成果汇展，制作展牌120余块，展出利用成果80余例。2008—2010年，区档案馆作为政府信息公开查阅服务中心，开放文书档案12批1.79万卷，接待人员2.13万余人次，查档11.72万余卷次。

五、档案宣传

1979年起，档案宣传逐步加强。1996年，在中山路举办河北区档案事业发展成果展。1997年，为迎接香港回归和中共十五大召开，举办《阳光·春雨——党和国家领导人关怀河北》图片展。1998年，组织开展“国际档案周”宣传活动，全区70余名档案干部上街宣传《中华人民共和国档案法》。2001年，为迎接中国共产党成立80周年，组织大型图片巡回展《鉴往知来创辉煌》。2007年，举办《大爱无疆》——“爱心档案”征集成果巡回展，展出白方礼等20个奉献爱心典型人物档案资料和24件奉献爱心事例，《中国档案报》作专题报道。2009年，举办“展示家庭建档成果，见证祖国60年巨变”主题展览，展出94个建档示范户精品档案5000余件。

第二节　党史研究

一、机构设置

1987年12月，中共河北区委党史资料征集委员会成立，为处级单位，下设办公室。1997年，更名为河北区委员会党史研究室，为直属事业单位，编制4人，由区委组织部管理。2007年，列入参照公务员法管理单位。2010年，在编干部3人。

二、资料征集整理

1987—1993年，征集整理民主革命时期中共天津地下党组织领导和开展地下斗争的历史资料。多次到中国历史博物馆和河北、陕西等地查阅资料，访问100余名曾在河北区工作过的老同志。在此基础上，确定专题28个、革命遗址18处、党史人物53人。1990年3月，《中国共产党天津市河北区组织史资料(1949—1987)》出版发行，编写过程中查阅档案2200卷，访问老同志480余人次。

1993年9月，出版《河北区党史资料汇编(1919—1949)》，全书30余万字，反映了新民主主义革命时期中共天津地下党在河北区活动情况。1998年，出版《中国共产党天津市河北区大事记(1949—1995年)》，编辑整理1996—2005年党史大事记简本，约21万字。2000年始，征集重点逐步转向社会主义建设阶段和改革开放新时期。2001年后，开展中共天津历史资料丛书《奋斗的历程》河北区卷征集编写工作。分别于2003年、2006年、2008年完成第一卷(1949—1956年)、第二卷(1957—1966年)、第三卷(1966—1978年)编写出版工作。征集编写过程中，查阅市、区档案馆资料3500多卷及大量报刊，走访老同志百余人，整理口碑资料53余篇，15万多字。2007年，征集整理中共河北区历次党代会文献资料，编辑出版《中国共产党天津市河北区历届代表大会文献选编》，12万余字。2008年，开展河北区纪念改革开放30周年征文活动，出版《河北区纪念改革开放三十周年征文选集》，全书16万余字。2010年，启动《中共天津市河北区历史(1949—2010年)》编辑工作。

三、党史宣传教育

2001—2004年，采访慰问参加天津解放战役老同志，参观中共天津历史纪念馆，开展党史知识答卷等活动，7000余名党员参加。2002年，在区委组织部《组工通讯》上开辟党史专栏，宣传党史知识。2004年、2005年先后创办《党史信息参考》《党史资政参考》。2005年，在扶轮中学、觉悟社旧址和部分街道社区开展党史宣教活动。2006—2009年，举办地方党史报告会、专题讲座会、图片展览等，8000余名党员参加。2008年，组织参加全市纪念改革开放30周年活动征文活动，2篇文章获二等奖，8篇获三等奖，被收入《天津市纪念改革开放30周年》文集。2010年，举办河北区纪念抗日战争胜利65周年图片展。

第三节　方志事业

一、史志编纂

1992年5月，河北区地方志编修委员会成立，下设办公室，划归区政府办公室管理，为科级单位，事业编制8人，2007年调整为参照公务员法管理事业编制，迄2010年。1992年5月，筹备《天津市河北区志》编修工作。1994年5月，召开河北区第一次地方志工作会议。嗣后，组织400余人广泛收集资料，建立资料卡4万余张，撰写初稿。组建区志编辑部，进行编纂。2000年6月，完成150余万字《天津市河北区志》评审稿。12月，召开专家评审会。2003年12月，《天津市河北区志》出版，全志200余万字，为河北区首部区志。主编李德崇。其间，编撰印制《天津河北简史》《地方志编纂文集》等书籍。编纂刊印《河北区城市建设志》《河北区房管局志》《河北区教育志》《河北区卫生志》《河北区人事志》5部专业志。

《天津市河北区志》　(区志办提供)

二、年鉴编辑

《天津市河北年鉴》　　（区志办提供）

2003年7月，河北区年鉴编辑委员会成立，全区年鉴编辑工作由区志办负责。自此年鉴编辑工作在全区展开。12月，《天津市河北区年鉴（1996—2002年）》出版，为河北区首部区域性年鉴。自2004年起，每年出版1册。2007年，更名为《天津市河北年鉴》。《天津市河北年鉴（2010）》设23个类目、1100余个条目、100余幅照片，50余万字。区政府办公室承担《天津年鉴》《天津区县年鉴》河北区条目编写任务。2010年，《天津市河北区社会经济统计资料汇编》更名为《天津市河北区经济社会发展统计年鉴》。

第九章　新闻媒体

改革开放后，河北区加强了新闻媒体宣传工作。1993年河北区新闻中心成立后，区有线电视中心、河北报社、通讯报道站相继成立。2006年区政务网开通。

第一节　机构设置

1993年10月，河北区新闻中心成立，办公地址在狮子林大街284号。1995年1月，河北报社成立，设社长室、办公室、编辑部，有工作人员15人，地址在南六马路24号。《河北报》为中共河北区委机关报。创刊时为4开4版，每周1期。1996年，增至4开8版，第1版为《动态要闻》，第2版为《综合新闻》，第3版为《专刊》，第4、5、6版为《电视节目预告》，第7版为《文学副刊》，第8版为《八面来风》，每周三出版，发行投递工作由《天津日报》发行部负责。2004年3月停刊。1995年10月，集《河北报》社、区有线电视台、区通讯报道站为一体，组建新的河北区新闻中心，办公地址在南六马路24号。2001年10月，区新闻中心迁至昆纬路88号的河北新闻大厦。2007年9月，区新闻中心辖有线电视台、政务网及通讯报道站。2010年，区新闻中心设办公室、新闻部、总编室、网站编辑部、技术部、经济信息部等6个部门，职工60人。

河北区新闻大厦外景
（区志办提供）

第二节　媒体单位

一、区有线电视台

1994年9月，河北区有线电视中心成立，办公地址在狮子林大街284号，后迁至南六马路24号，建筑面积2800平方米，设工程用户部、采编部、节目部、经济信息部、财务部、办公室，员工80人。1995年10月，更名为河北区有线电视台。2001年11月，迁入河北区新闻大厦。2007年，归属区新闻中心管辖。2010年，工作人员60人。1994年9月30日，电视录像节目试播。10月1日，自办节目正式开播，首期有《河北区新闻》《节目预告》《点播与欣赏》《儿童天地》《下周荧屏》5个栏目。2000年，自办栏目17个，居全市首位。2010年，自办栏目10个，《河北区新闻》每周播出7期，全年转播节目60套，每天转播24小时，被市级以上电视媒体采纳播发新闻1216条。

2003—2010年在中央电视台新闻节目报道情况一览表

表20-4

播出时间	新闻报道
2003.10	《大雨无情人有情》
2004.3	《实践雷锋精神 爱心接力传递》
2005.3	《全国最大民族教育示范校建设项目在我区破土动工》
2006.10	《月牙河大江里荣获国家级人居环境奖》
2007.4	《弘扬爱心精神 自发成立"艾欣"小分队》
2008.3	《真诚服务百姓　爱心传递福音》
2009.12	《百万贫困白内障患者复明工程启动》 《天津市首届手工编织专项能力竞赛在河北区举行》
2010.11	《中央专项治理检查组对扩大内需及工程建设领域突出问题进行调研指导》 《做好引黄济津各项准备　防治水体污染　保障水质安全》

2010年河北区新闻中心工作情况一览表

表20-5

部门	内容	数量
节目部	《生活》栏目	52期
	《CATV》序曲	4期
	新闻类专题片	22部
	其他类专题片	30部
	《河北区新闻》报道新闻消息	2650条
	市电视台采用新闻	136期
广告部	商业广告	262条
	公益广告	5条
宽带	用户	1.5万户

二、区政务网

2006年12月，河北区政务网正式改版运行。网站编辑部设在区新闻中心，设专栏20多个，年均上载稿件2000余篇。至2010年年底，发送新闻稿5976篇，图片新闻2834篇，专题报道728篇，点击率298万人次。

2010年河北区政府政务网栏目设置情况一览表

表20-6

一级	二级	三级
今日河北	图片新闻	
	河北新闻	
	河北新貌	
	媒体广场	

续表20-6

一级	二级	三级
今日河北	专题荟萃	城市建设
		经济透视
		"北宁公园80年"征文
		河北区旅游故事有奖征文
		加快科技型中小企业发展
		"十二五"规划大家谈
		同在一方热土 共建美好家园
河北概览	区情简介	
	电子地图	
	城区新貌	
	荣誉称号	
	领导关怀	
	友好往来	
	区志年鉴	
办事指南	办事指南	
	办件查询	
	表格下载	
	在线办事	
政务公开	政务公开目录	
	区长之窗	区长介绍
		重要活动
	政府文件	政府文件
		政府办文件
		委办局文件
政务公开	人事信息	人事任免
		公务员招考
		人才市场
	财政信息	
	规划计划	年度计划
		发展规划
	统计公报	
	应急管理	
	公示公告	
	服务中心	
	广开言路	
辉煌历史	红色丰碑	
	人物春秋	
	北岸史话	
历史人文	美术院地	
	文艺天地	
	名家讲坛	
观光旅游		
经济建设	投资河北	招商政策
		招商项目
	科技兴区	加快科技型中小企业发展
		创意产业
		科技项目与成果
	企业在线	
	商贸物流	

续表20-6

一级	二级	三级
经济建设	工业园区	张兴庄工业园
		意式风情区工业园
		河北区科技园
		中汇科技园
		通广科技工业园
	海河北岸经济带	中山路商贸街
		大悲院商圈
		北站新商圈
	海河北岸经济带	奥式商务区
		金纬路商圈
		意式风情区
社会事业	和谐文化	
	教书育人	
	医疗卫生	
	民政救助	
	人口计生	
	体育事业	
和谐河北	价格监测	
	服务滨海	
	服务三农	
	社区建设	
	权益保护	
	创建国家卫生区	
	社区青少年学校	
	社区新风	
和谐河北	社区党建	
	和谐家庭评选	
	弘扬“艾心”精神	
服务中心	行政许可中心	
	劳动社保中心	
	人才交流中心	
	民政服务中心	
公众参与	区长信箱	我要写信
		信件摘登
	行风政风网上评议	
	网上调查	
政府信息公开	政府信息公开	
	依申请公开	
组织机构	区政府部门	
	政法机关	
	双重或垂直管理机关	
	街道	
首页链接	便民资讯	
	国家部委	
	国内省市	
	本市区县	

第二十一编

卫　生

WEI SHENG

中共十一届三中全会后，河北区调整充实卫生机构，恢复和健全各项医疗制度，举办各种培训班，提高各类专业人员专业水平，医疗卫生事业得以健康发展。1984年，开始推行卫生领导体制与经济管理改革，实行院长负责制、干部和技术人员聘任制、工人合同制和综合目标管理责任制。河北区医疗服务逐年扩大，医务人员业务水平不断提高，一批中青年卫生专业技术人员成为学科带头人。居民健康水平稳步提高，人口平均寿命由1995年的76.57岁提高到2000年的77.79岁。天津市第一医院、第二医院被评为二级甲等医院，区妇幼保健院被世界卫生组织国际评估团评为全国首批爱婴医院，区妇产科医院被评为市级爱婴医院。到2010年，基本形成行之有效的院长任期综合目标管理责任制，以及医疗设备比较完善、技术力量比较雄厚的医疗卫生体系。拥有10个具备基本医疗和公共卫生双重网底作用的社区卫生服务中心、2个综合医院和妇幼保健院等专科医院。另有多个市级综合医院坐落在河北区，这些医院设备先进，技术力量雄厚，对河北区医疗、防病起到不可替代的作用，对河北区医疗卫生改革起到积极推动作用。名医有苏幼堂、哈荔田、苏少权、韩康玲、谷跻生、杨浩观、张柏林等。

第一章　卫生行政管理

1979年河北区卫生局恢复建立后，坚持质量效益型管理，着重抓医疗质量水平提高，对全区所有医疗机构进行重新审核、登记、注册，对医护人员核发执业许可证，同时对社会办医重新审核。

第一节　机构设置

1979年，河北区卫生局恢复建立，办公地址在民族路16号。设10个科室。1986年，有工作人员67人。1989年，增设“四病”办公室。1995年，有16个科室，工作人员107人。区红十字会改为区政府所属独立机构，不再隶属区卫生局。2002年，行政干部编制由71人压缩至51人，科室由19个精简到15个，其中，药政科、药拨站撤销，预防监督科与慢病控制科、医政科与社区卫生科分别合并。2008年，办公地址迁至昆纬路72号。2010年，设局办公室、医政科、社区科、疾控科、妇幼科、人事科、财务科、审计科、后勤基建科、党委办公室、组干科、团委、工会、宣传科、纪检科15个科室，工作人员47人。

第二节　医政管理

一、医疗质量

1979年，落实院长分工责任制、科主任负责制、院长二级会议制度、医疗差错事故登记报告制度等。20世纪80年代，医政工作实行医疗工作目标、护理工作目标、医技工作目标、家床工作目标、预防处理医疗事故控制缺陷目标管理。1980—1985年各医院推行三级（护理部、科护士长、病区护士长）护理管理体制。1984年，第一医院建立天津市肝病研究所。1988年，第二医院设天津市心脏内分泌研究室、中国糖尿病中西医结合医疗中心临床研究所。1995年，重点整顿院外开设医疗点。第二医院被定为二级甲等综合医院。各科成立医疗质量管理（QC）小组，并开展课题研究。第一医院成立医院评审办公室，第二医院设立脑外科，填补了河北区空白。1996年，第一医院被定为二级甲等综合医院。第二医院被列为市卫生局推行《医院质量管理方案》20所医院试点之一。1997年，天津市肝病研究所被市卫生局评为三类研究所。第一医院、第二医院被市卫生局命名为首批文明医院。1998年，第一医院获天津市中西医结合先进单位称号。2001年，第二医院建立医院微机网络系统，并通过中华医院管理学会验收。2002年，河北区医学会成立，组建医疗事故鉴定委员会专家库。2003年，第二医院被市卫生局、市公安局定为天津市交通事故鉴定定点医院，设立市120急救中心第二医院救护站。2005—2010年，开展以病人为中心，以提高医疗质量为主题的医院管理年活动。2008年，2648名医师、2848名护士参加全市"三基三严"理论考核，合格率96%。2009年，第二医院降爱华获天津市十佳医务工作者称号，第一医院陆伟获天津市好医生称号，区妇幼保健院获天津市十佳好医院称号。2010年，区抗菌药物临床应用管理委员会成立。建立医疗纠纷处置机制。

二、执业准入

1996年，对区内325所医疗机构进行注册和复审，对1434名护士核发职业许可证。2008年，完成首次医师注册136人次，医师资格考试1232人，医师变更224人，完成对医疗机构校验。2009年，进一步加大打击非法行医力度，清理无证行医违法行为63户次，没收医疗器械172件、药品17箱、非法医疗广告15件，实施行政处罚63户，罚金9万元。2010年，监督检查医疗机构670户次，查处取缔无证单位116个，行政处罚79户。

第三节　药品监管

一、机构设置

1986年，区卫生局增设药政科。1995年，区卫生局药品统拨站成立，组建河北区药品检验所。2002年，区卫生局将药政职能移交市药品监督管理局。2003年6月，河北区药品医疗器械监管工作由天津市药品监督管理局直属分局(2004年10月，更名为天津市食品药品监督管理局直属分局)负责。2010年1月，天津市食品药品监督管理局河北分局成立，设办公室、食品监管科和药品监管科(医疗器械科)3个科室，行政编制10人、工勤1人，负责区内药品、医疗器械、保健食品、化妆品和餐饮服务食品安全监管工作。办公地址在中山路川云里17号。

二、药品器械监管

中共十一届三中全会后，建立药库管理、药品管理、消毒隔离等制度。1985年，开展两次以药品质量为中心的全区性大检查活动。重点检查中药药剂大把抓、剂量不准、假药、劣药、失效过期药等。1988年，强化药品经营单位检验制度。1991—1995年，依法对制售假劣药品单位进行处罚，没收假药，罚款1.91万元。1995年组建河北区药品检验所。1996—1999年，核发"药品经营企业许可证"26个、"社会办医机构药品使用许可证" 48个，完成对6个三级批发企业和32个零售企业认证。2000年，核发 "药品经营企业许可证" 80个，核换社会办医机构和个体医 "基层药品使用许可证" 19个、工厂保健站"基层药品使用许可证"98个。清理违法行医点32个，没收伪劣医疗器械500余件，价值5万余元。2001年，进行药品集中招标采购试点，整顿药品流通秩序，推进药品流通体制改革，对87家药品零售企业进行换证工作。2002年，销毁违法医疗器械100余件，清理无证照行医售药点5个，没收药品价值2万余元。2008年，奥运会期间加强对药品安全和兴奋剂专项治理，对社会和个人捐赠汶川震区的药品医疗器械进行专项检查。2009年，开展抗菌药物专项整治工作。实施社区卫生服务机构基本药品零差率销售，医保刷卡率90%以上，促进 "小病到社区" 的合理就诊流向，社区卫生服务中心门诊量161万人次。2010年2月，对各中心中药饮片实行集中管理。严格按照《天津市基本用药537目录》要求，满足常见病、多发病及慢性病病人用药需求。各中心门诊每次药费控制在120元以内，逐步缓解群众看病难、看病贵问题。

三、麻醉药品管理

1979年，制定麻醉药品管理规定。1982年，规定麻醉药品专柜加锁、专用账册、专用处方、专册登记、处方和凭据保存5年。1985年，有使用麻醉药品的单位30个。1994年，麻醉药品由等级限量管理转变为按计划供应。1995年，有使用麻醉药医疗单位31个，主要使用杜冷丁、强镇定、可卡因等。对晚期癌症病人实行“姑息疗法”和“三阶梯止痛”，合理使用麻醉药品，避免病人的成瘾性。1996年，开展麻醉药品和一类精神药品新供应办法试点工作。1997年，完成对医疗单位麻醉药和一类精神药品购买证的印鉴换卡和用量审定，对麻醉药品使用单位进行专项检查，核发“二类精神药品购买证”102个。1999年，完成对30所医院麻醉药和精神药品印鉴卡及年度计划量的审定，完成对109个医疗机构二类精神药品监督检查。2002年始，对医疗机构使用麻醉药品进行审核，杜绝麻醉药品流向社会变成毒品。2010年，区卫生局与市禁毒总队、公安河北分局抑制毒化学品办公室建立联动机制，加强对麻醉、精神类等特殊药品管理。

四、医药制剂管理

1985年，核发“制剂许可证”，第一医院、第二医院、河北医院8项制剂接受市检查验收，7项通过。1990年，一所驻区医院无证制剂被罚款1万元。1995年，对红星工厂职工医院、第二医院、铁路医院颁发新的制剂许可证。1997年，在医疗单位制剂室实行统一登记、记录表格。1998年，处理群众投诉医疗机构制剂问题6起，撤销制剂许可证1个。医院制剂申报均由药品检验所对进行技术及质量复核。1999年，没收医疗机构自制制剂13种，价值5万余元，罚款1万元，停业整顿7天。2004—2009年，按照《天津市医疗机构制剂配制监督管理办法》，对医疗机构制剂室实施全面监督检查。2010年，对第二医院制剂室进行2次检查，13个制剂全部合格。

第二章　卫生体制改革

改革开放后，河北区不断加大投入，加强卫生服务体系建设，重视人才培养和制度建设，为打造名医名院奠定基础，推进管理运营机制和监督体制改革，提高卫生资源服务绩效。

第一节　卫生服务体系建设

河北区卫生服务体系包括社区卫生及基本医疗服务体系、公共卫生服务体系，其中社区卫生服务体系具有基本医疗和公共卫生双重网底作用。2007年，全区10个街道中，有3个街道社区卫生服务中心基本符合规划和配置要求，2个街道社区卫生服务中心面积低于配置标准。5个街道未设社区卫生服务中心。2008—2009年，投资近1.5亿元建成新的第一医院，于2008年3月开诊。投资近1500万元用于望海楼、王串场、月牙河、江都路、建昌道、光复道6个街道社区卫生服务中心升级改造。2010年，鸿顺里街道社区卫生服务中心完成拆迁安置。至此全区社区卫生基础设施基本建成，其中3个中心达到规范化标准。2010年，开工建设区公共卫生医疗中心、区疾病控制中心、区卫生监督所、区妇儿保健中心，建筑面积分别为1.63万平方米、3500平方米、2400平方米、4200平方米。

第二节　医疗卫生管理改革

一、人事制度改革

2003年，河北区卫生系统以内部管理体制、干部制度、人事制度和分配制度改革为动力，推行聘用制和岗位管理制，促进固定用人向合同用人转变、身份管理向岗位管理转变，规范按需上岗、竞聘上岗、以岗定酬、合同管理等，逐步做到人员能进能出，职务能上能下，待遇能高能低，促进人才流动。2004年，实行人才柔性流动管理新机制，打破户籍、身份、档案、人事关系等限制，使因单位拆迁下岗待聘36人重新择业上岗，稳定了职工队伍，形成进出更自由、渠道更畅通、方法更灵活的人事管理新模式。2010年，推荐5名处级干部和20名科级干部到11个基层单位任职。

二、管理运营机制改革

1999年，7所医院进行管理体制和运营机制改革试点。其中，3所一级医院推行党支部领导下的院长任期目标责任制，2所一级医院实行具有风险抵押机制的内部委托经营，2所二级专科医院试行党总支领导下的年薪制。加强经济责任审计，建立规范的考核、激励、约束、预警机制和决策失误追究制度，明确医院经营管理者的责、权、利。2004年，区妇幼保健院、区妇产科医院、中山医院、北宁医院、京津医院、江都路医院、靖江医院作为首批试点，实行以经济目标为主的院长任期目标责任机制。2005年，试点单位增加建昌、王串场、光复道、昆纬路4所医院，增加部分业务指标，实行院长综合目标责任制和《院长任期目标责任状》“双轨制”改革。2006年，增加党建、质量管理、行政管理等考核内容，取消双轨制模式，在经济指标超额奖励之外，试行综合考核排名奖励，提高综合考核奖励额度，实行任期综合目标管理责任制，12个单位纳入管理机制改革。2007年，试行千分制核算和按照综合考核分值设定奖励等级模式。个人总收入封顶线不变，综合考核奖励额度提高到3万元，包括第一、第二医院在内的14个医疗单位全部纳入综合目标管理。2008年，各专业考核的分值权重新进行调整，试行党政主要领导岗位工资+绩效工资+考核奖励的新型分配体系，设定岗位工资参照标准。2009年，全区16家医疗机构实行《院长任期综合目标管理责任制》改革，将公共卫生、医疗服务、医院经济、医德医风、党的建设等各项工作全部纳入考核内容。2010年，全系统门诊99.4万人，在岗职工人均收入4.26万元。

三、监督体制改革

1983年，成立卫生监督组织。1985年，防病站负责建立食品行业自身监督体系。1990年，制定社会监督工作制度，设立监督员评议卡。1996年3月，区卫生局公共卫生监督所成立。2006年7月，更名为区卫生监督所，依法对餐饮服务、公共场所、职业卫生、放射卫生、学校卫生进行监管，对医疗单位进行监督。2009年6月，区卫生监督所不再对食品加工、食品流通环节的食品安全进行监管。2010年，区卫生监督所升格为副处级，加挂河北区餐饮食品监督所牌子，继续履行对餐饮业监督管理职能。

第三章　医疗单位

32年间，境内医疗单位不断增加，至2010年，区属医疗机构包括二级综合医院2所、二级专科医院2所、社区卫生服务中心10所，驻区医院6所，社会办医医疗单位和个体医生107个，还有一批驻区企业的医疗卫生机构(参见数据集览第二十六表)。

第一节　区属医疗机构

一、综合医院

（一）天津市第一医院　始建于1930年6月。1978年11月，天津市河北区胜利路医院（原天津市市立第一医院）更名为天津市第一医院。地址在进步道94号。1984年建立天津市肝病研究所。1995年，定为二级甲等综合医院。10月，代管河北保育院。1998年7月，定为全市第一家职工医疗保险定点医院。2000年，建立区腔镜治疗中心。2001年1月，定为非营利性医院。2003年10月，定为市道路交通事故急救定点医院。开通医疗保险定点医疗业务服务。2007年12月，迁至南口路186号新建院址。2008年3月8日正式开诊。设床位300张。在职职工449人，高级专技人员39人，中级专业技术人员144人。新院开诊后，坚持以质量管理为核心，重点培育优势科室和特色专科，开设骨科、中医风湿科、脑系科、康复科、糖尿病科、呼吸科、泌尿科等专科特色门诊。2010年，门诊新增骨科、除痛科、康复科、糖尿病科、ICU、消化科6个病区。年门诊量26.77万人次。集医疗、教学、科研为一体，多项科研成果获奖，其中国家级2项、省市级6项、市局级（含区级）24项。与北京联合大学中医药学院合作研究的“抗纤软煎冲剂临床及实验研究”获国家中医药管理局科技成果二等奖。

天津市第一医院　　　　（区志办提供）

（二）天津市第二医院　前身系清光绪二十八年（1902年）清政府修建的北洋官医院，20世纪50年代重建。1979年，天津市河北区金钢桥医院（原天津市市立第二医院）更名为第二医院，地址在中山路482号。卫生技术人员近600人。1987年，成立心脏内分泌研究室。1993年，将电子计算机用于统计系统。1996年，定为二级甲等综合医院。1999年，定为市高等医学院校临床教学基地实习医院。2001年，被中国医院协会授予明明白白看病百姓放心医院称号。2002年，为首批城镇职工基本医疗保险定点医疗机构；2002年，由42所医疗机构以合作形式组建第二医院社区卫生服务集团。2004年，被中国医院协会评为全国首批百姓放心示范医院。临床科室以内分泌科治疗糖尿病为特色，从事糖尿病临床研究课题数十项。1999—2008年，耳鼻喉科实施慢性鼻窦炎、鼻腔良恶性肿瘤手术1000余例，其中经鼻窦内窥镜下脑垂体腺瘤切除术与经鼻窦内窥镜下鼻咽纤维鼻管瘤切除术填补天津市空白。2001年，反复呼吸道感染患儿垂体——肾上腺轴功能研究，被评为市卫生局科技进步三等奖，被市科委认定为市科学技术成果。2010年，医院占地1.36万平方米，建筑面积7969.95平方米，病床300张，医疗技术科室26个。在职职工517人。其中，正高职称3人，副高职称47人，硕士研究生13人，享受国务院政府特殊津贴2人。拥有CT等大型设备55台（件）。年门诊量28.92万人次。1995—2010年，获市科学技术成果奖12项。

天津市第二医院　　　　（区志办提供）

二、专科医院

(一)河北区妇幼保健院 1979年，第二医院妇产科更名为天津市河北区妇幼保健院，集妇女儿童保健、妇科疾病治疗、孕妇分娩、健康教育、心理咨询、计划生育技术指导服务等功能为一体。1981年迁至王串场医院。1984年正式开诊。建筑面积4400平方米，床位100张。1985年，承担卫生部、联合国人口基金会的CPR/85/PO3项目。1992年，被评为全国爱婴医院。1998年，评定为全市首家二级甲等妇幼保健机构。2010年，获天津市人民满意医院称号。年门诊12.37万人次。

(二)河北区妇产科医院 原为建于1965年的革新道卫生院。1983年重建，更名为河北区妇产科医院。1985年开诊。占地1082.8平方米，床位56张。在岗职工129人，其中高级职称人员12人、中级职称38人。开展分娩镇痛技术、腹膜外剖腹产等医疗服务新术式。1985年，开办母婴同室，推行母乳喂养。1993年7月，被命名为天津市首批爱婴医院。2009年，通过二级专科医院评审。2010年，年门诊量3.39万人次。

三、社区卫生服务中心

(一)鸿顺里街道社区卫生服务中心 前身为始建于1952年的中山医院，2010年5月迁至宙纬路7号(原天纬医院)，建筑面积1100平方米。有妇科、预防接种、全科门诊、中西药房、国医堂、化验室及妇幼门诊。在职职工105人，其中专业技术人员79人，含高级职称2人、中级职称23人，当年门诊量13.03万人次。服务辖区6.85万人。1997年以来，开设老年人康复护理病房、骨伤科、儿科、肛肠门诊以及中医、针灸、化验等项目。2010年，设社区服务站5个，探索家庭责任医师团队模式，开展为居民入户随访、健康查体、健康指导等工作。

鸿顺里街道社区卫生服务中心(共委宣传部提供)

(二)宁园街道社区卫生服务中心 前身为北宁医院，始建年代可追溯到1951年，位于水产前街23号。以脑血管病后遗症的中医针灸治疗和精神病康复治疗为特色。1985年，增设眼科、心电图室等。1993年，被评为一级甲等医院。2009年，设精神科病房。2010年，主要承担辖区3.35万居民的社区公共卫生服务工作及基本医疗。设全科、预防保健科、中医科、妇科、口腔科、康复科、检验科、医学影像科等，下设社区卫生服务站4个。2010年，在岗职工119人，其中专业技术人员96人，含高级职称2人、中级职称20人，年门诊量15.38万人次。

(三)光复道街道社区卫生服务中心 前身为光复道医院，始建年代可追溯到1954年，地址在进步道84号。1985年确定为居民"四病"防控基地。2010年，服务辖区3.4万人，有社区卫生服务站6个，设全科门诊、妇科、疾控科、中医科。在岗职工72人，其中专业技术人员47人，含高级职称2人、中级职称1人，年门诊量7.22万人次。

(四)建昌道街道社区卫生服务中心 前身为1982年成立的建昌医院，地址在泗阳道49号，占地3040平方米。2011年7月，更名为建昌道街道社区卫生服务中心。设18个临床及医技科室，有内科、外科、骨科、妇科、中医科、放射科、化验室、B超、口腔科、针灸理疗科、中医康复科、心电图室、中西药房、社区科等，辖5个社区卫生服务站。骨科为特色专科。2010年，在岗职工160人，其中专技人员111人，含高级职称6人、中级职称47人。服务辖区6.15万人，年门诊量13.14万人次。

（五）江都路街道社区卫生服务中心　前身系始建于1981年的江都路医院，地址在江都路金山道2号。1995年，与市人民医院联合开设人民医院乳腺科住院分部。2009年，设立康复病房，以慢性病老年病康复、恶性肿瘤晚期医疗护理、临终关怀护理和治疗为特色。2010年，更名为江都路街道社区卫生服务中心。设全科、中医科、妇科、预防保健科、西药房、中药房、化验室、心电B图室、放射科、日间病房。辖社区卫生服务站3个。2010年，在岗职工98人，其中专业技术人员77人，含高级职称2人、中级职称29人，服务辖区居民5.62万人，年门诊量9.95万人次。

（六）王串场街道社区卫生服务中心　前身系始建于1952年的王串场医院。2001年10月，并入区妇产科医院。2005年5月，与区妇产科医院剥离，地址在革新道15号。2008年12月，迁至王串场三号路3号。2010年转型为王串场街社区卫生服务中心。该中心以中医为特色，开展中草药、针灸、拔罐、按摩、理疗等诊疗项目。设有全科、中医科、妇科、预防保健科、西药房、中药房、化验室、心电B超室、日间病房。辖社区卫生服务站5个。2010年，在岗职工111人，其中专业技术人员84人，含高级职称5人、中级职称21人，服务辖区10.23万人，年门诊15.03万人次。

（七）望海楼街道社区卫生服务中心　始建于1952年。1992年，东六红十字会卫生院更名为昆纬路医院，后与小关医院合并，更名为望海楼街道社区卫生服务中心。2008年迁至昆纬路72号。1993年被评为市一级甲等医院。2001年为医保定点医院。设中医科、全科门诊、日间观察室、检验科、妇女保健科、预防保健科、康复治疗室、心电B超室、中西药房、口腔科、社区科，以骨科、前列腺病诊疗为特色。辖社区卫生服务站3个。2010年，在岗职工111人，其中专业技术人员66人，含中级职称22人。服务辖区居民8.24万人，年门诊13.20万人次。

（八）新开河街道社区卫生服务中心　2000年，建于1954年的新开河医院并入建于1962年的京津医院。2006年，定名为新开河医院，2010年，转型为新开河街道社区卫生服务中心，位于天泰路259号。设全科、中医科、妇科、预防保健科、西药房、中药房、化验室、日间病房，以骨科、口腔科为专科特色。下设社区卫生服务站4个。在岗职工109人，其中专技人员71人，含高级职称2人、中级职称19人，服务辖区8.22万人，年门诊11.85万人次。

（九）月牙河街道社区卫生服务中心　前身为建于1986年的靖江医院，位于靖江路雅耷江道2号。2008年转型为月牙河街道社区卫生服务中心。设全科门诊、妇产科门诊、中医科、口腔科、预防保健科、检验科、放射科、B超心电图室、中药房、西药房、日间病房等临床科室，以老年康复和临终关怀为特色。辖社区卫生服务站7个。2010年，在岗职工201人，其中专技人员157人，含高级职称13人、中级职称24人，服务辖区8.07万人，年门诊27.34万人次。

（十）铁东路街道社区卫生服务中心　成立于2007年。2008迁至第一医院办公。有全科门诊、妇产科、中医科、口腔科、预防保健科、检验科、放射科、B超心电图室、中药房、西药房、日间病房等临床科室，以及6个社区服务站。2010年，在岗职工56人，其中专技人员31人，含中级职称11人，服务辖区居民5.47万人，年门诊5.5万人次。

第二节　驻区医疗机构

一、天津中医药大学第二附属医院

始建于20世纪60年代，位于真理道816号。是以中西医结合治疗为特色，集医疗、教学、科研、对外交流于一身的大型综合性三级甲等中医医院。有病床504张，其中高级病床27张、外宾病床36张、急诊观察床46张。日门诊2000余人次。职工近800人，其中高级职称128人、中级职称229人。设急症部、内科部、外科部、脑病中心、高压氧治疗中心、妇科、性病感染科、骨伤科、儿科、五官科、针灸科、推拿科、心理咨询科、营养科、中心实验室、CT中心等临床医技科室20余个。该医院为全国首家中医疑难病研究中心，国家妇科、心血管科临床药理研究基地，天津市首家、全国第三家中医院伦理审查委员会通过认证的医院，拥有多项专利技术。设妇科研究室、性传播疾病研究室、脾胃病研究室、心病研究室、呼吸病研究室、风湿病研究室、肛肠病研究室、针灸研究室、中医护理研究室、中医急症研究室、糖尿病研究室、肾病研究室等，运用中西医结合治疗心血管病、妇科病、儿科病、性病、脾胃病和呼吸道病。2010年，特色专科有血液科、泌尿外科、肿瘤科、消化科、脊柱专科、脑病内科。

天津中医药大学第二附属医院 （区志办提供）

二、天津市中医医院

创建于1955年，1983年4月重建于中山路125号。是一所中医综合性医院，承担中医教学、科研、预防、保健和康复任务。职工近700人，其中专技人员560余人，病床360张，年门诊量30万人次。2009年4月，迁至红桥区北马路354号。

三、天津市第四中心医院

始建于1930年，原为天津铁路中心医院，位于中山路3号，占地4.38万平方米，建筑面积4.55万平方米。1999年9月，更名为市第四中心医院。2001年8月，定为天津市北部区域医疗中心。2004年8月，划归市卫生局管辖，结束了75年企业医院历史。2005年12月，急救中心综合大楼建成并投入使用。同年，天津市耳鼻咽喉头颈外科医院在四中心医院成立，填补了天津市空白。医院先后获全国百姓放心示范医院、国际紧急救援中心网络医院、市十佳医院、铁道部十佳医院等称号。2010年，有床位880张。职工1260余人，其中专技人员1100多人，含副高以上150余人。有1.5T超导磁共振机、血管造影机等先进诊疗设备。

天津市第四中心医院 （区志办提供）

四、天津市第三医院

始建于20世纪40年代，1969年改为职工医院，1947年称天津市第三医院。1986年迁至江都路220号，仍称市第三医院。1995年被评为三级甲等医院。年门诊36万人次，住院病人5000人次，有病床504张，设内、外、妇、儿、中医、五官、急诊及心血管、脑血管、呼吸、消化、肾脏、内分泌、普外、胸外、创伤外、B超等20多个医技科室。设老年多脏器衰竭、急救中心、市老年医学研究所及中西医结合心脏血管病研究室。为天津市交通事故定点医院。

天津市第三医院 （区志办提供）

五、中国人民解放军第二五四医院

中国人民解放军第二五四医院（区志办提供）

创建于1949年，位于黄纬路60号。有38个科室，46个专业，床位750张，是南开大学医学院附属医院和第二军医大学、第三军医大学等6所医学院校教学医院，全国药品不良反应重点监察医院和国家食品药品监督管理局批准的“临床药物试验机构”，为集医、教、研和预防保健为一体的大型综合性三级甲等数字化医院。设全军临床药理基地、北京军区生殖健康技术中心、北京军区重点学科消化内科、泌尿外科、骨科等。有内科、外科、妇产科3个硕士学位授权点。有高级技术职称人员100余人，教授24人，硕士、博士、博士后60人。拥有一批国内先进医疗设备。科研成果获国家科技进步奖5项，军队科技进步二等奖以上15项。被北京军区评为“十五”期间先进医院、为兵服务先进医院。有国家专利20项，填补天津市技术空白21项，发表学术论文1350篇，出版专著8部。2004年，被评为全国首批百姓放心示范医院、天津市交通事故定点医院。2009年，荣立集体三等功1次。

六、天津市公安局安康医院

天津市公安局安康医院（区志办提供）

始建于1950年，位于建昌道34号，是市公安局直属处级单位。有床位1000张，年收治精神病患者1000余人次，戒毒人员600余人次。卫生技术人员357人，其中高级职称25人、中级职称97人。1996年被评为三级甲等专科医院，是天津市住院医师精神科培训基地。2001年，被评为全国首批百姓放心医院。2010年，被评为全国百姓放心示范医院。该院在治疗精神分裂症、抑郁症、老年性精神障碍和酒依赖等精神疾病方面为国内领先水平。设有普通精神科病房、药物成瘾病房、老年精神科病房、强制医疗病房等。开展精神科门诊、社区防治、司法精神病鉴定、吸毒成瘾认定、美沙酮戒毒门诊和强制隔离戒毒等业务。

第三节　社会办医

1979年后，社会办医逐步发展，至1986年，批准个体行医78人。1995年，社会办医32个单位，卫技人员550人；个体诊所153个，卫技人员153人。2010年，社会办医医院17个，门诊部49个，保健站28个，个体医生13个，包括内、外、妇、儿、中医、针灸、推拿、按摩、口腔、五官等专科。

附：河北医院

1981年建成，是一所区级综合性医院。位于南口路普济河道立交桥旁，占地1.56万平方米。由于市政府快速路工程，涉及医院拆迁问题，2003年停诊。

第四章　医疗卫生与疾病防控

改革开放后，河北区医疗卫生和疾病防控水平不断提高。2001—2010年，投资近3000万元增添区属医疗单位的医疗设备。2006年，区卫生防病站改建为区疾病控制中心，各种疾病发生得到有效控制。

第一节　医疗卫生

一、医疗队伍

1979年，全区卫技人员2421人，其中医生747人、护理人员598人、药剂人员324人、其他卫技人员752人。2004年始，实行定编、定岗、定责制度，使人才结构更加合理。2010年，全区卫技人员2511人，其中医生1088人、护理人员796人、药剂人员218人、其他卫技人员409人（参见数据集览第二十七表）。

1995—2010年河北区医疗队伍情况统计表

表21-1　　单位：人

年份	卫生技术人员					
	合计	医生	护理人员	药剂人员	技师	其他
1995	4321	2118	1225	315	337	326
1996	4267	2062	1258	341	363	243
1997	4034	1913	1215	335	340	231
1998	3776	1752	1171	324	327	202
1999	3663	1735	1117	307	327	177
2000	3608	1720	1101	299	319	169
2001	3197	1453	1034	267	306	137
2002	3146	1370	962	308	169	337
2003	3058	1347	918	301	158	334
2004	2874	1267	893	282	145	287
2005	2595	1118	820	258	143	256
2006	2322	1210	788	225	327	202
2007	2163	803	755	201	166	238
2008	2263	902	763	185	155	258
2009	2315	994	727	206	173	215
2010	2511	1088	796	218	165	244

二、诊疗工作

1979年，全区医疗机构门诊247.15万人次，出院1.28万人。1996年，门诊73.8万人次，出院1.15万人。实行社会医疗保险制度后，诊疗量快速上升。2010年，区属17家医疗单位床位1058张，驻区医院床位3998张，全区每千人口拥有床位8张，共门诊203.91万人次，出院1.23万人，完成手术4885例。

1996—2010年区属医疗机构诊疗完成情况统计表

表21-2

年　份	诊疗（万人次）	出院（万人）
1996	73.80	1.15
1997	84.19	0.95
1998	68.09	0.83
1999	50.69	0.78
2000	45.13	0.85
2001	40.11	0.75
2002	39.39	0.69
2003	48.09	0.67
2004	71.07	0.74
2005	103.91	0.71
2006	122.84	0.84
2007	146.95	0.94
2008	180.45	1.09
2009	169.29	1.20
2010	203.91	1.23

三、医疗设备

1983年，区属医疗单位有X光机26台、心电图机76台。1989—1991年，投资462万余元购买医疗设备。1995年，有医疗设备151台（件）。1998—2000年，投资447.5万元，购CT机1台、B超机1台、电子十二指肠镜1台、腹腔镜1台。2001—2010年，投资2829.8万元，购彩超机10台、CT机2台、CR机1台、B超机2台、X光机3台、呼吸机3台、麻醉机3台、全自动生化分析仪3台、生化分析仪3台、动脉硬化诊断仪1台、血管造影机1台、频闪喉镜1台、四维超声诊断仪1台、电子胃镜1台、全自动血流分析仪1台、乳腺机1台、数字胃肠机1台、血球计数仪1台。

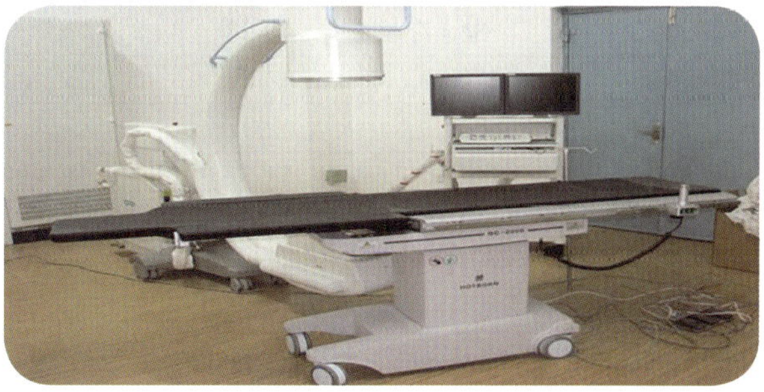

2007年，投资279万元购置血管造影机（区卫生局提供）

第二节　疾病防控

一、防病机构

（一）**河北区疾病控制中心**　原为建于1957年10月的河北区卫生防疫站，1984年改称区卫生防病站，地址在王串场正义道19号。1995年，有工作人员142人，其中专技人员117人。2006年，升级为河北区疾病控制中心。扩建为923平方米，新建P1、P2实验室，更新微生物检验设备，组建5支处置应急队和急救防病医疗队。2010年，工作人员98人，其中专技人员58人。

（二）**结核病防治科**　原为成立于1973年的区结核病防治所，占地1601平方米。1979年迁至榆关道31号，有职工33人，其中专技人员29人。1995年设床位34张，门诊3372人次，住院116人次。2003年并入区防病站，为结核病防治科，迁至正义道19号。2010年，有工作人员9人，专业技术人员4人。负责全区结核病防治工作规划、计划制定，结核病防治及业务考核管理，负责卡介苗使用计划的核定，药品领取发放接种人员的专业培训，卡介苗门诊日常接种及管理督查。

二、传染病防控

1979年，完善卫生防病工作机构建设。1984年，针对河北区急性腹泻病流行，进行及时处理，同时开发急性腹泻病电脑周期一测软件。1989年，《中华人民共和国传染病法》颁布，河北区传染病防控工作进入法制管理轨道。2004年始，全区甲乙类传染病发病率呈总体下降趋势。2009年，面对甲型H1N1流感大流行，加强入境发热病例筛检，为全面实施防控争取时间。甲乙类传染病报告发病率明显下降，2004—2010年各年分别为：10万分之326.56、323.68、377.27、339.78、282.17、211.58、209.33。2010年，主要强化疫情监测和管理，使疾病防控质量明显提高。

2001—2010年河北区主要传染病发病情况统计表

表21-3　　单位：1/10万

年份	发病率						
	痢疾	肺结核	梅毒	猩红热	麻疹	肝炎	艾滋病
2001	109.25	–	–	–	4.59	–	–
2002	99.36	–	–	–	5.41	–	–
2003	102.23	–	–	1.15	2.78	–	–
2004	163.60	40.58	17.69	5.52	0.32	56.64	–
2005	164.47	40.93	17.91	2.86	15.20	58.08	–
2006	210.18	49.52	25.58	6.58	8.83	65.22	0.15
2007	184.57	42.87	32.70	8.43	4.94	56.24	0.29
2008	142.70	44.62	34.10	7.72	15.71	29.89	1.68
2009	106.19	33.04	27.58	6.66	0.93	22.38	0.93
2010	124.07	27.70	22.72	2.04	12.64	16.34	0.64

三、慢性非传染性疾病防治

1981—1983年，开展肿瘤调查补漏工作，设立非传染性“四病”（恶性肿瘤、冠心病、脑卒中、高血压）专科，加强对现症病人管理。1985年，组织专业队伍并进行培训，建立全区“四病”社会预防系统。1989年，开展居民膳食调查。1995—2006年，开展居民健康危险因素调查。1997年慢病防治工作并入流行病科，2003年与流行病科分离，成立慢病健康教育科。2005年6月，实行“新四病”（糖尿病、精神疾病、伤害、肝硬化）发病报告，区疾控中心推行慢性非传染性疾病发病的电子化报告。2006年，月牙河街道被定为全国及天津市慢性病综合防治示范社区。2007年，抓好“老四病”和“新四病”发病报告管理。全区非传染发病人数2.43万例，其中“老四病”8282例（恶性肿瘤1471例、冠心病901例、脑卒中5072例、高血压838例）、“新四病”1.6万例（糖尿病968例、精神疾病478例、伤害1.44万例、肝硬化90例）。2010年，建立“四病”社会预防系统，进入以健康教育为主体的社区综合干预阶段，完善信息监测和效果评价工作。

四、性病艾滋病防治

1988年，全区开展性病、艾滋病防治工作。2001年发现区内首例艾滋病感染者。至2010年12月，共发现感染者和病人65例，累计发病率8.3/10万，死亡10例。2005年，区防病站成立艾滋病、性病防治科室，开展一系列预防与控制。2006年始，开展对易发场所调查。2008年，承接为期5年的“中盖艾滋病”项目，即中国相关机构与美国比尔及梅琳达·盖茨基金会艾滋病防治合作项目。2009年，承接中国全球基金艾滋病项目，河北区被确定为第二轮全国艾滋病综合防治示范区。成立区艾滋病综合防治示范区工作委员会，下发《河北区艾滋病综合防治示范区工作委员会各部门职责》《河北区艾滋病综合防治规划(2009—2013年)》。除国家和天津市投入外，2009年区政府投入20万元，强化全区监测检测系统。艾滋病筛查实验室由2005年的5个，发展到2010年的12个。

五、碘缺乏病防治

1990年，河北区制定至2000年全区消除碘缺乏病的总目标。1995年7月，全区首次进行碘盐监测，抽查50个盐样均为不合格。通过对碘盐严格监督监测，保证居民食用碘盐质量。1997年，完成全国第二次碘盐调查在河北区的调查工作。1998年，成立区碘盐监测技术中心，开设碘营养门诊，对婴幼儿和孕妇进行碘的测定。2000年，完成全国第三次碘盐调查在河北区的调查工作。2002年完成全国第四次碘盐监测及重点人群营养现状调查。按期实现国家制定的消除碘缺乏病阶段性目标，被卫生部等四部委评为全国地方病防治先进集体。

六、计划免疫

1978年，开展计划免疫工作，建卡(册)3756张，建卡率97%，服糖丸9631人(份)。1978—1984年，全区未发生脊髓灰质炎、白喉病例。麻疹发病率由1977年的131.86/10万降至1983年的3.64/10万。1982年医疗单位全部建立计划接种门诊。1993年开展脊灰强化免疫活动。1995年，完成第三次脊髓灰质炎强化免疫接种8.94万人次。2006年，实施《天津市幼儿学生入托入园入校查验预防接种证实施办法》。2007年，区防病站成立免疫规划管理科。按照《2006—2012年全国消除麻疹行动计划》，2008年接种麻疹强化疫苗8月龄至14岁儿童4.68万人次，2010年接种1.46万人次，麻疹发病率锐减。2007年统一为新生儿家庭发放《天津市预防接种告知手册》。2010年全区0~6岁儿童管理数2.76万人。2010年，一类疫苗接种10.68万针次，二类疫苗2.53万针次，免疫规划内各类疫苗接种率均在95%以上。

七、健康教育

20世纪80—90年代，配合《中华人民共和国食品卫生法》实施，在全区广泛宣传卫生法规，普及卫生知识。2000年后，着重对社区、学校开展健康教育。自2004年起，加大控烟宣传力度。2005年，富方园小区定为健康教育示范社区，完成65个单位禁烟情况调查。2006年，编印《河北健康教育》报向全区居民发放，创办卫生科普电视节目，建立区疾控中心网站，开展卫生主题日宣传活动。2008—2010年，开展“健康素养巡讲进社区”活动100余场。2010年确立庆安街小区为健康教育示范社区。

八、卫生监测

(一)消毒及病媒除害　改革开放后，全区开展以“除害灭病”为中心的爱国卫生运动，对消毒人员进行专业技能培训，开展消杀工作。1980年开展灭蚊蝇及鼠害检测。1981年区防病站成立消毒除害科，建立消毒化验室和昆虫培养室。1984年，天津市发生局部霍乱疫情，河北区立即采取措施，制定疫情控制方案，进行调查、划定疫点疫区，对被污染场所进行消毒处理，对密切接触者进行医学观察，实施隔离措施，成立12个疫情处理小分队24小时待命，有效控制了疫情蔓延。20世纪90年代，开展创建爱国卫生城市工作，河北区代表天津市接受检查，全部达标。

健康教育进社区　　　　(区卫生局提供)

(二)**学校卫生** 20世纪80年代，区卫生局加强学校卫生监测。1985年，开展学生体质调研。1987年，区防病站成立学校卫生科。1990年，为贯彻《学校卫生工作条例》，开展培训，做好学生健康体质检测。自2007年1月起，对大中小学食堂餐具进行消毒监测。2008年5月，对抽取的15所学校4400名学生进行学生危险行为因素监测(国家项目)，至2010年，采取了一系列干预措施。

(三)**职业卫生** 20世纪80年代，实施劳动卫生工作规范化管理。1995年，完成全区所有工厂企业劳动卫生建档工作。2002年，对企业法人代表进行劳动卫生业务培训。2003年，贯彻《中华人民共和国职业病防治法》，完成申报职业卫生技术服务机构资质认证工作。实施预防性劳动卫生监督11户次，经常性卫生监督69户次，有毒有害生产作业环境监测47户次。其中尘毒监测合格率92.23%，化学品监测合格率98.06%，物理因素合格率监测77%。从业人员健康查体1387人次，合格率96.83%。2004年，对36户存在有毒有害生产环境单位进行监测，其中尘毒监测104个点，合格率98.1%。化学品监测348个点，合格率99.4%。物理因素监测331个点，合格率91.8%。对3366名从业人员进行职业病体检，合格率98.69%。2008年，对有毒有害作业企业检查28户次，对放射作业单位检查26户次。2010年，为强化第一责任人的意识，对医疗器械的生产经营使用单位实行建档管理。办理职业卫生案件6件，其中一般程序处罚4件、当场处罚2件，罚款1.01万元。

九、抗击非典和应急处理

2003年抗击非典(SARS)期间，河北区制定应急处置预案，对各医疗单位进行培训。在各级医疗单位建立发热门诊并进行督导检查。第一医院派2名护士长到市传染病院一线“红区”工作；第二医院选派16名医护人员组建抗击非典医疗队进驻武警医院。4月3日至5月30日，接收非典病例14例，即临床诊断7例、疑似病例7例，其中死亡4例；准确定义隔离疫点39个，在家隔离医学观察57人，集中隔离医学观察40人，至5月30日均解除医学观察，无续发病例。对一般接触者182人进行医学观察，无病例发生。河北区非典疫情发病率在市内六区最低。2003年5月12日，市政府办公厅《政务通报》刊发河北区防控非典做法。2006年起，全区开展卫生应急管理工作，每年进行突发公共卫生事件应急培训和演练。2007年始，建立传染病和食物中毒应急处置方案，进行物资投入。2009年，应急物资基本满足常见突发公共卫生事件处置要求。至2010年，全区妥善处置网络报告突发公共卫生事件14起。

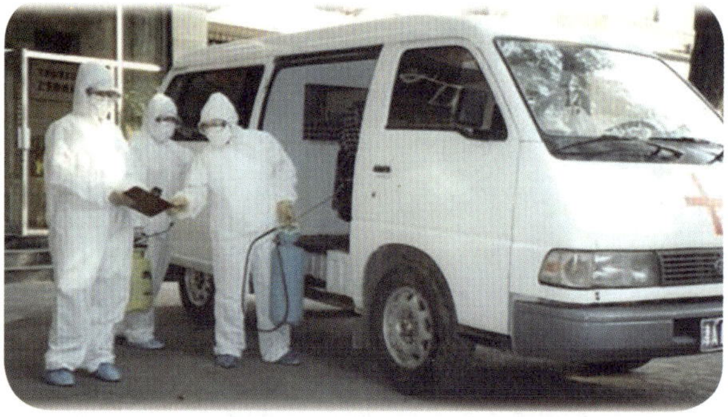

2003年，非典疫情处置现场(区卫生局提供)

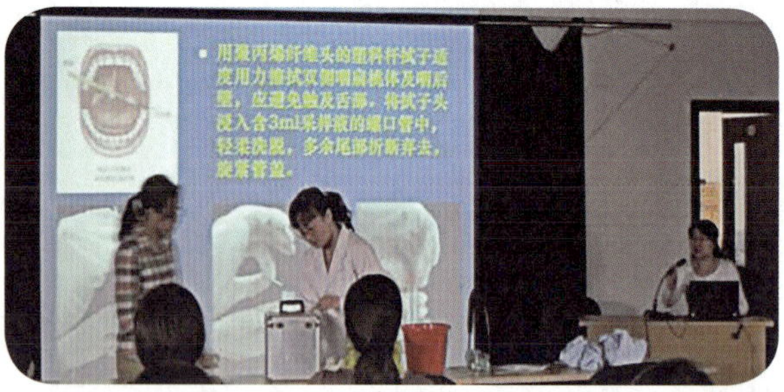

2007年，开展应对突发事件的培训及演练(区卫生局提供)

第三节 中医药管理

一、基础建设

1979年，区卫生局增设中医科教科。第一医院成立中药房，建立中医病房，设病床23张。第二医院及有条件的卫生院相继设立中医病房。1995年，区属3个二级医院、11个一级医院均设中医科、针灸科、中药房，部分一级医院设中医正骨按摩等项目。全区有中医中药人员306人，其中中高级职称86人，中医床位107张。1996年，第一医院将针灸科、按摩科，理疗科整合为康复科。该院中医老专家张柏林科研成果《中药糖复康对非胰岛素依赖型糖尿病临床及实践研究》获市卫生局科技进步一等奖。2006年9月，靖江医院中医科获市卫生行业第三批诚信科室称号。2008年，第一医院成立中医风湿科。2009年，张柏林入选天津市首批名中医。建昌道、江都路、月牙河3个街道社区卫生服务中心被评为市中医药特色社区卫生服务达标中心。2010年，建昌道、月牙河、江都路、光复道、鸿顺里5个街道社区卫生服务中心达到国医堂创建标准。

二、特色建设

20世纪80年代，第一医院运用中西医结合方法对300例肝病进行临床观察治疗，有效率90%以上，治愈率60%以上，达到国内较高水平，著名肝病专家韩康玲作出突出贡献。90年代，第二医院开展中西医治疗急腹症研究，在治疗急慢性肝炎、糖尿病等方面获科研成果奖。2003—2009年，中山医院开设以中医为基础治疗颈肩腰腿疼为特色的中西医融合的临床学科，运用针刀、药物、手法三联疗法，治疗骨伤软骨病症，临床治愈率78.6%、有效率98%。2010年，10所社区卫生服务中心均开设中医特色门诊，设中草药、针灸、拔罐、按摩、理疗等项目。

第五章 社区卫生与妇幼保健

20世纪80年代末，河北区进行初级卫生保健站试点工作，至90年代中期，在全区形成区、街、居三级初级保健网络。2009年，又建立了区、街、居三级公共卫生服务网络和监管网络。1979年区妇幼保健院建立后，妇幼保健工作日趋规范化、系统化。

第一节 社区卫生

一、初级保健服务

1989年，京津公路卫生院和光复道卫生院服务区域内的31个居委会进行初级卫生保健试点工作。1991年，初级保健工作扩大到8个街道，建立9个保健中心、195个初保站，落实人员、房屋和设备，建站率100%。1995年，为实现2000年人人享有卫生保健战略目标，探索以初级卫生保健工作为龙头的社区卫生服务新模式，在全区16个街道全面铺开，建立区、街、居三级初级保健网络。1999年，实行患者自带药登记制度、输液患者与社区医生签订协议书制度，加强居民健康档案管理，进行全科医生与社区护士技能培训。社区卫生覆盖率100%、建档率81.9%、更新率70%，保健合同签订数9026份，其中收费合同338份。2004—2006年，编辑下发《医政社区工作文件汇编》。自2006年起，社区卫生服务中心每季度上报健康档案管理、家庭诊疗管理等信息。自2007年起，逐步实现社区卫生服务机构、基本医疗与公共卫生相结合，为居民提供基本医疗服务。探索二级综合医院从事社区卫生服务新模式，在新建第一医院内成立铁东路街道社区卫生服务中心。推行中医药进社区工作。2010年，进一步加快资源调整，推动社区卫生服务信息化建设。

二、公共卫生服务

2007—2010年，制定《关于推动河北区社区卫生服务规范管理的指导意见》《河北区关于开展争创规范化社区卫生服务站活动的实施方案》等。2009年，全区社区卫生服务站从112个调整到59个，完善综合配套改革方案和绩效考核办法。成立区社区卫生服务网络信息化管理中心，建立区卫生局数字化信息平台。围绕公共卫生、基本医疗、特需服务、贫困救助4个方面，投资300余万元，建立了区、街、居三级服务网络和监管网络。2007年推行社区公共卫生项目管理后，通过健全组织、加大投入、完善机制、培养人才、加强管理，河北区社区公共卫生项目指标全部达标。2009—2010年，市、区投入社区卫生专项经费2880万元。加强综合医院和社区卫生服务机构双向互动，安排6批73名专家进社区工作，接诊1.3万人次，对社区卫生中心人员培训391次。完善与驻区三级医院双向转诊及带教培训制度，探索区属二级医院与社区卫生服务机构双向互动模式。加强对全科医师、住院医师规范化培训。开展18项社区公共卫生服务项目，以儿童、孕产妇、老年人、慢性疾病患者为重点，面向全体居民免费提供最基本公共卫生服务。2009—2010年，社区卫生服务各项指标基本达到要求。高血压建档2.45万份，规范管理2.39万人次；糖尿病建档9571人份，规范管理9271人；60岁及其以上老年人建档6.6万份，低保建档1.07万份，老年保健品发放9.34万份。2007—2010年，区财政为公共卫生服务投入4591万元，达到每个街道有1个社区卫生服务中心的设置标准。

第二节　妇幼保健

一、妇女保健

1979年，对全区孕产妇实行妇幼三级管理，孕产妇住院分娩、转诊按全市统一划片管理。1986年，建立正常孕妇36周转卡制度，实行孕产妇、围产儿、新生儿、婴儿死亡报告制度，建立婴幼儿死亡检测中心。围产儿死亡率由1990年14.24‰降至1995年13.19‰~13.52‰，1992—1994年，未发生孕产妇死亡事故。1997年，区妇幼保健所纳入区妇幼保健院。1997—2010年，全区妇幼保健各项指标达到市局要求。

1997—2010年河北区孕产妇管理情况统计表

表21-4

年份	活产(例)	孕妇系统管理率(%)	孕产妇死亡(例)	婴儿死亡率(‰)
1997	2347	94.60	1	12.78
1998	2227	96.70	1	10.10
1999	2076	94.20	1	9.15
2000	2099	95.40	0	9.05
2001	1910	94.40	0	9.95
2002	2206	91.10	0	11.33
2003	1267	88.20	0	10.26
2004	2188	85.80	0	4.57
2005	2632	89.80	1	6.46
2006	2657	90.10	0	4.10
2007	3154	92.30	0	7.30
2008	3280	93.60	1	6.70
2009	3484	95.70	2	5.45
2010	4155	95.40	1	2.60

二、儿童保健

1977—1995年，对2.9万名学龄儿童进行健康查体。1980年，对集体园所3岁以下儿童进行佝偻病普查，普查1.51万人，普查率93.18%，查出佝偻病1838人，经治疗好转626人。此后，对儿童常见病、多发病，小儿“四病”（小儿佝偻病、贫血、肺炎、腹泻）进行专案管理，对低体重儿出生1周后开始投放鱼肝油。开展儿童先心病筛查、新生儿“两病”筛查。2005年完成每10年1次儿童生长发育调查3033例。2009年，儿童保健工作各项指标均达市局要求，儿童保健管理覆盖率99%。

三、妇女儿童健康行动

1979年，对孕产妇实行妇幼三级管理。1984年，对孕产妇实行“三卡两围”（预约卡、高危卡、孕妇手册、妊娠围、产程围）制度管理。1995年，实行孕产妇系统管理。2003—2010年，医疗保健机构每年签署控制孕产妇死亡工作责任状，落实国家基本公共卫生服务项目妇幼保健服务内容，开展质控督导工作，提升对孕产妇保健管理流程规范化管理和服务水平。在产科机构建立危重孕产妇、新生儿抢救绿色通道。开展产科安全管理专项督导检查。推行孕前疾病免费筛查，防治出生缺陷。在婚姻登记处设立孕前专项疾病筛查点，开展婚前、孕前保健和咨询指导，对登记结婚的男女进行乙肝、梅毒的筛查。对新生儿早期进行专项疾病筛查，控制和减少出生缺陷的发生，各项妇幼保健工作项目指标达90%以上。将30~65岁妇女病免费普查工作列入区政府10项民心工程，至2010年，普查2.37万例。2008年，启动实施《河北区妇女儿童健康行动计划实施方案（2008—2012年）》。

第六章　卫生科教　献血工作　卫生监督

改革开放后，河北区卫生科技创新成果不断涌现，“师徒带教”拓宽了培养渠道。2002年，在全市首创“凭证用血”制度，献血工作进入新阶段。食品化妆品卫生监督和卫生许可监督不断加强。

第一节　卫生科技与教育

一、科技成果

1979年，区卫生局科教科负责全区医学科学研究的管理。1984年河北区与市医药学联合召开心血管体外反搏学术会，撰写论文219篇。1987—1995年，获国家及卫生部、天津市、市卫生局医学科技成果奖45项。1996—2010年，区属卫生系统在国家级刊物发表论文193篇，在省市级刊物发表763篇，获国家级科技成果1项、市卫生局科研课题17项、市新技术引进填补市空白项目45项。获市局科技著作二等奖1项，科技进步二等奖2项。获专利项目3项。“师徒带教”活动完成科研课题9项，其中6项为市科学技术成果。

二、继续教育

2003年，区卫生局成立继续教育委员会，组织申报项目，全系统完成综述248篇，合格率90%。2007年，举办160人参加的中高级职称人员继续教育论文撰写培训班，组织全系统医技人员撰写综述893篇，建立高级专家库。第二医院被评为市继续医学教育工作达标单位，是全市唯一一家二级医院达标单位。获国家级继续医学教育项目16项，省市级继续医学教育项目83项。2009年，完成综述691篇。合格率95%。天津中医药大学第二附属医院为国家中医药继续教育基地。

三、人才培养

1995年4月，区卫生局召开首届人才培养拜师会。1996年6月，表彰优秀知识分子89名，确定首届“师徒带教”16人。2003年，11人申报高级职称，5人申报中级职称。选派骨干进修学习，有3人在微创外科、呼吸内科、儿科等方面学有成效。2006年，制定人才培养规划，设立人才培养基金，鼓励继续教育，后取本科学历112人、大专学历23人，进修学习25人。在学93人，其中研究生11人、本科生32人、大专生50人，人才结构得到改善。2008—2009年，出台《关于实行人才柔性流动机制的意见》《大学生见习制度》《区卫生系统人才奖励实施办法》等政策。在引进人才，科研等方面投入59万元。多次举办基层党政主要领导、副职、医政科长、护士长系列培训班，提升了管理能力。2008—2010年，引进人才12人，其中高级职称8人、中级职称4人。完成“师徒带教”学员培养60人，其中，6人被授予河北区学术、技术优秀人才称号，7人走上科室行政领导岗位。聘请三甲医院知名主任和专家作为带教导师，确定第五届“师徒带教”20对。柔性流动人才14人，招录大学生39人。2010年，招录优秀毕业生51人（研究生9人、本科生38人、专科生4人），开展全科医师、住院医师规范化培训，32名大学生脱产参加为期3年规范化培训，举办2个月的处、科级领导干部培训讲座，开设900多人次专业技术人员参加的专业理论授课11讲。

第二节　献血工作和卫生监督

一、献血工作

1982年，河北区公民义务献血委员会成立，下设办公室。1999年，区献血办更名为区人民政府献血办公室。2003年并入区卫生局。1981年始，每年开展一次有偿献血工作。至1986年，有偿献血1.06万人。1989年，2224名献血人员中有103人无偿献血。1990—1991年，5304名献血人员中有775人无偿献血。1992—1995年，进入无偿献血阶段，无偿献血2471人。1997—2002年，无偿献血4518人。2002年，在全市首创“凭证用血”制度。2003—2010年，无偿献血6293人次，其中2006年建立730人无偿献血者流动血库队伍。

二、食品化妆品卫生监督

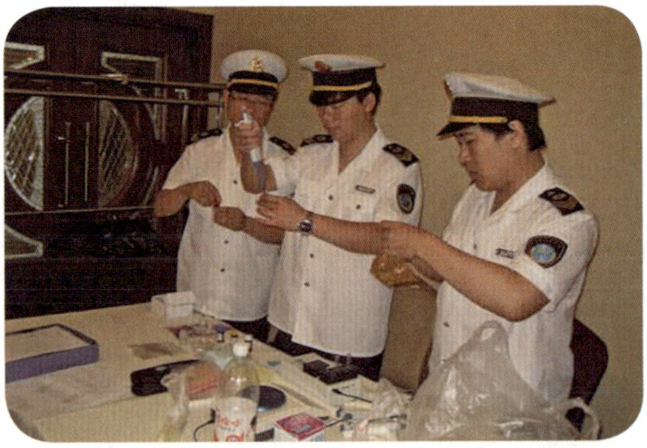

2008年，工作人员进行食品快速检测（区卫生局提供）

1979年，食品卫生工作由防病站食品卫生科负责。1983年，颁布《中华人民共和国食品卫生法（试行）》后，成立食品卫生监督组织。1985年，全区建立监督网络，建立健全食品行业自身管理监督体系。1990年，区防病站实施社会监督工作制度。1995年，根据新《中华人民共和国食品卫生法》，加大对食品卫生管理和执法力度，25个餐馆和1个食品店受表扬。1996年，食品卫生工作由区卫生监督所负责。全区餐饮单位、企事业单位食堂全部实现食品原料进货索证索票、台账登记管理，台账登记率100%；加强对食品添加剂、自制火锅底料、饮料单位监管，落实食品添加剂管理规定。2003年，重点加强对学校、建筑工地、企事业单位食堂监管，加强对超市散装食品专项治理。2007年，重点打击生产加工食品“黑窝点”“黑作坊”。2008年，开展餐饮业专项整治。检查餐饮单位3614个，提出整改意见1129条，行政处罚4.85万元。在三鹿牌问题奶粉专项治理中，对大中型餐饮业、宾馆、饭店、学校和托幼机构食堂进行监督检查，出动监督员174人次，检查402户次，未发现问题奶粉。2010年，开展餐饮服务食品安全整治，查处16户次，取缔2户，催办证5户。新办卫生许可证137户，核换年审卫生许可840户。监督检查食品经营单位4883户次、公共场所1584户次、医疗机构670户次，出动卫生监督员5742人次，查处无证单位116户，行政处罚79户次。是年5月，市食品药品监督管理局河北分局接管保健食品化妆品监管工作，接管保健食品生产企业2家、专营企业40家，兼营企业200家；化妆品生产企业1家，专营店49家，兼营企业280家。对保健食品生产企业核批注册但未标明有效期的保健食品批准证书进行摸底调查，对调节血糖改善睡眠的保健食品进行抽样检验。

三、卫生许可监督

1995年至2009年5月，区卫生监督所对全区餐饮单位、食品加工和流通环节、公共场所、二次供水单位、集体食堂进行监督和卫生许可审批。2009年6月，区卫生监督所不再对食品加工、食品流通环节和餐饮服务进行卫生许可审批。2010年，区卫生局、区卫生监督所将10个行政审批项目纳入区行政许可大厅，采取“一个窗口”服务方式，公示卫生许可审批相关事项，审批时限缩短为2个工作日。

河北区志

（1979—2010）

第二十二编

体　育

TI YU

改革开放后，河北区以构建并完善全民健身服务体系和培养体育后备人才为主要任务，体育事业发展加快。在开展群众体育工作中，认真落实好民心工程相关的工作，对全区街道社区健身器材进行维修，做到所有社区都有健身场地和健身器械，并保证安全使用。结合行业特点将岗位练兵与体育健身融为一体，为开展职工体育探索路径。自2004年起，每4年举办1届全民健身运动会。借助重要体育赛事，开展全民健身活动，以此推动河北区全民健身工程全面落实，进入21世纪，河北区基本形成区、街道、社区齐抓共管全民健身服务体系。利用体育特色校、业余体校和有关体育院校，加快对体育人才培养。截至2010年，培养等级运动员1721人，教练员15人，一级以上裁判员246人。

第一章　体育事业管理

1979—2010年，为发展体育事业，河北区除设立体育行政管理部门体育局外，还成立体育总会这一群众性体育组织。区内大型体育设施相对较少，体育设施共享遂成常态。

第一节　机构设置

1958年年底，河北区体育委员会成立。1973—1979年，区体委编制7人。1984年，设办公室、竞赛训练科、群众体育科，下辖河北区业余体育学校、北站体育场、第四游泳池3个事业单位。办公地址在北站体育场内。2002年1月，区体委更名为河北区体育局。2010年，编制8人，实有工作人员6人。1972年，恢复建立河北区体育总会，1999年注册为法人体育团体，下辖23个单项协会和俱乐部。

第二节　体育设施

一、天津市第四人民游泳池

建于1934年，位于月纬路27号，原系孙家花园（1936年更名为天津第一公园，今曹家花园）一部分。天津解放后，改为天津市第四人民游泳池，占地3500平方米。露天游泳池长50米，宽25米，设有10条泳道及跳台、跳板。夏天对外开放。1974年，男更衣室改建成有3条泳道的冬季游泳训练房，开展冬季游泳训练。《体育报》以“三条水线出人才”为题给予报道。1994年，通过与解放军第二五四医院协调，室内训练房扩建为长25米、宽12米、有6条泳道的小型游泳馆，用于日常训练和对外开放。1996年，第四游泳池建立市残疾人游泳训练基地，承接国家残疾人二线游泳运动员训练工作。1985年、1992年该游泳池获全国先进游泳场馆称号。至2010年，培养出大批游泳运动员。

1994年，运动员训练后合影　　（区体育局提供）

二、火车头体育场

该体育场隶属天津铁路分局工会领导，位于北宁公园内南侧。始建于20世纪50年代初，是天津铁路分局职工和家属开展体育活动的场所，也是50年代中国火车头足球队训练和比赛基地。1992年，铁道部、北京铁路局、天津铁路分局共同投资1600万元，在北宁公园原体育场的基础上重建火车头体育场，1994年建成。该体育场可容纳观众1.2万人，有塑胶跑道和标准草皮足球场。主要用于北京铁路局开展体育活动，每年接待近万人。火车头足球俱乐部训练也在该体育场进行。2008年，随着北宁公园改造和体育场职能转变等原因，停止对普通市民开放，火车头足球俱乐部则仍在此训练和比赛。

天津市火车头体育场　　（区志办提供）

三、王串场体育公园

原为王串场公园，始建于1953年，位于富强道9号。2001年，市体育局和区政府共同投资500万元对公园进行改造，增设了新的健身场地和设施，是天津市第一个以体育为主题的公园。占地5万平方米。公园建有网球场、篮球广场、轮滑场、攀岩墙、健身房、乒乓球练习室和活动区，以及老年人门球场和少儿活动场地等。国家体育总局副局长张发强参加竣工典礼，并题词："体育公园化，公园体育化"。是年，该公园被评为全国群众体育先进单位。2002年5月，国家体育总局副局长张发强率西部15个少数民族地区130名群众体育干部到公园参观，2003年，上海市代表团和全国政协委员代表先后参观王串场体育公园。2004年2月，该公园创办全国首批社区体育俱乐部之一的王串场公园社区体育俱乐部。是年，园内建成3100平方米以羽毛球和乒乓球为主的社区体育健身综合馆。2007年11月，罗马尼亚体育代表团到该公园考察。

王串场体育公园　　（区志办提供）

2001年改造后的王串场体育公园
（区体育局提供）

2001年改造后的王串场体育公园乒乓球馆
（区体育局提供）

四、街道社区健身设施

1998年，由中国体育彩票公益基金和区、街共同投资，分别在王串场街道和鸿顺里街道修建全民

2000年，月牙河街道举办全民健身运动会
（区体育局提供）

健身体育活动基地，6月，国家体育总局局长伍绍祖在副市长孙海麟陪同下到王串场街道考察健身体育活动基地，并题词："合家康乐"。1999年6月，投资26万元建成铁东路街道健身路径，该路径含室外、室内两部分。室外场地1367平方米，有15件套体育器械，健身房156平方米，有18件套健身器械。6月，国家体育总局副局长张发强、副市长孙海麟、市体委主任韩振铎参加竣工剪彩，同时在该街道举行市首届健身路径运动会。2000年，10个街道均建有1处全民健身路径。为落实市长李盛霖"改变城乡接合部脏乱差的落后面貌"的批示，市体委拨付65万元，在月牙河街道将2400平方米存车场改建为健身场所。2002年，为16个旧楼区改造配套安装健身器械104件（套），全区有85个社区建有健身路径。2010年，为59个社区安装体育健身器材472件（套）。

附一：北站体育场

原为河北体育场，建于1934年。1958年，更名为天津市第三体育场。1967年，更名为天津市北站体育场。1985年，北站体育场重修。1987年，市首届农民运动会在北站体育场举行。1993—1994年，体育场一、二期改造工程竣工。1994年，市人大常委会主任聂璧初出席建场60周年纪念活动。同年，该体育场新建小型游泳池、网球场、乒乓球练习房、台球练习室，组建河北区体育活动中心。21世纪初，北站体育场拆墙建店，对外招商引资、出租场地，建市场、旅馆，成立体育幼儿园和摩托车培训中心等。动员一部分职工保留公职（只发一定生活费），自谋职业。留守人员负责日常体育后勤保障工作。此做法被市体委推荐到三北地区体育产业经验交流会进行交流。2003年5月，北站体育场拆迁启动，2010年局部拆除。

附二：北站柔道馆

该馆于1985年在北站体育场新建。长28米，宽26米，高8.3米，另有附属房间等，建筑面积1300平方米。馆内设有升降篮球架等体育设施，举行过篮球、排球、乒乓球、羽毛球等多项体育比赛，北面设移动看台。区体委受市体委委托于此组建市武术摔跤集训队，接待日本、美国、德国等国家柔道运动员、教练员和专家比赛、交流。国家体委于此举办过全国柔道教练员、裁判员学习班，以及多省市柔道邀请赛。2010年拆除。

第二章　学校体育

改革开放后，随着体育教学的加强和体育设施的完善，学校体育活动十分活跃，并形成多所体育特色校。

第一节　体育教学

1979年，河北区体育教师学会成立，翌年区教育局增设体育卫生科。1981年，河北区与天津体育学院联合创立体育大专函授班，学制3年，从体育教师中经考试录取32人，对区内中小学体育教师的培养起到重要作用。是年，五十七中学陈兴凤(女)、法政桥第二小学戚广学跻身全国千名优秀体育教师行列。1984年，制定《河北区学校体育工作评估细则》，以量化的指标对体育教学进行科学管理。中小学田径运动会改为春秋两季，竞赛成绩列入学校评估项目。1989年，区教育局与市体委联合进行“希望之星”体育苗子测试，参加校占全区60%，达标800人。1992年，河北区首次承办全市中小学运动会。2003年，红光中学获市百事可乐5人制足球赛初中组第二名，该校西藏班学生参加市第四届民族运动会获2个第二名、1个第三名，该校被评为开展民族体育运动先进集体。2005年，开展评选二级健康少年、健康青年活动。600名学生参选，评出健康少年104人、健康青年307人。2005年，6份教案在天津市评选优秀体育课教案中获一等奖。江南寄宿小学体育教师胡晓梅获第五届天津市中小学“双优课”体育学科一等奖。2007年，天士力中学体育教师卢建香获第六届天津市中小学“双优课”体育学科二等奖。2008年，历时3年开展的天津市“十一五”规划课题结题，河北区被评为A级。22所中小学子课题经专家鉴定结题。2008年，求真中学体育教师高路获第三届全国中小学优秀体育课一等奖，育婴里小学体育教师刘涛获第六届天津市中小学“双优课”体育学科一等奖。2009年，新开小学体育教师于秀燕获全国首届体育学科新课程优秀课例三等奖。2010年，求真中学体育教师高路获第四届全国中小学优秀体育课二等奖，该校《街舞》获天津市中小学体育教师优秀自选课程一等奖；汇森中学体育教师刘会宾获第七届天津市中小学“双优课”体育学一等奖。

在小学中开展武术特色体育活动

（区体育局提供）

2010年河北区中小学体育教师基本情况一览表

表22-1

小学体育教师				
性别	男		女	
	68人		59人	
职称	小学高级		小学一级	
	88人		39人	
学历	本科	大专	中专	高中
	75人	38人	11人	3人
总计	127人			
中学体育教师				
性别	男		女	
	69人		65人	
职称	中学高级	中学一级		中学二级
	63人	63人		8人
学历	研究生	本科	大专	中专
	2人	121人	7人	4人
总计	134人			

第二节 体育场地

1979年后，河北区学校体育场地逐步增多。2010年，全区有幼儿园活动场地3.57万平方米，中小学和其他学校有活动场地10.06万平方米。是年1月，全国学校体育场馆向公众开放试点会议在天津第二中学召开，并举行向公众开放试点校授牌仪式。河北区试点校有第二中学、扶轮中学、中山志成职专、四十八中学、五十七中学、新开小学、实验小学、昆一小学、兴华小学、河北区业余体校，开放面积2.97万平方米。各学校室内训练馆面积为1.75万平方米：第二中学3220平方米、十四中学7000平方米、五十七中学850平方米、扶轮中学854平方米、红光中学1000平方米、七十八中学1500平方米、育婴里小学1300平方米、实验小学500平方米、新开小学500平方米、启智学校220平方米、天津城市职业学院600平方米。

2010年河北区教育单位室外体育场地一览表

表22-2

单位名称	单位地址	场地面积（平方米）
第一幼儿园	昆纬路东四经路21号	860
第一幼儿园（金狮园区）	狮子林大街金狮温泉公寓内	978
第一幼儿园（民主道园区）	民主道46号	574.30
第二幼儿园	四马路30号	438.57
第二幼儿园（抗震里园区）	抗震里24号	3177
第五幼儿园	富强道5号	1984
第五幼儿园（6号园区）	富强道6号	1984
第五幼儿园（7号园区）	富强道7号	1984
第六幼儿园	黄纬路二马路34号	342
第六幼儿园（慧景园园区）	慧景园29号	554
第七幼儿园	迎贤道26号	520
第八幼儿园	幸福道35号	843.50
第九幼儿园	建昌道泗阳里50号	654
第十幼儿园	真理道青浦路1号	1634
第十幼儿园（句容路园区）	昆山道句容路1号	1676.35
第十二幼儿园	月牙河街道灵江里	958
第十三幼儿园	小红星路红波西里55号	440.02
第十四幼儿园	开江道与乌江路交口处	1082
第十五幼儿园	宜白路华宜里27号	924
第十六幼儿园	乌江北里	1173
第十七幼儿园	建昌道铁工西里21号	1149
第十八幼儿园	开江南里5号	2169
扶轮幼儿园	中山北路1号（北宁公园内）	9554.70
嘉畅幼儿园	杜鹃道160号	–
仁恒幼儿园（暂）	五马路与元纬路交口处	–
红星路小学	红星路106号	3500
实验小学	金田道1号	2400
实验小学（民族路校区）	民族路39号	100
实验小学（狮子林大街校区）	狮子林大街290号	100
月牙河小学	民权门月牙河北道	4135
七十八中学	增产道23号	8320
七十八中学（幸福道校区）	幸福道27号	4517
九十三中学	真理道22号	6000
红光中学	建昌道24号	8682
美术中学	元纬路50号	200

续表22-2

单位名称	单位地址	场地面积(平方米)
新开中学	日纬路44号	2500
新开中学(东河沿校区)	东河沿大街14号	1650
扶轮中学	律纬路93号	5161
汇森中学	昆纬路46号	3200
路华中学	沧江道2号	11600
路华中学(锦江路校区)	锦江路8号	5200
求真高级中学	真理道六号路7号	5600
聋人学校	王串场正义道东头	4000
外院附属外国语学校	南口路11号	18000
中山志成职业中等专业学校	张兴庄大道57号	11387.50
天津城市职业学院	红星路与真理道交口处	14500

第三节　中小学体育

改革开放后，在中、小学中开展创建体育传统项目校工作，1981年三十中学为篮球传统校，1987年七十八中学为足球传统校。1995年，开展体育达标活动，中学生达标25579人，达标率89.9%；小学生达标33703人，达标率93%。

1997年，育婴里小学课余时间的健身活动
（区体育局提供）

1997年，民办公助性质的育婴乒乓球俱乐部成立，坐落在育婴里小学(育婴路47号)，培养出王婷婷等优秀运动员。1998年5月，该俱乐部前往日本千叶市进行友好访问，为区教育系统组织的首次对外体育交流活动。是年，中小学开展全民健身活动，区教育局号召学生每人持有一件健身器材，每人学会一种健身方法，每人每天参加体育锻炼一小时。1999年，在天津市中小学田径运动会上，河北区以692分成绩获团体总分第二名。七十六中学于学宝在芬兰举行的世界少年田径锦标赛上获标枪第四名，五号路小学获市“贝贝杯”足球锦标赛冠军，第二中学在全国中学生“希望杯”乒乓球锦标赛中获女子团体第三名，育婴乒乓球俱乐部的王婷婷在市“育才杯”乒乓球比赛中获女子单打第一名。第二中学航模队在市青少年航空模型比赛中获团体冠军。育婴里小学体操队在市少儿竞技体操比赛中获双杠第一名。启智学校张洁在美国举行的第十届残疾人运动会上获女子垒球金牌，车冕在天津市残疾人运动会上获脑瘫组男子跳远金牌，王芳获脑瘫组女子50米和100米跑2枚金牌。10月25日，在火车头体育场举办10年来规模最大的河北区中小学运动会。2001年，在天津市第七届中小学运动会上，河北区以总成绩1058分获第三名。在市体育教师基本功比赛中，河北区获团体第三名。育婴里小学和博安小学在市小学生基本体操比赛中，分获甲组和乙组第一名。第二中学代表天津市参加全国中学生“希望杯”乒乓球比赛，获女子团体第三名、男子团体第五名，王婷婷获女子单打亚军。启智学校代表天津市参加在上海举行的全国第五届残疾人运动会，王芳获100米、200米、400米跑3项冠军；车冕获100米、400米跑2项亚军，200米跑第三名；田玉良获400米跑第三名、100米和200米跑第四名。在河北区承办的天津市中小学乒乓球比赛中，河北区代表队获团体3项冠军、3项亚军；获单打冠军3项、亚军2项，总成绩居全市之首。8人被国家体育总局批准为运动

健将，为河北区培养的首批运动健将。第二中学承办由13个省市23个单位200名运动员参加的第四届全国中学生“希望杯”乒乓球比赛，第二中学获团体项目冠军3个、双打比赛冠军1个，并获精神文明运动队称号。建国道小学羽毛球队参加市全民健身羽毛球大赛，获小学组女子单打冠、亚军，男子单打第三名。启智学校在天津市第五届残疾人运动会中获金牌3枚、银牌2枚、铜牌2枚。学生高立飞代表天津市参加在上海举行的亚太地区特奥乒乓球赛中，获男子单打亚军、双打第三名。2009年，在湖南长沙举行的全国第十届中学生运动会上，第二中学健美操队获优秀运动队称号，学生杨光获健美操男子单人冠军和优秀运动员称号，教师王宗和获优秀工作者称号。

第四节　幼儿体育

1980年，河北区五幼举办幼儿趣味运动会
（区体育局提供）

在全区开展多样受幼儿喜爱的集趣味、强身、益智为一体的各种体育活动，如走、跑、跳、攀、爬、投掷、平衡等。1980年5月，召开区幼儿运动会，包括团体操、竞赛项目、创作表演。24个代表队参加团体比赛，142名幼儿参加个人比赛。1986年，第五幼儿园举办包括团体操表演、竞技比赛和亲子体育游戏等活动，200余名幼儿和家长参加。1990年6月1日，举办“我快乐、我健康”幼儿体育游戏活动，全区49个幼儿园828名幼儿参加。2000年6月，五幼、十四幼、九幼、电力幼儿园代表河北区参加市关工委组织的幼儿体操表演，分获一、二、三等奖。2004年，十幼举办首届幼儿运动会，提出“健康第一为宗旨，呵护是暂时的平安，锻炼是终身的健康”口号。2010年5月，十八幼举办“大手拉小手”亲子冬季运动会，家长和幼儿共同进行体育游戏比赛。

第三章　群众体育与竞技体育

改革开放后，河北区举办多届（次）职工乒乓球、游泳、象棋等比赛，王串场街道跻身全国社区体育先进街道行列。1972年成立的区业余体育学校培养出一批体育人才，王芳、车冕、丛蕊、韩梦莹等残疾人运动员在国际、国内残疾人运动会上取得优异成绩。

第一节　群众体育

一、职工体育

1980年，河北区职工体育工作会议召开，要求各单位建立职工体协。区体委和区工会联合举办乒乓球、足球、篮球、羽毛球、游泳、棋牌等体育赛事。1984年，举办区第六届职工运动会，并组队参加市第十届职工运动会。1989年，举办区第七届职工运动会。1990年，举办区第十二届职工乒乓球赛，是年，举办“三八杯”女职工运动会，近万名女职工参加。1991年，举办全区班组体育节，各单位以体育形式将技术表演和岗位练兵有机结合，其中有环卫所的健美操、园林队的绿化月季花修剪、卫生院的战地救护、基层商店的食品包装与饭店托盘竞走、百货商店自行车送货等17个项目。河北区职工体育被市总工会、市体委、市职工体协授予目标管理优秀奖。1992年，在市迎“五一”中长跑比赛中，职工王博获女子组第一名。1994年，举办全区万名职工乒乓球大赛。老年团体操筷子舞在市第八届运动会开幕式上进行表演。1995年，举办区第十三届游泳比赛、第十二届象棋比赛。为推广第十套广播体操，区体委举办两期学习班，培训130名领操员。区教育局组织各学校教职工参加广播体操展示活动。2000年，举办系统运动会，有区卫生局、区老干部局、区教育局等单位参加，有乒乓球、篮球等比赛项目。2006年，开展“群众健身活动与奥运同行”为主题的全民健身宣传活动，组队参加市第十一届运动会，运动员528人，教练员26人。2010年，组团参加市第十二届运动会，参赛运动员402人、教练员50人，获奖牌138.25枚。

1995年，在全区推广第十套广播体操
（区体育局提供）

二、社区体育

1981年，区老年人体育协会在全市率先成立，会员1129人。1985年，群众体育工作深入社区走进家庭。新开河社区体协采取“集中组织、分散承办、因地制宜、方便群众”方式开展小型多样体育活动，有领导分管和经费保障，坚持自费自助，横向联合办比赛，参加活动人数占全街道人口40%以上。区体育局将此做法向全区推广。1989年北京亚运会和1994年第43届世乒赛期间，全区开展宣传和体育彩票发行活动，以及一系列群众体育活动。1996年，全区贯彻《中华人民共和国体育法》《全民健身计划纲要》。1998年，在评选天津市群众体育先进活动中，全区有40个集体、15人获表彰。同年，王串场街道被国家体育总局授予首批全国社区体育先进街称号。1999年，区第八届运动会暨全民健身运动会举行，1.16万人次参加。2000年，成立区棋牌协会、乒乓球协会、信鸽协会、门球协会等，全区有社会体育组织近200个、社区体育指导员164人。2002年2月12日，市首届全民健身大拜年启动仪式在王串场体育公园举行。是年，江都路街道获全国群众性体育工作先进单位称号。6月，为纪念毛泽东题词“发展体育运动 增强人民体质”发表50周年，举办系列健身活动。2003年9月，为纪念天津建卫600周年，举办大型广场健身舞展示活动。2004年，举办首届全民健身运动会。2005年2月，全国春节体育大拜年启动仪式在王串场体育公园举行，优秀运动员王敬之、谭雪、佟文、张平等参加。8月，通达新苑小区举办区首届体育进社区展示大会，300余人参加，12支社区健身队伍展示柔力球、太极拳、体育舞蹈、花毽等项目。同年，五十七中学侯颀、望海楼街道修红学获全国体育先进个人称号，其中侯颀参加在南京召开的全国群众体育先进表彰大会，受到中共中央总书记胡锦涛接见。区太极分会获全国先进晨练奖，郑全喜家庭获全国健康之家称号。2006年，为宣传贯彻新出台的《天津市全民健身条例》，开展以“群众体育与奥运同行”为主题的全民健身宣传月活动。北岸华庭社区举办全民健身大讲堂活动。2007年，王串场体育公园举办“山华杯”全民健身展示大会，

2003年，在北站体育场举办大型广场健身舞展示活动
（区体育局提供）

全市中心城区30支代表队近1000人参加。是年7月，区“我与奥运同欢乐”趣味运动会在第二中学举办。2008年，举办区第二届全民健身运动会。2010年，区代表队在市第29届“三八”健康杯体育比赛中获健美操一等奖。是年8月，10个街道35个社区1200人开展“我参与我健身我快乐”全民健身活动。9月，在区体育节开幕式上，124支队伍1714人参加12个项目展示和比赛。9月，3支健身队伍240人参加环中国国际自行车比赛天津赛区开幕式表演 。

2010年河北区社会体育指导员统计表

表22-3　　　　单位：人

性别	国家级	一级	二级	三级
男	12	71	113	159
女	17	146	298	467
合计	29	217	411	626

三、老年人和残疾人体育

（一）**老年人体育**　1981年，河北区老年体协成立，会员1192人。同年举办老年体育展示活动，20多支队伍350人参加。1982年，区体委承办市第一届武术表演赛，700多人参加，平均年龄65岁以上。1995年，全区有老年体育活动中心142个，在中山公园，金钢花园、幸福花园、王串场体育公园、海河中心广场等体育活动场所，均有社区体育指导员进行组织和辅导。同年，区委机关、新开河街道、小树林街道、区环卫局被评为天津市群众体育活动先进单位。祖树森家庭被评为全国先进体育世家，80岁的李桂清被评为全国健康老人。2007年10月，区老干部局组队参加在安徽省黄山市举行的全国门球锦标赛中，夺得冠军，并获代表中国参加亚洲门球比赛的资格。

2009年，河北区体育节开幕式太极拳表演
（区体育局提供）

（二）**残疾人体育**　1979年后，区残疾人体育蓬勃开展。1999年，在第四游泳池建立残疾人游泳训练基地，全年为残疾人提供免费游泳训练。2001年，河北区残疾人运动员在市残疾人田径运动会上获17枚金牌、11枚银牌、5枚铜牌，团体总分第三名，河北区获最佳组织奖。2003年，获市“天铁杯”中老年太极拳大赛7项第一名。2005年5月，河北区代表天津市参加在西安举行的全国残疾人游泳锦标赛，获金牌13枚、银牌7枚、铜牌5枚，破全国纪录2项，创全国最好成绩3项。参加在上海举行的全国残疾人游泳运动比赛，获金牌3枚、银牌2枚、铜牌3枚，破全国纪录4项。望海楼街道举办全区残疾人趣味运动会，有中国象棋、跳棋、乒乓球、羽毛球等项目，100多名残疾人参加。1999—2010年，第四人民游泳池培养出残疾人游泳运动员80多人，其中盲人40%、脑瘫40%、肢残20%。2009年，在市残疾人运动会上获团体总分第5名和道德风尚奖，获个人金牌36枚、银牌7枚、铜牌17枚。

四、民族民间体育

改革开放后，区民族民间体育日趋活跃。2003年9月，为纪念天津建卫600周年，举办包括武术、太极、拔河、摔跤等项目的河北区民族传统体育大赛。2006年10月，组织150人参加市第五届少数民族体育运动会，红光中学和江都路街道分获表演金、银奖，金融职专获蹴球女子组第四名，红光中学藏族学生白玛旺信获射弩第六名，河北区代表队获体育道德奖。2009年7月，参加天津市少数民族传统项目花毽比赛，获青年组第三名、老年组第四名。2010年，河北区承办天津市第六届少数民族传统体育运动会，河北区有153名运动员参赛，获金牌15枚、银牌4枚、铜牌5枚，奖牌总数列23支参赛队伍之首，并获体育道德奖、最佳风貌奖。张连印、解平、王金孟、徐万秋获最佳教练奖，欧阳珊文、蒲占元、贺凤菊获最佳编导奖。

2010年9月23日，天津市第六届少数民族传统体育运动会在河北区开幕　（区志办提供）

五、全民健身运动

1996年3月，河北区全民健身领导小组成立。各委、办、局、公司、街道相应成立全民健身领导小组。7月，区体委召开落实《全民健身计划纲要》动员大会，10万人参加群众性体育健身活动。1996—2002年，建立健全区、街、居三级管理网络，建晨、晚练活动站348个，设项目64个，坚持每天锻炼的有1.39万人。2004年，举办首届河北区全民健身运动会，分社区组、职工组、青少年组进行比赛，254个单位371个代表队1.91万人次参加1635场比赛和表演，年龄最大的85岁，最小的3岁。区体委对177个单位374名队员进行表彰，10个单位获最佳组织奖。2007年为迎接北京奥运会，组织"我与奥运同行"系列活动。举办区第十届全运会。举办外来务工人员迎奥运趣味运动会，设乒乓球、飞镖、羽毛球等10个项目，264名外来务工人员参加。举办河北区迎奥运"爱众杯"汽车趣味技能赛，有单轮压点过单桥、趣味投球、倒车入库、蛇形绕桩、定位急停等项目。组队参加2007年在南昌举行的全国健身路径运动会，获团体总分第三名、女子老年组第一名。2008年4月，举办河北区各界人士迎奥运趣味运动会、河北区"全民健身与奥运同行"系列活动暨河北区第二届全民健身运动会、外来务工人员迎奥运趣味运动会、"我与奥运同欢乐"活动等。2009年8月，由600人组成的全民健身队伍参加天津市全民健身日启动仪式。2010年，参加市首届全民健身大会，获金牌10枚、银牌9枚、铜牌10枚；在残疾人组比赛中获金牌21枚、银牌14枚、铜牌10枚。

2008年，举办河北区全民健身宣传月活动（区体育局提供）

第二节　竞技体育

一、区业余体育学校

1972年，河北区业余体育学校建立。1984—1995年，充实教练员队伍，有田径、游泳、足球、篮球、排球、武术、摔跤、网球、乒乓球、跆拳道等项目共40名教练，培养出一批体育人才。1996—2002年，设田径、游泳、足球、篮球、排球、乒乓球、武术等项目，在基层单位开展击剑、少儿体操、跆拳道等，每年学员400人，专职教练20人，兼职教练10人。2003年，设网球、武术、排球、足球、田径5个项目，教练员11名，在册学员188人，重点项目113人，重点队员43人；第四游泳池开设潜泳项目，教练员4人，在册学员68人。2004年，建立实验小学业余训练基地，设足球、乒乓球、跆拳道等项目，在第一幼儿园建立训练点，修建小足球场、网球场。2006年，业余体校运动员参加市第十一届运动会获金牌65枚、银牌195枚、铜牌14枚。2010年，设田径、游泳、等12项，教练员24人，其中体育系统13人、教育系统9人、外聘2人；运动员145人，其中重点培养31人，在基层学校参加训练225人。至2010年，区业余体校培养等级运动员1721人。其中，国家健将级运动员8人，一级运动员56人，二级运动员1171人，三级运动员486人。国际裁判员2人，国家级17人，一级227人，二级393人，三级293人。

2010年河北区等级运动员统计表

表22-4　　单位：人

序号	运动项目	国家健将	一级	二级	三级	合计
1	游泳	–	6	91	89	186
2	柔道	–	2	39	75	116
3	垒球	–	–	27	44	71
4	田径	–	4	57	67	128
5	足球	–	7	97	–	104
6	篮球	–	9	94	–	103
7	排球	–	2	81	–	83
8	乒乓球	–	7	99	–	106
9	羽毛球	8	8	94	–	110
10	网球	–	4	58	–	62
11	自行车	–	2	12	–	14
12	击剑	–	1	72	–	73
13	围棋	–	–	47	66	113
14	中国象棋	–	–	62	72	134
15	体操	–	1	57	73	131
16	武术	–	1	56	–	57
17	跆拳道	–	2	63	–	65
18	空手道	–	–	65	–	65
总计	–	8	56	1171	486	1721

2010年河北区业余体校教练员统计表

表22-5　　单位：人

序号	运动项目	教练员	文化程度			专业职称		
			本科	大专	中专	高级	中级	初级
1	足球	3	2	1	–	2	1	–
2	田径	4	4	–	–	3	1	–
3	排球	1	1	–	–	1	–	–
4	武术	1	1	–	–	1	–	–
5	网球	1	1	–	–	–	–	1
6	体操	1	1	–	–	1	–	–
7	篮球	1	1	–	–	–	1	–
8	游泳	2	1	1	–	1	–	1
9	射击	1	1	–	–	–	1	–
总计	—	15	13	2	–	9	4	2

2010年河北区等级裁判员统计表

表22-6　　单位：人

序号	运动项目	国际级	国家级	一级	二级	三级	小计
1	游泳	–	1	24	67	–	92
2	柔道	1	1	1	2	–	5

续表22-6

序号	运动项目	国际级	国家级	一 级	二 级	三 级	小 计
3	垒球	1	1	3	–	–	5
4	田径	–	4	65	147	70	286
5	足球	–	3	21	24	43	91
6	篮球	–	2	25	37	26	90
7	排球	–	1	10	13	10	34
8	网球	–	–	3	6	11	20
9	乒乓球	–	1	33	37	35	106
10	羽毛球	–	1	5	11	33	50
11	自行车	–	1	7	46	54	108
12	击剑	–	1	2	1	11	15
13	围棋	–	–	3	–	–	3
14	中国象棋	–	–	2	–	–	2
15	体操	–	–	20	1	–	21
16	武术	–	–	1	1	–	2
17	跆拳道	–	–	1	–	–	1
18	空手道	–	–	1	–	–	1
总计	–	2	17	227	393	293	932

附：

1985年11月，河北区体育学校成立，学员来自全区中小学，在八十四中学集中食宿，在北站体育场训练，教学由区教委负责，训练由区体委负责。教练主要是区业余体校田径教练员和部分中小学体育教师，日常工作由区体委训练竞训科和教育局体卫科共同负责。该校为市、区培养了一批优秀运动员。

1985年10月，市体委和区体委共同投资创办天津少年柔道业余体育学校，并在北站体育场区修建柔道馆，建筑面积1300平方米，教练员4人。在全市招生学员，半读半训，培养出一批优秀柔道运动员，在各级比赛中取得良好成绩，其中孟兆明被选拔担任国家女子柔道队教练。

二、人才输送

1980—1985年，区业余体校向市体工大队输送各运动项目运动员148人。1996—2002年，向市体工大队、体育学校输送10个项目63名运动员。2005年，输送到市体育学校5人，参加天津市集训10人。2006年，输送到市体校4人，输送到市体工大队1人。2007年输送运动员3人，2008年输送教练员3人。2009年输送运动员3人。

三、主要成果

1986年，河北区获市第六届运动会团体总分第四名，少年三项团体总分第二名。单项获金牌11枚、银牌20枚、铜牌15枚，获中国式摔跤3项冠军。1990年，获市航空模型竞赛团体总分第一名，1991年，获市第七届运动会桥牌比赛团体总分第一名，女子篮球第三名，游泳金牌2枚。参加全国第十届运动会，获航模团体F级比赛团体冠军，吴亦民获男子马拉松亚军，韩冬获男子仰泳100米第二名、男子自由泳4×200米接力第二名。1995年8月，陈喆竞获全国少年田径比

2008年9月29日，残奥健儿凯旋，残奥冠军王芳(右三)、车冕(后右五)
(区体育局提供)

赛男子甲组110米栏第一名。1998年，获市第九届运动会金牌25枚、银牌31枚、铜牌20枚。1999年，于学宝获全国少年田径锦标赛男子标枪第一名，并在世界（芬兰举行）少年田径比赛中获得第四名。刘晓娟获全国少年排球二组第一名。张帅获全国业余体校网球乙组第二名。刘晓娟为全国少年排球二组第一名队伍成员。于贞获全国少年游泳比赛蛙泳第二名。2000年8月，9名队员代表天津市参加全国路径运动会获3项第一名、1项第三名。5月，获全国残疾人游泳比赛金牌3枚、银牌2枚、铜牌5枚，破全国纪录4项，破世界残奥会纪录1项。2001年，在雅典第十三届残奥会上，王芳获金牌2枚，并打破女子田径100米和200米2项残疾人世界纪录。车冕获银牌、铜牌各1枚。2003年，获全国第六届残疾人运动会7金、4银、2铜，破世界纪录3项、全国纪录3项，河北区在18个区县中金牌榜排行第一名、总分第一名。2005年7月，韩梦莹在美国举行的世界残疾人青少年游泳比赛中获50米自由泳金牌，王芳、车冕参加在英国举行的残奥优秀运动员邀请赛上分获女子100米、男子200米第一名和第四名。天士力中学足球队代表天津市参加全国"可口可乐"杯比赛获冠军。启智学校代表天津市参加全国特奥网球赛获1金、1银、4铜。是年，杨博尊在南非举行的世界残疾人游泳锦标赛中获1金、1银、1铜。从蕊在马来西亚第九届远南运动会上获得游泳第三名。是年，中日韩三国青少年篮球国际友谊赛在大港区举行，河北区兴华小学男队获第一名、女队获第三名。第二中学参加在香港举行第二届亚洲中学生游泳比赛，获1个第二名、3个第三名；该校在塞浦路斯国际乒乓球邀请赛上获女子团体、女子双打、女子单打、男子单打4项冠军。2007年，高鑫获全国青少年网球总决赛男子14岁组第二名、双打第一名，康佳琪获女子10岁组第二名，周喆获男子10岁组第二名、双打第二名，张帅获全国网球大奖赛女子冠军、全国女子网球锦标赛团体冠军，李平获全国乒乓球锦标赛男团亚军，赵玲伶获全国业余体校排球比赛女子14岁组第一名、杨澜获女子15岁组第二名。在2008年北京残奥会上，王芳获女子田径T36级100米和200米两枚金牌并打破女子田径T36级100米残奥会纪录，车冕获男子T38级4×100米接力银牌，200米、400米铜牌。李平获新加坡乒乓球公开赛男双第一名。2009年，李平获世界乒乓球锦标赛混双第一名，第十一届全运会乒乓球男双第二名，团体第六名。张帅获第十一届全运会网球比赛女子团体第一名。赵玲伶获全国女子业校排球比赛15岁组第一名。杨桂欣获全国女子业校排球比赛13岁组第一名。2010年，在第十六届亚洲运动会上，张帅获女子网球团体冠军，高鑫获男子团体网球冠军。高鑫还获亚大青少年网球锦标赛男双冠军。在天津市第十二届运动会上，河北区青少年组获奖牌93.25枚。

河北区志

（1979—2010）

第二十三编

人力资源管理

REN LI ZI YUAN GUAN LI

中共十一届三中全会后，河北区人力资源管理部门加强了人力资源规划、招聘与配置、培训与开发、绩效管理、薪酬福利管理和劳动关系管理等工作。1991年，推行公开考试录用干部制度。截至2010年年底，全区有处级行政机关76个，行政编制2077人，实有1613人；事业单位224个，事业编制13461人，实有11192人；行政机关公务员1068人；企事业单位人才和专业技术人才11355人；退休干部10174人。全区创建和谐企业301家。

第一章 机构设置

20世纪80年代设区劳动服务中心、区劳动仲裁委员会、区就业训练中心，90年代设区人才交流服务中心、区国家公务员培训中心、区国家职业技能鉴定所，2000年设劳动保障服务大厅。2010年，区人力资源行政管理部门包括区人力资源和社会保障局(区公务员局)、区机构编制委员会办公室。

第一节 河北区人力资源和社会保障局

1979年，河北区人事工作由区革命委员会政治部管理。1980年，撤销河北区革命委员会，恢复河北区人民政府，组建河北区政府人事室。1985年，增设干部管理科和工资福利调配科。1986年，增设奖惩科。1988年，增设退休干部管理科。1989年，区人事室增设科技干部管理科。1991年，成立河北区人才交流服务中心、区退休干部管理服务站。1993年，河北区人事室对外称河北区人事局。1994年，成立河北区国家公务员培训中心。1998年，奖惩科并入干部管理科。2001年，区人事室(局)内设办公室、公务员管理科、人才流动开发科、工资福利与退休科、专业技术人员管理科(引进智力办公室)。2003年，区人才交流服务中心升格为副处级事业单位。

1979年，成立河北区劳动局(由区综合计划局劳动科和区上山下乡办公室组成)，设办公室、知青科、劳动工资科、计划调配科、劳动保护科。1980年，区劳动局增设河北区劳动服务中心，知青科并入办公室。1985年，劳动保护科更名为劳动保护监察科。1987年，增设劳动服务公司财务科、劳动争议仲裁科、集体经济管理科、劳动保险事业管理所，就业指导科分为劳动就业管理科和就业培训科。1988年，成立河北区劳动仲裁委员会和河北区就业训练中心。1990年，成立河北区职业介绍所和劳保医疗办公室。1992年，区劳动保险事业管理所划归市管。1994年，增设劳动监察科。1995年，成立中西烹饪技术学校，规格科级，事业编制10人，经费自收自支。1996年，成立区特种设备安全管理站，规格科级。1997年，成立天津市河北区国家职业技能鉴定所。1999年，区劳动局更名为区劳动和社会保障局，将由区政府人事室(区人事局)承担的机关、事业单位工作人员养老、工伤、失业保险职能一并划归区劳动和社会保障局。增设社会保险管理科。2000年，建立劳动保障服务大厅，设9个窗口。2009年，增设劳动关系管理科。2010年1月，区人事局、区劳动和社会保障局合并为区人力资源和社会保障局，加挂区公务员局牌子。至是年年底，设办公室、公务员管理科、劳动就业管理科、社会劳动力管理科、人力资源流动开发科、劳服经济管理科、职业能力建设科、专业技术人员管理科(区职称工作办公室)、事业单位人事管理科、劳动关系管理科、机关事业单位工资福利科(机关事业单位退休干部

2010年，河北区人力资源和社会保障局办公楼建成（区志办提供）

管理科）、失业保险管理科、工伤医疗保险管理科、城镇居民养老医疗保险科、工资养老保险管理科、劳动监察科、财务科、组织人事科、信访科、行政事务管理科，行政编制51人，工勤事业编制6人，其中局长1人、副局长4人，办公地址在榆关道388号。

第二节　河北区机构编制委员会办公室

“文化大革命”期间，全区机构编制工作停止。1984年10月，河北区设立编制委员会，列入区政府序列，规格为处级。区编制委员会下设办公室（科级）。1998年，区编制委员会更名为区机构编制委员会。2001年，机构编制委员会办公室既是区委工作机构，也是政府工作机构，列入区委机构序列，与人事局合署办公。2010年，区机构编制委员会办公室改为单独设置，行政编制5人。办公地址在榆关道388号。

第二章　机构编制与干部管理

改革开放后，河北区逐步加强对所有纳入国家行政编制、事业编制和政法编制的单位编制的统筹安排，以及对干部队伍的科学管理。

第一节　机构编制

1980年，区委设8个工作部门，与区政府共辖1个办事机构（人民来信来访办公室），1995年，设19个工作机构；1980年，区政府设15个职能部门（含信访办），1995年，增至40个；1980年，区人大常委会设4个工作组，1995年，设办公室、研究室、代表联络室和4个工作委员会；1980年，区政协设6个工作组，1995年，设10个委员会。1996年，河北区委设工作部门8个和3个部门管理机构，河北区政府设35个工作部门和3个部门管理机构，街道党政机构设置9个。区人大常委会机关设办公室、调研室、代表联络室3个处级综合办事机构。区政协机关设办公室、专门委员会办公室2个处级综合办事机构。区机关和街道机关行政编制由2438人减为1885人。2000年，16个街道办事处撤并调整为10个。2001年，区委设9个工作部门（含2个部门管理机构），区政府设26个工作部门和3个部门管理机构，街道党政机构9个，区机关和街道机关行政编制由1857人减为1486人。区人民法院、人民检察院、区司法局机关专项编制由393人减为353人。区物价监督检查所专项行政编制由18人减为14人。

2010年，区政府设工作部门28个：政府办公室、发展和改革委员会、商务委员会、市容和园林管理委员会、人口和计划生育委员会、科学技术委员会、国有资产监督管理委员会、研究室、法制办公室、信访办公室、合作交流办公室、人防办公室、民族宗教事务办公室、金融服务办公室、教育局、民政局、司法局、财政局、人力资源和社会保障局、公务员局、房地产管理局、环境保护局、文化和旅游局、卫生局、审计局、统计局、体育局、安全生产监督管理局。部门管理机构2个，分别为市政管理局、环境卫生管理局。政府派出机构3个，分别为行政许可服务中心、大悲院商贸旅游区管理委员会、海河意式风情区管理委员会。街道办事处10个。

1996—2010年，全区新建处级单位（含副处级）16个，合并11个，撤销7个。

2010年，区处级行政机关76个，行政编制2077人，实有1613人，工勤事业编制175人，实有107人。事业单位224个，其中财政补助170个、经费自理54个。事业编制13461人，实有11192人。其中，财政补助事业编制12702人，实有10654人，经费自理事业编制759人，实有538人。

第二节　干部管理

1980年恢复河北区人民政府后，干部队伍随着各职能部门的建立和企事业单位的党政分设而扩大。1983年，税务分局、卫生系统、教育系统划归市管，全区干部减至2200人。1989年，区教育系统重归河北区管理。1994年，实行辞退工作人员制度。1995年，实行国家公务员辞职辞退办法，全区有干部5213人，其中国家行政机关2036人、企事业单位3177人。1996年，河北区实行《事业单位工作人员考核实施办法》，考核范围包括各级国家所属事业单位的各类职员、专业技术人员和工人。2000年，全区有干部5562人，其中行政机关2802人、企事业单位2760人。2004年，事业单位实行人员聘用制。同年，在区属事业单位实行《天津市事业单位工作人员考核暂行办法》，在平时考核的基础上，对受聘人员进行年度考核。2006年1月，《中华人民共和国公务员法》施行后，全区行政机关有公务员1052人。实行《河北区事业单位公开招聘人员实施办法》，推进事业单位人事制度改革。区属事业单位公开招聘工作人员采取考试与考核相结合的原则，择优招聘。2008年，实施事业单位岗位设置管理工作，出台《河北区专业技术人员少的事业单位专业技术岗位集中管理办法》。2010年，全区行政机关公务员1068人，参照公务员法管理单位工作人员289人；企、事业单位管理人才和专业技术人才11355人（事业单位11057人，企业单位298人）；退休干部10174人。1994—2010年，全区行政机关辞职辞退39人。

2005年，区委副书记张俊英（左一）陪同国务院纠风办领导到区劳动和社会保障局调研

（区志办提供）

一、考试录用

1980—1990年，全区接收安置、招考录用干部2996人，其中大专及其以上毕业生224人、中专毕业生679人、复员和转业军人337人、以工代干转干部1000人、从工人中提拔干部128人、社会招收269人、集体转全民13人、其他346人。1991年，推行公开考试录用干部制度。1994年，根据《国家公务员暂行条例》，对补充国家机关主任科员以下非领导职务的工作人员执行考试录用制度。1991—1995年，接收安置、吸收录用干部1199人，其中大专及其以上毕业生326人、中专毕业生560人、社会招收121人、市教育局分配学生160人、安排知识青年返城32人。1997年，实行公务员录用实施办法，对主任科员以下（含主任科员）非领导职务的国家公务员，以考试与考核相结合方法择优录取。1996—2000年，接收安置、招考录用1122人，其中大专及其以上毕业生362人、中专毕业生217人、复员和转业军人67人、市教育局分配学生476人。2006年1月《中华人民共和国公务员法》实施后，全区录用公务员5人。2007年，进行公务员登记，登记行政机关1029人，参照公务员法管理事业单位274人。2001—2010年，录用公务员111人。

二、考察任免

1981年，区属各委员会主任、各局局长、区政府各科科长、各直属办公室主任，由区政府提请区人大常委会决定，报市人民政府批准。区属委员会、各局、区政府各科、各直属办公室的副职，区属委、办、局、街道下设办公室的正副职，区直属文化体育等事业机构的正副职，区直属业余大学、教师进修学校、中小学的正副校长，区属公司的正副经理、科长、总店正副经理，均由区政府批准。1984年，区属各委员会主任、各局局长、各直属办公室主任，由区政府提请区人大常委会任免。街道办事处、区属公司的正职，区政府人事室的正职，由区政府任免。区属各委、办、局、科、区属公司，街道办事处的副职，区属总店、文化、体育等事业机构，城市建设监察中、分队，环保监测站，区政府各委、办、科室正副职，街道联社、市重点中学、医院、妇幼保健院、产院和防疫站的正职，由区政府授权人事室任免。其他工作人员的任免，由各局、公司、街道或相当这一级的机关负责。1988年，商业公司、事业单位的体育场、游泳池等部门陆续实行副职及其以下干部聘任制。1991年，实行科技副主任聘任制，在国营大中型企业、科研单位、大专院校中聘任高级专业技术干部，到街道办事处和经济单位担任科技副主任。截至1995年年底，全区聘任科技副主任37人。1992年，在全民所有制企业中推行干部聘任制，选聘237名优秀工人到25个企业的干部岗位工作。1993年，在集体所有制企业中推行干部聘任制，选聘87名优秀工人担任企业的正、副厂长和主管会计等，打破干部和工人、全民和集体的界限。1995年，国家公务员职务实行委任制，部分职务实行聘任制，人民政府组成人员产生和任免，依照国家有关法律规定办理。区属委、办、局的正职由区人大常委会议任免，副职和各街道主任、副主任、调研员、助理调研员及相当职务，由区政府常务会审议批准。各委、办的科长、副科长、主任科员、副主任科员及相当职务，由区政府人事局批准。各局、街道的科长、副科长、主任科员、副主任科员、科员及相当职务，由本单位任免。1997年，担任领导职务的公务员及从事人、财、物等相关部门领导岗位公务员实行职位轮换制度。2000年，全区党政机关和街道实行科级领导职务竞争上岗。街道办事处和区机关单位选派了一批优秀干部到居委会代理居委会主任和居民区党支部书记。2004年，出台《河北区选拔任用科级干部工作办法(试行)》。2009年，完成29名科级干部的考察任免和34名处级干部的考核。2010年，对全区57名科级干部进行考察任免，对133名处级干部进行考核。

三、考核奖惩

1984年，在全区党政机关、群众团体、事业单位、处级企业单位(领导班子)建立目标管理岗位责任制。1991年，实行《河北区国家机关工作人员奖惩暂行规定》。1994年，设目标管理奖。依据考核结果，按月发放目标管理奖。是年6月，执行《河北区国家机关工作人员考核实施细则》，经考核，确定优秀459人，称职3175人，不称职4人。1995年，设年度工作目标奖，奖金额度不超过300元。经考核确定优秀441人，称职2861人，不称职1人。2000年，评优等次人员实行公示制。2003年，制定《河北区国家公务员行政告诫实施细则》，评定优胜单位21个，优秀公务员25人。2007年，实施《河北区科级职务能力考核办法(试行)》。2010年，制定《河北区公务员奖励办法》。

1994—2010年河北区公务员目标管理考核统计表

表23-1　　　　单位：人

年份	考核	优秀	称职	基本称职	不称职	未定等次
1994	3638	459	3175	0	4	0
1995	3303	441	2861	0	1	0
1996	1829	255	1574	0	0	0
1997	1928	215	1706	0	1	6
1998	1834	216	1617	0	1	0
1999	1624	213	1390	0	2	19
2000	2687	388	2271	0	3	25
2001	2989	360	2598	0	1	30
2002	1840	273	1534	0	0	33
2003	2693	323	2331	0	0	39

续表23-1

年份	考核	优秀	称职	基本称职	不称职	未定等次
2004	2655	359	2267	0	0	29
2005	2222	292	1930	0	0	0
2006	2092	278	1814	0	0	0
2007	1997	312	1685	0	0	0
2008	1676	230	1399	0	0	47
2009	1725	258	1433	0	0	34
2010	1642	233	1373	0	1	35

2003—2010年河北区事业单位目标管理考核统计表

表23-2　　单位：人

年份	考核	优秀	合格	不合格	未定等次
2003	10938	-	10763	4	171
2004	11810	1191	10462	3	154
2005	12592	1223	11367	2	0
2006	11977	1178	10795	4	0
2007	11614	1612	9997	5	0
2008	11228	1598	9457	2	171
2009	10578	1501	8921	1	155
2010	10501	1459	8844	0	198

四、培训交流

改革开放后，加大培训力度，实行分级培训。处级及其以上干部定期培训，科级干部按专业进行不定期培训，提拔处级干部进行岗前培训。一般干部在岗培训。培训内容主要是政治理论和专业知识。1992年，对机关打字员和59个单位的120名会计人员进行培训考核。1994年，区国家公务员培训中心成立后，主要担负区级（含区级）以下干部行政管理、行政法、公务员制度基本知识等共修课和拟录用机关工作人员初任培训。1995年，开展以计算机、现代化管理、会计等7个专业培训。1996年，实施《国家公务员培训暂行规定》，1998年，对新录用的国家公务员实施初任培训，1999年，举办大中专毕业生岗前培训，专业技术人员创造学培训，科级、处级干部任职资格培训。2000年，举办计算机、无形资产、处级干部任职资格、综合执法大队过渡国家公务员初任培训，有500余人参加。2003年，举办两期80人参加的英语基础知识培训班，对260名机关干部进行依法行政、业务知识培训，组织40余名行政机关人事科长参加《国家公务员暂行条例》知识培训，对19名新录用的统计干部进行初任培训，对1700余名机关科级及其以下干部进行依法行政培训和考试。2004—2006年，对全区公务员进行行政许可法、公务员法和电子政务等培训。2007—2009年，先后举办3次科级职务任职培训，224名相关人员参加。2010年，举办首届科级公务员公共管理研修班，1600余人参加。

第四章　人事管理

河北区人事管理部门成立后，认真做好机关和事业单位干部调配、军队转业干部安置、专业技术人员管理等工作，充分调动了广大干部的工作积极性，创设了良好人才环境。

第一节　机关事业单位人员调配

区人事室成立后，本着计划指标、统筹安排、突出重点、保证急需、合理使用、用其所长原则，进行调配。1992年，调配工作以经济部门为主，其他部门为辅；以区内调剂为主，外系统调入为辅。调出本区128人，调入159人。1993年，向区属企业下放干部调配权，打破全民所有制和集体所有制企业干部调动界限。1996年，对调入和分配到机关事业单位的工作人员及毕业生，实行试用期1年。2003年，出台《河北区关于对进入事业单位的工作人员实行招考聘用及管理的意见》《2003年河北区招聘居委会事业编制专职干部实施办法》《关于对街道生产服务管理处人员安置的意见》《关于街道生产服务管理处人员提前内退工作实施意见》。2010年，调出本区47人，调入255人，调入人数为1994年后最多。

1979—2010年河北区干部调动情况统计表

表23-3　　　　单位：人

年 份	调动出区	调入区内	年 份	调动出区	调入区内
1979	263	333	1995	104	210
1980	359	230	1996	135	146
1981	44	125	1997	153	115
1982	70	96	1998	107	151
1983	56	63	1999	41	86
1984	40	138	2000	46	107
1985	34	125	2001	80	100
1986	31	138	2002	56	66
1987	38	143	2003	53	62
1988	40	129	2004	86	103
1989	32	141	2005	66	51
1990	106	108	2006	68	59
1991	83	163	2007	57	38
1992	128	159	2008	56	66
1993	108	290	2009	25	151
1994	91	156	2010	47	255

第二节　军队转业干部安置

遵照计划分配、优先安置、照顾特长、企事业单位规定适应期、与家属同时安置的原则，妥善进行军队转业干部安置工作。2009年，有2人分获市模范军转干部和军转干部先进工作者称号。

1980—2010年河北区军队转业干部安置统计表

表23-4　　　　单位：人

年 份	安置转业干部	年 份	安置转业干部
1980—1993	339（含复员军人）	2002	8
1994	16	2003	9
1995	7	2004	18
1996	9	2005	20
1997	9	2006	19
1998	16	2007	32
1999	33	2008	25

续表23-4

年份	安置转业干部	年份	安置转业干部
2000	16	2009	18
2001	20	2010	22

第三节　人才交流

2005年6月6日，河北区举办民营企业招聘专场（区人力社保局提供）

1991年，河北区人才交流服务中心成立，定期发布人才需求信息，为用人单位招聘人才，为企业、事业单位和专业技术人员提供咨询服务。是年7月，建立人才库。将全区从事经营、管理和新产品新技术开发专技人员纳入管理。1992年，召开各类招聘会，12212名应聘人员到场，3162人达成就业意向，人才库登记10086人。1998年，区人才中心服务内容扩展为供需登记、档案管理、信息分析、保障服务、关系接转、评测鉴别、人事代理等八大项。举办人才交流大学生专场。区人民检察院、亨丰集团等20个单位招聘37个专业大学生150人，1800多名应届毕业生应聘，近500人达成就业意向。举办再就业工程人才交流洽谈会，参加招聘单位58个，到会应聘1800余人，其中300多名下岗职工达成就业意向。1999年，组织34个用人单位参加天津市内六区人才（劳务）大市场活动，招聘专业150余个，应聘人员400人。组织参加市第三至六届“架金桥”大型人才交流洽谈会，有9000余人达成就业意向。2003年，引进应届大学毕业生253人。2004年，引进大中专毕业生112人、各类专业技术人员32人。2005年，建立区人才发展基金，区政府每年拨付250万元，用于人才的引进、培养和奖励。2006年，开通区人才网站，设置求职、招聘、人事代理、技术交流等栏目。2008年，把人才代理服务范围扩大到非公经济单位，提供职称评定、人才交流、人事代理、管理咨询等服务。2010年，组织110多家驻区企业，参加“架金桥、世纪星、环渤海”等6场人才招聘会，开发就业岗位370多个，与6个街道社区和100多家企业建立长期业务关系，发展网上会员单位70余个。

第四节　专业技术人员管理

1978年，河北区开始职称评定工作，至1979年，全区各系列专业技术人员有2192人。1980—1983年，教育和卫生系统划归天津市专业局，科技人员队伍主要由财会、统计、工程技术和文艺、律师等专业人员构成。1983年，根据文件精神，区职称评定工作暂停并进行整顿。1986年，技术职称授予、任命终身制改为聘任制。1987年，在区属企业、事业、街办企业中进行专业技术人员的职称评定，经济、会计、统计、工程、卫生等16个系列2465人获相应职称。1988年，开始各系列专业技术人员的职称评定，对区属新兴集体企业的会计、统计、工程、卫生技术、幼教、工艺美术等6个系列的357人评聘了专业技术人员职务任职资格。1989年，成立河北区教育工作领导小组和继续教育工作办公室，负责区属企事业单位继续教育的规划、组织、指导和监督工作。建立区人事室与专业技术人员联系制度，对区属新兴集体企业的155名专业技术人员评聘了任职资格。8月，实行对专业技术人员干部档案的管理制度。1990年，根据《天津市专业技术人员继续教育规定》，对全区专技人员开展继续教育。开展“师徒带教”活动。截至2010年，“师徒带教”共聘请95名专家学者为导师，培养高层次人才104人。完成重点课题49项（其中国家级课题3项、市级课题17项，获国家专利1项、国家级奖项10项），市科学技术成果6项、获市级奖项15项，引进先进技术247项（填补市空白31项），撰写学术论文667篇。1991年，对贡献突出，多次被评为市、区先进工作者的业务骨干技术职称给予微调，1033人取得微调资格。1992年，对区属企业从事思想政治工作人员的专业职称进行评定，评出高级政工师10人、政工师127人、助理政工师110人、政工员37人。同年，区属企事业单位的847名专业技术人员晋升了职称，其中高级职称12人、中级职称178人、初级职称657人。1993年，实行区内专业技术职务评聘制度，评出中级职称297人、初级职称642人。1994年，在区内行政机关中实行“名片职称”（从事经济工作处级干部参与经济活动交往时便于介绍）评定。在区属企事业单位中实行区内高级专业技术职称评聘，区属全民所有制企事业单位的专业技术聘任权下放到单位自主管理。在企业和企业化管理事业单位中，进行以主要精力从事思想政治工作的非专职人员政工职评工作，54人评定了专业职称，其中高级政工师2人、政工师34人、助理政工师16人、政工员2人。对事业单位中专职从事党务工作、思想工作的人员进行了政工职称评定，评出高级政工师81人、政工师255人、助理政工师122人、政工员14人。对经济、会计、工程等系列的高级职称也进行了试评，评定高级职称4人、中级职称112人、初级职称118人。1997年，评定各类职称155人，进行了12次“区内政策”（只在区内认可）专业技术职称评审，评定工程、经济、会计、群文等系列436人，其中中级职称231人、初级职称205人。2004年，区属29个系列专业技术人员3720人，政工系列501人（不含教育系统）。2006年，首次进行社区工作专业职务评定，有19人被评定为社区工作师专业职务，104人被认定为助理社区工作师专业职务。2008年，对专业技术人员少的事业单位实行了专业技术岗位集中管理。2009年，在申报高级政工师中增加了答辩环节，以差额投票确定推荐人选。向市政工职评办申报高级政工师，有11人通过评审。

2010年，全区各类专业技术人员7580人（高级职称1195人，中级职称3769人，初级职称2616人），其中教育系统4607人、卫生系统1613人、其他系统1360人。全区政工系列在岗人员244人，其中思想政治工作研究员1人、高级政工师54人、政工师92人、助理政工师67人、政工员4人、在岗无职称人员12人、在岗未受聘14人。

第五节　工资福利

1979年，国营企业中逐步恢复了奖励和计件工资制度，全民所有制企业事业单位和国家机关部分职工调资，截至1980年1月，共调资升级2330人。1982年，对国家机关事业单位1981年年底在编干部职工及1981年年底前参加工作的干部职工共计2976人，普调一级工资。1985年，75个区属单位4992人参与工资制度改革，其中国家机关41个、事业单位34个（含集体事业单位），总计月增资78696元，人均月增资15.76元。对国家机关和事业单位实行以职务工资为主的“结构工资制”，对国营企业职工的工资进行改革，全区4415人增资，人均月增资18.3元。1986年，国营、集体企业职工进行工资改革。55个集体企业3191人，人均月增资4.47元；16个街道55个单位949人进行了工资改定，人均月增资5.6元；军转复员人员、人武干部1912人增加工资。1989年，对是年9月30日在册并发薪职工、合同制工人及1971年前长期临时工、混岗集体职工调资，271家企业17529人每人增加一级工资，人均月增资10.66元。对全区机关和事业单位职工16516人增资，人均月增资7.65元；为受聘的408名专业技术人员兑现工资；为离退休人员增加工资。1993年，全区参加工资改革的13572人每人增加一级工资，人均月增资10.66元。对全区机关事业单位16516人增资，人均月增资7.65元；为受聘的408名专技人员兑现工资；为离退休人员增加工资。1993年，全区参加工资改革13672人，人均月增资89元。

1993年10月，对环卫系统1411人提高津贴标准。1994年，258个机关事业单位13572人参加工资制度改革，总计月增资121万元，人均月增资89元。2010年，全区机关事业单位工作人员11828人，年工资总额69.85亿元。全区离退休12384人，年工资总额71.82亿元。

第六节　机关事业单位退休和离休干部管理

区内离休干部和正处级退休干部，由区委老干部局管理（区人事室负责生活待遇的审批）；机关事业单位的副处级及其以下退休干部，由人事局管理；企业副处级及其以下退休干部，由企业自行管理。1988年2月，建立河北区退休干部协会。1989年，人事室设退休干部管理科。1991年，成立区退休干部管理站。2010年，全区机关离退休人员1372人，事业单位离退休人员11012人。

1979—2010年河北区机关事业单位退休人数统计表

表23-5

年份	退休人数	年份	退休人数
1979	119	1995	403
1980	24	1996	512
1981	18	1997	589
1982	66	1998	744
1983	70	1999	420
1984	70	2000	609
1985	43	2001	542
1986	37	2002	967
1987	187	2003	515
1988	349	2004	488
1989	75	2005	594
1990	410	2006	655
1991	247	2007	632
1992	316	2008	527
1993	239	2009	570
1994	339	2010	762

第五章　劳动管理与劳动关系

1980年，河北区逐步实行灵活的就业政策。1997年，创建全市首家社区就业服务中心，其经验在全国推广。2003年，在全市率先成立区级创业指导服务中心，以创业带动就业。翌年，开展创建劳动关系和谐企业活动，至2010年，全区创建和谐企业301家。

第一节　劳动管理

一、就业管理

1979年，河北区继续沿用政府分配制度和双职工子女顶替制度。1980年，逐步实行多种渠道就业和多种形式用工。1981年，为解决知青回城就业，发展商业网点和在集体企业中进行安置。1982—1985年，河北区采用多种类型的劳务市场招工方式，举办大型劳务市场招工活动5次，组织78个用人单位与2万多名待业青年进行洽谈。1986年，废止双退职工子女顶替制度，面向社会公开招收用工。

1988—1989年，建立待业人员求职证制度。1993年，成立区劳务市场，每周五开办劳务洽谈会。截至1995年年底，平均每年有1100人通过劳动市场实现就业。临时劳务人数逐年上升，1993年8398人、1994年8539人、1995年8624人。1995年，建立劳动资源档案库。同年接收原市属工业企业36个、职工19138人(其中退休职工6047人)。全年组织招工洽谈会5次，安置就业和临时劳务人员5319人，安置下岗职工1218人。1984—1995年，全区2万余名返城知青基本得到妥善安置。

2006年3月18日，河北区青年就业招聘大会　（区人力社保局提供）

2006年3月，河北区举办庆"三八"妇女招聘会　（区人力社保局提供）

1996年，为11225名失业人员建立资源档案库，为17049名人员发放"就业证""失业证"。1997年，新开河街道创建本市首家就业与服务为一体的"福音社区就业服务中心"，江都路、东六、靖江路等街道建立"职工再就业集贸市场"，并在全市推广经验。1998年，福音中心入网人数4000余人，安置下岗职工2200余人，国务院总理朱镕基到福音中心视察并给予肯定，福音经验遂在全国得到推广。1999年，全区安置下岗职工3197人，安置率81.97%。2001年，区属企业再就业安置率达75%。2002年，安置下岗失业人员9104人。2003年，河北区劳动保障服务中心和河北区职业介绍服务中心建成，为下岗失业人员服务从由企业承担逐步过渡到由社会承担，全年安置就业1.25万人，其中4050人员4381人，首次实现新增就业总量的净增长。2004年，下岗失业人员自主创业带动就业1720人，个体私营企业从业人数两年增长47.2%。同年实施《河北区2003—2005年再就业规划纲要》。2005年，区职业介绍服务中心被评为全国劳动保障系统优质服务窗口。2007年，建立劳动、民政、司法、财政和妇联等部门联动机制，将援助十类困难群体工作列入政府为群众办实事工作之一。全年安置就业2.24万人，就业率90%以上。2008年，街道系统安置下岗失业1.37万人。新增就业3.26万人，劳动合同签订率72%。2009年，针对大学生就业难，指导21家企业建立就业见习基地，吸纳大学生见习484人，为9家见习基地申请补贴59.8万元，410名见习人员获益。2010年，组织招聘专场7次，提供就业岗位4124个，新增就业3.87万人。区职业介绍服务中心被评为市人力资源和社会保障系统2010年度优质服务窗口。

二、劳动服务经济管理

1978年，为解决返城知识青年就业问题，各街道成立劳动服务队(1981年改为劳动服务站，后又发展为劳服公司)和生产服务管理处。1992—1997年，全区劳服企业从73家发展到336家，增长4.5倍。其中，街属公司年利润在10万元以上的6家，50万元以上的1家，100万元以上的6家。1996年，区劳服企业经济实现产值1.542亿元，利润952.87万元。1998年，全区劳服企业124家，年产值2.51亿元，利润1562万元，增加值2400万元。区劳服系统被市政府评为市级集体经济先进部门。1999年，区劳服企业共实现产值2.94亿元，利润1899.93万元，安置下岗职工1500多人，年检认定劳服企业116家。2003年非典期间，在全市率先组织798名大龄下岗失业人员成立10支抗击非典消毒保洁队，在抗击非典中发挥了重要作用。非典疫情解除后，将部分人员转入社区服务、旧楼区物业管理、家庭小饭桌、机关后勤社会化管理等6家公益法人公司和213个社区劳动保障工作站。2004年，举办首期社区劳动保障协管员培训班，对全区600多名协管员进行系统培训，扶持创建公益性法人公司38家，认定劳服、服务型企业86家。2007年，新发展公益性公司3家，全区累计73家，全年安置下岗失业人员6192人，公益性岗位补贴1149.86万元，其中新增岗位补贴16.18万元。2010年，安置下岗失业人员1896人，其中公益性公司安置789人、服务型和商贸型企业安置1083人、协管员安置24人，全年下拨各项政策资金补贴244.67万元。

三、创业指导服务

2003年，河北区在全市率先成立创业指导服务中心，开展创业培训，为下岗失业人员提供创业项目、政策咨询、经营指导和法律咨询等服务。为101名有创业意向的创业者办理小额贷款202万元。至2005年，全区参加创业培训774人，其中创业成功557人，创业成功率为72%。2006年，区劳动和社会保障局、工商分局联合举办河北区首届创业论坛。2007年，举办第二届河北区创业项目推介专场，57家企业推出60个适合下岗失业人员自主创业项目。2009年，区创业指导服务中心与辰赫创意产业园共同创办天津创业网，帮扶求职人员自主创业、高校毕业生创业就业。推荐1834名有创业意向的大学生和失业人员参加创业培训，其中455人创业成功，带动就业1546人。2010年，以区都市工业园、创意产业园、各类市场为载体，打造集创业见习、培训、实习、孵化、成功创业五大功能于一体的创业基地。至2010年，全区参加创业6631人，其中2023人创业成功，带动4250人就业，为2119名创业者办理小额贷款5414万元，实现了以创业带动就业倍增效应。

2003　2010年河北区创业中心工作情况统计表

表23-6

年份	小额担保贷款		创业培训		
	总人数	金额（万元）	总人数	创业成功人数	带动就业人数
2003	101	202	774	557	–
2004	283	605			
2005	437	977			
2006	380	835	1020	341	904
2007	312	697	544	212	451
2008	196	459	622	149	340
2009	217	729	1834	455	1546
2010	193	910	1837	309	1009

第二节　劳动关系

一、创建和谐劳动关系

1987年，国营企业新招工人实行合同制，逐步推行全员合同制，建立待业职工保险基金、养老保险基金，成立河北区劳动仲裁委员会。1987—1994年，对国营企业新招工人办理劳动合同制备案2.81万人，办理辞退职工1.07万人。1995年，全区推行劳动合同制单位达92%。1996—1997年，区内有714家企业与21万余名职工签订劳动合同，劳动合同推行进度在市内六区位居首位，被评为天津市推行劳动合同先进单位。2001年，逐步推进机关事业单位工勤人员实施劳动合同制、集体协商和集体合同制，加强对外商投资企业、私营企业和新成立企业用工不签订劳动合同问题的治理。2004年，开展创建劳动关系和谐企业活动，创建和谐企业78家。2007年，评出劳动关系和谐企业A级24家、AA级8家、AAA级2家。2008年，依法指导562家企业建立了劳动争议调解组织，培训调解员626人，创建和谐企业106家。2009年2月，区劳动保障局建立劳动关系管理科。2010年，区人力社保局派出专职人员进驻街道，推进和谐劳动关系创建工作。2010年，全区累计创建和谐企业301家。

二、劳动人事争议调解仲裁

1987年，区劳动局成立劳动争议仲裁科。1988年，成立由区劳动局、区总工会、区经济委员会、区商业委员会组成的区劳动仲裁委员会，在区劳动局内设办公室负责日常工作。当年受理劳动争议案件2件，其中调解1件、仲裁1件，办理合同制工人鉴证8424人。1988—1995年，受理劳动争议案件46件，其中裁决24件、调解22件，合同制工人鉴证9.59万人。1996年，受理劳动争议立案12件，结案12件，法定时效内结案率100%，劳动合同鉴证7.96万人，集体合同鉴证22件。1998年，重新修订完善劳动争议仲裁程序和规定，当年办理劳动合同鉴证2.36万人，审批集体合同1个，劳动争议案件16件，结案16件，法定时效结案率100%。1999—2010年，受理劳动争议仲裁立案2600余件，办理劳动合同备案6.87万人次，追缴各类资金1200余万元。

三、劳动保障监察

1981年，建立区劳动保护协作组。1979—1982年，对全区各街道生产服务单位进行安全用电、防尘防毒、冲床安全生产教育。1983年，任命11名兼职劳动保护监察员。1988年，调整劳动保护协作组，聘任24名兼职监察员和9名专职监察员。1993年，成立区安全生产委员会，负责组织领导全区安全生产工作。1996年，对辖区内的用人单位，针对劳动安全、使用外来劳动力等情况进行专项检查，受理各类投诉案件110件，调查处理102件。1997年，建立群众举报投诉和案件审议制度。1999—2000年，巡视检查用人单位1378个，对1054个用人单位进行了劳动年检，督促用人单位为565人补签劳动合同，补缴养老保险金45.53万元、失业保险金100.64万元，追回拖欠职工工资83.59万元。2002年，河北区在全市各区县中率先成立劳动保障监察大队。2005年，成立河北区处理建筑企业拖欠农民工工资领导小组，出台《河北区劳动和社会保障局处理拖欠农民工工资事件联动机制》《处理拖欠农民工工资事件的应急处理预案》等。至2010年，开展清理整顿人力资源市场秩序、打击非法用工违法犯罪、农民工工资支付检查等各类专项检查16次，检查用人单位1696个(次)，补签劳动合同1743人，补缴社会保险545人，为608名职工追欠工资107.92万元。

河北区志

（1979—2010）

第二十四编

社会生活

SHE HUI SHENG HUO

1979—2010年，随着改革开放的推进，河北区的社会生活发生了巨大变化。计划经济逐步过渡到社会主义市场经济发展阶段，居民收入不断增加。2010年，居民人均劳动报酬47579元，较1979年增长近94倍。居民消费能力不断提高，其中，食品支出占比由1979年的74.05%下降到2010年的38.3%，其他日常消费显著增加，消费水平不断提升。社会保障范围、标准不断扩大和提高。享受社会救济人员范围逐年扩大，救助金总量逐年增长。享受最低生活保障人员范围也逐年扩大，保障总金额大幅提升。老年人、残疾人福利事业采取政府投入和社会参与方式，投入逐年加大。慈善救助不断完善，灾害救助转向支援边远地区，红十字会救助全面开展。福利企业和福利彩票销售为福利事业作出重要贡献。婚姻登记、收养登记等管理实现标准化和规范化。社会组织蓬勃发展，登记和管理工作得到加强。至2010年，养老保险扩面不断加大，职工基本养老保险参保单位1892个，参保17.32万人，参保离退休职工17.02万人。参加基本医疗保险21.6万人。失业保险发放标准不断提高，工伤保险参保人数、生育保险参保人数逐年增加。廉租房、经济适用房等住房保障政策惠及了千家万户。民族团结进步工作扎实开展，宗教政策得到落实。社会治安综合治理取得成效，居民社会生活安定平稳。大力加强各行各业思想道德建设，广泛开展文明创建活动，实现了精神文明建设和物质文明建设的双丰收。

第一章　居民生活

1979年，全区职工工资人均收入500余元，2010年，居民人均可支配收入2万余元。1979年，全区居民消费品零售额2.01亿元，2010年，人均可消费支出1.45万元（参见第十三编第二章第二节）。

第一节　居民收入水平

一、国民经济调整阶段（1979—1984年）

贯彻“调整、改革、整顿、提高”的新“八字字针”，居民收入稳定增长。1979年，职工工资人均收入502.86元。其中，文化系统职工工资人均608.22元，比全区职工工资人均高21.12%。社会分散居民加工收入180.4万元。1984年，职工工资人均收入756.02元，比1979年增长50.34%。其中，全民职工工资年均964元，集体职工工资年均701元。全区居民储蓄额人均393元，同比增长31%。

二、发展有计划的商品经济阶段（1985—1992年）

中共十二大后，居民收入快速增长。1985年，职工工资人均963.9元，比1979年增长近1倍。居民储蓄额人均499元。1992年，职工工资人均2362.34元，比1985年增长近1.5倍，比1979年增长3.7倍。据专项调查，全区居民现金年人均收入2331.96元，其中，年人均实际收入2050.8元。

三、建立社会主义市场经济体制阶段（1993—2003年）

中共十四大后，社会主义市场经济逐步建立，居民收入显著提高。1993年，职工工资人均2715.04元，同比增长14.93%。据专项调查，居民年人均现金收入2803.44元，其中实际收入2500.32元。1996年，职工工资人均5003.87元，比1979年增长近9倍。“三资”企业中方从业职工人均收入6929.67元。至2003年，职工年人均劳动报酬1.42万元，比1993增长4.23倍。根据对全区200户住户抽样调查显示，居民年人均收入1万元。“三资”企业中方从业职工人均收入1.12万元，比1996年增长59.89%。

四、发展社会主义市场经济阶段(2004—2010年)

中共十六大后，居民收入持续快速增长。2004年，居民人均可支配收入1.05万元，同比增长11.8%。职工工资人均收入1.64万元，比1979年增长近32倍。“三资”企业中方从业职工人均收入1.08万元，比1994年增长55.17%。2010年，城镇单位从业人员人均劳动报酬4.76万元，同比增长27.5%。居民人均可支配收入2.3万元，同比增长13.5%，比2004年增长1.18倍。“三资”企业中方从业职工人均收入3.99万元，比2004年增长2.72倍。

2010年河北区居民抽样调查现金人均收入统计表

表24-1 单位：元

项　目	合 计
家庭总收入	25474
(一)工资性收入	15345
1. 工资及补贴收入	15302
2. 其他劳动收入	43
(二)经营性收入	764
(三)财产性收入	187
(四)转移性收入	9178
其中：养老金或离退休金	6813
出售财物收入	405
借贷收入	6630

第二节　居民消费水平

1979年，全区居民消费品零售额2.01亿元。其中，食品支出总额1.49亿元，占居民消费零售额74.05%。1984年，居民消费品零售额2.8亿元，比1979年增长39.3%。其中，食品支出总额1.85亿元，占居民消费品零售额的65.89%。1985年，居民消费品零售额3.65亿元。其中，食品支出2.26亿元，占居民消费品零售额的62%。1992年，居民年人均现金支出2264.64元。其中，年人均实际支出1869.36元，消费性支出1748.04元。在消费性支出中，食品支出1075.92元，恩格尔系数60.3%。1993年，居民年人均现金支出2756.64元，实际支出2287.56元，消费支出2148.72元。其中，食品支出1265.04元，恩格尔系数58.87%。1996年，居民人均现金支出5064.84元，人均消费支出3956.16元。其中，食品支出2188.92元，恩格尔系数为55.32%。至2003年，抽样调查显示，居民年人均总支出9181.33元，消费支出7453.66元。其中，食品支出2818.71元，恩格尔系数37.82%。2004年，居民人均总支出1.16万元，人均可消费支出8012.71元，同比增长8.7%。食品支出为每人每年3071.63元，恩格尔系数37.91%。2010年，居民人均总支出2.19万元，人均可消费支出1.45万元，同比增长0.2%，比2004年增长81.32%。食品支出为每人每年5564元，恩格尔系数38.3%，比上年增加1.2个百分点。每百户居民家庭拥有家用汽车15辆，比上年末增加6辆；电脑93台，比上年末增加10台；移动电话216部，比上年末增加19部。

2010年河北区居民主要消费品每百户拥有量统计表

表24-2

项 目	单 位	合 计	项 目	单 位	合 计
摩托车	辆	1.70	钢琴	架	1.70
助力车	辆	24.70	其他中高档乐器	件	5.50
家用汽车	辆	14.80	微波炉	台	95.60
洗衣机	台	101.70	空调器	台	146.20
电冰箱	台	105.50	沐浴热水器	台	100
彩色电视机	台	131.30	消毒碗柜	台	1.70
家用电脑	台	92.90	洗碗机	台	0.60
组合音响	套	26.40	健身器材	套	2.20
摄像机	架	9.30	固定电话	部	70.90
照相机	架	53.90	移动电话	部	215.90

第二章　社会保障

改革开放后，河北区由社会救助、社会保险、社会福利三大层面及慈善事业等补充保障所构成的社会保障体系渐趋完善，日益体现出政府主导、责任分担、社会化、多层次性等基本特征。

第一节　机构设置

1985年2月，河北区民政科改为河北区人民政府民政办公室。设社会救济科、政权建设科、优抚安置科、军队离退休干部安置科、福利生产办公室、军队离退休干部管理服务站（后称军队离退休干部休养所）。1988年3月，更名为河北区民政局，位于狮子林大街284号，设办公室、福利生产办公室、社团管理办公室、婚姻登记科、计划财务科及社区服务中心。1989年9月，市残疾人联合河北区分会成立，编制7人，由区民政局代管。1991年，迁至五号路华屏里57号。1996年，区残联升格为正处级单位，由区政府主管，与区民政局一个党委，财务不分家。1997年4月，区民政局迁至靖江路9号增1号。2002年1月，区民政局和区残联从党务、财务、人事等方面分开，区残联迁至中山路168号。2003年，区民政局设办公室、优抚科、政建科、社救科、社团科、婚姻科、计财科、福利公司、老龄办、干休所，行政编制23人，工勤事业编2人，事业编17人，全民企业编3人，集体事业编8人，迄2010年。区建委、区人力社保局、区房管局、区残疾人联合会、区红十字会等部门和各街道办事处也承担社会保障的其他重要工作。

第二节　社会救助

一、低保救济

1982年，区民政局用救济款3500元，帮助12户救济对象办起个体经营网点，对9名城镇无口可归和53名农村无口可归人员进行定期救济。1984年起，对33名原国民党被宽释人员和3名原国民党起义人员，根据本人情况给予定期救济。对7名重残知识青年给予定期救济，安置有劳动能力的待业残疾人员705人在街办企业工作。1986年起，为6户无直系亲属的社会孤老户办理由亲朋或邻居领养、代养手续。1992—1994年，安排700余名救济对象到免税福利企业参加劳动。

1995年河北区救济人员情况统计表

表24-3

救济类别	户数	人数	金额（元/人·月）	备注
社会孤老户	45	45	153	80岁以上者，加高龄费3元
社会孤儿	4	4	153	
定期救济户	107	115	135	
临时救济户	234	251	47.50	
因公致残知青	6	6	130	
国民党被宽释人员	18	18	136	
国民党起义人员	3	3	146	
精简人员	89	89	128	
城镇无口可归	9	9	103	
农村无口可归	42	42	43	
重残知青	7	7	135	住精神病院者，月人均500元
华侨	1	1	134	

2003年7月起，对原工商业者遗孀，每月按当年低保标准发放生活补贴。为300人办理补贴。是年起，每年春节前，向低保、特困对象发放一次性饺子费和过节费。自2005年起，直接向低保家庭发放供热补贴。5月起，对享受最低生活保障待遇的人员实行分类救助。“三孤”（孤老、孤儿、孤残）人员，在市统一低保标准基础上上浮20%；重病、重残人员上浮30%；65岁以上老人及丧偶单亲家庭的在学子女上浮10%。2007年，救助标准上调，“三孤”人员及重病、重残人员，救助标准上浮100%，丧偶单亲家庭上浮50%，60岁以上老人及在校学生上浮10%。2009年始，每年为低保、特困对象缴存城乡居民基本医疗保险。2010年，调整分类救助政策，“三孤”人员及重病、重残人员上浮100%，丧偶单亲家庭上浮150%；离异单亲家庭上浮100%；60岁以上老人及在校学生上浮10%。对30户困难户家庭扶助15万元，以实施“家庭改变计划”（改善部分困难户家庭居住环境）。是年，每月接受生活补贴的原工商业者遗孀为212人。

2009年，发放夏令救济款物

（区民政局提供）

1979—1997年河北区社会救济情况统计表

表24-4

年份	户数	人数	金额（万元）
1979	502	870	5.14
1980	71	2823	5.47
1981	66	2445	4.90
1982	229	335	5.05
1983	352	433	7.54
1984	348	395	9.18
1985	339	385	12.15
1986	348	382	14
1987	337	393	9.81
1988	299	305	17

续表24-4

年份	户数	人数	金额(万元)
1989	296	303	17.50
1990	270	295	21.30
1991	272	287	36
1992	509	574	39.60
1993	520	544	41.60
1994	526	583	63.50
1995	618	711	86.66
1996	594	6776	114.01
1997	544	6473	103.67

1998—2010年河北区最低生活保障情况统计表

表24-5

年份	低保标准(元/月、人)	户数	人数	保障金额(万元)
1998	185	988	1965	275
1999	241	1163	2449	341
2000	241	1567	3467	482
2001	241	3928	9799	940
2002	241	14748	39123	2800
2003	241	11564	29674	2494
2004	265	10421	24806	2684
2005	265	9942	21976	2826
2006	300	10230	22874	3260
2007	330	10686	23225	4324
2008	345(1月) 400(7月)	12763	26353	7439
2009	430	15838	32184	9156
2010	450	16312	32369	11438

2010年河北区享受最低生活保障和特困救助人员情况统计表

表24-6

<table>
<tr><th rowspan="2">低保发放户数</th><th rowspan="2">低保发放人数</th><th colspan="8">低保对象</th><th rowspan="2">总支出(万元)</th></tr>
<tr><th>在职职工</th><th>学生</th><th>离岗人员</th><th>失业人员</th><th>离退休人员</th><th>三无人员</th><th>原民政特殊救济对象</th><th>其他人员</th></tr>
<tr><td>13505</td><td>26915</td><td>666</td><td>6611</td><td>1639</td><td>9391</td><td>416</td><td>69</td><td>126</td><td>7997</td><td>10773.55</td></tr>
<tr><th colspan="10">特困救助</th><th rowspan="2">低保支出(万元)</th></tr>
<tr><th colspan="2">特困救助户数</th><th colspan="2">特困救助人数</th><th colspan="6">总计支出金额(万元)</th></tr>
<tr><td colspan="2">2807</td><td colspan="2">5454</td><td colspan="6">664.80</td><td>11438.35</td></tr>
</table>

说明:“三无人员”包括孤老、孤儿、孤残人员。原民政特殊救济对象系指原定期救助人员、知青残障人员、精简人员、国民党被宽释人员、国民党起义人员等。特困救助:凡家庭人均收入高于低保标准,但家庭成员中因有大病、重残人员或老年人等造成生活困难的家庭,每月每户给予固定标准的特困救助

2005—2010年河北区供热补贴发放情况统计表

表24-7

年份	补助户数	补助金额(万元)
2005—2006	3339	142.71
2006—2007	3397	151.87
2007—2008	4930	192.48

续表24-7

年 份	补助户数	补助金额(万元)
2008—2009	6189	477.30
2009—2010	6327	540.70

2003—2010年河北区临时救济情况统计表

表24-8

年 份	救助人数	救助金额(万元)
2003	450	4.20
2004	518	5.60
2005	2329	18.60
2006	3283	54.70
2007	4095	208.36
2008	5302	456.16
2009	6575	1212.13
2010	6052	663.15

二、灾害救济

改革开放后，随着经济发展，全区抵御灾害能力增强，救灾工作转向支援“老、少、边、穷”地区及边远灾区。1986年，全区向贫困地区募集衣被310吨、现金1.38万元。1991年，全区捐现金126.79万元，支援南方水灾地区。1994年，对口支援甘肃、宁夏，募集衣被1.3万包80.17万件。199—2000年，先后5次为河北、甘肃、黑龙江、吉林、内蒙古、安徽、河南、湖南、湖北、江苏、浙江等受灾地区募集衣被478.6万件，捐款503.38万元，其他物品折合625.87万元。2003年，为支援甘肃、陕西两省困难地区，募集衣被52.8万件，资金数十万元。2005年12月，对口支援甘肃地区，开展“冬衣暖人心”募集款物活动，募集衣被物品36.1万件，资金42.35万元。2008年，汶川特大地震后，为灾区捐款787.76万元；采购和募集衣被、帐篷等救灾物资8829件，折合136.7万元。10月，开展“送温暖、献爱心”募捐活动，为灾区募集资金129万元，衣被12.24万件。

2008年5月14日，区级领导和机关干部参加为灾区捐款活动（区志办提供）

2008年5月17日，满载河北区人民深情厚谊的赈灾物资车开往灾区（区志办提供）

三、慈善救助

1996年6月，区慈善协会成立。1996—2001年，募集善款30余万元，为960余户特困户提供米、面、油及其他物品14吨。2002年，拨款1000元救助王串场街道患食道癌居民。2003年，用10万元资助10名特困家庭子女上学。2004年，为30户特困家庭子女上学资助1.5万元。开展“真情救孤”活动，对14名孤儿每人救助500元。救助1户发生火灾低保家庭2000元。2005年，救助特困家庭10余户，金额3万元；救助14名孤儿，每人500元；资助区园林局一号路绿化工程10万元；为印度洋海啸灾区募捐20余万元；开展“慈善助困”募捐活动，募集资金32万余元；是年6月，在10个街道办事处建立10家慈善超市，救助困难群众110人，发放物品260余件，价值1万元。2005—2008年，开展迎新春慈善助困活动，助困钱物总计30.45万元。2005—2009年，开展慈善助学活动，总计捐助100.76万元，发放慈善助孤资金4.34万元。2010年，开展迎新春慈善助学、爱心成就梦想等金牌慈善助学活动，为867名困难学生发放助学金64万余元；开展慈善助老，向1661名困难或空巢老人，每人发放100元购物券；救助17名孤儿1.14万元；救助困难家庭240户568人，共计12万元；为青海玉树地震灾区募集善款89.96万元。

2008年，区民政局在五十七中开展助学活动
（区民政局提供）

第三节　社会保险

一、养老保险

1983年，对6个街道办事处的52个单位1757人实行退组退养制度。1984年，全区公费劳保医疗、抚恤金、退休费227万元。由于退休人员逐年增多，福利、医药费开支增大，造成企事业单位负担过重，1986年增加到378万元。1987年始，对国营企业职工和合同制工人实行退休费用社会统筹制度。1988年，全区28个系统264个单位退休人员44129人，缴纳退休养老保险金4315万元，劳动合同制工人缴纳养老保险基金318.4万元。1990年，退休社会统筹扩大到集体企事业单位，1993年扩大到“三资”企业和街属企业。1995年，完成区属职工工龄审定，对20.48万人发放养老保险手册。区属离退休、退职人员5520人，“三资”企业参加社会统筹的有25个单位1680人，离退休人员159人。1998年，完成统筹扩面134家企业7784人，占全年计划的119.2%，审批职工正常退休2002人。1999年，养老保险扩面达245户12947人。完成区属企业离退休职工统筹项目内养老金足额发放，为2545名职工办理退休手续。2000年，养老保险扩面工作完成17543人，缴费金额2815.87万元，在全市居首位。2005年，养老保险参保单位1410个，参保职工18.27万人，参保离退休职工15.29万人，征收养老保险金10.23亿元，发放养老保险金14.56亿元。2010年，养老参保单位1892个，职工参保17.32万人，参保离退休职工17.02万人，征收养老保险金16.32亿元，发放养老保险金33.94亿元。

1990—2010年河北区企业职工退休人员情况统计表

表24-9

年份	单位(个)	离退休、退职人数(累计)
1990	355	64045
1991	357	67514
1992	407	71092
1993	477	75341
1994	586	72600
1995	522	76597
1996	436	81797
1997	517	86032

续表24-9

年份	单位（个）	离退休、退职人数（累计）
1998	409	88340
1999	461	91133
2000	589	97552
2001	452	127943
2002	487	135782
2003	519	141894
2004	543	146253
2005	634	149655
2006	653	156610
2007	677	166199
2008	692	171332
2009	691	172227
2010	644	169523

二、医疗保险

2002年，开始实行医疗保险，全区参加基本医疗保险人数9.6万人。2003年，全区有812个单位参加医疗保险统筹，在职职工89024人，退休职工75743人，医保金征缴8553.53万元，支付8013.6万元。2005年，医疗参保单位1453个，参保职工人数17.48万人，征收医疗保险金4.02亿元，发放医疗保险金1.15亿元，全体退休干部职工参加基本医疗保险。2010年，基本医疗保险参保单位2396个，城镇职工基本医疗保险缴费21.6万人，征收基本医疗保险金7.43亿元，发放基本医疗保险金4768.42万元。2007年，推进城镇居民医疗保险工作，组织街道社区工作人员摸底调查5.69万人，登记3.15万人。其中，重度残疾人参保1169人，低保家庭人员参保5176人，特困家庭人员参保400人。2008年1月1日，河北区作为天津市实施城镇居民基本医疗保险制度试点区率先试行，应参保的少儿、老人、丧失劳动力和重症残疾人15.3万人，占全区人口约1/4。2009年，全区10.57万名居民参加城镇居民医疗保险登记。

三、生育保险

2005年始，全区参加生育保险职工10.6万人。2006年，参加生育保险职工18.11万人。2007年，参加生育保险职工18.73万人。2008年，参加生育保险职工17.53万人。2009年，全区实际参加生育保险职工18.73万人。2010年，全区实际参加生育保险缴费17.05万人。

四、失业保险

1987年始，全区开展对全民企事业单位失业保险基金的收缴工作，收缴标准每人每月0.6元。1993年，扩大到集体企业和“三资”企业，收缴标准调整为按上年度末全部职工人数和全年工资总额比例收缴，全民和集体单位按1%收缴，“三资”企业按3%收缴。1996年，贯彻《天津市城镇企业职工失业保险条例》，征缴失业保险金451户1105万元，完成全年任务的119%。为失业职工和停产整顿企业职工9333人发放救济金和医疗补贴1008.99万元。2000年，征缴失业保险金3858.22万元，为12299人发放失业保险金3206.44万元。2002年，加大失业保险扩面和征缴追欠工作，参保单位91%，清欠900余万元。2004年，参保人数5045人，领取失业保险金1871人，停领失业救济金的自主创业人员为425人。2010年，全区失业保险参保单位2032个，新增享受失业保险3566人，征收失业保险金1.77亿元，发放失业保险金2485.11万元。17953名失业人员享受灵活就业补贴6619.22万元。

五、工伤保险

1993年4月，河北区劳动鉴定委员会成立，聘请区属各大医院专家组成鉴定组，对提前退休的伤、病、残职工进行劳动等级鉴定，至1995年12月，鉴定1658人。2004年，参加工伤保险8.59万人。2005年，缴费人数15.58万人。2006年，缴费人数19.05万人。2007年，规范工伤认定环节，缩短工伤认定周期，进行工伤等级认定345例，工伤保险参保职工19.71万人。2008年，工伤保险缴费18.38万人，工伤认定365例，伤残鉴定468例。2009年，工伤保险缴费19.38万人，工伤认定347例，其中死亡8例、伤残鉴定396例。2009年，参加工伤保险职工20.48万人。2010年，参加工伤保险职工18万人。

第四节 社会福利

一、老年人福利

2010年，为社区老年人组织参观游览活动
（区民政局提供）

2006年，河北区老年公寓落成
（区民政局提供）

1979年后，河北区开始兴办老年人福利事业。1986年9月，区民政局在何兴庄街道（后改宁园街道）建“颐寿院”养老院，建筑面积200平方米，设有办公室、活动室、浴室及住房6间，可接收12位老人居住，服务人员2人；1993年，“颐寿院”由个人承包，床位增至25张。1993年7月，利用河北医院闲置病房、设备，区民政局与区卫生局共建养老保健院，占地500平方米，住房14间，床位40张，河北医院提供服务人员。该院集养老、保健、医疗、娱乐为一体，属区级综合性服务的养老设施。1995年2月，高克勤夫妇私人承办民办公助性质老年公寓，租用区服务公司1座旅馆，建筑面积1000平方米，房舍40间，内设80张床位，有20名服务人员，并与河北医院联合在公寓内建立医疗诊点，是年年底接收70余位老人。1996年1月，河北区成立第一家社会养老机构居亲老人院。1996—2002年，为70岁以上老人发放“老年人优待证”3.6万个，为14位百岁及其以上老人每人每月发放200元营养补助。2000年，全区有养老院20家，设床位1417张，接收老年人入院867人。2002年3月，启动社区老年福利服务“星光计划”。4月，建立全市第一家区级国办养老机构星光老年之家。2004年，建成星光老年之家43处，总面积1.32万平方米，总投资1645.5万元，其中社会福利金投入282.9万元，其余为街道、单位和社会投入。星光老年之家统一设生活照料室、文化娱乐室、医疗保健室、图书阅览室和老年学校，为老年人活动提供场所。2006年，自筹资金210万元，建立河北区老年公寓（与星光老年之家同在一处），将散居的孤老户集中供养，提高老人生活质量。2007年，星光老年之家停办。2008年5月，区居家养老服务指导中心成立，各街道成立居家养老服务中心。确定60岁以上需要服务的困难老人1801人，实行政府购买补贴服务。12月，招聘48名评估员和316名服务人员上岗服务。2009年，出

台《关于我区社区老年日间照料服务中心建设的意见》，投资40万元，改扩建月牙河街道丹江里社区日间照料服务中心。2010年，全区60岁以上老年人134958人，占全区总人口17.12%，建成老年日间照料服务中心20余处，建成养老机构27个，总面积4.85万平方米，床位3263张。享受居家养老服务老人2339人。

2006—2010年河北区养老机构情况统计表

表24-10

年份	养老机构（个）	床位（张）
2006	26	2278
2007	28	2468
2008	30	2712
2009	29	2806
2010	27	3263

河北区养老机构基本情况一览表

表24-11

序号	名称	地址	性质	建立时间	建设面积（平方米）	床位（张）
1	居亲老人院	王串场1号路30号	社会办	1996.1.1	1408	110
2	劲松护养院	狮子林大街盐官厅西胡同5号	社会办	1997.5.1	1600	120
3	丹江里养老院	丹江里2号	社会办	1998.7.11	296	32
4	圣心老人院	真理道金东里43门	社会办	1999.4.1	1000	150
5	同心养老院	金钟河大街101号	社会办	1999.5.20	660	65
6	舒欣养老院	宜白路强宜里4~1	社会办	1999.7.1	800	50
7	桂林养老院	黄纬路求是里5号	社会办	1999.10.8	1046	94
8	鑫源养老院	三马路127号	社会办	2000.1.1	385	53
9	锦江乐园老人院	大江路开江里55号	社会办	2000.4.5	2400	160
10	天伦养老院	东五经路宁寿里36号	社会办	2001.6.20	300	54
11	今秋缘养老院	中山北路赛园里26号	社会办	2001.7.12	740	80
12	星光老年之家	小红星路红波里23号	区级国办	2002.4.12	1100	75
13	大华养老院	启明大街晨兴胡同16号	社会办	2002.4.12	1000	60
14	天意养老院	王串场四号路芳景里21号	社会办	2002.7.22	858	93
15	长乐老人院	靖江南里1号	社会办	2002.7.22	649	62
16	龙福宫老人院	宇纬路18号	社会办	2002.12.9	1521	132
17	丰华养老院	榆关道雁门路2号	社会办	2004.1.7	1316	96
18	彩鸿老人院	王串场容彩里54号	社会办	2004.9.9	1350	100
19	天赐福老人院	艳益里1号楼旁	社会办	2007.2.6	572	53
20	红十字博爱老人之家	真理道庐山里青浦路2号	社会办	2007.8.6	1200	100
21	福寿园老人院	乌江路121号	社会办	2007.9.21	1065	102
22	福乐园养老院	金钟河大街244号	社会办	2007.11.7	1000	100
23	枫韵养老院	榆关道雁门路自行车二厂后门	社会办	2008.11.18	1200	120
24	三和养老院	建昌道何兴庄兴耀公寓3门	社会办	2009.9.29	6489	310
25	福乐园老年公寓	建昌道68号	社会办	2010.12.28	15600	750
26	小花养老院	铁东路繁华里14~20	社会办	2010.12.28	1605	80
27	瀞雅养老院	昆山道2号	社会办	2010.12.28	1300	62
	总计	–	–	–	48460	3263

二、残疾人福利

改革开放后，残疾人福利工作稳步开展。1984年10月，京津公路残疾人康复站建立，建筑面积

150平方米，房屋6间，收养培养低智青年8人，启蒙幼儿知识教育，培养简单易学劳动技能。1992年，8人学习期满，转为企业职工，康复站停办。1995年，投资39万元，在鸿顺里大楼建残疾人康复中心，建筑面积120平方米，内设各种健身治疗器械，为白内障患者及肢残、聋哑儿进行康复治疗，230人得到康复。1995—1996年，各街道办事处设残疾人康复站；第一医院开设弱智儿童康复门诊及进行白内障复明治疗，第二医院开设小儿麻痹后遗症矫形专科。1997—2003年，每年实施白内障复明手术150例、肢体残矫治手术30例、聋儿语言训练20例、低视力矫治15例；精神病防治康复工作检出率6‰、监护率95%、显好率65%；为残疾人提供助残用品用具5500余件；建立以第三医院为依托的白内障复明中心、以建昌医院为依托的肢残人矫治中心、以安康医院为依托的精神病康复中心、以第一聋哑学校为依托的聋儿检测语言康复中心、以启智学校为依托的智障残疾人康复中心；区、街道、社区居委会建立三级康复指导网络。2007年，建立社会化康复体系，实施"康复进社区、进家庭"活动，对残疾人所需康复器材上门服务；请康复医师上门辅导治疗，为残疾人提供就近康复训练与服务。依托市第四中心医院建立白内障复明中心，为55名白内障患者免费实施复明手术。2008年，建立由6名康复专业医师为技术指导，10名专职康复协调员、联络员，98个社区康复兼职管理员组成的社区残疾人康复工作者队伍。2009年，投资10万元，在区第五幼儿园创办"金摇篮"残疾儿童早期教育康复指导中心，针对0~6岁肢体障碍、言语障碍及轻度智力障碍、自闭症儿童，开展医教结合早期干预，17名残疾儿童得到康复教育训练。河北区获全国白内障无障碍区、天津市社区残疾人康复示范区称号。2007—2010年，开展对贫困精神疾病患者医药救助，每人每年500元标准，受助患者由最初200人增至391人；为低保特困残疾人办理助残补贴，重残每人每月200元，非重残每人每月100元。2010年，在第一医院建立全市首家区级残疾儿童肢体康复中心，10名残疾儿童接受治疗和训练。

三、住房保障

改革开放后，随着城市住房制度不断完善和市场化进程逐步加快，区政府采取多种措施，帮助单纯依市场解决住房有困难的群体，并确保将各项住房政策落实到位。2006年，全面推进住房货币分配工作，为区级机关和全额事业单位1999年6月30日后参加工作人员建立补充住房公积金制度。离休干部住房建档工作全部完成。2007年，向离休干部发放住房补贴3626万元。2003年10月15日，享受低保对象和社会优抚对象承租的公有住房纳入天津市廉租住房统一管理，公房核减租金面向租住公有住房的低保家庭和优抚对象。2004年7月1日，实施廉租住房配租申请、审核工作，解决城市拆迁中生活、住房困难户住房问题。2005年1月1日起，进行经济租赁住房配租申请、审核工作，做好房屋拆迁中低收入家庭住房过渡性安置工作。3月，进行定向销售经济适用房申请、审核工作。9月，开展经济租赁房招租补贴申请、审核工作。12月，累计为126户困难家庭配租经济租赁房实物配租。2006年1月，实施廉租住房租房补贴申请对象资格审核、发证等工作。2007—2010年，核发定向安置经济适用房资格证明9068户。2008—2010年，核发限价商品房资格证明4512户。至2008年3月底，核发经济租赁房招租补贴资格证明443户。4月，开展经济租赁房租房补贴申请、审核工作。10月1日起，市政府对公房管理单位承担核减租金部分给予补贴。至2009年3月，核发定向销售经济适用房购买资格证明9649户。至2010年，为最低收入住房困难家庭配租廉租住房966套；累计核发廉租住房租房补贴资格证明9264户，向1324户出租房主核发出租人奖励；核发经济租赁房租房补贴资格证明136户。廉租住房、经济适用住房、公共租赁住房、普通商品住房、高档住房及定向安置住房、限价商品住房等多层次住房供应体系较为完善。

四、福利企业

1988年6月，河北区民政福利公司成立。1997年，建立河北区社区总汇和股份制福利企业，6家企业分获市福利生产百强企业和五星级企业称号。1999年，安置残疾人129人，为福利企业协调退税286万元、办理免交养路费77万元；世纪机械技术开发公司研制替代热电偶的新品 -Ja 插入式光电温度计批量投入市场。全年区福利企业引资1179万元，其中外汇人民币800万元。1996年和2001年河北区两次获市民政局授予的福利生产先进区称号。2006年，区属福利企业生产销售收入完成1.6亿元，超额6%；实现利税1600万元，超额23%。2010年，根据有关政策，对挂靠企业进行分离转制，民政福利企业全部撤销。

五、福利彩票

1996—2001年，销售福利彩票3073万元。2003年，组织以4050人员为主销售队伍，销售148万元。为国家募集福利基金45万元，其中区留21万元。2010年，全区部分机售福利彩票1873.61万元。

第五节　优抚安置

一、抚恤

1980—1995年，为18名二等乙级以上伤残军人安装假肢，配备代步三轮车9辆，支出10万多元。2005年，补发伤残金126.2万元。1996—2010年，为37名伤残军人安装假肢，配备三轮车及辅助器械，支出8.3万元；抚恤革命烈士、因公牺牲和病故军人38人，抚恤残废人员472人。向烈士家属颁发“革命烈士证明书”238份，发放伤残抚恤金1717万元，报销医药费120多万元。

2009年，区民政局推行“绿衣蓝领”计划为退役军人进行职业培训　（区民政局提供）

二、复员退伍军人安置

1979—2010年，接收复员退伍军人9174人，分配到企事业单位7970人，分配到国家机关634人，自谋职业543人。

1979—2010年河北区接收安置复员退伍军人情况统计表

表24-12

年份	接收人数	安排企事业单位人数	招干人数	自谋职业人数
1979	480	432	48	–
1980	775	687	88	–
1981	1210	1181	29	–
1982	758	700	58	–
1983	575	544	31	–
1984	313	288	25	–
1985	209	203	6	–
1986	495	412	83	–
1987	206	181	25	–
1988	181	123	58	–
1989	126	123	3	–
1990	134	103	31	–

续表24-12

年份	接收人数	安排企事业单位人数	招干人数	自谋职业人数
1991	138	121	17	–
1992	345	303	42	–
1993	174	140	34	–
1994	142	113	29	–
1995	186	159	27	–
1996	228	201	–	–
1997	172	172	–	–
1998	223	223	–	–
1999	253	253	–	–
2000	225	225	–	–
2001	159	159	–	–
2002	132	132	–	–
2003	135	135	–	–
2004	166	109	–	57
2005	198	121	–	77
2006	178	133	–	45
2007	165	87	–	78
2008	157	78	–	79
2009	185	76	–	109
2010	151	53	–	98
合计	9174	7970	634	543

三、地方离退休人员管理

1978年，国家机关、事业单位退休、退职人员由原单位管理，区民政部门只接收异地安置的退休、退职人员。全年区民政部门管理的退休人员1265人，退职人员13人。1994年，退休人员509人，退职人员12人。2005年5月始，民政部门管理的退休退职人员、军队无军籍退休、退职职工执行全市统一享受城镇职工医疗保险，每年免费体检1次，安排疗养。至2010年，共接收退休、退职人员1895人，分4批接收军队无军籍退休退职人员102人。

四、军队离退休干部管理

1978年起，开展接收、安置、管理军队离退休人员工作。至1980年，接收军队离退休干部35人，其中25人于1983年改为离休。1986年，接收军队离休干部54人，退休职工6人。至1993年，接收离

1995年，河北区军休所成立挂牌
（区民政局提供）

2003年，河北区军休干部活动中心外景
（区民政局提供）

休干部101人，退休干部55人，为异地安置军队离休干部分配住房170套295间。1985年11月，区军队离休退休干部接收安置办公室和区军队离休退休干部管理服务所(1995年更名为区军队离休退休干部休养所)成立。1986年1月，接收第一、二批军队离休退休干部；1990年、1999年和2004年，分别接收第三、四、五批军队离休退休干部。1996年，区军休所获全国安置工作先进单位称号，区军休所管委会主任李广聘受到国家军委主席江泽民接见。2003年起，接收、安置、管理工作统一由军休所负责。建成天津市首家区军休干部活动中心，面积2400平方米。2004—2005年，建成50余家服务单位构成的军队离退休干部社会化服务网络。2009年，在社区卫生服务中心开通绿色通道，为军休干部提供优先就诊、优先检查、优先治疗等服务。2010年6月，区军休所注册成立全市首家军休干部志愿服务协会，会员400余人，参与社会公益活动。2010年，区军休所编制26人，接收军队离退休干部668人，其中离休干部117人、退休干部551人。

1996—2010年河北区军休所获得荣誉一览表

表24-13

序号	授予单位	获奖名称	年份
1	民政部、解放军总政治部	全国军休干部安置工作先进单位	1996. 12
2	天津市精神文明建设委员会	1999—2000年度天津市文明单位	2001. 2
3	天津市民政局	天津市民政系统文明窗口	2001. 10
4	天津市精神文明建设委员会	2001—2002年度天津市文明单位	2002
5	天津市军队离退休干部关心下一代工作委员会	天津市军队离退休干部关心下一代工作先进集体	2002. 11
6	天津市民政局	天津市民政系统文明窗口	2003. 11
7	民政部，解放军总政治部，总后勤部	全国军队离退休干部安置住房服务管理工作先进单位	2004. 2
8	天津市民政局	天津市军队离退休干部安置服务管理工作先进单位	2004.12
9	天津市民政局	2004—2005年度民政系统文明示范窗口	2005.10
10	天津市军队离退休干部关心下一代工作委员会	天津市军队离退休干部关心下一代工作先进集体	2006.10
11	天津市精神文明单位建设委员会	2007—2008年度天津市文明单位	2008
12	民政部	和谐军休家园	2008.2
13	天津市关心下一代工作委员会中共天津市委老干部局	天津市关心下一代宣讲工作先进单位	2008. 10
14	天津市民政局	2007—2008年度民政系统文明示范窗口	2008. 12
15	天津市军队离退休干部关心下一代工作委员会	天津市军队离退休干部关心下一代工作先进集体	2009. 7
16	民政部、解放军总政治部	全国军休系统先进单位	2009. 9
17	天津市民政局	天津市军休系统先进单位	2009. 10
18	天津市军队离休退休干部安置办公室	全市军休系统庆祝国庆60周年文艺会演最佳组织奖、最佳集体奖	200910
19	天津市关心下一代工作委员会	天津市关心下一代先进集体	2009.11
20	天津市民政局	2008—2009年度民政系统文明示范窗口	2010.11

第六节　红十字会

一、组织沿革

1979年10月，区红十字会组织机构恢复。1994年开始，红十字会会长由分管副区长兼任。设理事43人、常务理事1人。机构设置为红十字办公室、主任办公室、献血办公室。1995年，区红十字会为政府所属的独立机构。办公地点在靖江医院院内。至2010年，基层红十字会组织发展到104个。

二、主要工作

(一)**自身建设**　1979年区红十字会恢复后，有7个街道办事处、7个商业公司、5个工厂、15所学校先后复建了红十字会基层组织。至1992年，全区各街道办事处及卫生、教育系统全部建立了红十字会，发展会员3.69万人。1993—2008年，区红十字会召开4次会员代表大会。

河北区红十字会召开会员代表大会情况一览表

表24-14　　单位：人

届次	年月	代表	理事	副会长	名誉会长	会长
第四次	1993.10	133	40	4	张吉兴、孙玉明	梁启民
第五次	1998.9	120	40	4	-	曹世明
第六次	2003.4	221	55	4	-	于连会
第七次	2008.6	207	-	-	张同庆	于连会

（二）**服务社会**　20世纪80年代，区红十字会、区人防办公室、区卫生局联合举办培训班，有3万多名会员参加；为822名孤寡病残老人颁发“敬老证”；免费为3.2万名老人检查身体；兴办河北区红十字会门诊部等具有红十字特色的医疗卫生社会福利事业；社会募捐43多万元，居全市之首。90年代，对机动车驾驶员等卫生救护培训1.18万人；1995年，对有接待第43届世乒赛外宾任务的川鲁、王朝、天和3个酒店工作人员开展心肺复苏及外伤救护培训。2006—2009年，区红十字会在街道、社区开展卫生防病知识宣传讲座372期；举办部分理事、基层红十字会秘书参加的培训7期；在教育系统举办红十字救护培训431期，受训人数1.79万人；区红十字为困难群体发放“博爱助万家”慰问品1.48万元。在非典、汶川特大地震、台湾“莫拉克”台风、西南地区严重干旱，青海玉树地震、舟曲泥石流等疾病灾害发生后，区红十字会筹措资金540多万元，物品47万余元给予救援。1997—2009年，救助教育系统特困学生、养老院、孤老户、困难户、因意外伤害陷入困境人员及危重病人等发放救助款93万余元。2006年，组队参加全市红十字会系统卫生救护演练，获组织奖；2008年，中国红十字会总会授予河北区红十字会“中国红十字会参与奥运组织工作奖”。在中国红十字会总会举办的“我心中的红十字”征文、绘画比赛中，第十四中学被评为全市唯一的组织奖；教育系统红十字会及建国道小学被评为市级红十字会工作先进集体，10所中小学被评为市级红十字标准校，第七十八中学被评为市级红十字示范校。2010年，区红十字会面向区党政机关、社区群众开展应急救护培训582期，48524人参加；开办艾滋病预防和治疗等知识讲座649期，64577人受益。在光复道街道、月牙河街道、宁园街道部分楼栋组长家门前悬挂红十字救护员标志牌，对楼栋发生的疫情，救护员协助病人家人作妥善处理，建成群众性初级应急救护网络。在第一医院、建昌道街道康桥里社区、大江路小学、开江道小学建立4个红十字博爱图书室，购置1567册图书，总价值4.46万元。募集46万救助资金，救助500户低保边缘户特困家庭、100名品学兼优的困难学生、140户因病致贫家庭。重阳节慰问老人院，资助区工会“金秋助学”活动、建昌道街道康桥里爱心超市。在中国共产党成立89周年之际，区红十字会党支部与靖江西里社区党支部5户困难党员家庭结成帮扶对子，发放救助金共1500元。资助4名白血病儿童12万元。全年共发放救助金41.27万元。

（三）**献血捐献工作**　1982年，河北区公民义务献血委员会成立。全区献血1582人，献血职工由各单位发给适当补贴并准予休息数日。至1986年，全区各企事业单位有偿献血职工1.06万人，超额完成献血指标1508人。其中，涌现出很多不要任何补偿费用的献血人员。1989年，有偿献血工作逐步向无偿献血过度，无偿献血103人。1990—1991年，无偿献血775人。1992—1995年，进入无偿献血阶段，无偿献血者有2471人。2002年，区红十字会、区献血办公室在天津市首创“凭证用血”制度。2003年，无偿献血工作及资金移交区卫生局。2006年，区红十字会组织350名志愿者参加造血干细胞捐献采样活动。2008年，组织109名志愿者参加造血干细胞捐献采样活动。2010年10月19日，区教育、卫生系统，驻区医疗单位和各街道的215名志愿者接受血样采集。

第三章　社会事务管理

1997年后，河北区逐步将婚姻登记管理等社会事务管理融入公共服务之中，各项工作有序开展。

第一节　婚姻登记

2006年11月，河北区获全国婚姻登记规范化建设窗口单位　　（区民政局提供）

1979年后，婚姻登记工作逐步规范。1985年起，婚姻登记增加性病防治、婚姻建档、婚前体检等内容，区妇幼保健院和区妇产医院为指定体检单位。1986年，对21名婚姻登记人员进行业务培训，经考试合格持证上岗。各居委会先后成立“红白理事会”128个，为群众主持结婚仪式和组织集体婚礼。1991年，婚检7862人，查出有病536人（男性293人，女性243人），经治疗病愈后予以登记结婚。1991—1992年，制止不登记结婚28起，制止婚事大办11起，为新婚夫妇举办家庭婚礼77次。1991—1994年，47对违法婚姻得到纠正。自1992年7月1日起，婚姻登记工作由各街道负责改为由区民政局婚姻登记管理科(对外称区婚姻登记处)统一负责，工作内容延伸到婚姻咨询、婚姻教育等系列服务。至1995年上半年，共整理结婚档案4224卷，记载结婚11.13万对，参加新婚教育学习的新人1.34万对。1998年9月，启用计算机打印结婚证书，结束人工填写结婚证书历史。2008年8月8日，为北京奥运会开幕日即结婚登记的“好日子”采取预约登记、延长工作时间等措施，全天办理登记454对。自2010年5月1日起，推行结婚登记颁证仪式。至年底，为3225对新人履行颁证仪式。

20世纪80年代始，离婚人数上升。1985年，协议离婚107起。1990年，协议离婚233起。1993年，协议离婚310起。1995年上半年，开办离婚学校，参加学习的706对。1999年下半年，开始办理补办结婚证、离婚证工作。10月，启用计算机打印离婚证书，结束人工填写离婚证书历史。2000年6月，区婚姻登记处由区民政局内迁至银山里22号，并设置婚姻登记大厅。2010年5—12月，开具婚姻登记记录证明和无婚姻登记记录证明1.9万份。

1980—1995年河北区婚姻登记情况统计表

表24-15

年份	准予登记(对)	初婚(人)	再婚(人)	复婚(对)	准予离婚(对)
1980	9355	18442	268	36	44
1981	17119	33878	360	73	36
1982	11443	22482	404	26	53
1983	11201	21945	457	43	95
1984	10109	19686	532	23	83
1985	8320	16180	460	23	107
1986	9577	18530	624	19	87
1987	8337	16025	649	24	133
1988	6898	13057	739	36	146
1989	5666	10517	815	53	182
1990	4925	9646	204	8	233
1991	4838	8718	958	39	199
1992	4347	7757	937	33	281

续表24-16

年 份	准予登记(对)	初婚(人)	再婚(人)	复婚(对)	准予离婚(对)
1993	4310	7704	916	44	310
1994	3659	6524	794	34	330
1995	3445	6028	862	46	391

1996—2010年河北区婚姻登记情况统计表

表24-16

年 份	结婚登记(对)	离婚登记(对)	补办结婚登记(对)
1996	3624	442	0
1997	3460	477	0
1998	3432	477	0
1999	3155	504	44
2000	3197	549	68
2001	3137	531	82
2002	3012	583	58
2003	3642	803	111
2004	4515	1055	127
2005	3441	1082	145
2006	5770	1248	252
2007	4470	1404	248
2008	5720	1475	310
2009	6907	1835	521
2010	4799	1830	580

第二节　收养登记

2007年1月1日，收养登记工作由市民政局下放到区民政局管理。至2010年，办理收养登记27例。

2007—2010年河北区收养情况统计表

表24-17　　单位：例

年 份	正常收养	事实收养	合 计
2007	4	0	4
2008	5	0	5
2009	7	5	12
2010	6	0	6
总 计	22	5	27

第三节　社会组织登记与管理

一、社团登记

1990年4月，区民政局成立社会团体登记管理科（对外称河北区社团登记管理办公室），依据相关规定对社会团体、民办非企业单位进行登记。1990—1995年，全区注册登记社团117个。其中，协会67个，联合会7个，研究会11个，联谊会7个，学会10个，工作委员会2个，红十字会11个，总会1个。2001年，有社会团体50个。2005年，有社会组织181个。其中，社会团体60个（专业性12个，学术性

16个，联合性32个），民办非企业单位121个。2010年，有社会组织190个。其中，社会团体60个（行业性7个，专业性11个，学术性16个，联合性26个），民办非企业单位130个。

二、社团管理

1991年，河北区印发《关于开展清理整顿社会团体工作的安排意见》《关于进一步加强对社会登记管理工作的意见》《关于确定街道办事处为街属社会团体业务主管部门的意见》，对全区社会团体加强管理。1992年，开始实行社团年检工作。1993年，印发《关于社会团体兴办经济实体的有关规定》《关于对社团加强管理工作的意见》。1994—2003年，对全区社团开展规范化管理，开展先进评比活动。2004年，市社团局在王串场、月牙河2个街道率先进行社区公益性民间组织备案管理试点，通过摸索经验，推广到全区10个街道、233个居委会，备案社区公益性民间组织776个（社团性质468个，民办非企业性质308个）。对65个社区社会组织进行表彰。2006年，逐步建立以区级登记管理机关为中心，区、街、居协调配合的二级备案、三级管理模式。2007年，全区形成社区公益性民间组织"四三三"管理体系，即区民间组织管理协会、区社区民间公益性组织管理协会、各街道分会、社区居委会指导委员会四级民间管理机构，区、街、居三级行政管理网络，党组织、业务、行业三项条块归口管理体系。

第四节　殡葬管理

1979年，殡葬管理工作由区公用局移交区民政局，火化率逐年提高，至1986年火化率90%以上。各居委会相继成立红白理事会。理事会成员帮助死者家庭料理丧事；遇有坚持土葬的，则反复宣传、劝阻，倡导火化。1990年，殡葬改革纳入各街道办事处建设文明街道和文明单位规划。1992年，28个红白理事会操办丧葬礼仪78起。区民政、公安、工商、城管等部门，清理违法经营丧葬用品单位110个。1995年，取缔违法经营殡葬用品企业6家，没收销毁一批宣扬封建迷信违禁品。1996—2002年，清理整顿殡葬市场46次，关停无照或违规经营店铺43个。2003年，鸿顺里街道开展殡葬管理融入社区改革试点工作。2004年，建立区殡葬协会街道分会10个。2005年，采取一些殡葬用品集中焚烧方式，在25个社区设焚烧设施43个，并在全区推广。2006年，成立区公墓咨询服务中心，进驻公墓销售企业7家。2007年7月，区民政局和公墓咨询服务中心在阳光广场举办"治理殡葬陋俗，共建美好家园"万人劝阻烧纸启动仪式，制作铁质焚烧箱450个。2009年起，每年清明节，组织50户居民参加"都市文明，集体共祭"活动。2010年，开展移风易俗、文明祭奠宣传教育，火化率100%。

第四章　精神文明建设

20世纪80年代初始，河北区不断加强思想道德建设，持续开展文明创建和志愿服务，取得了一些推进社会主义精神文明建设的好经验。

第一节　机构设置

1983年8月，区委、区政府成立共建文明街活动领导小组和河北区五讲四美三热爱委员会，其成员单位有区委办公室、区政府办公室等28个单位。1991年3月，河北区精神文明建设委员会办公室成立，办公地址在建国道52号，编制2人。2010年迁至狮子林大街284号，编制3人。

第二节　思想道德建设

1982年2月，区委召开全区开展文明礼貌活动动员大会。3月，全区开展第一个全民文明礼貌月活动。7月，在全区各街道开展五讲四美活动。1983年，开展取缔赌博活动，查禁淫秽书画、录像带，禁止举办营业性的舞会和家庭舞会，禁止封建迷信活动，不准扰乱公共场所秩序，禁止出售拉炮、砸炮、摔炮。开展第二个全民文明礼貌月活动，市领导李瑞环等到第二医院、天津站等单位参加优质服务活动。1987—1989年，贯彻落实《中共中央关于社会主义精神文明建设指导方针的决议》精神，组织各系统、各行业普遍开展职业道德教育，在党员干部中开展亲民、爱民、为民活动，在广大群众和学生中开展“五爱”（爱祖国、爱党、爱社会主义制度、爱人民、爱军队）教育。各街道成立便民服务小组21个、服务小分队194支，走访服务居民2126户，做好事6693件。1989年3月，区委作出《关于在全区党员中开展向蔡秀细同志学习的决定》。1990年4—6月，开展家庭伦理道德教育。11月，市精神文明建设指导委员会、市委宣传部和市妇联在河北区召开现场会，向全市推广河北区经验，新华社、《人民日报》等给予报道。12月，区委、区政府印发《关于命名杨文琴、张英明“文明模范家庭”的决定》。1991年，开展学雷锋、学焦裕禄、学赖宁，学习和宣传《天津市民守则》，争做文明市民活动。1993年，宣传全国美好家庭标兵杨文琴夫妇的先进典型，推动家庭伦理道德教育开展。组织评选百件文明好事，评选文明个体户和文明集贸市场活动。1995年，为迎接第43届世乒赛，开展“建设文明城市，做文明市民”活动。重新评估认定10个爱国主义教育基地，区党政机关制定职业道德规范，城建系统提出108句文明用语和108句服务忌语。

1996年后，举办文明市民知识答卷和知识竞赛、演讲比赛，开展“做人民好公仆”“加强三德建设、树立良好形象”大讨论活动。2001年，在重点人群、重点行业中开展中共中央颁布的《公民道德建设实施纲要》学习教育活动，组织“向不文明言行告别，争做文明市民”万人签名活动，开展中小学生“文明言行从我做起”征文大赛。区级机关41个部门负责人组成的百支“讲文明，树新风”宣讲团到基层宣讲。在全区开展的“万名公仆进万家”活动，被评为天津市最佳精神文明创建活动。支教老人白方礼和“万名公仆进万家”活动事迹被编入《中国精神文明建设年鉴》。2002年11月，组织6万余名干部群众参加由中宣部举办的《公民道德建设实施纲要》知识竞赛活动，获全市唯一的国家级优秀组织奖。2004年，深化《公民道德建设实施纲要》教育实践，以“加强道德建设，构建和谐社会”为主题，开展“家庭爱、邻里情”“相扶相助，体现先进”“爱岗位、树形象、作贡献”“文明经商，诚信服务”等活动。在各街道社区开展“三比”（比环境美、比品位高、比素质好）活动。组织开展“八荣八耻”社会主义荣辱观的学习，开展“讲文明礼仪，建文明机关”、送文明礼仪常用语、文明礼仪小知识和文明礼仪歌曲进社区的活动。制定《河北区关于进一步加强和改进未成年人思想道德建设的实施意见》。2004年1—3月，在成立的98所社区青少年学校，总结形成学校、家庭、社会教育“八个衔接”（齐抓共管，领导体制衔接；一卡沟通，教育环节衔接；专兼职结合，教育队伍衔接；整合共享，教育资源衔接；突出主题，教育内容衔接；体验互动，教育方式衔接；重点关注，助学帮教衔接；长效管理，考评机制衔接）经验。2006年4月，河北区在全国城市社区未成年人思想道德建设经验交流会上作典型发言。中央文明办《精神文明建设简报》《天津日报》等报道河北区经验。2007年7—10月，组织“迎奥运、讲文明、树新风”宣传，开展“‘十不’去旧习，‘五美’促和谐，文明迎奥运，津门展风采”活动。组织学习“艾欣”活动，中央电视台、天津电视台、《天津日报》就“艾欣”事迹和全区干部群众学“艾欣”（“艾欣”是长期匿名资助一残疾人家庭的人员或组织的化名）情况进行报道。9月，在第五个公民道德宣传日召开河北区“学道德楷模·树文明风尚”座谈会。2008年7月，组织评选“五好”（文明礼仪好青年、建设家园好模范、维护环境好市民、爱岗敬业好标兵、助人为乐好心人）楷模活动，12万多居民投票选出“五好”楷模50人。中国文明网等媒体对此进行报道。区文明办被评为全国未成年人思想道德建设工作先进单位。2009年

6月，举办河北区第二届“五好楷模”评选活动，评选出“五好”楷模10人和“五好”楷模提名奖10人。7个社区创建全市首批未成年人快乐营地。

2010年，举办河北区第三届“五好”楷模评选活动。在全市开展的“我推荐、我评议身边好人”活动中，全区有34人被评为“身边好人”。建立社区青少年学校101所、“快乐营地”21个，组织2.5万余人参加“争当文明小公民”等主题活动，中央文明办刊物刊载河北区经验。红星路小学、新开河街道泰来里社区被评为市未成年人思想道德建设先进单位；望海楼街道中远里社区党总支书记贺立萍，区少儿图书馆书记、馆长胡立沙被评为市未成年人思想道德建设先进工作者。

2010年，河北区第三届“五好楷模”人员合影
（区民政局提供）

第三节　文明创建

1983年2月，组织8000余名干部群众和部队官兵开展军民共建精神文明活动。9月，区委印发《关于进一步开展军民共建文明街活动的安排意见》。1984年7月，开展清扫街道、擦拭护栏、文明宣传等军民共建文明街活动，3500余名干部群众和部队官兵参加。1985年5月，开展文明居民区建设活动，2万余人参加。1986年7—9月，建立军民共建点17个。1987年，评出市级文明单位42个，建成中山路文明一条街。1987—1989年，建立军民共建点31个。1991年，开展创建文明家庭、文明户、文明街道、文明楼院活动，试办文明市民学校。1992年8—10月，开展争做遵纪守法户、文明户、文明模范户的“三户”活动和创建文明小区等活动。1993年，鸿顺里街道团结里文明小区在市创建文明小区活动现场会上介绍经验。武警天津总队一支队、武警天津总队二支队、总参工程兵驻天津军代表室、红光中学、红星路小学、新开小学6个军民共建点被评为市级先进单位。1994年，命名一批区文明市民标兵和模范文明家庭。1995年3—6月，开展“建设文明城市，做文明市民”活动，创建市级文明小区22个。创办文明市民学校270所，培训2万余人次。19个部队与46个地方单位建立共建关系。

1996—2003年，以《市民必读》《市民守则》《市民行为道德规范》为教材，举办市民培训讲座96场，近5000人参加。1997年，开展科教、文化、体育、法律、环保、卫生进社区的“六进社区”活动。2002年6月15日，中央文明办刊物《精神文明建设》介绍河北区体育进社区经验，江都路街道秀山里、望海楼街道中远里、月牙河街道丹江里社区居委会被评为市级法律进社区先进单位。2002年，14个集体和个人被命名为市级精神文明创建活动标兵；创建市级文明小区19个、市级文明小区标兵1个。2005年，新开河街道福音再就业服务中心被评

2010年，家庭文明礼仪知识竞赛活动现场
（区民政局提供）

为全国文明单位，月牙河街道津门时传祥服务中心被评为全国精神文明创建工作先进单位。王串场等8个街道被评为市级精神文明工作达标先进单位，大江里小区、通达新苑小区、艳泉里小区、东海花园小区被评为市级精神文明先进小区。2008年3月，光复道街道北岸华庭社区、月牙河街道丹江里社区和铁东路街道胜景花园社区，获市文明小区“五个一”先进单位称号。新开河街道福音社区再就业服务中心和墙子派出所被评为全国文明单位，第二中学、区环卫局津门时传祥服务中心和江都路街道如皋里社区被评为全国精神文明建设先进单位。2010年，下发《河北区提升市民素质行动计划》，开展文明礼仪进万家活动，举办家庭文明礼仪知识竞赛。江都路街道如皋里社区举行“提升市民素质、文明礼仪进万家”宣传周活动启动仪式。市文明办举办“讲文明、除陋习、点点滴滴从我做起”展览在区内20个社区巡回展出。

第四节　志愿服务

宁园街道志愿者服务队伍开展活动
（宁园街道提供）

1986年3月，组织2万余名干部职工参加“双文明优质服务便民日”活动，为群众做好事6693件。2007年7月，聘请百名教师进社区，拓展青少年学校学习内容。2008年3月，各街道成立2000余人的文明督导员队伍，开展“走千家、进万户”活动，中央文明办、中国文明网、《天津日报》等进行宣传报道。开展“小手拉大手，革除陋习一起走”活动，组织“践行《公约》《守则》，破除传统陋俗”整治乱烧纸钱专项行动，2万余名中小学生参加，市委《督查专报》、市文明办简报介绍河北区工作经验。2009年9月，以“迎国庆、讲文明、树新风”为主题，开展真情送万家、迎春节美化社区等活动，8000余名干部群众参加。组织“我爱家乡的河”志愿服务行动，1000余名志愿者清理河岸、擦拭护栏、发放宣传品和倡议书。组建网吧义务监督员队伍，120人持证上岗，对网吧进行检查，遏制了未成年人网吧上网势头。2010年3月，组织“社区是我家，建设靠大家”主题志愿服务，组织2000余名社区志愿者和文明督导员开展捡拾绿地垃圾等活动。

第五章　民族　宗教

1979年，河北区有少数民族15个、1.08万人，至2010年增至36个、1.94万人。宗教主要有佛教、伊斯兰教、天主教、基督教。全区民族团结，宗教和顺。

第一节　机构设置

改革开放后，区政府统筹管理民族宗教侨务工作。1983年12月，区政府办成立民族宗教侨务科。1997年6月，区民族宗教事务办公室成立，规格副处级，编制2人。2007年7月，区民族宗教事务办公室与区侨务办公室合并为区民族宗教侨务办公室，规格正处级，行政编制5人。2010年，区民宗侨办设立综合科，加挂行政审批科牌子。

第二节 民族

一、民族概况

1979年，有回族、满族等少数民族15个、10819人，占全区总人口1.99%。1995年，有少数民族23个、15960人，占全区总人口2.59%，比1979年增加0.6个百分点。少数民族中人口最多为回族13047人，比1979年增长35.02%，大多居住在于厂大街、小树林等地区。蒙古族358人，比1964年增近5倍，主要因为大批插队内蒙古的知青，与当地蒙古族人结婚，后举家返津。藏族增加到652人，主要原因是红光中学招收藏族学生。其他少数民族多则几十人，少则一二人，分布于全区各个街道。1997年，有少数民族26个、17561人。2004年，有少数民族34个、19664人，少数民族中人口最多是回族14754人；其次是满族有3259人。2010年，有少数民族36个、19356人，少数民族占全区总人口2.45%（数据来源于区民宗办）。

1979年河北区少数民族构成情况统计表

表24-18

少数民族名称	人 数	少数民族名称	人 数
回 族	9663	达斡尔族	10
满 族	872	锡伯族	3
壮 族	22	傣 族	2
朝鲜族	56	维吾尔族	3
蒙古族	153	布依族	1
苗 族	4	土 族	2
侗 族	22	水 族	2
瑶 族	4		

1979—1991年河北区少数民族人数统计表

表24-19

年 份	少数民族人数	少数民族个数	占全区总人口比重
1979	10819	15	1.99%
1980	10774	16	1.94%
1981	11814	16	2.10%
1982	–	–	–
1983	–	–	–
1984	11941	19	2.04%
1985	12166	15	2.11%
1986	13140	16	2.24%
1987	13425	22	2.29%
1988	13636	19	2.31%
1989	13635	17	2.28%
1990	14694	20	2.42%
1991	15280	21	2.51%

二、民族工作

（一）**管理与服务** 中共十一届三中全会后，区政府高度重视少数民族群众就业问题，在大天津食品商厦等单位安排少数民族干部任职，对少数民族子女参加工作等给予优先照顾。认真落实建立红光中学西藏学生班工作。尊重少数民族风俗习惯，定期检查制售清真食品店。1996年后逐步完善区、街、居三级民族工作管理网络。2000年8月，开展“民族法律法规政策知识教育宣传月”活动。2001年，为清真食品经营单位换证105户。2003年，加大对生产经营清真食品企业和市场的检查力度，对符合条件的办理经营合格证，颁发统一标志。2006年，对清真食品市场进行循环监督检查。2008年，组织少数民族代表进行“喜迎奥运”观光旅游活动。编印《民族宗教知识类编》。是年，进一步充实规范全区民族工作网络，设计绘制全区民族宗教维稳工作网络示意图，建立了维稳工作快速反应机制。

民族宗教知识类编
（区志办提供）

（二）**民族团结进步创建工作**　2008年，以靖江里、北岸华庭、金钟公寓、福嘉园社区为试点，启动社区民族和谐家园创建工作。2009年，成立区民族团结进步创建工作领导小组。按照市民委要求，在建昌道街道、红光中学联合创办民族团结进步示范基地。2010年，创建律纬路、赛园里、水明里、建昌里、锦江北里、振宜里等6个民族和谐社区。1998年9月，区民宗办被国家民委和市政府分别命名为全国、天津市民族团结进步模范单位。2005年，在天津市第五次民族团结进步先进代表评选中，河北区获3个先进集体和6名先进个人。2008年，在天津市民族团结进步模范集体和个人评选中，河北区政府、建昌道街道、红光中学被评为民族团结共建基地，金钟家园、靖江里社区、公安河北分局国保支队获天津市民族团结进步模范集体称号，孙建桥、袁乃静、侯晓辉、王新利获天津市民族团结进步模范个人称号。2010年，王秀文获全国民族团结进步模范个人称号。

第三节　宗教

一、宗教活动场所

（一）**佛教**　河北区有唯一一所佛教寺院——大悲禅院（天纬路40号），该院也是天津市佛教协会所在地。20世纪80年代，宗教政策得以落实，佛事活动逐步恢复。市政府拨款50万元，重修大悲禅院。1994年后，大悲禅院方丈多次出访新加坡、缅甸、韩国等国家和中国香港、澳门、台湾等地区，接待一些国家和地区的佛教界人士。每逢农历初一、十五，以及重要佛教节日、佛教活动，大悲禅院均举行法会。2010年正月初一，到大悲院的香客游人达10余万人。

大悲禅院　（区志办提供）

（二）**伊斯兰教**　20世纪80年代，各清真寺恢复正常活动，殿堂寺院进行了修缮。1995年，全区各清真寺有专职阿訇7人，海里凡（阿訇接班人）13人。2005年，于厂清真寺重建落成，1300名穆斯林参加庆典活动。每年开斋节、盖德尔夜、古尔邦节均举行盛大礼拜活动。2010年，有金家窑、于厂、小王庄、革新道、陈家沟等清真寺5座，有专职阿訇7人。

金家窑清真寺　　（区志办提供）

（三）**天主教**　1976年，唐山大地震造成望海楼教堂(旧称圣母得胜堂，今狮子林大街292号)损毁严重。1982年，该教堂被市政府公布为重点文物保护单位。1985年，政府拨款对教堂进行修缮。河北区天主教爱国会设在该教堂，每周日早晨举办弥撒活动，有200余人参加。1997年6月，在该教堂举办河北区迎回归爱祖国民宗界义诊活动。6月16日，举行天津教案遗址(望海楼教堂)纪念碑揭牌仪式。

（四）**基督教**　1979年后，基督教活动恢复。1991年，基督教冈纬路堂(今冈纬路27号)归还基督教会。经修缮，1993年12月12日举行复堂典礼。该教堂每周有2次活动，即礼拜天的主日崇拜和礼拜二的交运会，每次活动有400余人参加。每年有3次受洗：复活节、圣诞节和每年的7月中旬。2010年，有信徒500余人。

望海楼教堂　　（区志办提供）

基督教冈纬路堂　　（区志办提供）

二、宗教工作

中共十一届三中全会后，全面落实宗教政策。1978—1991年，区内各宗教活动场所绝大部分被归还，腾退房产4073平方米，为修缮共筹措913万元。区民宗办协助各宗教场所成立管理委员会，帮助开办“自养”经济，如大悲禅院开办“素斋馆”等。1990年后，每年第一季度对宗教场所进行年检，对各宗教活动场所上年度执行法律、法规、政策，落实管理制度等情况进行检查。1996年11月13日，河北区伊斯兰教协会成立。1999年，组织宗教界人士参观津城新貌和大沽口炮台，到北京参观反腐倡廉展览，声讨梵蒂冈“封圣”事件。2000年7月5日，河北区在天津市各区县率先成立天主教爱国会。区政府为支持天主教爱国会工作，帮助望海楼教堂解决锅炉改燃和帮助各清真寺解决过冬采暖等问题。2001年，拨款7000元修缮于厂清真寺。推动落实天主教圣心堂产权问题。2003年，为扩建大悲禅院筹资4900万元。协调解决于厂清真寺附属产权房屋拆迁补偿50万元。协调解决北站清真寺产权问题。撰写《城市建设与宗教活动场所的保护》调研报告，获天津市民族宗教调研工作优秀成果一等奖。2004年4月，在望海楼教堂开设北洋医院，系非盈利性一级综合医院。2007年，筹集10万元用于革新道清真寺开办和修缮。区民族宗教办公室被授予全国宗教工作先进集体称号（全市唯一一个）。2009年，河北区组织召开六省十四市（区）参加的宗教工作联席会。2010年，推进全区8个宗教活动场所制度建设、内外部环境整治、财务管理规范化建设，开展和谐宗教场所创建活动。8月，河北区被市宗教局定为和谐宗教场所规范化管理工作试点单位。是年，区伊斯兰教协会有委员25人，区天主教爱国会有委员13人。

第六章　社会治安综合治理

20世纪90年代后，河北区充分发挥治安管理部门作用，组织和依靠各方面力量，综合运用政治、经济、行政、法律、文化、教育等手段，维护了全区社会治安持续稳定。

第一节　机构设置

1991年，区综治办设综合科、基层指导科。2002年2月，区委处理邪教问题领导小组办公室、区政府防范和处理邪教问题办公室成立，归区委办公室管理，行政编制5人。2005年，区委处理邪教问题领导小组办公室更名为区委防范和处理邪教问题领导小组办公室。2007年11月，该办公室隶属关系由区委办变更为区委政法委管理，工作人员5人。办公地址在建国道52号。

第二节　重点治理

1992年，重点治理摊群市场。1999年，区综治、宣传、公安、工商等职能部门密切配合，对群众反映强烈的地区和单位，多次开展联合清理。2000年，清理学校门前及周边地区摊群市场，以及有害学生身心健康的娱乐场所，严惩一批危害校园治安的违法犯罪分子，学校周边地区治安秩序得到改善。2002年，加强对天津温州城、天津站等重点地区集中排查整治，出动警力5000多人次，清查外来人口集中地22次，查处外来人口违法犯罪人员199人，侦破案件464起，收容“三无”人员41人。2004年，组织执法部门对学校周边秩序进行集中整治60多次。2006年，对天津第一工人文化宫地区开展打击非法自行车交易活动。成立护路联防队，开展巡逻守护、宣传教育、涉路矛盾纠纷排查化解等工作，维护铁路周边地区稳定。在铁路沿线开展平安铁路示范路段创建活动，将爱路护路教育列为中小学法制课重要内容，宁园小学组织开展“我是铁路小卫士”活动，成立护路小分队。2007年，对有住宿生学校周边进行重点治理，区综合执法部门与学校签订“执法管理服务协调书”。2009年，在律笛里社区举办铁路第六次大提速爱路护路宣传教育活动。在铁东路街道设立护路监控瞭望点、护路瞭望户。7个街道的铁路路段被评为“平安铁路”。2008年，开展“奥运平安铁路通道”创建活动，成立22支奥运通道兼职护路队伍，开展巡逻和宣传教育等。2009年，开展国庆期间涉路矛盾纠纷排查化解专项行动。1991—2010年，全区市级重点整治点位全部通过市综治办考核验收，各项重点整治任务如期完成。2010年，有兼职护路联防队伍23支，兼职护路队员410人。区内京沪线1.1千米被评为国家级平安铁路示范路段。

第三节　矛盾排查化解

1991—1992年，建立健全由司法助理员、调委会、调解小组组成的矛盾纠纷排查化解三级网络，矛盾纠纷调处成功率90%。1997年，矛盾纠纷调处成功率94%。在香港回归和中共十五大期间，集中开展民间矛盾纠纷排查调处工作。1999年，全区有各级调委会组织320个，调解员1182名，调解信息员6750名。

2009年，排查重大矛盾纠纷17件，成功调处16件。2010年，区调解工作指导委员会成立，健全行政调解、人民调解、司法调解“三位一体”的大调解工作体系，建立了街道、社区两级调解组织，共有调解员8643人。1991—2010年，全区矛盾纠纷排查调处率95%以上。

第四节　社会治安防控

1992年，组织打击盗窃专项行动5次，召开宣判会2次。1993—2002年，开展百余次“严打”整治行动，全区设立“严打”整治举报箱或接待站近千个，公安机关侦破刑事案件万余件。2003年，成立由60名民警组成的处置非典疫情特别行动队，派驻民警协助重点医院加强内部治安防范，维护秩序。2004年，在重点企业及大悲院地区开展集中打击犯罪专项活动，破获刑事案件1459起，破获犯罪集团32个，抓获涉案人员22人，查处治安案件2563起，打击处理各类违法犯罪分子2279人。2005年，开展打击盗抢自行车犯罪专项行动。2006年，开展扫黄打非、整顿和规范娱乐场所、规范犬类管理等专项工作。打击处理违法犯罪人员1873人，破获犯罪团伙47个，收缴淫秽出版物3.12万件。2007年，组织开展“命案侦破”“打黑除恶”“收缴枪支弹药和管制刀具”等专项行动。2009年，打击处理违法犯罪流动人口61人，破获刑事案件115起、治安案件63起。妥善处置群体性突发事件9起240余人次。2010年，严厉打击各类邪教组织，破获跨省市贩毒案大要案8起，缴获毒品5100余克。搜集维稳信息1.04万件，其中被公安部采用369件。

第五节　平安建设

1992年，在学校开设法制和思想品德课程。1997年3月，上报市委政法委和市综治办信息，采用数量列全市18个区县第一位。1998年3月，开展以“创安”为主题的宣传活动。1999年，开展“走千家企业，访万户居民”宣传行动，受教育5万余人。2000年，江都路街道衡山里小区和区市政园林局道路管理所分别被评为市级安全示范小区、市级安全示范单位。2002年春节前，区综治办向全区1万多家庭发出《致全区居民一封信》，提出“万家团圆，不忘安全防范”的口号。2004年，为首批命名的“平安楼栋”和“安全门店”举行揭牌仪式。开展送法入户、送安全入户、送防范知识入户的“三入户”活动，在区有线电视台开设《治安播报》《河北法制》专栏，在天津市社会治安综合治理知识竞赛中，河北区获第一名。2006—2008年，全区各有关部门单位开展军警民平安共建、平安家庭、平安工地，以及平安医院、平安校园、平安家庭等创建活动。成立河北区巾帼维权救助中心和区妇女法律援助工作站。2010年，创建市级平安社区8个、市级平安示范单位12个。

第六节　防范和处理邪教工作

1999年，取缔邪教组织，查获一批违法宣传品，依法惩处15名骨干分子。2002年，取缔邪教组织团伙6个，惩治处理违法犯罪分子20余人，区公安、文化、工商等部门协同对全区网吧、互联网通信部门加强监控管理。2003年，取缔邪教组织犯罪团伙3个，惩治处理违法犯罪分子10余人，收缴违法宣传品200余份，依法取缔非法练功点4个，教育一般练习者100余名。2004年10月，侦破邪教组织秘密聚会案件，惩治处理违法犯罪分子15人，收缴非法宣传品110份。11月，破获一起邪教组织恶意攻击卫星频道案件。取缔王串场公园非法练功点1个，教育一般练习者80余人。2005年，惩治处理邪教组织违法犯罪分子12人。2006年，破获邪教组织案件4起，打击处理违法犯罪分子6人。2008年，破获邪教组织团伙1个，惩治处理违法犯罪分子15人。2010年，惩治处理邪教组织违法犯罪分子9人。在防范工作中，对重点人和不稳定人员开展不定期入户走访，进行法制教育。每逢节假日和重大政治活动等敏感期，逐人入户见面，落实街道、社区、派出所"三位一体"防控措施。2006年，对全部邪教组织人员、有害气功人员登记造册，分类管理。至2009年，经过多年努力，绝大多数邪教组织人员实现转化，未出现反弹。2010年，对邪教组织人员重新摸排核定，实行三级（区委防范办、街道、居委会）动态管理。每年3月综治宣传月期间，组织全区防范系统各单位开展"崇尚科学、拒绝邪教"为主题系列活动，揭批邪教组织的歪理邪说和骗人伎俩，教育引导广大群众养成文明健康科学生活方式。区有线电视台播放警示教育宣传片，在社区设立反邪教警示教育宣传橱窗，设立反邪教图书角。2005年，反邪教工作纳入区党校处级培训班教学内容。2006年，对全区基层防范干部集中培训。北岸华庭等10个社区被市委防范办评为2007—2008年度市级防范工作示范社区。爱家等9个社区被市委防范办评为2009—2010年度市级防范工作示范社区。

河北区志

（1979—2010）

第二十五编

意式风情区

YI SHI FENG QING QU

清光绪二十七年（1901年）《辛丑条约》签订后，意大利王国在天津获得设立租界的权利。翌年6月7日，天津海关道唐绍仪与意大利驻华公使噶里纳（Count Giovanni Gallina）签订《天津租界章程合同》，将坐落于光复道地区一地段让于意国作租界。该地段原为一片露天储盐场地——“盐坨”，东北自意中交界路（今兴隆街）沿铁路至俄租界，西南临海河，西北沿意奥交界路（今北安道）至兴隆街，面积为51.35万平方米。意租界以马可波罗广场为中心，房屋建造以意大利花园别墅为主。意租界建筑群有“世界建筑博览会”之称，是亚洲仅存最大地中海建筑群。清宣统三年（1911年），意租界只有251名意大利人和5348名中国居民。1930年，这里也只有工厂2家、商铺102家。1945年中国政府收回意租界，中国文化的包容性使这里的建筑得以完整保留。1986年，原意租界被列为天津市历史风貌建筑保护区。1998年，区政府第一次对该地区进行概念性规划，将其作为海河综合开发建设中的重要组成部分，启动意大利风情区的开发建设，1999年市政府正式批准立项。2001年，市海河意式风情区管委会筹备处委托市房屋鉴定勘测设计院负责意式风情区的道路、工程规划。2002年，市政府对意式风情区历史建筑按照“修旧如旧”原则进行保护性开发。2003年1月，由市海河建设发展投资有限公司出资开发、海创公司进行组织管理，并进行国际招标。2008年8月，天津市大力发展商贸旅游服务业，提出将意式风情区打造成为国际一线品牌的聚集地，成为符合为外商服务标准的餐饮、娱乐、消费的综合体，成为天津市旅游文化新亮点的目标。2009年，意式风情区被评为国家AAAA级旅游景区。2010年，意式风情区制定打造四大特色商业街区的目标，即政府主导、企业运作的开发特色，异国情调、修旧如旧的建筑特色，餐饮酒吧、休闲时尚的经营特色，名人故居、中西合璧的文化特色。意式风情区实现了建筑特色与经营内容有机结合，成为天津百年建筑街区与都市现代时尚完美融合的代表，成为天津市现代商业的标志性符号，成为在全国具有较高知名度和美誉度的特色商业街，成为全国商业街开发建设和经营管理的成功范例。

意式风情区全景　　（区委宣传部提供）

第一章　管理体制　开发规划

1999年9月，市政府成立由副市长王述祖为组长的天津市意式风情区建设工作领导小组，实行“政府主导、企业运作”运作模式，以实现“高水平规划、高标准建设、高效能管理”为目标。2003年，市政府成立发展海河经济领导小组办公室，全面负责海河开发工程的管理工作，其中包括意式风情区建设。2008年，市政府提出繁荣商业服务业发展要求，成立商贸旅游发展重点指挥部。意式风情区作为重点项目，由市相关部门组成临时工作小组，推动意式风情区的招商运营工作。其中，市商务委协调街区的招商工作，旅游部门加大各项大型活动的组织推动力度，工商、税务、消防、交通和综合执法等部门做好综合保障，意式风情区开发运营工作迅速启动。

第一节　管理机构

一、海河公司

2003年9月，天津市海河风貌建设发展有限公司(海河公司)成立，注册资金1亿元，是隶属市海河建设发展投资有限公司的国有企业。公司按照现代企业制度建立公司企业管理层体系，实行董事长负责制的法人管理结构。公司设综合计划部、建设与安全管理部、财务管理中心等9个职能部门，以及基础设施、土地整理、房地产开发、资产经营管理4个事业部，下设8个全资或控股子公司。公司秉承“盘活风貌建筑资源，打造商业品牌，助推天津商贸服务业发展”宗旨，利用天津转变经济增长方式、加大商贸旅游业开发的良好机遇，通过资本运作与项目经营的有机结合，盘活海河沿线意式风情区等风貌建筑资源，发展成为集商业项目运营管理、餐饮经营、时尚精品经营、商业咨询、物业管理等业务为一体的综合性商业经营与管理性公司。经营范围：意式风情区等海河两岸风貌建筑的开发和经营；房屋租赁、置换；室内外装修；房地产信息咨询服务；建筑设计；工程监理；建筑安装；餐饮经营；商品经营；物业管理；商业资讯。主要职能：制定景区内管理制度，维护景区的环境卫生、游客安全和公共秩序；建设、维护、管理景区内基础设施和公共设施，以及景区周边市政道路；对经营活动进行指导与监督，保持意式风情区商业文化特色；重点发展异国餐饮、精品零售、文化创意、精品酒店及会所等服务性产业，合理安排区内商品经营市场布局；处理好街区内部非海河产权楼宇的开发管理工作，对其业态选择、环境布置、服务水平等进行统一要求、统一管理，确保业态符合统一规划，环境布置与街区整体氛围相符合。办公地址在民主道34号。

二、意式风情区管理委员会

2002年8月，河北区编委办发文批准成立海河意式风情区管理委员会。为区政府派出机构。2005年8月，管委会正式成立，在编人员3人，2006年增至7人。2010年在编人员9人，其中工勤编1人。内设办公室、综合经济科、综合管理科。领导有正处级1人、副处级1人、副调研员1人。管理范围：东起五经路，西抵北安道，南临博爱道，北至建国道。2008年，为进一步充实意式风情区管委会的职能，相继制定《意式风情区管理暂行办法》《意式风情区对作出突出贡献企业的奖励办法》《天津海河意式风情区管理方案(草案)》等文件。2009年，编印《意风区工作服务手册》《意式风情区关于加强安全、防火、防疫的规定》《意式风情区内餐饮企业卫生制度细则》，并与相关单位研究制定《天津海河意式风情区管理联系会议制度》。办公地址在建国道建国公寓1门401号。

三、女子综合执法中队

2009年3月8日，区城市管理综合执法局成立津门首支女子综合执法中队(隶属天津站直属大队)，负责对意式风情区的综合执法工作。队员身兼海河东岸历史文化的宣传员、过往游客的导游员、驻区企业单位的服务员等多种角色。被誉为“津门综合执法第一岗”，成为“天津唯一、全国一流”的特色执法品牌和工作亮点。

2009年，女子综合执法中队在巡逻　　（区志办提供）

第二节　开发规划

一、开发定位

2002年年底，市委、市政府作出实施海河两岸综合开发的战略决策，提出“用3至5年时间，将海河建成独具特色、国际一流的服务型经济带和景观带；弘扬海河文化，创建世界名河”的总体目标。意式风情区成为海河综合开发整修置换工程的重要节点。按照“百年历史街区、时尚商业群落”理念，将意式风情区打造成为“洋味”文化突出、异国情调浓郁的商业新地标。

二、业态规划

（一）**商业业态发展规划**　意式风情区地处海河岸边，地理位置优越，毗邻金街、新开路、鼓楼、小白楼四大商圈，周边聚集着诸多高端住宅、酒店、商务中心，这些均为意式风情区提供大量的消费人群。商业业态规划为四大板块：一是时尚休闲板块，地点是胜利路、博爱道、民族路、进步道围合的区域（1#、4#、5#地块），以高档餐饮娱乐为重点，兼顾精品百货、文化创意等业态，涵盖“吃、住、行、游、购、娱”六要素，形成集餐饮、娱乐、休闲、旅游等功能为一体的综合性特色商业区；二是smart主题商业板块，地点是胜利路、民主道、民族路、进步道围合的区域（14#地块），形成特色主题商业区域；三是精品酒店板块，地点是胜利路、博爱道、民族路、建国道围合的区域（11#、13#地块），重点发展精品酒店及会所业态，聚集住宿消费人群；四是高端商务板块，地点在进步道、民族路、胜利路、建国道围合的区域及自由道和民生路交口处（但丁广场及6#地块），吸引国际著名企业进驻。

（二）**文化业态发展规划**　意式风情区历史文化底蕴深厚，资源丰富，打好文化牌是业态规划重中之重。主要打造“一二三三”项目，即一条文化旅游线：沿民族路，以梁启超纪念馆、曹禺故居纪念馆、马可波罗广场等为主线，沿线开发意式风情区展览馆、曹禺剧场、天津名人画廊等文化设施，形成精品旅游线路。两处名人故居：开发梁启超纪念馆和曹禺故居纪念馆，充分挖掘历史文化价值，形成旅游载体。三个展览馆：天津市规划展览馆，作为展示天津市历史变迁、发展现状和规划远景的重要载体；意式风情区历史文化展馆，作为游客了解意式风情区历史变迁的窗口；历史风貌保护展览馆，作为展示海河周边历史风貌建筑、透视小洋楼文化的平台。三个文化广场：马可波罗广场，是游客摄影留念的场所；米兰文化广场，重点开展中型演出、时尚新品发布活动；威尼斯演艺广场，重点开展精品小型文化活动。

第二章　资源状况

清光绪二十八年（1902年），意租界占地51.35万平方米，后陆续建成118栋意式建筑文物级别76栋（国保级7栋、市保级15栋、区级24栋、待核定30栋），总建筑面积22.06万平方米。一百年后，按“修旧如旧”原则进行整修，其中包括国家级文物保护单位梁启超旧居，市级文保单位汤玉麟旧宅、意国领事馆旧址、袁氏旧宅，区级文保单位冯国璋旧居等。清光绪三十年（1904年），比商世昌洋行在三马路（今进步道29号）创立天津电车电灯股份有限公司办事处，2008年在此建成天津电力科技博物馆（详见第二十编第二章第三节）。

第一节　历史风貌建筑

一、整体建筑风貌

意式风情区建筑注重整体环境美。如在广场建纪念石柱、喷水池和园林小品。楼房均为庭院式、别墅式，注重美化、绿化。这些建筑大量采用古罗马风格的高低拱券、穹顶、塔楼、柱石，其房顶多为意式高低错落角亭，并分别由圆拱、平拱、尖拱、连拱、垂柱点缀。这些建筑保留着古罗马建筑稳定、平展、简洁的特色和韵味，刻画出独具魅力的鲜明建筑符号，创造了异域文化与中国城市结合的独特意境。

马可波罗广场周围意式建筑角　　（区志办提供）

二、马可波罗广场

意式风情区里最突出、最有代表性的标志性建筑是马可波罗广场。广场始建于1923年，由意大利著名雕塑家米塞佩·博尼设计。整个广场由和平女神雕塑和3组6座典型的意大利南部地中海风格别墅组成，面积为1962.5平方米。主体雕塑包括喷泉水池、基座、罗马柱、和平女神像，基座上部装饰34个欧式人物雕像，柱顶为高13.6米展翅飞翔的和平女神像，手拿橄榄枝象征着“友谊和平”。广场周围3组带有凉亭的住宅群，为意式风情区里颇具特色的标志性建筑，建于清光绪三十四年（1908年）至1916年，建筑形式是流行于19世纪中后期意大利式的浪漫风格。其特点是低坡顶或平顶，用长牛腿式支柱支撑着出挑很大的屋檐，用不对称的建筑体型、塔楼与凉亭来增加建筑物的垂直感，窗户一般用高长窗、弧形拱券窗、凸肚窗，入口与凉亭用柱子装饰。

马可波罗广场　　（区委宣传部提供）

三、意国兵营

坐落在河北区光明道20号的意大利兵营，是原意租界体量最大的建筑之一，是清末天津市九国驻军中唯一保存下来的兵

意国兵营旧址　　（区志办提供）

营。该建筑于第二次世界大战后进驻美国军队和国民党军队，解放后为武警部队驻地。兵营建于1925年，原为三层砖木结构，鸟瞰呈“┌┐”形，结构紧凑，布局合理，功能齐全，是典型的意式风格建筑。首层是各种公用设施，二层和三层为拱窗明廊的士兵宿舍，矮楼是指挥官的办公室和宿舍，楼前空地是操场。当年驻有一个混成营，共有官佐士兵999人。进入21世纪，随着海河两岸的开发，恢复原貌后的意大利兵营是意式风情区一处典型的人文景观，供游客参观游览。

四、意国领事馆旧址

意国领事馆建于清宣统元年（1909年），位于原意租界内（今建国道14号）。该领事馆为意大利当局利用中国的“庚子赔款”建造，1916年建成，占地9400多平方米，建筑面积1800多平方米，为意大利托斯卡纳地区别墅风格，共三层带地下室，坡顶上筑有正方形顶楼，雕饰精美。中华人民共和国成立后一直作为党政机关办公地，2010年为区政协办公之地。

意国领事馆旧址　（区志办提供）

五、奥国领事馆旧址

河北区海河东岸一带，曾经是奥匈帝国租界。东起十字街，接货场大街，东南为北安道，西临海河，北至狮子林大街。天津的奥租界只存在17年（1902—1919年），留下部分奥式建筑。位于今建国道125号和海河东路33号的两幢楼房即是典型的奥式建筑。奥国领事馆建于清同治八年（1869年），是当时奥租界最高权力机关。二层楼房，砖木结构，水泥罩面断块墙身，鱼鳞片小方瓦顶，外廊式格局，前有院落，后有月台，庭院花园，环境优美。占地4728.6平方米，房屋建筑面积1200平方米。奥国领事馆于第一次世界大战后，由于奥租界收归国有而被转手。1923年4月，奥国驻华领事包尔代表奥国政府将奥国驻津领事馆房地产全部卖给天津县纪锦斋名下管业，当时的卖价为白银43079两。纪锦斋买后，在院内靠金汤大马路（今建国道）处增建了门面二层砖灰楼房36间，靠小马路（大昌兴胡同）扩建二层楼仓库2间、平房19间出租。1945年1月，纪锦斋后代以“锦润堂”名义又将上述房产全部卖给永义公司。靠沿河马路院墙开一个门，并在院内砌一道东西方向墙，分为两个小院，供华安街伪区公所使用，建国道院供工商户等租用。其中一幢楼（面对海河）在1976年震损，拆除重建四层办公楼，已失去原貌。在2000年后的海河综合开发改造中，奥国领事馆得到修复。由市民居住的一幢外廊式二层楼房（面对建国道），虽墙面、瓦顶已改变，但基本完好，修复后成为天津一景。

奥国领事馆旧址　（区志办提供）

六、其他建筑

意式风情区还有众多意式住宅楼及中西合璧建筑，其中最突出的私人宅邸有汤玉麟和鲍贵卿旧居。代表性的公共建筑有位于今建国道上的圣心教堂(建于1910年)、意国医院(建于1922年)、工部局(天津意租界内的最高行政机构，也是天津意租界董事会的执行机构，成立于1923年，其建筑位于意国领事馆旁)等。

圣心教堂旧址 (区志办提供)

意国医院旧址 (区志办提供)

第二节 名人旧居

租界具有相对独立性，是当时中国政治势力难以达到的地区，许多达官贵人离开政治舞台后，为了自己的安全，选择租界作为落脚点。1931年，意大利租界居住着14位著名人物，“九一八”事变以后的1932年增加到50余位。著名人物有：民国总统黎元洪，代理大总统冯国璋，两广总督张鸣岐，戊戌变法领袖之一梁启超(其旧居见第十六编商业服务业)，旧军阀李廷玉、倪嗣冲、吴玉麟、段芝贵，天津市市长张廷谔、程克、周龙光等，还有戏剧大师曹禺(其故居见第十六编第五章第三节)，书法家华世奎等。

一、袁氏旧宅

袁世凯(1859—1916年)，字慰亭，河南项城人。袁氏旧宅建成于1920年，是一座典型的法式风格小洋楼，由袁世凯族侄袁乃宽修建并在此居住，亦称为“袁氏宅邸”。其占地1836平方米，建筑面积2217平方米，袁世凯去世两年后该宅邸建成，袁本人未在此居住过。2003年，从该建筑中腾迁出30多户居民，并按照“修旧如旧”原则进行全面整修，对外出租用于高档餐饮经营。

袁氏旧宅 (区志办提供)

二、冯国璋旧居

冯国璋（1857—1919年）字华甫，河北河间人。曾任民国代理大总统。冯国璋旧居紧邻海河边，与袁氏旧宅毗邻，为冯国璋于1913年以抵债方式购自奥国工程师布吕纳的3所楼房，占地4195.8平方米，1915年委托法国建筑师设计增建4所二层楼房，共有房间110间，内有7个套间，房屋造型整体呈奥式风格，布局大方，朴实典雅。

冯国璋旧居　（区志办提供）

三、刘髯公旧居

刘髯公（1893—1938），字仲儒，是《新天津报》的创刊人。“九一八”事变后，刘髯公义愤填膺，通过《新天津报》积极宣传抗日救国。天津沦陷后，《新天津报》发出号外，向天津父老告别，不为日本所利用。刘髯公因此被日本特务拷打致死。刘髯公旧居位于今建国道66号，是意式二层连体楼房，也是保存完整的近代天津知名报馆——《新天津报》旧址。

刘髯公旧居　（区志办提供）

意式风情区名人旧居一览表

表25-1

姓名	旧居地址	备注
靳云鹏	大马路（今建国道）23号	曾任北洋政府国务总理
倪嗣冲	大马路（今建国道）19号	曾任安徽督军
王致隆	大马路（今建国道）17号	曾任安徽省盐务局总办
吕调元	大马路（今建国道）11号	曾任安徽省省长
段祺瑞	二马路（今民主道）20号	曾任北洋政府国务总理
章宗祥	二马路（今民主道）49号	曾任北洋政府驻日公使
王鸿陆	二马路（今民主道）14号	曾任长芦盐运使
张一鹏	三马路（今进步道）19号	曾任北洋政府司法次长
李士伟	三马路（今进步道）25号	曾任中国银行总裁
张敬尧	三马路（今进步道）27号	曾任湖南总督军
梁启超	横二马路（今民族路）19、21号	曾任北洋政府财政总长
张怀芝	横二马路（今民族路）16号	曾任北洋政府陆军参谋总长
张怀斌	横二马路（今民族路）16号	曾任山东督军署参谋长
齐耀琳	工部前街2号	曾任北洋政府江苏省省长
张鸣岐	-	曾任清末两广总督
黎元洪	-	曾任民国大总统
李廷玉	自由道37号	曾任江西省代理省长
何丰林	-	曾任淞沪护军
采秀臣	-	曾任赣东镇镇长

续表25-1

姓 名	旧居地址	备 注
叶恭绰	-	曾任交通总长
吴毓麟	建国道与民主道交口处	曾任交通总长
鲍贵卿	平安街81号	曾任黑龙江省督军
孙良诚	民族路86号	曾任西北军军长
刘翼飞	-	曾任察哈尔省主席
胡若愚	-	曾任青岛市市长
王翰鸣	-	曾任直鲁联军参谋长
刘王三	-	曾任吉林省财政厅长
汤玉麟	民主道38号	曾任热河省主席
郑诵先	民族路与进步道交口处	书法家，曾任大路银行总经理处秘书长兼文书主任
曹锐	民主道27—29号	曹锟弟弟，曾任直隶省省长
卢木斋	-	教育家，兴办木斋中学(今天津二十四中学)
杨以德	建国道72号	曾任天津警察厅厅长
张廷谔	民主道35号	曾任天津市市长
程克	进步道80~84号	曾任天津市市长
周龙克	-	曾任天津市市长
曹锟	三马路(今民族路)	曾任民国大总统
黄郛	二马路(今民主道)3号	1913年二次革命后流亡日本，后赴新加坡、美国等国考察研究国际政治。1916年回国参加护国战争，后住进天津意租界，一住3年，潜心著述，著有《欧战之教训与中国之将来》《战后之世界》《欧战后之中国》等
曹禺	二马路28号(今民主道23号、25号)	剧作家
华世奎	北安道3号	书法家
冯国璋	民族道50~54号	曾任代理大总统
李实忱	博爱道24号	曾任江西省省长
易兆云	民族路92号	1920年卢永祥督浙时任军需处处长
潘毓桂	民族路与博爱道交口处	曾任冀察政务委员会政务处处长
王卓然	博爱道18号	九三学社发起人
韩麟生	自由道32号	曾任沈阳商埠局总办
王一民	民生路50号	曾任天津市戒严司令部副司令，后升任天津市公安局局长
卢鹤绂	北安道19号(今胜利路403号)	著名物理学家
程曦	民主道39号	程克胞兄，曾任开封邮政部所长
刘髯公	建国道66号	原名刘学庸，爱国报人，1937年由于拒绝为日本人出报，遭日本人迫害致死
安文中	博爱道74号	“西北大开发”带头人，是杨柳青人到新疆艰苦创业的首倡者，号称新疆“津帮第一家”，文丰泰创始人，至今新疆还有安氏遗迹
杨豹灵	进步道与胜利路(原北安道)交口处	曾任顺直水利委员会流量测验处处长
李文田	北安道20号	曾任国民党西北军团长、旅长、兵工总监等职
阎家琦	胜利路401号	曾任天津市警察局第一分局局长

说明：另有袁氏旧宅、曾国荃祠堂、孟氏家庙、杨增新房产、安氏旧居、祖氏旧民居等

第三节　道路与交通

一、道路

意租界建立初期，意大利首任驻天津领事费洛梯与艾克森美孚合作，于1914年将租界内大马路(今建国道)建成天津第一条柏油路，后陆续将租界内各路建成柏油路，成为最先将所有道路修成高级路面的租界。当时意租界道路有19条，包括大马路(今建国道)、马可波罗道(今民族路)、但丁路(今自由道)等。

2004年在进行街道和广场的整修中，由意大利建筑师设计并进行施工指导，根据新的使用功能和业态构成，重新计算基础设施负荷需求。对11条道路进行改造，重新铺设地下管网，解决了雨污水分流问题。铺设中水管网，实现电力、通信、煤气等管线的增容。铺设花岗岩石钉波形纹路面，保留原有栅栏，营造浓郁的意大利风情。

意租界街道名称演变一览表

表25-2

路号	旧名		2010年名称
	1945年以前	1945—1949年	
1	伊曼纽尔三世路（大马路）	建国道	建国道
2	文森索罗西道（二马路）	和平道	民主道
3	埃马诺卡洛托道（三马路）	三民道	进步道
4	康特伽利娜道（四马路）	光复道	光复道
5	库特加雷佐查纳道（五马路）	自由道	自由道
6	东圆圈　但丁路	–	自由道
7	西圆圈　雷希那埃伦娜路	–	民族路
8	桑朱利亚诺侯爵道（六马路）	博爱道	博爱道
9	意租界河沿	复兴道	海河东路
10	波格拉尼路（意俄交界路）	五经路	九经路
11	乌笛纳亲王道（北东马路）	民生路	民生路
12	佛罗伦萨道（南东马路）	民生路	民生路
13	马可波罗道（北西马路）	民族路	民族路
14	罗马道（南西马路）	民族路	民族路
15	意奥交界路　里雅斯德道	胜利路	北安道
16	栅栏路	自由道	自由道
17	意中交界路	兴隆街	兴隆街
18	黎波里道（小马路）	民权路	民权路
19	马蒂里厅道　萨尔瓦哥拉吉道（小马路）金汤六道	光明道	光明道

奥租界街道名称演变一览表

表25-3

旧称		2010年名称
1945年以前	1945—1949年	
大马路	大马路	建国道（三经路至海河东路）
二马路	和平道	民主道（五经路至海河东路）
三马路	三民道	进步道（三经路至海河东路）
意奥交界路（四马路）	自由道	自由道（三经路至海河东路）

二、交通

意式风情区在地理位置上独具有利条件：一是离天津火车站近，最近处二三百米。二是通往市内各处交通方便，周边有30多条公交线始发或经过。三是西、南方向都有海河环绕，大沽桥、广场桥、北安桥、进步桥等桥梁众多。四是位于天津市中心城区规划横轴（海河）与纵轴的交会处，可实现京津城际高铁、津滨轻轨与天津地铁2、3、9号线换乘。周边有大型停车场2座，车位480个。距天津滨海国际机场15千米，距京津塘高速公路入口10千米。距北京车程40分钟。

第三章 建筑保护

2003年，市委、市政府作出实施海河两岸综合开发的战略决策，意式风情区遂成为海河开发整修置换工程重要节点。区委、区政府采取一系列措施，对历史风貌建筑进行保护。

第一节 腾迁

由于历史的变迁，尤其是1976年唐山大地震的破坏，使意式风情区很多意式建筑损坏严重，部分沦为危房，还有部分建筑虽然仍能使用，但原先独户的花园别墅已变成拥挤的大杂院，居住条件极差，再加上违章搭建，城市景观杂乱无章，不利于建筑保护。20世纪70—90年代，这里又建设了一些现代建筑，如博爱道小学等，与原建筑风格有较大差异。面对这种复杂混乱的建筑状态，须采取不同修复与保护措施。整修前的意式风情区总居住面积11.7万平方米，其中小洋楼建筑约140栋，有居民5000余户，人均建筑面积不足5平方米。1986年6月，区委、区政府按照国务院和市政府有关文件精神，将“文化大革命”期间占用的宗教房产由主管单位和职工单位负责腾迁。其中包括光复道街道占用的建国道77号天主教堂圣心堂的神甫楼按期腾出。2003年，为保护好意式风情区历史风貌建筑，区委、区政府全面启动腾迁工作，对腾迁居民进行妥善安置，帮助他们购置新房，改善了他们的居住环境和条件。2004年10月，大面积腾迁工作基本完成。

第二节 修复

一、制定方案

意式风情区在整体规划设计上采用国际化与本土化相结合原则。由海河公司负责规划方案的国际征集工作。在综合德国和中国台湾著名建筑规划机构方案基础上，在意大利格里高蒂事务所指导下，经天津建筑设计院整合优化，形成了最终规划执行方案。此方案体现“基本保护城市结构脉络，重点保护插建、保留原有建筑尺度和风格、修旧如故”的原则。整修工程聘请意大利著名建筑师路易吉·贝里担任顾问，在意大利hsirna公司指导下，实施继承、保护原有意式建筑风格及城市空间结构，保留原有街区结构，维护好原有街道尺度，保留并恢复街道围墙的修复工程。

二、区分级别

2001年，天津市房屋鉴定勘测设计院作修建性详细规划时，根据建筑质量和文化价值，将区域内建筑分为三类。第一类为保护建筑。对保存较好又具有明显意式风格建筑进行保护。拆除建筑物上违章建筑，修复被损坏的建筑构件，增添部分设施，采取原样整修，恢复意式建筑风格。如意大利回力球场(今一宫)，民族路41号、86号，自由道25号、38号花园塔楼等。此类建筑共有9处。第二类为保留建筑。对意式风格不明显，但保存较好，或意式风格明显但建筑质量较差的建筑物予以保留，采取拆改整修的办法，按照规划的使用功能进行整修设计，增添部分设施，外部造型按照意式建筑风格改造，此类建筑为57个自然栋。第三类为拆除重建。对所有违章建筑、危陋房屋及建筑风格与整体环境不协调的建筑，予以拆除，在原地或辟为广场、或重新设计新建。

三、创新方法

在区委、区政府周密部署下，按照“修旧如旧”的原则，对于保留建筑进行原汁原味整修。同时寻找有利用价值的异型砖、瓦、门和各种五金设备，进行特殊的保护、处理、储存，以便适时利用。中意两国建筑师密切合作，技术互补。创新施工方法：分析建筑物体遭受损失的程度，采取标本，到意大利进行分层检查分析；通过清洗砖墙的弱酸试验，在清洗外墙表面污物的同时又不影响其表面强度；通过加固与抛光工艺达到修复和保存建筑物原有风格的目标；直接运用现有材料进行混合加工，反复实验，获得所需材料。

第三节　市容环境

2008年意式风情区开始商业运营后，在市容环境景观设计上，参照意大利罗马、佛罗伦萨、威尼斯城镇景观体系，注意细节，从商业标识、遮阳伞、遮阳棚、花箱、雕塑、绿化等入手，精心雕琢纯正意大利味道街区环境，创造具有浓郁洋味文化的室外休闲氛围。

独具特色的音乐公园　（李学礼 摄）

一、休闲空间与雕塑小品

在建筑周围铺设休闲木制地台，既注意使之成为各个餐厅经营的延续空间，又注意与建筑风格相协调。在铁艺桌椅、遮阳伞等配置上都充满了浓郁的欧式庭院环境元素，使人仿佛置身在意大利城市或小镇的街区。点上一杯茶、一杯红酒或一杯咖啡，使人体验异域生活的乐趣。

深入发掘历史文化资源，恢复了马可波罗广场雕塑景观，新建了和平女神、海神、花神等15组雕塑，按照“百年历史街区，时尚商业群落”目标打造了一个文化气息浓郁的欧式景观街区。随着街区商业的开发运营，结合各进驻商户特点在建筑外檐适当增添布置商业标志，使历史文化和现代商业有机结合起来。

二、灯光设计与绿化景观

瞄准“世界一流、全国第一”目标，精心打造以建筑外檐灯、绿化景观灯、街区霓虹灯为主体，多层次夜景灯光体系，形成美轮美奂的意式风情区夜景景观。建筑外檐灯光线条优美、光线柔和；绿化景观灯丰富了户外景观照明，衬托和美化了街区绿景；街区霓虹灯绚丽多姿、各具特色。

意式风情街区的花箱、草坪构成立体绿化景观，上百个绿化种类，数千盆不同品种、不同颜色的花卉，错落有致地摆放在窗台和阳台上，使原本生硬的外檐，在沿街布置的花卉绿植映衬下，增添了蓬勃的生机与活力，使这个百年意式街区成为鲜花装扮的天津时尚风向标。

第四章　开发利用

意式风情区的开发利用，遵循“文化搭台、经济唱戏”思路，体现历史建筑的价值，引入现代时尚元素，开展丰富多彩的文化活动和旅游活动，促进商业和服务业发展。至2010年，初步形成了以自由道、光复道两条步行街为主线的商业布局。《建国大业》《白银帝国》《金粉世家》《辛亥革命1911》《梅兰芳》等诸多影视剧在此取景拍摄。

第一节　文化旅游

一、特色风情旅游节

意大利风情旅游节自2008年始，每年“五一”“十一”各举办1次。每年的风情旅游节都有不同的主题特色活动，有以意大利美食为主题，聘请意大利名厨进行意式餐饮表演，辅以天津歌舞剧院的歌舞表演；有以自由道盛大开街为主题，在规划展览馆广场安排异彩纷呈的芭蕾舞演出等。意大利风情旅游是意式风情区标志性的特色活动，每年风情旅游节都能吸引几十万中外游客和市民前来游览，体验原汁原味的意国风情。商家直接营业收入500多万元，带动周边消费数千万元，成为拉动天津商贸旅游经济增长的新引擎。

2008年，天津·意大利风情旅游节开幕
（区志办提供）

二、全国性旅游产业节

2009年，中国旅游产业节开幕式在意式风情区举行
（区志办提供）

2009年9月17日至9月22日，由国家旅游局、天津市人民政府共同主办的“中国旅游产业节”在意式风情区举办。17日的中国旅游产业节服装大赛为此次盛事拉开序幕。作为首届中国旅游产业节重大亮点之一的旅游产业博览会共设展位1331个，来自60多个国家和地区，以及来自全国26个省、市、自治区的309个展商参展。参加业务洽谈的总人数2万多人次，达成旅游合作协议2000多项，旅游交易额近20亿元。

三、达沃斯文化盛会

2010年夏季达沃斯论坛在天津举行。2000多名中外嘉宾在意式风情区欢聚一堂，品尝各式中西餐，欣赏精彩的中华民族特色的歌舞、杂技、京剧、民乐等演出。身着传统民族盛装的小伙子和姑娘们用中国礼仪迎接各国贵宾。面人、剪纸、功夫茶艺、糖画等传统民间艺术展示表演吸引了宾客关注的目光。意式风情区为这一届夏季达沃斯论坛举办了盛大文艺晚会。

2009年，中国·天津意式风情电影周开幕式在意式风情区举行
（区志办提供）

四、中国·天津意式风情电影周

2009年10月4—8日，中国·天津意式

风情电影周在意式风情区举行。著名演员斯琴高娃、王铁成、陶玉玲到场，意大利驻华使馆文化参赞巴拉和意大利艺术家应邀参加开幕式。电影周包括意大利风情、动感之夜、电影串烧、老树皮之夜等四大主题。在意式风情区天堂电影院广场和规划展览馆广场展出中国和意大利经典电影海报。晚上在露天播放中国与意大利经典影片，吸引众多电影爱好者和游客观看。

五、其他文化艺术活动

2009年9月22日，中国谍战大片《风声》在意式风情区举行首映庆典。《风声》的第一个镜头即拍摄于意式风情区。2008—2010年，意式风情区开设名人画廊，举办群众性舞蹈大赛、摄影大赛、广场行为艺术、少儿绘画比赛等活动。举办20多次艺术展览，涉及摄影、油画、国画、版画、水彩画、漫画、雕塑等，作品种类繁多、内容丰富、品位高雅，深得艺术家和广大市民喜爱，成为天津艺术家的展示平台和与国外艺术交流的窗口，其中有范曾画展、贺建国水彩画展、欧洲名家油画复制品展、海河风光摄影展、于庆成风土人情雕塑展、第21届亚洲水彩画展、意大利风情油画展等。意式风情区还利用西方的“圣诞节”“万圣节”来展示自身特有的异域特色，为天津市人民和广大游客打造了欢乐的节日气氛。

第二节　商务活动与国际交往

一、商务活动

2008年以后，意式风情区提升改造进入商业开发阶段，并取得一定经济效益。按照“大气洋气、清新亮丽”的构想，市政府对意式风情区的商业业态进行了精心规划，主要包括餐饮娱乐、商务办公、特色酒店、高端会所、精品零售五大板块。至2010年，基本形成集餐饮、娱乐、休闲、旅游、文化、创意等功能为一体的综合性商业街区，成为代表天津城市形象的一张名片。首先启动1、4号街区招商运营。利用威尼斯小广场打造安吉里精品购物街，引进意大利、法国等国家水晶、工艺品、皮具、红酒、饰品、化妆品等。在1号街区利用易兆云旧居打造精品特色酒店，聘请英国著名酒店设计师林马克进行设计，引入浩富（英国）国际酒店管理有限公司作为酒店管理方，将其开发成为一座欧式精品酒店，突出古典奢华特点，提供管家式服务，让顾客感受到全新的生活体验。其次开发14号街区，将其打造成花园式高端商务办公区，重点引进金融类企业、中介服务前端企业、优质房地产企业、区域性销售研发中心、服务外包企业、知名品牌销售和设计创意企业等。其中天津渤海商品交易所作为洋楼经济的代表，显示出强劲的龙头带动作用。至2010年，意式风情区实现经营面积10.72万平方米，出租率79.58%。其中，商业类79家，经营面积4.54万平方米；商务类20家，经营面积2.93万平方米；文化类2家，经营面积1.83万平方米。有福楼法餐厅、普拉那（paulaner）啤酒坊、星巴克咖啡、上海年代、热辣壹号等餐饮娱乐知名品牌店入驻，在此可品尝到纯正的欧洲餐饮。2007—2010年，共引进餐饮企业322家。文化项目有曹禺故居纪念馆、曹禺剧院、天津市规划展览馆、天堂电影院等。精品零售方面先后开放了安吉里精品购物街一期、二期、三期及全球精品采购36号。商务办公有华电重工、泰达建设、渤海商品交易所等20家。特色酒店有易精品奢华酒店1家。2008—2010年，意式风情区作为代表天津城市形象的窗口，接待中央领导及外省市重要考察团200余次，创造就业岗位1500多个。

二、国际交往

意式风情区以开发建设为契机，加大同意方在文化、艺术、商贸、工程上的交流与合作。意大利驻华大使也多次到津考察，会见市、区政府领导。1999年，意式风情区邀请意大利POS设计公司参加规划方案的征集工作。与意大利伦巴第大区签署全面合作协议，邀请意大利艺术家路易思贝里尼和建筑师罗西为评审专家，参与意式风情区规划方案招标的评审工作。在意式风情区基础设施改造中，很多建筑材料、金属配件、电器产品来源于意大利吉思公司、伟迈公司。意式风情区项目筹备组多次赴国外进行考察招商，接待意大利、德国、美国、日本、奥地利等国投资商，达成多项合作意向和协议。2004年，意式风情区硬件建设开发大规模启动，积极对外寻求有实力的大公司参与意式风情区的经营和管理，先后有意大利菲亚特公司和中国香港瑞安集团考察意式风情区。意大利总统钱皮访华期间，中意两国签署了文化合作协定，其中把意式风情区项目列为中意合作的重点项目。意大利环境和领土部投资60万欧元，启动意式风情区环境和可持续发展研究计划。2006年9月，意大利总理普罗迪率包括企业家在内的150余人代表团，到意式风情区参观访问，并参加意大利对外贸易委员会天津办事处揭牌仪式。截至2010年，意式风情区先后与意大利、奥地利、英国、日本、澳大利亚、泰国、牙买加、巴哈马等国交往57次，许多外国代表团详细考察了意式风情区及其工业园，洽谈合作事宜，并在津多次举办中外企业合作洽谈会。2005年，意大利将一枚骑士勋章授予意式风情区管理委员会主任孙建桥。

2010年10月28日，巴哈马总理英格拉哈姆(前右二)一行参观海河意式风情区

意大利骑士勋章
(孙建桥提供)

2000—2010年意式风情区对外交往一览表

表25-4

时间	基本情况
2000.1.17	意式风情区代表团第二次赴意代表团出访
2000.4.1	米兰前议长一行3人到意式风情区考察
2000.4.29	意大利伦巴第大区青年建筑师协会主席塔特曼尼皮埃特罗率50人代表团到意式风情区考察
2000.6.22	米兰理工大学副校长玛利亚·瑞奥率专家组访问意式风情区
2000.6.29	意式风情区第三次赴意代表团出访，由副市长王述祖带队。
2000.7.10	意大利伦巴第大区中小企业技术推广中心总裁普契耐里一行3人访问意式风情区
2000.7.20	意大利商业银行一行3人访问意式风情区
2000.9.15	意大利伦巴第大区工业部部长率32人代表团到意式风情区访问
2000.11.16	国际奥委会委员吴经国和彼得再次到意式风情区洽谈招商工作
2000.11.25	意大利沙蒂集团总裁塔尼艾里和意大利伦巴第大区中国事务办事处主任马里奥·张分别率团访问意式风情区，并达成合作意向
2001.6.18	意式风情区负责人参加“首届华侨华人与21世纪天津发展恳谈会”，意大利罗马华侨华人联合总会会长董志清到意式风情区考察，就共同建设意大利主流产品中心项目达成合作意向
2001.6.19	副市长王述祖会见专程到津参加“首届华侨华人与21世纪天津发展恳谈会”的荷兰中荷公司董事长孙洪焕然和德国WRK集团董事长刘雨雄，向客人介绍了意式风情区项目，并达成在“一宫”共同建设欧式俱乐部初步意向
2001.7.17—20	以布鲁诺·格拉塞帝为团长的意大利中小企业协会代表团一行3人再次访问，与意式风情区达成合作协议，双方合作建立“天津业务运作办公室”，共同推进风情区建设，并筹备2002年在意式风情区与罗马分别举办商品展销会，为此，双方组建合资公司运作此事

续表25-4

时　间	基 本 情 况
2001.8.19	由国家侨办国外司司长杜志滨陪同意大利意中经贸事务负责人罗比及助手柳依山到意式风情区考察
2001.8.29	以意大利 VNIFORM 公司总裁弗兰克·天总为团长的意大利企业家代表团共23人到意式风情区考察
2001.9.10—12	以意大利伦巴第大区帕维亚省主席贝雷塔·斯尔维奥为团长的帕维亚省企业家代表团一行15人到意式风情区考察，同行的还有伦巴第大区中国事务办事处主任马里奥·张
2001.9.8—20	意式风情区代表团赴日本神户参加“中国商务良机贸易会2001”，向日本客商宣传介绍意式风情区项目
2001.9.21	奥地利新世界集团总裁访问意式风情区
2001.11.6—8	以意大利工业家联合会第三产业协会主席布鲁诺·格拉赛地为团长的意大利企业家代表团一行9人，到意式风情区进行工作访问
2001.11.28—30	意大利金翅膀经济文化发展有限公司总裁采小华、海外总代理栾峰、首席代表兰曼蒂一行3人，到意式风情区进行考察
2002.1.23—25	意大利工业家联合会中小企业协会主席布鲁诺一行3人访问意式风情区，就项目合作达成具体协议
2002.5.24—6.7	意式风情区举办“中国天津·意大利风情节”活动，主办单位是意大利驻华使馆文化处、意大利罗马商会国际部；后援单位是天津市政府、意大利外交部
2002.7.23	英国德昂集团有限公司、天津市旅游（控股）集团有限公司、河北区意式风情区建设发展促进会三方签订正式合同，成立天津天意城发展有限公司，全面启动意式风情区的建设
2002.7.30	意大利爱米利亚大区营造业、规划和发展局局长比耶罗·奥尔美地一行3人到意式风情区考察
2002.9.30	意大利米兰浙江企业家联合会代表团一行7人到意式风情区考察
2003.3.5	泰国正大集团副总裁郑武樾及随行人员到意式风情区考察
2003.5	泰国正大集团再次到意式风情区考察，对该项目给予高度评价
2003.6	中共中联部到意式风情区考察，并在外事活动中，介绍意式风情区项目，帮助招商引资
2004.4	意总统钱皮访华期间，中意两国间签署了文化合作协定，其中把意式风情区项目列为中意合作的重点项目。意驻华大使馆表示今后将有一系列经济、文化项目投放天津
2004.6	意大利伦巴第大区代表团访问天津，并与意式风情区达成共同建设商贸中心大厦的合作意向
2005.4	意大利华人华侨协会到意式风情区考察，就中意间中小企业展开广泛合作达成意向，以意式风情区为平台，利用中意两国各自在金融、保险等方面的鼓励政策，组织两国冶金、纺织、服装及家具等各产业领域中小企业间的合作
2005.8	通过意大利中小企业协会，联系意大利设计公司到意式风情区考察，积极参与整体环境和单栋建筑的设计，取得一系列成果
2005.11.18	澳大利亚墨尔本装饰材料公司访问意式风情区，双方签订了合作协议
2005.12	意大利国土与环境部推荐的环境保护公司到意式风情区考察，并签订建设环保设施合作协议
2006.5.27—6.8	河北区副区长王立等4人赴英国、意大利进行工作访问，在意大利与政界、金融界、企业界、教育界进行广泛接触，深入洽谈，达成一系列合作意向
2006.7.4	意大利菲亚特集团副董事长约翰·埃尔坎、伊菲尔投资公司董事长卡罗·圣塔尔巴诺和《新闻报》亚太地区主要负责人希士一行3人莅津，就意式风情区项目进行专题考察。市长戴相龙接见代表团一行，市人大常委会副主任王述祖、市政府秘书长何荣林及市商务委、市海河办、河北区政府、市城投集团相关部门领导陪同
2006.7.19	意大利海外企业协会主席阿弗勒多、副主席苏珊娜一行5人到意式风情区进行考察，就拟定项目进行洽谈
2006.7.30	意大利国际贸易管理有限公司总经理布鲁诺一行3人到河北区，就合作开展天津—意大利设计培训中心的项目进行洽谈，并于8月1日与意式风情区管委会签订合作意向书
2006.9.16—17	意大利总理普罗迪应邀到天津参观访问。意大利政府代表团共150余人抵达意式风情区参观，并参加意大利对外贸易委员会天津办事处揭牌仪式
2006.11.5	威尼斯原副市长和意大利北方维内大区工业家联合会副主席一行4人到河北区，就意式风情区项目进行考察，并就拟定项目进行洽谈
2006.11.18	意大利狙击手乐队一行50人，到意式风情区慰问海河沿线建设人员及河北区城建单位，天津武警政治部文工团军乐团配合演出
2007.1.22—24	以意大利戈里齐亚大学和企业联合会 FORNASIRNICOLO 主席为团长的意大利文化、经济代表团一行27人抵达天津进行为期3天的工作访问。其间在河北区建委进行“中意物流和城市可持续发展创新技术论坛及合作项目”交流活动
2007.3.27	意大利罗马华侨人妇女联谊会会长、中国侨联青联委员林建华到意式风情区考察
2007.3.28	由意大利罗马市长瓦尔特·维尔特尼率领的意大利罗马市代表团访问天津市并参观意式风情区
2007.7.18	中国驻塞浦路斯大使赵亚力一行参观意式风情区，并参观了意国兵营、梁启超饮冰室、曹禺故居等
2008.2.13	意大利驻中国大使谢飒参观考察意式风情区
2009.12.14	与意大利故事片《天堂电影院》同名的天堂电影院在意式风情区内落成并正式开业，电影《天堂电影院》的导演朱塞佩·拖纳多雷专程出席剪彩仪式。同时出席仪式的还有意大利驻华大使馆文化处人员，以及河北区政府、海河公司、天影公司等相关领导
2010.2.5	牙买加总理访问意式风情区

续表25-4

时 间	基 本 情 况
2010.6.30	英国驻华大使馆贸易投资总署一秘 Jean Quinm 一行到意式风情区参观考察
2010.7.25	塞内加尔新闻部长、政府发言人穆斯塔法·吉拉西夫妇一行4人到意式风情区参观
2010.9.14	2010年夏季达沃斯论坛文化晚宴在意式风情区隆重举行
2010.10.28	巴哈马总理英格拉哈姆一行11人到意式风情区参观

河北区志

（1979—2010）

第二十六编

人　物

REN WU

河北区是天津城市发祥之地，近代史上曾是天津行政、经济、文化教育管理中心和民族工业摇篮。由于得天独厚的地理人文环境，河北区人才辈出、群英荟萃。中国革命先驱周恩来、邓颖超等在这里创建了觉悟社，就此开启了他们的革命生涯；天津现代医学的奠基人李允恪在境内创建了天津首家现代化医院——天津市立第一医院；文学巨匠曹禺在境内家中创作了传世之作《日出》；中国“虎翁”慕凌飞长期居住在境内，留下了巨幅长卷《百虎图》；国际著名数学大师、现代微分几何奠基人陈省身，书写下“我的数学事业是从扶轮开始的”。改革开放后，随着中国特色社会主义事业的蓬勃发展，各行各业的英雄模范更是层出不穷，如为救治非典患者献出生命的医生裴鸿烈为世人留下一曲时代壮歌、支教模范白方礼成为感动中国人物等。他们为河北区的繁荣发展作出了突出贡献。

第一章　烈士传记

裴鸿烈（1939—2003）　中共党员，住王串场街道容彩公寓，中华医学会会员、天津市肺科医院呼吸科主任医师，并任医院防治非典专家组成员。1962年，毕业于天津红桥医学院，先后就职于天津第二结核病院、天津市结核病院、天津市第三医院、天津市肺科医院。在影像学、窥镜学、诊断呼吸科疾病、介入放射学治疗呼吸病上均有丰富经验。发表学术论文20余篇，参与编写专著2部，1964年，参加邢台地震抗震医疗队并被评为五好队员，多次被评为先进工作者。1999年退休。2003年，在非典始发危急时刻，他主动请缨重返肺科医院，在抢救病人时不幸感染，经抢救无效，于5月5日光荣殉职。他是天津市第一个牺牲在抗击非典一线的医务工作者。5月13日，《天津日报》《今晚报》等在头版以《他以生命捍卫我们》为题，追记裴鸿烈的感人事迹。26日，市政府批准裴鸿烈为革命烈士。

王贵华（1955—1984）　辽宁海城人。中共党员。光复道街道福安里居民。1972年，在天津市玻璃器皿厂当工人。翌年参军，在部队受嘉奖2次。1977年，复员回厂当汽车司机，连续2年被评为优秀民兵。他热心社会治安工作，1979年抓获1名盗卖工厂产品不法分子，1981年协助民警抓获1名抢劫盗窃犯。1984年5月11日晚，他到光复道派出所反映治安情况，正赶上有人报告有2名抢劫杀人歹徒在河西区作案后逃至福安里社区附近居民院里。他听后当即拿起警棍，冲进歹徒潜伏的院子进行搜索。当他在夹道中发现歹徒时，奋勇冲上前去。歹徒抽出匕首威胁，他毫不畏惧，与歹徒从夹道搏斗到院内，胸背被歹徒连捅10刀，身负重伤。2名歹徒终被抓获，但他因失血过多，抢救无效，壮烈牺牲。市政府批准王贵华为革命烈士，授予天津市治安模范称号。

刘洪发（1956—1988）　新开河街道东昌里居民，天津市第二纸箱厂工人。他平日乐于助人，见义勇为。邻居王姓老人夜间突发急病，他蹬三轮车送往医院抢救；邻居齐姓老人年迈患病走失，他骑车寻找两天找回老人。1986年他抓获1名抢劫女青年的歹徒。1988年3月27日21时，3名歹徒酒后骑车在津浦路桥涵下，将一女青年挤倒，肆意谩骂侮辱，过往行人无人敢管。刘洪发、刘洪财兄弟俩十分气愤，立即上前制止。其中一歹徒恼羞成怒，拔出随身携带的水果刀，将刘洪财刺倒。刘洪发上去与之搏斗，被另一歹徒抱住后腰，头部、肋部、腋下被连刺数刀，在送医院途中停止了呼吸。市政府批准刘洪发为革命烈士，授予刘洪发、刘洪财天津市治安模范称号。

邱阿彬（1972—1986）　七十九中学初一学生。1979—1985年，在东于庄小学上小学，任少先队小队长，他好学上进、关心集体、热爱劳动、乐于助人。不管是做大扫除，还是运煤劳动，不怕脏、不怕累。看见教室里的桌椅坏了，从家里拿工具修好。热心对待同学，春游乘车时把座位让给同学们坐，自己站着，并替同学们背书包、挎水壶。雨天有的老师没带雨具，他就主动从家里拿来雨衣。只要别人有困难，他就默默地伸出援助之手。升入初中后，邱阿彬成为班干部兼科代表。他对工作认真负责，带领同学们上早自习，老师和同学们都很喜欢他。1986年5月5日，丘阿彬和几个同学下午放学后到新开河游泳，他与3名同学刚刚游到对岸，就听到河中马某某同学喊了一声“不行了”，邱阿彬毫不迟疑又下河往回游，靠近马某某，将其推上岸，使得其获救。邱阿彬却因体力不支沉入河中，经过2个多小时才被打捞上来，终因溺水时间过长，抢救无效殉难。1987年9月26日，市政府批准邱阿彬为革命烈士。

第二章　觉悟社社员列传

李锡锦(1892—1970)　女，号絅如，浙江绍兴人，觉悟社社员中代号31号，化名衫逸，家住河北新区(今河北区)三马路三戒里4号。早年曾获得奉天官费赴日留学。清宣统元年(1909年)入直隶第一女子师范学校就读，与刘清扬为同班同学，毕业后在天津中西女中任教。后来当过新闻记者。1919年五四运动中，李锡锦与刘清扬等组织成立天津女界爱国同志会。8月，李锡锦参加了赴京请愿团的请愿活动。在归途中，与周恩来、马骏、郭隆真、邓颖超等人研究成立觉悟社，遂成第一批社员。李锡锦主动将三戒里4号家里一间客房作为觉悟社活动地址。觉悟社成立后，李锡锦积极组织中西女校学生参加爱国民主运动，起到觉悟社对外联络员的作用。1920年8月，在周恩来的倡导下，李锡锦和11名觉悟社员到北京陶然亭与北京进步团体商讨救国运动方向。李锡锦一直与周恩来、邓颖超保持着联系。1922年3月周恩来留法期间，曾写信致李锡锦、郑季清，谈到"我认的主义一定是不变了，并且很坚决地要为他宣传奔走""京中的'全武行'予我以不少的启发，其中以衫峙、衫逸、石逸三人之力为最大"。邓颖超对李锡锦一直印象深刻，晚年看《天津文史资料选辑》时，发现所载觉悟社人物照片说明文字有误。1981年她在会上对谌小岑说，此书"上边有一个人是搞错了的，那个人应该是李絅如(李锡锦)李大姐"。李锡锦于1970年在山西病逝。

郭隆真(1894—1931)　女，回族，曾用名淑善、林一，觉悟社社员中代号13号，化名石衫、石珊，清光绪二十年三月六日(1894年4月11日)，出生在直隶省元城县(今河北省大名县)金滩镇士绅家庭。其父郭荣柱是开明的读书人，亲自教幼年隆真读书识字，是隆真的启蒙老师。郭隆真自幼性格倔强，富有反抗精神。清宣统元年(1909年)，聪颖好学的她冲破封建势力的束缚，随父在自家办女子小学。1913年，考入天津直隶第一女子师范学校，全新的天地给其更大思考和活动空间，常和邓颖超等同学一起探讨国是，研究妇女问题，自此投入到革命风暴之中。五四运动期间，郭隆真和刘清扬、邓颖超等一起，成立有600多人参加的天津女界爱国同志会，3次身陷囹圄，仍顽强坚持斗争，成为当时天津妇女运动和学生运动的著名领袖。1919年9月16日，周恩来、郭隆真、邓颖超等20余人成立觉悟社，出版刊物《觉悟》。为寻求救国真理，1920年11月7日，郭隆真同周恩来、张若名等踏上赴法勤工俭学之路。1923年，经周恩来介绍加入中国社会主义青年团，同年转入中国共产党。1924年秋，郭隆真与李富春、蔡畅等15人被中共旅欧支部派往苏联莫斯科东方大学进行短期学习。1925年五卅运动爆发后，郭隆真被调遣回国，在李大钊负责的北方区党委领导下，被委派到国民党北京特别市党部妇女部工作，任妇女委员会委员，创办《妇女钟》《妇女之友》刊物。1927年4月28日，李大钊惨遭杀害。身在北京的郭隆真处境危险，但她仍坚持斗争。为了掩护同志们转移，不幸被捕。一年后，经党组织营救出狱。1929年春，受党组织派遣，到东北从事工人运动。1930年6月，奉命到山东工作，任山东省委委员，青岛市委常委、宣传部部长等职，重建了党组织，连续发动几次罢工，先后创办《红旗报》《海光报》等刊物。11月2日，郭隆真在海边四方村与一女工骨干密谈时，引起特务怀疑，不幸第5次入狱。敌人对其施以各种酷刑，郭隆真坚贞不屈，连看守她的狱吏也对其

大义凛然的行为产生敬畏。1931年4月5日凌晨，她被国民党山东当局枪杀于济南纬八路刑场。邓颖超说：“在五四运动中，在她一生的革命工作中，都证明她是一位坚决勇敢、不顾一切、精诚不懈的奋斗者。”

附：郭隆真出生日与牺牲日诸说

出生日：1893年3月18日，见刘清扬《郭隆真烈士传》；1894年3月18日，见全国妇联妇运史研究室《专诚不懈的奋斗者—记郭隆真烈士》；1894年4月11日，见何婉言《不懈的奋斗者—记郭隆真烈士》，黄真、姚维斗《冲破封建牢笼的回族女战士—五四时期的郭隆真》，李肇年《天津党史资料通讯》总第20期；1896年4月5日，见董振修《天津史党史探微》。

牺牲日：1930年某日的深夜，见刘清扬《郭隆真烈士传》，谌小岑《我所知道的觉悟社》；1931年4月5日，见白文华《郭隆真英勇就义后安葬经过》，中共河北省委、河北省政府《郭隆真烈士纪念碑碑文》。

刘清扬（1894—1977）　女，回族，字婉如，觉悟社社员中代号25号，化名念吾，天津人。清光绪二十年一月十日（1894年2月15日）出生于天津一个回族平民家庭。12岁进入天津严氏女校读书，初步受到爱国主义思想启蒙教育。在一次天津爱国人士发起的“建立海军，巩固国防”的募捐大会上，她毅然捐出自己心爱的金戒指。一时间，“十三岁的女学生捐出一枚金戒指”的事迹传为佳话。清宣统元年（1909年），入天津直隶第一女子师范学校读书。辛亥革命时，她参加同盟会在天津的秘密组织——天津共和会。五四运动期间，刘清扬和邓颖超、郭隆真等发起成立天津女界爱国同志会，刘清扬被推选为会长。她们打破男女界限，与天津学联并肩战斗，举行声势浩大的集会和示威游行。1919年9月16日，刘清扬同周恩来等20余名男女青年，在草厂庵天津学生联合会办公室举行会议，成立了觉悟社。1920年1月29日，天津反动当局用武力镇压群众爱国行动，拘捕了周恩来、郭隆真等4名学生代表，酿成震惊全国的“一·二九惨案”。刘清扬奔走于南京、上海等地，呼吁全国各界营救，得到广泛声援，迫使反动当局于1920年7月中旬释放学生代表。8月16日，刘清扬和周恩来、邓颖超等11名觉悟社社员到北京，邀请北京4个进步团体代表在陶然亭举行座谈会，共谋社会之改造，刘清扬被推选为会议主持人。其间，在北京大学组织马克思学说研究会，北京大学著名教授李大钊和讲师张申府出席会议并发言。年底，觉悟社派周恩来、刘清扬等人赴法勤工俭学。张申府被聘里昂中法大学任教也赴巴黎。1921年年初，刘清扬经张申府介绍加入共产主义小组，成为中共最早女党员。同年二三月间，张申府和刘清扬介绍周恩来加入共产主义小组。在巴黎期间，刘清扬与张申府结婚，成为一对革命伴侣。1923年，刘清扬回国后参加了邓颖超等人领导的天津妇女进步团体女星社，创办《妇女日报》，并担任报社总经理。是年根据党中央建立革命统一战线的方针，中共北方区委决定派刘清扬加入国民党，作为跨党党员从事革命工作。1924年春被派往广州，参加何香凝领导的国民党中央妇女部工作，6月随李大钊到苏联参加共产国际第五次代表大会。1944年，刘清扬在重庆加入中国民主同盟，并当选为民盟中央委员和妇女委员会主任。中华人民共和国成立后，历任民盟中央常委、政务院文化教育委员会委员、河北省政协副主席、全国妇联副主席、全国红十字总会副会长等。刘清扬非常珍惜她的政治生命，早在抗战初期，她就向周恩来提出，希望恢复她的党组织关系。周恩来劝她暂时留在党外，便于做统战工作。中华人民共和国成立后，她又多次申请入党，直到1961年，终于重新加入中国共产党。“文化大革命”中，刘清扬惨遭迫害，于1977年7月19日含冤去世。1979年8月3日，中共中央为刘清扬恢复名誉，平反昭雪，举行追悼会。邓小平、宋庆龄、邓颖超等党和国家领导

人送了花圈。全国政协副主席兼秘书长刘澜涛主持追悼会，全国政协副主席、全国妇联主席康克清致悼词，她满怀深情地郑重宣告："刘清扬同志的一生，是革命的一生。"

马骏(1895—1928) 又名天安，字遁泉，号准台，回族，觉悟社社员中代号29号，化名念九。中国共产党的早期活动家和领导者之一，中国革命的先驱人物，第一批入党的回族党员。清光绪二十一年七月二十四日(1895年9月12日)，出生于牡丹江市宁安县一个回族家庭，家境较为富裕。马骏17岁在省城一中读书，受到初步的爱国主义教育。其间参演《一片爱国心》等话剧，并参加抵制日货的斗争。1915年，考入天津南开中学，参加到周恩来等组织的"敬业乐群社"中，两任该校演说会、学生讨论会及自治励学会的会长和义塾服务团总董及教务长。1918年7月9日，马骏在家乡宁安与杨秀蓉结婚。马骏具有出色的宣传和组织能力，五四运动时，他广泛组织学生，发起成立了学生联合会，成为五四运动的主要青年领袖之一。后来又被选为天津学生联合会副会长、天津各界联合会负责人，领导天津各界举行罢课、罢市、示威游行等斗争。1919年6月，他和郭隆真、刘清扬等10人赴北京，强烈要求北洋军阀拒绝在"巴黎和约"上签字。8月，山东镇守使马良残酷镇压群众，制造了震惊全国的"济南惨案"。马骏、刘清扬等在天津发表演说，揭露马良罪行。8月26日，天津各界联合会公推马骏赴京请愿，被京津请愿学生推为总指挥。他率领4000人在天安门请愿，要求惩办马良，释放请愿的代表，结果也遭到逮捕。由于全国人民纷纷抗议，北洋军阀政府不得不释放了全体被捕代表。9月16日，马骏和周恩来等20余名男女青年成立觉悟社，并出版《觉悟》杂志。10月，赴上海参加组织成立全国各界联合会，被推选为总指挥，领导了著名的"反帝大游行"。1920年，他回天津参加抵制日货的斗争，后再次被捕入狱。在狱中，他仍坚持斗争，7月，经多方营救，马骏被释放。1921年7月，马骏在天津入党，成为天津的第一批共产党员之一。1922年，他到哈尔滨从事地下工作，是东北党组织的创始人之一。1925年10月，被派往苏联莫斯科中山大学学习。1927年大革命失败后，他奉调回国，任中共北京市委书记兼组织部长，重建和恢复了北京市各级党的组织。12月，由于叛徒出卖，马骏被捕，在狱中受尽折磨。1928年2月15日，被军阀张作霖杀害，年仅33岁。中华人民共和国成立后，党和政府为马骏举行了公祭仪式。1951年10月，在北京日坛公园为他竖立墓碑。马骏家乡宁安县有马骏烈士纪念室，记载了他的英雄事迹。

李毅韬(1896—1939) 女，后改名李峙山，觉悟社社员中代号43号，化名峙山、施珊、山、珊，出生于直隶省盐山县农村，独生女，父亲是位私塾先生。6岁时，李毅韬在父亲的指导下，读《三字经》《百家姓》等书。17岁时，全家迁居天津，李毅韬考入直隶第一女子师范学校(今天津美术学院址)，她在班中各门文化课都名列前茅，唯独因为她缠过足，从小又没高声唱过歌，故音乐、体育成绩不及格。毕业时，她的学习成绩名列全年级第二。毕业后留校在"女师"小学部(2001年拆除时为河北区西箭道小学)任教员。是天津妇女解放运动的先行者，邓颖超的好友。1919年5月25日，天津女界爱国同志会在天津东门里江苏会馆召开成立大会，李毅韬被推举为副会长。是年6月9日，在天津河北公园(今中山公园)举行的群众大会上，她代表女界爱国同志会登台讲演。1922年元旦，李毅韬与觉悟社社员谌小岑在南京结婚。1923年春，李毅韬夫妇回津，李毅韬与邓颖超等编辑作为觉悟社社员通信刊物的《觉邮》，出版《女星》旬刊，办起了女星成年妇女补习学校，并担任主编和校长。1924年元旦，她又协同刘清扬、邓颖超等出版《妇女日报》，任总编辑；9月，《妇女日报》被查封。1925年，李毅韬加入中国国民党。1927年9月，任国民党上海市党部妇女部长。1937年"七七事变"后，李毅韬因病在广州休养期间，抱病参加抗日救亡工作。广州沦陷前的1938年10月21日，李

毅韬随罗慕班率领的妇女工作委员会人员撤至广宁县。1939年转到广东省政府所在地曲江。5月，李毅韬心脏病发作。7月，因患乳腺癌，在医院手术时不幸去世。当时，谌小岑已回湖南，李毅韬的丧事由罗慕班和李毅韬女儿李劲柏操办，吴菊芳主祭，安葬于曲江西岸的芙蓉山。1940年，邓颖超参加了在重庆举行的李毅韬逝世周年纪念会，重庆《新华日报》为此刊发消息。

谌志笃（1896—1970）　字释孙，号石僧，觉悟社社员中代号50号，化名武陵，生于贵州织金县城大东门一个书香门第家庭。早年入贵阳私立南明中学读书，1916年考入天津直隶公立工业学校机械科学习。他一生主要从事教育工作，虽然没有加入共产党组织，却与共产党风雨同舟、荣辱与共，是新民主主义革命初期较为活跃的政治活动家、知名人士，也是织金早期进步思想的启蒙传播先导，对党组织在织金的建立发展起到了极为重要的作用。曾与周恩来、邓颖超结为挚友。1919年五四运动期间，谌志笃是天津学生联合会会长和天津各界联合会主要负责人之一。在声援北京爱国学生的一次演讲中，为激励国人，他毅然断指写下血书，表示愿与北京爱国学生共同斗争到底的决心。6月上旬，北京学生举行规模空前的街头抗议宣传，上千名学生被捕，谌志笃率天津学生冲破军警的包围，与省长谈判，要求省长立即电报北京当局释放被捕学生。8月初，北京又发生镇压学生事件，打死打伤100多人。谌志笃、周恩来立即率天津学生五六百人赶赴北京声援。9月，与周恩来等人成立了觉悟社，谌志笃是觉悟社的骨干。10月10日，天津各界在南开大学操场举行4万多人的群众大会，谌志笃任大会总指挥，在天津掀起爱国高潮。1920年秋，周恩来赴法国勤工俭学。谌志笃学成回黔，初任南明中学教员，与友人创办黔南化工皮革厂，又主持《黔声报》，宣传革命思想。1922—1926年，随袁祖铭黔军往来于川黔间，任黔军总司令部秘书、重庆百货统捐局局长、贵州省行政委员会委员兼总务科长。1927—1929年，参加北伐战争，任国民党第十军军部秘书，在徐州、蚌埠、泰安前线作战。1930年，任四十三军交通处长。1931年冬，任贵州省建设厅技正、市政工程处主任、炉山县县长等职。1933—1935年，任贵州省建设厅机要秘书。1937年，抗日战争爆发后，他爱国初衷不改，毅然令自己的独生女谌曼丽弃学从军，奔赴延安抗日，本人则到武汉，在周恩来任军事委员会政治部副主任的办公室任上校秘书，后转重庆工作。1939年后，国民党反动派掀起反共高潮，又值周恩来去苏联治骨伤，他便于1940年回到家乡织金，参加续修《平远州志》《织金县志》。又捐资修建石干河桥和修整蔡石桥，并著文勒石纪念。1949年，促成织金县和平解放，出任县支前委员会主任。1951年起，任贵州省人民政府参事室参事、省文史馆办公室副主任。1961年，周恩来过贵阳时，曾与谌志笃会面。不久，谌志笃到北京马列主义学院学习1年。1963年，任贵州省政协委员、省政协文史资料研究委员会办公室副主任。1970年，病逝于贵阳。

关锡斌（1896—1995）　曾用名关学斌，后改名管易文，觉悟社社员中代号18号，化名石霸。清光绪二十二年七月（1896年8月）生于广东省廉江县（今石城县）一个官僚家庭。青少年时代，在辛亥革命的影响下，向往光明，追求进步。1917年考入天津直隶第一师范学校，开始接受民主主义思想。1919年五四运动兴起，关锡斌与马骏、郭隆真、邓颖超等一起，组织天津学生联合会，举行罢课游行，反对签署丧权辱国的“二十一条”，并参加赴京请愿团，遭到反动军阀政府逮捕。在狱中坚持斗争，决不屈服，后在周恩来等声援、营救下出狱。同年秋，参加觉悟社，为宣传民主与科学的进步思想，为反帝反封建斗争进行了不懈努力。同年底，为寻求救国之道，与徐特立、向警予、恽代英等同船赴法国勤工俭学。1921年，赴美国勤工俭学，先后在爱荷华州师范学院和耶鲁大学完成学业，在底特律福特汽车公司做工、进行社会调查。1926年回国后，任南开大学青年会学生部干事。“四一二”反革命

政变后，赴广州岭南大学任教，在白色恐怖下继续从事进步活动。1937年“七七事变”后，参加中国共产党领导的抗日活动，从事党领导的地下情报工作。1939年，加入中国共产党，以教师身份做掩护动员青年学生参加抗战，交往上层人士宣传中共抗日民族统一战线政策。1949年，北平解放后，任中央统战部接待处处长，负责接待知名人士和原国民党和谈代表，并受中央委托，随同邓颖超等护送宋庆龄赴京，圆满完成任务。上海解放后，任上海市军管会交际处处长。1954年任上海市政府办公厅副主任、上海市政协副秘书长。1958年7月5日，任国务院参事（副部级）。管易文于1995年12月2日在北京去世，是最后离世的觉悟社社员。

谌小岑(1897—1992)　曾用名谌伊勋，觉悟社社员中代号41号，化名施以，清光绪二十三年一月（1897年2月）生于湖南省安化县。青年时代就学于长沙市长郡中学、直隶公立工业专门学校（天津市高等工业学校），1917年9月，考入天津北洋大学学习。五四运动时期，谌小岑受李大钊、周恩来的影响，投身于反帝反封建斗争，并参加了周恩来创办的觉悟社，为宣传科学民主的进步思想，为新文化运动的兴起作出积极努力。1920年，他到汉口杨子机器厂鼓风化铁炉化学室工作，不久到天津任《劳报》编辑。其间，奉李大钊指派，与张太雷一起在金汤大马路（今建国道）成立了天津第一个社会主义青年团小组。后小组活动停顿，脱离关系。1921年，通过李大钊介绍到华俄通讯社从事翻译工作。1922年元旦，谌小岑与觉悟社社员李峙山在南京结婚。1923年，他在天津协助邓颖超创办女星社和女星成年妇女补习学校，编辑出版《女星》月刊、《妇女日报》，为妇女解放运动的兴起和发展做了许多工作。1925年，他加入了中国国民党。1928年3月，他在上海参加再造社，任《再造旬刊》编辑，并任《民众日报》经理。“九一八”事变后，面对日本法西斯入侵行径，谌小岑与友人蒯伯赞一起在天津创办《丰台旬刊》，抨击当时国民党政府的不抵抗主义政策。此后，还主编过《劳动季报》《扶轮日报》《救亡呼声》等报刊，号召人民起来抵抗日本侵略军的侵略罪行。1934年，赴杭州任浙赣铁路理事会秘书。次年，再任南京国民政府铁道部劳工科长。1936年，任国民党广东省党部书记长，其间曾为沟通国共双方高层之间接触、进行联合抗日谈判而奔走联络。1942年年初，被选为国民政府立法院立法委员。1948年年底，他加入反蒋的“孙文主义革命同盟”，被推选为常务理事。后被国民党当局开除党籍并受到通缉。1949年4月，人民解放军渡江时，谌小岑利用其浙赣铁路理事会主任秘书职务之便，组织铁路员工保护铁路设施和钱塘江大桥。同年5月赴香港，积极进行策反工作，并于1949年8月参加44人署名发表的与国民党决裂、拥护中国共产党的声明。中华人民共和国成立后，先后在国家出版总署编译局、文化部出版局从事翻译工作，为中华人民共和国成立初期翻译出版事业的发展作出贡献。1957年4月，任国务院参事。“文化大革命”中，因受到中央某领导冤案的牵扯，遭受迫害被长期关押。1979年，有关部门为他平反，恢复名誉。同年，被选为中国国民党革命委员会中央委员会委员，1987年被选为民革中央监察委员会常务委员。1992年11月27日在北京逝世，后归葬湖南安化家乡。

郑季清(1897—1962)　女，曾用名郑岩、郑禄寿、郑漱六，觉悟社社员中代号34号，化名衫峙，江苏扬州人，出身书香门第。郑季清在天津直隶第一女子师范学校求学时，积极反叛旧思想、旧道德、旧文化，追求妇女解放和思想革新。1919年，同周恩来、邓颖超等积极组织领导了天津五四运动。是年8月，与周恩来、邓颖超等率领天津学生代表到北京请愿，9月，组织成立觉悟社，出版进步刊物《觉悟》。她在《觉悟》创刊号上发表的旨在抨击封建礼教的万字文章《我们的姊妹》，为觉悟社骨干。1923年，郑季清嫁给了觉悟社社友梁乃贤，长期在南方生活。编辑过《南京妇女》，参加过南京市妇女文

化促进会，但主要是从事教育工作。曾在国统区协助保护周恩来、邓颖超的人身安全。临解放其夫带着养女去香港，她一人留在桂林。在她遇到困难的时候，得到周恩来、邓颖超的关怀和资助。1951年春，当地群众推举年过半百的郑季清为教师。她满腔热情地投入到教学工作中，赢得了村民们的敬重和爱戴。6月，周恩来、邓颖超从北京来信，请她到北京工作，被她婉拒。1953年春的一天，她在指导学生排练话剧时，突然中风倒地，病情略有好转后，她回到学校，以左手写字授课。1955年，郑季清赴桂林养病，发起成立街道识字班，为扫盲工作作出贡献。1960年，周恩来和邓颖超到桂林视察工作，在榕湖饭店会见了郑季清，从自己的生活费里拿出200元相送，后派专人到桂林接郑季清去北京养病。郑季清在北京养病一年，因嫌北京天气太冷，身体不适，于1962年重返桂林，不久去世。

周恩来（1898—1976）　字翔宇、小名大鸾，曾用名飞飞、少山、冠生等，觉悟社社员中代号5号，化名伍豪、伍。祖籍浙江绍兴县（今绍兴市），清光绪二十四年二月十三日（1898年3月5日）生于江苏淮安府（今淮安市）山阳县驸马巷。马克思列宁主义者，中国无产阶级革命家、政治家、军事家、外交家，中国共产党、中华人民共和国的主要领导人，中国人民解放军主要创始人和领导人。周恩来幼年生活十分坎坷，出生后8个月过继给叔父周贻淦为嗣，后叔父早逝，由守寡的嗣母陈氏抚养长大。1913年春，到天津，住元纬路元吉里。8月，考入南开学校。品学兼优，积极接受新鲜事物，编辑刊物，发表小说，参加演说比赛，男扮女装演出话剧。“欲重整山河，复兴祖国”成为少年恩来的梦想。1919年五四运动爆发时他刚从日本留学归来，抱着“返国图他兴”志愿立即投入斗争，很快成为其中的著名领袖。9月16日，在周恩来提议和组织下，一个新型的著名的革命青年组织——觉悟社诞生。觉悟社全体社员公推周恩来主持觉悟社成立大会。他在发言中指出：“中国社会要从根本上解决”“为了达到这个目的，我们要结成团体，出版刊物，以改造学生的思想，进而唤起劳动人民的觉悟，来共求社会的改造。”他提议用白话文出版不定期社刊《觉悟》，并主编创刊号，发表了两篇纲领性的文章《觉悟》《觉悟的宣言》。9月22日下午，觉悟社社员与天津各界1万余人在南开操场举行大会，追悼被反动军阀杀害的唐山代表。9月30日，周恩来、郭隆真等10人赴京参加全国学联组织的请愿斗争，要求惩办镇压爱国学生的山东军阀马良。代表们被捕后，周恩来又率领觉悟社社员积极投入营救活动。10月10日，由周恩来等发起和组织，在南开操场举行天津各界四五万人参加的国民大会，声援请愿被捕代表。12月，觉悟社又领导和推动天津各界群众举行声势浩大的国民大会，支持福建学生的爱国运动。1920年1月，反动当局加紧镇压爱国运动，殴伤、逮捕学生代表，在这严峻时刻，周恩来坚定沉着，立即召开觉悟社社员大会，提出要作“牺牲奋斗”的准备，随即进行街头讲演，散发传单。反动当局再次对手无寸铁的爱国学生进行血腥镇压，周恩来等4名代表被非法拘捕。在反动派的拘禁中周恩来度过了半年的铁窗生活。1920年8月初，在周恩来建议和主持下，觉悟社召开年会。会上，他作了一年来天津学生运动的斗争经验和教训的报告，指出今后的救国道路，提出了联合各进步团体，到民间和劳动群众相结合，采取共同行动，改造旧中国的主张。8月16日，周恩来率领觉悟社11名社员到北京，邀集少年中国学会、青年工读互助团、曙光社、人道社等4个团体，在陶然亭举行茶话会，李大钊应邀参加。会上，周恩来阐述了觉悟社年会提出的“改造联合”的主张，得到与会代表的一致支持。至11月底，社员们为贯彻会议精神，寻求真理，纷纷星散各地，周恩来等6名社员先后到法国、德国勤工俭学。在法国，周恩来于1921年春由张申府等人介绍加入了中共旅法共产主义小组，1922年转入中国共产党，成为中国最早的共产主义者之一。中华人民共和国成立后，任政府总理兼首任外交部部长，并任中央军委副主席、全国政协主席等。1976年1月8日在北京逝世。

潘世纶(1898—1983) 字述庵、述厂，觉悟社社员中代号19号，化名石久。浙江杭州人，清光绪二十四年一月(1898年2月)生，早年随家人到天津。1913年，潘世纶与周恩来一起入南开学校学习，在周恩来影响下追求进步，在学校进步刊物《南开思潮》上发表《论青年当忍辱负重》。五四运动爆发后，任《天津学生联合会报》副编辑。针对山东军阀济南镇守使马良对爱国学生实行武力镇压，8月8日，潘世纶与周恩来合写了《讨马良》的文章，形成强大舆论威力，进一步掀起学生和各界人士的爱国高潮。1919年觉悟社成立后，为觉悟社骨干，参与了《觉悟》创刊号编辑工作。抗日战争时期，潘世纶任中国银行香港分行副经理。1947年，到天津组织中国银行的恢复工作，任中国银行天津分行副经理和天津银行同业公会董事。1949年天津解放后，继任原职，后任分行行长。1958年，赴京任中国银行总行顾问、监事等，兼任天津分行行长至1965年6月。潘世纶夫妇一直与周恩来夫妇保持着友谊。周恩来曾对潘世纶讲:“参加一点政治工作吧，帮一下我的忙。”1976年周恩来逝世后，潘世纶将自己保存的与周恩来有关的信件与照片奉献给国家，积极撰写文史资料，追述青少年时期与周恩来共同参加学生运动的往事。1983年1月去世。

胡维宪(1898年前后—?) 后改名胡无，觉悟社社员中代号20号，化名廿豪。其籍贯、生卒时间等无考。胡维宪1918年春入天津南开学校，与周恩来思想甚为接近，且二人稔熟。在校期间参加过《校风》和《南开思潮》的编辑，在上面发表过不少文章，其中《社会主义与中国》的文章，是继李大钊《我的马克思主义观》之后，又一篇向中国介绍马克思主义学说的重要文献，经常被中共党史研究者征引。胡维宪思想进步，社会实践活动非常频繁，与周恩来都是南开新剧团的成员，经常一起参与新剧演出。他不但是中国早期话剧演出的实践者，而且还是一位话剧理论建设的积极参与者。1919年7月21日，天津学生联合会主办《天津学生联合会报》创刊，周恩来担任主编，胡维宪担任编辑；9月16日，觉悟社在天津学生联合会办公室成立，经周恩来提议，胡维宪成为觉悟社首批社员。1920年1月，胡维宪等随李大钊一起，到天津市特别一区(原俄租界)，与苏俄友人鲍立维(又译作柏烈伟)会面，交流对中国形势和革命的看法，并酝酿建立社会主义者同盟等。这次历史性的会面，对后来中国共产党的成立起到了积极的推动作用。10月，胡维宪参加了天津社会主义青年团的创建。在特别二区大马路某裁缝店楼上(1990年拆除时的门牌号为建国道91号)召开成立会。当时参加天津建团会议的有张太雷、胡维宪、陶尚钊、吴南如、冯志尧、谌小岑、赵椿年等7人。随即胡维宪与张太雷、谌小岑等一起策划，创办青年团的喉舌《劳报》(日刊)。胡维宪和谌小岑担任编辑。出版不久，该报即被警察厅以“宣传过激主义”的“罪名”禁止，但胡维宪等并未退缩，很快又出版了《来报》。已知胡维宪在天津最后一次公开活动，是在1925年4月间。据《益世报》记载，当年4月6日，天津市民举行追悼孙中山大会筹备会议，胡维宪为大会交际股成员。后期情况无考。

薛撼岳(1898—?) 曾用名尹山、卓东，觉悟社社员中代号11号，化名石逸，天津市人。曾就读天津南开学校，与周恩来同班，并同住一寝室两年。1919年7月《天津学生联合会报》创刊，周恩来任主编，薛撼岳和潘世伦、赵光宸、胡维宪等一起负责编辑工作。觉悟社成立之前，周恩来推荐薛撼岳为编辑之一，筹备出版新的刊物。薛撼岳在五四运动中表现积极，遭天津当局通缉逃至安徽省。1921年，经李大钊介绍，薛撼岳与谌小岑、梁乃贤进入苏俄驻华的华俄通讯社担任翻译，为中国民众了解苏俄革命形势做了许多有

益工作。后投靠军阀吴佩孚，背弃革命，不知所终。

李震瀛（1900—1938）　原名李宝森，曾用名李振瀛、李泊之、宝林、振因、晨因、大汉等，觉悟社社员中代号28号，化名二八，天津市人。清光绪二十六年七月（1900年8月）出生于天津市古皇庵一个贫寒的小职员家庭。1913年，李震瀛以优异的成绩进入南开学校，与马骏、周恩来、郭隆真、刘清扬、邓颖超等结识，过往甚密。他热衷阅读《新青年》等新潮书刊，常和周恩来等研讨时政，并在《校风》上发表抨击时弊的短文。1919年7月，李震瀛与王学珍结婚，不久即加入觉悟社。此后，李震瀛更加活跃在天津学界，与一些进步学生深入工厂宣传爱国主张，号召工人兄弟和学生共同开展反帝爱国斗争。在李震瀛、周恩来等人的领导组织下，觉悟社、天津学联等进步团体曾举行了声援山东人民惩办刽子手马良和“双十节”全国性学生罢课、游行示威等反帝爱国运动。11月，迫于严酷的政治形势，他不得不撇下新婚妻子奔赴革命战场。1920年下半年到北京。8月，他以觉悟社代表的身份参加了由李大钊倡议、京津两地 5个进步团体在陶然亭举行的座谈会。随后李震瀛加入了北京大学马克思学说研究会，开始学习马克思主义理论。1921年初，李震瀛、韩麟符、谌小岑等10余人，在天津参加了中国社会主义青年团。7月，李震瀛转为中共党员。其后在上海、河南、哈尔滨、大连、山东等地从事工人运动，为中国工人运动作出重要贡献。1927年5月，李震瀛出席中共五大，并当选为中央候补委员。8月，出席了八七会议。10月，他与向忠发一起率中共代表团前往莫斯科参加十月革命10周年纪念活动，其间出席共产国际执行委员会第九次会议和赤色职工国际第四次代表大会。1931年中共六届四中全会后，李震瀛因反对王明上台，参与了罗章龙的右倾分裂党的活动，被开除党籍，不久在上海被国民党逮捕，关押在上海龙华监狱。经过多次审讯，他始终未暴露身份，被无罪释放。获释后，李震瀛发表声明不再参加革命活动。1932年12月18日夜晚，回到离别13年的天津家中。他当时身体极度衰弱，且腿部、肋部均有伤，但仍隐姓埋名到元隆绸缎庄当店员。最后终因劳累过度而病倒，于1938年5月7日在家中病逝。

赵光宸（1901—1965）　字丹文，觉悟社社员中代号9号，化名奈因，天津市人，清光绪二十六年十二月十六日（1901年2月4日）生于广西南宁。祖上是天津有名的“冰窖赵家”。早年与周恩来一同就学于南开学校。1919年，和周恩来等一起积极投身五四运动，任《天津学生联合会报》记者，后加入觉悟社。翌年，与周恩来、郭隆真等赴法留学。赵光宸是自费留学，手头较宽裕，经常接济周恩来。1924年，毕业于法国巴黎大学理科米卢兹高等纺织学校。归国后，任烟台社会局局长。1930年，任天津市立师范学校公民、机械、制图课教员，同时在天津工商学院、河北省立水产专科学校任教。在市师任职期间，加入国民党，组织中外联谊会、天津经济调查会2个社会团体。抗日战争期间，先后任宁夏省教育厅科长、湖北省教育厅秘书。抗战胜利后，回津任河北省建设厅视察员、农垦局局长，天津临时参议会参议员，国民党天津市党部委员，国民党中央监察院委员。赴台湾后，著《监察要务》等书，1965年病逝。1989年11月8日，邓颖超在北京中南海西花厅会见赵光宸的女儿赵忠绮和儿子赵忠经等人时说：“我们和你父亲关系不一般”，并在周恩来的遗像下合影留念。

张嗣婧（1902—1923）　女，字穆仪，觉悟社社员中代号37号，化名衫弃，河北安肃县（今徐水县）人。3岁丧父，9岁入本县女子小学读书。其间母亲未征得她同意便给她订下了亲事，对方是她的表哥刘赓勋。她12岁时到天津住在刘家，不久便考入女

子师范附属小学。1915年秋，张嗣婧考入直隶女师。几年中，她的成绩总是最优等，加之脾气好，故得到了老师和同学的一致好评。1919年，张嗣婧加入觉悟社，从事文字宣传工作。1920年春，张嗣婧在旧礼教的束缚下嫁给了刘赓勋。婚后受到夫家虐待。其毕业后在北京公立第七女子小学任教半年后，被丈夫逼回了天津。1921年冬，张嗣婧生下一女，一年后，又生下一男孩，但夫家重子轻妇，没有给她以最基本的照顾。产后11天，她即一病不起，病中还在照顾幼子病夫。1923年3月24日，年仅21岁的一代新女性被旧的家庭制度迫害致死。

周之廉(1902—1956) 女，曾用名之濂、溪，觉悟社社员中代号3号，化名珊，河北南宫人。幼年家境贫寒。1917年，以第一名的成绩考取天津直隶第一女师。五四运动时，为直隶第一女师学生总代表，与邓颖超等人并肩战斗。在女师就读时，勤工俭学，靠给织袜厂加工袜子补贴生活。加入觉悟社后，参与出版《觉悟》，讨论研究新思潮，积极投身到青年学生反帝反封的爱国运动洪流中。1920年，3次参与营救被捕入狱的战友郭隆真等。后考取北京师范大学教育系。1933年，考取美国哥伦比亚大学教育学院庚子赔款留学官费生，专攻儿童教育，1938年获硕士学位。抗日战争时期，周之廉多次深入战区，坚持为重庆北泉慈幼院和上千名难童的生存而奔走呼号，身体每况愈下，曾先后流产3次，以致无嗣。周之廉在促进儿童教育事业发展上做了很多有益探索。她与陶行知、晏阳初、梁漱溟同被称为“抗战时期中国四大教育家”。1956年6月，周之廉在美国病逝。1999年5月4日，在纪念北泉慈幼院成立60周年之际，部分健在难童捐款树立的抗战时期北泉慈幼院纪念碑在北泉慈幼院旧址落成。纪念碑上镌刻有周之廉的浮雕像。

张若名(1902—1958) 女，曾用名张若茗、张若明，字砚庄，觉悟社社员中代号36号，化名衫陆、衫六，清光绪二十八年(1902年)生于河北省清苑县，是中国妇女运动的先驱，中国第一位法国留学女博士。她一生中的法文著作近百万字，在法语教学领域培养大量人才，为中法文化交流作出重大贡献。1916年，入天津直隶第一女子师范学校。1919年五四运动时，是天津女界爱国运动的领导人之一，曾任天津中等以上学校学生会联合会评议委员会委员长、天津女界爱国同志会评议员。作为天津的正式代表，她两次去北京参加反“巴黎和会”签字请愿活动。1919年9月，和周恩来等共同创办觉悟社。在《觉悟》创刊号上，她以“衫六”署名发表《“急先锋”的女子》一文。文章提出的破除迷信观念、打破男女职业不平等的女权主张，代表了中国知识女性的共同声音。1920年1月23日，在反动当局迫害进步学生的请愿斗争中，她与周恩来、于方舟、郭隆真等作为学生代表，入河北省署求见署长，遭到非法拘留。他们在狱中坚持斗争达半年之久。8月，出狱后与周恩来同船赴法国勤工俭学。旅欧期间，她积极从事革命活动，经常和周恩来等讨论国内近况及法国政局和共产主义运动。1922年加入赵世炎、周恩来等在巴黎组织的中国少年共产党，被选为中央执行委员。是“共产主义研究会”的会员，并负责和法国共产党人保持秘密联系的任务。她法文学习进步很快，可以顺畅阅读法文马克思主义书籍，经常担任学习小组会上的主讲人，其讲演得到周恩来的好评。1924年，因参加在法追悼列宁的活动，张若名的身份被暴露，很难继续工作。又由于与共青团在法领导人任卓宣政见分歧，最终决定脱离组织，留法专心攻读学业。1928年，张若名取得了心理学、教育学等4门专业证书，并成为当时取得里昂中法大学文科硕士学位的唯一中国女留学生。1930年又取得博士学位。5月31日，与同在里昂大学读博士的杨堃结婚，并于1931年1月戴着“中国第一对博士夫妻”光环回祖国从事教育工作。1955年周恩来出访路经昆明，曾去看望在云南大学任教的张若名，从政治上给予她关心和帮助。1957年反右运动中，她因早年“退党”问题而遭受迫害，1958年6月18日，中文系召开

反右批判会，张若名倍感羞辱，投河自尽。后在周恩来、邓颖超的亲自过问下，中共云南大学党委对张若名遭受的错误批判进行了甄别，向家属赔礼道歉。1980年，在邓颖超的关怀下，云南大学党委为张若名作出政治结论："张若名同志一生为革命、为人民作了许多有益的工作"，为其彻底平反，恢复名誉。中国民主同盟亦恢复了她的盟籍。

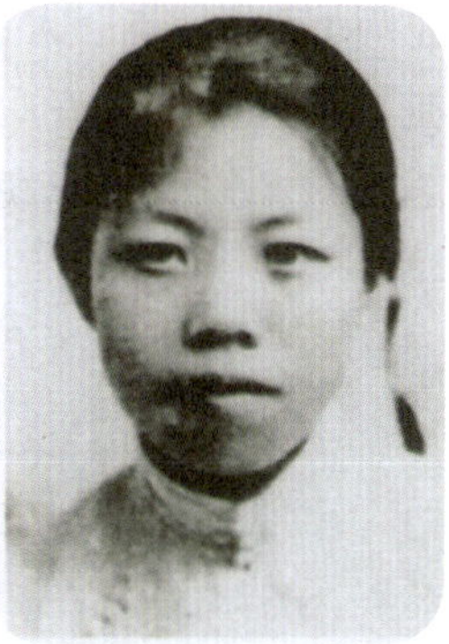

邓颖超（1904—1992）　女，曾用名邓文淑，在觉悟社社员中代号1号，化名壹、逸豪，祖籍河南光山，清光绪二十九年十二月十九日（1904年2月4日）生于广西南宁。其作为伟大的无产阶级革命家、政治家，著名社会活动家，坚定的马克思主义者，党和国家的卓越领导人，中国妇女运动的先驱，在国内外享有崇高声誉，深受全党和全国人民的尊敬和爱戴。邓颖超幼年丧父，靠母亲杨振德行医或当家庭教师过着清贫的生活。清宣统二年（1910年），随母迁居天津，1913年，在北京免费的平民学校读书。后考入天津直隶女子第一师范学校（今天津美术学院）。1919年，她和刘清扬、郭隆真、张若名等组织天津女界爱国同志会，任执委兼讲演队队长，并参与组织天津各界联合会，积极发动女师同学及各界妇女参加五四运动。与周恩来等共同组织觉悟社，为天津学生爱国运动的重要领导人之一。1921年，她与李峙山（李毅韬）、谌小岑等在河北区达仁里10号创办女星社，旨在解放被压迫妇女，宣传妇女的革命精神，呼吁和组织觉悟女子参加革命运动。1923年，参与组织女权运动同盟会直隶支部。1924年，参加中国共产主义青年团。1925年3月，转为中共党员，任中共天津地委妇女部长。1925年8月8日与周恩来结婚，结为终身革命伴侣。从此，她确立为共产主义事业奋斗终生的坚定信念，开始了为中国人民解放事业和国家繁荣富强而奋斗的职业革命家生涯。中华人民共和国成立后，邓颖超历任全国妇联副主席、党组副书记、名誉主席，中国人民保卫儿童全国委员会副主席，全国人民代表大会常务委员会委员等职。1956年中共八大后，为历届中共中央委员。1976年后任第四和第五届全国人大常委会副委员长、中共中央政治局委员、中央纪律检查委员会第二书记、第六届全国政协主席等。1986年9月10日，邓颖超作为中国人民政治协商会议全国委员会主席，到河北区视察觉悟社旧址陈列馆。后为觉悟社纪念馆题写馆名。1992年7月11日，邓颖超在北京逝世。遵其遗愿将其骨灰撒在曾经战斗过、生活过的天津海河，永远和天津人民在一起。

吴瑞燕（1904—1995）　女，字颖川，号仲怡，觉悟社社员中代号26号，化名念六、念陆，广东中山人，1918年考入天津直隶第一女子师范学校，与邓颖超等为同窗。五四运动期间，吴瑞燕表现积极。她文笔较好，参加觉悟社后，受周恩来演出的话剧《一元钱》的启示，自告奋勇，参与创作、编导话剧《木兰从军》和《伊藤博文》。公演后，受到各界欢迎。吴瑞燕从女师毕业后，报考了北京人艺戏剧专门学校。1923年5月，该校在北京新明剧场进行首次实习演出话剧《英雄与美人》，吴瑞燕突破封建礼教的羁绊，勇敢地在剧中饰演了一个土娼。据载，她是当时第一个与男生同台演出的女演员。面对"伤风败俗"的反对声，她无所畏惧，又扮演了《赛金花》中的赛金花。后来吴瑞燕与同学王泊生（1902—1965）结为夫妻。1934年，吴瑞燕夫妇创办了山东省立剧院。这是中国第一所融教、编、演于一体的戏曲音乐院校，王泊生任院长，吴瑞燕任教务主任。夫妇俩积极进行戏剧创新与改革，不仅亲自编创剧目并登台演出，还首创用西洋乐器伴奏京剧。抗日战争期间吴瑞燕夫妇在重庆创办歌剧学校，周恩来、邓颖超多次邀请他们把京剧院、歌剧院搬到延安，但因国民党当局阻挠，未能实现。吴瑞燕为中国戏剧艺术事业的发展倾注了大量心血，其艺术实践曾有一定的社会影响力。1995年，其在上海市静安区去世。

第三章 人物传略

于树德(1894—1982) 字永滋，笔名王希夷、王斌、于振一，直隶省静海县(今天津市静海区)唐官屯村人。早年加入中国同盟会、参加辛亥革命，后入天津北洋法政专门学校(今志成路武警二支队驻地)读书，与李大钊同学，1917年毕业。1918年东渡日本，在京都帝国大学攻读经济。1921年回国后，在天津北洋法政专门学校任教员，与老校友李大钊往来密切，不久加入中国社会主义青年团，并结识了罗章龙等一批早期工人运动领袖。同年9月，与安体诚等创办天津工余补习学校(位于宇纬路四段，今胜天里)并任校长，以此为基地开展工人运动。1922年1月，经李大钊推荐，赴莫斯科参加远东各国共产党及民族革命团体第一次代表大会。回国后，将在苏联所见所闻向师生介绍，从中传播马克思列宁主义。3月，受中共北京党组织指派，在天津开展重建团的地方组织工作，任中国社会主义青年团天津地委书记部主任。6月，经李大钊介绍加入中国共产党。8月，遵照中共北方区委的指示到杭州开展工作，在浙江法政专门学校任政治经济学教师。9月，任中共杭州党小组组长。1923年春，任中共杭州党支部书记。6月，作为浙江代表列席中国共产党第三次全国代表大会。会后党组织又将他调回天津。1924年1月，他作为北方代表出席中国国民党第一次全国代表大会，并与李大钊一起当选为国民党中央执行委员，为实现国共合作作出重要贡献。3月，任中共天津党小组组长，调任国民党北京执行部所属青年部部长。1925年3月，受中共北方组织和国民党北京组织委派，前往内蒙古开展建立国民党地方组织的工作。下半年，受中共组织指派到黄埔军校任政治部政治教官，其间积极投入反对国民党右派制造事端、分裂军校的斗争。1926年1月，在中国国民党第二次全国代表大会上被选为中央执行委员。“四一二”反革命政变后，脱离了中共组织。抗日战争后期，曾任中国工业合作协会副总干事。抗战胜利后，历任国民党政府监察院监察委员、考试院考试委员、国大代表等职务。中华人民共和国成立后，历任中央人民政府中央合作事业管理局副局长，第二至第五届全国政协委员，并任第四、五届全国政协常委，全国供销总社监事会副主任等职务。1982年2月18日在北京去世。

李允恪(1898—1993) 原籍山西省运城县。1922年，毕业于北京医专，后赴德国留学。1926年，毕业于柏林大学医科，留校研究3年，获医学博士学位。1929年回国后，到山西省医科大学任教授。后应天津市市长崔廷献之邀至津，筹建现代化医院——市立医院(今第一医院)，位于特二区金汤三马路(今进步道)。1930年该院开业，李允恪为首任院长。一年后离任，在今滨江道开业行医。1935年，李允恪再次任第一医院院长、市卫生局局长等职。1945年离职，创办私立民众外科医院(位于今鞍山道)。天津解放前夕，曾与中共地下组织取得联系，为保卫城市做过有益工作。中华人民共和国成立后，任天津市第一任卫生局长、市第二届各界人民代表会议代表、市人民政府委员、市政协委员、中国红十字会天津分会会长等。后调北京国家医科院任研究员，从事健康长寿问题研究。1993年在北京去世。

赵松樵(1900—1995) 山西人，出身于戏剧世家，7岁从父学戏、演戏、跑码头、闯关东。9岁便小有名气，取艺名九龄童。10岁进京入喜连成科班学艺，技艺更加成熟。17岁父母病故，遂在舞台上挑大梁。1921年，到天津南市广和楼茶园演戏。后辗转到山东、江南等地演出，曾与梅兰芳、金少山、周信芳、盖叫天等同台献艺。在艺术上集诸家之长，兼收并蓄，亦文亦武，自成风格。曾先后自编、自创、自演《木兰关》《云罗山》《高平关》《关公》等剧目。中华人民共和国成立后，举家迁居天津，在大舞台戏院加盟新艺剧社。先后组建红风剧社、扶新剧社，在大舞台戏院、共和戏院演出。1956年，组建河北区区属建新京剧团，任业务团长，以其剧目丰富、文武兼优、技艺精湛博得广泛赞赏。赵松樵善于倾听意见，对不同阶层赏艺者谦逊知礼，敬业重道。几十年里，不断磨炼自身代表剧目，如《红须客》《大名府》《父子忠烈》《斩颜良》《岳飞传》等，在实践中锐意求精，其扮演的武净颜良，威武剽悍，刚烈豪放，活灵活现，为观众留下深刻印象。“文化大革命”中受到冲击，被抄家下放。20世纪80年代任中国剧协天津分会副主席、天津市京剧二团艺术顾问。恢复传统戏演出后，赵松樵不顾年老体衰，多次重登舞台献艺，参与义演活动。赵松樵80高龄与70岁的京剧名家李万春合演《斩颜良》于新兴剧场、南开文化宫，扮演武净颜良，显示出深厚艺术素养与扎实功力。在天津市京剧二团演出《逍遥津》《单刀会》《华容道》《刀劈三关》等剧目，留有珍贵录像。其80岁加入中国共产党。晚年积极参加市表演艺术咨询委员会工作，收徒传艺，示范演出，著书立说，为振兴京剧事业不辞辛劳。90岁时曾与山西省京剧团主演李铁英、陈云超、李芝岗等合演《古城会》《大溪皇庄》等剧，一时传为佳话。

徐彬如（1901—1990） 又名徐文雅，安徽省萧县丁里镇徐王庄人。青少年时期开始接受民主革命思想。五四运动时期积极参加爱国宣传活动。1920年，加入中国社会主义青年团。1925年8月，加入中国共产党。1926年年初，担任中共中山大学支部书记兼粤区区委学生运动委员会委员。"四一二"反革命政变后，从广州转移到上海，参加中共中央军委工作。1928年冬，与陈潭秋等到津筹备召开中共顺直省委扩大会议。1929年初，负责筹组中共天津小刘庄区委。9月，任顺直省委秘书长，不久任中共天津河北区委书记。在白色恐怖下，深入工厂、学校恢复党组织，领导工人运动。在其领导下，天津河北地区党组织得到进一步恢复，建立了平奉铁路、津浦铁路、提花、学生、河北等支部，并在塘沽发展了党组织。1930年1月，在担任河北区委书记期间，因组织恒源纱厂工人进行"年关花红"斗争，被人告密被捕，坚贞不屈。9月经党组织营救出狱后，从事党的宣传工作。1935年秋，与谢华奉命去西安成立中共西北特别支部，领导西北民众抗日运动，并任西北各界救国联合会宣传部负责人。中共中央副主席周恩来到达西安，接见了徐彬如，对其工作给予充分肯定。此后，任中共陕西省委对外代表，兼做八路军西安办事处统战工作，借《西北》周刊发起人身份，接待要求奔赴延安革命青年。1940—1945年，先后担任陕甘宁边区参议会秘书长、八路军留守兵团联络部部长、中央党校秘书处处长等职。中央党校迁往东北时，其留任晋察冀边区行政委员会交际处处长兼社会部副部长。解放战争时，任东北局土改检查团副团长。东北人民政府成立，任公路总局局长。中华人民共和国成立初期，任交通部公路总局局长。1952年，主持筹建中国革命博物馆，为中国文博事业付出大量心血，是党内少有的文博专家和党史专家。1990年5月24日因脑出血和心肺衰竭于北京病逝。

及克非（1905—2002） 原名静波，字海平。中共党员。曾任天津二区中心小学校长。出生于直隶省交河县田家庙南场一耕读家庭。1923年，以优异成绩考入直隶省立第一师范。1929年，毕业后回南庄小学创办高小班。1935年，南小并入富镇小学，他任分校主任。抗日战争中，他两度组织建立抗日小学，在没有校舍、教材情况下，以《冀中导报》为教材，既教学生识字，又宣传抗日救国，教育学生树立中国必胜信念。1945年，任阜东王过庄高等小学主任。1949年，到天津二区中心小学任教。翌年，出任校长，加入中国共产党，被选为第一届区人民代表。1952年，作为天津市代表参加全国教育会议，被选为6校联校校长、党支部书记。"文化大革命"期间，调到华安街小学任校长。1981年，在华安街中学离休。及克非从教50余年，将毕生精力献给教育事业，被老师和家长誉为"老八路校长"。

尚伯华（1905—1984） 名麟书。原籍河北省宁河县（今天津市宁河区）。生前久居粮店后街林家胡同。天津市著名医学检验学家。曾任河北区人委委员、和平区政协委员。并任中华医学会委员，市医学检验学会主任委员、理事长兼检验工作技术指导组主任委员，市微生物学会副理事长及《中华临床检验》《天津医学》杂志编委等职务。1925年，毕业于天津新医学校。后在红十字医院工作，并在家应诊。由于诊病精细，处方灵验，早年就称誉乡里。1930年，在新建的市立医院任内科医生。1939年，到北平协和医学院细菌系学习。翌年，返津创办天津市第一个由华人主办的医学化验室。中华人民共和国成立后，尚伯华在第一医院工作，将自己在私人开诊时的房屋和医疗器械献给国家。他多年从事医学检验工作，对细菌生化、血液病检验有独到研究，特别是利用中草药进行细胞核染色方面的研究成绩突出。1953年，被评为市级劳动模范。1956年，加入中国共产党，1958年，获市卫生局科技成果奖。1964年，在天津市发现肠道传染疫情期间，他吃住在医院，一连60个昼夜坚守在检验岗位。“文化大革命”期间，被打成“反动学术权威”，1972年甄别后，继续兢兢业业工作。《天津日报》曾发表其撰写的《将晚年献给革命事业》文章，同时报道其模范事迹。1984年去世前，他将珍藏多年的全部标本、切片和资料无偿献给医院。

高去疾(1906—1980） 河北省安新县人。出身于“诗书传家”家庭，祖上有田地，曾祖父(四世)是清末文学家、编辑家高鹗。父亲教书。因幼年体弱多病，父为其取名去疾。1931年，毕业于北平师范大学文学系。在学期间景仰钱玄同，接受新文化思想，反对封建礼教，崇尚科学民主。曾在北京师院担任讲师，在大学课堂的讲义《中国文法》《古文选译》刊行于世。所著《差别字讲话》得到老师钱玄同题字、黎锦熙注音。1945年抗日战争胜利后，任北京四中校长。1946年7月加入中国共产党。1949年，受党组织委派到天津工作，以党代表身份接收天津三中。1953年，任天津第十中学副校长、校长等职。他爱惜人才，治学严谨。20世纪60年代初，第十中学成为省、市两级重点中学，与当时的第十五中(南开中学)、第十六中(耀华中学)、第一中学齐名，是一位为基础教育作出贡献的教育工作者。1980年5月4日去世。

陶葆楷(1906—1992） 江苏无锡人，1906年10月1日出生于原籍，1918年随父到天津就读，是天津扶轮中学首批学生。1920年，考入清华学校留美预备学校学习了6年。他在这一时期不仅取得了优异的学习成绩，熟练掌握了英语，也培养了严谨、勤奋和求实的作风。为实现工业救国的理想，陶葆楷于1926 年赴美留学，先后就读于密西根大学和麻省理工学院，1929年获土木工程学士学位，1930年获哈佛大学卫生工程硕士学位。在德国柏林工业大学进行了1年的研修。1931年，25岁的陶葆楷回国，成为清华大学最年轻的教授。他满腔热忱、兢兢业业，主持创建了清华大学土木系中的市政及卫生工程组，开拓了中国卫生工程教育事业的一块重要领地。1935年编写了中国最早的《给水工程学》中文教材，其中收集了国内人工凿井法、井水提升法和井管保护设施等，在促进西方科学技术与中国实际相结合方面前进了一大步。编写《卫生工程名词草案》一书，给排水工程中通用的中文名词，很多是陶葆楷当时提出的。中华人民共和国成立后，在任清华大学、北京大学教授的同时，在建设部、国家环保局、全国市政工程委员会、中国环境科学学会和北京市人民政府任要职。任全国政协委员、九三学社参议委员会常委。1986年，清华大学设立“陶葆楷奖学金”。1992年2月16日去世于北京。《人民日报》在报道其去世的消息中说：“陶葆楷同志从教60年，开拓并发展了我国市政工程及环境工程教育事业，培养了几代科技人员，为改变我国卫生和环境工程的落后面貌作出了卓越的贡献。”

曹禺(1910—1996） 原名万家宝，字小石，曹禺系笔名。湖北潜江人，生于天津。1913年，搬迁到意租界二马路36号(今民主道23号)。出生后3天丧母，由继母抚养。因受继母影响自幼喜爱戏剧，12岁已读《红楼梦》《三国演义》等古典文学作品。1922年，考入南开中学初二年级，之后接触了《语丝》《创造》等新文学作品。1925年，加入南开中学的文学会和北方最早的业余戏剧团——南开新剧团。排演过《少奶奶的扇子》《娜拉》《国民公敌》等中外名剧，男扮女装出演女主角娜拉。1926年，以“曹禺”笔名发表处女作小说《今宵酒醒何处》，并担任《南开双周》戏剧编辑。1928年，升入南开大学政治系。翌年，将高尔斯华绥《争强》改编为话剧，开始创作剧本。1930年，转入清华大学西洋文学系，攻读西洋文学特别是戏剧。1933年，创作《雷雨》，翌年刊于巴金主编的《文学季刊》，一时震动了文学界、戏剧界。1935年，《雷雨》在日本首演成功，是年在省立女子师范学校任教时，指导天津孤松剧团排演《雷雨》，在市立师范学校(后改为二十六中)礼堂首演引起轰动。1936年，在意租界二马路36号创作话剧《日出》，再次轰动文坛。是年，应邀到国立南京戏剧学校任教。离津后，创作了《原野》《蜕变》《北京人》《明朗的天》《胆剑篇》《王昭君》等力作，为祖国戏剧宝库献上一颗颗璀璨的明珠。中华人民共和国成立后，任北京人民艺术剧院院长、全国戏剧协会副主席等职。晚年在女儿陪同下两次回津重访故里。

王颂余（1910.7—2005）　原名王文绪，斋室名曰安素阁、易简楼。天津市人，1927年天津汇文中学肄业，1934年入章（太炎）氏国学讲习会，1936年先后从溥心畬（溥儒）、刘子久学画，1938年从溥默公（即爱新觉罗·溥修）学书法，古典文学受业于章太炎、闻一多、裴会川。1949年在天津津沽大学中国文学系任讲师，1958年后历任河北艺术师范学院和天津美术学院教师、教授。曾任中国书法家协会天津分会副主席、中国美术家协会天津分会常务理事、天津市文联委员、天津市人民代表大会常务委员会委员、第二届中国美术家协会理事、南开大学分校兼职教授。中国画《把余粮卖给国家》《凯歌黄金路》《滦水清兮清且甘》（与白庚延合作）分别入选第二、四、六届全国美展。作品选送日本、新加坡、美国、西德、芬兰等国家展出。1984年作为中国书法家代表团成员赴日本参加中日书法联展和交流。著有《中国画技法述要》《王颂余书画选》《王颂余书画艺术》《困学偶记》等。他的国画山水构图新奇，笔墨老辣，别具一格。其书法从王羲之书法体系入手，参之以民间书风，尤其注重借鉴日本近现代书法艺术，从一个个新的意义上对于"书画同源"作出了诠释。其艺术特点是"以书入画，以画入书"，艺术表现追求"重、拙、大"，其山水画在刻意表现北方山水风情的基调上追求"质健为妍"的书画艺术境界。因其画作流传少，故为藏家关注。

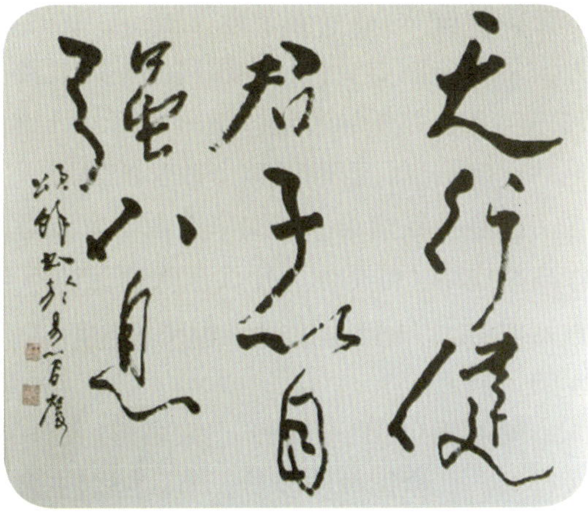

王颂余书法作品　　（区档案馆馆藏）

陈省身（1911—2004）　别号欣生。汉族。美籍华人。清宣统三年九月七日（1911年10月28日）出生于浙江嘉兴秀水县。1922年年末，因父亲工作调动，阖家迁至今河北区三马路定居。1923年2月，入天津扶轮中学旧4年制理科第九班插班就读，1926年毕业。是年，考入南开大学。1934年，获清华大学硕士学位。1936年，获德国汉堡大学博士学位。抗日战争期间，先后任清华大学和西南联合大学教授。1943年在美国普林斯顿高级研究所任研究员。1948年任美国数学研究所代理所长，同年入选南京中央研究院第一届院士。1961年，加入美国国籍并当选美国国家科学院院士。1981年，任美国国家数学科学研究所第一任所长。1983年，获美国数学会颁发的终身成就奖。1984年，获国际最高水平的数学奖之一的沃尔夫（WOLF）奖，被称为世界著名数学大师、现代微分几何奠基人。是年受教育部聘请，任南开大学数学研究所所长。1994年，当选中国科学院首批外籍院士。1998年，获中国政府颁发的国际科学合作奖。2002年，以91岁高龄任第二十四届国际数学家大会（北京）名誉主席。2004年10月，国际小行星联合会将中国国家天文台所发现的永久编号为1998CS2号的小行星命名为"陈省身星"，以表彰他对全人类的卓越贡献。1980年后，其6次重返母校天津扶轮中学看望师生，1988年出

1926年，天津扶轮中学第五届理科毕业生合影（前左三为陈省身）　　（扶轮中学提供）

1996年，陈省身为母校题词　　（扶轮中学提供）

资在该校设"陈省身奖学金"。他说"我的数学事业是从扶轮开始的。"2004年12月3日因病辞世。全国人大常委会副委员长、中国科学院院长路甬祥在唁电中说:"陈省身先生是当今国际著名的数学大师,陈先生开创并领导着整体微分几何、纤维丛微分几何、陈省身示性类等领域的研究。在整体微分几何上的卓越贡献,影响了整个数学的发展。"2010年4月,国际数学联盟以陈省身命名的数学大奖正式设立。这是该联盟第一个向华人数学家致敬的奖项。他在扶轮中学曾作小诗《纸鸢》:纸鸢啊纸鸢/我羡你高举空中/可是你为什么东吹西荡地不自在/莫非是上受微风的吹动/下受麻线的牵扯/所以不能于青云而直上/向平阳落下/但是可怜的你/为什么这样的不自由呢/原来你没有自动的能力/才落得这样的苦恼。

哈荔田(1911—1989) 又名彤阶,回族,河北省保定人。著名中医妇科专家、教育家,曾在河北区行医。任全国政协委员,市政协副主席,全国中医学会常委、妇科委员会主任。哈荔田出身中医世家,自幼在保定读书,由于从小耳濡目染,对医学发生兴趣,常以"不为良相,即为良医"自勉。因家境困难,只上了4年中学就辍学随父学医,苦读《内经》《本草经》《伤寒论》《金匮要略》等医书。1930年,开始给人看病。1931年,考入北平华北国医学院。1935年毕业回津,与其父在金汤大马路(今建国道)聚兴和药房应诊,一年后始在平安街的哈氏诊所行医。他注重搜集民间偏方、验方,参考研究古今经验,将中西医结合运用,每获卓效,不久即名扬津门。天津解放后,哈荔田积极响应政府号召,约结同业,在小树林地区创办了天津首家公立联合诊所。1955年,任市卫生局副局长,首倡建立天津市中医医院。翌年加入中国共产党。1957年,创办中医学校,后发展成中医学院,任院长。在他的倡导下,将市中医医院、王串场工人医院分别改为中医学院第一、第二附属医院,培养了大批中医药高级人才。晚年蜚声海内外,年逾古稀仍抱病带研究生,为发展中医学鞠躬尽瘁。著有《哈荔田妇科医案医话选》《扶正固本与临床》《中医学解难》《中医妇科验方选》等书籍。1989年9月10日因心肌梗死病逝。

慕凌飞(1912—1997) 名倩,曾用名泉淙,山东黄县人,长期居住在河北区。自幼酷爱丹青,10岁随父奔波于烟台、青岛、上海等地。17岁拜著名国画家张善子、张大千二人为师,成为"大风堂"入室弟子,潜心学画3年,两次随师游黄山,深得恩师真传,画技颇有造诣。22岁时在烟台、济南、大连等地举办个人画展。中华人民共和国成立前夕,移居天津,长住在黄纬路。1980—1991年,居住于建昌道建北里13号楼309号。他在绘画艺术上孜孜以求,于山水、人物、花鸟、仕女、佛释等无一不精,因擅长画虎,人称"虎翁"。"文化大革命"期间被遣回原籍务农,1979年返津。20世纪80年代,他再次焕发艺术青春,挥毫泼墨画了一幅幅精美的老虎图,赠给引滦入津工地的官兵、为国争得五连冠的女排队员、云南边防将士及修建天津中环线的筑路工人等,还用画笔为支教助残、扶贫救灾、帮教劳改人员等公益事业作贡献。毛主席纪念堂、天安门城楼、全国政协礼堂、平津战役纪念馆等处都收藏其画作。1985年,他继承先师遗愿,用10年完成2.4丈长卷《百虎图》,图上集当代书画家孙墨佛、李苦禅、启功、董寿平等人题字。1989年,中国美术馆举办慕凌飞绘画展,出版《慕凌飞书画集》。其画作享誉日本、东南亚等国家和中国香港等地区。为中国美术家协会会员,中国美协天津分会会员,中国书协天津分会会员,任天津市政协

慕凌飞书法作品
(区档案馆馆藏)

第八、第九届委员，河北区政协委员，市文史馆馆员，中国张大千艺术研究院副院长，天津市慈善协会常务理事等。享受国务院政府特殊津贴。

林治远（1913—2002）　号裕民。祖籍广东潮阳，1913年2月9日出生于天津市河北区，住黄纬路29号。1929年扶轮中学毕业。1935年北洋大学土木工程系毕业。1949—1951年，主持天安门国庆工程设计与修建。1949年，开国大典时毛泽东主席升起第一面五星红旗所用的旗杆，就是由他设计了自动升降装置并组织施工。旗杆使用到1991年4月，由中国革命博物馆收藏。1959年主持国庆天安门广场全部铺装。1956年加入中国共产党。历任北京市建设局道路工程事务所主任、计划室主任，北京市建设局道路科工程师，北京市建设局技术处主任，北京市市政设计院技术室主任、第一设计室主任，北京市市政设计院总工程师、副院长。退休后任北京市政设计院技术顾问委员会主任。组织完成市政工程设计院主编的《城市道路设计规范》《柔性路面设计参数测定方法》。主持编写《城市道路立体交叉工程设计》。1985年，获国家科技技术进步三等奖、国家优秀设计奖。为首届中国工程勘察设计大师，享受国务院政府特殊津贴，2002年3月31日在北京去世。

白方礼（1913—2005）　1913年6月17日生于河北省沧州市沧县白贾村，他从小没念过书，13岁起就给人打短工，1944年逃难到天津，靠蹬三轮车糊口。天津解放后，在天津市河北汽车运输场（今津市鼎安运输运业有限公司）工作。退休后，开始从事个体三轮客运。1987年，74岁的他靠蹬三轮收入帮助贫困孩子实现上学的梦想。分两次将5800元捐给家乡白贾村，建立教育奖励基金会。1988年，向天津市中小学幼儿教师奖励基金会捐赠5000元。1994年，卖掉老家房产，加上积蓄，办起白方礼支教公司，将收入用于支教，并为天津站建设、亚运会、南方灾区，以及一些孤老户捐款。十多年间累计捐款35万元，受助学生300多人。2005年9月23日去世。他的事迹被《人民日报》和中央电视台等20多家媒体所报道。生前受到江泽民、李鹏、李瑞环等党和国家领导人接见。多次受到国家、市、区的表彰和奖励。2004年和2005年两次入选“感动中国年度人物”。2005年，获天津市第一届“慈善之星”个人特别奖，2006年，在中国第二届清除贫困奖颁奖仪式上获奉献奖，2009年，获天津市第二届“慈善之星”慈善人物奖。2009年教师节期间，由李瑞环题写片名的影片《白方礼》在央视播出。是年，入选全国“双百”人物（100位为中华人民共和国成立作出突出贡献的英雄模范人物和100位中华人民共和国成立以来感动中国人物）。他被人称为“驮在车轱辘上的丰碑”。

白方礼在支教路上
（区志办提供）

赵松涛（1916—1994）　字劲根，别号本坚，天津市人，画室名“劲松堂”。赵松涛出身于清贫的市民家庭，早年丧父，受居家附近画店的熏陶，热爱丹青艺术。少年随姨父习画，临摹《芥子园画谱》，师从王石泉、彭暘、黄晓楼、顾而梅等画家学习山水、工笔人物等。17岁在利亚书局和梦花室画店挂笔单，以卖画为业。天津解放后，入天津工艺美术设计院。1959年，调入工艺美术学校执教。赵松涛在教学上精心育人，摸索出一套边讲授、边表演、边辅导的教学方法，深受学生爱戴。20世纪80年代后，游历名山大川，创作大量写意山水画，功力深厚，

赵松涛画作（区档案馆馆藏）

水墨精道，自成面貌。天津电视台录制其专题片，在津京沪及美国播放。1989年，在北京美术馆举办个人画展，有《赵松涛山水画集》《赵松涛山水技法》《青绿山水画技法》等多种专著行世。其传略为国内外多部典籍收录。

刘亚(1917—1984) 又名刘凤台，河北省蠡县人。曾任天津三区(今河北区)区委书记、区长、区政协主席。1937年参加革命工作。是年9月加入中国共产党。先后任村党支部书记，区委书记兼区小队政委，蠡县县委敌工部副部长、城工总部部长、县委常委。抗日战争胜利后，任天津工作委员会交通科科长，一区区委宣传部副部长，市内地下工作区委书记、特派员，中国华北局城工部天津地下特派员。其间，两次被派遣到天津，开展地下工作，在极其复杂的条件下，领导河北、河东、西市大街合线工人和万德庄洋车工人支部28名共产党员，开展对敌斗争，并指示何其浩领导天津机器厂(天津动力机厂)党支部千方百计破坏敌人军工生产，为天津的早日解放和减少解放军在战斗中的伤亡作出贡献。

萧朗(1917—2010) 北京人，名印鉥，字朗，别署萍香阁主人。美术教育家、中国画家，中国美术家协会会员、天津美术家协会名誉副主席、天津美术学院教授。1996年在北京中国美术馆、1997年在广州美术馆、1998年在广西博物馆和天津人民美术出版社展览馆先后举办个人画展。著有《萧朗画集》《萧朗课徒画稿》《怎样画写意草虫》。自20世纪40年代起，先后在北京师范大学、河北艺术师范学院、广西艺术师范学院任教。系中国当代著名花鸟画家之一，被誉为"中国小写意花鸟画扛鼎者"；同时精研绘画技法，发表过《怎样画写意牡丹》《怎样画写意草虫》等文章，与友人合著《花鸟画技法问答》一书，编绘《萧朗课图画稿》等著作。主要作品有《浴罢》《杉木林》《踏遍青山》《芙蕖鹡鸰图》等。出版有《萧朗画集》《萧朗课徒画稿》《怎样画写意草虫》《怎样画写意牡丹》等。萧朗自20世纪30年代末拜著名画家王雪涛为师，随王雪涛研习书画达十余年，同时得到齐白石、王梦白、陈半丁等人指教。1938年与画友在北京举办画展，后多有作品展出和发表，声誉达于海内外。他的花鸟画多属于小写意画法，艺术语言洗练自然，形象简括生动，风格秀润清雅，色泽丰富多变，淡而不薄，洁净明艳，注重笔墨的书法情趣和书卷气息。其花鸟题材广泛，尤以画鸡和各种草虫为人们所颂扬。萧朗热心公益事业，2008年3月，他将自己多年精心创作的25幅国画精品，无偿捐赠给中国国家博物馆。萧朗于2010年5月在天津逝世。

萧朗画作　　（区档案馆馆藏）

张淮三(1918—1993) 原名张叔康，曾用名张钊，天津市人。1935—1937年，就读于扶轮中学高中部。1936年9月加入中国共产党，在扶轮中学党支部任政治交通员。他在校学业优秀，是学校中抗日救亡运动的骨干，积极参加天津"一二·一八"和"五二八"抗日游行示威，先后做中共市委、区委秘密交通工作。1937年抗日战争爆发后，奔赴延安中央党校学习，后曾在县、地及晋察冀分局工作。1945年11月，到天津开展地下工作。1948年，由于叛徒出卖而被捕，在狱中坚贞不屈与敌人斗争。中华人民共和国成立后，历任天津市青年工作委员会书记、团市委书记、中共天津市委副书记、书记，中共天津市顾问委员会主任等职。1993年1月31日病逝于天津。他在同国民党反动派和林彪、江青反革命集团的斗争中，立场坚定，顽强不屈，旗帜鲜明地维护党和人民的利益，表现了共产党人的大无畏革命英雄气概。

爱新觉罗·溥佐(1918—2001) 字庸斋，号松堪。1918年5月7日生于北京惇王府旧宅，满族，北京人。清宣统帝爱新觉罗·溥仪之堂弟。自幼在父亲爱新觉罗·载瀛贝勒及兄溥雪斋、溥毅斋、溥松窗熏陶下，酷爱书画，擅长画花鸟兰竹，兼攻山水、走兽。书法上，楷书临写颜真卿、柳公权，行书临写赵孟頫、董其昌，及长融会贯通，自成面貌。大悲禅院大雄宝殿的廊柱上镶有其书写的行书长联：“觉路广开度无量无数无边众生同离苦海，迷途知返愿大雄大力大慈诸佛常转法轮”。1937年入溥雪斋创办松风画会。1944年与堂兄溥心畬合作在天津举办扇面展览。1946年任北京大学出版部职员。1949年后在河北艺术师范学院、天津美术学院任教。1952年加入中国画研究会。1959年，由孙其峰推荐受聘于天津河北艺术师范学院任国画讲师。1986年出版《溥佐画集》。与孙其峰、张其翼合作出版《花鸟画范》，与孙其峰等人编绘出版《翎毛参考资料》等。为中国民主同盟盟员，是全国政协第六届、第七届委员，天津市政协第五届常委，民盟天津市第八届委员会委员，中国美术家协会会员，享受国务院政府特殊津贴。曾任天津美术学院教授、天津市美术家协会顾问、天津市少数民族美术家协会会长。2001年9月10日病逝于天津。

溥佐画作　　（区志办提供）

白振铎（1920—1999）　山西省阳城县阜圳村人，自幼在原籍务农。1936年至1937年8月，在山东济南协兴隆茶庄学徒。1938年6月参加革命，9月加入中国共产党。1938年6月至1949年1月，先后任八路军晋豫边区军政干校学员、山西五行政区民革中学政工员、决死纵队政治指导员、太行军区团政治处主任等职。1949年1月至1966年3月，先后任华北独立旅21团政治处主任、平原军团13团政治处主任、66军196师588团政治主任、66军197师战车团政委、北京军区坦克教导团政委、装甲兵第一技工学校政治部主任、装甲兵九五二坦克工厂副政委等职。1966年3月转业到地方，任建设部煤气设计院党委书记，后到天津市革委会政治处帮助工作。1970年9月至1983年，任河北区区委书记、革委会主任，1983—1987年，任政协天津市委员会常委、委员。1987年12月离休。1999年7月5日病逝于天津。

白熙琰（1921—1996）　河北省枣强县人。1936年，赴津在铁工厂学徒，由于办事勤勉受到老板赏识，被提升为职员。1945年，他看到工厂行将倒闭，便带头集资，在原有基础上创办了亨大拔丝制钉厂，出任经理，在其苦心经营下，工厂恢复了生机。天津解放后，工厂受到政府扶持初具规模。1955年，他带头接受党对资本主义工商业的社会主义改造。1956年，调任天津市五金线材公司供销科科长。1958年，担任河北区工商业联合会主任委员。后担任河北区政协第二届至第八届副主席及市、区人大代表等职务。中共十一届三中全会后，在任河北区政协副主席期间，配合市工商联等部门，创办振华香糕点厂、老茂生糖果厂、新联拔丝厂等13个工商业经济实体，安置待业青年200余人，开展经济技术咨询服务和培训活动，为振兴河北区经济和支援贫困地区作出贡献。

朱良成（1922—1997）　1922年10月，生于山东省东阿县。1941年3月，加入中国共产党。1944年参加冀鲁豫六分区武装干校学习。1941—1948年，任情报员、自卫队长、平阳县三区武委会干事、指导员、六分区武委会主任等职务。1949—1969年，任公安河东分局科长、公安河北分局科长、局长。1970—1972年，任河北区城建局党委书记、革委会主任。1973年1月至1980年5月，任公安河北分局局长、区革委会副主任。1980年5月至1983年7月，任河北区副区长。1983年7月至1987年4月，任河北区人大常委会主任。1987年4月离休。1997年6月22日病逝于天津。他在解放区4次被评为甲等模范。1954年3月，受到天津市公安局第四分局通报表彰。任河北区人大常委会主任期间，为全区民主法制建设作出贡献。离休后，关心全区的经济建设和各项事业的发展，表现出老共产党员高度的政治觉悟。

刘凤山（1924—2003）　河北省文安县人。曾居住在建国道四经路2号。1946年2月，参加革命工作并加入中国共产党。1946年10月至1949年1月，任文安县城厢区民政助理、建国县六区区长。1949年1月至1957年5月，任天津市总工会任组织科科长、市委机关党办主任。1957年5月至1966年6月，任天津市南开区委、河东区委工业部部长。1966年6月至1971年10月，在河东区五七干校学习。1971年10月至1973年10月，任塘沽区工业局革委会副主任。1973年10月至1976年10月，任天津碱厂党委副书记、副厂长。1976年10月至1980年5月，任塘沽区委运动办公室主任。1980年5月至1983年12月，任河北区区长。1983年12月至1986年1月，任中共河北区委书记。1986年1月至1990年12月，任市政协委员。1990年12月离休。2003年6月26日病逝于天津。

蔡秀细(1927—1988) 女，祖籍福建省晋江县，生于马来西亚。她热爱祖国，放弃国外的优裕生活，于1953年回国，到天津师范学院学习。1957年毕业后，到天津女二中(今五十七中学)任外语教师。30多年兢兢业业从事教育事业，把全部心血倾注在学生身上，身患重疾也全然不顾。1986年6月，加入中国共产党。1987年，被评为中学高级教师。1988年，患肝癌，临终前将积蓄1万元捐献给教育事业。病逝后，五十七中学设立“蔡秀细师德奖”。《天津日报》头版报道了她的事迹。1989年3月，中共河北区委作出《关于在全区党员中开展向蔡秀细同志学习的决定》。

王其慧(1933—1994) 1933年3月，生于河北丰润县。1945—1952年，就读于私立木斋中学。后考入东北鲁迅文艺学院音乐声乐系。毕业后留校任声乐教师，男中音歌唱家，擅长演唱北方戏曲、说唱、民歌等，曾录制《小扁担》《老司机》《把心交给党》等作品。重视严格而系统的声乐理论和技法课堂教学，培养出大批优秀声乐人才。后任沈阳音乐学院声乐系主任、副院长。为中国音乐家协会会员、辽宁省音乐家协会理事、表演艺术委员会副主任、辽宁省第七届人大代表。1989年，当选辽宁省音协副主席。曾发表《论轻音乐会上的通俗唱法》《我们声乐所走过的道路》等论文。1994年8月因病去世。

金乃千(1935—1989) 原名遒迁，天津人，出生在河北区金家窑。著名表演艺术家。曾任中央戏剧学院戏剧艺术研究所副所长、表演系表演教研室主任、中国戏剧家协会理事、中国电视艺术家协会理事等职。他自幼酷爱表演艺术，20世纪50年代初，就读于天津一中时活跃在业余话剧舞台，任天津一中、含光女中联合戏剧队队长。1955年，考入中央戏剧学院表演系。1959年，毕业后留校任教，先后担任过普通班、师资班及少数民族培训班教学，培养一批戏剧人才。参加话剧《克里姆林宫的钟声》《伪君子》《屈原》等演出，导演《天国春秋》《草原琴童》等话剧和电视剧。1979年，在《杨开慧》一剧中成功地扮演了毛泽东，这是中国舞台上首次塑造伟人毛泽东的艺术形象，获国庆30周年献礼演出二等奖。1988年，他应中国首次赴南极科学考察团及四川电视台之邀，赴南极参加专题片的编制工作，在极其恶劣的环境下，实地拍摄“冰海遇难”等危险镜头，出色地完成任务。在归国途中不幸以身殉职。

冯育楠(1935—2003) 山西汾阳人。20世纪60年代居住在河北区平安街。1951年，毕业于私立木斋中学初中。1961年，毕业于河北大学中文系。1971年5月，在天津静海县文化局创作组工作。1980年2月，加入中国共产党。1981年5月，在天津市作家协会从事专业文学创作。1983年5月后，历任天津市文联民间文艺家协会秘书长、主席。专业作家，文学创作一级，天津作协第三、第四届理事，市文联第三、第四届委员。曾任中国大众文学学会副会长、中国武侠文学学会副会长、中国民间文艺家协会理事、天津市文联第三届委员会主席团成员、天津市民间文艺家协会主席。1992年，享受国务院政府特殊津贴。20世纪50年代，开始文学创作。处女作《从秦岭带来的一块矿石》发表在1957年9月27日的《新晚报》上。此后在100多家报纸杂志上发表散文、报告文学、短篇小说、中篇

冯育楠代表作
(区志办提供)

小说、论文300余篇。1976年，第一部长篇小说《银沙滩》问世。20世纪80年代是他文学创作的旺盛时期，先后出版《津门大侠霍元甲》《汨洒金钱镖》等，创作中篇小说集《我们为无名人立碑》、散文集《香椿院记事》、报告文学集《神医》，以及电视连续剧《火烧望海楼》《天津卫》（合作本）等作品。论文《浅谈武侠小说在大陆盛行之因素》被收入香港明河出版社出版的《武侠小说论卷》中、《农耕信仰与地方神之特征》被收入日本1994年出版的《中国浙江的民俗文化》中。其中《津门大侠霍元甲》获首届中国大众文学奖，被誉为崛起的通俗文学作品中的典范，被中国作家协会创研部评介为中国新时期大众文学代表作。2003年5月2日去世。

陈卫（1964—2010）　河北区汇园里居民。1964年出生在一个普通的工人家庭，自幼因患小儿麻痹，成为截瘫残疾人。他克服常人难以承受的困难，通过自学以优异成绩由河北区职工大学英语专业毕业，又自学了世界语和日语，获天津市首届职工自学成才奖。1986年，被天津制线厂破格录取，担任科技情报翻译。在天津纺织系统，陈卫成为自强不息、自学成才的代名词。8年中，为生产科研单位翻译英文科技资料40余万字。他自强自立的精神和取得的成绩被多家媒体报道宣传。1988年，河北省河间县姑娘于香艾被陈卫的事迹打动，两人组成幸福家庭。1992年，陈卫加入中国共产党。相继担任40余所中小学及社区课堂校外辅导员。他和青少年交知心朋友，用自己的收入为学生们购买图书。听过他事迹报告的有10多万人次，潜移默化地影响了很多人。1994年，夫妻双双下岗，依靠开办中小学英语辅导班自食其力。他积极投入到社区文明建设中，义务承担了区、街妇联组织的迎奥运口语培训教学任务，把培训班办在自己家里。他与一户单亲困难家庭结成帮扶对子，捐赠生活必需品，为这户家庭的孩子免费辅导外语，进行智力扶贫。陈卫办辅导班，把学费压到最低，对特困学生给予免费。在抗击非典、为灾区和贫困地区募捐中，他带领全家捐款出力，积极参与。曾被评为天津市十佳残疾青年、天津市残疾人自强模范，其家庭被授予天津市学习型家庭称号。1991年3月，全国残联主席邓朴方到陈卫家中探望，并题词：“愿你们全家永远和美幸福”。陈卫于2010年6月20日因病去世。

第四章　群英谱

本章收录市级及其以上劳动模范、劳模集体名册，教育系统特级教师及全区正高级职称人员名册。

一、河北区全国劳动模范一览表

表26-1

年 份	姓 名	所在单位、职务	荣誉类型
1989	徐凤英（女）	河北区房管局江都路房管站换房员	1989年全国劳动模范和先进工作者
1989	季洪英（女）	天津市东亚毛纺厂工人	
1995	杨学钧（女）	河北区育婴里小学教师	1995年全国劳动模范和先进工作者
1995	李向阳	河北区城建局排水管理所李向阳班班长	
2000	李寿康（女）	天津市第五十七中学教师	2000年全国劳动模范和先进工作者
2000	顾月海	河北区环境卫生管理局二所工人	
2005	王春美（女）	河北区宇翠里21段副食品商场经理	2005年全国劳动模范和先进工作者
2010	邢艳萍（女）	天津市银博印刷技术发展有限公司董事长	2010年全国劳动模范和先进工作者
2008	王　芳（女）		2008年9月，经中国共产党中央委员会、中华人民共和国国务院批准，被评为北京奥运会、残奥会先进个人，享受全国劳动模范待遇
2008	刘　卓		2008年10月，经中国共产党中央委员会、中华人民共和国国务院、中华人民共和国中央军事委员会批准，被评为全国抗震救灾模范，享受全国劳动模范待遇

二、河北区“全国五一劳动奖章”获得者一览表

表26-2

年份	姓名	所在单位、职务
1985	韩之云（女）	河北区第一幼儿园教养员
1986	徐凤英（女）	河北区江都路房管站换房员
1987	聂惠源	河北区京津公路粮油管理站业务员
1988	杨学钧（女）	河北区育婴里小学教员
1990	惠博光	河北区金钟路自行车修配服务部经理修车工
1993	李向阳	河北区排水管理所辛庄班班长
1997	顾月海	河北区环卫局掏粪工
1998	马卫星	河北区蔬菜副食品公司组长
1998	李寿康（女）	天津市第五十七中学教师
2003	王春美（女）	河北区宇萃里21段副食品商场经理
2003	阎山林	天津汇森房地产开发有限公司经理
2007	关志成	天津市河北针织服装有限公司经理
2008	王　芳（女）	北京奥运会、残奥会金牌获得者

三、河北区全国各系统劳动模范一览表

表26-3

年份	姓名	所在单位、职务	类别
1990	刘笃刚	河北区环卫管理局四队队长	全国建设系统劳动模范
1990	李向阳	河北区城建局排水管理所辛庄班工人	全国建设系统劳动模范
1990	霍本来	河北区房管局东六经路房管站工人	全国建设系统劳动模范
1994	李向阳	河北区城建局排水管理所工人	全国建设系统劳动模范
1999	孙志全	河北区建委主任	全国建设系统先进工作者
1985	聂惠源	河北区刘庄后街粮店业务员	全国商业劳动模范
1985	惠博光	河北区自行车摩托修配厂金钟路修车服务部	全国商业劳动模范
1985	王子禄	河北区糖果糕点公司经理	全国内贸系统劳动模范
1990	杨贵玲（女）	河北区房地产管理局	全国先进会计工作者
2005	杨法清	河北区审计局局长	全国审计机关先进工作者
1983	韩之云（女）	河北区第一幼儿园	全国五讲四美为人师表活动先进个人
1986	杨学钧（女）	河北区育婴里小学教师	全国教育系统劳动模范
1986	张素卿（女）	天津市河北中学教师	全国教育系统劳动模范
1988	杨学钧（女）	河北区育婴里小学	全国德育先进工作者享受部级劳模待遇
1989	邢春丰	河北区育婴里小学	全国教育系统劳动模范
1991	陆秀敏（女）	河北区红星路小学	全国教育系统劳动模范
1993	胡秀文（女）	河北区启智学校校长	全国教育系统劳动模范
1995	刘丽莉（女）	天津市第一医院护士长、护士	全国卫生系统先进工作者
1998	李寿康（女）	天津市五十七中学全国模范教师	全国模范教师和全国教育系统先进工作者
2002	王秀文（女）	河东区人口和计划生育委员会主任	全国计划生育系统先进工作者
2007	胡建玲（女）	河北区育婴里小学	全国模范教师
2001	赵玉良	河北区市政园林局工程师	全国绿化工作先进工作者
1956	李广志	河北区人民检察院副检察长	全国检察系统先进工作者
1993	王琳莲（女）	河北区饮食公司职工	全国见义勇为先进个人
1999	王秀安	河北区人民法院院长	全国法院系统模范
1987	冯金苑	天津市金属配件厂	全国轻工业系统劳动模范
1995	刘玉珠（女）	河北区妇联主席	全国妇联系统先进工作者、全国“三八红旗手”
1998	许英顺	中铁十三局集团电务工程有限公司董事长	全国铁路系统劳动模范
2008	刘　崇（女）	河北区工商业联合会调研员	全国工商联系统先进工作者
2010	李春桂	天津市桂玲服饰有限公司推销员	全国纺织工业系统劳动模范
2010	杨勤玉	天津迪朗诺制衣有限公司排版技师	全国纺织工业系统劳动模范

四、河北区市级特等劳动模范一览表

表26-4

年份	姓名	所在单位、职务
1979	李长清	中山路房管站副站长
1980	刘笃刚	河北区环卫局四队队长
1982	李新凤(女)	河北区东六经路副食品商店售货员
1982	刘笃刚	河北区环卫局四队队长
1984	韩之云(女)	河北区第一幼儿园教养员、特级教师
1986	徐凤英(女)	河北区房管局江都路房管站换房员
1988	徐凤英(女)	河北区房管局江都路房管站换房员
1988	杨学钧(女)	河北区育婴里小学语文教师
1990	杨学钧(女)	河北区育婴里小学语文教师
1992	李向阳	河北区排水管理所辛庄班班长
1992	杨学钧(女)	河北区育婴里小学语文教师
1994	杨学钧(女)	河北区育婴里小学语文教师
1994	李向阳	河北区排水管理所李向阳班班长
1994	王子禄	河北区津兴糖果糕点公司经理
1996	李向阳	河北区排水管理所李向阳班班长
1998	王子禄	河北区津兴糖果糕点公司经理
1998	顾月海	河北区环卫局二所掏粪工
2000	顾月海	河北区环卫局二所工人
2000	王春美(女)	河北区王串场宇萃里21段副食店经理
2002	顾月海	河北区环卫局二所工人
2006	顾月海	河北区环卫局津门时传祥服务中心工人(并获市最具影响力劳动模范提名奖)
2010	徐文华	河北区环卫局一所扫道工(并获市最具影响力劳动模范称号)

五、河北区市级劳动模范一览表

表26-5

年　份	姓　名	所在单位、职务
1979	韩荣曾	区房管局工程师
1979	王凤山	小关房管站副站长
1979	马兴才	区城建局道路管理所养护队班长
1979	李世俊	王串场百货商店组长
1979	彭素芬(女)	京津公路大众食堂副经理
1979	邢伯英(女)	于厂饮食基层商店副经理
1979	刘锡庆	新风旅馆副经理
1979	周春兰(女)	缝纫一厂副主任
1979	丛德明	京津公路吉德街粮店主任
1979	王西萍(女)	京津公路副食店售货员
1979	孙秉玲(女)	育红路副食门市部副主任
1979	王士儒	第二医院外科副主任
1979	段春华	区环卫局汽车队班长
1979	李念著	第三十中学教导处副主任
1979	何月萍(女)	第五十七中学教师
1979	韩之云(女)	第一幼儿园教养员
1979	张肖卿(女)	第二中心小学副校长
1979	惠博光	自行车摩托车修配厂工人
1980	王西萍(女)	京津副食品商店售货员
1980	周春兰(女)	服装一厂门市部副主任
1980	何月萍(女)	第五十七中学教师

续表26-5

年 份	姓 名	所在单位、职务
1980	周淑琴(女)	鸿顺里小学教员
1980	杨则飞	第一医院外科副主任
1980	刘锡庆	新风旅馆副经理
1980	李长青	中山路房管站副站长
1980	陈清振	区房管局第三施工队工人
1980	彭素芬(女)	大众食堂副经理
1980	潘大信	第二中学教员
1980	邢伯英(女)	于厂饮食基层商店副经理
1980	吴德贵	北洋桥食品门市部主任
1980	马兴才	区城建局道路管理所养护队班长
1980	梁启民	河北区职工大学讲师
1980	曹文凤(女)	东站百货商店组长
1980	惠博光	自行车摩托修配厂门市部主任
1980	韩之云(女)	第一幼儿园教养员
1980	丛德明	吉德街粮店门市部主任
1982	曹文凤(女)	东站百货商店组长
1982	王西萍(女)	京津副食品商店售货员
1982	丛德明	吉德街粮店主任
1982	马兴才	区城建局道路管理所养护队班长
1982	张兰贵	理发合作基层店理发员
1982	惠博光	自行车摩托修配厂副经理
1982	李长清	中山路房管站副站长
1982	陈清振	区房管局第三施工队工人
1982	吴德贵	京津公路糖果商店北洋桥门市部主任
1982	孟祥媛(女)	黄纬路卫生院副院长、医师
1982	杨则飞	第一医院院长、主任医师
1982	彭淑芬(女)	京津公路饮食基层店大众食堂副经理
1982	邢伯英(女)	于厂饮食基层商店副经理
1982	韩之云(女)	第一幼儿园特级教师
1982	刘 英	志成道中学职员
1982	戚广学	法政桥第二小学教员
1982	潘大信	第二中学教员
1982	王辛铭	红光中学教员
1982	梁启民	河北区职工大学教师
1982	白玉和	辛庄街道众志化工厂组长
1982	宋士珍(女)	何兴庄街道青年理发店负责人
1982	聂惠源	京津公路粮油管理站业务员
1984	徐凤英(女)	江都路房管站换房员
1984	王凤文	第二医院儿科主任副主任医师
1984	聂惠源	小刘庄后街粮油食品商店业务员
1984	惠博光	自行车摩托修配厂金钟路修车服务部主任
1984	李新凤(女)	东六经路副食品商店柜组长
1984	刘国英	第二十四中学支部书记
1984	刘笃刚	区环境卫生局四队队长
1984	马兴才	区城建局道路管理所工人
1984	王建刚	区煤建公司东六经路煤店工人
1984	王家芳(女)	美美服装店个体缝纫户
1986	聂惠源	刘庄后街粮油食品商店业务员
1986	刘长河	黄纬路街道兴业电器厂厂长
1986	惠博光	金钟路自行车修配服务部经理
1986	杨学钧(女)	育婴里小学教员

续表26-5

年　份	姓　名	所在单位、职务
1986	韩之云（女）	第一幼儿园教养员、特级教师
1986	刘笃刚	区环卫局四队队长
1986	马兴才	区城建局道路管理所施工员
1986	王建钢	区煤建公司津塘支路煤店送煤工
1986	王玉和	王串场浴池修脚工
1986	张金兰（女）	王串场卫生院医师
1986	陈有才	区房屋修建工程公司物资供应站长
1986	霍本来	东六经路房管站瓦工组长
1988	霍本来	东六经路房管站碎修承包组组长
1988	陈有才	区房屋建筑公司物资站站长、支部书记、经济师
1988	刘笃刚	区环境卫生局清扫四队队长
1988	惠博光	金钟路自行车修配服务部经理
1988	王建钢	津塘支路煤店保管员
1988	刘长河	黄纬路街道兴业电器厂厂长
1988	姜百明	川鲁饭店副经理、特级烹饪厨师
1988	张淑琪（女）	区职工大学校长、化工系教师、副教授
1988	程玉璋	第七十八中学数学教师、学科组长、中学高级教师
1988	张玉芳（女）	启智学校特殊教育教师、小学高级教师
1988	林惠祥	京津公路卫生院防病科负责人、公共卫生主治医师
1988	李向阳	区城建排水管理所辛庄班班长
1988	张慧林	区城建排水管理所五号路班班长
1988	王家芳（女）	美美服装店个体缝纫户
1990	霍本来	东六经路房管站工人
1990	李向阳	区城建排水管理所辛庄班班长
1990	张慧林	区城建排水管理所五号路班班长
1990	刘笃刚	区环卫局四队队长
1990	姜百明	川鲁饭店特级厨师
1990	程玉璋	第七十八中学高级教师
1990	张玉芳（女）	启智学校副教导主任、高级教师
1990	林惠祥	京津公路卫生院防病科主治医师
1990	刘长河	黄纬路街道兴业电器厂厂长
1990	惠博光	金钟路自行车修配服务部经理
1990	高秀兰（女）	中山路粮管站北站粮店、售货员
1990	王玉和	中山路浴池修脚工
1990	侯长城	江都路房管站工人
1990	谢真知（女）	第一医院护理部主任、主管护师
1990	刘慈麟（女）	区审计局科员
1990	唐桂芬（女）	威威皮鞋厂厂长
1992	霍本来	区房管局东六经路房管站碎修组组长
1992	刘长河	黄纬路街道兴业电器厂厂长、工程师
1992	张惠林	区城建局排水管理所班长
1992	王玉和	春香园浴馆特级修脚师
1992	唐桂芬（女）	威威皮鞋厂厂长
1992	高秀兰（女）	中山路粮油管理站粮店经理
1992	刘慈麟（女）	区审计局干部
1992	张淑琪（女）	区职工大学校长、副教授
1992	顾月海	区环卫局二队工人
1992	陈　辛	第五十七中学年级组长、高级教师
1992	马卫星	中纺前街副食店建昌道门市部大肉组组长
1992	刘　洁（女）	区房管局中山路房管站房管员
1992	于秀卿（女）	第二医院儿科主任、副主任医师

续表26-5

年　份	姓　名	所在单位、职务
1992	李素玲(女)	区妇幼保健院院长兼党支部书记、主治医师
1992	张宝祥	区环卫局小淀垃圾处理场场长
1992	王子禄	津兴食品店经理
1994	张淑琪(女)	区职工大学校长兼书记
1994	霍本来	区房管局房屋修缮服务社主任
1994	刘长河	黄纬路街道兴业电器厂厂长
1994	唐桂芬(女)	威威皮鞋厂厂长
1994	高秀兰(女)	区粮食局中山路粮油管理站经理
1994	张宝祥	区环卫局小淀垃圾处理场场长
1994	顾月海	区环卫二队掏粪工
1994	刘　洁(女)	区房管局中山路房管站房管员
1994	于秀卿(女)	第二医院儿科主任
1994	马卫星	中纺前街副食基层店大肉组组长
1994	单锡忠	大亨时装公司经理
1994	王　新	津裕电业有限公司董事长
1994	阮　洪	华美名优小吃快餐公司经理
1994	程梦祥	大江路煤业建材基层店副经理
1994	焦连亭	第一医院检验科副主任
1994	常忠怀	大天津食品商厦经理
1996	李向阳	区排水管理所李向阳班班长
1996	王子禄	区糖果糕点公司经理
1996	顾月海	区环卫局二所掏粪工
1996	常忠怀	大天津糖酒食品公司经理
1996	高秀兰(女)	区粮食局北站粮店经理
1996	马卫星	建昌道副食门市部组长
1996	阮　洪	华膳餐饮有限公司书记兼经理
1996	单锡忠	大亨时装公司总经理
1996	霍本来	为民房屋修缮服务社主任
1996	刘　洁	中山路房管站房管员
1996	王　新	津裕电业有限公司董事长
1996	刘长河	黄纬路街道兴业电器厂厂长兼书记
1996	李凤珍(女)	红权小学书记兼校长
1996	陆铁钢	江都路百货商场经理
1996	靳砚伟	王串场街道三叶摩托车厂厂长
1996	李寿康(女)	第五十七中学教师
1996	高克勤	第一医院外科主任
1996	郑宏泉	耐酸泵厂厂长
1996	张存祥	宏发商贸购物中心经理
1996	刘泽汉	叉车厂集团董事长兼厂长
1996	白方礼	区个体劳动者协会个体劳动者
1998	王子禄	区糖业烟酒公司经理
1998	顾月海	环境卫生管理局二所掏粪工
1998	常忠怀	亨丰集团有限公司副经理
1998	阮　洪	天北餐饮有限公司总经理
1998	王　新	津裕电业有限公司董事长
1998	陆铁钢	区土产日用杂品公司经理
1998	李寿康(女)	第五十七中学教师
1998	高克勤	第一医院外科主任
1998	郑宏泉	天津耐酸泵厂厂长
1998	张国智	区房管局房地产开发公司工人
1998	王振荣	东六经路街道渤海互感器厂技术员

续表26-5

年　份	姓　名	所在单位、职务
1998	杨法清	区审计局局长
1998	王贵武	银座房地产开发公司经理
1998	冯春安	龙门大厦瀛津食品店经理
1998	张　起	市政园理局公园管理所班长
1998	李凤珍(女)	红权小学教师
1998	关志成	江都路街道河北针织服装厂推销员
1998	夏淑琴(女)	鸿顺里房管站房管员
1998	刘泽汉	叉车厂业务员
1998	严明净(女)	第五幼儿园教师
1998	王春美(女)	王串场副食店21段门市部经理
1998	宁淑兰(女)	区计划生育委员会副主任
1998	王智慧(女)	北站体育场食品店个体工商户
2000	陈　正	区粮油食品贸易总公司党委书记
2000	刘玉岭	第二中学校长
2000	尚贞荣	耐酸泵总厂副总工程师
2000	阎山林	汇森房地产开发有限公司总工程师
2000	夏淑琴(女)	鸿顺里房地产管理站政工干部
2000	白宝海	区妇幼保健院内科主任
2000	孙志宝	区城市建设委员会建委主任
2000	李裕明	区经济委员会党委书记、主任
2000	孙锡藻	区房地产管理局党委副书记
2000	马学斌	区蔬菜副食品公司副经理
2000	关志成	江都路街道生产服务管理处干部
2000	冯春安	龙门大厦有限公司瀛津食品店业务员
2000	王春易(女)	第五十七中学学科组长
2000	王柯伟(女)	第十四中学学科组长
2000	杨　芳(女)	增产道小学大队辅导员
2000	张　起	区市政园林管理局公园管理所
2000	单桂生(女)	津兴糖酒食品公司组长
2000	郑　钺	第二医院耳鼻喉科主任
2000	刘文有	区经济委员会副科长
2002	马学斌	区宏达商贸公司业务员
2002	王柯伟(女)	第十四中学教师
2002	历秀文	区市政园林局排水管理所队长
2002	关志成	江都路街道针织服装有限公司经理
2002	阎山林	汇森房地产开发有限公司总经理
2002	朱志刚	区环境保护局党组书记
2002	孙　砀	区人民法院执行员
2002	陈　正	区粮油食品贸易总公司党委书记
2002	宋津利	蓬川大酒楼蓬川食府厨师长
2002	李裕明	区经济贸易委员会主任
2002	李锡久	区政府供热办主任
2002	张为民	区规划和国土资源处党支部书记
2002	张文馥(女)	第一医院科主任
2002	张宝琨	区市政园林局道路管理所班长
2002	张美兰(女)	区卫生防病站卫生监督员
2002	杨　芳(女)	增产道小学辅导员
2002	尚贞荣	耐酸泵总厂副总工程师
2002	赵　欣	第二中心小学教师
2002	胡坤友	区市容委主任
2002	霍汉祥	宝利集团有限公司董事长

续表26-5

年份	姓名	所在单位、职务
2002	赵凤旺	友鹏海鲜大世界董事长
2004	历秀文	区市政园林管理局排水管理所监理队队长
2004	王晶瑶（女）	区妇产科医院副主任医师
2004	王琳华	区经济贸易委员会商业办公室主任
2004	孙本开	区劳动和社会保障局局长党组书记
2004	孙玉栋	区供热燃气公司高级工程师、经理
2004	许树丰	区新闻中心高级工程师、副主任
2004	吴兰英（女）	昆纬路第一小学中学高级教师
2004	张为民	区规划和国土资源处党支部书记
2004	张庆元	天津站地区房地产经营公司党支部书记
2004	杨运武	区粮油食品有限公司总经理
2004	汪有汉	第七十八中学教师
2004	周玉泉	王串场街道幸福道商业街管委会主任
2004	柳建军	区民政局局长
2004	胡坤友	区市容管理委员会正处级调研员
2004	郭长玲（女）	区环境卫生管理局一所工人
2004	程兆芹	天津市第六电器开关厂厂长
2004	成俊义	第二医院医师
2004	韩久江	区服务公司经理
2004	吴凤兰（女）	江都路街道计生办主任
2004	刘桂洲	瀚宾楼饭店经理
2004	张雪岩	福光投资集团有限公司董事长
2006	于建水	天津市暖风机总厂技术部部长、工程师
2006	王　津（女）	扶轮中学高级教师
2006	王茂桐	区经济贸易委员会主任、副书记
2006	伊伯云（女）	区房产公司工会主席
2006	刘颖霞（女）	第二中学校长
2006	孙桂萍（女）	区人民法院审判员
2006	阎作礼	区妇幼保健院院长 主管药师
2006	吴永生	区政府供热办公室第十一供热站站长
2006	宋国凯	立发投资服务有限公司副总经理
2006	李汉杰	佰旺工贸有限公司经理
2006	来宝和	区卫生防病站站长
2006	邹　勇	区市政园林管理局绿化管理二所所长兼书记
2006	陆玉凤（女）	实验小学校长
2006	郝　静（女）	区人民检察院副科长 检察员
2006	寇玉明	鸿顺里房地产管理站站长、党支部副书记
2006	郭长玲（女）	区环境卫生管理局一所扫道工人
2006	潘　毅	幸福道商业街管理委员会主任
2006	王秉庆	天津市新概念美容美发院总经理高级技师
2006	徐文华	区环境卫生管理局一所工人
2006	邢艳萍（女）	银博印刷技术发展有限公司董事长
2006	彭亚萍（女）	天津爱家投资有限公司副总经理、工程师
2006	马成喜	天津现代集团有限公司董事长、经济师
2008	马　洁（女）	第一幼儿园园长
2008	王凤芝（女）	区粮油食品有限公司副经理高级政工师
2008	邓雪荣（女）	区供热燃气公司管理科副科长高级工程师
2008	冯德成	区市政园林局道路管理所班长
2008	关虹鹏	区城市管理综合执法局大队长
2008	刘　卓	区环卫局汽车队工人
2008	许树丰	区有线电视台台长、高级工程师

续表26-5

年　份	姓　名	所在单位、职务
2008	邢克实	龙鑫房地产开发有限公司董事长、总经理、高级经济师
2008	张津叶（女）	区育婴里小学校长中学高级教师
2008	张晓利	靖江医院院长副主任医师
2008	陆　伟（女）	第一医院副院长主任医师
2008	陈淑荣（女）	铁东路街道办事处科长
2008	季　虹（女）	区人民法院助理审判员助理审判员
2008	贾凤鸣	区建设管理委员会主任
2008	段崇伟（女）	第五十七中学教研室主任中学高级教师
2008	郝　静（女）	区人民检察院公诉科科长
2008	顾　辉	水利部河北水利水电勘测设计研究院院长、教授级高级工程师
2008	寇玉明	鸿顺里房管站站长、书记
2008	俞　斌	天津现代集团有限公司副总裁、经济师
2008	杨志宏（女）	河北针织服装有限公司副经理
2008	范长保	天津市立思辰网络教育有限公司
2010	于振进	汇森房地产开发集团工会主席
2010	马代红（女）	区建设管理委员会拆迁中心主任
2010	王　健	区房屋建筑工程公司第一施工队项目长
2010	王建国	区环境卫生管理局津门时传祥环卫服务中心主任
2010	王金銮	铁三院实业有限公司总经理
2010	王晶瑄（女）	区人民检察院未成年人刑事检察科
2010	孙　方（女）	第二中学副校长
2010	张　津（女）	区人力资源和社会保障局劳动关系科科长
2010	张成起	区民政局党委副书记、局长
2010	张殿龙	区供热燃气公司计划科科长
2010	李云飞	福莱特装饰设计工程有限公司总设计师
2010	李庆玉（女）	区人民法院助审员
2010	李桂荣（女）	区妇幼保健院党总支副书记
2010	杨永歆	第二医院内分泌科副主任
2010	孟兆利	天津天时力医药有限公司总经理
2010	姜志惠（女）	第五十七中学副校长
2010	郭秀新（女）	区房地产管理局经营科科长
2010	康仕恒	中铁十三局集团电务工程有限公司副经理
2010	阎东升	天津渤海商品交易所股份有限公司市场部副经理
2010	韩学芳（女）	扶轮小学教师
2010	樊忠和	天津三苑印刷有限公司研发部部长

说明：2008年9月批准残奥会运动员王芳、车冕享受天津市劳动模范待遇。

六、河北区市级劳动模范集体一览表

表26-6

年 份	所属单位	集 体 名 称
1979	区房管局	中山路房地产管理站管养三组
1979	区房管局	第二施工队瓦工一班
1979	区饮食公司	北站饮食店永进早点部
1979	区服务公司	新风旅馆
1979	区修配公司	金钟路自行车修配服务部
1979	区卫生局	第一医院五官科病房小组
1979	区教育局	红光中学语文组
1979	区副食公司	东六经路副食品商店
1979	区百货公司	五号路百货商店棉布组

续表26-6

年份	所属单位	集体名称
1980	区卫生局	第二医院检验科
1980	区房管局	第四施工队瓦工四班
1980	区房管局	第三施工队瓦工二班
1980	区副食公司	东六经路副食品商店
1980	区教育局	红光中学语文教研组
1980	区服务公司	新风旅馆
1980	区粮食局	京津公路粮管站刘庄后街粮店
1980	区饮食公司	北站饮食基层商店永进早点部
1982	区环卫局	鸿顺里公厕保洁组
1982	区房管局	第四施工队瓦工四班
1982	区房管局	中山路房管站管养三组
1982	区饮食公司	永进烧饼铺
1982	区副食公司	东六经路副食门市部
1982	区糖业公司	大天津食品商店
1982	区卫生局	第二医院检验科
1982	区服务公司	新风旅馆
1982	区粮食局	刘庄后街粮店
1982	区教育局	第一中心小学红领巾纽扣厂
1982	–	软管厂维修组
1984	区副食公司	东六经路副食品商店
1984	区糖业公司	大天津食品商店
1984	区卫生局	光复道卫生院家庭病床科
1986	区饮食公司	川鲁饭店服务部
1986	区副食公司	东六经路副食品商店
1986	区糖业公司	大天津糖果糕点基层商店
1986	区卫生局	光复道卫生院家庭病床科
1986	区城建局	排水管理所辛庄班
1988	区副食公司	东六经路副食品商店
1988	区糖业公司	大天津食品商店
1988	区卫生局	光复道卫生院家庭病床科
1988	区城建局	区城建排水管理所辛庄班
1988	区饮食公司	川鲁饭店三楼餐厅服务组
1990	区城建局	城建排水管理所辛庄通挖班
1990	区副食公司	东六经路副食品商店
1990	区糖业公司	大天津食品商店
1990	区饮食公司	北站永进烧饼铺
1992	区环卫局	区环卫垃圾处理场(特模集体)
1992	区城建局	排水管理所辛庄班
1992	区服务公司	北站新风旅馆
1992	区饮食公司	惠宾饭庄
1992	区文化局	十月影院
1994	区环卫局	小淀垃圾处理厂(特模集体)
1994	区津兴糖酒食品公司	津兴食品商店
1994	区城建局	排水管理所李向阳班(特模集体)
1994	区华美名优小吃快餐公司	惠宾饭店
1994	区电影管理站	十月影院
1994	区副食公司	宏发商贸购物中心
1996	区津兴糖酒食品公司	津兴食品商店(特模集体)
1996	区城建局	排水管理所李向阳班
1996	区饮食公司	惠宾饭店

续表26-6

年份	所属单位	集体名称
1996	区副食公司	宏发商贸购物中心
1996	区电影管理站	十月影院
1996	区环卫局	天津站监察管理所
1998	区津兴糖酒食品公司	区津兴食品商店(特模集体)
1998	区副食公司	宏发商贸购物中心
1998	区环境卫生局	天津站区环卫监察管理所
1998	区区法院	执行庭
1998	区天北餐饮有限公司	蓬川大酒楼
1998	区津兴糖酒食品公司	津兴食品商店
1998	区粮食局	北站粮油食品商店
2000	区副食公司	宏发商贸购物中心(特模集体)
2000	区人民法院	执行庭
2000	区市政园林管理局	公园管理所月秀公园
2000	区饮食公司	蓬川食府海鲜大世界服务组
2000	区环境卫生局	环境卫生管理局二所
2000	区卫生局	第一医院肝病研究所
2002	区环境卫生局	区环境卫生管理局二所(特模集体)
2002	区教育局	江南寄宿小学寄宿部
2002	区卫生局	天津市第二医院内分泌科
2002	区工业局	天津市暖风机总厂技术开发部
2002	区市政园林管理局	园林管理所月秀公园
2002	新开河街道办事处	福音社区就业服务中心
2004	新开河街道办事处	福音社区就业服务中心
2004	区环境卫生局	津门时传祥环卫服务中心
2004	区教育局	第五幼儿园
2004	区人民法院	政治处
2004	区市政园林管理局	绿化管理三所
2006	区市政园林管理局	绿化管理三所
2006	区卫生局	靖江医院文江里社区卫生服务站
2006	区人力社保局	区职业介绍服务中心
2006	区教育局	第一幼儿园
2008	鸿顺里街道办事处	劳动保障服务中心
2008	区市教委	天津市城市职业学院机电与信息工程系
2008	区房管局	区房屋抢修中心
2008	汇森集团	富方园物业部
2010	区政府	区行政许可服务中心综合科
2010	区市容园林委	协调科
2010	建昌道街道办事处	社区综合服务中心
2010	区司法局	击水律师事务所法律援助部

七、河北区中小学特级教师一览表

表26-7

姓名	性别	学科	评定时间	所在单位
刘骊珠	女	数学	1978.12	二中
韩之云	女	幼教	1978.12	一幼
冯革	男	数学	1988.8	二中
及树楠	男	语文	1988.8	五十七中学
杨学钧	女	语文	1988.8	育婴里小学
邢春丰	男	数学	1988.8	育婴里小学

续表26-7

姓 名	性别	学 科	评定时间	所在单位
杨和生	男	音 乐	1988.8	新开小学
董锡藩	男	体 育	1990.8	二中
张素卿	女	物 理	1990.8	红光中学
张济华	男	数 学	1990.8	区教师进修学校
刘兰贞	女	语 文	1990.8	区教师进修学校
李自雄	男	数 学	1990.8	区教师进修学校
李金铭	女	幼 教	1990.8	区教师进修学校
陈光辉	男	语 文	1990.8	新开小学
林 炎	男	物 理	1995.9	十四中学
李宝琛	男	语 文	1995.9	十四中学
陈 辛	男	历 史	1995.9	五十七中学
匡天椿	男	数 学	1995.9	二十四中学
高荣标	男	语 文	1995.9	区教师进修学校
武 琮	女	语 文	1995.9	育婴里小学
陈大有	男	语 文	1999.8	五十七中学
王春易	女	生 物	1999.8	五十七中学
郜彬儒	男	语 文	1999.8	区教师进修学校
冯武庆	男	美 术	1999.8	美术中学
李家玲	女	语 文	1999.8	育婴里小学
严明净	女	幼 教	1999.8	五幼
刘颖霞	女	英 语	2003.9	二中
赵晓葵	女	政 治	2003.9	二中
侯俊荣	男	化 学	2003.9	二中
陈立鸿	女	化 学	2003.9	十四中学
王柯伟	女	数 学	2003.9	十四中学
段崇伟	女	生 物	2003.9	五十七中学
黄 珊	女	数 学	2003.9	昆纬路第一小学
吴兰英	女	管 理	2007.9	昆纬路第一小学
高秀敏	女	地 理	2007.9	二中
于永东	女	数 学	2007.9	二中
吴春霞	女	物 理	2007.9	十四中学
董 苹	女	英 语	2007.9	区教师进修学校
慈树梅	女	语 文	2007.9	育婴里小学

八、河北区正高级职称教师一览表

表26-8

姓 名	性别	职 称	评定时间	所在单位
张淑琪	女	研究员	1995.10	城市职业学院
杨学俊	男	研究员	2002.10	城市职业学院
王丽雅	女	研究员	2007.11	城市职业学院

九、河北区正高级职称医务人员一览表

表26-9

姓 名	性别	学科	职称	评定时间	所在单位
张金玲	女	药剂科	主任药师	1999.11	天津市第一医院
金宝艳	女	肝病	主任医师	2000.12	天津市第一医院
陆 伟	女	肝病	主任医师	2002.9	天津市第一医院
王丽萍	女	急症	主任医师	2004.1	天津市第一医院

姓 名	性 别	学 科	职 称	评定时间	所 在 单 位
刘玉峰	男	外科	主任医师	2004.6	天津市第一医院
吴茂文	男	中医风湿科	主任医师	2005.9	天津市第一医院
王淑玲	女	眼科	主任医师	2005.12	天津市第二医院
褚玉玲	女	儿科	主任医师	2006.12	天津市第一医院
来宝和	男	公共卫生	主任医师	2006.12	区疾病预防控制中心
郭晓霞	女	药学	主任药师	2007.01	天津市第二医院
胡耐春	男	外科	主任医师	2007.11	天津市第一医院
邹心忠	男	妇科	主任医师	2008.12	天津市第二医院
贠相华	女	内科	主任医师	2009.9	天津市第一医院
邹　琦	女	妇产科	主任医师	2009.9	天津市第一医院
降爱华	女	护理	主任护师	2010.01	天津市第二医院

河北区志

（1979—2010）

数据集览

SHU JU JI LAN

为适应大数据时代发展，借鉴计量史学的研究方法，本着表体集中与分散相结合的原则，在此汇集了河北区经济社会发展的有关宏观数据(计32套数据表)，旨在使读者通过通览这些数据便知改革开放后河北区经济社会发展概要。数据主要来源于历年的《天津市河北区社会经济统计资料年鉴》和《天津区县年鉴》。

一、1996—2010年河北区主要经济社会发展指标完成情况数据表

（一）1996—1998年

指　标	1996年	1997年	1998年
地区生产总值(万元)	113760	146244	161151
第二产业(万元)	26957	27390	24708
第三产业(万元)	86803	118854	136443
地区生产总值增速(%)	26.50	23.80	15.70
区级财政收入(万元)	12281	14707.60	16524
区级财政支出(万元)	17126	19795.90	22323
街以上工业企业单位数(个)	309	353	332
从业人员(万人)	2.08	1.87	1.89
总产值(万元)	42821	46890	50161
产品销售收入(万元)	41016	46514	47641
利税总额(万元)	3423	3098	992
固定资产原值(万元)	21969	22171	24366
流动资产合计(万元)	46260	54584	55662
社会消费品零售总额(万元)	69281	66970	76985
集市贸易市场数(个)	–	48	47
集市贸易成交额(万元)	–	195843	270562
*私营工商企业	–	–	–
户数(户)	766	991	1263
雇工人数(人)	6795	8653	10880
注册资本(万元)	17969	25972	45404
总产值(万元)	5524	5520	5664
营业收入(万元)	14847	23191	30466
*个体工商业	–	–	–
户数(户)	14314	14930	15966
从业人员(人)	17555	18170	19420
资金(万元)	10641	12557	15023
营业额(万元)	30918	34765	47361
直接利用外资协议额(万美元)	1090	1026	869
外贸出口交货值(万美元)	540	425	434

（二）1999—2002年

指　标	年　份			
	1999	2000	2001	2002
地区生产总值(万元)	187000	217651	253962	298751
第二产业(万元)	34398	40041	50741	55251
第三产业(万元)	152602	177610	203221	243500
地区生产总值增速(%)	16	16.80	16.50	18.40
区级财政收入(万元)	17436	20796	24086	26911
区级财政支出(万元)	23229	26261	34440	38705.60
街以上工业企业单位数(个)	310	54	40	39
从业人员(万人)	1.59	0.28	0.27	0.27
总产值(万元)	44036	27314	27289	27406
产品销售收入(万元)	44834	27262	26481	27591

续表

指标	年份			
	1999	2000	2001	2002
利税总额(万元)	1083	1061	2553	3823
固定资产原值(万元)	27489	8036	8930	8882
流动资产合计(万元)	56635	21198	16608	21122
社会消费品零售总额(万元)	90515	101805	466380	553882
集市贸易市场数(个)	44	52	44	44
集市贸易成交额(万元)	298476	543995	311681	418244
*私营工商企业	–	–	–	–
户数(户)	1445	1594	1629	2133
雇工人数(人)	12327	12470	13131	17930
注册资本(万元)	57370	80946	107704	169532
总产值(万元)	43013	44942	74952	86891
营业收入(万元)	137881	132901	209577	240537
*个体工商业	–	–	–	–
户数(户)	16234	8088	7900	8851
从业人员(人)	19731	10431	9693	11236
资金(万元)	16053	15087	18066	23012
营业额(万元)	102172	74782	90038	114627
直接利用外资协议额(万美元)	1055	1015	1617	1650
外贸出口交货值(万美元)	598	1126	1220	1171

（三）2003—2005年

指标	年份		
	2003	2004	2005
地区生产总值(万元)	359674	440221	430211.60
第二产业(万元)	66914	72415.10	123064.40
第三产业(万元)	292760	367805.90	307147.20
地区生产总值增速(%)	20.80	22.40	26.86
区级财政收入(万元)	31172.20	42676	49676
区级财政支出(万元)	43711	47986	80487
街以上工业企业单位数(个)	28	23	58
从业人员(万人)	0.21	0.30	0.36
总产值(万元)	25844	35472	68702
产品销售收入(万元)	25736	34268	67684
利税总额(万元)	3123	2883	3373
固定资产净值平均余额(万元)	6945	11149	22619
流动资产平均余额(万元)	19938	31927	46803
社会消费品零售总额(万元)	662322	798600	445930
集市贸易市场数(个)	52	–	–
*私营工商企业	–	–	–
户数(户)	2700	2742	3190
雇工人数(人)	24412	31012	35352
注册资本(万元)	235753	264925	299452
总产值(万元)	90589	109223	162348
营业收入(万元)	262114	358966	480813
*个体工商业	–	–	–
户数(户)	10000	6030	6236
从业人员(人)	13035	6625	6851
资金(万元)	25676	19069	21626
营业额(万元)	126598	201052	262620
直接利用外资协议额(万美元)	3519	6739.80	2789

续表

指 标	年 份		
	2003	2004	2005
外贸出口交货值（万美元）	1243	1584.3	1442

（四）2006—2008年

指 标	年 份		
	2006年	2007年	2008年
地区生产总值（亿元）	52.36	63	76.87
第二产业(亿元)	7.18	7.74	13.44
第三产业(亿元)	115.18	58.43	63.43
地区生产总值增速(%)	26.80	21.90	20.58
区级财政收入（万元）	56941.50	77588.60	106742.50
区级财政支出（万元）	71691.80	98893	136709.10
*规模以上工业企业	–	–	–
单位数（个）	47	40	39
从业人员（万人）	0.30	0.31	0.31
总产值（万元）	61339	56221	70328
主营业务收入（万元）	61208	61449	71114
利税总额（万元）	1572	–	2028
固定资产净值平均余额（万元）	13296	12740	–
流动资产平均余额（万元）	41666	40810	–
社会消费品零售总额（万元）	569656	665794	789077
*私营工商企业	–	–	–
户数(户)	3373	3941	4735
从业人员(人)	36156	35148	40823
注册资本(万元)	–	427980	792093
*个体工商业	–	–	–
户数(户)	36156	8550	9702
从业人员（人）	6732	8896	10115
资金(万元)	24074	27633	30392
直接利用外资到位额(万美元)	5074	6689	8710

（五）2009—2010年

指 标	年 份	
	2009	2010
地区生产总值（亿元）	94.35	128.32
第二产业（亿元）	13.24	11.26
第三产业（亿元）	81.11	117.06
地区生产总值增速(%)	17.19	17.97
区级财政收入总额（亿元）	13.423	185677
社会消费品零售总额（亿元）	105.20	123.34
直接利用外资到位额（万美元）	10828	136.33
国内招商引资到位额（亿元）	74.92	93.93
城市居民人均可支配收入（元）	20232	22963
固定资产投资（亿元）	87.23	100.45
民营经济注册资金（亿元）	74.92	88.40
民营经济留区税收（亿元）	2.79	3.99
规模以上工业企业单位数（个）	120	110
新增就业人数（人）	34138	38719
*私营企业	–	–
户数（户）	5199	–
从业人员（人）	45950	–

续表

指　　标	年　　份	
	2009	2010
注册资本(万元)	876423	–
*个体工商业	–	–
户数(户)	9883	–
从业人员(人)	10277	–
资金(万元)	32868	–
外贸出口总值(万美元)	14778	22729
拆迁面积(万平方米)	51.60	23.27
开工面积(万平方米)	320.65	342.08
竣工面积(万平方米)	90.54	110.52
安置居民(户)	11000	5125
绿化覆盖率(%)	38.80	40

注:“*”为全区数据、其余为区属数

二、1996—2010年河北区生产总值完成情况数据表

单位:亿元

年 份	合 计	增 速(%)	第二产业	第三产业
1996	10.96	31.10	–	–
1997	14.62	33.39	–	–
1998	16.96	16	–	–
1999	18.70	10.26	–	–
2000	22.13	18.34	–	–
2001	25.40	14.78	–	–
2002	29.88	17.64	5.53	24.35
2003	35.97	20.38	6.69	29.28
2004	44.02	22.38	7.24	36.78
2005	43.02	26.88	12.30	30.72
2006	52.36	24.53	7.18	45.18
2007	66.17	26.38	7.74	58.43
2008	76.87	16.17	13.44	63.43
2009	94.35	22.74	13.24	81.11
2010	122.09	29.40	13.84	108.25

三、1979—2010年河北区财政收入情况统计表

(一)1979—1995年

单位:万元

年 份	财政总收入	财政税收分成	区级收入	市拨专项款
1979	4917.30	–	–	–
1980	5298	–	–	–
1981	5426	–	–	–
1982	6264	–	–	–
1983	6516.84	–	21.11	–
1984	8064.76	–	20.06	–
1985	12035.95	3851.50	107.18	–
1986	12245.63	3918.60	214.36	850.90
1987	12187.12	3899.88	177.78	1382.76
1988	12129.47	3444.77	232.11	1575.39

续表

年 份	财政总收入	财政税收分成	区级收入	市拨专项款
1989	13588.86	5163.77	388.91	1253.03
1990	13018.43	4947	388.48	1657.46
1991	13125.41	4987.65	289.09	2016.06
1992	9441.33	6707.30	220.19	2181.25
1993	11160.98	8034	569.06	2711.47
1994	8840.71	7220.73	722.62	2773.18
1995	17934.40	10188.30	554.40	4240.40

（二）1996—2010年

续表

单位：万元

年份	全部财政收入	区级财政收入	增值税	营业税	个人所得税	企业所得税	城市维护建设税	房产税	契税	罚没收入	其他
1996	20495	12746	2549	5784	1010	1045	0	236	0	869	1253
1997	22915	14708	2511	7062	1164	1347	0	205	0	1248	1171
1998	25468	17050	2735	8046	1289	2210	0	488	0	1432	850
1999	26407	17981	2745	8503	1142	2008	0	1029	0	1643	911
2000	30471	21442	2960	9684	1854	1606	0	952	0	2025	2361
2001	34811	24728	3308	10242	2407	3433	0	688	0	2097	2250
2002	[illegible]	20057	3133	12370	[illegible]	2035	0	707	0	2286	5843
2003	63651	32419	4334	10428	1211	2548	1605	2109	4815	1798	3571
2004	98254	43582	5748	13264	1719	4035	3625	2203	6905	1285	4798
2005	115898	49722	7222	14892	1866	5336	4027	2682	7719	1054	4924
2006	125991	57421	6809	17004	1649	6345	4237	3624	9966	1043	6744
2007	161103	78050	7437	20068	2559	7463	4924	4228	13868	901	16602
2008	208737	106720	8436	30395	2849	8769	6460	5650	15308	1090	27786
2009	250200	134290	7494	36913	3761	11821	7131	5631	26741	1308	33490
2010	–	185677	8372	43392	4835	14332	8593	6270	36646	1553	61684

四、1979—2010年财政支出情况数据表

（一）1979—1995年

单位：万元

年份	财政总支 出	教育支出	卫生支出	体育支出	抚恤支出	行政支出	财政专项投资			
							教育事业	卫生事业	体育事业	抚恤事业
1979	4917.30	786	255	15	73	200	–	–	–	–
1980	1806	931	231	24	93	224	–	–	–	–
1981	1950	1000	294	33	90	223	–	–	–	–
1982	2310	1234	344	29	87	248	–	–	–	–
1983	2534.10	1288.70	421	27.70	206.10	305.90	–	–	–	–
1984	2656	1274.30	484.30	36.70	201.10	380.10	–	–	–	–
1985	4027.80	1658.20	700.50	44.30	121.90	409.60	–	–	–	–
1986	4840	2120.50	819.90	42.60	162.70	553.90	199	67.70	–	19.50
1987	5067.60	1917.50	857.40	52.40	256.30	652.40	103.60	14.60	–	49.80
1988	6084.70	2473.90	472.80	69.20	240.50	448.60	95	10.70	14.50	67.10
1989	6542.50	2722	510.40	44.70	289.50	522.90	147	38.90	4	87.30
1990	8066	3191.20	617.40	60.20	346.50	594.60	174	77.20	27.60	89.30
1991	8824	3390.50	590.20	55.30	365.50	706.60	216.50	36	1.70	94.70
1992	8192.20	3386.20	374.70	34.60	450.70	761.80	260	40	2	106.40
1993	10684.90	4232.90	449.30	156.10	521.10	669.10	304.30	42	9.50	132
1994	15077.20	8836.50	759.80	54.10	702	1355.40	465	–	1	216

续表

年份	财政总支 出	教育支出	卫生支出	体育支出	抚恤支出	行政支出	财政专项投资			
							教育事业	卫生事业	体育事业	抚恤事业
1995	18177.30	7601	1031.30	27.70	845	1536	712.10	57.00	2.10	239.40

（二）1996—2006年

单位：万元

年份	全部财政支出	区级财政支出	教育支出	医疗卫生支出	抚恤和社会福利救济	行政管理费	专项支出	其他
1996	22492	17129	9151	2285	604	1758	–	8694
1997	23667	19795	10138	2583	637	2094	–	8215
1998	26704	22488	11088	2692	803	2546	534	9041
1999	26949	23229	11535	2564	954	2719	–	9177
2000	32773	27199	11778	2927	1209	2741	940	13178
2001	43423	34972	14807	3557	1266	3300	531	19962
2002	54233	39468	17212	4179	3204	3401	762	25475
2003	56052	44227	17550	5494	3385	5055	518	24050
2004	61766	47986	21070	5783	3457	6158	1055	24243
2005	80487	60878	26395	6657	5646	7272	846	33671
2006	83270	71692	32705	6746	6503	9356	1041	26919

（三）2007—2010年

单位：万元

年份	全部财政支出	区级财政支出	一般公共服务	公共安全	教育	社会保障就业	医疗卫生	工业商业金融等事务	采掘电力信息等事务	资源勘探电力信息等事务	其他
2007	115333	98893	12548	13418	41249	15386	9949	6722	–	–	16061
2008	155237	134000	16751	18148	57585	18765	16569	7269	–	–	20150
2009	196440	173771	21437	18668	69215	23043	17552	–	21745	–	24780
2010	252786	223999	24811	21399	84946	25632	23724	–	–	36716	35558

五、1994—2010年河北区国税收入情况数据表

单位：万元

年 份	实际完成	同比增减+－%	区级收入
1994（9—12月）	30822	–	2609
1995	32002	3.83	3065
1996	31330	−2.09	3589
1997	35129.50	12.12	4197.60
1998	36467	3.81	2736
1999	40724	11.67	2749.30
2000	47078	15.60	2961
2001	45677	−2.97	3308
2002	50586	10.75	3789
2003	40860	−19.23	5569
2004	43476	6.40	8366
2005	46222	6.32	9536
2006	45610	−1.32	10767
2007	54658	19.83	12510
2008	62737	14.78	13717
2009	66906	6.64	16152
2010	76702	14.64	18037

六、1994—2010年区级地方税收数据表

（一）1994—2001年

单位：万元

税种＼年份	1994	1995	1996	1997	1998	1999	2000	2001
营业税	3355	4464	5497	6691	8046	8503	9684	10240
企业所得税	1111	945	885	1208	2001	1782	1432	3433
个人所得税	188	417	558	602	1289	1142	1854	2407
土地增值税	–	–	–	–	–	–	–	–
城市维护建设税	–	–	–	–	–	–	–	–
车船税	82	184	166	153	131	161	136	143
房产税	79	201	236	205	489	1029	952	688
城镇土地使用税	56	48	76	50	76	98	89	68
印花税	–	–	–	–	–	–	–	–
滞纳补罚	4	134	252	219	–	–	–	–
教育费附加	–	–	–	–	–	–	–	–
合计	4875	6393	7669	9128	12032	12714	14146	16980
全年计划	4405	5363	7273	8965	11870	11540	14130	17650

（二）2002—2010年

单位：万元

税种＼年份	2002	2003	2004	2005	2006	2007	2008	2009	2010
营业税	12370	10428	13264	14892	17004	25463	25463	32110	37835
企业所得税	1684	1317	1985	3046	2442	3564	3564	3229	4759
个人所得税	1383	1211	1720	1000	1640	2850	2850	3761	4834
土地增值税	–	–	–	90	578	1072	1072	1812	4545
城市维护建设税	–	1605	3625	4006	4199	6415	6415	7085	8527
车船税	316	737	1096	835	884	2673	2673	2974	4392
房产税	707	2110	2203	2681	3624	5650	5650	5631	6270
城镇土地使用税	75	324	370	566	457	4006	4006	2304	2744
印花税	–	783	1040	959	1832	2377	2377	2791	3939
滞纳补罚	–	–	–	–	–	–	–	–	–
教育费附加	–	–	1551	1714	1798	2729	2729	3036	3656
合计	16535	18514	26854	30655	34467	56799	56799	64733	81501
全年计划	19370	22577	26126	30337	34910	57395	57395	59259	76468

七、1984—2010年河北区工商企业登记情况数据表

年份＼项目	户数						从业人员（人）	注册资金（万元）
	合计	全民	集体	联营	股份制	其他		
1984	2367	735	1632	–	–	–	286168	175172
1985	2470	958	1509	3	–	–	296857	206823
1986	2505	979	1513	13	–	–	297128	209348
1987	3050	1231	1797	22	–	–	296737	220442
1988	3783	1450	2278	55	–	–	332928	234585
1989	4113	1511	2537	65	–	–	339307	238899
1990	4105	1524	2514	67	–	–	331161	233086
1991	3981	1520	2392	69	–	–	335169	237882
1992	5183	1844	3256	83	–	–	362309	263513
1993	6896	2088	4699	109	–	–	402827	328973

续表

年份＼项目	户数						从业人员(人)	注册资金(万元)
	合计	全民	集体	联营	股份制	其他		
1994	6837	1941	4752	74	34	36	379100	376535
1995	7118	1958	4796	77	174	113	–	391690
1996	7870	2138	5360	79	180	113	–	410535
1997	8465	2248	5834	81	189	113	–	459588
1998	8997	2376	6228	82	198	113	–	470003
1999	9279	2451	6413	82	220	113	–	478917
2000	9570	2565	6583	85	224	113	–	991389
2001	9721	2619	6675	86	228	113	–	1020936
2002	9828	2651	6743	86	235	113	–	1022909
2003	9911	2679	6793	86	240	113	–	1029249
2004	9981	2701	6839	86	242	113	–	1030353
2005	10032	2720	6871	86	242	113	–	1030616
2006	10064	2733	6888	86	244	113	–	1030866
2007	10096	2742	6906	86	249	113	–	1031411
2008	10119	2758	6912	86	250	113	–	1031523
2009	10133	2768	6915	86	251	113	–	1031529
2010	10143	2775	6918	86	251	113	–	1031549

八、按行业开业时间划分的法人单位数据表

单位：个

行 业	1978—1991年	1992—2000年	2001—2004年	2005年	2006年	2007年	2008年	筹 建
制造业	77	338	292	60	76	66	39	12
农副食品加工业	1	1	0	0	2	0	0	0
食品制造业	1	12	5	2	2	1	2	0
饮料制造业	0	3	2	0	0	0	0	0
纺织业	2	11	9	0	2	1	0	0
纺织服装鞋帽制造业	0	19	26	5	7	4	3	0
皮革毛皮羽毛(绒)及其制品业	1	5	3	0	0	1	0	0
木材加工及木竹藤棕草制品业	2	2	6	1	2	1	0	0
家具制造业	0	2	4	0	0	0	0	1
造纸及纸制品业	3	10	4	1	2	4	1	0
印刷业和记录媒介的复制	6	22	18	2	3	0	5	1
文教体育用品制造业	4	8	4	0	1	0	0	0
石油加工、炼焦及核燃料加工业	0	2	1	0	0	0	0	0
化学原料及化学制品制造业	3	18	14	7	1	3	0	1
医药制造业	0	2	1	2	1	1	0	0
化学纤维制造业	0	0	1	0	0	0	0	0
橡胶制品业	1	5	8	1	4	0	0	0
塑料制品业	2	12	10	1	3	3	1	0
非金属矿物制品业	1	0	4	1	0	1	0	0
黑色金属冶炼及压延加工业	0	3	1	1	0	0	1	0
有色金属冶炼及压延加工业	0	3	4	1	0	0	0	0
金属制品业	9	25	9	6	7	2	4	1
通用设备制造业	12	42	42	13	13	10	12	3
专用设备制造业	11	33	32	6	6	12	6	2
交通运输设备制造业	9	28	20	2	3	5	0	0
电器机械及器材制造业	4	28	29	3	8	5	3	2

续表

行 业	1978—1991年	1992—2000年	2001—2004年	2005年	2006年	2007年	2008年	筹 建
通信设备计算机及其他电子设备制造业	2	15	6	1	2	5	0	0
仪器仪表及文化办公用机械制造业	1	19	13	3	1	0	0	0
工艺品及其他制造业	2	8	16	1	6	7	1	1
电力燃气及水的生产和供应业	0	6	2	0	1	1	0	0
电力热力的生产和供应业	0	5	2	0	0	1	0	0
水的生产和供应业	0	1	0	0	1	0	0	0
建筑业	21	65	52	14	26	23	17	7
房屋和土木工程建筑业	14	19	8	1	3	3	6	0
建筑安装业	2	14	16	3	4	6	3	2
建筑装饰业	2	21	18	9	13	12	6	4
其他建筑业	3	11	10	1	6	2	2	1
交通运输、仓储和邮政业	7	32	25	15	10	12	14	12
铁路运输业	0	4	5	0	0	0	1	1
道路运输业	2	9	4	7	3	3	3	2
城市公共交通业	1	9	1	0	1	0	1	0
水上运输业	0	2	0	0	0	0	0	0
装卸搬运和其他运输服务业	1	7	13	0	0	0	7	0
仓储业	3	1	1	0	0	0	0	1
邮政业	0	0	1	0	0	1	2	0
信息传输、计算机服务和软件业	0	7	28	6	12	17	16	2
电信和其他信息传输服务业	0	1	7	1	2	4	3	1
计算机服务业	0	5	19	5	8	12	12	1
软件业	0	1	2	0	2	1	1	0
批发和零售业	63	407	659	285	415	462	224	61
批发业	38	261	401	158	186	217	134	46
零售业	25	146	258	127	229	245	90	15
住宿和餐饮业	14	41	65	24	21	44	25	1
住宿业	9	12	4	5	3	5	10	0
餐饮业	5	29	61	19	18	39	15	1
金融业	6	8	5	0	6	2	1	0
银行业	5	8	1	0	2	0	0	0
证券业	0	0	3	0	0	1	0	0
保险业	0	0	1	0	4	0	1	0
其他金融活动	1	0	0	0	0	1	0	0
房地产业	9	82	59	17	20	18	13	9
房地产业	9	82	59	17	20	18	13	9
租赁和商务服务业	10	79	110	62	65	102	44	33
租赁业	1	3	3	2	0	2	2	2
商务服务业	9	76	107	60	65	100	42	31
科学研究、技术服务和地质勘查业	6	35	27	13	16	23	18	8
研究与试验发展	0	2	1	0	0	2	0	0
专业技术服务业	5	26	13	8	5	10	10	6
科技交流和推广服务业	1	7	13	4	11	11	7	2
地质勘查业	0	0	0	1	0	0	1	0
水利、环境和公共设施管理业	8	14	9	2	3	5	3	1
水利管理业	1	0	0	0	1	0	1	0
环境管理业	4	2	4	1	1	2	2	0
公共设施管理业	3	12	5	1	1	3	0	1
居民服务和其他服务业	6	50	96	44	47	55	43	7
居民服务业	1	22	42	24	28	20	26	3

续表

行　业	1978—1991年	1992—2000年	2001—2004年	2005年	2006年	2007年	2008年	筹建
其他服务业	5	28	54	20	19	35	17	4
教育	35	26	44	15	6	3	5	0
教育	35	26	44	15	6	3	5	0
卫生、社会保障和社会福利业	15	36	24	5	19	5	6	0
卫生	11	10	3	4	12	2	4	0
社会保障业	1	18	6	1	4	0	0	0
社会福利业	3	8	15	0	3	3	2	0
文化、体育和娱乐业	6	8	11	7	5	13	5	2
广播、电视、电影和音像业	1	1	0	0	0	2	1	0
文化艺术业	4	2	2	0	2	0	1	2
体育	1	1	4	0	1	4	0	0
娱乐业	0	4	5	7	2	7	3	1
公共管理和社会组织	70	108	44	22	9	7	5	0
中国共产党机关	4	0	1	0	0	0	0	0
国家机构	42	19	12	2	0	4	0	0
人民政协和民主党派	0	0	0	0	0	0	0	0
群众团体、社会团体和宗教组织	15	51	13	5	5	2	5	0
基层群众自治组织	9	38	18	15	4	1	0	0

九、第一、二次经济普查法人单位变化数据表

项目 登记注册类型	第一次（2004年）法人单位数	第二次（2008年）法人单位数	增长量（个）	增长%
合　计	1245	2591	1346	108.11
内资企业	1204	2552	1348	111.96
国有企业	136	88	-48	-35.29
集体企业	251	122	-129	-51.39
股份合作企业	9	11	2	22.22
联营企业	6	7	1	16.67
有限责任公司	166	150	-16	-9.64
股份有限公司	17	20	3	17.65
私营企业	569	1504	935	164.32
其他企业	50	650	600	增长12倍
港、澳、台商投资企业	14	15	1	7.14
合资、合作经营企业				
（港、澳、台资）	2	3	1	50
港、澳、台商独资经营企业	11	11	0	-
港、澳、台商投资				
股份有限公司	1	1	0	-
外商投资企业	27	24	-3	-11.11
中外合资、合作经营企业	8	5	-3	-37.50
外资企业	19	19	0	-

注：采自《河北区第二次经济普查分析汇编》

十、第一、二次经济普查批发零售地域分布数据表

项目 地域	第一次(2004年)法人单位(个)	第二次(2008年)法人单位(个)	增长%	其中			
				批发企业(个)		零售企业(个)	
				2004年	2008年	2004年	2008年
光复道街道	220	295	34.09	187	205	33	90
望海楼街道	210	428	103.81	147	297	63	131
鸿顺里街道	165	343	107.88	83	120	82	223
新开河街道	109	176	61.47	43	111	66	65
铁东路街道	54	141	161.11	33	62	21	79
建昌道街道	73	279	282.19	46	142	27	137
宁园街道	140	170	21.43	100	124	40	46
王串场街道	146	256	75.34	101	147	45	109
江都路街道	71	332	369.61	43	147	28	185
月牙河街道	57	171	200.00	42	95	15	76
合计	1245	2591	108.11	825	1450	420	1141

注：采自《河北区第二次经济普查分析汇编》

十一、第二次经济普查商业零售业基本情况数据表

（按登记注册类型统计）

类别	法人单位(个)	占企业总数(%)	零售额(万元)	占零售总额(%)
内资企业	1136	99.56	272258	96.04
国有企业	19	1.67	4278	1.57
集体企业	47	4.14	5117	1.88
股份合作企业	5	0.44	902	0.33
联营企业	4	0.35	3848	1.41
有限责任公司	46	4.05	34182	12.56
股份有限公司	8	0.70	2136	0.78
私营企业	470	41.37	129916	47.72
其他企业	537	47.27	91879	33.75
港、澳、台商投资企业	1	0.09	2	0
外商投资企业	4	0.35	11228	3.96
合计	1141	100.00	283488	100.00

注：采自《河北区第二次经济普查分析汇编》

十二、第二次经济普查商业零售业基本情况数据表

（按行业划分）

行业	法人单位(个)	比重(%)	零售额(万元)	比重(%)
综合零售	86	7.54	73601	25.96
食品、饮料及烟草制品专门零售	185	16.21	28141	9.93
纺织、服装及日用品专门零售	202	17.70	47778	16.85
文化、体育用品及器材专门零售	72	6.31	10205	3.60
医药及医疗器材专门零售	75	6.57	14393	5.08
汽车、摩托车、燃料及零配件专门零售	38	3.33	11210	3.95
家用电器及电子产品专门零售	92	8.06	23871	8.42
五金、家具及室内装修材料专门零售	210	18.40	40145	14.16
无店铺及其他零售	181	15.86	34144	12.04
总计	1141	100.00	283488	100.00

注：采自《河北区第二次经济普查分析汇编》

十三、第二次经济普查零售业法人单位和从业人员及零售额构成数据表

（按登记注册类型分）

类 别	法人单位(个)	比重(%)	从业人员(人)	比重(%)	零售额(万元)	比重(%)
内资	1136	99.56	7503	99.11	272258	96.04
港、澳、台商投资	1	0.09	3	0.04	2	0
外商投资	4	0.35	64	0.85	11228	3.96
合 计	1141	100.00	7570	100.00	283488	100.00

注：采自《河北区第二次经济普查分析汇编》

十四、第二次经济普查零售企业法人地域分布数据表

单位：个

地 域	法 人 单 位	比 重(%)
光复道街	90	7.89
望海楼街	131	11.48
鸿顺里街	223	19.54
新开河街	65	5.70
铁东路街	79	6.92
建昌道街	137	12.01
宁园街	46	4.03
王串场街	109	9.55
江都路街	185	16.21
月牙河街	76	6.66
合 计	1141	100

注：采自《河北区第二次经济普查分析汇编》

十五、第一、二次经济普查住宿餐饮业法人单位数变化数据表

单位：个

项目 登记注册类型	2004年单位数	2008年单位数	增长量	增长速度(%)
内资企业	124	226	102	82.26
国有企业	15	18	3	20
集体企业	32	14	-18	-56.25
股份合作企业	2	2	-	-
联营企业	1	-	-1	-
有限责任公司	21	12	-9	-42.86
股份有限公司	2	2	-	-
私营企业	43	92	49	1.1倍
其他企业	8	86	78	9.8倍
港、澳、台商投资企业	3	5	2	66.67
外商投资企业	3	6	3	1倍
合 计	130	237	107	82.31

注：采自《河北区第二次经济普查分析汇编》

十六、第二次经济普查社会服务企业法人数量数据表

单位：个

行 业	2008年法人单位	比 重(%)
信息传输、计算机服务和软件业	88	4.90

续表

行　业	2008年法人单位	比 重(%)
租赁和商务服务业	506	27.90
科学研究、技术服务和地质勘查业	152	8.40
水利、环境和公共设施管理业	49	2.70
居民服务和其他服务业	351	19.30
教育	189	10.40
卫生、社会保障和社会福利业	127	7
文化、休息和娱乐业	65	3.60
公共管理和社会组织	287	15.80
总　计	1814	100

注：采自《河北区第二次经济普查分析汇编》

十七、第一、第二次经济普查科技服务业法人单位数据表

单位：个

行　业	2004年	2008年	增 长 量
信息传输、计算机服务和软件业	41	83	42
电信和其他信息传输服务业	8	18	10
计算机服务业	21	60	39
软件业	12	5	-7
科学研究和技术服务	108	125	17
研究与试验发展	9	3	-6
专业技术服务	72	75	3
科技交流和推广服务业	27	47	20
合　计	298	416	118

注：采自《河北区第二次经济普查分析汇编》

十八、第一、第二次经济普查旅游业法人单位登记注册类型数据表

单位：个

登记注册类型	法人单位			所属产业活动单位		
	2004年	2008年	增长速度(%)	2004年	2008年	增长速度(%)
内资	53	60	13.21	9	11	22.22
国有	18	15	-16.67	4	1	-75
集体	16	8	-50	2	1	-50
联营企业	1	0	-	0	1	-
有限责任公司	7	11	57.14	3	4	33.33
股份有限公司	1	0	-	0	0	-
私营企业	8	20	1.5倍	0	3	-
其他	2	6	2倍	0	1	-
港、澳、台投资企业	0	1	-	0	2	-
外商投资企业	1	1	-	1	0	-
合　计	54	62	14.81	10	13	30

注：采自《河北区第二次经济普查分析汇编》

十九、第一、第二次经济普查个体经营户情况数据表

单位：个

行业名称	2004年	2008年	增长速度(%)
工业	247	631	155.47
建筑业	201	204	1.49
交通运输、仓储和邮政业	1	4815	4814
批发零售业	8890	21040	136.67
住宿餐饮业	1265	1720	35.97
房地产业	188	214	13.83
其他服务业	3573	6585	84.30
合 计	14365	53209	145.10

注：采自《河北区第二次经济普查分析汇编》

二十、第二次经济普查内资企业从业人员构成数据表

单位：人

登记注册类型	数 量	比 重(%)
国有	61616	42.70
集体	7725	5.35
股份合作	626	0.43
联营企业	562	0.39
有限责任公司	23354	16.18
股份有限公司	3026	2.10
私营企业	37354	25.88
其他企业	10052	6.97
合计	144315	100

注：采自《河北区第二次经济普查分析汇编》

二十一、第二次经济普查第三产业从业人员数据表

单位：人

行 业	数 量	比 重(%)
制造业	32374	21.30
批发和零售业	22131	14.56
交通运输仓储和邮政业	12387	8.15
教育	10061	6.62
建筑业	9868	6.49
卫生社会保障和社会福利业	9494	6.25
住宿和餐饮业	9038	5.95
电力燃气及水的生产和供应业	8614	5.67
公共管理和社会组织	7383	4.86
科学研究技术服务和地质勘查业	6685	4.40
租赁和商务服务业	6217	4.09
房地产业	5948	3.91
居民服务和其他服务业	4061	2.67
水利、环境和公共设施管理业	3719	2.45
金融业	2185	1.44
文化体育和娱乐业	942	0.62
信息传输计算机服务和软件业	875	0.58
合计	151982	100

注：采自《河北区第二次经济普查分析汇编》

二十二、第二次经济普查河北区各行业从业人员学历情况数据表

单位：人

行业	合计	研究生及以上	本科	专科	高中	初中及以下
制造业	32374	124	2306	4578	14509	10857
电力、燃气及水的生产和供应业	8614	305	2244	1411	3101	1553
建筑业	9868	99	1550	1867	3246	3106
交通运输、仓储和邮政业	12387	106	1641	2366	6021	2253
信息传输、计算机服务和软件业	875	39	318	262	168	88
批发和零售业	22131	142	2266	5718	9332	4673
住宿和餐饮业	9038	60	299	1050	3371	4258
金融业	2185	46	769	819	510	41
房地产业	5948	73	1191	1350	2062	1272
租赁和商务服务业	6217	99	1261	1594	1785	1478
科学研究、技术服务和地质勘查业	6685	418	2600	1340	1172	1155
水利、环境和公共设施管理业	3719	22	387	394	1868	1048
居民服务和其他服务业	4061	28	378	633	1701	1321
教育	10061	301	5024	2810	1432	494
卫生、社会保障和社会福利业	9494	236	2167	2703	3353	1035
文化、体育和娱乐业	942	0	121	229	357	226
公共管理和社会组织	7383	300	2604	2872	1456	151
总计	151982	2407	27126	31996	55444	35009

注：采自《河北区第二次经济普查分析汇编》

二十三、1996—2010年河北区各类学校数据表

单位：个

年份	中学	职校	小学	幼儿园	进修	特殊教育	其他单位	体校	成人教育
1996	53	13	78	40	1	2	5	1	4
1997	52	14	76	39	1	2	5	–	4
1998	53	13	71	41	1	2	6	–	4
1999	51	12	66	36	1	2	5	–	4
2000	49	12	61	36	1	2	6	–	3
2001	47	13	60	63	1	2	5	–	3
2002	46	15	57	60	1	2	5	–	3
2003	41	14	46	55	1	2	5	–	3
2004	38	11	40	49	1	1	5	–	3
2005	40	8	36	37	1	1	4	–	3
2006	34	6	29	37	1	2	4	–	3
2007	31	6	27	36	1	2	4	–	3
2008	32	6	27	38	1	2	4	–	2
2009	31	6	26	35	1	2	4	–	–
2010	27	6	26	30	1	2	4	–	–

二十四、1996—2010年河北区在学学生数据表

单位：人

年份	中学	职校	小学	幼儿园	进修	特殊教育	体校	成人教育
1996	39647	5810	54681	3735	300	375	96	3301
1997	41249	6656	50853	3696	800	360	–	3142
1998	40186	6291	47176	3474	760	338	–	3121
1999	38443	6908	42730	3341	350	325	–	2838

续表

年份	中学	职校	小学	幼儿园	进修	特殊教育	体校	成人教育
2000	38745	6671	37247	3348	360	344	–	2700
2001	38907	6649	32175	7266	83	289	–	2910
2002	38938	6042	29844	7236	84	307	–	2742
2003	37401	5456	27804	6934	417	254	–	2648
2004	35215	4914	26039	6375	596	100	–	2674
2005	33418	3842	24711	7720	1098	87	–	4745
2006	30479	3356	23641	6203	1006	303	–	6119
2007	27414	3309	22441	6232	104	320	–	9349
2008	24739	2942	21655	6501	527	291	–	9054
2009	22867	2179	20588	7554	523	311	–	–
2010	22083	1554	19968	8274	1452	285	–	–

二十五、1996—2010年河北区学校教职工数据表

单位：人

年份	中学	职校	小学	幼儿园	进修	特殊教育	其他单位	体校	成人教育
1996	4080	448	4080	886	127	174	167	38	179
1997	4155	466	3902	837	114	179	146	–	167
1998	3933	431	3637	772	110	178	227	–	161
1999	3890	502	3466	784	107	78	108	–	153
2000	3973	607	3247	747	56	63	159	–	147
2001	3811	644	3084	1266	90	63	99	–	136
2002	3646	856	2966	1183	84	137	90	–	127
2003	3590	873	2864	1198	85	131	85	–	121
2004	3411	750	2722	1062	90	30	82	–	198
2005	3405	546	2674	1002	94	31	86	–	191
2006	3208	580	2526	976	96	157	72	–	194
2007	3079	566	2400	915	96	153	83	–	190
2008	2975	563	2272	906	95	148	87	–	183
2009	2915	409	2210	961	91	146	72	–	–
2010	2738	380	2092	980	84	146	78	–	–

二十六、第二次经济普查河北区医疗机构数据表

单位：个

项目 类型	数量	比重(%)
区属单位	21	37.50
社会办医	31	55.40
其他单位	4	7.10
总计	56	100

注：采自《河北区第二次经济普查分析汇编》

二十七、第二次经济普查河北区卫生部门人员情况数据表

单位：人

项目 业别	数量	比重(%)
专业卫生技术人员	1563	69.80
执业医师	476	21.30

续表

业别＼项目	数量	比重(%)
执业助理医师	66	3
注册护士	625	27.90
药师	130	5.80
技师	38	1.70
检验师	77	3.40
其他卫生技术人员	151	6.70
非专业卫生技术人员	675	30.20
卫生监督员	32	1.40
其他技术人员	40	1.80
管理人员	362	16.20
工勤人员	241	10.80
合计	2238	100

注：采自《河北区第二次经济普查分析汇编》

二十八、1979—2010年河北区分年龄组人口构成情况数据表

年份	年龄组	人口数			年份	年龄组	人口数		
		合计	男	女			合计	男	女
1979	总计	542456	273096	269360	1980	总计	554365	279360	275005
	0岁	4701	2455	2246		0岁	6332	3337	2995
	1~6岁	28638	14707	13931		1~6岁	28450	14635	13815
	7~17岁	100637	51588	49049		7~17岁	90718	46505	44213
	18~25岁	118629	58725	59904		18~25岁	123167	61266	61901
	26~35岁	87449	44936	42513		26~35岁	99367	50942	48425
	36~45岁	67085	32497	34588		36~45岁	64729	31531	33198
	46~55岁	70474	35992	34482		46~55岁	72768	36949	35819
	56~60岁	22811	11834	10977		56~60岁	24518	12505	12013
	61~70岁	28003	14292	13711		61~70岁	29459	15252	14207
	71岁以上	14029	6070	7959		71岁以上	14857	6438	8419
1981	总计	562565	283945	278620	1982	总计	572846	290039	282807
	0岁	8300	4311	3989		0岁	11058	5788	5270
	1~6岁	30733	15889	14844		1~6岁	34850	18000	16850
	7~17岁	76450	39273	37177		7~17岁	69729	35744	33985
	18~25岁	126785	63649	63136		18~25岁	122719	62346	60373
	26~35岁	109380	56002	53378		26~35岁	119536	61415	58121
	36~45岁	63875	31336	32539		36~45岁	63330	31453	31877
	46~55岁	74387	37344	37043		46~55岁	75305	37173	38132
	56~60岁	26512	13537	12975		56~60岁	28112	14344	13768
	61~70岁	30582	15739	14843		61~70岁	31726	16415	15311
	71岁以上	15561	6865	8696		71岁以上	16481	7361	9120
1983	总计	58115	294058	287097	1984	总计	584626	296024	288602
	0岁	11614	6009	5605		0岁	10394	5339	5055
	1~6岁	41833	21721	20112		1~6岁	48538	25253	23285
	7~17岁	66483	33996	32487		7~17岁	64491	32979	31512
	18~25岁	112071	56858	55213		18~25岁	100412	51097	49315
	26~35岁	129568	66387	63181		26~35岁	139357	71377	67980
	36~45岁	64432	32394	32038		36~45岁	64029	32661	31368
	46~55岁	75272	36785	38487		46~55岁	73678	35607	38071
	56~60岁	28873	14657	14216		56~60岁	30176	15242	14934

续表

年份	年龄组	人口数			年份	年龄组	人口数		
		合计	男	女			合计	男	女
1983	61~70岁	33870	17533	16337	1984	61~70岁	35591	18333	17258
	71岁以上	17139	7718	9421		71岁以上	17960	8136	9824
1985	总计	575908	291855	284053	1986	总计	585359	296947	288412
	0岁	8507	4386	4121		0岁	8489	4399	4090
	1~4岁	40886	21114	19772		1~4岁	41991	21633	20358
	5~9岁	25958	13374	12584		5~9岁	30067	15495	14572
	10~14岁	26902	13882	13020		10~14岁	25385	13133	12252
	15~19岁	33064	16489	16575		15~19岁	33878	17034	16844
	20~24岁	63967	32835	31132		20~24岁	59973	30946	29027
	25~29岁	79940	41111	38829		25~29岁	75420	38836	36584
	30~34岁	67000	34314	32686		30~34岁	73520	37640	35880
	35~39岁	39035	20272	18763		35~39岁	42420	21993	20427
	40~44岁	29473	15261	14212		40~44岁	30533	15752	14781
	45~49岁	30788	14281	16507		45~49岁	29769	14141	15628
	50~54岁	37002	18123	18879		50~54岁	37658	18048	19610
	55~59岁	32264	16118	16146		55~59岁	32260	16143	16117
	60~64岁	24325	12323	12002		60~64岁	25651	12971	12680
	65~69岁	15682	8125	7557		65~69岁	16471	8510	7961
	70~74岁	10739	5380	5359		70~74岁	10884	5477	5407
	75~79岁	6206	2882	3324		75~79岁	6551	3078	3473
	80岁以上	4170	1584	2586		80岁以上	4439	1718	2721
1987	总计	587216	297868	289348	1988	总计	589853	299245	290608
	0岁	8114	4156	3958		0岁	7671	3961	3710
	1~4岁	39521	20232	19289		1~4岁	36278	18580	17698
	5~9岁	36398	18906	17492		5~9岁	41938	21731	20207
	10~14岁	23873	12285	11588		10~14岁	24538	12622	11916
	15~19岁	34400	17578	16822		15~19岁	32566	16824	15742
	20~24岁	49023	25238	23785		20~24岁	37976	19404	18572
	25~29岁	73215	37732	35483		25~29岁	74456	38450	36006
	30~34岁	79000	40334	38666		30~34岁	81976	42001	39975
	35~39岁	45815	23773	22042		35~39岁	52637	27079	25558
	40~44岁	32417	16843	15574		40~44岁	34015	17675	16340
	45~49岁	28877	13879	14998		45~49岁	27366	13541	13825
	50~54岁	36584	17241	19343		50~54岁	34287	15879	18408
	55~59岁	33217	16559	16658		55~59岁	34203	16888	17315
	60~64岁	26231	13216	13015		60~64岁	27359	13724	13635
	65~69岁	17461	8990	8471		65~69岁	18817	9591	9226
	70~74岁	11631	5881	5750		70~74岁	11772	5938	5834
	75~79岁	6811	3225	3586		75~79岁	7100	3405	3695
	80岁以上	4628	1800	2828		80岁以上	4898	1952	2946
1989	总计	598948	303999	294949	1990	总计	606715	307662	299053
	0岁	7102	3660	3442		0岁	5579	2793	2786
	1~4岁	34043	17488	16555		1~4岁	32851	16853	15998
	5~9岁	47352	24369	22983		5~9岁	51124	26309	24815
	10~14岁	26512	13668	12844		10~14岁	31692	16504	15188
	15~19岁	32012	16708	15304		15~19岁	30432	15931	14501
	20~24岁	34628	17661	16967		20~24岁	34121	17384	16737
	25~29岁	71814	37187	34627		25~29岁	65496	33934	31562
	30~34岁	80228	41127	39101		30~34岁	77999	39974	38025

续表

年份	年龄组	人口数		
		合计	男	女
1989	35~39岁	59914	30668	29246
	40~44岁	37086	19233	17853
	45~49岁	27261	13846	13415
	50~54岁	32365	14836	17529
	55~59岁	34861	17076	17785
	60~64岁	28675	14364	14311
	65~69岁	20099	10030	10069
	70~74岁	12092	6171	5921
	75~79岁	7678	3774	3904
	80岁以上	5226	2133	3093
1990	35~39岁	66741	34094	32647
	40~44岁	39454	20396	19058
	45~49岁	29057	14951	14106
	50~54岁	29824	13717	16107
	55~59岁	34900	16794	18106
	60~64岁	29721	14734	14987
	65~69岁	21595	10762	10833
	70~74岁	12878	6542	6336
	75~79岁	7746	3724	4022
	80岁以上	5505	2266	3239
1991	总计	609157	308580	300577
	0岁	3774	1969	1805
	1~4岁	29920	15182	14738
	5~9岁	51503	26473	25030
	10~14岁	36010	18680	17330
	15~19岁	29414	15354	14060
	20~24岁	34062	17092	16970
	25~29岁	61155	31855	29300
	30~34岁	73336	37727	35609
	35~39岁	72569	36977	35592
	40~44岁	42668	21943	20725
	45~49岁	30054	15419	14635
	50~54岁	28878	13511	15367
	55~59岁	35157	16420	18737
	60~64岁	29851	14773	15078
	65~69岁	22831	11354	11477
	70~74岁	13455	6796	6659
	75~79岁	7928	3808	4120
	80岁以上	5883	2428	3455
1992	总计	610038	308762	301276
	0岁	3899	2065	1834
	1~4岁	25423	12922	12501
	5~9岁	48660	24950	23710
	10~14岁	41753	21737	20016
	15~19岁	28788	14897	13891
	20~24岁	36237	18703	17534
	25~29岁	50946	26523	24423
	30~34岁	71776	37022	34754
	35~39岁	78186	39734	38452
	40~44岁	46804	24059	22745
	45~49岁	32062	16535	15527
	50~54岁	28061	13373	14688
	55~59岁	34277	15678	18599
	60~64岁	30768	15113	15655
	65~69岁	23432	11607	11825
	70~74岁	14451	7264	7187
	75~79岁	8468	4058	4410
	80岁以上	6047	2522	3525
1993	总计	614263	310682	303581
	0岁	3046	1593	1453
	1~4岁	21725	11075	10650
	5~9岁	45147	23117	22030
	10~14岁	46452	24069	22383
	15~19岁	30374	15676	14698
	20~24岁	34019	17529	16490
	25~29岁	40858	21324	19534
	30~34岁	74080	38310	35770
	35~39岁	82079	41790	40289
	40~44岁	54957	28104	26853
	45~49岁	34272	17656	16616
	50~54岁	27067	13264	13803
	55~59岁	32576	14670	17906
	60~64岁	31862	15514	16348
	65~69岁	24821	12279	12542
	70~74岁	15736	7781	7955
	75~79岁	8762	4180	4582
	80岁以上	6430	2751	3679
1994	总计	614774	310980	303794
	0岁	2469	1273	1196
	1~4岁	20069	10337	9732
	5~9岁	42041	21523	20518
	10~14岁	50606	26112	24494
	15~19岁	31735	16377	15358
	20~24岁	32918	17105	15813
	25~29岁	36896	19258	17638
	30~34岁	71359	36998	34361
	35~39岁	80388	40982	39406
	40~44岁	62342	31662	30680
	45~49岁	37665	19466	18199
	50~54岁	26712	13492	13220
	55~59岁	30694	13683	17011
	60~64岁	32482	15604	16878
	65~69岁	25925	12793	13132
	70~74岁	16890	8160	8730
	75~79岁	9015	4381	4634
	80岁以上	7037	3057	3980

续表

年份	年龄组	人口数			年份	年龄组	人口数		
		合计	男	女			合计	男	女
1995	总计	616077	311695	304382	1996	总计	615545	311394	304151
	0岁	2258	1159	1099		0岁	2033	1036	997
	1~4岁	14687	7656	7031		1~4岁	13451	6983	6468
	5~9岁	38987	19901	19086		5~9岁	33950	17331	16619
	10~14岁	52153	26834	25319		10~14岁	52312	26899	25413
	15~19岁	34154	17581	16+573		15~19岁	37784	19453	18331
	20~24岁	31533	16611	14922		20~24岁	30165	15832	14333
	25~29岁	36579	19071	17508		25~29岁	37254	19510	17744
	30~34岁	65561	34181	31380		30~34岁	61122	31923	29199
	35~39岁	78246	39968	38278		35~39岁	61571	31646	29925
	40~44岁	68696	34759	33937		40~44岁	73963	37350	36613
	45~49岁	40815	21060	19755		45~49岁	44386	22794	21592
	50~54岁	28653	14614	14039		50~54岁	29755	15159	14596
	55~59岁	28444	12780	15664		55~59岁	27912	12889	15023
	60~64岁	32750	15506	17244		60~64岁	33135	15304	17831
	65~69岁	27012	13239	13773		65~69岁	27182	13319	13863
	70~74岁	18282	8804	9478		70~74岁	19432	9395	10037
	75~79岁	9803	4753	5050		75~79岁	10393	5025	5368
	80岁以上	7464	3218	4246		80岁以上	7791	3421	4370
1997	总计	613358	310363	302995	1998	总计	614982	311002	303980
	0岁	1944	1032	912		0岁	1747	910	837
	1~4岁	11578	5957	5621		1~4岁	10494	5376	5118
	5~9岁	29774	15306	14468		5~9岁	25727	13162	12565
	10~14岁	49348	25244	24104		10~14岁	45982	23477	22505
	15~19岁	43780	22705	21075		15~19岁	48153	24838	23315
	20~24岁	29034	15171	13863		20~24岁	30484	15900	14584
	25~29岁	38606	20342	18264		25~29岁	37012	19640	17372
	30~34岁	50775	26599	24176		30~34岁	40487	21235	19252
	35~39岁	71987	37097	34890		35~39岁	74051	38314	35737
	40~44岁	79221	39923	39298		40~44岁	82903	41982	40921
	45~49岁	48444	24800	23644		45~49岁	55704	28295	27409
	50~54岁	32048	16423	15625		50~54岁	34215	17487	16728
	55~59岁	27404	13928	14476		55~59岁	26349	12897	13452
	60~64岁	32357	14699	17658		60~64岁	30809	13827	16982
	65~69岁	27945	13570	14375		65~69岁	28934	13908	15026
	70~74岁	19813	9598	10215		70~74岁	20975	10143	10832
	75~79岁	11143	5369	5774		75~79岁	12156	5806	6350
	80岁以上	8157	3600	4557		80岁以上	8620	3805	4815
1999	总计	615747	311338	304409	2000	总计	611075	308703	302372
	0岁	1589	841	748		0岁	1613	819	794
	1~4岁	10059	5155	4904		1~4岁	9652	4992	4660
	5~9岁	21590	10993	10597		5~9岁	18460	9427	9033
	10~14岁	43021	22072	20949		10~14岁	39937	20376	19561
	15~19岁	52878	27134	25744		15~19岁	54126	27544	26582
	20~24岁	31933	16559	15374		20~24岁	33391	17297	16094
	25~29岁	35236	18827	16409		25~29岁	32936	17749	15187
	30~34岁	36694	19286	17408		30~34岁	36011	18928	17083
	35~39岁	71568	37043	34525		35~39岁	65306	33909	31397
	40~44岁	80993	41127	39866		40~44岁	78367	39870	38497
	45~49岁	62747	31677	31070		45~49岁	68570	34473	34097

续表

年份	年龄组	人口数			年份	年龄组	人口数		
		合计	男	女			合计	男	女
1999	50~54岁	37467	19228	18239	2000	50~54岁	40431	20791	19640
	55~59岁	26263	13134	13129		55~59岁	27865	14100	13765
	60~64岁	29220	12964	16256		60~64岁	27074	12078	14996
	65~69岁	29673	14064	15609		65~69岁	29887	13977	15910
	70~74岁	22165	10757	11408		70~74岁	23034	11089	11945
	75~79岁	13210	6192	7018		75~79岁	14212	6636	7576
	80岁以上	9441	4285	5156		80岁以上	10203	4648	5555
2001	总 计	609971	308170	301801	2002	总 计	609878	308118	301760
	0岁	1560	846	714		0岁	1774	899	875
	1~4岁	9588	4982	4606		1~4岁	9105	4722	4383
	5~9岁	16955	8620	8335		5~9岁	15191	7724	7467
	10~14岁	34941	17736	17205		10~14岁	30995	15813	15182
	15~19岁	53319	27148	26171		15~19岁	50090	25470	24620
	20~24岁	38018	19709	18309		20~24岁	44559	23189	21370
	25~29岁	31554	16969	14585		25~29岁	30596	16228	14368
	30~34岁	36521	19258	17263		30~34岁	37803	20087	17716
	35~39岁	60773	31620	29153		35~39岁	60483	36313	24170
	40~44岁	73397	37520	35874		40~44岁	71801	36842	34959
	45~49岁	73675	37020	36655		45~49岁	79071	39717	39354
	50~54岁	43962	22512	21450		50~54岁	48228	24582	23646
	55~59岁	29043	14738	14305		55~59岁	31291	16016	15275
	60~64岁	26599	12205	14394		60~64岁	26257	12312	13945
	65~69岁	30422	13851	16571		65~69岁	29933	13417	16516
	70~74岁	23354	11253	12101		70~74岁	24391	11667	12724
	75~79岁	15275	7218	8057		75~79岁	16001	7530	8471
	80岁以上	11015	4062	6053		80岁以上	12309	5590	6719
2003	总 计	612821	309654	303167	2004	总 计	617743	311921	305822
	0岁	1040	548	492		0岁	2235	1136	1099
	1~4岁	9137	4765	4372		1~4岁	8217	4250	3967
	5~9岁	14103	7156	6947		5~9岁	13246	6742	6504
	10~14岁	26524	13504	13020		10~14岁	22264	11311	10953
	15~19岁	46999	23904	23095		15~19岁	44650	22694	21956
	20~24岁	49310	25611	23699		20~24岁	54184	27977	26207
	25~29岁	32185	17039	15146		25~29岁	34371	18187	16184
	30~34岁	36045	19262	16783		30~34岁	34536	18604	15932
	35~39岁	40287	20987	19300		35~39岁	36593	19049	17544
	40~44岁	73805	38017	35788		40~44岁	71617	36912	34705
	45~49岁	82957	41905	41052		45~49岁	81635	41345	40290
	50~54岁	55567	28083	27484		50~54岁	63271	31674	31597
	55~59岁	33615	17140	16475		55~59岁	37396	19142	18254
	60~64岁	25532	12360	13172		60~64岁	25591	12767	12824
	65~69岁	28812	12789	16023		65~69岁	27450	12054	15396
	70~74岁	25633	12156	13477		70~74岁	26615	12440	14175
	75~79岁	17354	8176	9178		75~79岁	18586	8818	9768
	80岁以上	13916	6252	7664		80岁以上	15286	6819	8467
2005	总 计	626480	316065	310415	2006	总 计	634427	319979	314448
	0岁	2318	1197	1121		0岁	2398	1214	1184
	1~4岁	8508	4368	4140		1~4岁	9134	4656	4478
	5~9岁	12625	6453	6172		5~9岁	11934	6152	5782
	10~14岁	19281	9844	9437		10~14岁	17910	9102	8808

续表

年份	年龄组	人口数			年份	年龄组	人口数		
		合计	男	女			合计	男	女
2005	15~19岁	42407	21412	20995	2006	15~19岁	39615	20020	19595
	20~24岁	57383	29526	27857		20~24岁	59888	30688	29200
	25~29岁	37926	20089	17837		25~29岁	42840	22681	20159
	30~34岁	32879	17805	15074		30~34岁	31809	17223	14586
	35~39岁	36446	18924	17522		35~39岁	37250	19370	17880
	40~44岁	66455	34256	32199		40~44岁	62263	32157	30106
	45~49岁	80485	40778	39707		45~49岁	75545	38381	37164
	50~54岁	70415	35138	35277		50~54岁	75993	37915	38078
	55~59岁	41352	21122	20230		55~59岁	45216	23011	22205
	60~64岁	27730	13957	13773		60~64岁	29187	14657	14530
	65~69岁	25853	11452	14401		65~69岁	25833	11835	13998
	70~74岁	27418	12646	14772		70~74岁	28208	12650	15558
	75~79岁	19839	9362	10477		75~79岁	20409	9652	10757
	80岁以上	17160	7736	9424		80岁以上	18995	8615	10380
2007	总计	635296	320212	315084	2008	总计	634357	319894	314463
	0岁	2980	1601	1379		0岁	2917	1540	1377
	1~4岁	9325	4746	4597		1~4岁	11333	5840	5493
	5~9岁	11759	6058	5701		5~9岁	10447	5402	5045
	10~14岁	15824	8044	7780		10~14岁	14437	7309	7128
	15~19岁	34508	17507	17001		15~19岁	29046	14803	14243
	20~24岁	57187	29044	28143		20~24岁	53328	27141	26187
	25~29岁	50002	26471	23531		25~29岁	54701	28780	25921
	30~34岁	31066	16688	14378		30~34岁	32449	17421	15028
	35~39岁	38444	20111	18333		35~39岁	36320	19134	17186
	40~44岁	51782	26693	25089		40~44岁	41067	21101	19966
	45~49岁	73671	37607	36064		45~49岁	75172	38475	36697
	50~54岁	81372	40636	47036		50~54岁	84559	42503	42056
	55~59岁	49558	25011	24547		55~59岁	56662	28355	28307
	60~64岁	31523	16018	15505		60~64岁	33587	17038	16549
	65~69岁	25724	11992	13732		65~69岁	24930	12026	12904
	70~74岁	27975	12377	15598		70~74岁	26992	11806	15186
	75~79岁	21591	10070	11521		75~79岁	22744	10525	12219
	80岁以上	21005	9538	11467		80岁以上	23666	10695	12971
2009	总计	633992	319520	314472	2010	总计	631220	318157	313063
	0岁	3214	1695	1519		0岁	3236	1691	1545
	1~4岁	11853	6150	5703		1~4岁	12711	6648	6063
	5~9岁	10574	5440	5134		5~9岁	10667	5483	5184
	10~14岁	13416	6804	6612		10~14岁	12692	6474	6218
	15~19岁	23545	11926	11619		15~19岁	20012	10175	9837
	20~24岁	50494	25634	24860		20~24岁	48014	24306	23708
	25~29岁	58841	30826	28015		25~29岁	60197	31495	28702
	30~34岁	34098	18238	15860		30~34岁	36824	19651	17173
	35~39岁	34472	18211	16261		35~39岁	32313	17153	15160
	40~44岁	37290	19086	18204		40~44岁	36802	18810	17992
	45~49岁	72458	37183	35275		45~49岁	66354	34090	32264
	50~54岁	82390	41547	40843		50~54岁	79852	40351	39501
	55~59岁	63758	31656	32102		55~59岁	69626	34560	35066
	60~64岁	36993	18822	18171		60~64岁	40330	20482	19848
	65~69岁	24945	12360	12585		65~69岁	26584	13250	13334
	70~74岁	25824	11221	14603		70~74岁	23937	10470	13467

续表

年份	年龄组	人口数			年份	年龄组	人口数		
		合计	男	女			合计	男	女
2009	75~79岁	23771	10893	12878	2010	75~79岁	23917	10788	13129
	80岁以上	26056	11828	14228		80岁以上	27152	12280	14872

二十九、1979—2010年河北区人口规模和人口变动数据表

单位：人

年份	年末人口	出生		死亡		自然增长	
		人数	出生率‰	人数	死亡率‰	净增	自然增长率‰
1979	542456	4941	9.10	3201	5.90	1723	3.21
1980	554365	6763	12.30	3412	6.15	3351	6.04
1981	562565	8745	15.54	3463	6.17	5282	9.39
1982	572846	11479	20.04	3529	5.69	8220	14.40
1983	581155	12147	20.09	3504	6.03	8643	14.89
1984	589626	10932	18.70	3281	5.63	7651	13.09
1985	575908	8879	15.42	3616	6.28	5263	9.14
1986	585359	8681	14.83	3468	5.90	5213	8.91
1987	587216	8847	15.07	3607	6.16	5240	8.92
1988	589853	7842	13.29	3583	6.07	3583	7.22
1989	598948	7586	12.67	3731	6.28	3855	6.48
1990	606715	5986	9.87	3917	6.46	2069	3.43
1991	609157	3917	6.43	3825	6.29	92	0.16
1992	610038	4443	7.28	4171	6.83	272	0.43
1993	614263	3546	5.76	4038	6.56	-492	-0.80
1994	614774	3192	5.19	3944	6.50	-852	-1.33
1995	616077	2864	4.65	3790	6.15	-826	-1.50
1996	618049	2614	4.22	4207	6.08	-1593	-1.86
1997	617736	2465	3.99	5412	8.76	-2947	-4.80
1998	615923	2606	4.23	5072	8.23	-2466	-4
1999	615458	2264	3.68	3638	5.91	-1364	-2.23
2000	611075	2264	3.69	3888	6.33	-1624	-2.64
2001	609971	2051	3.35	4377	7.16	-2286	-3.81
2002	609878	2158	3.54	3922	6.43	-1764	-2.89
2003	612821	1846	2.96	3419	5.49	-1573	2.53
2004	617743	2199	3.51	4129	6.59	-1930	-3.08
2005	630599	2710	4.30	4009	6.36	-1699	-2.06
2006	634427	2763	4.35	3461	5.45	-698	-1.10
2007	635296	3563	5.61	3380	5.32	183	0.29
2008	634357	3547	5.59	3121	4.92	426	0.67
2009	633992	3798	5.99	3363	5.30	435	0.69
2010	631220	3810	6.04	6031	5.55	-221	-3.52

三十、2010年河北区户籍户数及人数情况数据表

数据 / 住地	户数	人数		
		合计	男	女
总计	238423	631220	318157	313063
墙子派出所	35408	96009	47648	48361
宁园派出所	12930	33414	16724	16690
光复道派出所	5676	13102	6626	6476

续表

住地＼数据	户数	人数		
		合计	男	女
粮店派出所	10447	24422	12462	11960
中山路派出所	13948	36778	18830	17948
鸿顺里派出所	16023	43417	21281	22136
京津公路派出所	11467	29641	15075	14566
望海楼派出所	28506	74664	37459	37205
新开河派出所	17087	40841	20823	20018
建昌道派出所	25095	68709	35190	33519
江都路派出所	17660	47982	24110	23872
大江路派出所	16466	45513	22928	22585
铁东路派出所	20116	56082	28543	27539
月牙河派出所	7594	20646	10458	10188

三十一、1992—2010年河北区城市住户主要消费支出数据表

单位：元

年份	恩格尔系数%	食品	衣着	居住	家庭设备	医疗保健	交通通讯	教育文化娱乐服务	其他	合计
1992	61.55	1075.92	203.76	96.72	115.68	18.24	42.12	150.48	45.00	1747.92
1993	58.87	1265.04	264.00	141.60	118.92	42.72	67.68	171.96	76.92	2148.84
1994	58.45	1716.84	361.32	143.52	200.88	74.16	113.52	222.84	104.16	2937.24
1995	57.66	2061.24	375.96	197.76	261.48	110.04	248.16	216.96	103.32	3574.92
1996	55.33	2188.92	437.64	290.04	329.76	110.64	212.76	267.60	118.92	3956.28
1997	54.28	2265	343.20	328.08	303.84	308.76	171.60	258	194.28	4172.76
1998	46.92	2029.68	337.44	408.84	567.72	173.40	204.60	454.80	149.52	4326
1999	47.85	2410.92	382.56	497.22	402.12	301.92	244.32	558.60	240.60	5038.26
2000	38.43	2246.76	397.56	490.68	814.92	396.72	282.36	930.48	286.32	5845.80
2001	37.86	2447.28	430.68	1001.88	629.64	370.08	366.72	949.32	268.68	6464.28
2002	38.70	2476.49	464.91	885.47	378.20	508.48	409.64	1125.10	151.30	6399.59
2003	37.82	2818.71	501.44	960.62	422.13	711.31	598.81	1189.41	251.23	7453.66
2004	37.91	3071.63	537.59	1256.02	390.89	824.60	601.67	1093.38	326.93	8102.71
2005	41.33	3452.04	578.20	910.53	353.90	890.43	762.46	1069.90	335.01	8352.47
2006	38.87	3680	701	1039	488	1020	922	1221	396	9467
2007	36.76	4233.75	912.56	1089.22	685.74	1077.49	1439.45	1618.13	460.93	11517.27
2008	38.93	4891	975	1225	676	1477	1275	1537	479	12565
2009	37.11	5381	1189	1399	950	1473	1893	1740	476	14501
2010	38.30	5564	1324	1428	976	1184	1716	1757	579	14528

三十二、1992—2010年河北区城镇居民人均可支配收入抽样数据表

单位：元

年份	人均可支配收入
1992	1907.76
1993	2323.56
1994	3379.56
1995	3799.44
1996	4284.72
1997	4926.36
1998	5502.48
1999	6726.48

续表

年 份	人均可支配收入
2000	7017.84
2001	7688.28
2002	8374.53
2003	9415.16
2004	10523.39
2005	11460.15
2006	12677
2007	14847.58
2008	18040
2009	20232
2010	22963

河北区志

（1979—2010）

附录

FU LU

附录著录“阑入则不伦，弃之则可惜”资料，包括前志勘误、前志拾补和文献辑存3部分内容。

一、前志勘误

（一）文字勘误表

页	行	原文	更正	注
彩照50	1	郭凤歧	郭凤岐	见本页
编委	2003年	付学军	傅学军	见上页
42	19	抢杀	枪杀	
52	11	头象	头像	
64	20	《天津卫志》说	《天津卫志》载	
73	1	帐簿	账簿	
122	24	台帐	台账	
128	20	地震裂度	地震烈度	
143	17	帐卡	账卡	
147	倒2	绒毛白腊	绒毛白蜡	2处
187	13	芦沟桥	卢沟桥	
187	14	津芦铁路	津卢铁路	
190	7	天津北站坐落在区境东北部	“东北部”应为“中部”	
204	4	裁湾取直	裁弯取直	
205	24	九洲	九州	
206	1	剥船	驳船	
238	15	更好的为三资企业服务	更好地为三资企业服务	
269	倒9	赊帐	赊账	
328	8	岗纬路	冈纬路	
341	9	帐面数	账面数	倒7“帐面值”应为“账面值”
342	8	入帐	入账	
349	14	金园券	金圆券	
349	倒1	入帐账户	入账账户	
351	17	挂勾	挂钩	
352	15	外汇帐户	外汇账户	
353	21	大享	大亨	
361	17	帐物相符	账物相符	
361	20	外帐内帐	外账内账	
372	3	不断的进行	不断地进行	
381	8	挂勾	挂钩	
387	12	查帐	查账	
388	9	现金帐	现金账	
412	23	现刑	现行	
501	2	截止2000年底	截至2000年底	
525	12	登记帐	登记账	
576	倒2	按装	安装	2处
582	11	干予	干预	
599	24	台帐	台账	
604	倒10	任邱县	任丘县	
627	倒5	挂勾	挂钩	
628	21	盗窃及其它违法犯罪分子	盗窃及其他违法犯罪分子	
633	20	不停的巡查	不停地巡查	
642	倒2	人户盗窃	入户盗窃	
666	倒7	热情的予以满足	热情地予以满足	

续表

页	行	原文	更正	注
670	倒10	濠墙	壕墙	
671	倒6	了望塔	瞭望塔	
672	倒6	金刚桥	金钢桥	
674	倒7	洪水爆涨	洪水暴涨	
687	10	家俱厂	家具厂	
701	21	座落	坐落	
804	6	按装	安装	
805	16	《唉乃书屋诗集》	《欸乃书屋诗集》	
807	14、16、20	袁风玲	袁风玲	
809	26	工夫不大	功夫不大	
812	倒10	跑请圣上	跪请圣上	
813	7	张绵文	张锦文	
814	23	楞神	愣神	
815	16	灵牙俐齿	伶牙俐齿	
828	21、22、24	岗纬路	冈纬路	
831	3	了远	瞭远	
832	13	倒座	倒坐	
832	19	节日犹盛	节日尤盛	
833	3	园弧形	圆弧形	
833	4	园、方	圆、方	
833	14	各个神态逼真	个个神态逼真	
833	20	圆型	圆形	
833	25	从降生直	从降生至	
834	倒15	下铃	下钤	
835	20	戒谍	戒牒	
837	倒2	背垟站	背墙站	
838	3	龙头佛仗	龙头佛杖	
838	19	生莲座上 座像	坐莲座上 坐像	
839	倒2	今亦无存	今已无存	
842	4	杨增进	杨增益	
842	倒5	圆型	圆形	
861	1	半园	半圆	
861	21	王戌年	王戌年	
863	倒2	园瓦	圆瓦	
867	4、6	通谍	通牒	
868	5	途径天津	途经天津	
869	6	癸已	癸巳	
871	7	功成之日	功成之日	
871	9	侧然	恻然	
871	12	颖川	颍川	
872	6	利已	利己	
872	15	乙己年	乙巳年	
874	8	已卯春	巳卯春	
874	14	处期境也	处斯境也	
875	7	炫奇竟胜	炫奇竞胜	
877	7	刻砖照壁	刻砖影壁	
878	6	半园桌	半圆桌	
939	倒11	帐本	账本	
952	19	名子	名字	
957	6	甲戊初夏	甲戌初夏	
967	16	谤只媒也	谤之媒也	

续表

页	行	原 文	更 正	注
967	倒6	时难处之人	处难处之人	
967	倒5	风狂雨聚	风狂雨骤	
967	倒2	则已终不长	则己终不长	
972	7	禀贡生	廪贡生	
972	14	竞贱价出售	竟贱价出售	
974	9	同治十五年（1864年）	同治三年（1864年）	同治只有十三年
976	2	考了取拔贡	考取拔贡	
976	3	癸已科	癸巳科	
977	10	风尘朴朴	风尘仆仆	
977	21	禀生	廪生	
978	倒7	贫若	贫苦	
980	6	教观	教规	
980	7	园觉经	圆觉经	
980	12	大悲惮院	大悲禅院	
980	倒4	为已任	为己任	
982	17	愣严经	楞严经	
983	1	高梁	高粱	
985	5	制做	制作	
991	19	肖县	萧县	
996	倒8	刘风台	刘凤台	
1002	21	同时的还	同时还	
1002	22	途径香港	途经香港	
1008	22	磋蛇岁月	蹉跎岁月	2字
1008	倒1	滨纷	缤纷	
1011	5	腾凤仪	滕凤仪	
1031	21	孟凡朴	孟繁朴	
1033	倒6	李祟仁	李崇仁	
1034	14	金鸣皋	金鸣皋	
1034	倒6	袁铁挣	袁铁铮	
1034	倒5	刘风兰	刘凤兰	
1035	倒12	陆风午	陆凤舞	
1036	8	齐风忍	齐凤忍	
1050	2	碱河	减河	
1067	13	朱唐庄	朱塘庄	
1095	22	彭佩云	彭珮云	
1096	倒12	截止2000年	截至2000年	
1121	倒1	危漏房屋	危陋房屋	
1124	5	危漏房	危陋房	
1128	7	截止	截至	

（二）数字勘误表

页	行	原 文	更 正	注
4	26	二十世纪	20世纪	
168	倒4	一名	1名	下行1243人
246	6	三年	3年	
246	14	四天	4天	
499	11	六十年代	60年代	
515	倒4	百分之五十	50%	
528	15	4位老人…… 一个子女	4位老人……1个子女	
669	2	十世纪	10世纪	
672	4	一二一师的361、363团	121师361、363团	

续表

页	行	原 文	更 正	注
672	4	五十二军195师	52军195师	
672	7	一五一师453团	151师453团	
680	13/14	七十团尖刀一连	70团尖刀1连	
697	2	十九世纪	19世纪	
745	19	每日十分钟	每日10分钟	见第733页
833	8	一米	1米	
877	5	三亩	3亩	
879	倒6	八亩	8亩	
976	倒13	1866	1867	
999	倒1	七岁	7岁	

二、前志拾补

(一)草堂社

清康熙时期，天津诗歌创作形成第一个高潮。当时诗人们经常活动的地方，除了盐商张氏的私家园林问津园(包括一亩园、帆斋)和道家园林香林苑之外，还有设在大悲禅院寺庙内的诗歌团体草堂社。草堂社是天津历史上出现的第一个文化社团，是一个高雅文化的群体。它以大悲禅院为依托，以世高禅师为核心，聚集了当时天津一批最有成就的诗人和学者，同时也通过它与外埠文人相沟通，促进了南北文化交流，为天津文化注入了生机与活力。世高(1321—1700年)本是浙江人，明崇祯十七年(1644年)24岁出家为僧。先在浙江名刹天童寺立足，顺治末年云游至津，暂居三岔河口以北大悲草堂。世高本博雅之士，作为僧人，他学禅、奉禅宗、传禅学，更擅作诗。《天津县新志》记大悲禅院说:“释世高驻锡期间，登坛说法，暇与南北名士以诗唱和。”遂结草堂社。《退居诗》，释世高撰。世高，佚其名，时主大悲院。”诗家评论：世高的诗，或托物比兴，或与人唱答，虽脱口而出，似不经意，皆冲闲淡雅，渐进自然，宛有古高士风。他的《退居诗》集早已散佚。草堂社的艺术创作活动十分活跃频繁，经常来此雅集的诗人、学者不下几十位。张霔的《欸乃书屋乙亥诗集》中有一诗，题为《草堂九日，同陆石麟、尹于民、龙在田、梁崇此、沈文肇、吴南荣、梁淑敏、解擎公、梁右张、胡执中限韵》，仅此提及的诗人就有10位。文人们钟情于草堂社和大悲禅院这方清雅的佛门净土，大悲禅院和草堂社也成就了文人们的文学创作。《欸乃书屋乙亥诗集》(张霔)、《玉红草》(龙震)、《啸竹轩诗草》(梁洪)、《珠凤阁诗草》(查曦)、《莲洋诗钞》(吴雯)等收入的诸多清新典雅而富有禅意的诗歌佳作，为后人留下了宝贵精神财富，在天津古代文学史上落下了重重一笔。

(二)张霔、石涛与帆斋

帆斋建于清康熙年间，是清初文人雅集的重要园林之一。《天津县志》卷七记载，帆斋在三岔河口附近。其地点大抵位于今天津美术学院一带。园内有张霔读书挥毫的欸乃书屋，傍河临树，幽静宜人，又有琴海棠、云庵、阅耕堂、茶圃、旧雨亭、蝶巢、艳雪龛、诗星阁、卧松馆诸胜。帆斋造园，风格质朴，与三岔河口的天然风光和渔家农舍连成一体，正与园主人张霔质朴的风范径相一致。津人华鼎元曾作《帆斋》诗云：“园中竹石费安排，处士风流动雅怀。欸乃声偏助诗兴，乱帆丛里是帆斋。”张霔(1659—1704)，字念艺，号帆史，一号笨仙，又号笨山，别号秋水道人，清代天津人。他是曾任福建布政使、云南巡抚的大盐商张霖的从弟。屡考举人不中，遂绝意仕进，专事吟咏。诗歌创作主张抒写性情，天马行空，不可羁落。其作品质而实腴，有较高的艺术价值，颇受时人好评。曾西游秦中，南逾大江，作诗达万余首，藏之石匣，曰："过五十载，当删定也。"惜多已散佚，仅存有《绿艳亭稿》等。张霔还是位极有造诣的一代书家。他12岁时即善临钟、王石刻。其草书得张颠神骨，古逸苍劲，人以为宝。张霔父亲和伯父经销长芦盐，富甲津沽，门业鼎盛，而张霔却萧然无与，筑帆斋怡情养性，广交大江南北文人名士。他的许多诗歌及书画作品大都是在帆斋中创作的，诸多的诗朋画友也是在这接待的。彼时，朱彝尊、吴雯、李大拙、姜西溟、王野鹤、查汉客等知名学者都是帆斋的座上客。当年石涛和尚也曾光临这里，与张霔晤谈，为了表达他当时的心境和对主人张霔的印象，石涛乘兴作了一首诗："半生南北老风尘，出世多从入世亲。客久不知身是苦，为曾少见意中人。天仙下世真才杰，我了心力能超群。君视富贵如浮云，游戏翰墨空典坟。爱客肯辞千日酒，风流气压五侯门。四海渔樵齐拍唱，归来长铗叹王孙。人生飘忽等闲情，且随酣畅眼纵横。感君白璧买歌笑，醉客不放东方明。倾情倒意语不惜，回山转海开旃檀。坐客皆云不尽欢，歌儿声杂冰雪团，冻云匝地酒龙醒，意气峥嵘豪士金。此夜真堪写怀抱，明朝诏下君王宣，相思回首心拳拳。"张霔曾作《观石涛上人画山水歌》《听苦瓜上人说黄山歌即送南还谦怀南村宗长》等诗，与石涛唱和往怀。清康熙四十二年(1704年)，张霔无疾而卒，年45岁。据传张霔在世时曾梦见道士手持一符曰："天上召公书《玉真经》。"遂一笑而亡。张霔故去后，帆斋随之而荒圮，成为天津的一处园林遗迹。

(三)孙观塬

孙观塬(1875—)字挹英，江苏无锡人，久居今河北区。早年毕业于北京大学法科专业，清末获候补县知事资格。1913年出任江苏高等审判厅推事。1917年调升大理院推事，1921年8月始到天津出任天津地方审判厅长。1922年10月再次奉调大理院任推事(荐任)。

1927年，战地政务委员会指令直隶高等审判厅与高等检察厅"审检合署"，改称河北省高等法院，院内另置检察署。地方审判厅、地方检察厅亦改称地方法院。当时河北高等法院下设北平、天津、唐山、保定、大名5个地方法院。

1928年南京国民政府成立后。孙观塬一度复出，暂代北平地方法院院长。1931—1939年他辞职改当律师，即受聘为开滦煤矿常年法律顾问。他在天津地方法院的管辖区内执行律师职务，承接许多轰动社会的法律诉讼案件，其中有"鲜牡丹案"和"废帝溥仪诉讼案"。他在"鲜牡丹案"中为被告辩护律师，在"废帝溥仪诉讼案"中为兴业银行股东龚心湛作代理辩护律师，自此声名大振。尤其1935年11月在孙传芳被仇女施剑翘刺杀的惊天大案中担任孙传芳长子孙家振(曾任天津市化工局染化三厂工程师)的辩护律师。在孙、施争讼案的"法理之争"中，孙观塬对情感和法理分析透辟，严正指出："情感不能置法律于不顾"，常令对方律师尴尬不已瞠目结舌。

1945年以后，孙观塬又被国民政府司法行政部任命为天津地方法院院长。中华人民共和国成立后，由于他对法律研究精深而又声誉素著，曾被中国人民政治协商会议天津市委员会聘为特约委员。

(四)熊埴

熊埴(1878—1959)字述甸(陶)，山西省高安县人。津门收藏家。有清时代乃父曾为山西布政使。

熊埴少年即头角峥嵘，曾以才子著称。20岁中举。未几他随父游宦山西，适值山西巡抚张锡銮奉调辽宁会办防务，他被推荐赴辽。

熊埴赴辽授海城知县、临城知县。(1911年)清宣统三年他任安东知县(一度称都督兼民政长)，1914年辞官返乡。1917年熊埴复出，先后在山东、直隶、河南为官，累官至河南省河北道尹、河南清乡督办。

1930年熊埴与上官不睦，弃官转政金融界，先后在沈阳、厦门、上海任交通银行分行行长及特派员，长达十余年。抗日战争时期隐居天津第二区，以诗书、字画、花鱼、古玩自娱，收藏甚丰。

中华人民共和国成立后，他直言献策，拥护人民政府。1950年新中国诞生后的第一个五一国际劳动节，上书毛泽东及文教委员会主任郭沫若，声明将60年家藏稀珍国家一级文物“能公式钟”献给国家收藏。天津市市长黄敬代表中央人民政府接受。同年5月12日《天津日报》第二版报道：“熊述匋先生热爱祖国，古物献归国有‘能公式钟’，昨举行捐献仪式，黄市长代表中央接受”。

熊埴说：“今天捐献国有的‘能公式钟’既切悚惶，复深荣幸。”他向政府表示说：“兹中外文化工艺交流时期，举凡私藏古物，如能均归国有，使各界共同鉴定，我国文化工艺自然均会有所进步得多，人之爱国孰不如我，区区之心，盖在此而。”

1953年6月27日天津市人民政府成立文史研究馆，熊埴被聘为馆员。

中华人民共和国成立后，熊埴历任市政协委员。著有《清末民初纪要》《官潮述事》《函牍杂录》《河朔金石目》等。1958年3月，他自印《述匋集唐》，分赠好友。

(五)天津北站

天津北站位于河北区中山路东北端的京山、津浦两大干线交会处，曾是天津铁路枢纽的咽喉。清光绪二十八年(1902)袁世凯从八国联军都统衙门手中接收天津后，将直隶总督衙门设在今中山路南头，他首先考虑的是来往于天津、北京之间交通的方便与安全。当时，曾被英国占据的京榆铁路虽然同时接收，但是老龙头火车站的外围两侧铁路，为俄、意、奥租界，他的行动受到牵制。于是，光绪二十八年(1902年)底在新开河南岸与金钟河北岸之间兴建新车站。光绪二十九年(1903年)年初建成启用。光绪三十一年(1905年)、光绪三十二年(1906年)又扩建有候车室、售票房、电报房等，清宣统三年(1911年)改称总站，即北站。天津北站见证了天津近现代史上许多重要事件。光绪三十四年(1908年)7月6日，直隶省国会请愿代表王法勤、乌泽声等一行5人从北站坐火车去北京，向都察院呈递请愿书，开中国立宪请愿活动先河。1912年1月26日，天津北站还发生过革命党人薛成华等暗杀北洋巡防大臣、直隶镇守使、天津镇总兵张怀芝事件。1912年8月24日下午，孙中山来到河北公园(今中山公园)向民众发表演说，随后，孙中山一行在北站乘车赴京。1929年5月26日，孙中山的遗体被运往南京奉安，经停在北站第一站台，天津市各团体民众前往路基祭祀悼念。2010年，天津北站占地面积38.4万平方米，建筑面积4.81万平方米。设客运、货运、运转、装卸、加冰等14个室、5个车间。

孙中山在天津北站　（区志办提供）

天津北站落成　（区志办提供）

天津北站新貌　（区委宣传部提供）

站内有行车正线8条，有效长7194米。货物线24条，有效长6889米。专用线7条，有效长5483米。南北走向站台3座，各长400米，连结3座站台的是一座横空跨越8条铁路的钢架石板天桥。天津北站大体保留20世纪的建筑特色，成为国内极有价值的历史遗存。尤其是那座老式天桥，由于风格独特，被《冒险王》《马三立》《天与地》《上海探戈》《风雪夜归人》等十余部大陆及香港影视剧选为特色外景，专门反映20世纪初期车站风貌。李连杰、刘德华等许多知名演员在此拍戏。该天桥长52.5米、宽3米、高2.4米。除了1978年将该天桥由露天式改为罩棚式外，基本保存原貌，整体结构良好，国内少见。

（六）中华武士会

中华武士会是民国初年中国北方第一个民办官助的武术团体，会址设在河北公园（今中山公园）内，该会吸收对象为一般市民，宗旨是“发展中国固有武术，振起国民尚武精神”，时称“南有精武会，北有武士会”。其前身是清宣统二年（1910），武术家李存义、张占魁、李瑞东等人创办民间团体“中华武术会”。1912年张继、王法勤和武术家李存义等77人提倡发起，在中华武术会基础上成立中华武士会，6月16日在三条石召开成立大会，9月8日在河北公园直隶学务处召开正式成立大会。冯国璋任名誉会长，叶云表任干事，李存义、马凤图任总教习，李瑞东任名誉总教习，李彬堂（李存义之子）及郝恩光、李彩亭、李跃亭、阎道生、孙禄堂等武术界知名人士都是该会得力助手及主要成员。据文章记载：“园（中山公园）内设有中华武士会，由名武师李瑞东任教，绰号鼻子李，精太极拳剑，尤善‘蹓跤术’。”该会主要传授形意、八卦、太极拳等，设传习所及分部3处，分布于直隶学务公所各宣讲所。1912年秋，在河北公园举行盛大武术表演。1913年，在日本东京设立分会，教授留日学生。1915年前后，会员开始兼任各学校武术教师，形意拳术进入北洋大学、清华大学、保定陆军学校、上海交大等高等学府。1918年，参加北京万国赛武大会，获金牌11块。1919年，李星阶接任会长，秉承李存义办会理念，使武术会成为北方数省武术活动中心。1928年，南京国民政府改制，中华武士会解体，会员分散于中央武术馆、河北省国术馆及民间武术团体。

（七）耳闸

耳闸周边环境　（区委宣传部提供）

1919年，在新开河连接北运河的地方，建有一水闸，如人之耳，人称“耳闸”。耳闸为海河分洪和通航而建，是天津市区最早的水利建筑设施。该建筑为钢混结构，由节制闸和船闸两部分组成，节制闸宽79.35米，门14孔，船闸全长130米，闸室两侧红砖砌筑，宽如一座小型水库。耳闸为天津市文物局确定的海河沿线综合改造所涉及的24个文物单位之一。早在清光绪十九年（1893年），新开河口即“建天津县堤头减水坝”，且“用塞门德土（即水泥）勾缝、灌浆”，显然这是中西技术相结合的建筑。1919年2月改建的西式涵闸，技术更为先进，每孔净宽3米。闸的上部设有木制机架桥和两部人力绞车，用以提、放墩间的木质平板闸门。闸槛为大沽高程（海平）6米，并将出水口的河槽稍加挖浚，使泄洪能力由原来35米／秒提高到220米／秒。闸墩充分使用了石料，两侧进出水路口的护墙也用石块砌成，减轻了洪水季节北运河对下墩的威胁，也使北运河以西的平原地区在伏汛期间有宣泄的通道。1921年和1924年天津两次大水，海河得以无恙，此水利工程发挥了重要作用。当年，耳闸旁岸边的空地上建有几间欧式的青砖瓦房，为旧船捐局所在地，几株高大洋槐树，错落有致。这里早先居民稀少，环境寂静，三面环水，很像一座别墅，河口有冲淤的一小块三角形的沙洲，土质肥沃，常有人在这里种菜或垂钓。后随着水源减少，人口增多，此清雅景色已难以见到。21世纪初，这里建成耳闸公园。

（八）孟氏家庙

孟氏家庙坐落在原意租界今博爱道，建于1912年，是现今保留完整的中西合璧建筑，曾是谦祥益创始人祭祖的地方。孟家是山东邹县孟轲后裔，但不是嫡系后代，后迁居章丘县旧军镇。孟家为当地首富，人们通称孟家为“堂号家”，即三恕堂、其恕堂、容恕堂、矜恕堂、进修堂、慎思堂。孟家这几家“堂号”于清朝末年分居，商号也分开各自经营。瑞蚨祥属于矜恕堂一支，谦祥益、益和祥、隆祥属于进修堂一支，瑞生祥属于其恕堂一支，瑞增祥属于容恕堂一支，庆祥属于三恕堂一支，瑞林祥属于慎思堂一支。孟家所开设的绸缎店名称都带“祥”字，瑞蚨祥、谦祥益、益和祥、隆祥、瑞生祥、瑞增祥、庆祥、瑞林祥，统称为“八大祥”。国内大中小城市，如北京、天津、沈阳、汉口、济南、青岛、烟台、周村、保定、郑州、哈尔滨等地，都有他们的商号。孟氏家庙是进修堂孟养轩的家庙。孟养轩曾在此居住，这里一度为孟氏绸缎庄仓库。孟养轩（1891—1953），名广宦，1919年独资经营天津谦祥益绸布店，先后在估衣街设保记谦祥益绸布店，在滨江道设辰记谦祥益绸布店，因商品齐全，善于经营，享名海内，为天津绸布业之巨子。孟氏家庙为三层砖木结构，东西厢房二层，面阔五间，平面呈“口”字形，四合院格局，正中庭院天井式，正房与厢房檐廊环通，有花牙、额楣与雕饰，门窗皆为圆拱券式，前楼与厢房楼顶后坡作平台，建筑风格古朴典雅，大胆吸收了中西建筑之长，为典型的折中主义建筑，堪称近代天津中西文化交流的见证。当时在天津的商人修家庙的较多，不过，像孟氏家庙这样保存完好的建筑已罕见。

（九）李文田旧居·七人会议地址

在原奥租界今北安道两侧的20号有座两侧带地下室的小洋楼，这里曾是抗日爱国将领李文田的官邸。其主楼为砖木结构，欧式风格，阳台为半弧形。西侧另有一座二层带通廊的附楼。此地1920年经北洋政府财政总长、代国务总理龚心湛建房成巷。李文田旧居旁的一条无名胡同也因李文田在此办公而始称公安里（1982年改称卫安里）。抗战时天津沦陷后李文田撤出天津。夫人荣智乘带着3个女儿躲到天津法租界一教会医院避险，1939年离津。后来这里仍由军政人员居住，曾为华纱布公司货栈，1956年成为公产。随着道路扩宽工程的实施，楼房整体呈现街旁。李文田（1891—1951）。字灿轩，河南浚县人。保定军官学校第六期毕业。初任下级军官、教官、参谋等职。1930年西北军改编为第二十九军，任第三十八师参议，1933年任第三十八师参谋长，长城喜峰口战役后升任第三十八师副师长。1936年任第三十八师副师长兼天津市公安局局长。1937年全面抗日战争爆发，他指挥第三十八师于7月29日凌晨对天津东站、东局子日军机场、海光寺日军兵营等据点，展开包围攻击，随后向独流静海转移，继续战斗于沧县唐官屯一带。1938年任第五十九军副军长，同年底升任第三十三集团军参谋长。1941年调任安徽合（肥）六（安）军官区司令。1945年抗战胜利后，调任第三绥靖区副司令官。李文田官邸是著名的“七人会议”地址。“七七事变”后，李文田在这里秘密部署主动出击日军方案，是天津抗战史上的重大事件。1937年7月28日，李文田得知日军已在北平发动全线进攻，紧接着又得到宋哲元命令，固守天津，即行抵抗。在广大官兵强烈抗日要求和从事中共地下工作的二十九军副参谋长陈克侠、旅长何基沣督促下，于当日晚7时，在李文田官邸客室召开军政要员会，紧急磋商对日作战问题。与会人员有驻小站的二旅旅长黄维纲、独立二十六旅旅长李致远、师直手枪团团长祁光远、市保安队队长宁殿武、市保安司令刘家鸾、市政府秘书长马彦翀等七人（史称“七人会议”），一致认为应立即向天津日军出击。李文田决定，要趁日本兵力尚未大增的情况下，攻其不备，迅速消灭市内日军。到会人员一致推举李文田为总指挥，刘家鸾为副总指挥。三十八师全体官兵服从李文田统一领导。签署发布由上述七人签名的《喋血抗战，义无反顾》宣言。7月29日凌晨2时起，天津守军不断给日军造成重创，烧毁了日本在东局子的飞机场。另一支部队几乎打到海光寺日本驻屯军司令部。战斗持续了15个小时，29日下午3时左右，日军援军赶往天津，敌特汉奸也开始大肆活动，李文田不得不忍痛撤退。天津抗战不仅给日军以重创，而且免于三十八师部队的流失，为抗日保存了一支劲旅。李文田将军戎马一生，以尽职、果敢著称。尤其是在抗战期间，他奋勇杀敌冲在前，多次负伤不退缩，是深受士兵和民众爱戴的爱国将领。

（十）卢景贵、卢鹤绂旧居

卢景贵、卢鹤绂旧居在原意租界今北安道19号，为一座意式楼房，主体二层，局部三层，带地下室，设有晾台，欧洲古典建筑，风格简洁明快。卢景贵，字介卿，机械学、天文学、武术学专家，中国天文学会发起人之一，撰写出版专著多部。祖籍山东省莱州市梁郭镇卢家村（今属朱桥镇）清光绪十七年（1891年）生于辽宁沈阳。他初入奉天小学、中学，清宣统三年（1911年）入北京农工商部高等工业学堂机械工程科学习。1912年转入天津直隶工业专门学校。1913年作为东北首批公费生赴美国留学，入意利诺大学，1917年获机械工程学士学位。复入普度大学攻读硕士学位，未终即于1918年3月应召回国。1919年，任奉天省立工业专门学校机械科主任教授，旋即任中日合办本溪湖煤铁公司技师。1921年12月，任津浦铁路济南机车厂工程师。1922年，兼任交通部胶济铁路评价委员会委员。1923年年初，任奉天专门人才考试襄校官。同年2月，任四洮铁路工程局局长，兼黑龙江省公署顾问、交通部关税会议筹备委员会委员。1925年兼任洮昂铁路工程局长和黑龙江军务督办公署顾问，又任四洮铁路管理局局长，同时执行四洮铁路局督办职权。1928年6月，东三省交通委员会成立，兼任路政处主任委员，同年11月转任总务处主任委员。1931年任东三省交通委员会委员。1932年，兼任国联调查委员会（为调查“九一八”事变设立）中国代表处专门委员。1931年“九一八”事变后，交委会迁北平办公，1933年被南京政府铁道部撤销，卢遂被解职。此后寓居天津，潜心著述。其间赴上海筹办云南铁路。1937年发起成立中国天文学会。抗战胜利后任东北交通特派员办公室顾问。中华人民共和国成立后任辽宁省政协委员，因病未能履职。1967年9月10日去世。

卢鹤绂（1914—1997），卢景贵之子，生于辽宁沈阳，为中国核科技先驱者之一、享誉世界的核物理专家、中科院院士。1931年其随父迁至天津意租界居住于此，并在天津的河北省工业学院机电预科学习了1年。卢鹤绂在20世纪30年代留美时，即在核物理领域进行了创造性研究，先后取得多项重大成果，被国际学术界誉为“中国核能之父”。他创立的方程被命名为“卢鹤绂方程”。1955年夏，卢鹤绂调北京大学新组建的物理研究室工作，专门讲授物理课程，在23位“两弹”元勋中，有7位曾是他的学生。卢鹤绂的弟弟卢鹤维，后名刘华，1927年生，曾任中国驻苏丹、土耳其大使，青少年时代亦在此居住。卢景贵长孙卢永强（卢鹤绂之子）也是物理学专家，1997年因病退休，从事中国核物理史研究，2000年在美国去世。卢永强之女卢嘉是美国哈佛大学应用物理学博士，在加州大学尔弯分校教书。因其研究提升了人们对纳米技术的崭新认识，获美国“总统职业荣誉奖”。

（十一）王卓然与王卓然故居

王卓然（1893—1975），奉天（今辽宁）人。字迴波，一作回波，号梦白。爱国民主人士、教育家、社会活动家。1919年入北京高等师范，1923年赴美国哥伦比亚大学，获硕士学位。1928年回国，任东北大学教授、张学良谘议及其家庭教师。1931年后，任北平师大教授、东北外交研究会秘书主任、东北大学秘书长代行校长职务等职。抗战中任国民参政院参政等职。1945年加入民盟，并与许德珩等发起组织民主与科学社（九三学社前身），1948年侨居日本。1951年回国。1955年被聘为国务院参事室参事。1975年1月31日因病去世。王卓然在天津和北京共办2个少年儿童科学教育馆和3所托儿所、幼儿园。1952年9月在河北区政府协助下，投资5万元建成和平幼儿园，招生5个班，150人左右。翌年在河北区博爱道28号楼开办儿童文化服务馆。1955年，他将数万册图书捐献给政府。1955年年底，王卓然任国务院参事，迁居北京，停止经商，将和平幼儿园交天津市第一轻工业局接办。同时，王卓然把国际公司剩余资金（约5万元）全部转投儿童文化服务馆，扩大服务范围。馆址迁到河北区博爱道28号，面积约160平方米，购买了电视机，增加麦克风、舞台布幕、幻灯机数架、幻灯片百套、书籍数十个，成立航空航海模型、半导体制造等活动小组，拥有图书约万册，供全市中小学生无偿借阅。1961年因资金告罄，儿童文化服务馆交天津市文化局，市文化局转托河北区接管。王卓然担任国务院参事，积极参加和推动科学技术普及工作，热心文字改革和东北文史资料的征集。“文化大革命”中被诬为“特务”和“东北叛党投敌反革命集团成员”，关进秦城监狱。1975年抱憾去世，终年82岁。1979年8月25日，国务院在北京八宝山公墓举行追悼会，为王卓然平反昭雪。王卓然故居在原意租界今博爱道，为一座简朴素雅的意式风格的三层楼房。门前挂有张学良1990年题写的“王卓然故居”大理石匾额。

（十二）河北省与河北区

天津市河北区与河北省有着很深的历史渊源，民国时期河北省政府的成立与河北省第一次行政会议的召开这两个重要历史事件均发生在河北区境内。

袁世凯就任直隶总督后，创建北站，修筑大经路(今中山路)，并以原三口通商衙门(今金钢公园处)为直隶总督行辕。河北区（时称河北新区）遂为直隶政治中心。民国以降，直隶省公署及其所属各厅署皆在河北新区。1922年刊印的《天津指南》载：直隶省长公署、直隶交涉使署、直隶财政厅、直隶教育厅、直隶实业厅、直隶审判庭、直隶检查厅，以及津海关监督署、陆军部无线电报局、奉军司令部办公处、陆军测量局、敌国人民财产清理处、厘捐总局等均在河北新区。以大经路为中心，周边的河北二马路、三马路、河北公园、河北种植园等处环绕形成直隶政务区。1928年国民政府北伐成功，第三集团军第4师长傅作义率先进占天津。总司令阎锡山委派傅作义为天津警备司令。同年6月28日，直隶省改称河北省，并于6月30日将直隶省及京兆地区的北京改称北平，与天津分设两个特别市。

国民革命军在北伐底定后，首先要建立北方地方政权，成立河北省政府，撤销战地政务委员会。1928年7月4日《国闻周报》报道了河北省政府成立情形：“河北省政府于4日下午2时在河北省旧都署举行成立典礼。到场者，省政府主席商震，委员徐永昌、段宗林、朱绶光、沈尹默、孙奂仑、温寿全、严智怡，中央代表周震麟、省党部代表王宣、市党部代表彭志兴、市长南桂馨、警备司令傅作义，暨各机关代表约百余人。行礼后由商震读总理遗嘱，宣誓就职。文曰‘河北省政府委员商震、徐永昌、段宗林、朱绶光、沈尹默、孙奂仑、温寿全、严智怡等敬谨宣誓。余谨当恪遵总理遗嘱，服从党义，奉行国法法令，忠心努力于本职，并积极剔除一切积弊、增进行政上之效率，如违背誓言，愿受本党最严厉之处分，谨誓。’全体省政府委员宣誓以后，次由中央委员周震麟训词，省、市党部两代表致词，最后由省主席及各委员相继答辞，并附带报告。”会议还特意说明韩复榘委员、李鸿文委员、丁春膏委员各因公务未能莅会，随后当补行宣誓方可就职。会议结束，全体莅会者聚餐叙话。会后，商震赴北平，面晤蒋介石（第一集团军总司令，国民革命军总司令）、冯玉祥（第二集团军总司令）、阎锡山（第三集团军总司令）、李宗仁（第四集团军总司令）、杨树庄（海军部总司令），汇报河北省政府成立经过。议定

1928年7月4日，河北省政府成立大会时与会者合影　（何德骞提供）

方案后国民政府7月6日以省电发布命令："本日国府会议议决。直隶省改名河北省、旧京兆区各县并入河北省范围。并任命：商震、韩复榘、徐永昌、朱绶光、段宗林、丁春膏、沈尹默、孙奂仑、李鸿文、温寿全、严智怡为河北省政府委员。以商震为省主席。孙奂文兼民政厅长、李鸿文兼财政厅长、温寿泉兼建设厅长、严智怡兼教育厅长。"同时要求以上各员务必于七月豪日（7月4日）在津宣誓就职，成立河北省政府委员会。

河北省政府委员会成立后，办公地点暂设旧都署。天津警备司令部则迁入旧省署。河北省政府为了办公就绪，特向国民政府呈请任命各厅、处荐任以上官员，经省政府委员会讨论议定各员。

1929年1月21日，国民政府核准国民政府令："国民政府行政院长谭延闿呈据河北省政府主席商震呈请。任命张芥尘、崔敬佰、高文佰、方朝豫为河北省政府秘书；汪少伦、刘鹤汀、许橘云、余钟寰为河北省政府秘书处科长；刘潜、蒋锡曾、周之骥为河北省政府民政厅秘书，张国淩、步以庄、舒乃簃、何毓华为河北省政府民政厅科长，耿述之为河北省政府民政厅技正；戴百贤、籍鄌恩、冯绍韩为河北省政府财政厅秘书，陈楷、何寿棠、左运奎、刘式譔为河北省政府财政厅科长；陈凤标、刘驹贤、冯飞为河北省政府建设厅秘书，孙丕康、梁如璋、雷斌、卫龙章为河北省建设厅科长，杨励明、王国英、王廷翰、温承让为河北省建设厅技正；金秉燧、吴鹏、苏莘为河北省工商厅秘书，杨晶华、吴梦茵、张毓为河北省政府工商厅科长，于桂馨、董如奉为河北省政府工商厅技正，应照准此令。中华民国十八年一月二十一日"。河北省政府于1928年6月在天津河北旧督署成立后，委员并未全部接受任命就职，教育厅的厅长先后为沈尹默、严智怡，工商厅长吕咸和农矿厅长萧瑜是在1929年才被任命的。所以上述三厅秘书、科长、技正均未在津呈请任命。河北省政府秘书长王次甫也是在1929年1月才被任命接篆。按《国民政府文官制度》荐任以上为高等文职，1928年河北省政府荐任以上官员仅为60余人，而且大多先就职后由国民政府任命确认其职"合法"。

1928年6—10月，河北省政府在天津处理公务，但其时社会秩序极其混乱，北洋旧部散兵游勇尚未完全缴械，省政府所在地的河北新区亟需绥靖维稳，当时的第三军团军傅作义所部"担任维护地面事宜"，第十五师段树华将师部设在河北宇纬路，第五旅设防河北公园，第四十五团团长杜淑将团部设在金钢桥旁的益世报馆，第十和三十七两团驻扎河北公园，其余输送队，卫生队，工兵连，骑兵连均在河北三马路一带集结待防。因当时河北是全省政务中心，故除了需加强保卫之外还要应对交通畅通任务。8月13日在河北大经路一带"水沟堵塞，流通不便"，严重影响人行车驶，第九师师长陈长捷自告奋勇率部参加修掘大经路两边水沟，"以排泄积潦""为群众谋便利"，被《益世报》誉为"陈长捷实行兵工政策。"10月12日河北省政府议定迁移北平，省政府搬至旧北洋政府的国务院，民政厅易址京兆尹公署，财政厅由天津黄纬路移至统计局、国史馆、铨叙局3处。至此天津特别市政府迁入前省政府原址办公，随迁机关尚有财政局和土地局（亦在市府办公）。

1929年河北省政治中心变为市政中心，市长崔廷献甫上任便特派工务局会同市政府市政临时委员会（第二科长任该委员会筹备主任）共商市政设置举措。天津河北地区此后历经各界政府修葺建设，直至解放初期。

1934年10月25日，河北省第一次行政会议在河北省政府（河北旧省公署里）大礼堂举行正式开幕典礼。此次行政会议是民国时期召开的唯一的一次行政会议，与会者除河北省各县长代表外，尚有社会各界名流。当时，该会受到国内外广泛关注。在政治观察最有影响的"未次研究所"《国内政况》里专章介绍了这次会议，醒目标题为："冀行政会议明晨开幕 各县长接踵谒民政厅长，于主席有重要提案"。10月24日，天津《益世报》《本市消息》对这次会议的召开时间、参加人员、议题及开幕前情况作了详细介绍："河北省第一次行政会议，已决定于明（二十五日）晨九时在省府大礼堂，举行正式开幕典礼"。地址即河北大经路河北省政府。"大会主席，将由民政厅长魏鉴担任，昨据大会筹备处消息：谓明日举行开幕典礼后，下午二时起即正式开始讨论各项提案，于（学忠）主席曾亦有一提案，议题名

1934年，河北省政府、民政厅
（何德骞提供）

目“如何改进全省行政先后缓急轻重案”，任出席各专家及县长自由发挥意见，公开讨论。参加县长代表共44人，均由于学忠和魏鉴亲自检选（约占全省县长1/3）。省政府并要求参会县长代表均着藏青哔叽制服（即中山装）以附“新生活精神”。各县长陆续到津，谒见民政厅魏鉴后，由长芦盐运使曾仰丰于24日晚七时约宴大华饭店，顺便讨论长芦盐务整顿办法。

省政府主席于学忠、委员魏鉴、鲁穆庭、张厉生、周炳林、林成秀、胡汇源、张厚琬、史静寰、郑道儒、严智怡、张荫梧、查燿等人，以及保安正、副处长，特聘各业专家，行政督察专员共26人。还有省政府各厅、处秘书和科长，自治筹备处主任，警务处长共48人全部出席会议。

10月25日上午，出席河北省第一次行政会议共有118人。会议分组讨论在河北省立工业学院进行。

审查委员会分为民政组、财政组、建设组、实业组、教育组。民政组审查委员为：魏鉴、严智怡、刘忠幹、李东圜、宴阳初、曾仰丰、陶尚铭、陈中岳、关广誉、汪澄波、张仁蠡、何毓秀、舒乃藩、程廷恒、王海峰、张国淦、孙兆昌、陈闽儒、许同莘、李鸿栻、富维骥、陆元炳、萧禀原、蒋锡曾、萧德润、李子厚、刚书林、刘少宠、刘潜、苗作新、赵钟诚、江春炎、张熙光、于宝琳。以魏鉴为召集人。财政组审查委员为：陈访先、丁春膏、翁之镛、熊鼎盛、杨天受、殷汝耕、李学谟、王用舟、邹良骥、朱颐、步恒勗、张其军、任传藻、王铄、刘全学、饶秉衡、金良骥、李聘卿、孙象乾、高元泽、左运奎、李鹏图、戴常箴、王述文。以鲁穆庭为召集人。教育组审查委员为：周炳林、张厉生、陈筑山、刘延昌、刘云亭、董天华、周维垣、于龙溪、卢郁文、杨晶华、陈铁卿、李刚、陈耆、张芥尘、陈贯吾、井守文、张雪门、曲直生、吴正华、沈肃文、贺诩新、梁容若。以周炳林为召集人。建设组审查委员为：林成秀、李书田、张恒懋、赵云椿、刘树人、耿述之、秦荣甲、萧鹤延、信刚、佟奎文、康久显、赵良、刘任、孙福耆。以林成秀为召集人。实业组审查委员为：史静寰、梁建章、孙嘉彦、李树舫、黄曾元、王凤翰、崔纪成、王昭章、高哲民、林树芬、李宝瑺。以史靖寰为召集人。此外还有张中立、叶屏侯、罗隆基作为列席委员参会。

这次会议共五天，旋因议案难决略有展延。大会主席于学忠仅在第一天莅席，其后由主席魏鉴主持。大会秘书长为查燿、记录股长为叶国璋，干事有尚久愈等人。

全会五组中以民政组提议最多、议案最为重要。其中，尤以何毓秀、张其军、张国淦、蒋锡曾、孙兆昌等人议案最为突出，何毓秀提出的“裁局设科”办法和“先简后繁、化阻为助、少设机关、多办事业、权衡轻重、标本兼顾”各项举措备受全会关注。最后由联审组表决通过。

1934年河北省第一次行政会议出席的人员除省政府全体委员外，几乎都是社会名流、政界精英、学界翘楚。其中严智怡是著名教育家，刘潜、陈中岳、任传藻、萧禀原是声誉素著的诗人，张国淦、蒋锡曾、陈铁卿是学术研究专家，宴阳初、张中立、罗隆基是著名学者，李书田是水利专家，杨天受是商界耆宿，丁春膏是革命志士，金良骥、何毓秀、孙兆昌、孙象乾、关广誉、舒乃藩、张其军、苗作新、王海峰无一不是政界干员。而张仁蠡、陶尚铭、殷汝耕、李鹏图则后在敌伪政权都是核心人物。

1934年由河北省政府召集的首次行政会议，不仅《益世报》有专章报导，《大公报》还详细介绍了会议表决过程，而且由“末次研究所”将其列为南京《国民政府十年》要闻，加以编次。

附一

1928年河北省政府民政厅职员名录

机关名称	部门名称职务	所属人员
省政府	委员兼厅长	孙奂仑
秘书处	主任秘书	刘 潜
	秘 书	蒋锡曾 周之骥 胡国宾 郭溯汾 王用舟 王敬玺 于振清 李树皋 陈弢素 王鸿烈 樊宝棠 张世閆 徐立生 周乃生 陈葆瓛 齐兆权
	书 记	马嵘印 张书林 朱紫封 廉 思
第一科	科 长	张国浚 尚其襄 陈之祯 李钧翰 陈梦麟 常锡光 王广懿
	办事员	张增祐 陈同书 李士杰 冯 沣
	书 记	李荫堂 王维桢 王炳谦 陈闰生 陈 芳 杨思桐 王希钟 周家楷 邢春汉 冯荫樟 张 鼎 李保贞
第二科	科 长	步以壮
第二科	科 员	葛尚谦 纪钜统 盘可容 原荫国 贺肇城 尚久忠 王崇贤 李修慧
	办事员	黄国庆 于凤桐 李兆绅 沈崇荫 刘 恺 张履泰 王兢宜
	书 记	刘赞廷 杨茂槐 苏元烽 饶金声 李宗棠 王荫传 李金树 李润身
第三科	科 长	舒乃藩
	科 员	李 相 张言昌 侯启亨 张长植 胡宝忠 徐国瑞 陈葆琮 赵应咸 黄秉忠 李郁林 樊 赞 杨士濂 赵文焕 雷国璋
		郑大勇 杨祖棣 赵秉彝 张子厚
第四科	科 长	何毓华
	科 员	任玉璐 许学圃 黄文锦 金宝瑜 孙百泉 鞠开丰 沈 晋 陈鸿翔 李敏赓 陆智远
	办事员	黄宝仁 张丽生 孙绍曾 翟廷俊 王履甡 汪兆彤 陈德普 王冠英 宋作瀛 张宝书 王 忠
	调查员	贾奂斌 苻海清
	书 记	卢 均 唐华亭 刘广业 黄国樑 王高安 苏金彦 赵廷璧 王怀之 刘毓璋 朱世淦
	勤务主任	吕 勤
技术室	计 正	耿述之
技术室	计 士	袁熙绶
	办事员	戴润甫 何书棠 井介文 孙亚康 陈凤标 苗向荣 胡国宾 刘长龄 刘玉佩 孙重臣 赵家麟 廉绳党 李其昌
	书 记	赵申荪 王树樸 梁沼清 田鸿谋
视察室	主 任	孙兆昌
	视察员	叶振民 文 铎 孙锡章 宋观光
	办事员	刘鸿舫 吴侯澜
	书 记	朱继伦 吴贵勤 陈鸿斌 王安舒 卢锡章
村政研究委员会	委员长	李宗仁
	常务委员	孙兆昌 贾福田 郝晋庚 刘生光
	委 员	任树田

附二

1948年天津市政府所属机关人员名录

机关名称	部门名称职 务	所属人员
市政府	市 长	杜建时
市政府	副市长	张子奇
秘书处	主任秘书	王余杞
	第一科长	程时旭
	第二科长	张同轩
	第三科长	孔令朋
	第四科长	李维新
	编译室主任	陈嘉祥
	视察室视察	任福恒 步恒益 王玺敬
	会计室主任	孙庚甫
参事室	参 事	孙敬亭 潘 鹤 曹钟麟 傅有权 韩 达
专员室	专 员	张书元孙象乾 李 毅 时 甲 彭希祖 谢震寰 张道彭 庞乐洋 王德昌谢 稷忱 景金祥 姚金绅
统计处	第四股长	周裕尧
财政局	第三科长	孙笑难
	第四科长	刘祖荫
	第五科长	李考堂
	会计室主任	萧明柱
	统计室主任	盛 强
	人事室主任	李景梅
	视察室主任	盛 强（兼）
	第一稽征所长	赵春祥
	第二稽征所长	张德昌
	第三稽征所长	谢 玺
	第四稽征所长	国毓堃
	第五稽征所长	吴敬忠

续表

机关名称	部门名称职 务	所属人员
总务处	处 长	齐尔恂
	事务科长	郝学勤
	交际科长	王伯璘
	出纳主任	孙伯勤
人事处	处长	朱香谷
	第一科长	陈成一
	第二科长	李古稀
	第三科长	李古稀(代)
民政处	处 长	冯步洲
	秘 书	刘伯壎
	自治科长	韩树茂
	户政科长	刘士修
	军事科长	崔慰周
	视察主任	刘景星
	第一区区长	杨抚民
	第二区区长	杨叔达
	第三区区长	李铭纶
	第四区区长	刘保慧
	第五区区长	袁泽民
	第六区区长	赵子彬
	第七区区长	刘楚箴
	第八区区长	敖世章
	第九区区长	步恒毅
	第十区区长	王炳勋
外事处	处长	李大为
新闻处	处长	梁宾和
会计处	会计长	朱如淦
	第一科长	简代霖
	第二科长	杨瑞盤
	第三科长	陈友玫
统计处	统计长	马可福
	第一股长	周绍禹
	第二股长	谭 骏
	第三股长	徐品陞
社会局	局 长	胡梦华
	主任秘书	张瑞南
	工商管理科长	齐联科
社会局	团体组调科长	韩铭孚
	劳工行政科长	杨襄田
	粮食经济科长	张保福
	社会福利科长	郎济苍
	出版登记科长	陈嘉祥
	总务科长	王建邦
	合作室主任	陈 玺
	会计室主任	刘瑞年
	人事室主任	李菊田
	统计室主任	俞树礼
	救济院长	刘绛雯

机关名称	部门名称职 务	所属人员
财政局	第六稽征所长	陈恩绂
	第七稽征所长	邵 笃
	第八稽征所长	张 雩
教育局	局 长	郝任夫
	主任秘书	崔蔚云
	第一科长	梁榞庭
	第二科长	武增文
	第三科长	曹葆华
	督学室主任	安梦华
	会计室主任	艾能全
	人事室主任	王万祥
	统计室主任	张文褚
工务局	局 长	刘如松
	副 局 长	过祖源
	主任秘书	魏亚藩
	总务科长	白增耀
	工程科长	陈□清
	建筑科长	张汝楫
	材料科长	杨志铭
	沟渠科长	薛溢生
	会计室主任	张金励
	人事室主任	李成春
	技术室主任	张志华
	统计室主任	王克宽
	专员室	孙增培
	视察室	刘 培
	下水道测量队长	周文贤
	第一区工程处主任	欧阳推
	第二五区工程处主任	许有三
	第三四区工程处主任	边子元
	第六区工程处主任	徐 晟
	第七工程处主任	查良铭
	第八区工程处主任	谭 璟
卫生局	局 长	曹滌寰
	主任秘书	王志熹
	第一科长	柴鄂章
	第二科长	李运峯
	第三科长	胡进思
	第四科长	张子明
	会计室主任	李承祜
	人事室主任	王志熹(兼)
	统计室主任	张印三
	市一医院院长	梁宝平
	市二医院院长	李运峯
	市三医院院长	赵易城
	市四医院院长	吴 荻
	市牙科医院院长	容文照
	花柳防治所长	杨祖藉

续表

机关名称	部门名称职 务	所属人员
警察局	局 长	李汉元
	副局长	齐若齐
	秘 书	杨福保
	总务科长	杨树铭
	行政科长	张钟书
	司法科长	苏德凯
	外事科长	李济元
	督察长	孙 飞
	会计室主任	萧朴诚
	人事室主任	李月初
	统计室主任	戴静生
	第一分局局长	郑国斌
	第二分局局长	冯凭飞
	第三分局局长	金 辉
	第四分局局长	王义宣
	第五分局局长	刘信訾
	第六分局局长	孟昭增
	第七分局局长	贾翰臣
	第八分局局长	苗际霖
	第九分局局长	曾克遂
	第十分局局长	韩林荣
	水上公安局局长	佟相印
	消防队长	刘有纲
	警察医院长	李秉质
	刑事警察队长	萧志纯
财政局	局 长	李金洲
	主任秘书	张树龄
	第一科长	郭恩泽
	第二科长	胡慎之

机关名称	部门名称职 务	所属人员
卫生局	传染病院长	刘韶武
	市立产院院长	何应云
	第一卫生所长	常连庚
	第二卫生所长	赵易岳
	第三卫生所长	冀佩环
	卫生试验所长	马龙光
	卫生材料厂长	冯志英
地政局	局 长	吴惠和
	主任秘书	王逢源
	总务科长	倪官盛
	地籍科长	宫玉书
	地权科长	李 健
	会计室主任	姬 治
	人事室主任	叶兆坚
	统计室主任	王毓珊
	土地登记处处长	宫玉书（兼）
	测量队长	敖景文
公用局	局 长	张锡羊
	主任秘书	王志彬
	第一科长	王 壮
	第二科长	李 劭
	第三科长	张隽英
	第四科长	张雪青
	技术室主任	吴荇生
	会计室主任	李钟英
	人事室主任	张虹君
	统计室主任	吕懋仁
	自来水厂长	董宝桢（兼）
	电汽车管理厂长	张锡□（兼）

三、文献辑存

(一)天津市河北区总体城市设计说明书

天津市河北区总体城市设计说明书(节选)

(2008年)

清华大学城市设计团队

序言

认识“津门” 发现“河北”

1. 研究背景解读

1.1背景、范围、框架

1.1.1背景——开展总体城市设计的意义

河北区作为天津市中心城区重要组成部分，其整体城市设计的提出，将为探索河北区发展之路指引方向，为落实天津市总体规划规提供深化依据。

本次城市设计旨在总结天津市在以往一系列城市总体规划、新城规划中的经验，结合河北区目前发展实际情况，以科学发展观、以人为本为基本理论依据，充分尊重河北区既有的历史、文化、空间肌理和人的行为活动特征，建立城市良好空间秩序和提高城市环境质量，有效增强城市空间的特征性、舒适性和多样性，提升河北区的城市空间活力和空间效益，引导城市健康发展，塑造河北区的城市特色。力图创造一个环境优美、生活舒适、产业发展、设施完善、充满生机活力和人文底蕴的魅力北岸城区。

1.2地区历史发展概况(略)

1.3社会经济发展现状

2007年，全区实现生产总值66.17亿元，按可比口径计算比上年增长21.9%。其中，第二产业增加值7.74亿元，增长35.7%；第三产业增加值58.43亿元，增长20.2%，第三产业增加值占全区生产总值的比重达到88.3%(天津市河北区统计局，2008)。

1.4相关城市规划解读

1.4.1城市总体规划对河北区的发展影响

①增加“生态城市”内容，充分利用水网、沼泽、岸线等自然资源，建立生态型城市“三、五、三、一零”绿地系统布局。近期目标：实现城市建成区绿化覆盖率40%，绿地率30%，人均公共绿地8平方米。

②构筑天津海陆空一体化的交通网络，使天津成为连通国际和区域(华北、东北、西北、华东)的客货运综合交通枢纽。

③天津以高新技术产业、现代制造业为主的现代制造和研发转化基地。

④反映天津历史名城的价值，保持和发扬天津传统的津派文化，强化以近代史迹为主要特点的国家级历史文化名城和旅游城市的地位。

中心城区：继续实施工业东移战略，调整中心城区产业结构，适度发展技术密集、附加值高、无污染的都市型工业。

外围地区：充分发挥天津新技术产业园区华苑产业区的优势，建设高新技术的研发和转化基地；西青新城重点发展汽车工业；津南新城重点发展电子及通信设备制造产业、环保产品制造、生物医药加工和都市型工业；小淀组团以高新技术产业、现代制造业为主；双街组团大力发展服务于中心城区的物流等产业；青光—双口组团重点发展现代加工工业；大寺组团重点发展新型电子工业；大毕庄组团重点发展商贸型物流加工业；双港、新立组团重点发展都市工业。

第二产业：走新型工业化道路，加快形成以支柱产业和高新技术产业为主体，以都市型工业为重要补充的新型工业结构。继续壮大石油和海洋化工、汽车和装备制造、现代冶金等支柱产业，并与周边省市形成布局合理、衔接紧密、聚集效应强的产业集群，特别要重点开发高新技术产业，大力发展电子信息、生物技术和现代医药业、新材料、新能源等高新技术领航产业群。

第三产业：大力发展第三产业，重点发展金融、商贸、物流、科技研发、文化、教育、旅游、中介等现代服务业。

内河航运：发展海河特色旅游客运；其他二级以上河道重点发展旅游通航。利用潮白新河、北运河、海河发展京津之间的旅游通航。

5．目标　定位　原则

5.1 目标

凭借天津市发展的战略机遇，依托河北区良好的区位与交通优势、自身丰富的自然资源和深厚文化底蕴，以尊重现有建设条件，采用有机更新、循序渐进的城市改造方法，对城市空间、功能结构、开放空间等方面进行调整和改变，再造城区活力，加速城市中心的回归，力图创造一个环境景观优美、自然生态宜居的城区，一个富于人文魅力、充满动力活力的城区，一个经济持续增长、社会和谐发展的城区。

5.2 定位

5.2.1 城市东北的核心区

凭借天津市发展的战略机遇，依托河北区的区位交通与周边现有特色资源，将河北区建成天津中心城区东北方向的商务商业核心区。

5.2.2 生态宜居的新天地

利用河北区优良的滨水生态环境，凭借新开河、北运河沿岸较丰富的土地存量，为天津大都市居民营造距市中心最近的生态宜居新天地。

5.2.3 休闲旅游的新门户

整合风貌独特的意奥风情区租界文化，地位卓著的近现代革命文化，以及天津摇篮的三岔口海河文化，借助天津站与北站的交通门户作用，为京津乃至国内外游客呈现一处旅游休闲的新去处。

5.2.4 创意产业的增长点

发挥老工业基地的资源优势，借助天津市工业升级转型的良机，引入创意产业与工业发展相结合的发展模式，营造创意产业的最佳环境，为经济发展和就业提供新的增长点。

5.3 原则

5.3.1 新旧融合 文脉传承

注重保留城市记忆、文化的重要符号，用新的概念加以全新的空间诠释；重视地方文化特色在城市物质空间中的体现，以传承地方文脉的理念；利用现代高科技建筑材料，追求建筑和城市空间的时代感；讲求建筑技术与城市美学的结合，注重设计的方法与表现力。

5.3.2 用地整合 精明增长

用足城市存量空间，减少盲目扩张；加强对现有社区的重建，重新开发废弃、污染工业用地，以节约基础设施和公共服务成本；城市建设相对集中，密集组团，生活和就业单元尽量拉近距离，减少基础设施、房屋建设和使用成本；注重城市空间与社会发展二者之间互相呼应、形成简洁、高效的关联体系，实现城市精明增长。

5.3.3生态宜居 以人为本

利用自身优越的自然资源条件，创造绿色生态的城市生活空间；加强城市节能、建筑节能等方面规划设计的考虑，市政基础设施实现节能减排、生态环保；建立设计过程的公众参与机制，充分注重公众需求；追求城市空间功能和形式的多样化、人性化。

5.3.4产业支撑 活化城市

大力发展都市型产业，力图创造城市发展的支柱型产业，提高城区综合竞争力；通过城市空间、功能的改变，形成城市未来发展的增长极，为城市发展植入活力。

6．空间发展对策

6.1发展对策

6.1.1外引

①宏观层面上积极利用区位优势与交通优势，形成对环渤海经济体的“外引”，尤其是京津同城的机遇与滨海新区经济体的发展对河北区发展起到良好的孕育之床。

内容：北京的科技、人才、资本，河北省地区的人力、资源、资本，滨海新区的物流、加工、制造等。

②特定的地理位置决定特定的职能分工，河北区是中心城区与东西以及北部外围城区的联系纽带，外引体现为借助各个区域的优势资源，发展自身的支撑产业，并能够为各个区域的发展起到良好的促进作用。

北辰都市工业区及东北外环扩展机遇；东丽空港物流及滨海新区；河东区铁路枢纽区共同开发；小淀组团以高新技术产业、现代制造业为主等。

③加强海河两岸重要城市节点空间与功能上的呼应与对比，形成互相吸引、共同促进发展的新格局。

内容：海河南岸的西站商务办公区、老城商贸文化区、和平路滨江道中心商业区、解放路金融办公区等。

6.1.2内聚

规模效应对城市的发展阶段能够起到强有力的推动作用，为此，本次规划结合现状情况，引导河北区形成多个不同的城市功能集聚区域。

文化休闲集聚——

意奥风情区：意奥风情区本身与北站客运的结合，加强综合效应，实现资源共享。

滨海河、新开河休闲区：依托滨河优美的自然景观，创造富于变化的亲水空间，形成充满特色的文化休闲聚集区。

商业集聚——

中山路传统商业地区：整合中山路现有商业资源及功能布局，形成名副其实的天津五大商圈之一，拉动河北区经济增长。

商务办公集聚——

堤头地区：是西站城市副中心的辐射范围，结合其处于天泰路交通便捷的优势，以及北运河河流转弯处的景观需求，规划为休闲、商务、办公的集中区域。

金钟河大街：河北区在未来的天津发展框架中承担重要的角色，本身地位的再次提升才能够为河北区的进一步发展提供保障，作为重要交通区位金钟河大街将不仅作为东部五大居住片区的生活服务中心，也将承担天津城市东北部区域的市级副中心的作用。

都市产业集聚——

南口路生态都市产业园区及产业发展带：依托南口路地区传统工业区土地和工业基础资源，引入创意产业等都市产业，与北辰协调发展，实现地区产业的升级和转型，为城市内部的传统工业谋求发展与出路，在资源节约型社会就更需要新兴工业的集聚发展，便于开发管理，实现互补互利。

新型居住社区集聚：以金钟河大街为中心大型居住社区的整合集聚，北宁公园为中心的周边地区景观居住社区集聚，新开河沿岸的生态滨水景观居住社区集聚。

6.1.3 转型

工业转型：传统工业向新型都市工业转型、向创意文化产业转型；社区转型：意大利风情区向城市文化休闲社区转型，城中村通过改造向城市新型居住社区转型；铁路站场转型：城际交通活动的中心地带向城及之间及城市内部交通运转枢纽的转型，从交通职能向围绕交通设施发展的经济增长中心转型；商业转型：从地区中心职能向城市副中心职能转型。

6.1.4 提升

以城市形象的改善提升地区竞争优势，以生态人居环境的营造提升地区发展的可持续性，以历史文化的保护与延续凸现地区特色，以城市空间的整合提升地区发展潜力，以公众意愿的参与提升地区活力与归属感。

6.2 空间结构

6.2.1 一带 两轴 四区 八点

十、一带

滨海河—北运河发展段。

十一、两轴

金钟河大街—狮子林大街综合轴，新开河城市生态发展。

十二、四区

海河东北城市特色发展区，新开河周边城市生态发展区，铁路以东城市综合发展区，南口路周边都市产业发展区。

十三、八点

意奥风情商务商业节点，金钟河大街城市商务节点，狮子林大街政务办公节点，中山路传统商业节点，北宁公园地区体育休闲节点，堤头地区商务休闲节点，张兴庄工业创意产业节点，南口路都市产业生态岛节点。

6.2.2 一带 滨海河—北运河发展带

海河还将是河北区最好的资源之一，带给河北区的发展益处是多方面的。海河带的发展将成为河北区像天津市展示的重要界面，对海河带整体的城市形象建设的责任也相当重大。因此海河带的发展定位应该基于更高的层面，面对整个海河、天津乃至整个环渤海经济圈。海河带的建设是实现“外引”最重要的过渡带，所以要想实现内部的发展，首先应该强调这个过渡带的建设。

6.2.3 两轴之金钟河大街—狮子林大街综合轴

金钟河大街贯穿外环内环线，是京津外围，进入天津的重要门户，而狮子林大街也是河北区与海河对岸的联系点。金钟河大街城市的快速路，在展示河北区的形象上起到重要作用。天津城市的发展外扩，使得此轴成为最重要的贯穿东西的纽带。

6.2.4 两轴之新开河城市生态发展轴

新开河的开挖，带给河北区又一个重要的生态资源，新开河将是河北区重要的生态走廊。对于提高河北区的生态宜居方面起到重要作用。新开河两侧拥有存量的土地资源，也为城市的更新方面带来更好的操作性。

6.2.5四区之一海河东北城市特色发展区

主要范围为海河东北、铁路以西地区，以老城区改造建设为主，功能包括行政办公、特色商业、生活居住。

6.2.6四区之二新开河周边城市生态发展区

主要范围为新开河两岸地区，结合水体空间和大量可整理土地，以生态城市建设为主，主要功能包括商务金融、生态休闲文化、商业娱乐、生态宜居居住。

6.2.7四区之三铁路以东城市综合发展区

主要范围为铁路以东、新开河以南地区，以现有城市生活区改造建设为主，提升地区居住生活品质，打造城市东北部核心服务功能，主要功能包括生活居住、物流科技服务、商务金融、商业服务。

6.2.8四区之四南口路周边都市产业发展区

主要范围为新开河以北地区，以传统老工业区改造升级以及转型建设为主，注重都市创意产业的积聚和发展，主要功能包括创意产业、都市工业、宜居生活。

6.2.9八点之一意奥风情商务商业节点

主要是意奥风情区及火车站地区，以意奥风情特色商业、交通枢纽商贸服务发展建设为主，注重特色商业商贸和铁路交通枢纽功能的结合及相互促进，是城市近期发展建设的重点。

6.2.10八点之二金钟河大街城市商务节点

金钟河大街两侧地区为主，利用大量可整理土地，结合周边仓储、物流组团的建设，以发展物流科技服务为带动，同时加强其城市商贸金融服务功能，打造城市东北地区的城市综合副中心节点。

6.2.11八点之三狮子林大街政务办公节点

狮子林大街两侧地区为主，是进入河北区的主要入口之一，依托现有的政府行政机关，发展商务办公功能，注重城市空间及建筑群体的塑造，成为河北区重要的形象展示窗口。

6.2.12八点之四中山路传统商业节点

以中山路及中山公园地区为主，保护其特有的经纬城市建设肌理，并结合城市的综合整治改造，注重传统特色商业街道空间建设与塑造，是城市近期发展建设的重点。

6.2.13八点之五北宁公园地区体育休闲节点

以北宁公园及周边地区为主，加强对北宁公园绿地的控制与管理，注重利用其原有体育内容功能，发展相关体育运动健身的时尚休闲、娱乐以及商业服务，同时加强与北站铁路交通枢纽功能的结合及相互促进，成为河北区时尚生活城区。

6.2.14八点之六堤头地区商务休闲节点

位于新开河以北、北运河以东、天泰路以西的地区，与西站地区城市副中心隔河相望，结合地区内棚户区的改造，建设滨水休闲商贸中心，为河北区北部都市产业及城市生活提供综合服务，同时应注重与西站地区功能的结合及相互促进。

6.2.15八点之七张兴庄工业创意产业节点

主要是新开河北部张兴庄地区，以原有传统工业的改造、升级、转型建设为主，发展现代工业创意产业，同时结合轨道交通的建设，注重城市居住及商业服务的建设，形成相对独立、综合发展的城市组团。

6.2.16八点之八南口路都市产业生态岛节点

主要是津浦铁路及新开河绿带围合的南口路两侧地区，以原有传统工业的改造、升级、转型建设为主，利用周边大面积的绿地及河流发展生态型都市创意产业，注重传统工业文化与特色生态空间的结合塑造，最终促进河北区未来经济发展动力的形成。

6.3 政策导向

6.3.1 有机更新——“旧”与“新”——精明增长

意奥风情区建筑与街区肌理的保护利用与功能更新，明清河流水系与城市聚落形态的绿色再现，中山路沿街商业建筑环境的逐步改造，都市工业区的转型；工业遗产的保护、保留、意象再现三个层次的再利用，大规模建成居住组团的环境整治和功能完善，滨水生态宜居区的分期分序建设。

6.3.2 活力再造——“街”成“市”——增加就业

（探讨如何塑造城市实体空间，才能形成交易、交流的活力）

梳理中山路片区交通功能，再造中山路传统商业街活力，优化大悲院商贸区业态，整治周边停车、交通、游憩空间以培育业态活力，保留建成居住区周边有活力的菜蔬一条街、批发一条街等，只在设施配套、绿化环境完善上进行整治。

6.3.3 以人为本——“流”变“留”——宜居城区

（探讨什么样的城市设计对人才、资金、信息、游客最有吸引力）

客流：借交通枢纽区位，通过局部交通组织和空间营造，将客流留在意奥风情区。人才流：开放的社会文化环境，舒适生态的居住环境，现代高效的办公环境，时尚丰富的交流空间。资金流：目标长远的城市发展空间与潜力，相对低的进入成本（软硬环境），待挖掘的城市消费能力。信息流：丰富的城市开放空间，便捷的信息网络，使信息在实体与网络空间中畅通交流。

6.3.4 形象提升——“地”成“景”——魅力河北

金钟河大街商务副中心：

利用现有存量土地，塑造天津市东北大门的标志形象，作为城市重要的商务副中心，形成河北区对天津东北方向各区的辐射力。

堤头休闲商务综合区：

通过堤头城中村的拆迁改造，抓住天津西站城市副中心的建设机遇，在海河－北运河沿线城市景观塑造的关键地段，建设魅力河北最具现代标志性的区域。

北宁公园高尚生活区：

借助北宁公园的重新改造，将周边违章建筑拆除，增加北宁公园向城市的开放度，周边建设点式高尚生活区，塑造河北“城市中央公园”的形象。

新开河滨水生态住宅示范区：

在新开河东侧大量滨水空地上，建设具有滨水生态景观的示范住区，作为距离天津城市核心最近的“滨水高档生态住区”，吸引高端人群，减弱河北区传统工业城区在市民中的形象，重塑“生态宜居新天地”的形象。

通过街道景观、建筑风貌的美化、优化，景观绿环、绿楔的引入，市政环境的整治与梳理，将大片了无生气的居民区建成市民心目中骄傲的魅力家园。

7．总体城市设计

7.1 总体城市设计

7.2 城市功能结构

海河发展带以商务服务、接待交流的功能为主。北部在堤头规划商务服务综合中心，形成区级的商务中心，市级的次级服务中心；南部在意奥风情区及天津东站规划接待交流服务中心，东站区域围绕广场建设天津的会客厅，作为市级的交流中心。

新开河生态轴线以商业服务、生态宜居、休闲娱乐功能为主。中山路区域依托中山公园的重塑，形成市级商业购物中心、区级的服务休闲中心；对北宁公园进行提升，形成市级生态休闲中心、区级服务中心；新开河两则利用河道自然景观提升土地价值，打造生态宜居带。

狮子林—金钟河大街以行政、商业商务办公功能为主。西部与海河相交区域结合原有区政府、历史建筑及府前广场区域建设区级行政中心；东则与外环相交处金钟河大街区域依托优越的交通优势，着力塑造城市门户形象带，形成市级商务商业服务办公中心、区级会展交流中心；以金钟河大街为核心外围居住组团努力提升居住品质，围绕组团绿地以及北宁公园建设环状景观绿廊。

7.3土地利用规划

7.3.1土地利用规划

有效提高城市土地的价值和利用率，体现复合功能城区土地利用的弹性和兼容性，将传统用地定性模式调整为一种能适应城市动态发展、市场经济体制和土地有偿使用制度的弹性模式，建议在《城市用地分类与规划建设用地标准》(GBJ137-90)的基础上增设多功能用地(综合用地)F类用地。

F　多功能用地　　数种功能互相联系的混合用地。

F1　居住兼容公建及其他用地以居住、公建及其他为主的用地，公建及其他建筑面积低于总建筑面积的40%。

F2　公建及其他兼容居住用地以公建及其他、居住为主的用地，居住建筑面积低于总建筑面积的40%。

F3　数类设施的混合用地除居住之外的数类功能的混合用地，例如工业＋商务办公、工业＋创意服务业等。

利用F3用地性质，可解决河北区目前传统工业(2产)向都市工业或者创意性产业(2.5产业)过渡的用地定性难度，更加适用于传统工业城区向三产服务型城区转型过程中的土地利用控制。

7.3.2规划建筑肌理

建筑尺度和地块尺度的和谐：新建建筑的尺度和体量关系应该适应自身所处地块的尺度。

新建肌理与建成肌理的和谐："老城区的新建筑"应化整为零，遵循原来城区的肌理特色。

建筑肌理与自然环境的和谐：在自然水系、绿地、城市公园周边的建筑肌理应保持与自然环境的渗透性、可达性、可视性。

建筑肌理与城市功能分区的和谐：不同功能分区的建筑应形成与自身功能相和谐的多样化肌理。

7.4绿地开放空间

绿地改造原则：提高绿化的开放度，完善绿化网络体系，结合绿化规划完善公共使用的文体设施。

开放空间体系：

以现有水系为依托的开放空间体系，形成沿海河的开放空间系统。

以北宁公园、中山公园以及住区的社区绿地为主的绿地公园系统。

为改善城铁高速以东片区的居住环境，形成以东片区的绿环。

通过中山路、狮子林大街到金钟河大街的开放空间规划形成河北区的完善的开放空间体系。

7.5步行系统组织

结合绿化、主要道路、滨河景观、街区功能构建区域型步行体系。依托生活性景观道路两侧绿化，建立健康休闲步道，为居住区居民提供休闲空间；有效利用海河、新开河、月牙河的水岸景观，结合滨水景观道路构建生态休闲的沿河、沿街步道；利用不同商业街区的景观特色，建立购物体验步道。

在主要的道路节点、商业中心区、景观中心建立绿化或集散广场。

7.6道路交通体系(道路系统、断面建议、公交系统、轨道交通、站点设置、社会停车)

7.6.1道路系统

道路等级：

以原有路网体系为基础，依托十字形快速路以及城市环路、放射路构建区域路网体系。

保留原有的特色路网体系，例如意奥区欧式放射性路网、中山路的均匀网格型路网、金钟河大街外围居住区苏式的放射性——网格形结合的路网结构；在新开河以北则依托原有的产业布局以及本次城市设计对用地的整理，因地制宜布置路网结构，例如堤头的环形路网、南口路两侧的不均匀网状道路结构。

道路功能：

以自然景观体系、街区特色、上位总体规划对市级环路的定义为分类标准，将主要道路分为五类。

快速交通性道路：依托上位规划对本区域道路交通的定位，包含快速路、城市环路。以高架桥、建设主辅路的模式组织交通线路。

商业景观性道路：道路一般穿越具有一定特色的商业街区，或道路两侧商业集中区域，同时设有较宽的人行道，交叉口可通过路灯调节。

滨水景观性道路：主要是海河、新开河、月牙河两侧的道路。路面一般较窄，两侧或单侧设计较宽的绿化景观带。

生活景观性道路：道路联系着各居住区或以居住为主的综合区。通过红绿灯调节各交叉口，道路两侧一般设有较好的人行林荫步道。

形象道路：本区域形象道路指金钟河大街。道路穿过市级商业中心节点，具有区域代表性的建筑物布局在道路两则，路面较宽，两侧布置较宽的绿化带。

7.6.2断面建议

中山路断面改造：

增加道路商业氛围，疏解交通功能，增加地下轨道交通，黄纬路－律纬路之间道路断面变窄，交通向三、五马路疏解。公交车、机动车、非机动车双向六车道混行。两侧增加2.5米宽临时停车道，道路北侧规划25米宽商业人行道，道路南侧中山公园节点放大广场。

南口路断面改造：

增强道路景观性和交通的安全性，机动车道双向六车道，机动与非机动车道间设2米绿化带，保留原运粮铁路专线，规划46米宽小火车游园。

金钟河大街断面改造：

保障机动交通的顺畅度和非机动交通的舒适性，机动车道双向十四车道，8米宽绿化隔离带，两侧30~50米宽带状游园内安排非机动交通和人行安全步道，楼前15米宽辅路，解决楼前非机动和临时机动疏散，在每个十字路口设计有装饰效果的人行过街天桥。

居住区游憩绿环路断面改造：

结合生活区环线，引入带状游园，提高居住区环境品质。机动车道双向四车道，两侧增加2.5米宽临时停车道，非机动车道以3米宽绿化隔离带和30米绿环游园与机动车道分离，带状游园内设置公众文化设施和体育健身设施，带状游园设计主题由公众参与进行，提高居民热情和归属感。

堤头大道断面改造：

支路加密，压缩断面尺度，营造休闲商务区的舒适氛围。机动车道双向六车道。楼前10米宽辅路，解决楼前非机动和临时机动疏散。楼后设置机动车入口，由加密的横向支路缓解主道交通压力。规划10米宽小火车游线绿带，连接北宁公园与堤头休闲商务综合区中心。建议轨道交通引入，连接堤头大道与西站地区。

海河东路北段(北运河滨河路)断面改造：

道路设计结合滨河亲水开放空间营造。楼前露天酒吧、机动车道、非机动步道、亲水观台由面河逐渐跌落的绿坡分隔，机动车道双向四车道，滨水建筑面河逐渐退台，每50米交错设置坡道和台阶，增加道路东侧地块的亲水性。

7.6.3公交及停车系统

主要公交线路分布在主要道路、城市环路上。根据公共交通站距的国家标准，商业街区的公交站点间距离在800~1000米，居住区内部公交站点在600~800米，城市环路交通站点1200~1500米。

有效利用水系资源，在北运河、海河、新开河上建立水上游线，同时在中心区、主要桥梁、北宁公园附近建立游线码头。

保留北宁公园至堤头段的废弃火车线路，对其功能进行活力再造，建立火车体验游线。

7.6.4轨道交通

河北区地铁线路分布以上位规划的选线为标准，不进行调整。对于上位规划站点分布情况进行服务半径的统计，基本满足本区的使用，因此也不进行更改。

地铁站点的设计应按照容易识别、形式统一、立面形式统一中拒不变化的原则。位于特色街区的地铁站点在设计中应体现本区域的特色，如意奥风情区、中山路商业街、北宁公园等区域。

7. 5公共服务设施规划（商业中心分级、文教卫生设施）

生活水平由“小康型”向“富裕型”转变，对公共服务的需求快速增长，逐渐由消费型向发展型升级，对教育、医疗卫生、文化体育等社会公共服务的需求日趋旺盛、日益多样化。公共服务需求的显著变化，对政府公共服务提出了越来越高的要求。

公共服务设施（居住单元的服务设施）布局结合居住组团的规模与服务半径，同时能够与市级的服务配套形成良好协调互补作用。

建立全区公共服务基础设施的标准化模式，统筹推进项目建设，采取灵活多样的方式确保各类公共服务设施达标。社会公共服务基础设施包括区域、街道、社区三个层面。为了确保三级公共服务设施形成一定的梯次，同时不同层面之间、不同街道之间、不同社区之间资源能够共享共用，需要分别制定区域、街道、社区社会公共服务基础设施标准建设模式。

7.7城市意象要素控制：标志、节点、廊道、界面、区域

7.7.1标志

城市中的点状要素，是人们体验外部空间的参考物，通常是明确而肯定的具体对象，如山丘、高大建筑物、构筑物等。如金钟河大街处的标志为高层商业建筑，北宁公园则以志远塔为标志。

7.7.2节点

城市中的战略要点，如道路的交叉口、方向变换之处；或者城市结构的转折；也可大至城市中的一个区域的中心和缩影。如金钟河大街的商业商务中心节点，中山公园与中山路交会处的商业购物节点。

7.7.3界面

指不做道路的线性要素。本次规划中的界面一般指街区的立面，绿化水岸景观等。如中山路两侧的商业立面，新开河南侧的水岸景观。

7.7.4路径

观察者习惯或可能顺其移动的路线或通道，其他要素常常围绕路径来布置。路径除了交通道路以外还包括水系、绿化带等。如新开河生态景观通道、铁路沿线景观通道等。

7.7.5区域

中等或较大的地段，这是一种二维的面状空间要素，人对其意识有一种进入“内部”的体验。

五要素在城市意象中是相互关联的，在城区重要的入口处通过建筑形式、特色景观等方式塑造门户标志，形成对本区域初步的记忆符号；以这些主要的标志为核心与周围结合形成节点；不同风格的

区域门户位置的标识与节点各有特色，引导或彰显各区域的发展方向或街区特色。进入城区后，沿不同的路径可以领略不同类型的街区界面特色，可以更加深入地了解城区内部各区域的类型与特点。

7.8 开发强度控制：容积率 密度 高度 天际线 连续街道

7.8.1 容积率控制

容积率确定原则：

现状保留改造区域基本保持原有容积率；依据城市规划标准规范确定改建或重塑区域不同类型用地的容积率要求；根据城市发展需要，对不同功能区域进行容积率的初步定位；结合不同区域的土地价值和城市设计对建筑特点的研究定义各地块的容积率。

容积率分布特点：

按照土地利用规划以及河北区城市设计的功能分区，容积率大于3.5地区主要包括堤头地区、中山路两侧以及金钟河大街两侧；居住区根据高度特点，容积率基本在1—3.5。

7.8.2 密度控制

即建筑物的覆盖率，具体指用地范围内所有建筑的基底总面积与规划建设用地面积之比，反映出一定用地范围内的空地率和建筑密集程度。

建筑密度确定原则：

现状保留区建筑密度基本保持不变，依据城市规划标准规范确定改建或重塑区域不同类型用地的建筑密度要求；以城区生态建设为前提，定位不同区域的建筑密度范围；结合不同区域的土地价值与用地类型，确定建筑密度的范围；根据城市设计对建筑特点的研究最终确定地块建筑密度。

分布特点：

按照土地利用规划以及河北区城市设计的功能分区，改造或重塑地区中密度较大区域包括堤头区域、金钟河大街区域，部分区域密度大于50%，多数为35%~50%；保留或修缮区域中意奥风情区、中山路周边区域建筑密度较大，密度35%~50%；保留居住区密度在15%~30%。

7.8.3 高度控制

根据建筑物所处不同区位及其对城市整体空间环境的影响程度，本次城市设计中对其提出不能超越的限制高度。

标志性高层建筑：

在城市重点片区和节点位置，布置30层以上标志性建筑，作为城区景观性地标，同时这些建筑的顶层开放为城市观景点。

河北区地标：

在堤头休闲商务综合区的海河—北运河口位置和金钟河大街—北宁城市复合发展带的金钟河大街东大门位置，布置两处超高层建筑（200~300米），作为河北区标志。

河流沿线高度控制：

海河

内环线以内：海河两侧绿化带（含道路）外侧50米范围内，建筑檐口高度控制40米。

内环线—中环线：海河两侧绿化带（含道路）外侧50米范围内，建筑檐口高度控制45米。

中环线—外环线：海河两侧绿化带（含道路）外侧50米范围内，建筑檐口高度控制50米。

北运河

北运河两侧绿化带（含道路）外侧50米范围内，建筑檐口高度控制50米。

子牙河

子牙河两侧绿化带（含道路）外侧50米范围内，建筑檐口高度控制50米。

新开河

新开河两侧绿化带(含道路)外侧50米范围内，建筑檐口高度控制50米。

北宁公园周边高度控制：

公园边界外围40米范围内，建筑檐口高度控制24米；距公园边界 40~100米范围内，建筑檐口高度控制50米。

意奥历史文化保护区：

保护范围：兴隆街、胜利路、建国道、海河东路、博爱道、五经路围合的范围。

民族路和民主道向保护区外侧延长线上宽50米、长300米的范围内应避免布置高层建筑。

保护区外侧第一排建筑要与保护区内最外侧建筑的整体高度大体保持一致，后排的建筑高度通过视线分析确定。

8．分区控制引导

8.1 堤头休闲商务综合区

特色：

依托北运河与改轨铁道进行环境塑造，借天津西站的整体建设(西站规划中将此区定位为休闲创意带)，沿袭西沽公园、北洋大学的文化渊源。

潜力：

结合城中村改造、铁道废弃、产业升级，是本次规划可以重点塑造的亮点，在城市设计中强调文化休闲、生态居住、创意、后工业特色。

定位：

海河北岸的明珠，西站 CBD 的东大门，河北区接受天津中心区辐射的商务休闲港。

功能：

休闲(Leisure)商业(Retail)商务(Business)综合服务(Service & Support)　居住(Live)。

规划结构：

一环 两轴 四区

一环：商务、商业、酒店、居住综合区。用地：扇环形态 中心圆形广场 功能圈层分布。交通：环状主路 放射支路 地下停车。高度：从圆心向北运河、新开河跌落。

两轴：堤头大道核心形象轴，天泰路交通轴。

四区：扇环商务核心区，堤头大道北滨水休闲商务居住区，堤头大道南商业居住区，天泰路东综合居住区。

8.2 金钟河大街—北宁城市复合发展带

特色：

依托金钟河大街与城市外环线连接，作为天津内外环距离最近、到机场最方便的城市东北大门。

依托北宁公园、第三体育场和北站近现代以来的历史影响和文化记忆，营造河北区高端居住和时尚文体休闲区。

潜力：

结合河北区向东跨越铁路发展、北宁公园的改造、旧楼区综合整修、工厂区外迁、月牙河和北塘排水河绿化，将本区形象定位为现代商务办公、生活居住复合中心区，也是河北区迎宾形象大道，与狮子林路政务区联通。

定位：

天津东北的城市复合发展带(Multi-function Central District)，金钟河城市形象大道，河北区外引(北京、滨海新区、北辰、东丽)经济动力的结节带。北宁公园：河北区城市中央公园和时尚健康生活区功能：

现代物流服务（Logistics）会展（Exhibition）商务办公（Business）商业金融（Commerce &Finance）文体休闲（Leisure&Sports）居住（Live）。

规划结构：

双环：民权门高架下双环人行步道公园。

两翼：北宁公园东南侧高端居住、文化体育休闲翼，金钟河大街综合商务、物流服务翼。

8.3八马路东段生态宜居示范区

特色：

依托新开河和月牙河良好的自然水系，凭借本地块充足的可开发土地存量，发挥地段生态效应和规模效应。

潜力：

结合城中村和工厂区改造，充分发掘新开河和月牙河水系资源，进行滨水景观的塑造，将本片区建成为天津中心区东北方向最大规模的生态宜居示范区。

定位：

天津市中心区的生态宜居示范区（如梅江南居住区）。

功能：

生态居住（Eco Live）商业服务（Retail）休闲娱乐（Entertainments）。

空间特色：

方格路网：沿袭中山路经纬布局，形成100~200米尺度街坊空间。

生态示范岛：新开河开辟支道，形成小型生态示范岛，规划绿色休闲娱乐项目和公共设施，应用节能技术建设绿色生态建筑示范岛。

生态住宅区：采用新型节能技术，建设节地、节能、节水、节材和环保社区。结合河道改造，建设示范区中水系统。住宅建筑屋面墙体立体绿化体系。太阳能与建筑一体化体系。

强度控制：建筑高度和密度沿远离河岸方向提高。

中心区商业金融业、行政办公、文化娱乐、旅馆会展占70%~75% 建设面积。

中心区30% 地块为综合体用地，核心区（鱼形高层带）60%~70% 为建设综合体。

容积率：北京金融街、上海浦东、深圳福田为8~10，6~8大连、青岛新区中心为4~6，1~4

单地块建设规模：3~5万平方米单项目建设面积（河北区）。

标志建筑物高度：200~300米，核心60~120米。一般30~60米；高层裙房10~20米高度。

密度：30%~50%。

道路后退6~10米，塔楼退裙房3~6米。

街块50×80平方米 小块70x150平方米。

支路25~35米 主路60米 街块小于2ha，路间距100~200米。

中关村西区51公顷，北京cbd3.99平方千米，北京金融街1.04平方千米。

徐家汇8.7平方千米，普陀区真如城市副中心2.43平方千米产业服务中心、技术服务中心、现代物流服务中心、企业总部中心，合起来叫做服务长三角的开放性服务中心，上海西大门。

8.4南口路创意产业及服务平台

特色：依托北运河景观水系、南口路及外环路便捷的交通，抓住对本地区工业区转型改造的机遇，合理利用土地存量，发挥本地区的生态效应和聚集效应。

潜力：结合老的工业用地的转型，充分发挥北运河的水资源，进行景观塑造，作为河北区北部的门户通道，提升周边地区的土地价值；同时，京津高速铁路穿过本区域东部边界，借助对临近铁路界面的优化处理，可以提升整体的知名度。

定位：河北区都市产业园区及服务平台。

功能：创意产业(Creative industry)商务办公(Business)。

服务平台(Service & Support)生态居住(Eco live)。

空间特色："一带、两轴、二区"。

一带指北运河生态宜居及服务带；两轴包括南口路都市工业轴以及外环路南侧服务轴；二区指北运河生态宜居区以及南口路东侧创意产业及服务平台。

8.5生态岛：都市产业综合示范区

特色：

以新开河北岸滨水绿化带和津浦铁路绿化带为边界，围合岛状用地，依托原有工业企业基础，发挥天津美术学院对创意产业的带动作用。

潜力：

发挥河北区老工业基地传统，结合河北区大量工业企业的改造升级，抓住天津大力发展都市产业和创意产业的良机，建设都市产业综合示范区——生态岛。

定位：

河北区的都市工业与创意产业综合示范区。

功能：

都市工业(Eco industry)创意产业(Creative industry)生态居住(Eco Live)服务平台(Service & Support)。

空间特色：

绿环加绿楔：一面向河，三面环绿，楔状绿地深入生态岛。

生态工业岛：对岛内的基础设施和企业(新加入企业和原有经过改造的企业)的绿色设计、清洁生产、污染预防、能源有效使用及企业内部合作，为附近的社区创造积极的发展影响。

工业遗产：充分利用原有工业建筑与设施遗产，进行阶段式改造，再利用为创意办公空间、文化博物展室等。

环境营造：突出设计创意和后工业特色，营造舒适的工作生活环境，吸引高创意人群。

8.6中山路—新开河特色商业居住区

特色：

清末形成的方格网状街区形式，从尺度上看借鉴欧洲的棋盘式规划思想，体现出当时城市发展对国外经验的利用，具有一定的历史意义。

北侧紧邻新开河，可以有效地利用水体生态景观，提升滨水地区的土地价值区，同时能够丰富内部网状街区的景观系统。

潜力：

中山路商业街具有一定发展历史与知名度，但整体上缺乏作为区中心的商业氛围，因此对于沿街界面的提升与改造能够突出整个街区的商业性。

中山公园作为中山路的标志曾有过多位名人在此进行演讲等活动，具有一定的历史意义，同时也可以丰富中山路商业街区的景观系统。

新开河的改造将更进一步的提升沿岸的地区生态居住与商业的品质。

定位：

天津市东北部生态宜居与商业购物服务区。中山路：天津市历史特色零售中心区，新开河沿岸生态居住区，北站商务酒店服务中心，河北区购物休闲区。

功能：

商业零售（Retail）、滨河生态居住（Waterfront Living）滨水休闲（Leisure）、酒店服务（Hotel）。

规划结构：

一轴 两带 三节点

一轴：原中山公园向北打开至新开河的休闲景观步道。

两带：中山路购物休闲服务综合带，新开河南岸生态宜居、酒店服务景观带。

三区：大悲院商贸区，中山公园商业街，北站酒店旅游区。

8.7意奥风情区

特色：

依托海河，展示河北区不同历史阶段的城市空间发展特色与脉络，可以称得上天津明清以来城市发展特色的空间微缩。清末意奥租界（一宫花园历史文化保护区）。

潜力：

作为河北区最核心的部分，包容历史文化、繁华商业、政府管理等重要功能，在城市设计中强调各个时期的不同特色展示，让人们在新的公共空间游历中体验城市发展的魅力，建立对自己街区的归属与热爱。

定位：

天津市历史特色文化休闲及交流中心、与天津站结合形成天津市的"会客厅"。

功能：

商业零售（Retail）、滨水休闲（Leisure）、体验酒店服务（Hotel）、休闲娱乐（Entertainments）。

空间特色：

东侧及南侧被海河环绕，沿海河低密度高强度点式高层带半环绕，中心为意奥风情的底层区，形成意奥欧式建筑景观向海河渗透的视廊，同时与对岸的欧式租界区景观呼应。与天津站相邻区域通过广场、步行路、街区之间过度，将意奥风气区的街区景观引入火车站点，吸纳并引导不同人流，特别是候车的游客，形成一个休闲、城市"大会客厅"概念。

历史建筑的开发理念：

包括租借使用、体验休闲、博物展示等。租借使用：对于部分历史建筑完全出租，交由租户使用，但需要根据不同类型建筑界定使用性质，如商品零售、餐饮服务、住宿等；体验休闲：恢复历史建筑原有的性质，修缮后让游客体验其历史意义。博物展示：部分文物由于历史意义、结构、位置等原因，仅能作为观赏性景观，那么在开发上仅当作博物来展示，丰富整体的街区景观。

（注：以上说明书内容系根据区建委提供的电子版整理而成）

（二）河北区国民经济和社会发展第十二个五年（2011—2015年）规划

河北区国民经济和社会发展第十二个五年（2011—2015年）规划

导言

"十二五"时期（2011—2015年），是全面建设小康社会的关键时期，是深化改革开放、加快转变经济发展方式的攻坚时期，也是河北区推动"五个升级"、实现"四个转变"、建设"创意河北"的重要时期。科学编制、有效实施河北区国民经济和社会发展第十二个五年规划，对于积极适应发展形势的新变化，妥善应对经济社会发展的新挑战，全面落实建设小康社会的新要求，推动全区科学发展和谐发展率先发展，具有极其重要的意义。根据《中共天津市河北区委关于制定河北区国民经济和社会发展第十二个五年规划的建议》，制定本规划纲要。

第一章 发展基础和条件

一、“十一五”时期经济社会发展的成果(略)

二、“十一五”时期经济社会发展的启示

——必须坚持用科学正确的思路引领发展。区九次党代会提出了建设跨越发展和谐河北的奋斗目标和“四三二一”发展战略，提出了规划引领、项目支撑、产业升级、机制创新、环境保障的发展策略，使发展的各个环节无缝对接、协调联动。随着实践的深入，又提出了推动“五个升级”、实现“四个转变”的工作思路，进一步强化了“产业升级”“地区开发”等概念，工作的着力方向更加明确。

——必须坚持用勇于创新的举措提速发展。在发展中牢牢把握六个中心环节：以规划求引领、以项目求支撑、以开发求带动、以产业求提升、以开放求活力、以品牌求影响，实现了全面加快发展。

——必须坚持用敢于争先的标准谋求进位。在前有标兵、后有追兵的发展形势下，对谋求发展进位这个目标丝毫没有懈怠。始终认为有作为才有地位，有实力才有尊严。正是在这样的观念引领下，始终用高标准、严要求对待发展，始终用争一流、创先进的心态应对竞争，很多工作不仅超越自我，实现了纵比提高；更在全市综合竞争的舞台上，展现了自己的风采，实现了横比进位。

——必须坚持用以人为本的理念践行宗旨。在发展中始终坚持以人为本，克服任务多、包袱重、基础薄弱的困难，集中更多精力倾注民生，筹集更多资金投入民生，采取更多措施惠及民生，让群众真切地感受到发展带来的实实在在的好处。5年来，不断加大投入，整合资源，调整布局，推动了社会事业全面进步。

——必须坚持用真抓实干的作风干事创业。通过开展深入学习实践科学发展观活动，全区上下贯彻落实科学发展观的自觉性和坚定性进一步增强。“只为成功找台阶，不为失败找理由”，“敢干别人不敢干的事，善干别人干不成的事”等真抓实干作风已成为推动全区科学发展和谐发展跨越发展的精神动力。

三、“十二五”时期经济社会发展的环境

(一)宏观环境。从总体情况看，和平、发展、合作作为当今世界的主题没有改变。随着我国进入工业化中期阶段和内需拉动阶段，消费结构迅速升级，社会结构加快转型，我国正加快由中等收入偏下国家向中等收入偏上国家迈进。我国发展仍处于可以大有作为的重要战略机遇期。天津市综合经济实力不断增强，滨海新区开发开放战略继续提速，滨海新区、中心城区、各区县三个层面协调联动发展，中心城区“一主两副”发展规划深入推进实施，区域之间发展竞争日趋激烈，机遇大于挑战。

(二)微观环境。从本区情况看，经过“十一五”时期的积蓄能量、有效实践，全区人民创造的发展硕果、有益经验和宝贵精神，极大凝聚了民心，提振了信心，土地开发、产业调整步入收获期，经济增长呈现多元化，为长远发展创造了良好条件，提供了强大动力。“十二五”时期，我区将迎来构筑优势的黄金期、调整转型的关键期、谋求进位的提升期，通过积极推进重点区域建设、特色资源开发和产业调整升级战略，不断释放资源潜能，提升城区形象品位，逐步将交通优势、生态优势、资源优势转化为竞争优势、产业优势、发展优势。

(三)利弊因素。有利因素是：1. 土地资源丰富。随着企业东移和区域拆迁进程加快，区内土地资源丰富优势逐步显现，用地矛盾、投资成本相对较少，土地数量、价格优势明显，开发潜力巨大。2. 交通资源优越。区位与和平、南开、河东、红桥4个中心城区及东丽、北辰2个环城区毗邻。城市

道路交通网络较为完善，区内铁路、公路、地铁等交通优势明显，随着天津站枢纽的改造、西站地区开发和地铁建设有效拉近了区域间距离。3. 文化资源独特。区内历史文化积淀丰厚、人文景观独特，保存了多处革命遗址、历史遗迹、名人故居和完整的意奥风貌建筑群，拥有诸多“全国之最”。4. 河流资源充裕。区内有北运河、子牙河、海河、新开河、月牙河等河流，海河综合开发已取得阶段性成果，子牙河、北运河沿岸开发已经启动，新开河、月牙河周边环境秀丽，发展亲水宜居生态城区的条件得天独厚。制约因素是：1. 经济总量不大，财政实力不强，产业结构的优化升级尚需提速，综合竞争力和可持续发展能力有待提高。2. 资源优势向经济优势转化的力度还需加大，开发建设的规模效益有待提高，城区规划和产业发展布局需要进一步深化。3. 科技含量高、辐射能力强、税收贡献大的规模企业偏少，民营经济、科技型中小企业品质和规模有待提升，人力资源培养使用矛盾日趋突出。4. 保障和改善民生任务依然艰巨，体制机制创新的力度还需进一步加大。

面对客观发展环境，我们必须科学把握发展规律，主动顺应环境变化，增强责任感，结合资源禀赋，扬长避短，趋利避害，按照中央和市委、市政府决策部署，坚持改革创新、锐意进取，不断开创河北区经济社会发展的新局面。

第二章　指导思想、基本原则、战略重点和奋斗目标

一、指导思想

“十二五”时期，河北区经济社会发展要深入贯彻党的十七大、十七届五中全会，市委九届七次、八次全会和区委九届十三次全会精神，高举中国特色社会主义伟大旗帜，以邓小平理论和“三个代表”重要思想为指导，深入贯彻落实科学发展观，加快实施市委“一二三四五六”的奋斗目标与工作思路以及构筑“三个高地”、打好“五个攻坚战”的决策部署，以科学发展为主题，以加快转变经济发展方式为主线，坚持和完善推动“五个升级”、实现“四个转变”的工作思路，紧紧围绕“创意河北”的功能定位，充分发挥区域资源优势，依据“一带两轴四区”总体城市设计，科学安排城市空间布局和产业发展布局，在新的起点上树立新目标、打造新优势、再上新台阶，推进全区实现经济、政治、文化和社会建设以及生态文明建设全面进步。

二、基本原则

（一）坚持快速发展。继续保持综合实力强劲增长良好态势，加快形成具有独特优势和竞争力的新的增长极，努力实现新的跨越。

（二）坚持特色发展。发展特色产业和特点鲜明的产业集聚区，推进创意产业园区、科技产业园区、都市产业园区以及特色商业街区等各类园区建设。

（三）坚持内生发展。推进科技进步，提高自主创新能力，提升现代服务业比重和水平，鼓励民营经济和科技型中小企业加快发展，构筑高端化、高质化、高新化现代产业体系，尽快走上创新驱动、内生增长的发展道路。

（四）坚持绿色发展。加快推进绿色经济、低碳经济和循环经济发展，把增强发展的可持续性和建设资源节约型、环境友好型社会放在更加突出的位置，实现经济效益、社会效益和生态效益的有机统一。

（五）坚持协调发展。大力发展社会事业，建立健全公共服务体系，创新社会管理体制，提高服务群众和管理社会的能力。

（六）坚持和谐发展。妥善解决人民群众最关心、最直接、最现实的利益问题，改善群众生产生活条件，营造和谐稳定的社会环境，让全区人民共享改革发展成果。

三、战略重点

(一)加快转变经济发展方式，显著增强经济实力。推进产业结构优化，运用政策和机制导向，引导现代服务业、创意产业、文化旅游业等产业实现优化升级。发展和培育有利于实现可持续发展的新兴产业。加快建立自主创新体制机制，形成创新驱动经济发展的新模式。努力实现综合实力的进一步增强，经济增长质量和效益明显提高，主要经济指标增幅继续保持中心城区前列。

(二)提高城市建设管理水平，打造生态宜居城区。坚持高标准规划、高水平建设、高效能管理。充分发挥规划引领作用，加强土地资源开发利用，推进重点项目建设。继续大力开展市容环境综合整治，提高序化净化绿化美化水平，加强数字化、网格化、精细化管理，增强对外吸引力。推动城区形象品位进一步提升，市容环境发生根本变化，城市管理水平明显提高，创建国家卫生城区迈出实质性步伐。

(三)大力加强社会建设，促进全面协调发展。着力提高科技创新水平，加快教育改革发展，推动文化大发展大繁荣，深化医疗卫生体制改革，推进各项社会事业全面进步。加强民主法制建设和精神文明建设，明显提高市民文明素质和城市文明程度。

(四)着力保障和改善民生，维护社会和谐稳定。把全部工作的着力点、落脚点放在改善和提高民计民生，尽最大努力，最大限度地解决好人民群众普遍关心的利益问题，确保城区居民收入普遍较快增加，社会保障能力和水平持续增强，人民生活质量和水平不断提高，人民群众得到更多的实惠。

(五)深化改革开放，为转变发展方式注入动力。妥善处理好改革发展稳定的关系，进一步深化社会各领域的改革。加快政府职能转变，完善公共服务和社会管理体制。推进民营经济实现大幅提高，体制机制建设取得新成果，对外开放达到新水平。

四、奋斗目标

经过5年努力，全区主要经济发展指标要在2010年年底基础上实现翻一番，在实际执行中力争实现更好更快发展，在中心城区位置保持前列。

全区主要经济社会发展目标是：地区生产总值(GDP)年均增长18%。服务业增加值占GDP比重达到90%以上。区级财政收入年均增长20%。固定资产投资年均增长20%。城市居民人均可支配收入年均增长10%以上。新增就业总量累计达到19万人以上。城镇登记失业率控制在3.8%以下。

第三章　城区发展定位、产业发展布局

紧紧围绕“创意河北”功能定位，进一步丰富“商贸天地、文化河北、生态城区”的内涵，不断完善城区发展定位和产业发展布局，以建设“通达宜商之城、海河经济发展带、高端服务业聚集区、创意产业发展基地、高档生态居住区”的产业发展为用力方向，坚持规划引领、项目支撑、产业升级、机制创新、环境保障的发展策略，努力推动空间形态、产业形态、文化形态的相统一、相融合、相促进。

一、城区发展定位

努力把河北区建设成为全市创意产业的优势区、都市产业的特色区、高端服务业的聚集区、文化休闲旅游的精品区、生态环境建设的示范区及社会和谐稳定的宜居区，实现全面提升发展水平的新突破。

(一)创意产业的优势区。立足“创意河北”功能定位，发挥老工业基地资源优势，推动创意产业向引领性、综合性、高端化发展，促进创意产业与都市产业相结合的发展模式，营造创意产业的最佳发展环境，建成具有发展特色和优势的天津创意产业发展基地。

（二）都市产业的特色区。按照“用地集约、产业集聚、布局集中”和“园区化、规模化、特色化”原则，倡导绿色低碳都市产业发展方向，加快提升都市产业发展层级，打造都市产业特色品牌和完整的都市产业链条，形成以服务业为主体的新型都市产业发展格局。

（三）高端服务业的聚集区。依托河北区的区位交通优势，有效发挥载体资源作用，加快建设一批大型商务商贸设施，大力发展楼宇总部经济，推进现代服务业发展形成聚集效应、带动效应、辐射效应，把河北区建成通达宜商之城。

（四）文化休闲旅游的精品区。突出“商旅文”相结合，着力发展以旅游业为龙头、以历史文化底蕴为特色、以商务商贸为支撑的文化休闲旅游经济，拉动消费，聚拢人气，提升区域繁荣度。

（五）生态环境建设的示范区。把建设生态城区作为加快转变发展方式的重要着力点，充分挖掘历史文化资源，不断提高城市建设和城市管理水平，利用河流资源优势加快建设生态居住区、高档居住区，努力构建资源节约型、环境友好型的，有品位、有风格、有特色的，历史魅力与发展活力兼容并蓄的现代化中心城区。

（六）社会和谐稳定的宜居区。坚持以人为本，不断提高社会文明程度，切实营造良好的人文环境、治安环境和发展环境，积极塑造河北区的精神、文化、品质，努力构建安全稳定、宜居宜商、安居乐业的和谐城区。

二、产业发展布局

以天津市城市空间发展战略规划和“创意河北”的功能定位为依据，以河北区城市总体设计和重点地区规划设计为方向，围绕“一带两轴四区”空间布局结构，实施“六组团”产业发展布局。

（一）一带两轴四区。“一带”即海河—北运河经济发展带。“两轴”即金钟河—狮子林大街城市综合发展轴、新开河城市生态发展轴。“四区”即中山路—海河东路综合商业服务区、金钟河大街商贸综合区、新开河生态宜居区、南口路产业综合服务区。

（二）六组团。1. 海河东路高端服务业发展组团。重点打造以意式风情区和海河东路沿线高端服务业、特色金融产业聚集区；着力发展以海河景观、意式风情区和大悲院历史人文景观为特色的文化商贸旅游业聚集区。建设集高端商务商贸、文化休闲旅游和生态高档居住功能的经济发展带。2. 中山路商贸文化旅游经济发展组团。加快中山路现代服务业聚集区项目建设，基本建成中山路文化商贸特色街；加快启动北宁公园周边起步区开发，体现商务生态休闲功能，使中山路成为商务氛围浓厚、区域特色鲜明的现代服务业、高端商贸业、特色文化旅游业的聚集区和生态宜居示范区。3. 金钟河大街商贸综合服务发展组团。突出商业商务、物流服务、生态宜居和社会公益四大功能，建设我区乃至全市融商务、物流、居住、娱乐等功能的综合性服务区域。4. 八马路滨水生态发展组团。突出都市创意商务中心、高品质滨水生态宜居区和国际化人文社区三大功能，规划建设集创意生活、都市娱乐、高档居住、精品商务等功能于一身的独具魅力的城市滨水复兴区域。5. 天泰路现代商务发展组团。加快推进天泰路地区、特别是纳入西站副中心的堤头地区建设，打造宜居宜商、功能完备的现代商务商贸服务业新兴区域，形成示范和带动效应。6. 张兴庄高新技术产业发展组团。规划建设张兴庄高新技术产业园区，初步形成支撑创意产业、科技产业向高端化、聚集化发展，产业配套功能完善的特色都市产业发展基地。

第四章　推进新兴产业加快发展

坚持以市场为引导，推进产业结构调整，提升产业层级和效益，增强经济发展竞争力。

一、创新创意产业发展模式

拓宽创意产业发展路径和发展模式，推进创意产业向规模化、集约化、品牌化方向发展。与市有关部门、高等院校和科研院所开展战略合作，搞好市场开发和服务平台建设。着力营造适宜创意产业发展的良好环境，形成国内外高端创意人才、行业领军机构、国际知名品牌集聚的竞争优势。拓宽融资渠道，为创意产业做大做强提供融资服务。推进创意产业园区载体建设，努力建设成为全市创意产业人才汇聚的高地、创意产业主要发源地和创意成果展示中心。培育打造高端工业设计产业群，重点发展网络游戏创意、文化艺术创意、时尚消费创意、咨询策划创意等业态，支持创意型企业承接国内外服务流程外包和技术外包，增强创意产业外向型服务功能。完善产学研合作机制，积极引进国内外名牌创意企业，支持品牌企业做大做强。以华津3526创意产业园、通广科技产业园、纺机都市广场低碳经济示范园、红星·18创意产业园、滨涛产业园为依托，打造中心城区电子通信、高科技企业孵化基地。

二、促进服务业高端化发展

(一)发展特色鲜明的商贸服务业。重点打造“一团”、“一线”高端服务业聚集区。“一团”是以天津渤海商品交易所为核心，利用周边楼宇资源，引进更多与商品交易、金融租赁、基金管理等有关的总部型企业和创新型金融机构，打造高端金融集聚区。“一线”是依托海河东路沿线商务楼宇资源，积极引进总部经济、高端商务、航运物流、电力配套、中介服务等现代服务业态，打造以茂业大厦、泰达嘉海商圈为代表的楼宇经济群，形成新的产业高地。

(二)全力构建现代商业发展格局。提升完善大悲院商业街、中山路(包括中山北路)商业街、天津站及榆关道高端商贸休闲旅游业态集聚区。改造提升传统服务业，推进传统服务业向高端商贸服务业和现代中介服务业加快转变。积极发展高端服务业。重点打造远洋大厦等6个高端平台，形成商务信息中心。突出特色，打造北宁公园及北站枢纽经济中心区；规划建成海河商业街、金狮商业街、黄纬路天泰路商业街、凤凰商业街和建国道商业街。全面建成春和景明、宜洁路、海河大道等新社区商业中心。

(三)积极发展生活性服务业。重点发展餐饮娱乐、健康养生、养老托幼、食品配送等社区服务业，满足群众多样化生活需求。加快教育培训、医疗保健、体育健身、社区服务等领域的产业发展。建设体育健身产业园区，培育辐射全市的体育休闲产业集群。积极引进竞技体育组织和中介商，推进体育产业加快发展。

三、大力发展总部楼宇经济

结合海河沿线、中山路等地区的重点现代服务业项目，大力发展总部型经济、注册型经济、统算型经济、代理型经济、大型分支机构(区域性)以及商务会展等总部经济业态。建立中介服务信息中心和航运货代大厦，做强航运货代业务。着力培育一批诚实守信的中介服务机构，吸纳一批国家和市级知名品牌。加快建成以海河东路高端服务业、天泰路现代商务、金钟河大街商贸综合服务为主的楼宇总部经济圈。加大对国内外500强大型企业集团总部的引进力度，规划建成河北区招商中心。

四、打造文化旅游产业品牌

不断完善“三区三带”旅游规划布局。将意式风情区板块打造成为异国风貌休闲商务旅游区；将大悲院板块打造成为民俗宗教文化旅游区；将北宁公园板块打造成为商贸文化旅游区。重点打造中山路商贸旅游带、海河东路旅游观光带和八马路滨河旅游带。积极培育旅游市场主体，以市场化运作模式带动和引导旅游业尽快形成规模产业。积极开发旅游资源，继续保护、修复、提升一批历史名人故居和风景街区。建设申报新的一批国家级旅游景区景点。加快现有国家级旅游景区改造提升工程。优先发展摩天轮配套公建、新文化中心等重点项目。积极发挥经纬艺术街区在打造“文化河北”“创意河北”中的重要作用，努力使其成为集书画艺术展示、鉴赏、交流、交易、出版、拍卖、收藏、休闲等各项活动于一身的专业化聚集地，不断促进创意产业、旅游业和文化产业的融合发展。以自然资源和环境条件为基础，加快开发集都市风光、都市文化、历史遗迹为一体的系列旅游产品，加快形成以吃、住、行、游、购、娱等要素和名、特、优、新、稀、高等特色为一体的旅游产业链，提高旅游业增加值在全区国民经济中的比重，使旅游业成为现代服务业的重要支撑，实现旅游总收入突破12亿元，年均增长20%。

五、构筑金融产业发展高地

推进金融创新中心建设，打造汇集各专业银行、保险公司、证券公司、信托公司和典当行等综合性传统金融商贸聚集区，打造汇集金融租赁、基金管理、保理和投资担保等全国性或地区性金融总部及其他高端金融业态的金融功能区，形成产业与金融创新的有效结合。吸引设立新型金融机构，运用新型融资模式。制定促进金融业发展的政策措施，鼓励服务型、专业化金融公司等新型金融机构在我区发展。打造新型交易市场平台，完善信用担保体系和融资供给体系，提高直接融资比重，为驻区科技型和成长型中小企业提供融资服务。营造良好的金融生态环境，有效防范金融风险。

六、发展特色高端都市产业

大力发展竞争优势突出、规模效应显著和特色高端的新型都市产业。依托基础优势，逐步形成以新开河为界，“北高新、南创意、两带二区十五园”的新型都市产业发展格局。新开河以北侧重发展高新技术产业，以现有园区为基础，发展一区一带。“一区”即张兴庄高新技术产业园区。“一带”即南口路装备制造医药物流总部聚集带。新开河以南侧重发展创意产业，以现有园区为基础，发展两区一带。“两区”即北宁创意产业聚集区，包括纺机都市广场低碳产业园、华津3526创意产业园、通广科技产业园；月牙河创意产业聚集区，包括红星·18创意产业园、滨涛创意产业园。“一带”即中山路创意产业聚集带，包括36号老场房创意产业园、辰赫创意产业园。

第五章　推进科技创新加快发展

一、加快科技创新体系的建设

建立符合区域经济发展要求的科技创新体系。引导鼓励企业加大技术创新投入，对行业共性、关键技术和具有自主知识产权的核心技术创新项目重点扶持。发挥政策机制导向作用，培育一批掌握核心技术、拥有自主知识产权、技术创新活跃、规模效益突出的民营科技企业。搞好现有科技园区建设，培育创新型产业集群，规划建设中小科技企业集聚区、“河北区光机电一体化孵化基地”、河北区科技产业城，筹建河北区科技研发中心。积极申请创建国家科普示范城区。强化知识产权管理，激发区域创新活力，建立健全知识产权激励机制，促进技术成果转化交易市场成为科技资源高效配置的重要平台。加强科技基础设施建设，继续做好科普进社区工作，提高广大群众科学素质。加强各类社会科技团体的组织、制度、机制建设，形成人才荟萃、行业广泛的科技竞争优势。

二、促进科技型中小企业发展

壮大科技型企业群体，科技型中小企业达到1200家，规模以上科技型中小企业达到170家。完善科技企业孵化转化载体试点建设。到2015年，建成集公共技术服务平台、融资服务平台、综合服务平台为一体，以互联网业为主，不少于5万平方米的科技企业孵化转化载体。孵化转化科技型中小企业100家，培育产值超过亿元小巨人企业5家。创新载体建设目标，建成科技企业孵化器及科技园区6个。充分利用天津工业大学、河北工业大学等高校的智力优势，实施战略合作，促进社会资本与高校科技研发的产业融合。建成科技公共服务平台及科技信息管理平台4个，建立科技型中小企业融资需求数据库，为科技型中小企业提供融资服务。积极推进都市产业园区、科技园区建设，重点发展机电研发、电子通信、精密仪器制造等高端制造业。大力发展低能耗、低污染的工业设计、产品推介、软件及电子商务、文化传媒等产业。

三、提高全社会科技研发水平

“十二五”时期，继续加大财政对科技事业投入，达到法定支出标准，满足科技事业发展需要。到2015年，工业企业科技研发投入占全区产品销售收入的比重达到全市平均水平，科技产业对经济增长的贡献率达到40%，科技服务业增加值力争达到15500万元，年均增长18%以上。

第六章　推进民营经济加快发展

实施骨干带动战略，做大做强民营企业。引导有实力的民营企业，加强与国内外大企业、大集团的合作，采取政策扶持、兼并重组、规模扩张等形式，培养一批外向型、科技型民营骨干企业，增强对民营经济的整体带动作用。扶持发展规模型、科技型民营科技企业，支持有条件的民营企业通过创业板实现上市融资。积极扶持天时力医药公司、现代集团、津裕电器等一批有较大发展潜力的企业实现规模扩张。充分发挥各类园区载体功能，推进民营经济实现聚集发展。在建昌道和张兴庄地区规划建设中小民营企业经济园区，突出产业特色，形成产业聚集模式和产业链条，形成民营经济发展的规模效应。积极发展外向型经济，加快与国际经济接轨进程，鼓励民营企业实现跨国经营，努力实现外经贸增长方式的转变。大力培育民营融资机构，扶持培育民营小额贷款企业、民营担保机构加快发展。通过设立扶持民营经济发展专项基金和争取国家、市级部门扶持民营经济的政策资金，扶持一批科技含量高、带动作用强的高新民营科技企业，促进民营企业质量加快提升。加快中小企业创业基地和公共服务平台建设，建成8个小企业创业基地、10个中小企业公共服务平台。全面做好第三次经济普查工作。

第七章　推进城市建设加快发展

进一步调整城市建设布局，完善城市建设结构，加快重点地区开发建设和生态宜居城区建设，加大综合治理力度，提升文化品位。积极开展创建国家卫生区活动，全力打造适宜人居和创业的发展环境，2015年底实现创建国家卫生区目标。

一、加快市政基础设施建设

(一)地铁轨道建设。2015年年底前，配合市相关部门完成地铁第2、3、5、6号线在我区的建设工作，完成建国道站、铁东路站、志成道站等站点建设并投入使用，基本形成我区地铁轨道交通网络骨架。

(二)道路桥梁建设。“十二五”时期，继续加大道路、桥梁等公共基础设施建设，配合市相关部门实施道路拓宽改造，河流桥梁及交通涵洞建设，新建改造各类排水管道，加大道路里巷改造力度，为群众创造良好出行环境。

(三)河流堤岸改造。巩固完善海河沿线现有建设布局，继续提升沿岸景观设施。结合西站地区改造，重点加强子牙河段、北运河段特别是耳闸以北河岸及纵深地区开发建设。结合八马路发展布局，对新开河一线实施河流养护、堤岸改造、河堤绿化工程。对月牙河、北塘排水河实施持续环境改造，加强河流两岸的绿化建设，营造宜居优美的发展环境。

(四)节能改造、供热供气。努力提高供热效率和既有住宅建筑节能改造，完成现有锅炉房设备及系统的更新改造，继续探索供热计量管理新模式。全区新增供热面积800万平方米。继续实施既有住宅建筑节能改造、二次供水、平改坡等工程。

二、加快房地产业开发建设

（一）提高城市建设整体质量。以改善居住条件为目标，着力加强土地资源开发利用，继续抓好多批次大项目、好项目建设，加强大型商贸和公建设施建设，推进中高档商品房和保障性住房建设，发挥城市建设对经济社会发展的支撑作用。加快土地整理步伐，加大地区开发力度，分批次实施土地“招拍挂”出让，把资源优势尽快转化为经济优势。计划新施工1000万平方米，竣工800万平方米。全面完成5000平方米以上分散平房拆迁。加快建设定向安置房，不断满足拆迁群众住房需求。

（二）加大重点地区开发力度。围绕“六组团”产业发展布局，加快重点地区开发和项目建设。海河东路地区要加快推进仁恒滨河水岸、远洋大厦二期、茂业大厦、津源大厦、泰达嘉海、和融广场等项目，加强与海河南岸重要城市节点在空间、功能上的呼应和对比，形成互相吸引、共同促进发展的新格局；中山路地区要完成汇森商务广场、日纬路东地块、三德元地块、制线厂地块等项目的开发建设；加快北宁公园起步区综合开发，形成一个集商贸、居住、旅游、休闲为一体的综合性区域；加快推进金钟河大街地区开发建设；天泰路地区重点完成堤头片、东于庄片、和平村等片开发建设，使之成为一个集金融、商贸、高档住宅为一体的新兴现代化区域；加快八马路地区开发建设，完成重点项目建设各阶段任务；张兴庄地区要加快启动高新技术产业园区建设，结合地铁3、5号线投入使用带动张兴庄地区整体改造。

三、加快生态宜居城区建设

（一）提高城区综合治理水平。整修区内交通道路，围绕道路硬化、管线入地、环境绿化、立面美化、设施完善等5个方面综合整治，整体提升社区载体功能。实施越秀园、笑石园、宜景园、宜春园等公园及其周边综合整治，打造城市园林新亮点。到2015年，全区新增绿地175万平方米，力争跨入全国城市绿化先进区（县）行列。

（二）提高城市环境卫生维护养护水平。快速道路机械化清扫率达到100%，主干道路机械化清扫率和水洗率均达到80%。试行生活垃圾分类收集、分类运输，促进生活垃圾回收再利用，垃圾无害化处理率达到95%以上。加大硬件投入，完善环卫设施。全区公厕数量达到部颁标准；二类以上公厕达到134座，水冲率达到100%。

（三）提高环境质量标准。城市环境空气质量好于或等于二级监测标准的天数达到85%。大气主要污染物年均值达到功能区标准。城市集中式饮用水源地水质达标率达到100%。地表水达到相应水体环境功能要求。城市区域环境功能区平均声级小于56分贝，城市道路交通干线平均声级小于70分贝。以建设资源节约型、环境友好型生态城区为目标，基本建立以人为本、人与自然、人与社会和谐共处的生态城区。

第八章　推进社会建设加快发展

一、推动教育事业科学发展

全面贯彻落实新世纪第一次全国教育工作会议和《国家中长期教育改革和发展规划纲要（2010—2020年）》精神，坚持育人为本，办好人民满意的教育。“十二五”时期，河北区教育发展的目标是，构建学前教育优质领先发展，义务教育全面均衡发展，高中教育特色内涵发展，中等职业教育创新复兴发展，成人与高等职业教育可持续发展，特殊教育优先扶持发展的教育发展体系。深化素质教育，坚持德育为先、能力为重，促进学生全面发展，着力提高学生服务国家服务人民的社会责任感、勇于探索的创新精神和善于解决问题的实践能力。科学规划学校布局，基本完成学校布局调整规划，努力实现教育布局的科学合理。新建幼儿园4所，重新规划建设五十七中、三十五中、二十四中新校区，完成扶轮中学历史名校建设、育婴里小学新校区和嘉海小区规划学校建设。调整、扩建中小学、幼儿园8至10所。加强教育基础设施建设，合理配置教育资源，确保2012年全面完成义务教育阶段现代化学校建设任务，促进教育均衡发展。树立以提高质量为核心的教育发展观，坚持规模和质量的统一，更加注重提升教育品质，提高教育教学质量，扩大河北区教育在中心城区的影响力。九年义务教育完成率达到100%，优质高中阶段教育在校生比例达到75%以上。加强教师队伍建设，严格教师资质，提升教师素质，提高教师学历层次，努力造就一支师德高尚、业务精湛、结构合理、充满活力的高素质专业化教师队伍。实施名师名校工程，打造优质特色学校，培养具有影响力的专家型教师。大力发展职业教育，积极发展现代远程开放教育，拓展办学空间。开发新型专业，建设骨干专业，突出特色专业，着力培养学生的职业道德、职业技能和就业创业能力，为经济社会发展提供高素质劳动者和技能型人才。加强社区教育学习体系建设，构建完善的区、街道、居委会三级社区教育网络，努力创建学习型城区。

二、搞好卫生事业计生工作

（一）加快医疗卫生事业发展。落实医改措施，形成以区疾病控制中心、区妇幼保健中心、区卫生监督所为中心，各社区卫生服务机构为基础的公共卫生和基本医疗服务体系。着力建设好河北区公共医疗卫生服务中心，加大二级医院的调整力度，筹建新开河街和铁东路街2个社区卫生服务中心，巩固和提高公共卫生医疗覆盖率。以开展区级名中医评选活动为契机，推进中医药文化建设，为群众提供安全、有效、方便、价廉的医疗卫生服务。深入推进河北区"妇女儿童健康行动计划"的实施，保障母婴健康。发展妇幼保健专科特色，建成技术、服务、设备一流的区级妇幼保健中心。人均期望寿命达到81.5岁，孕产妇死亡率控制在10/10万以下，婴儿死亡率控制在6‰以下，出生缺陷发生率控制在2%以下。加强对医疗机构的监督管理，提高医疗质量，严格打击非法行医，保障人民群众就医安全。实施人才梯队建设，培养和造就一批德才兼备、具有组织管理和引领学科技术发展方向能力的新一代学科带头人。加强公共卫生应急体系建设，做到卫生防疫控制链接无缝、整体通畅、控制有力，确保人民群众生命健康安全。

（二）坚持计划生育基本国策。以控制人口数量、提高出生人口素质、改善人口结构、引导人口合理分布、统筹解决人口问题为重点，努力提高人口和计划生育工作的管理和服务水平。年均人口出生率控制在8.5‰以内，符合政策生育率保持在98%以上。全面做好第六次人口普查工作。

三、大力发展文化体育事业

认真办好两年一届的"天津市社区文化艺术节"，形成具有较大影响力的艺术盛会，不断提升河北区文化品位和影响力。加快文化馆、图书馆、少儿图书馆建设，不断满足群众读书、文化活动需求。积极发掘抢救、保护利用物质和非物质文化资源，加强对意式风情区、大悲院商贸区、中山路、北宁公园的保护和开发利用。申报3个国家级、8个市级、30个区级文物保护单位和9个新的国家级旅游景区。实施梁启超纪念馆、觉悟社纪念馆馆藏展示、服务提升工程，完成"两馆"设施改造和视听、多媒体技术更新工作，充分利用纪念馆的社会教育功能，建设成为历史文化及爱国教育的重要基地。完善文艺创作机制，对有代表性、示范性的文艺作品进行重点扶持。力争建成或改扩建不少于6600平方米的区档案馆新馆。贯彻实施《全民健身条例》，继续举办四年一届的河北区体育运动会、全民健身运动会和每年度的全民健身宣传月、宣传周活动。

四、强力推进和谐社区建设

（一）建设和谐社区。加快推进实施《2010—2012年河北区进一步加强和谐社区建设三年规划纲要》。以服务居民群众为宗旨，以提高居民文明素质和社会文明程度、促进社区和谐为目标，加强社区居民委员会组织建设、队伍建设、制度建设、设施建设，努力把社区居民委员会建设成为功能完善、充满活力、作用明显、群众满意的基层群众性自治组织。完善社区居民自我管理机制。发展壮大志愿者队伍，到2015年，志愿者注册率达到居民总数的15%。继续加大社区工作用房和居民公益性服务设施建设力度，到2015年，全区各社区办公和服务用房面积旧楼区达到200平方米以上，新建社区达到400平方米以上，基本实现每个街道拥有一处面积在1500平方米以上的综合性社区服务中心。建设一个10000平方米以上的老年公寓。积极推进社区信息化建设，形成集行政管理、社会事务、便民服务为一体的社区信息服务网络，实现政府行政管理与社区居民自治的有机衔接。

（二）加强物业管理。贯彻实施《天津市物业管理条例》，组织开展物业管理项目达标创优活动，完善物业项目网上动态监管机制，妥善处理物业企业非正常退出，推动物业管理有序健康发展。到2015年，全区新建住宅小区物业管理实施率达到100%，商品住宅维修基金归集率达到100%。积极探索居民物业自治管理和旧楼区物业管理新模式，对具备物业管理接管标准的旧楼区，物业管理实施率达到80%。

五、促进就业强化社会保障

（一）实施更加积极的就业政策。把促进就业创业作为经济社会发展的优先目标，强化政府促进就业责任，构建和谐劳动关系。以经济发展方式转变促进就业，以大项目实施扩大就业，以鼓励自主创业带动就业，多渠道开发就业岗位，改善就业结构，扩大就业规模。坚持扩大就业与经济发展并举的原则，积极引导和支持非公有制企业、中小企业在发展中扩大就业。完善政策促进就业的长效机制，通过政策帮扶困难企业，稳定就业岗位。加强公益性岗位开发，做好援助就业，最大限度地满足不同群体就业需要。强化政府公共服务职能，建立完善区、街道办事处、社区中心三位一体的长效就业开发和服务机制。劳动合同签订覆盖面达到95%以上。建成集手工编织、就业创业实训、青年见习一体化的区级多功能基地。

（二）构建多层次社会保障体系。贯彻落实国家和天津市构建社会保障体系的各项政策和惠民措施，切实保障社会困难群体、特殊群体、优抚群体以及生活困难群众的基本生活。构建人员范围广覆盖、保障水平层次多、制度办法可衔接、管理服务现代化的社会保障体系。对低保救助群体和低保边缘群体做到应保尽保，全区低保救助率达到100%。按照效率与公平、统一性与灵活性相结合的原则，深入推进居民养老保障和医疗保险，努力实现社会保险应保尽保，使广大人民群众从不同制度安排中获得良好的社会保障，共享经济社会发展成果。“十二五”末期，全区社会保险覆盖人数达到42万人。按照住房保障五年规划，认真抓好各项住房保障政策的贯彻落实，不断改善困难群众的住房条件，完成保障性住房“扩面”工作。推进发展医疗保障救助、教育救助、住房救助和法律救助，建立完善经常性救助体系。广泛动员社会力量，兴办社会慈善事业和社会福利事业，让人民群众得到更多实惠。发展残疾人事业，将残疾人工作纳入公共服务体系，残疾人就业保障金每年增长15%，实现残疾人“人人享有康复服务”的目标。全面落实国家和市各项优抚政策，发展老年人事业，居家养老服务达到20%。积极开展社会救助活动，改善最易受损害群体境况。

六、继续加强创新社会管理

建立健全党委领导、政府负责、社会协同、公众参与的社会管理格局。深入推进社会矛盾化解，健全和推行社会稳定风险评估机制和排查化解机制。着力构建多方联动大调解工作机制。进一步完善信访责任制，完善四级接访下访制度，有效化解各类矛盾，年度矛盾纠纷排查化解率达到98%以上。2011年年底前建成区信访接待服务和应急处置指挥中心，实现接待群众来访、解决反映问题“一站式”服务的目标。强化社会治安综合治理，依法严厉打击各种违法犯罪。加强社会治安综合治理，扎实推进警防、民防、技防“三张网”建设。在全区机关门前、主要道路、要害部位、繁华地区、敏感地区等公共区域新增300至500个视频监控，在85%以上的小区和所有学校设置视频监控。社区内设置警务室，增强群众安全感。深入开展重点地区综合治理，把隐患较多的城中村、城乡接合部纳入重点地区改造规划，同步建设并治理。深入开展平安建设，平安社区、平安校园基本实现全覆盖。加强“两新”组织、流动人口的服务管理水平。做好刑释解教、社区矫正等特殊人群的帮扶安置。完善突发性、群体性事件联动机制，建立党委、政府统一领导的指挥机制，成立现场指挥部，制定处置预案，完善成员单位工作责任制，切实做到反应迅速、指挥有力、运转灵活、协调畅通。

七、有效维护社会公共安全

(一)加强安全生产管理。树立“以人为本”和“安全发展”的理念，严格落实安全生产责任制，逐步建立企业安全诚信和安全自律机制。深化危险化学品、道路交通、人员密集场所、烟花爆竹、建筑施工、特种设备安全生产专项整治工作，确保重点行业和重点领域安全生产秩序持续稳定。推行建立社区居委会安全生产监督管理员制度，协助做好本辖区内的安全生产工作。强化全社会安全意识，营造良好的社会安全环境，倾力打造国家级、市级安全社区。区域内企业标准化工作3年内(冶金、建筑、危险品、烟花爆竹等行业和领域)达标率达到100%。加强食品卫生安全管理，规范市场经营行为，确保人民群众饮食安全。

(二)提高城市消防应急能力。结合《天津市消防条例》《单位消防安全管理标准》的实施，初步实现区内200家消防安全重点单位远程消防监控系统接入。结合河北区城区改造和城市消防站整体布局，依据《城市消防站建设标准》，在小王庄地区新建一个消防站，满足这一地区消防救援需要。

(三)加强城市应急体系建设。完善《河北区突发事件总体应急预案》，加强区综合应急救援队伍建设，建立健全备灾、灾害应急响应、灾民救助、灾后恢复重建和社会应急动员为主要内容的城市灾害救援应急机制。加强应急管理工作培训和应急救援宣传。完善区、街、居三级预案和保障计划，使防震减灾工作重心下移，搞好地震救灾物资储备。逐步建立应急避难场所，扩大志愿者队伍。以《中华人民共和国人民防空法》为依据，全面提高人民防空信息化、现代化水平，修订完善河北区防空袭预案、重要目标的防护预案和保障计划，力争达到国家规定的中心城区隐蔽工程人均使用面积标准。完善警报网建设，确保警报音响覆盖率和固定警报点统控率达到100%。

第九章　推进民主法制加快发展

一、加强民主法制建设

(一)巩固和发展民主团结、生动活泼、安定和谐的政治局面。坚持和完善人民代表大会制度，支持人民代表大会及其常委会履行宪法和法律赋予的职责。坚持和完善多党合作和政治协商制度，支持人民政协履行政治协商、民主监督、参政议政职能。巩固和壮大最广泛的爱国统一战线。加强同各民主党派、工商联和无党派人士的合作共事。充分发挥工会、共青团、妇联等人民团体的作用，不断巩固和扩大党执政的群众基础。贯彻落实《企业工会工作条例》，把企业关注、职工关心的重大问题作为民主管理工作的重点。深入开展创建劳动关系和谐企业活动，健全机制，形成社会高度关注、企业和职工广泛参与、劳动关系持续改进的工作局面。坚持党的领导，牢牢把握共青团工作的正确方向。不断加强团的基层组织建设，积极探索共青团协助政府管理青少年事务的有效途径。深入推进青年创业就业工作，继续开展“青年创新创效”实践活动，深化青年文明号建设。广泛开展青年志愿服务活动，以“12355”平台为载体，切实维护青少年合法权益。以“青少年维权岗”为抓手，全力预防青少年违法犯罪。全面落实《天津市妇女发展规划》和《天津市儿童发展规划》，切实保障妇女儿童合法权益。大力实施巾帼创业工程、巾帼关爱工程、权益保障工程、素质提升工程、社会协同工程和强基固本工程，使妇女儿童事业得到更好更快发展。

（二）加强社会主义精神文明建设。以建设社会主义核心价值体系为根本，贯彻落实《建设社会主义核心价值体系实施纲要》，推动社会主义核心价值体系学习活动进学校、进社区、进家庭。贯彻《公民道德建设实施纲要》，开展社会公德、职业道德、家庭美德和个人品德教育，引导广大干部群众坚定中国特色社会主义理想信念，树立正确的世界观、人生观和价值观。围绕“新时期天津人形象”大讨论活动，建设长效文明机制。加快社区文化活动建设，实现社区文化活动室建设全覆盖。加强未成年人思想道德建设，完善学校、家庭、社区“三结合”教育网络建设。继续深化“同在一方热土、共建美好家园”活动。以争创全国文明城区为奋斗目标，促进城区文明程度显著提升，力争进入全国创建文明城市工作先进城区行列。以争创全国和市级双拥模范城（区）为目标，深入开展创建活动，使双拥工作体现时代气息和新的活力。

（三）强化国防动员和民兵应急力量建设。健全机构，落实河北区国防动员委员会综合办公室、国民经济动员办公室机构设置和人员配置。整合军地部门联动职能，建立起集中统一、措施完善的国防动员机制。到2012年年底前，协调完成全区涉迁大中型企业编兵任务的转移消化。搞好国防物资能源储备，建立起军地一体、协调高效的物资能源储备机制。积极推进国防动员法制化建设，增强广大群众履行国防动员义务的自觉性。加强国防教育基地建设，到2013年年底前，建立河北区互联网国防教育宣传网站，到2015年，实现街道、企业、学校、部队的全方位覆盖。完善《河北区民兵应急能力建设总体方案》，提高民兵队伍应急指挥协调机制，实现规范化和常态化。

（四）加强基层民主政治建设。坚持党的领导、人民当家作主、依法治国有机统一，推进社区居民依法直接行使民主权利，到2015年，居委会直接选举比例达到90%左右。深入开展以居民会议、议事协商、民主听证为主要形式的民主决策实践。完善民主管理制度，尊重社区居民群众的主体地位，进一步扩大基层民主。推进以居务公开、民主评议为主要内容的民主监督实践。

适应新时期工作要求，全面做好民族宗教、侨务和对台工作。贯彻落实党和政府维护民族、宗教和侨务工作的各项政策。深入推进对台友好民间和经贸合作，增进两岸交流，努力提升对台工作整体水平。

二、完善司法体制机制

大力推进依法治区。认真履行宪法和法律赋予的职责，切实维护社会和谐稳定，适应新形势下司法工作需要，在街道设立社区巡回法庭。积极创新工作机制，有效预防职务犯罪。依法纠正执法、司法中的突出问题。认真实施《河北区依法治区暨“六五”普法工作规划》，启动“六五”普法。深化“法律六进”活动，继续开展“民主法治社区”“法制教育示范校”创建活动，积极参加全国“法治区县”创建活动。满足困难群众法律需求。

三、加快建设法治政府

全面实施依法行政。根据国务院《关于加强法治政府建设的意见》《全面推进依法行政实施纲要》、《加强市县依法行政的决定》和《天津市依法行政实施意见》，完善政府重大行政决策机制。认真落实《行政许可法》和《天津市行政审批管理规定》，深化行政审批制度改革，全面推进审批服务提速。加强公务员队伍建设，认真落实《中华人民共和国公务员法》及配套法规，完善公务员管理制度，造就一支具有公仆意识、廉洁勤政、务实和高素质的专业化公务员队伍，提高行政机关人员依法行政的意识和能力，坚持依法科学民主决策。严格规范公正文明执法，充分发挥社会监督作用，强化对行政行为的监督和问责。推进政务公开，依法化解社会矛盾纠纷，不断增强行政决策透明度和公众参与度。

第十章　保障措施

一、大力加强党的领导

充分发挥党的领导核心作用，形成推动河北区实现科学发展和谐发展率先发展的强大力量，为“十二五”时期全区经济社会发展目标加快实现提供根本保证。各级党组织进一步增强推动科学发展的自觉性，提高决策能力和领导水平，确保各项决策部署贯彻落实。带领广大干部群众艰苦奋斗、锐意进取，形成推动经济社会发展的强大合力。

二、继续坚持解放思想

积极适应全市加快发展的大趋势，更新观念、理清思路、与时俱进，用发展的办法解决发展中的问题。对“十二五”规划确定的国民经济和社会发展目标，要早谋划、早动手、早起步。凡是符合科学发展观要求的、有利于河北区经济社会加快发展的机制体制、办法措施，就坚定不移地全力抓好落实。

三、不断创新体制机制

进一步健全与经济社会协调发展相适应的运行模式，解决好制约河北区发展的深层次矛盾和问题。加强政策研究，制定和完善有利于促进经济发展的政策机制，搞好与国家和全市的政策对接，充分利用好各项扶持政策。坚持高标准、高水平扩大开放，以开放促改革、促调整、促发展。创新运营模式，加强国有资产运营管理，着力提高国有资产运营和使用效率，促进国有资产实现保值增值。

四、加快政府职能转变

按照科学高效、监督有力、运转顺畅、链接无缝的原则，加快政府职能转变。建立起职责明确、分工合理、责权统一、行政问责的高效政府运行机制，更好地履行经济调节、社会管理和公共服务职能。完善公共财政体系，扩大对公共事业和社会保障的支出。进一步优化发展环境，大力营造有利于企业和各类组织发展的环境氛围。进一步理顺城市管理体制，落实属地管理责任，推进管理重心下移。贯彻市委《关于进一步完善中心城区“两级政府、三级管理”体制的意见》通知精神，全面加强街道办事处在组织人民群众生活、搞好城市管理和发展区域经济中的重要作用，本着权、责、利相一致的原则，逐步下放街道办事处更多行政管理权限。

五、增强规划引领作用

以“十二五”规划的编制实施为引领，加快实施产业集聚，紧紧抓住加快转变经济发展方式这条主线，全面推进重点产业优化升级。在政策扶持、资源配置、市场服务和环境优化等方面提供全方位支持。加强单项规划与整体规划的衔接实施，单项规划要保持与全区国民经济和社会发展规划的相统一、相协调。发挥国民经济和社会发展规划对城市总体规划、土地利用规划的引领带动作用，积极探索推进国民经济和社会发展规划、城市总体规划、土地利用规划整体实施的有效途径，形成规划的整体合力。

六、优化人才成长环境

大力培养和造就高素质人才，重点培养和引进战略性新兴产业体系管理与科技创新的高层次、复合型、掌握核心技术的人才。健全人才引进机制，制定完善人才引进的优惠政策，实现“引才”“引智”与“引资”工作的有机衔接。健全人才使用机制，逐步形成以政府奖励为导向、用人单位和社会力量奖励为主体的人才奖励机制。加快学术技术带头人队伍建设，积极实施“131人才工程”，造就一支与经济社会发展相适应的高素质、高效能、结构合理的高层次专业人才队伍。健全人才培养机制，鼓励支持各种教育和培育机构，利用现有人才培养培训基地，开展多种形式的教育培训，努力培育大量复合型人才。

七、完善目标决策体系

全面落实“决策目标、执行责任、考核监督”责任考核体系，强化行政督查，落实行政问责制，形成科学决策、保障有力、落实到位的执行力链条。区委、区政府结合规划确定的发展目标，实行目标责任分解，建立实施目标执行督查考核机制，按照法律法规要求开展规划实施评估，全面推动“十二五”规划奋斗目标加快实现。

第十一章　2020年远景展望

展望未来，到2020年，河北区将以崭新的面貌融入天津国际大都市整体发展之中，并将成为经济社会发展更加科学全面协调可持续，社会更加文明和谐，文化内涵更加丰富，城区的综合竞争力、影响力、吸引力、辐射力和创新力更加强大，对外开放程度更高的现代化中心新城区。全区地区生产总值、人均CDP、科学文化教育、信息化程度、环境综合指数等体现现代化建设水平的经济社会发展指标，达到全市先进发展水平，向更高水平的小康社会迈进。

索 引

索引采用主题索引，主题词排序为：图、表、目、人名、地名和单位。

图

表

目

人名

地名　单位

工业、企业

商业

商业街　商业中心

菜市场　专业市场

学校

医疗机构

银行　保险

编修始末

2013年1月，天津市河北区地方志编修委员会成立，下设办公室，编制8人（2015年削减至6人）。嗣后，区地方志办公室成员（时有2人）到红桥区志办等修志单位进行学访调研。3月27日，河北区第二轮修志动员大会召开，会上，各修志单位与区政府签订了修志责任书，并下发了区志编修规划、篇目设置和编纂协作组名单等材料。编纂协作组有9个，共涉及103个承修单位、430余名修志人员。编纂过程大体经过以下6个阶段。

撰写初稿阶段（2013.4—2014.4） 区志办通过编纂协作组，指导各承修单位完成了征集资料（1000余万字）和初稿撰写（400余万字）任务。该阶段重要事项有：2013年4月17日，区志办与区有线电视台就二轮修志事宜专程采访了著名方志学家来新夏教授。翌日，河北区第二轮修志培训会召开，由本市北辰区志办主任霍贵兴和宝坻区志办主任张殿成分别讲解“区志资料收集工作”“方志基本知识”，并创办了业务指导性刊物《志苑》。11月，区志办编纂的《天津市河北区政府工作报告汇编（1981—2013）》（40余万字）出版。12月，区委书记孙宝华作出批示：“以史鉴今，修志锐进。望高度重视，修出水平。”区长苗广睿批示：“望继续完善机制，夯实基础，形成合力，潜心修志。”2014年1月21日，河北区2013年地方志工作总结暨培训大会召开，市志办区县指导处处长邹积浩授课。

志苑
依法实施 群策群力 确保质量 按期完成
河北区第二轮修志工作全面展开
苗广睿在河北区第二轮修志动员大会上的讲话摘要
见面的话

分纂加工阶段（2014.5—2015.4） 2014年5月30日，《天津市河北区志（1979—2010）》编辑部成立，组建了由20人组成的分纂班子，其成员有（以姓氏笔画为序，下同）：王全建、王建基、左鸥、边宝华、尼树远、朱英华、刘军、刘树稳、李康、宋世斌、宋秀兰、杨军、杨宝顺、张长来、张立民、张兆琦、屈靖良、赵学红、彭英年、傅常欣（除朱、李、傅为专职人员外，其他均为聘请人员）。分纂加工按区志分纂十步工作法进行，最终形成200万字分纂稿。“区志分纂十步工作法”即：第一步对照篇目，稽考资料；第二步研读前志，汲取精华；第三步掌握标准，熟悉规则；第四步分清次第，明确层级；第五步厘清丛目，胪列爬疏；第六步弥补阙如，丰富内容；第七步试写章节，摸索规律；第八步纂辑长编，毋失于略；第九步斫雕为补，强化记注；第十步内审定稿，如期完成。该阶段重要事项有：2014年8月14日，市志办到河北区调研，对河北区二轮修志工作进行具体指导并给予充分肯定。10月，区志办编辑出版《准则与规则——修志工作

及公文写作便览》（30余万字）。12月25日，河北区第二轮修志工作中期推动会召开。2015年3月，河北区志办与南开区志办进行了修志交流座谈。4月，河北区二轮修志以来编纂的首部专业志《天津市河北区人口和计划生育志稿》出版，著名史学家南炳文教授欣然作序。

总纂合成阶段（2015.5—2016.10） 2015年5月7日，河北区承办了天津市区县志书编修培训会，邀请中国地方志指导小组办公室副主任邱新立同志授课，同日，河北区政府举行《天津市河北区志（1979—2010）》顾问聘请仪式，随后组建由14人组成的总纂班子，其成员有：王建基、左鸥、边宝华、尼树远、朱英华、李康、宋世斌、宋秀兰、杨宝顺、张长来、张立民、屈靖良、彭英年、傅常欣。总纂合成按区志总纂十步工作法进行。“区总纂十步工作法”即：第一步组建班子，合力攻坚；第二步通览分志，形成共识；第三步局部调整，优化篇目；第四步全面梳理，纵横把关；第五步解决交叉，规避复沓；第六步权衡详略，剔除扞格；第七步删繁削冗，洗尽铅华；第八步加强统稿，文风一贯；第九步顾问介入，补苴罅隙；第十步博取众长，完成初审。最终形成140万字总纂稿。该阶段重要事项有：2015年6月26日，区志办举办史志专题学术讲座，邀请央视百家讲坛主讲人之一、南开大学孙立群教授授课。7月7日，区政府办公室召开区志特色编意式风情区专题研讨会。15日，和平区、河西区、河北区联合举办的区志总纂工作研讨会在河北区举行。2015年9月，河北区二轮修志负责人傅常欣被市志办聘为天津市第二轮志书编修专家组成员。2016年6月28—30日，《天津市河北区志（1979—2010）》复审暨区县志书编修培训会召开，二轮区志复审稿通过了市志办组织的复审。

剪裁定稿阶段（2016.11—2017.6） 围绕文化河北的一块基石、创意河北的一种模板、美丽河北的一本实录、数字河北的一次展示、天津志书的一个范本、全国区志的一部精品“六个一”工作目标，由王建基、彭英年、傅常欣组成的三人攻关组负责剪裁定稿，形成终审稿130万字。2017年6月22—23日，在市志办组织的终审稿评审会上获得通过，终审意见指出：“该志稿政治观点正确，体裁运用得当，内容选取全面客观，行文较为规范，配图真实恰当，是一部资料翔实、质量较高的志书终审稿。”与此同时，终审会上还提出300余条修改意见和建议。

修改完善阶段（2017.7—2018.6） 根据终审会提出的修改意见和建议，由三人攻关组对终审稿进行了反复打磨、整体优化，工作重点是理顺结构、定型篇目，核实史料、纠错补遗，处理交叉、避免重复，删繁削冗、文约事丰，规范语言、统一文风，精雕细琢、确保质量。在此阶段，调阅、参酌了各地数十部新面世的区、县志书，确定将整部志书的篇幅控制在120万字左右。

出版印刷阶段（2018.7—9） 按照“齐、清、定”编辑工作要求，将修改完善后的志稿送交出版部门验收和印刷单位印刷。其中，进行了5轮校对，工作重点是将编校差错率控制在0.5/10000以下，同时搞好装帧设计。

在二轮区志编纂过程中，始终得到区委、区政府高度重视和市志办精心指导，得到各有关单位的大力支持和专家学者们的热情帮助。邱新立同志在百忙中为本志作序，市志办原主任苏长伟一直关注该志出版，徐华鑫教授撰写了自然环境编，李西源教授提供了若干第一手资料，何德骞教授和天津文史专家章用秀先生提供了诸多前志拾补资料，南炳文、孙立群、王杰等各位教授，以及天津市区县志编修专家组成员罗樹伟、赵继华、张殿成、霍贵兴、王敬模和特邀外审人员张德昌等同志对全志提出了若干颇有见地的修改意见，中指办刘丹同志提供了若干方志理论参考书籍并给予全程义务指导，方志出版社于伟平、李江、王笃银、黄彦同志进行了认真审读，翟亮亮、蔺金凤、赵瑛瑛等诸多同志也付出了辛劳，在此，一并表示诚挚谢意。由于编者受学识水平所限，致使本志一定还存在不少疏漏抑或讹误之处，恳请读者批评指正。

编者

2018年9月

提供资料人员名单

（按姓氏笔画排列）

刁慧敏	马　琳	马力强	王　军	王　青	王　政	王　辉	王文娟
王国荣	王继伟	王璐佳	付兰荣	代佳丽	边长城	田　纬	田大刚
田金芬	叶　梅	石树斌	卢家增	卢惠茹	邢　卓	庄映祥	安鹏翔
危凤菊	齐　莉	齐文俊	孙　晨	孙心宇	孙金强	孙晓伟	孙雪静
朱　润	伊　辉	刘　军	刘　杰	刘　喆	刘　婷	刘　鑫	刘以昕
刘桂凤	刘家毅	汪云汇	杜亚林	杜学涛	吴常春	何力军	宋纪凤
闫志良	肖永胜	李　昌	李　伟	李　喆	李　冕	李长生	李书敏
李旭东	李洪敏	李丽萍	李超岭	李景志	杨　洋	杨金惠	杨朝霞
张　英	张　霞	张万顺	张文艳	张志安	张连意	张宏伟	张笑通
张海岩	张凯杰	张福义	尚　超	尚　霞	罗　锦	金　飞	金　靖
赵　伟	赵　玲	赵　哲	赵作林	赵尚坤	赵春胜	苗　苑	陈　鹏
柳雪均	高　洁	高秀萍	秦宝生	贾宝利	贾清峰	陶乃始	徐　娜
徐　瑞	莱春茎	曹　奂	曹欣然	曹继星	曹润柱	湛宝华	路磊光
董　青	董金藻	康　宁	康　剑	康照婷	谢宝有	潘　超	魏广明

（以上人员为协作组负责人）